ein Ullstein Buch

Vom gleichen Autor
in der Reihe der
Ullstein Bücher:

Die Wüstenfüchse (488)
Sie kommen! (497)
Verbrannte Erde (3194)

Ullstein Buch Nr. 3186
im Verlag Ullstein GmbH,
Frankfurt/M — Berlin — Wien

Ungekürzte Ausgabe

Mit 36 Kartenskizzen
Kartenzeichnungen:
Werner Schmidt / Hilmar Seidner

Printed in Germany 1975
Gesamtherstellung:
Augsburger Druck- und
Verlagshaus GmbH
ISBN 3 548 03186 2

Paul Carell

Unternehmen Barbarossa

Der Marsch nach Rußland

ein Ullstein Buch

Inhaltsverzeichnis

BAND I: Bis vor Moskaus Tore

Erster Teil · *Moskau*

BAND II: 4000 Kilometer Front

Vierter Teil · *Winterschlacht*

Fünfter Teil · *Die Häfen am Eismeer*

Sechster Teil · *Der Kaukasus und das Öl*

Erster Teil

Moskau

1 Die Überraschung gelingt

Im Wald von Pratulin — ›Das weiße G‹ — 3 Uhr 15 — Über den Bug, den San, die Memel — Rossieni und Libau — Handstreich auf Dünaburg — Halt für Manstein — Schwierigkeiten bei Rundstedt — Die Zitadelle von Brest

Zwei Tage schon lagen sie mit ihren Panzern und Fahrzeugen in dem düsteren Tannenwald. In der Nacht zum 20. Juni waren sie mit abgedunkelten Scheinwerfern eingefahren. Tagsüber wurde Mäuschen gespielt. Kein Laut! Wenn nur ein Lukendeckel schepperte, bekamen die Zugführer Zustände. Erst bei Einbruch der Dunkelheit ging es zugweise an den Bach auf der Lichtung zum Waschen.

Als Oberfeldwebel Sarge mit den Männern des zweiten Zuges am Kompaniezelt vorbei zum Bach trabte, stand der Zugführer, Leutnant Weidner, vorm Zelteingang. »Prima Sommerfrische, Oberfeldwebel«, lachte er herausfordernd.

›Oberfeld‹ Sarge blieb stehen und machte ein saures Gesicht: »Ich glaube nicht an Ferien, Herr Leutnant.« Und leise: »Was wird aus der Sache, Herr Leutnant? Geht's gegen den Iwan? Oder ist es wahr, daß wir nur auf die Erlaubnis Stalins warten, durch Rußland fahren zu dürfen, um den Tommys durch die persische Hintertür die Luft aus ihrem schönen Empire zu lassen?«

Weidner war nicht überrascht von der Frage. Er kannte so gut wie Sarge die Gerüchte und Parolen, die umgingen, seit ihre Panzer-Lehrabteilung als III. Abteilung des Panzerregiments 39 im Verband der 17. Panzerdivision erst nach Mittelpolen und dann hierher in die Wälder bei Pratulin gelegt worden war: Vier Kilometer vom Grenzfluß Bug entfernt, fast genau gegenüber der mächtigen alten Festung Brest-Litowsk, die seit der Teilung Polens im Herbst 1939 von den Russen besetzt war.

Kriegsmäßig lag das Regiment im Waldbiwak. Jeder Panzer hatte zusätzlich noch zehn volle Benzinkanister auf dem Turm verstaut und außerdem noch einen Anhänger mit drei Faß Benzin im Schlepp. Das waren Vorbereitungen für einen langen Marsch, nicht für schnellen Kampf. »Man fährt doch nicht mit Benzinfässern auf dem Panzer in die Schlacht«, sagten die erfahrenen Panzermänner. Das war ein Argument gegen die Unentwegten, die beharrlich vom bevorstehenden Krieg gegen Rußland sprachen. »Rußland? So ein Quatsch! Wir haben doch Krieg genug. Wozu noch einen? Der Iwan tut uns doch nichts, ist unser Verbündeter, liefert Korn und ist gegen die Engländer.« So sagten die meisten. Und für sie war logisch: Wenn man nicht in die Schlacht fuhr oder nach Persien sollte, dann konnte das Ganze nur eine große Täuschungsaktion sein.

Aber Täuschung gegen wen? Nun, um die Engländer zu bluffen. Die Invasion

Großbritanniens am anderen Ende Europas könnte mit diesem Aufmarsch im Osten verschleiert werden. Augenzwinkernd wurde dieses Argument fast überall geflüstert. Die es verfochten und daran glaubten, wußten nicht, was am 18. Februar ins Tagebuch der Seekriegsleitung geschrieben worden war: »Aufmarschbewegung gegen Rußland soll als das größte Täuschungsunternehmen der Kriegsgeschichte hingestellt werden, das dazu diene, von den letzten Vorbereitungen der Invasion gegen England abzulenken.«

Ein besonderes Gerücht, ein atemberaubendes, wurde von den alten Obergefreiten mit Verve verfochten, von den Männern also, die bekanntlich das Gras wachsen hörten, alle Geheimnisse der Schreibstube kannten und auf diese Weise nicht nur, wie man gemeinhin sagte, die Seele, sondern auch Auge und Ohr der Kompanie waren: Stalin habe, so dozierten sie am Kochgeschirr, beim Skat und in der Putzstunde, Stalin habe Hitler die Ukraine verpachtet, und man marschiere als Besatzungstruppe ein. Es gibt ja bekanntlich nichts, was im Krieg nicht geglaubt wird. Und Oberfeldwebel Sarge glaubte gern an den Frieden. Er glaubte an den Pakt, den Hitler im August 1939 mit Stalin geschlossen hatte. Er glaubte daran wie das deutsche Volk, das diesen Pakt für die größte diplomatische Tat Hitlers hielt.

Leutnant Weidner trat dicht an Sarge heran: »Glauben Sie an den Klapperstorch, Oberfeld?« fragte er zwinkernd. Sarge machte ein dummes Gesicht. Der Leutnant schaute auf die Uhr: »Haben Sie noch eine Stunde Geduld«, sagte er bedeutsam und ging hinüber ins Zelt.

Genau zu jener Stunde, da Oberfeldwebel Sarge und sein Leutnant im Wald von Pratulin miteinander sprachen, fand in der Berliner Wilhelmstraße im alten Reichspräsidentenpalais auch ein Gespräch statt. Aber hier wurde klarer geredet. Ribbentrop lüftet das große Geheimnis. Er informiert seine engsten Mitarbeiter: Morgen früh tritt die Wehrmacht gegen Rußland an.

Also doch! Sie hatten es geahnt, nun wußten sie es. Sie hatten gehofft, es würde ein Plan bleiben; aber nun waren die Würfel gefallen. Politik und Diplomatie, ihr Geschäft, waren zu Ende, die Waffen sollten sprechen. Die Botschafter, Gesandten und Ministerialdirektoren durchzuckte alle derselbe Gedanke: Kann, darf der Reichsaußenminister von Ribbentrop bei einer solchen Entwicklung im Amt bleiben? Gebieten nicht die Regeln, daß er zurücktritt?

Vor einundzwanzig Monaten war er aus Moskau mit dem deutsch-sowjetischen Freundschaftsvertrag zurückgekommen und hatte ihnen erklärt: »Der Vertrag mit Stalin hält uns den Rücken frei und verhütet einen Zweifrontenkrieg, an dem Deutschland schon einmal kaputtgegangen ist. Ich betrachte dieses Bündnis als die Krönung meiner Außenpolitik.«

Und nun Krieg? In den Staub, ins Blut mit der Krone?

Ribbentrop spürte die Mauer des Schweigens. Er trat ans Fenster, das in den Park führte, in dem einst der Reichskanzler Fürst Bismarck spazierengegangen war, der Mann, der auch das deutsch-russische Bündnis als die Krönung seiner Außenpolitik angesehen hatte. Dachte Ribbentrop daran? Er drehte sich um und sagte betont fest und laut: »Der Führer hat Nachrichten, daß Stalin gegen uns aufmarschiert, um uns in einem günstigen Zeitpunkt zu überfallen.

Und« — fügte er hinzu — »der Führer hat bisher immer recht behalten. Er hat mir versichert, daß die Wehrmacht die Sowjetunion innerhalb von acht Wochen schlagen wird, und dann sind wir in unserem Rücken nicht mehr von Stalins gutem oder bösem Willen abhängig.«

Acht Wochen.

Und wenn es länger dauert? Es kann nicht länger dauern. Der Führer hatte bisher immer recht. Acht Wochen kann man auch auf zwei Fronten fechten.

So steht's, Oberfeldwebel Sarge. Sie werden es auch gleich erfahren. Unter den dichten Tannen vor Pratulin verdämmerte der heiße Tag. Es duftete nach Harz und stank nach Benzin. Um 21 Uhr 10 sprang halblaut vom Kompanieführerzelt zum Panzer ›924‹ der Befehl: »22 Uhr kompanieweise antreten. 4. Kompanie Panzer-Lehrregiment auf der großen Schneise.« Der Funker Westphal rief es zu ›925‹ hinüber, und von dort ging es weiter von Panzer zu Panzer.

Es war gerade dunkel geworden, als die Kompanie angetreten war. Oberleutnant von Abendroth meldete dem Hauptmann. Der schaute die Reihe der Männer entlang. Der Schleier des Abends verdeckte ihre Gesichter unter dem Krätzchen. Sie waren nur eine schwarzgraue Mauer, eine Panzerkompanie — ohne Gesichter.

»4. Kompanie«, rief Hauptmann Streit. »Ich verlese einen Befehl des Führers.« Es war totenstill im Wald vor Brest-Litowsk. Der Hauptmann knipste die Taschenlampe an, die er am zweiten Knopf seines Uniformrockes hängen hatte. Weiß schimmerte das Papier in seiner Hand. Ein bißchen heiser vor Erregung begann er zu lesen: »Soldaten der Ostfront.«

Ostfront? Hatte er Ostfront gesagt? Zum ersten Male fällt das Wort. Also doch!

Und weiter: »Von schweren Sorgen bedrückt, zu monatelangem Schweigen verurteilt, ist nun die Stunde gekommen, in der ich zu Euch, meine Soldaten, offen sprechen kann ...« Sie hören es mit roten Ohren, was den Führer monatelang bedrückte: »Es stehen rund 160 russische Divisionen an unserer Grenze. Seit Wochen finden dauernde Verletzungen dieser Grenze statt, nicht nur bei uns, sondern ebenso im hohen Norden wie in Rumänien.«

Sie hören, daß russische Patrouillen auf deutsches Reichsgebiet vorgefühlt haben und erst nach längerem Feuergefecht zurückgetrieben werden konnten. Und sie hören das Fazit: »In diesem Augenblick, Soldaten der Ostfront, vollzieht sich ein Aufmarsch, der in Ausdehnung und Umfang der größte ist, den die Welt je gesehen hat. Im Bunde mit finnischen Divisionen stehen unsere Kameraden mit dem Sieger von Narvik am Nördlichen Eismeer ...

An der Ostfront steht Ihr. In Rumänien an den Ufern des Pruth, an der Donau bis zu den Gestaden des Schwarzen Meeres sind deutsche und rumänische Soldaten unter dem Staatschef Antonescu vereint. Wenn diese größte Front der Weltgeschichte nunmehr antritt, dann geschieht es nicht nur, um die Voraussetzung zu schaffen für den endgültigen Abschluß des großen Krieges überhaupt oder um die im Augenblick betroffenen Länder zu schützen, sondern um die ganze europäische Zivilisation und Kultur zu retten.

Deutsche Soldaten! Damit tretet Ihr in einen harten und verantwortungsschweren Kampf ein. Denn: Das Schicksal Europas, die Zukunft des Deutschen Reiches, das Dasein unseres Volkes liegen nunmehr allein in Eurer Hand.«

Der Hauptmann schweigt. Der Schein der Taschenlampe geistert am Papier in seiner Hand vorbei. Dann sagt er fast leise, so als seien es seine Worte und nicht der Schluß des Tagesbefehls: »Möge uns allen in diesem Kampfe der Herrgott helfen!«

Nach dem Kommando: »Weggetreten!« war es wie das Gesumme eines Bienenschwarms. Eine Orgie der Temperamente: Also doch gegen Rußland. Und morgen früh. Mensch! Sie rannten zu ihren Panzern.

Stabsfeldwebel Fritz Ebert gab bekannt: »Wagenweise Marketenderware empfangen!« Er machte die große Kiste mit den guten Sachen auf: Schnaps, Zigaretten, Schokolade. Dreißig Zigaretten pro Kopf, und für je vier Mann kostenlos eine Flasche Weinbrand: Schnaps und Tabak braucht der Soldat von alters her.

Dann wurde gewirkt: Zelte abgebaut, Panzer fahrbereit gemacht. Nun warteten sie. Rauchten. Den Schnaps rührten die wenigsten an: Bauchschuß — dieses Gespenst hatte trotz Sulfonamid noch immer seine Schrecken. Nur einige harte Jungs schliefen.

Die Uhren regierten die Nacht. Die Stunden tickten wie eine Ewigkeit dahin. Überall war es so an der langen Grenze zwischen Deutschland und der Sowjetunion. Überall lagen sie wach. Quer durch den Kontinent. Von der Ostsee bis ans Schwarze Meer! 1600 Kilometer. Und auf diesen 1600 Kilometern warten drei Millionen Soldaten. In Wäldern, auf Wiesen, in Kornfeldern versteckt. Zugedeckt von der Nacht. Warten!

Die deutsche Angriffsfront war in drei Abschnitte geteilt: Nord, Mitte, Süd.

Die Heeresgruppe Nord unter Führung von Feldmarschall Ritter von Leeb sollte mit zwei Armeen und einer Panzergruppe aus Ostpreußen über die Memel vorstoßen. Ziel: Vernichtung der sowjetischen Streitkräfte im Baltikum, Eroberung Leningrads. Die Speerspitze von Leebs Streitmacht ist die Panzergruppe 4 unter Generaloberst Hoepner. Die Generale von Manstein und Reinhardt befehligen ihre beiden schnellen Korps. Die zugeteilte Luftflotte 1 steht unter dem Befehl von Generaloberst Keller.

Die Heeresgruppe Mitte führt Feldmarschall von Bock. Ihr Kampfraum reicht von der Romintener Heide bis südlich Brest-Litowsk. Das sind 400 Kilometer. Sie ist die stärkste der drei Heeresgruppen und umfaßt zwei Armeen sowie die Panzergruppe 2 unter Generaloberst Guderian und die Panzergruppe 3 unter Generaloberst Hoth. Feldmarschall Kesselrings Luftflotte 2 mit zahlreichen Stukaverbänden gibt der mächtigen gepanzerten Streitmacht noch zusätzliche Stoßkraft.

Ziel der Heeresgruppe Mitte soll die Vernichtung der starken sowjetischen Kräfte sein, die mit vielen gepanzerten und motorisierten Brigaden im Dreieck Brest — Wilna — Smolensk stehen. Wenn Smolensk von den schnellen Truppen in kühnem Panzervorstoß genommen ist, soll sich entscheiden, ob nach Norden eingedreht oder auf Moskau gefahren wird.

Im südlichsten Abschnitt zwischen den Pripjetsümpfen und den Karpaten soll die Heeresgruppe Süd unter Feldmarschall von Rundstedt mit drei Armeen und einer Panzergruppe die russischen Kräfte des Generaloberst Kirponos in Galizien und der Westukraine noch vor dem Dnjepr stellen und vernichten, die Dnjepr-

Übergänge sichern und schließlich Kiew nehmen. Den Luftraum sichert die Luftflotte 4, die Generaloberst Löhr führt. Die verbündeten Rumänen und die 11. deutsche Armee, die zu Rundstedts Befehlsbereich gehören, stehen vorerst als Sicherung Gewehr bei Fuß. Im Norden wartet der finnische Bundesgenosse angriffsbereit bis zum 11. Juli, dem Stichtag für den deutschen Stoß auf Leningrad.

Die Gruppierung der deutschen Angriffskräfte zeigt den Schwerpunkt klar bei der Heeresgruppe Mitte. Trotz des ungünstigen Geländes mit seinen Wasserläufen und Sümpfen ist sie mit zwei Panzergruppen ausgestattet, um hier schnell eine Feldzugsentscheidung herbeizuführen.

Der sowjetischen Abwehr blieb diese deutsche Kräfteverteilung offenbar verborgen. Der sowjetische Verteidigungsschwerpunkt lag im Süden, gegenüber Rundstedts Heeresgruppe. Hier hatte Stalin vierundsechzig Divisionen und vierzehn Panzerbrigaden konzentriert, während an der Mittelfront nur fünfundvierzig Divisionen und fünfzehn Panzerbrigaden und an der Nordfront dreißig Divisionen und acht Panzerbrigaden standen.

Das sowjetische Oberkommando erwartete also offensichtlich den deutschen Hauptangriff im Süden gegen die lebenswichtigen Agrar- und Industriegebiete Rußlands und hatte sich deshalb hier für eine elastische Verteidigung mit der Masse seiner Panzerverbände bereitgestellt. Da der Panzer aber in erster Linie eine Angriffswaffe ist, schuf diese Massierung starker Panzerkräfte am Südflügel auch die Möglichkeit für eine sowjetische Offensive gegen Rumänien, Deutschlands lebenswichtige Ölquelle.

Es war also ein gewagtes Spiel, das Hitler mit seinem Angriffsplan trieb. Es war dasselbe Rezept, das er erfolgreich im Westfeldzug erprobt hatte, als er, völlig unerwartet für die Franzosen, blitzschnell durch das ungünstige Ardennengelände die hier schwache Maginotlinie durchbrach und auf diese Weise die schnelle Feldzugsentscheidung herbeiführte. Gegen die Sowjetunion wollte Hitler es genauso halten: An unerwarteter Stelle mit aller Kraft angreifen, die Front aufreißen, durchbrechen, den Feind vernichtend schlagen und dann seine lebenswichtigen Zentren — Moskau, Leningrad, Rostow — mit dem ersten Schwung in Besitz nehmen. Die zweite Welle sollte dann bis an den selbstgesteckten Limes gelangen: die Linie Astrachan — Archangelsk.

Das war der papierne Plan ›Fall Barbarossa‹.

3 Uhr. Es ist noch dunkel. Die Sommernacht liegt schwer über den Ufern des Bug. Stille — dann und wann zerschnitten vom Scheppern einer Gasmaskenbüchse. Drüben am Fluß quaken die Frösche. Wer damals, in der Nacht des 22. Juni, mit einem Stoßtrupp oder als Angriffsspitze in den Vorwiesen des Bug gelegen hat, wird diese knarrenden Balzrufe der Bug-Frösche nie vergessen

Fünfzehn Kilometer vor dem Bug, dicht beim Dorf Wolka Dobrynska, steht auf der Höhe 158 einer der hölzernen Beobachtungstürme, die zu beiden Seiten der Grenze in den letzten Monaten aus dem Boden gewachsen sind. Am Fuße dieser Höhe 158, in einem Wäldchen, liegt der vorgeschobene Gefechtsstand der Panzergruppe 2, der Führungskopf von Guderians Panzerarmada. ›Das weiße G‹ heißt die Gruppe bei den Landsern; denn ein großes weißes ›G‹ ist als

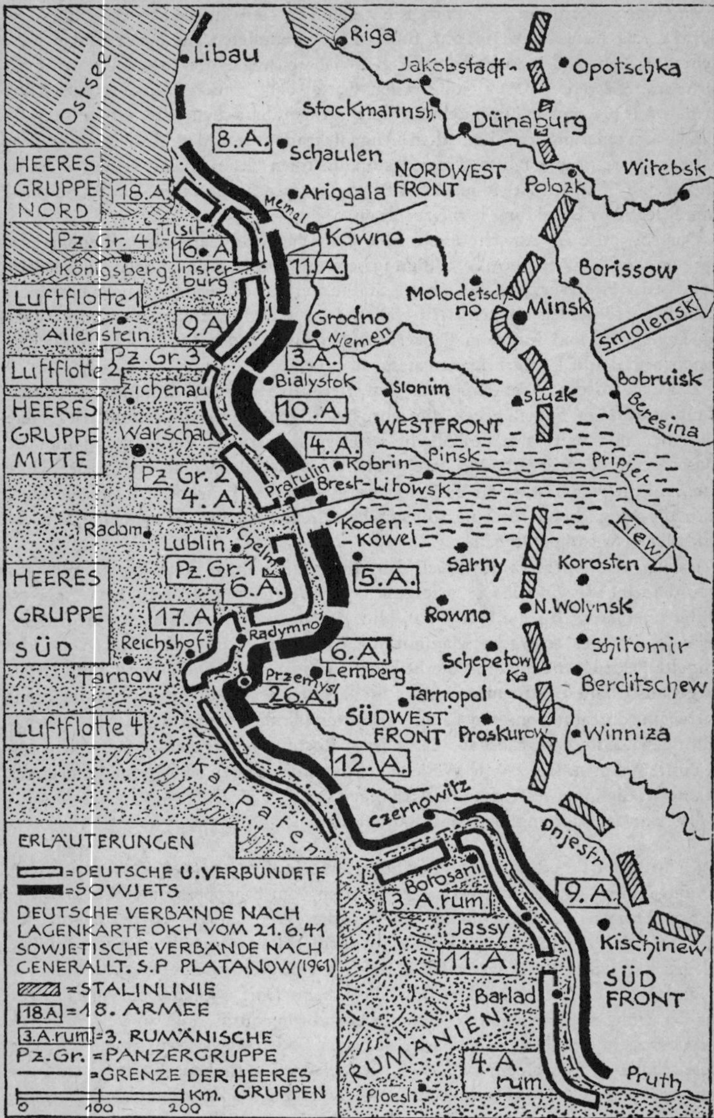
Ostsee
Libau
Riga
Jakobstadt
Opotschka
Stockmannsh.
Dünaburg
8.A.
Schaulen
HEERES GRUPPE NORD
18.A.
NORDWEST FRONT
Ariogala
Polozk
Witebsk
Memel
Tilsit
Kowno
Pz.Gr.4
16.A.
Königsberg
Insterburg
11.A.
Borissow
Luftflotte1
Molodetschno
Minsk
Smolensk
Allenstein
9.A.
Grodno
Njemen
Pz.Gr.3
3.A.
Luftflotte2
Zichenau
Bialystok
Slonim
Bobruisk
Sluzk
Beresina
HEERES GRUPPE MITTE
Warschau
10.A.
WESTFRONT
4.A.
Pinsk
Pripjet
Kobrin
Pz.Gr.2
4.A.
Pratulin
Brest-Litowsk
Radom
Koden
Kowel
Kiew
Lublin
Chelm
Sarny
Korosten
Pz.Gr.1
6.A.
5.A.
HEERES GRUPPE SÜD
17.A.
Rowno
N.Wolynsk
Radymno
Reichshof
6.A.
Schitomir
Schepetowka
Tarnow
Przemysl
Lemberg
Berditschew
26.A.
Tarnopol
Luftflotte 4
SÜDWEST FRONT
Proskurow
Winniza
12.A.
Karpaten
Czernowitz
Dnjestr
ERLÄUTERUNGEN
=DEUTSCHE U.VERBÜNDETE
=SOWJETS
DEUTSCHE VERBÄNDE NACH LAGENKARTE OKH VOM 21.6.41
SOWJETISCHE VERBÄNDE NACH GENERALLT. S.P PLATANOW (1961)
=STALINLINIE
18.A =18. ARMEE
3.A.rum.=3. RUMÄNISCHE
Pz.Gr. =PANZERGRUPPE
=GRENZE DER HEERES GRUPPEN
Km.
0
100
200
Botosani
3.A.rum.
9.A.
Jassy
Kischinew
11.A.
SÜD FRONT
Barlad
RUMÄNIEN
4.A. rum.
Pruth
Ploesti

Anlage 3

Der Führer und Oberste Befehlshaber der Wehrmacht
F. H. Qu., den 18. 12. 40

OKW/WFSt/Abt.L (I) Nr.33 408/40 g.K.Chefs.

W e i s u n g Nr. 21

Fall Barbarossa.

Die deutsche Wehrmacht muß darauf vorbereitet sein, auch vor Beendigung des Krieges gegen England, Sowjetrußland in einem schnellen Feldzug niederzuwerfen (Fall Barbarossa).

Die Vorbereitungen der Oberkommandos sind auf folgender Grundlage zu treffen:

I.) Allgemeine Absicht:

Die im westlichen Rußland stehende Masse des russischen Heeres soll in kühnen Operationen unter weitem Vortreiben von Panzerkeilen vernichtet, der Abzug kampfkräftiger Teile in die Weite des russischen Raumes verhindert werden.

In rascher Verfolgung ist dann eine Linie zu erreichen, aus der die russische Luftwaffe reichsdeutsches Gebiet nicht mehr angreifen kann. Das Endziel der Operation ist die Abschirmung gegen das asiatische Rußland aus der allgemeinen Linie Wolga - Archangelsk. So kann erforderlichenfalls das letzte Rußland verbleibende Industriegebiet am Ural durch die Luftwaffe ausgeschaltet werden.

II.) Voraussichtliche Verbündete und deren Aufgaben:

....

III.) Die Führung der Operationen:

A.) H e e r (in Genehmigung der mir vorgetragenen Absichten):

In dem durch die Pripjetsümpfe in eine südliche und eine nördliche Hälfte getrennten Operationsraum ist der Schwerpunkt nördlich dieses Gebietes zu bilden. Hier sind 2 Heeresgruppen vorzusehen.

Karte 1

Die Ausgangsposition für ›Unternehmen Barbarossa‹. Das deutsche Ostheer stand am 21. Juni mit sieben Armeen, vier Panzergruppen und drei Luftflotten zum Angriff bereit: 3 000 000 Mann, 600 000 Fahrzeuge, 750 000 Pferde, 3580 Panzerkampfwagen, 7184 Geschütze und 1830 Flugzeuge. Ferner im Süden die 3. und 4. Rumänische Armee. Auf sowjetischer Seite standen im Grenzgebiet zehn Armeen mit 4 500 000 Mann

Der südlichen dieser beiden Heeresgruppen - Mitte der Gesamtfront - fällt die Aufgabe zu, mit besonders starken Panzer- und mot. Verbänden aus dem Raum um und nördlich Warschau vorbrechend die feindlichen Kräfte in Weißrußland zu zersprengen. Dadurch muß die Voraussetzung geschaffen werden für das Eindrehen von starken Teilen der schnellen Truppen nach Norden, um im Zusammenwirken mit der aus Ostpreußen in allgemeiner Richtung Leningrad operierenden nördlichen Heeresgruppe die im Baltikum kämpfenden feindlichen Kräfte zu vernichten. Erst nach Sicherstellung dieser vordringlichen Aufgabe, welcher die Besetzung von Leningrad und Kronstadt folgen muß, sind die Angriffsoperationen zur Besitznahme des wichtigen Verkehrs- und Rüstungszentrums Moskau fortzuführen.

Nur ein überraschend schnell eintretender Zusammenbruch der russischen Widerstandskraft könnte es rechtfertigen, beide Ziele gleichzeitig anzustreben.

Bei der südlich der Pripjet-Sümpfe angesetzten Heeresgruppe ist der Schwerpunkt im Raum von Lublin in allgemeiner Richtung Kiew zu bilden, um mit starken Pz.Kräften schnell in die tiefe Flanke und den Rücken der russischen Kräfte vorzugehen und diese dann im Zuge des Dnjepr aufzurollen.

Sind die Schlachten südlich bzw. nördlich der Pripjet-Sümpfe geschlagen, ist im Rahmen der Verfolgung anzustreben:

im Süden die frühzeitige Besitznahme des wehrwirtschaftlich wichtigen Donez-Beckens,

im Norden das schnelle Erreichen von Moskau.

Die Einnahme dieser Stadt bedeutet politisch und wirtschaftlich einen entscheidenden Erfolg, darüber hinaus den Ausfall des wichtigen Eisenbahnknotenpunktes.

gez. Adolf Hitler.

taktisches Zeichen auf alle Fahrzeuge der Panzergruppe gemalt: ›G‹ heißt Guderian. Mit einem Blick konnte man auf diese Weise erkennen: der gehört zu uns. Guderian hatte diese Einrichtung im Frankreichfeldzug erfunden. Sie bewährte sich so, daß auch Kleist die Idee übernahm und die Fahrzeuge seiner Panzergruppe mit einem weißen ›K‹ zeichnen ließ.

In der vergangenen Nacht, vom 20. zum 21., waren die Stabsoffiziere in aller Heimlichkeit eingetroffen. Sie saßen in den Zelten und Arbeitsomnibussen über ihren Karten und schriftlichen Befehlen. Kein Funkspruch ging aus den Antennen: strengste Funkstille war befohlen, um die Abhörstellen der Russen nicht mißtrauisch zu machen. Telefonate waren nur erlaubt, soweit sie unbedingt nötig waren. Die persönliche Befehlsstaffel Guderians — zwei Funkwagen, Kübelwagen und einige Kräder — steht gut getarnt hinter den Zelten und Arbeitsbussen. Jetzt fährt der Befehlspanzer heran. Guderian springt heraus. »Morgen, meine Herren!«

Es ist genau 3 Uhr 10. Ein paar Worte. Dann fährt Guderian mit seiner Befehlsstaffel die Höhe hinauf zum Beobachtungsturm. Die Armbanduhren ticken. Die Zeiger schleichen über die Leuchtziffern.

3 Uhr 11. Im Zelt des Operationsstabes schnarrt das Telefon. Der erste Generalstabsoffizier (Ia), Oberstleutnant Bayerlein, nimmt ab. Oberstleutnant Brücker, der Ia des XXIV. Panzerkorps, damals noch XXIV. Armeekorps (mot.), ist in der Leitung. Ohne Gruß, ohne Formalität sagt er: »Bayerlein, an der Kodener Brücke hat es geklappt.«

Bayerlein blickt zum Chef des Generalstabes, Freiherrn von Liebenstein, hinüber und nickt. Dann sagt er: »Gut, Brücker. Gut, Hals- und Beinbruch weiter!« Und legt auf.

Die Kodener Brücke. Das war das Kernstück für den schnellen Stoß der Panzer über den Bug auf Brest. Ein Stoßtrupp der 3. Panzerdivision hatte den Auftrag bekommen, sie wenige Minuten vor Angriffsbeginn im Handstreich zu nehmen, die russische Brückenwache auf der anderen Seite zu kassieren und die Sprengladungen zu beseitigen. Der Coup war also geglückt.

Im Stabe Guderian atmete man auf. Man hatte zwar damit gerechnet, daß die Sache nicht klappen würde, und die 4. Armee hatte deshalb nördlich und südlich von Brest Vorbereitungen für Brückenschläge über den Bug getroffen. So hatte sich achtzig Kilometer nördlich von Brest bei Drohizyn das Pionierbataillon 178 in mühseligen, stundenlangen Schleichmärschen bis an die geplante Brückenstelle herangearbeitet, um der 292. und 78. Infanteriedivision eine Pontonbrücke für die schweren Waffen und das schwere Gerät zu bauen.

3 Uhr 12. Jeder hat die Uhr vor den Augen. Jeder hat ein merkwürdiges Gefühl im Hals. Spürt den Herzschlag bis hinauf an die Kragenbinde. Die Stille ist unerträglich.

3 Uhr 13. Noch wäre alles zu reparieren. Noch ist nichts unwiderruflich. Aber mit dem Uhrzeiger schleicht der Krieg gegen die Sowjetunion, die da vorn im tiefen friedlichen Dunkel liegt, immer näher, immer unwiderruflicher heran.

Bayerlein denkt an den September 1939. Da lag er mit Guderian auch hier bei Brest. Es war auf den Tag ein Jahr und neun Monate her. Damals, am 22. September 1939, trafen die Russen mit der Panzerbrigade des Generals Kriwoschein ein – als Verbündete. Man zog die Demarkationslinie durch die gemeinsame Beute: das geschlagene Polen. Der Bug wurde Grenze. Die Deutschen mußten laut Vertrag, den Stalin mit Hitler geschlossen hatte, hinter den Fluß zurück und Brest samt Zitadelle den Sowjets überlassen.

Man hatte sich korrekt an die Abmachungen gehalten, hatte eine gemeinsame Parade veranstaltet und einen Flaggenaustausch vorgenommen. Schließlich wurden Trinksprüche gewechselt. Denn ohne Wodka und ohne Trinkspruch ist für die Russen kein Vertrag besiegelt.

Auch General Kriwoschein hatte sein bißchen Schuldeutsch zusammengeklaubt und einen Trinkspruch auf deutsch angebracht. Dabei passierte ihm allerdings ein schnurriger Fehler.

Er sagte: »Ich trinke auf ewige Feindschaft«, verbesserte sich aber sofort lächelnd: »ewige Freindschaft unserer Völker.«

Alle hatten fröhlich das Glas erhoben. Das war vor einundzwanzig Monaten gewesen. Jetzt waren die letzten Minuten dieser »Freindschaft« gekommen. Das Korrektur-R von General Kriwoschein wurde wieder gestrichen. Die »Feindschaft« dämmerte mit dem grauenden Morgen des 22. Juni herauf.

3 Uhr 14. Gespenstisch steht der Holzturm von Wolka Dobrynska in der Nacht. Am Horizont dämmert schwach der Morgen. Im Frontbereich der Heeresgruppe Mitte herrscht noch immer Totenstille. Schlafende Wälder. Schweigende Felder. Merken die da drüben denn nicht, daß in den Wäldern und Dörfern Armeen versammelt sind? Sprungbereit. Division neben Division. Die ganze endlose Grenze entlang.

Da springen auf den genau verglichenen Uhren die Zeiger auf 3 Uhr 15.

Als hätten sie einen Kontakt gelöst, so durchzuckt im selben Moment ein gigantischer Blitz die Nacht. Die Feuerschlünde aller Geschützkaliber tun sich auf. Die Leuchtspurgranaten der Flak ziehen über den Horizont. So weit das Auge reicht, steht die Front am Bug im Blitzen der Abschüsse. Dann rollt das grummelnde Donnern wie eine Walze über den Turm von Wolka Dobrynska. Das Heulen der Werferbatterien mischt sich schauerlich ins Donnern der Geschütze. Jenseits des Bug schäumt ein Meer von Qualm und Feuer auf. Die schmale Mondsichel der vergehenden Nacht verhüllt sich hinter einem Wolkenschleier.

Der Friede ist tot. Der Krieg macht seinen ersten schrecklichen unheilvollen Atemzug.

Der Zitadelle von Brest genau gegenüber liegt die 45. Infanteriedivision – ehemals die österreichische 4. Division – unter Generalmajor Schlieper. Die beiden Infanterieregimenter 130 und 135 sollen den ersten Stoß gegen die Brücken und die Zitadelle führen. Bei Dunkelheit hatten sich die Einheiten der ersten Welle vorsichtig bis an den Bug geschoben. Düster und schemenhaft ragte die Eisenbahnbrücke über den Fluß. Um zwei Uhr polterte fauchend, mit hellen Lampen, ein Güterzug von der russischen Seite herüber. Es war der letzte Getreidezug, den Stalin seinem Verbündeten Hitler schickte.

Ein raffinierter Trick? Oder unfaßliche Ahnungslosigkeit? So fragten sich die Offiziere und Landser der Stoßbataillone und Sturmkompanien, die im Getreide und im Gras, am Bahndamm und vor der Westinsel lagen. Sie wußten nicht, wieviel Züge in den letzten Wochen über diese Brücke gefahren waren, hatten keine Ahnung, wie genau Stalin den deutsch-sowjetischen Handelsvertrag erfüllte: Vom 10. Februar 1940 bis zu dieser Stunde am 22. Juni 1941 hatte Stalin an Hitler anderthalb Millionen Tonnen Getreide geliefert. Damit war die Sowjetunion der wichtigste Getreidelieferant Deutschlands. Aber nicht nur Roggen, Hafer, Weizen waren über die Brücken des Bug gerollt; auch eine Million Tonnen Mineralöl, 2700 Kilo Platin, Manganerz, Chrom und Baumwolle lieferte Stalin in sechzehn Monaten der Freundschaft an das Dritte Reich, exakt nach Vertrag.

Im Gegensatz zur sowjetischen Vertragstreue war Deutschland von Anbeginn des Vertrages an ein säumiger Lieferant. Aber immerhin wurden für 467 Millionen Mark Güter an die Sowjetunion geliefert, darunter auch der nur halbfertige schwere Kreuzer ›Lützow‹. Als am 22. Juni um 2 Uhr nachts der letzte Getreidezug aus dem Osten über den Bug kam, stand Hitler bei Stalin mit 239 Millionen Mark in der Kreide.

Das alles wußten die Offiziere und Soldaten an der Eisenbahnbrücke von Brest am Morgen des 22. Juni nicht.

Oben am Holzhäuschen vor der Brücke war ein ›Türke‹ von Frieden und Ahnungslosigkeit gebaut. Zwei deutsche Zöllner standen da und stiegen auf den Zug. Ein Posten grüßte den russischen Lokführer. Wenn auf der anderen Seite mißtrauische Augen dem Zug nachschauten, sie konnten nichts Auffälliges oder Außergewöhnliches feststellen. Langsam fauchte die Lokomotive zum Bahnhof Terespol auf deutscher Seite.

Dann sprang auch hier der Uhrzeiger auf 3 Uhr 15.

»Feuer!« Und los ging der Höllentanz. Die Erde zitterte.

Das Nebelwerferregiment z. b. V. 4 gab mit seinen neun schweren Batterien dem Inferno eine besondere Note: Im fürchterlichen Heulton jagten in einer halben Stunde 2880 Werfergranaten über den Bug, in die Stadt und die Festung. Die schweren 60-cm-Mörser und die 21-cm-Geschütze, die dem Artillerieregiment 98 unterstellt waren, wummerten ihre Granaten über den Fluß, in die Wälle der Festung und gegen die ausgemachten sowjetischen Batteriestellungen. Konnte denn da drüben noch ein Stein auf dem anderen bleiben? Es konnte! Und das sollte eine der bösen Überraschungen werden.

Leutnant Zumpe von der 3. Kompanie Infanterieregiment 135 hatte mit der Uhr vor den Augen die letzten Sekunden bis 3 Uhr 15 verfolgt. Genau mit dem ersten Donnerschlag der Artillerie sprang er aus dem Graben neben dem Bahndamm: »Los!« rief er den Männern seines Stoßtrupps zu. »Los!« Aus dem Gras der Wiese schnellten die Stahlhelme hoch. Wie bei einem Hundertmeterlauf fegten die Soldaten auf die Brücke. Der Leutnant voran. An dem verlassenen deutschen Zöllnerhäuschen vorbei. Das Geschützfeuer fraß das Poltern ihrer Sprünge auf dem Bretterbelag. Rechts und links an die hohe Brückenkonstruktion geduckt, jagten sie hinüber. Immer die Angst im Hirn: »Geht die Brücke hoch oder nicht?« – Nicht! Einen einzigen Feuerstoß löste der Posten hinter dem Holzhäuschen auf russischer Seite aus seiner MPi. Dann fiel er vornüber.

Aber da begann das MG aus dem Unterstand der Brückenwache zu rattern. Doch auch das war bedacht. Das leichte MG des Gefreiten Holzer prasselte dem Iwan auf die Deckung. Wie ein paar Schatten war der Hindernissprengtrupp von der 1. Kompanie Pionierbataillon 81 heran, der dem Stoßtrupp Zumpe zugeteilt worden war. Ein Rumms. Rauch und Qualm. Aus!

Zumpes Männer jagten an dem zersprengten Unterstand vorbei. Warfen sich rechts und links der Brücke an den Bahndamm, hinter ihre MG. Der Leutnant und die Pioniere liefen zurück auf die Brücke. Am Mittelpfeiler war die Sprengladung angebracht. Raus damit! Pfeiler abgeleuchtet, ob noch irgendwo ein Teufelsei versteckt war. Nichts! Zumpe schob die grüne Blende vor die Taschenlampe. Grünes Licht. Er winkte wie ein Fahrdienstleiter hinüber zur deutschen Seite: Brücke frei! Und schon jagte der erste Panzerspähwagen herüber.

Bei der 17. und 18. Panzerdivision, die bei Pratulin über den Bug gehen sollten, gab es keine Brücke.

Um 4 Uhr 15 sprangen die Vorausabteilungen in ihre Schlauch- und Sturmboote und jagten über den Fluß. Leichte Panzerabwehrkanonen und schwere Maschinengewehre führten die Infanteristen und Kradschützen mit sich. Die Feldwachen der Russen am Fluß feuerten mit automatischen Gewehren und leichten MG. Aber sie wurden schnell niedergekämpft. Einheiten des Kradschützenbataillons gruben sich ein. Dann wurde in den Brückenkopf gepumpt, was über den Fluß zu bringen war. Die Pioniere begannen mit dem Bau einer Pontonbrücke.

Aber was würde geschehen, wenn der Russe mit Panzern den Brückenkopf angriff? Womit sollte man ihnen begegnen? Panzer und schwere Waffen zur Sicherung hätten nur unter größten Schwierigkeiten mit Kähnen oder über Notbrücken aufs andere Ufer gebracht werden können.

Hätten – wenn nicht eine interessante Geheimwaffe für ihren ersten Einsatz bereit gewesen wäre: Unterwasserpanzer, auch Tauchpanzer genannt, sollten am Bug ihre Kampfprobe ablegen und den Fluß unter Wasser durchfahren wie U-Boote. Am jenseitigen Ufer sollten sie dann sofort als Landpanzer die feindlichen Flußsicherungen zerschlagen und etwaige Gegenangriffe abfangen.

Ein abenteuerlicher Plan. Er war allerdings schon ein Jahr alt und ursprünglich für einen anderen Zweck ausgeheckt worden. Nämlich für das Unternehmen ›Seelöwe‹, die Invasion in England. Als Hitler den Entschluß gefaßt hatte, auf die englische Insel zu springen, entstand das Projekt, Panzer für Unterwasserfahrten herzurichten. Sie sollten weit vor Englands Südküste in etwa acht Meter Wassertiefe auf den Meeresboden gelassen werden und unter Wasser zur flachen Küste fahren. Dort sollten sie wie Neptun aus dem Meer tauchen, die britischen Küstensicherungen beiderseits Hastings niederkämpfen, Brückenköpfe für die ersten deutschen Landungsboote bilden, schließlich ins Land fahren und in der Küstenzone Panik und Verwirrung stiften.

Gedacht – getan. Im Juli 1940 wurden aus acht bewährten Panzerregimentern vier Panzertauchabteilungen gebildet und zur Spezialausbildung nach Putlos an der Ostsee verlegt. Für die Panzermänner begann eine ungewöhnliche Ausbildung. Sie wurden mit ihren Panzerkampfwagen III und IV gewissermaßen zu U-Boot-Fahrern.

Die militärische Aufgabe erforderte eine Manövrierfähigkeit in acht bis zehn Meter Wassertiefe. Das bedeutete, daß die Panzer einen Wasserdruck von 0,8 bis 1 Atü aushalten mußten und entsprechend abgedichtet waren. Mit einem Spezialklebstoff war das leicht zu erreichen. Auch die Abdichtung zwischen Turm und Panzerkasten-Oberteil wurde sehr einfach besorgt. Im Drehkranz lag ein verlängerter Fahrradschlauch, den der Ladeschütze im Panzer aufpumpen konnte. Die Kanonenmündung erhielt eine Gummihaube, die vom Turm aus in einer Sekunde abgesprengt werden konnte.

Ein besonderes Problem war allerdings die Versorgung der Motoren und der Besatzung mit Frischluft. Hier wurde das Prinzip der späteren U-Boot-Schnorchel vorweggenommen. Ein fünfzehn Meter langer Spezialschlauch an einer Schwimmboje mit Ansaugvorrichtung, an der man gleichzeitig die Antenne befestigt hatte, war die Lösung. Die Orientierung im Panzer erfolgte nach einem Kurs-Kreiselkompaß; denn weder Fahrer noch Kommandant hatten unter Wasser Sicht.

Ende Juli 1940 übten die vier Abteilungen unter strengster Geheimhaltung bereits bei Hörnum auf Sylt. Mit einer alten Rügen-Fähre wurden die Panzer weit auf See hinausgefahren. Über eine abklappbare Abfahrrampe rutschten sie auf den Meeresgrund, dann manövrierten sie sich zurück an die Küste. Die Unebenheiten des Meeresbodens machten den Ungetümen nichts aus. Die Experimente klappten hervorragend. Aber dann wurde Mitte Oktober 1940 ›Seelöwe‹ endgültig abgeblasen. Der Traum von ›U-Boot-Panzern‹ war zu Ende. Von den Spezialabteilungen wurden drei zu einem schlichten Panzerregiment, dem 18., zusammengeschlossen. Eine Abteilung trat zum Panzerregiment 6, 3. Panzerdivision.

Im Frühjahr 1941, als im Oberkommando des Heeres im Zuge der Planungen für ›Barbarossa‹ die Bugübergänge nördlich von Brest besprochen wurden, erinnerte sich im Generalstab jemand an die Tauchpanzer: »Da hatten wir doch ...« Man forschte nach. Fragte beim Panzerregiment 18 an. »Ja, die alten Taucher sind noch da.« Befehl: In der Nähe Prags werden Tauchbecken gebaut. Panzerregiment 18 prüft erneut die Tauchfähigkeit der alten Panzer. Da es nicht mehr galt, durchs Meer zu fahren, sondern lediglich einen Fluß zu überwinden, wurde der fünfzehn Meter lange Gummischnorchel durch ein dreieinhalb Meter langes Stahlrohr ersetzt. Die Auspuffrohre wurden mit Rückschlagventilen versehen. In kurzer Zeit waren die U-Boot-Panzer wieder perfekt. Am 22. Juni 1941 bestanden sie die Feuerprobe!

Fünfzig Batterien aller Kaliber hatten im Abschnitt der 18. Panzerdivision um 3 Uhr 15 das Feuer eröffnet, um den Tauchpanzern den Weg am anderen Ufer freizukämpfen. General Nehring, der damalige Divisionskommandeur, sagt heute: »Ein grandioses Schauspiel, aber ziemlich nutzlos, da die Russen ihre Truppen klugerweise aus der Grenzzone herausgehalten und nur schwache Grenzschutzverbände zurückgelassen hatten, die später sehr tapfer kämpften.«

Um 4 Uhr 45 fährt Feldwebel Wierschin mit ›Tauchpanzer 1‹ in den Bug Staunend sehen es die Infanteristen. Das Wasser schlägt über dem Panzer zusammen. »Der spielt ja U-Boot!« Nur das dünne Stahlrohr für die Frischluftversorgung von Besatzung und Motor ragt aus den Wellen und zeigt den Unterwassermarsch Wierschins an. Die Blasenbahnen der Auspuffgase blubbern auf und werden vom Strom schnell weggewischt.

Panzer um Panzer — die ganze I. Abteilung des Panzerregiments 18 unter ihrem Abteilungskommandeur Manfred Graf Strachwitz — taucht in den Fluß.

Jetzt kriechen die ersten drüben wie geheimnisvolle Wassertiere am Ufer hoch. Ein kleiner Knall: Die Gummidichtungen der Geschützmündungen werden weggesprengt. Die Ladeschützen lassen die Luft aus den Dichtungsschläuchen am Turm. Die Lukendeckel der Kommandantenkuppeln fliegen auf. Die Kommandanten recken sich heraus. Stoßen dreimal den Arm in die Luft: »Panzer marsch!«

Achtzig Panzer haben den Grenzfluß durchtaucht. Achtzig Panzer rollen zum Angriff.

Und wie gut für den Brückenkopf, daß sie da sind. Feindliche Panzerspähwagen der Grenztruppe preschen heran. Unverzüglich kommen die Feuerkommandos für die vordersten Panzer: »Turm — 1 Uhr!« — »Panzergranate!« — »800 Meter!« — »Mehrere Panzerspähwagen!« — »Feuer frei!«

Die Ungetüme feuern. Mehrere Spähpanzer brennen. Der Rest verschwindet schleunigst. Dann rollen die Panzerspitzen der Heeresgruppe Mitte weiter: Richtung Minsk und Smolensk.

Auch südlich von Brest, bei Koden, war nach dem geglückten Coup auf die Brücke der Überraschungangriff des XXIV. Panzerkorps unter General Freiherr Geyr von Schweppenburg wie nach dem Fahrplan gelungen. Die Panzer rollten über die unzerstörte Brücke. Die Vorausabteilungen der 3. Panzerdivision Generalleutnant Models fuhren auf schnell errichteten Kriegsbrücken über den Fluß. Die Kommandanten standen im Turm, suchten die Nachhuten der weichenden sowjetischen Grenztruppen, überrollten die ersten Paksperren, winkten die ersten Gefangenen nach hinten, rollten auf ihr Tagesziel zu: Kobrin an der Muchaviez.

Nördlich von Brest, bei Drohizyn, wo das Pionierbataillon 178 im Kampfraum der 292. Infanteriedivision am Bug lag, um schnell eine Pontonbrücke für das schwere Material der Divisionen des IX. Korps zu bauen, ging auch alles wie nach Fahrplan.

Die verstärkten Infanterieregimenter 507 und 509 — 508 weiter rechts — jagten unter der Feuerglocke der Artillerie in Schlauch- und Sturmbooten über den Bug. Nach einer halben Stunde schon waren die sowjetischen Feldwachen am jenseitigen Flußufer niedergekämpft und ein Brückenkopf gebildet.

Mit dem ersten Schuß des Artillerieschlages waren auch die Pioniere aufgesprungen und hatten ihre ersten Pontons zu Wasser gebracht. Die Russen schossen noch eine Viertelstunde vom jenseitigen Ufer mit MG und Gewehren; aber dann verstummten sie. Punkt 9 Uhr stand die Brücke: die erste im Bereich der 4. Armee. Die schweren Waffen rollten über die schwankenden Pontons Aufgeschlossen wartete schon die 78. I.D., um über den Fluß zu gehen.

Von allen geplanten Handstreichen gegen die Grenzbrücken über den 800 Kilometer langen Bug scheiterte keiner, kein einziger! Auch alle vorgesehenen Brückenschläge über den langen Grenzfluß klappten, bis auf einen im Bereich der 62. Infanteriedivision, die im Verband der 6. Armee schon zum Nordflügel der Heeresgruppe Süd gehörte.

Generalfeldmarschall von Rundstedt trat am 22. Juni auf seinem linken Flügel mit der 17. und 6. Armee an, die nördlich der Karpaten lagen. Südlich davon blieben die 11. Armee und die verbündeten Rumänen noch Gewehr bei Fuß stehen, zur Täuschung der Russen und zur Sicherung des rumänischen Öls. Erst am 1. Juli sollte am Schwarzen Meer marschiert werden.

Am Nordflügel der Heeresgruppe Süd, bei Reichenaus 6. Armee am Bug, ging es trotz der Schwierigkeiten, die die 62. I.D. beim Bau ihrer Brücke hatte, am ersten Kampftag gut voran.

Die 56. Infanteriedivision Generalmajor von Ovens überwand auf Anhieb mit ihren ersten Floßsackwellen den Fluß. Das Artilleriefeuer lag so gut auf den ausgekundschafteten Feindstellungen, daß kaum Verluste eintraten. Bereits in den Vormittagsstunden lag im Kampfabschnitt des Infanterieregiments 192 bei Chelm die Pontonbrücke über dem Fluß. Die Artillerie jagte hinüber. Vierzehn Kilometer fochten sich die Regimenter des XVII. Korps gleich am ersten Tage nach Osten durch die russischen Grenzbefestigungen.

Am Südflügel der Heeresgruppe, wo der San die Grenze bildete, hatten es die Divisionen von General von Stülpnagels 17. Armee schwerer.

Das Flußufer am San nördlich Przemysl ist flach wie die Hand. Ohne Wald, ohne Schluchten, ohne Versteckmöglichkeiten für ganze Regimenter. Erst in der Nacht zum 22. konnten deshalb die Sturmbataillone der Berliner 257. Infanteriedivision in ihre Bereitstellungsräume rücken. »Kein Laut!« hieß der Befehl des Regimentskommandeurs. Die Waffen waren in Decken gepackt, Seitengewehre und Gasmaskenbüchsen umwickelt. »Gott segne die Frösche«, flüsterte Leutnant Alicke. Ihr Quakkonzert übertönte das Knarren, Scheppern und Poltern der Kompanien, die sich an den Fluß heranarbeiteten.

Punkt 3 Uhr 15 sprangen dann beiderseits Radymno die Stoßtrupps auf. Der Handstreich auf die Eisenbahnbrücke gelang. Am Zollhaus aber leisteten die Russen bereits erbitterten Widerstand. Leutnant Alicke fiel. Der erste Tote der Division. Der erste einer langen Reihe. Die Männer hatten ihn neben das Zollhaus gelegt. An ihm vorbei rollten die schweren Waffen über ›seine‹ Brücke.

Erstaunlich schnell und präzise funktionierte im Süden das russische Alarmsystem. Nur bei den vordersten Feldwachen gelang die Überraschung. Das Infanterieregiment 457 mußte sich den ganzen Tag bereits anderthalb Kilometer hinter dem Fluß mit der Unteroffizierschule von Wisocko herumschlagen. Die 250 Unteroffiziersaspiranten leisteten erbitterten und geschickten Widerstand. Erst am Nachmittag konnte er mit Artillerie gebrochen werden. Dem Infanterieregiment 466 erging es noch schlimmer. Kaum waren die Bataillone über den Fluß, als sie bereits von den Vorhuten der sowjetischen Eingreifdivision 199 in der Flanke gepackt wurden.

Wie ein Meer wogten die Getreidefelder von Stubienka im Sommerwind. Und in dieses Meer tauchten die Kompanien unter. Lauerten! Pirschten sich an! Handgranate, Pistole und MPi waren die höllischen Waffen des Tages. Plötzlich standen sie sich im Roggenfeld gegenüber: Russen und Deutsche. Auge in Auge! Wer schießt zuerst? Wer hat zuerst den Spaten hoch? Dort hebt sich die MPi des Russen aus dem Schützenloch. Trifft ihre Garbe? Oder siegt die Eierhandgranate? Erst als der Abend kam, war dieser blutige Kampf in den Roggenfeldern zu Ende. Der Gegner setzte sich ab.

Die Sonne wurde groß und rot. Aber aus dem Korn klang es noch lange verzweifelt, schmerzgepeinigt oder leise verklagend: »Sanitäter, Sanitäter!« Die eilten mit ihren Tragen in die Felder. Und sammelten die blutige Ernte. Von einem Tag. Von einem Regiment. Die Ernte war groß genug.

Auch bei der Heeresgruppe Nord gab es nur an wenigen Stellen eine kurze Trommelfeuervorbereitung. Lautlos erhebt sich auch hier an der Grenze des von den Russen besetzten Litauens kurz nach 3 Uhr die erste Welle der Infanterie- und Schützenregimenter sowie der Sturmpioniere aus ihren Schlupflöchern in den Getreidefeldern. Schemenhaft, vom Morgengrauen noch verhüllt, brechen die Panzer aus den Wäldern.

Die Männer der schleswig-holsteinischen 30. Infanteriedivision liegen südlich der Memel. Sie haben am ersten Angriffstag kein Wasserhindernis zu überwinden. Der Pioniertrupp der Vorausabteilung unter Oberleutnant Weiss kriecht an die Drahthindernisse. Sie haben seit Tagen alles genau beobachtet. Der Iwan geht am Grenzdraht nur Streife. Seine Befestigungen liegen etwas zurück auf den Höhen eines Hügelgeländes.

Leise. Leise ...

»Knack« machen die Drahtscheren. Ein Pfahl poltert. Pst! Lauschen. Aber drüben rührt sich nichts. Weiter. Schneller. Jetzt liegen die Gassen frei. Und da kommen die Männer der 6. Kompanie auch schon geduckt angesprungen. Kein Schuß fällt. Die beiden sowjetischen Grenzposten starren erschrocken in die Mündungen der Karabiner. Heben die Hände.

Weiter!

Düster ragen die Beobachtungstürme von Höhe 71 und 67 herunter. Dort sitzen die Russen in festen Stellungen. Die Landser wissen es. Aber auch die Artilleristen der schweren Abteilung vom Artillerieregiment 30 hinten im Grenzwald wissen es und warten. Da prasselt das Russen-MG vom Turm auf Höhe 71 los. Es sind die ersten Schüsse zwischen Memel und Dubysa. Die Antwort geben die gut getarnten schweren Feldhaubitzen der II. Abteilung Artillerieregiment 47, die hinter den Regimentern der 30. I.D. auf der Straße Trappen – Waldheide stehen. Und wo die hinhauen, wächst lange kein Gras mehr.

Sturmgeschütze nach vorn! Hinter den Stahlleibern geduckt, stürmt die Vorausabteilung Weiss die Höhen. Steht in den russischen Stellungen. Die Russen sind verstört und überrascht. Die meisten sind noch nicht in ihren frisch gebauten, aber zum Teil erst halb fertigen Verteidigungsstellungen. Liegen in ihren Unterkunftsräumen. Es sind mongolische Baubataillone, die hier zum

Stellungsbau eingesetzt sind. Wo sie sich in Gruppen oder Zügen auf Gefechts=posten befinden, wehren sie sich verbissen und fanatisch.

Die Landser beginnen zu begreifen, daß mit diesem Gegner nicht zu spaßen ist. Er ist nicht nur tapfer, sondern auch voller Kriegslist. Ein Meister im Tarnen und Fallenstellen. Ein hervorragender Gewehrschütze. Und der Kampf aus dem Hinterhalt ist die große gefährliche Kunst des russischen Infanteristen. Überrollte und verwundete russische Feldwachen warten, bis die erste deutsche Welle vorbei ist. Dann nehmen sie den Kampf wieder auf. Scharfschützen bleiben mit ihren sehr guten automatischen Gewehren mit Zielfernrohr in ihren Löchern liegen und warten auf Opfer. Schießen Nachschubfahrer, Offiziere, Melder ab.

Auch die neben den Schleswig=Holsteinern fechtende rheinisch=westfälische 126. I.D. machte bittere Erfahrungen mit den zäh kämpfenden sowjetischen Grenztruppen. Das II. Bataillon Infanterieregiment 422 hatte böse Verluste. Teile einer roten MG=Feldwache hatten sich in einem Kornfeld versteckt und die erste Angriffswelle vorbeistoßen lassen. Als Hauptmann Lohmar am Nachmittag ahnungslos sein Bataillon aus der Reserve nach vorn führt, schießen die Russen die Deutschen aus dem Roggenfeld heraus zusammen. Unter den Toten liegt der Kommandeur. Unter den Schwerverwundeten sein Adjutant. Eine ganze Kompanie brauchte drei Stunden, um die vier Russen aus dem Kornfeld zu fischen. Sie schossen noch aus drei Meter Entfernung und mußten mit Handgranaten zum Schweigen gebracht werden.

An der Nordflanke, direkt an der Ostseeküste, im kleinen Zipfel des Memellandes, greift die masurische 291. Infanteriedivision General Herzogs an. Ihr taktisches Zeichen ist ein Elchkopf: Erinnerung an die masurische Heimat der Division. Im gleichen Augenblick, da 800 Kilometer weiter im Süden der Leutnant Zumpe auf die Eisenbahnbrücke von Brest zustürmte, stößt Oberst Lohmeyer mit einer Vorausabteilung des Infanterieregiments 505 durch die Bunkerlinie der vollkommen überraschten russischen Grenztruppen. Im Schutze des Morgennebels setzten sich die Russen schnell ab. Aber Lohmeyer ließ sie nicht zur Ruhe kommen, stieß nach und stand am Abend des Angriffstages bereits an der lettisch=litauischen Grenze. Am nächsten Morgen nahmen die 505er Prekuln. Siebzig Kilometer tief stand Lohmeyer nach vierunddreißig Stunden mit seinem Regiment in Feindesland.

Bei General von Mansteins LVI. Panzerkorps in den Waldgebieten nördlich der Memel ist nicht viel Platz für weiträumige Operationen. Deshalb werden zum ersten Stoß über die Grenze nur die 8. Pz.D. und die 290. I.D. angesetzt. Der Durchbruch durch die Bunkerlinie muß klappen. Muß schnell klappen. Denn das Korps soll am ersten Tage achtzig Kilometer mitten durch den Feind fahren, ohne Rücksicht, ohne Halt, um den großen Straßenviadukt über das Dubysa=Tal bei Ariogala unversehrt im Handstreich zu nehmen. Gelingt das nicht, dann liegt das Korps an dem tief eingeschnittenen Flußtal fest, der Gegner bekommt Zeit, sich zu formieren. Vor allem aber ist dann an einen überraschenden Handstreich gegen das wichtige Dünaburg natürlich nicht mehr zu denken.

Die Kompanien der 290. I.D. haben gleich beim Übergang über den Grenz=

bach schwere Verluste, vor allem auch an Offizieren. Leutnant Weinrowski von der 7. Kompanie I. R. 501 ist wahrscheinlich der erste Soldat, der oben im Norden in der ersten Kriegsminute unter den Schüssen sowjetischer Grenzwachen fällt. Aus einem als Bauernkate getarnten Bunker waren die Feuerstöße gekommen. Aber aufhalten können die russischen Grenztruppen den Angriff nicht. Die 11. Kompanie stürmt vor den Spitzen der 8. Panzerdivision, räumt im Feuer der Russen die Baumsperren auf den Schneisen des Grenzwaldes weg, stürmt durch den Wald, an einer Ortschaft vorbei. Der Kompanieführer, Oberleutnant Hinkmann, fällt. Leutnant Silzer springt an die Spitze: »Kompanie hört auf mein Kommando!« Sie kommen an das Flüßchen Mituva. Nehmen die Brücke und bilden, wie befohlen, einen Brückenkopf.

Und schon prescht die 8. Panzerdivision General Brandenbergers heran. Der Kommandierende General von Manstein fährt in seinem Befehlspanzer mit der Division. »Vorwärts!« treibt er an. »Vorwärts!« Was heißt Flanke! Was heißt Sicherung! Der Viadukt von Ariogala muß in unsere Hand. Und Dünaburg muß überrascht werden.

Der kühne und sonst so kühle strategische Kopf Manstein weiß, daß dieser Vabanque-Krieg, genannt ›Unternehmen Barbarossa‹, nur gewonnen werden kann, wenn es gelingt, die Russen in den ersten Wochen des Überfalls aus dem Sattel zu werfen. Er weiß, was schon Clausewitz wußte: Dieses riesige Land kann man nicht erobern und besetzen. Man kann höchstens durch tollkühne Überraschungsoperationen, durch mächtige und schnelle Stöße ins militärische und politische Herz des Landes das Regime stürzen, das Land führungslos machen und so die riesige militärische Potenz paralysieren. Nur so geht es — vielleicht. Oder der Krieg wird bereits im Sommer verloren.

Wenn er aber nicht schon in den ersten acht Wochen des Jahres 1941 verloren werden soll, muß Leningrad schnell fallen, muß Moskau schnell fallen, muß die Masse der unter Waffen stehenden Russen im Baltikum und in Weißrußland ausmanövriert, zerschlagen, gefangen werden. Und damit das geschehen kann, müssen die Panzerkorps fahren, müssen sie rücksichtslos ihre Stöße gegen die großen Nervenzentren führen. Und das heißt im Bereich dieser Heeresgruppe: Leningrad muß fallen. Um aber Leningrad zu erreichen, muß man über die Düna, gegen die Mansteins LVI. Panzerkorps und links daneben das XXXXI. Panzerkorps unter General Reinhardt vorstoßen. Und um schnell, ohne gefährlichen Zeitverlust über diesen mächtigen Strom zu kommen, müssen die Dünabrücken bei Dünaburg und Jakobstadt intakt erobert werden. Diese Brücken aber liegen 350 Kilometer hinter der Grenze. Das sagt alles.

Um 19 Uhr geht beim Stab der 8. Panzerdivision der Funkspruch der Vorausabteilung ein: »Viadukt Ariogala — genommen.« Manstein nickt. Er sagt nur ein Wort: »Weiter!« Die Panzer rollen. Die Grenadiere fahren durch glühende Staubwolken. Weiter. Manstein macht einen Panzervorstoß, den kein Taktiklehrer für möglich gehalten hätte. Wird er mit seinem Korps Dünaburg überraschen? Wird er 350 Kilometer — so weit wie von Hamburg nach Düsseldorf — mitten durch starkbesetztes Feindesland fahren können und trotzdem die Dünabrücken intakt im Handstreich nehmen?

Daß dieser Panzerkrieg der ersten Tage im Baltikum kein fröhliches Abenteuer ist, keine Blitzkriegslust gegen einen unterlegenen Feind, wird schon nach achtundvierzig Stunden klar. Auch die Russen haben Panzer, und was für welche. Das XXXXI. Panzerkorps, das am linken Flügel der Panzergruppe 4 operiert, bekommt es zu spüren.

Am 24. Juni um 13 Uhr 30 kommt Reinhardt auf den Gefechtsstand der 1. Panzerdivision und berichtet, daß die 6. Panzerdivision auf ihrem Wege zur Düna an der Dubysa ostwärts Rossienie auf starke feindliche Panzerkräfte gestoßen ist und in schwerem Kampf steht. Mehr als hundert schwerste sowjetische Panzer rollten von Osten her dem XXXXI. Panzerkorps entgegen und prallten zuerst auf General Landgrafs 6. Panzerdivision. Rossienie, noch weiß niemand, daß der Name dieses Dorfes in die Kriegsgeschichte eingehen wird. Er bezeichnet die erste große Krise an der deutschen Nordfront im Rücken des bereits weit vorgestoßenen Panzerkorps Manstein.

Die 1. Panzerdivision tritt zur Entlastung der 6. an. Mühselig quälen sich die Panzer durch die Sand- und Moorwege vorwärts. Der Tag vergeht mit Scharmützeln, der nächste Morgen beginnt mit Alarm. Ein sowjetischer Panzerangriff mit überschweren Panzerkolossen überrollt bei Vosiliskis das II. Bataillon des Schützenregiments 113. Weder die Pak der Schützen oder Panzerjäger noch die Panzerkanonen können die Panzerung dieser schweren Feindpanzer durchschlagen. Die Artillerie kurbelt in offenen Feuerstellungen ihre Rohre auf waagerecht und bringt schließlich den feindlichen Angriff in direktem Beschuß zum Stehen. Das Panzerregiment tritt zum Gegenangriff an. Die deutschen Panzer können nur dank ihrer großen Schnelligkeit und wendigen Führung gegen die überschweren sowjetischen Panzer bestehen. Durch Ausnutzung aller Möglichkeiten, vor allem durch ihre Feuerdisziplin und guten Funkverbindungen, gelingt es den Panzerkompanien, den Gegner drei Kilometer zurückzuwerfen.

Die Sowjetpanzer, die so überraschend auftauchten, waren die unbekannten Typen der Klim-Woroschilow-Serie KW 1 und KW 2 von 43 und 52 Tonnen Gewicht.

Die Geschichte der thüringischen 1. Panzerdivision berichtet über diese Panzerschlacht: »Die hier auftauchenden KW 1 und 2 waren dolle Brocken! Auf etwa 800 Meter eröffneten unsere Kompanien das Feuer, es blieb wirkungslos. Näher und näher rollten wir an den Feind, der ebenfalls unbeirrt weiterfuhr. Nach kurzer Zeit stand man sich fünfzig bis hundert Meter gegenüber. Ein tolles Feuergefecht entwickelte sich ohne sichtbaren deutschen Erfolg. Die Russenpanzer rollten weiter, alle Panzergranaten prallten an ihnen ab. So ergab sich die bestürzende Situation, daß Russenpanzer durch die Reihen des Panzerregiments 1 auf die eigenen Schützen zurollten und in unser Hinterland durchstießen. Das Panzerregiment machte kehrt und rollte jetzt mit den KW 1 und KW 2 auf gleicher Höhe. Dabei gelang es, diese mit Sondergranaten auf kürzeste Entfernung, dreißig bis sechzig Meter, abzuschießen. Im Gegenangriff wurden diese russischen Kräfte zurückgeworfen, dann bei Vosiliskis eine Sicherungsfront aufgebaut. Die Abwehrkämpfe hielten an.«

Tagelang tobte die krisenreiche Schlacht an der Dubysa zwischen dem deutschen XXXXI. und dem sowjetischen III. Panzerkorps, das 400 meist überschwere Kampfwagen in die Schlacht warf. Es waren die Elitepanzerdivisionen, die Generaloberst Fjedor J. Kusnezow einsetzte, darunter die 1. und 2. Panzerdivision.

Die schweren sowjetischen Panzer besaßen eine Rundumpanzerung von 80 mm, teilweise auf über 120 mm verstärkt. Bewaffnet waren sie mit der 7,62- oder 15,5-cm-Langrohrkanone, dazu vier MG. Ihre Geschwindigkeit im Gelände belief sich auf etwa 30 km/st. Am härtesten machte zunächst die Panzerung zu schaffen: Ein KW 2 wies über siebzig Treffer auf; kein Schuß war durchgeschlagen! Da die deutsche Pak gegen diese Panzer wirkungslos war, mußte versucht werden, durch Beschuß der Ketten die Riesen zunächst zum Stehen zu bringen, um sie dann mit Artillerie oder Flak bekämpfen zu können oder im persönlichen Einsatz durch starke geballte Ladungen zu sprengen.

In den frühen Morgenstunden des 26. entscheidet sich die Schlacht. Die Russen greifen an. Die deutsche Artillerie ist auf den Höhen zwischen der Feuerfront der Panzerregimenter aufgefahren und schießt aus offenen Feuerstellungen in direktem Beschuß. Dann treten die deutschen Regimenter zum Gegenangriff an. Um 8 Uhr 38 reicht das Panzerregiment 1 den Spitzen der 6. Panzerdivision die Hand. Das III. sowjetische Panzerkorps ist zerschlagen.

Die beiden Panzerdivisionen haben im Zusammenwirken mit der 36. I.D. (mot.) und der 269. Infanteriedivision die Masse der sowjetischen Panzerkräfte in den baltischen Ländern vernichtet. Zweihundert Sowjetpanzer wurden zerstört. Neunundzwanzig überschwere KW 1 und KW 2, die Panzerungeheuer aus der Leningrader Fabrik Kolpino, liegen ausgebrannt auf dem Schlachtfeld. Der Weg nach Jakobstadt an der Düna ist nun auch für das XXXXI. Panzerkorps frei.

Und wo steht Lohmeyer? Die Frage war in der 18. Armee und im Stab der 291. Division schon zur Redensart geworden.

Am Abend des 24. Juni stand der Oberst mit seinem Infanterieregiment 505 zwölf Kilometer vor Libau. Am 25. Juni versuchte er, die Stadt im Handstreich zu nehmen. Die Infanteristen und die Matrosen der Marinestoßtruppabteilung Kapitänleutnant von Diest, die Lohmeyer unterstellt war, stürmte über die schmale Landenge gegen die Festungswerke. Aber sie kamen nicht durch. Auch ein entschlossener Angriff, den Kapitänleutnant Schenke mit den Männern der unterstellten Marineartillerieabteilung 530 vortrug, konnte die Lage nicht wenden. Ehe Lohmeyer umgruppieren konnte und die anderen beiden Regimenter der Division heran waren, trat die Besatzung von Libau zum Gegenstoß an. Kampfgruppen, von Panzern unterstützt, machten Entlastungsangriffe, zum Teil bis vor die deutschen Artilleriestellungen. Am 27. setzten die Russen zum massierten Ausbruch an, rissen sogar die deutsche Einschließungsfront auf, brachen mit Kampfgruppen an der Küstenstraße durch und brachten die deutsche Front in gefährliche Krisen. Die Lücke konnte nur mühevoll gestopft werden. In den Mittagsstunden endlich gelang es den Bataillonen des I.R. 505 und den Infanteriestoßtrupps in den südlichen Teil der Befestigungen einzudringen. Am nächsten Tage fochten sich die Sturmtruppen in die Stadt.

Achtundvierzig Stunden raste der Straßenkampf. Die raffiniert getarnten russischen MG-Nester in den verbarrikadierten Häusern konnten nur mit vorgezogenen schweren Infanteriegeschützen, Feldhaubitzen und Mörsern niedergekämpft werden.

Die Verteidigung war glänzend organisiert. Der einzelne Soldat gut ausgebildet und von fanatischer Tapferkeit. Mit absoluter Selbstverständlichkeit nahm es die Truppe hin, geopfert zu werden, um der obersten Führung Zeit zu gewinnen oder Voraussetzungen für Umgruppierungen und Ausbruch zu schaffen. Truppenteile rücksichtslos zu opfern, um größere Verbände zu retten, zeigte sich in Libau als fester Bestandteil der sowjetischen Kriegskunst. Diese Methode brachte den deutschen Angreifern schwere Verluste; so fielen zum Beispiel beide Kommandeure der am Kampf beteiligten Marinestoßtrupps, Kapitänleutnant von Diest und Kapitänleutnant Wolff.

Am 29. Juni schließlich war die Seefeste bezwungen. Die Infanterie der 18. Armee hatte ihren ersten großen Sieg errungen. Aber dieser Sieg war eine bittere Lehre: In Libau zeigte sich erstmals, wozu der Rotarmist bei der Verteidigung fester Punkte fähig war, wenn er entschlossen und kaltblütig geführt wurde und wenn man der an sich schwerfälligen sowjetischen Befehlsmaschinerie Zeit und Gelegenheit ließ, die Abwehr zu organisieren.

Im Gegensatz zu dieser opferbereiten Verteidigung von Libau stand der lasche, kopflose und panikanfällige Widerstand von Dünaburg.

Im Morgengrauen des 26. Juni prescht die Spitze der Lausitzer 8. Panzerdivision die große Fernstraße entlang, die geradewegs von Kowno nach Leningrad führt. Die Ketten rasseln. Die Motoren brummen. Die Kommandanten lehnen in den Kuppeln, die Gläser vor den Augen. Seit vier Tagen jagen sie so über die Hügel und durch die sumpfigen Senken, boxen sich durch alles durch, was sich ihnen entgegenstellt. Fahren. Durch Wald, Sand, Sumpf und Russen. Mitten durch zwei Armeen von Kusnezow. Dreihundert Kilometer weit.

Noch acht Kilometer bis Dünaburg. Noch sechs. Unheimlich ist das alles.

Im Spitzenpanzer schneidet die Hand des Kommandanten in die Luft, winkt dann nach rechts: Rechts ran und halt! An der haltenden Panzerspitze vorbei fährt eine merkwürdige Kolonne. Vier sowjetische Beute-Lkw – die Fahrer in russischen Uniformen. Die Panzerkommandanten in den Turmluks grinsen und winken. Sie wissen, was es für ein geheimnisvoller Konvoi ist: Angehörige des Regiment ›Brandenburg‹, ›die Brandenburger‹ genannt; eine Spezialtruppe von Admiral Canaris, dem Chef des deutschen militärischen Geheimdienstes.

Oberleutnant Knaak sitzt mit seinen Männern unter den Planen. Der Auftrag ist ebenso abenteuerlich wie simpel: In die Stadt fahren, die Dünabrücken besetzen, russische Sprengungen verhindern, halten, bis die 8. Panzerdivision sich durch die Stadt an die Brücke herangekämpft hat.

Knaaks Lastwagen rollen an der Panzerspitze vorbei. Die kleine Anhöhe hinauf. Da: das Dünaknie und die Stadt. Die Brücken! Über die Straßenbrücke mitten in Dünaburg flutet der Verkehr wie im Frieden. Über die große Eisenbahnbrücke dampft gerade eine Lokomotive. Die Wagen rattern hinüber in die Stadt. An den sowjetischen Sicherungen vorbei. Die Fahrer in ihren russischen Uniformen rufen den Feldwachen Witze zu. »Wo sind die Deutschen?« fragen die Russen. »Ach, noch weit weg.« Weiter geht es. In die Vorstadt Kriva. Es ist kurz vor 7 Uhr. Durch rollenden Straßenverkehr, an Straßenbahnen vorbei, rumpeln Knaaks Wagen. Da liegt die große Straßenbrücke. Gas und drauf!

Der erste kommt hinüber. Aber den zweiten will die russische Brückenwache anhalten. Als er weiterrollt, erhält er MG-Feuer. Da kommandiert der Zugführer: »Raus und drauf!« Durch die Schießerei ist die Wache drüben aufmerksam geworden. Sie nimmt den anrollenden Lastwagen Nr. 1 unter MG-Feuer. Aber Knaak kommt mit seinen Männern vom Wagen herunter. Die sowjetische Brückenwache wird in Deckung gezwungen. Auch der zweite Zug kommt gut auf die Eisenbahnbrücke. Überwältigt die Wachen. Zerschneidet die Sprengleitung. Doch aus Versehen geht ein Teil der Ladung trotzdem hoch und zerstört ein Stück der Brücke.

Oben auf der Anhöhe vor der Stadt haben die Beobachter von General Brandenbergers Panzerspitze die Aktion Knaaks genau beobachtet. Als die Abschüsse blitzen, wirft der Kommandant des Spitzenpanzers den Lukendeckel zu. »Hinein«, ruft er ganz unmilitärisch in sein Mikrofon. »Hinein!« echot der Fahrer. Luken dicht! Turm 12 Uhr! Sprenggranate! Und dann preschen sie in die Stadt.

Um 8 Uhr hat General von Manstein die Funkmeldung: »Handstreich auf Stadt und Brücken Dünaburg geglückt. Straßenbrücke unversehrt. Eisenbahnbrücke durch Sprengung leicht beschädigt, aber passierbar.«

Oberleutnant Wolfram Knaak und fünf Mann waren gefallen, die anderen zwanzig seines Kommandos wurden alle verwundet. Der sowjetische Wachoffizier, der an der Straßenbrücke Dienst getan hatte, wurde gefangen und sagte aus: »Ich hatte keinen Befehl zur Sprengung. Ohne Befehl habe ich es nicht gewagt. Es war aber niemand zu erreichen, den ich hätte fragen können.«

Hier enthüllte sich eine entscheidende Schwäche der unteren sowjetischen Truppenführung, der wir noch oft begegnen werden. Aber im Krieg zählt nicht das Warum. Manstein hatte es geschafft. Ein beispielloser Panzerstoß war von Erfolg gekrönt. In Dünaburg wurde zwar gekämpft, aber Dünaburg war kein Libau. Der russische Kampfkommandant ließ sprengen, die Vorratslager anzünden und setzte sich dann ab. Die russische Artillerie schoß in die Stadt. Die Bomberstaffeln der sowjetischen Luftwaffe flogen an, stur und unverdrossen, um die Brücken doch noch durch Bombenwurf zu zerstören. Die deutsche Heeresflak und die Jäger der Luftflotte 1 hatten ihre großen Tage und sicherten den Sieg an der Brücke von Dünaburg.

Doch was sind Siege, wenn man sie nicht nutzt. Die mächtige Düna war bezwungen, der wichtige Eisenbahnknotenpunkt Wilna—Leningrad in deutscher Hand. Die 8. Panzerdivision und die 3. I. D. (mot.) standen am jenseitigen Ufer des Flusses. Was gebot die Lage? Was gebot die Stunde?

Ja, was gebot sie? Sollte Manstein weiter vorstoßen? Die heillose Verwirrung beim Gegner ausnutzen und darauf bauen, daß er — wie sich gezeigt hatte — nicht in der Lage war, dem gespenstischen deutschen Panzervormarsch planmäßig überlegene Kräfte entgegenzusetzen? Oder sollte man schulmäßig, auf Sicherheit bedacht, anhalten, auf die Infanterie warten? Das war die Frage. Es war die Frage, die Leningrads Schicksal umschloß.

Man sollte meinen, daß Hitler für die wagemutige Lösung gewesen wäre. Denn bei Licht besehen, war eigentlich die Entscheidung gar nicht frei, konnte nicht so oder so sein. Sie ergab sich zwangsläufig aus der Anlage des Feldzuges. Und dieser Feldzug war auf Wagemut, auf va banque aufgebaut. Hitler wollte ein Riesenreich in schnellem Ansturm niederwerfen, von dem ihm immerhin bekannt war, daß es über 200 Divisionen allein in seinem westlichen Teil kampfbereit stehen hatte. Und dahinter? Hinter dem Ural war unbekanntes Land, von dem nur dunkle Berichte vorlagen: über riesige Industrieanlagen, mächtige Rüstungszentren und unüberschaubare Menschenreservoire. Also war dieses Kriegsabenteuer — wenn überhaupt — militärisch nur zu einem guten Ende zu bringen, wenn der Blitz die Eiche fällte. Und der Blitz, das waren mächtige, schnelle und auf Überraschung aufgebaute Stöße in die politischen und militärischen Herzkammern des Sowjetreiches. Der Feind durfte nicht zur Besinnung kommen, nicht zur Entfaltung seiner Kraft gelangen. Das hatten die ersten Tage des Krieges bereits mahnend gezeigt: Wo man seine Führung durch Überraschung lähmte, war der Sieg gewiß, wo man ihm Gelegenheit zu kämpfen gab, focht er wie der Teufel.

Diese Erkenntnis und die Logik des Feldzugplanes ›Barbarossa‹ geboten also, wie Manstein klar erkannte, daß man beim kühnen Vormarsch blieb. Der Feind durfte keine Chance bekommen, seine Reserven gegen die erkannten und verharrenden deutschen Spitzen heranzuführen. Ließ man das zu, dann, aber auch erst dann, kamen die ungedeckten Flanken der weit vorgestoßenen, zahlenmäßig schwachen Panzerverbände in tödliche Gefahr. Stieß man weiter, dann mußte Kusnezow immer das den Panzerverbänden entgegenwerfen, was er gerade zur Hand hatte.

Guderian hatte der Panzerwaffe den Grundsatz in die Geburtsurkunde geschrieben: »Nicht kleckern — klotzen!« Manstein fügte einen zweiten hinzu: »Die Sicherheit eines Panzerverbandes im Rücken des Feindes beruht darauf, daß er in Bewegung bleibt.«

Natürlich war es ein Risiko, daß Mansteins Korps allein nördlich der Düna operierte und sowohl Reinhardts XXXXI. Panzerkorps wie auch der ganze linke Flügel der 16. Armee unter Generaloberst Busch noch über hundert Kilometer zurückhing; aber ohne Risiken war dieser Feldzug überhaupt nicht zu führen, geschweige denn zu gewinnen. Der Gegner zeigte sich recht unempfindlich gegen die vorgetriebenen Keile der deutschen Panzer, das heißt, er nahm seine anderen Fronten nicht zurück, sondern warf alles, was er zusammenkratzen konnte, gegen Mansteins Dünaübergang. Aber nicht, weil die oberste sowjetische Führung etwa die deutschen Blitzkeile gelassen hinnahm, sondern weil sie in totaler Unkenntnis über die Lage war. Weder Kusnezow noch das Oberkommando im Kreml hatten einen Überblick. Und gerade das galt es zu nutzen.

Die oberste deutsche Führung erkannte jedoch die Logik ihrer eigenen Strategie nicht. Hitler bekam Nerven, bekam Angst vor seiner eigenen Courage. Es wurde offenbar, daß der Mann, der bei seinen Plänen Kühnheit, Wagemut, Glück und Draufgängertum in höchstem Maße einkalkulierte, in der Praxis der erste war, der an der Lagekarte voller Furcht auf die offenen Flanken zeigte und kein Zutrauen zur operativen Führung seiner Generale hatte. Das deutsche Oberkommando aber vermochte nicht, sich durchzusetzen. Auf diese Weise erhielt Manstein den Befehl: »Halt! Brückenkopf von Dünaburg verteidigen. Das Herankommen des linken Flügels der 16. Armee ist abzuwarten.«

Das Argument, Versorgungsgründe und Feindangriffe hätten zwangsläufig diesen Stop erforderlich gemacht, ist im Sinne konservativer Generalstabsbeurteilung der Lage richtig; aber wollte man sie zum Maßstab machen, dann hätte Manstein schon nicht zur Düna und Guderian zwei Wochen später schon gar nicht über den Dnjepr gehen dürfen. Nein, Hitlers Halt beruhte auf Unsicherheit und – vor allem – darauf, daß er sich nicht entscheiden konnte, ob er den Angriff erst auf Leningrad oder erst auf Moskau forcieren sollte. Die Unentschlossenheit diktierte das Halt. Und mit diesem Halt war Leningrad zum ersten Male gerettet. Wie fernes Donnergrollen kündigte sich für die Truppenführer die Krise zwischen Führer und Oberkommando an: Moskau oder Leningrad, jene Krise, aus der die späteren großen Fehlentscheidungen kamen, die die Nägel zum Sarge des Ostheeres wurden.

Sechs Tage ließ man das Panzerkorps Manstein verhalten. Drei Tage davon allein weit vor der Heeresgruppenfront. Und das, was kommen mußte, kam: Kusnezow karrte an Reserven heran, was er greifen konnte. Aus dem Raum Pleskau. Aus Moskau. Aus Minsk. Alles warf er gegen die vorgeschobenen Stellungen Mansteins. Als endlich am 2. Juli wieder grünes Licht zum Weiterstoß mit dem Fernziel Leningrad gegeben wurde, waren kostbare Tage verstrichen. Tage, die das sowjetische Oberkommando genutzt hatte, um seinen Divisionen die Panik auszutreiben und die Verteidigung der ›Stalinlinie‹ vorbereiten zu lassen, der alten, teilweise gut ausgebauten Grenzbefestigung längs der ursprünglich russisch-estländischen Grenze, zwischen Peipus-See und Sebesch. Die zweite Runde begann.

Und wie liefen die Operationen der ersten Tage im Süden?

Feldmarschall von Rundstedt und der Befehlshaber seiner Panzergruppe 1, Generaloberst von Kleist, hatten das schwierigste Los des Feldzuges gezogen. Die russische Südfront vor der ukrainischen Kornkammer war besonders stark und sorgfältig ausgebaut. Generaloberst Kirponos, der Oberbefehlshaber der Heeresgruppe ›Südwestfront‹, hatte seine vier Armeen in zwei Gruppen tief gegliedert. Gut getarnte Bunkerlinien, schwere Feldbefestigungen und raffinierte Hindernisse machten bereits den ersten Sprung über die Grenze zu einem blutigen Waffengang.

Die Divisionen der 17. Armee unter General der Infanterie von Stülpnagel mußten sich durch die Bunkerlinien vor Lemberg und Przemysl fressen. Die 6. Armee Reichenaus focht sich gegen hartnäckigen Widerstand über den Styr. Als der Panzergruppe von Kleist östlich Lemberg der Durchbruch gelungen war und die Fahrzeuge mit dem weißen ›K‹ zum ›Blitz‹ anfahren wollten, wurde die Chance zur großräumigen Operation und zur Einkesselung des Gegners sofort von Kirponos verhindert. Mit schnell herangebrachten Panzerkräften packte er im Gegenangriff die vorstoßenden deutschen Divisionen hart an.

Er kommt mit den schweren Geschützpanzern vom Typ KW 1 und KW 2. Auch der überschwere Woroschilow-Tank mit seinen fünf drehbaren Türmen wackelt schwerfällig heran. Da ist der deutsche Panzer III mit seiner 3,7- oder 5-cm-Kanone ziemlich machtlos und muß weichen. Flak und Artillerie müssen zur Panzerbekämpfung heran. Am gefährlichsten aber ist der sowjetische T 34. Schnelligkeit und Wendigkeit zeichnen diesen Panzerriesen aus. Sein Steckbrief: sechs Meter lang, drei Meter breit und zweieinhalb Meter hoch. Breite Ketten. Mächtiger Turm mit stark abgeschrägten Flächen, 26 Tonnen Gewicht. 7,62-cm-Kanone. Am Styr rollt der erste gegen die Schützenbrigade der 16. Panzerdivision.

Panzerjägerabteilung 16 prescht mit der 3,7-Pak heran. Stellung! Entfernung hundert Meter. Der Iwan rollt. Feuer. Treffer. Und noch mal Treffer. Und wieder. Die Männer zählen: 21-, 22-, 23mal knallen die 3,7-cm-Granaten auf den Koloß. Aber die Geschosse prallen ab. Die Richtkanoniere brüllen vor Wut. Der Zugführer ist bleich wie die Wand. Noch zwanzig Meter. »Auf den Drehkranz halten«, befiehlt der Leutnant.

Und da hat's ihn. Der Panzer wendet und fährt davon. Der Drehkranz ist beschädigt, er kann den Turm nicht mehr bewegen, aber sonst ist ihm nichts passiert. Die Panzerjäger atmen auf. »Mensch«, sagen sie. »Mensch.« Der T 34 ist von nun an ihr Schreckgespenst. Und ihre bisher so bewährte 3,7-cm-Pak trägt von dem Tage an den Spitznamen ›Heeresanklopfgerät‹.

Der Kommandeur der 16. Panzerdivision, Generalmajor Hube, charakterisierte die Lage der ersten Kampftage im Süden mit den Worten: »Es geht langsam, aber sicher vorwärts.« Aber langsam und sicher war nicht im ›Unternehmen Barbarossa‹ vorgesehen. Schnell und mit vernichtenden Kesselschlachten sollten auch Kirponos Kräfte in Galizien und in der Westukraine geschlagen werden.

An der rumänisch-russischen Grenze, wo die 11. Armee unter Generaloberst Ritter von Schobert stand, passierte am 22. Juni nicht viel. Kein Artillerieschlag, kein Sturmangriff, es blieb bis auf Spähtrupptätigkeit über den Grenzfluß Pruth und ein paar Luftbombardements durch die Russen ziemlich friedlich. Hitlers Fahrplan sah hier eine wohlerwogene Verspätung vor: die vor der Front stehenden sowjetischen Kräfte sollten Anfang Juli in den von Norden her angesetzten Kessel getrieben werden.

So kommt es, daß an dem Schicksalstage um 3 Uhr 15 der Pruth schläfrig wie immer unter einer dünnen Nebeldecke nach Süden fließt. Generalmajor Roettig, Kommandeur der 198. Infanteriedivision, liegt mit seinem Ic und einem Ordonnanzoffizier beobachtend am Ufer des Flusses dicht bei dem Dorfe Sculeni. Die russischen Grenzwachen verhalten sich ruhig, bis eine Detonation die Luft zerreißt: Ein Spähtrupp der 198. I. D. ist über den Pruth gerudert und hat einen sowjetischen Wachtturm gesprengt, das einzige lärmende Kriegsereignis an der Südflanke der Ostfront.

Erst am Abend des 22. Juni tritt die 198. I. D. zu einer gewaltsamen Erkundung über den Pruth an, um das von Fluß und Grenze durchschnittene Sculeni zu besetzen. Das Infanterieregiment 305 besetzt Ort und Brückenkopf. Und hält ihn gegen starken Feinddruck in den nächsten Tagen.

Tag um Tag vergeht. Aber die Verzögerungen am Nordflügel der Heeresgruppe, bei der 6. und 17. Armee, bedeuten, daß auch Schoberts Divisionen noch warten müssen. Endlich, am 1. Juli, ist es soweit. Die 198. I. D. tritt aus ihrem Brückenkopf an. Vierundzwanzig Stunden später die übrigen Divisionen des XXX. Korps: die 170. I. D. unter Generalmajor Wittke sowie die 13. und 14. rumänische Division. Auch die beiden anderen Korps der Armee, das LIV. und das XI., überschritten rechts und links vom XXX. Korps den Pruth.

Obwohl acht Tage nach Kriegsbeginn nicht mehr mit Überraschungserfolgen gerechnet werden konnte, gelang es den 170ern trotzdem, die Holzbrücke über den Pruth bei dem Dorf Tutora im Handstreich zu nehmen. In einer kühnen und listigen Aktion sprang Leutnant Jordan mit seinem Zug durch die spanischen Reiter der sowjetischen Grenzsicherung. Der 800 Meter lange Damm durch den Sumpf wurde freigekämpft. Die sowjetischen Sicherungen im Kampf Mann gegen Mann niedergerungen. Am Morgen lagen vierzig Russen tot an ihren MGs vor der Brücke und im Sumpf. Allerdings zahlte auch der Zug Jordan mit vierundzwanzig Verwundeten und Toten einen hohen Preis.

Der Angriff der 11. Armee rollte. Richtung Nordosten, gegen den Dnjestr. Aber es ging nicht, wie der Plan vorsah: Schobert konnte nicht einen bereits weichenden Feind in den Sack treiben, sondern mußte einen zäh fechtenden Gegner vor sich herschieben.

Nach zehn Tagen härtester Kämpfe sind die Panzerdivisionen Rundstedts hundert Kilometer vorgedrungen. Sie schlagen sich mit überlegenen Kräften herum, müssen igeln, müssen nach rechts und nach links, nach hinten und vorn fechten. Der starke Feind leistet hartnäckig elastischen Widerstand, und es gelingt Generaloberst Kirponos, der geplanten deutschen Umfassung nördlich des Dnjestr zu entgehen und langsam in geschlossener Front auf die festungsartig ausgebaute ›Stalinlinie‹ beiderseits Mogilew auszuweichen. Der operative Durchbruch war Rundstedt also nicht gelungen. Der Zeitplan der Heeresgruppe Süd war durcheinander. Würde die Verspätung noch aufzuholen sein?

An der Mittelfront jedoch klappte es. Da preschten nach schnell erkämpftem Durchbruch die Panzer- und motorisierten Divisionen der beiden Panzergruppen Hoth und Guderian an den Flügeln der Heeresgruppe fahrplanmäßig zwischen den verdutzten und schlecht geführten Armeen der russischen ›Westfront‹ durch und setzten zur großen Zange an. Hier an der Mittelfront sollte ja mit rund 1600 Panzern die Entscheidung des Feldzuges von Anbeginn eingeleitet und schließlich in Zusammenarbeit mit der Panzergruppe 4 unter Generaloberst Hoepner, die vorerst im Bereich der Heeresgruppe Nord operierte, durch die Einnahme Moskaus gekrönt werden. Die Rechnung schien aufzugehen. Der ›Blitz‹ regierte die Stunde der Panzerdivisionen. Wie in alten Zeiten. Wie in Polen, wie im Westfeldzug. So sah es wenigstens aus — vorn, bei den Panzerspitzen. Aber die Infanterie machte, wie im Nordabschnitt, auch an der Mittelfront in den ersten Tagen schon andere Erfahrungen. Ein Exempel war die Festung Brest-Litowsk.

Die 45. Infanteriedivision ahnte am 22. Juni nicht, wieviel Blut sie in dieser alten Grenzfeste lassen sollte. Hauptmann Praxa hatte seinen Angriff auf das Herz der Zitadelle von Brest sehr umsichtig vorbereitet. Das III. Bataillon Infanterieregiment 135 sollte die Westinsel und das Zentrum mit dem Kasernenblock nehmen. Am Sandkasten hatten sie alles genau studiert. Hatten schnell ein provisorisches Modell gebaut, nach Luftaufnahmen und alten Plänen, die aus dem Polenfeldzug stammten, als Brest bis zur Übergabe an die Russen in deutscher Hand war. Von vornherein war es Guderians Stabsoffizieren klar, daß nur die Infanterie die Zitadelle nehmen konnte; denn sie war panzersicher.

Das fast vier Quadratkilometer große Rondell war von Gräben und Flußläufen umgeben, im Innern durch Kanäle und künstliche Wasserarme wiederum in vier kleine Inseln aufgeteilt. Kasematten, Scharfschützenstände, Panzerkuppeln mit Pak und Flakgeschützen waren gut getarnt hinter Buschwerk und unter Bäumen versteckt. In Brest lagen am 22. Juni insgesamt fünf sowjetische Regimenter, darunter zwei Artillerieregimenter, ein Aufklärungsbataillon, eine selbständige Flakabteilung, Nachschub- und Sanitätsbataillone.

Nach einem Bericht über die Vernehmung des Generals Karabitschew, der in den ersten Kriegstagen hinter der Beresina gefangen wurde, erhielt der General im Mai 1941 als Sachverständiger für das Pionierwesen den Befehl, die Westbefestigungen zu inspizieren. Am 8. Juni machte er sich auf die Reise.

Am 3. Juni hatte die 4. sowjetische Armee – wohl in böser Vorahnung – einen Probealarm durchführen lassen. In dem Bericht darüber, der erbeutet wurde, heißt es über das schwere 204. Haubitzen-Regiment: »Die Batterien waren erst sechs Stunden nach dem Alarm schußbereit.« Oder über das 33. Schützenregiment: »Die Wachhabenden kannten die Alarmvorschriften nicht. Feldküchen sind nicht in Ordnung. Regiment geht ohne Marschsicherung ...« Über die 246. Flakabteilung: »Der Wachhabende war nicht fähig, bei dem gegebenen Alarm einen Entschluß zu fassen.« Wenn man diesen Bericht liest, wundert man sich nicht mehr, daß in der Stadt Brest kein Widerstand im großen geleistet werden konnte. Aber in der Zitadelle wartete auf die Deutschen doch eine Überraschung.

Als um 3 Uhr 15 der Artillerieschlag begann, lag das III. Bataillon I. R. 135 dreißig Meter vor dem Bug, direkt vor der Westinsel. Die Erde zitterte. Der Himmel war in Feuer und Rauch getaucht. Mit den Artillerieeinheiten, die die Zitadelle sturmreif schießen sollten, war alles genau besprochen: Alle vier Minuten sollte der Feuerorkan hundert Meter vorverlegt werden. Präzisionsarbeit der Hölle.

Da bleibt kein Stein auf dem anderen, dachten die Männer, die an die Erde gepreßt vor dem Fluß lagen. Das war ihre Hoffnung. Denn wenn der Tod drüben nicht einzog, würden sie seine Opfer sein.

Nach den ersten vier Minuten, die wie eine donnernde Ewigkeit schienen, genau um 3 Uhr 19, sprang die erste Welle auf. Schleppte ihre Schlauchboote zum Ufer. Hinein. Und schattenhaft, verborgen hinter Qualm und Rauch, setzten sie über. 3 Uhr 23 folgte die zweite Welle. Die Männer kamen wie im Manöver ans andere Ufer. Schnell waren sie die Böschung hinauf. Dann warteten sie geduckt im hohen Gras. Die Hölle über sich. Die Hölle vor sich.

3 Uhr 27 richtet sich Leutnant Wieltsch, der Führer des 1. Zuges, auf. Die Pistole in der rechten Faust war noch an einem Riemen befestigt. Auf diese Weise hatte er notfalls beide Hände für die Handgranaten frei, die er im Koppel und in zwei umgehängten Leinenbeuteln trug. Kein Wort, kein Ruf war nötig. Geduckt ging es durch einen Garten. An Obstbäumen und alten Pferdeställen vorbei. Über die Wallstraße. Und jetzt durch das zerschossene Tor. Aber da kam die Überraschung: Der Artilleriebeschuß, selbst die schweren Brocken der 60-cm-Mörser, hatten dem mächtigen Mauerwerk der Zitadelle nur wenig antun können. Der Feuerschlag hatte lediglich die Besatzung geweckt und sie alarmbereit gemacht. Notdürftig angezogen, sammelten sich die Russen und bezogen Stellung.

Gegen Mittag hatten sich die Bataillone der Infanterieregimenter 135 und 130 zwar zum Teil tief in die Festung gefochten. Aber vor dem Ostfort der Nordinsel sowie am Offiziersklub und dem Kasernenkomplex der Zentralinsel ging es keinen Schritt mehr vorwärts. Sowjetische Scharfschützen und MG in Panzerkuppeln sperrten den Weg. Artillerie konnte wegen der engen Verzahnung von Angreifer und Verteidiger nicht eingesetzt werden. Am Nachmittag wurde die Korpsreserve, das Infanterieregiment 133, in die Festung geworfen. Vergeblich! Eine Sturmgeschützabteilung wurde eingesetzt. Sie schoß mit ihren 7,5-cm-Kanonen auf die Bunker in direktem Beschuß. Vergeblich.

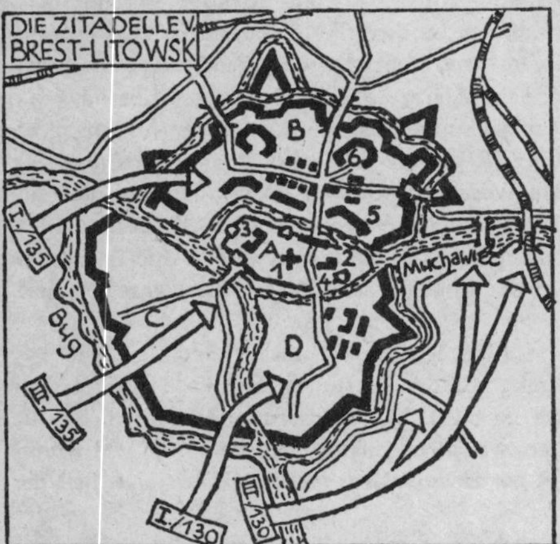

Karte 2
Die Zitadelle von Brest-Litowsk.
Der Angriff der Bataillone der Infanterieregimenter 130 und 135 auf die Zitadelle.
A Zentral- oder Kerninsel; B Nordinsel; C Westinsel; D Südinsel; 1 alte Festungskirche; 2 Offiziersklub; 3 Kaserne; 4 Kaserne; 5 Stützpunkt Fomin; 6 Ostfort.

Am Abend waren einundzwanzig Offiziere und 290 Unteroffiziere und Mannschaften gefallen. Darunter auch der Bataillonskommandeur, Hauptmann Praxa, und der Kommandeur der I. Abteilung Artillerieregiment 99, Hauptmann Krauß, mit ihren Gefechtsstäben. So ging es also nicht. Die Kampfgruppen wurden aus der Festung gezogen, Artillerie und Flieger noch einmal angesetzt. Sorgfältig wurde die alte Festungskirche ausgespart: Dort saßen siebzig Männer des III. Bataillons eingeschlossen, konnten nicht vorwärts und nicht zurück. Zum Glück hatten sie ein Funkgerät und konnten der Division ihre Lage melden.

Der dritte Tag von Brest brach an.

Als die Sonne den Qualm durchdrang, trafen ihre Strahlen auch einen alten und zerschossenen russischen Flakstand. Dort lag die MG-Gruppe Teuchler vom Zug des Leutnants Wieltsch. Der Schütze eins röchelte schwer. Er hatte einen Lungenschuß und rang mit dem Tode. Der Gewehrführer saß steif an die Lafette gelehnt, schon seit Stunden tot. Der Gefreite Teuchler lag mit Brustdurchschuß über den Munitionskästen. Die Sonne, die auf sein Gesicht schien, weckte das Bewußtsein. Er rollte sich vorsichtig zur Seite. Hörte die gequälten Rufe: »Sanitäter, Sanitäter!« Und sah, wie drüben auf der 300 Meter entfernten Kasematte jedesmal ein Schuß aufblitzte, wenn sich irgendwo ein Verwundeter aufrichtete oder in Deckung zu kriechen versuchte: Scharfschützen! Sie hatten auch Teuchlers Gruppe niedergemacht.

Um 12 Uhr brach ein starker Stoßtrupp des I. Bataillons Infanterieregiment 133 von der Westinsel zur Zitadellenkirche durch. Die eingeschlossenen Gruppen wurden befreit. Der Gefreite Teuchler wurde aufgefunden. Aber an den Offiziersklub kam man nicht heran.

Auch das Ostfort auf der Nordinsel hielt immer noch. Am 29. Juni setzte Feldmarschall Kesselring ein Stukageschwader gegen das Ostfort ein. Die 500-Kilo-Bomben blieben jedoch wirkungslos. Am Nachmittag wurden 1800-Kilo-Bomben geworfen. Jetzt krachte das Mauerwerk. Frauen und Kinder kamen aus dem Fort. 400 Soldaten folgten ihnen. Der Offiziersklub aber verteidigte sich immer noch. Das Gebäude mußte Stück um Stück gesprengt werden. Kein Mann ergab sich.

Am 30. Juni stellt der Gefechtsbericht der 45. I. D. fest: Der Kampf ist abgeschlossen, die Festung erobert. Die Division meldete 7000 Gefangene, darunter hundert Offiziere. Die deutschen Verluste betrugen: 482 Gefallene, darunter vierzig Offiziere, und über tausend Verwundete, von denen noch viele starben. Wie ungeheuer hoch diese Verlustzahl war, kann man daran ermessen, daß an der gesamten Ostfront bis zum 30. Juni insgesamt 8886 Gefallene zu beklagen waren. Die Zitadelle von Brest allein verschlang also fünf Prozent aller Gefallenen.

Ein Kapitel wie das von der Verteidigung der Brester Zitadelle würde in der Geschichte eines jeden Landes eine mächtige Resonanz gefunden haben. Aber die Tapferkeit und der Todesmut der sowjetischen Brest-Verteidiger blieben ungerühmt. Bis zu Stalins Tod hat die sowjetische Führung dieses Heldentum einfach nicht zur Kenntnis genommen. Die Festung war gefallen, viele Soldaten hatten kapituliert — das war in den Augen der stalinistischen Epoche eine Schande. Also gab es keine Helden von Brest. Das Kapitel wurde aus der Kriegsgeschichte gestrichen. Die Namen der Kommandeure ausgelöscht.

Erst im Jahre 1956, drei Jahre nach Stalins Tod, geschah etwas Interessantes: Man fing an, die Brest-Verteidiger zu rehabilitieren. Der Publizist Sergej Smirnow brachte ein Büchlein heraus, betitelt: »Auf der Suche nach den Helden von Brest-Litowsk«. Man erfährt, daß der Verfasser diese Helden, die alles überstanden hatten, erst mühselig suchen mußte; denn sie lebten im Verborgenen, weil sie noch fünfzehn Jahre nach der Schlacht und zehn Jahre nach Kriegsschluß als verdächtig und verfemt galten. Smirnow schreibt: »Etwa 400 Überlebende des Zitadellenkampfes gibt es in Rußland. Die meisten von ihnen gerieten schwer verwundet in deutsche Gefangenschaft. Es muß gesagt werden, daß man bei uns mit diesen Leuten nicht immer richtig umgegangen ist. Es ist kein Geheimnis, daß der Feind des Volkes, Berija, und seine Handlanger eine falsche Einstellung zu ehemaligen Kriegsgefangenen züchteten, ohne zu berücksichtigen, auf welche Weise der jeweilige Soldat dem Feind in die Hände fiel und wie er sich in der Gefangenschaft führte. Das ist auch der Grund, daß wir erst so spät über Brest-Litowsk die Wahrheit erfahren.«

Und wie sieht die Wahrheit aus?

Smirnow entdeckte sie an den Wänden in den Kasematten. Ein Drama. Da steht mit einem Nagel in den Kalk geritzt: »Wir sind drei Moskauer — Iwanow, Stepantschikow, Schuntjaew. Wir verteidigen diese Kirche und haben uns geschworen, nicht zu weichen. Juli 1941.«

Und darunter steht: »Ich bin allein. Stepantschikow und Schuntjaew fielen. Deutsche sind in der Kirche. Mir bleibt die letzte Granate, aber lebend kriegen sie mich nicht.«

Oder: »Es war schwer, aber wir verlieren nicht den Mut und sterben. Juli 1941.« Oder in dem Keller der Kaserne auf der Westinsel. Dort las man: »Ich sterbe, aber ich ergebe mich nicht. Vergib, Heimat.« Eine Unterschrift war nicht zu entdecken, dafür aber das Datum: 20. 7. 41. Daraus ergibt sich, daß einzelne Gruppen aus den Verliesen der Zitadelle noch bis Ende Juli den Kampf fortführten.

Im Jahre 1956 erfuhr die Welt auch endlich, wer die Verteidiger der Zitadelle befehligte. Smirnow schreibt: »Aus dem aufgefundenen Gefechtsbefehl Nr. 1 sind uns die Namen der Kommandeure bekannt, die die zentrale Zitadelle verteidigten: Truppenkommissar Fomin, Kapitän Subatschew, Oberleutnant Semenenko und Leutnant Winogradow.« Kommandeur des 44. Schützenregiments war Pjotr Michailowitsch Gawrilow. Kommissar Fomin, Kapitän Subatschew und Leutnant Winogradow brachen mit einer Kampfgruppe am 25. Juni aus der Festung aus, wurden aber an der Warschauer Chaussee gestellt und aufgerieben. Alle drei gerieten in Gefangenschaft. Winogradow überlebte. Smirnow fand ihn in Wologda, wo er, 1956 noch unerkannt, als Schmied arbeitete. Nach seiner Mitteilung hatte sich »Kommissar Fomin vor dem Ausbruch die Uniform eines einfachen Soldaten angezogen, der gefallen war; aber er wurde von einem anderen Soldaten im Gefangenenlager erkannt, denunziert und erschossen. Subatschew starb im Gefangenenlager. Major Gawrilow überlebte die Gefangenschaft, obwohl er sich noch als Schwerverwundeter der Gefangennahme mit der Handgranate widersetzte und einen deutschen Soldaten tötete.«

Spät sind die Helden der Brester Zitadelle in die sowjetische Geschichte eingegangen. Sie haben es verdient. Die Art, wie sie fochten, die Härte, die Hingabe, das Ausharrungsvermögen in aussichtsloser Lage ist typisch für Kampfmoral und Widerstandskraft des sowjetischen Soldaten; an vielen Stellen sind die deutschen Divisionen solchen Beispielen wie Brest oder Libau begegnet.

Die Hartnäckigkeit und Hingabe der Verteidiger von Brest machte auf die deutschen Soldaten einen starken Eindruck. Die Kriegsgeschichte kennt nur wenige Beispiele für solchen Todesmut von Festungsverteidigern. Als Generaloberst Guderian die Meldungen über den Kampfverlauf bekam, sagt er zu Major von Below, dem Verbindungsoffizier des Oberkommandos des Heeres bei der Panzergruppe: »Das kann man nur bewundern.«

2 Stalin sucht einen Retter

Die ersten Kesselschlachten — Warum war die sowjetische Front ahnungslos? — Stalin kannte den Angriffstermin — Rote Kapelle und Dr. Sorge — Geschwader Rowehl — Zwei mißtrauische Diktatoren — General Potaturtschew wird gefangen und sagt aus

Die materiellen und moralischen Folgen jedes größeren Gefechts«, so schrieb Feldmarschall Graf Moltke vor acht Jahrzehnten, »sind so weitgreifender Art, daß durch sie meist eine völlig veränderte Situation geschaffen wird.«

Die militärischen Experten sind sich einig, daß dieses Wort heute noch gilt und auch 1941 galt. Es ist nicht bekannt, ob Stalin Moltke gelesen hat, aber er beherzigte seinen Lehrsatz. Er erkannte, daß an der Mittelfront die Katastrophe drohte, weil etwas Entscheidendes fehlte: ein kühner Organisator, ein harter erfahrener Truppenführer, ein Mann, der das Chaos vor der Front von Guderians und Hoths vorstürmenden Panzern mit rücksichtslosen Improvisationen meistern konnte.

Wo war der Mann? Stalin glaubte, ihn im Fernen Osten gefunden zu haben. Und zögerte keine Minute, diesem Manne die Rettung der Mittelfront anzuvertrauen.

In der Stunde, da der Leutnant Wieltsch in die Zitadelle von Brest stürmt, als Manstein über die Brücke von Dünaburg fährt und Hoths Panzer der historischen Enge von Molodetschno zujagen, wo einst Napoleon nach seinem schrecklichen Rückzug aus Moskau der Welt verkünden ließ, daß die Grande Armée vernichtet, der Kaiser aber bei bester Gesundheit sei, da lief auf dem Bahnhof von Nowosibirsk, 1400 Kilometer ostwärts des Ural, der Stationsvorsteher mit dem Quartiermeister des sibirischen Militärdistrikts an dem Transsibirien-Expreß entlang. Sie suchten ein bestimmtes Sonderabteil. Endlich hatten sie es gefunden.

Der Quartiermeister trat an das offene Fenster: »Genosse General«, sagte er zu dem breitschultrigen Mann im Abteil, »Genosse General, der Verteidigungsminister ersucht Sie, den Zug zu verlassen und mit dem Flugzeug weiterzufliegen.«

»Sehr gut, sehr gut«, sagt der General. Der Quartiermeister flitzt zur Tür und verschwindet im Wagen, um die Koffer herauszuholen.

Es ist der 27. Juni 1941! Die Nachmittagssonne brennt. Auf dem Bahnsteig herrscht uniformiertes Gewimmel. Vom Bahnhofsvorplatz hört man das Geplärr der Rundfunklautsprecher. Sie verbreiten einen Aufruf des sibirischen Militärbezirks.

Der General, der vom Quartiermeister und Stationsvorsteher geleitet wird, drängt sich durch die Menge der Einberufenen, die auf ihre Züge warten, um in die verschiedenen Garnisonstädte zu kommen. Der General heißt A. I. Jeremenko. Er trägt den Orden des Roten Arbeitsbanners. Er kommt aus Chabarowsk, wo er bis vor einer Woche die 1. Fernostarmee befehligte. Im sowjetischen Oberkommando hat er den Ruf, ein harter Truppenführer mit großem persönlichem Mut, ein glänzender Taktiker und ein absolut zuverlässiger Anhänger der Kommunistischen Partei zu sein. Er ist ein Veteran der Roten Armee, einer von Trotzkis alter Garde, der als Unteroffizier zur Roten Armee übertrat und den ganzen Feldzug gegen die Weißen mitmachte. Dabei verdiente er sich das Offizierspatent.

Am 22. Juni, am Tag des Kriegsbeginns, kurz nach zwölf Uhr mittags, hatte der Stabschef der Heeresgruppe Ferner Osten, General Smorodinow, aufgeregt bei ihm angerufen: »Andrej Iwanowitsch, die Deutschen bombardieren seit heute morgen unsere Städte. Der Krieg hat begonnen.«

Jeremenko beschreibt diese Szene in seinen Memoiren: »Als ein Mann, der sich ganz dem militärischen Handwerk verschrieben hat, hatte ich oft über die Möglichkeit eines Krieges nachgedacht, insbesondere über die Art seines Beginns. Ich war überzeugt, daß wir jederzeit imstande sein würden, feindselige Absichten rechtzeitig zu erkennen, so daß wir niemals überrascht werden könnten. Jetzt aber, da ich Smorodinow hörte, war mir sofort klar: Wir waren überrascht worden. Wir waren ahnungslos. Wir alle, die Soldaten, die Offiziere und das sowjetische Volk. Was für ein katastrophales Versagen unseres Nachrichtendienstes!«

Aber Stabschef Smorodinow ließ Jeremenko keine Zeit zu sinnieren, sondern übermittelte ihm klare Befehle. Erstens: Alarmzustand für die 1. Fernostarmee. »Also droht auch hier ein Überfall – von den Japanern«, warf Jeremenko erschrocken ein.

Smorodinow beruhigte ihn. Der Alarm sei eine Vorsichtsmaßnahme. Anhaltspunkte für einen japanischen Angriff bestünden nicht. Daß man im Oberkommando dessen ziemlich sicher war, ging aus dem zweiten Befehl hervor, durch den Jeremenko Weisung erhielt, sich unverzüglich nach Moskau in Marsch zu setzen, um ein neues Kommando zu übernehmen.

Der Generalleutnant Jeremenko wußte noch nicht, was ihn erwartete, wußte nicht, daß Stalin unter allen Marschällen und Generalen ausgerechnet ihn, den Generalleutnant aus dem Fernen Osten, ausgewählt hatte, die Mittelfront zu retten. Stalin hielt ihn genau für den Mann, den er brauchte: einen Meister der Improvisation, einen russischen Rommel, vertraut auch mit den Problemen der Führung großer Verbände. Seine 1. fernöstliche Armee hatte wegen ihres guten

Ausbildungsstandes den Orden des Roten Arbeitsbanners erhalten. Wer wäre besser geeignet gewesen, als eiserner Besen bei der versagenden Führung der sowjetischen ›Westfront‹ eingesetzt zu werden? Wer konnte, mit straffer Hand und unverwüstlichem Glauben an Stalin, die verzweifelte Lage besser meistern?

Und verzweifelt war die Lage im Frontabschnitt Bialystok weiß Gott! Drei Schützendivisionen, die 12., 89. und 103., hatten nicht nur keinen Widerstand geleistet, sondern ihre politischen Kommissare, die mit der Pistole den Kampf der Truppe erzwingen wollten, erschossen und sich dann aufgelöst. Die meisten waren einfach in Gefangenschaft gelaufen. Stalin war gerade über dieses Ereignis fassungslos. Bei einer solchen Lage konnte nur ein ganz harter Mann helfen.

Noch am 22. Juni war Jeremenko mit dem Transsibirien-Expreß aus Chaborowsk abgefahren. Er zählte nervös die Stunden, die Tage der endlosen Reise. Denn mit der Eisenbahn ließ Moskau den Mann fahren, der die Mittelfront retten sollte! Endlich hatte man sich anscheinend eines Besseren besonnen und ihn in Nowosibirsk aus dem Zug holen lassen.

Jeremenko fuhr zur Kommandantur des sibirischen Militärdistrikts. Aber Neues von der Front erfuhr er auch nicht. Und wie immer in solchen Fällen, wurden Gerüchte kolportiert. Selbst die Stabsoffiziere trugen sie herum: Die Deutschen sind abgeschmiert. General Pawlows Panzer sind bereits aus dem berühmten Bialystoker Bogen losgelassen und bahnen den Schützenkorps den Weg nach Warschau. Kapitän Gorobin, der erst vor ein paar Wochen aus dem Stab der 1. Kosakenarmee nach Nowosibirsk versetzt war, erzählte augenzwinkernd: »Unsere Karten, die bereitlagen, reichten bis an den Rhein, und jede deutsche Division war darauf verzeichnet.«

Man war optimistisch in Nowosibirsk. Man nahm die Kommuniqués nicht so ernst, die am 26. kamen: »Der Feind hat Brest genommen.« Brest? Nitschewo, das lag doch im Polnischen!

Zwei Stunden später klettert Jeremenko bereits in einen zweimotorigen Bomber und startet Richtung Moskau. 2800 Kilometer hat er vor sich. Viermal muß zwischengelandet, getankt, inspiziert und Pause gemacht werden. Ja, Rußland ist groß. 3500 Kilometer von Nowosibirsk entfernt tobt der Krieg an der russischen Westfront. Und dabei liegt Nowosibirsk nur ungefähr in der Mitte zwischen Brest-Litowsk und Wladiwostok.

Während Jeremenko in seinem Bomber am 28. Juni 800 Meter über dem Rande der verdämmernden Taiga in Richtung Omsk fliegt und dann weiter über die riesige Plaine von Kasachstan, die sibirische Kornkammer mit den unübersehbaren Weizenfeldern, vorbei an der trostlosen Industrielandschaft um Swerdlowsk, dem Ural zu, steht der Mann, mit dem er sich hauptsächlich zu messen haben wird, in seinem Gefechtspanzer knapp achtzig Kilometer südwestlich der weißrussischen Hauptstadt Minsk.

Generaloberst Heinz Guderian, Befehlshaber der Panzergruppe 2, funkt gerade an Oberst i. G. Freiherr von Liebenstein, den Chef des Generalstabes der Panzergruppe: »Die 29. motorisierte Division, die in breiter Front 180 Kilometer südwestlich Minsk im Raum Slonim–Zelwa gegen ausbrechende Russen ficht, soll so schnell wie möglich zum Stoß auf Minsk–Smolensk eindrehen.«

Als Guderians Befehl auf dem Gefechtsstand der Panzergruppe in dem alten Radziwiller Schloß von Nieswiez eingeht, liegen Bayerlein und Liebenstein, Ia und Chef Guderians, über dem Kartentisch und zeichnen mit schnellen Strichen die Lage ein. Erst heute morgen ist ihr Stab auf dem alten Schloß eingezogen. Vor der Brücke liegen zwei ausgebrannte Russenpanzer. Die Geschichte dazu macht in der ganzen Panzergruppe die Runde.

Der Kommandeur der 18. Panzerdivision, General Nehring, ist in der Nacht zum 27. Juni auf der Suche nach dem Stab seines Panzerregiments. Er fährt mit seinem offenen Schützenpanzerwagen vorsichtig auf das Schloß zu. Ein deutscher Panzer III sichert vor der Brücke. Nehring läßt halten, fünfzig Schritt sind es bis zu dem Panzer. Er ruft ihn an. Da klirren Panzerketten. Nehring richtet sich auf und leuchtet mit der Taschenlampe nach hinten! Eisiger Schreck durchfährt ihn. Zwei leichte Russenpanzer vom alten Typ T 26 stehen dicht aufgeschlossen hinter ihm, die MG-Mündungen in Fahrtrichtung.

»Halb rechts raus«, zischt Nehring seinem Fahrer zu. Der schaltet sofort. Auch der deutsche Panzer hat gemerkt, daß etwas nicht stimmt. Es dauert keine Sekunde, da jagt schon der erste Schuß aus der 5-cm-Kanone. Der zweite und dritte gleich hinterher. Die Russen bringen keine Garbe aus ihrem MG.

Nun liegen die Panzer vor dem Nieswiez-Schloß, rauchgeschwärzte Zeugen für die seltsame Geschichte eines Generals. Oben im dritten Stock des Radziwiller Schlosses aber hängt ein anderes seltsames Erinnerungsstück an der Wand. Die Fotografie einer Jagdgesellschaft vom Jahre 1912: Der Ehrengast in der Mitte ist – Kaiser Wilhelm II.

Als Liebenstein und Bayerlein Guderians Funkspruch gelesen haben, begreifen sie sofort, was er im Auge hat: Der Feldzug an der Mittelfront ist in eine entscheidende Phase getreten. Der erste große Erfolg bahnt sich an: Die 17. Panzerdivision hat als Spitze der von Süden auf Minsk eindrehenden Verbände die weißrussische Hauptstadt erreicht. Von Norden hat Generaloberst Hoth mit seiner Panzergruppe 3 den Bogen geschlagen und ist mit General Stumpffs 20. Panzerdivision bereits am 26. Juni in Minsk eingedrungen. Gruppe Hoth und Gruppe Guderian reichen sich also die Hand. Das bedeutet, daß die große Zange, die von der 4. und 9. Armee um den Bialystoker Bogen greift, sich geschlossen hat. Der Sack ist zu, in dem vier russische Armeen stecken, die mit dreiundvierzig Divisionen und sechs selbständigen Brigaden zwischen Bialystok–Nowogrodek und Minsk liegen. Vier Armeen, eine halbe Million Mann! Die erste riesige Vernichtungsschlacht der Ostfront rollt ab, eine Vernichtungsschlacht, wie sie die Kriegsgeschichte nur selten zu verzeichnen weiß. Es spricht für den strategischen Sinn Guderians, daß er sich nicht an dem Sieg berauschte, der sich abzeichnete, sich nicht der Verlockung hingab, ein paar hunderttausend Gefangene einzubringen. Er wußte, daß es nicht die Aufgabe der Panzerverbände sein durfte, Treiber zu spielen, an den Kesselrändern Wache zu halten und die Gefangenenkolonnen einzusammeln. Das war Sache der Infanteriedivisionen. Die schnellen Truppen mußten weiter, die Chance nutzen. Vorwärts über die Beresina. Den Dnjepr. Auf das erste große operative Ziel des Feldzuges zu: Smolensk.

Das war der Grund, weshalb Guderian Generalmajor von Boltensterns 29. I. D. (mot.) aus den Abwehrkämpfen gegen die Ausbruchsversuche der Russen am südlichen Kesselrand beim Flüßchen Zelwianka und beiderseits des Städtchens Zelwa lösen wollte, um sie nach Norden zum Stoß auf Smolensk anzusetzen. Aber die mitteldeutsche 29. I. D. (mot.), Falke-Division genannt, weil sie als taktisches Zeichen einen Falken führte, war an einem siebzig Kilometer langen Frontabschnitt am großen Kesselrand in harte Abwehrkämpfe gegen verzweifelte sowjetische Ausbruchsversuche verwickelt. Die Russen wollten sich hier einen Ausweg erzwingen, ein Loch schlagen, um aus dem Kessel zu entkommen. Immer wieder stellten sie sich in den dichten Wäldern bereit und stürmten dann mit Panzerunterstützung und Artillerie gegen die dünnen Linien der Division.

Sie ritten südwestlich des Dorfes Jeziornica mit Kavallerieschwadronen in die MG-Garben des Kradschützenbataillons und des MG-Bataillons 5, formierten sich mit Urrä-Urrä-Rufen immer wieder in Bataillons- und Regimentsstärke. Brachen bei Zelwa bis in die vorderen Stellungen der Aufklärungsabteilung. Die beiden deutschen Infanterieregimenter 15 und 71, aus Kassel und Erfurt, stehen pausenlos im Kampf. Vor allem die Bataillone vom Infanterieregiment 15 haben schwere Stunden. Die 5. Kompanie liegt zwei Kilometer vor dem Städtchen Zelwa, das vollgestopft ist mit Russen. Immer wieder jagen sie mit ihren aufreizenden Urrä-Schreien heran. Kompanien. Bataillone. Regimenter.

Was dann kommt, ist für die deutschen Landser unvorstellbar. Die Russen stürmen in breiter Front in fast unübersehbaren Schützenketten, untergehakt: drei, vier Reihen hintereinander.

»Sind die verrückt?« fragen die 29er. Fassungslos sehen sie die erdbraune uniformierte Mauer aus Leibern, aus fest aneinandergepreßten Männern, heranstampfen. Die aufgepflanzten langen Bajonette ragen aus der Mauer wie Lanzenspitzen.

»Urrä! Urrä!«

»Das ist doch Mord«, stöhnt Hauptmann Schmidt, der Kommandeur des I. Bataillons. Aber was ist der Krieg denn sonst? Wenn dieser gigantische Sturm zerschlagen und nicht nur zu Boden gezwungen werden soll, dann muß man warten. »Feuerbefehl abwarten!« befiehlt er. Und die Mauer stampft heran: »Urrä! Urrä!«

Den Landsern hinter dem MG jagt die Angst das Herz auf Touren. Wer soll das aushalten! Aber da kommt das Wort: »Feuer frei!« Und sie reißen den Abzug zurück. Und denken: Wenn die nicht, dann wir! Die MG tackern. »Feuer!« Die Karabiner bellen. Die MPi prasseln. Die erste Welle stürzt zusammen, die zweite darüber. Die dritte flutet zurück. Braune Hügel bedecken das weite Feld.

Aber am Abend kommen sie wieder. Diesmal mit einem Panzerzug, einer russischen Waffe, die vielleicht für einen Bürgerkrieg, aber nicht für die moderne Materialschlacht geeignet ist. Die gepanzerte Lokomotive zieht Kanonenwagen und gepanzerte Schützenwaggons. Fauchend und feuernd kommt das Ungetüm aus dem Städtchen Zelwa. Gleichzeitig fegen links neben den Schienen zwei Kavallerieschwadronen heran, rechts rollen T 26 auf den Gefechtsstand des II. Bataillons zu.

Eine 3,7-cm-Pak der schnell herangeführten 14. Kompanie schießt den Panzerzug in Brand, nachdem Pioniere die Schienen gesprengt haben und der Zug festliegt. Im Feuer der MG der 8. Kompanie bricht die Kavallerieattacke zusammen. Das ist das Schlimmste, was die Männer bisher erlebt haben. Man hört die Schreie der Pferde. Ja, die Pferde schreien, vom Todesschmerz der zerrissenen Leiber geschüttelt. Sie wälzen sich übereinander, schlagen, auf der zerschossenen Hinterhand sitzend, mit den Vorderläufen wie wahnsinnig in die Luft.

»Feuer!« Ein Ende machen. Ein Ende.

Die Männer an den Panzerabwehrkanonen haben es leichter: Panzer schreien nicht. Und der T 26 ist der 5-cm-Pak nicht gewachsen. Keiner kommt durch die Sperre. Aber die 29. I. D. (mot.) kann auch nicht nach Norden abmarschieren, wie Guderian gern möchte.

Am Abend dieses 28. Juni landete Jeremenkos Bomber auf dem Militärflughafen der sowjetischen Hauptstadt. Der General fuhr sofort ins Kriegsministerium. Marschall Timoschenko, der Verteidigungsminister, empfing ihn mit den Worten: »Wir warten schon auf Sie.« Es gab keine Floskeln, keine Höflichkeiten. Der Marschall ging sofort auf das Thema los, trat an die Lagekarte von der Mittelfront und sagte, wie Jeremenko in seinen Memoiren berichtet: »Die Ursache unseres Mißerfolges an der ›Westfront‹ liegt darin, daß die Befehlshaber der Grenzzone sich ihren Aufgaben nicht gewachsen gezeigt haben.«

Jeremenko staunte.

Timoschenko gab ein vernichtendes Urteil über den Oberbefehlshaber Generaloberst Dimitri G. Pawlow ab, der mit der Masse der russischen motorisierten Kräfte im Bogen von Bialystok gelegen hatte und den man in der Roten Armee vor dem Kriege ›den sowjetischen Guderian‹ nannte.

Jeremenko erschrak. Entsetzen aber ergriff ihn, als Timoschenko auf der Karte die Gebiete markierte, die in der ersten Kriegswoche schon verloren waren. Timoschenko fuhr mit dem Bleistift über die Karte: »Die Deutschen stehen auf der Linie Mitau, Dünaburg, Minsk, Bobruisk. Weißrußland ist verloren. Vier Armeen der ›Westfront‹ abgeschnitten. Der Feind zielt offenbar auf Smolensk. Und wir haben keine Kräfte mehr, es zu schützen!«

Timoschenko machte eine Pause. Es war, wie Jeremenko berichtet, totenstill im Raum. Dann fuhr der Marschall mit kalter, ärgerlicher Stimme fort: »Die Gefährlichkeit der Faschisten liegt in ihrer Panzerstrategie. Sie greifen in großen Verbänden an, haben im Gegensatz zu uns ganze Panzerkorps, die selbständig operieren, während unsere Panzerbrigaden nichts anderes als Hilfswaffe für die Schützenkorps sind und die Panzer stückweise eingesetzt werden. Dabei sind die deutschen Panzer nicht unüberwindlich. Sie haben keine überschweren Typen, vorerst jedenfalls nicht eingesetzt. Ich habe den T 34 zum Einsatz freigegeben. Sie werden so schnell wie möglich vom Moskauer Lehrregiment alle verfügbaren Stücke bekommen.«

Die Dramatik der Stunde kann nicht besser beschrieben werden als mit Jeremenkos Worten: »Marschall Timoschenko sagte: ›Also, Genosse Jeremenko, jetzt haben Sie ein klares Bild.‹

›Ja, das ist ein trauriges Bild‹, antwortete ich.

Nach einer Pause fuhr Timoschenko fort: ›Armeegeneral Pawlow und sein Stabschef werden sofort abgelöst. Mit Regierungsbeschluß sind Sie zum Oberbefehlshaber der ›Westfront‹ ernannt worden.‹«

»Was ist die Aufgabe an diesem Frontabschnitt?« fragte Jeremenko knapp. Timoschenko antwortete: »Den Vormarsch des Feindes stoppen!«

Ein klarer Befehl. Ein lapidarer Befehl. In ihm ruhte das Schicksal Moskaus.

Es drängt sich die Frage auf: Warum war Stalin nicht bei dieser Unterredung anwesend? Welcher Staatsführer und oberste Befehlshaber hätte es sich wohl versagt, in einer solchen Stunde einen als militärischen Retter auserkorenen General selbst auf seine Aufgabe einzuschwören? Aber nicht nur Jeremenko, niemand hörte in Moskau während der ersten beiden Kriegswochen etwas von Stalin. Molotow hatte den Völkern der Sowjetunion durch Radio den deutschen Überfall verkündet und zum Kampf aufgerufen. Dabei war Stalin seit Anfang Mai Vorsitzender des Rates der Volkskommissare, also Regierungschef.

»Wo ist er?« fragten die Moskauer. Er sprach nicht. Er zeigte sich nicht. Er hatte noch nicht einmal die britische Militärmission empfangen, die am 27. Juni angereist kam, um wirtschaftliche und militärische Hilfe anzubieten. Die wildesten Gerüchte gingen um. War er gestürzt, weil er Hitler vertraut hatte? Man erzählte sogar, er sei geflüchtet. In die Türkei, nach Persien. Auf jeden Fall gab er kein Zeichen. Und Jeremenko mußte in der Nacht vom 28. zum 29. Juni ohne seinen Segen sein schweres Amt antreten.

Inzwischen rollten die deutschen Nachschubkolonnen ununterbrochen über die staubigen, heißen, ausgefahrenen Chausseen des Mittelabschnitts. Sie rollten. Und Rollbahnen nannte man die versandeten Pisten. Immer weiter, immer nach vorn — wo die Panzerspitzen auf Sprit warteten und die Besatzungen auf Zigaretten. Diese verdammten russischen Straßen! Die Schlagadern des Krieges. Der Blitzkrieg war ja nicht nur eine Frage der Kampfmoral, sondern ebensosehr eine Sache der Verkehrsmoral. Die Straße entschied das Tempo des Krieges. Und das Tempo entschied die Schlachten der Panzerkorps. Man muß die russischen Straßen erlebt haben, um zu ahnen, was die Quartiermeister an stiller Planungsarbeit zu leisten hatten.

Im Operationsgebiet der Panzergruppe Guderian gab es zum Beispiel nach dem Übergang über den Bug nur zwei gute Vormarschstraßen; von Brest nach Bobruisk und nach Minsk. Über diese beiden Chausseen mußten 27 000 Fahrzeuge der Panzergruppe und 60 000 der nachfolgenden Infanterie, der Stäbe und der Nachrichtentruppen geführt werden. Um dieses Problem zu meistern und nicht im Chaos zu enden, hatte Guderian Dringlichkeitsstufen von eins bis drei geschaffen. Für alles, was ›1‹ hatte, mußte die Straße frei gemacht werden. ›2‹ durfte erst hinter ›1‹ fahren. Und nur wenn kein Verband mit ›1‹ oder ›2‹ die Straße befuhr, durfte sie von ›3‹ benutzt werden. Das gab natürlich schreckliche Kompetenzkämpfe. So hatte das Luftnachrichtenregiment Hermann Göring ›Stufe 3‹ zugeteilt erhalten, da es zunächst nur Telegrafenmasten zu transportieren und zu montieren hatte. Der Reichsmarschall war darüber erbost und schickte den Regimentskommandeur zu Guderian. Göring forderte ›Stufe 1‹.

Guderian hörte sich die Forderung an und fragte dann: »Können Telegrafenmasten schießen?« — »Natürlich nicht, Herr Generaloberst«, antwortete der Regimentskommandeur. Darauf Guderian: »Sehen Sie, deshalb behalten Sie Dringlichkeitsstufe 3.« Damit war der Fall erledigt. Dienstlich jedenfalls. Menschlich nahm er ein tragisches Ende: Der Kommandeur wagte nicht, dem Reichsmarschall seine Niederlage zu melden und — erschoß sich.

So waren nur ein paar Straßen die Hauptschlagadern des Krieges gegen Rußland. Und wenn die russische Führung die Tragweite dieser Tatsache richtig und rechtzeitig erkannt hätte, dann wären dem deutschen Nachschub noch weit mehr Krisen entstanden, als er sie so schon zu bestehen hatte. Da war zum Beispiel die III. Abteilung Panzerregiment 39: Die alten Hasen vom Panzer-Lehrregiment standen am Abend des 28. Juni an einem Waldstück vor Minsk. Sie warteten auf Sprit. Ein Lkw rollte heran. Gefreiter Piontek mußte sich von Unteroffizier Willi Born frotzeln lassen: »Na, Spritkutscher, gute Reise gehabt? Los, gib mal dreißig Kanister her.« Und er schloß die kleine Luke an seinem Panzer auf, hinter der sich der Tankverschluß befand.

Aber Piontek war sauer: »Zwölf Kanister, keinen mehr«, entschied er. »Was!« rief Born, »soll ich mir nur mein Feuerzeug füllen?« Aber dann wurde er still. Piontek berichtete: »Die russischen Ratas haben uns zur Sau gemacht. Fünf Wagen sind ausgebrannt. Alle Fahrer tot. Weiter hinten ist der Iwan durchgebrochen, hat die Straße gesperrt und den ganzen Nachschub durcheinandergebracht.«

Das war die Kehrseite der Panzerstöße durch dicht besetztes Feindland, wo ganze Divisionen der Russen in den Wäldern steckten. Ein paarmal schon war das Regiment in üble Bedrängnis geraten. Wie war das in Slonim gewesen, diesem verdammten Nest! Sie waren durchgefahren bis zum Bahndamm der Eisenbahn Bialystok—Baranowitschi. Dann hörten sie plötzlich Kampflärm aus der Stadt. Die russische Infanterie hatte sich beim Panzerdurchmarsch still verhalten. Aber als die Flak, die Pioniere und die Trosse kamen, ging der Höllentanz los.

Zug 1 und 2 der 9. Kompanie kehrten um. Wieder in die Stadt: »Säubern!« Das war leicht befohlen. Im selben Augenblick griff nämlich der Russe über den Bahndamm an. Slonim brannte. Das Regiment wurde von allen Ecken beharkt und war abgeschnitten. Die Landser igelten sich ein.

Im Morgengrauen sah man im Glas jenseits des Bahndamms russische Kolonnen anfahren. Die deutschen Panzer waren alle auf Funkempfang gestellt. Immer wieder kam für jeden Panzer vom Abteilungskommandeur das Achtung-Signal für den Funker. Der schob dann jedesmal die Taste nach rechts, so daß alle im Wagen mithören konnten, was der Abteilungskommandeur durchgab: »Es wird nicht früher geschossen, als rote Leuchtkugel aufsteigt. Feind herankommen lassen. Dann konzentrisches Feuer auf die Panzer.« Das Motorengeräusch kam langsam näher. »Schläft denn der Alte?« fragten sich die Männer. »Sie kommen doch immer näher?« Voran Panzer. Dann Lastwagen und Panjewagen, Feldküchen und Munitionswagen. Die ersten Fahrzeuge waren nur noch fünfzig Meter von der Sicherungskette entfernt. Endlich: die Leuchtkugel.

Eine Wand aus Feuer und Rauch bauten die Panzer mit einem Feuerschlag auf.

Drüben ging Fahrzeug um Fahrzeug in Brand auf. Die Kolonne zerfledderte. Die Panzer bogen ab und rollten in die hohen Kornfelder. Erst am Nachmittag war Slonim freigekämpft, die russischen Ausbruchsversuche zerschlagen. Drei Tage war das her. Sechs Tage seit Kriegsbeginn.

Und nun stand die 17. Panzerdivision General von Arnims am Südrand von Minsk. Die Männer sahen die brennende Stadt. Drüben auf der Rollbahn fuhren die Kolonnen vor und zurück. Funker Westphal hängte die Maschinenpistole um. Schob das Fernglas in die Uniformjacke und setzte sich auf den Panzer. Drei Stunden Wache. Wenn der Ladeschütze ihn ablöste, würde es schon hell sein. Wie weit war es bis Moskau? Und wie groß war dieses Land?

Es sind genau 680 Kilometer von Moskau bis Minsk. Und bis Mogilew, wo General Pawlow, der Oberbefehlshaber im Abschnitt Bialystok, seinen Gefechtsstand hatte, 490 Kilometer. Bis zum Erscheinen von Jeremenkos Memoiren galt die These, Pawlow habe sich erschossen, nachdem ihm Marschall Kulik im Auftrage Stalins abgesetzt und die Pistole auf den Tisch gelegt habe. Jeremenko stellt den Fall Pawlow anders dar. Danach traf er am 29. Juni, früh am Morgen, bei Pawlow ein, der gerade in seinem Zelt frühstückte. Er war überrascht über den Besuch. Begrüßte ihn deprimiert: »Wie kommen Sie denn in diesen verfluchten Winkel?« Dann deutete er auf den gedeckten Tisch: »Kommen Sie, essen Sie einen Happen mit und erzählen Sie.«

Aber mitten im Satz hielt Pawlow inne. Er spürte die Eiseskälte, die von Jeremenko ausging. Der sagte kein Wort. Statt einer Antwort reichte er Pawlow den blauen Brief. Pawlow überflog das Schreiben. Der Schreck ließ sein Gesicht erstarren. »Und wohin soll ich?« fragte er.

»Der Volkskommissar hat befohlen, daß Sie nach Moskau kommen.«

Pawlow nickte. Er machte eine höfliche Geste. »Wollen Sie nicht doch eine Tasse Tee?«

Jeremenko schüttelte den Kopf: »Ich halte es für wichtiger, die Lage an der Front kennenzulernen.«

Pawlow spürte die Zurechtweisung. Er verteidigte sich: »Der überraschende feindliche Angriff hat meine Einheiten unvorbereitet gefunden. Wir waren nicht auf Kampf eingestellt. Ein großer Teil war in den Garnisonen und auf den Schießplätzen. Die Soldaten waren auf friedliches Leben eingerichtet. So traf uns der Feind. Er ist einfach durch uns hindurchgefahren, hat uns zerschlagen und hat Bobruisk und Minsk genommen. Niemand hat uns gewarnt. Der Befehl, die Grenzeinheiten zu alarmieren, ist viel zu spät gekommen. Wir waren ahnungslos.«

Wir waren ahnungslos. Das ist die große Entschuldigung. Und während Jeremenko sonst kein gutes Wort für Pawlow findet, hierzu schreibt er: »Damit hatte er recht, heute wissen wir es. Wäre der Befehl, die Grenzeinheiten in Alarmbereitschaft zu setzen, früher gekommen, wäre alles anders gelaufen.«

Damit steht man vor der entscheidenden kriegsgeschichtlichen Frage: Wurden die Russen wirklich in völliger Ahnungslosigkeit und in friedlicher Harmlosigkeit von dem deutschen Überfall getroffen? Waren sie wirklich so unvorbereitet und zogen sie sich mit ihren angeblich weit unterlegenen Kräften – wie man bis auf den heutigen Tag vielerorts noch meint — planmäßig an den Don und die untere Wolga zurück, um die deutschen Armeen in den tiefen Raum zu locken und dann zu schlagen? War es so? Nein, es war nicht so!

Natürlich: Die taktische Überraschung der russischen Grenztruppen durch den deutschen Angriff am 22. Juni war vollkommen. Nur wenige Grenzbrücken an der 1600 Kilometer langen Front wurden zum Beispiel von den Russen rechtzeitig gesprengt. Die entscheidenden Brücken über die Memel beziehungsweise den Njemen, den Bug, den San und den Pruth, ja sogar über die 250 Kilometer von der Grenze entfernte Düna bei Dünaburg konnten von deutschen Stoßtrupps in kühnen oder listigen Handstreichen genommen werden. Also doch Ahnungslosigkeit und Sorglosigkeit?

Aber wie paßt dazu, daß am 22. Juni an der russischen Front den 146 angreifenden deutschen Divisionen mit drei Millionen Mann 139 sowjetische Divisionen und neunundzwanzig selbständige Brigaden mit 4,7 Millionen Mann gegenüberstanden? Allein die sowjetische Luftwaffe hatte in Weißrußland 6000 Flugzeuge stationiert. Zugegeben: ein großer Teil davon veraltet, aber wenigstens 1300 bis 1500 waren modernster Bauart. Die deutsche Luftwaffe trat dagegen nur mit rund 1800 einsatzfähigen Maschinen an. Also doch gut vorbereitet, glänzend zur Verteidigung eingerichtet. Aber wie erklärt sich dann die unglaubliche Schlamperei an der Grenze? Wie ist das Rätsel zu lösen?

Am 24. Februar 1941 gab der sowjetische Verteidigungsminister Timoschenko folgenden Erlaß heraus: »Das gesamte Sowjetvolk muß trotz der Erfolge der Neutralitätspolitik sich in ständiger Bereitschaft vor der Gefahr eines feindlichen Überfalls halten.«

Am 10. April 1941 beschloß der russische Kriegsrat den geheimen Alarmzustand für die sogenannte ›Westfront‹. Warum? Auf Grund welcher Umstände, welcher Nachrichten, welcher Informationen?

Nun, die Nachrichten gingen seit Januar 1941 in Moskau wie Hiobsbotschaften ein. Geliefert wurden sie vom hervorragend organisierten sowjetischen Geheimdienst. Zwischen Paris und Berlin reiste Leopold Trepper alias Gilbert, auch ›Grand Chef‹ genannt, und sammelte seine Informationen aus Hitlers Machtbereich, die er über die sowjetische Botschaft in Berlin nach Moskau leitete.

In Brüssel hatte der Major der sowjetischen Abwehr, Viktor Sokolow alias Kent, sein Büro und ließ sich von gut informierten kommunistischen Vertrauensmännern Bonbons liefern. Sein Nachrichtennetz war die ›Rote Kapelle‹.

In der Schweiz arbeitete der raffinierteste europäische Agent der Sowjets, Rudolf Rössler, genannt Lucy, ein Resident der ›Roten Kapelle‹, unter dem sowjetischen Chefagenten Rado.

In Tokio aber saß der beste Mann des Moskauer militärischen Geheimdienstes: Dr. Richard Sorge, Presseberater der deutschen Botschaft, ein Mann, der für den vaterländischen Krieg der russischen Kommunisten mehr geleistet hat als eine ganze Armee. Er lieferte Stalin die Gewißheit, daß Japan nicht in der Mandschurei gegen die Rote Armee antreten würde. Sorges Informationen ermöglichten es, die sibirischen Divisionen abzuziehen, die später vor Moskau, Kursk und Stalingrad die Wende des Krieges erzwangen.

Alle diese Agenten lieferten den Abwehrstellen der Roten Armee Berge von Informationen über Hitlers Kriegspläne gegen die Sowjetunion. Alle sagten den Angriff voraus. Und was sie nicht herausbrachten, lieferten die diplomatischen Vertretungen der Westmächte aus der unerschöpflichen Kiste des britischen und amerikanischen Geheimdienstes.

Hier der aufregendste Beweis dafür, daß der deutsche Angriff bis auf das Datum für die Russen kein Geheimnis gewesen sein kann: Am 25. April 1941 meldete der deutsche Marineattaché in Moskau in einem Telegramm über das Auswärtige Amt in Berlin an die Seekriegsleitung: »Gerüchte über Kriegsgefahr Deutschland — Rußland nehmen erhebliches Ausmaß an. Englischer Botschafter gibt als Tag des Kriegsbeginns den 22. Juni an.«

Zwei Monate vor Kriegsbeginn also war halb Moskau von Hitlers Angriffstermin unterrichtet? Und Stalin? Sollte er es nicht erfahren haben? Er hat es erfahren, und er wußte um die Bedeutung der Spionage, er kümmerte sich höchst persönlich um dieses wichtige Gebiet.

Im März 1937 sprach er vor dem Zentralkomitee der Kommunistischen Partei über die Aufgabe der geheimen Nachrichtenbeschaffung. Er sagte: »Um eine Schlacht im Krieg zu gewinnen, muß man einige Korps Rotarmisten haben. Aber um einen Sieg an der Front zu verhindern, genügt es, wenn einige Spione, die irgendwo beim Armeestab, ja selbst bei einem Divisionsstab sitzen, den Operationsplan stehlen und ihn dem Gegner zuleiten können.«

Auf dem XVIII. Parteikongreß im Jahre 1939 schnitt Stalin das Thema wieder an und sagte hintergründig: »Unsere Armee und der Nachrichtendienst haben ihr scharfes Auge nicht mehr länger auf den Gegner im Innern des Landes, sondern nach außen auf den auswärtigen Feind gerichtet.« Wäre es angesichts dieser Feststellungen nicht mehr als erstaunlich, wenn derselbe Stalin 1941 die Informationen seines Geheimdienstes über die deutschen Angriffsvorbereitungen nicht zur Kenntnis genommen haben sollte? Er muß sie gekannt haben. Er wurde ja glänzend beliefert. Von Berlin bis Tokio, von Paris bis Genf saßen seine Informanten — viele als unverdächtige Ehrenmänner in hohen Stellungen — und lieferten Nachrichten.

Wie gut sie lieferten, wurde bereits in den ersten Kriegswochen augenfällig: Als die 221. deutsche Sicherungsdivision in Lomza den stehengelassenen Panzerschrank des Befehlshabers der 1. Kosakenarmee aufknackte, fand man Karten von Deutschland mit genau eingezeichneten Standorten der deutschen Armeen, Heeresgruppen und Divisionen. Die Eintragungen waren exakt, nichts fehlte.

Aber das war nur ein kleiner Fisch. Es gab viel aufregendere Entdeckungen.

Der deutsche Funkhorchdienst im ostpreußischen Seebad Cranz nahm seit Kriegsbeginn die verschlüsselten Sprüche zahlreicher unbekannter Agentensender auf. Man bemühte sich aber vergeblich, die raffiniert verschlüsselten Zahlenkolonnen zu entziffern. Im November 1942 endlich bekam die deutsche Abwehr den Schlüssel: Der sowjetische Agentenchef Viktor Sokolow alias Kent wurde in Marseille gefaßt. Um seine Geliebte Margarete Barcza zu retten, trat er in deutsche Dienste und verriet den Code.

Was Admiral Canaris nach der Entzifferung der Sprüche auf den Tisch bekam, war noch schlimmer, als die größten Schwarzseher befürchtet hatten. Da lag ein Spruch vom 2. Juli 1941. Zehn Tage nach Kriegsbeginn funkte Alexander Rado aus Genf nach Moskau: »Rdo. an Direktor. KNR 34. Gültiger deutscher Operationsplan ist Plan I mit Ziel Moskau. Flügeloperationen sind Ablenkung. Schwerpunkt liegt an der Mittelfront. Rado.«

Rund drei Wochen später, am 27. Juli, ergänzte Rado auf Grund einer Anfrage aus Moskau seinen Spruch: »Rdo. an Direktor. KNR 92 auf RSK 1211. Falls Plan I auf Schwierigkeiten stößt, tritt Plan II in Kraft mit Hauptstoß auf den Flügeln. Planänderung erfahre ich innerhalb von zwei Tagen. Plan III mit Ziel Kaukasus ist nicht vor November vorgesehen. Rado.«

Natürlich war man in Berlin entsetzt über die genauen Informationen des Schweizer Sowjetagenten und versuchte, hinter seine Quelle zu kommen, eine Quelle, die »Planänderungen« im deutschen Oberkommando »innerhalb von zwei Tagen« erfuhr! Aber man hat diese Quelle nie entdeckt. Bis auf den heutigen Tag nicht. Alexander Rado funkte seine Informationen den ganzen Krieg über nach Moskau. Soviel allerdings ist sicher: Der Hauptlieferant Rados war Rudolf Rössler alias Lucy, ein kommunistischer Emigrant aus Bayern, der in der Schweiz arbeitete. Der britische Militärhistoriker Liddell Hart stellt nach eingehenden Aktenstudien in seinem Buch »Die Rote Armee« fest: »Eine anonyme Quelle im deutschen Generalstab informierte Rössler über die deutschen Pläne und gab sogar das Datum des Einmarsches bekannt.«

Was konnte Stalin, was konnte der Rote Generalstab mehr erwarten? Hitlers Geheimnisse lagen offen auf dem Tisch im Kreml, Moskau hätte also das auf Überraschung aufgebaute ›Unternehmen Barbarossa‹ in den ersten vierundzwanzig Stunden zur großen Niederlage Hitlers werden lassen können. Wenn – ja wenn Stalin die richtigen militärischen Konsequenzen aus seinen Nachrichten gezogen hätte. Warum tat er es nicht?

Um diese Schicksalsfrage des Krieges beantworten zu können, bedarf es eines kleinen Umweges. Es gilt, sich erst einer anderen Frage zuzuwenden.

Wie war es um die deutsche Spionage gegen Rußland bestellt? Was wußte die deutsche Führung von den militärischen Geheimnissen der Sowjetunion? Die Antwort ist in zwei Worten gegeben: Sehr wenig! Der deutsche Geheimdienst war in Rußland nur kümmerlich vertreten. Er wußte nichts von den wichtigen militärischen Geheimnissen der Russen – sie wußten von uns alles. Sie kannten unsere Waffen, unsere Garnisonen, unsere Exerzierplätze und unsere Rüstungsfabriken. Sie kannten genau unsere Panzerproduktion. Sie hatten klare Vorstellungen über die Zahl unserer Divisionen. Wir aber schätzten zu Beginn des Krieges die Rote Armee auf 200 Divisionen. Sechs Wochen nach Kriegsbeginn mußten wir feststellen, daß es bereits 360 waren. Wir hatten keine Ahnung, daß es in Rußland überschwere KW-Panzer oder einen T 34 oder die Salvengeschütze, genannt Stalinorgel, gab.

Natürlich hat der deutsche militärische Geheimdienst – vor allem ab 1933 – versucht, den Sowjets hinter die Kulissen zu blicken. Aber das Mißtrauen der Sowjets gegen das Dritte Reich Hitlers war noch stärker als gegen die Weimarer Republik und die Möglichkeiten, nachrichtendienstlich Fuß zu fassen, deshalb noch geringer. Die deutsche Abwehr war auch nicht übereifrig und wollte keine Risiken eingehen. Schließlich dachte im deutschen Oberkommando kein Mensch an einen deutsch-russischen Krieg.

Als Hitler dann eine verstärkte Nachrichtenarbeit in Rußland forderte, zeigte sich, daß so etwas nicht von heute auf morgen zu organisieren war. Die strengen Grenzkontrollen des kommunistischen Staates, die Überwachung jedes Reisenden und jedes Ortsfremden machte es praktisch unmöglich, ein Agentennetz aufzubauen. Wenn es trotzdem gelang, hier und da einen Spion aus Finnland, der Türkei oder dem Irak einzuschleusen, so gab es fast unüberwindliche Schwierigkeiten für die Nachrichtenübermittlung. Ein Kurierdienst war unmöglich, denn kein Sowjetbürger durfte ins Ausland reisen. Die wenigen Touristen wurden schärfstens überwacht. Blieben nur die Brieftauben aus dem grenznahen Raum und der Funk. Beide Methoden waren ein riesiges Wagnis, und es fand sich kaum jemand, der dieses Wagnis eingehen wollte.

Trotzdem brachte diese Arbeit in Verbindung mit der Tätigkeit der deutschen Militärattachés manches interessante Aufklärungsergebnis. So gab Guderian in einer Schrift »Achtung Panzer« auf Grund von guten Informationen die russische Panzerzahl mit 10 000 an. Aber im deutschen Oberkommando lachte man den General aus. Der damalige Chef des Generalstabs des Heeres, Generaloberst Beck, beschuldige Guderian der Übertreibung, warf ihm sogar Panikmache vor. Dabei hatte Guderian von seinen Panzerzahlen bereits vorsichtshalber ein paar tausend abgezogen. Unnötigerweise, denn seine Informanten hatten ihn nicht betrogen, die Russen besaßen bei Kriegsbeginn mehr als 17 000 Panzer!

Niemand hielt das 1941 für möglich. Eine verhängisvolle Rolle bei dieser Unterschätzung der Russen hatte der finnisch-russische Winterkrieg 1939/40 gespielt. Daß das kleine Finnland den Sowjets so lange standhalten konnte, wurde als Zeichen für die russische Schwäche genommen. Bis heute gibt es ernst zu nehmende Leute genug, die behaupten, Stalin habe den Finnlandkrieg als großen Bluff mit veralteten Waffen und schwachen Kräften geführt, um die Welt zu täuschen. Auf jeden Fall setzte das sowjetische Oberkommando im Krieg gegen Finnland weder den T 34 ein noch die überschweren KW-Panzer — die vor Finnlands Haustür in Kolpino fabriziert wurden — und auch nicht die Salvengeschütze.

Finnlands Marschall Mannerheim berichtet in seinen Memoiren, wie ihm Hitler 1942 erzählte, daß die russische Rüstung eine Riesenüberraschung für ihn gewesen sei. »Hätte mir vor Kriegsbeginn jemand gesagt, die Russen können 35 000 Kampfwagen auf die Beine bringen, dann hätte ich ihn für verrückt erklärt. Sie haben bis heute aber 35 000 in den Kampf geworfen.«

Um trotz der nahezu unüberwindlichen russischen Sicherungen gegen die herkömmliche Form der Spionage einen Blick ins ›russische Schlafzimmer‹ tun zu können, nahm die deutsche Führung zu einem Mittel Zuflucht, das zwanzig Jahre später, in unseren Tagen, auch die Amerikaner anwandten und durch das sie, nachdem es entlarvt worden war, in eine schwere Krise mit der Sowjetunion gerieten: Ich meine die geheime Luftbild-Fernaufklärung aus großen Höhen. Die

Methode, mit der schnell und außergewöhnlich hoch fliegenden U 2 die Sowjetunion auszuspähen, war keine Erfindung der Amerikaner. Hitler hat die Sache vor den Amerikanern mit Erfolg praktiziert. Dieses interessante Kapitel ist bis heute nur wenigen bekannt. Die Unterlagen befinden sich in den amerikanischen Geheimarchiven. Und man kann wohl annehmen, daß ihr Studium die U-2-Experimente ausgelöst hat. Die Geheimakten über die deutsche Luftaufklärung tragen das Deckwort ›Aufklärungsgruppe Ob.d.L.‹.

Im Oktober 1940 erhielt der damalige Oberstleutnant Rowehl von Hitler den persönlichen und ganz geheimen Befehl: »Stellen Sie Fernaufklärungsverbände zusammen, die aus großer Höhe den westrussischen Raum durch Luftbild aufklären können. Die Flughöhe muß so außergewöhnlich sein, daß die Sowjets nichts merken. Bis 15. Juni 1941 müssen Sie fertig sein.«

Fieberhaft wurden daraufhin von verschiedenen Flugzeugfirmen aus geeigneten Typen Spezialmaschinen entwickelt. Sie hatten Druckkabinen, auf Höhenleistung abgestellte Motoren, Sonderanlagen für die Bildgeräte und einen großen Sichtwinkel. Im Spätwinter schon begannen die Geheimflüge des ›Geschwaders Rowehl‹. Die 1. Staffel flog von Seerappen in Ostpreußen und klärte den Raum Weißrußland auf. Die Maschinen waren He 111 mit Spezialhöhenmotoren. Die 2. Staffel fotografierte von Insterburg aus das Gebiet der baltischen Staaten und den Raum bis zum Ilmen-See. Hier wurde mit Do 215 B-2 geflogen, einer Spezialanfertigung der Dornier-Werke. Die Maschine erreichte 9000 Meter Höhe. Der Raum nördlich der Schwarzmeerküste wurde von der 3. Staffel von Bukarest aus mit He 111 und Do 215 B-2 fotografiert. Von Krakau und Budapest aus überflog die Spezialstaffel der Versuchsstelle für Höhenflüge das Gebiet zwischen Minsk und Kiew. Hier wurden die Junkers-Sonderanfertigungen Ju 88 B und Ju 86 P benutzt; großartige Maschinen, die 10 000 beziehungsweise 12 000 Meter hoch fliegen konnten. Für die damalige Zeit eine sensationelle Höhe.

Die Sache klappte ausgezeichnet. Die Russen merkten nichts. Nur eine Maschine hatte am 20. Juni, zwei Tage vor Kriegsbeginn, im Raum Minsk Motorschaden und mußte landen. Die Besatzung konnte ihren geheimnisvollen Vogel noch in Brand setzen, ehe sie gefangen wurde. Aber der Krieg überrollte alle Komplikationen.

Die Fernaufklärung des Geschwaders Rowehl lieferte im Grunde das einzig wirklich bedeutsame Aufklärungsmaterial für den ersten Teil des Feldzuges. Alle Flugplätze Westrußlands, auch die gutgetarnten Feldflughäfen für Jäger im grenznahen Gebiet, wurden fotografiert. Was das Auge des Beobachters nie gesehen hätte, enthüllten Spezialfilme. Die erstaunlich starke Belegung der Flugplätze wurde erkannt, riesige Panzeransammlungen in den Wäldern im Norden ausgemacht.

Das Material ermöglichte einen vernichtenden Schlag gegen die russische Verteidigungskraft. Tagelang hatte Feldmarschall Kesselring mit seinen Kommandeuren der Fliegerkorps über den Auswertungen des Bildmaterials gesessen und die Einsätze beraten.

Ein Problem bereitete ihnen große Schwierigkeiten: der Zeitpunkt ihres Angriffsstarts. Die Angriffszeit der Infanterie am 22. Juni war nach den Bedürfnissen der Erdtruppen auf das erste Büchsenlicht festgesetzt. Der Artillerieschlag sollte deshalb um 3 Uhr 15 beginnen. An der Mittelfront war es aber um 3 Uhr 15 noch dunkel, und Einsätze der Luftwaffe waren deshalb um diese Zeit noch nicht möglich. Die russischen Jagd- und Kampffliegerverbände, die natürlich durch den Artillerieangriff alarmiert werden würden, hätten also dreißig bis vierzig Minuten Zeit gehabt, sich vorzubereiten, ehe die ersten deutschen Flugzeuge über ihren Plätzen hätten erscheinen können. Natürlich hätten erfahrene Piloten auch vor zwanzig Jahren schon ihre Ziele im Dunkeln gefunden; aber man durfte ja nicht zu früh erkennbar über die Grenze fliegen. Das hätte wiederum die Russen alarmiert und den Erdtruppen den Überraschungseffekt genommen. Schließlich sprach einer die erlösende Idee aus — General Loerzer, General von Richthofen oder Oberst Mölders —, es ist nicht mehr festzustellen, wer: »Wir pirschen uns wie die Fernaufklärer noch bei Dunkelheit in großer Höhe an die Flugplätze heran.«

Und so wurde es gemacht: Für jeden mit russischen Jägern belegten Flugplatz starteten drei im Nachtflug erfahrene Bomberbesatzungen, flogen in großer Höhe unter Ausnutzung unbesiedelter Sumpf- und Waldgebiete über die Grenze und pirschten sich an ihre Ziele so heran, daß sie um 3 Uhr 15 am 22. Juni, im Morgendämmern die Flugplätze erreicht hatten.

Gleichzeitig mit den Bombern, aber weit über ihnen, flogen Rowehls Fernaufklärer mit Männern des Abwehr-Regiments ›Brandenburg‹ an Bord. Auftrag: Fallschirmabsprung in der Nähe von Bahnknotenpunkten, Straßenkreuzungen, für Sabotageakte oder zum Agenteneinsatz.

Der Plan verlief programmgemäß. Auf den russischen Flugplätzen standen die sowjetischen Jäger in Exerzierformation. Reihenweise wurden sie zerbombt und zerschossen. Nur auf einem einzigen Platz versuchte ein Jagdverband gerade zu starten, als die deutschen Bomber erschienen. Aber die Russen waren um Sekunden zu spät. Die Bomben und die Granaten der Bordkanonen prasselten mitten in den startenden Verband. Mit den Maschinen fielen auf diese Weise auch noch die Piloten. Die sowjetische Jagdabwehr war in der Stunde des Kriegsbeginns durch ein schreckliches ›Pearl Harbour der Luft‹ ausmanövriert. Die deutschen Stuka- und Bomberverbände konnten dadurch am ersten Tag des Krieges, ungefährdet durch feindliche Jäger, der angreifenden Truppe den Weg freischlagen. Sie flogen bis 300 Kilometer tief in den russischen Raum und zerstörten die Flugplätze der sowjetischen Bomberwaffe. Ohne diesen Schlag wäre die rote Luftwaffe ein gefährlicher Gegner bei den ersten entscheidenden Kämpfen gewesen.

Wer das bezweifelt, mag sich die Verluste der deutschen Luftwaffe in den ersten vier Wochen des Krieges ansehen. Wir verloren in der Zeit vom 22. Juni bis 19. Juli trotz der vernichtenden Eröffnungsschläge insgesamt 1284 Maschinen durch Abschuß und Beschädigung. Der Luftkrieg im Osten war also keineswegs ein Spazierflug. Am 22. Juni flogen alle drei Luftflotten an der Ostfront 2272 Einsätze mit 1766 Kampfflugzeugen und 506 Jägern. Sieben Tage später war die Einsatzkraft auf 960 Flugzeuge gesunken. Erst am 3. Juli lag sie wieder knapp über 1000.

Man erkennt daran, wie wichtig für die Erfolge der Erdtruppen die Überrumpelung der sowjetischen Luftwaffe gewesen ist. Damit stellt sich auch hier wieder die Frage: Wie war diese Überraschung möglich, wenn Moskau wußte, daß Hitlers Angriff bevorstand? Was hat es mit der merkwürdigen Tatsache auf sich, daß die sowjetischen Erdtruppen und die Luftwaffe in der vordersten Front sorglos schliefen, im Hinterland aber alles bestens auf einen Krieg vorbereitet war? Die Verdunkelung war zum Beispiel so sorgfältig geplant, daß im ganzen westlichen Rußland bei Kriegsbeginn sofort die blauen Verdunkelungsbirnen und Verdunkelungsstoffe zu haben waren. Vorbereitete Papierstreifen wurden bis in die kleinsten Dörfer ausgegeben, damit die Fensterscheiben zum Schutz gegen das Zerspringen kreuz und quer beklebt werden konnten.

Auch die Mobilmachung ging reibungslos vor sich. Der Militärverkehr im Hinterland funktionierte überaus gut. Die Umstellung auf die totale Rüstungsindustrie wurde ohne Störungen nach vorbereiteten Plänen durchgeführt. Die Ausschaltung möglicher ›Staatsfeinde‹ in den Randgebieten verlief wie am Schnürchen. Bereits in der Nacht vom 13. zum 14. Juni 1941 – also noch acht Tage vor dem deutschen Angriff – waren von Beauftragten des sowjetischen Staatssicherheitsdienstes die ›verdächtigen Familien‹ des Baltikums ins Innere Rußlands abtransportiert worden. 11 000 Esten, 15 600 Letten, 34 260 Litauer wurden im Laufe von wenigen Stunden in großen Eisenbahntransporten nach Sibirien gebracht. Alles funktionierte. Der Korrespondent der amerikanischen Nachrichtenagentur Associated Press, Henry D. Cassidy, beschrieb am 26. Juni in seinem ersten großen Bericht für amerikanische Blätter aus Moskau seine Fahrt in einem Militärtransportzug vom Schwarzen Meer in die sowjetische Hauptstadt. Er berichtete: »Die Reise hat mir den Eindruck vermittelt: Die Sowjets sind gut gestartet!«

Sind gut gestartet! Aber warum sind sie dann in den vordersten Linien der Mittelfront so schlecht gestartet? So schlecht, daß Generaloberst Guderian in seinen Memoiren feststellt: »Durch eingehende Beobachtungen der Russen erhielt ich die Überzeugung, daß sie nichts von unseren Absichten wußten. Die Überraschung des Gegners gelang auf der ganzen Front der Panzergruppe.«

Wie war das möglich? Eine überraschende und erschöpfende Antwort gibt der Marschall A. I. Jeremenko in seinen 1956 in Moskau erschienenen Memoiren: Stalin, Stalin allein war schuld! Jeremenko schreibt: »J. W. Stalin als Staatsoberhaupt hat an die Verläßlichkeit des Abkommens mit Deutschland geglaubt und den Symptomen, die auf einen Angriff der Faschisten auf unser Land schließen ließen, nicht die notwendige Aufmerksamkeit geschenkt. Er hielt die Informationen über einen bevorstehenden deutschen Angriff für Lügen und Provokationen der Westmächte, denen er unterstellte, die Beziehungen zwischen Deutschland und der Sowjetunion in eine Krise bringen zu wollen, um uns in den Krieg zu ziehen. Darum gab er nicht im rechten Augenblick seine Zustimmung für die eiligen und entscheidenden Verteidigungsmaßnahmen an der Grenze, denn er fürchtete, dies würde den Hitleristen Anlaß zum Angriff auf unser Land geben.«

Also Stalin war es, der trotz ständigen Drängens des großen Generalstabs die Zustimmung zur Alarmierung der Grenztruppen verweigerte und die Vorbereitung wirksamer Verteidigungsmaßnahmen im grenznahen Gebiet verbot. Stalin glaubte Richard Sorge nicht, nicht dem ›Grand Chef‹ Gilbert und nicht dem ›Petit Chef‹ Kent. Er glaubte Lucy nicht und schon lange nicht dem britischen Botschafter.

Ist das denkbar? Nun, es ist jedenfalls nicht undenkbar. Die Geschichte der Spionage und der Diplomatie kennt viele Beispiele dafür, daß zu gute, zu genaue Agentennachrichten über ein großes Geheimnis nicht Begeisterung, sondern Mißtrauen wecken. Ein Beispiel: Elyesa Bazna, der armenische Kammerdiener des britischen Botschafters in Ankara, stahl ab 1943 die wichtigsten Geheimtelegramme aus dem Botschaftssafe und verkaufte sie an Himmlers Spionagedienst. ›Cicero‹, wie sich der Kammerdiener Sir Hughe Knatchbull-Hugessens nannte, kam auf eine einfache Weise an die Papiere. Während der Herr Botschafter frühstückte, ließ er gewöhnlich den Safeschlüssel in seiner Jacke im Schlafzimmer; der Armenier nahm ihn heraus, ging ins Arbeitszimmer Staub wischen, schloß den Safe auf, fotografierte die Dokumente, schloß sie wieder ein und steckte den Schlüssel wieder in die Jacke. Simpel!

Aber Adolf Hitler glaubte nicht an den Trick. Er hielt das Ganze für eine Finte des britischen Secret Service, den er so fürchtete wie der Teufel das Weihwasser, wischte das Material vom Tisch und weigerte sich, Folgerungen aus den klar erkennbaren alliierten Plänen zu ziehen.

Es scheint, daß auch Stalin von diesem tiefen Mißtrauen gegen seine Vertrauensmänner befallen war und daß dieses Mißtrauen immer größer wurde, je mehr bestätigende Nachrichten von allen Seiten über einen bevorstehenden deutschen Angriff kamen. Der Oberverdachtschöpfer, der raffinierte Taktiker wurde ein Opfer seiner eigenen konspirativen Denkart. »Der kapitalistische Westen will mich in die Gegnerschaft zu Hitler hineinoperieren«, war sein Gedanke. Eigensinnig — wie Diktatoren oft sind — hielt er an seiner Meinung fest, Hitler könne nicht so töricht sein, Rußland anzugreifen, solange er nicht England besiegt hatte. Er hielt den deutschen Aufmarsch an seiner Militärgrenze in Polen für Bluff. Vielleicht wurde der sowjetische Diktator selbst ein Opfer der von deutscher Seite geschickt in nachrichtendienstliche Kanäle geschleusten These: Der Ostaufmarsch diene der Täuschung Englands und solle von der geplanten Invasion der Insel ablenken. Es mußte ja einen Mann wie Stalin auch mehr als erstaunen, daß das Geheimnis eines Angriffskrieges von den Deutschen anscheinend so wenig gehütet wurde, daß alle Welt davon wußte.

Der beste Kenner der Kreml-Kulissen und des geheimen militärischen Nachrichtendienstes der Roten Armee, David J. Dallin, bestätigt das. Er schreibt in seinem Buch »Die Sowjetspionage‹: »Im April 1941 bestätigte ein tschechischer Agent namens Schkwor einen Bericht, demzufolge die Deutschen Truppenverbände an der sowjetischen Grenze bereitstellten und die Skoda-Waffenwerke in der Tschechoslowakei Anweisung hätten, sowjetische Aufträge nicht mehr auszuführen. Ismail Achmedow bezeugt, daß Stalin mit roter Tinte auf den Bericht schrieb: ›Diese Information ist eine englische Provokation. Herausfinden, von wem diese Provokation stammt, und ihn bestrafen.‹«

Der Befehl Stalins wurde befolgt: Der Geheimdienst-Major Achmedow wurde – als TASS-Korrespondent getarnt – nach Berlin geschickt, um den Schuldigen ausfindig zu machen. Dort wurde er vom Krieg überrascht.

Ganz offensichtlich paßte der gemeldete Angriff Hitlers nicht in Stalins Konzept. Sein Plan war: Die kapitalistischen und faschistischen Kampfhähne sollten sich müde fechten. Dann wollte er die Ernte einfahren. Darauf wartete er. Darauf rüstete er. Und deshalb wollte er alles vermeiden, was Hitler mißtrauisch machen oder reizen konnte, eventuell vorher loszuschlagen.

Deshalb verbot er, wie Jeremenko berichtete, die kriegsmäßige Mobilisierung und Alarmierung der Grenztruppen. Im Hinterland aber ließ Stalin den Generalstab gewähren; und der Generalstab, der – so gut wie Stalin – im Besitz der Geheiminformationen über die deutsche Angriffsabsicht war, setzte die Mobilisierung in Gang und vollzog im Hinterland einen Aufmarsch, der im Sommer 1941 auf Verteidigung und nicht auf Angriff angelegt war.

Generalfeldmarschall von Manstein antwortete mir allerdings auf die Frage, ob der sowjetische Aufmarsch offensiv oder defensiv gewesen sei, mit der schon in seinen Memoiren vertretenen Meinung: »Nach der Zahl der in den Westgebieten der Sowjetunion versammelten Kräfte und auf Grund der starken Massierungen von Panzern, sowohl im Gebiet von Bialystok wie um Lemberg, konnte man sehr wohl mit einem Offensivwerden der Sowjetunion rechnen. Andererseits sprach am 22. Juni die Gliederung der sowjetischen Kräfte nicht für unmittelbare Angriffsabsichten ... Man wird der Wahrheit wohl am nächsten kommen, wenn man den sowjetischen Aufmarsch als einen ›Aufmarsch für alle Fälle‹ bezeichnet. Am 22. Juni 1941 waren die sowjetischen Kräfte fraglos noch so tief gegliedert, daß sie nur zur Führung einer Defensive bereit sein konnten. Aber das Bild hätte sich innerhalb kürzester Frist ändern können. Die Rote Armee hätte innerhalb einer sehr begrenzten Zeit so aufschließen können, daß sie zum Antreten, zu einem Angriff, befähigt gewesen wäre.«

Generaloberst Hoth bestätigte mir die bereits in seiner ausgezeichneten Studie über den Panzerkrieg für seinen Abschnitt am Nordflügel der Mittelfront getroffene Feststellung: »Der strategische Überfall war geglückt. Aber es war nicht zu übersehen, daß die Russen im Bogen von Bialystok auffallend starke Kräfte, gerade auch motorisierte, angehäuft hatten, mehr als für defensive Absicht nötig schien.«

Wie man es auch sehen mag: Im Sommer 1941 jedenfalls wollte und konnte Stalin ganz offensichtlich nicht angreifen. Die Rote Armee war mitten in der Neuorganisation, besonders der Panzerverbände, und in der Umrüstung. Vor allem was die Ausstattung mit neuen Panzern und neuen Flugzeugen betraf. Und sehr wahrscheinlich war das der Grund, weshalb Stalin Hitler nicht zum Handeln reizen wollte.

Diese Haltung Stalins wiederum bestärkte Hitler in seinen Plänen. So könnte man sagen, daß dieser Krieg und die daraus erwachsene blutige Tragödie das Ergebnis eines düsteren politischen Pokerspiels zwischen zwei Diktatoren des zwanzigsten Jahrhunderts war.

Ein unparteiischer Kritiker ist ein interessanter Kronzeuge für die Theorie von dem politischen Mechanismus der deutsch-sowjetischen Kriegstragödie: Liddell Hart, der scharfsinnigste Militärhistoriker der westlichen Welt, hat sie in seinem Buch »Die Rote Armee« eindrucksvoll dargelegt. Er meint, daß Stalins Absicht darin bestand, im Laufe des deutsch-westlichen Krieges seine Positionen in Mitteleuropa immer mehr auszubauen und notfalls im passenden Augenblick von einem bedrängten Hitler weitere Zugeständnisse zu erpressen.

Liddell Hart erinnert, daß bereits im Jahre 1940, während Hitler noch in Frankreich kämpfte, Stalin die Gelegenheit benutzte, die drei baltischen Staaten einschließlich Litauens zu besetzen, obwohl Litauen nach dem deutsch-sowjetischen Geheimvertrag zur deutschen Einflußsphäre gehörte. Hitler machte also zum ersten Male die Erfahrung, daß Stalin ihn übers Ohr haute, während er ihm den Rücken gedreht hatte und im Westen engagiert war.

Als kurz darauf der Kreml den Rumänen in einem auf vierundzwanzig Stunden befristeten Ultimatum die Abtretung Bessarabiens abpreßte und damit dicht an die für Deutschland lebenswichtigen rumänischen Ölfelder marschierte, wurde Hitler nervös. Er verlegte Truppen nach Rumänien und garantierte den Bestand des Landes.

Stalin sah dies als einen unfreundlichen Akt an. Die Propaganda in der Roten Armee wurde wieder stärker auf antifaschistische Töne getrimmt. Hitler erfuhr es, verstärkte seine Truppen an der Ostfront. Die Russen reagierten mit Truppenverschiebungen an ihre Westgrenze.

Molotow wurde nach Berlin eingeladen. Aber die Möglichkeit einer großzügigen Verständigung der beiden Diktatoren zur Aufteilung der Welt, wobei Hitler die Russen aus der Erbmasse des britischen Weltreiches entlohnen wollte, zerschlug sich. Hitler nahm das in seiner egozentrischen Betrachtungsweise als Beweis für den bösen Willen Stalins. Er sah die Drohung eines Zweifrontenkrieges und prägte das Wort: »Ich bin jetzt sicher, daß die Russen nicht warten werden, bis ich England besiegt habe.« Drei Wochen später, am 21. Dezember 1940, unterschrieb er die Weisung Nr. 21: Fall Barbarossa. Sie enthält den bezeichnenden Satz: »Alle von den Herren Oberbefehlshabern auf Grund dieser Weisung zu treffenden Anordnungen müssen eindeutig dahin abgestimmt sein, daß es sich um Vorsichtsmaßnahmen handelt für den Fall, daß Rußland seine bisherige Haltung gegen uns ändern sollte.«

Stalin wiederum hatte in dem deutschen Angebot an Molotow ein Zeichen der Schwäche gesehen, fühlte sich überlegen und glaubte, daß auch Hitler, wie er, nur auf politische Erpressungsaktionen aus sei, und nahm den Kriegsplan trotz aller Informationen nicht ernst, glaubte jedenfalls nicht, daß Hitler schon Grund sähe, zuzuschlagen. Deshalb tat er alles, ihm diesen Grund nicht zu geben.

Wie streng er in dieser Frage war und wie peinlich genau, ja, wie ängstlich das Oberkommando Stalins Auffassung beachten mußte, zeigt die Tatsache, daß dem damaligen sowjetischen Inspekteur der Pioniertruppe, General Karabitschew, auf einer Inspektionsreise in den Raum Brest Anfang Juni 1941 streng verboten wurde, auch die vordersten Grenzbefestigungen zu inspizieren. Stalin wollte die Grenztruppe nicht in Kriegsstimmung versetzen, wollte alles vermeiden, was nach Kriegsvorbereitung aussah — für die eigene Truppe und für Hitlers Nachrichtendienst. Auf diese Weise gab es trotz des klar erkannten deutschen Aufmarsches bei den russischen Grenztruppen keinen ordentlichen Gefechtsdienst, keine Bereitstellung weitreichender Artillerie zum Einsatz gegen deutsche Reserven jenseits der Grenze, keine Planung für Sperrfeuer aus schweren Waffen. Die Folgen dieser verhängnisvollen Theorie Stalins waren schrecklich. Ein eklatanter Beweis dafür ist der Einsatz und der Untergang der 4. sowjetischen Panzerdivision.

Generalmajor Potaturtschew, Jahrgang 1898, im Sommer 1941 also dreiundvierzig Jahre alt, Schnurrbart und Haarschnitt à la Stalin, war einer der ersten sowjetischen Frontgenerale, der in Gefangenschaft geriet. Potaturtschew war Kommandeur der 4. sowjetischen Panzerdivision in Bialystok, der Speerspitze der sowjetischen Verteidigung an der entscheidendsten Stelle der Mittelfront. Das sowjetische Oberkommando hielt große Stücke von ihm. Er war Mitglied der Partei, Sohn eines Kleinbauern aus dem Moskauer Raum. Als Gefreiter des Zaren zur Roten Armee übergewechselt, hatte er seinen Weg bis zum General und Divisionskommandeur gemacht. Was dieser Mann zu berichten hat, ist hoch interessant.

»Am 22. Juni um 24 Uhr russischer Zeit* wurde ich zum Kommandierenden General des VI. Korps, Generalmajor Hotzkilewitsch, befohlen«, schreibt der General in seinem Bericht vom 30. August 1941, den er im Stabsquartier der 221. Sicherungsdivision verfaßte. »Ich mußte warten, denn der Kommandierende war seinerseits zum Oberbefehlshaber der 10. Armee, Generalmajor Golubjow, befohlen. Um 2 Uhr* kam er zurück und sagte zu mir: ›Zwischen Deutschland und Rußland ist Krieg.‹ — ›Und wie lautet der Befehl für uns?‹ fragte ich. — Er antwortete: ›Wir müssen warten.‹«

Man staune: Der Krieg steht vor der Tür. Der Oberbefehlshaber der 10. Armee weiß es zwei Stunden vorher. Aber er will oder kann oder darf keine Befehle geben — außer warten!

Sie warteten zwei Stunden. Also bis um 5 Uhr deutscher Zeit. Dann kam endlich der erste Befehl von der 10. Armee: »Alarm! Vorgesehene Stellungen beziehen!« Vorgesehene Stellungen beziehen? Was hieß das? Hieß das, im Manöver geübte Gegenangriffe fahren? Nein! Die vorgesehenen Stellungen der 4. Panzerdivision lagen in den riesigen Wäldern ostwärts Bialystok. Hier sollte die Division gewissermaßen in schwer zugängliche Verstecke gehen und — wieder warten.

»Beim Ausrücken der 10 900 Mann starken Division fehlten 500 Soldaten. Bei der Sanitätsabteilung, die 150 Mann stark sein sollte, fehlten 125 Mann. Dreißig Prozent der Panzer waren nicht fahrbereit, von den restlichen mußte noch ein Teil stehengelassen werden, weil nicht genug Treibstoff vorhanden war.«

So fuhr ein Kernverband der russischen Verteidigungskräfte im Raum Bialystok in die Schlacht.

* Das war 1 Uhr bzw. 3 Uhr deutscher Sommerzeit.

Aber kaum hatte Potaturtschew seine beiden Panzerregimenter und die Schützenbrigade auf den Marsch gebracht, da kam vom Korps ein neuer Befehl: Panzer- und Schützenregimenter wurden getrennt. Die Infanterie wurde zur Verteidigung an die Narew-Übergänge befohlen, die Panzerregimenter sollten die deutschen Verbände aufhalten, die aus Richtung Grodno vorstießen.

Dieser Befehl zeigt die völlige Kopflosigkeit der sowjetischen Führung: Eine Panzerdivision wird auseinandergerissen und stückweise zur Verteidigung verwendet, statt sie geschlossen, frontal oder flankierend, zum Gegenangriff einzusetzen. Das Schicksal Potaturtschews und seiner Verbände ist denn auch typisch für die Katastrophe der Sowjets im grenznahen Raum: Erst schlugen die deutschen Stukas zu. Die Panzerverluste waren zwar nicht allzu hoch, aber der Schock bei der Truppe war groß. Trotzdem kam Potaturtschew in die befohlene Linie. Aber dann geschah es: Die vorstoßenden deutschen Panzerspitzen griffen ihn nicht an, sondern stießen vorbei, schnitten ihn ab. Potaturtschew versuchte auszuweichen. Seine Kompanien gerieten durcheinander, wurden von deutschen Panzerkräften gepackt und einzeln zusammengeschlagen. Der Schützenbrigade ging es genauso.

Am 29. Juni war Stalins berühmte 4. Panzerdivision nur noch ein Trümmerhaufen. Die Parole lautete: Rette sich, wer kann! Und die Rettung – das waren die großen Wälder. Zu zweit oder zu dritt, höchstens in Trupps zu zwanzig oder dreißig Mann, flohen Infanteristen, Artilleristen und Panzermänner. Die wenigen Spähwagen der beiden Panzerregimenter 7 und 8, die nicht vernichtet waren, versteckten sich am Tage und rollten nachts auf den Bialowiezer Forst zu. Der Wald, der große Wald – das war die Hoffnung.

Am 30. Juni trennte sich General Potaturtschew mit ein paar Offizieren von der Truppe. Sie wollten sich im Fußmarsch nach Minsk und von dort nach Smolensk durchschlagen. Potaturtschew lief sich die Füße kaputt, und um nicht als humpelnder, zerlumpter General dahinziehen zu müssen, besorgte er sich auf einem Bauernhof Zivil. Vor Minsk wurde er trotzdem von den Deutschen aufgegriffen und in eine Sammelstelle gesteckt. Dort gab er sich dem Wachhabenden zu erkennen.

3 Operationsziel Smolensk

Verfluchter Wald von Bialowieza – Die Brücken der Beresina – Sowjetische Gegenangriffe – Der T 34, die große Überraschung – Die blutigen Schlachten bei Rogatschew und Witebsk – Molotow-Cocktail – Über den Dnjepr – Hoths Panzer riegeln die Autobahn nach Moskau ab – Ein thüringisches Infanterieregiment stürmt Smolensk – Potsdamer Grenadiere gegen Mogilew

Aus der Aufstellung Potaturtschews über die Ausrüstung seiner Division ergab sich für die deutschen Stellen eine überraschend starke Ausstattung: Die 4. Panzerdivision hatte 355 Panzer und dreißig Panzerspähwagen. Darunter einundzwanzig T 34 und zehn riesige 68-Tonner vom Typ KW mit 15,2-cm-Geschützen.

Das Artillerieregiment war sehr gut ausgestattet mit vierundzwanzig Geschützen vom Kaliber 12,2 cm und 15,2 cm. Ein Brückenbataillon hatte Pontonteile für sechzig Meter lange Brücken, auf denen 60-Tonnen-Panzer fahren konnten.

Keine deutsche Panzerdivision des Ostheeres war im Sommer 1941 materiell so gut ausgerüstet! Guderians ganze Panzergruppe mit fünf Panzerdivisionen und dreieinhalb motorisierten Divisionen hatte 850 Panzer. Keine deutsche Panzerdivision ist aber auch so falsch geführt und so sinnlos eingesetzt worden wie Potaturtschews 4. Auf ihre letzten Soldaten stießen die deutschen Divisionen in den harten Kämpfen im Bialowiezer Forst.

»Verfluchter Wald von Bialowieza!« murrten die Männer. Ganz Deutschland machte Bekanntschaft mit diesem schrecklichen Urwald, dem einzigen, den es in Europa noch gibt. Bayern und Österreicher, Hessen, Rheinländer, Thüringer und Pommern fochten in dieser Hölle.

Bialowiezer Forst! Das ist Hinterhalt. Ist Naturfestung im Rücken und an der Flanke der Front. Da ist das Dorf Stary Berezow. Vor allem aber das Dorf Mochnata.

Kosakenschwadronen galoppieren, wollen unbedingt die schützenden Wälder gewinnen. Die Sicherungen vom Infanterieregiment 508 werden niedergeritten. Die Hufe donnern. Säbel blitzen. »Urrä, Urrä!« Bis auf hundert Meter kommen sie an den Dorfrand heran. Dann kartätscht die 2. Batterie Artillerieregiment 292 die Attacke mit direktem Feuer zusammen.

Die württembergische 78. I. D., die später den ehrenden Titel 78. Sturmdivision verliehen bekam, erhielt den Auftrag, die grüne Hölle von Bialowieza aufzubrechen, durchzukämmen und die Russen mit kräftigen Schlägen der 17. I. D. in die Arme zu treiben, die am Nordausgang des riesigen Forstes als Falle aufgestellt war.

Die Russen sind Meister des Waldkampfes. Die deutschen Soldaten hingegen hatten in den ersten Wochen des Ostkrieges wenig Erfahrung in dieser schwierigen Kampfart in den unbewirtschafteten, versumpften Laub- und Buchenwäldern Ostpolens und Rußlands. Der Waldkampf war ein Stiefkind der deutschen Ausbildung; denn die deutsche Forstwirtschaft wachte eifrig und streitbar über ihre Wälder und Schonungen. Da galt es Rücksicht zu nehmen. Urwälder aber standen der Wehrmacht für Übungszwecke nicht zur Verfügung. Die Russen aber hatten gerade diese wichtige Kampfart zur Verteidigung des Landes geübt. Sie bauten ihre Stellungen nicht, wie die deutsche Infanterie, vor dem Wald oder am Waldrand auf, sondern in der Tiefe des Waldes, mit Vorliebe hinter Sumpfstellen. Hinter den Rundumstellungen lagen Stoßreserven; denn auch im Waldkampf suchte der Rotarmist den Nahkampf, in dem er gedrillt war.

Schützenlöcher, die von vorn nicht zu erkennen waren und nur Schußfeld nach hinten hatten, um den vorbeigestoßenen Feind aus dem Hinterhalt abzuschießen, waren eine Besonderheit der sowjetischen Verteidigungsstellungen.

Baute sich der deutsche Infanterist breite Schußschneisen und schaffte sich Schußfeld durch Kahlschläge, die durch Luftaufklärung leicht zu erkennen und auszumachen waren, so ging der Russe wie ein Indianer vor. Er lichtete das Unterholz nur bis in Hüfthöhe und machte sich Schußtunnel, die er nach vorn und nach der Seite anlegte. So hatte er Tarnung und Schußfeld zugleich. Die deutschen Divisionen mußten sich ihre Erfahrungen mit dieser Kampfart teuer erkaufen. Aber Kampfmoral und Intelligenz des deutschen Soldaten ließen ihn schnell zum Meister in dieser Kampfart werden. Der Bialowiezer Forst war eine der blutigen Lehrstätten.

Am 29. Juni trat die 78. I. D. in drei Marschkolonnen an: Infanterieregiment 215 rechts, das 195. links, rückwärts gestaffelt das 238. Das Dorf Popielewo gab dem Kampf seinen Namen. Hier fochten die letzten Gruppen aus General Potaturtschews versprengter 4. Panzerdivision mit anderen Teilen drei verschiedener Divisionen, Brigaden und Artillerieabteilungen in einem neu zusammengestellten Regiment unter dem hervorragend kämpfenden Oberst Jaschin. Es wurde Mann gegen Mann gefochten. Mit Anschleichen, Handgranate, Pistole und Seitengewehr. Die Artillerie konnte nicht schießen, weil die Kampffront so dicht verzahnt war, daß niemand wußte, wo ist Feind, wo Freund. Nur der Granatwerfer war brauchbar.

Blutiger Nachmittag des 29. Juni! Dem III. Bataillon I. R. 215 gelang es, die Russen in der Flanke und im Rücken zu packen. Panik erfaßte sie. Sie flohen. Oberst Jaschin lag tot an einer Baumsperre. Um Popielewo war wieder Stille.

Am nächsten Tag war die Division vorsichtiger. Die Artillerie trommelte die Waldstücke ab, ehe die Kompanien auf die Waldpfade gingen. »Infanterie zugweise vor!« Leuchtzeichen weiß: Hier sind wir. Rot: Feind greift an. Grün: Artilleriefeuer vorverlegen. Blau: Feindliche Panzer. Ja, Panzer; der Russe setzte auch im Waldkampf einzelne Panzer als Infanteriebegleitung ein.

Am Abend war die 78. I. D. endlich durch den verfluchten Forst von Bialowieza hindurch. 600 Tote hatte der Russe an den Wegen gelassen. 1140 Gefangene brachten die Regimenter mit. 3000 Sowjets wurden in die Auffanglinie der 17. I. D. gedrückt. Die 78. I. D. verlor in den zwei Tagen im Bialowiezer Forst 114 Gefallene und 125 Verwundete.

In dem alten polnischen Schloß von Bialowieza zog der Stab der 197. Infanteriedivision ein. Ihre Regimenter hatten den Auftrag, den Urwald von den letzten versprengten Feindkräften zu säubern, die noch an vielen Stellen kampierten und eine ständige Gefahr für das Hinterland der Front bildeten.

Auch bei der 29. I. D. (mot.) und dem I. R. ›Großdeutschland‹, die den großen Sack um die russischen Armeen zwischen Bialystok und Minsk im Raum Slonim, ostwärts der Wälder, zuhielten, tobten am 29. Juni noch immer die Ausbruchsschlachten. Noch immer sind die Fußdivisionen der 4. und 9. Armee nicht heran, um die eingekesselten Russen niederzukämpfen. In schweißtriefenden Eilmärschen marschieren sie, in riesige Staubwolken gehüllt, über die elenden Straßen. Bis sie heran sind, müssen die 29. I. D. (mot.) und Hoths 18. I. D. (mot.) sowie die 19. Panzerdivision den Sack zuhalten. Sie warten fieberhaft auf die Ablösung von ihrer Rolle als Wach- und Schließgesellschaft; sie wollen weiter, nach Osten, haben das große operative Ziel im Auge: Smolensk. Aber ehe die Infanterie nicht heran ist und die Russen nicht niedergekämpft sind, müssen sie Kesselwache spielen.

»Wir müssen den Russen die Basis für ihre ständigen Ausbruchsversuche nehmen, müssen sie in den Waldgebieten aufstöbern«, schlägt der Ia der 29. I. D. (mot.), Oberstleutnant Franz, seinem Kommandeur, Generalmajor von Boltenstern, vor. Der stimmt zu.

»Oberst Thomas zum Kommandeur.« Der Führer des alten thüringischen Infanterieregiments 71 meldet sich. Karten werden studiert. Der Plan gemacht. Und dann rollt die Kampfgruppe Thomas mit Teilen der 10. Panzerdivision, Panzerjägern, zwei Bataillonen des Infanterieregiments 71, zwei Artillerieabteilungen und Pionieren in zwei Keilen in das unübersichtliche Waldgebiet im Zelwianka-Abschnitt. Der Divisionskommandeur fährt den Angriff mit. Aber jetzt erst stellt sich heraus, mit was für feindlichen Kräften man es zu tun hat: Hier sind es starke Teile der 4. sowjetischen Armee, die sich um Zelwianka gesammelt haben und versuchen, sich nach Osten aus dem Kessel zu kämpfen. Sie wollen sich zur Beresina durchschlagen. Dort hoffen sie auf eine neue Verteidigungsstellung, die Jeremenko-Linie, wie man ihnen durch Funksprüche mitgeteilt hatte.

Die deutschen Verbände sind zahlenmäßig weit unterlegen. Die Russen fechten fanatisch und werden von jenen entschlossenen Offizieren und Kommissaren geführt, die nicht von der Panik der ersten Niederlagen erfaßt sind. Sie brechen durch, schneiden die Kampfgruppe Thomas ab, rollen mit Panzern von hinten gegen das I. Bataillon Infanterieregiment 15 und versuchen, die Eisenbahnbrücke nach Zelwa freizukämpfen.

Die Offiziere des Divisionsstabes liegen mit Karabiner und MPi in der Schützenlinie. Oberstleutnant Franz kommandiert die schnell aufgebaute Paksperre. Die Russen werden gestoppt. Und endlich kommt die ablösende Fußdivision. Die 29. I. D. (mot.) kann nach Norden rollen, neuen feldzugentscheidenden Operationen zu. In vierzehn Tagen wird der Name der Division in aller Munde sein.

Die Beresina, auf deutsch ›Birkenfluß‹, rechter Nebenfluß des Dnjepr, hat in Rußland einen historischen Nimbus. Hier erlitt Napoleon in den Novembertagen 1812, auf seinem Rückzug von Moskau, die schweren blutigen Verluste, die der Grande Armée des französischen Eroberers den Rest gaben. Es ist kein Zweifel, daß auch Jeremenko im Banne dieses historischen Vorbilds stand, als er am Abend des 29. Juni 1941 bei der Übernahme des Kommandos über die sowjetische Westfront im Raum Minsk seinen ersten Befehl gab. Er lautete: »Die Übergänge über die Beresina sind unter allen Umständen zu halten; die Deutschen am Fluß zum Stehen zu bringen.«

Jeremenko war sich, als er diesen Befehl gab, über das Ausmaß der bereits eingetretenen Katastrophe an der Mittelfront noch nicht klar. Er vermutete kämpfende Divisionen, wo keine mehr waren. Baute auf Stellungen, die längst aufgegeben wurden. Wollte an der Beresina halten, als der Dnjepr schon in der Marschorder von Guderians Panzerdivisionen stand. Hoffte auf Verbände, die schon in die Gefangenschaft marschierten, wie zum Beispiel auf die 4. Panzerdivision des Generals Potaturtschew. Trügerische Hoffnungen!

Wie sie zerstoben, berichtete mir General Nehring, Kommandeur der 18. Panzerdivision. »Am 29. Juni abends«, so schilderte Nehring, »hatten die Spitzen der 18. Panzerdivision Minsk erreicht. Teile der Panzergruppe Hoth – die 20. Panzerdivision – hatten die Stadt am 28. genommen. Die 18. Panzerdivision erhielt Befehl, südlich Minsk vorbeizustoßen, auf der Autobahn gegen Borissow an der Beresina vorzugehen und einen Brückenkopf zu bilden.«

General Nehring meint heute: »Das Ganze war ein Unternehmen, das nahezu einem Himmelfahrtskommando gleichkam.« Aber es wurde kein Himmelfahrtskommando. Doch wer konnte das damals ahnen? Der Stoß der ganz auf sich allein gestellten Division führte hundert Kilometer tief in feindbesetztes Gebiet.

Am 30. Juni früh tritt Nehring an. Neue, sehr gute Straßen. Die Panzerkommandanten strahlen. Russischer Widerstand in starken Verteidigungsstellungen hält dann aber die Division auf. Die Russen fechten verbissen. Es ist klar, Jeremenko läßt ihnen keine Wahl: »Halten oder sterben!« heißt sein Befehl. Er will Zeit für die Errichtung einer Verteidigungslinie gewinnen. Wer macht das Rennen mit der Zeit? Nehring ist entschlossen, es zu schaffen. Während das Gros der Division gegen die Russen kämpft, bildet er eine Vorausabteilung unter Major Teege: II. Abteilung Panzerregiment 18, dazu, auf den Panzern aufgesessen, die Männer des Kradschützenbataillons 18 und Teile der Aufklärungsabteilung 88 (mot.) sowie die Artillerieabteilung Major Teicherts.

Am Mittag des 1. Juli steht Teege bereits vor Borissow. Die Russen sind überrascht, fechten aber verzweifelt. Es sind Kadetten, Offiziersanwärter und Unteroffiziere der Panzerschule, die in Borissow liegt. Elitesoldaten. Sie wissen, was die Brücke über die Beresina bedeutet. Sie verteidigen sie zäh. Merkwürdigerweise sprengen sie sie nicht. Die Verluste der Vorausabteilung sind schwer. Jeremenko wirft alles in den Kampf, was er um Borissow greifen kann. Aber dann ist das Gros der Division heran. Am frühen Nachmittag stürmen zwei Bataillone Schützenregiment 52 mit Panzerunterstützung gegen den russischen Brückenkopf auf dem Westufer.

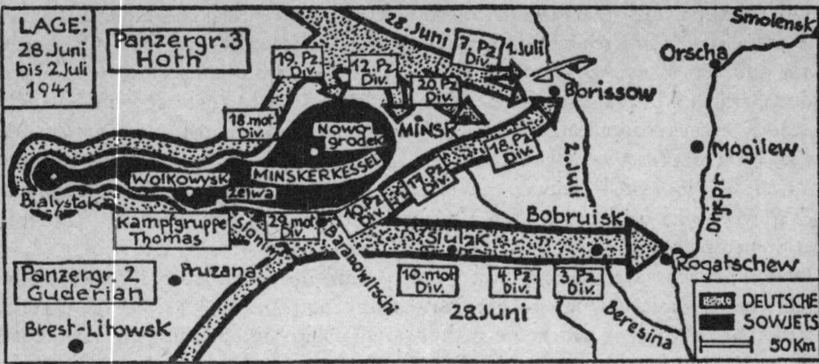

Karte 3
Bialystok–Minsker Kessel: Zwischen Bialystok und Minsk wurde die erste große Vernichtungsschlacht an der Mittelfront geschlagen. Vier sowjetische Armeen sind von schnellen deutschen Divisionen eingekesselt.

Die 10. Kompanie arbeitet sich durch die russische Verteidigung. Unteroffizier Bukatschek führt den ersten Zug. Erreicht die Brücke. Kämpft die beiden MG-Nester am Brückenaufgang nieder. Bekommt eine Gewehrkugel in die Schulter. Jagt aber mit seinen Männern trotzdem über die Brücke und nimmt das Sprengkommando am anderen Ende gefangen, ehe der sowjetische Leutnant auf den Auslöser der Sprengladung drücken kann.

Teeges Panzer und die Kradschützen sowie die Flakabteilung Laube gehen über die Beresina; und die 8,8-cm-Geschütze der 2. Batterie sichern die Brücke gegen sowjetische Angriffe. Als im ersten Licht des nächsten Morgens russische Elitebataillone aus Borissow mit Lastwagen die Straße heraufkommen, um den Brückenkopf einzudrücken, fegt Leutnant Döll mit seiner 8,8-Batterie den Sturm von der Chaussee und hält unter schweren Verlusten gegen Scharfschützen, Sturmtrupps und Panzer die entscheidende Brücke. Der seit Napoleons Marsch auf Moskau schicksalhafte Fluß ist bezwungen. Der Weg zum Dnjepr ist frei! Auch 130 Kilometer weiter südlich in Bobruisk ist General Models 3. Panzerdivision und weiter südlich die 4. Panzerdivision vom Korps des Generals Freiherr Geyr von Schweppenburg bereits über den Fluß und zielt auf Mogilew. Jeremenko hat die Partie an der Beresina verloren. Es ist der 2. Juli 1941, der Tag, an dem Alexander Rado aus Genf an den Kreml funkt: »Das deutsche Operationsziel ist Moskau.«

Tags darauf übernahm Marschall Timoschenko persönlich den Oberbefehl über die russische ›Westfront‹. Jeremenko wurde sein Stellvertreter.

In der Nacht zu diesem 3. Juli aber wurde die Beresina mitten zwischen den beiden Brennpunkten Borissow und Bobruisk zum dritten Male überwunden. Teile der Schützenregimenter 69 und 86 der 10. Panzerdivision gewannen bei Beresino noch vor Anbruch des Tages einen Brückenkopf und hielten ihn, obgleich die hölzerne Brücke hinter ihnen in Flammen aufging.

Am selben Tag, an diesem 3. Juli 1941, am zwölften Tag des Ostfeldzuges, schrieb der Chef des deutschen Generalstabes, Generaloberst Halder, in sein Tagebuch: ».. . im ganzen ist wohl jetzt als sicher anzunehmen, daß der Feind im Bialystoker Bogen bis auf ganz geringfügige Trümmer erledigt ist. Vor der Front der Heeresgruppe Nord wird man auch zwölf bis fünfzehn Divisionen als völlig aufgerieben ansehen müssen — und vor der Heeresgruppe Süd (ist) der Feind durch die ständigen harten Schläge zerhackt und zum großen Teil zer= schlagen. Im ganzen kann man also schon jetzt sagen, daß der Auftrag, die Masse des russischen Heeres vorwärts Düna und Dnjepr zu zerschlagen, erfüllt ist. Es ist also wohl nicht zuviel gesagt, wenn ich behaupte, daß der Feldzug gegen Rußland innerhalb vierzehn Tagen gewonnen wurde. Natürlich ist er damit noch nicht beendet. Die Weite des Raumes und die Hartnäckigkeit des mit allen Mit= teln geführten Widerstandes werden unsere Kräfte noch viele Wochen bean= spruchen.«

Nicht Hitler, wohlgemerkt, sondern der kühl rechnende Generalstabschef Halder schrieb diese Worte. Auch er war beeindruckt von den stürmischen Erfolgen und von den atemberaubenden Verlustziffern der Roten Armee. Diese Zahlen mußten für einen Offizier, der in mitteleuropäischen Maßstäben dachte, nichts anderes als den vollständigen Zusammenbruch eines so getroffenen Gegners ausdrücken.

War es denn nicht schwindelerregend, was Generalfeldmarschall von Bock als Oberbefehlshaber der Heeresgruppe Mitte am 8. Juli in seinem Tagesbefehl zu Papier brachte? »Die Doppelschlacht von Bialystok und Minsk ist abgeschlossen. Die Heeresgruppe stand im Kampfe mit vier russischen Armeen in Stärke von etwa zweiunddreißig Schützendivisionen, acht Panzerdivisionen, sechs mot.=mech. Brigaden und drei Kavalleriedivisionen. Hiervon wurden zerschlagen: zweiund= zwanzig Schützendivisionen; sieben Panzerdivisionen; sechs mot.=mech. Briga= den; drei Kavalleriedivisionen.

Auch die übrigen Verbände, denen es gelungen ist, sich der Einkreisung zu ent= ziehen, sind in ihrer Kampfkraft geschwächt. Die blutigen Verluste des Gegners sind sehr hoch. Die Zählung der Gefangenen und Beute bis zum gestrigen Tage ergab: 287 704 Gefangene, darunter mehrere Korps= und Divisionskomman= deure; 2585 erbeutete und vernichtete Panzer, darunter Kampfwagen schwerster Art; 1449 Geschütze; 246 erbeutete Flugzeuge. Hierzu kommen große Mengen von Handfeuerwaffen, Munition und Fahrzeugen aller Art sowie zahlreiche Ver= pflegungs= und Betriebsstofflager. Jetzt gilt es, den Sieg zu nutzen«, schloß von Bock.

Wo, wie und warum sollte er denn auch noch verlorengehen?

Aber Stalin und seine Marschälle rechneten anders. 300 000 Mann bedeuteten für sie nicht die Welt. Rußland war sechsundvierzigmal größer als das Deutsche Reich in seinen Grenzen von 1938. 190 Millionen Menschen bewohnten die Sowjetunion. Sechzehn Millionen wehrfähige Männer konnten mobilisiert wer= den. Bis weit hinter den Ural war eine riesige Rüstungsindustrie aufgebaut. Zehn Millionen Soldaten konnten ohne Schwierigkeiten, auch nach dem Verlust Westrußlands, ostwärts des Dnjepr unter die rote Fahne geholt werden — wenn ein bißchen Zeit blieb!

Zeit, das war es, worum die sowjetische Führung im Juli 1941 kämpfte. »Zeit gewinnen! Die ostwärts stürmenden deutschen Panzer stoppen! Eine Verteidigungslinie aufbauen, koste es, was es wolle!« Das war der allgemeine Befehl, den Marschall Timoschenko deshalb seinem Stellvertreter Jeremenko gab.

Timoschenko sah klar: Konnte man die Deutschen nach ihrem Sturm über die Beresina nicht am Dnjepr und an der unteren Düna aufhalten, dann fuhren sie von Borissow und Witebsk nach Smolensk. Fiel aber Smolensk, dann lag Moskau nur noch 375 Kilometer hinter der Front. Ging auch Moskau verloren — dann war die Sowjetunion ihres politischen, geistigen und wirtschaftlichen Mittelpunktes beraubt. Würden dann ihre Teile noch bestehen können? Würden sie gehorchen? Einer Zentrale gehorchen, die irgendwo in einer Provinzmetropole sitzen müßte? Vielleicht. Vielleicht auch nicht. Also entschied sich das Schicksal der Sowjetunion vor Moskau. Sieg oder Niederlage wurde vor den Toren der Hauptstadt ausgefochten. Das war die Wahrheit, nach der Stalin handelte.

Im Stab der 18. Panzerdivision machten die Deutschen erstaunte Gesichter, als am 3. Juli im Brückenkopf Borissow die Meldung der Divisions-Fliegerstaffel einging: »Starke feindliche Panzerkolonne, mit mindestens hundert schweren Panzern, beiderseits der Rollbahn Borissow — Orscha — Smolensk im Raum Orscha im Anmarsch. Darunter sehr starke, bisher nicht beobachtete Panzertypen.«

»Wo kommen die denn her?« schüttelte General Nehring den Kopf. »Ist der Russe ein Stehaufmännchen?«

Es war die 1. Moskauer motorisierte Schützendivision unter Generalmajor J. G. Krejser, die Jeremenko gegen Guderians Panzerspitze warf. Ein Eliteverband, der Stolz des roten Oberkommandos.

Die deutsche Aufklärung hatte sehr genau beobachtet und die Beobachtungen sehr gut ausgewertet. Denn Jeremenko schreibt in seinen Memoiren: »Die Division verfügte über etwa hundert Panzer, darunter auch T 34, die an der Mittelfront noch nicht zum Einsatz gekommen waren.«

T 34! Damit tritt nun auch an der Mittelfront die Wunderwaffe in Aktion, die im Südabschnitt bereits in den ersten achtundvierzig Stunden des Krieges auf dem Schlachtfeld erschien, Angst und Schrecken verbreitend.

Bei dem Dorf Lipki, zehn Kilometer östlich Borissow, treffen die Panzerspitzen Nehrings und Krejsers aufeinander: Die Chemnitzer 18. Panzerdivision, deren Heimat heute Karl-Marx-Stadt heißt, prallt auf den Eliteverband von Karl Marx' Weltrevolutionszentrum.

Zuerst gibt es bei den deutschen Panzerspitzen und den Panzerjägern einen ziemlichen Schock, als der erste T 34 heranrollt. Dreißig Meter neben ihm ein noch gewaltigerer: ein 52 Tonnen schwerer KW 2. Die leichten T 26 und BT dazwischen sind von deutschen Panzern III schnell in Brand geschossen. Aber auf die beiden Riesen feuern sie mit ihren 5-cm-Kanonen vergeblich. Der erste Panzer III bekommt Volltreffer und geht in Flammen auf. Die anderen weichen schnell aus. Die beiden Ungeheuer rollen weiter.

Drei ›Stummel‹ jagen heran, Panzer IV, ausgestattet mit 7,5-cm-Kampfwagenkanone mit kurzem Rohr. Rund drei Tonnen sind die damals schwersten deutschen Panzer leichter als der T 34, und die Reichweite ihrer Panzerkanonen ist bedeutend kürzer. Aber die deutschen Kommandanten merken bald, daß der Russe in dem T 34 unsicher und sehr langsam in der Schußfolge ist. Sie unterfahren sein Feuer. Umkurven ihn. Weichen seinen Granaten aus. Nehmen ihn in die Zange. Zerschießen ihm die Ketten. Als die Besatzung aussteigt und zu flüchten versucht, läuft sie in die MG-Garben eines Panzer III.

Der mächtige 52-Tonner KW 2 mit seiner 15,2-cm-Kanone schießt sich inzwischen noch immer mit zwei Panzern III herum. Die deutschen Panzergranaten dringen bis zum Führungsring in die Panzerung des Russen und bleiben dann stecken. Trotzdem steigen die Russen plötzlich aus. Offenbar haben sie Motorschaden.

Diese Kampfszene zeigt den entscheidenden Fehler der Russen. Sie setzten ihre T 34 und überschweren KW-Panzer nicht im Verband ein, sondern einzeln zwischen ihren leichten und mittelschweren Kampfwagen und als Hilfswaffe der angreifenden Infanterie. Das war Panzertaktik ganz alten Stils. So konnten die weit überlegenen Russenpanzer von den immerhin zunächst recht erschrockenen deutschen Panzerkompanien einzeln zerschlagen werden. Auf diese Weise scheiterte General Krejsers Gegenangriff bei Lipki.

Staunend betrachteten Nehrings Soldaten die sowjetischen Panzerriesen. Der General selbst stand nachdenklich vor einem KW und zählte die bis zu den Führungsringen in der Panzerung steckenden Panzergranaten: elf Treffer, kein Durchschlag. Auch Generaloberst Guderian sah den T 34 hier an der Autobahn nach Moskau, westlich Borissow zum ersten Male. Drei der Giganten waren in einem Sumpf steckengeblieben und auf diese Weise unbeschädigt in deutsche Hand gefallen. Guderian sprach bei der Besichtigung voller Bewunderung von der zweckmäßigen, idealen Form des Panzers und bestaunte die mächtige Kanone.

Die 1. Moskauer motorisierte Schützendivision stemmte sich weiter mit aller Kraft gegen die 18. Panzerdivision. Und der T 34 sowie der KW blieben die gefährlichste Waffe. Der deutsche Grenadier wurde vor die erste entscheidende Probe des Ostkrieges gestellt. Ein Kriegstagebuch des Schützenregiments 101 mit Gefechtsberichten des II. Bataillons legt darüber Zeugnis ab:

5. Juli. Diesseits Tolotschino. Russischer Panzerangriff. Ein Panzer fährt sich im Wald fest. Unteroffizier Findeisen mit Männern der 6. und 7. Kompanie erledigt ihn mit Nahkampfmitteln. Vor der Front, auf der Autobahn, zehn Panzer T 26. Leutnant Isenbeck, der Führer eines unterstellten Panzerjägerzuges der Panzerjägerabteilung 88, sperrt mit seiner 5-cm-Pak die Straße. Die Russen rollen in großen Abständen vorwärts. Isenbeck kniet neben seiner Pak, Schuß auf Schuß fegt heraus. Der erste T 26 brennt. Der zweite kurvt in den Straßengraben. Der dritte steht wie eine Zielscheibe mit zerschossener Kette am Straßenrand. Zielwechsel. Feuer. Fünf weitere Panzer bleiben liegen. Der neunte wird auf dreißig Meter Entfernung unterhalb des Turmes getroffen und brennt wie eine Fackel. Der zehnte kann hinter ihm wenden und entkommt in wilder Zickzackfahrt.

7. Juli. Erneuter russischer Panzerangriff. Leutnant Isenbecks vorderstes Pakgeschütz erhält Treffer. Bedienung tot oder verwundet. Ein 52-Tonner rollt durch

die Paksperre. Fährt sich aber fest. Feuert jedoch mit seinem schweren Geschütz weiter in die Stellungen der Kompanie.

Leutnant Kreuter, Führer Stabskompanie Schützenregiment 101, arbeitet sich mit einem Dutzend Mann an den Koloß heran. Ein MG gibt Feuerschutz mit Spezial-Hartkern-Munition (s. m. K.) zur Panzerbekämpfung. Aber die Geschosse prallen wie Erbsen ab.

Unteroffizier Weber springt auf. Neben ihm Obergefreiter Kühne. Sie laufen auf den feuernden Russen zu. Der läßt sein MG spucken. Der Dreck spritzt. Aber die beiden kommen in den toten Schußwinkel. Sie haben geballte Ladungen aus Handgranaten. Erst wirft Weber. Dann Kühne. Sie schmeißen sich hin. Blitz. Knall. Prasselnde Splitter. Kühne reißt es den Oberarm auf. Die Turmführung des KW ist beschädigt. Der Russe kann sein Geschütz nicht mehr schwenken.

Wie um ein Urwild liegen Kreuters Männer mit MPi und MG um den Riesen. Der Leutnant springt auf den stählernen Kasten. Duckt sich unter das Geschützrohr des mächtigen Turms.

»Handgranate!« ruft er. Der Schütze Jedermann wirft dem Leutnant eine Stielhandgranate hinauf. Der reißt sie ab und schiebt sie ins mächtige Rohr der Kanone. Springt vom Panzer. Rollt sich zur Seite. Gerade noch rechtzeitig. Wie ein Donnerschlag krepiert erst die Handgranate und dann die Panzergranate im Rohr. Der Geschützverschluß muß in den Turm geschleudert worden sein; denn eine Luke fliegt auf. Der Obergefreite Klein schmeißt geistesgegenwärtig und geschickt aus acht Meter Entfernung eine geballte Ladung hinein. Stichflamme. Explosion. Der schwere Turm fliegt fünf Meter weit ins Gelände. Stundenlang blakt der Riese wie eine Fackel. Er qualmt noch immer, als Hauptmann Pepper, der Bataillonskommandeur, in der Abenddämmerung mit Leutnant Krauss die Stellung der Kompanie abgeht.

»Ein toller Kasten«, sagt Pepper. »Aber ...« Er spricht den Satz nicht zu Ende. Es knallt zweimal aus einem automatischen Russengewehr. Pepper und Krauss haben volle Deckung genommen. Es ging noch einmal glimpflich ab. Doch am nächsten Tag erwischte es den tapferen Bataillonsführer auf dem Wege zum Regimentsgefechtsstand. Ein russischer Baumschütze schoß. Pepper war sofort tot. Leutnant Krauss, der ihn auch hier begleitete, schwerverwundet, starb wenige Stunden später im Lazarett. Der Schütze, ein leicht blessierter Russe, der sich vor den Deutschen hier versteckt hatte, überlebte den Hauptmann nur um eine Viertelstunde. Er wollte sich nicht ergeben.

Soweit das Kriegstagebuch der 7. Kompanie Schützenregiment 101.

An diesem Tag, dem 8. Juli 1941, hatte auch die 17. Panzerdivision weiter nördlich, im Raum Sjenno, auf der historischen Landbrücke zwischen Düna und Dnjepr, ihre erste Begegnung mit den T 34. Jeremenko hatte neu herangeführte Einheiten der 20. Sowjetarmee auf die strategisch wichtige Landzunge zwischen Orscha und Witebsk geworfen, um auch hier den Zugang nach Smolensk abzuriegeln, den Hoths und Guderians Panzerdivisionen zu erzwingen versuchten.

Im Morgengrauen trat das vorderste Regiment der 17. Panzerdivision an. Es ging durch wogende Kornfelder, über Kartoffeläcker und durch Kusselwald. Gegen elf Uhr traf Leutnant von Ziegler mit seinem Zug auf den Feind. Die Russen standen gut getarnt und eröffneten das Feuer aus kurzer Entfernung. Die ersten Schüsse fielen. Alle drei Abteilungen des Panzerregiments 39 entfalteten sich auf breiter Front. Pakzüge preschten heran zum Schutze ihrer Flanke. Eine Panzerschlacht begann, die in der Geschichte ihren Platz hat: die Schlacht von Sjenno. Von elf Uhr früh bis zum Dunkelwerden wurde auf beiden Seiten mit großer Erbitterung gekämpft. Die Russen operierten nicht ungeschickt. Sie suchten den Deutschen in die Flanke oder in den Rücken zu fallen. Die Sonne brannte vom Himmel. Blakende, brennende Kampfwagen, deutsche und russische, standen auf dem weiten Schlachtfeld.

Um 17 Uhr kam für die deutschen Panzer der Funkspruch: »Munition sparen!« Im selben Augenblick hörte Funker Westphal in seinem Panzer die aufgeregte Stimme seines Kommandanten: »Schwerer feindlicher Panzer! – Turm 10 Uhr. Panzergranate. – Feuer!«

»Treffer!« rief Oberfeldwebel Sarge. Aber der Russe schien die Granate gar nicht zu spüren. Er fuhr einfach weiter. Nahm gar keine Notiz davon. Zwei, drei, vier Panzer der 9. Kompanie kurvten jetzt in 800 bis 1000 Meter Entfernung um den Russen. Feuerten. Nichts. Jetzt hielt er. Sein Turm schwenkte herum. Blitzend fuhr der Schuß aus seinem Rohr. Vierzig Meter vor dem Panzer des Feldwebels Hornbogen von der 7. Kompanie spritzte die Dreckfontäne des Einschlags hoch. Hornbogen kurvte aus der Schußbahn. Der Russe fuhr weiter, rollte auf einen Feldweg. Eine deutsche 3,7-cm-Pak war hier in Stellung gegangen.

»Feuer!« Nichts.

Es sah fast aus, als würde der Riese sich gleich schütteln: Seine breiten Ketten waren voller Grasbüschel und Roggenhalme. Sein Motor heulte auf. Der russische Fahrer schaltete auf den schnellen Gang. Das war bei den robust gebauten Wagen gar nicht so einfach. Fast jeder Fahrer hatte deshalb einen Hammer neben seinem Sitz liegen; ging der Gang nicht rein, wurde mit dem Hammer nachgeholfen. Sowjetische Improvisation! Trotzdem fuhr das Ding. Fuhr direkt auf die Pak zu. Die schoß wütend. Noch zwanzig Meter. Zehn. Fünf.

Da war er. Die Männer sprangen zur Seite, flohen. Wie ein Ungeheuer walzte der Panzer über die Holme des Geschützes. Dann schwenkte er etwas nach rechts. Und fuhr weiter, durch die Front, den rückwärtigen Stellungen der schweren Artillerie zu. Fünfzehn Kilometer hinter der Hauptkampflinie erst endete seine Fahrt. In einem Sumpfgelände kurz vor der deutschen Artilleriestellung wühlte er sich fest. Eine 10-cm-Langrohr-Kanone der Divisionsartillerie machte ihm den Garaus.

Bis in die Dunkelheit ging die Panzerschlacht weiter. Gespenstisch leuchteten die brennenden Panzer in den Kornfeldern. Panzermunition explodierte, Benzinkanister flogen in die Luft. Sanitäter geisterten über das Gelände, suchten die schreienden Verwundeten und deckten die Toten mit einer Decke oder der Zeltplane zu. Am qualmenden Panzer ›925‹ zog die Besatzung ihren schweren Kommandanten mühselig aus dem Turm: Oberfeldwebel Sarge. Tot. Viele waren tot, die vor siebzehn Tagen in Pratulin noch mit in Reih und Glied gestanden hatten. Viele verwundet. Aber die 17. Panzerdivision beherrschte das Schlachtfeld. Und wer das Schlachtfeld behauptet, der ist Sieger.

Daß der T 34 im Sommer 1941 nicht zu einer feldzugentscheidenden Waffe der Russen geworden ist, lag an zwei Tatsachen: Einmal an der falschen russischen Panzertaktik, die den T 34 ›kleckerweise‹ bei leichteren Verbänden oder zur Infanterieunterstützung einsetzte, statt mit ihm – im Sinne der deutschen Grundsätze – an Schwerpunkten scharf zusammengefaßt zu operieren, breite Frontabschnitte des Feindes überraschend zu durchstoßen und seine rückwärtigen Verbindungen zu zerschlagen und dann tief in dessen Hinterland zu fahren. Die Russen mißachteten diese Grundregel moderner Panzertaktik, die Guderian in die bis heute geltenden Worte faßte: »Nicht kleckern, klotzen!«

Der zweite Fehler der Russen lag in der Kampftechnik. Hier hatte der T 34 eine entscheidende Schwäche. Der vierköpfigen Besatzung – Fahrer, Richtschütze, Ladeschütze und Funker – fehlte der fünfte Mann, der Kommandant. Im T 34 war der Richtschütze gleichzeitig Kommandant des Panzers. Diese Doppelfunktion – Arbeit am Geschütz und zeitweiliger Ausguck – hemmte die Feuerfolge. Bis der T 34 einen Schuß raus hatte, feuerte ein deutscher Panzer IV bereits seinen dritten. Auf diese Weise unterfuhren die deutschen Panzer die längere Reichweite des T 34 und konnten trotz der mächtigen Panzerung von 4,5 cm Stärke Treffer am Kettenwerk und anderen ›weichen Stellen‹ anbringen. Außerdem gab es in jeder sowjetischen Panzereinheit nur ein Funkgerät, beim Kompaniechef. Deshalb waren sie im Feuerkampf sehr viel unbeweglicher als ihre deutschen Gegner.

Trotzdem blieb der T 34 eine gefährliche und von der deutschen Infanterie den ganzen Krieg über gefürchtete Waffe. Kaum auszudenken, welche Wirkungen ein Masseneinsatz in den ersten Kriegswochen gehabt hätte! Wie die massiert eingesetzten deutschen Panzer bei der russischen Infanterie wirkten, schildert der Gegenspieler Guderians, General Jeremenko, sehr eindrucksvoll und ungeschminkt. Er schreibt darüber in seinen Memoiren:

»Die Deutschen griffen in großen Panzerverbänden mit zum Teil aufgesessenen Grenadieren an. Darauf war unsere Infanterie nicht vorbereitet. Bei dem Ruf ›Feindliche Panzer!‹ rannten unsere Kompanien, Bataillone, ja ganze Regimenter hierhin und dorthin, suchten Zuflucht hinter den Pak- oder Artilleriestellungen, brachten die Kampfordnung durcheinander und ballten sich in den Bereichen der Pak-Stellungen zusammen. Sie verloren die Manövrierfähigkeit, ihre Kampfbereitschaft verminderte sich, die Führung, die Verbindung und die Zusammenarbeit wurden außer Kraft gesetzt.«

Jeremenko hatte das Problem der deutschen Panzerüberlegenheit erkannt. Und er war es, der daraus Folgerungen zog. Er gab strengste Befehle, den Kampf mit den deutschen Panzern aufzunehmen. Sein Rezept war: Konzentrierter Artilleriebeschuß, Fliegereinsatz mit Bordwaffen und Bomben, vor allem aber Nahbekämpfung mit Handgranaten und einem Nahkampfmittel, dessen Landsername sich bis heute erhalten hat: Molotow-Cocktail. Die Entstehung dieses Kampfmittels, das bis auf den heutigen Tag, vor allem bei revolutionären Auseinandersetzungen, benutzt wird, ist eine interessante Geschichte.

Durch Zufall hatte Jeremenko erfahren, daß sich in Gomel ein Lager mit der leicht entzündbaren Flüssigkeit ›KS‹ befand: ein Benzin-Phosphor-Gemisch, mit dem die Rote Armee vor dem Kriege experimentiert hatte, wahrscheinlich um Vorratslager und wichtige Einrichtungen schnell in Brand setzen zu können. Der findige Jeremenko ließ sofort 10 000 Flaschen mit dieser Flüssigkeit an seinen Frontabschnitt bringen und stattete Kampftrupps zum Einsatz gegen feindliche Panzer damit aus. Der Molotow-Cocktail war keine Wunderwaffe, sondern eine Improvisation, ein verzweifeltes Hilfsmittel. Aber er tat nicht selten seine Wirkung. Die Flüssigkeit brannte sofort, wenn sie mit Luft in Berührung kam. Eine zusätzliche Flasche mit Benzin verstärkte die Brennkraft. Hatte man aber nur Benzinflaschen, dann wurde eine improvisierte Zündschnur an die Flaschen gebunden und vor dem Wurf angesteckt. Zerbrachen die Flaschen oben auf dem Panzer oder seitlich an der Panzerwand, dann floß das brennende Gemisch in den Kampfraum oder in den Motor und setzte sofort Öl und Benzin in Flammen. Erstaunlich schnell brannten die Kästen aus Stahl und Blech, weil sie meist einen Überzug aus Öl, Schmierfett und Benzin hatten.

Natürlich ließen sich mit Benzinflaschen keine Panzerarmeen aufhalten, zumal nach ihrem ersten Gebrauch die deutschen Panzer, deren Stärke ohnehin ihre enge Zusammenarbeit in den Zügen und Kompanien war, ihre erhöhte Aufmerksamkeit der Abwehr von Nahkämpfern zuwandten. Sowjetische Divisionen, Geschütze, Artillerie mußten her, um die Deutschen stoppen zu können, wenn sie nicht über Smolensk bis Moskau fahren sollten.

Das russische Oberkommando warf deshalb Teile der 19. Armee aus Südrußland in den Raum Witebsk. Aus den Güterwagen sprangen die russischen Regimenter in den Kampf gegen Hoths 7. und 12. Panzerdivision. Jeremenko wußte, daß er eine beträchtliche Streitmacht von sechs Schützendivisionen und einem motorisierten Korps auf diese Weise langsam opferte. Aber was sollte er anderes machen? Er hoffte, daß er die deutschen Spitzen wenigstens aufhalten konnte. Zeit. Zeit gewinnen!

Aber Jeremenko hoffte vergeblich. Die Aufklärungsabteilung der 7. Panzerdivision nahm einen sowjetischen Flakoffizier gefangen. Man fand bei ihm Befehle, datiert vom 8. Juli, die Jeremenkos Plan verrieten, die Divisionen der 19. Armee nördlich Witebsk auszuladen und auf der Landenge einzusetzen. Generaloberst Hoth konterte sofort. Er ließ die 20. Panzerdivision unter Generalleutnant Stumpff, die am 7. Juli bei Ulla auf das rechte, das heißt nördliche Düna-Ufer gegangen war, am 9. Juli am Nordufer des Flusses entlang gegen Witebsk vorgehen. Auf der Landenge südlich der Düna banden inzwischen die 7. und 12. Panzerdivision Jeremenkos Kräfte. Stumpffs Panzer aber fuhren zusammen mit der schnell nachgeführten 20. I. D. (mot.) unter Generalmajor Zorn in den Rücken der Russen und mitten in die Ausladungen hinein.

Der 10. Juli dämmerte herauf. Der 19. Tag des Feldzugs. Ein Tag voll dramatischer Entscheidungen. Noch regierte der deutsche ›Blitz‹. Oben im Norden war Pleskau südlich des Peipus-Sees gefallen. Das XXXXI. Panzerkorps unter General Reinhardt hatte mit der 1. Panzerdivision und Teilen der 6. Panzerdivision die ›Stalinlinie‹ durchstoßen und am 4. Juli nach harten Panzerkämpfen Ostrow genommen. In Fortsetzung dieses schnellen Vorstoßes hatte

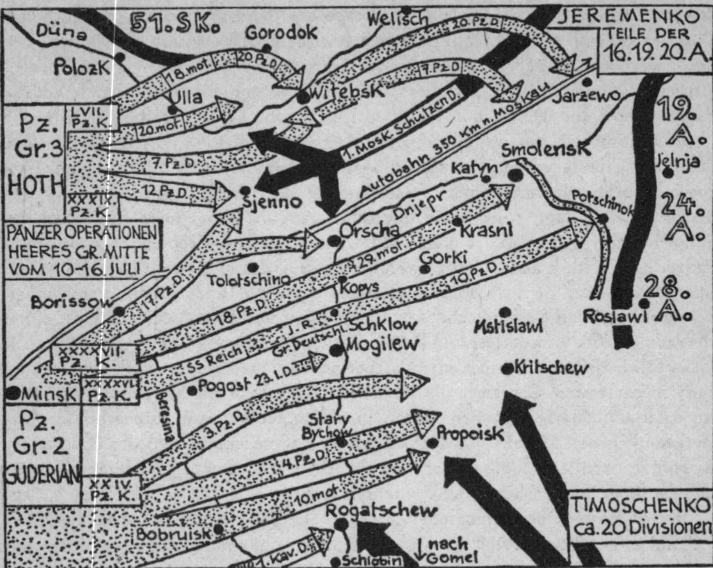

Karte 4
Der Übergang über den Dnjepr am 10./11. Juli 1941 und die daraus folgende Einnahme von Smolensk war die erste entscheidende Operation des Sommerfeldzugs an der Mittelfront.

dann das nördliche Panzerkorps von Generaloberst Hoepners Panzergruppe 4 vier Tage später mit der 36. I. D. (mot.) und Teilen der 1. Pz. D. den wichtigen Drehpunkt auf dem Weg nach Leningrad genommen. Und Hoepner gab den Angriffsbefehl zum Eindrehen nach Nordosten auf Leningrad. Vielleicht fiel Leningrad noch schneller als Smolensk. Und wenn es fiel, brach Rußlands Heeresmacht im Baltikum und in der Ostsee zusammen. Dann lag die Nordflanke Moskaus offen. Dann konnte das Wettrennen darum beginnen, wer eher in den Hof des Kreml fahren würde – Hoepner, Hoth oder Guderian! Es sah hoffnungsvoll aus. Vielleicht wiederholte Hoepner seinen Warschauer Triumph von 1939, als er bereits acht Tage nach Kriegsbeginn mit der 1. und 4. Pz. D. seines XVI. motorisierten Korps westlich und südlich vor der polnischen Hauptstadt stand.

320 Kilometer südlich von Pleskau lag Witebsk, Verkehrsknotenpunkt an der oberen Düna, Torpfeiler von Smolensk. Und auch Witebsk fiel. Die 20. Panzerdivision nahm es am 10. Juli im Sturm. Fanatische Jungkommunisten hatten die Stadt angesteckt. Sie brannte. Aber Hoths Panzerdivisionen brauchten kein Nachtquartier. Sie stießen an der brennenden Stadt vorbei, vorwärts, weiter nach Osten, in den Rücken von Smolensk.

Auch bei Guderian, dessen Divisionen sich bei Bobruisk und Borissow über die Beresina gekämpft hatten und dem Dnjepr zustrebten, war am 10. Juli die wichtigste Entscheidung des Feldzuges von 1941 gefallen.

»Was meinen Sie, Liebenstein?« fragte Guderian jeden Abend seinen Chef des Stabes, wenn er von der Front ins Stabsquartier kam. »Sollen wir weiterstoßen und den Übergang über den Dnjepr mit den Panzerkräften allein forcieren, oder ist es notwendig, auf das Herankommen der Infanteriedivisionen zu warten?« Das war die Frage, die seit Tagen im Stab der Panzergruppe 2 erörtert wurde. Und immer wieder entspann sich dieselbe Diskussion: Infanteristen sind für den Kampf um Flußübergänge besser geeignet als Panzerregimenter. Aber vierzehn Tage dauert es, ehe die Infanterie heran ist. Was aber macht der Russe, wenn wir vierzehn Tage untätig an der Beresina oder vor dem Dnjepr warten? Der Ia, Oberstleutnant Bayerlein, schlug die Mappe des 3. Generalstabsoffiziers (Ic) mit den Feindnachrichten auf. Und die waren eindeutig: Die Luftaufklärung meldete starke motorisierte Anmarschbewegungen auf den Dnjepr zu und die Bildung einer neuen russischen Kräftegruppe nordostwärts von Gomel.

Der Optimismus der obersten deutschen Führung, wie ihn Generaloberst Halder am 3. Juli ausgedrückt hatte, wurde durch diese neuen russischen Kräftebildungen gedämpft. Wollte man die Sowjets nicht in aller Ruhe die Dnjepr-Linie mit starken Kräften besetzen und in Verteidigungszustand bringen lassen, mußte man schnell handeln.

Das war Guderians Meinung in der Auseinandersetzung mit den vorgesetzten Kommandobehörden um die Weiterführung der Operationen im Mittelabschnitt der Ostfront, und sein Stab stand einhellig hinter ihm. Erst heute wissen wir, wie richtig die Befürchtungen Guderians waren. Nach den Memoiren Jeremenkos und den neuesten militärischen Fachveröffentlichungen der Russen hatte Timoschenko gemäß einem Beschluß des staatlichen Verteidigungskomitees die bisherige ›Westfront‹ umgebildet und die neuformierte Heeresgruppe ›Westabschnitt‹ als Oberbefehlshaber übernommen. Auch im Norden und Süden wurden die ›Fronten‹, die Verteidigungsräume der alten Militärbezirke, zu Heeresgruppen neu formiert: Nordwestabschnitt mit Marschall Woroschilow, Südwestabschnitt mit Marschall Budjenny.

Entlang dem Dnjepr sammelte Timoschenko ab 10. Juli Division um Division. Am 11. Juli umfaßte seine Heeresgruppe bereits wieder einunddreißig Schützen-, sieben Panzer- und vier motorisierte Divisionen. Dazu kamen die Reste der 4. Armee, die aus dem Kessel von Minsk entkommen waren, und Teile der 16. Armee, die vom Süden an die Mittelfront geworfen wurden. Insgesamt marschierten also zweiundvierzig kampfkräftige Sowjetdivisionen am oberen Dnjepr auf.

Es gibt aus dem Frankreichfeldzug eine berühmte Geschichte über Guderian: Bei den Vorbereitungen für den Angriff hatte man seiner Auffassung nicht folgen wollen, daß der Erfolg der Panzerverbände im schnellen und rücksichtslosen Durchstoßen bis in den Rücken der feindlichen Front zu suchen sei. Es kam zu Diskussionen mit den Generalobersten von Rundstedt und Halder. Als Guderian nach dem Durchbruch durch die Maginotlinie mit seinem XIX. Panzerkorps zur

Kanalküste weiterstoßen wollte, um die britisch-französischen Streitkräfte abzuschneiden, wurde er nach seinem Eindrehen nach Westen immer wieder gebremst. Im Oberkommando der Heeresgruppe A und im Führerhauptquartier ging das Gespenst von der Flankenbedrohung um. Und deshalb wollte man Guderians raschen Vormarsch am 15. und am 17. Mai 1940 anhalten.

»Sie verschenken den Sieg«, beschwor daraufhin Guderian den Generalobersten von Kleist, seinen damaligen Oberbefehlshaber. Mit List und Tricks setzte Guderian seine Grundsätze immer wieder durch, aber bei Dünkirchen scheiterte er. Bei Dünkirchen verschenkte man den Sieg dann wirklich.

»Ihr verschenkt den Sieg«, rief Guderian auch Anfang Juli 1941 immer wieder ins Telefon, wenn aus dem Stab des Oberbefehlshabers der 4. Armee, Generalfeldmarschall Hans Günther von Kluge, die Mahnung kam, am Dnjepr auf die Infanterie zu warten.

Am 9. Juli erschien Feldmarschall von Kluge selbst auf Guderians Gefechtsstand in Tolotschino. Es entspann sich eine hitzige Diskussion. Der ›kluge Hans‹ — wie die Generalstäbler den Oberbefehlshaber in feinem Wortspiel nannten — und der ›schnelle Heinz‹ — wie Guderian bei den Landsern hieß — gerieten aneinander. Guderian wollte über den Dnjepr. Kluge sagte nein. Guderian verteidigte seinen Plan leidenschaftlich. Kluge blieb kühl. Da griff Guderian zu einer Notlüge: Er behauptete, seine Panzer lägen größtenteils schon angriffsbereit in den Ausgangsstellungen am Dnjepr-Ufer massiert. Ein Zustand, der nicht ohne Gefahr lange aufrechterhalten werden könne.

»Ich bin außerdem vom Gelingen der Operation überzeugt«, beschwor Guderian Kluge, »und wenn wir schnell auf Moskau stoßen, erwarte ich die Entscheidung des Feldzuges noch in diesem Jahr.«

Von soviel Entschlossenheit und Zuversicht wurde selbst der kühle Kluge gepackt. Und mit den Worten: »Ihre Operationen hängen immer an einem seidenen Faden«, ließ er Guderian seinen Willen!

Der Generaloberst nickte seinen Offizieren zu: »Auf geht's, meine Herren, hinüber. Übergang morgen.« Morgen — das war der 10. Juli!

Das Glück ist bei dem Kühnen; es war auch bei Guderian. Die Entwicklung der Schlacht zeigte, daß er recht gehabt hatte. Seine Vorausabteilungen hatten festgestellt, daß die Russen die wichtigsten Dnjepr-Übergänge Rogatschew, Mogilew und Orscha stark ausgebaut und besetzt hatten. Versuche, sie im Handstreich zu nehmen, waren blutig gescheitert. Aufklärungsabteilungen der Panzerkorps erkundeten aber schnell die weichen Stellen zwischen den starken Stützpunkten auf dem westlichen Dnjepr-Ufer. Sie fanden sie bei Stary Bychow, Schklow und Kopys.

Stary Bychow im südlichen Bereich beim XXIV. Panzerkorps, in der Mitte das XXXXVI. Panzerkorps bei Schklow, und ganz oben, im Raum des XXXXVII. Korps, Kopys. Elende Nester ohne Brücken, die kein Mensch kannte. Die Russen vermuteten nicht im Traum an diesen Stellen den deutschen Angriff. Aber es kommt im Kriege vor allem immer darauf an, den Feind dort zu treffen, wo er am schwächsten ist.

Am 10. und 11. Juli wurde der Dnjepr dann auch ohne große Verluste an allen drei Stellen bezwungen. Beiderseits Stary Bychow gelang der 3. und 4. Panzerdivision der Übergang auf Anhieb. Das I. Bataillon Schützenregiment 3 sowie die 10. I. D. (mot.) gingen bei Soborowo über den Fluß, sicherten den Brückenkopf und schlugen alle Gegenangriffe ab. Bei Stary Bychow erfocht die 2. Kompanie Kradschützenbataillon 34 unter Hauptmann Rode den Übergang und sicherte damit den ersten Brückenkopf. Das Panzerpionierbataillon 79 begann sofort mit dem Bau einer Kriegsbrücke, die bereits in der Nacht zum 11. Juli fertig war.

Bei Kopys klappte der Übergang zuerst nicht. Die 29. I. D. (mot.) mußte sich gegen feindliche Fliegerangriffe und Artilleriefeuer den Übergang hart erfechten. Am 11. früh um 5 Uhr 15 setzten die Pionierkompanien von Oberstleutnant Hecker unter dem Feuerschutz von Sturmgeschützen mit Sturmbooten über den Fluß und brachten die Infanterie hinüber. In fünfundvierzig Minuten waren vier Sturmbataillone drüben. Sie unterliefen das feindliche Feuer und setzten sich fest.

Bei Schklow, dem Übergang der 10. Panzerdivision, mußte Infanterieregiment ›Großdeutschland‹ mit ›Stalinschülern‹ kämpfen, einer Elitetruppe für den Offiziersnachwuchs. Oberleutnant Hänerts MG-Kompanie des I. Bataillons I. R. ›Großdeutschland‹ schaffte aber schließlich Luft. Sie trieb die Sowjets in den Wald. Die Pioniere bauten in Rekordzeit ihre Brücke. Die schweren Waffen rollten über den Fluß.

An den stark befestigten Städten Orscha, Mogilew und Rogatschew stießen Guderians Divisionen einfach vorbei und rollten nach Osten. Ziel: Smolensk.

Es war höchste Zeit; denn schon hatte Marschall Timoschenko im Süden, im Raum Gomel, seine starke Kräftegruppe von zwanzig Divisionen aufgebaut. Er versuchte, Guderians Verbänden in die Flanke zu stoßen und Smolensk zu retten. Schwerste Abwehrkämpfe unterstrichen den Ernst der Lage. Aber Timoschenkos Plan scheiterte. Es war vor allem die 1. Kavalleriedivision unter General Feldt, die sich den Angriffen Timoschenkos entgegenwarf; zusammen mit der 10. I. D. (mot.) und Teilen der 4. Panzerdivision deckte sie die Flanke der Panzergruppe 2.

Dieser sehr entscheidende Einsatz der 1. Kavalleriedivision verdient besondere Erwähnung. Als einziger großer deutscher Reiterverband des zweiten Weltkrieges bis 1944 waren Generalmajor Feldts Reiterbrigaden am Rande der schwer zugänglichen Pripjetsümpfe eingesetzt, in einem Kampfgelände, das für Panzer nicht passierbar war. Die Straßen waren praktisch nur Reitwege; Busch und Moor bildeten ein ideales Gelände für feindliche Hinterhalte und Bereitstellungen. Die 1. K. D. meisterte dieses Gelände, sicherte Guderians Flanke und war ein guter Fühlungshalter zu den Einheiten der Heeresgruppe Rundstedt, die südlich der großen Sümpfe operierte. Die erfolgreiche Abwehr der Flankenbedrohung ermöglichte Guderian den Griff nach Smolensk.

Und nun ging es Schlag auf Schlag: Am 15. Juli abends stieß weiter nördlich die Panzergruppe 3 unter Generaloberst Hoth mit der 7. Panzerdivision bei starker Luftwaffenunterstützung nördlich an Smolensk vorbei, durchschnitt die Autobahn und die Eisenbahnlinie Smolensk—Moskau. Die Stadt war damit vom

Nachschub und Entsatz abgeschnitten, ein neuer Kessel gebildet, fünfzehn sowjetische Divisionen eingeschlossen.

Das sowjetische Oberkommando wollte Smolensk um jeden Preis halten. Denn Smolensk war so etwas wie Stalingrad: Symbol und strategisch lebenswichtige Position. Smolensk war das Sicherheitsschloß zu Moskaus Toren, Festung der Nation am oberen Dnjepr, eine der ältesten russischen Siedlungen. Hier erfocht Napoleon am 16. und 17. August 1812 den Sieg für seinen Marsch auf Moskau. Hier schlug genau drei Monate später, am 16./17. November 1812, der Zarenfeldherr Kutusow die Grande Armée Frankreichs. Das alles macht die Leidenschaft begreiflich, mit der Smolensk verteidigt wurde. Die Soldaten von General von Boltensterns 29. I. D. (mot.) haben es erfahren.

Die Regimenter 71 und 15, das Artillerieregiment 29, die Pioniere und das Kradschützenbataillon, vor allem die 2. Kompanie unter Leutnant Henz, die sechs Tage lang die im Handstreich genommene Dnjeprbrücke östlich der Stadt hielt, werden diese Tage nie vergessen.

Nach General Jeremenkos Bericht hatte der Kampfkommandant der Stadt Befehl zur ›totalen Verteidigung‹. Die Straßen waren verbarrikadiert, schwere und leichte Bunker gebaut. Jedes Haus, jeder Keller war ein Widerstandsnest. Die Arbeiter und die Angestellten waren bewaffnet worden und zusammen mit den Verbänden der Staatspolizei und der Miliz zu Straßenkampf-Gruppen zusammengeschlossen. Sie hatten Befehl, ihre Häuserblocks zu halten oder zu sterben. Das militärische Verteidigungsgerippe der Stadt bildeten die Schützenregimenter des XXXIV. Schützenkorps.

Trotzdem fiel Smolensk. Fiel schnell. Die Verteidigung war dem kühnen und listenreichen Zugriff des thüringischen Infanterieregiments 71 nicht gewachsen. Morgens um 7 Uhr, am 15. Juli, trat Oberst Thomas mit seinem Regiment an, umging die feindlichen Befestigungen auf einem Feldweg, fünfzehn Kilometer südwestlich der Stadt. Er griff von Süden her an. Um elf Uhr nahm sein II. Bataillon im Sturm die schweren russischen Batterien auf den Höhen von Konjuchowo. Die Gefangenenaussagen ergaben, daß auch der Südausgang der Stadt schwer befestigt war. Thomas drehte sein Regiment noch einmal nach rechts ab und griff die Stadt von Südosten an. Als die Verteidiger die deutschen Spitzen um 17 Uhr bemerkten, war es zu spät. Bei Einbruch der Dunkelheit standen Stoßtrupps der 71er bereits in den Straßen der Südstadt.

Am anderen Morgen um 4 Uhr begann der Hauptangriff zusammen mit Infanterieregiment 15. Schwere Artillerie, 8,8-Flak, Nebelwerfer, Sturmgeschütze, Panzer-Flammzüge schlugen den Infanteristen den Weg. In der Nordstadt mit den Industrievierteln fochten NKWD und Arbeitermiliz verbissen. Mit Pistole, Handgranate und blanker Waffe mußte Haus um Haus, Keller um Keller genommen werden. Gegen 20 Uhr, am 16. Juli, war der Nordrand erreicht, Smolensk erobert.

Am 25. Tag des Feldzuges war das erste operative Ziel des ›Unternehmens Barbarossa‹ geschafft: Die schnellen Truppen der Heeresgruppe Mitte standen im Raum Jarzewo–Smolensk–Jelnja–Rosslawl. 700 Kilometer hatten sie hinter sich. Noch 350 Kilometer waren es bis Moskau.

Nur in Mogilew, weit im Rücken der deutschen Front, wurde noch hart gefochten. Die Gebietshauptstadt der weißrussischen Sowjetrepublik am Oberlauf des Dnjepr — 100 000 Einwohner, mächtiges Eisenbahnausbesserungswerk, Zentrum der westrussischen Seidenindustrie, alter Sitz des Metropoliten der Katholiken des russischen Reiches — wurde von drei Divisionen der 13. sowjetischen Armee unter Generalleutnant Gerassimenko zäh verteidigt.

Am 20. Juli war die Stadt westlich des Flusses von vier deutschen Divisionen, dem VII. Korps, umfaßt.

Um 14 Uhr des gleichen Tages tritt die Berlin-brandenburgische 23. Infanteriedivision unter Generalmajor Hellmich mit zwei Regimentern zum Angriff an. Das Potsdamer Infanterieregiment 9, Traditionsträger der alten Potsdamer Garderegimenter zu Fuß, kommt zwar über den Fluß, bleibt aber in einem kleinen Brückenkopf liegen. I. R. 68 kann die sowjetische Verteidigung nicht durchbrechen, auch I. R. 67 gelingt es am nächsten Tage nicht.

Weil der Frontalangriff sich nahe am Stadtrand festgefressen hatte, versuchte Hellmich den Stoß zur Brücke, die Mogilew mit Lupolowo verbindet, flußaufwärts aus südostwärtiger Richtung zu führen. Es gelang. I. R. 9 konnte in einem harten Nachtgefecht den geschickt verschanzten Feind vertreiben.

Aber die Verluste waren hoch. Die 11. Kompanie des I. R. 67 unter Oberleutnant Schrottke wurde zusammengeschlagen. Sie geriet in einer Obstplantage in feindliches Flankenfeuer. Sämtliche Offiziere fielen. Die Kompanie büßte zwei Drittel ihrer Gefechtsstärke ein.

Auf der Westseite der Dnjepr arbeitete sich inzwischen Leutnant Brandt mit der 10. Kompanie des Infanterieregiments 67 im Schutze der Uferböschung unbemerkt bis an die Straßenbrücke. Zwischen Russenfahrzeugen jagten die Männer über die Brücke und stellten die Verbindung mit dem auf dem Ostufer festliegenden Infanterieregiment 9 her.

Brandt hält Brücke und Brückenkopf gegen wütende sowjetische Angriffe, gegen Artillerieüberfälle und gegen die gefährlichen Scharfschützen, die zeitweilig die Lage fast unhaltbar machen, weil kein Mensch auch nur den Kopf aus der Deckung stecken kann. Als Major Hannig mit dem I. Bataillon I. R. 9 in den Ostteil der Stadt stürmt, kommt der Angriff im sowjetischen MG-Feuer ins Stocken. Der Major liegt schwerverwundet auf der Brücke. Fordert seine Männer auf, weiterzustoßen. Scharfschützen schießen Hannig zusammen.

Am Morgen des 26. Juli gelingt es den Russen im Schutze des Nebels, der über dem Dnjeprtal liegt, die etwa 200 Meter lange Holzbrücke zum Ostteil der Stadt zu sprengen und teilweise zu zerstören. Die sowjetischen Verbände haben damit die Brücken hinter sich im wörtlichsten Sinne verbrannt. Sie fechten nun auf verlorenem Posten. Und sie fechten bis zur letzten Patrone. Im Würgegriff der 78. I. D., der 15. I. D., der 23. I. D. und der 7. I. D. geht schließlich den Verteidigern am 27. Juli der Atem aus. Ein Teil der Besatzung versucht mit Lkws nach Westen auszubrechen, wird aber zusammengeschlagen.

Die 23. I. D. zieht über die schnell reparierte Holzbrücke in Richtung Osten. Die 15. I. D. besetzt Mogilew. Durch die Hauptstraßen der Stadt fließt eine merkwürdig riechende braune Flüssigkeit: Die Russen haben die riesigen Bierfässer einer großen Brauerei zerschossen. Das Bier fließt in Strömen in den Dnjepr. Die Eroberer sollen es nicht trinken.

12 000 Gefangene machen die 23. I. D. und 15. I. D. Merkwürdig wenig Offiziere sind darunter. Sie sind gefallen oder haben sich durchgeschlagen. Die Verluste der 23. I. D. allein betrugen 264 Gefallene, 83 Vermißte und 1088 Verwundete. Ein hoher Preis für eine Stadt weit im Rücken der Front.

4 Moskau oder Kiew?

Die Höllenschlacht im Jelnjabogen — Besuch aus dem Mauerwald — Hitler will nicht nach Moskau — Guderian fliegt ins Führerhauptquartier — Dramatisches Ringen in der ›Wolfsschanze‹ — »Meine Generale verstehen nichts von Kriegswirtschaft«

Kein General, kein Offizier, kein Mann an der Ostfront war im Zweifel, wie es nach dem Fall von Smolensk weitergehen mußte, wie das neue Ziel hieß: Moskau natürlich. Moskau, Kopf und Herz des sowjetrussischen Reiches. Wer eine Vorkriegskarte von Rußland betrachtet, findet den Satz bestätigt: »Alle Wege führen nach Moskau.« Die geistige und politische Metropole war auch das verkehrspolitische Zentrum, das Herz des roten Reiches. Durchstieß man dieses Herz, lag der Schluß nahe, daß die mächtige Union zusammenbrach.

So dachte der Oberbefehlshaber des Heeres, Generalfeldmarschall von Brauchitsch. So kalkulierte Halder. So folgerten Guderian, Hoth, Bock und alle Oberbefehlshaber der Ostfront. Sie alle dachten wie Clausewitz, der Vater der modernen Strategie, der trotz Napoleons Niederlage in Rußland dessen Marsch auf Moskau als sinnvoll und richtig verteidigte. Kriegsobjekt sind das feindliche Land, seine Hauptstadt und seine politische Macht. »Aber«, sagt Clausewitz, »das russische Riesenreich ist kein Land, das man förmlich erobert, das heißt besetzt halten kann. Eine bis ins Herz des Staates gehende Erschütterung ist notwendig. Nur wenn Bonaparte mit einem kräftigen Stoß bis Moskau hinreichte, durfte er hoffen . . .«

Ja, nur so durfte er hoffen, das Zarenreich ernsthaft zu erschüttern, in innere Wirren zu stürzen, den Zwiespalt im Volk und in der Generalität zu wecken und das Regime des Zaren hinwegzufegen.

Daß Napoleon das nicht gelang, lag nicht an seiner Zielsetzung, sondern an seinen zu schwachen Kräften, am russischen Winter und an der russischen Strategie des operativen Rückzugs, die die Russen erfolgreich praktizierten, und an der festen, unerschütterlichen Bindung zwischen Volk und Zar.

Die deutschen Generale hatten ihren Clausewitz gut gelesen.

Verlief nicht im Sommer 1941 alles genau nach seinem Rezept und eben ganz anders als 1812? Der Rückzug der Russen ins weite Hinterland war nicht erfolgt. Sie stellten sich zum Kampf. Die deutschen Kräfte waren ihnen überlegen. Das russische Volk schien den Bolschewismus zu hassen, an vielen Stellen des westlichen Rußlands waren die Angreifer als Befreier begrüßt worden. Was konnte schiefgehen? Nichts.

Also Moskau!

Hitler jedoch hielt nichts davon, Moskau nun als operatives Ziel des zweiten Teiles seines Feldzuges zu proklamieren. Er scheute plötzlich vor Stalins Hauptstadt. Hatte er Angst vor Napoleons Schicksal? Mißtraute er traditionellen strategischen Grundsätzen? Oder begriff er Moskau und Rußland nicht?

Wie dem auch sei: Er wollte nicht nach Moskau. Und als bei Smolensk alle Weichen für den Stoß ins russische Herz gestellt waren, als der Sieg zum Greifen nahe schien, als alle Welt auf den Befehl wartete: »Panzer marsch, Ziel Kreml!«, da machte Hitler einen Strich durch die Rechnung. Starr vor Schreck lasen am 22. August die Generale im Hauptquartier des Oberkommandos des Heeres und der Heeresgruppe Mitte nach fünfwöchigem Tauziehen, nach fünf Wochen Warten Hitlers Befehl vom 21. August: »Das wichtigste, noch vor Einbruch des Winters zu erreichende Ziel ist nicht die Einnahme von Moskau, sondern die Wegnahme der Krim ...«

Gegen Mitternacht, am 22. August, klingelt auf dem Gefechtsstand der Panzergruppe 2 in Prudki das Telefon. Guderian wird aus Borissow verlangt, vom Heeresgruppenkommando. Feldmarschall von Bock ist selbst am Apparat: »Bitte kommen Sie morgen früh herüber, Guderian, wir erhalten Besuch aus dem Mauerwald«, sagt der Feldmarschall.

Guderian überlegt. Hoher Besuch? Sind die Würfel gefallen? Geht's endlich los gegen Moskau? Aber der Generaloberst hört sofort, daß Bock nicht gut aufgelegt ist. »Für wieviel Uhr befehlen Sie, Herr Feldmarschall?« fragt er deshalb knapp.

»Nun, sagen wir 10 Uhr«, antwortet Bock. Und verabschiedet sich.

Besuch aus dem Mauerwald! Dort oben in Ostpreußen, in der Nachbarschaft des Führerhauptquartiers, sitzen der Oberbefehlshaber des Heeres und der Chef des Generalstabes. Oder kommt Hitler selber?

Guderian erkundigt sich, ob sein Chef und der Ia noch wach sind.

Zwei Minuten später sitzt er mit von Liebenstein und Bayerlein im Omnibus am Kartentisch. Auf der großen Lagekarte sind die vielen Schlachten der letzten Wochen verzeichnet: mit schwarzen und roten Pfeilen, mit Fähnchen und Zahlen, mit durchgehenden und gestrichelten Linien, mit Bögen und bizarren Gebilden, den Kesseln. Es ist alles sauber gezeichnet. Und steht doch für Blut. Und Angst. Und Tod. Aber das sieht man nicht. Sieht nicht, daß, um etwa diesen Pfeil dorthin zu ziehen, über das Dorf Kruglowka, viele Männer sterben mußten.

Seit vier Wochen liegt Guderian mit seinem Stab in Prudki, westlich Potschinok. Mitte Juli haben die deutschen motorisierten Divisionen den berüchtigten Bogen der Djesna mit dem Städtchen Jelnja genommen. Seitdem haben sie nur einen Gedanken: Moskau. Die Ausgangsposition war erreicht. Mit hängender Zunge, zugegeben. Mit zusammengeschrumpften Panzerregimentern. Mit dezimierten Trossen. Aber sie hatten es geschafft — nach Plan. Eine kleine Pause, Aufbau der neuen Versorgungsbasis — und dann antreten, zum letzten Stoß dieses Feldzuges: ins Herz der Sowjetunion. Auf diesen Befehl warteten sie nun.

Am 4. August hatten Guderian und Hoth in einer Aussprache mit Hitler — auch in Borissow bei Bock — gemeldet: Am 15. beziehungsweise 20. August sind die Panzerdivisionen wieder angriffsbereit zum Stoß auf Moskau. Und Guderian hatte hinzugefügt: »Mein Führer, wir werden es nehmen.« Aber Hitler hatte eine merkwürdige Reserve gezeigt. Er ließ keinen Zweifel, daß er andere Gedanken hatte: Er wollte erst nach Leningrad. Vielleicht auch erst in die Ukraine. Staunend hörten es die Generale. Schüttelten die Köpfe. Wurden eisig. Hitler spürte den Widerstand und ließ alles offen. Es fiel keine Entscheidung. Er zögerte weiter. Und die Frontgenerale hofften, daß er sich doch noch zum Angriff auf Moskau entschließen werde. Ganz bewußt trieben sie die Vorbereitungen für die Offensive weiter. Seit Anfang August standen bereits die Infanteriedivisionen des IX. Korps, General Geyer, die 137. I. D. und die 263. I. D. in der Front und hatten in der Nacht vom 18. zum 19. August Panzer- und motorisierte Verbände abgelöst. Es konnte also losgehen. Das Halten und Verteidigen brachte nur Verluste.

»Wie weit ist es bis Moskau von der vordersten Stellung der 292. I. D. im Jelnjabogen?« fragte Guderian. Oberstleutnant Bayerlein brauchte nicht nachzurechnen. »298 Kilometer bis zum Stadtrand«, sagte er.

298 Kilometer! Guderian blickte auf die Lagekarte. Wie ein Sprungbrett ragte der Jelnjabogen aus der Front. Ganz vorn die sogenannte ›Friedhofsnase‹. Seit Wochen wurde hier so erbittert gekämpft wie an keiner anderen Stelle der Ostfront. Das beweist auch der bei den Akten liegende Korps-Tagesbefehl, den das Generalkommando des XXXXVI. Panzerkorps am 10. August 1941 bis in die Kompanien verlesen ließ:

»Nach einem der schweren Abwehrkämpfe an der Nordost-Front von Jelnja wurde die Gruppe Förster der 1. Kompanie SS-Kradschützenbataillon ›Langemarck‹ der Division ›Das Reich‹, die den Auftrag hatte, die linke Flanke der Kompanie zu sichern, wie folgt aufgefunden:

Der Gruppenführer, Unterscharführer Förster, mit der Hand an der Abreißschnur der letzten Handgranate — Kopfschuß. Schütze eins, Rottenführer Klaiber, das MG noch in die Schulter eingezogen und einen Schuß im Lauf — Kopfschuß. Schütze zwei, Sturmmann Buschner, Schütze drei, Sturmmann Schyma — tot in den Schützenlöchern, Gewehr im Anschlag. Der Solomelder Sturmmann Oldeboershuis, tot an seiner Maschine kniend, mit der Hand am Lenker, gefallen in dem Augenblick, als er die letzte Meldung überbringen sollte. Der Fahrer, Sturmmann Schwenk, tot in seinem Schützenloch.

Vom Gegner sah man nur noch Tote, die auf Handgranatenwurfweite im Halbkreis um die Stellung der Gruppe lagen.

Ein Beispiel für den Begriff Verteidigung.«

Das war Jelnja: ein trostloses zerschossenes Nest an der Djesna, fünfundsiebzig Kilometer ostwärts Smolensk. Es gab einem Frontabschnitt in einer fünfwöchigen Schlacht seinen Namen. Der sowjetische Widerstand um Jelnja war kein Zufall. Weil es auch nicht zufällig war, daß in der großen Aufmarschweisung von ›Barbarossa‹ als erstes operatives Ziel der Heeresgruppe Mitte neben Smolensk das »Höhengelände von Jelnja« genannt wurde. Warum? Weil es Wegestern und beherrschender Höhenrücken ist, also wichtige strategische Position für den, der nach Moskau will, oder für den, der Moskau verteidigt.

Die Deutschen wußten es, und natürlich auch die Russen. Rücksichtslos setzte Timoschenko die Zivilbevölkerung zu Schanzarbeiten ein, um den Djesna-Abschnitt von Jelnja nach Süden zu einem starken Panzerhindernis auszubauen. Was Moskau an Kräften zusammenraffen konnte, wurde in den Jelnjaraum beordert. Die Djesnastellung sollte die neue große Barriere werden. Die deutsche Luftaufklärung erkannte diesen Plan. Es hieß also: schnell zupacken, ehe der Russe verteidigungsstark war. Die 10. Panzerdivision Generalleutnant Schaals und General Haussers motorisierte Waffen-SS-Division ›Das Reich‹ erhielten die Aufgabe zugewiesen: Jelnja und das Hintergelände ist zu nehmen!

Ist zu nehmen. Das klingt einfach, aber so einfach war die Sache auch für Guderians Panzerdivisionen nicht mehr, nachdem sie rund 1000 Kilometer kämpfend durch Staubwüsten, über grundlose Straßen und durch Urwald gefahren waren. Auch die Feuerkraft der Artillerie war durch die Ausfälle vieler schwerer und mittlerer Batterien sehr geschwächt. Mit frischeren Verbänden, mit stärkerer Panzer- und Artilleriemacht wären die Höhen von Jelnja kein Problem gewesen. Aber nun wurden sie eins.

Der damalige Kommandeur der 10. Panzerdivision, General Schaal, hat uns über die Operationen seiner Division berichtet: Der Russe stellte sich hinter dem Dnjepr nicht mehr zum offenen Kampf, aber er übte schon jene Taktik, die später zur Methode der großen Partisaneneinheiten wurde. Hier ein Beispiel, das General Schaal nennt:

»Zwischen Goroditsche und Gorki war die Vorhut der Division bei Dämmerung durch ein Urwaldstück gefahren. Das Gros kam bei Nacht an der gleichen Stelle vorbei. Die anschließend folgende Artillerieabteilung wurde jedoch plötzlich von beiden Seiten mit Granatwerferfeuer überschüttet und im Kampf Mann gegen Mann angegriffen. Ein Kradschützenbataillon von SS ›Reich‹ biwakierte glücklicherweise in der Nähe. Es kam zu Hilfe. Und schlug die Artilleristen heraus.

Schlimmer aber als solche Scharmützel war der Materialverschleiß der Panzerfahrzeuge. Die elenden Straßen, die Hitze und der Staub waren uns ebenso feindlich gesonnen wie die Rote Armee. Dicke Staubwolken hüllten die Panzer ein. Die Motoren wurden vom Staub ausgeschliffen. Die Filter waren ständig verdreckt und verstopft. Der riesige Ölverbrauch konnte vom Nachschub nicht gedeckt werden: Die Motoren liefen sich heiß, die Kolben fraßen sich fest. Auf diese Weise verlor die 10. Panzerdivision auf dem Marsch nach Jelnja die Masse ihrer schweren Panzer IV. Nicht der Russe, der Staub bezwang sie. Die Panzerwarte der Instandsetzungsdienste und Ingenieuroffiziere arbeiteten wie die Pferde. Aber es fehlten Ersatzteile. Und Ersatzteile kamen nicht, weil der Nachschub nicht mehr funktionierte. Die Entfernungen zu den Ausgabestellen der Armee waren zu groß. Bei jeder Munitions- oder Verpflegungsfahrt blieb ein Drittel der Fahrzeuge unterwegs liegen oder fiel durch feindliche Hinterhalte aus. Aber nicht nur die Maschinen, auch die Männer waren längst überfordert. Es kam vor, daß Teile einer Marschkolonne nach einer Haltepause nicht wieder anfuhren, weil Offiziere und Männer in todesähnlichen Schlaf gefallen waren.«

So war es nicht nur bei der 10. Panzerdivision. So war es überall im Mittelabschnitt. Bei Guderian so gut wie bei Hoth. In einem Brief an Feldmarschall von Bock schreibt Hoth in jenen Tagen: »Der Ausfall an Kampfwagen beträgt jetzt 60 bis 70 Prozent des Sollbestandes.« Trotzdem schafften sie es. Am 19. Juli nahm die 10. Panzerdivision Jelnja.

Der breite Panzergraben, den die russische Zivilbevölkerung in pausenloser Schanzarbeit um die Stadt gezogen hatte, wurde von den Schützen des Regiments 69 trotz mörderischen Artilleriefeuers überwunden. Die Division hatte schwere Verluste, kämpfte sich aber Meter um Meter vorwärts. Gegen Abend hatten die Schützen Jelnja durchstoßen und gruben sich ein. Rokossowski, Kommandierender General schnell zusammengeraffter Reserven, jagte seine Regimenter gegen die deutschen Stellungen. Aber die Front der 10. Panzerdivision hielt. Am 20. Juli rückte SS ›Reich‹ links daneben auf die Höhenstellungen. Die Soldaten brauchten eine Atempause.

Weit aus der Frontlinie reichte der Jelnjabogen nach Osten. Es war die am weitesten vorgetriebene Spitze der deutschen Front. Sie bog südwärts weit zurück, bis Kiew, knickte nordwärts nach Smolensk zu ein und zielte im großen Halbrund auf Leningrad. Wenn man die Karte betrachtet, wird klar, daß der Jelnjabogen ein Brückenkopf war, die strategisch natürliche Ausgangsbasis für eine Offensive gegen Moskau. Das begriffen auch die Sowjets, und das bedeutete für sie: Der Jelnjabogen muß zerschlagen werden. Von Ende Juli bis Anfang September tobte hier der erste große Abwehrkampf der Heeresgruppe Mitte. Neun deutsche Divisionen sind im Laufe der Wochen durch den Blutofen von Jelnja gegangen: Die 10. Panzerdivision, SS ›Reich‹, die 268., 292., 263., 137., 87., 15. und 78. I. D. und das verstärkte Infanterieregiment ›Großdeutschland‹.

Timoschenko erhielt vom sowjetischen Oberkommando alles, was an Reserven greifbar war. Teile von vier Armeen wurden an seine Front geworfen. Mit neun Schützendivisionen und drei Panzerverbänden griff er den Jelnjabogen an, der zu keiner Zeit von mehr als Teilen von vier deutschen Divisionen verteidigt wurde. Die Kampferfahrung, Disziplin, vor allem aber die Standfestigkeit der zusammengeschmolzenen Bataillone und Kompanien gaben in dieser schrecklichen Schlacht den Ausschlag.

Hier eine Szene aus dem Kampfabschnitt des motorisierten Infanterieregiments ›Großdeutschland‹, überall nur ›GD‹ genannt.

Oberleutnant Hänert sitzt in seinem Schützenloch am Scherenfernrohr mitten in der Stellung seiner 4. (MG-)Kompanie. Es ist vor dem Bahnübergang von

Kruglowka im Jelnjabogen. Die russische Artillerie feuert seit drei Stunden pausenlos. Die Telefonleitungen sind zerschossen. Aber kein Melder, kein Störtrupp kann aus seinem Loch. Jetzt schwillt das Feuer an. Doch es wandert über den Abschnitt des Bataillons weg.

Die verlegen nach hinten. Also kommen sie gleich, geht es Oberleutnant Hänert durch den Kopf. Und da sieht er sie auch schon im Scherenfernrohr. Er staunt: Die Kompanien sind dicht aufgeschlossen. Berittene Offiziere, wie Schäferhunde um eine Herde, vor, neben und hinter den erdbraun uniformierten Haufen. Geduckt ziehen die Russen die niedrigen zweirädrigen Karren mit den dickläufigen, wassergekühlten schweren MG, den ›Maxims‹, hinter sich her. Auch Infanteriegeschütze und Pak wuchten sie im Galopp in Stellung, darunter die gefährliche 7,62-cm-Feldkanone, die ›Ratsch-Bumm‹, von den Landsern so benannt, weil die Rasanz der Geschosse so stark war, daß man erst den Einschlag, dann erst den Abschuß hörte.

Jetzt müßte die deutsche Artillerie massiert eingreifen. Aber ihre Schüsse kommen nur spärlich. Zum ersten Male seit Beginn des Feldzugs fehlt die Munition, weil der Nachschub fast zusammengebrochen ist. Ein böses Kapitel kündet sich an.

Die Russen springen in den Bachgrund 2000 Meter vor der Stellung, sind nicht mehr zu sehen. Doch da kommen sie schon die Böschung wieder herauf. Die Offiziere nun abgesessen vor der Front.

Die Männer von Oberleutnant Rösserts 2. Kompanie, die rechts von der 4. liegt, blicken über den Rand ihrer Schützenlöcher. 700 Meter sind die Russen noch weg. 600 Meter. »Warum läßt der Oberleutnant Hänert seine MG nicht feuern?« fragen die Männer ihren Feldwebel Stadler. »Der weiß schon, warum«, brummt der Feldwebel.

Und Hänert weiß es. Er hängt am Okular seines Fernrohrs. Jetzt kann er die Gesichter der Russen schon erkennen. Aber er gibt keinen Befehl. Je früher er schießen läßt, um so eher geht der Russe zu Boden und arbeitet sich dann besser geschützt heran. Er weiß aus den Erfahrungen der ersten Kriegswochen: Man muß den Russen möglichst beim ersten Schlag vernichtend treffen. Denn er ist bei seinen Sturmangriffen zäh. Mit an Stumpfsinn grenzender Hartnäckigkeit wiederholt er seine Angriffe immer wieder an ein und derselben Stelle. Und wenn zehn MG dastehen und alle Wellen zusammenschießen, der Russe kommt wieder. Schreit »Urräh« und fällt.

Woran lag das? Die Aussagen gefangener Offiziere und Unteroffiziere geben Antwort auf diese Frage: Bei der Roten Armee wird der Kommandeur persönlich für das Scheitern eines Angriffs verantwortlich gemacht. Also jagt er seine Männer immer wieder gegen das befohlene Ziel. Die Opfer bedrücken natürlich auch ihn; aber die Rücksicht auf den Menschen ist in der sowjetischen Armee kein so entscheidender Punkt wie bei den Heeren der westlichen Länder. Gefechtsvorposten, Stützpunktbesatzungen, eingeschlossene Verbände werden ohne große Bedenken geopfert, wenn sich daraus strategische Vorteile ergeben. Dem Russen wird vom ersten Rekrutentag an eingeimpft: »Schlacht heißt Nahkampf.« Und deshalb sucht er den Nahkampf. Er ist dafür ganz besonders gedrillt. Bajonettieren wird bis zum Umfallen geübt. Und der Russe beherrscht das grausame Geschäft. Auch das Feuern aus der Hüfte hat er gelernt. Und den Schlag mit dem Spaten und dem Kolben versteht er genauso gut wie die deutschen Sturmkompanien. In der russischen Felddienstordnung von 1943 heißt es: »Allein der Angriff, der mit der wilden Entschlossenheit geführt wird, den Feind im Nahkampf zu vernichten, gibt den Sieg.« Im Sinne dieses Satzes stürmten die Russen.

Oberleutnant Hänert am Bahndamm von Kruglowka sieht sie kommen. 500 Meter sind sie noch entfernt. Da erhebt sich Hänert und ruft: »Dauerfeuer!« Wie ein einziger Schlag setzt der tackernde Orkan ein. Der Russe geht zu Boden. An den Toten und Verwundeten der ersten Welle vorbei schiebt sich die zweite Welle. Feuert. Springt. Schießt wieder gezieltes Einzelfeuer. Und der Russe schießt gut.

Die Grenadiere der 2. Kompanie müssen ihren Kopf aus dem Erdloch stecken, wenn sie schießen wollen. Und sie müssen schießen, wenn sie sich nicht vom Russen erschlagen lassen wollen. Aber wo sich ein Kopf hebt, da feuern von drüben die russischen Scharfschützen mit ihren exzellenten automatischen Gewehren, die mit Zielfernrohren ausgestattet sind. Immer mehr Gewehre schweigen im Kampfraum der 2. Kompanie Infanterieregiment ›Großdeutschland‹, am Bahnübergang bei Kruglowka, im Jelnjabogen.

Aber die letzten fünfzig Meter schafft der Russe nicht. Die Nacht kommt. Die russische Artillerie beginnt wieder zu feuern. Schießt viele der eigenen noch lebenden Leute im deckungslosen Gelände zusammen.

Um Mitternacht hört das Feuer auf. Rösserts und Hänerts Männer steigen aus ihren Löchern. Zu je zweien saßen sie vor der Schlacht drin. Aber meist erhebt sich nur noch einer. Sie rufen um Hilfe für die Verwundeten, nach der Bahre für die Toten, neben denen sie oft stundenlang kauerten und schossen.

Beim Morgengrauen geht es wieder los. Fünf Tage lang. Der Russe wühlt sich über Hunderte von Toten in die Stellung des I. Bataillons. Das MG zwanzig Meter rechts von Feldwebel Stadler schweigt; der letzte Schütze hat, weiß Gott wie, einen Bauchschuß bekommen, einen Abpraller vielleicht. Feldwebel Stadler hört, wie ein Pistolenschuß aus dem Loch peitscht: Der Gefreite wollte nicht elend zugrunde gehen. Zehn Minuten später springen zwei Russen in das Loch. Stadler richtet sich hoch auf. Legt drei Handgranaten vor sich. Zieht die erste ab. Wirft. Zu kurz. Die zweite trifft genau auf den Rand, deckt das Loch mit Splittern ein. Die dritte rollt hinein, wie ein Feuerwerk geht die MG-Munition hoch.

In der sechsten Nacht, am 27. Juli, wird die Stellung am Bahndamm von Kruglowka geräumt. Die 2. Kompanie geht 800 Meter zurück, bis zum Waldrand. Der Russe rückt nach. Und alles beginnt wieder von vorn. Am 18. August wird das Regiment von der 263. I. D. abgelöst. Das II. Bataillon I. R. 463 schlägt in zehn Tagen siebenunddreißig russische Angriffe ab. Am 25. August tritt im Nachbarabschnitt beim II. Bataillon Infanterieregiment 483 die Aufklärungsabteilung 263 mit zum Gegenstoß gegen eingebrochenen Feind auf die heißumkämpfte ›Ratsch-Bumm-Höhe‹ an. Dabei fällt Rittmeister Orschler, der Kommandeur der Aufklärungsabteilung 263, der erste Soldat der deutschen Wehrmacht, der das Deutsche Kreuz in Gold erhielt. Am 29. August springen die Kompanien der 15. I. D. in die blutgetränkten Schützenlöcher. Der Kampf geht weiter. Drei russische Divisionen läßt Timoschenko allein im Nordabschnitt von Jelnja verbluten. Der leitende Arzt des Verbandsplatzes Stamjatka, der gefangen wurde, sagt aus, daß er im Abschnitt der 263. Division in einer Woche 4000 Verwundete zu versorgen hatte.

Auf der Lagekarte, die um Mitternacht vom 22. August 1941 vor Guderian auf dem Tisch in seinem Stabsomnibus lag, waren diese menschlichen Tragödien nicht verzeichnet. Da waren nur die Dreiecksfähnchen von den Divisionsgefechtsständen der 15., der 292. und der 268. I. D. zu sehen, dazu die schwarzen Viereckfähnchen der Regimentsgefechtsstände. Vor der Front waren die erkannten sowjetischen Divisionen eingetragen. Am 22. August waren es neun Schützen- und zwei Panzerdivisionen.

Aber Guderian, ständig unterwegs und vorn bei seinen Männern, wußte, was sich hinter diesen Einzeichnungen seiner Generalstabsoffiziere verbarg. »Packen Sie die Karte ein, ich nehme sie morgen früh mit nach Borissow«, sagte Guderian. »Gute Nacht, meine Herren!«

Und wie sah es um diese Zeit bei der anderen Panzergruppe der Mittelfront aus, bei Generaloberst Hoth, der nordostwärts der Rollbahn operierte?

In den Memoiren von General Jeremenko, Marschall Timoschenkos Stellvertreter, lesen wir den lapidaren Satz: »Die Wiedereroberung von Smolensk erwies sich als unmöglich. Ende Juli beschloß daher das Oberkommando der 20. und 16. Armee, die von Hoths Kräften nördlich von Smolensk eingeschlossen waren, den Befehl zum Ausbruch zu geben. Die Divisionen dieser Armeen hatten höchstens noch 2000 Mann. In der ganzen 20. Armee gab es noch fünfundsechzig Panzer und neun Flugzeuge.«

Das war Hoths Triumph. Wie Guderian südlich der Rollbahn Smolensk–Moskau, so hatte Hoth nördlich davon seine Divisionen weiterfahren lassen. Hatte den Wop erreicht, wo er mit seinen nun auch ausgepumpten Kräften auf die erstaunlich schnell ausgebaute ›Stalinlinie‹ stieß. Er legte mit Teilen seiner motorisierten Truppen und heraneilenden Infanteriedivisionen den Ring um die rund fünfzehn Divisionen Jeremenkos, die Smolensk wiedererobern sollten.

Jeremenko wehrte sich verzweifelt. Er mußte ohne Nachschub kämpfen, halten wo er stand. Das sowjetische Oberkommando nagelte ihn mit eisernen Befehlen fest. Kommandeure, die zurückgingen, kamen vors Standgericht. Soldaten, die ihre Stellung verließen, wurden erschossen. Das sowjetische Oberkommando wollte unter allen Umständen Smolensk zurückerobern. Hier sollte der deutsche Sturm gebrochen werden. Es war eine der Generalproben für Stalingrad.

Wie entschlossen Moskau war, zeigt die Tatsache, daß auf Stalins persönlichen Befehl eine streng gehütete Geheimwaffe eingesetzt wurde, obwohl sie noch nicht in der Massenproduktion war und daher hier noch keine entscheidende Rolle spielen konnte. Jeremenko berichtet darüber sehr interessant: »Mitte Juli bekam ich die telefonische Mitteilung aus dem Hauptquartier: Es ist geplant, die ›Eresa‹ im Kampf gegen die Faschisten einzusetzen. Ihnen wird eine Abteilung zugeteilt. Erproben Sie sie und teilen Sie uns Ihre Meinung mit.« Die ›Eresa‹ waren die ersten Raketenwerferbatterien. Noch nicht einmal Jeremenko kannte das Geheimnis. »Wir erprobten die neue Waffe bei Rudnja«, berichtet Jeremenko weiter. »Die Raketen fuhren mit einem schrecklichen Pfeifton durch die Luft. Sie jagten wie Kometen mit einem roten Schweif in die Höhe und explodierten dann mit donnerndem Krachen. Die Wirkung der Explosionen von 320 Raketen im Zeitraum von sechsundzwanzig Sekunden auf kleinstem Raum übertraf alle Erwartungen. Die Deutschen rannten in panischem Schrecken davon. Unsere Soldaten wichen allerdings ebenfalls zurück. Um der Geheimhaltung willen hatten wir sie von dem Einsatz der neuen Waffe nicht unterrichtet.«

Die Überraschung traf Teile von Hoths 12. Panzerdivision. Die Wirkung bei der Truppe war zunächst tatsächlich erschreckend. Die Landser tauften das Raketengeschütz ›Stalinorgel‹. Die Russen sagten ›Katjuscha‹, Kätchen. Zum Glück hatte Jeremenko nur eine Abteilung. So wurde der Einsatz zwar nicht schlachtentscheidend, aber das Heulen der ›Katjuschas‹ bei Rudnja bewies aufs neue die technische Potenz der Sowjets und mahnte die Optimisten im deutschen Oberkommando zur Vorsicht oder — wenn man will — zur Eile.

Am 23. August, kurz vor zehn Uhr, landete Guderian mit einem ›Fieseler Storch‹ auf dem Flugplatz von Borissow und fuhr zum Heeresgruppenkommando. Die Oberbefehlshaber der 4., der 9. und der 2. Armee trafen ein: Feldmarschall von Kluge, Generaloberst Strauß und Generaloberst Freiherr von Weichs. Der Besuch aus dem Mauerwald wurde noch erwartet: Generaloberst Halder, der Chef des Generalstabes.

Gegen elf Uhr traf er ein. Er sah schlecht aus und wirkte niedergeschlagen. Der Grund dafür wurde allen schnell klar. Halder teilte mit: »Der Führer hat sich entschlossen, weder die früher von ihm ins Auge gefaßte Operation gegen Leningrad noch die vom Generalstab des Heeres vorgeschlagene Offensive gegen Moskau zu führen, sondern sich zunächst in den Besitz der Ukraine und der Krim zu setzen.«

Alles war wie vor den Kopf geschlagen. Der impulsive Guderian richtete sich kerzengerade auf: »Das kann doch nicht wahr sein.«

Halder blickte ihn resigniert an und antwortete: »Es ist so. Wir haben fünf Wochen um den Stoß gegen Moskau gerungen. Haben am 18. August einen Angriffsplan vorgeschlagen. Hier ist die Antwort.« Und er las vor:

»Führerweisung vom 21. 8. 1941.

Der Vorschlag des Heeres für die Fortführung der Operationen im Osten vom 18. 8. stimmt mit meinen Absichten nicht überein. Ich befehle daher folgendes:
1. Das wichtigste, noch vor Einbruch des Winters zu erreichende Ziel ist nicht die Einnahme von Moskau, sondern die Wegnahme der Krim, des Industrie- und Kohlengebietes am Donez und die Abschnürung der russischen Ölzufuhr aus dem Kaukasusraum, im Norden die Abschließung Leningrads und die Vereinigung mit den Finnen.«

Der Befehl gab weiter unter Ziffer zwei die operativen Zielsetzungen für die

Schlacht im Raum der Heeresgruppen Süd und Mitte, unter Ziffer drei die Weisung an die Heeresgruppe Mitte zur Beteiligung an den Operationen mit ausreichenden Kräften zur Vernichtung der 5. russischen Armee und schließlich die Erläuterungen für die Fortsetzung der Operationen nach der Schlacht um die Ukraine. Sie lauteten:

»4. Die Einnahme der Halbinsel Krim ist von allergrößter Bedeutung für unsere gesicherte Ölversorgung aus Rumänien. Ein rascher Übergang über den Dnjepr in Richtung auf die Krim, bevor der Feind neue Kräfte heranführt, muß daher mit allen Mitteln – auch unter Einsatz schneller Verbände – angestrebt werden.

5. Erst die enge Abschließung von Leningrad, die Vereinigung mit den Finnen und die Vernichtung der russischen 5. Armee schafft die Voraussetzungen und macht Kräfte frei, um im Sinne des Ergänzungsbefehls zur Weisung Nr. 34 vom 12. 8. die feindliche Heeresgruppe Timoschenko mit Aussicht auf Erfolg angreifen und schlagen zu können.

gez. Adolf Hitler.«

Da war sie nun, die Entscheidung. Die Generale hatten sie immer gefürchtet, aber sie hatten doch alle gehofft, daß sie nicht kommen würde. Nun war sie ausgesprochen.

Man hat diese Abwendung Hitlers von Moskau oft und gern als eigentliche Fehlentscheidung des Sommerfeldzuges bezeichnet. Es gibt keinen Beweis für das Gegenteil; aber ich glaube nicht, daß der Entschluß, nach Kiew abzudrehen und der dadurch bedingte Zeitverlust allein die spätere Tragödie vor Moskau verschuldete. Eine objektive Betrachtung läßt Hitlers Entscheidung in vielem als begründet und vernünftig erscheinen. Die Sommerschlachten hatten doch eins deutlich gezeigt: Aus der Verschiedenheit der Marschgeschwindigkeit von Panzer und Infanterie hatte sich zwangsläufig die Teilung des Heeres in zwei aufeinanderfolgende Treffen ergeben, die nicht nur getrennt marschierten, sondern auch getrennt schlugen. Darin lag eine große Schwäche, die der Gegner ausnutzen konnte, sobald er das deutsche Operationsverfahren erkannt hatte. Verschiedene belegte Äußerungen Stalins zeigen, daß er es bereits Ende Juli 1941 begriffen hatte. Die kräftezehrende Wirkung des weiten geographischen Raumes und der große Verschleiß bedarf keiner weiteren Begründung. Dazu kam, daß infolge des langsamen Vordringens der beiden Heeresgruppen (Nord und Süd) die Flanken der Heeresgruppe Mitte ungedeckt blieben. Die 5. sowjetische Armee stand wirklich als gefährliche Bedrohung an der langen Flanke Bocks. Maßnahmen zur Sicherung der Flanken mußten getroffen werden. Die gesammelten Erfahrungen der Kesselschlachten sprachen auch dafür, die russischen Kräfte in Zukunft nicht mehr in so weiträumigen Operationen, sondern unter engem Zusammenwirken der Panzergruppen und der Infanteriearmeen nacheinander zu zerschlagen. Die inzwischen erworbene Kenntnis von der starken sowjetischen Panzermacht und den unerschöpflichen Reserven an Soldaten lassen die nun erkennbare Vorsicht Hitlers begreiflich erscheinen.

Aber – und dieses ›aber‹ wiegt schwer – für eine Strategie der Vorsichtigkeit war es bereits zu spät. Zu tief stand man an der Mittelfront im russischen

Raum. Gab man den Blitzkrieg ins Herz der Sowjetunion auf und ließ dem Gegner Zeit, dann war der Feldzug und wahrscheinlich auch der Krieg verloren. In diesem Licht gesehen, war Hitlers Entscheidung das Eingeständnis, daß Jelnja – Smolensk zum Wellenbrecher des deutschen Blitzkrieges geworden war. Akzeptierte das die Generalität, dann war dem ›Unternehmen Barbarossa‹ die Grundlage entzogen. Das war es, wogegen sich der Chef des Generalstabs Halder, und die Frontbefehlshaber, mit Guderian an der Spitze, wehrten.

»Was können wir gegen den Beschluß tun?« fragte Bock. Halder schüttelte den Kopf: »Er ist unabänderlich.«

»Wir müssen ihn umschmeißen«, beharrte Guderian. »Wenn wir erst nach Kiew gehen, geraten wir zwangsweise in einen Winterfeldzug, ehe wir Moskau erreichen. Die Wege und Versorgungsschwierigkeiten sind dann nicht auszudenken. Ich bezweifle, daß unsere Panzer diesen Strapazen gewachsen sind. Meine Panzerkorps, vor allem das XXIV., haben seit Beginn des Feldzuges noch keinen Ruhetag gehabt.«

Feldmarschall von Bock stimmte zu. Man diskutierte heftig. Und schließlich beschloß man: Guderian solle Halder ins Führerhauptquartier begleiten, sich zum Vortrag melden und versuchen, Hitler umzustimmen. Am späten Nachmittag startete die Maschine nach Rastenburg. Als sich Guderian von Bock verabschiedete, zitierte der Feldmarschall das legendäre Wort, das der Wachoffizier am Bischöflichen Palais zu Worms am 17. April 1521 zu Martin Luther gesagt haben soll, als der zur Verteidigung seiner Lehre vor den Kaiser trat: »Mönchlein, Mönchlein, du gehst einen schweren Gang.«

Die Ju 88 zog ihre Bahn über den endlos weiten, abgeernteten Getreidefeldern. Guderian machte sich Notizen. Studierte die Karten. Als die Dämmerung kam, setzten sie auf dem Feldflughafen des Führerhauptquartiers bei Lötzen in Ostpreußen zur Landung an. Sie fuhren hinüber zur ›Wolfsschanze‹, dem Feldlager aus Betonbaracken unter hohen Eichen, wo Hitler mit dem OKW residierte. Die Wache am Schlagbaum salutierte. Ließ die Wagen durch. Asphaltstraße. Gleich neben dem Eingang die Pressezentrale. Links und rechts verstreut in dem großen Komplex die niedrigen grauen Baracken, auf deren Dächern Buschwerk gepflanzt war. Am Teehaus vorbei. Links lag Keitels Baracke. Und am Ende, etwas im Grund, die ›Führerbaracke‹: Mit doppeltem Zaun und doppelten Posten. Man brauchte einen besonderen gelben Passierschein, um in den inneren Ring des Führergeheges zu kommen.

Die Baracke war genau wie die anderen: düster, spartanisch, mit Eichenmöbeln und ein paar Drucken an den Wänden. Hier saß ›Er‹ die Nächte über den Karten und Studien, Fotos, Tabellen und Denkschriften.

Zwei Stunden nach seiner Ankunft stand Guderian bereits im Kartenzimmer der Führerbaracke und hielt Vortrag über den Zustand seiner Panzergruppe. Mein Bericht darüber stützt sich auf Angaben General Bayerleins, dem Guderian seinerzeit die Besprechungen mit Hitler ausführlich zur Aufnahme ins Tagebuch dargestellt hat, und auf Angaben, die der Generaloberst selber hinterlassen hat.

Man hatte Hitler nicht gesagt, was Guderian im Schilde führte. Generalfeldmarschall von Brauchitsch hatte dem Panzerführer sogar verboten, von sich aus das Thema Moskau anzuschneiden. So sprach Guderian über seine Panzerkorps. Über die Ausfälle an Motoren, die Lage beim Nachschub, die russische Widerstandskraft und die Verluste. Er malte kein düsteres, aber ein realistisches Bild. Und Hitler gab ihm, wie erhofft, das Stichwort für seinen Auftritt: »Halten Sie Ihre Truppen noch einer großen Anstrengung für fähig?« fragte er.

Alles schaute auf Guderian. Der antwortete: »Wenn der Truppe ein großes, jeden Soldaten anfeuerndes Ziel gesetzt wird – ja!«

Hitler: »Sie meinen natürlich Moskau.«

Guderian: »Ja, mein Führer, erlauben Sie mir, meine Gründe zu nennen?«

Hitler: »Bitte, Guderian, sagen Sie, was Sie auf dem Herzen haben.«

Jetzt war es soweit. Jetzt kam es darauf an.

Guderian: »Man kann Moskau nicht mit Paris oder Warschau vergleichen, mein Führer. Moskau ist nicht nur das Haupt und das Herz der Sowjetunion. Es ist auch die Nachrichtenzentrale, der politische Mittelpunkt, ein mächtiges Industriegebiet, es ist vor allem die ›Verkehrsspinne‹ des ganzen roten Reiches. Der Fall Moskaus wird kriegsentscheidende Wirkung haben.«

Hitler hörte schweigend zu. Guderian fuhr fort: »Stalin weiß das. Er weiß, daß Moskaus Fall die endgültige Niederlage bedeutet. Und weil er es weiß, wird er seine ganze militärische Kraft vor Moskau einsetzen. Schon jetzt fährt er heran, was er noch hat. Wir erleben es seit Wochen in Jelnja. Wir werden vor Moskau die Substanz der russischen Militärmacht treffen. Wollen wir die militärische Lebenskraft der Sowjets vernichten, hier treffen wir sie, hier ist das Schlachtfeld, und wenn wir alle Kraft zusammenfassen, werden wir es auf Anhieb schaffen.« Hitler schwieg noch immer. Guderian ging jetzt aufs Ganze: »Wenn wir vor Moskau und in Moskau über die feindlichen Hauptkräfte gesiegt und den zentralen Verschiebebahnhof der Sowjetunion ausgeschaltet haben, dann fällt uns das Baltikum und fällt uns das Wirtschaftsgebiet der Ukraine viel leichter zu als mit einem intakten Moskau vor unserer Front, von dem aus Kräfteverschiebungen – vor allem aus Sibirien – nach Nord und Süd vorgenommen werden können.« Guderian hatte sich in Feuer geredet. Es war still im Lagezimmer. Keitel lehnte an dem Kartentisch, Jodl machte Notizen. Heusinger folgte gespannt den Darlegungen.

Die Fenster standen offen und ließen die Abendkühle in den Raum. Dichter Fliegendraht hielt die Mücken und Schnaken ab, die Hitler haßte. In riesigen Schwärmen lagen sie über den kleinen Seen und Wassertümpeln vor der Anlage. Schon mehrmals war eine Pioniereinheit eingesetzt worden und hatte Petroleum über einen versumpften Teich nahe der Führerbaracke gespritzt. Es stank tagelang, aber die Mücken überlebten die Prozedur.

Guderian trat an die Karte. Legte die Hand auf den Jelnjabogen: »Mein Führer, ich habe bis heute diesen Brückenkopf nach Moskau offengehalten. Die Aufmarschpläne und Kampfanweisungen sind fertig. Überall sind bereits die Wegweiser und Eintragungen für den Marsch gegen Moskau gemacht. An vielen Stellen haben die Soldaten schon Schilder angebracht: Nach Moskau soundso viel Kilometer. Wenn Sie befehlen, treten die Panzerkorps noch heute nacht an und durchbrechen Timoschenkos massierte Truppenansammlung vor Jelnja. Ich brauche meinem Stab nur ein telefonisches Stichwort zu geben. Lassen Sie uns gegen Moskau marschieren, wir werden es nehmen.«

Die Geschichte der preußischen und der deutschen Armee kennt keinen ähnlichen Auftritt zwischen einem General und seinem obersten Befehlshaber, der von so erregender Dramatik war wie dieses Gespräch. Es war wohl auch das letzte Mal, daß Hitler so lange und so geduldig einem General zuhörte, der anderer Meinung war als er. Er schaute Guderian an. Stand auf. Trat mit schnellen Schritten an die Karte. Neben Jodl, den Chef des Führungsstabes im Oberkommando der Wehrmacht. Legte die Hand auf die Ukraine und begann einen Verteidigungsvortrag.

Messerscharf begann Hitler: »Meine Generale kennen Clausewitz, aber sie verstehen nichts von Kriegswirtschaft. Außerdem kenne ich Clausewitz auch und sein Wort: ›Erst muß man die feindlichen Feldarmeen zerschlagen, dann seine Hauptstadt besetzen.‹ Aber nicht darauf kommt es an, sondern wir brauchen das Getreide der Ukraine. Das Industriegebiet am Donez muß für uns, statt für Stalin arbeiten. Dem Russen muß die Ölzufuhr aus dem Kaukasus abgeschnitten werden, dann verhungert seine militärische Kraft. Wir müssen vor allem die Krim in unsere Hand bekommen, um diesen gefährlichen Flugzeugträger gegen die rumänischen Ölfelder zu beseitigen.«

Guderian war das Blut in die Ohren geschossen. Kriegswirtschaft war doch keine Strategie. Krieg hieß die militärische Kraft des Gegners vernichten. Aber doch nicht Roggen, Eier, Butter, Kohle, Öl. Das war die Konzeption eines Kolonisators und nicht eines Clausewitz.

Aber Guderian schwieg. Was hätte er, über das Vorgetragene hinaus, als Frontbefehlshaber dem Inhaber der höchsten politischen und militärischen Kommandogewalt noch vorbringen können? Hier hatte der verantwortliche Politiker entschieden, die Möglichkeiten des Soldaten waren ausgeschöpft.

Um Mitternacht war die historische Sitzung zu Ende. Als er Halder davon berichtete, der nicht von Hitler dazu gebeten war, bekam der Chef des Generalstabs einen Nervenzusammenbruch und tobte: »Warum haben Sie ihm nicht Ihr Kommando vor die Füße geworfen?«

Guderian staunte: »Warum haben Sie es nicht getan?«

»Weil es bei uns keinen Sinn hat«, antwortete Halder, »denn er wäre froh, wenn er uns los wäre, wir jedoch müssen bleiben.«

Eine halbe Stunde später rasselte in Prudki im Stab der Panzergruppe 2 das Telefon.

Der Ia hielt Wache und nahm ab. Müde klang Guderians Stimme: »Bayerlein, was wir vorbereitet haben, findet nicht statt. Das andere geht los, hinunter, verstehen Sie?«

»Ich verstehe, Herr Generaloberst.«

5 Stalins großer Irrtum

Die Vernichtungsschlachten von Rosslawl und Klinzy – Stalin vertraut seinem Geheimdienst – Panzerstoß nach Süden – Jeremenko glaubt an Angriff auf Moskau

Bayerlein hatte Guderian sehr gut verstanden. Schon im Laufe des Tages waren von der Heeresgruppe Mitte die ersten Weisungen gekommen, aus denen sich der neue Plan ergab: Stoß mit Teilen der Panzergruppe 2 nach Süden in die Ukraine.

Nach dem Telefongespräch rief der Chef des Generalstabs der Panzergruppe 2, Oberst Freiherr von Liebenstein, noch die Stabsoffiziere zusammen. Er kannte Guderian. Wenn der Generaloberst aus Rastenburg zurückkam, erwartete er, daß der neue Plan in Umrissen fertig war.

Es gab niemanden im Stabe, der nicht zutiefst deprimiert gewesen wäre über die Entscheidung Hitlers: Ukraine statt Moskau. Man begriff sie nicht. Man hielt sie für falsch. Der geschulte Sinn der Generalstabsoffiziere rebellierte wider den fundamentalen Verstoß gegen die strategischen Grundregeln der Kriegführung im Geiste von Clausewitz: sich durch keine Verlockung vom Hauptziel abbringen lassen, den Grundsätzen des Operationsplanes treu bleiben und alle Kraft gegen den Schwerpunkt der feindlichen Macht richten.

Die Abkehr von Moskau in der Stunde, da es griffbereit, keine 300 Kilometer vor den wieder aufgefrischten Panzerkräften Guderians und Hoths lag und nach menschlichem Ermessen zu erobern war, stellte sich sehr bald als ein schwerer Führungsfehler heraus.

Die Weisungen für das neue Unternehmen waren klar. Sie lauteten für die beiden Panzerkorps Guderians: Stoß südwärts in den Rücken der 5. sowjetischen Armee, das Kernstück von Marschall Budjennys Heeresgruppe ›Südwestabschnitt‹, die beiderseits Kiew hinter dem Dnjepr die Ukraine verteidigte. Erstes Ziel Guderians war der große Eisenbahnknotenpunkt Konotop an der Strecke Kiew–Moskau. Dann sollte sich das Weitere ergeben, je nachdem, wie sich die Lage bei der Heeresgruppe Süd entwickelt haben würde.

Als Guderian am 24. August in Schumjatschi erschien, einem Bauerndorf an der Moskauer Chaussee, wo Liebenstein den Gefechtsstand der Panzergruppe errichtet hatte, war er schon wieder voller Aktivität. Er begrüßte Liebenstein, Bayerlein und den 3. Generalstabsoffizier (Ic), Major von Heuduck, denen die Enttäuschung aus den Gesichtern sprach, und ging mit ihnen gleich in den Stabsomnibus.

»Ich weiß, was Sie denken«, sagte er ruhig. »Warum hat er es nicht geschafft, warum hat er nachgegeben?« Er wartete keine Antwort ab. »Es war nichts zu machen, meine Herren«, fuhr er fort. »Ich mußte mich fügen. Ich stand allein. Weder der Oberbefehlshaber, Generalfeldmarschall von Brauchitsch, noch der Chef des Generalstabes haben mich zu dem Vortrag beim Führer begleitet. Ich sah mich einer Einheitsfront des OKW gegenüber. Alle Anwesenden nickten zu jedem Satz des Führers, und ich stand mit meiner Ansicht allein. Offenbar hatte der Führer seine Argumente für den merkwürdigen Beschluß schon öfters vorgetragen. Ich habe mit Engelszungen geredet; aber es war zwecklos. Wir können unseren Plänen nicht nachtrauern. Wir müssen jetzt die neue Aufgabe mit aller Kraft anpacken. Die von uns hart erkämpften Ausgangspositionen für Moskau — bei Rosslawl, Kritschew und Gomel — bilden jetzt für uns das Sprungbrett in die Ukraine.«

Guderian hatte recht. Die Kämpfe, die seine Armeegruppe Anfang August um Rosslawl und Kritschew geführt und wobei sie rund 54 000 Russen gefangengenommen hatte, stellten sich nun als eine entscheidende Voraussetzung auch für die neue Operation dar. Blenden wir deshalb drei Wochen zurück.

Am 1. August war Guderian gegen Rosslawl angetreten. Der Plan zielte auf eine typische Umfassungsschlacht nach Generaloberst Guderians Rezept: Er operierte mit zwei Infanteriekorps und einem Panzerkorps. Die Masse der Infanteriedivisionen griff den Feind frontal an, um ihn zu fesseln. Die 292. I. D. als Stoßdivision des IX. Korps drückte mit starker Artillerie- und Nebelwerferunterstützung im Rücken der Russen nach Süden. Vom Südwestflügel aus schwenkten die 3. und 4. Panzerdivision tiefgegliedert in schnellem Stoß umfassend, erst östlich, dann nordwärts über die Straße Rosslawl — Moskau und schlossen mit der 292. I. D. an der Moskauer Chaussee den Ring. Der Plan klappte. Rosslawl wurde eine — wenn auch kleine, aber echte — Umfassungsschlacht.

Das Kriegstagebuch des Artillerie-Verbindungsoffiziers der 197. I. D., Hauptmann Küppers, der Kampfbericht des VII. Armeekorps und die Gefechtsberichte eines Infanteriebataillons, die uns im Original vorliegen, vermitteln in eindrucksvoller Weise das Kampfgeschehen.

Um 4 Uhr 30 geht es los: Auf der ganzen Front des VII. Korps wird ohne Artillerievorbereitung angegriffen. Die Spitzen der Infanterieregimenter arbeiten sich nach vorn: an der Führungsstaffel des Artilleriekommandeurs vorbei, die mit Oberstleutnant Marcard seit 3 Uhr vorn liegt und die erkundeten Stellungen der Russen beobachtet. Dort ist alles ruhig. Da peitschen die ersten Gewehrschüsse der eben vorbeigezogenen Infanteristen in die Morgendämmerung Zu früh, von nervösen Händen abgefeuert. Sie alarmieren die Nachtposten beim Russen. Sofort hämmern russische MG. Granatwerfer flappen. Der Kommandeur der 197. I. D., Generalmajor Meyer-Rabingen, fährt mit seinem Kübelwagen in die vorderste Linie. Drüben im Dorf Schaschky ist Major Weichhardts III. Bataillon Infanterieregiment 332 bereits in die russische Stellung eingebrochen. Bajonett, Spaten und Pistole regieren die Stunde. Nach dreißig Minuten gehen weiße Leuchtkugeln hoch: »Wir sind hier.«

»Artillerie nach vorn«, funkt der vorgeschobene Beobachter. Und schon fährt Hauptmann Bried vorüber. Kommandeur II. Abteilung Artillerieregiment 229. Bis zum Dorfeingang kommt sein Pkw. Da blitzt und kracht es: Minenfeld.

Das rechte Vorderrad von Brieds Wagen fliegt durch die Luft. Dem nachfolgenden Beobachterwagen passiert das gleiche Unglück, als er vom Weg abbiegen will. Auf das Signal »Pioniere nach vorn!« räumt das Pionierbataillon Nr. 229 die Minen. Inzwischen sind die Batterien der II. Abteilung aufgerückt und kommen mit ihrem Feuer der Infanterie zu Hilfe. Die ersten Gefangenen werden zum Verhör gebracht. Ein kleiner Ukrainer spricht Deutsch und macht einen vertrauenerweckenden Eindruck. Die Dolmetscherstaffel gibt ihm Drillichzeug und eine weiße Armbinde mit der Aufschrift »Deutsche Wehrmacht«.

2. August, 4 Uhr morgens: Die Infanterie tritt wieder an. Das Ziel ist die große Straße Smolensk – Rosslawl. Infanterieregiment 347 hat es heute besonders schwer. Die Bataillone liegen in dem unübersichtlichen Gelände vor einem dichten, versumpften Waldstück fest und kommen nur schrittweise unter schweren Verlusten voran. Die Russen sind Meister im Waldkampf. Mit Instinkt und Sicherheit bewegen sie sich in den undurchdringlichen Forsten. Die Stellungen, die nicht am Waldrand, sondern tief im Wald liegen, sind hervorragend getarnt. Eine teuflische List stellen die Kampfstände und Schützenlöcher dar, die ihre Schußöffnung nur nach hinten haben. Von vorn und oben sind sie nicht zu erkennen. Der deutsche Infanterist springt ahnungslos vorbei und wird von hinten abgeschossen.

Die Russen beherrschen die Kunst, in die feindlichen Stellungen einzusickern. Durch nachgeahmte Tierrufe verständigen sich die Einzelgänger im unübersichtlichen Waldgelände und sammeln sich nach dem Durchbruch durch die feindliche Stellung wieder zu Stoßtrupps. Der Stab des Infanterieregiments 347 wird ein Opfer dieser russischen Taktik.

Nachts um zwei Uhr: »Alarm!« MPi-Feuer. Der Russe steht vor dem Regimentsgefechtsstand, hat ihn umzingelt. Er bricht mit der blanken Waffe in die Unterkünfte ein. Regimentsadjutant, Ordonnanzoffizier und Regimentsarzt werden an der Tür einer Waldhüterhütte niedergemacht. Unteroffiziere und Stabshelfer fallen, ehe sie zur Pistole oder zum Karabiner greifen können. Oberstleutnant Brehmer, der Regimentskommandeur, kann sich hinter einem Holzschober verschanzen und wehrt sich mit seinem Sturmgewehr zwei Stunden. Er wird schließlich von seiner Couleur-Artillerieeinheit herausgehauen.

Inzwischen hat I. R. 332 die große Straße Rosslawl – Smolensk erreicht. Oberleutnant Wehde riegelt mit der 10. Kompanie die Chaussee ab und stürmt in das Dorf Glinki. Die Sowjets in Rosslawl begreifen die Gefahr, eingekesselt zu werden. Sie kommen auf Lastwagen aus der Stadt und versuchen, die Stellungen der 10. Kompanie zu überrollen. Sie werfen bündelweise Handgranaten und schießen wild mit MG und Sturmgewehr. Aber die 10. hält. Bis zum Mittag. Dann kann sie sich gegen die sowjetischen Angriffe nicht mehr behaupten. Die Russen nehmen den Ort.

Gegenstoß. Oberleutnant Wehde holt alles zusammen – Troß, Schuster, Bäkker – und wirft die Russen. Aber am Nachmittag sind sie wieder in Glinki. Neuer Gegenstoß. Haus um Haus wird mit Flammenwerfern und Handgranaten freigekämpft. Es ist noch nicht der letzte Wechsel.

3. August. Sonntag. Die 197. I. D. kommt in eine schwierige Lage durch das weit zurückhängende I. R. 347. Die Sowjets versuchen, an der Nahtstelle zwischen I. R. 347 und I. R. 321 durchzubrechen. Die Artillerie schießt, was aus den Rohren geht. Zu allem Unglück fängt es auch noch an, in Strömen zu regnen. Die Wege werden grundlos. Um 16 Uhr fällt vor Glinki Oberleutnant Wehde.

I. R. 321 liegt in hartem Kampf. Einzelne Gruppen sind eingeschlossen und fechten in Igelstellungen.

Am rechten Flügel des VII. Korps geht es besser. Gegen 11 Uhr hat die 78. I. D. mit der Masse ihrer Verbände die Rollbahn Kritschew – Rosslawl erreicht. Die Infanteristen sehen staunend den Aufmarsch der 4. Panzerdivision, die zum umfassenden Angriff auf Rosslawl rollt.

Am äußersten linken Flügel, bei der 292. I. D., quälen sich inzwischen die Regimenter 509 und 507 über die grundlosen Wege nach Süden. In der Spitzenkompanie des I. R. 507, dem linken Flügelregiment, marschiert neben dem Hauptmann ein Soldat mit roten Biesen an den Hosen: Generaloberst Guderian.

Meldungen über die Schwierigkeiten des für den Gesamtplan entscheidenden Vormarsches der 292. I. D. haben ihn veranlaßt, sich selbst zu überzeugen und als Infanterist einzureihen. Und als wäre es die selbstverständlichste Sache, berichtet Guderian später seinem Stabe: »Ich verhinderte auf diese Weise ohne viel Worte unnötige Halte.«

»Der schnelle Heinz als Infanterist«, rufen die Landser. Und reißen sich zusammen. Als das an der Spitze rollende Sturmgeschütz hält, wenige Kilometer vor der Moskauer Straße, dem Tagesziel, ist Guderian gleich auf dem Wagen: »Was ist los?«

»An der Straße stehen Panzer, Herr Generaloberst«, meldet der Geschützführer. Guderian blickt durchs Glas.

»Schießen Sie weiße Leuchtkugel«, sagt er ruhig.

Aus der Pistole zischt das Zeichen. Von drüben kommt Antwort:

Auch weiß!

»Na also«, lacht Guderian.

Panzerregiment 35 von der 4. Panzerdivision steht also schon an der Moskauer Chaussee. Um 10 Uhr 45 dringt die 23. I. D. in den Nordteil von Rosslawl ein.

Am 4. August geht Glinki noch einmal verloren. Stukas greifen die Widerstandsnester der Sowjets an. Die russischen Panzerangriffe in die linke und rechte Flanke der 197. I. D. brechen im zusammengefaßten Artilleriefeuer aller verfügbaren Rohre zusammen. Glinki wird wieder genommen. Der Russe wankt, weicht. Formiert sich zu verzweifelten Durchbruchsaktionen an der Moskauer Chaussee.

Am 5. August stellt sich heraus, daß ein starker russischer Panzerverband sich in Kosaki, bei der 292. I. D., einen Weg aus dem Kessel freigeschlagen hat. Die Regimenter der Division sind so weit auseinandergezogen und in Abwehrkämpfe verwickelt, daß sie die Lücke nicht schließen können. Die Sowjets strömen hindurch: Trosse, Infanterie, Artillerieeinheiten. Guderian fährt sofort an das Loch im Kesselrand. Er setzt persönlich eine Panzerkompanie gegen die ausbrechenden Russen an, stellt aus Panzerkräften, Sturmgeschützen und Artillerie eine Kampfgruppe zusammen, die unter dem Artillerieführer des VII. Korps, General Martinek, die Lücke sperrt. Die ausbrechenden Russen laufen ins Verderben.

Am 8. August war alles zu Ende. 38 000 Gefangene wurden gezählt. 200 Panzer, zahlreiche Geschütze und Fahrzeuge als Beute gemacht. Die 28. russische Armee unter Generalleutnant Katschalow war zerschlagen. Aber das war nicht das Entscheidende. In Richtung Brjansk und nach Süden stand nun vierzig Kilometer weit kein Feind mehr. Ein riesiges Tor war für den Marsch auf Moskau geöffnet worden.

Aber Guderian wollte sichergehen. Um wirklich freie Flanken für einen Stoß auf Stalins Hauptstadt zu haben, galt es, die Bedrohung aus der tiefen rechten Flanke bei Kritschew zu beseitigen.

General Freiherr Geyr von Schweppenburg, der kluge und entschlossene Führer des XXIV. Panzerkorps, der mit seinen Divisionen soeben die Falle um Rosslawl zugemacht hatte, ließ seine Panzer sofort in einer kühnen Operation kehrtmachen und griff Timoschenkos Divisionen im Raum Kritschew umfassend an. Schon am 14. August gingen auch diese Kämpfe siegreich zu Ende. Drei weitere russische Divisionen wurden zerschlagen, 16 000 Gefangene und große Beute an Geschützen und Gerät aller Art eingebracht. Wie mit einem eisernen Hammer zerschlug Guderian Timoschenkos Riegel vor dem Zugang nach Moskau.

Guderians Erfolg machte auch das F. HQu. tatendurstig. Schon am nächsten Tag stellte es die Forderung auf, auch die starke Kräftegruppe Timoschenkos im Raum Gomel anzugreifen, um Generaloberst Freiherr von Weichs' 2. Armee Entlastung zu bringen. Eine Panzerdivision sollte Guderian an die 2. Armee abgeben. Aber der Generaloberst antwortete: »Wenn überhaupt, so muß ein ganzes Korps eingesetzt werden; denn mit einer Division allein kann man auf so weite Entfernungen nicht operieren.«

Ohne lange zu fragen, verfuhr er nach diesem Rezept und praktizierte den Befehl des OKW auf seine Weise.

Am 15. August trat wiederum das XXIV. Panzerkorps mit der 3. und 4. Panzerdivision in vorderster Linie, die 10. I. D. (mot.) dahinter, nach Süden an, um nach erfolgtem Durchbruch mit der rechten Flügeldivision auf Gomel vorzustoßen. Mit einer Division – wie befohlen. Eine geschickte Auslegung des Befehls, die einen Sieg brachte.

Guderian nutzte ihn.

Am 16. August nahm die 3. Panzerdivision den Straßenstern von Mglin, am 17. den Eisenbahnknotenpunkt Unetscha. Die Bahnlinie Gomel–Brjansk–Moskau war damit unterbrochen. Am 21. August hatten die beiden Panzerkorps Guderians die wichtigen Ausgangspositionen Starodub und Potschep erreicht. Alle Weichen für den Marsch auf Moskau waren gestellt. Aber genau an diesem Tage blies Hitler alle Pläne gegen Moskau ab und befahl den Marsch auf die Ukraine.

Eine dramatische Tatsache. Sie wird noch erregender durch die Vorgänge im Kreml, die sich in dieser Zeit abspielten.

Am 10. August erhielt Stalin von seinem Meisteragenten Alexander Rado in der Schweiz die Meldung, er habe die sichere Information, daß das deutsche Oberkommando beabsichtige, die Heeresgruppe Mitte über Brjansk auf Moskau stoßen zu lassen. Eine zweifellos gute Information. Denn genau das war der Plan des deutschen Generalstabes des Heeres.

Welche Wirkung diese Meldung hatte, berichtet General Jeremenko in seinen Memoiren. Am 12. August erhielt er von Marschall Timoschenko die Mitteilung, er solle sich sofort nach Moskau in Marsch setzen. Dort erwarte ihn ein neues Kommando. Jeremenko schreibt: »Ich kam nachts in Moskau an und wurde sofort im Oberkommando von Stalin und dem Chef des Generalstabes der Sowjetarmee, Marschall B. M. Schaposchnikow, empfangen. Schaposchnikow legte kurz die Lage an den Fronten dar. Sein Fazit auf Grund der erkundeten Feindlage und anderer Informationen (sprich Rado) lautete: Im mittleren Frontabschnitt steht aus dem Raum Mogilew – Gomel ein Angriff über Brjansk auf Moskau bevor.

Nach den Ausführungen Marschall Schaposchnikows zeigte J. W. Stalin mir auf seiner Karte die Richtungen der feindlichen Hauptangriffe und erklärte, es müsse schnell eine neue starke Verteidigungsfront im Raume Brjansk geschaffen werden, um Moskau zu schützen. Aber auch eine neue Stoßarmee zur Verteidigung der Ukraine müsse gebildet werden.«

Stalin fragte Jeremenko, wo er eingesetzt werden möchte. Die Diskussion um dieses Problem gibt interessante Aufschlüsse über die Auffassungen des sowjetischen Generalstabes und auch über die Art, wie Stalin mit seinen Generalen umging. Hier Jeremenkos Darstellung:

»Ich antwortete: ›Ich bin bereit, dorthin zu gehen, wohin Sie mich schicken.‹ Stalin blickte mich aufmerksam an, und ein Ausdruck der Unzufriedenheit huschte über sein Gesicht. Sehr kurz fragte er: ›Aber schließlich?‹

›Dorthin‹, antwortete ich schnell, ›wo die Situation am schwersten ist.‹

›Sie ist gleich kompliziert und gleich schwer – was den Schutz der Krim betrifft wie auch vor Brjansk‹, war die Antwort.

Ich sagte: ›Genosse Stalin, senden Sie mich dorthin, wo der Feind mit motorisierten Einheiten kommen wird. Ich glaube, ich werde dort am nützlichsten sein können. Ich kenne die Art und die Taktik des deutschen Panzerkampfes.‹

›Gut!‹ sagte Stalin zufrieden. ›Sie werden noch morgen aufbrechen und sofort mit dem Aufbau der Brjansk-Front beginnen. Sie haben die verantwortungsvolle Aufgabe zu erfüllen, den strategischen Abschnitt Moskau vom Südwesten her zu schützen. In Richtung auf Brjansk ist Guderians Panzergruppe eingesetzt. Er wird mit aller Kraft angreifen, um sich den Weg nach Moskau zu erkämpfen. Sie werden auf die motorisierten Einheiten Ihres alten Freundes treffen, dessen Methoden Ihnen von der Westfront bekannt sind.‹«

Die Sicherheit, mit der Stalin die Absichten der Heeresgruppe Mitte darlegte, ist verblüffend, wenn man bedenkt, wie schlecht die sowjetische Führung noch in den ersten Wochen des Krieges über die deutschen Absichten unterrichtet war.

Natürlich: Daß Moskau im Bereich der deutschen Angriffsplanung lag, war klar und auch ohne Geheimtip anzunehmen. Aber es hätte ja genausogut sein können, daß der deutsche Angriff von Norden her angesetzt werden würde. Noch die OKW-Weisung Nr. 34 vom 10. beziehungsweise 12. August sah eine solche Möglichkeit vor. Guderian andererseits wollte keineswegs über Brjansk gehen, sondern aus dem Raum Rosslawl beiderseits der Moskauer Chaussee direkt auf Moskau stoßen. Der Operationsplan, den der Chef des Generalstabs des Heeres, Generaloberst Halder, als Vorschlag des deutschen Oberkommandos am 18. August Hitler vorlegte, schloß den Raum Brjansk mit ein und entsprach genau dem, was Stalin Jeremenko am 12. August auseinandersetzte.

Stalin glaubte an die Brjansk-Moskauer Operationen, glaubte an Alexander Rado. Glaubte auch dann noch daran, als Hitler bereits den Plan des Oberkommandos verworfen und Guderians Panzergruppe den Befehl zum Marsch nach Süden gegeben hatte.

Wie stur die russische Führung sich in den Gedanken verrannt hatte, daß es um Moskau gehe, zeigt die Tatsache, daß selbst sehr aufschlußreiche Aussagen deutscher Gefangener und alarmierende Ergebnisse der Luftaufklärung unberücksichtigt blieben.

Jeremenko schreibt: »Wir machten Ende August Gefangene, die aussagten, daß die 3. deutsche Panzerdivision, die Starodub erobert hatte, die Aufgabe habe, zur Vereinigung mit der Panzergruppe Kleist nach Süden zu marschieren. Die 4. Panzerdivision, so sagten die Gefangenen, solle sich weiter rechts halten und parallel zur 3. Panzerdivision vorgehen. Diese Aussagen wurden am 25. August durch unsere Luftaufklärung erhärtet, die eine mächtige motorisierte Kolonne des Gegners entdeckte, die sich nach Süden bewegte.«

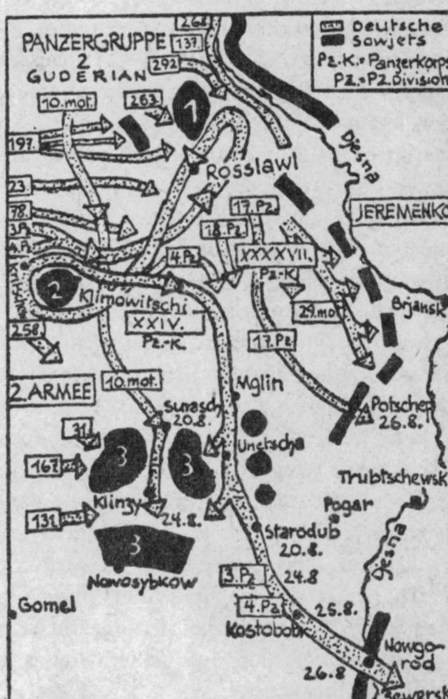

Karte 5
Guderian stößt nach Süden. In kühner Operation zerschlagen Panzer- und Infanterieverbände der Panzergruppe 2 und der 2. Armee die Sowjets bei Rosslawl (1), Kritschew (2) und im Raum Gomel (3), erzwingen den Übergang über die Djesna und leiten damit die Zangenoperation gegen Kiew ein.

Die Gefangenenaussagen waren richtig. Es müssen gut informierte Soldaten gewesen sein, die dem Feind diese gefährlichen Informationen lieferten. Denn am 25. August hatte Guderian seine 3. und 4. Panzerdivision sowie die 10. I. D. (mot.) zum Übergang über die Djesna im Raum Nowgorod Sewerskij – Korop angesetzt. Die 17. Panzerdivision und 29. I. D. (mot.) leisteten für die Aktion Flankenschutz gegen Jeremenkos Divisionen im Raum Brjansk.

Aber der sowjetische Generalstab und Jeremenko glaubten an die Offensive gegen Moskau. Sie hielten Guderians Marsch nach Süden für eine weit ausholende Zangenbewegung. Jeremenko notiert: »Aus den Operationen des Gegners zog ich den Schluß, daß er mit mächtigen, vorgeschobenen Truppen, durch starke Panzerverbände unterstützt, eine aktive Erkundung und ein Manöver mit dem Ziel durchführte, einen Schlag in die Flanke der ›Brjansker Front‹ zu führen.«

Welch ein Irrtum. Guderians nach Süden stoßende Panzerdivisionen wollten keinen Bogen schlagen, um auf Moskau zu operieren; und die 29. I. D. (mot.) sowie die 17. Panzerdivision, die gegen Jeremenkos Stellungen in den gefährlichen, von Hinterhalten gespickten Wäldern an der Straße und der Eisenbahnlinie nach Brjansk fochten, hatten nicht Brjansk zum Ziel. Sie deckten Guderians Stoß zur Bezwingung der Djesna, und dieser Stoß sollte die Klappe hinter dem sowjetischen Frontabschnitt Kiew zumachen. Dieser Flankenschutz war blutig und opferreich. Potschep ist ein Name dafür. Auch die 167. I. D. mußte das erfahren, als sie hier ihre schweren Abwehrkämpfe focht. Das I. R. 331 verlor an einem Tag fast die ganze 3. Kompanie.

Stürmisch fuhr indes die 3. Panzerdivision, die Berliner Bärendivision, dem Oberlauf der Djesna, dem breiten versumpften Flußlauf, zu, den Timoschenko in den letzten Wochen fieberhaft, unter härtestem Einsatz der Zivilbevölkerung befestigt hatte. Am Tage fuhren und fochten sie, nachts schliefen sie an der Straße, unter Panzern oder in Lkw. Ziel: die Städte der Nordukraine. Nicht Moskau.

Aber das sowjetische Oberkommando war blind. Stalin setzte seine Truppen nicht nur in falscher Richtung ein, er tat noch etwas Schlimmeres: Er löste die sowjetische Zentralfront mit der 21. und 3. Armee auf – jene Front, die den Riegel vor der Nordukraine bildete – und unterstellte die Divisionen der Heeresgruppe Jeremenko zur Verteidigung Moskaus. Jeremenko bemerkt dazu bitter: »Das Oberkommando ließ uns wieder wissen, daß der Schlag Guderians gegen den rechten Flügel der ›Brjansker Front‹, das heißt gegen Moskau, gerichtet sei. Am 24. August machte Genosse Schaposchnikow mich darauf aufmerksam, daß der Angriff schon morgen oder übermorgen zu erwarten sei.«

Sie warteten vergeblich. Und Jeremenko stellt fest: »Aber die Annahme verwirklichte sich nicht. Der Feind griff im Süden an und streifte unseren rechten Flügel nur. Das (sowjetische) Oberkommando und das Frontkommando jedoch verfügten zu dieser Zeit über keine Unterlagen, daß die Angriffsrichtung der deutschen Heeresgruppe Mitte geändert und nach Süden gelenkt worden sei. Dieser schwere Fehler des Generalstabes brachte uns im Süden in eine äußerst schlimme Situation.«

Man sieht: Hitler und Stalin wetteiferten darin, mit verhängnisvollen Fehlentscheidungen ihren militärischen Führungsstäben in den Rücken zu fallen. Vorerst allerdings standen nur die Fehler Stalins zu Buch.

25. August. Die Hitze treibt den Schweiß aus den Poren. Der Lößstaub der schrecklichen Wege, der die Kolonnen in dicke Wolken hüllt, legt sich auf die Gesichter, kriecht unter die Uniform bis auf die Haut, bedeckt die Panzer, Schützenpanzer, Kräder und Kübelwagen als Zentimeter dicker Dreckūberzug. Fürchterlich, dieser Staub: fein wie Mehl und alles durchdringend.

Seit fünf Stunden rollt die 3. Panzerdivision auf der Straße von Starodub südwärts. Der Kommandeur, Generalleutnant Model, im Kübelwagen an der Spitze seiner Führungsstaffel mit einem Panzerspähwagen, dem Funkwagen, Melde-Kradfahrern und den Kübelwagen des Stabes. Die Landser fluchen, wenn die Kolonne vorbeibraust und den Staub zu noch undurchdringlicheren Wolken aufwirbelt.

Model, vorn in seinem Kübel, deutet auf eine alte Windmühle links am Wege. Der Wagen fährt über eine Bachbrücke, biegt auf ein Stoppelfeld ein. Die Karten werden herausgeholt: Gefechtsstand auf dem blanken Boden. Der Funkwagen bringt seine hohe Antenne raus. Melder brausen ab. Kommen zurück. Models Fahrer holt vom Bach zwei Feldeimer voll Wasser zum Waschen. Model putzt sein Einglas. Spiegelblank klemmt er es wieder ein, als sich der Kommandeur des Panzerregiments 6, Oberstleutnant von Lewinski, meldet. Die russische Karte 1:50 000 liegt auf einer Handgranatenkiste. »Wo liegt die Windmühle?« – »Hier.« Model fährt mit dem Bleistift von der Höhe hinüber bis zur Anschlußkarte, die der Ordonnanzoffizier hält: Der Strich endet bei dem Landstädtchen Nowgorod Sewerskij.

»Wieviel Kilometer noch?«

Der Ic greift die Strecke mit dem Zirkel ab: »Fünfunddreißig, Herr General.« Fünfunddreißig Kilometer!

Der Funker bringt die Meldung von der Vorausabteilung: »Hartnäckiger Widerstand vor Nowgorod. Feind hält starken Brückenkopf auf Westufer der Djesna zum Schutz der beiden großen Brücken.«

»Der Russe will also die Djesnafront verteidigen«, nickt Model.

Er will! Und das ist begreiflich. Das Djesnatal ist ein gutes, natürliches Hindernis, 600 bis 1000 Meter breit. Riesige Brücken braucht man, um über die versumpfte Flußniederung zu kommen. Die große Straßenbrücke bei Nowgorod Sewerskij ist 700 Meter lang, die kleine Fußgängerbrücke ein bißchen kürzer. Beide sind aus Holz. Und beide, nach den Meldungen der divisionseigenen Luftaufklärungsstaffel, noch nicht gesprengt, aber durch starke Kräfte verteidigt.

»Eine dieser Brücken müssen wir heil in die Hand bekommen, Lewinski«, sagt Model zum Kommandeur seines Panzerregiments. »Sonst brauchen wir Tage, wenn nicht länger, um über den verfluchten Fluß zu kommen.«

Lewinski nickt: »Wir werden's versuchen, Herr General.« Und er verabschiedet sich.

»Weiter«, befiehlt Model auch seinem Stab. Da die Vormarschstraße vollgestopft ist, fährt der Divisionsstab über tiefversandete Waldwege. Er wühlt sich durch dichte Forste, fünfzig Kilometer weit ins Feindgebiet. Jeden Augenblick können Schüsse fallen. Aber wer darauf Rücksicht nehmen wollte, käme nicht vorwärts. Weiter.

Gefechtslärm ertönt von vorn. Die Panzerspitzen sind auf den Russen gestoßen. Kradschützen liegen auf Sicherung im Feuerkampf mit russischem MG. Artillerie geht mit einer schweren Batterie in Stellung. Im Doppelglas sieht man auf der westlichen Seite, auf der Höhe, die Türme der Kirchen und Klöster von Nowgorod Sewerskij. Dahinter geht es ins Djesnatal mit den beiden Brücken.

Aus der Stadt beginnt die russische Artillerie zu schießen. 15,2-cm-Batterien. Gut schießen sie. Die Artillerie ist die Lieblingswaffe der Sowjets — sie war auch die Lieblingswaffe der Zaren. »Die Artillerie ist der Gott des Krieges«, sagte Stalin in einem späteren Tagesbefehl. Jetzt flappt auch Granatwerferfeuer heran. Und da kracht es schon und schlägt ein. Model wird an der Hand durch Granatsplitter verwundet. Er läßt sich ein Pflaster draufkleben. Fertig. Aber den Kommandeur des Artillerieregiments 75, Oberst Ries, hat es erwischt. Er stirbt auf dem Transport zum Verbandsplatz.

Russische Tiefflieger greifen an. »Flak nach vorn!«

Die feindliche Artillerie schießt sich ein. Stellungswechsel.

Panzerregiment 6 und Kradschützenbataillon 3 treten noch in der Abenddämmerung zum Angriff an. Aber breite Panzergräben mit eingerammten Baumstämmen halten die Panzer auf. Das Schützenregiment, das gleichzeitig von Nordwesten den Russen angreifen soll, ist auf den versandeten Wegen hängengeblieben.

Alles halt. Der Angriff wird auf den nächsten Morgen verschoben.

Um 5 Uhr geht es wieder los. Artillerie schießt mit schweren Kalibern die Panzerhindernisse zusammen. Pioniere sprengen Gassen. Vorwärts. Der Russe ficht teilweise hart und unerbittlich, an vielen Stellen aber auch nachlässig und mit schlechten Verbänden. Die ersten Überläufer kommen: Männer zwischen fünfunddreißig und fünfundvierzig Jahren. Zum Teil ungedient und nur ein paar Tage ausgebildet. Sie stehen natürlich nicht. Trotz des Kommissars. In die weichen Stellen stoßen Panzer, Sturmgeschütze und Kradschützen.

Nördlich von Nowgorod Sewerskij geht um 7 Uhr der Oberleutnant Vopel mit einem Panzerrudel seiner 2. Kompanie und mit Schützenpanzerwagen der 1. Kompanie Schützenregiment 394 in Stellung. Er hat den Auftrag, einen Pionierstoßtrupp unter Leutnant Störck bei einem Sondereinsatz gegen die große, 700 Meter lange Holzbrücke zu unterstützen. Auch Oberleutnant Buchterkirch vom Panzerregiment 6, Models Spezialist für Brückeneinsätze, ist mit seinen Panzern bei der kleinen Kampfgruppe. Gegen 8 Uhr zeigt eine riesige Sprengwolke weiter südlich an, daß die Russen die kleine Brücke in die Luft gejagt haben.

Jetzt steht alles auf Störcks und Buchterkirchs Aktion. Also los.

Störck mit seinen Leuten im Schützenpanzerwagen mitten in der Panzerkolonne. Sie kümmern sich nicht um das, was rechts und links vorgeht. Schießen sich durch russische Kolonnen. Jagen über die grundlosen Wege. Reihen sich im Schutze undurchdringlicher Staubwolken in zurückrollende Russenkolonnen. Fahren durch die Nordstadt. Hinunter ins Flußtal. Dort liegt die riesige Brücke.

»Sie steht noch«, ruft Buchterkirch. Fahrer, Funker und Richtschütze strahlen. »Pak vor der Brücke! Drauf!« befiehlt der Oberleutnant. Die Russen fliehen. Und da springt auch schon Leutnant Störck mit seinen Männern von dem Schützenpanzerwagen. Sie stürmen auf die Brücke. Überwältigen die sichernden Russen. Da am Geländer laufen die Zündleitungen. Heraus damit. Dort stehen die Sprengkörper. Ins Wasser. Benzinkanister hängen rechts und links von den Balken. Sie schlagen sie ab. Klatschend fallen sie in den Fluß. Weiter. Störck immer voran. Hinter ihm Feldwebel Heyeres, Unteroffizier Strucken. Obergefreiter Fuhn und Gefreiter Beyle schleppen das MG. Nehmen mal rechts, mal links hinter den großen Wasser- und Sandbehältern Deckung.

Da stockt Störck. Der Unteroffizier braucht gar nicht zu schreien, der Leutnant hat es schon gesehen. Springt heran: Mitten auf der Brücke liegt eine schwere russische Fliegerbombe, scharf gemacht mit Zeitzünder. Störck schraubt mit eiserner Ruhe den Zünder heraus. Ein Wettlauf mit dem Tode. Klappt's? Es klappt. Zu fünft wuchten sie das entschärfte Höllenei zur Seite.

Dann geht es weiter. Jetzt merken die Männer auf der Brücke erst, was 700 Meter sind, sie wollen und wollen kein Ende nehmen. Doch dann ist das Brückenende erreicht, die verabredete Leuchtkugel für die Panzerspitze zischt hoch, Brücke frei!

Buchterkirch ist inzwischen mit seinem Panzer vorsichtig die Böschung hinuntergefahren bis unter die Brücke. Vopel sichert mit den übrigen Panzern auf der Uferhöhe. Das ist klug. Denn als die Russen begreifen, daß die Deutschen die Brücke haben, kommen sie mit Sprengkommandos. Dreißig, vierzig Mann. Sie tragen Benzinkanister, geballte Ladungen und Molotow-Cocktails. Sie rennen unter die Brücke, klettern ins Gebälk.

Kaltblütig nimmt Buchterkirch vom anderen Ufer die Russen unter MG-Feuer. Dabei explodieren verschiedene Benzinkanister. Aber wo ein Brand auf die Brücke übergreift, sind die Pioniere zur Stelle und löschen. Wütend versucht die russische Artillerie, Eroberer und Brücke zu vernichten. Es gelingt nicht. Störcks Männer kriechen unter die Brückendecke und entfernen die dort angebrachten Planladungen, grüne Gummibeutel mit hochexplosivem Sprengstoff. Ein Granattreffer würde genügen, sie explodieren zu lassen.

Eine halbe Stunde später rollen Panzer, Kradschützen und Sturmgeschütze hinüber. Der gefürchtete Djesnariegel der Ukraine ist gesprengt. Eine Handvoll Männer und ein paar entschlossene Offiziere haben den ersten Akt des Feldzugs gegen die Ukraine entschieden. Die Kornkammer Rußlands liegt offen vor Guderians Panzern. Unter einem strahlenden Spätsommerhimmel rollen sie südwärts.

Leutnant Störck ließ sich gerade vom Sanitäter ein Pflaster auf den aufgerissenen linken Handrücken kleben, als der Befehlspanzer General Models über die Brücke anrollte.

Der Leutnant meldete. Model strahlte: »Die Brücke ist soviel wert wie eine ganze Division, Störck.« Im selben Augenblick begann russische Artillerie wieder ihr Zielschießen auf die Brücke. Aber das Feuer lag schlecht. Die Granaten klatschten ins Wasser. Der General fuhr die Böschung hinunter. Panzer der I. Abteilung Panzerregiment 6 und die 2. Kompanie des Schützenregiments 394 rollten in den Brückenkopf. Der Gefechtslärm vorn steigerte sich. Granatwerferabschüsse. MG-Feuer. Dazwischen das Bellen der 5-cm-Kampfwagenkanonen von Oberleutnant Vopels 2. Kompanie. Der Russe führte schnell zusammengeraffte Kräfte mit Panzern und Artillerie gegen den noch kleinen Brückenkopf Models. Er wollte ihn eindrücken und die Brücke von Nowgorod Sewerskij wieder nehmen, zumindest zerstören.

Aber Model wußte, was diese Brücke bedeutete. Guderian brauchte ihn am Fernsprecher nicht zu mahnen: »Halten um jeden Preis!« Diese Brücke bedeutete die Chance, vom Norden her schnell und tief in den Rücken von Budjennys Heeresgruppe Südwest zu gelangen. Wenn dann die Panzergruppe Kleist, die unten bei Rundstedts Heeresgruppe Süd operierte, über den unteren Dnjepr stieß und nach Norden rollte, war der mächtigste Kessel geschaffen, den sich je ein Stratege hatte träumen lassen.

6 Die Schlacht um Kiew

Rundstedts schwerer Kampf am Südflügel – Kleists Panzersieg von Uman – Marschall Budjenny will sich aus der Schlinge retten – Stalin befiehlt: Keinen Schritt zurück – Guderian und Kleist machen die Falle zu: 665 000 Gefangene

Wo aber war Generaloberst von Kleist? Wie stand es bei Generalfeldmarschall von Rundstedt? Wo waren die Panzer und Fahrzeuge mit dem weißen ›K‹, die Faust der Heeresgruppe Süd? Was war an der Südfront geschehen, während an der Mittelfront die großen Vernichtungsschlachten von Bialystok, Minsk, Smolensk, Rosslawl und Gomel geschlagen wurden?

Was Smolensk für die Heeresgruppe Mitte bedeutete, das war Kiew für die Heeresgruppe Süd. Die Hauptstadt der Ukraine am rechten Ufer des hier 600 Meter breiten unteren Dnjepr sollte nach der Zerschlagung der russischen Kräfte westlich des Flußes genommen werden – genauso wie das kulturelle und verkehrspolitische Zentrum Smolensk nach der Kesselschlacht von Bialystok – Minsk erobert worden war.

Aber bei Rundstedts Heeresgruppe Süd lief der Plan nicht so reibungslos ab wie in der Mitte. Es gab böse Überraschungen. Da der 400 Kilometer lange rumänische Karpatenraum beim Aufmarsch aus politischen Gründen ausgespart werden mußte, konnte der Schwerpunkt des Angriffs nur auf dem linken, das heißt dem Nordflügel der Heeresgruppe liegen. Hier sollten die 17. Armee des Generals von Stülpnagel und die 6. Armee unter Generalfeldmarschall von Reichenau die russische Grenzfront durchbrechen, weit nach Südosten durch die feindlichen Kräfte stoßen, dann – mit der Panzergruppe Kleist voraus – nach Süden eindrehen und die Sowjets mit Kleists Panzerkorps als Zangenarm umfassen. Mit einem Arm wohlgemerkt! Denn Rundstedt hatte im Gegensatz zur Heeresgruppe Mitte nur eine Panzergruppe. Den zweiten, kürzeren Zangenarm sollte die weit im rumänischen Süden stehende 11. Armee von Generaloberst Ritter von Schobert bilden. Er sollte über Pruth und Dnjestr nach Osten marschieren – Kleists Panzern entgegen –, um den riesigen Kessel hinter Budjennys eine Million Mann starker Heeresgruppe zu schließen.

Das war gut geplant, aber der Gegner, auf den Rundstedt stieß, war auch nicht dumm und zudem doppelt so stark. Kleists 600 Panzern konnte Budjenny 2400 Kampfwagen entgegenwerfen. Darunter die Kolosse der KW-Typen. Und vor allem ganze Brigaden mit dem überlegenen T 34.

Zwar stießen die deutschen Divisionen am 22. Juni auch im Süden mit Erfolg über die Grenzflüsse und durch die Bunkerlinien der Grenzbefestigungen. Aber aus dem raschen Durchstoß am Nordflügel wurde nichts. Eine einzige Panzergruppe als Stoßmacht zur Eroberung eines so großen und gut verteidigten Gebietes wie der Ukraine anzusetzen, war falsche Disposition. Die schnellen Erfolge an der Mittelfront waren das Ergebnis einer revolutionären Operationskunst. Die beiden starken kühn operierenden Panzergruppen waren in der Lage, die Masse der sowjetischen Verteidigungskräfte zu umfassen und mattzusetzen. Das Fehlen einer solchen zweiarmigen Panzerzange im Süden und Norden machte das Erreichen der gesteckten Ziele unmöglich. Für so weit geplante Operationen, wie sie Hitler dem Ostheer an der ganzen Front abforderte, waren nicht genug Panzerverbände vorhanden. Es lag nicht an der Feldherrnkunst und nicht am Mut, schon lange nicht an der Leistungskraft der Truppe, daß im Süden die operativen Ziele nicht planmäßig erreicht wurden, es lag daran, daß man zu wenig Panzereinheiten hatte, jene Waffe, die nach Sinn und Anlage des ›Barbarossa-Planes‹ Träger des Operationswillens war.

Erst nach acht Tagen schwerster Kämpfe, am 30. Juni, geriet die sowjetische Front ins Wanken. Rundstedts Nordflügel stürmte vorwärts. Aber da gebot ein neuer Abschnitt, die bisher unbekannte ›Stalinlinie‹, den nächsten Halt. Schwere Gewitterregen weichten die Wege auf. Die Panzer quälten sich vorwärts. Immer neue Fuder Stroh fuhren die Grenadiere aus den Dörfern heran und warfen sie in die schlammigen Wege. Auch die Infanterie steckte mit ihren Fahrzeugen fest und kam nur Schritt für Schritt voran.

Im Morgengrauen des 7. Juli gelang es der Panzergruppe Kleist, beiderseits Zwiahel in die ›Stalinlinie‹ einzubrechen. Die 11. Panzerdivision unter Generalmajor Crüwell durchbrach die Bunkerlinien und Befestigungsanlagen in ganzer Tiefe und nahm im kühnen Stoß um 19 Uhr die Stadt Berditschew. Der Russe setzte sich ab. Aber er wich nicht überall. Die 16. I. D. (mot.) blieb bei Ljubar in der Bunkerlinie liegen. Hier griff der Gegner sogar mit Panzergegenstößen an. General Hubes 16. Panzerdivision fand bei Staro-Konstantinow gleichfalls harten Widerstand. Die Munition ging aus. Transportflieger mußten die Panzer versorgen. Schlachtflieger, Stukas und Jagdbomber der Luftflotte 4 kamen zu Hilfe und schlugen die russischen Panzeransammlungen zusammen. Die Kampfgruppe Höfer der 16. Panzerdivision stieß weiter nach Osten und überrollte zurückmarschierende Artillerieregimenter. Das I. Bataillon Schützenregiment 64 hatte seinen blutigsten Nahkampftag bei Stara Bajzymy. Im Laufe von zwei Stunden fiel bei der 1. Kompanie dreimal der Kompanieführer.

Endlich, am 9. Juli, war auch die Masse der 16. Panzerdivision nach härtesten Kämpfen unter Einsatz von 21-cm-Mörsern bei Ljubar durch die ›Stalinlinie‹ gestoßen. General Hube atmete auf: Noch 200 Kilometer bis zum Dnjepr!

Das einzig Erfreuliche dieser Wochen war der Überfluß an Eiern. Die Division hatte Anfang Juli ein riesiges Lebensmittellager der Roten Armee mit einer Million Hühnereiern erbeutet. Die Furiere deckten sich ein. Noch lange hatten die Küchenunteroffiziere nur eine Sorge: »Was machen wir heute für eine Eierspeise!«

In den Stäben der Divisionen, Korps und Heeresgruppe aber herrschten andere Sorgen. Wer glaubte, die sowjetischen Eliteverbände, denen Stalin den Schutz der Ukraine anvertraut hatte, wären nun knieweich, der wurde bald eines Besseren belehrt. Eben geschlagen sammelten sie sich schon wieder. Hielten. Zogen sich zurück. Stellten sich wieder. Um Berditschew entbrannten blutige Kämpfe. Der Russe setzte an Artillerie ein, was er zusammenraffen konnte. Die deutsche Artillerie wurde vollkommen zugedeckt. Nur mit Mühe gelang es Crüwell, mit der verstärkten 11. Panzerdivision die Stadt zu halten. So war es überall im Südabschnitt. Der Russe war unverwüstlich. Rundstedt bekam Kirponos nicht in den Griff.

Mehr als zwanzig Tage kämpfte man schon. Und noch war kein entscheidender operativer Erfolg errungen. Im Führerhauptquartier wurde man ungeduldig. Hitler dauerte alles zu lange. Er glaubte plötzlich, daß ›kleine Kessel‹ das bessere Rezept seien. Deshalb verlangte er, daß die Panzergruppe Kleist in drei getrennten Kampfgruppen operieren sollte, um kleinere Kessel zu bilden. Eine Kampfgruppe sollte im Zusammenwirken mit der von Süden vorgehenden 11. Armee ein Kesselchen bei Winniza bilden. Eine weitere sollte nach Südosten vorgehen, um das befürchtete Zurückströmen des Feindes aus dem Raum um Winniza zu unterbinden. Eine dritte Kampfgruppe schließlich sollte mit der 6. Armee auf Kiew stoßen und am Ostufer des Dnjepr einen Brückenkopf gewinnen.

Feldmarschall von Rundstedt widersetzte sich energisch einer derartigen Zersplitterung seiner einzigen Panzergruppe, die eine Todsünde gegen den Geist der Panzerstrategie darstellte. »Verkleckerter Einsatz führt an keiner Stelle zum Erfolg«, telefonierte er in die ›Wolfsschanze‹. Und Hitler ließ sich umstimmen.

Die Panzergruppe Kleist stieß auf dem Westufer des Dnjepr mit zusammengefaßten Kräften an Kiew vorbei südostwärts und sicherte sich damit die Möglichkeit, entweder in einem kleineren Bogen auf Winniza oder in einer großen Umfassung auf Uman einzudrehen.

Die Weiche war gestellt: für einen kleinen und für einen großen Kessel südlich Kiew. Aber noch war die Rechnung ohne den Wirt gemacht. Ohne Budjenny. Der schnauzbärtige Marschall, der am 10. Juli zum Oberbefehlshaber der Heeresgruppe ›Südwestabschnitt‹ ernannt wurde, spielte seine letzten Trümpfe aus. Er jagte die Divisionen seiner 5. Schützenarmee unter Generalmajor Potapow aus den für Panzer unzugänglichen weglosen Pripjetsümpfen gegen die Nordflanke von Reichenaus 6. Armee. Es gab auch hier, wie bei der Heeresgruppe Mitte, schwere und krisenreiche Abwehrkämpfe an der linken Flanke. Aber es ging auch hier gut.

Am 16. Juli erreichten Kleists Panzer den Schlüsselpunkt Belaja Zerkow. Die erste größere Umfassungsschlacht bot sich an. Rundstedt wollte zu einem ganz großen Kessel ausholen lassen. Hitler aber befahl die kleinere Lösung, und diesmal hatte er recht. Ein Wetterumschlag begünstigte die Bewegungen der Panzerdivisionen. Kleist stieß genau in die bereits abfließenden Feindkräfte hinein. Er erreichte am 1. August Nowo Archangelsk und setzte sofort weiter zum Angriff auf Perwomaisk an. Dann drehte er nach Westen ein und schloß im Zusammenwirken mit den Infanteriedivisionen der 17. und 11. Armee den Ring um die russischen Kräfte im Raume Uman.

Es war kein Kessel wie bei Bialystok, Minsk oder Smolensk. Drei sowjetische Armeen wurden zerschlagen: die 6., 12. und 18. Die Oberbefehlshaber der 6. und 12. Armee ergaben sich. Aber ›nur‹ 103 000 Gefangene waren das Ergebnis dieser unter so schwierigen Bedingungen durchkämpften klassischen Umfassungsschlacht mit verkehrter Front. Starken Teilen des Feindes gelang der Ausbruch, obwohl die Gebirgsjäger der 1. und 4. Gebirgsdivision sowie die 257. Berliner

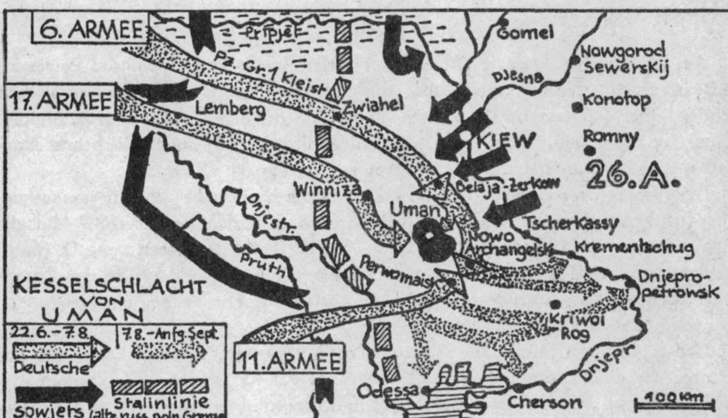

Karte 6
Uman war eine Kesselschlacht, die mit einem Zangenarm angesetzt und aus der fließenden Operation heraus geschlagen wurde. Kleists Panzerkorps umfuhren 25 russische Divisionen und drückten sie gegen die deutsche Infanteriemauer aus Teilen der 6., 17. und 11. Armee. Drei sowjetische Armeen wurden zerschlagen.

I. D. in hartem Kampf immer wieder die Lücken stopften. Major Wiesners I. Artillerieabteilung der 257. I. D. schoß bei der Ausbruchsschlacht mit der Präzision eines Gefechtsschießens im Manöver Kolonne um Kolonne zusammen und bildete mit ihren Geschützen eine unüberwindliche Feuerfront. Das Ausmaß der Kämpfe zeigt eine einzige Zahl: Die vier Geschütze der 9. Batterie Gebirgsartillerieregiment 94 verschossen während der Umanschlacht in vier Tagen 1150 Granaten.

Das war mehr, als die Batterie während des ganzen Frankreichfeldzuges verfeuert hatte. Die vernichteten und erbeuteten Waffen sprachen für die Härte des Kampfes: 850 Geschütze, 317 Panzer, 242 Pak und Flak ließ der Russe auf dem Schlachtfeld.

Wer aber die Bedeutung der Umanschlacht nach Zahlen mißt, wird ihr nicht gerecht. Der operative Erfolg, den die Heeresgruppe Süd errungen hatte, war bedeutend größer, als die Gefangenenzahlen ahnen ließen.

Der Weg nach Osten in das sowjetische Erzgebiet von Kriwoi Rog und zu den Schwarzmeerhäfen Odessa und Nikolajew lag frei. Vor allem konnten Kleists Panzerkorps jetzt an den unteren Dnjepr vordringen und das Westufer des Dnjeprbogens von Tscherkassy bis Saporoschje erobern. Damit aber bot sich die Chance zur großen Vernichtungsschlacht um Kiew an. Eine Chance, die Hitler so faszinierte, daß er die Offensive der Heeresgruppe Mitte auf Moskau stoppte und Guderians Panzer zum großen Marsch nach Süden auf Kiew eindrehen ließ, um nun mit zwei starken Panzerzangen eine neue gigantische Umfassungsschlacht gegen die sowjetische Südwestfront mit ihrem Heer von einer Million Mann zu schlagen.

Am 29. August schnurrt Guderians Fieseler Storch von Nowgorod Sewerskij aus in einem frechen Bogen über die russische Front. Über den russischen Linien, über Jeremenkos Divisionen, die den deutschen Brückenkopf angreifen, taucht er tief hinab, wendet dann und fliegt über die Djesna in Richtung Unetscha, zum Hauptquartier der Panzergruppe. Es ist gegen 18 Uhr.

Der Generaloberst hat die 3. und die 4. Panzerdivision besucht, die versuchen, den Brückenkopf auszuweiten und ihren Stoß nach Süden fortzusetzen. Aber die Regimenter liegen fest. Er war auch beim XXXXVII. Korps, dessen 10. I. D. (mot.) und 17. und 18. Panzerdivision an der Flanke die heftigen Angriffe der Russen abwehren müssen. Auch dort ist die Lage nicht rosig. Die Truppe ist überfordert: Zu wenig Panzer! Zu wenig Schlaf!

Neben Guderian sitzt Oberstleutnant i. G. Bayerlein, die Lagekarte auf den Knien. Die dicken, roten Pfeile und Bögen auf der Karte zeigen die starken russischen Kräfte vor der deutschen Angriffsspitze und an ihren Flanken. »Jeremenko setzt alles ein, um unseren Brückenkopf einzudrücken«, überlegt Guderian. »Wenn es ihm gelingt, uns weiter aufzuhalten, und wenn das sowjetische Oberkommando erkennt, was wir gegen Budjennys Heeresgruppe im Schilde führen, dann kann der ganze schöne Plan unseres Oberkommandos ein Schlag ins Wasser werden.«

Bayerlein bestätigt die Sorgen seines Kommandeurs. »Ich habe gestern mit der 2. Armee telefoniert. Freiherr von Weichs scheint dieselben Befürchtungen zu haben. Oberstleutnant Feyerabend, der Ia, deutete an, daß durch Fernaufklärer Meldungen über einen beginnenden Rückzug der Russen aus der Dnjeprfront von Kiew abwärts vorliegen. Gleichzeitig wurden Arbeiten an Stellungsbauten im Donezraum festgestellt.«

»Da haben wir's«, ereiferte sich Guderian. »Budjenny hat aus Uman gelernt. Er zieht den Kopf aus der Schlinge. Alles kommt jetzt darauf an, wer schneller ist.«

Aber Guderians und auch Weichs' Sorgen waren unbegründet. Zwar hatte Budjenny die Gefahr erkannt, daß seine im Dnjeprbogen um den Zentralpunkt Kiew weit nach Westen ragende Heeresgruppe durch einen Stoß aus Norden und Süden abgeschnitten werden konnte. Er plante Absetzbewegungen und baute am Donez neue Auffanglinien. Aber Stalin wollte nichts von Rückzug wissen. Im Gegenteil: Er stopfte in den prallvollen riesigen Bogen noch achtundzwanzig Großverbände hinein. Was die Werkhallen der berühmten Panzerfabriken in Charkow verließ, wurde in den Dnjeprbogen geworfen: die modernen T 34, T 28, schwere Geschützpanzer, schwere Artillerie, ›Stalinorgeln‹.

»Keinen Schritt zurück. Halten und notfalls sterben«, lautete Stalins Befehl. Und Budjennys Korps gehorchten. Die Divisionen Rundstedts am Nordflügel seiner Heeresgruppe bekamen es zu spüren. Die kampferfahrene fränkisch-sudetendeutsche 98. I. D. verlor bei diesen Kämpfen um den Schlüsselpunkt Korosten in elf Tagen 78 Offiziere und 2300 Unteroffiziere und Mannschaften.

Acht Tage tobte der Kampf an der Djesna zwischen Guderians und Jeremenkos Divisionen. Es war ein schrecklicher Kampf — Meter um Meter. »Ein blutiger Boxkampf«, wie Guderian es nannte. Aber dann kam jene Stunde, aus Glück und Kühnheit geboren, in der die Würfel gegen Budjenny fielen.

Am Nachmittag des 3. September legte der Ic des XXIV. Panzerkorps seinem Kommandierenden General Geyr von Schweppenburg ein schmutziges und angekohltes Bündel Beutepapiere auf den Tisch. Sie stammten aus dem Kuriersack einer abgeschossenen sowjetischen Kuriermaschine. Geyr las die Übersetzung, studierte die Karte und strahlte: Aus den Befehlen und Angaben war klar die schwache Nahtstelle zwischen der 13. und der 21. sowjetischen Armee zu erkennen. Sofort setzte er die 3. Panzerdivision auf die erkannte Lücke an. Guderian wurde telefonisch informiert.

Am nächsten Vormittag war der Generaloberst bei Geyr. Viereinhalb Stunden hatte er im Auto für fünfundsiebzig Kilometer gebraucht, so aufgeweicht waren die Wege von einem kurzen Regenfall. Aber dafür waren die Nachrichten, die bei Geyr warteten, erfreulich: General Models 3. Panzerdivision war tatsächlich in die erkannte Lücke gestoßen. Seine Panzer rissen die Flanken der beiden sowjetischen Armeen auf. Wie durch einen gebrochenen Damm strömten die Schützenregimenter und Artillerieabteilungen durch diese Lücke nach Süden.

Guderian fuhr sofort zu Model. »Das ist die Chance, Model.« Er brauchte nichts hinzuzufügen. In einer wilden Jagd fegten Models Verbände gegen den Seim und auf Konotop. Drei Tage später, am 7. September, gelingt der Vorausabteilung der 3. Panzerdivision unter Major Frank der Sprung über den Seim und die Bildung eines Brückenkopfes. Am 9. geht auch die 4. Panzerdivision über den Fluß. Stukas schlagen dem bewährten Panzerregiment 35 und den Schützenregimentern 12 und 33 den Weg durch die frisch gegen den Brückenkopf geworfenen Verbände der 40. sowjetischen Armee. Die Russen weichen.

Inzwischen steht Models Panzerregiment 6 vor Konotop. In der ostpreußischen ›Wolfsschanze‹ und im Smolensker Hauptquartier von Bocks verfolgt man Guderians Jagd voll Spannung. Es gilt, Generaloberst von Kleist unten im Süden im richtigen Augenblick den Befehl zum Lospreschen zu geben.

Major Frank ist an Konotop vorbeigestoßen.

Anruf der Heeresgruppe bei Guderian. »Endgültiger Befehl: Stoß Richtung Romny. Schwerpunkt rechts.« Das heißt, im Raum Romny soll der Kessel hinter Budjenny zugemacht werden, hier sollen sich Guderians und Kleists Panzer treffen.

Romny: Hier hatte der Schwedenkönig Karl XII. im Dezember 1708 während des Nordischen Krieges sein Hauptquartier aufgeschlagen, 150 Kilometer davon liegt Poltawa, wo Zar Peter der Große die Schweden 1709 vernichtend schlug. Das nordische Imperium Schweden erhielt damit den Todesstoß, und Rußland trat als moderne Großmacht in die Geschichte. Sollte diese Epoche in Romny wieder enden?

Alles läuft wie ein Uhrwerk ab. Guderians Panzern gelingt der entscheidende Durchbruch bei Konotop. Es gießt in Strömen. Aber der Sieg befeuert die Kraft. Die Spitzen der 3. Panzerdivision jagen auf Romny zu. Stehen im Rücken des Feindes. Und wo ist Kleist? Wo ist der zweite Arm der großen Zange? Man hat ihn klug zurückgehalten, damit der Russe nicht zu früh das Verhängnis erkennt.

Am 10. September abends rollt das XXXXVIII. Panzerkorps Kleists unter General Kempf an das Westufer des Dnjepr bei Krementschug, wo die 17. Armee einen kleinen Brückenkopf hält. Auch hier wilde Spätsommergewitter und strömender Regen. Grundlose Wege. Sommerschlamm. Trotzdem ist am Mittag des 11. September die Kriegsbrücke fertig. Teile der 16. Panzerdivision rollen hinüber. Die ganze Nacht fährt und marschiert die rheinisch-westfälische Division durch Regen und tiefste Finsternis ans andere Ufer. Am anderen Morgen um 9 Uhr treten Hubes Panzer zum Angriff an. Siebzig Kilometer kämpft sich die Division in zwölf Stunden gegen einen hartnäckig haltenden Feind, über grundlose Wege, vor. Ihr folgt General Hubickis 9., die Wiener Panzerdivision.

Am 13. September stürmt die 16. Panzerdivision Lubny. Die Stadt wird von Flakeinheiten und Arbeitermilizen sowie Truppen der NKWD, der Geheimpolizei Stalins, verteidigt. Die 3. Kompanie Pionierbataillon 16 nimmt die Brücke über die Ssula im Handstreich. Sie schießt ›Stukas zu Fuß‹ – heulende Nebelgranaten – und macht den Russen auf diese Weise verwirrt und blind. Sie nimmt in kühnem Sturm die Vorstadt. Hinter ihr das II. Bataillon Schützenregiment 64. Es wird ein blutiger Straßenkampf. Der sowjetische Kampfkommandant hat die gesamte russische Zivilbevölkerung zu den Waffen gerufen. Von den Dächern und aus den Kellerfenstern wird geschossen. Hinter Barrikaden warten Kampftrupps mit Molotow-Cocktails und schleudern sie gegen die Panzer. Den ganzen Tag dauert der schreckliche Spuk.

Am 14., einem Sonntag, tritt das Schützenregiment 79 mit an. Am Nachmittag ist Lubny gefallen. Am Abend steht die Aufklärungsabteilung der Division noch hundert Kilometer von der Spitze der 3. Panzerdivision entfernt.

Der Russe hat inzwischen die drohende Gefahr erkannt. Die deutsche Luftaufklärung der Luftflotten 2 und 4 meldet, daß feindliche Kolonnen aller Waffen von der Dnjeprfront im Anmarsch gegen Guderians und Kleists Verbände sind, in Richtung auf die offene Lücke. Sie muß geschlossen werden, wenn nicht große Teile der sowjetischen Armeen entweichen sollen.

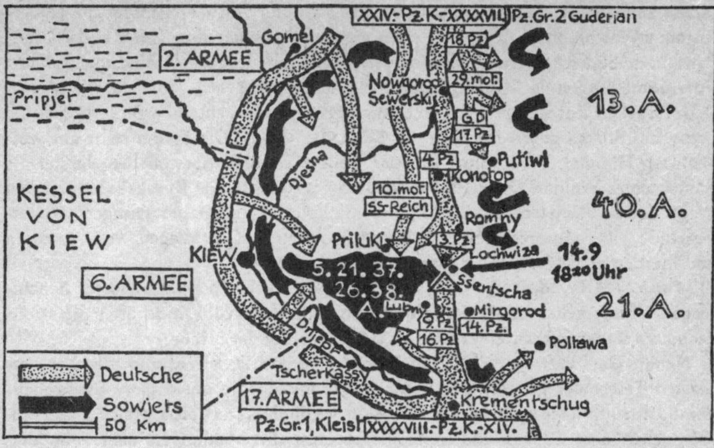

Karte 7
Die Schlacht um Kiew war die typische Zangenoperation mit zwei gepanzerten Stoßarmeen. Von Norden stieß Guderian vor, von Süden kam Kleist. Während der Russe im Dnjeprbogen in harte Verteidigungskämpfe verwickelt war, machten die schnellen Truppen die Falle im Rücken zu.

Vom Norden haben Guderians Divisionen Romny und Priluki genommen. Mit einem Regiment quält sich Model über die grundlosen Wege bis Lochwiza. Der Rest der Division steckt weit zurück im Schlamm. Der Ia der 3. Panzerdivision, Major Pomtow, rauft sich die Haare.

Noch fünfzig Kilometer trennen die beiden Panzergruppen. Fünfzig Kilometer sind noch offen. Russische Aufklärer kurven über der Lücke. Sie lotsen die Nachschubkolonnen, die durch die deutschen Linien zu kommen versuchen. Schnell zusammengesuchte Panzerrudel fahren voran, um ihnen einen Weg zu schlagen. General Geyr von Schweppenburg sieht sich auf seinem vorgeschobenen Gefechtsstand plötzlich von einer solchen durchbrechenden Russenkolonne angegriffen. Der Stab wird zur Festung. Alarm an die II. Abteilung Panzerregiment 6. Aber die steht 20 Kilometer entfernt. Im letzten Augenblick kann Oberleutnant Vopels 2. Kompanie den Kommandierenden General und Stab des XXIV. Panzerkorps vor einem schnellen Ende retten. Der Angriff nach Süden geht weiter.

Mittags 12 Uhr. Am Rand einer verschlammten Straße vor Lochwiza. »Oberleutnant Wartmann zum Kommandeur!« geht es durch die Kolonne. Wartmann, Führer einer Panzerkompanie, stiefelt durch den Schlamm zum Befehlspanzer von Oberstleutnant Munzel, dem neuen Kommandeur vom Panzerregiment 6. Nach einer Viertelstunde rollen Panzer an, Schützenpanzerwagen des 3. Zuges der 1. Kompanie 394 unter dem Befehl des Oberfeldwebels Schröder fahren rechts raus. Panzerjäger werfen die Tarnung von den Fahrzeugen: Oberleutnant Wartmann stellt einen starken Spähtrupp zusammen. Zur Kundschafterfahrt nach Süden. Auftrag: »Durch den Feind fahren und Verbindung mit den Vorausabteilungen der Panzergruppe Kleist herstellen.«

Um 13 Uhr durchfährt die kleine Kampfgruppe die deutschen Sicherungen bei Lochwiza. Stukas geben ihr noch ein Stück das Geleit. Die Sonne steht am wolkenlosen Himmel. Weit dehnt sich das wellige Land. Drüben stehen dunkel die Ränder eines Waldes. Durch! Da kreuzt eine zurückflutende Russenkolonne ihren Weg: Trosse. Schwere Artillerie. Baubataillone. Flugplatzbesatzungen. Reiterverbände. Verwaltungsdienste. Brennstoffkolonnen. Die Wagen von Treckern und Pferden gezogen. Darauf Fässer mit Benzin und Öl.

»Turm 1 Uhr. Sprenggranaten. Feuer frei!« Wie Fackeln brennen Benzinwagen. Pferde gehen durch. Die Russen jagen in den Wald und hinter die strohgedeckten Bauernhäuser eines Dorfes. Ein Chaos auf der Straße.

Weiter. Der Auftrag heißt nicht Kampf, sondern Handreichung mit den vordersten Teilen der Heeresgruppe Süd. Der Funk ist die unsichtbare Strippe, die den Spähtrupp jetzt noch mit der Division verbindet. Dort sitzt Major i. G. Pomtow neben dem Funker und verfolgt gespannt die Meldungen über Feindlage, Gelände, Brücken. Pomtow liest: »Verstärkter Feindwiderstand.« Dann herrscht Stille. Warum?

Bei Wartmann sieht es inzwischen so aus: Panjewagen und Trecker stehen ohne Besatzung auf der Straße. Aus den Sonnenblumenfeldern kommt MG- und Pakfeuer. »Halt!« Wartmann schaut durchs Glas. Sein Blick bleibt an der Windmühle oben auf dem Hügel hängen. Merkwürdig: Die Flügel drehen sich, einmal linksrum und dann wieder rechtsrum. Dann halten sie an. Wartmann pfeift durch die Zähne. Da sitzt ein Beobachter und dirigiert den Widerstand. »Panzer marsch!« Und dann jagen die 5-cm-Granaten in die Mühle. Sie dreht sich nicht mehr. Weiter.

Pomtows Funker aber lauscht und schreibt: »16 Uhr 02, sind auf der Höhe von Luka, Flußgebiet der Ssula auf intakten Brücken überfahren.« Pomtow lächelt. Gut. Und Wartmann fährt. Durch unheimliches Gelände. Hohlwege, Sumpf, lichter Wald. Und wohin er sich wendet: feindliche Kolonnen.

Fünfzig Kilometer sind Wartmanns Panzer schon gefahren. Der Tag neigt sich. Da geht die Funkverbindung verloren. Im Süden sieht man die Silhouette einer Stadt vor dem Abendhimmel — das muß Lubny sein, Kampfraum der 16. Panzerdivision. Gefechtslärm ist zu hören. Also ist man dicht an der kämpfenden Südfront. Aber wie steht man zum Feind? Hat man ihn vor sich? Oder zeigt er die Flanke?

Vorsichtig pirschen sich mitgegebene Panzerspähwagen über ein riesiges Kornfeld mit Getreidehocken vorwärts. Von Hocke zu Hocke. Da — ein Flugzeug. »Mensch, ein deutscher Aufklärer!« — »Weiße Leuchtzeichen«, befiehlt Wartmann. Zischend fährt es aus dem Turm der Panzer: ›Weiß — hier sind wir, Deutsche!‹ Spannung. Ja, er hat es gemerkt. Kommt tief herunter. Kreist. Noch einmal. »Mann, der setzt zur Landung an.« Und da rollt die Maschine auf dem Kornfeld auch schon zwischen den Hocken aus. Mitten im feindlichen Frontgebiet!

Händeschütteln. »Wie bei Leipzig einundleipzig«, ruft lachend Unteroffizier Hoffmann aus Wartmanns Panzer.

Niemand weiß heute mehr, wer die drei entschlossenen Flieger waren. Sie informierten Oberleutnant Wartmann über die Frontlage: Keine zehn Kilometer entfernt stehen die Verbände von Kleists 16. Panzerdivision. Dann starten sie wieder. Und Wartmanns Männer sehen, wie das Flugzeug jenseits der breiten Schlucht tief hinunterstößt und eine Meldung abwirft.

»Panzer marsch!« Weiter. Durch die Schlucht, den Hang hinauf!

Feldgraue Infanteristen kommen in Gefechtsgliederung den Hang hinauf. »Weiße Leuchtkugeln«, befiehlt Wartmann zum zweiten Male an diesem Tag. Sofort kommt die Antwort, auch in Weiß. Sie schreien vor Freude, sie werfen die Arme hoch. Es ist die 2. Kompanie des Panzerpionierbataillons 16 unter Oberleutnant Rinschen, die ihnen entgegenkommt. Es wird eine richtige, ordentliche Handreichung zwischen den beiden Offizieren. Sie besiegelt, daß die Falle 200 Kilometer ostwärts von Kiew, wenn auch vorerst nur symbolisch, geschlossen ist.

Im Stabe Models aber surrt plötzlich wieder das Funkgerät: »Die Verbindung ist wieder da«, brüllt der Funker. Und lauscht. Fünf Minuten später diktiert der Ia dem Kartenzeichner die Eintragung für die Stelle neben dem kleinen blaugedruckten See: »14. September 1941, 18 Uhr 20. Zusammentreffen Panzergruppe 1 und 2.«

Im Garten des Gefechtsstands Panzerregiment 2 standen die Panzer- und Mannschaftswagen mit dem weißen ›G‹ und dem weißen ›K‹ gut getarnt unter Büschen und Bäumen nebeneinander. Der Himmel blitzte von den Abschüssen der Artillerie, die Salven der Werferbatterien heulten durch die Nacht. Es begann der letzte Akt der bisher größten Umfassungsschlacht der Kriegsgeschichte.

Am nächsten Tag schon traf die Vorausabteilung der 9. Panzerdivision mit Teilen des Panzerregiments 33, die nach der Einnahme von Mirgorod auf der Straße östlich der Ssula nach Norden gestoßen war, dicht bei der Brücke von Ssentscha die vordersten Teile der 3. Panzerdivision. Die Front war nun wirklich geschlossen, die Falle hinter fünfzig feindlichen Divisionen zu.

Es gab noch erbitterte Kämpfe mit den im Kessel eingeschlossenen Armeen und den vom sowjetischen Oberkommando von außen zur Rettung Budjennys angesetzten Kräften. Es gab dramatische Krisen vor allem an der langen Ostflanke Guderians. Bei Romny rollte am 18. September ein Flankenangriff mit vier Divisionen gegen die 10. I. D. (mot.) und ein paar Flakbatterien bis auf 800 Meter an Guderians Beobachtungsstand auf einem Wachturm des Stadtgefängnisses heran und konnte nur mühsam gestoppt werden.

Bei Putiwl stürmten die Charkower Kriegsschüler singend gegen die Stellungen der 17. Panzerdivision und des Infanterieregiments (mot.) ›Großdeutschland‹. Sie fielen bis auf den letzten Mann. Bei Nowgorod Sewerskij rannten sechs Divisionen, von Panzerverbänden unterstützt, gegen die kampferfahrene 29. Infanteriedivision (mot.).

Aber es nutzte alles nichts. Die russischen Angriffe waren nicht auf einen Schwerpunkt gerichtet, sie brachten Krisen, aber keine Wende. Es gelang den

Russen nicht, die 250 Kilometer tiefe Flanke Guderians auch nur an einer einzigen Stelle einzudrücken.

Am 19. September nahmen Infanteristen der 6. Armee, Divisionen des XXIX. Armeekorps, Kiew. Am 26. September war die große Schlacht zu Ende. Fünf sowjetische Armeen waren vollständig, zwei weitere zum großen Teil zerschlagen. Eine Million Mann gefallen, verwundet, versprengt, gefangen. Marschall Budjenny, alter Kampfkumpan Stalins und ehemals Wachtmeister der zaristischen Armee, war auf allerhöchsten Befehl aus dem Kessel geflogen. Er sollte nicht in die Hände der Deutschen fallen; und auch den Tod dieses Revolutionshelden wollte Stalin vermeiden. Budjennys Kommando hatte Generaloberst M. P. Kirponos wieder übernommen. Er fiel mit seinem Stabschef Generalleutnant Tupikow bei einem Ausbruchsversuch.

Die Bilanz der Schlacht in Zahlen: 665 000 Gefangene. 3718 Geschütze. 884 Panzerwagen. Und weiteres unübersehbares Kriegsmaterial. Ein einziges Panzerkorps, das XXXXVIII. General Kempfs, das mit seinen drei Divisionen im Brennpunkt dieser gewaltigen Vernichtungsschlacht stand, brachte allein 109 097 Gefangene ein; das ist mehr, als in der Tannenbergschlacht, einer der an Gefangenen reichsten des ersten Weltkrieges, insgesamt gemacht wurden.

Eine Schlacht mit solchen Zahlen kannte die Geschichte bis dahin nicht: Fünf Armeen vernichtet. Fünf Armeen! In der überlegenen Führung, in der kühnen Beweglichkeit und der zähen Ausdauer der deutschen Truppe lag dieser Sieg begründet.

Es war eine ungeheure Niederlage Stalins. Als Guderian den von Panzerjägern Models gefangenen Oberbefehlshaber der sowjetischen 5. Armee, den vierzigjährigen Panzergeneral M. J. Potapow, fragte: »Warum haben Sie den Dnjeprbogen nicht rechtzeitig geräumt?« antwortete der General: »Die Heeresgruppe hatte den Räumungsbefehl schon gegeben. Wir waren bereits auf dem Rückzug nach Osten, als uns ein Befehl von ›allerhöchster Stelle‹ (das heißt von Stalin) zwang, wieder kehrtzumachen und nach der Devise zu verfahren: ›Stehen und halten und notfalls sterben.‹«

Potapows Aussage war exakt. Budjenny hatte am 9. September die Befehle für eine Vorbereitung des Rückzugs gegeben und von Stalin die Zustimmung zur Aufgabe Kiews und des Dnjeprbogens erbeten. Aber der Diktator bekam einen Wutanfall und gab seinen berühmten ›Stehen-und-sterben‹-Befehl.

»Stehen und sterben!« Das kostete eine Million Mann. Das kostete die ganze Ukraine. Und damit lag der Zugang zur Krim und zum sowjetischen Ruhrgebiet, dem Donezbecken, offen! Stalins Irrtum und Eigensinn hatten schreckliche Folgen. Um ein Haar wären sie tödlich gewesen. Aber vom Ende her gesehen, hat dieser Irrtum vielleicht den russischen Sieg gebracht. Denn die schnellen Erfolge, der Glaube an die scheinbar gelungene strategische Überraschung und an die Unbesiegbarkeit des deutschen Heeres haben in Hitler jene Hybris entstehen lassen, die zu einer Kette verhängnisvoller Fehlentscheidungen in den kommenden Monaten führte.

Der erste große Irrtum, gewachsen aus dem Sieg bei Kiew, war die Folgerung Hitlers: »Der Russe wird im Süden nicht mehr in der Lage sein, eine zu ernsthaftem Widerstand befähigte Abwehrfront aufzubauen.« Und er befahl: »Donezbecken und Don sind noch vor Eintritt des Winters zu erreichen, der Stoß in das industrielle Herz der Sowjetunion muß schnell geführt werden.«

Das industrielle Herz der Sowjetunion wollte Hitler schnell gewinnen und für die deutsche Kriegswirtschaft schlagen lassen.

Aber wenn Stalins Macht nach den vernichtenden Schlägen des Sommerfeldzuges bereits wankte, warum dann nicht auch ins politische Herz stoßen? Warum nicht die moralische Krisenlage beim Feinde nutzen und ihm mit der Eroberung Moskaus den Todesstoß versetzen? Sollte man den taumelnden, verwirrten Koloß nicht in einem letzten wilden Sturm zu Boden bringen?

Sturm! Jawohl, das war das Bild. Und deshalb befahl Hitler am Schlußtag der Schlacht um Kiew den Beginn der Schlacht um Moskau. Deckwort ›Taifun‹. Angriffstag: 2. Oktober. Ziel: Moskau. Atemlos hörten Soldaten und Offiziere der Ostfront den Tagesbefehl aus Hitlers Hauptquartier: »Die letzte große Entscheidungsschlacht dieses Jahres wird diesen Feind vernichtend treffen.«

7 Deckwort ›Taifun‹

Kaviar für Churchill – Die geheimnisvolle Stadt Brjansk – Die Moskauer Schutzstellung überrollt – In der Sadowajastraße wird geplündert – Der Schlamm gebietet Halt – Kampf um die Eckpfeiler Tula und Kalinin – Tagebuchnotizen eines russischen Leutnants – Geheimkonferenz in Orscha – Marschall Schukow enthüllt einen sowjetischen Bluff

Mister Colville hatte die Schlafzimmertür seines Chefs hinter sich noch nicht geschlossen, als er den Wutschrei hörte. Er machte kehrt. Mister Churchill saß aufrecht im Bett. Um sich herum hatte er die Morgenzeitungen verstreut. Sein Gesicht war rot wie ein Zinshahn und kontrastierte malerisch zu seinem seidenen Schlafrock. Vor ihm ausgebreitet lag der ›Daily Express‹.

Er schlug mit der Hand wütend auf das Blatt: »Nun sehen Sie sich das an«, stöhnte er und schlug immer wieder auf einen Artikel aus Moskau. Auch Churchills Sekretär verschlug es den Atem, als er den Bericht von Philip Jordan überflogen hatte. Lord Beaverbrook, so stand darin zu lesen, der zusammen mit einer britisch-amerikanischen Delegation seit dem 28. September in Moskau weile, um die militärische und wirtschaftliche Unterstützung der Sowjetunion im Kampf gegen Deutschland vertraglich festzulegen, habe einen Vertrauensmann beauftragt, für eine beachtliche Summe Kaviar zu kaufen – für Mister Churchill.

»Das ist perfide«, schimpfte Churchill.

Schließlich hatte England in diesen Septembertagen des Jahres 1941 schwere Sorgen. In Nordafrika hatte Rommel Tobruk eingeschlossen, war weit nach Osten bis zum Halfayapaß gestoßen und drohte, nach Kairo zu greifen.

Aber das war noch nicht das Schlimmste: Hitlers U-Boot-Krieg hielt Großbritannien noch in Atem. Die neue Rudeltaktik und die großen Boote begannen die britischen Abwehrerfolge des Sommers wieder zunichte zu machen. Die Schlacht im Atlantik tobte in unverminderter Heftigkeit. 683 400 Tonnen hatten Dönitz' ›graue Wölfe‹ im September auf den Meeresboden geschickt. Damit war die Versenkungsziffer seit Kriegsbeginn auf 13,7 Millionen Tonnen angestiegen. 13,7 Millionen – das war mehr als die halbe Handelsflotte Großbritanniens. Und nur zehn Prozent konnte man durch Neubau ersetzen. Englands Versorgung befand sich in der Krise. Jeder Brite auf der Insel war froh, wenn er wenigstens am Sonntag sein Frühstücksei aus der Zuteilung bekam. Und da schrieb Beaverbrooks Massenblatt, daß der Lord für den Premierminister, der seinem Volke täglich Schweiß und Tränen abverlangte, in Moskau gleich kiloweise jene lukrativen Fischeier kaufte, die als Kaviar seit je der Inbegriff von Luxus waren.

Churchill diktierte dem Foreign Office noch aus dem Bett ein wütendes Telegramm an den Lord in Moskau. Und Beaverbrook erhielt es von einem Sekretär der Botschaft in eine Konferenz gereicht, die er gerade mit Molotow und Harriman abhielt.

Die Aussprache des Presselords mit seinem herbeizitierten Moskauer Korrespondenten verlief lautstark, aber erfolglos. Philip Jordan war dickköpfig. Er habe die Sache erfahren. Sie sei wahr. Warum solle er sie nicht berichten? Entsprach dies nicht dem Grundsatz des Presselords? Beaverbrook resignierte. Und Churchill erhielt keinen Kaviar.

Das alles spielte am 30. September 1941 in Moskau. An dem Tage, da das Schicksal von Stalins Hauptstadt bereits durch tausend Befehle und Marschanordnungen beschlossen schien; denn die starke Streitmacht von Feldmarschall von Bocks Heeresgruppe Mitte setzte sich in Bewegung, um Moskau einzunehmen.

Aber die Moskauer ahnten davon nichts. Seit der deutsche Blitzkrieg gegen die sowjetische Metropole Mitte Juli hinter Smolensk im Jelnjabogen und am Wop gestoppt worden war, hatte man sich daran gewöhnt, daß der Feind nur 300 Kilometer entfernt stand. 300 Kilometer erschienen den Moskauern mit der Zeit als eine beträchtliche Entfernung. Moskau war verschont geblieben. Der Krieg hatte die große Schwenkung nach Süden gemacht. Dort war um Kiew irgendwas passiert. Aber der sowjetische Wehrmachtbericht vom 30. September stellte lakonisch fest: »Unsere Truppen stehen an der gesamten Front in harten Abwehrkämpfen.« Dazu nannte er phantastische Zahlen über Abschuß und Vernichtung von rund 560 deutschen Flugzeugen in den letzten sechs Tagen. Also – Siege in der Luft. Und der Feind kam nicht vorwärts.

»Was sagt der Heeresbericht über die Lage oben bei Leningrad?« fragte Iwan Iwanowitsch seinen Vater, als er am Morgen des 30. September vom Schanzen eines Panzergrabens weit im Norden der Stadt nach Hause kam. »Nichts sagen sie«, antwortete der Hausmeister in der Kalugastraße Nr. 5 seinem Sohn. »Und was sagen die Rundfunklügner, wie es im Süden steht, im Süden, Papuschka, wo der Großvater zu Hause ist?« – »Sie schreiben, daß wir viele deutsche Panzer vernichtet haben an unserer Südwestfront. Und daß wir uns planmäßig in eine neue Verteidigungsstellung begeben haben.« – »Und vor der Stadt? Wie sieht es da aus? Haben sie was im Rundfunk berichtet?« – »Ja«, nickte der Vater stolz. »Unsere Partisanen haben bei Witebsk viele Faschisten in die Luft gejagt. Und die Straßen gesprengt. Die Hitleristen kommen also wohl nicht weiter vorwärts.«

Iwan Iwanowitsch nickte. Und ging in die Küche, um nach einem Stück Brot zu suchen. Man hörte ihn schimpfen. Das Stückchen, das noch da war, schien ihm zu klein zu sein. »Iß den Rest Kohlsuppe«, rief der Vater hinaus.

Und während Iwan Iwanowitsch Krylenkow an diesem Vormittag des 30. September in der Hausmeisterwohnung der Moskauer Kalugastraße seine dünne Suppe löffelte, hob 500 Kilometer entfernt in der Nordukraine bei Gluchow der Leutnant Lohse, Chef der 1. Kompanie Schützenregiment 3, in seinem Schützenpanzer die Hand: »Marsch!« Und wie hier bei Gluchow die gepanzerte Spitze der 3. Panzerdivision in Richtung Osten rollte, so traten daneben die 4. Panzerdivision an, die 10. I. D. (mot.), das ganze XXIV. Panzerkorps; links davon General Lemelsens XXXXVII. Panzerkorps mit der 17. und 18. Pz. D. und der 29. I. D. (mot.). Dahinter das XXXXVIII. Panzerkorps General Kempfs; dazu zwei Infanteriekorps mit sechs Divisionen und die 1. Kavalleriedivision zur späteren Flankensicherung. So rollte die Panzergruppe 2 im mächtigen Breitkeil wieder gen Norden. Das Unternehmen ›Taifun‹ begann: »Die letzte Schlacht des Jahres zur Niederwerfung des Feindes«, wie Hitler angekündigt hatte.

Generaloberst Guderian hatte drei Tage Vorsprung, um seine Rolle in dem großen Angriffsunternehmen im richtigen Augenblick und am richtigen Platz einnehmen zu können. Denn es war ein kühner und eiskalt ausgeklügelter Plan, der Stalins starke Schutzkräfte vor Moskau ausmanövrieren sollte. Der kaltblütigste und präziseste Schlachtplan des ganzen Krieges, der wie ein Uhrwerk ablief.

In zwei Phasen sollte die moderne Cannae-Schlacht abrollen. Erste Phase: Durchbruch durch die sowjetische ›Westfront‹ vor der 9. und 4. Armee, nördlich und südlich der Autobahn Smolensk–Moskau. Vorschnellen von zwei Panzergruppen (der Panzergruppe 3, nördliche, und der Panzergruppe 4, südliche Zangenbewegung). Einkesselung der vor der Front stehenden Feindkräfte durch Vereinigung an der Rollbahn bei Wjasma. Gleichzeitig Angriff von Guderians Panzerkorps von Südwesten aus dem nordukrainischen Raum um Gluchow auf Orel. Tiefer Stoß in den Rücken Jeremenkos. Eindrehen auf Brjansk. Einschließen der drei sowjetischen Armeen. Zweite Phase: Verfolgung der entkommenden Feindkräfte auf breiter Front durch alle drei Panzergruppen. Stoß bis Moskau mit Einnahme oder Umfassung der Stadt.

Es war eine beachtliche Streitmacht, mit der Feldmarschall von Bock in die große Schlacht zog: drei Infanteriearmeen (9., 4. und 2.), die beiden alten Panzergruppen der Mittelfront, Guderian (2) und Hoth (3), und dazu auch noch die Panzergruppe 4, Hoepner, die von der Leningradfront heruntergezogen worden war und den Befehl über den rechten Zangenarm an der Rollbahn Smolensk–Moskau übernahm, während ihr LVI. Panzerkorps die Verstärkung des linken Flügels der Panzergruppe Hoth bildete. Auf diese Weise kamen vierzehn Panzerdivisionen, acht motorisierte Divisionen und zwei motorisierte Brigaden sowie sechsundvierzig Infanteriedivisionen zusammen. Zwei Luftflotten unterstützten die Offensive. Starke Flakverbände waren den Armeen zugeteilt.

Alles war hervorragend geplant. Nur das Wetter konnte man natürlich nicht voraussehen. Würde es sich halten? Oder würde der Herbstschlamm zu regieren beginnen, ehe man in Moskau war? Wie hatte Moltke 1864 geschrieben: »Auf die Witterung kann man keine Operationen bauen, wohl aber auf die Jahreszeit.« Die günstige Jahreszeit aber, auf die man hätte bauen können, war vorbei. Der Winter drohte. Trotzdem wagte Hitler es. Am 30. September vormittags begann mit dem Krachen der Panzerkanonen, der Pak und der Flak die Doppelschlacht von Wjasma und Brjansk – das Cannae des zweiten Weltkrieges, die perfekte Kesselschlacht der Kriegsgeschichte.

Die zur Verstärkung mit vorgeführten Schützen der 3. Kompanie sitzen auf den gepanzerten Mannschaftstransportwagen der 1. Kompanie Schützenregiment 3, das Oberst von Manteuffel führt. Warum laufen, solange es nicht schießt.

Vorn im Chefwagen der 1. Kompanie fährt Leutnant Lohse. »Achten Sie auf Hunde, Eikmeier«, sagt er zu seinem Fahrer. »Auf Hunde?« staunt der Obergefreite. »Wieso auf Hunde, Herr Leutnant?« Auch Obergefreiter Ostarek, der MG-Schütze, blickt überrascht zum Leutnant: »Hunde?« Lohse zuckt mit den Achseln: »Beim Regiment sind gestern drei Russen als Gefangene abgeliefert worden. Jeder hatte einen Hund bei sich. Beim Verhör haben sie angegeben, sie seien Angehörige einer Moskauer Spezialeinheit, die Hunde mit scharf gemachten Sprengladungen gegen Panzer einsetzen soll.« Ostarek kichert: »Das ist aber eine tolle Latrinenparole.« Lohse hebt die Hände entschuldigend: »Wenn der Regimentskommandeur nicht selber Hauptmann Peschke und mich gewarnt hätte, würde ich auch kein Wort darüber verlieren, aber so. Na, ihr wißt jedenfalls Bescheid.«

Die Wagen rollen über ein breites Feld. Von links kleckern russische MG: die ersten russischen Stellungen am Rande eines weit auseinandergezogenen Dorfes. Die 3,7-Pak kracht. MG tackern. Die Schützen der 3. Kompanie sind jetzt abgesprungen und gehen zu Fuß zwischen den Schützenpanzern vor. Handgranaten fliegen in die Katen. Ein Lattenzaun wird niedergewalzt. Weiter. Nahe der Kirche sind wieder gut getarnte Stellungen zwischen den Katen zu erkennen. Vorsicht.

Unteroffizier Dreger hält mit seinem MG die russische Grabenbesatzung nieder. Da schreit Eikmeier: »Ein Hund!« Ein Dobermann. In langen Sprüngen kommt er angejagt. Einen merkwürdigen Sattel trägt er auf dem Rücken. Ehe Ostarek sein MG schwenken kann, hat Hauptmann Peschke drüben, dreißig Meter entfernt, schon den Karabiner hochgerissen. Der Hund macht noch einen Sprung, dann bricht er zusammen.

Aber da schreit der Obergefreite Müller schon: »Achtung, noch einer.« Ein Schäferhund, ein prächtiges Tier, kommt vorsichtig angelaufen. Ostarek feuert.

Zu hoch. Der Hund zieht den Schwanz ein und will kehrtmachen. Da hört man russische Rufe. Und jetzt läuft das Tier direkt auf Lohses Wagen zu. Alles feuert, aber nur Obergefreiter Seidinger trifft mit seinem erbeuteten russischen Schnellfeuergewehr, einem Gasdrucklader.

»Geben Sie Minenwarnung über Funksprech durch, Müller«, befiehlt Lohse. Und dann hören es alle: »Dora 101 an alle – auf Minenhunde achten, kommen ...«

Minenhunde. Der Augenblick hat das Wort geprägt. Und nun steht es als Zeichen für eine neue, eine mehr als umstrittene Waffe der Sowjets in der Geschichte. Die Hunde trugen auf dem Rücken in zwei Satteltaschen aus Leinen Sprengstoff beziehungsweise Panzerminen. Ein zehn Zentimeter hochragender Holzstab wirkte als mechanischer Zünder. Die Hunde waren dressiert, unter die Panzer zu laufen. Bog sich der Stab oder brach er ab, dann ging die Ladung in die Luft.

Bei der 3. Panzerdivision ging das Duell mit den lebenden Minen der ›Moskauer Jägerkompanie‹ gut aus. Ebenso erfolglos traten sie im Abschnitt der 7. Panzerdivision auf. Fünf Tage später hatte General Nehrings 18. Panzerdivision weniger Glück. Panzer hatten die ausgebauten Feldstellungen und Pak-Nester am Ostrand von Karatschew überrollt. Die motorisierten Schützenverbände drangen in die Stadt ein. Die 9. Kompanie Panzerregiment 18 stieß zum Nordrand vor und fuhr durch ein riesiges Maisfeld. Ein paar Pakstellungen wurden noch außer Gefecht gesetzt. Dann fiel kein Schuß mehr.

Die Kommandanten standen im Turm. Der Kompanieführer hatte eben das Zeichen gegeben: »Rechts ranfahren. Halt. Motor abstellen.« Die Lukendeckel flogen auf. Im selben Augenblick jagten zwei Schäferhunde aus dem Maisfeld. In langen Sprüngen kamen sie heran. Die flachen Sättel auf dem Rücken waren deutlich zu sehen. »Was ist denn das?« staunte der Funker. »Meldehunde vielleicht oder Sanitätshunde«, meinte der Richtschütze.

Dann rannte der erste auf den Spitzenpanzer zu. Sprang vorn unter die Ketten. Ein Blitz. Donnerndes Krachen. Dreck. Qualm. Feuer. Unteroffizier Vogel war der erste, der begriff: »Der Hund«, schrie er, »der Hund.« Und da hatte der Richtschütze auch schon die 08-Pistole hochgerissen. Er feuerte auf den zweiten Vierbeiner. Schuß. Vorbei. Schuß. Wieder vorbei. Da belferte eine MPi vom Panzer ›914‹. Jetzt stolperte das Tier und brach in die Vorderläufe. Als sie den Hund erreichten, lebte er noch. Ein Pistolenschuß machte seiner Qual ein Ende.

Die sowjetische Literatur erwähnt die teuflische Waffe der Minenhunde nicht. Über ihren Einsatz besteht aber kein Zweifel, zumal auch die Kriegstagebücher anderer Verbände, so zum Beispiel der 1. und 7. Panzerdivision, über ihr Auftreten berichten. Die Vernehmung gefangener Hundeführer bei der 3. Panzerdivision ergab, daß die ›Moskauer Jägerkompanie‹ mit 108 Hunden ausgestattet war. Ihre Dressur war an Traktoren erfolgt. Die Hunde bekamen ihr Fressen nur unter Traktoren mit laufendem Motor. Holten sie es sich dort nicht, mußten sie hungern. Hungrig wurden sie auch zum Einsatz gebracht, denn der Hunger sollte sie unter die Panzer treiben. Aber wo sie etwas zu fressen erhofften, wartete der Tod. Ein großer Erfolg war der ›Moskauer Jägerkompanie‹ nicht beschieden. Nur die wenigsten Hunde konnten so auf Geräuschfestigkeit dressiert werden, daß sie wirklich unter die Panzer liefen. Das war offenbar der Grund, daß im weiteren Verlauf des Krieges Minenhunde nur noch hier und da, eigentlich nur bei Partisaneneinheiten, auftauchten.

Aber kehren wir zu der Schlacht zurück. Man hätte erwarten können, daß Guderians Angriff an der Brjansker Flanke auf einen vorbereiteten Gegner und damit also auf starken Widerstand stoßen würde. Schließlich hatte General Jeremenko seine berühmte Front bereits nach seinem Gespräch mit Stalin am 12. August, also seit Wochen, gegen den schon damals erwarteten Angriff auf Moskau ausgebaut und immer mehr verstärkt.

Selbst heute noch vertritt Marschall Jeremenko in seinen Memoiren die These, daß Guderian Ende August niemals durch seine Abwehrfront gekommen wäre und daß der Stoß nach Süden, nach Kiew, im Grunde nur ein Ausweichmanöver gewesen sei. Dem Fuchs Guderian hätten die Moskauer Trauben zu hoch gehangen, deshalb sei er nach Kiew gegangen. Merkwürdigerweise hingen sie jetzt aber, sechs Wochen später, greifbar niedrig. Und Generaloberst Guderian griff kühn und unbekümmert nach ihnen, griff nach Brjansk, dem Eisenbahn- und Straßenknotenpunkt.

Brjansk: Als Guderian im August in die Ukraine vorgestoßen war, hatte diese Stadt schon geheimnisvoll drohend, wie eine Sphinx, an seiner Flanke gestanden. Man wußte von Gefangenen, daß dort der General Jeremenko mit seinem Frontstab residierte, mit Spezialeinheiten und Eliteverbänden. Man wußte, daß diese Stadt ein Zentrum der sowjetischen Verteidigung vor Moskau war. Sie lag eingebettet in dichte Wälder, geschützt durch sumpfige Niederungen. Von hier wurden immer wieder Angriffe gegen Guderians lange Flanke gerichtet. Und jetzt, da man sich aus dem Raum Rosslawl–Smolensk zum entscheidenden Stoß auf Moskau anschickte, war diese Stadt, waren ihre Armeen ringsum auch wieder der drohende Block in der Flanke. Die Beseitigung dieses Blockes gehörte genauso zu den Voraussetzungen für den Hauptangriff auf Moskau wie die Vernichtung der starken Deckungskräfte im Raum von Wjasma.

Das war der taktische Sinn der Doppelschlacht von Wjasma–Brjansk.

Guderians Angriff gegen Jeremenkos Verteidigungsfront gelang zur allgemeinen Überraschung auf Anhieb: Der Durchbruch erfolgte bei der 13. Armee.

Es war schönes Herbstwetter. An den letzten Septembertagen waren die Straßen im Angriffsraum der Panzergruppe 2 noch trocken. Die Angriffsspitze des XXIV. Panzerkorps, die 4. Panzerdivision, stieß wie der Teufel voran. Als Guderian der Vorausabteilung nachjagte, die der Major von Jungenfeldt bereits gegen Dmitrow–Orlowski führte, traf er auf den Kommandierenden General des Korps und den Kommandeur der 4. Panzerdivision, die Generale Freiherr Geyr von Schweppenburg und Freiherr von Langermann, genannt von Erlenkamp. Die Frage lautete: Soll, kann man noch weiterstoßen und der bereits verwirrten 13. sowjetischen Armee den Rest geben? Oder soll man stoppen? Neu formieren? Auftanken? Beide Generale warnten. Nach den Meldungen war kein Treibstoff mehr da, die Truppe am Ende ihrer Kraft.

Dicht beim Windmühlenhügel vor Ssewsk traf Guderian dann auf Oberst

Eberbach, den Führer der Panzerbrigade. »Ich höre, Sie müssen halten, Eberbach«, sagte Guderian. »Halten, Herr Generaloberst?« fragte der Oberst erstaunt. Und trocken fügte er hinzu: »Wir sind am Zuge, und da soll man nicht anhalten.« — »Aber wie ist es mit dem Sprit, Eberbach? Nach den Meldungen habt ihr keinen mehr.« Da lachte Eberbach: »Wir fahren mit dem, der auf dem Meldeweg nach oben vom Zugführer bis zum Abteilungskommandeur abgezogen wird.« Auch Guderian, der seine Männer kannte, lachte. Und befahl: »Weiter!«

Die Panzer der 4. Pz. D. legten an diesem Tage 130 Kilometer kämpfend zurück. Die 13. sowjetische Armee wurde vollends geworfen. Das für Jeremenko Unfaßliche geschah: Die Stadt Orel, 200 Kilometer hinter der Brjansker Front, wurde von Eberbachs Panzern am Mittag des 3. Oktober überraschend genommen. Die Feldwachen vor der Stadt waren so überrascht und erschrocken, daß sie keinen Schuß herausbrachten. Das erste Fahrzeug, das den Panzern begegnete, war eine voll besetzte Straßenbahn. Die Insassen waren offenbar der Meinung, daß sowjetische Truppen in die Stadt einrückten, und winkten begeistert.

Jetzt lief die Uhr gegen Jeremenkos Brjansker Front: Die 17. und 18. Panzerdivision des XXXXVII. Panzerkorps drehten auf Karatschew und durchschnitten die Straße von Brjansk nach Orel hinter Jeremenkos Stabsquartier. Am 5. Oktober nahm die 18. Pz. D. Karatschew. Die Falle schloß sich also schon. Jeremenko sah das Unheil. Er rief den Kreml an, erbat Vollmacht zum Ausbruch. Schaposchnikow jedoch, der Generalstabschef, vertröstete ihn. Er möge noch etwas warten.

Jeremenko wartete.

Aber Guderians Panzerspitze wartete nicht.

Major Gradl stieß mit der Vorausabteilung des verstärkten Panzerregiments 39 von Karatschew aus, also von hinten, fünfzig Meter an Jeremenkos Gefechtsstand vorbei, auf Brjansk. Und am 6. Oktober nahm General von Arnims 17. Pz. D. — was der größte Optimist nicht für möglich gehalten hätte — Stadt und Djesnabrücke im Handstreich. Brjansk war genommen. Die mit Truppen, schwerer Artillerie, GPU-Verbänden vollgestopfte Stadt war einfach gefallen. Vergeblich lagen die 100 000 Molotow-Cocktails in den Magazinen. Vergeblich war der strenge Befehl ergangen: Kein Haus kampflos aufgeben. Einer der wichtigsten Eisenbahnknotenpunkte des europäischen Rußlands war in deutscher Hand. Die Verbindung zwischen Guderians 2. Panzerarmee und der 2. Armee, die vom Westen herankam, war hergestellt. Um und nördlich Karatschew sicherten die 18. Panzerdivision und das unterstellte I. R. (mot.) ›Großdeutschland‹. Weiter südlich, beiderseits Dobrik, deckte die 29. I. D. (mot.) die Flanken des Korps. Die Falle hinter drei sowjetischen Armeen, der 3., 13. und 50., klappte zu. Das war am 6. Oktober.

In der Nacht vom 6. auf den 7. Oktober fiel der erste Schnee. Das weite Land war für ein paar Stunden eingehüllt in ein weißes Kleid. Am Morgen taute es. Die Straßen verwandelten sich in grundlose Moräste. Die Rollbahnen wurden zu Rutschbahnen. ›General Schlamm‹ übernahm die Herrschaft. Aber er konnte Stalins Armeen im Raum Wjasma—Brjansk nicht mehr retten.

Ganze Infanteriedivisionen wurden zum Wegeräumen eingesetzt. Sie arbeiteten wie wahnsinnig, um den Vormarsch in Gang zu halten. Und er blieb im Gange.

Wie unten bei Guderian, so lief auch oben an der Rollbahn Smolensk–Moskau der Angriff erfolgreich an. Hoepners Panzergruppe 4 rollte mit drei Panzerkorps, dem XXXX., dem XXXXVI. und LVII., südlich der Autobahn bei Rosslawl hinter der 2. Panzerdivision durch die russische Front. Fächerte aus und stieß mit ihrem inneren Flügel nordwärts. Richtung Autobahn.

Als sich am 6. Oktober die Spitze der 10. Panzerdivision nur noch achtzehn Kilometer südöstlich von Wjasma befand und sich dort mit weichenden Sowjets herumschlug, stand die Schlacht um Wjasma auf dem Scheitelpunkt. Die Nacht war angefüllt mit laufenden sowjetischen Versuchen, aus der Umklammerung auszubrechen. Bei Anbruch dieser denkwürdigen Nacht begann das ganze riesige Waldgebiet zu leben. Überall wurde geschossen. Munition ging hoch. Strohdiemen brannten. Leuchtkugeln erhellten auf Sekunden gespensterhaft die Szenerie des Kampfes. Es wimmelte von versprengten Rotarmisten. Die weit vorn liegende Führungsabteilung des XXXX. Panzerkorps mußte sich ihrer Haut wehren. Wo war die Front? Wer umzingelte wen? Als die Nacht endlich wich, versuchte im Morgengrauen des 7. Oktober eine sowjetische Reiterschwadron durchzubrechen. Hinter ihr ein Pulk von Lastwagen, auf denen weibliche Rotarmisten saßen. MG-Sperren der 2. Panzerdivision vereitelten auch diesen Ausbruchsversuch. Es war ein atembeklemmender und grausiger Anblick, Roß und Reiter im Feuerstoß der MG stürzen und sterben zu sehen.

Am Vormittag des 7. Oktober stießen die vordersten Teile von General Fischers 10. Panzerdivision durch den Schneematsch in die Vororte von Wjasma und kämpften dann den Widerstand in der brennenden Stadt nieder. Jenseits des Nordrandes krochen die Männer des Wandsbeker II. Bataillons Schützenregiment 69 in die verlassenen russischen Erdlöcher. Damit hatten die Spitzen des XXXX. Panzerkorps des Generals Stumme, hinter denen die 2. Panzerdivision und 258. I. D. folgten, das Ziel der ersten Operationsphase erreicht.

Südlich davon folgte das XXXXVI. Panzerkorps unter General von Vietinghoff mit der 11. und 5. Panzerdivision sowie der 252. Infanteriedivision. Dahinter das LVII. Panzerkorps unter General Kuntzen mit der 20. Panzerdivision, der SS-Infanteriedivision (mot.) ›Das Reich‹ und der 3. Infanteriedivision (mot.).

Hoths beide Panzerkorps (LVI. und XXXXI.) und das VI. Infanteriekorps mußten sich nördlich der Rollbahn nach dem Durchbruch am Höhengelände westlich von Cholm gegen härtesten Widerstand mehrerer gut verschanzter Schützendivisionen sowie mehrerer russischer Panzerbrigaden vorwärts kämpfen. Wegen des äußerst ungünstigen Geländes faßte Generaloberst Hoth die Panzer des LVI. Panzerkorps, in der Masse Panzer III, zur Panzerbrigade Koll zusammen, die auf einem Knüppeldamm die sowjetischen Stellungen am Wop nach hartem Kampf durchstieß. Das nachgeführte XXXXI. Panzerkorps übernahm mit 1. Pz. D. und 36. I. D. (mot.) im Angriff auf Sytschewka den Schutz der Nordflanke.

Die 6. und 7. Panzerdivision erreichten indes die unversehrten Dnjeprbrücken bei Cholm und drehten gleichfalls auf Wjasma ein. Am Abend des 6. Oktober stand die altbewährte 7. Panzerdivision, Rommels Stoßverband aus dem Frankreichfeldzug, zum dritten Male innerhalb von fünfzehn Wochen an der Autobahn nach Moskau im Rücken des Feindes, Front nach Westen. Am 7. trafen Hoths Panzer in Wjasma mit denen Hoepners zusammen. Der Kessel um sechs sowjetische Armeen mit fünfundfünfzig Divisionen war geschlossen.

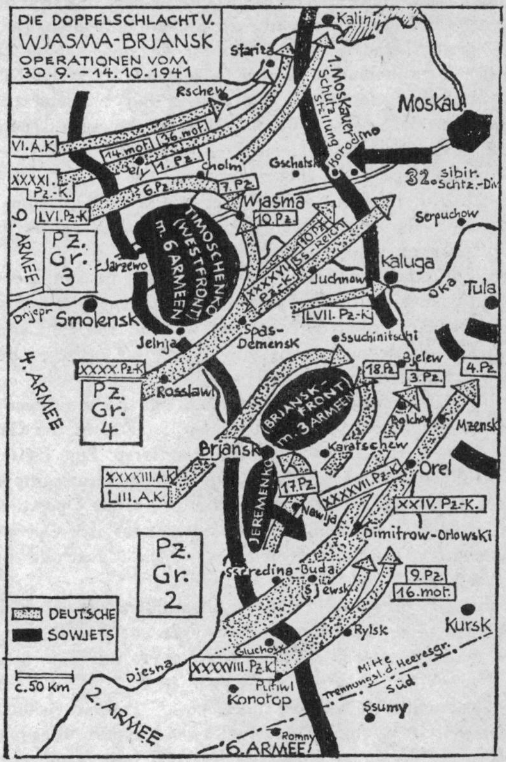

Karte 8
Die Doppelschlacht bei Wjasma—Brjansk war eine perfekte Zangenoperation. Die schnellen Verbände von drei Panzergruppen bildeten die Zangenarme. Infanteriedivisionen von drei Armeen wirkten mit. Die Verteidigungskräfte vor der sowjetischen Hauptstadt wurden eingekesselt und zerschlagen, der Weg nach Moskau war frei.

Mit dem Durchstoß auf Wjasma hatte im übrigen die Kampfgruppe von Manteuffel in überraschendem Vorgehen die Autobahn nach Moskau erreicht und gesperrt. Der Oberbefehlshaber des Heeres, Feldmarschall von Brauchitsch, funkte daraufhin an die Division: »Der tüchtigen 7. Panzerdivision, die durch ihren

Vorstoß auf Wjasma zum dritten Male in diesem Feldzug einen wesentlichen Anteil an der Umfassung des Feindes hat, meine besondere Anerkennung.«

Auch bei Brjansk hatten Guderians Korps inzwischen Jeremenkos sechsundzwanzig Divisionen umfassende drei Armeen in einem nördlichen und einem südlichen Kessel eingeschlossen. Und es begann die harte Schlacht der Infanteriedivisionen gegen die Ausbruchsversuche der Russen, die Aufspaltung der Kessel, der Kampf gegen Widerstandsnester und die Gefangennahme der schließlich regimenterweise kapitulierenden Sowjets. Bis zum 17. Oktober zogen sich die Kämpfe hin. Natürlich gelang es Teilen, aus der Einschließung zu entkommen, vor allem aus dem Südkessel von Brjansk. Hier glückte auch General Jeremenko und seinem Stab der Ausbruch. Jeremenko selbst wurde schwer verwundet und mußte mit einem Flugzeug abgeflogen werden.

Die große Schlacht war geschlagen. Der erste Akt der Operation ›Taifun‹ abgelaufen. 663 000 Gefangene wurden gemacht und 1242 Panzer und 5412 Geschütze zerstört oder erbeutet.

Anders ausgedrückt: Drei Wochen nach der Schlacht von Kiew, in der ein halbes Dutzend Sowjetarmeen der Heeresgruppe Budjenny im Süden zerschlagen und über 665 000 Sowjetsoldaten gefangen wurden, war nun erneut eine riesige Streitmacht von neun Armeen mit siebzig bis achtzig Divisionen und Brigaden an der Mittelfront vernichtet.

Es waren die Armeen, die Moskau schützen sollten. In riesigen Elendszügen marschierten sie nun über die verschlammten Straßen in die Gefangenschaft. Moskau hatte seinen Schild und sein Schwert verloren. Eine breite Bresche war in seinen Verteidigungsgürtel geschlagen. Die deutsche Heeresgruppe Mitte hatte mit der Masse ihrer Panzer- und motorisierten Verbände Operationsfreiheit gegen Stalins Hauptstadt gewonnen. Die zweite Phase der Operation ›Taifun‹ konnte beginnen: Verfolgung des Feindes bis in die Mauern der Stadt. Panzertreffen auf dem Roten Platz.

Und sie fuhren. Nein, sie fuhren nicht: Sie wühlten sich durch den Schlamm. Ganze Kompanien zogen festgefahrene Lastwagen aus dem Morast der Straßen. Kradschützen machten unter ihre Kräder aus Brettern und Balken Schlittenkufen und zogen sie vorwärts.

Der Kommandeur der Nachschubtruppen der 18. Panzerdivision, Major Vogt, fragte sich verzweifelt: Wie machen es die Russen, die doch jedes Jahr vor diesem Phänomen der verschlammten Straßen stehen und fahren müssen? Und er begriff: Er beschaffte die kleinen zähen Panjepferde und die kleinen Panjewagen und versorgte mit den Wägelchen, auf denen jeweils ein paar Zentner transportiert werden konnten, seine Division. Und es ging. Die Lastwagenkolonnen blieben stecken. Aber die Panjewagen kamen durch. Das Ziel Moskau ließ die Männer das Äußerste geben.

Am 13. Oktober fiel Kaluga, es liegt 160 Kilometer südwestlich Moskau. Am 14. nahm die Vorausabteilung Eckinger der 1. Panzerdivision Kalinin, das 150 Kilometer nordwestlich Moskau liegt, unterbrach die Eisenbahnlinie Leningrad — Moskau und eroberte die einzige Wolgabrücke, die deutschen Truppen im zweiten Weltkrieg unversehrt in die Hand fiel. Ein schmaler Brückenkopf auf dem Ostufer des Flusses, verteidigt von der 1. Panzerdivision und der ihr unterstellten Lehrbrigade (mot.) 900, deckte die Brücke. Damit waren die Eckpfeiler der 300 Kilometer langen 1. Moskauer Schutzstellung zum Einsturz gebracht. Ihr Kernstück aber, die Sperre der Autobahn, hundert Kilometer vor Moskau, lag zwischen Borodino und Moschaisk.

Am 14. stand auch die SS-I. D. (mot.) ›Das Reich‹ bei Borodino, hundert Kilometer vor Moskau. Historischer Boden. Hier wurde Napoleons Armee 1812 an den Rand der Niederlage gebracht. Hier wollte Stalin 1941 Hitler stoppen. Er hatte dafür das Beste, was er hatte, mit Eiltransporten herangeholt, einen Eliteverband aus Sibirien: die 32. sibirische Schützendivision aus Wladiwostok mit drei Schützenregimentern und zwei neuen Panzerbrigaden mit T 34 und KW 2. Stalin begann, seinen Rücken im Fernen Osten rücksichtslos zu entblößen. Er konnte es tun. Er wußte, Japan würde ihn nicht angreifen. Japan plante ja, gegen Amerika im Pazifik anzutreten. Stalin wußte es zuverlässig von seinem Spion Dr. Sorge, dem Berater des deutschen Botschafters in Tokio, und Dr. Sorge arbeitete gut. Er war für Stalin mehr als eine Armee wert.

Die Regimenter der SS-I. D. ›Das Reich‹ und die Brigade Hauenschild der 10. Panzerdivision mit Panzerregiment 7, eine Abteilung Artillerieregiment (mot.) 90 und das Kradschützenbataillon 10 traten bei Borodino zum Waffengang mit den Sibiriern an, großen kräftigen Kerlen in langen Mänteln, mit Pelzmützen und Fellstiefeln. Verschwenderisch waren sie mit Flak, Pak und vor allem mit Ratsch-Bumm ausgerüstet, dem gefährlichen 7,62-cm-Mehrzweckgeschütz. Sie waren stur. Panik gab es bei ihnen nicht. Sie standen und hielten. Schlugen und ließen sich erschlagen. Es wurde eine schreckliche Schlacht.

Die Russen setzten ihre Salvengeschütze ein, die sogenannten ›Katjuschas‹, die ›Kätchen‹, vom deutschen Landser ›Stalinorgel‹ genannt, die eine verheerende Splitterwirkung hatten. Zum erstenmal tauchten auch bei Borodino die schweren sowjetischen T 34-Kampfwagen in geschlossenen Verbänden auf. Da die 8,8-cm-Flak nicht immer zur Stelle war, mußten die Männer den T 34 mit geballten Ladungen erledigen. Mehrfach stand die Schlacht auf des Messers Schneide. Die blutigen Verluste der SS-I. D. (mot.) ›Das Reich‹ waren so erschreckend hoch, daß ihr drittes Infanterieregiment aufgelöst und der noch vorhandene Rest auf die Regimenter ›Deutschland‹ und ›Der Führer‹ aufgeteilt werden mußte. Die gesamte im Panzergruppen-Abschnitt greifbare Heeresartillerie wurde unter Befehl des Artilleriekommandeurs (Arko) 128, Oberst Weidling, einheitlich zusammengefaßt, um den mit Todesverachtung stürmenden Grenadieren der Waffen-SS ein Loch in die sowjetische Verteidigungsfront zu schießen. Zuerst aber mußten die Flammenwerferstände mit den elektrischen Zündungen genommen werden. Dann die Minenfelder. Dann die Drahtverhaue. Bunker. Das Abwehrfeuer der massierten Flak, Pak und Granatwerfer wurde von erfahrenen Stoßtrupps unterlaufen, die Gegenstöße der russischen Panzer im Nahkampf abgeschlagen. Die Hölle raste. Und über den Köpfen fauchten die sowjetischen Tiefflieger. Eigene Jäger des VIII. Fliegerkorps fegten durch die Wolkenfetzen des verqualmten Himmels.

Die Verbandsplätze füllten sich. Der Divisionskommandeur der SS-I.D. ›Das Reich‹, Gruppenführer und Generalleutnant Hauser, wurde schwer verwundet. Reihenweise lagen sie da: in schwarzen Uniformen – die Panzermänner. In zerrissenen Feldblusen – die Grenadiere. In buntscheckigen Tarnjacken – die Männer der Waffen-SS. Tot. Schwerverwundet. Verbrannt. Erschlagen. Die Wut machte die Augen rot – auf beiden Seiten. Es gab keine Gnade mehr.

Und dann war die Graben- und Bunkerlinie der Sibirier an einer Stelle aufgerissen. Die beiden Infanterieregimenter der SS-Division ›Das Reich‹, ›Deutschland‹ und ›Der Führer‹, stürmten. Keine Zeit zum Schießen. Spaten und Kolben waren die Waffen. Die sibirischen Batterien wurden von hinten genommen. Die Bedienungen hinter den Schutzständen der Flak, Panzerabwehrkanonen und MG verteidigten sich und wurden im Nahkampf niedergemacht. Genauso fochten die Schützenregimenter der 10. Panzerdivision. Sie kämpften auf demselben Schlachtfeld, auf dem Napoleon vor 130 Jahren gestanden hatte, und stürmten die zäh verteidigte historische Schanze von Semenowskoje. Vergeblich wehrten sich die Sibirier.

Die 32. sibirische Schützendivision starb auf den Höhen von Borodino. Der große Riegel der 1. Moskauer Schutzstellung an der Autobahn nach Moskau war damit auch gesprengt. Die 10. Panzerdivision und ›Das Reich‹ rückten über die verschneiten Felder an die Moskwa. Der letzte Widerstand russischer Kampfgruppen wurde hier gebrochen. Am 19. Oktober 1941 war Moschaisk gefallen. Moschaisk! Das war vor den Toren Moskaus. Noch hundert Kilometer Autobahn. Und die Moschaisker Chaussee führte direkt in die sowjetische Hauptstadt.

»Moschaisk ist gefallen«, ging es durch die Moskauer Straßen. »Moschaisk gefallen. Die Germanskije kommen.«

Die Kreml-Schornsteine rauchten wie bei 30 Grad Kälte: Man verbrannte die Geheimarchive, die nicht evakuiert werden konnten.

Die Moskauer waren fassungslos. Noch vor vierzehn Tagen hatte man ihnen mit Amerikas Hilfeversprechen Siegeszuversicht eingeflößt. Denn am 2. Oktober hatten Churchills Vertreter, Lord Beaverbrook, und Roosevelts Beauftragter, Harriman, im Kreml das Protokoll über die anglo-amerikanischen Waffenlieferungen unterschrieben. Obwohl die Vereinigten Staaten noch neutral und nicht im Kriege waren, wurde verkündet: Die drei Großmächte sind entschlossen, zur Erringung des Sieges über den deutschen Erzfeind aller Nationen zusammenzuarbeiten. Es wurden für die ersten zehn Monate – beginnend am 1. Oktober – versprochen und auch geliefert:

3000 Flugzeuge – 2000 mehr, als die deutsche Luftwaffe am 30. September an der Ostfront einsatzfähig hatte,

4000 Panzer – dreimal soviel, wie alle drei deutschen Panzergruppen am 30. September zur Verfügung hatten,

30 000 Motorfahrzeuge.

Aber kam das nun nicht alles zu spät? Gewann Hitler wieder einmal das Wettrennen gegen die Westmächte, wie er es 1939 im Kreml schon einmal gewonnen hatte?

Am 10. Oktober gab es im Moskauer ›Hotel National‹ zum Abendessen für die ausländischen Diplomaten und Journalisten noch Blinies, Kaviar, Gemüsesuppe, Roastbeef, Kartoffelbrei, geschmorte Möhren, Schokoladenpudding und Mokka. Man stieß auf Stalin an, auf den Widerstand der Hauptstadt. Und auf den Sieg. Es war der Tag, an dem Timoschenko abberufen und ein Mann an seine Stelle gesetzt wurde, den bis dahin nur wenige kannten: Armeegeneral G. K. Schukow. Er wurde Oberbefehlshaber der ›Westfront‹, Generalleutnant W. D. Sokolowski sein Stabschef und N. A. Bulganin als Mitglied des Kriegsrates politischer Kopf der Front.

Fünf Tage später, am 15. Oktober um 12 Uhr 50, empfing Außenminister Molotow den amerikanischen Botschafter Steinhardt und teilte ihm mit, daß die Regierung – bis auf Stalin – Moskau verlasse und das diplomatische Korps nach Kuybitschew, 850 Kilometer ostwärts Moskau, evakuiert werde. Jede Person dürfe nur so viel persönliches Gepäck mitnehmen, wie sie selber tragen könne.

Als sich diese Kunde durch die Stadt verbreitete und gar bekannt wurde, daß Lenins Sarg aus dem Mausoleum auf dem Roten Platz abtransportiert worden war, brach die Panik aus: »Die Deutschen kommen!«

Die Hausmeister an der Moschaisker Chaussee lauschten auf jedes Panzergeräusch. Waren sie das schon? Man hielt in diesen Tagen in Moskau alles für möglich.

Auch Städte haben Nerven. Und wenn sie überreizt werden, gibt es einen Kollaps. Am 19. Oktober 1941 waren Moskaus Nerven überreizt. Alarmnachrichten rasten durch die Stadt: Die Regierung ist geflohen. Das diplomatische Korps hat Moskau verlassen. Lenins Sarg, der gläserne Sarg mit dem Vater der Revolution, ist fortgeschafft. Irgendwohin. Der Paukenschlag zu allen Nachrichten und Parolen aber war das Wort: Die Deutschen stehen schon vor der Stadt. Im Flüsterton wurde hinzugefügt: »Jede Minute können ihre Panzer hier sein.« Diese Möglichkeit brachte die Moskauer außer Rand und Band und nahm ihnen die Angst vor Stalins Geheimpolizisten, Milizen und Sperrverbänden. In den Schlangen vor den Brotläden rumorte es: »Schluß mit dem Krieg, macht ein Ende!«

Und dann wurde in der Sadowajastraße der erste Laden gestürmt, ein Lastwagen mit Konserven ausgeplündert, umgeworfen und angesteckt. Die Rebellion lauerte in den feuchtkalten Straßen, hockte in den schlechtgeheizten Wohnungen, saß am Tisch der hungernden Menschen. Stalins Macht wankte. Sein Bild wurde von den Wänden genommen, die ersten Parteibücher wurden verbrannt. Flugblätter, einfache, schnell angefertigte Blättchen, steckten plötzlich morgens in vielen Briefkästen: »Tod den Kommunisten!« stand darauf. Und antisemitische Parolen. Entsetzt starrten die Empfänger auf die primitiven, aufregenden Texte. Moskau, Mütterchen Moskau, taumelte. Das Herz der Sowjetunion stockte. Und der Himmel stürzte nicht ein.

Der amtliche sowjetische Chronist A. M. Samsonow schreibt darüber in seinem Buch ›Die große Schlacht vor Moskau‹: »Alarmstimmung verbreitete sich in der Stadt. Die Evakuierung der Industriebetriebe, Ministerien, Behörden, Institutionen wurde beschleunigt. In dieser Zeit gab es auch einzelne Erscheinungen von Verwirrung unter der Bevölkerung. Es fanden sich Leute, die Panik verbreiteten, ihren Arbeitsplatz verließen und sich beeilten, aus der Stadt zu kommen. Es gab auch Verräter, die die Lage nutzten, sozialistisches Eigentum stahlen und die Macht des sowjetischen Staates zu untergraben versuchten.«

Da schlug der Diktator im Kreml zu. Er verhängte am 20. Oktober über Moskau den Belagerungszustand. Die rote Hauptstadt wurde zum Kriegsgebiet erklärt. Das Gesetz der Front bestimmte das Leben.

Samsonow schreibt: »Der Beschluß verfügte, alle Feinde der Ordnung unverzüglich den Standgerichten zu übergeben und alle Provokateure, Spione und andere Feinde, die zur Rebellion aufriefen, auf der Stelle zu erschießen.«

Und es wurde erschossen. Die Hauptstadt war Front. Die Einwohner praktisch alle der Armee einverleibt. Schon in den ersten Julitagen waren auf Beschluß des Verteidigungskomitees innerhalb von vier Tagen elf Volkswehrdivisionen mit insgesamt 100 000 Mann aus der Einwohnerschaft rekrutiert und in die westlichen Randbezirke der Stadt verlegt worden. In den späteren Winterkämpfen stießen die deutschen Divisionen an allen Brennpunkten der Mittelfront auf diesen Volkssturm, der zum Teil fanatisch focht: am Seliger-See, bei Rschew, vor Dorogobusch und Malojaroslawez.

Vom 1. Oktober ab wurden die Einwohnerlisten noch einmal durchgesiebt. Wieder wurden 100 000 Moskauer unter die Waffen gerufen. In einem 110-Stunden-Lehrgang — das waren zwanzig Tage — wurden sie im Waffendienst ausgebildet und an die Front geschickt.

Vom 13. bis 17. Oktober schließlich stellte der Moskauer Stadtsowjet noch fünfundzwanzig selbständige Arbeiterbataillone auf, Männer, die arbeiteten und gleichzeitig Wehrdienst leisteten, insgesamt 11 700 Mann, also eine Division. Sie waren vor allem am Ostufer des Moskwa-Wolga-Kanals eingesetzt. In der gleichen Zeit wurde aus den gedienten Reservisten Moskaus noch die 1. und 2. Moskauer Schützendivision aufgestellt und fünfundzwanzig Sicherheitsbataillone mit 18 000 Mann als Ordnungstruppe der Stadt gebildet. Das war eine wahrhaft totale militärische Ausschöpfung einer Großstadt.

Jeder Mann, jede Frau wurde in die militärische Maschine eingegliedert. 40 000 Jungen und Mädchen unter siebzehn Jahren wurden zu Schanzarbeiten für die zweite Verteidigungsstellung vor Moskau eingezogen und geschlossen unter militärischem Kommando eingesetzt. Sie bauten zusammen mit 500 000 Frauen und Greisen unter schrecklichen Arbeitsbedingungen in drei Schichten, Tag und Nacht, 98 Kilometer Panzergräben, 284 Kilometer Drahthindernisse und 8063 Kilometer Schützengräben.

Aber aller Fanatismus der Partei, alle Standgerichte und Exekutionen konnten Ende Oktober die allgemeinen Auflösungserscheinungen in der Stadt nicht aufhalten. Die Wohnungen der Evakuierten wurden ausgeplündert. Deserteure ließen sich darin nieder. Verwundete, den Arbeitskommandos entlaufene Jugendliche und Kinder trieben sich herum. Sperrverbände mußten laufend die U-Bahn-Stollen, die Fernbahnhöfe und Trümmergrundstücke durchkämmen. Moskau schien am Ende.

Diese harten, unumstrittenen Tatsachen hat der jüdische Dorfschullehrer aus Polen, Mendel Mann, der nach Rußland geflüchtet war, zu einem Bericht verarbeitet, den er zwar Roman nennt, der sich in den entscheidenden Ereignissen aber auf wirkliche Begebenheiten stützt. Sein Buch ›Vor Moskaus Toren‹, in Israel erschienen, ist inzwischen in fast alle Sprachen der westlichen Welt übersetzt.

Auf den Seiten 141/142 findet sich die für die Lage in Moskau Ende Oktober 1941 bezeichnende Szene: »Aus einem kleinen Seitengäßchen stürzten zwei verwundete Soldaten heraus. Der eine, groß und knochig, hielt den Arm im Gipsverband, der andere, klein und voll, ging mit großer Gewandtheit auf Krücken. Er hatte eine Knieverletzung. Nun waren sie in der Mitte der halbleeren Hauptstraße und riefen: ›Deutsche Tanks in der Kalugastraße und in der Pssotschnaja! Sie sind schon in der Stadt! Sie kommen! Rettet euch, Russen!‹ Eine Streife von sechs bewaffneten Männern, drei von der Miliz und drei vom NKWD, blieb an einem Tor stehen und trat dann einen langsamen Rückzug über die Sadowajastraße an. Sie sprachen kein Wort miteinander, sondern sahen sich nur stumm an ... Die Läden wurden plötzlich abgeschlossen. Eiserne Rolläden ratterten herunter. Haustore öffneten sich, und Neugierige sammelten sich an den Eingängen.

Die beiden Verwundeten blieben an einer Hausecke stehen, und der Hagere wies mit dem gesunden Arm irgendwohin und rief:

›Dort kommen sie, die Deutschen!‹

Die Streife verschwand in einem dunklen Hauseingang. Nach einer Weile erschienen alle sechs Männer barhäuptig und ohne Waffen; an ihren Militärmänteln waren die Milizabzeichen entfernt.

›Die Ratten verlassen das sinkende Schiff!‹ rief eine Frau.

›Sollen sie nur flitzen! Sie werden schon erwischt werden!‹

Langsam formierte sich die Masse zu einem Zug. An der Spitze marschierten die beiden Verwundeten, dann einige Frauen und dahinter die Menge.

Aus den Seitenstraßen kamen vierzehn-, fünfzehnjährige Jungen, die in Fabriken arbeiteten. Johlend schlossen sie sich den Erwachsenen an. Plötzlich entfaltete ein Mann ein weißes Tuch und schwang es wie eine Fahne über seinem Kopf. Es hatte ein schwarzes Hakenkreuz in der Mitte.

Die Menge wich zurück und blieb wie angewurzelt stehen.

›Tod den Kommunisten!‹ rief der Mann mit der Fahne. ›Nieder mit den Juden!‹

Am grauen Himmel von Moskau war es still geworden. Wie ein Block starrer Angst hing der Himmel über den Menschen.

›Der Krieg ist aus!‹

›Dank dir, Heilige Jungfrau, Mutter Gottes du!‹

Die Maschinenpistolen eines Sperrverbandes machten dem Spuk ein Ende. Und die Deutschen kamen nicht. Warum nicht? Wo blieben sie, nachdem sie schon an vielen Stellen im Vorfeld Moskaus über die Autobahn und die Chaussee gefahren waren — im Schnitt nur eine knappe Fahrstunde von der Stadt entfernt?«

Ja, wo blieben sie?

Oberstleutnant Wagner hat gerade die Karte auf der Handgranatenkiste ausgebreitet. Die Offiziere des Panzerpionierbataillons 19 stehen um ihren Kommandeur. »Hier«, tippt Wagner auf einen Punkt, »hier, Malojaroslawez, neunzehn Kilometer vor uns, das müssen unsere Panzer morgen schaffen. Und hier, Podolsk, vierunddreißig Kilometer vor Moskau, das Ziel der Division für die nächste Woche.« Wagner blickt auf: »Deshalb muß die verfluchte Bunkerstellung vor uns geknackt werden, die Straße muß aufgeschlossen werden. Die Panzer können nicht über die morastigen Äcker fahren, und die südlich der Straße vorgestoßenen Infanterieeinheiten brauchen Nachschub.«

Es ist der 16. Oktober. Vor Ilinskoje. Kernstück der 1. Moskauer Schutzstellung, besetzt von der roten Kriegsschule Podolsk. Die niedersächsische 19. Panzerdivision liegt davor fest. In den Bunkern drüben sitzen die Kriegs- und Offiziersschüler, junge fanatische Kommunisten. Sie schießen den Angriff der 5. Kompanie Panzerregiment 27 zusammen. Zwölf Panzer gehen verloren.

Den Stukas gelingt es nicht, die Bunker zu zerstören. Auch der Artillerie nicht. Wagners Pioniere sollen die Sache machen. Und sie machen sie.

Ein Stoßtrupp mit zwei Flammenwerfern und geballten Ladungen sickert vorsichtig in das flache, versumpfte Gelände vor der Bunkerlinie ein. Bomben- und Granattrichter erweisen sich als nützliche Schutzlöcher. Die Artillerie legt dichtes Sperrfeuer direkt vor die Bunker. Unter diesem Feuerschutz arbeiten sich die Pioniere dicht an die Betonklötze heran.

Die Einschläge der Artillerie liegen unangenehm dicht vor ihnen. Unteroffizier Tripp, einer der Gruppenführer vom Panzer-Pionierbataillon 19, hat sich in einem Granattrichter dicht an den Rand gepreßt. Er hebt die Leuchtpistole, schießt: Weiß eins – das verabredete Zeichen. Es heißt: ›Wir sind dran.‹ Wie auf Kommando schweigt das Artilleriefeuer.

»Los!« Die Flammenwerfer schießen ihren Feuerstrahl aus brennendem Öl auf die beiden Bunker in der Mitte und rechts. Das Feuer faucht in die Scharten. Qualm hüllt alles ein. Da kann kein Russe feuern oder Handgranaten werfen. Der linke Bunker wird durch MPi-Feuer auf die Scharten niedergehalten, und der Gefreite Vogel springt mit der geballten Ladung auf den grauen Klotz. Schiebt von oben die Handgranate in die Scharte. Wirft sich zurück. Donnernde Explosion. Stichflamme. Qualm.

Genauso fällt dann auch das zweite Hindernis. Aber aus dem Betongang, der die Bunker verbindet, kommt plötzlich MG-Feuer, fegt in den rechten Flammenwerfertrupp, mäht ihn nieder. Tripp springt von links an den Graben. Die MPi prasselt. Die Russen heben die Hände. Nur der Kommissar wirft eine Handgranate nach der anderen, bis ihn eine Garbe niedermäht.

Wieder Leuchtzeichen. Weiß! Die Landser hinten sehen es und rufen: »Geschafft.« Der Riegel Ilinskoje ist gesprengt.

Das Panzerregiment 27 unter Führung von Oberstleutnant Thomale tritt zusammen mit Hauptmann Zubehörs II. Abteilung Artillerieregiment 19 und einer Batterie 8,8-cm-Flak an und rollt auf der nun freien Straße gegen Malojaroslawez. Voran die 1. Kompanie unter Oberleutnant von Werthern. Beiderseits der Rollbahn die Kompanien vom Schützenregiment 74.

Noch hundert Kilometer bis Moskau.

Der Protwa-Fluß wird schnell überwunden. Weiter. Richtung Werabyi am Istja-Fluß. Die Brücke steht. Wütend verteidigt die Besatzung einer sowjetischen Paksperre den Übergang. »Feuer aus allen Rohren und hinüber«, lautet von Wertherns Funkbefehl an seine Kommandanten. Leutnant Range führt den Spitzenpanzer, Fahrer Kurt Wiegmann hat den Befehl mitgehört und braucht keine Mahnung: Gang rein, und los geht es.

Sie sind gerade über die Brücke, da erwischt sie eine sowjetische Pak, die links der Böschung steht. Es kracht im Panzer, und da dringt auch schon der Qualm in den Kampfraum. »Raus!« befiehlt Leutnant Range. Sie können alle aus dem Panzer und in den Graben springen. Sehen gerade noch, wie auch der zweite Panzer einen Volltreffer bekommt und gleich in Flammen steht. Nur der Kommandant kommt noch raus. Aber da rollt der dritte Panzer über die Brücke, schwenkt den Turm auf 10 Uhr, Schuß. Volltreffer in die sowjetische Pak. Im Feuer der russischen Artillerie, die am Waldrand steht, jagt die Zugmaschine mit der 8,8-cm-Flak über die Brücke. Stellung. Feuer auf die russischen Batterien. Jetzt klappt es.

Wertherns 1. Kompanie erkämpft sich einen Brückenkopf gegen die wütend fechtenden Russen. Es sind Offiziersschüler, die unwahrscheinlich tapfer kämpfen und die deutschen Panzer immer wieder mit Nahkampfmitteln angreifen.

Oberstleutnant Thomale wirft über die Brücke, was er von seinem Panzerregiment 27 nur greifen kann. Er steht jetzt vierzig Kilometer vor der Division, der Istjabrückenkopf muß gehalten werden. Das gelingt der Kampfgruppe Thomale. Am Abend ist die erst vor Tagen hastig aufgebaute, aber mit starken Pak- und Artilleriekräften besetzte russische Abwehrstellung zerschlagen.

Der Kommandeur der 19. Panzerdivision, Generalleutnant von Knobelsdorff, kommt zur Spitze: »Der Russe darf keine Zeit bekommen, sich zu setzen. Weiter. Neues Ziel — die Nara.«

Die Nara aber ist die zweite, vermutlich die letzte Moskauer Schutzstellung.

Es regnet. Ist kalt. Die Wege verschlammen immer mehr. Die Panzer wühlen sich fest. Und immer häufiger ertönt der Ruf: »Russenpanzer!« Die T 34 rollen auf ihren breiten Ketten schnell von den Höhen herab. Sie sind für Schlamm und Schnee richtig konstruiert. Die Kämpfe mit ihnen kosten Opfer. Und oft bringt nur die 8,8-Flak Hilfe in größter Not. Trotzdem erreichen die Kradschützen und Panzer der 19. Pz. D. die Nara. Nördlich der Rollbahn setzen sie über, nachdem das Pionierbataillon 19 in nächtlicher Rekordzeit und unter verlustreichem Feuer sowjetischer Werferbatterien eine Pontonbrücke gebaut hatte. Eine Bresche ist damit in die letzte Moskauer Schutzstellung geschlagen. Wird sie sich zum Dammbruch ausweiten lassen?

Im Überraschungsstoß nehmen die Panzer die Höhen ostwärts der Nara. »Mensch, es geht«, rufen die Männer. Das Schützenregiment 59 von der 20. Panzerdivision, hier der 19. Pz. D. unterstellt, wird über den Fluß geworfen. Jetzt kommt es darauf an, die Rollbahn zu erreichen und die starke Sperre davor zwischen Gorki und Nikolskoje zu zerschlagen. Dann wäre der Weg frei zum Kreml!

Auch die 98. I. D. kommt trotz grundloser Wege in einem Gewaltmarsch heran. Sie hat sich bei Detschino durch raffiniert angelegte Feldbefestigungen und tiefgestaffelte Bunkerlinien gekämpft. Mongolen und Sibirier bildeten die Besatzung; sie machten keine Gefangenen, weil ihnen gesagt worden war, die Deutschen würden ihnen die Ohren abschneiden und sie dann erschießen. Fünf Tage dauerte das erbitterte Ringen. Die Bataillone mußten schweren Blutzoll entrichten. Die Infanterieregimenter 282, 289 und 290 sind zusammengeschmolzen, die meisten Bataillonskommandeure und Kompanieführer gefallen oder verwundet. Das Pionierbataillon hat hundert Mann verloren. Aber das Ziel Moskau treibt die Männer vorwärts. Zwar sind die Pferde am Ende. Und auch die Kanoniere und Infanteristen. Zur Härte des Kampfes kommen der Regen, die Kälte, die Läuse. Und dabei ist bisher noch keine Winterbekleidung bei der Truppe eingetroffen! Aber der Gedanke, daß es um die Entscheidung geht, hält sie aufrecht. Das Letzte, nein, das Allerletzte wird gegeben.

23. Oktober. Bei Tarutino, das die 34. I. D. genommen hat, geht die 98. I. D. über die Nara und dreht gleich nach Norden ein, um der 19. Panzerdivision zu helfen, die Rollbahn freizuschlagen.

Die Bataillone Oberstleutnant von Bose und Hauptmann Ströhlein (I. und II.) vom Infanterieregiment 289 stürmen die dichtbewaldeten Höhen vor Gorki. Die Russen kommen im Gegenstoß und werfen die 289er zurück. Am nächsten Tag geht das Ringen weiter. Meter um Meter muß dem Russen im Nahkampf abgerungen werden. Schließlich sind es noch 200 Meter bis zur Rollbahn.

Oberleutnant Emmert, der Bataillonsführer des I. Bataillons I. R. 282, reißt seine 1. Kompanie hoch und stürmt. Der Kompaniechef Leutnant Bauer fällt. Rechts und links brechen die Männer zusammen. Aber diese verdammten 200 Meter müssen geschafft werden. Und dann ist es erreicht. Mit letzter Kraft, bei den Häusern von Gorki, werfen die Männer sich hin. Der Russe weicht. Sie sind damit zwar nur im Südteil der Stadt, aber immerhin hinter der letzten Moskauer Schutzstellung. Gorki: noch fünfundsechzig Kilometer bis Moskau.

»Fünfundsechzig Kilometer – so weit wie von Nürnberg bis Bamberg«, stellt Leutnant Frey, Zugführer in der Panzerjägerabteilung 198, im Gefechtsstand dicht hinter der vordersten Linie sachlich fest. Aber er schafft nur noch vier. Gleich hinter Gorki, bei Kusolewo, liegt er begraben.

Die Offensive gegen Moskau war in der Hauptsache ein Kampf um die Straßen. Schon den Sommer über waren sie die lebensnotwendigen Blutadern des Nachschubs. Jetzt aber, in der winterlichen Schlammperiode, da kein Feldweg, geschweige denn freies Gelände, beschritten werden konnte, hing nicht nur der Nachschub, sondern auch das Operieren der Panzer und der Infanterie vom Zustand der Straßen ab. Das war für den Angreifer ein schwerer Nachteil, für den Verteidiger dagegen ein glücklicher Umstand. Ein mit Bunkern und Feldbefestigungen gesperrter Straßenknotenpunkt war nur in den seltensten Fällen zu umgehen. Er mußte frontal genommen werden. Das machte die Straßenknotenpunkte zu den Schlachtfeldern des Kampfes um Moskau.

Gorki an der Nara war ein solcher Punkt.

Naro-Fominsk an der Bahnlinie Smolensk–Kaluga–Moskau ein anderer.

Und dann Krimskoje zwischen der Autobahn nach Moskau und der berühmten Poststraße.

Swenigorod, Istra, Dmitrow, Tula und Kalinin waren andere Schwerpunkte im großen Halbkreis um Stalins Zentrale. Diese Orte stellten die Kernpunkte der sowjetischen Abwehr in der 2. Moskauer Schutzstellung dar, hinter der die rote Hauptstadt mit ihren zahlreichen Verkehrsverbindungen wie eine Spinne im Netz hockte.

Über sechzig deutsche Divisionen waren an dem blutigen Ringen um Moskau beteiligt. Sechzigmal im Schnitt 5000 bis 10 000 Mann. Jede Division verdiente, verzeichnet zu werden. Aber an dieser Stelle können wir nur wenige auf ihrem Weg begleiten: auf einem schrecklichen, mörderischen Weg voll menschlicher und militärischer Dramatik. Sie kamen dem Ziel zum Teil so nahe, daß sie es mit Händen greifen konnten. Sie sahen die Türme des Kremls, standen an den Omnibushaltestellen des Vorortverkehrs der sowjetischen Hauptstadt. Bis auf acht Kilometer kam eine Einheit an Moskau heran, fünfzehn bis dreißig Kilometer vom Kreml entfernt standen ihre Panzer Anfang Dezember 1941.

Da marschieren sie, die Infanteristen der 78. I. D., auf der von Trichtern und Wasserlöchern zerrissenen Rollbahn von Wjasma Richtung Moskau. Es regnet. Und dann schneit es wieder. Der Magen knurrt. Denn die Feldküchen liegen irgendwo fest. Die Uniform ist durchnäßt und starrt vor Schmutz. Das ist nicht mehr der weitgreifende Vormarsch der heißen Sommertage. Wie lange ist das her? Sie wissen es nicht mehr. Sie sind durch den Sommer und den Herbst marschiert. Und nun geht's durch den Schlamm in den Winter.

Und wie die 78er auf der rechten Seite der Rollbahn in langer, endloser Reihe ziehen, so stapfen drüben, auf der linken, die Kompanien der 87. I. D. Die Mitte ist frei für den Gegenverkehr.

Da wühlt sich auch die 197. I. D. südlich der Autobahn zwischen Juchnow und Gschatsk auf schlechter Straße nach Osten. Am 19. Oktober, an einem Sonntag mit Regen und Schnee, haben die Regimenter ihren eintausendfünfhundertsten Marschkilometer hinter sich gebracht. 1500 Kilometer.

Dem Kommandeur der I. Abteilung Artillerieregiment 229, Hauptmann Küppers, geht es nicht schnell genug. Der Marschweg ist so ausgefahren und verschlammt, daß die Artilleriefahrzeuge im tiefen Brei kaum noch vorwärts zu bringen sind. Er biegt mit Genehmigung des Marschgruppenführers, Oberstleutnant Ruederer, auf die Querstraße Juchnow–Gschatsk ein, will die Autobahn erreichen, um bequemer und zügiger nach vorn zu rollen.

Die Artilleristen kommen zur Autobahn. Aber wie sieht sie aus! Vollgestopft mit Fahrzeugen, Schlammloch an Schlammloch. Tiefe Trichter. Da ist für die pferdebespannten Batterien auch keine Hoffnung, vorwärts zu kommen. Allein im Autobahnabschnitt Gschatsk–Moschaisk liegen zwei- bis dreitausend Fahrzeuge fest.

Als die Artilleristen der 197. I. D. die Lage gepeilt haben, machen sie schleunigst kehrt. Wieder hinein in den Schlamm. Die Marschgeschwindigkeit, die im Sommer durchschnittlich bei fünfundvierzig Kilometer pro Tag lag, sinkt auf einen bis höchstens fünf Kilometer pro Tag! Abgekämpft, zerschlagen, verdreckt, verlaust, hungrig und todmüde drängen sich abends alle um die Öfen der armseligen Bauernkaten in den kleinen Dörfern. Die armen Pferde stehen draußen, dicht zusammengedrängt, und fressen das uralte vermooste Stroh von den niedrigen Dächern. Und drinnen trocknen die Landser ihre Uniformen. Und wenn einer fragt: »Wo sind wir?«, kommt die übliche Landserantwort: »Am Arsch der Welt!« Aber am anderen Morgen ziehen sie weiter, den motorisierten Divisionen nach. Immer weiter. Richtung Moskau.

In der zweiten Hälfte Oktober ist die erste Moskauer Schutzstellung überall zwischen Kaluga und Kalinin auf breiter Front durchbrochen. Auf drei großen Straßen: Malojaroslawez–Moskau, Naro-Fominsk–Moskau und Moschaisk–Moskau, stoßen die deutschen Divisionen weiter gegen die 2. und letzte Moskauer Schutzstellung. Ihr Verlauf von Süd nach Nord: von der Stadt Tula nach Serpuchow, von dort an der Nara entlang über Naro-Fominsk zu den Narskijer Teichen an der Autobahn, dann im Moskwatal entlang über Swenigorod, Istra, Istra-Staubecken, Klin zum Moskauer Meer, südostwärts von Kalinin.

Die Schutzstellung war keine Linie, sondern ein tiefgestaffeltes Verteidigungsfeld. Nach Westen zu waren alle auch weit vorgelagerten Straßenknotenpunkte und Eisenbahnstationen stark befestigt. Nach hinten, also auf Moskau zu, reichten die Panzergräben und Feldbefestigungen bis an den Rand der Hauptstadt. Von dort setzten sie sich bis auf den Roten Platz fort, in Form von Barrikaden, Straßensperren, Panzerfallen und eingegrabenen Kampfwagen.

Ende Oktober scheint für Moskau die tragische Stunde gekommen zu sein. Im Norden, bei Hoths ehemaliger Panzergruppe 3, die jetzt als 3. Panzerarmee von General Reinhardt geführt wird, ist es der thüringisch-hessischen 1. Panzerdivision gelungen, bei Kalinin die Wolga nach Osten zu überschreiten. Die Kampfgruppe von Heydebrand mit unterstellter Lehrbrigade 900 stößt entlang der Straße nach Torshok bis Mednoje vor und riegelt Straßen und Eisenbahn nach Norden ab. Wenige Tage später müssen die Kampfgruppen allerdings nach harten Kämpfen mit frisch herangeführten sibirischen Panzerverbänden auf den Stadtrand von Kalinin zurückgenommen werden. Mit heftigen Gegenangriffen versucht der Russe, diesen wichtigen Eckpfeiler der Verteidigung Moskaus an der oberen Wolga zurückzugewinnen. Vergeblich. Teile der 6. Panzerdivision, der 14. und der 36. I. D. (mot.) und später der 129. I. D. helfen den wichtigen Brückenkopf zu halten. Er wird vom XXXXI. Panzerkorps, das jetzt General Model führt, behauptet.

Der Schwerpunkt des deutschen Angriffs liegt jedoch beiderseits der Autobahn nach Moskau. Im Brennpunkt der Kämpfe steht hier das XXXX. Panzerkorps General Stummes. Seine 10. Panzerdivision hat das wichtige und stark befestigte Straßenkreuz Schelkowka genommen und ist über die Moskwa in den Raum nördlich Rusa vorgestoßen. Das Korps soll mit SS-I. D. ›Das Reich‹ und 10. Panzerdivision Moskau von Nordwesten packen. Die 10. Panzerdivision will die erste auf dem Roten Platz sein.

Nicht die Russen, sondern der Schlamm bringt sie – achtundsiebzig Kilometer vor Moskau – zum Stehen. Auf einem fünfzehn Kilometer langen Knüppeldamm muß General Fischers Division versorgt werden. Beiderseits dieses Knüppeldammes stehen die Fahrzeuge, Geschütze, Panzer so, wie sie sich festgefahren haben, liegen die Schützen, Pioniere, Panzerjäger und Kradschützen in den Dörfern und Wäldern. Die Panzer haben keinen Brennstoff mehr. Die Geschütze bekommen jeden Tag nur ein Dutzend Granaten. Und unentwegt greifen die Russen mit ihren recht schlammgängigen T 34 an. Die 10. Panzerdivision hält. Doch sie verblutet im Schlamm. Zwischen Prokowskoje und Skirminowo. Wer davonkommt, verflucht noch heute die beiden Nester.

Die Männer sitzen verzweifelt in den Panjekaten und beten jeden Tag: Wenn doch bloß Frost käme, damit wir wieder fahren können! Aber der Frost läßt auf sich warten. Und die Division blutet aus. Als Generalmajor Fischer dem Kommandierenden General die Kampfstärke meldet, sagt Stumme entsetzt: »Mein Gott, das ist ja nur noch ein verstärkter Spähtrupp.«

Fünfzig Kilometer südlich des XXXX. Panzerkorps hat auch die 78. I. D. von Rusa aus auf der Straße Swenigorod–Moskau einen Keil von dreißig Kilometer Tiefe vorgetrieben und steht damit dicht vor der Hauptbefestigungslinie der 2. Moskauer Schutzstellung. In schweren Waldkämpfen, gegen starke Straßensperren leisten vor allem die Regimenter 195 und 215 fast Übermenschliches. Sie können den befestigten Raum westlich Lokotnja gewinnen: Fünfundsechzig Kilometer noch bis Moskau.

Aber auch hier bietet ›General Schlamm‹ sein unüberwindliches Halt. Der Angriff wird eingestellt. Warten, bis es friert!

Südlich der Autobahn, im Bereich der 4. Armee von Kluges, läuft der Angriff zuerst sehr zügig. Die 7. I. D. und die 292. I. D. erkämpfen sich den Raum um Krjukowo, stehen im Vorfeld der 2. Moskauer Schutzstellung. Sie treten zum Angriff an und – bleiben im Schlamm stecken. Es kommt nicht mehr zum Angriff auf die Hauptstellung an der Nara.

Hat sich die Natur verschworen? Geht denn nichts mehr? Doch. Die 258. Infanteriedivision und die 3. motorisierte Division haben mehr Glück. Den 258ern gelingt durch einen kühnen Zugriff des II. Bataillons Infanterieregiment 479 unter Major Lübke am 22. Oktober die Wegnahme von Naro-Fominsk an der großen Straße Rosslawl–Moskau. Damit ist der Einbruch in die 2. Schutzstellung, siebzig Kilometer vor Moskau, erfolgt.

Die 3. motorisierte Division stößt am 22. Oktober südlich Naro-Fominsk mit I. R. (mot.) 29 über die Nara und gewinnt einen zwölf Kilometer breiten Brückenkopf. »Es läuft!« rufen die Männer. Ja, es läuft. I. R. (mot.) 8, das Schwesterregiment, wehrt nicht nur alle russischen Gegenangriffe ab, sondern tritt selbst zum Gegenstoß an und vernichtet eine starke russische Kampfgruppe. 1700 Gefangene, darunter zweiundfünfzig Offiziere, werden gemacht. Es sind Angehörige von Moskauer Marschbataillonen, Arbeitermiliz und Ukrainer. Viele von ihnen rufen: »Woyna kapuut« – »Krieg kaputt« – und denunzieren ihre Kommissare, die sich die Rangabzeichen abgerissen haben.

Auch dreißig Kilometer weiter südlich gelingt der 98. I. D. der Sprung über das Haupthindernis der 2. Moskauer Schutzstellung: über die stark befestigte Nara. Am Ostufer wird nach Norden eingedreht, um die große Straßenbrücke von Gorki an der Chaussee nach Podolsk–Moskau im Zusammenwirken mit der 19. Panzerdivision freizuschlagen.

Die Niedersachsen der 19. Pz. D. kommen – wie schon berichtet – nördlich bei Gorki über den Fluß, und ihr Panzerregiment 27 wehrt alle russischen Gegenangriffe ab. Mit der Einnahme von Naro-Fominsk und der Überwindung der Nara beiderseits Gorki war der letzte Schutzwall südwestlich vor Moskau an drei Stellen aufgerissen. Der mit Schweiß, Blut und Tränen einer halben Million Frauen, Greise und Kinder errichtete Damm, der die deutsche Flut stoppen sollte, war durchlöchert.

Wird es zum Dammbruch kommen? Die Moskauer fürchteten es.

Aber während sie die deutschen Panzer erwarten, die aufzuhalten nichts mehr da zu sein schien, außer den zerlumpten und ausgehungerten Moskauer Marschbataillonen, wirft der Wettergott auch hier die Würfel.

Der Regen erzeugt Schlamm. Und der Schlamm wird undurchdringlich. Feldmarschall von Bock muß dem Morast den Sieg lassen: Halt! Warten, bis der Frost kommt, bis der Boden wieder hart wird. Bis wieder gefahren werden kann. Hätten sie 5000 Kettenfahrzeuge gehabt, mit breiten Laufwerken, wie sie der T 34 hatte – Moskau wäre verloren gewesen.

Aber wo ist Guderian, der bewährte Stürmer der Heeresgruppe Mitte? Wo sind die Spitzen seiner erprobten Divisionen?

Auch seine Panzergruppe ist inzwischen zur Panzerarmee – 2. Panzerarmee – erhoben und verstärkt worden, so daß er über zwölfeinhalb Divisionen verfügt. Er steht am Südflügel der Heeresgruppe Mitte, soll auf Tula vorstoßen und Moskau von Süden abriegeln. Das Oberkommando hat auch diesmal auf Guderians Kunst, Blitzaktionen durchzuführen, gebaut und gerade am Südflügel auf eine schnelle Abschnürung der roten Metropole gehofft. Zuerst geht auch alles planmäßig.

Am 30. September trat das XXIV. Panzerkorps mit der 3. und 4. Panzerdivision in vorderer Linie zum Vormarsch nach Nordosten an. Schon am nächsten Tag wurde die Stadt Ssewsk erreicht. Die Angriffsspitze legte an diesem Tag nicht weniger als 130 Kilometer zurück. Am 3. Oktober fällt Orel im Blitz durch einen Überraschungscoup der 4. Panzerdivision. Am 5. Oktober ist der Brückenkopf über die Oka nördlich Orel ausgeweitet.

Inzwischen hatte die 3. Panzerdivision hinter Dmitrowsk die Rollbahn verlassen, um nach Norden vorzustoßen. Nach einem Nachtmarsch bei orkanartigem Schneesturm überquerte die Division den Zon-Fluß. Marschiert und marschiert – weiter nach Norden. Bolchow fällt: 800 Gefangene. Mitte Oktober stellen sich Teile der 3. und 4. Panzerdivision mit dem Infanterieregiment ›Großdeutschland‹ nordwestlich Mzensk zum Angriff über die Susha bereit. Die Susha wird am 23. Oktober überschritten, der geschlagene Russe stürmisch verfolgt, Tschern genommen. Noch neunzig Kilometer bis Tula. Aber nun übernimmt auch hier ›General Schlamm‹ den Befehl.

Die Straße nach Tula ist der Belastung durch die schweren Fahrzeuge nicht gewachsen. Die Decke bricht. Tiefe Schlammlöcher verwandeln die Chaussee in einen Morast. Der Nachschub stockt. Der Sprit bleibt aus. Der Vormarsch wird langsam. Dadurch wiederum bekommen die russischen Nachhuten Zeit, die Brükken an der Rollbahn zu zerstören und beiderseits der Straße Minenfelder anzulegen. Kilometerlange Knüppeldämme müssen auch hier gebaut werden, um den Nachschub zur Angriffsspitze zu bringen.

Aber Guderian stemmt sich gegen die Natur und faßt einen für ihn typischen Entschluß: Er vereinigt alle Panzer des XXIV. Korps, Teile des Artillerieregiments 75 und des Schützenregiments 3 sowie das Infanterieregiment ›Großdeutschland‹ unter dem energischen Oberst Eberbach zu einer schnellen Vorausabteilung und gibt ihr den Befehl: »Ohne Rücksicht vorwärts und Tula nehmen!«

Eberbach fährt, wühlt, rutscht, kämpft sich durch den Schlamm und die Russen. Wo sich Widerstand in den Weg stellt, der Russe einen Riegel zu bauen versucht, da heulen erst Stukas heran, stürzen pfeifend auf die feindlichen Stellungen, dann stürmt Eberbach mit Panzern und Grenadieren. Mzensk wird genommen. Tschern fällt. Am 29. steht die Spitze vier Kilometer vor Tula, der Industriestadt mit 300 000 Einwohnern.

Die Russen haben den südlichen Eckpfeiler der letzten Moskauer Schutzstellung mit Pak und Flak stark gemacht. Und das ist begreiflich: Denn wenn Guderian über Tula hinaus vorgedrungen ist, dann liegt Moskau westlich, und Stalins Hauptstadt ist im Würgegriff. Insofern ist die alte Silberstadt Tula, obwohl noch 160 Kilometer von der Hauptstadt entfernt, so etwas wie eine Vorstadt Moskaus. Die Russen wissen es. Guderian weiß es. Und Eberbach weiß es. Tula muß fallen. Tula ist halb Moskau. Tula ist symbolisch. Auch einen Kreml hat es.

Die 2. Kompanie von Infanterieregiment ›Großdeutschland‹ hat noch sechzig Mann. Sechzig von einhundertfünfzig. Leutnant von Oppen aber will in die Stadt. »Vorwärts, Männer!« Er schiebt den Stahlhelm ins Genick. »Vorwärts!«

Die ›Zweite‹ von ›Großdeutschland‹ ist die Spitze im Angriff der gesamten Panzerarmee Guderian. Und das feuert an. Und es scheint der ›Zweiten‹ zu glücken. Tula liegt im Dunst des Oktoberabends vor ihnen. Sprengwolken hängen über der Stadt. Sie fechten sich mit Pistole und Handgranate, Sprung um Sprung, Mann gegen Mann, durch einen feindbesetzten Hohlweg. Die Russen fangen die Handgranaten auf und werfen sie zurück.

»Luftkrepierer werfen«, schreit der Feldwebel. Das wirkt. So kommen sie bis in die Arbeitersiedlung am Südrand der Stadt. Der Russe weicht.

Aber Eberbach will kein Risiko. »Halt!« befiehlt er durch Funk. Dann kommt er selbst und beruhigt die murrende Kompanie: »Morgen früh packen wir es.« Morgen früh. Um 5 Uhr 30.

Pünktlich ist Oberst Eberbach am nächsten Morgen wieder vorn in den Stellungen. Er erkundet persönlich. Springt geduckt von Haus zu Haus der kleinen Arbeitersiedlung und spricht mit den Männern der 2. und 3. Kompanie.

»Drüben, hinter der Holzmiete, liegen die Vorposten der Russen«, berichtet Leutnant von Oppen. »Und der rote Backsteinbau, wahrscheinlich eine Kaserne, ist gespickt voll mit Pak, Granatwerfern und Scharfschützen.«

Eberbach nickt. Auch Oberst Hoernlein, der Regimentskommandeur von ›Großdeutschland‹, kommt. Er blickt auf die Armbanduhr. »5 Uhr 30«, sagt er nur. Pathos und Formalien sind überflüssig, wären nur lächerlich bei diesen Männern, die da an den Wänden und Mauern stehen: Seit Tagen unrasiert, Stiefel und Uniformen verdreckt, die Taschen voll Handgranaten, den Stahlhelm im Genick. Die Zigarette halten sie in der hohlen Hand versteckt, damit der Russe drüben den Feuerpunkt nicht sieht.

Der Leutnant drückt seine Zigarette aus, zieht seine gute alte 08-Pistole aus der Ledertasche, lädt durch. »Los, Männer!« Und dann: leise Kommandos. Hier ein Hüsteln. Dort das Scheppern einer Gasmaskenbüchse. Dann läuft es. In Reihe klettert die 2. Kompanie durch die Gärten der Siedlungshäuser. Ein Zug der bewährten 4. (MG) Kompanie schließt sich von rechts an.

Von Oppen blickt hinüber. Es ist, als suche er seinen Freund, den Oberleutnant Hänert. Aber nein, er sucht ihn nicht. Er hat ihn ja selbst mit begraben. Am 17. Oktober, an einem kleinen Waldbach bei Karatschew.

Siebenundzwanzig Jahre alt war der erste Ritterkreuzträger von ›Großdeutschland‹, der Oberleutnant Hänert, Chef der 4. Kompanie, als er am 14. Oktober in einem Nachtgefecht fiel. Durch Bauchschuß, getroffen von einem verborgenen sowjetischen Baumschützen. Er war Sinnbild eines Soldaten aus der Schule des Berliner Wachregiments. Im Jelnjabogen hielt er mit seiner MG-Kompanie, einer Schützenkompanie und Teilen anderer Einheiten von ›Großdeutschland‹ sechs Tage lang eine Stellung gegen ununterbrochene Angriffe von zwei Sowjetdivisionen. In rollendem Artilleriefeuer gab er kaltblütig seine Befehle, obwohl er bereits drei Schüsse in Arm und Beinen hatte.

Als in der Nacht des 14. Oktober die Meldung von seinem Tod durch die Bataillone ging, trat etwas ein, was die alten Hasen ›stur werden‹ nannten: Die Geschoßgarben des Russen schreckten niemand mehr. Der Gedanke, daß dieser Krieg so schonungslos zuschlug, so wahllos, daß er einen Mann wie Hänert und seine Kameraden Oberleutnant Daijes, Leutnant Lemp, Leutnant Baumann, Leutnant Ehrmann, die Feldwebel Schneider und Jonasson wie viele andere großartige Kameraden umbrachte, stimmte fatalistisch. Die Männer fochten erbittert und hart. Der sowjetische Angriff wurde abgeschlagen, die bedrohte Flanke des I. R. ›Großdeutschland‹ erfolgreich gedeckt.

Leutnant von Oppen ist indes mit der Spitzengruppe schon dicht an die Holzmiete herangekommen. Von links, von der Straße her, hört man Panzermotoren brummen. Vorgeschobene Beobachter der Artillerie gehen neben dem MG-Zug vor. Etwas rechts gestaffelt sieht man im Morgengrauen die langen Reihen des III. Bataillons.

Da rattert das erste russische Maxim-MG los. Deckung. Und wie auf Kommando öffnet der Krieg seine Schleusen: Artillerie, Granatwerfer, ›Ratsch-Bumm‹, Gewehrfeuer. Von nun an wird jeder Sprung zur Mutprobe. Hinter jedem Haus sammeln sich ein paar Männer.

Warten! Dann springt einer. Der zweite. Und dann die anderen. Hinter das nächste Haus. Ganz vorn sind die Draufgänger und die alten Hasen. Sie arbeiten sich von Hausecke zu Hausecke. Schließlich sind sie hinter den letzten Häusern der Siedlung. Vor ihnen ebenes Gelände bis zu einer Tiefe von 200 Metern. Dann ein breiter Panzergraben. Und dahinter 300 Meter weit der große Neubau aus roten Ziegeln.

Einzeln jagen sie über die freie Fläche. Wer es schafft, läßt sich in den Panzergraben rollen. Aus dem Backsteinbau kommt Dauerfeuer. Könnte man doch dem roten Bau auf den Leib rücken. Aber die Panzer kommen nicht über den Graben. Dem vorgeschobenen Artilleriebeobachter ist die Telefonstrippe zerschossen worden, er hat keine Verbindung zu seinen Batterien, um Feuerbefehle gegen das Haus zu geben.

Der Rest der 2. Kompanie hängt im Panzergraben fest. Die 3. liegt links der Straße vor einer Ziegelei. Wenn nur einer den Kopf hebt, schießen die russischen Scharfschützen mit ihren halbautomatischen Gewehren. Immer mehr bleiben liegen: tot. Immer mehr rufen: »Sanitäter, Sanitäter!« Dann schickt endlich die Artillerie, die unter erheblichem Munitionsmangel leidet, mit ihren Feldhaubitzen ein paar Salven in die Ziegelei. Die 3. Kompanie stürmt und schafft es. Doch nun schlägt den Männern aus den ersten Mietskasernen am Stadtrand rasendes MG- und Granatwerferfeuer entgegen, zwingt sie in Deckung.

Auch das III. Bataillon kommt nicht weiter. »Wenn wir an den Schuppen kämen, könnten wir diesen verfluchten Neubau von der Flanke bepflastern«, sinniert Unteroffizier Wichmann. Die drei Männer seines schweren Maschinengewehrs nicken.

»Also los«, sagt Wichmann. Und er springt, jagt über den freien Platz vor dem Schuppen. Dreißig Meter. Fünfzig Meter. Die Russen feuern. Die Gewehrbedienung keucht hinter dem Unteroffizier her. Noch ein paar Sprünge. Nur noch ein paar. Da fällt Wichmann, schwerverwundet durch Unterleibschuß. Er starb später auf dem Wege ins Feldlazarett. Aber die Männer mit dem MG schaffen es. Sie setzen das Gewehr zusammen, jagen die Garben vor die Fensterfronten des Neubaus.

Die 2. Kompanie kommt nun fünfzig Meter voran. Aber dann ist wieder Schluß. Als die Sonne am 30. Oktober untergeht, ist es klar, daß der Angriff vor Tula festliegt. Der Sturm auf Moskau, vom Süden her, ist gebrochen: zuwenig Panzerkräfte, zuwenig Artillerie, zuwenig Grenadierbataillone.

Auch die anderen Verbände des XXIV. Panzerkorps sind nicht vorangekommen. Eberbachs Panzer stehen auf der Straße vor schweren russischen Paksperren. Die Schützenpanzer der 3. Panzerdivision, die 1. Kompanie (MTW) Schützenregiment 3, und die Panzerjäger von Major Frank schlagen sich mit funkelnagelneuen T 34 herum. Bis tief in die Nacht gehen diese Duelle.

So kam am 29. Oktober 1941 Oberst Eberbach mit den Panzerspitzen des XXIV. Panzerkorps nur bis auf vier Kilometer an Tula heran. Der Versuch, diese wichtige Stadt im Handstreich zu nehmen, scheiterte an starker Pak- und Flakabwehr unter erheblichen Verlusten. Auch der gründlicher vorbereitete Angriff am 30. Oktober mit Kampfgruppen der 3., 4. Panzerdivision und des I. R. ›Großdeutschland‹ brachte keinen entscheidenden Erfolg mehr. Zwar gelang es der 3. Panzerdivision unter Generalmajor Breith noch, nach schwerem und verlustreichem Kampf Geländegewinne zu erzwingen. Die Angriffsverbände waren jedoch am Abend dieses Tages völlig erschöpft, ihre Versorgung auf Grund des schlechten Zustands der Nachschubstraßen außerordentlich erschwert. Auch der Abwurf von Munition und Benzinfässern im Tiefstflug, fünf bis zehn Meter über dem Boden, konnte daran nichts ändern, die Benzinfässer zerbarsten trotzdem auf dem harten Boden. Und die Angriffe der Luftwaffe scheiterten am sowjetischen Flakschutz um Tula. Am 31. Oktober verfügte die 3. Pz. D. bei Tula noch über vierzig Panzer — vierzig Kampfwagen von ursprünglich rund hundertfünfzig! So kam auch der Angriff von Breiths 3. Panzerdivision an diesem Tage am Südrand der Stadt zum Stehen.

Der Russe kämpft mit äußerster Verbissenheit um Tula. Er setzt alle greifbaren Verbände und Waffen ein, um Guderians Angriff aufzuhalten. Unter anderem auch zum ersten Male stärkere Einheiten seiner Raketenwerfer, der ›Stalinorgeln‹.

Die ausgepowerten deutschen Verbände können nicht mehr. Und wie ausgepowert sie sind! Die Spitze des XXXXIII. Infanteriekorps unter General Heinrici hat, wie ihr Kommandierender General dem Generaloberst Guderian meldete, schon seit acht Tagen kein Brot mehr nach vorn gekriegt. Die Artillerie des XXIV. Panzerkorps muß die Salven zählen, weil fast kaum noch Granaten über die grundlosen Straßen vorgebracht werden können. Die Landser hungern, frieren, haben keinen Sprit und kaum noch Munition. Nicht die Stärke der Russen, die Schwäche des deutschen Nachschubs rettete Tula.

General J. F. C. Fuller, einer der bedeutendsten angelsächsischen Kriegshistoriker, bestätigt dies, wenn er in seinem Buch über den zweiten Weltkrieg schreibt: »Aller Wahrscheinlichkeit nach war es nicht so sehr der Widerstand der Russen — so groß er auch war — oder der Einfluß des Wetters auf die Luftwaffe, als vielmehr das Im-Schlamm-Versinken der Transportfahrzeuge der deutschen Front, wodurch Moskau gerettet wurde.«

Auch bei der Infanterie sah es im Bereich der 2. Panzerarmee kaum besser aus. So berichtet ein Kriegstagebuch der 112. I. D.: »Am 22. Oktober 1941 begann der Vormarsch und damit die Zeit der größten Wegeschwierigkeiten, die die 112. I. D. je erlebt hat. Obgleich die Division schon reiche Erfahrungen mit schlechten Wegeverhältnissen gemacht hatte, überstieg das, was jetzt verlangt wurde, alles bisher Dagewesene um ein Vielfaches. Eine Beschreibung der völlig aufgeweichten Waldwege, der Sumpfstellen und des zähen Lehms im freien Gelände ist nicht möglich. Als die Spitze der Division den Oka-Abschnitt bei Utkino am 26. Oktober 1941 erreichte, ergab sich folgendes Bild: Sämtliche mot.-Fahrzeuge waren hoffnungslos steckengeblieben. Was nicht im Sumpf oder auf tiefen Wegen festsaß, konnte wegen Betriebsstoffmangels nicht mehr weiter. Die Infanterieregimenter waren zu endlos langen Kolonnen auseinandergezogen; die schweren Fahrzeuge kamen nicht mit und mußten durch vielfachen Vorspann und Schieben mit Menschenkraft vorwärts bewegt werden. Am schlimmsten war es bei der Artillerie, von der nach und nach immer mehr Geschütze zurückblieben. Eine normale Versorgung der Truppe mit Verpflegung, Futter und Betriebsstoff war ausgeschlossen. Es wurde deshalb folgendes veranlaßt: Sämtliche motorisierten Fahrzeuge der Division, die Panzerjägerabteilung, alle 14. Kompanien, die schwere Schwadron der Aufklärungsabteilung 121 und die Funktrupps der Nachrichtenabteilung 112 wurden unter Major Wildhagen zusammengefaßt, der sie in Nisina versammelte, sie später nach Orel überführte und erst wieder Anfang Dezember zur Division stieß. In den Tagen vom 26. bis 30. Oktober 1941 wurde westlich der Oka ein Stopp eingelegt, der zur Versammlung der Einheiten diente und gleichzeitig zum Bau der Okabrücke bei Ignatjewo benutzt wurde. Die Versorgungsschwierigkeiten wurden dadurch behoben, daß die Truppe es allmählich lernte, sich auf das Leben aus dem Lande einzustellen. Hafer für die Pferde fand sich beiderseits der Vormarschstraße in genügender Menge, allerdings waren bei den hinteren Marschgruppen die Beschaffungsschwierigkeiten größer. Für die Feldküchen gab es außer Fleisch, Kartoffeln und hin und wieder Kohl auch die in dem dortigen Gebiet angebauten Linsen. Die größte Sorge machte die Brotbeschaffung. Das ›Russenbrot‹ der Bevölkerung war zu schwer und verursachte Verdauungsstörungen. Deshalb bildeten einzelne Bataillone sogenannte Bäckertrupps, die, mit den Vorkommandos vorausgeschickt, mit requiriertem Mehl eigenes Brot, das allmählich immer besser wurde, buken. Bei dem Weitermarsch ostwärts der Oka wurden die Wege durch den beginnenden Frost zwar etwas besser, aber dafür zeichnete sich das Gelände durch tiefe, sogenannte Regenschluchten aus, deren Überwindung für die müden Pferde größte Anstrengung bedeutete.

Am 5. November 1941 erreichte die Division — der Divisionsstab immer zu Pferde — schließlich die Rollbahn Plawsk–Tula. Die gewaltigen Marschleistungen unter schwierigsten Wege- und Witterungsverhältnissen fanden durch den Oberbefehlshaber der 2. Panzerarmee, Generaloberst Guderian, ihre besondere Anerkennung.

Die mot.- und Panzereinheiten der Panzerarmee waren durch die aufgeweichten Wege fast völlig liegengeblieben, so daß allein noch die Infanteriedivisionen die Vorwärtsbewegung aufrechterhalten hatten. Erst der einsetzende Frost ermöglichte den mot.-Einheiten wieder ein Weiterkommen.«

Ein wahrhaft beispielhafter Bericht, der stellvertretend für alle Infanteriedivisionen an der Mittelfront Ende Oktober 1941 spricht.

Kurz vor Mitternacht, am 31. Oktober, tragen die Sanitäter die Verwundeten und Toten bei den ersten Häusern am Stadtrand von Tula zusammen. Die Zugführer springen an die Mauerecken, in die Kellerlöcher, hinter die Schutthaufen, wo immer die Schützen und MG-Bedienungen liegen. Sie organisieren die Sicherungslinien. »Halten!« heißt der Befehl. »Halten bis zur Fortsetzung der Offensive.« Niemand ahnt, daß es drei Wochen dauern wird bis dahin.

Auch am nördlichsten Punkt der Moskauer Schutzstellung, bei Kalinin, im Brückenkopf des XXXXI. Panzerkorps an der Wolga, geraten die nach Nordosten vorgeschobenen Divisionen und Kampfgruppen von General Reinhardts 3. Panzerarmee in schwierige Situationen. Generalleutnant Maslennikow jagte am 18. Oktober 1941 die durch zahlreiche Artillerieverbände, Werferbatterien und Panzer verstärkten sibirischen Bataillone seiner 29. Armee immer wieder gegen die vordersten Teile der verstärkten 1. Panzerdivision, die im Angriff nach Norden, entlang der Straße nach Torshok, über die Wolga drängten. Maslennikow wollte, nachdem die gepanzerte Kampfgruppe von Heydebrand — verstärkte 1. Schützenbrigade — am 19. Oktober die Wolga-Eisenbahnbrücke bei Mjednoje nach Teilzerstörung wieder hatte aufgeben müssen, nun auch den wichtigen Eisenbahn- und Straßenknotenpunkt Kalinin selbst zurückerobern.

Die roten Kommissare stehen hier mit ›Sperrkompanien‹ hinter den angreifenden Verbänden und drohen, auf sie zu feuern, falls sie zurückgehen sollten.

Auch am Nordwestrand der Stadt toben Kämpfe. Der Russe bricht immer wieder über die Wolga hinweg ein, entweder um die Eisenbahnbrücke zurückzuerobern oder um die Nachschubstraßen des XXXXI. Panzerkorps nach Kalinin, die Rollbahnen von Stariza oder Latoschino zum Wolgabrückenkopf, tief im Rücken seiner Besatzung zu unterbrechen. Mehr als einmal gelingt es nur durch schnelles Herumwerfen letzter Reserven, die Lage wiederherzustellen. Es wird eine blutige Machtprobe. General Freiherr von Richthofens VIII. Fliegerkorps rettet wiederholt die recht gespannte Lage durch massierten Einsatz seiner Stukas gegen russische Bereitstellungen zahlreicher Panzer und starker Werferbatterien.

Die 129. I. D. und die durch die Lehrbrigade (mot.) 900 verstärkte 36. I. D. (mot.) verteidigen den Nord- und Südostteil der Stadt. Die 1. Panzerdivision hält dazwischen den Wolga-Abschnitt mit den beiden Brücken im Nordwestteil. Ihr Panzerartillerieregiment 73, mit seinen Kanonieren aus Weimar, Erfurt und Hamburg-Wandsbek, steht am Südufer der Wolga, gibt den hart ringenden Kampfgruppen den artilleristischen Rückhalt und hält mit unterstellten Heeres-Artillerieabteilungen die russischen Batterien am Nordrand der Stadt nieder. General Models Divisionen behaupten sich an der oberen Wolga. Zur Fortsetzung der Offensive jedoch, Richtung Norden, um, wie vorgesehen, den über die Waldaihöhen vorgehenden Divisionen der Heeresgruppe Nord entgegenzustoßen, sind die deutschen Divisionen auch hier zu schwach geworden: Sie sind abgekämpft, die Abteilungen der Panzerregimenter 1 und 11 sowie der Panzerabteilung (F.) 101 zusammengeschmolzen, die Schützen und Grenadiere ohne Ergänzung der ausgefallenen schweren Waffen. Auf diese Weise siegt auch bei Kalinin ›General Schlamm‹. Die Offensive der Heeresgruppe Mitte erstickt langsam. »Halten!« heißt nun auch bei den Verbänden der 3. Panzerarmee der Befehl, während die Infanterie der 9. Armee langsam herankommt.

»Halten, bis der Frost kommt!« Sie halten. Der Soldatenfriedhof vor der Kirche am Südaufgang zur großen Wolga-Straßenbrücke füllt sich immer mehr mit Kreuzen. Unter ihnen wird am 20. Oktober auch der erste Eichenlaubträger der 1. Panzerdivision, Major Dr. Joseph Eckinger, zur letzten Ruhe gebettet. Ein Steiermärker, der am 14. Oktober mit dem verstärkten SPW-Bataillon des Schützenregiments 113 beide Wolgabrücken im Handstreich unversehrt genommen hatte!

Aber trotz aller bitteren Rückschläge verliert die Truppe nicht den Mut, noch nicht einmal den Humor: So funkt Oberstleutnant i. G. Wenck am 24. Oktober aus Kalinin, getreu seiner Leidenschaft, in Versen zu reden, an seinen Kollegen von der 6. Panzerdivision, Major i. G. Graf Kielmansegg:

»Lieber Kilian, gib mal Laut,
wo Ihr jetzt auf die Pauke haut?
Wir kämpfen hier nach West und Nord
und auch im Süden vor dem Ort.
Mal drängt er uns in 'n Keller rein,
mal kommt auch wieder Sonnenschein!
Wir lassen uns durch nichts erschüttern,
wenn auch die Wände heftig zittern.
Wir hoffen auf ein Wiedersehn
in einem ruhigen Kalinin!«

Wie bei Tula und wie bei Kalinin, so ist es Anfang November 1941 überall an der tausend Kilometer langen Front der Heeresgruppe Mitte.

Auch bei den frontal gegen Moskau vorgehenden Armeen, bei der Panzergruppe 4 und der 4. Armee, sah es nicht besser aus. Der Bericht über die Kampfhandlungen einer dort eingesetzten Infanteriedivision vom letzten Drittel des Monats Oktober zeigt das beispielhaft.

Am 25. Oktober erhielt das I. R. 195 der 78. Infanteriedivision in Rusa den Auftrag, zur Wegnahme von Swenigorod, einem starken Stützpunkt in der 2. Moskauer Schutzstellung, anzutreten. Als das II. Bataillon aus den Wäldern um Woronzowo herauskam, erhielt es von den Höhen beiderseits Panowo heftiges Feuer. Nach kurzer Bereitstellung griff das Bataillon an, überrannte drei Geschütze, erbeutete ein Vierlings-MG und drei ›Stalinorgeln‹ und nahm Panowo bei Einbruch der Dunkelheit in Besitz. Es stieß in der Nacht noch durch tiefen Wald auf Kriwoscheino durch. Am 27. Oktober trat das gesamte Regiment von Kriwoscheino über Apaljtschino in Richtung Lokotnja an. Man kam bald auf eine stark befestigte feindliche Bunkerstellung, die wahrscheinlich die Straße Rusa–Swenigorod–Moskau sperren sollte. Hier verteidigte sich der Russe sehr zäh. Die Kämpfe wurden hart. Panzer traten auf. Trotzdem gelang es, am Abend Alajtschino und Koljupjakino in Besitz zu nehmen.

In der Nacht zum 28. Oktober mußte erneut schwer um die beiden Orte gekämpft werden, da der Feind mit Panzern und Infanterie von Süden her zum Gegenangriff angetreten war. Alle Bataillone des Regiments und die unterstellten Sturmgeschütze mußten in diese schweren Kämpfe eingreifen. Infolge der Lage in der Südflanke, insbesondere bei dem rechts anschließenden VII. Korps, mußte das weitere Vorgehen eingestellt werden. Da aber der Besitz von Lakotnja mit seiner beherrschenden Höhenstellung als Ausgangsbasis für die Wiederaufnahme des Angriffs wichtig war, wurde die Wegnahme dieses Dorfes befohlen. Hierbei kam es am 29. Oktober in den Wäldern westlich Lakotnja zu schweren Kämpfen um feindliche Feldstellungen. Lakotnja konnte nicht mehr genommen werden. Nun wurden weitere Angriffe eingestellt. Die Division gliederte sich in der erreichten Linie Osakowo – Koljubjankino – Apaltjtschino zur Verteidigung. Der Feind hatte sich vor dem IX. Korps als zu stark erwiesen. Das Ende der Schlammperiode mußte auch hier zunächst einmal abgewartet werden.

Die Divisionen liegen nun in dem Schlamm und Schneematsch auf und an den

Straßen fest. Ihre Nachschubwege sind nicht nur riesig lang, sie sind auch kaum noch befahrbar. Die an Blitzkriegaktionen gewöhnten schnellen deutschen Divisionen sind schwerfällig geworden. Fast so schwerfällig wie die Einheiten napoleonischer Troßknechte des Jahres 1812. Sie helfen sich vorerst damit, daß sie ihren Nachschub auf landesübliche Fahrzeuge umstellen. Darüber hinaus gliedern sie ihre geschwächten Einheiten um zu kleineren, schlagkräftigen Verbänden. So werden beim XXXXI. Panzerkorps die Panzer jeweils zu einer ›Einsatzabteilung‹ – statt bisher zwei oder drei Abteilungen mit acht bis zwölf Kompanien je Regiment – zusammengefaßt; die Reste von acht SPW-Kompanien in drei Kompanien eines Divisions-SPW-Bataillons. Aufklärungsabteilungen und Kradschützenbataillone werden zu neugebildeten Kradschützenbataillonen zusammengelegt, die Panzerspähzüge in einer einzigen Kompanie den Divisionen unmittelbar unterstellt. So versucht die Truppe durch Improvisation, Erfindungsgabe und Opfermut der Schwierigkeiten Herr zu werden. Alles hofft, daß auch die oberste deutsche Führung der veränderten Kampflage durch neue Maßnahmen gerecht wird. Aber das Führerhauptquartier liegt weit, liegt viele hundert Kilometer von der Front entfernt – bei Rastenburg, in Ostpreußen.

Dagegen nutzt das sowjetische Oberkommando den großen Vorteil, daß es den Krieg vor der Haustür Moskaus führen muß: den Vorteil der sogenannten ›inneren Linie‹. Stalin kann von seinem Regierungssitz aus mit Vorortzügen und in Fußmärschen die eilig aus dem Osten seines Reiches herangeholten Verbände und fabrikneuen Panzer überall hinwerfen, schnell rochieren und sie immer wieder an den entscheidenden Schwerpunkten oder Krisenstellen der Schlacht konzentrieren. So sieht sich jede durchgebrochene deutsche Kampfgruppe immer wieder zahlenmäßig überlegenen sowjetischen Verbänden und starken gepanzerten Einsatzreserven gegenüber. Dabei ist die Kampfmoral der meisten sowjetischen Verbände keineswegs gut. Von den fernöstlichen und sibirischen Gardedivisionen und einigen Kavalleriedivisionen abgesehen, sind die russischen Liniendivisionen, die vor Moskau kämpfen, keine Spartiaten, wenn auch die sowjetische Kriegsgeschichte es so darstellt.

Hier die Tagebuchnotizen des russischen Leutnants S., dessen Namen wir seiner Eltern oder seiner Kinder wegen im dunkeln lassen wollen. Er fiel am 12. November im Raum Tula. Am 31. Oktober machte er folgende Eintragung:

»In der Nacht vom 30. zum 31. überschritten wir die Chaussee Orel–Tula im Raume von Gorbatschewo–Plawsk und gelangten in das Dorf Feodorowka. Die Fälle von Desertionen vor Überschreiten der Chaussee nahmen unglaublichen Umfang an. Der Gehilfe des Kommandeurs, Oberleutnant Alaportzew, und andere griffen sich Offizierspferde, darunter auch meines, und ritten in die Gegend der Spritfabrik zurück. Das sind Offiziere! Ich bin noch immer grippekrank, furchtbare Schwäche, Schwindelanfälle, Schmerzen in den Schläfen. In unserem Bataillon 80 Prozent Deserteure, wobei sogar scheinbar zuverlässige Leute, wie beim dritten Zug, desertieren. Sie gehen in die Dörfer, werfen die Waffen, die Ausrüstung und die Uniformen fort, ziehen Lumpen an. In den Dörfern liquidiert man gewaltsam die Kolchosen, teilt die Pferde, das Geschirr, die Fuhrwerke unter sich auf. Aus den Sammellagern fährt man das Getreide davon und verteilt das Saatgut. Man führt Reden, daß der Krieg ja doch verloren sei und es bald keine Kolchosenwirtschaft mehr gebe.«

So sah es aus. Aber es war wie im Boxring, wenn beide Gegner keine Kraft mehr in den Fäusten haben: Die ausgelaugten, schlecht versorgten deutschen Kampfverbände in vorderster Linie hatten nicht mehr die Stoßkraft, den wankenden sowjetischen Koloß k.o. zu schlagen. »Wenn nur der Frost käme«, stöhnten sie. »Wenn nur die Straßen wieder fest wären!« Wenn! Wenn!

In der Nacht vom 6. zum 7. November kam der Frost. An allen Frontabschnitten der Heeresgruppe Mitte klopfte der Winter ans Thermometer. Es war ein milder, schöner Frost, der den Boden hart und befahrbar machte. Die Landser an den Straßen atmeten auf. Sie hatten zwar kein Winterzeug, viele liefen noch in der Sommermontur herum. Aber der entsetzliche Schlamm war endlich überwunden.

Sie zogen die Geschütze aus dem gefrorenen Boden. Zuweilen gab es dabei Kleinholz. Aber was machte das? Der Nachschub kam: Marketenderware, Zigaretten, Post, Sprit, Ersatz. Panzer rollten aus den Instandsetzungswerkstätten heran. Munition wurde nach vorn gebracht. Die Kriegsmaschine kam langsam wieder in Gang. Und damit die Hoffnung, Moskau doch noch zu nehmen.

Freilich, wenn überhaupt, dann mußte jetzt schnell zum letzten Stoß angetreten werden. Das Oberkommando des Heeres drängte. Der Oberbefehlshaber der Heeresgruppe Mitte, Feldmarschall von Bock, war verständlicherweise ebensosehr daran interessiert, zu einer Entscheidung über die Weiterführung der Operationen zu gelangen. Aber die Armeen waren so ausgebrannt, daß ihre Auffrischung Zeit brauchte. Vorerst hatten die Nachschubtruppen ihre großen Tage. Auf Lkw, Schlitten, Panjewagen fuhren sie das Material für die Fortführung der Kampfhandlungen nach vorn. Bei den jetzt einsetzenden Bemühungen, die Front mit allem Notwendigen zu versehen, passierten allerdings auch merkwürdige Dinge. Sie brachten die Truppe bald in Harnisch. So hatte irgendeine Versorgungsdienststelle in Frankreich die gewiß lobenswerte Idee, den Ostfrontkämpfern was Gutes zu tun und gleichzeitig die französische Weinwirtschaft anzukurbeln.

Gesagt, getan. Von Paris schickte man zwei Güterzüge mit französischem Rotwein in Flaschen auf die Reise. Weinzüge statt der dringend benötigten Munitionszüge! Weiß Gott, wann dieser Transport in Marsch gesetzt worden war. Als er jedenfalls bei der 4. Armee in Juchnow ankam, waren es minus 25 Grad. Die Entladungskommandos bargen nur noch große Klumpen roten Eises mit Glasscherben vermischt. »Gefrorener Glühwein statt Wintersachen«, schimpften die Männer. General Blumentritt — damals Chef des Generalstabs der 4. Armee — meint, er habe die Landser selten so erregt gesehen wie angesichts dieses tatsächlich peinlichen Schildbürgerstreichs.

Am 12. November zeigte das Thermometer minus 15 Grad. Am 13. sank es auf minus 20 Grad. Auf dem Flugplatz in Orscha herrschte Hochbetrieb. Aus Rastenburg flog die Maschine Halders ein. Die wendigen ›Störche‹ der Heeresgruppenstäbe und der Armeebefehlshaber landeten: Der Chef des Generalstabs des Heeres, Generaloberst Halder, hatte die Stabschefs der drei Heeresgruppen und aller Armeen der Ostfront zu einer geheimen Konferenz befohlen.

Konferenzthema: Was tun? Sollen die Divisionen sich eingraben, Winterstellungen beziehen und das Frühjahr abwarten? Oder soll und kann die Offensive — auch gegen Moskau — noch im Winter fortgeführt werden?

Die Besprechung in Orscha hat ihre besondere kriegsgeschichtliche Bedeutung. Sie ist wohl der Schlüssel für die heute oft so leidenschaftlich diskutierte Frage: Wer gab den Ausschlag für die Wiederaufnahme der unglücklichen Winteroffensive? Wer trägt die Verantwortung?

War es Hitler? War es der Generalstab? Oder — und das ist neuerdings die sensationellste These: War es ein Trick Stalins, der Hitler durch falsche, über den deutschen Geheimdienst geschleuste Nachrichten zur Wiederaufnahme der Offensive verführte und in die Falle lockte? Eine dramatische These. Sie kommt aus einer immerhin diskutablen Quelle.

Der sowjetische Generalstabsoffizier Kyrill D. Kalinow, der 1949 von Berlin in den Westen emigrierte und während des Krieges im sowjetischen Oberkommando tätig war, zitiert in seinem Buch ›Sowjetmarschälle haben das Wort‹ eine Erklärung Schukows, für die allerdings keine präzise Quellenangabe gemacht wird. Danach hat der Marschall 1949 — anscheinend in einem Vortrag — folgendes behauptet:

»Die Deutschen schätzten die Gesamtheit der von ihnen vernichteten sowjetischen Streitkräfte auf die phantastische Ziffer von 330 Divisionen. Sie glaubten daher nicht, daß wir noch über frische Reserven verfügten, und rechneten damit, daß ihnen nur noch die Kontingente der Arbeitermilizen gegenüberstehen würden, die in aller Eile im Gebiet von Moskau ausgehoben worden waren. Darin lag auch der entscheidende Grund dafür, daß Hitler seine Schlußoffensive gegen unsere Hauptstadt überhaupt wagte.

Ich kann hier eine Tatsache von ausschlaggebender Bedeutung mitteilen, die bisher geheim geblieben ist: Die Nachricht über die angeblich vernichteten 330 Divisionen hatten wir auf indirektem Wege nach Deutschland lanciert, indem wir den Militärattaché eines neutralen Staates als Mittelsmann benutzten, von dem uns bekannt war, daß er mit dem militärischen Nachrichtendienst Deutschlands in Verbindung stand. Uns ging es dabei darum, Hitler eine Rükkenstärkung gegenüber seinem Generalstab zu verschaffen. Die Generale traten nämlich dafür ein, daß sich die deutschen Truppen genauso wie 1914 dort, wo sie gerade standen, in Schützengräben verschanzen und ihre Winterquartiere beziehen sollten.

Demgegenüber lag es in unserem Interesse, daß die Deutschen ihre Bemühungen um Moskau nicht aufgaben, sondern weiter in das ebene und waldige Gelände vordrängten, in dem sie endgültig geschlagen werden könnten.

Ich wurde mit allem Nachdruck durch den Genossen Stalin unterstützt, der sogar das Risiko in Kauf nehmen wollte, die Hauptstadt aufgeben zu müssen. Wir ließen deshalb vier Tage lang an der Front nur Divisionen der Miliz kämpfen, die die Stellungen unmittelbar vor der Hauptstadt zu verteidigen hatten. Die Deutschen sollten den Eindruck gewinnen, daß wir ihren siegesgewohnten Divisionen tatsächlich nur noch diese Formationen entgegenzusetzen hätten.«

Angesichts des prominenten Urhebers dieser Theorie kann man die Sache nicht mit einer Handbewegung abtun. Sie ist zu aufregend, zu bedeutsam. Wir müssen sie sorgfältig prüfen.

Die Entscheidung über die Fortführung der Offensive gegen Moskau fiel in Orscha am 13. November. Über den Verlauf der Orscha-Konferenz gibt es zuverlässige Berichte, darunter einen von Generalmajor Blumentritt, dem damaligen Stabschef von Kluges 4. Armee, der an der Besprechung teilnahm.

Danach gab Halder einen Überblick über die Gesamtlage an der 2000 Kilometer langen Front zwischen Ladoga-See und Asowschem Meer. Der Bericht gipfelte in der Frage: Weiter offensiv bleiben oder Verteidigungsstellungen beziehen? Der Vertreter des Feldmarschalls von Rundstedt, General der Infanterie von Sodenstern, forderte für den Bereich der Heeresgruppe Süd Einstellung der Offensive und Übergang zur Verteidigung. Schließlich stand Rundstedt ja bereits weit im Osten am Don, vor Rostow, das 350 Kilometer östlicher lag als die Frontlinie der Heeresgruppe Mitte vor Moskau.

Feldmarschall Ritter von Leebs Chef des Stabes, Generalleutnant Brennecke, brauchte keinen großen Beweis zu führen, daß die Heeresgruppe Nord durch das Abziehen ihrer gesamten Panzerkräfte so schwach geworden war, daß Offensivaktionen nicht mehr in Frage kamen. Sie war längst zur Verteidigung übergegangen.

Anders war die Einstellung der Heeresgruppe Mitte. Sie plädierte für die Fortführung der Offensive auf Moskau. Generalmajor von Greiffenberg vertrat die Auffassung seines Feldmarschalls, daß es militärisch und psychologisch notwendig sei, Moskau zu nehmen. Die Gefahr, das nicht zu schaffen, müsse zwar in Betracht gezogen werden, könne aber nicht schlimmer sein, als fünfzig Kilometer vor dem lockenden Ziel in Schnee und Kälte im offenen Gelände liegen zu müssen.

Bocks Argumente kamen der Auffassung des Oberkommandos entgegen; denn im Führerhauptquartier glaubte man, der Russe sei am Ende seiner Kraft, und es bedürfe nur mehr einer letzten Anstrengung, ihn vollends niederzuringen. Bock und sein Stab, und zwar sowohl Greiffenberg wie der Ia, Oberstleutnant i. G. von Tresckow, teilten diesen Optimismus nicht, sie kannten den Zustand der Truppe und wußten um das Problem der knappen Zeitspanne, die bis zum Eintritt des strengen Winters blieb. Aber Bock hielt trotzdem den Angriff für die bessere Lösung als die Überwinterung in der Einöde und die Gefahr, daß Stalin zuviel Zeit zum Atemschöpfen bekam.

Halder war, wie auch der Oberbefehlshaber des Heeres, Feldmarschall von Brauchitsch, über die Einstellung der Heeresgruppe Mitte zufrieden. Beide waren für die Wiederaufnahme des Angriffs, denn sie sahen darin die einzige Chance, den Feldzug siegreich zu beenden.

Halder hatte daher bereits die Einsatzbefehle in der Tasche und gab sie nun bekannt. Großzügig wurden die Ziele gesteckt: Die 2. Panzerarmee Guderians sollte nach Einnahme des Verkehrsknotenpunktes Tula, das auch einen ausgebauten Flugplatz hat, südostwärts an Moskau vorbei über Kolomna auf das alte Nischni-Nowgorod an der Wolga, jetzt Gorki, stoßen: 400 Kilometer hinter Moskau.

Im Norden sollte die 9. Armee mit der 3. Panzerarmee bis über den Wolga—Moskwa-Kanal nach Osten gehen und dann als linker Umfassungsarm auf Moskau eindrehen.

In der Mitte sollten die 4. Armee rechts, die Panzergruppe 4 links frontal angreifen.

Der Angriffsbeginn wurde noch nicht fixiert. Feldmarschall von Bock wollte unverzüglich antreten. Aber die Nachschublage erforderte noch ein paar Tage Aufschub.

Diese Darstellung belegt, daß das deutsche Oberkommando, wenn es auch aus sachlichen Gründen berechtigte Zweifel am Nutzen dieser letzten großen Angriffsoperation des Jahres 1941 gegeben haben mochte, nicht — wie Schukow behauptet — nur von Hitler gedrängt, die Offensive gegen Moskau wiederaufnahm. Feldmarschall von Bock, ganz gleich aus welchen Gründen immer, war ein entschiedener Verfechter der neuen Offensive. Sein Ziel, an dem er standhaft festhielt, war zu jeder Zeit, in jeder Phase des Feldzugs Moskau gewesen. Er fand sich darin in voller Übereinstimmung mit dem Oberkommando des Heeres, das Moskau immer wieder als wichtigstes Kriegsziel erklärt hatte. Ihr Drängen, doch noch bis Jahresende Moskau zu erreichen, war ja auch nur zu begreiflich.

Einmal zwang die allgemeine strategische Lage dazu. Sollte sich die Heeresgruppe Mitte auf der weitgespannten tausend Kilometer langen Front eingraben? Mit einer einzigen Infanteriedivision als Reserve hinter der Kampflinie und einem sonst gähnend leeren, von Partisanen beherrschten Hinterland? Sollte man den Russen die Initiative zu ständigen örtlichen Angriffen überlassen? Sollte man zusehen, wie Stalin über den idealen Verschiebebahnhof Moskau seine Kräfte aus allen Teilen des großen Reiches heranholte und gegen die dünnen und eingefrorenen deutschen Linien ansetzte? Nein, das wäre eine schlechte Lösung gewesen.

Aber noch etwas anderes spielte eine wichtige Rolle: Der Oberbefehlshaber des Heeres, Generalfeldmarschall von Brauchitsch, sein Generalstabschef und vor allem auch Feldmarschall von Bock und Generaloberst Guderian waren es ja gewesen, die seit der Kesselschlacht um Smolensk Hitler bearbeitet hatten, doch endlich ›grünes Licht‹ für den Angriff auf Moskau zu geben. Sie hatten gegen seinen Plan gekämpft, erst die Schlacht um Leningrad zu forcieren, um der Moskau-Offensive die Flanke frei zu machen. Sie hatten sich gegen sein Kiew-Unternehmen gestemmt, hatten immer wieder beschwörend, fordernd, mahnend Moskau als wichtigstes Kriegsziel proklamiert.

Hitler hingegen vertrat von Anbeginn an, im Gegensatz zu seinem Generalstab, die Meinung, er glaube nicht, daß die Einnahme von Moskau so wichtig sei. Es müsse sich im Laufe der Operation zeigen, ob es genommen werden könne. »Rußland ist besiegt, wenn wir im Norden Leningrad und die finnische

Bucht besitzen und wenn wir im Süden über das Korn der Ukraine und über das Industriegebiet des Donez verfügen«, argumentierte er. Merkwürdigerweise ließ er sich dann doch — entgegen seiner sonstigen Gewohnheit — von seinem Ziel Leningrad abbringen.

Aber sein Plan, sein Herzensplan, war Moskau nicht. Es war und blieb der Herzenswunsch seines Generalstabes. Nun hatte er ihm den Wunsch erfüllt. Sollten Brauchitsch, Halder, von Bock, Guderian jetzt zu ihm gehen und sagen: Wir schaffen es nicht, wir müssen uns in ungünstigem Gelände, im Angesicht des Winters, fünfzig, vierzig oder dreißig Kilometer vor unserem Ziel eingraben.

Nein: Sie wollten die Fortführung des Angriffs. Sie wollten Moskau nehmen. Und sie glaubten auch, es nehmen zu können. Ob nun 330 russische Divisionen vernichtet waren oder nicht.

Schukow irrt, wenn er meint, Hitler habe gegen den Willen seines Oberkommandos den Winterangriff auf Moskau befohlen. Und damit entfällt die Logik für seine abenteuerliche Theorie, er habe mit den gefälschten Gefangenenzahlen Hitler den Rücken gegen ein angriffsmüdes Oberkommando gestärkt und dadurch die Heeresgruppe Mitte — wie einst Fürst Kutusow Napoleon — ins Verderben gelockt.

8 Schlußjagd auf Moskau

»Die Zeit des Wartens ist vorüber« — Die Kavallerieattacke von Mussino — Am Wolgakanal — Acht Kilometer vor Moskau — Panik im Kreml — Stalin telefoniert mit der Front — Minus 40 Grad — Kampf um die Autobahn — Mann, Roß und Panzer in Eis und Schnee — Das Ganze halt

Als Angriffstermin für die ›Herbstoffensive 1941‹ wurde der 19. November befohlen. Die Truppe tat, was in ihrer Macht stand, um sich auf diesen letzten schweren Waffengang vorzubereiten. Die Entschlossenheit, noch einmal alles einzusetzen, spricht aus dem Tagesbefehl der Panzergruppe 4 zum neuen Antreten auf Moskau, der hier für alle anderen stehen soll:

»An die Kommandeure in der Panzergruppe 4.

Die Zeit des Wartens ist vorüber. Wir können wieder angreifen. Die letzte russische Verteidigung vor Moskau ist zu zerschlagen. Wir müssen das Herz des bolschewistischen Widerstandes in Europa zum Stillstand bringen, um den Feldzug für dieses Jahr zu beenden.

Die Panzergruppe hat das Glück, den entscheidenden Stoß führen zu können.

Deshalb sind alle Kräfte, der ganze Kampfgeist, der harte Wille zur Vernichtung des Gegners zusammenzufassen.«

Im Bereich der Panzergruppe 4 lag zwischen Schelkowka und Dorochowo eins der Stellwerke der Schlacht um Moskau. Hier kreuzten sich die alte Poststraße, die Chaussee nach Moskau, auf der Napoleon gezogen war, die neue Autobahn und die Eisenbahnlinie Smolensk—Moskau mit der großen Nord-Süd-Achse Kalinin—Tula. Wer Schelkowka und Dorochowo hatte und die Höhen davor, beherrschte dieses entscheidende Verkehrskreuz.

Die 10. Panzerdivision hatte Ende Oktober Schelkowka genommen. Aber der Russe saß noch auf den Höhen. Gerade als die Münchner 7. Infanteriedivision sie ablöste — in deren Verband die ersten Freiwilligen der ›Französischen Legion‹ (I. R. 638) fochten, platzte der erste russische Gegenangriff mitten in die Bewegungen und leitete eine Kette blutigster Kämpfe ein.

Stalin hatte für die Wiedereroberung Schelkowkas die 82. motorisierte Schützendivision aus der Äußeren Mongolei herangeführt. Der Angriff dieses mongolischen Eliteverbandes wurde von zwei ebenfalls frisch herangeführten Panzerbrigaden, von Salvengeschützabteilungen und der Heeresartillerie wirkungsvoll unterstützt. Die im Erdkampf eingesetzte 8,8-cm-Flak konnte nicht überall zugleich sein, gegen die in Rudeln auftretenden T 34 waren die Münchner einfach machtlos, und so mußte die 7. I. D. das Straßenkreuz nach starken Verlusten räumen. Daß der Raum Schelkowka — Dorochowo wieder von den Sowjets beherrscht wurde, hatte schwerwiegende Folgen.

Für alle im Raum Rusa liegenden Truppen des XXXX. Panzerkorps war die einzige Nachschubstraße gesperrt. Die auf dem Knüppeldamm zwischen Pokrowskoje und Skirminowo schwer blutende 10. Panzerdivision blieb ohne Munition, ohne Sprit und ohne Verpflegung und konnte ihre Verwundeten nicht mehr abschieben. Zur Unterstützung der 10. Pz. D. dringendst benötigte Truppenteile der SS-Division ›Das Reich‹ mußten untätig bei Moschaisk liegenbleiben, sie konnten vorerst nicht nachgeführt werden.

Über die Bereinigung dieser bedrohlichen Lage meldete damals Hauptmann Kandutsch, 3. Generalstabsoffizier (Ic) im Generalkommando des XXXX. Panzerkorps, dessen Originalbericht vorliegt:

»Am Abend desselben Tages erhalte ich vom Chef des Stabes, Oberst von Kurowski, den Befehl, um 4 Uhr morgens Richtung Straßenkreuz aufzuklären und möglichst rasch zu melden, ob ein Heranziehen des Kradschützenbataillons SS-Division ›Reich‹ möglich ist. Ich marschierte am 27. Oktober 4 Uhr vom Gefechtsstand in Rusa, von den Obergefreiten Schütze und Michelsen auf Beiwagenkrad begleitet, ab. Die Erkundung mußte, da kein Panzerspähwagen verfügbar war, mit Pkw durchgeführt werden. Bis zur Moskwa-Brücke (Staraja Rusa) war alles friedlich, auf der Straße nach Makjeicha lag vereinzeltes Artilleriestörungsfeuer, Makjeicha selbst war mehrfach Ziel russischer Feuerüberfälle. 5 Uhr 15 in Makjeicha bei der Vermittlung der Panzerkorps-Nachrichtenabteilung 440 einen Bautruppführer mitgenommen und Fernsprechleitung in Richtung Straßenkreuz legen lassen. Um 5 Uhr 40 mit dem Kommandeur der Mörserabteilung 637, Hauptmann Gruscha, zirka drei Kilometer südlich

Makjeicha Verbindung wiederhergestellt. Die Bedienungsmannschaft der Mörserabteilung fand ich im engen Igel um die Feuerstellung zur infanteristischen Verteidigung eingesetzt vor. Nach fernmündlich abgestatteter Lagemeldung an den Chef des Stabes marschierte ich um 6 Uhr zu dem Gefechtsstand des neu herangeführten Infanteriebataillons der 267. I. D., der etwa 1500 Meter nördlich des Straßenkreuzes lag, und ließ die Fernsprechleitung nachziehen. Zu diesem Zeitpunkt war der deutsche Gegenangriff zur Wiederinbesitznahme des Straßenkreuzes in vollem Gange. Der Gefechtslärm nahm bedeutend zu. Auf dem Kampfraum lag schweres Artilleriefeuer. Die Straße selbst wurde dauernd von russischen MG beschossen. Durch Weiterbau der Fernsprechleitung im Maßstabe der raumgewinnenden, angreifenden Infanterie konnte ich dem Chef des Stabes um 7 Uhr 30 die Säuberung des Straßenkreuzes und um 8 Uhr die ersten Gruppen des Kradschützenbataillons SS-›Reich‹ melden, die zu diesem Zeitpunkt mit verhältnismäßig geringen Verlusten das Straßenkreuz passiert hatten.«

Anfang November trat General Fahrmbachers VII. Korps mit der bayerischen 7., der mittelrheinisch-saarpfälzischen 197. und der niedersächsischen 267. Division an, um den Russen endlich von den Höhen zu werfen und das Straßenkreuz für die kommende Offensive befahrbar zu machen. Die II. Abteilung des Panzerregiments 31 der schlesischen 5. Pz. D. unterstützte den Angriff.

In schnellem Vorstoß rollten die Panzer in die Stellungen der mongolischen Brigaden. Aber die Steppensöhne wichen nicht, griffen die Panzer mit Molotow-Cocktails an. Die nachstoßenden Infanterieregimenter mußten Stützpunkt um Stützpunkt mit der blanken Waffe nehmen. Wo sie eingebrochen waren, wurden sie sofort mit Raketensalven eingedeckt. Die Verluste waren auf beiden Seiten hoch.

Aber nach zweitägigem Ringen war der Russe endgültig in diesem Abschnitt geworfen. Über das Straßenkreuz von Schelkowka konnte der Kolonnenverkehr rollen. Die Nachschubstraße auf dem rechten Flügel der Panzergruppe 4 war wieder frei.

Zwischen dem 15. und 19. November traten die Divisionen der Heeresgruppe Mitte, zeitlich gestaffelt, zum letzten Sturm auf Moskau an. Befehlshaber und Kommandeure wußten, worauf es ankam. Generaloberst Guderian schreibt in seinen Erinnerungen, er habe seinen Kommandierenden Generalen klargemacht, daß man nicht länger warten dürfe. Er beschwor sie, alles herzugeben, um das gesteckte Ziel zu erreichen. Auch Generaloberst Hoepner ging es darum, die Truppe zum letzten Einsatz anzuspornen, wenn er in seinem Tagesbefehl vom 17. November seine Kommandeure beschwor:

»Rütteln Sie die Truppe auf. Beleben Sie ihren Geist. Zeigen Sie ihr das Ziel, das für sie einen ruhmreichen Abschluß der schweren Kämpfe und die Aussicht auf die verdiente Ruhe gibt. Führen Sie mit Tatkraft und Siegeszuversicht! Der Lenker der Schlachten gebe Ihnen Glück.«

Dieser Tagesbefehl wird hier nicht wegen des Pathos und der im Kriege nun einmal üblichen großen Worte wiederholt, die Bedeutung dieses Dokuments liegt vielmehr auf anderer Ebene: Es zeigt, daß ein so hervorragender militärischer Führer und persönlich mutiger Mann wie Hoepner, der später zu den aktiven Verschwörern gegen Hitler gehörte und dafür am Galgen endete, am 17. November 1941 überzeugt war, daß man Moskau nehmen konnte.

Am 16. November tritt Hoepners V. Infanteriekorps auf die Stadt Klin — nördwestlich von Moskau an der Straße nach Kalinin — an. Links davon soll das LVI. Panzerkorps der 3. Panzerarmee vorgehen.

Vor Mussino, südwestlich von Klin, dämmert der Morgen herauf. Der Morgen des 17. November. Düster und dunstig. Gegen 9 Uhr ringt sich die Sonne als großer roter Ball durch den Nebel. Auf einer Höhe liegt die Beobachtungsstelle einer schweren Batterie. Etwa drei Kilometer davor verschimmert der Rand eines breiten Waldgebietes. Sonst flache Felder unter dünner Schneedecke. Es ist kalt. Alles wartet auf den Befehl zum Angriff.

10 Uhr. Die Ferngläser fliegen an die Augen. Reiter tauchen am Waldrand auf. Galoppieren hinter eine Höhe.

»Russenpanzer«, ruft da einer. Drei T 34 kommen über den gefrorenen Acker geholpert. Die Pak am Dorfrand beginnt zu feuern. Merkwürdig, daß die Panzer ohne Infanterie kommen. Was soll das? Und während die Artilleriebeobachter noch sinnieren, ertönt ein Ruf »Achtung, Kavallerie rechts vom Wald!« Und wirklich. Kavallerie. Da kommen sie an. Im Trab. Spähtrupps voraus. Dann Sicherungen von vierzig, fünfzig Reitern. Jetzt sind es hundert oder zweihundert. Und nun brechen sie in breiter Front aus dem Wald. Eskadron neben Eskadron. Sie formieren sich zu einem riesigen Glied. Das zweite trabt dahinter. Ist es ein Traum? Da fahren die Säbel der Offiziere hoch. Die Klingen blitzen in der Morgensonne. Sie galoppieren an.

»Kavallerieattacke in Regimentsstärke. Spitze bei 2500 Meter!« Etwas gepreßt spricht der Artilleriebeobachter in seinen Fernsprecher. Er liegt in einem Erdloch auf der Zeltplane. Das Scherenfernrohr ist nach dem ersten Schneefall schnell mit einem Brei aus Kalktabletten weiß angestrichen worden. So hebt es sich nicht ab von der Schneedecke, die noch rein und weiß über den Äckern und Hügeln vor Mussino leuchtet. Noch. Aber vom Wald her preschen die Schwadronen heran. Zerstampfen den Schnee und die Erde. Die Pferde Bügel an Bügel, die Reiter tief über die Pferde gebeugt. Die blanken Säbel über der Schulter.

Die MG-Bedienung neben der Artilleriebeobachtungsstelle hat das Gewehr auf dem Grabenrand schußfertig. Schütze eins zieht die Fausthandschuhe aus und legt sie neben den Kolben. Der Gewehrführer hält das Glas vor den Augen. »2000 Meter«, hören sie den Artilleriebeobachter in den Fernsprecher rufen. Dann gibt er der Batterie die Schießgrundlagen.

Einen Atemzug nur dauert es. Und über die Schneefelder vor Mussino jagt ein Spuk, wie ihn sich die kühnste Phantasie nicht ausmalen kann: Die 3. Batterie Artillerieregiment 107 der 106. I. D. schießt aus offener Feuerstellung. Krachend fahren die Granaten aus den Rohren und explodieren mitten in den anstürmenden Schwadronen. Die Sprenggranaten der Pak aus dem Dorf, das eben noch von T 34 angegriffen wurde, bersten in der Spitzengruppe der Russen. Pferde stürzen. Reiter fliegen durch die Luft. Blitz. Qualm. Fontänen aus Dreck und Feuer.

Das Regiment stürmt weiter. In eiserner Disziplin. Schwenkt sogar noch um den rechten Flügel und reitet auf das Dorf zu. Aber nun kracht das Feuer der Artillerie Lage um Lage in die Schwadronen. Die Batterien schießen Abpraller. Die Granaten krepieren in acht Meter Höhe. Die Splitterwirkung ist fürchterlich. Die Reiter werden in den Sätteln zerrissen, die Pferde niedergemäht.

Doch das schreckliche Schauspiel ist noch nicht zu Ende. Aus dem Wald reitet ein zweites Regiment zur Attacke an. Männer und Offiziere müssen die Tragödie des Schwesterregiments beobachtet haben. Trotzdem jagen sie nun selber ins Verderben.

Die eingeschossenen deutschen Batterien zerschlagen das zweite Treffen noch schneller. Nur eine Spitzengruppe von dreißig Reitern auf pfeilschnellen kleinen Kosakenpferden dringt durch die Mauer des Todes. Dreißig von tausend! Sie stürmen auf die Anhöhe des Artilleriebeobachters zu. Und machen im Feuer der hier sichernden MG-Bedienung ihren letzten Sprung.

Zweitausend Pferde und ihre Reiter — beide Regimenter der 44. mongolischen Kavalleriedivision — liegen zerfetzt, zertrampelt, verwundet auf dem blutigen Schnee. Einzelne Pferde irren im Gelände herum, traben dem Dorf oder dem Waldrand zu. Leichtverwundete Reiter suchen hinkend oder in taumelnden Sprüngen Deckung. Das ist der Augenblick, da Generalmajor Dehner den Befehl zum Gegenstoß gibt. Vom Dorfrand und hinter der Höhe hervor kommen die Schützenketten der Bataillone vom Infanterieregiment 240. Die Gruppen und Züge ziehen über den Schnee, dem Wald zu.

Es fällt kein Schuß. Die Infanteristen schreiten voll Grauen über den Friedhof der 44. mongolischen Kavalleriedivision: Schlachtfeld einer der letzten großen Reiterattacken des zweiten Weltkriegs. Als die Grenadiere wieder den Ort Spas Bludi besetzten, fanden sie ihre Kameraden vom I. R. 240, die dort verwundet in Gefangenschaft geraten waren, erschlagen vor.

Die russische Attacke war militärisch sinnlos. Zwei Regimenter wurden geopfert, ohne daß dem Feind ein Haar gekrümmt wurde. Es gab auf deutscher Seite nicht einen einzigen Verwundeten. Aber der Angriff zeigte, mit welcher rücksichtslosen Entschlossenheit die sowjetische Führung dem deutschen Angreifer die Zugänge zur Hauptstadt streitig machen und den Kampf um Moskau führen wollte.

Hier ein anderes Beispiel. Im Tagebuch des schon zitierten sowjetischen Leutnants, Führer eines Granatwerferzuges an der Moskauer Südfront, steht unter dem 17. November:

»Das Bataillon erhielt den kategorischen Befehl, die Stellung der Faschisten auf den Höhen vor dem Dorf Teploje zu nehmen. Aber wir konnten keinen Schritt tun, weil das Feuer der Deutschen zu stark war. Krywolapow meldete dem Regiment, daß wir ohne Artillerieunterstützung nicht vorwärts kommen könnten. Die Antwort lautete: In zwanzig Minuten ist die Stellung gestürmt, oder die Offiziere kommen vors Standgericht. Sechsmal wurde der Befehl wiederholt. Sechsmal griffen wir an. Der Kommandeur ist gefallen. Auch der Adjutant Tarorow und der Parteisekretär Iwaschenkow sind tot. Das Bataillon hat noch zwanzig Gewehre.«

So ließ Stalin kämpfen. Er setzte alles für die Verteidigung seiner Metropole ein. Was sein Reich noch an Menschen und Materialreserven bot, schaffte er zum Kampf um Moskau heran.

Stalin griff zu jedem Mittel, um Moskau zu retten; denn er wußte, was Moskau bedeutete. Dem Abgesandten Roosevelts, Harry Hopkins, vertraute er es an, als er zu ihm sagte: »Wenn Moskau fällt, dann muß die Rote Armee ganz Rußland westlich der Wolga aufgeben.« Und seine verzweifelte Stimmung kann nichts deutlicher illustrieren als seine Bitte an Roosevelt, die Hopkins berichtet: »Er, Stalin, würde es begrüßen, wenn amerikanische Truppen an irgendeinem Teil der russischen Front erschienen, und zwar unter dem uneingeschränkten Kommando der amerikanischen Armee.«

Mit Recht stellt Stalins Biograph Isaac Deutscher fest: »Dies ist eine der aufschlußreichsten Äußerungen Stalins, die von den Memoirenschreibern des zweiten Weltkrieges festgehalten wurden.« Das ist sie wirklich; denn sie zeigt, wie keine andere Tatsache, wie verzweifelt Stalin selbst seine Lage sah.

Nun, Roosevelt schickte keine Truppen an die sowjetische Front. Stalin mußte sich mit dem helfen, was er in seinem Reich zusammenraffen konnte. Es waren nicht alles kampfwillige Verbände. Viele Regimenter waren durch den Feuerofen der Sommerschlachten gegangen. Ganze Divisionen waren nur mit der Drohung zum Einsatz zu bringen, daß sie beim Zurückgehen von zuverlässigen Sperrverbänden zusammengeschossen würden.

Kampfkräftig und kampffreudig aber waren die mongolischen und sibirischen Divisionen, die Stalin vom fernen Osten seines Reiches abzog. Sie brachten nicht zuletzt die Rettung Moskaus. Und daß Stalin gelassen die 9000 Kilometer lange Seegrenze von der Beringstraße bis Wladiwostok und die 3000 Kilometer lange Landgrenze von Wladiwostok bis zur Äußeren Mongolei entblößen konnte, ohne Angst zu haben, die in Fernost Gewehr bei Fuß stehende japanische Kwantung-Armee würde über die sowjetische Ostgrenze marschieren und den Russen zum tödlichen Streich in den Rücken fallen, um dem deutschen Bundesgenossen beizuspringen. Das konnte er, weil er von seinem Meisteragenten Dr. Sorge wußte, daß die mit Deutschland verbündeten Japaner sich statt dessen anschickten, die Amerikaner in Pearl Harbour zu überfallen, um die pazifische Inselwelt zu erobern. Diese Entscheidung rettete die Sowjetunion. Stalin hat es den Japanern später allerdings böse gedankt.

Das Erscheinen der sibirischen Elitedivisionen vor Moskau war von ausschlaggebender Bedeutung, wenn es Marschall Schukow auch bestreitet, um seinen Feldherrnruhm nicht mit den sibirischen Eingreifreserven teilen zu müssen. Schukow erklärte nach Kyrill D. Kalinow: »Die Verstärkung durch sibirische Truppen ist für uns außerordentlich nützlich gewesen. Aber die Sibirier machten nicht mehr als fünf Prozent der an der Schlacht beteiligten Truppen aus. Es wäre lächerlich, ihre Rolle als entscheidend hinzustellen.«

Die sowjetische Kriegsgeschichte dementiert den Marschall. In Samsonows ›Die große Schlacht vor Moskau‹ steht: »Das Oberkommando konzentrierte (während der Schlammperiode) im Raum um Moskau starke strategische Reserven, die aus dem tiefen Hinterland, aus Sibirien und Mittelasien, herangezogen wurden. Es wurden (daraus) neue operative Verbände geschaffen.«

Diese Reserven waren so beachtlich, daß Samsonow feststellt, die russischen Verteidigungskräfte vor Moskau seien bei Wiederbeginn der Offensive Mitte November zahlenmäßig erstmalig den deutschen überlegen gewesen. Er nennt das Verhältnis der Infanteriedivisionen 1 zu 1,2 zugunsten der Sowjets. Bedenkt man, daß die deutschen Infanteriedivisionen nach den endlosen Märschen und schweren Kämpfen 30 bis 50 Prozent ihrer Kampfkraft eingebüßt hatten, daß die Panzerdivisionen nur noch Schatten ihrer selbst waren und mit einem schwachen Drittel ihres Sollbestandes fochten, so begreift man das, was zwischen dem 18. November und 5. Dezember vor Moskau geschah und was die russische Kriegsgeschichte ›das Wunder vor Moskau‹ nennt.

Die Kavallerieattacke von Mussino war die blutige Ouvertüre für den Stoß des V. Korps auf dem linken Flügel der Panzergruppe 4 gegen Moskaus nordwestliche Lebensader: die Straße Kalinin—Klin—Moskau. General der Infanterie Ruoff sollte sich zwischen dieser Straße und dem Moskwa-Wolga-Kanal den Zugang zu Stalins Metropole erzwingen.

Im milden Winterwetter der ersten Offensivtage stößt Generalleutnant Veiels 2. Panzerdivision zügig und voll Zuversicht über den Lama-Fluß. Der Widerstand der Russen wird gebrochen. Die Division rollt südlich an Klin vorbei, gegen das von Nordwesten her das LVI. Panzerkorps der 3. Panzerarmee vorgeht. Die ersten dürftigen Winterausstattungen treffen ein: für jede Geschützbedienung ein Fellmantel. Einer! Das war am 19. November. An diesem Tag schlägt das Wetter um. Das Thermometer sinkt unter die Minus-20-Grad-Marke. Schnee fällt. Nebel braut sich auch tagsüber zusammen. Der strenge russische Winter ist da, früher, als er in vielen anderen Jahren eintrat, allerdings nicht so außergewöhnlich, wie es oft dargestellt wird.

Am 23. November dringt die Kampfgruppe Oberstleutnant Decker vor der Spitze des V. Korps mit Teilen des verstärkten Panzerregiments 3 vom Westen her in Solnetschnogorsk ein. Die 2. Schützenbrigade unter Oberst Rodt greift mit Schützenregiment 304 von Nordosten die Stadt an. Die starke russische Verteidigung wird geworfen, über zwei Dutzend Panzer abgeschossen. Die Brücken über den Kanal werden unbeschädigt in deutsche Hand gebracht. Es geht wieder wie früher. Und General Veiels Wiener Panzerdivision steht damit sechzig Kilometer vor Moskau auf einer tadellosen Straße.

Am 25. November nimmt Oberst Rodt Peschki, südostwärts Solnetschnogorsk, neun Kilometer weiter auf Moskau zu. Der Oberst steht auf einer Anhöhe. Sieht im Glas drei Panzer anrollen. »Was sind das für Typen?« fragt er seinen Ordonnanzoffizier. »Keine Ahnung, Herr Oberst«, antwortet der.

Da peitschen auch schon Schüsse. Die Spitze der I. Abteilung Panzerregiment 3 stößt hinter einer Bodenwelle vor und feuert mit ihren 7,5-cm-Kanonen auf die überraschten Kampfwagen. Zwei erwischt es. Der dritte zieht sich zurück. Als Oberst Rodt die Wracks sieht, ist er nicht wenig verwundert: englische Panzer vom Typ »Mark III«, die auch mit der deutschen 3,7-cm-Pak noch wirksam bekämpft werden können. Die russischen Übersetzungen der englischen Originalbeschriftungen und Erklärungen sind mit Kreide an die Panzerwände geschrieben. Es sind die ersten an der Front eingesetzten britischen Hilfslieferungen für Stalin.

Auch die Infanteriedivisionen des V. Korps stoßen links und rechts der großen Straße nach Süden auf Moskau und nach Südosten gegen den Moskwa-Wolga-Kanal vor. Es sind die 106., 35. und 23. I. D. Der Kanal ist das letzte natürliche Hindernis gegen eine nördliche Umfassung Moskaus. Wird er überwunden, ist für die nördliche Angriffsgruppe, Panzergruppe 4 und 3. Panzerarmee, das Schwerste geschafft. Die Potsdamer 23. I. D. mit Infanterieregiment 9 geht über Iksdia gegen den Kanal vor. Das zweite Infanterieregiment dieser Division, I. R. 67, und die Aufklärungsabteilung 23 kämpfen sich nordöstlich Krasnaja Poljana gleichfalls an den Wasserriegel heran. Der rechte Nachbar gewinnt südlich davon bis zum 1. Dezember über Krasnaja Poljana mit verstärkter 2. Schützenbrigade Katjuschki. Dieser Ort wechselt mehrmals den Besitzer. Spähtrupps der 2. Kompanie Panzerpionierbataillon 38 dringen in Richtung auf den Bahnhof Lobnja vor. Es sieht so aus, als ob der alte ›Blitz‹ wieder regiert.

Die Russen sind zunächst verwirrt. Und wie immer in solchen Situationen liegen die Chancen für große Überraschungen in der Luft. Wie diese Chancen aussehen, zeigt folgende Episode: Kradschützenpatrouillen des Panzerpionierbataillons 62 – das zunächst bei der 2. Panzerdivision eingesetzt war, dann aber von Hoepner selbst am 30. November über die vordersten Teile der 2. Pz. D. auf den Bahnhof Lobnja und Gegend südlich davon angesetzt wurde – brausen, ohne auf Widerstand zu stoßen, bis an die kleine Hafenvorstadt von Moskau, Chimki, acht Kilometer vom Stadtrand entfernt. Sie versetzen die Bevölkerung in Panik und Schrecken und preschen zurück. Diese Kradschützen und Korpspioniere waren es, die Stalin am dichtesten aufs Fell rückten. Aber fast ebenso nahe heran kamen bei Lunewo Teile der rechts neben der 2. Panzerdivision angreifenden 106. I. D. – eine durch Flakkampftrupps des Flakregiments 52 verstärkte Kampfgruppe des I. R. 240. Russische Quellen berichten bis auf den heutigen Tag über diese Tatsache mit demselben Schauder, mit dem auch vor zwanzig Jahren der Kreml die Meldung vernahm: »Die Deutschen sind vor Chimki!«

Aber schon am 27. November herrschte im Generalstabsbunker des Kreml tiefste Bestürzung. Stalin ging mit finsterer Miene am großen Kartentisch auf und ab. Die Hiobsbotschaft von der Front lautete: »Feindliche Kräfte der 3. Panzerarmee haben siebzig Kilometer nördlich von Moskau bei Jachroma den Moskwa-Wolga-Kanal überschritten und auf dem Ostufer einen Brückenkopf gebildet. Es droht der Durchbruch nach Moskau von Norden.« Da hinter dem Kanal keine Verteidigungsstellungen mehr bestanden, war die Feststellung: »Es droht der Durchbruch von Norden« gleichbedeutend mit dem Eingeständnis: Wenn der Übergang größerer Feindkräfte auf das Ostufer nicht verhindert werden kann, ist Moskau verloren.

Was war geschehen?

Das altbewährte LVI. Panzerkorps unter General Schaal, zu Beginn des Feldzuges Mansteins Stoßverband, hatte mit der 6. und 7. Panzerdivision sowie der 14. I. D. (mot.) links vom V. Korps operiert, am 24. November Klin und kurz darauf Rogatschewo genommen, war durch die geplatzte Nahtstelle zwischen der 30. und 16. sowjetischen Armee hindurch bis an den Moskwa-Wolga-Kanal vorgestoßen und gleich ans andere Ufer gesprungen. In kühnem Handstreich nahm Oberst Hasso von Manteuffel mit dem verstärkten Schützenregiment 6 und Teilen des Panzerregiments 25 die Kanalbrücke bei Jachroma, stürmte über den Fluß und igelte zum Brückenkopf. Ein währenddessen auftauchender russischer Eisenbahnpanzerzug wurde von der in der Spitze mitrollenden Panzerkompanie des Panzerregiments 25 unter Führung des Ritterkreuzträgers Oberleutnant Ohrloff unverzüglich angegriffen und schnell vernichtet. Die völlig verstörten Russen wurden gefangen, das große E-Werk für Moskau unbeschädigt besetzt. Manteuffel hatte damit den am weitesten nach Osten vorgeschobenen Punkt der Front um Moskau und neben dem Brückenkopf der 3. Panzerarmee auf dem Ostufer des Kanals auch den Lichtschalter für den Kreml erobert.

Stalin telefonierte aus dem Kreml-Bunker unentwegt mit Schukow, Woroschilow und dem Befehlshaber der 1. Stoßarmee, Generalleutnant Kusnezow.

Solche Telefonate waren seine Methode, Einfluß auf die operativen und auch auf die taktischen Entscheidungen der Militärs zu nehmen — eine Tatsache, die heute von Chruschtschow und seinen Freunden zur immerwährenden Kritik benutzt wird, weil dadurch ein Teil der Niederlagen im ersten Kriegsjahr entstanden sein soll. Anderseits ist nicht zu bestreiten, daß Stalins Autorität manche Entscheidung erzwungen hat, die sonst vielleicht nicht getroffen worden wäre.

So war es auch am 27. November. Stalin befahl, ohne Rücksicht auf irgend etwas sofort zwei Brigaden gegen Manteuffels Brückenkopf einzusetzen und — koste es, was es wolle — ihn zu beseitigen.

Hans Leibel erinnert sich noch genau an diesen Tag vor zwanzig Jahren bei Jachroma. Der Wettergott schien es mit den Russen zu halten. Das Thermometer fiel am 27. November nachmittags im Laufe von zwei Stunden auf minus 40 Grad. Die Männer der Kampfgruppe Manteuffel hatten gegen diese arktische Kälte nur ihre einfachen Kopfschützer, die kurzen Stoffmäntel und die viel zu engen Knobelbecher. Mit dieser Ausrüstung war bei 40 Grad Kälte nicht zu kämpfen, nicht einmal gegen einen schwachen Feind.

Die mangelnde Vorsorge gegen den russischen Winter mußte bitter bezahlt werden. Es waren nicht nur keine Pelze und keine Filzstiefel da. Genauso schlimm — noch schlimmer eigentlich — war die Tatsache, daß das deutsche Oberkommando ganz einfache und leicht anzuwendende Grundregeln eines Winterkrieges in Rußland nicht erkannte und nicht berücksichtigte. Wenn es eines Beweises bedarf, daß dieser Krieg gegen Rußland — vom deutschen Generalstab jedenfalls — nicht von langer Hand und nicht sorgfältig vorbereitet war, dann liegt er in dieser vollkommenen Unwissenheit über simpelste Wahrheiten eines Winterkrieges. Als die Finnen zum Beispiel sahen, daß die deutschen Soldaten nach dem ersten Schnee noch immer ihre Knobelbecher mit Stahlnägeln in den Sohlen anhatten, schüttelten sie die Köpfe: »Eure genagelten Stiefelsohlen sind ideale Kälteleiter; da könnt ihr ja gleich auf Strümpfen laufen!«

Marschall Schukow sagte in einem Vortrag vor dem Moskauer Offiziersklub gegen Ende des Krieges, sein Respekt vor dem deutschen Generalstab sei ins Wanken geraten, als er die ersten deutschen Gefangenen aus der Winterschlacht gesehen habe. »Offiziere und Soldaten hatten alle genau passendes Schuhzeug an. Und natürlich erfrorene Füße. Den Deutschen war entgangen, daß in der russischen Armee seit dem 18. Jahrhundert die Soldaten Stiefel bekommen, die eine Nummer zu groß sind, damit im Winter Stroh oder neuerdings Zeitungspapier eingelegt werden kann, um erfrorene Füße zu vermeiden.«

Die Russen vermieden sie auf diese Weise. Bei den deutschen Fronttruppen jedoch trugen im Winter 1941/42 in vielen Divisionen bis zu 40 Prozent der Männer Erfrierungen an den Füßen davon.

Aber nicht nur die Füße erfroren, auch das Öl der Maschinen fror ein. Karabiner, MPi und MG versagten den Dienst. Die Panzermotoren sprangen nicht an. Wen wundert es, daß angesichts dieser Umstände Manteuffels Kampfgruppe den Brückenkopf bei Jachroma trotz erbitterter Gegenwehr nicht halten konnte, als zwei Brigaden, die 28. und die 50. der 1. sowjetischen Stoßarmee, in Filzstiefeln und Schneemänteln antraten. Ihre Sturmgewehre steckten in Pelzfutteralen, die MG-Schlösser waren mit Winteröl versorgt. Da gab es keine Ladehemmungen, keine verklemmten Federn. Die Russen konnten stundenlang im Schnee liegen, um sich im passenden Moment an die deutschen Vorposten heranzupirschen und sie niederzumachen. Ihre Infanterie wurde von T 34 unterstützt, während das Panzerregiment 25 der 7. Panzerdivision in der Masse nur noch über Panzer III vom Typ ›Skoda 38 t‹ mit der 3,7-cm-Kampfwagenkanone und wenige Panzer IV mit 7,5-cm-KwK verfügte.

Am 29. November mußte Manteuffel den Brückenkopf räumen. Er besetzte Riegelstellungen auf dem westlichen Ufer des Kanals. Südwestlich davon sicherte die 6. Panzerdivision am rechten Flügel des LVI. Panzerkorps. Den linken Flügel deckten die 14. und 36. I. D. (mot.). Die Chance eines Blitzstoßes auf Moskau von Norden her war vorbei.

Dafür spitzte sich dreißig Kilometer südlich Jachroma die Lage dramatisch zu. Südlich von Rogatschewo stand am 1. Dezember auch das von Kalinin herangeführte XXXXI. Panzerkorps auf dem rechten Flügel der 3. Panzerarmee im Angriff auf die Kanalübergänge nördlich Lobnja. Zunächst aber galt es, südlich Federowka eingeschlossene Teile der Potsdamer 23. I. D. freizukämpfen. Weiter südlich, nordwestlich Lobnja, bedrohte die 2. Panzerdivision General Veiels Moskau von Nordwesten her. Ihre linke Kampfgruppe unter Oberstleutnant Decker pirschte sich im Schneetreiben und bei grimmiger Kälte auf der verminten Straße Rogatschewo—Moskau bis Oserezkoje. Der Ort wurde genommen.

»Einsteigen zum Kreml, Teilstrecke Roter Platz«, riefen sich die Vorposten zu. Denn sie standen in den Windfängen der Omnibushaltestelle nach Moskau, schlugen die Arme vor Kälte um den Körper und trampelten sich die Füße warm. »Wann kommt der verdammte Bus?« lachten sie. »Scheint Verspätung zu haben.«

Und als der Leutnant Strauss von der 1. Kompanie Panzerjägerabteilung 38 mit seinem Wagen an der Haltestelle vorbeifuhr, die Straße nach Gorki hinunter, da witzelte der Fahrer: »Warum nehmen wir nicht den Bus, Herr Leutnant? Fahrzeit doch höchstens fünfundvierzig Minuten bis zum Genossen Stalin.« Der Unteroffizier rechnete für sowjetische Busse ein bißchen zu günstig. Es waren immerhin noch achtunddreißig Kilometer bis zum Roten Platz.

Aber die Kampfgruppe der verstärkten 2. Schützenbrigade unter Oberst Rodt kam dem Fahrtziel doch noch näher. Sie nahm, nachdem sie mit ihren Schützenbataillonen und Pionieren bereits am 30. November gegen erbitterten Widerstand abgesessener sibirischer Kavallerie und Moskauer Arbeitermilizen Krasnaja Poljana, dann Puschki und am nächsten Tag Katjuschki besetzt hatte, nun durch Major Reichmann mit dem II. Bataillon Schützenregiment 304 sogar noch Gorki. Das waren dreißig Kilometer bis zum Kreml, zwanzig Kilometer bis zum Stadtrand von Moskau. Ein Stoßtrupp des Panzerpionierbataillons 38 drang sogar bis zum Bahnhof Lobnja vor und sprengte ihn, um die Heranführung sowjetischer Eingreifreserven zu verhindern: siebzehn Kilometer vor dem Moskauer Stadtrand, siebenundzwanzig Kilometer bis zum Kreml.

Die Stäbe in der roten Hauptstadt hielten beim Einlaufen dieser Nachricht den Atem an. Es war der Tag, da die ›Prawda‹ auf der ersten Seite zwei aufregende und bezeichnende Meldungen brachte: die eine über die Erschießung von Marodeuren in den Hauptverkehrsstraßen der Stadt, die andere über Todesurteile gegen Spekulanten mit Lebensmitteln.

Moskau war Frontgebiet, war schon Schützengraben. Durch die Stadt rollten die T 34, die aus den Fabriken am östlichen Stadtrand kamen, ratterten die Lastwagen mit Arbeitermilizen und Jungkommunisten zu den Bahnhöfen: Eingreifreserven gegen Katjuschki und Gorki. Sibirische Bataillone fuhren in Taxis und in beschlagnahmten Autos der Partei- und Staatsfunktionäre an die Front. Auf requirierten Lieferwagen und in Omnibussen wurde Munition an die Brennpunkte der Schlacht gebracht. In einer Stunde konnte ein Arbeiterbataillon aus einem Traktorenwerk am Ostrand Moskaus im Westen oder Nordwesten in den Kampf springen. ›Innere Linie‹ nennt es der Stratege. Und das Gesetz der inneren Linie ermöglichte es Stalin, die deutschen Spitzen vor Katjuschki und Gorki mit ausreichenden Eingreifreserven zu stoppen.

An der Rollbahn von Stariza über Wolokolamsk nach Moskau liegt das Städtchen Istra. Man hat es zum Kernstück der 2. Moskauer Verteidigungslinie ausgebaut. Sibirische Schützenregimenter sind hier eingesetzt.

Das XXXX. und XXXXVI. Panzerkorps der Panzergruppe 4 müssen den Sibiriern Dorf um Dorf, Waldstück um Waldstück abkämpfen. Schritt für Schritt arbeiten sich die Vorausabteilungen und Kampfgruppen der 5. und 10. Panzerdivision sowie der SS-Infanteriedivision (mot.) ›Das Reich‹ durch das Gelände, über offene windgepeitschte Felder, durch tiefe verschneite Wälder. Am 23. November gelingt es, bis an die Istra und den gleichnamigen Stausee zu kommen. Der tiefe See ist achtzehn Kilometer lang und im Schnitt zwei Kilometer breit. Er speist den fünfzig Meter breiten Istra-Fluß, der zur Moskwa fließt. Das ostwärtige Ufer liegt hoch und ist dicht bewaldet. Die Russen, die hier in guten Stellungen sitzen, haben einen weiten Blick über die verschneiten Felder des Westufers. Wer sie angreifen will, muß über den Fluß oder über den See.

Trotzdem gelingt es am 24. und 25. November der 11. und 5. Panzerdivision, Fluß und Stausee zu bezwingen und Brückenköpfe zu bilden. Das Kradschützenbataillon 61 der 11. Panzerdivision stürmt unter Führung von Major von Usedom wagemutig über das Eis der Istra. Die Russen schießen mit Artillerie. Eisen- und Eissplitter fliegen durch die Luft. Aber die Kradschützen kämpfen sich ans andere Ufer und krallen sich im hartgefrorenen Boden fest. Auch der Stausee wird an seiner engsten Stelle bei Lopatowa bezwungen. Bange Minuten folgen, als die Männer auf die Staumauer zuhasten. Sie ist sicher zur Sprengung vorbereitet. Was geschieht, wenn die Staumauer plötzlich aufreißt, wenn die Wassermassen herausstürzen?

Aber die Überraschung der Stoßtrupps der 11. Panzerdivision ist gelungen. Kein Russe konnte mehr auf den Knopf drücken. Oberleutnant Breitschuhs Pioniere räumen 1100 Minen und 40 Zentner Sprengstoff aus der Mauer.

Auch weiter südlich glückt der Stoß über den wichtigen Istra-Fluß: Oberstleutnant von der Chevallerie nimmt mit dem verstärkten Schützenregiment 86 der 10. Panzerdivision die Brücke von Buscharowo. Dichtes Schneetreiben deckt die Aktion. Chevalleries Haufen ist der Rest der einst so stolzen 10. Pz. D. Ihr Panzerregiment 7 besitzt noch achtundzwanzig Panzer und die Schützenregimenter 69 und 86 noch vier schwache Schützenbataillone von je 120 Mann. Die Artillerieabteilung Boehringer hat noch eine einzige Zugmaschine, das Regiment noch ganze zehn Rohre. Aber die Reste der 10. Pz. D. fechten unverdrossen.

Der Gegner wehrte sich verzweifelt, wie es im Tagebuch eines Mitkämpfers heißt, er karrte heran, was er nur erreichen konnte. Die russische Opferbereitschaft war bewundernswert, vorerst aber noch erfolglos, denn die Angriffsverbände der Heeresgruppe Mitte fraßen sich trotz aller Schwierigkeiten förmlich an Moskau heran.

Am 26. November, einem kalten diesigen Tag mit Frost um 20 Grad, greift die Kampfgruppe der 10. Panzerdivision die Stadt Istra von Norden an. Es wird ein hartes Treffen, die Angreifer haben bei den sich entspinnenden Waldgefechten durch die verzehnfachte Splitterwirkung der sowjetischen Salvengeschütze erheblich zu leiden, doch gelingt es, die Sowjets, mandschurische Einheiten aus Chabarowsk, aus den Wäldern herauszudrücken und mit letzter Kraftanstrengung den Nordrand der Stadt Istra zu erreichen.

Inzwischen sind die Bataillone der SS ›Reich‹ herangekommen. Das SS-Kradschützenbataillon Klingenberg hatte zuvor die an der Chaussee Wolokolamsk—Moskau hart westlich Istra gelegene Waldbunkersperre zu öffnen gehabt, die von Teilen der berühmten 78. sibirischen Schützendivision verteidigt wurde. Diese Division war dafür bekannt, daß sie weder Gefangene machte noch sich gefangen gab. Im Nahkampf, mit Handgranaten und Spaten mußte Bunker für Bunker genommen werden. Klingenbergs Kradschützen kämpften mit Bravour, und viele der jungen Männer der Waffen-SS bezahlten mit dem Leben. Als Hauptmann Kandutsch seinem Kommandierenden, General Stumme, über den Gefechtsverlauf berichtete, standen ihm Tränen in den Augen, denn die achtzehn- bis zwanzigjährigen Jungen, die tot auf dem Gefechtsfeld lagen, waren teils barfuß in ihren Stiefeln. Und inzwischen betrug die Temperatur 15 Grad Kälte.

Vor Istra liegt in einer Flußschleife die Zitadelle der Stadt, sie beherrscht die westlichen Zugänge. Der SS ›Reich‹ gelingt es, die Zitadelle überraschend zu nehmen. Die SS-Infanterieregimenter ›Deutschland‹ und ›Der Führer‹, unterstützt durch SS-Artillerieregiment ›Das Reich‹, sind von Süden eingebrochen und sickern in die verschanzten Straßen ein. Hitlers und Stalins Garden schenken sich nichts. Die Sibirier müssen weichen. Istra, das Kernstück der letzten Moskauer Schutzstellung, wird genommen.

Am 27. November fällt Polewo. Am gleichen Tage beginnt die sowjetische Luftwaffe mit pausenlosen Angriffen auf Istra. Man will den Deutschen das Verkehrszentrum vor Moskau nicht heil überlassen; die deutschen Stäbe sollen – wie sich aus abgehörten Funkbefehlen ergibt – keine Quartiere finden. Die Zwiebeltürme der Kirchen sinken zusammen. Haus um Haus wird von der roten Luftwaffe zerbombt. Zweitausend Bomben fielen auf das Städtchen, und es blieb wirklich kein heiles Quartier für den Stab.

Am 28. November früh nimmt die Waffen-SS Wysokowo und geht weiter auf Moskau vor. Die Stoßtrupps stehen nun schon innerhalb des Dreißig-Kilometer-Kreises um den Kreml.

Das Thermometer zeigt 32 Grad unter Null. Die Männer müssen nachts im Freien liegen. Sie ziehen alles an, was sie haben. Aber es reicht nicht. Sie haben keine Pelze, keine Pelzkappen, keine Filzstiefel, keine Fellhandschuhe. Die Zehen erfrieren. Die Finger in den dünnwollenen Fausthandschuhen werden weiß und steif.

Aber bei all der Bitternis jener schweren Tage gab es auch tröstliche Stunden und Augenblicke: In den dunklen, unheimlich spannungsgeladenen Nächten um die November-Dezember-Wende 1941, als das ganze Land im klirrenden Frost erstarrt war, als die Ju's nach Moskau rauschten und der nächtliche Horizont vom sowjetischen Flakfeuer illuminiert war, da schaltete man gegen 22 Uhr den Belgrader Wachtposten ein, und dann erklang Lale Andersens dunkle Stimme, und die Landser lauschten: »Vor der Kaserne ... wie einst Lilimarlen.« Es ist kaum zu glauben, aber wer damals vor Moskau war und lebend davongekommen ist, der weiß es und vergißt es nie, wie ein sentimentaler Landsersong das Heimweh und die Sehnsucht in die Augen schwemmte.

Am 2. Dezember stehen die Spitzen der SS-Infanteriedivision ›Das Reich‹ vor Lenino. Leutnant Weber, der Ordonnanzoffizier des Heeresartilleriekommandeurs 128, Oberst Weidling, schreibt an seine Mutter in Hamburg: »Diese Russen scheinen ein unerschöpfliches Menschenmaterial zu haben. Hier laden sie täglich frische Truppen – Sibirier – aus, schaffen neue Artillerie heran, verminen das Gelände. Am 3. griffen wir zuletzt an, eine Höhe – die sogenannte Birnenhöhe, ein Dorf, das den Namen Lenino führt. Es gelang mit Hilfe der Artillerie und der Nebelwerfer, die Höhe ganz, das Dorf halb zu nehmen. Aber wir mußten es nachts wieder aufgeben, um uns gegen die ständigen russischen Gegenangriffe besser verteidigen zu können. Es fehlten noch zwölf Kilometer, um die Hauptstadt unter Artilleriefeuer nehmen zu können, aber es ging nun nicht mehr.«

Es ging nicht mehr voran bei der Panzergruppe 4. Ihre Angriffsverbände kamen nur noch wenige Kilometer weiter. Das zeigte sich bei der 10. Panzerdivision: Die Kampfgruppe des bewährten Schützenregiments 69 hatte zwar bereits am 1. Dezember, unterstützt von den letzten Panzern der Division, das Dorf Lenino erreicht. Sie konnte den Russen aber nur noch den Westrand des Dorfes entreißen. Im Ostteil, durch eine Bachmulde von den Deutschen getrennt, saß der Gegner wie einbetoniert. Vier Tage lang lag man sich gegenüber. Pausenlos feuerte die russische Artillerie auf die deutschen Stellungen. Das Häuflein der 69er wurde immer kleiner, und es gewann keinen Quadratmeter Boden mehr. Vierunddreißig Kilometer waren es noch bis zum Kreml, dreiundzwanzig Kilometer bis zum nordwestlichen Stadtrand Moskaus, achtzehn bis zum Nordhafen.

Aber noch bohren sich andere Divisionen durch Schnee und Kälte an die Hauptstadt heran: Südlich von Istra, beiderseits der Straße Rusa—Swenigorod und entlang der Moskwa, versucht es das IX. Korps unter General Geyer mit der 252., 87., und 78. I. D. Erstes Angriffsziel heißt die Straße Swenigorod—Istra und die Stadt Swenigorod, Zentrum der Arsenale und Magazine für den Westabschnitt der Moskauer Schutzstellung.

Die Stadt ist eingebettet in verschneites Urwaldgebiet. Darin sitzen in unzähligen gutgetarnten Erd- und Betonbunkern die Regimenter der 5. sowjetischen Armee. Erster Schwerpunkt: Lokotnja. Hier war die württembergische 78. I. D. Ende Oktober im Schlamm steckengeblieben. Jetzt will sie an dem Riegel vorbeistoßen.

In einer kühnen Umfassungsoperation, auf Schleichwegen, Mann hinter Mann, durch verschneiten Urwald und über gefährliche Lichtungen, zieht Oberst Merker in einem ›Flüstermarsch‹ mit dem verstärkten Regiment 215 in den Rücken der Russen, rollt die zäh verteidigten Stellungen auf und nimmt am 20. November Lokotnja.

Die Infanterieregimenter kämpfen sich mit Pionierunterstützung bis zum 24. November auf das festungsartig ausgebaute Aleksandrowskoje und bis zum 2. Dezember 12 Uhr mittags auf Jerschowa-Ost heran. Damit aber ist die Kraft der Division erschöpft. Swenigorod zu nehmen, gelingt nicht mehr.

Zwischen dem linken Nachbarn der 78. I. D., der 87. I. D. — IX. Infanteriekorps — und der SS-I. D. ›Das Reich‹ — XXXX. Panzerkorps — stößt die 252. I. D. vor und wühlt sich in die sowjetischen Verteidigungsstellungen. Schwere Kämpfe in dem unwegsamen Waldgelände bringen die Regimenter in große Bedrängnis. Infanterieregiment 461 wird abgeschnitten und ficht zwei Tage auf sich allein gestellt. Stukas hämmern den russischen Widerstand nieder. Infanterieregiment 7 erreicht Prokowskoje. Eine Kampfgruppe des II. Bataillons schiebt am 1. Dezember die Hauptkampflinie gegen immer wieder angreifenden Feind ein paar Kilometer über Prokowskoje hinaus. Dann geht es nicht weiter. Der Schnee, die Kälte, die Erschöpfung, die russische Verteidigung gebieten Halt.

Es zeigt sich, daß die Russen Meister in der schnell improvisierten Verteidigung waren, vor allem in winterlichen Wäldern und Sumpfgebieten. Ihre Kräfte, die sie vor Moskau einsetzten, wären vier Monate früher mit großer Wahrscheinlichkeit von den deutschen Divisionen zerschlagen worden. Aber gegen die überforderten, ausgepowerten, halb erfrorenen deutschen Spitzen, die nicht genug schwere Waffen und Panzer hatten, war der Russe stark genug. Es galt der alte Satz: »Das letzte Bataillon bringt die Entscheidung.« Das beste Beispiel ist der Kampf um die Autobahn.

Der nächste, der kürzeste und der beste Weg nach Moskau war die Autobahn von Smolensk. Dort, wo sie sich mit der alten Poststraße durch die Seen=Enge der Nara=Teiche windet, ostwärts vom Straßenkreuz Schelkowka—Dorochowo, hatte der Russe sich verschanzt und blockierte die wichtigste Schlagader der deutschen Offensive.

Vergeblich versuchte die Panzergruppe 4 mit General Fahrmbachers VII. Korps die Sperre Nara=Teiche — Rollbahn — Poststraße — Moskwa=Knie zu brechen. Die nördlich der Moskwa kämpfende Hannoversche 267. I. D. lag bei bitterster Kälte und hohem Schnee fest. Die kampferprobte 197. I. D., genannt Rollbahn=brecher=Division, und die bayerische 7. I. D. mit der tapfer kämpfenden französischen Legion versuchten vergeblich den hartnäckigen Feindwiderstand um Nara=Teiche — Rollbahn — Poststraße — Poljetskoje=See — Moskwa=Knie durch eine Linksverschiebung zu umgehen. Aber die Seen=Enge vor Kubinka blieb blockiert. Um die neu ausgebaute Autobahn nach Moskau südostwärts von Naro=Fominsk doch noch zu gewinnen, setzte Feldmarschall von Kluge mit dem XX. Infanteriekorps seiner 4. Armee an der Nahtstelle zur Panzergruppe 4 am 1. Dezember noch einmal ein gewagtes Unternehmen in Gang.

Beinahe wäre es geglückt. Der offizielle sowjetische Militärkritiker Oberst Dr. P. A. Shilin schreibt in seinem Buch ›Die wichtigsten Operationen des Großen Vaterländischen Krieges‹: »Anfang Dezember unternahm der Feind den letzten Versuch, vom Westen zur Hauptstadt durchzubrechen. Dazu wurden Panzer, mot.= und Infanteriedivisionen der 4. Armee im Raum Naro=Fominsk versammelt. Dem Feind gelang es, in die Tiefe unserer Verteidigungsstellungen einzubrechen.«

So war es. Kluge wollte in einer weiten Umfassung die Autobahn hinter den Nara=Teichen gewinnen und ihre Flanke absichern. Mit Schwerpunkt bei der 258. I. D., welche die Narabrücke bei Taschirowo bereits in Besitz hatte, tritt das XX. Korps unter General Materna am 1. Dezember gegen 5 Uhr mit der 3. I. D. (mot.), der 183., 258. und der verstärkten 292. I. D. zum Angriff auf die Autobahn ostwärts Naro=Fominsk an. Bei über 30 Grad Kälte werden die gut ausgebauten Feldbefestigungen südostwärts und nördlich der Stadt durchbrochen. Die durch Teile des Panzerregiments 27 der 19. Pz. D. verstärkte 292. I. D. dreht nach Norden ein. Oberst Hahne gewinnt mit Stab und II. Bataillon Infanterieregiment 507 Akulowo, sechs Kilometer von der Autobahn entfernt, siebenundfünfzig Kilometer vor Moskau.

Auf dem rechten Flügel des XX. Korps kämpft sich die 183. Infanteriedivision am 2. Dezember mit zwei Bataillonen des I. R. 330 westlich Schalamowo bis an die Autobahn heran und igelt dort. Am 3. Dezember frühmorgens geht das I. R. 330 ohne Feinddruck befehlsgemäß auf seine Ausgangsstellungen an der Nara, südlich Naro=Fominsk, zurück.

Die 3. I. D. (mot.) und die 258. I. D. stießen umfassend auf Naro-Fominsk. 34 Grad Kälte und eisiger Wind ließen die Knochen schmerzen. Es gab die ersten Fälle, daß Soldaten sich in den Schnee warfen und riefen: »Ich kann nicht mehr!« Die Bataillone schmolzen zusammen, mehr durch Frostschäden als durch den Feind. Einzelne Bataillone hatten nur noch achtzig Mann.

Bei der brandenburgischen 3. I. D. (mot.) verlor das I. Bataillon Infanterieregiment 29 in den ersten Kampftagen alle Kompaniechefs. Die 5. Kompanie, die mit siebzig Soldaten in diese Schlußoffensive ging, hatte am ersten Abend noch achtundzwanzig Mann. Der Kompaniechef war verwundet, die beiden Feldwebel und vier von neun Unteroffizieren gefallen und drei verwundet. Trotzdem nahm Infanterieregiment 29 Naro-Fominsk und stieß noch fünf Kilometer auf der Rollbahn nach Osten. Dann aber blieb der Angriff bei 38 Grad Kälte liegen.

Nur beim linken Nachbarn, der 258. I. D., kam man noch nach Osten voran. Hier boxte sich eine unter dem Kommandeur des Flabataillons 611 gebildete schnelle Kampfgruppe auf dem linken Flügel der Division über Barchatowo–Kutmewo nach Nordosten auf Podasinski durch. Ja, die Vorausabteilung Bracht kämpfte sich mit der Aufklärungsabteilung (mot.) 53, 1. Kompanie Panzerjägerabteilung 258, zwei Zügen der 1. Kompanie Flabataillon 611 und einigen Sturmgeschützen bis Juschkowo, links der Rollbahn, vor: Von hier sind es noch vierundvierzig Kilometer bis zum Kreml.

Auf der anderen Seite der Straße lag das Dorf Burzewo. Das armselige Nest mit seinen dreißig strohgedeckten Häusern am Ende eines tiefverschneiten Exerzierplatzes war Endstation der Spitze der 258. I. D.

Am späten Nachmittag des 2. Dezember drang auch das III. Bataillon Infanterieregiment 478 auf der Straße Naro-Fominsk–Moskau in das Dorf Burzewo ein. Teile des II. Bataillons hielten sich seit Stunden verzweifelt gegen den angreifenden Feind. Die fünfundzwanzig oder dreißig strohgedeckten Häuser des kleinen Nestes übten auf die Landser eine magnetische Anziehungskraft aus. Der Rauch, der aus den Schornsteinen kerzengrade in die krachende Kälte stieg, versprach warme Öfen. Und nichts wünschten sich die Männer sehnlicher als ein bißchen Wärme. In der Nacht vorher hatte sie der plötzliche schwere Kälteeinbruch mit minus 35 Grad in den alten Bunkern eines Panzerübungsplatzes westlich des Dorfes überrascht.

Die Kolchosbauern hatten diese Bunker als Hühnerställe benutzt. Die Hühner waren weg, aber die Flöhe waren noch da. Es wurde eine schreckliche Nacht. Wer vor den Flöhen floh, konnte sich nur hinter Betonbrocken kauern. Und dort lauerte der Frost. Ehe man es begriff, waren die Finger weiß und die Zehen in den Stiefeln gefühllos erfroren. Dreißig Mann meldeten sich vor dem Antreten mit zum Teil ernsten Erfrierungen in dem Sanitätsunterstand. Es hatte aber gar keinen Zweck, ihnen die Stiefel auszuziehen; denn die Haut blieb mitsamt den angefrorenen Fußlappen drin. Medikamente gegen Frostwunden waren nicht da. Transportmöglichkeiten zum Hauptverbandplatz gab es auch nicht. So blieben die Männer mit ihren Erfrierungen bei der Truppe und hofften auf die warmen Häuser von Burzewo.

Im Morgengrauen war das Bataillon angetreten. Ohne Artillerievorbereitung.

Mit drei Sturmgeschützen und einer 8,8-cm-Flak, die zur Unterstützung unterstellt waren. Die Russen in den Stellungen vor und in Burzewo litten offensichtlich auch unter der Kälte. Sie waren genauso schlecht mit Winterkleidung ausgerüstet wie die Deutschen und ließen sich nicht auf große Kämpfe ein. Verwundete und Überläufer standen reichlich unter Wodka. Sie behaupteten, hinter ihnen gebe es bis Moskau nur noch ein paar Flakstellungen. Nur an zwei Stellen versuchten die Russen, das Dorf anzustecken. Der schreckliche Sinn von Stalins Befehl der ›verbrannten Erde‹ wurde hier deutlich.

Major Staedtke beschränkte Sicherungen und Vorposten auf das Allernotwendigste und ließ die Männer in die Häuser, an die warmen Öfen. Dort saßen, hockten und lagen sie wie die Ölsardinen zusammen mit den russischen Zivilisten in den Stuben. Sie legten Ziegelsteine in den Ofen. Und jede Ablösung, die alle Stunde hinausging, nahm einen mit: Nicht um draußen die Füße oder die Hände zu wärmen. Nein, es ging um etwas viel Wichtigeres. Der warme Stein wurde in Lappen gewickelt und auf das MG-Schloß gelegt, damit das Öl nicht einfror. Wenn der Russe plötzlich hinter einem Schneehügel hervorsprang, nachdem er stundenlang dort gelegen hatte, dann durfte es keine Ladehemmung geben. Und so schleppten sie alle Stunde ihre Steine hinaus, um die Waffe zu wärmen. Wer wieder in der Stube saß, fühlte sich wohl wie im Paradies.

Aber das Paradies dauerte nur sechs Stunden. Der Kommandeur der 258. I. D. nahm das verstärkte I. R. 478 auf Juschkowo zurück; das III. Bataillon war Nachhut. Um 22 Uhr griff hier der Russe erneut mit T 34 an. Er wußte, worauf es ankam: Planmäßig schoß er die strohgedeckten Häuser in Brand. Dann brach er in das Dorf ein. Im Schein der brennenden Katen ging der Kampf weiter. Zwei Panzer erledigte die 8,8, dann erhielt sie einen Volltreffer. Die Sturmgeschütze und T 34 jagten sich durch das brennende Dorf. Die Infanteristen lagen in den Gärten hinter den Backöfen und in Vorratskellern. Leutnant Bossert ging mit einem Stoßtrupp der 9. Kompanie den T 34 mit alten russischen Panzerminen zu Leibe.

Schwelend lagen schon ein halbes Dutzend der gefleckten Ungeheuer auf der Dorfstraße. Aber auch zwei von den drei Sturmgeschützen waren schon außer Gefecht. Eines brannte genau vor dem Garten, wo der Oberarzt Dr. Sievers in einem Kartoffelkeller seinen Regimentsverbandplatz eingerichtet hatte. Sanitätsunteroffizier Pingel spritzte unentwegt Morphium oder S. E. E., eine Kombination aus Scopolamin, Eukodal und Ephetonin, um den Verwundeten wenigstens die Schmerzen zu lindern. Er hatte die Spritzen immer in der Hosentasche, weil sonst die Kanülen zufroren. Steril? Natürlich nicht. Aber was hieß steril. Wichtig war, den Männern, die da bei 20 Grad Kälte lagen, zu helfen.

Als der Morgen graute, hielt das III. Bataillon immer noch die Trümmer von Juschkowo. Sechs T 34 lagen ausgebrannt oder zerschossen im Dorf. Russische Infanterie kam hier aber nicht mehr. Der Angriff war abgeschlagen. Aber es war klar, daß auch an ein weiteres Vorgehen gegen Moskau nicht zu denken war. Die Männer waren am Ende. Siebzig Schwerverwundete lagen in den eiskalten Kartoffelkellern. Es kam der Befehl, Juschkowo aufzugeben und wieder hinter die Nara zurückzugehen. Es war die Stunde, in der die ganze 4. Armee ihren Angriff einstellte und ihre Spitzen in die Ausgangsstellungen zurücknahm.

Dr. Sievers ließ die Verwundeten auf die Panjewagen legen, die nachts mit Munition und Verpflegung nach vorn gekommen waren. Aber der Platz reichte nicht. Die zerschossenen Fahrzeuge wurden gleichfalls beladen und als Schlitten hinter die Zugmaschine der 8,8 gebunden. Die ganz schweren Fälle kamen auf das Sturmgeschütz. Die Toten mußten unbeerdigt zurückbleiben. Es war fast ein napoleonischer Rückmarsch.

Die Kolonnen hatten das langgestreckte Dorf noch nicht verlassen, als der Russe schon mit Artilleriefeuer angriff. Treffer jagten in die Kolonnen. Vor zwei Panjewagen mit Verwundeten fielen die Pferde. Die Wagen stürzten um. Die Verwundeten riefen verzweifelt um Hilfe. Plötzlich tauchten drüben am Wald die Schatten sowjetrussischer Panzer auf.

»Russenpanzer!« Panik griff um sich. Flucht war der einzige Gedanke. Da griff der Oberarzt Dr. Sievers zum ersten Male zu seiner Pistole. »Pingel, Bockholt, hierher!« Und er und seine Sanitätsunteroffiziere bauten sich mit gezogenen Pistolen auf der Straße auf. Die Geste genügte. Mit einem Schlag siegte wieder die Vernunft in den Köpfen der Landser. Die Verwundeten wurden aufgeladen. Je zwölf Mann spannten sich vor die Panjewagen. Unteroffizier Pingel führte den einen, Bockholt den anderen. »Vorwärts!«

Und sie preschten dem kleinen Wäldchen zu, wo das letzte Sturmgeschütz in Stellung gegangen war und die Pferdekolonne wartete. Am 4. Dezember waren sie wieder hinter der Nara.

Am 5. Dezember lagen die Stoßverbände der 3. Panzerarmee und der Panzergruppe 4 auf dem linken Flügel der Heeresgruppe Mitte in einem großen Halbbogen nördlich und nordwestlich von Moskau in schweren Angriffs- und Abwehrkämpfen. Am Moskwa-Wolga-Kanal, rund siebzig Kilometer nördlich vom Kreml, behauptete die 7. Panzerdivision ihren Riegel westlich Jachroma. Rund vierzig Kilometer weiter nach Süden stand die Kampfgruppe Westhoven der 1. Panzerdivision im Zusammenwirken mit Teilen der 23. I. D. im Angriff über Bely Rast nach Südosten und Osten auf die Kanalübergänge nördlich Lobnja. Ihr durch Panzer und Artillerie verstärktes Kradschützenbataillon 1 nahm am späten Nachmittag Kusjaewo, zwei Kilometer westlich des Kanals — etwa zweiunddreißig Kilometer nördlich vom Kreml. In Gorki, Katjuschki und Krasnaja Poljana — an der östlichsten Stelle noch etwa sechzehn Kilometer von Moskau entfernt — standen die Männer der Wiener 2. Panzerdivision in erbittertem Kampf, der sich in nichts von den harten Abwehrgefechten ihrer Nachbarn, beim XXXXVI. Panzerkorps, XXXX. Panzerkorps und IX. sowie VII. Infanteriekorps der Panzergruppe 4, unterschied.

Karte 9
Am 5. Dezember 1941 stehen die Divisionen der Heeresgruppe Mitte vor den Toren Moskaus. Die beiden Schutzstellungen der Stadt sind durchbrochen. Vorausabteilungen haben Chimki erreicht, acht Kilometer vom Stadtrand entfernt.

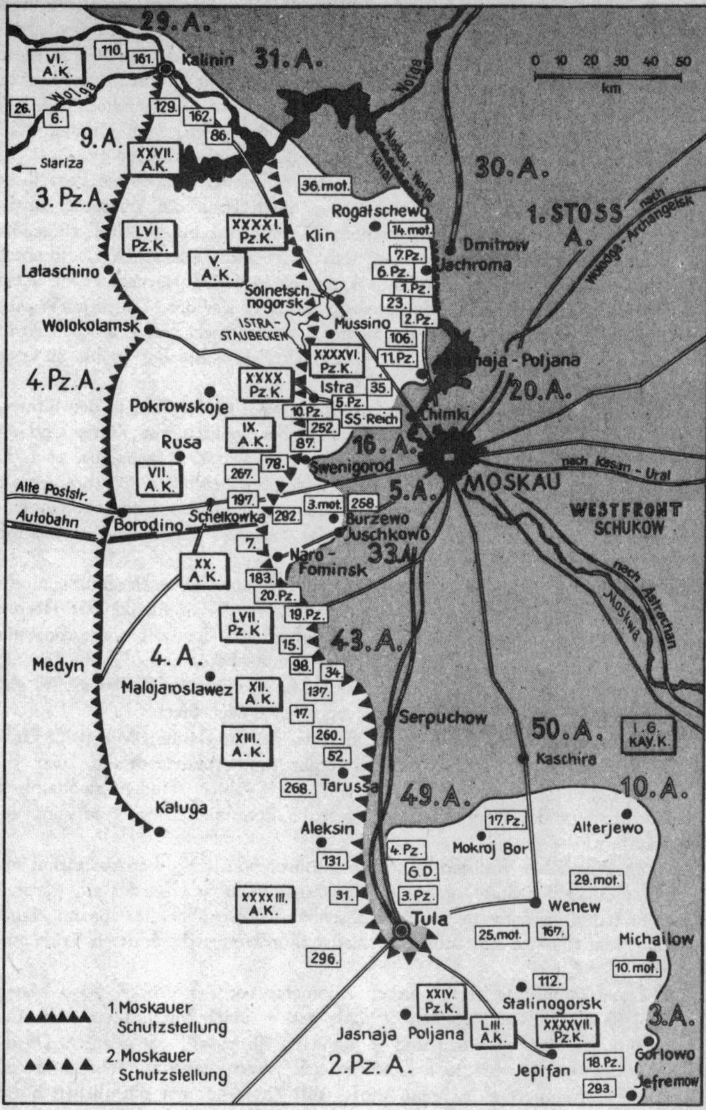
29. A.
31. A.
Kalinin
VI. A.K.
110.
161.
26.
6.
Wolga
129.
162.
86.
9. A.
XXVII. A.K.
Stariza
3. Pz.A.
36.mot.
Moskau-Wolga Kanal
Wolga
30. A.
1. STOSS A.
nach Wologda-Archangelsk
0 10 20 30 40 50
km
Rogatschewo
14.mot.
Dmitrow
Jachroma
7.Pz.
6.Pz.
1.Pz.
23.
2.Pz.
LVI. Pz.K.
XXXXI. Pz.K.
Klin
V. A.K.
Lataschino
Solnetschnogorsk
ISTRA-STAUBECKEN
Mussino
106.
11.Pz.
Wolokolamsk
XXXXVI. Pz.K.
Krasnaja-Poljana
20. A.
4. Pz. A.
XXXX. Pz.K.
Istra
35.
5.Pz.
Pokrowskoje
10.Pz.
SS-Reich
Chimki
252.
IX. A.K.
87.
16. A.
Rusa
78.
Swenigorod
MOSKAU
nach Kasan-Ural
VII. A.K.
267.
5. A.
Alte Poststr.
197.
3.mot.
258.
WESTFRONT SCHUKOW
Autobahn
Borodino
Schelkowka
292.
Burzewo
Juschkowo
7.
Naro-Fominsk
33. A.
XX. A.K.
183.
20.Pz.
nach Astrachan
Moskwa
LVII. Pz.K.
19.Pz.
15.
43. A.
4. A.
98.
Medyn
34.
Malojaroslawez
XII. A.K.
137.
17.
Serpuchow
50. A.
I. G. KAV.K.
XIII. A.K.
260.
52.
Kaschira
268.
Tarussa
49. A.
10. A.
Kaluga
17.Pz.
Aleksin
Alterjewo
Mokroj Bor
4.Pz.
131.
G.D.
29.mot.
XXXXIII. A.K.
31.
3.Pz.
Wenew
Tula
25.mot.
167.
Michailow
296.
10.mot.
112.
XXIV. Pz.K.
Stalinogorsk
1. Moskauer Schutzstellung
2. Moskauer Schutzstellung
Jasnaja Poljana
LIII. A.K.
XXXXVII. Pz.K.
3. A.
Gorlowo
2. Pz. A.
Jepifan
18.Pz.
293.
Jefremow

In Katjuschki — einem der am weitesten nach Südosten vorgeschobenen Stützpunkte der 2. Panzerdivision — kämpften Teile der 2. Schützenbrigade, das verstärkte I. Bataillon Schützenregiment 304 unter Führung von Major Buck. Katjuschki liegt von Moskau so weit weg wie Oranienburg von Berlin. Durchs Scherenfernrohr auf dem Dachboden der Bauernkate am Friedhof konnte Major Buck das Leben in den Straßen von Moskau beobachten. Zum Greifen nahe lag alles. Aber sie konnten es nicht greifen. Die Kraft reichte nicht mehr.

Am 4. Dezember kamen wieder ein paar Übermäntel und einige Paar dicke lange Wollstrümpfe nach vorn. Dabei war durch Funk die Warnung durchgegeben worden: »Achtung, Frostwarnung! Temperatur bis 35 Grad sinkend.« Die Schützen des I. Bataillons hatten noch lange nicht alle einen Übermantel. Und sie bekamen manchen Tag auch kaum einen Löffel warmes Essen. Aber selbst das war noch nicht das schlimmste. Schlimmer war der Mangel an Waffen und Munition: Die Panzerjäger hatten pro Zug noch zwei 5-cm-Pak, das Artillerieregiment noch ein Drittel seiner Rohre. Und da sollte bei 30 bis 40 Grad Kälte Moskau erobert werden.

Was die Männer im freien Gelände an ihren MG, an der Pak, in den Schneelöchern aushielten, grenzt ans Phantastische. Sie weinten vor Kälte. Und sie weinten vor Wut und Hilflosigkeit: Weil sie vor dem Ziel lagen und es nicht mehr schafften. Denn in der Nacht vom 5. zum 6. Dezember erreichte die am weitesten vorgeschobenen Divisionen der Befehl, die Angriffsoperationen einzustellen. Bei der 2. Panzerdivision war das sechzehn Kilometer nordwestlich von Moskau.

In den gleichen Stunden, in der Nacht vom 5. auf den 6. Dezember, mußte sich auch Generaloberst Guderian entschließen, an der Südflanke der Heeresgruppe Mitte den Angriff auf Tula abzubrechen und die weit vorgeschobenen Teile seiner Panzerarmee in die allgemeine Linie oberer Don—Schat—Upa zur Verteidigung zurückzunehmen. Zum ersten Male in diesem Kriege mußte sich Guderian zum Rückzug entschließen. Es war wie ein Menetekel.

Zuerst war auch bei ihm die neue Offensive gut angelaufen. Mit zwölf Divisionen und dem verstärkten Infanterieregiment ›Großdeutschland‹ war die 2. Panzerarmee angetreten. Aber nur auf dem Papier standen zwölfeinhalb Divisionen; von der Kampfkraft her gesehen konnte man sie höchstens auf vier beziffern.

Am 18. November vollbrachte Leutnant Störck von der 3. Panzerdivision mit dem Pionierzug der Stabskompanie Schützenregiment 394 wieder ein Meisterstück. Er nahm südostwärts Tula die Eisenbahnbrücke über die Upa im Handstreich. Diesmal hatte sich Brückenspezialist Störck einen besonderen Trick ausgedacht:

Die Hauptkampflinie verlief sieben Kilometer vor der Brücke. 7000 Meter! Bei dem hart gefrorenen, ebenen Gelände gab es keine Möglichkeit, sich etwa an die Brücke heranzupirschen und sie dann im Blitzzugriff zu nehmen. Da die Russen aber, genau wie die Deutschen, sich wegen der Kälte nachts an die Ortschaften klammerten, rechnete Störck mit einer dünnen nächtlichen Sicherungslinie, durch die man nach Einbruch der Dunkelheit einsickern könnte.

Gedacht, getan. Nach Kompaß schlich sich der Stoßtrupp von insgesamt neunzehn Mann mit drei MG durch Nacht und Russen. Im Morgengrauen waren sie 500 Meter vor der Brücke. Jetzt kam der zweite Teil des Plans.

Störck, Unteroffizier Strucken und Gefreiter Beyle ›schnallten ab‹ und markierten gefangene Deutsche. Pistole und Eierhandgranaten kamen in die Manteltasche. Zwei Ukrainer, Wassil und Jakob, die schon seit Monaten beim Pionierzug waren, schulterten ihre Gewehre, ihre Russenmäntel und Russenkäppis machten sie völlig echt. Laut russisch palavernd, führten sie die drei ›Gefangenen‹ der Brücke zu, während Feldwebel Heyeres und seine Männer warteten.

Die erste sowjetische Brückenwache von vier Mann lag in zwei Erdlöchern und schlief. Der Kampf dauerte nur Sekunden, und es gab keinen Laut.

Jetzt marschierten die fünf auf die achtzig Meter lange Brücke. Ihre Schritte klapperten. Wassil und Jakob spielten, laut redend, ihre Rolle prächtig. Sie waren schon im letzten Drittel. Da löste sich drüben ein Schatten. Ein Wachtposten kam ihnen entgegen. »Gut, daß der kommt«, sagte Wassil laut, »wir sind im Nachbarabschnitt, aber er wird uns die Faschisten schon abnehmen.«

Ehe der Russe Verdacht schöpfte, war es vorbei. Aber der zweite Posten am Ende der Brücke blickte aufmerksam. Und als sie heran waren, rief er sie an, schöpfte Verdacht, sprang den Damm hinunter in Deckung und schlug Alarm. Zu spät!

Störck feuerte zwei Leuchtkugeln weiß. Feldwebel Heyeres war mit seinen MG auf der Brücke und ballerte, was aus den Gurten ging. Beyle und Strucken warfen ihre Handgranaten gegen die Erdbunker der Brückenwache. Die Sowjets taumelten schlaftrunken heraus und hoben die Hände: 87 Gefangene, 5 MG, 2 schwere Pak, 3 Granatwerfer und – eine intakte Vormarschbrücke waren die Beute. Die List und der Mut einer Handvoll Männer hatten einen Erfolg errungen, der eine siegreiche Schlacht wert war.

Am 24. November hatten Guderians 3. und 4. Panzerdivision und ›Großdeutschland‹ gegen den harten Widerstand sibirischer Schützendivisionen Tula von Südosten her umfaßt, die Vorausabteilungen der 17. Panzerdivision näherten sich der Stadt Kaschira. Aber nun warf Generalleutnant I. W. Boldin den schwachen Kräften Guderians die 50. sowjetische Armee entgegen. Der Druck auf die dünne und weit auseinandergezogene deutsche Front wurde gefährlich, denn im Stellungskrieg galt Guderians Blitzkriegwort nicht mehr: »Wir von der Panzertruppe sind in der glücklichen Lage, immer offene Flanken zu haben.«

In einem Brief an seine Frau schreibt der Generaloberst bitter und pessimistisch: »Die eisige Kälte, die elenden Unterkünfte, die mangelhafte Bekleidung, die hohen Verluste an Menschen und Material, der kärgliche Treibstoffnachschub machen die Kriegführung zu einer Qual, und ich werde je länger je mehr bedrückt durch die ungeheure Verantwortungslast, die trotz aller schönen Worte niemand mir abnehmen kann.«

Trotzdem schlossen am 26. November die 167. I. D. und die 29. I. D. (mot.) jenseits des oberen Don im Raum Donskoj eine sibirische Kampfgruppe ein. 4000 Gefangene wurden gemacht; aber die Masse der 239. sibirischen Schützendivision konnte ausbrechen.

Die Einschließungskräfte – im Norden das Schützenregiment 33 der 4. Panzerdivision, im Süden und Westen Teile des LIII. Korps mit der 112. und 167. I. D., im Osten Teile der 29. I. D. (mot.) – waren einfach zahlenmäßig zu schwach. Hervorragend ausgerüstet, mit weißen und gefütterten Tarnanzügen und sogar weiß angestrichenen Waffen, griffen die Sibirier die schwachen Einschließungskräfte immer wieder in nächtlichen Überfällen an, machten alles nieder und kämpften sich zwischen dem II. Bataillon I. R. 71 (mot.) und dem I. Bataillon I. R. 15 (mot.) hindurch den Weg frei nach Osten. Die deutschen Verbände hatten nicht mehr die Kraft, es zu verhindern. Die Bataillone der Infanterieregimenter 15 und 71 hatten schwerste Verluste. So gelang es trotz aller Anstrengungen nicht, das eingeschlossene Tula – Klein Moskau – zu nehmen oder über Kaschira hinauszustoßen, geschweige denn das weitentfernte Nischni-Nowgorod – jetzt Gorki – zu erreichen.

Zwar hatte die 131. I. D. am 27. November im Angriff nach Osten Aleksin genommen. Zwar schafften es die 3. und 4. Panzerdivision noch, am 2. Dezember bis an die Bahnlinie Tula–Moskau vorzudringen und sie zu sprengen. Die 4. Panzerdivision erreichte sogar am 3. Dezember bei Kostrowa noch die Straße Tula–Serpuchow. Das XXXXIII. Korps versuchte daraufhin erneut, vom Westen her, nördlich von Tula, den Anschluß an die 4. Panzerdivision zu gewinnen und den Gegner nach Norden zu werfen. Seine vordersten Teile, das I. R. 82 der 31. I. D., waren am 3. Dezember bis auf fünfzehn Kilometer an die 4. Panzerdivision herangekommen. Aber es klappte nicht. Am 6. Dezember mußte auch hier der Angriff eingestellt werden. Die Truppe blieb im arktischen Frost bei 30 Grad Kälte, teilweise sogar bei 45 Grad, mit ihren Fahrzeugen stecken.

Verzweifelt saß Guderian in seinem Gefechtsstand fünfzehn Kilometer südlich Tula über den Frontberichten und Karten auf einem kleinen Schloß mit weltberühmtem Genius loci: Jasnaja Poljana, Tolstois Gut. Und im Park lag – verschneit und efeubewachsen – das Grab des großen Dichters. Guderian hatte die Schloßräume der Familie Tolstoi überlassen, er selbst war mit seinem Stab ins Museum gezogen; zwei Zimmer wurden für die Museumsstücke reserviert und versiegelt.

Hier auf Tolstois Gut faßte Guderian in der Nacht vom 5. auf den 6. Dezember den Entschluß, die vorgestoßenen Teile seiner Panzerarmee zurückzunehmen und zur Verteidigung überzugehen. Guderian mußte bekennen: »Der Angriff auf Moskau ist gescheitert. Wir haben eine Niederlage erlitten.«

9 Warum konnte Moskau nicht genommen werden?

Die Kälte und die Sibirier — Das Wunder vor Moskau war kein Wunder — Aus der Geschichte der deutsch-sowjetischen Zusammenarbeit nach dem ersten Weltkrieg — Die unbekannte Armee — Tuchatschewskis Bündnis mit der Reichswehr — Himmlers große Intrige — Stalin köpfte die Rote Armee

Als im April 1945 die Russen in Oranienburg, Potsdam, Hennigsdorf und Großbeeren standen, war das Schicksal Berlins entschieden. Die deutschen Truppen standen 1941 genauso dicht vor Moskaus Toren und wurden besiegt.

Warum? Wo liegen die Ursachen für diese Niederlage, die für den weiteren Verlauf des Krieges von entscheidender Bedeutung war? Denn was an Siegen auch noch folgen sollte: Von diesen Schlägen haben sich die Divisionen der Heeresgruppe Mitte nicht mehr erholt. Sie wurden in ihrer Gesamtheit nie mehr wieder ganz aufgefüllt, nie mehr wieder auf volle Kampfkraft gebracht. Vor Moskau zerbrach die deutsche Kraft: erfror, verblutete, versiegte. Vor Moskau geriet zum erstenmal auch der Glaube an die Unbesiegbarkeit der Wehrmacht ins Wanken.

Wer, was hat die Entscheidung für diese Niederlage gebracht? War es ›General Winter‹ mit seinen 30, 40, 50 Grad unter Null, der das deutsche Ostheer besiegte?

Waren es die ausgesuchten, glänzend für den Winterkrieg ausgerüsteten sibirischen Divisionen und die turkestanische Kavallerie? Sicher hat die außergewöhnliche Kälte, die maximal minus 52 Grad erreichte und auf die kein deutscher Soldat vorbereitet und keine Waffe eingerichtet war, verhängnisvoll gewirkt. Und sicher haben die kampfkräftigen sibirischen Divisionen eine entscheidende Rolle gespielt.

Aber Kälte und Sibirier waren nur vordergründige Ursachen für die deutsche Niederlage. Das ›Wunder vor Moskau‹, wie die Sowjets die Wende vor ihrer Hauptstadt nennen, beruhte auf einer schlichten Tatsache, die ohne alles Wunder war und in wenige Worte zusammengefaßt werden kann: zuwenig Soldaten, zuwenig Waffen, zuwenig Voraussicht der obersten deutschen Führung, vor allem fast keine Frostschutzmittel und kaum die dürftigste Winterbekleidung! Gerade das Fehlen der Frostschutzmittel für die Waffen war schlimm. Schießt die Knarre oder schießt sie nicht? Wird das MG feuern oder steckenbleiben, wenn der Iwan angreift? Das waren Fragen, die der Truppe die letzte Nervenkraft kosteten. Konnte man sich in der Verteidigung allenfalls mit Behelfen retten, an einen Angriff oder auch nur einen Gegenstoß war bei einer solchen Unsicherheit in der Feuerbereitschaft nicht zu denken.

Adolf Hitler und auch die ausschlaggebenden Köpfe seines Generalstabs hatten den Gegner unterschätzt, seine Reserven an Menschen und Leistungsfähigkeit und seine seelische Widerstandskraft zu gering bewertet und geglaubt, ihm selbst mit einer schwer mitgenommenen Truppe noch den Todesstoß geben zu können. Das war der grundlegende Fehler.

Der bedeutendste Militärschriftsteller der westlichen Welt, der Engländer Liddell Hart, schreibt in seinem Buch ›The Soviet Army‹ die Rettung der Sowjets vor allem der Zähigkeit des russischen Soldaten zu, seiner Fähigkeit, Leiden zu erdulden und unter Bedingungen weiterzukämpfen, die jede westliche Armee zum Erliegen gebracht hätten. Weiter heißt es bei Liddell Hart: »Ein noch größerer Vorteil für die Russen war die Primitivität der russischen Straßen. Die meisten von ihnen waren nichts weiter als sandige Landwege. Wenn es regnete, verwandelten sie sich in bodenlose Sümpfe. Diese Tatsache trug mehr dazu bei, den deutschen Einfall abzuwehren, als jedes Opfer der Roten Armee. Hätte die Sowjetunion ein Straßensystem gehabt wie die westlichen Länder, so wäre Rußland so schnell wie Frankreich über den Haufen gerannt worden.«

Das hatte Hitler nicht bedacht, obwohl er es aus den ausgezeichneten »Militär-Geographischen Beschreibungen« über Rußland, die der Generalstab des Heeres vor Kriegsbeginn herausgebracht hatte, hätte erfahren können. Die letzten Widerstände vor Moskau hätte nur eine frische, gut ausgestattete und ausreichend versorgte Truppe überwinden können, in der Stärke etwa, wie sie am 22. Juni angetreten war. Aber fünf Monate pausenloser Kampfeinsatz hatte die Regimenter der Frontdivisionen auf ein Drittel ihrer Sollstärke und weniger heruntergedrückt. Den Rest besorgte der Frost. Die Ausfälle durch Erfrierungen von Gliedmaßen waren vor Moskau im Schnitt höher als die Ausfälle durch Kampfeinsätze.

Vor uns liegt die Originalaufstellung der Verluste des XXXX. Panzerkorps. Die beiden Divisionen ›Das Reich‹ und die 10. Panzerdivision sowie die Korpstruppen verloren vom 9. Oktober bis 5. Dezember 7582 Offiziere, Unteroffiziere und Soldaten. Das waren rund 40 Prozent der Sollstärke der kämpfenden Truppe.

Die Gesamtverluste der Ostfront hatten am 5. Dezember 750 000 Mann erreicht, das waren 23 Prozent der am 22. Juni angetretenen dreieinhalb Millionen Soldaten. Fast jeder vierte war gefallen, verwundet, vermißt.

Der Russe hatte bedeutend größere Verluste; aber er hatte auch größere Reserven. Die Heeresgruppe Mitte bekam im Dezember 1941 nicht eine einzige frische Division zugeführt. Das sowjetische Oberkommando hingegen warf dreißig Schützendivisionen, dreiunddreißig Brigaden, sechs Panzerdivisionen und drei Kavalleriedivisionen frisch an die Moskauer Front.

Natürlich wird der Stratege auf die Frage: »Warum erreichten wir Moskau nicht?« anders antworten als der Truppenführer oder der Flieger. Und der Wirtschaftler hat wieder andere Argumente.

General Blumentritt zum Beispiel, Chef des Generalstabs der 4. Armee und später Oberquartiermeister im Generalstab des Heeres, sieht die Ursache für die Katastrophe in der strategischen Fehlplanung Hitlers, Moskau und Leningrad nicht rechtzeitig, das heißt gleich nach Smolensk, angepackt zu haben. So der Stratege.

Wer sich an die Wirkungen des Luftkrieges gegen die deutschen Städte erinnert, wird fragen: Was war mit den Fliegern? Und er wird erstaunt feststellen, daß es der deutschen Luftwaffe nicht gelang, die sowjetischen Transporte über den Verkehrsstern Moskau zur Front zu unterbinden, den Anmarsch der sibirischen Divisionen zu verhindern und die Etappe Moskau selbst zu lähmen.

Nichts geschah! In der Nacht vom 25. Oktober wurde der letzte deutsche Luftangriff auf Moskau mit acht Flugzeugen geflogen. Danach fanden bis Dezember nur noch Störangriffe statt. Das heißt: In der entscheidenden Kampfphase blieb die Zentrale der russischen Verteidigung, die Quelle des Widerstandes, aus der Luft unbehelligt. Warum war das so?

Jeder deutsche Flieger, der über Moskau flog, kennt die Antwort. Die Russen hatten eine ungeheuer starke Flakabwehr um die Stadt aufgebaut. Die Wälder wimmelten von Flakbatterien. Die deutsche Luftwaffe der Ostfront war außerdem, wie auch die Erdtruppen, durch den pausenlosen Einsatz dezimiert und mußte der zahlenmäßig doppelt so starken sowjetischen Luftwaffe vor Moskau die Luftüberlegenheit überlassen. Dazu kam, daß die sowjetische Luftwaffe zahlreiche frontnahe, guteingerichtete, mit Wärmehallen versehene Flugplätze hatte, die es jeder Einheit gestatteten, bei jedem Wetter schnell und oft zum Einsatz zu fliegen. Die deutschen Flieger hingegen lagen auf primitiven Feldflughäfen, weit hinter der Front, von denen nur unter günstigen Wetterumständen gestartet werden konnte. Deshalb blieb Moskau praktisch vom Luftkrieg verschont.

Marschall Schukow hielt die schwache deutsche Luftkriegführung allerdings nicht für entscheidend. Er behauptete in einem Vortrag vor sowjetischen Offizieren: »Die Deutschen verloren vor Moskau, weil sie nicht für genügend Lokomotiven mit passender Spurweite gesorgt hatten, um auf dem besten und vollständigsten Eisenbahnnetz der Sowjetunion, nämlich im Raum Moskau, Nachschub und Reserven in größeren Mengen, unabhängig von Schlamm und Schnee, an die Front zu schaffen.«

Sicher ist auch daran etwas Wahres. Aber entscheidend ist und bleibt, daß Stalin das Wettrennen um die einsatzfähigen Menschen, den Kämpfer und den Rüstungsarbeiter, gewann.

Der Kampf um den Menschen war das ernsteste Problem des Krieges. Die nicht zu ersetzenden Verluste und der daraus folgende Mangel an Kämpfern auf deutscher Seite haben die Schlacht um Moskau entschieden. In den inzwischen erschienenen Papieren und Briefen des ehemaligen Chefs des Oberkommandos der Wehrmacht, Feldmarschall Keitel, finden wir zu diesem bisher viel zuwenig beachteten Thema interessante Angaben.

Keitel schreibt: »Ich mußte von dem neuen Minister für Bewaffnung und Munition, Speer, ein Programm erzwingen, eine viertel Million für die Rüstung freigestellter Soldaten wieder für die Front einzuziehen. Der Kampf um den Menschen nahm damals seinen Anfang und ist seitdem nicht mehr zur Ruhe gekommen.«

Die deutsche Wehrmacht — Keitel — hat diesen Kampf verloren. Auf eine halbe Million wird die Zahl der Männer geschätzt, die ungerechtfertigt dem Wehrdienst entzogen blieben. Schreibt Keitel: »Was hätten diese Männer für das Ostheer bedeutet? Die Rechnung ist einfach: Bei 150 Divisionen je 3000 Mann, also die Verstärkung ihrer Kampfkraft um die Hälfte ihres Sollbestandes. Statt dessen füllte man die zusammengeschrumpften Einheiten mit Troßknechten und dergleichen und ersetzte diese durch russische hilfswillige Kriegsgefangene.«

Keitel nennt zwei Zahlen, die das Problem kennzeichnen: »Der monatliche

Abgang beim Heer allein war in normalen Zeiten – Großkampf ausgenommen – durchschnittlich 150 000 bis 160 000 Mann; davon konnten aber nur 90 000 bis 100 000 Mann ersetzt werden. Das Feldheer verringerte sich also monatlich um 60 000 bis 70 000 Mann. Es war ein einfaches Rechenexempel, wann die deutsche Front erschöpft war.«

Und wie sehen die Russen das Wunder vor Moskau? Ihre Antwort in allen kriegsgeschichtlichen Betrachtungen ist einfach: Wir siegten, weil wir siegen mußten. Wir waren besser, wir waren stärker, weil der Bolschewismus besser und stärker ist als alle anderen Systeme. Samsonow hat es so formuliert: »Das sowjetische Volk und seine Armee ... zermürbten in schweren Kämpfen die angreifende Heeresgruppe Mitte und brachten sie im Vorfeld der Hauptstadt zum Stehen.«

Wie aber erklärt sich dann der deutsche Siegesmarsch bis vor die Tore Moskaus? Wie die Tatsache, daß selbst die Regierung Stalins mit einem Verlust der Hauptstadt rechnete? Bis heute ist das der Pferdefuß der sowjetischen Theorie von der Unbesiegbarkeit der Arbeiter- und Bauernarmee, von der selbst Stalin zeitweilig ganz offensichtlich nicht allzuviel hielt. Nikita Chruschtschow hat versucht, den Widerspruch zu beseitigen, und eine Erklärung für die russischen Niederlagen im ersten Kriegshalbjahr verkündet, die von den sowjetischen Offizieren schon lange heimlich ins Feld geführt wurde, für die aber die offizielle Legitimation fehlte. Chruschtschow gab sie auf dem XXII. Parteikongreß in Moskau im Oktober 1961. Er teilte mit: Nur weil Josef Stalin in den Jahren 1937/1938 durch eine wahnsinnige Säuberungsaktion das Offizierskorps der Roten Armee um seine besten Kräfte brachte, die Truppe durch Hinrichtung und Einkerkerung angeblich parteifeindlicher Kommandeure nahezu führerlos machte und desorganisierte, war es den Deutschen 1941 möglich, bis vor die Tore Moskaus zu kommen!

Eine dramatische These. Nach dem Bannfluch, daß er durch seine Leichtgläubigkeit Hitler die Überraschungschance gewährte, wird Stalin damit auch die militärische Niederlage aufgebürdet. Wie steht es nun um die Kraft der historischen Beweise für diese Theorie?

Es ist richtig, daß Stalin bei seinen Säuberungen in den Jahren 1937 und 1938 nach sicheren Feststellungen 20 000 bis 35 000 aktive Offiziere der Roten Armee liquidieren ließ. Chruschtschows Theorie ist deshalb einleuchtend. Denn wer seine Marschälle, Generale und Offiziere umbringt, darf sich nicht wundern, wenn die Armee ihre Kriegstüchtigkeit verliert. Die Beseitigung eines Generalstabsoffiziers ist wie das Fällen eines Baumes: Bis ein Generalstabsmajor, der als Ib die Versorgung einer Division organisiert oder als Ia ihre Operationen plant, wieder herangebildet ist, vergehen acht bis zehn Jahre. Stalin aber ließ wenigstens die Hälfte aller Generalstabsoffiziere hinrichten oder einsperren.

Aber warum brachte der rote Diktator fast die Hälfte des gesamten Offizierskorps der Roten Armee um? Warum ließ er durch die Henkersknechte des NKWD 90 Prozent aller Generale, 80 Prozent aller Obristen durch Genickschuß liquidieren? Warum mußten 3 der 5 Marschälle, 13 der 15 Armeebefehlshaber,

57 der 85 Korpskommandeure, 110 der 195 Divisionskommandeure, 220 der 406 Brigadekommandeure und sämtliche Wehrkreiskommandeure unter den Erschießungspeletons der grünuniformierten NKWD-Truppen sterben? Warum?

Und nun kommt die Sensation: Chruschtschows Antwort, die er auf dem XXII. Parteikongreß gab, lautete: Die Zehntausende wegen Hochverrats und Parteifeindlichkeit liquidierten Offiziere waren alle unschuldig, keiner war ein Feind der Partei, keiner wollte einen Umsturz, und keiner war ein Spion Deutschlands, wie Stalin behauptete. Nein! Hitler hat das alles ins Werk gesetzt. Er hat durch seinen Geheimdienst Stalin gefälschtes Material zugespielt. Material über eine Verschwörung unter Führung von Marschall Tuchatschewski und anderen prominenten Militärs. Mehr noch: Material über die Zusammenarbeit Tuchatschewskis und seiner Freunde mit der deutschen Wehrmacht!

Wörtlich schloß Chruschtschow:

»Mit tiefem Schmerz wurde hier von vielen namhaften Partei- und Staatsfunktionären gesprochen, die unschuldig ums Leben kamen. Opfer der Repressalien wurden auch angesehene Heerführer wie Tuchatschewski, Jakir, Uborewitsch, Kork, Jegorow, Eidemann und andere. Sie waren verdienstvolle Männer unserer Armee, besonders Tuchatschewski, Jakir und Uborewitsch. Sie waren angesehene Heerführer. Spätere Opfer der Repressalien waren Blücher und andere namhafte Heerführer. In der ausländischen Presse erschien einmal eine recht interessante Meldung, wonach Hitler bei der Vorbereitung des Überfalls auf unser Land durch seinen Geheimdienst ein gefälschtes Dokument unterschieben ließ, aus dem hervorging, daß die Genossen Jakir, Tuchatschewski und andere, Agenten des deutschen Generalstabs seien. Dieses angeblich geheime ›Dokument‹ fiel dem Präsidenten der Tschechoslowakei, Benesch, in die Hände, und dieser wiederum, offenbar von guten Absichten geleitet, übersandte es Stalin. Jakir, Tuchatschewski und andere Genossen wurden verhaftet und später liquidiert. Es wurden viele hervorragende Kommandeure und politische Mitarbeiter der Roten Armee ermordet.«

Soweit Chruschtschow. Obwohl ihm als Ministerpräsident und Parteiführer der Sowjetunion alle Archive und Informationen zugänglich sind, führt er keine dokumentarischen Beweise für diese Theorie an, sondern beruft sich auf ausländische Presseberichte. Er wird Grund haben, so zu verfahren und die Geheimnisse nicht vollständig preiszugeben. Sicher ist, daß seine Behauptung trotz aller Ungeheuerlichkeit nicht neu ist.

Die abenteuerliche Geschichte spukt schon Jahrzehnte durch die Welt. Der 1948 verstorbene tschechoslowakische Staatspräsident Benesch und der noch lebende Winston Churchill haben in ihren Memoiren ebenso Material dazu geliefert wie die führenden Funktionäre von Himmlers Geheimem Sicherheitsdienst, Dr. Wilhelm Höttl – alias Walter Hagen – und Walter Schellenberg. Nimmt man dazu die seriösen Informationen deutscher und tschechischer Diplomaten aus den Jahren 1936/37, so hat man ein düsteres, gespenstisches Possenspiel der Machiavellis unseres Jahrhunderts. Ein Spiel, das nicht ganz so simpel ist, wie es Chruschtschow jetzt servierte und Benesch, Churchill sowie Himmlers Paladine darlegen.

Es lohnt sich, den dunklen Fäden nachzugehen. Denn der Fall Tuchatschewski ist die bedeutendste und folgenschwerste Intrige der modernen Geschichte. Sie hat viele Mitspieler und tausend Kulissen, reicht bis in die ersten Lebensjahre der Sowjetunion und spielt hinein in die geheimnisvolle intime Zusammenarbeit zwischen Reichswehr und Roter Armee in den Jahren 1923 bis 1933. Himmler und Heydrich spielten nur im letzten Akt mit; aber er gehört zum besseren Verständnis an den Anfang. Dieser letzte Akt begann Mitte Dezember 1936.

Paris, 16. Dezember 1936: Der ehemalige weißrussische General Skoblin, der sowohl für Stalins Geheimdienst arbeitete wie auch für Himmler Zuträgerdienste leistete, leitet einem Vertrauensmann des deutschen Sicherheitsdienstes zwei Informationen zu.

Nachricht eins: Die sowjetische Armeeführung plant einen Putsch gegen Stalin. Führer des Komplotts ist der stellvertretende Kriegsminister Marschall Tuchatschewski.

Nachricht zwei: Tuchatschewski und sein engster Anhang stehen mit führenden Generalen des deutschen Oberkommandos und der Abwehr in Verbindung.

Das war eine tolle Information. Schließlich war der Mann, der da als Haupt einer bevorstehenden Rebellion gegen Stalin genannt wurde, stellvertretender Kriegsminister, ehemaliger Generalstabschef und hervorstechendster, fähigster Militär der Sowjetunion. Der damals dreiundvierzigjährige Marschall repräsentierte die aufstrebende Rote Armee: adligen Geblüts, Gardeoffizier. Auf der vornehmen zaristischen Alexander-Akademie zum Generalstabsoffizier ausgebildet. Nach deutscher Gefangenschaft zu den Truppen Lenins übergegangen. 1920 Sieger über General Denikin, den maßgeblichen Führer der weißrussischen Gegenrevolution. Seitdem verherrlichter Bürgerkriegsgeneral — Retter der Roten Revolution.

Der eiskalte Heydrich, der ein feines Gespür für große Kabalen hatte, witterte sofort die Jagdgründe, die sich durch die Information aus Paris auftaten: Stimmte Skoblins Nachricht, dann geriet vielleicht die Sowjetunion unter die Führung einer Militärdiktatur. An die Spitze des riesigen Reiches würde dann ein ganz befähigter Organisator und Stratege, ein roter Bonaparte, ein russischer Napoleon, treten. War Hitler-Deutschland damit gedient?

Heydrichs Antwort lautete: Nein. Und es darf angenommen werden, daß er sich Hitlers Zustimmung zu seiner Auffassung sicherte. Daß er sofort mit Hitler über die Sache gesprochen hat, steht außer Zweifel; daß Hitler nicht an einem starken Rußland interessiert war, ebenfalls.

Was lag angesichts dieser Einstellung näher als die Folgerung, Stalin die Information aus Paris zuzuspielen und damit Tuchatschewski, den besten militärischen Kopf Rußlands, samt seinen Anhängern ans Messer zu liefern?

Aber Heydrichs Mitarbeiter Jahnke warnte: Skoblin stehe in Verbindung mit dem sowjetischen Geheimdienst, es sei nicht ausgeschlossen, daß der Kreml dem Pariser Zarengeneral die ganze Sache zugespielt habe. Warum? Ja, vielleicht um Hitler gegen seine eigenen Generale mißtrauisch zu machen. Oder um Hitlers Geheimdienst in eine Falle zu locken und die deutsche Führung zu Fehldispositionen zu verleiten. Wer weiß?

Doch Heydrich steckte Jahnke in Hausarrest und begann seinen Plan zu realisieren. Tuchatschewski sollte ans Messer geliefert werden. Heydrich schlug dabei ein paar nachrichtendienstliche Volten, die beweisen, was dieser Mann für ein geborener Intrigant war.

Mit kaltem Lächeln dozierte er vor seinem Freund, SS-Standartenführer Hermann Behrens: »Selbst wenn Stalin mit der Information Skoblins die deutsche Führung nur bluffen wollte, ich werde dem Alten im Kreml notfalls den Wahrheitsbeweis für die eigene Lüge liefern.«

Er ließ ein Rollkommando von Einbrecherspezialisten ins Geheimarchiv des Oberkommandos der Wehrmacht einbrechen und die Tuchatschewski-Akte stehlen. Es waren die Akten der sogenannten ›Sondergruppe R‹, einer Tarnfirma der Reichswehr, die von 1923 bis 1933 mit der amtlichen Bezeichnung ›Gefu – Gesellschaft zur Förderung gewerblicher Unternehmungen‹ bestanden hatte. Sie unterstand dem Waffenamt, und ihre Aufgabe war, in der Sowjetunion alle die Waffen und das Kriegsmaterial herzustellen, das nach dem Versailler Vertrag für die deutsche Wehrmacht verboten war. In diesen Akten waren viele Besprechungen deutscher Offiziere und Beauftragter mit sowjetischen Militärs aufgezeichnet, vor allem auch mit Tuchatschewski, der von 1925 bis 1931 Generalstabschef der Roten Armee war. Heydrich ließ die Gefu-Akten durch Fälschungen ändern, erweiterte die Korrespondenz durch raffinierte Einschiebsel, machte neue Briefe und Aktennotizen dazu, so daß schließlich ein perfektes Dossier mit Brief und Siegel vorlag, das jeden General eines jeden Staates wegen Hochverrats vors Kriegsgericht gebracht hätte.

Wohlgefällig betrachtete Heydrich in den Kellern der Prinz-Albrecht-Straße das Werk seiner Spezialisten. Der erste Akt war geschafft. Nun kam der zweite: Wie konnte die Post sicher Stalin in die Hände gespielt werden?

Ein handfestes Dokument zu fälschen, ist für die Experten der Geheimdienste keine Schwierigkeit. Aber ein solches Dokument, ohne Mißtrauen zu erregen, an die richtige Adresse zu bringen, das ist das Problem. Und wie groß mußte es erst sein, wenn der Adressat Josef Stalin hieß. Heydrich löste es.

Im Jahre 1936 hatte das deutsche Auswärtige Amt hin und wieder mit dem tschechischen Gesandten in Berlin vorsichtig die Frage ventiliert, wie sich wohl die Tschechei im Falle eines deutsch-französischen Krieges verhalten werde.

Hier hakte Heydrich ein. Ende Januar 1937, so berichtet der tschechoslowakische Staatspräsident Benesch in seinen Memoiren, telegrafierte der tschechische Gesandte in Berlin, Mastny, offenbar mit allen Zeichen des Erstaunens nach Prag, sein Gesprächspartner im Auswärtigen Amt zeige sich an diesem Thema plötzlich desinteressiert. Aus Andeutungen müsse man schließen, daß die Deutschen mit einer stalinfeindlichen Gruppe der Roten Armee in Verbindung stünden. Offenbar erwarte Berlin einen Regimewechsel in Moskau, der das Gleichgewicht in Europa zugunsten Nazideutschlands verschieben werde. Staatspräsident Benesch geriet ob der Aussicht, seine sowjetische Rückendeckung gegen Deutschland zu verlieren, in helle Aufregung. Die Tschechoslowakei mit ihrem Minderheitendynamit, ihrem sudetendeutschen Unruheherd, lebt nicht zuletzt aus dem Gegensatz zwischen Deutschland und der Sowjetunion. Eine

Aussöhnung, vielleicht sogar ein Bündnis zwischen einer russischen Militärdiktatur und dem deutschen Faschismus bedeutete höchste Gefahr. Beneschs Staat war ein Produkt des Versailler Friedensvertrages; die Folgen dieses Vertrages zu beseitigen, war aber Hitlers erklärtes Ziel. Mit einem verbündeten Rußland konnte ihm das nicht schwerfallen.

Was war begreiflicher, als daß Präsident Benesch sich sofort den sowjetischen Botschafter in Prag, Alexandrowski, kommen ließ und ihm die Meldung Mastnys kolportierte: Generalskomplott gegen Stalin. Hitler mit im Spiel. Wehrmachtgenerale mit von der Partie.

Der Botschafter hörte sich alles an, machte kehrt, griff sich seinen Necessairekoffer und flog sofort nach Moskau. Heydrichs Post ging ab.

Aber Heydrich war vorsichtig. Er begnügte sich nicht mit dem Prager Postboten, sondern folgte dem guten Grundsatz: Doppelt genäht hält besser. Deshalb ›nähte‹ er auch in Paris.

Zwei oder drei Tage nach dem Gespräch zwischen Benesch und Alexandrowski hakte auf einem diplomatischen Empfang in Paris der mehrmalige französische Ministerpräsident Edouard Daladier, damals allerdings gerade nicht Premier, sondern zur Abwechslung mal Kriegsminister, den sowjetischen Botschafter Wladimir Potjomkin leutselig unter und führte ihn in eine Fensternische. Nach einem sichernden Blick gegen ungebetene Zeugen, sagte Daladier dem Russen mit ernster Miene: Frankreich sei besorgt. Es gebe Nachrichten über einen eventuellen Kurswechsel in Moskau. Man spreche von Arrangements der Nazi-Wehrmacht mit der Roten Armee. Ob der Herr Botschafter ihn beruhigen könne? Potjomkin machte ein eisernes Gesicht. Er rettete sich aus der Situation mit nichtssagenden Worten. Zehn Minuten später verließ er den Empfang, fuhr in die Botschaft und jagte eine chiffrierte Depesche mit der Information Daladiers nach Moskau.

Wie Heydrich die Sache an Daladier herangespielt hat, läßt sich nicht mehr genau ermitteln. Wahrscheinlich bestand ein Kontakt über einen Mann des ›Deuxième Bureau‹ an der französischen Botschaft in Moskau.

Nach dieser Vorbereitung wurde der zweite Akt in Szene gesetzt. Ein besonderer Vertrauter Heydrichs, ein Standartenführer, der sich Behrens nannte, fuhr nach Prag und nahm Verbindung mit dem Intimus des tschechischen Staatspräsidenten auf und machte ihn auf die Existenz von Aktenmaterial gegen Tuchatschewski aufmerksam. Benesch, von der Information verständigt, alarmierte sofort Josef Stalin. Kurz darauf ließ Beneschs Kontaktmann den Verbindungsmann Heydrichs wissen, er möge sich mit einem Angehörigen der sowjetischen Botschaft in Berlin, namens Israilowitsch, in Verbindung setzen. Israilowitsch war der Vertreter des NKWD bei der russischen Botschaft Unter den Linden.

Heydrichs Mann traf sich mit ihm, ließ ihn zwei Originalbriefe aus der gefälschten Akte sehen. Israilowitsch tat, wie es üblich ist, gleichgültig. Fragte nach dem Preis. Behrens zuckte die Achseln. Israilowitsch versprach darauf, in acht Tagen mit einem Bevollmächtigten wieder mit ihm zusammenzutreffen.

Das geschah. Der Bevollmächtigte war ein Mann des sowjetischen Geheimdienstchefs Jeschow. Auch er fragte als erstes nach dem Preis. Heydrich hatte ihn, um keinen Verdacht zu erregen, auf die phantastische Summe von drei Millionen Goldrubel festgesetzt. »Sie haben Vollmacht, sich runterhandeln zu lassen«, hatte er seinem Mann eingeschärft.

Aber von Handeln war keine Rede. Jeschows Beauftragter nickte nur, als Behrens mit gespielter Selbstverständlichkeit die Summe nannte, die höchste, die jemals in der Geschichte der Geheimdienste für ein Dossier gezahlt wurde.

Kein Aufmarschplan, kein Verrat und kein Verräter der Weltgeschichte erzielte je einen so hohen Preis. Innerhalb eines Tages wurde das Geschäft getätigt. Dann fuhr Jeschows Mann mit Heydrichs Dossier nach Moskau. Das war Mitte Mai 1937.

Nur drei Wochen später, am 11. Juni 1937, verschlug es der Welt den Atem, als die amtliche sowjetische Nachrichtenagentur Tass die Meldung um den Erdball funkte: Marschall Tuchatschewski und sieben führende Generale wurden vom Obersten Gerichtshof unter Vorsitz von Oberkriegsgerichtskommissär Ulrich zum Tode durch Erschießen verurteilt. Das Urteil wurde sogleich vollstreckt.

»Die Verhafteten waren angeklagt«, so hieß es in der Meldung, »ihre Soldatenpflicht verletzt, den militärischen Eid gebrochen und die Sowjetunion im Interesse eines ausländischen Staates verraten zu haben.« In einem amtlichen Kommuniqué wurde weiter ausgeführt: »Im Laufe der Untersuchung hat es sich ergeben, daß die Angeklagten sowie der stellvertretende Verteidigungskommissar Gamarnik, der jüngst Selbstmord begangen hat, eine staatsfeindliche Bewegung organisierten und mit den militärischen Kreisen eines fremden Staates, der eine sowjetfeindliche Politik betreibt, in Verbindung standen. Die Angeklagten haben zugunsten dieses Staates militärische Spionage betrieben. Ihre Tätigkeit war darauf gerichtet, der Roten Armee im Falle eines Angriffs eine Niederlage zu bereiten. Ihr letztes Ziel war die Wiederherstellung des Großgrundbesitzes und des Großkapitals. Alle Angeklagten haben ein Geständnis abgelegt.«

Die Sensation war vollständig, als Tass noch einen Armeebefehl Woroschilows verbreitete, der in allen Wehrkreisen der Truppe bekanntgegeben wurde. Darin wurde gefordert, daß Verdächtige denunziert werden sollten.

In dem Befehl hieß es: »Das Endziel der Verräter war die Vernichtung der Sowjetordnung um jeden Preis und mit allen Mitteln. Sie wollten den Sturz der Arbeiter- und Bauernregierung und hatten die Ermordung der Führer der Partei und der Regierung vorbereitet. Sie erwarteten Hilfe von den faschistischen Kreisen eines ausländischen Staates und wären dafür bereit gewesen, die Sowjetukraine hinzugeben. Die Hauptorganisatoren waren unmittelbar mit den Generalstäben der faschistischen Länder verbunden.«

Die Hinrichtung Tuchatschewskis und dieser Tagesbefehl lösten eine Lawine aus, gegen die es bald keinen Schutz mehr gab. Jeder verärgerte Soldat, jeder verletzte Untergebene machte seine Rechnung und verdächtigte mißliebige Vorgesetzte. Im Rausch politischer Säuberungen aber gibt es keinen Freispruch. Und jeder Verurteilte zog seinen Anhang, seine Freunde, seine Bekannten nach ins Verderben. Erst zu Hunderten, dann zu Tausenden und schließlich zu Zehntausenden gingen die Offiziere den schrecklichen Weg in die NKWD-Keller zum Genickschuß oder in die Verbannungslager Sibiriens. Innerhalb eines Jahres war das Offizierskorps der Roten Armee um 50 Prozent reduziert, die oberste Führung fast vollständig liquidiert.

Der Beweis scheint damit schlüssig erbracht, daß Hitler durch die perfekte Intrige seines SS-Obergruppenführers Reinhard Heydrich den gesamten Führungsapparat der Roten Armee drei Jahre vor seinem Überfall auf die Sowjetunion vernichtete, seine Siege also in den NKWD-Kellern und in den mit Fliesen ausgelegten Hinrichtungsräumen der Lubjanka vorbereitete. Hält diese ungeheuerliche These wirklich im vollen Umfang einer sorgfältigen Nachprüfung stand? Sind dreißig- bis vierzigtausend Offiziere der Bauern- und Arbeiterarmee auf Grund des politischen Gaunerstücks aus der Unterwelt der Geheimdienste gestorben?

So sehr der Schein auch für die Beweisführung spricht, es ist nur der Schein. Heydrich war nicht der Akteur, er war selbst nur ein Gehilfe. Sein Dossier war nicht Ursache für das Strafgericht gegen Tuchatschewski und seine Freunde, es war nur Stalins Alibi. Die Tragödie, der die Blüte des sowjetischen Offizierskorps zum Opfer fiel, hat größeren Tiefgang. Sie war ein echter, gnadenloser Machtkampf zwischen mächtigen Rivalen. Sie war das blutige Ende der einzigen Kraft, die Stalin hätte stürzen können. Sie war schicksalhafter Sieg des georgischen Despotismus über den großrussischen Bonaparte Tuchatschewski, der — wenn er auch vielleicht die Hand noch nicht nach der Macht ausgestreckt hatte — schon bereitstand, den wahnwitzigen Diktator abzulösen und mit dem Machtapparat der Armee die Mißwirtschaft des Stalinismus zu beenden. Die blutige Affäre war also ein dramatischer Prozeß — nicht ein schmutziger Trick.

Damit gliedert sie sich als ein tragischer Höhepunkt in die deutsch-sowjetischen Beziehungen nach dem ersten Weltkrieg ein und wird historischer Bestandteil der blutigsten Tragödie unserer Geschichte mit Namen ›Unternehmen Barbarossa‹. Sie begann lange vor Hitler mit Waffenspiel und endete mit Waffengang. Man muß dieses Kapitel kennen, um den deutsch-sowjetischen Krieg in seiner ganzen Tragik zu begreifen.

Anfang April 1925 ereignete sich im Freihafen von Stettin eine merkwürdige Geschichte: Der frisch zum Stettiner Zoll versetzte Zollsekretär — nennen wir ihn Ludwig, obwohl das nicht der Name dieses heute noch lebenden zeitgeschichtlichen Zeugen ist — sah auf einem nächtlichen Kontrollgang, wie ein paar Leute eine große Kiste aus Schuppen I wegzuschaffen versuchten. Auf Anruf ließen die Männer die Kiste stehen und verschwanden. Ludwig schlug Alarm. Ein Kollege, der überraschend schnell auftauchte, versuchte die Sache zu bagatellisieren. Ludwig wurde mißtrauisch, leuchtete die Kiste ab: ›Maschinenteile‹ stand da in großen schwarzen Lettern auf deutsch und darunter noch mal in kyrillischen Buchstaben auf russisch. Ein fest aufgeklebtes Etikett zeigte die Adresse: Gefu Berlin, Deutschland, Absender Gefu Lipezk, UdSSR. Als der Zollsekretär daraufhin Miene machte, die geheimnisvolle Kiste zu untersuchen, fragte ihn der Kollege: »Waren Sie Soldat, Kollege Ludwig?«

Ludwig staunte. »Natürlich.« Der andere nickte. »Und haben Sie den Krieg mitgemacht?«

»Soll ich Ihnen mein EK I vorzeigen?« antwortete Ludwig beleidigt. »Oder wollen Sie meine Freikorpspapiere sehen?«

Da lächelte der andere und sagte begütigend: »Nein, nein, Kollege Ludwig, aber ich glaube, jetzt kann ich Ihnen sagen, was in der Kiste ist. Ein Zinksarg nämlich und ein Toter. Ein Fliegeroffizier der Reichswehr.«

Ludwig trat vor Schreck einen Schritt zurück. »Was sagen Sie da? Ein Toter? Ein Fliegeroffizier? Auf der Kiste steht doch aber: ›Maschinenteile‹. Und sie kommt aus Rußland.«

»Ja«, nickte der andere. Und dann sprachen sie eine halbe Stunde vor dem Schuppen I im nächtlichen Stettiner Freihafen. Danach ging Zollsekretär Ludwig grüßend davon. Der Kollege pfiff leise. Aus dem Schatten der Schuppen lösten sich vier Männer in Räuberzivil.

»Ist in Ordnung«, sagte der Zöllner leise, »war ein Neuer, der nicht Bescheid wußte. Jetzt aber los, meine Herren, sonst wird es zu spät.« Und sie rollten die Kiste auf einer Karre an den Pier, wo ein Boot lag. Luden die Fracht vorsichtig ein. Sprangen an Bord. Grüßten und ruderten leise davon.

Wäre der Zollsekretär Ludwig ein Mann der politischen Linken statt der Rechten gewesen, dann hätte der nächtliche Vorfall wahrscheinlich einen politischen Skandal ausgelöst, der rund um den Erdball gelaufen wäre. Denn die Episode aus dem Stettiner Freihafen mit einem als ›Maschinenteile‹ deklarierten Toten in einer Kiste aus Russisch-Lipezk hätte den dichten Vorhang des Schweigens zerrissen, der eins der erstaunlichsten Kapitel der Weimarer Republik verhüllte: das Kapitel der geheimen Zusammenarbeit zwischen der deutschen Reichswehr und der Roten Armee. Sie ist der Hintergrund zur Tuchatschewski-Affäre und ein dramatischer Abschnitt deutsch-sowjetischer Allianz, deren Verfechter und Repräsentanten Stalin umgebracht hat, die aber heute von Chruschtschow rehabilitiert werden.

Deutschland war der große Verlierer des ersten Weltkriegs. Aber auch Rußland, der ehemalige Gegner Deutschlands, stand nicht auf der Seite der Sieger. Es stand abseits, war isoliert von der übrigen Welt wie Deutschland; denn durch die Oktoberrevolution und die Errichtung des kommunistischen Sowjetstaates hatte Rußland eine Koalition der kapitalistischen Mächte provoziert, die das Ziel verfocht, die Bolschewiki zu stürzen. Sie versuchten es mit militärischer Intervention. Als das nicht zum Ziele führte, wollte man die Sowjets wirtschaftlich an die Kandare nehmen und sie durch politischen Druck zwingen, die Verpflichtungen des Zarenreiches anzuerkennen. Aber die Regierung Lenins wehrte sich, die Räterepublik lehnte es ab, Schulden des Zarenreiches an die westlichen ›kapitalistischen‹ Demokratien zu zahlen.

Auch Deutschland wehrte sich gegen die Reparationen, wehrte sich vor allem gegen den Gedanken westlicher Staatsmänner, daß es auch die alten Schulden des Zaren an die Westmächte bezahlen sollte. Aus dieser gemeinsamen Frontstellung gegen die westlichen Siegermächte entstand das Bündnis der Verlierer und

Habenichtse. Logischerweise begann es auf wirtschaftlichem Gebiet. Seine erste Frucht war der Vertrag von Rapallo: ein schnell zustande gekommenes Abkommen, das am ersten Ostertag 1922 in dem kleinen Kurstädtchen an der italienischen Riviera von deutschen und sowjetischen Unterhändlern geschlossen wurde. Rapallo räumte die Hinterlassenschaft des Krieges zwischen der Sowjetunion und Deutschland weg. Beide Mächte verzichteten auf Ersatz ihrer Kriegskosten und Kriegsschäden. Man beschloß, die diplomatischen Beziehungen aufzunehmen, sich gegenseitig als gleichberechtigt zu betrachten und in der Handelspolitik den Grundsatz der Meistbegünstigung einzuführen. Militärische Geheimklauseln enthielt der Vertrag von Rapallo nicht, obwohl man bis auf den heutigen Tag diese These hören kann. Der Irrtum entspringt der Tatsache, daß aus dem wirtschaftlichen Interessenvertrag bald mehr wurde. Logischerweise.

Rapallo hatte die diplomatische und wirtschaftliche Isolierung Deutschlands und der Sowjetunion durchbrochen. Warum sollte man nicht versuchen, aus Geist und Buchstaben dieses Abkommens auch einen Blockadebrecher gegen die militärischen Auflagen und Verbote zu machen, die der Versailler Vertrag der Reichswehr auferlegte? Sie durfte zum Beispiel keine Panzer oder Pak, keine schweren mot.-Geschütze, keine Flugzeuge und keine chemischen Kampfstoffe besitzen. Mit diesen Auflagen war keine moderne Armee aufzubauen. Vor allem das strikte Verbot der Panzerwaffe schnitt jeden Anschluß an die im ersten Weltkrieg eingeleitete revolutionäre Entwicklung schlachtentscheidender Großverbände mit gepanzerten Kampfwagen ab. Diese Frage entschied das Schicksal der Reichswehr; und die Sieger von Versailles hatten deshalb mit Vorbedacht im Artikel 171 des Friedensvertrages Deutschland nicht nur die Herstellung von gepanzerten Kampfwagen verboten, sondern auch »die Einfuhr von Panzerwagen, Tanks und allen ähnlichen Konstruktionen, die für kriegerische Zwecke verwendbar sind«, untersagt. Was war da noch zu machen? Konnte diese Bestimmung nicht umgangen werden, war jede Mark für die Reichswehr sinnlose Geldausgabe.

Es war Karl Radek, der brillante Intellektuelle in Lenins Garde, der die ersten Kontakte zwischen den Sowjets und Generaloberst von Seeckt von der Heeresleitung der Reichswehr herstellte und damit die Sprengung der entscheidenden Versailler Fesseln einleitete.

Radek, Erzbolschewist, Volkstribun, Mitbegründer der deutschen Kommunistischen Partei und Lenins Gefährte aus der Schweizer Emigrationszeit, war glühender Verfechter der Idee, durch ein Bündnis zwischen der Sowjetunion und Deutschland »den gemeinsamen Feind, nämlich die Sieger von Versailles«, zu schlagen. Radek hielt es nicht für notwendig, daß Deutschland für ein solches Bündnis kommunistisch sein müsse. Er sah in den deutschen Nationalisten nur eine Übergangserscheinung zum Bolschewismus. Als zum Beispiel Albert Leo Schlageter, Leutnant und Freikorpsmann, Untergrundkämpfer gegen Frankreichs Ruhrbesetzung, von den Franzosen im Mai 1923 wegen Sabotage zum Tode verurteilt und erschossen wurde, würdigte ihn Radek am 20. Juni 1923 vor der kommunistischen Internationale in einer sensationellen Rede, betitelt: »Leo Schlageter, der Wanderer ins Nichts.«

Dieser Karl Radek war der Geburtshelfer des Militärbündnisses zwischen der Roten Armee und der Reichswehr. Er wurde auch der Totengräber.

Den Sowjets ging es darum, ihrer jungen Wehrmacht die Erfahrungen der deutschen Offiziere zunutze zu machen und mit deutscher Hilfe ihre völlig daniederliegende Rüstungsindustrie wiederaufzubauen. Die Reichswehr brauchte Waffen, deren Herstellung in Deutschland verboten war, und brauchte Übungsplätze für diese verbotenen Waffen. Auf dieser Basis wurden eine Reihe Geheimabkommen zwischen Reichswehr und Rotem Generalstab getroffen. Die deutsche Zentralstelle dafür war die ›Sondergruppe R‹ (R = Rußland), eine ganz geheimgehaltene Abteilung der deutschen Heeresleitung. Ihr Exekutivorgan war eine wirtschaftlich getarnte Organisation, die bereits genannte Gefu — Gesellschaft zur Förderung gewerblicher Unternehmungen.

Diese Tarnfirma hatte ein Büro in Berlin und eins in Moskau, wurde aus dem Geheimetat der Reichswehr finanziert und schloß mit den sowjetischen Behörden Verträge ab, unterhielt Tochtergesellschaften in den verschiedensten Teilen Rußlands, gründete deutsch-russische Produktionsgemeinschaften für die geheime Aufrüstung, zu deren Produktionsprogramm nicht nur Fliegerbomben, Panzer, Flugzeuge und chemische Kampfstoffe gehörten, sondern auch Unterseeboote, kurzum alles, was in Deutschland nach dem Versailler Vertrag nicht hergestellt und nicht benutzt werden durfte.

Geoffrey Bailey, der amerikanische Spezialist für das große Kulissenspiel der Roten Armee, schreibt in seinem Buch ›Verschwörer um Rußland‹: »1924 baute die Firma Junkers in der Moskauer Vorstadt Fili mehrere hundert Ganzmetallflugzeuge im Jahr. Bald kamen jedes Jahr über 300 000 Granaten aus den umgebauten und modernisierten zaristischen Arsenalen in Leningrad, Tula und Slatoust; Giftgas stellte die Firma Bersol in Trotzk (heute Krasnogwardeisk) her; und U-Boote und Panzerschiffe wurden auf den Werften in Leningrad und Nikolajew konstruiert und vom Stapel gelassen. 1926 gingen über hundertfünfzig Millionen Reichsmark, fast ein Drittel des Jahresetats der Reichswehr, für Waffen- und Munitionskäufe an die UdSSR.«

Die Steuerungszentrale in der Sowjetunion für die gesamte Arbeit war der geheimnisvolle Apparat mit der Bezeichnung Z.MO., Abkürzung für ›Zentrale Moskau‹. Z.MO. war das Auswärtige Amt der deutschen Heeresleitung in Rußland. Seine Vertreter von der Lieth-Thomsen und Professor Dr. Oskar Ritter von Niedermayer, genannt Neumann, führten die Verhandlungen mit den Spitzen der Roten Armee und den sowjetischen Regierungsstellen. Z.MO. war allgegenwärtig. Z.MO. war im Grunde eine Art in Rußland amtierendes Schattenkabinett der Weimarer Republik. Dabei blieben seine Vertreter immer im Hintergrund.

Die Herstellung des verbotenen Kriegsmaterials war natürlich nur eine Seite der Zusammenarbeit. Da ja aber auch die Einfuhr dieser Waffen nach Deutschland verboten war und bei Lage der Dinge nicht geheim geblieben wäre, war es nicht weniger wichtig, Abmachungen über die Schaffung von Ausbildungsstätten zur Erprobung dieser Waffen außerhalb Deutschlands zu treffen. Die Sowjetunion wurde zum Übungsplatz der Reichswehr.

Zwischen 1922 und 1930 wurden gegründet und ausgebaut: ein deutsches Flugzentrum in Wivupal/Lipezk, 400 Kilometer südostwärts Moskaus; eine Schule für die Ausbildung zum Gaskrieg in Saratow an der unteren Wolga, die 1927 in Betrieb genommen wurde; eine Panzerkampfwagenschule mit Übungsplatz in Kasan an der mittleren Wolga, seit 1930 in Benutzung.

Als Gegenleistung saßen sowjetische Offiziere, die für die Roten Generalstäbe ausgewählt waren, ehemalige Unteroffiziere der Zarenarmee, verdiente Bürgerkriegskämpfer und dekorierte politische Kommissare gemeinsam mit den deutschen Generalstabsanwärtern auf den Schulbänken der deutschen Kriegsakademien und lernten die Kriegskunst Moltkes, Clausewitz' und Ludendorffs.

Der weiträumige Militärflugplatz beim Kurstädtchen Lipezk lag auf den Höhen rund um die Stadt. Seit 1924 war er zu einem ganz modernen Fliegerhorst ausgebaut und offiziell von der 4. Eskadrille eines sowjetischen Geschwaders belegt. Aber in der 4. Eskadrille sprach man deutsch. Nur der Verbindungsoffizier und die Miliz, die den Horst bewachte, waren Russen. Und auch die paar alten sowjetischen Aufklärer mit übergroßen Hoheitsabzeichen, die deutlich sichtbar vor den Hangars standen, waren russisch. Sonst war alles deutsch. Mit zwei Millionen Mark jährlich stand Lipezk im Etat der Reichswehr. Die ersten hundert Jagdflugzeuge, auf denen die deutschen Piloten übten, wurden von den holländischen Fokker-Werken gekauft. 200 bis 300 deutsche Flieger waren in Lipezk stationiert. Hier wurden die ersten deutschen ›Jabos‹ erprobt. Unter kriegsmäßigem Manövereinsatz übten die ›Lipezker Jäger‹ die Methode des Tiefangriffs mit Bombenwurf und legten den Grundstein für den später so gefürchteten deutschen Stuka.

Die ersten Typen der leichten Bomber und Jagdflugzeuge, die 1933 beim Aufbau der deutschen Luftwaffe serienreif für die Produktion bereitstanden, waren in Lipezk entwickelt und erprobt worden. Die ersten 120 vorzüglich ausgebildeten Jagdpiloten, der Stamm der deutschen Jagdfliegerei, stammten aus Lipezk; die ersten hundert Flugzeugbeobachteroffiziere ebenfalls. Ohne Lipezk hätte Hitler zehn Jahre mehr gebraucht, um eine moderne Luftwaffe aufzubauen. Lipezk war ein Abenteuer, wie man es sich heute gar nicht mehr vorstellen kann. Während die mißtrauischen Kontrollaugen der westlichen Alliierten und die pazifistisch eingestellte deutsche Linke Deutschland nach dem kleinsten Zeichen verbotener Aufrüstung absuchten, brausten im Traumland der deutschen Kommunisten und Linksmarxisten die Rotten der Lipezker Jäger über den Don, warfen Übungsbomben in Scheinanlagen, erprobten Zielgeräte, heulten im Tiefflug über die sowjetischen Dörfer Mittelrußlands bis an den Stadtrand von Moskau und flogen auf dem Truppenübungsplatz bei Woronesch im Zusammenwirken mit sowjetischen Erdtruppen kriegsmäßige Einsätze als Artillerieflieger. Der militärischen Leistung von Lipezk stand die organisatorische nicht nach: Bis zum letzten Nagel mußte der Materialbedarf aus Deutschland importiert werden. Die Russen lieferten nur Erde und Steine — sonst nichts.

Die benötigten Materialien und Güter gingen vom Freihafen Stettin nach Leningrad. Besonders geheimes und nicht zu tarnendes oder gefährliches Gerät konnte eben nicht in Stettin verladen werden. Es wurde irgendwo auf kleinen

Seglern, die mit Offizieren bemannt waren, verfrachtet und ›schwarz‹ über die Ostsee gefahren. Totalverluste waren dabei nicht zu vermeiden. Auf den Gegenkursen mußten dann die Särge mit den Leichen der in Lipezk abgestürzten Flieger in Kisten verpackt und als ›Maschinenteile‹ deklariert nach Stettin gebracht werden. Aus dem Freihafen wurden sie mit Hilfe ins Vertrauen gezogener Zollbeamter herausgeschmuggelt.

Alle Offiziere, die nach Rußland gingen, wurden vorher verabschiedet und offiziell aus der Rangliste gestrichen. Zwar war die Wiedereinstellung nach Rückkehr zugesagt, doch bestand kein gesetzlicher Anspruch dieser Art; keinesfalls konnte er mit rechtlichen Mitteln erzwungen werden, zumal dann nicht, wenn in der Zwischenzeit das Tarnungssystem etwa zerrissen worden wäre. Darin lag ein Teil des persönlichen Risikos, das zu übernehmen war.

Was Lipezk für die Flieger, das war Kasan für die Panzermänner. Dort, an der mittleren Wolga, wurde der Grundstein für Guderians, Hoepners, Hoths und Kleists Panzerdivisionen gelegt. Diese Tatsache erklärt besser als alles andere, warum bis zum Machtantritt Hitlers kein russischer und kein deutscher militärischer Führer an die Möglichkeit, geschweige an den Plan eines deutsch-sowjetischen Krieges gedacht hat. Die Reichswehr mit ihrem Gründer und ihrem Leitbild Generaloberst von Seeckt wollte die Folgen des Versailler Vertrages im Bund mit Rußland beseitigen, wollte die Niederlage im Westen korrigieren und die alte Westgrenze wiederherstellen, vor allem aber auch die alte Ostgrenze durch Zerschlagung Polens wiedergewinnen.

Als sich der für Moskau ernannte deutsche Botschafter Graf Brockdorff-Rantzau im Sommer 1922 gegen eine einseitige deutsche Rußlandorientierung wandte und vor allem eine militärische Zusammenarbeit mit der Roten Armee für verhängnisvoll erklärte, antwortete von Seeckt am 11. September in einem Memorandum: »Polens Existenz ist unerträglich, unvereinbar mit den Lebensbedingungen Deutschlands. Es muß verschwinden und wird verschwinden durch eigene, innere Schwäche und durch Rußland – mit unserer Hilfe. Polen ist für Rußland noch unerträglicher als für uns; kein Rußland findet sich mit Polen ab. Mit Polen fällt eine der stärksten Säulen des Versailler Friedens, die Vormachtstellung Frankreichs.«

Und die Sowjets? Was bedeutete für sie das Bündnis mit den preußischen Generalen? Stärkung, Aufbau und Ausbau der Roten Armee ›für das letzte Gefecht‹, dafür war ihnen alles recht. Aber es galt auch, ein Bündnis zwischen Deutschland und den Westmächten unter allen Umständen zu verhindern, weil Lenin wie Stalin eine erneute westliche Intervention mit deutschen Truppen als lebensgefährlich ansahen. Und schließlich war das Ziel der deutschen Rechten, die Zerschlagung Polens, auch Moskaus Ziel. Die antiwestliche Konzeption der Reichswehr paßte also Lenin wie auch seinem Nachfolger Stalin ins Konzept. Sie paßte vor allem dem Mann, der auf der sowjetischen Seite der militärische Partner der deutschen Heeresleitung war und immer stärker zum Leitbild der Roten Armee wurde: Marschall Tuchatschewski.

Wer war dieser Tuchatschewski? Ein Held und militärisches Genie, wie er bis 1936 ein Jahrzehnt lang gefeiert wurde? Ein Verräter, ein Spion der deutschen Reichswehr, ›ein räudiger Hund‹, wie ihn Stalin nannte, nachdem er ihn hatte füsilieren lassen? Oder ein patriotischer Antistalinist, das erste verhängnisvollste Opfer des bösen Alten, wie Chruschtschow heute sagt? Was von alledem stimmt?

Als Generaloberst Guderian am 5. Dezember 1941 vom tiefverschneiten Gutshof der Grafen Tolstoi in Jasnaja Poljana den Befehl an seine 2. Panzerarmee gab: »Angriff auf Moskau einstellen!«, focht die 45. Infanteriedivision, die Anschlußdivision der 2. Armee, am rechten Flügel noch erbittert um die Stadt Jelez. Ein unbedeutendes Städtchen, aber es lag an der Kreuzung der großen Straße Moskau–Tula–Dongebiet und der Ost-West-Eisenbahnlinie, die von Orel über Lipezk nach Stalingrad führt.

Lipezk, der alte geheime Übungsflugplatz der Reichswehr, wo der Nachwuchs der deutschen Luftwaffe vor 1933 das Fliegen gelernt hatte. Siebzig Kilometer waren es noch.

Die altbewährten Regimenter der 45. I. D., die uns schon im blutigen Waffengang bei Brest-Litowsk begegneten, fochten sich bei grimmiger Kälte in hartem Straßenkampf nach Jelez hinein und warfen den Russen. Die Division stand damit fünfundzwanzig Kilometer vor dem oberen Don, 2100 Marschkilometer lagen hinter ihr. 2100 Kilometer Marsch und Kampf. In fünf Monaten und zwei Wochen.

Zwei Tage vor dem Angriff auf Jelez war es dem Abhörtrupp des I. R. 135 gelungen, sich in eine Telefonleitung der Russen einzuschalten und die Gespräche des sowjetischen Kampfkommandanten mitzuhören. Immer wieder kam darin der Hinweis auf einen Kampfverband am westlichen Rand der Stadt vor, der ›die Chabarowiaken‹ genannt wurde. Im Stabe des I. R. 135 hielt man diese Bezeichnung zunächst für ein Deckwort, bis man aus den Aussagen einiger Gefangener des fanatisch kämpfenden Bataillons erfuhr, daß man es mit einem zur Frontbewährung nach Jelez verschlagenen Teil einer längst aufgelösten, aber einstmals geheimnisvollen militärischen Formation zu tun habe, deren Offiziere den Spitznamen ›Chabarowiaken‹ führten: Es war das sogenannte ›Spezialkorps‹ der Fernöstlichen Armee, ein Kernstück der alten, längst vergessenen Militärpolitik Marschall Tuchatschewskis.

Die Geschichte dieses Korps ist der Schlüssel zum Geheimnis Tuchatschewski. Sie beginnt im Sommer 1932. In Deutschland gab es damals sechs Millionen Arbeitslose. In der Sowjetunion brach die größte Hungersnot der modernen Geschichte aus. Stalins Zwangskollektivierung der Landwirtschaft, die Enteignung und Massendeportationen der Großbauern, führte zum völligen Zusammenbruch der landwirtschaftlichen Produktion. Millionen Sowjetbürger verhungerten. Zur innenpolitischen Katastrophe trat die außenpolitische Krise.

In Asien waren die Japaner schon ein Jahr vorher, 1931, von ihren übervölkerten armen Inseln aufs chinesische Festland gesprungen, um sich Absatzgebiete für ihre Waren und Rohstoffe für ihre Industrie zu erobern. 1932 besetzten sie die fruchtbare und erzreiche Mandschurei, die an Ostsibirien grenzt, und machten das Gebiet zu einem japanischen Satellitenstaat: Kaiserreich Mandschukuo. Tokio demonstrierte damit der Welt, daß es — notfalls mit Waffengewalt — einen großostasiatischen Wirtschaftsblock schaffen wollte.

Für die fernöstlichen Interessen der Sowjetunion war das eine ernsthafte Bedrohung. Ein japanisch-russischer Konflikt in den fernöstlichen Grenzgebieten rückte in greifbare Nähe. Und dies in einem Augenblick, da Stalins Reich dem Hungertod ins Angesicht schaute.

Das war die Stunde, da in Moskau ein General, Gamarnik, erster stellvertretender Kriegskommissar, eine Idee hatte und sie mit General Tuchatschewskis Hilfe in die Tat umsetzte: Er gründete das fernöstliche ›Spezialkorps‹, auch Kolchoskorps genannt, dessen Offiziere sich sehr bald stolz ›Chabarowiaken‹ nannten, nach der Stadt Chabarowsk an der mandschurischen Grenze.

Was Gamarnik und Tuchatschewski mit dieser Organisation bezweckten, war in der Idee einfach und genial: Die Angehörigen des Korps waren Soldaten und zugleich Bauern — Bauern in Uniform gewissermaßen.

Sie sollten die Fernostarmee im Falle einer kriegerischen Verwicklung mit Japan in der Lebensmittel- und Futterversorgung unabhängig vom schwierigen Nachschub über die eingleisige transsibirische Eisenbahn machen. Diese Lösung war die einzig mögliche für das entscheidende Versorgungsproblem. Denn Marschall Blücher, der recht selbstherrliche Oberbefehlshaber der Fernöstlichen Armee, hatte die Enteignung der Großbauern und die Kollektivierung der Landwirtschaft im sibirischen Raum verboten, weil er um die Moral seiner Rekruten fürchtete, die zu 90 Prozent bäuerlicher Herkunft waren. So blieb für den Aufbau einer zuverlässigen landwirtschaftlichen Versorgungsgrundlage für die Armee nur die Lösung, wie sie Gamarnik im Auge hatte: Militärsiedlungen, in die Soldaten mit ihren Familien nach Ableistung ihrer normalen Dienstzeit eintraten. Sie bildeten große Farmgemeinschaften, wurden daneben aber militärisch erfaßt, bewaffnet und einsatzbereit gehalten. Viele Landarbeiter und Bauernsöhne Zentralrußlands meldeten sich freiwillig für das Spezialkorps. Hier erhielten sie ein eigenes Haus, ein großes Stück Land für den privaten Gebrauch, dazu eine Kuh, Hühner, Steuerfreiheit für zehn Jahre und vieles mehr.

Im Jahre 1936 zählte das ›Kolchoskorps‹ bereits 60 000 Aktive und auf den Armeefarmen 50 000 Reservisten. Das war eine schlagkräftige Truppe von insgesamt zehn Divisionen, nach eigenen Grundsätzen aufgebaut, praktisch unabhängig vom Befehlsapparat der Roten Armee und weit weg von der Moskauer Befehlszentrale des Regimes: ein ideales Instrument für einen ehrgeizigen General mit politischen Ambitionen. Und das war Gamarnik. Aber mehr noch sein Freund Tuchatschewski. Auch er stellvertretender Kriegskommissar, vor allem aber seit der Hungersnot und dem Bauernmord entschlossener Gegner Stalins, Führer einer aktiven Generalsfronde gegen den Diktator. Ein Mann, der auf die Stunde wartete, wo der herrschsüchtige Stalin gestürzt werden konnte. Das ›Kolchoskorps‹ bot sich für seine Pläne an und spielte eine entscheidende Rolle: Für den Fall einer bewaffneten Auseinandersetzung mit den Stalin treuen Kräften der Armee und der Partei konnte die schwer zugängliche ostsibirische Position des Spezialkorps eine Art Aufstandsfestung, gegebenenfalls auch Rückzugsgebiet sein.

Im Lichte dieser Tatsachen bekommt der Marschall Tuchatschewski andere Züge, als sie das von der stalinistischen Propaganda oder von oberflächlichen westlichen Biographen entworfene Bild zeigt. Wer diesen Mann nur als ›gefallenen Engel‹ sieht, als zaristischen Gardeoffizier, der zum Bolschewismus überging, obwohl das Blut französischer Grafen und italienischer Herzöge in seinen Adern floß, der verbarrikadiert sich den Zugang zum Verständnis dieser faszinierenden und auf ihre Art großartigen Figur der sowjetischen Geschichte.

Er war der echte Gegenspieler Stalins. Er allein wäre in der Lage gewesen, den Tyrannen zu stürzen, zu ersetzen und der Sowjetunion, das heißt der ganzen Welt, einen anderen geschichtlichen Lauf zu geben. Sein ganzes Lebensbild zeigt, daß in diesem Manne das Außergewöhnliche wirkte. 1893 geboren, wurde er im August 1915 als Leutnant in der Schlacht um Warschau gefangen, der Stadt, die, fast auf den Tag, fünf Jahre später noch einmal für ihn zu einer militärischen Niederlage werden sollte. Er kam ins Kriegsgefangenenlager Nr. 9 bei Ingolstadt. 1917 flüchtete er und schlug sich nach Petersburg durch. Als er dort ankam, war aber die Newa-Stadt nicht mehr die Hauptstadt Rußlands. Der Zar war abgesetzt. Der Krieg aus. Die Bolschewisten Lenins an der Macht und im Kampf mit der Gegenrevolution der weißen Generale.

Der Gardeoffizier Tuchatschewski, blutsverwandt mit einem halben Dutzend westeuropäischer Adelsgeschlechter, ging nicht zu den Weißen, sondern zu den Roten. Warum? Man hat gesagt, aus Zufall. Andere führen den Irrtum des politisch unerfahrenen jungen Mannes für diese merkwürdige Entscheidung ins Feld. Und schließlich wird ihm auch nackter Opportunismus unterstellt. Nichts davon trifft die Wahrheit. Tuchatschewski wurde rot aus Überzeugung und Ehrgeiz.

Die Revolution gegen die bürgerliche Welt entsprach gerade wegen ihrer rücksichtslosen Kampfansage gegen jede bestehende Ordnung seiner eigenen ungestümen Ablehnung der westlichen Tradition, des Christentums und der europäischen Geisteswelt. Tuchatschewskis Träume kreisten um den Osten, nicht um den Westen. Den Westen hatte er erlebt, im Gefangenenlager. Der Westen, das waren auch der Zar und sein korruptes, dekadentes Regime. Der Westen und der Zarismus, für dessen Wiederherstellung die Weißen kämpften, das war nicht Tuchatschewskis Partei. Im Osten lag die Zukunft für neue Ideen und neue Macht.

Und außerdem boten sich bei den Roten große Chancen für den militärischen Ehrgeiz eines jungen Offiziers, dem das Kriegshandwerk alles bedeutete. Trotzki, der Schöpfer der Roten Revolutionsarmee, brauchte für seine wilden Haufen Kriegshandwerker, Führer, Stabsoffiziere. Also trat Tuchatschewski der Kommunistischen Partei bei und wurde Generalstabsoffizier. Im Mai 1918, mit fünfundzwanzig Jahren, war er Befehlshaber der 1. Armee. Er warf die tschechischen Legionäre der Weißrussen über die Wolga zurück. 1919 sehen wir ihn an der Spitze der 5. Armee im Ural. Die Roten beherrschten nur noch ein Sechstel des russischen Reiches. Es sah schlimm aus für Lenin. Tuchatschewski aber schlug die weißen Divisionen Admiral Koltschaks, die schon bis Kasan gekommen waren, vernichtend und trieb sie über den Ural. 1920 jagte er in drei Monaten General Denikins weiße Südarmee ins Schwarze Meer.

Aber da nahte die größte, militärische Gefahr für die junge Sowjetunion: Die Polen nutzten die Stunde von Rußlands Schwäche, brachen in die Ukraine ein, besetzten Kiew und beherrschten die Kornkammer des hungernden jungen Sowjetstaates. Wieder war Tuchatschewski der Helfer. Er manövrierte die Polen in einer genialen Operation aus. Sie mußten weichen. Tuchatschewski stieß nach und marschierte auf Warschau. Nach Westen. Würde Warschau die erste Etappe des Siegesmarsches der roten Revolution nach Europa sein?

Marschall Pilsudski schreibt in seinen Memoiren, das Schicksal Polens sei ihm damals düster und hoffnungslos erschienen. Aber die Rote Armee kam erst vierundzwanzig Jahre später nach Warschau und nach Europa. Damals, im Sommer 1920, rettete ›das Wunder an der Weichsel‹ die Polen und die Europäer noch einmal vor dem Banner Lenins. Und das Wunder war kein Verdienst Europas, es waren die Dummheit und der Ungehorsam Josef Stalins.

Tuchatschewski stand bereits in Artilleriereichweite vor Warschau. Der ›Revolutionäre Kriegsrat‹ in Moskau, die oberste Instanz der Roten Armee, übertrug ihm den Oberbefehl über alle Streitkräfte der Westfront, auch über die Südwestarmee, deren Reiterverbände Jegorow und Budjenny befehligten. Politischer Kommissar der Südwestarmee war Josef Stalin. Tuchatschewski gab der Südwestarmee den richtigen Befehl, nach Norden zu schwenken, auf Lublin, um die Flanke seiner auf Warschau angesetzten Stoßarmee zu decken.

Aber Josef Stalin hatte andere Ziele. Er wollte Lemberg erobern, beschwatzte die Befehlshaber, Budjenny und Woroschilow, Tuchatschewskis Order zu ignorieren und statt gegen Lublin auf Lemberg zu marschieren. Sie taten es. Der Berater des polnischen Oberbefehlshabers Pilsudski, der französische General Weygand, erkannte die Chance: Die Polen stießen durch die Lücke an Tuchatschewskis linker Flanke, rollten seine Flügelarmee auf. Panik brach aus. Flucht. Polen war gerettet.

Was für Gefühle Tuchatschewski seit diesen Tagen für Stalin hegte, kann sich jedermann ausrechnen. Wenn er trotzdem unter der späteren Herrschaft des Diktators zum Marschall avancierte, zum Chef des Generalstabs und zum stellvertretenden Kriegsminister, dann zeigt das nur seine Selbstbeherrschung und seine militärischen Fähigkeiten, auf die Stalin nicht verzichten konnte.

Der Aufbau der modernen Roten Armee, vor allem die Motorisierung, die Einführung der Panzerwaffe ist sein Verdienst. Sein selbstgewählter Lehrmeister war der Chef der deutschen Reichswehr, Generaloberst von Seeckt. Der Preuße Seeckt und der Revolutionsgeneral Tuchatschewski – waren sie nicht wie Feuer und Wasser? Natürlich trennte die beiden eine Welt; aber vieles führte sie auch zueinander. Stalins Spitzelsystem in der Armee, das wie ein Krebsgeschwür am Geist des Offizierskorps fraß, die wirtschaftlichen Experimente des Diktators mit Kollektivierung und Bauernmord hatten aus Tuchatschewski einen erbitterten Feind des Stalinismus gemacht. Den Ausschlag für seinen politischen Frontwechsel aber gab wohl die Außenpolitik. Er gelangte immer mehr zu der Überzeugung, daß ein Bündnis zwischen Deutschland und der Sowjetunion ein geschichtliches Gebot sei, um den Kampf gegen ›den dekadenten Westen‹ führen zu können.

Natürlich wußte Tuchatschewski, daß ein solches Ziel nur gegen Stalin und seine engstirnige Bürokratie zu erreichen war. Es galt also, für diese Auseinandersetzung gewappnet zu sein. Seine Hausmacht dafür war das Chabarowsker Korps.

Seit 1935 hatte Tuchatschewski in Chabarowsk, dem Zentrum Ostsibiriens, eine Art Revolutionsausschuß gebildet. Hohe Verwaltungsbeamte und Armeebefehlshaber gehörten ihm an, aber auch jüngere Parteifunktionäre in hohen Stellungen, so der Parteiführer im nördlichen Kaukasus, Boris Scheboldajew. Diese Zusammensetzung ist wichtig. Sie zeigt, daß Tuchatschewski keine antikommunistische Bewegung aufbauen, sondern den fortschrittlichen und patriotischen Flügel des Bolschewismus gegen Stalins Tyrannei mobilisieren wollte.

Im Frühjahr 1936 reiste Tuchatschewski als Chef der sowjetischen Delegation zur Beisetzung König Georgs V. nach London. Hin- und Rückfahrt machte er über Berlin. Er nutzte die Gelegenheit, um in der Reichshauptstadt mit führenden deutschen Generalen zu sprechen. Er wollte sich vergewissern, daß Deutschland nicht etwa die Gelegenheit revolutionärer Unruhen in der Sowjetunion zum Anlaß nehmen würde, gegen den Osten zu marschieren. Vor allem aber ging es ihm um seine Idee eines deutsch-russischen Bündnisses nach dem Sturz Stalins. Beweise?

Geoffrey Bailey zitiert in seinem schon genannten Buch eine belegte Bemerkung Tuchatschewskis, die er in jenen Tagen dem rumänischen Außenminister Titulescu gegenüber machte. Tuchatschewski sagte: »Es ist falsch, daß Sie das Schicksal Ihres Landes an Länder binden, die alt und am Ende sind, wie Frankreich und Großbritannien. Das neue Deutschland ist es, dem wir uns zuwenden sollten. Mindestens eine Zeitlang wird Deutschland auf dem europäischen Kontinent die Führung übernehmen.«

Das war im Frühjahr 1936. Man beachte das Datum. Denn ein dreiviertel Jahr später spielte der GPU-Agent Skoblin in Paris den V-Männern des SS-Gruppenführers Heydrich die Information vom bevorstehenden Putsch der roten Generale gegen Stalin zu. Hitler glaubte, damit die Chance bekommen zu haben, den roten Napoleon über die Klinge springen zu lassen und der sowjetischen Armee ihren Kopf zu nehmen. Aber in Wirklichkeit leistete Heydrich nur Handlangerdienste für Stalin. Denn der Diktator hatte längst den Schlag gegen Tuchatschewski beschlossen.

Hier der Beweis: Im Januar 1937 eröffnete der Großinquisitor der Sowjetunion, Generalankläger Wyschinski, im großen Saal des ehemaligen Moskauer Adelsklubs den politischen Säuberungsprozeß gegen die alte stalinfeindliche Garde der Bolschewiki.

Die Hauptfigur auf der Anklagebank war Karl Radek, der Mann, der zwischen 1919 und 1921 die Zusammenarbeit Reichswehr—Rote Armee eingefädelt hatte. Er sollte sie auch wieder ausfädeln. In der Vormittagssitzung des 24. Januar brachte er auf eine ganz unvermittelt gestellte Frage Wyschinskis plötzlich den Namen Tuchatschewski ins Spiel. So ganz beiläufig. Wyschinski bohrte ein bißchen. Und Radek sagte: »Natürlich hatte Tuchatschewski keine Ahnung von der verbrecherischen Rolle, die ich spielte.«

Eisiges Schweigen legte sich über die Verhandlung. Und in dieses Schweigen murmelte Radek den Namen eines Vertrauten von Tuchatschewski, General Putna. »Putna war mein Mitverschwörer«, bekannte Radek. Putna aber war der Außenpolitiker der Tuchatschewski-Gruppe, der als Militärattaché in Berlin, London und Tokio viele Fäden geknüpft hatte. Und Putna war zur Stunde dieses Verhörs schon verhaftet — Ende 1936 bereits.

Also seit Ende 1936 war das Spiel gegen Tuchatschewski im Gange. Natürlich begriffen der Marschall und seine Freunde, daß höchste Gefahr bestand. Wenn Putna plauderte ...? Nicht auszudenken! Es hieß, sich beeilen.

Im März 1937 wurde das Wettrennen zwischen Tuchatschewski und Stalins Spürhunden dramatisch. Wie das Grollen eines nahenden Gewitters klang Stalins Bemerkung auf der Sitzung des Zentralkomitees, an der auch Tuchatschewski teilnahm: »In den Reihen der Roten Armee arbeiten Spione und Feinde des Staates.«

Warum handelte der Marschall jetzt nicht? Warum zögerte er noch? Die Antwort ist einfach: Die Einsätze der Generalstäbler und Oberbefehlshaber, die zum Teil Tausende von Kilometern weit voneinander ihren Wirkungsplatz hatten, waren schwer zu koordinieren und mußten bei der strengen Überwachung durch die Geheimpolizei sehr vorsichtig betrieben werden. Der Handstreich gegen Stalin wurde auf den 1. Mai 1937 festgesetzt, den Tag, da wegen der Maiparaden unauffällig größere Truppenkontingente nach Moskau gebracht werden konnten.

Ein Zufall oder Stalins Raffinesse zwang indessen zur Verschiebung. Der Kreml meldete, daß Marschall Tuchatschewski die sowjetische Delegation bei den am 12. Mai 1937 stattfindenden Londoner Krönungsfeierlichkeiten König Georgs VI. führen werde. Das sollte Tuchatschewski einlullen. Und es gelang. Tuchatschewski vertagte den Putsch um drei Wochen. Das wurde sein Verhängnis. Er kam nicht mehr nach London, und er kam nicht mehr zum Putschen. Um den 25. April herum sah man ihn noch auf dem Frühjahrsball im Moskauer Offizierskasino. Am 28. April erschien er auf einem Empfang der amerikanischen Botschaft. Das war sein letztes verbürgtes öffentliches Auftreten. Was dann geschah, steht im Zwielicht der Gerüchte und der unkontrollierbaren Berichte aus zweiter und dritter Hand.

Die letzte amtliche Verlautbarung über den Marschall stammt vom 11. Juni 1937. Und das war jene Tass-Meldung, daß Tuchatschewski mit sieben anderen Generalen verhaftet, verurteilt und erschossen worden sei. Über General Gamarnik hieß es, er habe Selbstmord begangen. In Wahrheit wurde er beim Verhör erschlagen.

Über den Prozeß und die Hinrichtung kursieren zahlreiche Geschichten. Der Wahrheit am nächsten kommt wohl die Version, nach der eine Verhandlung mit Wyschinski als Ankläger stattfand. Die Marschälle Blücher und Budjenny sowie andere hohe Generale gehörten dem Gericht an. Es waren keine Zeugen geladen. Wyschinski brauchte keine, sein Coup war die Vorlage der von Heydrich gelieferten gefälschten Reichswehrakten. Diese Papiere waren für Stalin und die

Partei der Beweis für die Spionagearbeit Tuchatschewskis und seiner Freunde. Die Dokumente machten jeden Einsatz der hohen Generale und Marschälle für die Verschwörer unmöglich. Auf diese Weise wurde die erste Bresche in die Front der Generalität geschlagen. Sie richteten ihre Kameraden und — wurden in den Augen der anderen nun selber schuldig. Das Gesetz der bösen Tat, die fortzeugend Böses muß gebären, begann zu wirken. Es dauerte nicht lange, da standen auch die Richter Tuchatschewskis vor neuen Richtern und dann die Henker vor neuen Henkern. Immer weiter.

Ob Tuchatschewski und seine sieben Mitangeklagten bei der Hauptverhandlung anwesend waren, ja, ob sie diese noch erlebten, ist nicht erwiesen. Der damalige stellvertretende GPU-Chef Frinowski sagte nach dem Bericht eines zuverlässigen Zeugen, des NKWD-Funktionärs Schpiegelglass: »Die ganze Sowjetregierung hing an einem Faden. Es war unmöglich, so wie in normalen Zeiten zu verfahren — erst die Gerichtsverhandlung und dann die Erschießung. In diesem Fall mußten wir erst erschießen und später verurteilen.«

Und wie wurde Tuchatschewski umgebracht, der Mann, der für die Rettung der Revolution Lenins mehr getan hatte als Stalin und alle seine Kumpane zusammen? Auch das weiß niemand genau. Aber sehr wahrscheinlich wurde er im fliesenbelegten Keller der Lubjanka mit einer achtschüssigen Selbstladepistole von hinten erschossen und mit seinen Kameraden in ein Massengrab geworfen.

Und die Massengräber wurden von Tag zu Tag, von Woche zu Woche größer. Stalin dezimierte das Korps der Generalstabsoffiziere, erschoß die erfahrenen Befehlshaber und zerschlug vor allem die militärische Disziplin, die Tuchatschewski so mühselig aufgebaut hatte, durch die Inthronisierung des politischen Kommissars und die Herrschaft der Partei über die Armee.

Die Quittung kam zwei Jahre später, im Winter 1939/40: Drei Monate nach Hitlers Angriff auf Polen schritt auch Stalin zu einer ›Strafexpedition‹ gegen den kleinen Nachbarn Finnland. Die Sowjets hatten die Abtretung der im Südwestteil des Finnischen Meerbusens liegenden Halbinsel Hangö »zur Sicherung Leningrads und Kronstadts« verlangt. Als die finnische Regierung ablehnte, antwortete Moskau mit der Meldung, finnische Artillerie habe das sowjetische Grenzdorf Mainila beschossen.

Die Finnen ahnten den Zweck. Sie boten eine gemeinsame Untersuchung an. Die Antwort Stalins war der militärische Überfall zu Wasser, zu Lande und in der Luft. Der berüchtigte finnisch-russische Winterkrieg war da. Er verlief allerdings anders, als es sich Stalin und seine militärischen Ratgeber erträumt hatten. Stalin hatte sich einen Blitzkrieg nach dem Muster seines Verbündeten Adolf Hitler ausgerechnet. Was jedoch kam, war ein blutiger und verlustreicher Feldzug mit blamablen sowjetischen Niederlagen, welche die Welt in Staunen versetzten. Niederlagen, die einen verhängnisvollen Einfluß auf die Geschichte der Welt haben sollten.

Man hört und liest bis heute die beliebte These, Stalin habe damals absichtlich mit schwachen und schlecht ausgerüsteten Truppen den Finnlandkrieg geführt, um Deutschland zu täuschen. Aber das ist eine Legende.

Rußland griff mit der 7., 8., 9. und 14. Armee an. 150 000 – 200 000 finnische Soldaten standen 700 000 sowjetischen gegenüber. Und trotzdem wurden die Sowjets geschlagen: Schlechte Taktik, noch schlechtere Strategie, miserable Kampfmoral kennzeichneten die Rote Armee. Das war die Folge der Säuberung.

Die Finnen hatten aus ihrer Not der geringen Kämpferzahl eine taktische Tugend gemacht: die Taktik der Motti (Kessel), kleine Vorläufer der späteren großen deutschen Kesselschlachten. Schnelle finnische Ski-Kampftruppen schnitten den sowjetischen Divisionen die Wege ab, drängten sie in die Wälder und überfielen nachts die auseinandergerissenen Kolonnen. Meistens lautlos, mit dem Puuko, dem Finnendolch. Die Sowjets verloren Division um Division.

Natürlich konnten die Finnen auf die Dauer allein den roten Koloß nicht stoppen. Als am 11. Februar 1940 Marschall Timoschenko zur Großoffensive antrat, ließ er auf einer zwanzig Kilometer breiten Front dreizehn Divisionen tief gestaffelt hintereinander gegen die finnische Verteidigung anstürmen. 140 000 Mann auf zwanzig Kilometer, auf jeden Meter also sieben Mann. Dazu Panzer, Artillerie, Granatwerfer.

Auf diese Weise gewann Stalin schließlich und nahm sich seine Stützpunkte. Aber er wagte nicht, Finnland eine kommunistische Regierung aufzuzwingen. Ein russischer General erklärte: »Wir waren froh, aus der Affäre herauszukommen. Wir eroberten gerade so viel Land, um Platz für die Gräber unserer Gefallenen zu haben.«

Stalin lernte aus der finnischen Katastrophe und versuchte, die erkannten Mängel schnell zu beseitigen. Hitler aber wurde durch die katastrophalen Niederlagen der Roten Armee in seinem Gedanken bestärkt, ein Angriff gegen die Sowjetunion sei ein militärischer Spaziergang, und er könne sich ohne allzu großes Risiko der sowjetischen Rohstoffquellen versichern, um den Krieg gegen die Westmächte durchstehen zu können. So gesehen, ist der verhängnisvolle Angriff auf die Sowjetunion am 22. Juni 1941 auch noch ein spätes Erbe von Stalins Mord an Tuchatschewski.

Stalins Verbrechen gegen dieses militärische Genie brachte die Sowjetunion an den Rand des Abgrunds; die Besinnung auf sein Erbe, die Rückkehr zu seinen Prinzipien und den Tugenden der militärischen Führung retteten schließlich das Land und den Bolschewismus. Einen Hauch dieser Wahrheit bekam die deutsche Front bereits am letzten Tag ihrer Offensive gegen Moskau zu spüren.

Im Wald von Tachirowo, dem mit Bunkern gespickten Forst im Narabrükkenkopf vor Moskau, machte das II. Bataillon Infanterieregiment 508 in den ersten Dezembertagen einen interessanten Gefangenen: den Kommandeur der 222. sowjetischen Schützendivision. Ein Pioniertrupp holte ihn verwundet aus seinem Unterstand, als einzigen Überlebenden.

Hauptmann Rotter, der Führer des II. Bataillons, vernahm den Oberst. Der Russe, der zuerst deprimiert und gleichgültig war, taute langsam auf. Dies sei der fünfte Krieg, zu dem er eingezogen worden sei, erzählte er. Ob er glaube, daß Rußland ihn noch gewinnen könne, fragte Rotter. »Nein«, erklärte er. Auf alle Hilferufe nach Verstärkung habe er immer die gleiche Antwort bekommen: »Wir haben nichts mehr. Sie müssen halten bis zum letzten Mann.« Hinter seiner Division gebe es bis Moskau außer Arbeiterbataillonen nur noch ein paar sibirische Verbände. Aber es werde doch überall sehr hartnäckig Widerstand geleistet, fragte Hauptmann Rotter weiter. Der Oberst nickte. In den letzten Wochen seien viele neue Offiziere gekommen. Meist ältere Jahrgänge, und alle aus sibirischen Straflagern. Männer, die während der großen Tuchatschewski-Säuberung verhaftet worden, aber in Zuchthäusern und Straflagern mit dem Leben davongekommen seien. »Der Fronteinsatz ist ihre Chance zur Rehabilitierung. Und wer das Straflager im Rücken hat, den schreckt der Tod nicht«, sagte der Oberst. Und leise, als fürchte er noch in der Gefangenschaft das Ohr von Stalins GPU, fügte er hinzu: »Außerdem wollen sie beweisen, daß sie keine Verräter waren, sondern Patrioten sind, würdig eines Tuchatschewski.«

Als der Vernehmungsbericht zur Armee kam, fiel im Stab Kluge das Wort: »Der tote Tuchatschewski führt vor Moskau.« Ein Bonmot. Aber eins mit Tiefgang.

Zweiter Teil

Leningrad

1 Die Jagd durchs Baltikum

Ostrow und Pleskau – Artillerie im Kampf mit den Giganten KW 1 und KW 2 – Das OKW hält Hoepner fest – Im Sumpf von Tschudowo – Korps Manstein abgeschnitten – Der Weg nach Leningrad ist frei – Ein mißglücktes Badefest am Samro-See

Ein altes finnisches Sprichwort sagt: »Glücklich, wer seine Worte von vorgestern nicht zu essen braucht.« Wer im Sommer 1941 als Deutscher in Finnland war, bekam das oft zu hören. Vorgestern – das war Deutschlands Haltung während des finnisch-russischen Winterkrieges und die zwielichtigen Erklärungen deutscher Politiker und Diplomaten zu der russischen Aggression. Praktisch hatte ja Hitler eine den Sowjets gegenüber wohlwollende Neutralität an den Tag gelegt. Am 22. Juni 1941 aber hieß es in Hitlers Proklamation, die aus allen Rundfunklautsprechern tönte, in allen Zeitungen mit Riesenlettern verkündet wurde und an der Front zwischen Eismeer und Schwarzem Meer den Truppen verlesen wurde: »Deutsche Soldaten stehen im Bunde mit finnischen Divisionen und schützen Finnland.«

Als im Spätsommer 1941 der Verfasser Marschall Mannerheim in einem geheimen Hauptquartier im idyllischen Waldstädtchen St. Michel besuchte, kritisierte der Marschall diesen Passus der Führerproklamation und sagte: »Der Herr Reichskanzler hat mit dieser Formel den völkerrechtlichen Tatsachen nicht ganz Rechnung getragen, abgesehen davon, daß er der Entwicklung vorgriff.« Mannerheim verwies auf die Tatsache, daß im Berliner Auswärtigen Amt noch am 24. Juni öffentlich in einer Pressekonferenz festgestellt wurde, Finnland sei völkerrechtlich noch nicht im Krieg mit Rußland. Vermittelnd fügte Mannerheim aber gleich hinzu: »Für die Entwicklung der Lage hat das keine Bedeutung gehabt; denn ich bin gewiß, daß Stalin uns auf jeden Fall angegriffen hätte, um seine Flanke, Leningrad und die Ostsee, zu sichern, und wenn wir noch so entschlossen gewesen wären, neutral zu bleiben.« Nach einer kleinen Pause schloß er: »Nur der Übergang ins sowjetische Lager hätte uns vor einem Angriff retten können. Und das wäre auf dasselbe hinausgelaufen, wie besiegt zu werden.«

Mannerheim zitierte dann zur Bekräftigung einen Ausspruch Stalins, den der Diktator dem finnischen Gesandten in Moskau gegenüber kurz nach dem Winterkrieg gemacht hatte. »Ich glaube schon, daß Sie neutral bleiben möchten«, hatte Stalin gesagt, »aber wer so liegt, wie Ihr kleines Land, kann nicht neutral bleiben. Die Interessen der Großmächte verbieten das.« Und noch etwas Interessantes sagte Marschall Mannerheim: »Mir war seit Januar (1941) klar, daß die Sowjetführung die Möglichkeit eines offenen Bruches mit Deutschland sah, einen bewaffneten Zusammenstoß ins Auge gefaßt hatte und nur Zeit zu gewinnen suchte, den Ausbruch hinauszuschieben.« Er sagte das alles sehr ernst, ganz leidenschaftslos und fast resigniert: ein Grandseigneur, der sich ins Unvermeidliche mit Gelassenheit schickte und entschlossen war, die Konsequenzen auszufechten.

Mannerheim nutzte jede Gelegenheit, klarzumachen, daß Finnland kein Verbündeter Deutschlands war, sondern, wie er sagte, »Weggenosse im Kriege, den Finnland zur aktiven Verteidigung führt«. Er sagte das den verschiedenen Beauftragten des Auswärtigen Amtes, der Wehrmacht und vor allem auch dem klugen deutschen Gesandten in Finnland, Herrn von Blücher.

»Wir wollen nichts erobern«, wiederholte er immer wieder, »auch Leningrad nicht!« Es war kein Zweifel, dieser Kavalier, der akzentfreier Russisch sprach als Finnisch, der seine Lebensform in der Kadettenanstalt des Großfürstentums Finnland, als Page am Hofe des Zaren und als Gardeoffizier in Petersburg erfahren hatte, war nicht mit dem Herzen auf deutscher Seite. Er focht mit Hitler aus politischer Zweckmäßigkeit gegen einen gemeinsamen Feind.

Mannerheim erzählte gern mit hintergründigem Lächeln die Geschichte, die in Helsinki vor Ausbruch des Krieges die Runde machte und viel belacht worden war: Als sich der englische Gesandtschaftsrat im Herbst 1940 auf einer Teestunde im Salon einer bekannten finnischen Dame darüber erregte, daß Finnland deutschen Truppen die Durchfahrt nach Nordnorwegen gestattete, belehrte ihn die Finnin: »Wir sind in einer schlechten Lage. Die Russen haben uns die Durchfahrt durch unser Land zu ihrem Stützpunkt Hangö abgepreßt. Mit welchem Recht sollten wir den Deutschen die Durchfahrt verweigern, in ihren Stützpunkt Nordnorwegen zu kommen?« – »Ja«, gab der Engländer zu, »das ist richtig. Aber die meisten Finnen nehmen die Deutschen mit offenen Armen auf.« Da lachte die alte Dame und antwortete: »Das tue ich auch, denn je mehr Deutsche ins Land kommen, desto ruhiger lege ich mich abends ins Bett.«

So war es wirklich. Die Finnen fürchteten verständlicherweise seit dem Winterkrieg, der Stalin nur einen halben Sieg gebracht hatte, die Rache Moskaus. Und sie waren wie erlöst, nachdem sie erfuhren, daß Hitler im November 1940, als Molotow in Berlin die deutsche Zustimmung zu einer erneuten sowjetischen Aktion gegen Finnland forderte, mit einem festen Nein die Russen gestoppt hatte. Der finnische Außenminister Witting formulierte das bei einem privaten Mittagessen so: »Als mir der Gesandte von Blücher in vorsichtigen Worten die Nachricht über den Ausgang des Molotow-Besuches brachte und klar war, daß Adolf Hitler im Gegensatz zu seiner früheren Haltung der russischen Absicht entgegengetreten war, da fiel uns allen ein Stein vom Herzen.«

Diese Tatsache und diese Umstände muß man kennen, um die Haltung und die späteren Entscheidungen unseres militärischen ›Weggenossen‹ im hohen Norden zu begreifen. Tapfere, großartige und urtümliche Menschen, die beispielhafte Patrioten sind. Man braucht nur an den fast legendär gewordenen General Pajari zu denken, der sich im Winterkrieg das finnische Ritterkreuz damit verdiente, daß er allein eine alte sowjetische Beutepak gegen einen Panzerangriff bediente. Der Verschluß und die Zielrichtung waren kaputt. Pajari richtete mit dem Rohr und löste die Schüsse, indem er mit einem Beil auf den Bolzen schlug. Er schoß auf diese Weise drei der vier Sowjetpanzer ab.

Diese Männer waren das Geheimnis des beinahe unbegreiflichen Widerstandes im Winterkrieg. Sie hatten sich schließlich einer riesigen Übermacht beugen und einen harten Friedensvertrag mit schweren Verlusten an Land und Städten hinnehmen müssen. Keine der westlichen Großmächte war ihnen zu Hilfe gekommen, auch das schwedische Brudervolk hatte sie allein gelassen. Begreiflicherweise sahen sie am 22. Juni eine Chance, unter dem mächtigen Schirm der deutschen Wehrmacht den Russen die verlorenen Gebiete, vor allem das ehrwürdige Wiborg, wieder abzunehmen und die alte finnisch-russische Grenze wiederherzustellen. Das deutsche Oberkommando freilich setzte größere Hoffnungen in Mannerheim.

Als die Heeresgruppe Nord unter Feldmarschall Ritter von Leeb am 22. Juni zwischen Suwalki und Memel antrat, hatte sie eine klare operative Zielsetzung: Leningrad.

In der Aufmarschweisung zum ›Fall Barbarossa‹ stand, daß nach der Zerschlagung der feindlichen Kräfte in Weißrußland durch die Heeresgruppe Mitte starke Teile der schnellen Truppen nach Norden eindrehen sollten, um im Zusammenwirken mit der Heeresgruppe Nord die im Baltikum stehenden feindlichen Kräfte zu vernichten und nach Erledigung dieser Aufgabe die Besetzung von Leningrad folgen zu lassen. Erst nach der Eroberung Leningrads sollte der Angriff auf Moskau erfolgen. Es ist wichtig, diese Reihenfolge des militärischen Fahrplans im Auge zu behalten. Seine Nichteinhaltung war eine der Ursachen für die Winterkatastrophe vor Moskau.

Leningrad war die Perle des europäischen Rußlands. In einem Gedicht von Puschkin heißt es: »Nowgorod der Vater, Kiew die Mutter, Moskau das Herz, und Petersburg der Kopf des russischen Reiches.« Auch seitdem Petersburg nicht mehr Petersburg (beziehungsweise Petrograd), sondern Leningrad hieß, war die Stadt an der Newamündung, zwar nicht mehr der Kopf, aber doch das Gewissen des roten Reiches. – Es trägt den Namen des Vaters der Revolution, denn hier brach sie aus. In den Munitionsfabriken, den Schiffswerften, den Panzerwerken, den Schuh- und Textilfabriken, auf den Handels- und Kriegsschiffen war die sozialrevolutionäre Garde der Bolschewiki entstanden. An ihrer Spitze begann Lenin den Kampf.

Bedenkt man ferner die strategische Rolle Leningrads als Festung im Finnischen Meerbusen, als Heimstatt der Roten Ostseeflotte, so ist klar, was für ein wichtiges militärisches, wirtschaftliches und politisches Ziel diese Stadt darstellte. Sie zu erobern, bedeutete einen für Hitler nicht abzuschätzenden Sieg, sie zu verlieren für das bolschewistische Regime einen schrecklichen Verlust.

Der Oberleutnant Knaak hat den Erfolg seines Einsatzes an der Straßenbrücke von Dünaburg nicht mehr erlebt. Er lag, von einer MG-Garbe getroffen, am rechten Brückenaufgang und wachte noch im Tode über seine dreißig Männer, die dem wütend angreifenden Russen standhielten. Wenn ein Ritterkreuz als

Auszeichnung für eine schlachtenscheidende Tat verdient war, dann dieses, das dem toten Kommandoführer verliehen wurde. Denn die Schlacht um das Vorfeld von Leningrad wurde durch die schnell gewonnenen Dünaübergänge entscheidend beeinflußt.

Durch den Vorstoß der Panzergruppe Hoepner über die Düna hinaus war die an der Ostseeküste operierende 18. Armee unter Generaloberst von Küchler in der Flanke gedeckt und konnte nun durchs Baltikum vorgehen. Oberst Lasch, Kommandeur des Infanterieregiments 43, jagte mit einer Vorausabteilung aus schnellen Kräften des I. Armeekorps, Radfahrern, Pak, Flak, Pionieren und Sturmgeschützen, hundert Kilometer durch aufgelösten Feind über Bausk bis Riga, um auch dort die Übergänge für die zurückflutenden Sowjetdivisionen zu sperren. Zwar gab es schwere Verluste, zwar konnten die Brücken von den Russen gesprengt werden, aber trotzdem war der Zweck des Auftrages erreicht: Die aus Kurland flüchtenden Sowjetkolonnen kamen nicht mehr über die Düna, sondern liefen vor Riga ins Verderben.

Während Küchlers 18. Armee in den lettisch-estnischen Raum vordrang, stieß Hoepners Panzergruppe 4 über die alte russische Grenze gegen Estland südlich des Peipus-Sees. Sie war zu einer sogenannten Stalinlinie ausgebaut, das heißt zu einer Hauptverteidigungslinie mit Bunkern und schweren Feldbefestigungen. Generaloberst Kusnezow versuchte, rechtzeitig Verstärkung an die Schlüsselpunkte der Befestigungslinie, vor allem an den Verkehrsknotenpunkt Ostrow, zu bringen. Die deutsche Luftaufklärung hatte die Bewegungen erkannt. Es kam für Hoepner darauf an, früher nach Ostrow zu kommen als die Sowjets. Damit begann General Reinhardts große Panzerjagd auf Ostrow.

Hatte bei Mansteins Sturm zur Düna die 8. Panzerdivision die Spitze gebildet, so war es bei Reinhardts XXXXI. Panzerkorps die 1. Pz. D. Und Generalleutnant Kirchners 1. Panzerdivision gewann das Rennen aus dem Dünabrückenkopf Jakobstadt durch den Südteil Estlands bis vor Ostrow. Die 1. Schützenbrigade unter Generalmajor Krüger drang mit dem durch Teile des Panzerregiments 1 verstärkten Schützenregiment 113 am 4. Juli von Süden in die Stadt. Während das 1. Kradschützenbataillon von Südwesten herankam, stieß Major Dr. Eckinger mit dem durch die 7. Batterie A. R. 73 unterstützten SPW-Bataillon nach Norden durch. Die Straßenbrücken über die Welikaja wurden genommen.

Von der Luftaufklärung gemeldete russische Verstärkungen mit schweren Panzerverbänden kamen genau vierundzwanzig Stunden zu spät, um Ostrow noch verteidigen zu können. Sie griffen nun mit ihren überschweren Panzern KW 1 und KW 2 gegen Ostrow-Nord an, wurden aber abgeschlagen.

Als die Spitze der 1. Panzerdivision am 5. Juli mit der Kampfgruppe Krüger gegen 14 Uhr auf Pleskau antrat, geriet sie in einen massierten sowjetischen Panzerangriff. Die motorisierten Pakzüge der 1. Kompanie Panzerjägerabteilung 37 mit ihren 3,7-cm-Pak wurden von schweren sowjetischen Kampfwagen einfach niedergewalzt. Schützen und Panzerjäger erlebten erneut, wie schon bei Rossieni und Saukotas, ihre Hilflosigkeit gegenüber diesen riesigen rollenden Artilleriebunkern und wichen zurück. Auch an den deutschen Panzern rollten die Russen vorbei. Auf Ostrow. Hielt sie keiner auf?

Das war die Stunde von Major Söth, Kommandeur III. Abteilung Artillerie-regiment 73, ehemals II. Abteilung A. R. 56 aus Hamburg-Wandsbek. Er brachte eine schwere Feldhaubitze der 9. Batterie an der Straße in Stellung. Ihr Richtkanonier Obergefreiter Georgi ließ den ersten KW 2 auf die richtige Entfernung heranrollen. Georgi hatte eine Betongranate im Rohr, wie sie zur Bekämpfung schwerer Bunker benutzt wurden. »Feuer!« Der KW 2 flog in einem riesigen Blitzschlag zur Seite und blieb liegen. Laden. Richten. Schuß! Noch zwölf weitere russische Panzer schoß der tapfere Obergefreite mit seiner Bedienung ab. Andere Geschütze griffen mit ähnlichem Erfolg in den Panzerabwehrkampf ein. Das schaffte nicht nur Luft, sondern gab den Schützen auch ihr Selbstvertrauen wieder. Sie gingen nun mit geballten Ladungen die feindlichen Panzer an, unterstützt von den Kanonieren der III. Abteilung. Bald darauf konnte Generalmajor Krüger melden: Der Vormarsch rollt wieder.

Zwei Tage später, am 7. Juli, tritt das Panzerregiment 1 an der Spitze der Kampfgruppe Westhoven, Vorausabteilung der 1. Panzerdivision, und der dahinter aufschließenden 6. Panzerdivision gegen den Rest der sowjetischen Panzerverbände vor Pleskau an. Links rückwärts gestaffelt folgt die dritte schnelle Division des XXXXI. Panzerkorps, die 36. I. D. (mot.). Der Chef der durch Schützenpanzerwagen (SPW) des I. Bataillons Schützenregiment 1 verstärkten Spitzenkompanie, Hauptmann von Falckenberg, steht im Turmluk seines Panzers ›700‹ auf der Straßenkreuzung nördlich des Dorfes Letowo, das Glas vor den Augen.

Er beobachtet, wie vorn auf der Straße Leutnant Fromme, dessen I. Zug an der Spitze der II. Abteilung Panzerregiment 1 marschiert, mit seinem Panzer ›711‹ auf einen anrollenden Russenpanzer feuert. Treffer. Der feindliche Panzer qualmt, fährt aber weiter. Direkt auf Frommes Panzer zu. Rammt ihn. Drei Russen springen heraus. Auch Fromme, die Pistole in der Faust. Die Russen heben die Hände. In diesem Augenblick kommen zwei andere sowjetische Panzer über das Feld gerollt, die beiden Gefangenen wittern Morgenluft, springen hinter ihren Panzer. Fromme will schießen, jedoch die Pistole versagt. Einer der Russen läuft auf ihn zu. Aber Fromme greift blitzschnell aufs Kettenabdeckblech, reißt die dort angebrachte Axt herunter und geht auf den Feind los. Der flieht. Und Fromme springt in den Panzer zurück.

Hauptmann von Falckenberg taucht in seinen Panzer, wirft den Turmdeckel zu. »Los!« ruft er dem Fahrer zu, »zum Straßenkreuz!« Auch Leutnant Köhler vom II. Zug hat Frommes Axtduell beobachtet und braust los, setzt sich rechts neben Frommes Zug und greift unverzüglich in den Feuerkampf ein. Seine vier Panzer III kommen gerade zurecht, um die weiter anrollenden Russenpanzer in der Flanke zu packen. Am Abend liegen achtzehn Panzer vor Falckenbergs Feuerfront. Damit ist dem sowjetischen Gegenangriff südostwärts des Peipus-Sees das Rückgrat gebrochen. Der Weg nach Pleskau ist frei.

Die Kampfgruppe Westhoven stößt mit dem verstärkten Schützenregiment 1, nach Osten ausholend, bis auf den Flugplatz von Pleskau durch, der von einem hohen sowjetischen Luftwaffenkommandeur offenbar im letzten Augenblick fluchtartig geräumt worden war. Die Karten im Lageraum ließen aufschlußreiche Rückschlüsse auf die Absichten des Gegners zu. Generalmajor Krüger gewinnt mit der 1. Schützenbrigade eine unversehrte Brücke im Tserjoha-Abschnitt im Handstreich. Die brennende Stadt wird von der 36. I. D. (mot.) frontal am 9. Juli genommen.

Währenddessen hatte auch die 6. Panzerdivision dreißig Kilometer südostwärts die Stalinlinie durchbrochen. Zwanzig schwere Bunker wurden von den Pionieren geknackt, der starke Panzerfeind geworfen. Damit hatte die Panzergruppe Hoepner ihr erstes großes Ziel erreicht. Die russische Sperre südlich des Peipus-Sees war überwunden, den Russen der südliche Weg aus dem Baltikum gesperrt, die Ausgangsposition zum Angriff auf Leningrad gewonnen.

Der schnelle Stoß auf die Stadt sollte über die Landbrücke zwischen Ilmen-See und Peipus-See in nördlicher Richtung geführt werden. Das Ziel war noch immer: Leningrad ›zu nehmen‹, also zu erobern. Zur Unterstützung sollte die finnische Armee von Norden her über die karelische Landenge und gleichzeitig ostwärts des Ladoga-Sees angreifen, um die Dreimillionenstadt nach Norden und nach Osten gegen Entsatz und Ausbrüche abzuriegeln.

Auf Grund des allgemeinen Befehls wollte die Panzergruppe 4 mit Reinhardts Panzerkorps auf und an der Straße Pleskau—Luga—Leningrad entlang und mit Mansteins Panzerkorps ostwärts davon auf der zweiten Straße nach Leningrad, von Opotschka über Nowgorod, vorstoßen. Nur diese beiden großen Straßen führten durch das ausgedehnte Sumpfgebiet, das Leningrad von Süden und Südwesten schützt.

Am 10. Juli 1941 trat die Panzergruppe auf der ganzen Front zum Angriff an: Das LVI. Panzerkorps, das am 6. Juli mit der motorisierten SS-Infanteriedivision ›Totenkopf‹ die Stalinlinie bei Sebesch durchstoßen und am folgenden Tag Opotschka an der Welikaja nach harten Kämpfen besetzt hatte, sollte nun nach Osten ausholen, über Porchow—Nowgorod vorgehen und bei Tschudowo die große Querverbindung Leningrad—Moskau unterbrechen. Die 8. Panzerdivision und die 3. I. D. (mot.) waren in vorderster Linie eingesetzt. Es galt, sehr unwegsames Waldgelände zu durchstoßen.

Das XXXXI. Panzerkorps, mit der 1. und 6. Panzerdivision vorn und der 36. I. D. (mot.) dahinter, wurde entlang der großen Straße über Luga angesetzt. Der Feind verteidigte sich hier vorerst nur mit Nachhuten. Er wich also.

Sollten die Russen das Spiel im Norden schon verloren geben? Irrtum. Woroschilow war nicht gewillt, Leningrad und den Finnischen Meerbusen zu räumen. Bereits am nächsten Tag verlangsamte sich das Vorgehen von Reinhardts Panzerkorps. Seine Divisionen waren in ein unübersichtliches versumpftes Waldgelände geraten, wo der Feind ausgezeichnete Verteidigungsmöglichkeiten hatte.

Als General Reinhardt seine Panzer und SPW-Bataillone, vor allem die Kampfgruppen Krüger und Westhoven der 1. Panzerdivision zur umfassenden Aktion von der Straße Pleskau—Luga herunterziehen wollte, um die russischen Straßensperren von rückwärts aufzubrechen, stellte sich heraus, daß rechts und links für die Panzer fast unpassierbares sumpfiges Gelände war.

Auch die 6. Panzerdivision mußte von ihren miserablen Nebenwegen wieder auf die Hauptrollbahn des Korps hinter die 1. geführt werden, weil die Fahrzeuge steckenblieben. Jede weiträumige Entfaltung war damit unmöglich. Beweglichkeit und Schnelligkeit der Panzer kamen nicht zum Zuge. Der Angriff des Korps blieb dann auch am 12. Juli in der Linie Sapolje—Pljussa liegen.

Noch stärkeren Widerstand leistete der Feind vor Mansteins Korps, also am rechten Flügel, wo gemäß Befehl des OKW der Schwerpunkt des Angriffs auf Leningrad liegen sollte. Es zeigte sich, daß der Russe eine neue befestigte Zone, zum Schutz von Leningrad und Schimsk am Westrand des Ilmen-Sees, entlang der Luga bis Jamberg-Narwa ausgebaut hatte. Die Stadt Luga war als Brückenkopf der Rollbahn Dünaburg—Leningrad Kernstück der Stellung und stark befestigt.

Dagegen stellte die Erd- und Luftaufklärung der Panzergruppe 4 fest, daß am linken Flügel, am unteren Luga-Fluß, nur schwache Feindkräfte standen. Der Russe rechnete hier wegen der schlechten Straßen nicht mit einem Angriff. Nur am Ostufer des Peipus-Sees, bei Gdow, lag eine noch stärkere Feindgruppe.

Generaloberst Hoepner stand vor der Entscheidung: Sollte er befehlsgemäß weiter mit Schwerpunkt rechts, Angriff Richtung Nowgorod, fechten und das Panzerkorps Reinhardt sich an der starken Verteidigung um Luga den Kopf einrennen lassen? Oder war es nicht richtiger, eine kühne Schwenkung nach links an den unteren Luga-Fluß zu machen, den Feind an seiner schwachen Stelle zu packen und damit den Angriff auf Leningrad von Westen, parallel der Eisenbahnlinie Narwa—Kingisepp—Krasnowardeisk, vorzutreiben?

Hoepner entschied sich für das letztere. Die 1. und 6. Panzerdivision wurden — mitten aus der Offensive — unter dem Schutz der ostwärts und nördlich von Sapolje kämpfenden Kampfgruppe Westhoven nach Norden eingedreht, dann an der großen Straße nach Luga durch Infanteriedivisionen ersetzt und marschierten dann am 13. Juli, von der 36. I. D. (mot.) gefolgt, durch unwegsames Gelände nach Norden.

In einem Gewaltmarsch über 150 beziehungsweise 180 Kilometer quälten sich die drei motorisierten Divisionen, gefährlich weit auseinandergezogen, zum Teil auf einer einzigen versumpften Straße zusammengedrängt, hinter ihren Vorausabteilungen vorwärts. Die kleinen Brücken brachen. Die Straße wurde zum Sumpf. Pioniere bauten Knüppeldämme. Die Aufklärungsabteilungen und Sicherungsgruppen der Kradschützen, Panzerjäger und vorgeworfenen Batterien würgten sich an den Flanken entlang, um an den gefährdetsten Stellen Riegel zu besetzen und hier wiederholt aus den großen Sumpfgebieten hervorbrechende feindliche Angriffe abzuwehren. Aber das überaus gewagte Manöver gelang. Die Spitze der 6. Panzerdivision, die Vorausabteilung des durch Panzer und Artillerie verstärkten Schützenregiments 4 unter Oberst Raus, nahm am 14. Juli Poretschje. Die zwei Brücken fielen unversehrt einem Sonderkommando des Regiments ›Brandenburg‹ in die Hand — so überrascht war der Feind.

Die 1. Panzerdivision erreichte am gleichen Tage mit dem verstärkten SPW-Bataillon des Schützenregiments 113 unter Major Dr. Eckinger die Luga bei Sabsk und erkämpfte hier bis 22 Uhr einen Brückenkopf auf dem Ostufer der Luga. Die Furt wurde ausgebaut, der Brückenkopf noch in der Nacht erweitert und das Gros des Schützenregiments 113 herangezogen. So behauptete die

1. Panzerdivision gegen sofort einsetzende heftige feindliche Gegenangriffe auch am 15. Juli mit der Kampfgruppe Krüger Sabsk. Die Brücke war allerdings bereits zerstört. Doch am nächsten Tag konnte auch hier der einmal erkämpfte Brückenkopf gefestigt werden. Die feindliche Kräftegruppe in der Westflanke der Panzergruppe 4, am Peipus-See bei Gdow, wurde von der 36. I. D. (mot.) und der 58. I. D. zerschlagen.

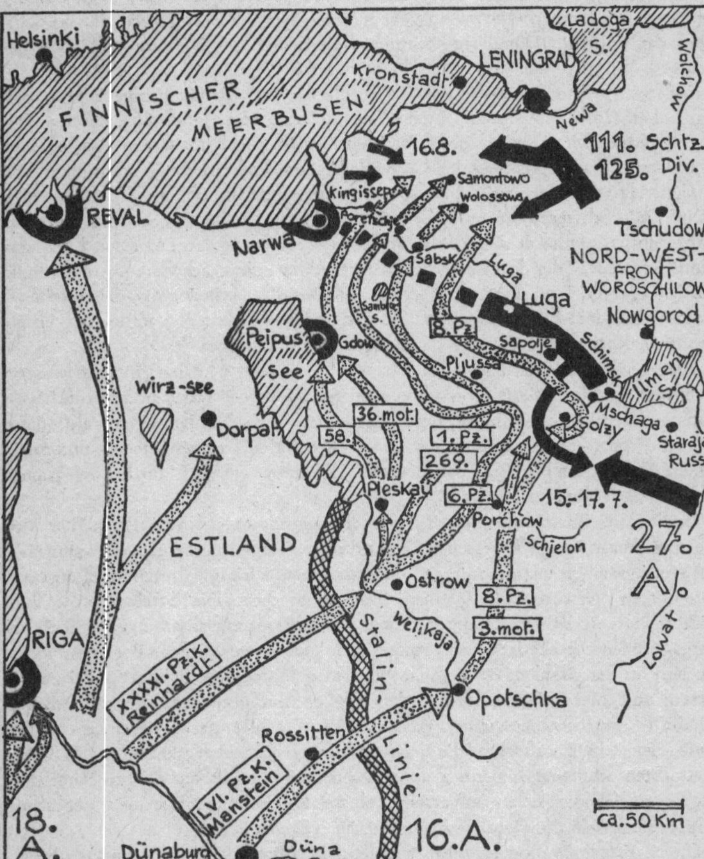

Karte 10
Die Operation der Heeresgruppe Nord Ende Juni bis Mitte August 1941. Die Stalinlinie ist durchbrochen. Hoepners Panzergruppe stößt über die untere Luga auf Leningrad.

Damit war die untere Luga bezwungen. Ein Sprungbrett, 115 Kilometer vor Leningrad, zum günstigen Endangriff geschaffen. In zwei ausgedehnten Brückenköpfen standen die Schützen und die Panzer des Korps Reinhardt zum Sturm bereit. Die Sowjets waren von dieser Operation vollkommen überrascht. Sie hatten zunächst keinerlei ernst zu nehmende Kräfte vor der neuen deutschen Front. Mit schnell zusammengerafften Verbänden, darunter die Leningrader Offiziersschüler versuchten sie vergeblich, die Brückenköpfe wieder einzudrücken. Aber es gelang nicht nur, alle Angriffe, wenn auch erst nach erbitterten Kämpfen abzuschlagen, sondern die deutschen Divisionen erweiterten sogar noch ihre Ausgangsstellungen, bauten ihre Nachschubstraßen aus und warteten auf den Befehl zur Fortsetzung des Angriffs. Leningrad lag indes ungeschützt zwei Tagesmärsche vor ihnen.

Aber nun wiederholte sich hier an der Nordfront vor Leningrad die gleiche Tragödie, wie wir sie bei der Heeresgruppe Mitte nach der schnellen Eroberung von Smolensk erlebten: Das Oberkommando der Wehrmacht hielt Hoepners Panzer in den Lugabrückenköpfen drei Wochen fest. Drei lange Wochen. Warum? Warum bildete man hier nicht den Schwerpunkt des Angriffes auf das Ziel des Feldzuges? Warum nutzte man die Chance nicht? Wieder war es die Führungsbürokratie, die den schnellen und sehr wahrscheinlich erfolgreichen Stoß auf Leningrad verhinderte.

Hitler und das OKW hatten sich auf die Operation mit ›Schwerpunkt rechts‹ versteift, das heißt, Leningrad sollte in einer weiten Umfassung von Südosten her genommen werden. Die Flankensicherung hierfür war vermutlich der von Westen herankommenden 16. Armee zugedacht, deren Lücke zur Panzergruppe 4 vorerst allein von den zwei Divisionen des LVI. Panzerkorps offensiv gedeckt wurde.

Auf diese Weise sollten gleichzeitig in dem riesigen Bogen, für den der versumpfte Fluß Woldhow ein idealer Flankenschutz war, die aus dem Baltikum abströmenden russischen Divisionen gefangen werden. Gut gedacht. Aber die Rechnung hatte einen Fehler: Die Panzer waren am Schwerpunkt rechts wegen des Wald- und Sumpfgeländes nicht voll verwendungsfähig, Hoepner hatte ja deshalb sein XXXXI. Korps nach links geworfen. Jetzt hatte der Schwerpunkt rechts zwar in Auswirkung der Krise bei Solzy noch die starke Massierung von Infanteriedivisionen, Artillerie und Luftwaffe erbracht, es gab dort aber keine operationsfähigen Panzerkräfte. Denn die 8. Panzerdivision und die 3. I. D. (mot.) waren zwischen dem 15. und 19. Juli in erbitterten Kämpfen mit starken Verbänden von drei bis fünf sowjetischen Korps gebunden.

Der neu gewonnene Schwerpunkt links, an der unteren Luga, hatte Panzer, Brückenköpfe, Ausgangsstellungen und keinen Feind vor sich, aber er hatte keine Infanteriedivisionen zur Sicherung eines langen Panzervorstoßes auf Leningrad. Hoepner versuchte alles, statt der fehlenden Infanterie, deren Heranführung zu lange dauerte, Mansteins Korps nach Norden zu bekommen, um losmarschieren zu können. Aber die Heeresgruppe konnte oder wollte sich gegen das Führerhauptquartier nicht durchsetzen. Dort erklärte man: Die Kräfte Reinhardts sind zu schwach, um den Angriff auf Leningrad allein zu führen. Man schickte darüber hinaus vorerst weitere Verstärkung an den rechten Flügel zum Ilmen-See, wo der Kampf mühselig geführt werden mußte.

Mit Recht sagt Generaloberst Reinhardt heute: »Warum konnte nicht das Korps Manstein zu uns verschoben werden? War es nicht richtiger, jetzt den Schwerpunkt nach links zu verlegen, die Enge von Narwa schnell zu sperren und dann nach Osten einzuschwenken und dem Feind, der entlang der mittleren Luga hielt, mit starken Kräften in den Rücken zu fahren?«

Als Guderian vor Smolensk am Dnjepr in einer ähnlichen Lage war, ließen ihn Feldmarschall von Kluge und Feldmarschall von Bock ziehen. Und wahrscheinlich hätten ein Kluge und ein von Bock an Leebs Stelle auch Reinhardt ziehen lassen. Aber Leeb war kein von Bock. Er spielte zwar mit dem Gedanken, Hoepner loszulassen, versuchte, die OKW-Weisung ›Schwerpunkt rechts‹ außer Kraft zu setzen, aber er schaffte weder das letztere, noch tat er das andere. Und so begann ein verhängnisvolles Tauziehen, das Woche um Woche dauerte. Wochen, die der Russe nutzte, um alles, was er zusammenraffen konnte, vor Reinhardts Lugabrückenköpfe zu werfen. Eine proletarische Division erschien vor der Front. Zwei weitere Divisionen, die 111. und Teile der 125. Schützendivision, wurden in Bahntransporten herangeführt. Die Züge fuhren rücksichtslos auf Sichtweite und luden auf offener Strecke aus. Schließlich erschienen auch Panzerverbände mit schweren KW 1 und KW 2.

Die funkelnagelneuen Superpanzer waren teilweise noch mit der zivilen Erprobungsbesatzung der Fabriken bemannt. Unter ihrer Begleitinfanterie befand sich eine ganze Werkbrigade aus Frauen, Studentinnen der Leningrader Universität. Man fand Frauen auch tot und verwundet in abgeschossenen Panzern.

Der zunehmende Feindwiderstand im Kampf um die Brückenköpfe zeigte sich auch in den sowjetischen Luftangriffen. Deutsche Kampf- und Jagdfliegerverbände waren nicht da, sie lagen im Kampfraum Ilmen-See; getreu der Devise: Schwerpunkt rechts. Nur die Jagdgruppe Trautloft griff gelegentlich von ihrem vorgeschobenen Gefechtslandeplatz westlich Pljussa in die Kämpfe an der Luga mit ein bis zwei Staffeln Me 109 ein.

Bei Reinhardts Verbänden entwickelte sich wegen der russischen Luftüberlegenheit ein bitterer Humor, nicht nur bei den Landsern, sondern auch bei den Kommandeuren. So funkte der Kommandeur der Panzeraufklärungsabteilung 4, Oberstleutnant von Scheele, an die Führungsstaffel der 1. Panzerdivision in Reimen:

»Der Russenflieger über uns sehr viele,
sie suchen uns im Tiefangriff zum Ziele.
Wo bleibt Professor Messerschmitt?
Wir machen sonst hier nicht mehr mit!«

Der Ia der Division, Oberstleutnant i. G. Wenck, wegen seiner Funkreime bekannt und höheren Orts zuweilen kritisiert, forderte beim Korps Flak- und Jagdschutz an und funkte zurück:

»Sind jetzt eigne Jäger da?
Oder nur die Ratata?

Hat die Flak schon einen runter?
Oder bombt der Feind noch munter?«

Scheele ließ mit der Antwort nicht auf sich warten. Und im Divisionsstab las man:

»Einen hat sie runter,
zehne bombten munter,
und der deutschen Jäger zwei –
waren leider grad vorbei!«

Ja, die Sowjets hatten sich an der weichsten Stelle ihrer Leningrader Verteidigung gefangen und so stark wie möglich gemacht. Die Chance, die Stadt in einem einzigen schnellen Stoß von Nordwesten zu nehmen, war vertan. Generaloberst Reinhardt stellte dazu später fest: »Daß nicht sofort an eine Fortsetzung des Angriffs gedacht werden konnte, war klar. Zuerst mußte das Straßennetz für die Versorgung und für das Nachführen von erhofften Verstärkungen verbessert werden. Dazu waren mehrere Tage nötig.« Mehrere Tage, nicht drei Wochen. Und er fuhr bitter fort: »Immer wieder drängte das Korps auf baldiges Antreten, erhoffte schnelle Zuführung, mindestens von Teilen des Korps Manstein, das kaum noch vorwärts kam, aber umsonst.«

In sein Tagebuch schrieb General Reinhardt am 30. Juli, als er schon vierzehn Tage wartete und längst zum Angriff fertig war: »Neues Hinausschieben. Entsetzlich! Gelegenheit, die wir angeboten haben, ist endgültig verpaßt, es wird so immer schwerer.«

Wie recht der spätere Generaloberst Reinhardt hatte, zeigen die Ereignisse: Während das XXXXI. Korps, vom Glück begünstigt, die untere Luga überwunden hatte, aber an den Haltebefehl gebunden war, braute sich rechts im östlichen Abschnitt der Panzergruppe, bei Mansteins LVI. Korps, eine Krise zusammen. Manstein hatte den Auftrag, Nowgorod zu nehmen und dann den wichtigen Verkehrsknotenpunkt Tschudowo zu packen, um Straße und Eisenbahn von Leningrad nach Moskau zu unterbrechen.

Die 8. Panzerdivision war bis über Solzy vorgestoßen, um einen Brückenkopf über die Mschaga zu bilden. Die 3. I. D. (mot.) hatte sich links danebengeschoben, sicherte die Flanke der 8. und kämpfte sich nach Nordosten und Norden vorwärts. Aber der Feindwiderstand wurde immer stärker, das Sumpfgelände auch hier für jede Operation immer weniger befahrbar. Das Abdrehen des XXXXI. Korps von Luga weg hatte außerdem sowjetische Kräfte in diesem Raum frei werden lassen, und so wurde das weit vorgepreschte Korps Manstein, das nur aus der 8. Panzerdivision und der 3. I. D. (mot.) bestand, ohne Reserven und ohne Flankenschutz war, plötzlich von zahlreichen sowjetischen Divisionen der 11. Sowjetarmee überfallen. Woroschilow stürzte sich mit allen verfügbaren Kräften auf die gefährliche deutsche Panzerspitze, die auf sein Befehlszentrum Nowgorod und auf den lebenswichtigen Verkehrsknotenpunkt Tschudowo zielte. Es gelang der 146. sowjetischen Schützendivision, zwischen den beiden deutschen Divisionen einzubrechen und ihre Nachschubstraßen abzuschneiden. Manstein reagierte sofort richtig, nahm die 8. Panzerdivision zurück und igelte sich ein.

Es folgten drei krisenreiche Tage. Woroschilow wollte einen Erfolg und versuchte mit allen Mitteln, die eingeschlossenen deutschen Divisionen zu vernichten. Er setzte ein halbes Dutzend Schützendivisionen, zwei Panzerdivisionen, starke Artillerie- und Luftstreitkräfte ein. Aber die Standhaftigkeit der deutschen Verbände und die überlegene Führung Mansteins verhinderten eine Katastrophe. Mit welcher Erbitterung gekämpft wurde, zeigen die Gefechtsberichte der 3. I. D. (mot.), die an einem einzigen Tage siebzehn Angriffe abwehren mußte. Sogar die Artillerie kämpfte in vorderster Linie. Die 1. Batterie Artillerieregiment 3 unter Oberleutnant von Tippelskirch mußte einen massierten Angriff durchstehen.

An einer Waldlichtung, drei Kilometer hinter der vordersten Linie der Infanterie, bei Goroditsche, lag die Feuerstellung der Batterie. Rechts und links der Straße wegloser Sumpf. Aber war er auch für die Sowjets weglos?

Die Artilleristen sicherten sich gegen Überraschungen aus dem Sumpfgebiet, indem sie auf schnell geschlagenen Knüppelpfaden Vorposten aufstellten. Das war ihr Glück. Denn Woroschilow ließ von Bewohnern der Gegend ein neuausgerüstetes Bataillon seiner 3. sowjetischen Panzerdivision durch den Sumpf lotsen, um die Spitzen der deutschen Division abzuschneiden. Das Bataillon stieß am 15. Juli auf die deutschen Sicherungen. Diese gaben Alarm. Der Russe glaubte wohl, eine Infanterieeinheit vor sich zu haben, und griff überstürzt an, ohne die Feuerstellung der schweren Batterie erkannt zu haben. Mit ›Urrä‹ kamen die Sowjets an. MG im Sumpf gaben ihnen Feuerschutz. Die Artilleristen sprangen an ihre Geschütze. Die Bedienung von Nr. 2 wurde beim Sprung aus den Deckungslöchern von einer MG-Garbe niedergemäht. Der Batterieoffizier Leutnant Hederich arbeitete sich mit den Zugführern ans Geschütz und übernahm die Bedienung. Bis auf 300 Meter waren die Russen heran. »Feuer!«

In direktem Schuß krachten die 10-cm-Granaten in die anstürmenden Reihen. Das Batterie-MG fegte dazwischen. Die erste Welle blieb am Rand der Lichtung liegen. Aber jetzt brachte der Russe schwere MG in Stellung. Die Schutzschilde der Geschütze wurden durchsiebt. Granatwerfer setzten das deutsche Batterie-MG außer Gefecht. Ein Dutzend Sowjets arbeiteten sich bis auf zehn Meter an Hederichs Geschütz heran, sprangen auf und stürmten. Mit Spaten, Pistole, Seitengewehr wehrten sich Hederich und seine Männer. Vier Russen blieben tot liegen. Drei oder vier verschwanden im Unterholz. Leutnant Hederich und die gesamte Bedienung waren verwundet. Zwei Stunden dauerte der Kampf schon. Die Munition war fast verschossen. Die meisten Offiziere und Unteroffiziere waren verwundet oder gefallen, die letzten Männer von den Zugmaschinen und vom Gefechtstroß schon herangeholt. 120 Mann kämpften gegen ein ganzes Bataillon. Da kam der Batteriechef in letzter Minute mit einem herangeholten Zug Kradschützen vom Infanterieregiment 8 und griff rechts umfassend an. Das verwirrte die Russen. Sie wichen, nahmen einen Teil ihrer Verwundeten mit, ließen aber das schwere Gerät und fünfzig Tote zurück.

Nachdem das Kommando der Panzergruppe 4 General von Manstein die

SS-Division ›Totenkopf‹ wieder zur Verfügung gestellt hatte, gelang es dem LVI. Panzerkorps bis zum 18. Juli, der Krise südwestlich des Ilmen-Sees Herr zu werden und auch die Korps-Nachschubstraße wieder freizukämpfen.

Ab 18. Juli war die Gefahr gebannt. Manstein benutzte das dramatische Exempel, um auch seinerseits bei der Heeresgruppe und sogar über General Paulus beim OKH dringendst darauf hinzuweisen, doch endlich die beiden Korps der Panzergruppe wieder zusammenzufassen und mit ihnen einen einzigen Angriffsschwerpunkt zu bilden. Manstein plädierte dabei nicht etwa für seinen Kampfraum, sondern empfahl, die von Reinhardts Panzerkorps erkämpften Brückenköpfe zur Ausgangsbasis für den Stoß auf Leningrad zu machen.

Aber auch Manstein drang nicht durch. Heeresgruppe und OKH beharrten auf dem Schwerpunkt rechts. Sie waren nur bereit, Mansteins Korps aus der Mschaga-Front herauszulösen und an der mittleren Luga-Front gegenüber der wichtigen Stadt Luga anzusetzen. Manstein sollte bei der kommenden Generaloffensive die Rollbahn bei Luga gewinnen, den Feind zerschlagen und dann auf Leningrad stoßen.

Es war ein unbegreiflicher Plan. Seit Wochen wußte man, wie stark die feindlichen Befestigungen im Raum vor Luga waren. Und wenn sich das Gelände für Panzer hier auch fast als völlig ungeeignet erwiesen hatte, so bleibt es dennoch unverständlich, warum man dem als südliche Stoßgruppe angesetzten LVI. Panzerkorps lediglich die 3. I. D. (mot.), die 269. I. D. und die neu herangeführte SS-Polizeidivision zuwies, während die SS-Division ›Totenkopf‹ am Ilmen-See verbleiben und die 8. Panzerdivision im rückwärtigen Gebiet Partisanen jagen mußte.

Am 8. August ging es los. Um 9 Uhr, bei strömendem Regen, traten oben aus den Lugabrückenköpfen Reinhardts Divisionen an, wegen schlechten Wetters ohne jede Luftwaffenunterstützung. Die beiden Panzerdivisionen und die 36. I. D. (mot.) sollten in schnellem Stoß das freie Gelände südlich der Eisenbahnlinie Leningrad–Kingisepp–Narwa gewinnen. Dann sollten die 8. Panzerdivision und die Masse der 36. I. D. (mot.) nachgeführt werden und alle hinter der Eisenbahnlinie nach Osten drehen und Leningrad angreifen. Ein guter Plan.

Aber wo vor drei Wochen nur schwache sowjetische Feldwachen gestanden hatten, da lagen jetzt die verstärkte 125. und die 111. sowjetische Schützendivision in gutausgebauten Feldbefestigungen, die von Zehntausenden von Zivilisten, Frauen, Kindern, den Jugendorganisationen der Partei, in Tag- und Nachtarbeit errichtet worden waren.

Gegenüber dem Brückenkopf Poretschje stand eine sowjetische Kampfgruppe mit sehr starken Artilleriekräften, die, wie Gefangenenaussagen ergaben, ebenfalls für den 8. August einen Angriff auf den Brückenkopf geplant hatte. Aber die 6. Panzerdivision kam diesem Stoß zuvor. So konnte sie ein Unheil für die deutsche Offensive verhüten. Schlimm genug war es jedoch auch so. Nach dem ersten Kampftag erwog das Korps angesichts der Verluste die Frage, ob der Angriff überhaupt fortgeführt werden konnte. Nur die optimistische Lagebeurteilung durch die 1. Panzerdivision rettete den Fortgang der Offensive. Vor allem war es die Kampfgruppe Wietersheim, deren Kommandeur Oberstleutnant Wend von Wietersheim sich energisch weigerte, schwererrungenes Gelände wieder aufzugeben. Oberstleutnant von Wietersheim und der Ia der 1. Panzerdivision, Oberstleutnant i. G. Wenck, behielten mit ihrem Optimismus recht. Am anderen Morgen kamen die Regimenter gut voran, durchbrachen die feindliche Front, halfen der schwerringenden 6. Panzerdivision durch Angriff in Richtung Opolje aus ihrem Brückenkopf heraus und durchstießen den fünfundvierzig Kilometer tiefen Waldgürtel südlich der Eisenbahnlinie nach Leningrad, das letzte natürliche Hindernis vor der Ostseemetropole.

Die Schlacht rollte. Am 14. August war von allen Divisionen das günstige offene Gelände hinter den Sumpfwäldern gewonnen. Der Feind geschlagen. Nur noch schwache Teile vor der Front. Auf dem Schlachtfeld lagen Dutzende von fabrikneuen, schwersten Russenpanzern.

Der Weg nach Leningrad war wieder einmal frei. Allerdings bestand an der linken Flanke noch die Bedrohung durch Feindkräfte, die aus Estland auf Leningrad auswichen. Deshalb konnte Reinhardt nicht bis zum Stadtrand durchrollen, was er — von der Feindlage vor seiner Front her gesehen — hätte tun können.

Was gebot also die Stunde?

»Kräfte müssen her, um die Flanke zu sichern«, bat, flehte, mahnte Hoepner. »Zwei, ja, eine Division genügen vielleicht«, beschwor er den Feldmarschall Ritter von Leeb. Hoepner war in einer ganz ähnlichen Situation wie Guderian fünf Wochen zuvor, als er Kluge die Fortführung seines Stoßes von der Beresina über den Dnjepr auf Smolensk abrang: »Sie verschenken den Sieg, wenn Sie mich nicht fahren lassen«, hatte Guderian Kluge beschworen.

»Sie verschenken den Sieg!«, das hätte auch Hoepner zu Feldmarschall Leeb sagen können.

Am 15. August erschien Leeb auf Generaloberst Hoepners Gefechtsstand. Nach heißer Diskussion willigte der Feldmarschall ein, die erfahrene 3. I. D. (mot.) aus der Front von Mansteins Panzerkorps herauszulösen und Reinhardt zu unterstellen.

Die Division war unten bei Luga entbehrlich. Manstein war zwar auch am 10. August, wie geplant, zur Offensive angetreten, um Luga zu nehmen. Aber was angesichts der weit auseinandergezogen operierenden Panzergruppe kommen mußte, kam: Manstein blieb im Abwehrfeuer einer starken sowjetischen Verteidigungsfront liegen. Die 3. I. D. (mot.), die als Flankensicherung des Korps später Verwendung finden sollte, war deshalb noch gar nicht eingesetzt. Mansteins Generalkommando sollte nun — endlich! — nach Norden in den Kampfbereich Reinhardts gelegt werden.

Bei Hoepner herrschte über diese Entscheidung Leebs bereits Siegesstimmung. »Jetzt nimmt uns Leningrad keiner mehr«, sagten die Offiziere. Auch in Mansteins Stab war man wie erlöst, daß nun die Zeit des Kleckerns vorbei sein und die Panzergruppe endlich wieder geschlossen an einem Schwerpunkt zum Zuge kommen sollte.

Manstein gab am 15. August das Kommando bei Luga an das L. Korps General Lindemanns ab. Dann sprang er mit seinen Offizieren in den Befehlswagen und fuhr los — zum Samro-See, an dem auch Hoepners Hauptquartier lag. Die

Straße war fürchterlich, voller Schlaglöcher und versandet, so daß sie für die 200 Kilometer acht Stunden brauchten. Verdreckt kam Manstein mit seinem Stab am späten Abend an.

»Los, meine Herren, Badehose raus und in den See!« befahl er. »Gut Naß!« rief der Ordonnanzoffizier.

Im selben Augenblick preschte ein Melder vom Befehlswagen heran: »Telefonanruf von der Panzergruppe, Herr General!«

Manstein machte ein ärgerliches Gesicht.

Der Melder entschuldigte sich:

»Ganz dringend, Herr General, der Herr Oberbefehlshaber ist selbst am Apparat.« Da ging Manstein schnell zum Feldtelefon.

2 Durchbruch durch die Lugafront

Krise bei Staraja Russa — Die Schlacht um Nowgorod — Ein Karelier bringt die russischen Karten — 21. deutsche Infanteriedivision gegen 21. sowjetische Panzerdivision — Durch die Wälder vor Luga — Am Orjedesch — Der Lugakessel — Auf den Duderhofer Höhen — Leutnant Darius funkt: Ich sehe Petersburg und das Meer

In einem glutroten Feuerbett ging die Sonne gerade hinter dem Samro-See unter. General von Manstein ging hinüber zum Befehlsomnibus. Der Funker hielt ihm schon den Hörer hin. »Der Herr Generaloberst ist am Apparat.«

»Manstein«, meldete sich der General.

»Hoepner hier«, kam die Antwort aus der Muschel. »Ich habe keine gute Nachricht, Manstein. Mit unserem Angriff auf Leningrad wird es nichts. Bei der 16. Armee am Ilmen-See, im Raume Staraja Russa, ist eine schwere Krise eingetreten. Sie müssen ›Feuerwehr‹ spielen. Halten Sie Ihre 3. I. D. (mot.) sofort an, und drehen Sie sie wieder um. Richtung Süden. Die SS-Division ›Totenkopf‹ vom XXVIII. Korps wird Ihnen von der Lugafront noch zugeführt. Sie selbst fahren morgen früh mit Ihrem Generalkommando nach Dno zum AOK 16. Dort hören Sie von Generaloberst Busch alles Weitere.«

Manstein war nicht gerade erfreut.

Hoepner spürte die Enttäuschung seines Kommandierenden Generals.

»Es muß schon eine gefährliche Lage sein, die Feldmarschall Leeb zwingt, unseren Vormarsch auf Leningrad anzuhalten«, meinte Hoepner. »Also, Hals- und Beinbruch, Manstein, hoffentlich sind Sie bald wieder hier oben.«

Eine trügerische Hoffnung.

Als Manstein seinem Stab den neuen Befehl mitteilte, gab es auch dort lange Gesichter. War es denn zu fassen? Eben noch hatten sie über den nun unvermeidlichen Fall von Leningrad gesprochen. Und nun das! »Rückwärts, Rodrigo«, stöhnte der Quartiermeister Major i. G. Kleinschmidt und machte sich daran, Transport und Versorgung für das Korps völlig neu zu organisieren.

Am nächsten Abend, am 16. August, traf Manstein beim Stab der 16. Armee in Dno ein, diesmal nach dreizehnstündiger Fahrt. Dreizehn Stunden für 260 Kilometer!

Die Lage, die der General vorfand, war, wie er sich schlicht soldatisch ausdrückte, »beschissen«.

Vierzehn Tage zuvor, Anfang August, war das X. Armeekorps mit seinen drei Divisionen — der 126., 30, und 290. I. D. — zum Angriff auf den wichtigen Verkehrsknotenpunkt Staraja Russa, südlich des Ilmen-Sees, angetreten.

Die kampferfahrenen Holsteiner der 30. I. D. waren in die starke Schutzstellung fünfzehn Kilometer vor der Stadt eingebrochen. Aber trotz verzweifelter Anstrengungen der Infanterieregimenter 6 und 26 konnte das tiefgegliederte Verteidigungssystem nicht durchbrochen werden. Auch die Regimenter der niedersächsischen 290. I. D. lagen vor und in dem breiten Panzergraben fest, der das Rückgrat der russischen Schutzstellung bildete.

Leningrader Jungarbeiter, die zum erstenmal im Feuer standen, und aktive Verbände der 11. sowjetischen Armee leisteten in erbittertem Nahkampf Widerstand. Mit Kolben, Spaten, Pistolen und Flammenwerfern mußte Meter um Meter erkämpft werden. Eingegrabene sowjetische Panzer, flankierende MG und schwerstes Artilleriefeuer verhinderten schließlich die Weiterführung des Angriffs.

Eine böse Überraschung bildeten auch die hier zum erstenmal festgestellten russischen Holzminen, auf die elektrische Suchgeräte nicht ansprachen. An manchen Stellen mußten die Pioniere bis zu 1500 dieser gefährlichen ›Teufelseier‹ aus dem Wege räumen.

Mehr Glück als die 30. und 290. hatte die rheinisch-westfälische 126. I. D. im Norden der Angriffsfront, an der Straße von Schimsk nach Staraja Russa. Ihre Regimenter durchstießen in einer erbitterten dreitägigen Schlacht die Schutzstellung unter Einsatz von Kampfgruppen mit Panzerjägern, Artillerie, Pionieren und mit Fahrrädern beweglich gemachter Infanterie. Ein russischer Gegenstoß mit Panzern wurde im Kampfraum des I. R. 426 von Leutnant Fahrenbergs 12. sMG-Kompanie abgewehrt, die den feindlichen Kampfwagen mit geballten Ladungen zu Leibe ging.

Als nach dem tiefen Einbruch der 126. I. D. auch die 30. I. D. zu einem Flankenstoß ansetzte, wich der Russe aus der letzten Stellung vor der Stadt.

An der Spitze des III. Bataillons I. R. 426 stürmte Major Bunzel gegen Mittag des 6. August in den Westteil von Staraja Russa. Der Einbruch erfolgte so überraschend, daß der erste Generalstabsoffizier der 11. sowjetischen Armee verwundet in Gefangenschaft geriet.

Nach einem schweren Luftangriff auf den stark befestigten Ostteil der Stadt, jenseits des Pollstij-Flusses, wo jedes Haus festungsartig ausgebaut war, konnten die Regimenter bis zum Ostrand vorstoßen. Der Russe leistete noch immer Widerstand, machte Gegenstöße und führte in dem brennenden Häusermeer erbitterte Nahkämpfe.

In der nachfolgenden viertägigen Schlacht gegen hinhaltend fechtende Kräfte der Sowjets wurde der Lowat-Fluß in breiter Front erreicht. Damit schien die rechte Flanke der Heeresgruppe Nord für den Angriff auf Leningrad abgesichert.

Aber auch Marschall Woroschilow, der Oberbefehlshaber des sowjetischen ›Nordwestabschnitts‹, hatte die Bedeutung dieser deutschen Operation erkannt. Mit allen verfügbaren Kräften der mit Teilen neu herangeführten 34. Armee stieß er am 12. August in den Trichter zwischen Ilmen-See und Seliger-See, in dessen Zentrum die Stadt Demjansk lag. Die auseinanderstrebenden Operationen der Heeresgruppe Nord und der Heeresgruppe Mitte — einmal auf Leningrad, das andere Mal auf Moskau — hatten diesen Trichter geschaffen, der die Russen geradezu zum Angriff einlud. Mit zahlenmäßig weit überlegenen Kräften, acht Schützendivisionen, einem Kavallerie- und einem Panzerkorps, griff die 34. Sowjetarmee die drei Divisionen des X. Korps umfassend an und drohte, sie in den Ilmen-See zu drücken.

Woroschilow hatte darüber hinaus die Absicht, nach Ausschaltung des X. Korps weiter nach Westen zu stoßen, die Landbrücke zwischen Ilmen- und Peipus-See zu sperren und damit die in Richtung Leningrad operierenden deutschen Armeen von ihren rückwärtigen Verbindungen abzuschneiden. Eine verteufelt kritische Situation. Deshalb war Manstein geschickt worden; und Manstein meisterte sie.

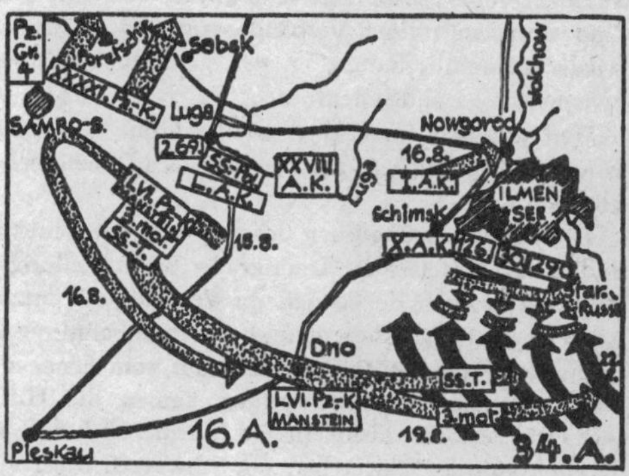

Karte 11
15. bis 23. August 1941:
Manstein rettet das X. Korps und zerschlägt die 34. sowjetische Armee.

Während General Hansen mit dem X. Korps, den Ilmen-See im Rücken, Front nach Süden, in schwerem Abwehrkampf hielt, führte Manstein seine beiden schnellen Divisionen in einem kühnen Marsch, unbemerkt vom Feind, in die offene Flanke und in den Rücken der 34. Sowjetarmee.

Am 19. August brachen die 3. I. D. (mot.) und die SS-Division ›Totenkopf‹ wie ein Sturmgewitter über die Russen herein. Sie rollten die Flanke der Armee auf und zerschlugen die rückwärtigen Verbindungen. Unter den vordersten Teilen des LVI. Panzerkorps traf die ihrer Division weit vorausgeeilte Aufklärungsabteilung ›Totenkopf‹ am gefährdeten Abschnitt ein und warf mit ihren Kradschützen den Gegner weit zurück. Sofort nachstoßend, wurden die sowjetischen Angriffsspitzen bis über den Lowat zurückgedrängt. Der Kommandeur der tapferen Aufklärungsabteilung, der später gefallene Sturmbannführer Bestmann, wurde als erster Soldat der SS-Division ›Totenkopf‹ mit dem Ritterkreuz ausgezeichnet.

In dieser Stunde, als die rote Führung vor Schreck und Überraschung gelähmt war, traten auch die Regimenter des X. Korps zum Angriff an. Damit war die Katastrophe für Woroschilows 34. Armee vollkommen. Sie wurde zerschlagen.

Unter der großen Beute von 246 Geschützen befand sich auch das erste intakte Salvengeschütz, die gefürchtete ›Stalinorgel‹; und — ebenso wie bei Dünaburg, wo man in einem sowjetischen Militärdepot eine Menge Ausrüstungsgegenstände original deutscher Ausfertigung gefunden hatte — eine nagelneue 8,8-cm-Flak-Batterie deutscher Fertigung aus dem Jahre 1941. Woher? Das wurde niemals festgestellt. Aber die deutschen Landser haben sich damals eine Menge dabei gedacht, als sie von dieser Beute hörten.

Mit diesem Erfolg der 16. Armee war die Gefahr an der rechten Flanke der Heeresgruppe Nord vorerst wieder gebannt. Aber an eine Rückkehr von Mansteins Panzerkorps zur Leningrader Angriffsgruppe Hoepners war trotzdem nicht zu denken. Denn Woroschilow gab nicht auf. Er führte drei weitere Sowjetarmeen heran, um sein Operationsziel, die Sperrung der Landbrücke Peipus-See—Ilmen-See doch noch zu erreichen. Hier wurde drohend sichtbar, wie die Russen aus dem vollen schöpften: Eine Armee war mit ihrer Masse vernichtet worden. Und trotzdem rollten Verbände von drei neuen Armeen, die nun inzwischen wieder aufgefüllt hatten, an den gefährdeten Schwerpunkt der Abwehrschlacht zwischen Luga und Ilmen-See.

Und was war inzwischen an der Front vor dem heißumstrittenen ›goldenen Nowgorod‹ geschehen, am Nordufer des Ilmen-Sees, Staraja Russa genau gegenüber?

Hier, am ursprünglichen Schwerpunkt der deutschen Leningrad-Offensive, am südlichen Eckpfeiler der Leningrader Schutzstellung, versuchte die deutsche Führung seit Wochen, die sowjetische Verteidigung aufzubrechen, um nach Tschudowo zu gelangen, dem Knotenpunkt der Eisenbahnlinie Leningrad—Moskau. Hier bei Tschudowo mündet die Murmanbahn vom Eismeer in die sogenannte Oktoberbahn. Über diesen Lebensstrang kamen die Hilfslieferungen der westlichen Alliierten aus dem Eismeerhafen Murmansk heran, von dem aus die sowjetischen Fronten von der Ostsee bis zum Schwarzen Meer mit englischen, vor allem aber mit amerikanischen Panzern, Lastwagen, Nahrungsmitteln, Munition und Flugzeugen versorgt wurden.

Es war eine sternklare Sommernacht, als die Divisionen des I. ostpreußischen Korps am 9. August lautlos die Bereitstellungsräume für die Offensive über den breiten, versumpften Mschaga-Fluß bezogen. Diesmal sollte der Eckpfeiler der Leningrader Schutzstellung aus den Angeln gehoben werden.

Die Hauptlast des Angriffs lag auf General Sponheimers 21. I. D., die, verstärkt durch das I. R. 424 der 126. I. D., entlang der stark befestigten großen Straße auf Nowgorod vorgehen sollte. Das Gelände war sogar für Infanteristen schwierig. Sumpf, Niederwald und viele Bach- und Flußläufe erschwerten die Bewegungen. Der Russe hatte außerdem das ganze Gebiet festungsartig ausgebaut: Bunker, Minenfelder, MG-Nester und Granatwerferstände sperrten die wenigen Wege und Stege, die durch die Sumpflandschaft führten.

Als der Morgen graute, flogen die Geschwader des VIII. Fliegerkorps an und warfen ab 4 Uhr etwa ihre Bomben auf die Stellungen am jenseitigen Mschaga-Ufer ab. Stukas heulten im Tiefangriff knapp fünfzig Meter über den Fluß und warfen ihre Bomben auf Bunker, Artilleriestellungen und MG-Nester.

Minuziös lief die Kriegsmaschine: Kaum war die letzte Bombe gefallen, donnerten 200 Geschütze aller Kaliber los. Das war wirklich Schwerpunktbildung alter Schule.

Punkt 4 Uhr 30 springen die Kompaniechefs des II. und III. Bataillons I. R. 3 und das I. Bataillon I. R. 45 aus ihren Verstecken. Die Männer schleppen Floßsäcke ans Flußufer und setzen im Schutze der artilleristischen Feuerglocke über. Mit der Infanterie gehen auch Pioniere über die Mschaga und räumen am gegenüberliegenden Flußufer Minengassen für die nachfolgenden Stoßtrupps.

Zunächst geht alles merkwürdig einfach. Der Feind scheint durch das Luftbombardement und durch die Feuerzusammenfassung der Artillerie vernichtend getroffen zu sein. Seine schweren Waffen und Artillerie schweigen.

Geduckt jagen die Stoßtrupps an den weißen Bändern entlang, mit denen die Pioniere die geräumten Minengassen markiert haben. Der Brückenkopf wird gesichert. Auf Fähren kommen die ersten schweren Waffen über den Fluß. Dann wird aus den Fähren eine Brücke gebaut. Um 12 Uhr ist sie fertig. Die Division rollt in den Brückenkopf.

Auch I. R. 24 wird jetzt nachgezogen. Der Feind erholt sich langsam von dem Schock. Der Widerstand versteift sich. Am Spätnachmittag nimmt I. R. 24 den Ort Mschaga. Am Abend ist die sowjetische Verteidigungsstellung in acht Kilometer Tiefe durchbrochen. Am nächsten Tag fällt Schimsk, das man anfangs rechts liegengelassen hatte.

Dann wird am 12. August im frontalen Angriff der Uschniza-Fluß bezwungen. Schwer haben die Infanteristen an ihren Waffen und den Munitionskästen zu schleppen. Alles muß getragen werden. Der Russe verteidigt sich jetzt zäh. Vor allem am Bahndamm kämpft er erbittert um jeden Meter Boden.

Die sowjetischen Soldaten schießen, bis sie in ihrem Loch erschlagen oder mit Handgranaten niedergemacht werden. Wie soll man da vorwärts kommen? Es wird eine verbissene Schlacht um jeden Meter.

Im Straßengraben vor Wolinow liegt der Regimentsstab von I. R. 45. Es herrscht gedrückte Stimmung. Die Verlustmeldungen sind verheerend. Der Regimentskommandeur Oberst Chill telefoniert über die bis hierher vorgetriebene Fernsprechleitung mit der Division. »Stukas müssen noch einmal heran«, bittet er beschwörend.

Da springt ein Melder in den Straßengraben, der Gefreite Willumeit. Ziemlich außer Atem, salutiert er vor seinem Regimentskommandeur. »Meldung vom

II. Bataillon: Oberstleutnant Matussik schickt diese erbeutete Feindkarte. Sie wurde einem gefallenen sowjetischen Major abgenommen. Er war offenbar Adjutant eines höheren Führers.«

Oberst Chill wirft einen Blick auf die Karte und staunt. »Mannche, dafür kriegen Sie meine vorletzte Zijarre«, sagt er zu dem Melder und kramt seine Zigarrentasche heraus. Willumeit strahlt, nimmt sie und sagt: »Werde sie eintauschen, Herr Oberst, bin nämlich Nichtraucher.« Allgemeine Heiterkeit.

Die Karte war eine Kostbarkeit. Die gesamte, bis dahin unbekannte Werenda-Stellung der 48. sowjetischen Armee war darin eingezeichnet, mit allen Stützpunkten, Scheinstellungen, Artillerieständen und MG-Nestern.

Daß diese Stellung am nächsten Tage im kühnen Zugriff durchbrochen werden konnte, war nicht zuletzt das Ergebnis der Auswertung dieser Beutekarte. So spielt das Schicksal oder – wem es lieber ist – das blinde Glück bei den Schlachten mit. Deshalb pflegte der Preußenkönig Friedrich II., genannt der Große, ja auch zu sagen: »Generale müssen nicht nur tapfer sein, sie müssen auch Fortüne haben.«

General Sponheimer konnte sich vor Nowgorod über mangelnde ›Fortüne‹ nicht beklagen. Nach der Beutekarte bescherte ihm das Glück – wieder durch das I. R. 45 – einen unbezahlbaren Gefangenen. Ein Radfahraufklärungszug fand ihn bei einer Lastwagenkolonne. Es war ein Pionieroffizier aus dem Stabe der 128. sowjetischen Schützendivision: ein Karelier, von Geburt Finne, der mit den Bolschewiken nicht viel im Sinn hatte.

»Nix Bolschewik«, beteuerte er dem deutschen Leutnant immer wieder. Als dann bald darauf ein Dolmetscher zur Stelle war, kam eine tolle Geschichte heraus. »Ich kenne die Festungsanlagen«, sagte der Karelier. »Papiere sind im Walde«, fügte er listig hinzu.

»Mann«, sagte der Leutnant, »willst du uns einen Bären aufbinden?«

Der Karelier hob drei Finger zum Schwur: »Bei meiner Mutter!«

Der Leutnant drohte mit der Pistole. »Wenn du Unrat planst, Freundchen, von wegen Hinterhalt oder so, dann Gnade dir Gott!«

Der Dolmetscher übersetzte. Der Karelier nickte. »Also los«, entschied der Leutnant und marschierte an der Spitze einer Gruppe seines Zuges, vorsichtig und immer sichernd, in das Waldstück. Der Karelier suchte nicht lange. In einem dichten Gebüsch, unter einem großen Stein, hatte er seine Segeltuchtasche liegen: ein dickes Paket. Sämtliche von ihm bearbeiteten Festungskarten von Nowgorod und die Pläne der Minenfelder.

Der Leutnant brachte das Paket mitsamt dem Karelier sofort zum Ic der Division. Der sauste damit gleich zum Ia, Major i. G. von der Chevallerie. Der Major konnte sich vor Freude nicht fassen: Aus den Karten war genau die Verteidigungsstellung vor Nowgorod zu ersehen, einschließlich der Stadtverteidigung und der Befestigungen auf der kleinen Wolchow-Insel zwischen den beiden Hauptteilen der Stadt.

Nun war es nicht mehr schwer, das Stellungssystem der Russen an entscheidender Stelle zu durchstoßen und ohne große Opfer an die Stadtrandsiedlung heranzukommen.

Am Morgen des 15. August hatte das I. R. 3 das berühmte ›goldene Nowgorod‹ in der Morgensonne vor sich. Nowgorod: eine der ältesten russischen Siedlungen, im 9. Jahrhundert gegründet, von Rurik dem Eroberer aus dem Stamme Rus, dem Urvater Rußlands; im Mittelalter nach Lübecker Stadtrecht verwaltet; von Pest und Cholera mehrmals entvölkert; immer wieder aus der Asche emporgestiegen; das ›Goldene‹ genannt wegen seines einträglichen und bedeutenden Pelz- und Salzhandels mit der deutschen Hanse; wegen dieses Reichtums von Iwan III. und Iwan dem Schrecklichen innerhalb von hundert Jahren zweimal vollständig geplündert, seine Bürger verschleppt oder ermordet. Siebenundvierzig herrliche Kirchen mit schönen alten Fresken standen rund um den Kreml von Nowgorod, der die Brücken über den Wolchow beherrschte. Stolz und nie bezwungen. Denn bis 1941 war Nowgorod in seiner tausendjährigen Geschichte, bis auf eine kurze Episode im nordischen Krieg zu Beginn des siebzehnten Jahrhunderts, niemals von einem auswärtigen Feind erobert worden. Nun aber sollte Rußlands goldene Stadt auch dieses Schicksal erleiden.

Am 15. August 1941 fing die ostpreußische 21. I. D. einen Funkspruch aus Moskau an die 48. sowjetische Armee auf. Er lautete: »Nowgorod ist bis zum letzten Mann zu halten.« Der Zufall wollte es, daß in Nowgorod ausgerechnet die 21. sowjetische Panzerdivision dem Angriff der 21. deutschen Infanteriedivision bis zum letzten Mann Widerstand leisten sollte.

15. August, 17 Uhr 30: Ein schwerer Luftangriff des VIII. Fliegerkorps rollt zwanzig Minuten lang über die russischen Stellungen am Stadtwall. Nowgorod brennt. Die drei Infanterieregimenter der 21. I. D. treten zum Sturm an. Vor den uralten breiten Stadtgräben hämmern die MG, donnern die Geschütze, flabben die Granatwerfer.

Halten bis zum letzten Mann! »Bis zum letzten Mann«, wiederholen die Kommissare. Mit schußbereiten Pistolen stehen sie in den Stellungen, bis der Tod sie von ihrem Befehl entbindet.

In der Morgendämmerung des 16. August sind die deutschen Sturmkompanien in der brennenden Stadt. Das I. Bataillon I. R. 424 von der 126. Infanteriedivision, das für diesen Angriff der 21. I. D. unterstellt ist, hißt um 7 Uhr auf dem Nowgoroder Kreml die Reichskriegsflagge.

Aber für Siegesfeiern ist keine Zeit. Tschudowo, die Oktoberbahn, ist das Ziel.

»Vorwärts, Männer«, mahnt Major von Glasow, Kommandeur der Aufklärungsabteilung, der die schnell gebildete Vorausabteilung der 21. I. D. führt. Die Radfahrkompanien der Regimenter 24 und 45 treten in die Pedale. Seine Reiterschwadronen traben an, gefolgt vom mot.-Zug der Panzerjäger und schweren motorisierten Batterien der II. Abteilung des Artillerieregiments 37. Kein Panzer und nur wenige Sturmgeschütze der Sturmgeschützbatterie 666. Die Schlacht liegt allein auf den Schultern der Infanteristen, Pioniere und Panzerjäger, unterstützt vom Artillerieregiment 37 und den unter Arko 123 zusammengefaßten schweren Artillerieabteilungen sowie der Nebelwerferabteilung 9 und der Heeres-Flakabteilung 272.

Da stürmen sie, die Kompanien vom Infanterieregiment 45. Am 20. August gegen Mittag springt Oberfeldwebel Fege mit seinem Zug auf die Straßenbrücke, die über den Kerestj-Bach von Südosten nach Tschudowo führt, und nimmt sie im Handstreich. Leutnant Kahle besetzt die Eisenbahnbrücke über den Kerestj, ehe das sowjetische Brückenkommando die Sprengladung zünden kann.

Und dort ziehen die 24er. Das Regiment nimmt die Brücke der Oktoberbahn. Es bekommt sie unversehrt in die Hand. Aber das ist noch nicht alles. Wie eine nicht endende Glückskette ist dieser Tag: Oberstleutnant Matussik stößt mit seinem II. Bataillon I. R. 45, geistesgegenwärtig die Chance nutzend, nach Osten weiter. Dort ragt die mächtige Eisenbahnbrücke über den Wolchow, die Bahn nach Moskau. Mit einem Beute-Lkw fährt Matussik bis an die Brücke heran. Keine Wache. Los, hinüber. Das Bataillon jagt über den Fluß. Er wird bald zum Schicksalsfluß der Heeresgruppe Nord.

Der Lehrmeister des Preußischen Generalstabs, Carl von Clausewitz, hat es seinen Schülern immer wieder beschwörend ans Herz gelegt, sich nur unter ganz besonderen Umständen von einem wohlvorbereiteten strategischen Plan abbringen zu lassen. Aber wenn es einmal notwendig sei — dann ohne Zögern, radikal und entschlossen.

Bei Luga, wo seit Mitte Juli eine unüberwindliche sowjetische Verteidigungsgruppe die große und kriegswichtige Straße von Dünaburg nach Leningrad sperrte, befolgte das deutsche Oberkommando den Rat Clausewitz' weder im ersten noch im zweiten Sinne.

Beiderseits dieser Straße sollte nach den ursprünglichen Plänen der obersten Führung der Hauptstoß auf Leningrad geführt und diese einzige asphaltierte Chaussee dann als Rollbahn für den Nachschub in Betrieb genommen werden. Aber dann zog Generaloberst Hoepner — wie geschildert — das Korps Reinhardt ab. Und schließlich mußte die Masse von Mansteins LVI. Panzerkorps abgedreht und nach Osten, nach Staraja Russa, geworfen werden. Der Kampf um die Stadt Luga wurde seitdem zunächst nur noch vom hier eingeschobenen XXVIII. Armeekorps mit der SS-Polizeidivision und der 269. I. D. geführt.

Der frontale Angriff der beiden Divisionen gegen den schwer befestigten Lugabrückenkopf, in dem fünf sowjetische Divisionen verteidigten, führte trotz hartem Einsatz mit schweren Verlusten vorerst zu keinem Erfolg. Der Kampf in den Wäldern und Sumpfniederungen am Fluß war tückisch und opferreich. Allein die SS-Polizeidivision hatte mehr als 2000 Ausfälle an Toten und Verwundeten zu beklagen. Zwar war die Lugastellung, operativ gesehen, mit dem Fall Nowgorods und Tschudowos bereits ausmanövriert, aber die Russen hielten ohne Rücksicht auf ihre strategisch aussichtslose Position.

Doch die deutsche Führung benötigte dringend die große Straße, vor allem für die Verbesserung des Nachschubs im Nordabschnitt. Die 16. Armee sollte deshalb versuchen, das schwer befestigte Luga durch taktische Umfassung zu nehmen. Die Durchführung dieser Aufgabe wurde dem XXVIII. Korps unter General Wiktorin übertragen. Das Korps trat am 13. August östlich der Stadt mit der inzwischen herangekommenen 122. I. D. zum Angriff über die Luga an.

Ein Bericht über den Angriff der Division hat hierüber festgehalten: Der Reserveoffiziersanwärter Schütze Lothar Mallach von der 1. Kompanie I. R. 410

sprang mit den Männern des 1. Zuges über die Waldlichtung. Von allen Seiten knallte es. Die Russen saßen in gut getarnten Erdlöchern und schossen erst, wenn die deutschen Infanteristen an ihnen vorbei waren. Die Schützenlöcher der Russen waren bis auf einen Meter Entfernung nicht auszumachen. Es war ein ekelhaftes Gefühl, immer in der Angst zu schweben, von hinten abgeschossen zu werden.

»Achtung!« schrie Unteroffizier Pawendenat. Er warf sich hinter einen Baumstumpf und ließ seine sowjetische Beute-MPi rattern: Keine drei Meter von ihm entfernt, hatte ein Iwan aus einem Erdloch gefeuert.

Hauptfeldwebel Tödt, der die 1. Kompanie führte, weil Kompaniechef Oberleutnant Krämer das Bataillon übernommen hatte, wartete drüben hinter einem Holzstoß und lenkte das Feuer seiner MG auf russische Schützenlöcher. Von der rechten Ecke an der Lichtung zuckten immer wieder die schnellen Abschüsse eines automatischen Russengewehrs auf.

»Wo sitzt der Kerl nur«, knurrte Tödt. Die Wut saß ihm im Hals. Hinter Tödt hielt der Obergefreite Schmidt den Gefreiten Braun, den MG-Schützen der 2. Gruppe, im Arm und sprach auf ihn ein. Der Mann wand sich vor Schmerzen: Oberschenkel- und Unterleibschuß, von eben jenem Iwan rechts an der Lichtung getroffen.

Wieder blitzte es drüben auf. Dreimal schnell hintereinander. Aber diesmal hatte der Gefreite Hans Müller, Schütze zwei, der das MG übernommen hatte, wie ein Luchs aufgepaßt. Er ließ seine ›Spritze‹ losprasseln. Genau dort, wo es geblitzt hatte, wurde das Moos auseinandergefetzt, Zweige splitterten, ein russischer Stahlhelm wirbelte durch die Luft. Von drüben kam kein Schuß mehr.

Hauptfeldwebel Tödt ließ die Kompanie aufschließen. Die Männer warteten noch eine Minute. Der MG-Schütze der 2. Gruppe, Gefreiter Braun, starb in Schmidts Armen. Sie wickelten ihn in eine Zeltbahn. Drei Mann packten an. Weiter. Abends würden sie ihn begraben.

Schwer keuchend schleppten die Soldaten ihre Munitionskästen. Sie arbeiteten sich unter dem Feuerschutz einer schweren deutschen Feldhaubitzbatterie in die Ruinen der alten Schnapsbrennerei vor.

»Achtung!« gellte ein Ruf. »Russenpanzer! Pak nach vorn!«

Die 3,7 kam im Mannschaftszug angepresdit und ging in Stellung. Und da waren sie auch schon, die Russenpanzer. Leichte Kampfwagen, Infanteriebegleitpanzer vom Typ T 26 und T 28. Einer jagte seine Granaten über die Pak. Ihre Bedienung rollte sich in Deckung. Die Kompanie spritzte auseinander. Die ersten Panzer rollten vorbei.

Da sprang der Bataillonsadjutant, Leutnant Knaak, durchs Unterholz nach vorn. Ran an die Pak, Lafette herumgerissen. Anrichten. Feuer! Nach dem dritten Schuß brannte ein T 26.

Das war wie ein Signal. Überall kamen die Männer der Kompanie hinter den Bäumen hervor, in den Fäusten geballte Ladungen, die sie den Russenpanzern vor die Ketten warfen. Die MG gaben Feuerschutz. Der zweite T 26 stand. Rauf. Lukendeckel hoch. Handgranate rein. Rumms! Auch der dritte Panzer brannte. Die anderen drei drehten ab. Die russischen Infanteristen gingen mit zurück.

Mit dem MG aus der Hüfte schießend, stürmten Obergefreiter Schmidt und Unteroffizier Pawendenat über die Straße den zurückweichenden Russen nach. So fochten sich die Kompanien der I. R. 410, 411 und 409 über die Luga.

Die Dörfer Tschepino und Wolok, der berüchtigte Bahndamm, die zerschossene Schnapsbrennerei, die versumpften Waldstücke und das alte Zaren-Jagdschloß aus Holz mitten im tiefen Wald, das im Feuer der Artillerie unterging, waren blutige Kampfstätten für General Macholz und seine Männer der 122. I. D.

In sieben Tagen arbeiteten sich die Bataillone an das letzte natürliche Hindernis ihrer Offensive heran: den stellenweise bis 500 Meter breiten und versumpften Orjedesch-Fluß. Er mußte überwunden werden. Dann wäre der Weg frei, um weit im Rücken von Luga nach Westen zur großen Straße nach Leningrad durchzustoßen, die Straße abzuriegeln und die Festung Luga von Norden her zu packen. Gedacht. Geplant.

Die erste Welle des Angriffs sollte das I. Bataillon I. R. 409 bilden. Es galt, möglichst unbemerkt über den Fluß zu kommen, in einem überraschenden Angriff die Ortschaft Panikowo zu nehmen und die russischen Verteidigungsstellungen, welche die große Straße deckten, aufzurollen.

Im Garten einer Fischerkate sitzt der Bataillonsführer, Hauptmann Reuter, mit seinen Kompaniechefs und bespricht den Angriff. Das Gelände ist günstig. Das eigene Flußufer höher als das Nordufer der Russen. Man kann also das Gelände drüben gut einsehen: vor dem Dorf ein frisch aufgeworfener Panzergraben, der von Waldrand zu Waldrand verläuft. Doch was im Wald los ist, kann man nicht erkennen. Und was dahinter ist, schon gar nicht.

Das eigene Ufer fällt ziemlich steil zum Fluß ab. Es bietet aber durch Katen, Gärten, Schuppen und buschiges Gelände günstige Möglichkeiten, sich ungesehen an den Fluß heranzuarbeiten. Das ist gut.

Drüben rührt sich nichts. Es ist Mittagszeit. Brütend heiß. Die Luft flimmert. Kurz vor 14 Uhr sind die Pioniere und ihre Sturmboote in den Ausgangsstellungen unten am Fluß. Kein Schuß ist bisher gefallen. Blick auf die Uhr. Noch einmal muß der Sekundenzeiger rum.

Jetzt: 14 Uhr. Ein kurzer Pfiff aus der Trillerpfeife. Die ersten Gruppen springen auf. Schieben zusammen mit den Pionieren ihre Boote ins Wasser. Motoren heulen auf. Wie Pfeile schießen die Sturmboote über den Fluß.

Gespannt liegen die MG-Schützen der 1. und 2. Kompanie I. R. 409 am Ufer, den Finger am Abzug. Wenn drüben der erste Schuß auf die Boote abgefeuert wird, werden sie losballern, um die Russen in Deckung zu zwingen. Aber es fällt kein Schuß.

Zehn Sekunden. Die Boote mit den ersten vier Gruppen sind in voller Fahrt im Fluß. Dreißig Sekunden. Die nächsten Gruppen gehen in die Boote. Jagen los. Die Sturmpioniere an den Ruderpinnen der Heckmotoren stehen mit nacktem Oberkörper in den Booten. Die Besatzungen tief geduckt. Nur die Stahlhelme ragen über den Bootsrand. Fünfzig Sekunden. Die ersten Boote haben noch dreißig Meter bis zum Ufer.

Im Übersetzstreifen der 1. Kompanie fällt der erste Schuß. Er geht durch Mark und Bein, denn jeder glaubt, daß nun der wilde Feuerzauber beginnt und die Boote zusammengeschossen werden. Aber nichts geschieht. Ein paar Karabiner kleckern. Zwei Feuerstöße aus einem deutschen MG. Dann ist wieder Stille. Die russischen Sicherungen verschwinden. Doch sie werden Alarm geben.

Merkwürdig: Auch in der nächsten halben Stunde passiert nichts. Das Bataillon ist über den Fluß. Schnell werden die Spähtrupps zusammengestellt. Sie klären bis zum Waldrand auf, kommen zurück: »Keine Feinberührung.«

Schläft der Iwan? Also los!

Das Bataillon tritt um 3 Uhr 15 zum Stoß durch den Wald auf Panikowo an.

Kleckerndes Störungsfeuer leichter Geschütze fällt ein. Abschuß und Einschlag dicht hintereinander. Die Offiziere spitzen die Ohren. Das könnten Panzer sein. Hoffentlich nicht. Doch.

Achtzig Meter vor der linken Flügelkompanie heulen plötzlich in einer Fichtenschonung Motoren auf. Büsche fliegen zur Seite. Über brechende Jungfichten rollen feuernd drei, vier, fünf, sechs leichte russische Panzer vom Typ T 26 heran: ein Panzerstoß in die tiefe Flanke. Das ist das Schlimmste, was es für die Infanterie gibt. Das also war der Grund, weshalb sich der Russe tot stellte. Er hatte eine Falle gelegt. Eine tödliche Falle für das ganze Bataillon.

Die Männer der 2. Kompanie springen in Deckung. Russische Begleitinfanterie bricht mit ›Urrä‹-Geschrei aus dem Wald. Handgranaten krachen. Die Bahnen der Leuchtspurmunition ziehen hin und her.

Die Panzer fahren kreuz und quer und versuchen, die deutschen Infanteristen hinter den Bäumen und Stümpfen und im dichten Unterholz niederzumachen. Es ist die reinste Hasenjagd. Wo ein Panzer anrollt, hechten oder rollen sich die deutschen Landser hinter einen Baum oder ins Gebüsch. »Verflucht«, knirschen sie.

Ja, verflucht: denn nicht eine einzige Pak hat das Bataillon bei sich. Man hatte die Schwierigkeiten des Mannschaftszuges der Geschütze in Sumpf und Wald gescheut. Jetzt kommt die Quittung. Die T 26 können ungehindert hin und her kreuzen. Um das Unglück vollzumachen, fällt sowohl das Funkgerät des Bataillons wie auch das des zugeteilten Artilleriebeobachters aus. So bleibt Hauptmann Reuter nur der Befehl: »Einigeln und halten!«

Die russischen Infanteristen greifen im Feuerschutz ihrer Panzer an. Auge in Auge wird gefochten. Aber der Russe ist zum Glück schwach, kann niedergehalten werden. Die Panzer kurven allein im Kampfgebiet herum.

Würde der zuständige sowjetische Führer seinem halben Dutzend Kampfwagen schnell stärkere Schützenverbände nachführen, dann wäre das Schicksal von Hauptmann Reuters I. Bataillon besiegelt. Aber irgendein russischer Kommandeur begreift die Chance nicht. Und irgendein deutscher Melder aus dem Gefechtsstand von Oberleutnant Neitzels 3. Kompanie bringt den Bericht über die schwere Lage auf irgendeine Weise zur Kenntnis der weiter im Osten über den Fluß gegangenen Bataillone des Regiments.

So klingt gegen 19 Uhr, als der deutsche Widerstand immer schwächer wird, ein metallisches Krachen durch den Wald. Noch einmal! Zum drittenmal! Ein Sowjetpanzer fliegt im Feuerblitz zur Seite. Und schon wieder kracht es. Die alten Hasen heben die Köpfe aus den Kusseln. »Mensch! 7,5! Deutsche Panzer!«

Da schieben sich auch schon die grauen Kolosse durchs Unterholz: Sturmgeschütze. Wie ein Spuk verschwinden die Russenpanzer. Als gälte es viel nachzuholen, sammelt sich der Rest der Kompanie schnell und springt hinter den Sturmgeschützen her, aus dem Wald, gegen die russischen Stellungen, die jetzt klar erkennbar daliegen.

Am nächsten Mittag fällt Panikowo. Der Weg in den Rücken des sowjetischen Riegels um Luga ist offen. Die SS-Polizeidivision und die 269. I. D., die sich im frontalen Angriff dicht an Luga herangearbeitet haben, treten nun noch einmal an. Sie schieben sich rechts und links zum umfassenden Angriff gegen die Stadt vor.

Das verstärkte Schützenregiment 2 der SS-Polizeidivision, die hinter der 122. I. D. in den Lugabrückenkopf vorgeführt wurde, kann auch nach Norden einbrechen und stößt bis zum Stadtrand von Luga durch.

Auf dem rechten Flügel hat sich der Angriff der 96. I. D. ebenfalls erfolgreich entwickelt. Am 11. August hatten die Niedersachsen den Mschaga-Abschnitt überschritten, waren nach Norden eingeschwenkt und durchbrachen dann die sowjetischen Stellungen in ihrer tiefen linken Flanke. Im weiteren Vorgehen erzwang eine Vorausabteilung den Übergang über den Orjedesch bei Petschkowa und durchschnitt eine weitere rückwärtige Verbindung der noch bei Luga fechtenden sowjetischen Verbände. Der Chef des Generalstabs der sowjetischen Luga-Armee fiel hier verwundet in die Hand der 96. I. D.

Für die fünf Divisionen des XXXXI. sowjetischen Korps wurde nun die Lage im Brückenkopf kritisch. In ihrem Rücken griffen die Bataillone der 96. I. D. und der 122. I. D. nach der einzigen Straße durch das Sumpfgebiet. Von rechts und links drohte die Überflügelung. Der russische Befehlshaber gab seinen Verbänden daraufhin die einzig richtige Order: zu versuchen, sich in kleinen Abteilungen auf Leningrad durchzuschlagen.

Doch es war schon zu spät. Die zurückflutenden Gruppen wurden in die Sümpfe östlich der großen Straße gedrückt und später im Zusammenwirken mit der 8. Panzerdivision und der 96. I. D. in den sogenannten Lugakesseln vernichtet. 21 000 Gefangene, 316 Panzer und 600 Geschütze waren die Beute dieser Schlacht. Noch bedeutsamer aber war die Tatsache, daß die einzige feste Hauptstraße nach Leningrad nun für die Infanterie des L. und des XXVIII. Korps sowie für den Nachschub frei war.

»Am 3. September wurde die Straße«, wie der Chef des Stabes der Panzergruppe Hoepner, General Châles de Beaulieu, berichtet, »mit einem Stoßseufzer der Erleichterung für alle Führungs- und Versorgungsstellen der Heeresgruppe in Betrieb genommen.« Der ›Stoßseufzer der Erleichterung‹ ist begreiflich. Denn die entscheidende Blutader für den Endangriff auf Leningrad konnte endlich pulsieren.

Aber was war inzwischen bei Reinhardts XXXXI. Panzerkorps geschehen? Wie sah es bei den Angriffsspitzen der Panzergruppe 4 aus, die von Westen her zum Schlußangriff auf Leningrad angetreten war und zwischen sich und dem großen Ziel des Feldzuges kaum noch nennenswerte Feindkräfte haben konnte? Diese Frage umschließt die eigentliche Tragödie der Schlacht um Leningrad;

eine Tragödie, angefüllt mit Irrtümern und Fehlern, die nicht nur für den Gesamtverlauf des Krieges verhängnisvolle Bedeutung erhielten.

Nachdem General von Mansteins LVI. Panzerkorps Mitte August wegen der Krise bei Staraja Russa der Panzergruppe 4 weggenommen worden war, sah sich Generaloberst Hoepner gezwungen, seinen erfolgreich angelaufenen Angriff auf Leningrad erneut abzubremsen. Die Flanken wurden zu lang; vor allem die Nordflanke der Panzergruppe 4 mußte gegen die aus Estland über Narwa – Kingisepp zurückströmenden Feinddivisionen gesichert werden. Wenn auch zunächst noch die herangeführte ostpreußische 1. Infanteriedivision zum Schutz der weit offenen linken Flanke eingesetzt werden konnte – während die ihr folgende 58. I. D. nach Norden eindrehte und gegen die Bahnlinie Kingisepp–Narwa vorging –, mußte General Reinhardt doch bald fast alle seine motorisierten Verbände zum Flankenschutz einsetzen.

Die verstärkte 6. Schützenbrigade unter Oberst Raus, dann auch Generalleutnant Ottenbachers 36. I. D. (mot.) mußten die linke Flanke absichern. Die auf dem anderen Korpsflügel folgende 8. Panzerdivision wurde nach und nach gegen Südosten eingedreht, um dann nach Süden zum Schlußangriff auf Luga einzuschwenken. Für den eigentlichen Angriff auf Leningrad von Westen blieben somit nur die verstärkte 1. Panzerdivision und die Kampfgruppe Koll, das verstärkte Panzerregiment 11 der 6. Panzerdivision. Mit so geringen Kräften eine Millionenstadt nehmen zu wollen, war vermessen; hatte doch die Stoßgruppe der 1. Panzerdivision am 16. August neben zwei schwachen SPW-Bataillonen nur noch achtzehn Panzer II, zwanzig Panzer III und sechs Panzer IV. Da nützte aller vorbildlicher Angriffsschwung nichts. Da half auch der Einsatz der Nahkampfstaffeln des VIII. Fliegerkorps nichts. Generaloberst Hoepner konnte zwar die günstige Lage nutzen, daß keine schlagkräftigen Liniendivisionen der Russen mehr vor seinen Verbänden standen, und ging vorsichtig jeden Tag etwa zehn Kilometer weiter vor. Auf diese Weise wurde bis zum 21. August von den vordersten Teilen der Panzergruppe 4 der Raum nord- und südwestlich von Krasnogwardeisk erreicht: Vierzig Kilometer vor Leningrad!

Angesichts dieser Lageentwicklung konnte es, durfte es nur eine Entscheidung für die Heeresgruppe Nord geben, eine Entscheidung, die Hoepner Feldmarschall Ritter von Leeb seit dem 15. August immer wieder ans Herz legte: Die 18. Armee Generaloberst Küchlers mußte endlich aus Estland heraus und an die Luga-Front herangeführt werden, um zumindest den Flankenschutz der Panzergruppe nach Norden zu übernehmen und dadurch die schnellen Verbände für den Schlußangriff auf Leningrad frei zu machen.

Der Oberbefehlshaber der Heeresgruppe Nord konnte sich dieser berechtigten Forderung schließlich nicht länger verschließen. Aber statt nun der 18. Armee klar und eindeutig ein Ziel zu setzen, gab ihr Feldmarschall Ritter von Leeb am 17. August einen doppelten Auftrag: Sie sollte die aus Estland über Narwa sich absetzende 8. sowjetische Armee an der estnischen Ostseeküste vernichten, das heißt die Flankenbedrohung für Reinhardts Panzerdivisionen vor Krasnogwardeisk beseitigen; aber gleichzeitig befahl er Küchler, auch die Küstenbefestigungen am Südrande des Finnischen Meerbusens zu erobern, wo sich sowjetische

Deckungskräfte im Zuge der Küstenbefestigungen verschanzt hatten. Das war ein geradezu verhängnisvoller Doppelbefehl. Er gab der 18. Armee zwar die Chance, spektakuläre Erfolge zu erringen, aber es waren Siege, die kostbare Zeit fraßen und, am Ziel des Feldzuges gemessen, überflüssig waren. Man hätte diese russischen Stützpunkte beiderseits Narwa wohl auch ganz einfach durch Deckungs- und Sicherungskräfte abriegeln und aushungern können, statt sich verlustreich und zeitraubend mit ihnen herumzuschlagen und dadurch starke Kräfte an einer Nebenfront festzuhalten, da jetzt gerade bei den Stoßverbänden der Heeresgruppe vor Leningrad jedes neu herangeführte Bataillon doppelt und dreifach ins Gewicht fiel.

Die 18. Armee benötigte von Narwa bis Opolje, das heißt für eine Strecke von vierzig Kilometern Luftlinie, elf volle Tage. Der Chef des Generalstabs der Panzergruppe 4 schreibt in einer Studie über den Kampf um Leningrad richtig: »Und das zu einem Zeitpunkt, an dem vor Leningrad jeder einzelne Mann gebraucht wurde.«

Wären der Panzergruppe 4 Kräfte der 18. Armee rechtzeitig und ausreichend zur Verfügung gestellt worden, dann hätte man Generaloberst Hoepner die Möglichkeit gegeben, mit seinen schnellen Verbänden bereits in der zweiten Hälfte August Leningrad im Handstreich zu nehmen. Daß der alte Kavallerist Hoepner, einer der erfahrensten Panzerführer der Wehrmacht, das Zeug dazu hatte, beweisen die großen Erfolge seines XVI. Panzerkorps im Polen- und Frankreichfeldzug sowie der Erfolg seines Panzerstoßes durch sehr schweres Gelände bis vor Leningrads Tore. Warum wurde diese Möglichkeit versäumt?

General Châles de Beaulieu meint – und ich glaube zu Recht –, daß Feldmarschall Ritter von Leeb den ihm befreundeten Oberbefehlshaber der 18. Armee und seine Infanteriedivisionen beim Sieg über Leningrad zum Zuge kommen lassen wollte. Eine psychologisch verständliche, im Endergebnis aber verhängnisvolle Rücksicht. Denn jeden Tag, den Stalin im Nordabschnitt gewann, nutzte er, um eilig zusammengeraffte Reserven aus der Tiefe seines Reiches in die Leningrader Schutzstellung zu werfen und die aus dem Baltikum hinter die Luga zurückgegangenen Verbände im Raum um Oranienbaum neu zu formieren und damit die deutsche Nordflanke weiter zu bedrohen. Jeder Tag, an dem die deutschen Stoßverbände nordwestlich von Krasnogwardeisk aufgehalten werden konnten, machte Stalin vor Leningrad stärker. Jeder Tag, an dem die verbissene Verteidigung von Luga andauerte und deutsche Panzerverbände band, nahm Hoepner den Vorsprung, den sich seine schnellen Verbände an der Düna, beim Durchbruch durch die ›Stalinlinie‹ und seit dem Ausbruch aus den Lugabrückenköpfen erkämpft hatten. Die Chance wurde immer geringer, die zweitgrößte und geistig bedeutendste sowjetische Kapitale an der Ostsee im überraschenden Zugriff zu erobern.

Endlich, Anfang September, konnte der Endangriff auf die ›weiße Stadt‹ an der Newa gewagt werden. Wie lange warteten die Divisionen Hoepners und die vordersten Regimenter der Infanteriekorps der 18. Armee nun schon darauf. Leningrad war ja das große Ziel des Feldzuges im Norden. Das Ziel, das jedem Soldaten begreiflich war und seinen Kampfgeist beflügelte.

Am 8. und 9. September 1941 fiel der Startschuß zum Angriff. Im Schwerpunkt war General Reinhardts XXXXI. Panzerkorps eingesetzt.

Man hatte das Gelände sehr genau erkundet, vor allem aus der Luft. Es gab keinen Zweifel, daß der politische Verteidigungskommissar von Leningrad, Stalins Kronprinz Schdanow, der zugleich auch gemeinsam mit Marschall Woroschilow die oberste militärische Befehlsgewalt an der Leningrader Front ausübte, die Zeit genutzt hatte, die ihm durch die ständigen Angriffsverzögerungen der deutschen Führung gewährt worden war.

Mitte August hatte sich die Stimmung der Sowjettruppen und der Zivilbevölkerung angesichts der deutschen Blitzsiege noch auf einem bedenklichen

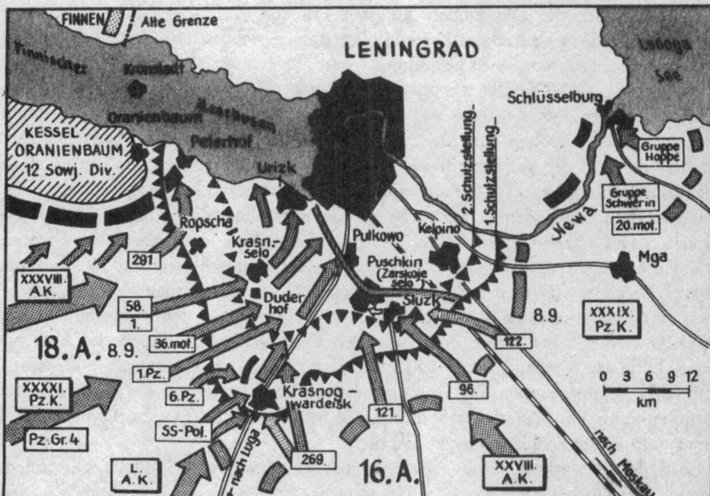

Karte 12
Die Schlacht um Leningrad vom 8. bis 17. September 1941.

Tiefstand befunden. Niemand hatte daran geglaubt, die Stadt halten zu können. Selbst Schdanow scheint mit dem Gedanken einer Räumung gespielt zu haben. Die Verzögerung des deutschen Angriffs schuf dann die Atempause zur propagandistischen Mobilisierung des Widerstandes.

General Sachwarow wurde Befehlshaber in der Stadt. Für die Verteidigung ihres Zentrums stellte er fünf Brigaden von je 10 000 Mann zusammen. Aus den 300 000 Arbeitern in Leningrad wurden etwa zwanzig Divisionen Rote Miliz gebildet. Diese Legionäre der Fabriken waren weiterhin Rüstungsarbeiter, gleichzeitig aber auch Soldaten: Arbeiter in Uniform, die jederzeit für militärische Aktionen greifbar waren. In strapaziösen Einsätzen mußten Truppe und Zivilbevölkerung, einschließlich der Kinder, in Tag- und Nachtarbeit ein tiefes Verteidigungssystem um die Stadt legen. Kernstück waren zwei Befestigungsringe: die äußere und die innere Schutzstellung.

Die äußere oder erste Verteidigungsstellung verlief in einem Halbkreis, rund vierzig Kilometer vom Stadtzentrum entfernt, von Peterhof über Krasnogwardeisk bis an die Newa. Die innere oder zweite Schutzstellung war ein Halbkreis tiefgestaffelter Festungswerke, knapp fünfundzwanzig Kilometer vom Stadtzentrum entfernt, mit den Duderhofer Höhen als Schwerpunkt. Der Industrievorort Kolpino und das alte Zarskoje Selo waren die Eckpfeiler.

Die Luftaufklärung hatte eine Unzahl von Feldbefestigungen festgestellt, darunter riesige Panzergräben. Hunderte von Bunkern mit eingebauten Geschützen ergänzten das Grabensystem. Das war echtes Stoßtruppgelände, Kampffeld der Infanterie. Die Panzer konnten nur die Aufgabe haben, in zweiter Welle durch die aufgerissene Verteidigungslinie zu stoßen und den vorgehenden Infanteristen Feuerschutz zu gewähren.

Reinhardts XXXXI. Panzerkorps sollte den Hauptstoß der Panzergruppe Hoepner gegen das Zentrum der Leningrader Verteidigungsanlagen im Raum der Duderhofer Höhen führen. Die 36. I. D. (mot.) bildete die ›Lanzenspitze‹. Hinter ihr war die 1. Panzerdivision bereitgestellt, zum Nachstoß. Rechts standen die Regimenter der 6. Panzerdivision sturmbereit. An der Rollbahn von Luga sollten unter dem L. Armeekorps die alten Luga-Divisionen, SS-Polizeidivision und 269. I. D., auf Krasnogwardeisk angreifen. Am linken Flügel waren als vorderste Divisionen der 18. Armee die ostpreußische 1., die 58. und die 291. I. D. eingesetzt. Am rechten Flügel, an der Ischora, standen als Stoßdivisionen der 16. Armee die 121., 96. und 122. I. D. unter dem Kommando des XXVIII. Armeekorps bereit. Am äußersten Ostflügel, am Südrand des Ladoga-Sees, hatte im Verband des XXXIX. Panzerkorps die verstärkte 20. I. D. (mot.) mit den Kampfgruppen Harry Hoppe und Graf Schwerin den Auftrag, die Brückenköpfe von Annenskoje und Lobanow zu beseitigen. Ihr Fernziel war, Stadt und Raum Schlüsselburg zu nehmen.

Auf den Duderhofer Höhen hatten einst die Zaren von Rußland gestanden, wenn die Garderegimenter von Petersburg vor der Stadt ihre Manöver abhielten. Die Garde und die Zaren waren längst dahin. Ihre Erfahrungen jedoch waren auch in der Roten Armee noch lebendig: Jede Bodenwelle, jedes Waldstück, jeder Bachlauf, die Annäherungswege und die Entfernungen waren genauestens bekannt. Die Artillerie war auf die wichtigsten Geländepunkte eingeschossen. In den Schützennestern, Bunkern und Panzergräben rings um die Duderhofer Höhen hatte Schdanow, der ›rote Zar‹ von Leningrad, seine Garde eingesetzt: aktive Eliteregimenter, fanatische Jungkommunisten und die besten Bataillone der Leningrader Arbeitermiliz.

Sprung um Sprung mußten sich die Sturmkompanien des deutschen Infanterieregiments 118 von der 36. I. D. (mot.) vorkämpfen. Die gesamte Korpsartillerie sowie das Artillerieregiment 73 der 1. Panzerdivision hämmerten zwar auf die sowjetischen Stellungen, aber die Bunker der Russen waren hervorragend getarnt und vor allem gut und stark gebaut.

»Stukas müssen ran«, funkte das festliegende I. Bataillon an die Division.

Generalleutnant Ottenbacher rief das XXXXI. Panzerkorps an. Die Panzergruppe 4 alarmierte durch ihren Fliegerverbindungsoffizier die Luftflotte 1. Eine halbe Stunde später brausten die Ju-87-Staffeln von Richthofens VIII. Fliegerkorps über den Gefechtsstreifen des Infanterieregiments 118 heran, kippten über die Flügel ab, stürzten fast senkrecht in die Tiefe, heulten nervenzerreißend bis dicht über den Erdboden und setzten ihre Bomben in die sowjetischen Bunker, MG-Nester und Infanteriegeschützstellungen. Blitzendes Feuer schoß auf. Rauch und Staub quoll nach und legte sich wie ein dichter Schleier vor die noch intakten feindlichen Stützpunkte.

Das war der richtige Augenblick. »Los!« riefen die Zugführer. Die Grenadiere sprangen auf und stürmten. MGs tackten. Handgranaten detonierten. Die Flammenwerfer der Pioniere schossen fauchende Ölzungen in die Bunkerscharten. Bunker um Bunker fiel. Graben um Graben wurde aufgerollt. Rein. MG-Garben den Graben hinunter nach rechts und nach links. »Ruki werch! – Hände hoch!« Aber meistens schossen die Russen, bis sie selbst getroffen wurden. So brach das I. R. 118 in die erste Leningrader Schutzstellung ein und nahm Aropakosi. Die Nacht erst ließ die Kämpfe ersterben.

Am Morgen des 10. September hatten die Infanteristen und Pioniere der Sturmbataillone die hochragenden Duderhofer Höhen vor sich, das Bollwerk im letzten Leningrader Verteidigungsgürtel. Hier war das Herzstück der zweiten Schutzstellung Leningrads. Schwer bestückte Eisenbetonbunker, Kasematten mit Schiffsgeschützen, flankierende MG-Nester und ein vielfach gestaffeltes Grabensystem mit unterirdischen Verbindungen sicherten den Zugang zu den alles beherrschenden beiden Höhen: Punkt 143 und, ostwärts davon, die ›Kahle Höhe‹, auf der Karte als Punkt 167 verzeichnet.

Wieder ging es nur Meter um Meter vorwärts. Bei der 6. Panzerdivision, die rechts neben den 36ern angriff, gab es sogar eine gefährliche Krise. Der Nachbar der 6. Pz. D., die SS-Polizeidivision, war vor einem schweren Bunkerriegel liegengeblieben. Die 6. Pz. D. unter Generalmajor Landgraf hingegen war weitergestoßen. Der Russe erfaßte die Lage und fuhr ihr in die Flanke. In wenigen Stunden verlor die tapfere Division vier Kommandeure. Im Nahkampf rangen die Westfalen und Rheinländer erbittert um die erkämpften Stellungen.

Aus dieser Lage entwickelte sich die große Stunde der 1. Panzerdivision. General Reinhardt drehte die 6. Panzerdivision nach Osten gegen die flankierenden Sowjets ab und schob die 1. Pz. D. in die dadurch entstehende Lücke rechts neben die motorisierte 36. I. D.

Generalleutnant Ottenbacher sitzt unterdessen mit seiner Führungsstaffel dicht hinter dem Gefechtsstand des I. R. 118. Seine Sturmbataillone liegen fest, an den Boden genagelt vom schweren Abwehrfeuer der Russen. Ottenbacher setzt die Divisionsartillerie und das Artillerieregiment 73 noch einmal zu einem zusammengefaßten, schweren Feuerschlag auf den Nordkamm der Duderhofer Höhen an.

Um 20 Uhr 45 verhallen die letzten Einschläge. Die Kompanieführer springen aus ihren Löchern. Zug- und Gruppenführer winken ihre Männer ein. Sie stürmen die qualmende Hölle, aus der Gewehrschüsse und MG-Salven prasseln.

Die Grenadiere keuchen, werfen sich hin, feuern, stehen wieder auf, stolpern weiter. Ein MG=Schütze fällt vornüber und steht nicht mehr auf. »Franz«, ruft Nummer eins, »Franz!« Keine Antwort. In drei Sprüngen ist er bei ihm und wirft sich neben seinen Kameraden hin. »Franz!«

Aber um den MG=Schützen zwei aus der 4. Kompanie I. R. 118 ist die große Stille, die keine Granate mehr stört, keine Russen=MPi mehr bricht. Die Hände halten noch die Griffe der beiden Kästen mit der gegurteten Munition. Der Behälter mit den Ersatzläufen für das MG ist beim Fallen über den Stahlhelm gerutscht. »Franz!«

Zwanzig Minuten später wirft sich der erste Zug der 4. Kompanie in das Grabenstück auf dem Nordkamm der Duderhofer Höhen, der Einbruch wird sofort erweitert und ausgebaut. Ein Kernstück der Leningrader Verteidigung mit der Höhe 143 ist geknackt.

Der 11. September dämmert herauf. Ein strahlender Spätsommertag. Es wird der Tag der 1. Panzerdivision. Oberst Westhoven, Kommandeur des Schützenregiments 1 und bewährter Kampfgruppenführer, geht mit seiner Angriffsgruppe die ›Kahle Höhe‹ an. Den Hauptstoß führt Major Dr. Eckinger mit seinem SPW=Bataillon, dem I. Bataillon Schützenregiment 113. Es ist verstärkt durch die 6. Kompanie vom Panzerregiment 1, einen Zug des Panzerpionierbataillons 37, und es wird unterstützt von der II. Abteilung Artillerieregiment 73.

Major Eckinger war ein Mann, der bei der Truppe den Ruf der guten Nase hat. Er roch die Chance, witterte die günstigste Stelle und beherrschte jene Kunst der blitzschnellen Reaktion und wendigen Führung, mit der Schlachten gewonnen werden.

Plan und Ausführung des Handstreichs auf Höhe 167 sind aus einem Guß. Während das Schützenregiment 1 den Flankenschutz nach Osten übernimmt, stößt das verstärkte Schützenregiment 113 entlang der Straße nach Duderhof vor und wirft die russischen Verteidiger auf den Panzergraben der zweiten Schutzstellung zurück. Mitten unter den sich absetzenden Russen rollen Eckingers vorderste SPW. Unteroffizier Fritsch bricht mit seinem Panzerpionierzug in den großen Panzergraben, wirft die sowjetische Grabenwache, die den Übergang deckt, verhindert seine Sprengung und hält ihn offen. Mit Sturmleitern bezwingen sie den steilen Grabenrand links und rechts davon. Dort legen sie Roste und Balken und schaffen die Übergänge für die Masse der dichtauf folgenden Panzer und Schützenpanzerwagen. Die Kompanien von Eckingers Bataillon preschen, aufgesessen auf Panzern und SPW, heran.

Nun vollzieht sich ein erregendes Schauspiel: Über der vorwärts jagenden Spitze des Bataillons heulen immer wieder Stukas des VIII. Fliegerkorps. Kippen ab. Und werfen präzise 200 bis 300 Meter vor die vordersten Panzer des Bataillons ihre Bomben, genau in die russischen Widerstandsnester, Bunker, Gräben, Panzerfallen und auffahrende Pak.

Die Fliegerleitoffiziere fahren in den Panzern und SPW der Spitze und beim dichtauf folgenden Kommandeur des SPW=Bataillons mit. Ein Luftnachrichtenoffizier, der die Funksprechverbindung mit den Stukas hält, sitzt hinter dem Turm von Leutnant Stoves Panzer ›611‹. Eine große Reichskriegsflagge auf dem

Heck macht ihn als ›Bombenlenker‹ kenntlich. Mitten im Feuerhagel dirigiert der Luftwaffenleutnant über sein Kehlkopfmikrofon die Stukapiloten.

Mit der Perfektion eines Uhrwerkes rollt der Angriff ab. Das Dorf Duderhof, in das der Gegner zum Teil hinter den vordersten Teilen der 36. I. D. (mot.) wieder eingedrungen war, wird erneut genommen. Eckinger dreht sein Bataillon nach Süden, dann wieder nach Osten und stürmt mit verkehrter Front gegen die ›Kahle Höhe‹.

Die mit schütterem Niederwald bestandene Kuppe ist eine feuerspeiende Festung. Aber die Sowjets sind nervös, überrascht und durch Eckingers raffinierte und unberechenbare Angriffsmethode unsicher gemacht.

Eine ganze Panzerkompanie und die vorderste SPW-Kompanie können das Feuer der nach Westen gerichteten russischen Marinebatterien im toten Winkel unterfahren, ohne einen einzigen Treffer zu erhalten. Geschütze links und rechts des Weges werden von dem folgenden Panzer-IV-Halbzug der 8. Kompanie Panzerregiment 1 unter Leutnant Koch mit wenigen Granaten ausgeschaltet. Die Pioniere kämpfen sich unter dem Feuerschutz dieser Panzer an die mächtigen Schiffsgeschützstellungen heran. Handgranaten krepieren. Flammenwerfer züngeln in die Batterien. Die Besatzungen werden im Nahkampf bezwungen.

Um 11 Uhr 30 hört die Führungsstaffel der 1. Panzerdivision einen Funkspruch mit, den Oberleutnant Darius, der Chef der 6. Panzerkompanie, an seinen Abteilungskommandeur absetzt. Der Text läßt den Ia der Division, Oberstleutnant Wenck, der mit Generalmajor Krüger im Funkpanzer dem SPW-Bataillon gefolgt ist, aufatmen, aber auch hell auflachen über soviel Romantik eines jungen Panzerführers mitten in der Schlacht. Darius funkt: »Ich sehe Petersburg und das Meer.« Und Wenck versteht: Darius steht auf Punkt 167, der Kuppe der ›Kahlen Höhe‹, und Leningrad liegt ihm zu Füßen, zum Greifen nahe. Die Zitadelle der letzten Schutzstellung auf dem Feldherrnhügel der Zaren ist gefallen.

3 In den Vororten Leningrads

»Bitte aussteigen, Endstation!« – In den Gärten von Sluzk – Harry Hoppe nimmt Schlüsselburg – Befehl aus der ›Wolfsschanze‹: Leningrad darf nicht genommen werden – Hitlers großer Irrtum

Oben, auf der ›Kahlen Höhe‹ bei Darius, bot der Blick ein einmaliges Panorama der Schlacht um Leningrad. Mit den erbeuteten sowjetischen Scherenfernrohren war der wimmelnde Straßenverkehr in der Stadt deutlich zu erkennen. Die Newa glänzte im Sonnenlicht. Die Fabrikschornsteine rauchten, denn Leningrad arbeitete jetzt noch fieberhaft.

Im Norden, am äußersten linken Flügel, sah man deutsche Verbände gegen Peterhof und Oranienbaum vorgehen. Es war die 291. I. D., die ›Elch-Division‹ unter Führung von Generalleutnant Herzog, die sich zusammen mit der ostpreußischen 1. I. D. den Durchbruch durch eine schwerbefestigte Bunkerlinie bei Ropscha erfochten hatte. 155 Bunker, zum Teil mit eingebauten Geschützen, hatten am 11. September allein die Bataillone des I. R. 505 knacken müssen. Dann wurde die Division nach Norden auf Peterhof abgedreht, um die linke Flanke gegen die im Kessel von Oranienbaum sitzenden zwölf russischen Divisionen zu sichern.

Die 1. I. D. erreichte am 20. September bei Strelna die Küste.

Bis Kronstadt konnte man von der ›Kahlen Höhe‹ blicken. Man sah den Hafen und das mächtige sowjetische Schlachtschiff ›Marat‹, das mit seinen schweren Geschützen gegen Land feuerte. Die Einschläge der 30,5-cm-Granaten lagen mit ihren haushohen Dreckfontänen vor allem im Kampfbereich der 58. I. D., die stürmisch der Küste zustrebte und die Falle von Leningrad nach Oranienbaum zumachen wollte.

Die Regimenter der 58. I. D. hatten sich den Durchbruch durch die Bunkerlinie bei Krasnoje Selo erkämpft. Die Bataillone vom Infanterieregiment 209 fochten sich durch die Stadt und warfen die Sowjets. Weiter. Weiter nach Norden. Den Häusern des Leningrader Vororts Urizk entgegen. Er gehört zu Leningrad wie Blankenese zu Hamburg oder Marienburg zu Köln.

15. September, 20 Uhr: Oberleutnant Sierts, Chef 2. Kompanie I. R. 209, Leutnant Lembke und Feldwebel Pape haben sich mit der Spitze des I. Bataillons bis zur großen Uferstraße von Urizk nach Peterhof vorgearbeitet und liegen im Straßengraben. Neben ihnen laufen die Gleise der Straßenbahn nach Leningrad. Zivilisten auf Fahrrädern und mit Handkarren kommen von Peterhof her. Sie haben anscheinend keine Ahnung, wie nahe der Feind ist. Und da kommt doch, bei Gott, die Straßenbahn, voll mit Zivilisten, die nach Leningrad wollen.

»Los«, kommandiert Sierts. Pape und seine Männer springen auf die Straße.

Der Schaffner klingelt, klingelt tatsächlich: Platz da für die Straßenbahn nach Leningrad! Aber dann hat er wohl begriffen, daß diese Männer in Stahlhelmen und mit den Maschinenpistolen unterm Arm kein Verkehrshindernis sind. Er tritt auf die Bremse. Die Räder quietschen. Die Fahrgäste rumpeln durcheinander.

Pape tritt an die Plattform und ruft lachend auf deutsch: »Aussteigen, bitte, Endstation!« Und dann zu Lembke hinüber: »Herr Leutnant, wollen wir einsteigen? Einmalige Gelegenheit, Fahrer vorhanden.«

»Behalten Sie ihn da bis morgen früh«, antwortet Lembke. »Morgen früh brauchen wir ihn vielleicht.«

Man ist mit Recht optimistisch. Es sind noch zehn Kilometer bis zum Leningrader Stadtzentrum. Sierts, Lembke, Pape und die Männer von Oberst Kreipes I. R. 209 sind praktisch in der Stadt. Und Leningrad ist nach Westen abgeriegelt.

Schwenkte man das Scherenfernrohr auf der ›Kahlen Höhe‹ von Duderhof nach der anderen Seite, nach Osten, dann konnte man die große Straße Tschudowo—Leningrad erkennen und das tief eingeschnittene Tal des Ischora-Flusses, an dem entlang die erste Leningrader Schutzstellung verlief. Das vier Meter hohe Nordufer des Flusses war von den Russen steil abgeschnitten worden und dadurch fast unüberwindlich. Hier focht die 96. I. D. von Generalleutnant Schede.

Die Ischora mußte bezwungen werden. Mit den Kampfgruppen Arntzen und Hirthe des I. R. 284 unter Oberstleutnant von Chappuis ging Generalleutnant Schede das schwerbefestigte Hindernis am 12. September an. Artillerie und Richthofens unermüdliche Stukas leisteten wieder die Vorarbeit und hüllten die Flußufer in dicke Rauchwolken ein. Im Schutze dieser ›Tarnkappe‹ gingen die Kompanien Hirthes über den fünfundzwanzig Meter breiten Flußlauf.

»Leitern vor«, ertönte der Ruf. Und dann kamen die Spezialstoßtrupps mit den Sturmleitern, die das Pionierbataillon 196 zu Hunderten angefertigt hatte. Wie beim Festungskampf im Mittelalter wurden die fünf und sechs Meter hohen Leitern an das Steilufer gestellt. Unter dem Feuerschutz der MG kletterten die Stoßtrupps des II. Bataillons I. R. 284 auf das hohe Nordufer. Von oben bekämpften Major Arntzens Grenadiere und zugeteilte Pioniere mit Handgranaten, Flammenwerfern und Wurfbomben, ›Stukas zu Fuß‹ genannt, die MG-Stellungen und Schützenlöcher der Sowjets in der Steilwand.

Auch die Kampfgruppe von Chappuis kam auf dieselbe Weise gut über den Fluß. Sie mußte sich dann aber vor überraschend angreifenden schweren Sowjetpanzern auf einen Panzergraben der Schutzstellung zurückziehen, da die deutsche 3,7-cm-Pak gegen die Kolpino-Panzer der T 34 und KW-Klasse nichts ausrichten konnte. Nur im letzten Augenblick eingreifende Stukas konnten die Lage retten und verhindern, daß die Grenadiere einzeln von den schweren Feindpanzern zermalmt wurden.

Am 13. und 14. September tobten schwere Kämpfe mit angreifenden sowjetischen Panzertruppen. Nur 8,8-cm-Flak und ein schweres 10-cm-Geschütz, die in vorderster Linie in Stellung gegangen waren, retteten die Lage und schlugen die Panzer zurück.

Am 16. September stürmten die Bataillone der 96. I. D. und auch der 121. I. D. in die berühmten Gärten von Sluzk. In der weitläufigen Parklandschaft standen verträumte Pavillons im Stil französischer Lustschlößchen. Sie gehörten zur Sommerresidenz der Zaren, zum berühmten Zarskoje Selo, das von den Bolschewisten in ›Puschkin‹ umbenannt worden war. Nun fuhr der Krieg mit feuriger Hand über den idyllischen Platz. ›Puschkin‹ fiel.

Damit standen auch die 96., die 122. und die 121. I. D. bereits fünfundzwanzig Kilometer vor Leningrad. Nur der wichtige Industrievorort Kolpino mit den riesigen Panzerfabriken und die Höhen von Pulkowo, wo 1919 die weißrussischen Angriffe auf das rote Leningrad steckengeblieben waren, befanden sich noch in russischer Hand. Pulkowo wurde am 17. September, Kolpino am 29. September dann aber doch noch erreicht.

Einen entscheidenden Teil des Schlachtfelds konnte man im Scherenfernrohr von den Duderhofer Höhen allerdings nicht sehen: den Kampf um Schlüsselburg, die Stadt am Westufer des Ladoga-Sees, dort wo die Newa den See verläßt und in einem weiten Bogen nach Leningrad und zur Ostsee zieht. Wer Schlüsselburg hat — der Name sagt es —, schließt Leningrads Tür nach Osten, blockiert den Wasserweg zwischen Ostsee und Ladoga-See und damit auch das Kanalsystem zum Weißen Meer, das heißt: zum Eismeer.

Dieser Eckpunkt im Kampf um Leningrad sollte in einer besonderen Aktion genommen werden. Der Mann, der dafür ausersehen war, hieß Harry Hoppe: Oberst und Kommandeur des Infanterieregiments 424 der 126. I. D. Von der Truppe wurde er schlicht und selbstverständlich ›Harry‹ genannt, weil der Oberst alle Aufgaben und Probleme mit jener Klarheit und Einfachheit anpackte, die dem Landser absolutes Selbstvertrauen und feste Zuversicht für den Erfolg gaben. Kradmelder Kray erlebte dies vor Schlüsselburg so: Der Oberst stand mit dem Stadtplan von Schlüsselburg vor der ersten Arbeitersiedlung und befahl: »Fahrt den Weg entlang bis in die Stadt, dann die erste Straße rechts und wartet dort auf mich.« Die Kradmelder fuhren los. Im vollsten Vertrauen, daß Harry kommen würde.

Das Südufer des mächtigen Ladoga-Sees mit Schlüsselburg war ein strategisch außerordentlich wichtiges Gebiet. Die Bolschewisten hatten den See und die Schleusen seiner Kanäle für die Stromerzeugung nutzbar gemacht. Ein weitverzweigtes Kanalsystem war mit dem Eisenbahnnetz des Leningrader Hinterlandes verbunden und das Sumpf- und Waldgebiet kultiviert worden.

So war, wie auf dem Reißbrett entworfen, vor Schlüsselburg ein riesiges Areal mit acht großen Arbeitersiedlungen entstanden, sogenannte Poseloks. Mit proletarischer Nüchternheit wurden diese Siedlungen getauft. Sie erhielten keine Namen, sondern Nummern: Poselok 1, Poselok 2, Poselok 3 und so fort, bis 8.

Von diesem wichtigen Vorgelände eines empfindlichen verkehrs- und energiewirtschaftlichen Systems aus wurden die Wasserverbindungen von Leningrad und der Ostsee zum Wolchow über den Onega-See bis hinauf ins Weiße Meer und ins Eismeer mit den Häfen Archangelsk und Murmansk sowie zwischen Leningrad und Moskau über den Rybinsker Stausee und den Moskwa-Wolga-Kanal geschaltet. Wer also Leningrad packen, abschnüren und einnehmen oder aushungern wollte, mußte diese lebensnotwendigen Verbindungstüren der Stadt schließen. Das Schlüsselloch dafür war Schlüsselburg.

Eine historische Ecke Europas. 235 Jahre vor Harry Hoppe kämpfte hier Peter der Große, um den Schweden den Schlüssel zur Ostsee abzunehmen. Es gelang. Der russische Zar eroberte zum ersten Male für Rußland den Zugang zu dem wichtigsten europäischen Binnenmeer und gründete zur Sicherung dieser Eroberung die Festung St. Petersburg, jetzt Leningrad. Um diese Festung ging es jetzt wieder beim Kampf um Schlüsselburg.

Von Nowgorod her war Anfang September das Infanterieregiment 424 der 126. I. D. im Verband von Generalmajor Zorns 20. I. D. (mot.) auf der großen Heerstraße nach Norden über Tschudowo in Richtung Schlüsselburg in Marsch gesetzt worden. Der Plan war gut: Die Divisionen der ›Gruppe Schmidt‹ (XXVIII. A. K. und XXXIX. Panzerkorps) unter General der Panzertruppe Rudolf Schmidt sollten noch vor Beginn der Generaloffensive auf Leningrad die ostwärtigen Newabrückenköpfe eindrücken, über die sowjetische Verbände aus dem Leningrader Vorfeld Verbindung mit dem Wolchow-Gebiet hielten.

Im Schutze dieser Flankenoperation sollten die Kampfgruppen der Obersten Graf Schwerin und Harry Hoppe mit ihren verstärkten Infanterieregimentern 76 und 424 bis zum 8. September 1941, dem Tage des Großangriffs auf Leningrad, die Ausgangspositionen zum Sturm auf Schlüsselburg erkämpfen: Kampfgruppe Hoppe rechts, Kampfgruppe Graf Schwerin links.

Am 6. September treten sie an. Zuerst geht alles programmgemäß. Panzer der 12. Panzerdivision unterstützen den Angriff. Panzerjäger und Flakbatterien – darunter eine 8,8 – sichern gegen feindliche Panzerangriffe. Kradschützen und Pioniere fahren Spitze.

Der Schwerpunkt des Angriffs liegt bei der Gruppe Hoppe. Das I. und das VIII. Fliegerkorps geben Stuka-Unterstützung. Im Sturm geht es über den berühmten Bahndamm von Mga. Hinein in den Wald beiderseits der Straße nach Kelkolowo. Aber dort lauern die Russen in gutgetarnten MG- und Paknestern. Der Angriff bleibt liegen. Infanteriegeschütze, Pak und Granatwerfer können in dieser Wildnis nicht viel helfen.

Oberst Hoppe hockt am Bahndamm. Ein Melder vom III. Bataillon springt über den Damm: »Schwere Verluste beim Bataillon. Drei Offiziere gefallen.« Auch das II. Bataillon ruft nach Unterstützung.

»Wir müssen ein Loch finden«, grübelt Hoppe über den Karten. »Der Russe kann nicht überall gleich stark sein. Es gilt, die Lücke aufzuspüren.«

Hoppes Rezept: Im frontalen Angriff entweder die schwache Stelle finden oder den Feind überflügeln. Draufgängertum des Stoßtruppführers aus dem ersten Weltkrieg und kühle Taktik Seecktscher Reichswehrzeit vereinigen sich in ihm.

Die Melder springen wieder davon. Generalmajor Zorn erscheint auf dem Gefechtsstand. Er glaubt nicht mehr an die Möglichkeit, hier im Abschnitt Hoppe durchzubrechen. Er dirigiert die Panzer zur Gruppe Schwerin. Dort soll nun der Schwerpunkt liegen.

Aber der General denkt – und ein Leutnant lenkt: Kaum waren die Panzer aus der Front gezogen, da findet Leutnant Leliveldt mit der 11. Kompanie die vielgesuchte Lücke, die schwache Stelle beim Feind. Er stößt hinein, drückt nach rechts und links und reißt die Front zu einem breiten Loch auf.

»Saus los, zu Harry«, ruft der Leutnant seinem Melder zu. »Wir haben das Loch. Die Front ist offen!«

Der Melder jagt davon. Eine halbe Stunde später rollt die ganze Kampfgruppe. Kelkolowo fällt. Das berüchtigte Gleisdreieck der Industriebahn von Gorodok nach Mga und Schlüsselburg wird genommen und Poselok 6 gestürmt.

Um 16 Uhr fällt Ssinjawino mit seinen riesigen Magazinen und Munitionslagern in die Hand des III. Bataillons. Von einer kleinen Anhöhe nördlich der Stadt sieht man die riesige Wasserfläche des Ladoga-Sees. Eine leichte Brise Meeresluft weht herüber. Reger Schiffsverkehr geht über den See.

»Weiter«, befiehlt Hoppe. Auch Poselok 5 wird genommen und gleich noch bis Poselok 1 gesprungen. Von hier führt der ›Rote Weg‹ zur ›Roten Brücke‹ über die Kanäle und Uferbahnen. Man ist am Nervenstrang des Schlüsselburger Areals.

Die Nacht senkt sich über das Schlachtfeld. Von Ssinjawino donnert ein gigantisches Feuerwerk in den Himmel: Ein paar russische Munitionslager sind getroffen und gehen in die Luft. Mit den gewaltigen Explosionen gehen allerdings auch alle Nachrichtenverbindungen zur Division zum Teufel.

Am nächsten Morgen, am 8. September, sollte Schlüsselburg gestürmt werden. Uhrzeit? Hoppe kannte sie nicht; denn die Division hatte sich den Zeitpunkt des Angriffs vorbehalten, weil er mit dem Einsatz der Stukaverbände abgestimmt werden mußte. Der Divisionsstab aber war wegen der unterbrochenen Nachrichtenverbindung nicht zu erreichen. Eine peinliche Lage!

Am 8. morgens mit dem beginnenden Tag traten drüben bei Leningrad die Korps zum Generalangriff an. Aber in Schlüsselburg blieb noch alles ruhig. Als die Sonne aufging, lag die Stadt mit ihren spitzen Türmen und dicken alten Befestigungswerken vor den Bataillonen Hoppes. Kusselwald bot gute Möglichkeiten für den Angriff. Doch noch immer gab es keine Verbindung zur Division. Die 9. Kompanie trieb Gefechtsaufklärung bis an den Ostrand der Stadt heran.

6 Uhr 15. Unteroffizier Becker meldet dem III. Bataillon: Der Ostrand der Stadt ist nur schwach feindbesetzt. Der Russe erwartet offenbar von dieser Seite, also von rückwärts, keinen Angriff. Welche Chance!

Hoppe quält die Frage: Soll ich oder soll ich nicht? Wenn er die Stadt stürmt und die Stukas kommen, während seine Bataillone schon drin sind — nicht auszudenken! Aber man kann doch nicht einfach warten. Warten und nichts tun, das ist nach der Felddienstordnung das Schlimmste, was man machen kann. Besser ein falscher als gar kein Entschluß. Hoppe hält sich daran.

Kurz vor 7 Uhr befiehlt er: »Regiment 424 nimmt Schlüsselburg und stößt bis an den 1000 Meter breiten Newa-Ausfluß, der Schlüsselburg von Scheremetjewka und das Südufer des Ladoga-Sees vom Westufer trennt. Angriffsbeginn: 7 Uhr.« Harry hat seinen Plan.

7 Uhr 30. Die Bataillone brechen im Sturmangriff durch den schwach verteidigten Ostrand in die Stadt ein. Die Russen sind durch den unerwarteten Angriff kopflos.

7 Uhr 40. Feldwebel Wendt hißt die Fahne auf dem spitzen Kirchturm.

Vom Angriffsbeginn an sitzen die Leutnante Fuß und Pauli an einem Tornister-Funksprechgerät und versuchen, mit der nächsten schweren Batterie, die drüben bei Gorodok steht, Verbindung zu bekommen. Vielleicht kann von dort der Kontakt mit dem Divisionsstab hergestellt werden.

Eine Dreiviertelstunde palavert Fuß schon in das Mikrofon. Ruft. Geht auf Empfang. Ruft wieder. Nichts. »Mensch, wenn das nicht klappt. Wenn die Stukas kommen!«

Da: 8 Uhr 15. Krächzend meldet sich die Batterie. Geschafft. »Hier Gruppe Harry. Geben Sie sofort an Division: Schlüsselburg schon gestürmt. Stukas anhalten. Haben Sie verstanden?« – »Ja. Verstanden!«

Der Batterieoffizier gibt die Meldung sofort weiter. Die Stukas sind schon in der Luft, denn Hoppes Angriff war erst für 9 Uhr eingeplant. Die meisten Maschinen können zurückgerufen werden. Aber eine Staffel erreicht der neue Befehl nicht mehr. Über die Batterie von Gorodok wird Hoppe verständigt, daß Gefahr droht.

Punkt 8 Uhr 45 brausen die Ju 87 heran. Hoppes Männer schwenken Fliegertücher. Schießen weiß: Hier sind wir!

Sehen es die Flieger? Halten sie es für einen Trick? Ihr Befehl lautet: Schlüsselburg bomben.

Die Stukas kippen ab. Schön der Reihe nach. Aber dann zieht der erste wieder etwas hoch, rast weiter und wirft seine Bomben in die Newa. Die anderen folgen In letzter Sekunde vom Staffelkapitän über Bordfunk unterrichtet. Harry Hoppe und seine Männer atmen erleichtert auf. Um 10 Uhr rollen auch die Bataillone der Kampfgruppe Schwerin in den Südteil der Stadt.

Mit der Eroberung Schlüsselburgs war Leningrad nach Osten abgeriegelt. Die Stadt war jetzt eine Insel, von Soldaten und Wasser umschlossen. Nur ein schmaler Korridor zum Westufer des Ladoga-Sees war noch offen, denn die Finnen auf der Karelischen Landenge standen Gewehr bei Fuß. Sie warteten auf den deutschen Stoß, der an Leningrad vorbei bis nach Tichwin führen sollte. Dann wollte Mannerheim am Ostufer des Ladoga-Sees entlang über den Swir stoßen und den ostwärtigen Zangenarm zum großen vollständigen Kessel um Leningrad bilden. Ein leider zu weit gestecktes Ziel.

Das sowjetische Oberkommando war über die Niederlage bei Schlüsselburg entsetzt. Mit allen Mitteln versuchte Marschall Woroschilow, das wichtige Scharnier für die Verbindung nach Osten wiederzugewinnen. Er jagte ganze Regimenter in Sturmbooten und Landungsschiffen vom Westufer über den See gegen die Schlüsselburger Seite. Gleichzeitig ließ er auf der Landseite von Lipki her angreifen.

Oberst Hoppes Regiment wurde zeitweilig abgeschnitten. Immer mehr Kräfte führte der Russe heran. Auf deutscher Seite begann man zu ahnen, daß hier ein blutiger Opfergang bevorstand. Und man begann zu ahnen, daß Leningrads Abschließung nach Osten illusorisch werden mußte, wenn der See im Winter zufror.

Die Optimisten lachten über solche Bedenken. »Winter?« fragten sie. »Ehe der Frost kommt, ist Leningrad längst gefallen.«

Aber Leningrad fiel nicht. Und warum?

Weil Hitler und das OKW sich entschlossen hatten, Leningrad nicht mehr zu nehmen, sondern nur einzuschließen und auszuhungern.

So paradox das klingt, es war so: Genau in dem Augenblick, da die letzte Leningrader Schutzstellung durchbrochen, die Duderhofer Höhen gestürmt, Urizk und Schlüsselburg genommen und die Stadt, von Panik geschüttelt, vor den deutschen Verbänden lag, kam aus dem Führerhauptquartier ›Wolfsschanze‹ rotes Licht: Stop!

Der spätere Generaloberst Reinhardt, der Kommandierende des XXXXI. Panzerkorps, erinnert sich heute: »Mitten hinein in die berechtigte Siegesfreude der Truppe schlug wie ein kalter Wasserstrahl am 12. September die Mitteilung der Panzergruppe, daß Leningrad nicht eingenommen, nur abgeschirmt werden soll. Der Angriff sei nur noch bis zur Straße Puschkin—Peterhof fortzusetzen, das XXXXI. Panzerkorps werde in den nächsten Tagen zu anderweitiger Verwendung herausgezogen. Unfaßbar für uns alle. In letzter Minute wurde die nahe Siegeskrone der Truppe, die sich bis zum Äußersten eingesetzt hatte, entwunden.«

Unteroffizier Fritsch tippte sich an die Stirn, als der Kompanietruppführer der 2. Kompanie Panzerpionierbataillon 37 ihm sagte: »Wir werden nicht nach Leningrad gelassen, wir werden vorher rausgezogen. Ich hab' es von einem Funker aus dem Divisionsstab.«

»Du hast einen Vogel«, bekräftigte Fritsch seine Geste. Und ging davon.

Auch beim Panzerregiment 1 der 1. Pz. D. war etwas durchgesickert. Aber die Offiziere schüttelten die Köpfe: »Das gibt es doch nicht. Haben wir uns deshalb von Ostpreußen bis hierher vor die Tore Leningrads geboxt, um nun einfach wegzugehen, als wäre alles ein Versehen gewesen?« So schimpften sie. Und jedes Gespräch darüber endete mit den Worten: »Das gibt es nicht!«

Noch wurde der Befehl der Heeresgruppe geheimgehalten, denn Leningrad sollte so eng wie möglich eingeschlossen und deshalb noch wichtige vorderste Geländepunkte erkämpft werden, so zum Beispiel Kolpino und die Höhe von Pulkowo. Welcher Verband aber ficht noch mit Elan, wenn die Männer wissen, daß ihr Kampf nur noch untergeordneten Frontkorrekturen gilt, das große Ziel aber gar nicht mehr erreicht werden soll? Deshalb glaubte die Truppe, daß ihr Ziel noch immer die Eroberung Leningrads sei, und kämpfte mit äußerster Kraft. Eine Szene aus dem Tagebuch des Leutnants Stoves, Führer des 1. Zuges 6. Kompanie Panzerregiment 1, zeigt das in aller Eindringlichkeit:

Am 13. September rollen im nebligen Morgengrauen schwere sowjetische Panzer vom Typ KW 1 und 2, frisch aus den Kolpinoer Panzerwerken, zum Teil ungestrichen, die Straße von Pulkowo herunter auf die Kreuzung der Chaussee Puschkin—Krasnoje Selo.

Stoves alarmiert seine drei Panzer, die am Ostrand beiderseits der Straße zum Flugplatz von Puschkin stehen, läßt den eigenen mit laufendem Motor hinter einen Schuppen fahren, um hier gegen Süden zu sichern, und geht mit Hauptmann von Berckefeldt die Sicherungen vor dem Dorf Malaja Kabosi ab. Dicker Nebel braut jetzt und kämpft mit der Sonne. 7 Uhr. Der Panzer ›612‹, Feldwebel Bunzel, schiebt sich an die Straße.

Da: Wie aus dem Boden gestampft, rollen plötzlich zwei riesige KW 2 heran.

Stoves und Berckefeldt werfen sich in den Straßengraben. Und schon kracht es. Bunzel hat aufgepaßt. Zum zweiten Male bellt seine 5-cm-KwK auf. Treffer. Der vorderste Sowjetpanzer qualmt und bleibt stehen. Der zweite schiebt sich an ihm vorbei. Den erwischt Oberfeldwebel Gulich, auf der anderen Straßenseite, mit seinem Panzer ›614‹. Gleich der erste Schuß sitzt. Die Besatzung dieses KW 2 steigt aus.

Da rollen weitere fünf KW-2-Ungetüme heran. Und aus dem Nebel um Malaja Kabosi stoßen drei KW 1 direkt auf Unteroffizier Oehrleins Panzer ›613‹ zu. Aufgesessene russische Infanterie springt ab, geht in Schützenkette vor. Der vorderste KW läßt seine 15-cm-Kanone donnern. Volltreffer in Oehrleins Panzer. Der Unteroffizier hängt schwerverwundet im Turm. Stoves springt hinüber. Rechts und links von ihm stürmt russische Infanterie. Die deutschen Schützen der Sicherung um Mal. Kabosi gehen zurück. Im Nebel kann man kaum erkennen, wer Freund und wer Feind ist.

Zusammen mit dem Richtschützen von Oehrleins Panzer schleppt Stoves erst mal den Fahrer, der am schwersten verwundet ist, hinüber zu Oberfeldwebel Gulichs Panzer, der hinter einem kleinen Schuppen hält und mit dem MG Feuerschutz gibt. Dann hetzen sie wieder zurück. Heben Unteroffizier Oehrlein aus dem Turm. Versuchen auch den schwerverwundeten Funker herauszuholen. Es geht nicht. Sie kommen nicht an ihn heran. Aus dem Nebel kommen wie Schemen die Russen. Urrä! – Los, weg! Leutnant Stoves macht schnell noch alle Klappen dicht. Schließt sie mit dem Vierkantschlüssel zu. Im Gegenstoß wollen sie später den Funker holen. Bis dahin sollen die Russen nicht in den Panzer kommen. Da schreit der Richtschütze auf. Armschuß von einem russischen Schützen.

»Los, Mann, laufen Sie«, ruft der Leutnant. Der Richtschütze, ein Medizinstudent, hält seinen verwundeten Arm fest und rast in den Nebel. Stoves packt sich den bewußtlosen Oehrlein auf den Buckel und hastet davon.

Rechts und links springen russische Infanteristen mit aufgepflanztem Bajonett vorbei. Sie halten den Panzerleutnant wegen der wattierten russischen Jacke, die er anhat, offenbar für einen ihrer Leute.

Stoves schafft es. Er erreicht seinen Panzer, der noch immer, gut getarnt, an dem Schuppen in Richtung Westen sichert. Ein Sanitäts-Schützenpanzer rollt heran, nimmt Oehrlein, den Fahrer und auch den Richtschützen auf und braust davon. Der Nebel braut. Es ist wie ein Hexenkessel.

Die 1. Kompanie Schützenregiment 113 hat indes so etwas wie einen Panikanfall erlitten. Sie setzt sich vom Straßenkreuz Mal. Kabosi ab. Die Infanteriegeschütze sind dort längst weg und auch die Pak. Fünfundzwanzig Meter vom Schuppen entfernt, rollt ein KW 1 am Panzer ›611‹ von Leutnant Stoves vorbei. Zeigt die Breitseite. Hinein! Richtschütze Gefreiter Bergener erwischt ihn. Mit dem zweiten Schuß wird aber auch der andere Russe mattgesetzt. Stoves' Panzer steht ausgezeichnet getarnt. Jetzt schiebt er sich vorsichtig ans Ende des Holzschuppens. Der dritte und vierte KW rollen drüben vorbei. Ihre Kommandanten sind nervös, unsicher darüber, wo das tödliche Feuer herkommt.

Bergener lauert. »Feuer!« Zu kurz. »Noch mal!« Und da sitzt die Granate dem Russen direkt in der Kanonenblende. Auch der vierte, der noch schnell abdrehen will, erhält einen Treffer in die Seite am Heck.

Stoves sieht, wie Feldwebel Bunzel zurückrollt. Verfolgt von einem KW. Aber Bunzel kann nicht schießen. Seine Kanone hat einen Treffer abbekommen. Stoves' Richtschütze Bergener rettet Bunzel. Er schießt dessen Verfolger ab. Der fünfte Sowjetpanzer heute.

Doch nun haben die Russen entdeckt, wo der gefährliche ›Germanski‹ sich versteckt hält. Panzerbüchsen knallen. ›Ratschbumm‹-Granaten schlagen dicht beim Schuppen ein. »Ab!« befiehlt Stoves. In einem Kusselstück treffen sie Bunzels Panzer ›612‹. Er meldet: »Kanonenschaden, aber beide MG noch klar.«

Dreißig Meter dahinter steht auch Gulichs ›614‹. Ziemlich ramponiert. Drüben am Grabenrand liegt ein MG-Trupp in Stellung. Stoves springt hinüber: Hauptmann von Berckefeldt, den Stahlhelm schief auf dem Schädel. »Schöne Schweinerei«, meint er trocken. »Meine Leute sind erst mal getürmt. Wegen der schweren Panzer. Aber mein Leutnant sammelt sie gerade ein. Werden gleich wieder anrollen.« Und Stoves geht zu seinem Panzer. Der Motor heult auf. Sie fahren vorsichtig wieder gegen das Straßenkreuz, um zu Oehrleins Panzer zu kommen und den Funker zu holen.

Zwanzig Minuten später stockt Oberleutnant Darius, dem Chef der 6. Panzerkompanie, der Atem. Der Funker von Stoves' Panzer gibt mit brüchiger Stimme durch: »Leutnant Stoves durch Panzertreffer soeben gefallen.«

Was war passiert? Ein KW 1 hatte auf 400 Meter Entfernung einen Treffer auf den Panzerkasten von ›611‹ gesetzt. Die Splitter fetzten dem Leutnant in den Kopf und ins Gesicht. Er fiel blutüberströmt auf den Kommandantensitz. Aber der Tod holte ihn nicht. Fünf Wochen später war der Leutnant wieder beim Regiment. Doch da stand es nicht mehr vor Leningrad.

Die 1. Panzerdivision nahm noch den Vorort Alexandrowka, Endstation der Leningrader Straßenbahn, Linie Südwest, zwölf Kilometer vom Stadtzentrum entfernt. Dann wurde das Panzerkorps am 17. September aus der Front gezogen. Zu neuer Verwendung. Für Moskau.

Dem Kampf vor Leningrad ist damit die ›gepanzerte Faust‹ genommen. Das große Ziel zum Greifen nahe, bleiben die Infanteriedivisionen liegen: die 96. I. D. und die 121. I. D. vor den legendären Höhen von Pulkowo, wo 1919 im Bürgerkrieg auch die weißen Regimenter, die das rote Leningrad zurückerobern wollten, steckengeblieben waren.

Die bewährte 58. I. D. steht in Urizk und beschießt mit ihrer mittleren Artillerie Ziele im Zentrum Leningrads. Die Männer im Graben an der Küstenstraße sehen, sechs Kilometer entfernt, die Schornsteine der Leningrader Fabriken rauchen. Denn die Industriewerke und Werften arbeiten Tag und Nacht für die Rüstung: fertigen Panzer, bauen Sturmboote, drehen Granaten. Dreißig sowjetische Divisionen liegen eingepfercht in der Stadt. Und man kassiert sie nicht. Man gönnt ihnen – die das Ende der Schlacht schon vor Augen haben – eine Pause, läßt sie die Panik überwinden.

Unfaßlich! Was stand hinter dieser unbegreiflichen Entscheidung?

Im ›Plan Barbarossa‹ war festgelegt worden: Nach der Vernichtung der sowjetischen Streitkräfte im Raume Minsk—Smolensk drehen die Panzerkräfte der Heeresgruppe Mitte nach Norden ab, um im Zusammenwirken mit der Heeresgruppe Nord die sowjetischen Kräfte im Baltikum zu vernichten und dann Leningrad zu nehmen. In der Weisung hieß es eindeutig: Erst nach der Einnahme von Leningrad ist der Angriff auf Moskau fortzuführen. Diese Planung war, strategisch gesehen, durchaus richtig und zweckmäßig. Vor allem im Hinblick auf die klare Schwerpunktbildung und auf das Ziel, die Ostsee schnell als Versorgungsweg freizubekommen und eine Vereinigung mit den Finnen herbeizuführen. Entgegen dieser klaren Planung änderte Hitler nach dem Fall von Smolensk seine Absicht. Warum?

Das Oberkommando des Heeres und die Frontgenerale bestürmten ihn, die Chance des unerwartet schnellen Zusammenbruchs der russischen Mittelfront zu nutzen und Moskau, das Herz, den Kopf und das Verkehrszentrum der Sowjetunion, zu nehmen. Aber Hitler wollte nicht. In einem sechswöchigen Tauziehen um eine Entscheidung wurde kostbare Zeit vertan. Am Ende blieb Hitler weder bei seinem Plan, Leningrad zuerst zu nehmen, noch gab er grünes Licht für den Angriff auf Moskau. Vielmehr entschied er sich am 21. August 1941 für etwas ganz Neues: für das Öl des Kaukasus und für das Getreide der Ukraine. Er gab Guderians Panzergruppe den Befehl, 450 Kilometer nach Süden zu marschieren und mit Rundstedt die Schlacht um Kiew zu schlagen.

Sie wurde gewonnen. Wurde ein gigantischer Sieg mit über 665 000 Gefangenen und der Vernichtung der Masse der russischen Streitkräfte an der Südfront der Sowjetunion.

Dieser Sieg in der Ukraine verführte Hitler zu der Annahme, daß die Sowjetunion kurz vor dem militärischen Zusammenbruch stände. Dieser Irrtum verleitete ihn zu neuen verhängnisvollen Entscheidungen: Anfang September befahl er dem deutschen Ostheer, nun auch noch Moskau — trotz der bereits fortgeschrittenen Jahreszeit — anzugreifen und zu erobern, gleichzeitig aber auch im Süden die Offensive gegen die kaukasischen Ölfelder und die Krim fortzusetzen. Leningrad hingegen sollte durch Einschnürung und Aushungerung zur Kapitulation gezwungen werden.

Clausewitz, der Lehrmeister des preußischen Generalstabs, hat den Satz geprägt: Man kann bei Angriffsoperationen nicht stark genug sein, a) überhaupt und b) an der entscheidenden Stelle. Hindenburg pointierte einmal vor der Dresdener Kriegsschule: »Eine Strategie ohne Schwerpunkt ist wie ein Mann ohne Charakter.« Hitler beherzigte diese Lehren nicht. Er glaubte, mit den verfügbaren Kräften Moskau und den Kaukasus noch vor Jahresende erobern und Leningrad durch den Würgegriff einer infanteristischen Einschließung zur Kapitulation zwingen zu können.

Da für eine Zernierung Leningrads keine Panzerkräfte erforderlich waren, andererseits aber wegen des drohenden Winters der Angriff auf Moskau schnell ins Werk gesetzt werden mußte, zog Hitler am 17. September die Panzergruppe Hoepner und die Fliegerkampfverbände von der Leningrader Front ab. Er gab diesen Befehl gerade in dem Augenblick, als es nur noch einer letzten Anstrengung bedurft hätte, die Stadt zu erobern.

Der Entschluß, vor Leningrad zur Belagerung überzugehen, wurde wohl nicht zuletzt auch durch die Haltung der Finnen herbeigeführt. Feldmarschall von Mannerheim, der finnische Oberbefehlshaber, hatte Skrupel, die alte finnische Reichsgrenze auf der Karelischen Landenge zu überschreiten und Leningrad anzugreifen. Er war zwar bereit, östlich des Ladoga-Sees über den Swir zu stoßen, wenn die Deutschen Tichwin erreicht hatten; aber einer finnischen ›Eroberungsoperation‹ gegen die Stadt Leningrad stand er ablehnend gegenüber. In seinen Memoiren läßt der Marschall erkennen, daß er Finnlands Truppen nicht mit einer Beteiligung an der voraussehbaren schrecklichen Zerstörung Leningrads belasten wollte. Mannerheim blieb eben seinem Grundsatz des ›aktiven Verteidigungskrieges‹ treu, der kein Eroberungskrieg sein sollte.

Sei es, wie es sei: Der Befehl Hitlers, eine strategisch und kriegswirtschaftlich so entscheidende Stadt wie Leningrad nicht zu nehmen, war eine Sünde wider das Gesetz des Krieges. Und diese Sünde sollte sich später rächen.

Militärisch gesehen, wären mit dem Fall Leningrads und des Kessels bei Oranienbaum nahezu vierzig sowjetische Divisionen entwaffnet worden. Von ebenso großer Bedeutung wäre auch die Ausschaltung Leningrads als Rüstungszentrum gewesen. Die Panzerwerke sowie die Geschütz- und Munitionsfabriken in Leningrad produzierten den ganzen Krieg über ungestört und versorgten die Rote Armee mit entscheidenden Waffenlieferungen. Der Fall Leningrads hätte darüber hinaus die 18. deutsche Armee für andere Operationen frei gemacht, während sie nun bis 1944 vor Leningrad Wachtposten spielen mußte.

Schließlich wäre auch die Bedeutung Leningrads als Nachschubbasis für die deutsche Ostfront nicht hoch genug einzuschätzen gewesen. Unbehindert von Partisanen hätten alle Versorgungstransporte durch die Ostsee geführt werden können. Und die Verbindung mit den Finnen hätte auch dem Kampf im hohen Norden um Petrosawodsk und um die alliierte Nachschubbasis Murmansk, wo man einfach aus Kräftemangel nicht vorwärts kam, eine andere Wendung gegeben.

Statt all dieser augenfälligen Vorteile handelte sich die deutsche Führung durch den Verzicht auf die Einnahme Leningrads nur schwere Nachteile ein. Das sowjetische Oberkommando wurde geradezu herausgefordert, die Stadt von außen zu entsetzen und gleichzeitig von innen ständige Ausbruchsversuche zu unternehmen. Die verzweifelten Anstrengungen der 55. und 8. sowjetischen Armee, aus Leningrad heraus über Kolpino und Dubrowka den deutschen Belagerungsring zu durchbrechen, sind die herausragenden Schlachten im opferreichen Kampf um die ideologische Metropole der roten Revolution. Er dauerte über zwei Jahre.

Der folgenschwerste Irrtum der deutschen Führung aber bestand in der Tatsache, daß Leningrad nur für den Sommer eingeschlossen war. Die großen Hindernisse, wie Seen, Ströme und Sümpfe, die im Sommer für die eingeschlossene Stadt so gut wie ein fester Bestandteil der deutschen Belagerungsarmee wirkten, wurden im Winter, wenn Ladoga-See und Newa zufroren, zu guten Verkehrswegen und riesigen Löchern in der Einschließungsfront. Durch diese Löcher konnten dann immer wieder Nachschub und Entsatz zugeführt werden.

Nach Osten verblieb Leningrad überdies noch ein fünfundsiebzig Kilometer breiter Korridor bis an den Ladoga-See, solange die Finnen nicht über ihre alte Reichsgrenze auf der Karelischen Enge gingen. So konnte Verteidigungskommissar Schdanow nach Einbruch des Winters über das Eis des Ladoga-Sees die ›Straße des Lebens‹ bauen, eine Autobahn und eine Eisenbahnanschlußlinie zur Murmanbahn. Über diese ›Eisbahn‹ wurde die Stadt vom Ostufer her versorgt. Leningrad war also plötzlich offen, der deutsche Einschließungsring ohne Schlacht gesprengt – durch ›General Frost‹.

Zur Schließung dieser Winterlücke leitete die Heeresgruppe Nord nun die weitgespannte Tichwin-Operation ein. Sie hatte das Ziel, den Ladoga-See in die Belagerungsfront einzubeziehen und Leningrad ostwärts des Sees abzuriegeln. Vom Norden sollten die Finnen über den Swir stoßen und dann der 16. deutschen Armee ostwärts des Sees die Hand reichen. Das XXXIX. Panzerkorps unter General Rudolf Schmidt wollte mit vier schnellen Divisionen den Stoß in die wegarme nordrussische Taiga machen, die von den ›Militärgeographischen Beschreibungen‹ als »nahezu unerforscht« bezeichnet wurde.

Am 15. Oktober rollte das Korps mit der 12. und 8. Panzerdivision sowie der 18. und 20. I. D. (mot.) aus den Wolchowbrückenköpfen der 126. und 21. I. D. über den mächtigen Strom nach Osten. Das erste Ziel hieß Tichwin. Hier sollte die letzte Eisenbahnverbindung von Wologda nach Leningrad unterbrochen und im Weiterstoß der Swir erreicht werden, um die Verbindung mit den Finnen herzustellen. Mit dieser Handreichung wäre die Einkesselung von Leningrad einschließlich des Ladoga-Sees vollendet gewesen.

Am Abend des 8. November drangen die Pommern und die Schlesier der 12. Panzerdivision und der 18. I. D. (mot.) nach harten und blutigen Kämpfen in Tichwin ein. Beide Divisionen richteten sich zur Verteidigung ein. General Harpes 12. Pz. D. westlich, General Herrleins 18. I. D. (mot.) ostwärts der Stadt. Die 18er fochten damit an der Nordostecke der deutschen Rußlandfront.

Dieser erste Teil des Unternehmens war dank des Einsatzes der kampferfahrenen Regimenter so gut gelaufen, daß das Führerhauptquartier ernsthaft an das Korps die Frage stellte, ob ein Stoß bis Wologda, also 400 Kilometer weiter ostwärts, möglich sei. 400 Kilometer. Im Winter. Der Ia der 18. I. D. (mot.), Major i. G. Nolte, machte bei einer entsprechenden Anfrage des Korpschefs aus seinem Herzen keine Mördergrube.

Wie utopisch diese Vorstellung war, zeigte sich zwei Tage später: Am 15. November früh begann der von der Division erwartete Großangriff einer frischen sibirischen Division, die durch eine Panzerbrigade mit fabrikneuen T 34 verstärkt war. Der Tag begann mit einem Feuerorkan der allerneuesten ›Stalinorgeln‹. Es wurde eine erbitterte Schlacht. Die auf dem Kampffeld eingesetzten Batterien des Artillerieregiments 18 unter Oberst Berger schossen fünfzig Panzer ab. Die sibirischen Schützenbataillone rannten tagelang gegen die deutsche Front an, bis sie vollkommen ausgeblutet waren. Tichwin blieb in deutscher Hand, war aber nur noch ein rauchender Trümmerhaufen.

Das sowjetische Oberkommando erkannte natürlich, daß die kühne deutsche Panzeroperation auf die Vereinigung mit den Finnen am Swir hinzielte. Stalin warf daher weitere sibirische Divisionen dem Panzerkorps entgegen. Schwere Krisen bei der zugeführten 61. I. D., die eingekesselt zu werden drohte, verzehrten die Kampfkraft des Korps. Alle Tapferkeit half nichts. Auch die wetterharten Finnen, die mit dem Klima der winterlichen nordrussischen Taiga vertraut waren, kamen nicht über den Swir. Das XXXIX. Panzerkorps hing in der Luft. Es konnte sich in der schrecklichen Einöde gegen die unentwegten Angriffe sibirischer Eingreifreserven in den exponierten Stellungen nicht halten. General von Arnim, der Nachfolger Schmidts, nahm daher seine Divisionen auf den Wolchow zurück.

Die Leistung der Bataillone, die als Nachhuten den Rückzug deckten, war beispiellos. Der damalige erste Generalstabsoffizier der 18. I. D. (mot.) und spätere Oberst i. G. Nolte stellt dazu fest: »Es gibt nicht viele, die zum Führer von Vorausabteilungen taugen. Und doch ist es eine einfache Sache verglichen mit der Aufgabe des Führers der Nachhutkompanie. Der eine hat seine Sache auf alles, der andere auf nichts gestellt. Der Schwung der Tausende hinter ihm treibt den einen vorwärts, die Sorge, die Not der Geschlagenen drückt den anderen darnieder.«

Was auf dem Wege von Tichwin zum Wolchow an Gehorsam und Tapferkeit gezeigt wurde, ist, wie Generaloberst Halder feststellte, ein Ruhmesblatt soldatischer Tugend. Beispielhaft dafür waren die 11. und 12. Kompanie Infanterieregiment 51 unter Oberleutnant Grosser, die sich im wahrsten Sinne des Wortes aufopferten; erschießen, erstechen und erschlagen ließen, um den Weg ihrer Kameraden zu decken. Als die ausgebrannten Reste des XXXIX. Panzerkorps am 22. Dezember 1941 bei 52 Grad Kälte über den Wolchow zurückgeführt wurden, lag ein schreckliches Abenteuer hinter ihnen. Die schlesische 18. I. D. (mot.) hatte dabei allein 9000 Mann verloren. Die Gefechtsstärke betrug noch 741 Mann. Sie kehrten über den Wolchow zurück. Die Aktion Tichwin, die große Einschließung Leningrads, war gescheitert.

Wie dieses Ringen um Tichwin über die Kampfkraft der Einheiten ging, demonstriert das Schicksal des III. Bataillons I. R. (mot.) 30. Es verlor auf dem Marsch von Tschudowo nach Tichwin bei plötzlich eintretender Kälte von 40 Grad unter Null 250 Mann, die Hälfte seiner Kampfkraft, die meisten durch Erfrierungen. Bei einigen erwies sich die schreckliche Tatsache, daß die Gehirnflüssigkeit gefroren war, weil sie unter dem Stahlhelm keinen wollenen Kopfschützer getragen hatten.

Die Front zwischen Leningrad und Wolchow aber wurde von nun an zu einem ständigen blutigen Gefahrenherd für die deutsche Ostfront.

Das alles war der Fluch der verspielten Eroberung Leningrads. Der Fluch, zuviel an zu vielen Stellen erobern zu wollen. Die Folge war, daß Hitler im Jahre 1941 weder im Norden noch an der Mittelfront seine Operationsziele erreichte: Leningrad und Moskau waren unbezwungen.

Dritter Teil

Rostow

1 Durch die Nogaische Steppe

Neue Ziele für die Südfront — Die Brücke von Berislaw — Pioniere bezwingen den Unterlauf des Dnjepr — Mölders' Jagdflugzeuge greifen ein — Die Tür zur Krim ist verriegelt — Die Schlacht am Tatarengraben — Karussell in der Nogaischen Steppe — Zwischen Berdjansk und Mariupol

Am 12. September 1941, als dicht vor Leningrad die 36. I. D. (mot.) und die 1. Panzerdivision bei strahlender Spätsommersonne schon jenseits der Duderhofer Höhen stürmten, regnete es am Ilmen-See in Strömen. Der Stab des LVI. Panzerkorps hatte seinen Gefechtsstand neben einem abgebrannten Gehöft südwestlich Demjansk aufgeschlagen. General von Manstein saß mit den Ordonnanzoffizieren in seinem durchnäßten Zelt. Man wartete auf die Abendmeldungen und vertrieb sich solange die Zeit mit einer Partie Bridge.

Mitten im Spiel klingelte das Telefon. Hauptmann Specht nahm ab. »Herr General werden für den Herrn Oberbefehlshaber gewünscht«, sagte er.

Manstein knurrte. Solche Anrufe um diese Zeit bedeuteten meist nichts Gutes. Aber diesmal war es keine Hiobsbotschaft. Generaloberst Busch, der Oberbefehlshaber der 16. Armee, gratulierte seinem Freund Manstein.

»Gratulation? Wofür, Herr Generaloberst?« fragte Manstein erstaunt. Busch machte eine kleine Kunstpause und las dann einen Funkspruch vor, der eben vom Führerhauptquartier eingegangen war: »General von Manstein übernimmt sofort die 11. Armee.«

Die 11. Armee! Das war unten, am äußersten rechten Flügel der Heeresgruppe Süd. Dort hatte vor ein paar Stunden der Armeebefehlshaber Ritter von Schobert mit seinem Storch notlanden müssen und war mitten in ein russisches Minenfeld geraten. Pilot und General wurden zerrissen.

Manstein nahm die Ernennung mit gemischten Gefühlen entgegen. Eine Armee — das war zwar die Krönung der Offizierslaufbahn; aber als Armeeführer mußte er die persönliche, aktive Truppenführung aufgeben. Manstein war mit Leib und Seele Truppenführer. Doch schon im Westfeldzug hatte der vormalige Chef des Stabes bei Rundstedts Heeresgruppe A als Kommandierender General des XXXVIII. Armeekorps bewiesen, daß er auch ein hervorragender Stratege war. Die Anlage des Feldzuges gegen Frankreich stammte im übrigen von Manstein.

Bei aller Wehmut über den Abschied von seinem LVI. Panzerkorps, das er bis vor die Tore Leningrads geführt hatte, mit dem er gefährliche Krisen gemeistert, sowjetische Armeen zerschlagen und immer inmitten seiner Truppe an den Brennpunkten des Feldzuges der Heeresgruppe Nord gestanden hatte, machte ihm etwas den Abschied leicht: Gerade als begabter Stratege erkannte er die Fehler der obersten Führung im Norden und in der Mitte und litt unter dem Tauziehen zwischen Hitler und dem OKH um die großen operativen Entscheidungen. Erst am Vormittag des 12. September hatte er hinter den Bericht über die Erfolge seines Korps im Kampf gegen eine riesige sowjetische Übermacht südlich des Ilmen-Sees in sein Tagebuch geschrieben: »Trotzdem fehlt mir das Gefühl wirklicher Befriedigung über diese Erfolge.«

Und warum fehlte ihm die Befriedigung? Weil Manstein sah, daß ganz oben keine Klarheit darüber herrschte, welches Ziel nun eigentlich verfolgt werden sollte, welchem höheren Zweck seine so opferreichen Kämpfe dienten. Bock wollte, wie das Oberkommando des Heeres, nach Moskau. Leeb wollte im ursprünglichen Sinne Hitlers nach Leningrad. Und Hitler selbst? Er wollte inzwischen weder nach Leningrad noch nach Moskau. Er suchte kriegswirtschaftliche Ziele: Getreide, Öl, Erz. In der Ukraine. Im Kaukasus.

Es war kein Zufall, daß Hitler, auf dem Höhepunkt der Schlacht um Leningrad und im entscheidenden Stadium erfolgreicher Kämpfe der 16. Armee gegen die Flankenstellung des Moskauer Verteidigungssystems, seinen besten Mann vom Norden zum Süden schickte.

An der Südfront stand Feldmarschall von Rundstedt Mitte September nach langsamen und schwierigen Anfangsoperationen gerade vor dem Abschluß der Kesselschlacht um Kiew. Zusammen mit der Panzergruppe Guderian vernichteten Rundstedts Truppen die Masse des sowjetischen Südheeres in der Ukraine.

Die 11. Armee, die aus Rumänien heraus angriff, war an der Kiew-Schlacht nicht beteiligt. Sie sollte zusammen mit zwei rumänischen Armeen Bessarabien zurückerobern, das die Sowjets den Rumänen im Jahre 1940 abgezwungen hatten. Die Rückeroberung war Hitlers Kriegspreis für Rumäniens Teilnahme am Ostfeldzug. Nach der Befreiung Bessarabiens sollte die 11. Armee den Unterlauf des mächtigen Dnjepr-Stromes gewinnen, der als großes Hindernis durch das Operationsgebiet der beiden Heeresgruppen floß. Die Erkämpfung der Flußübergänge über den Dnjepr leitete einen operativen Doppelauftrag ein. Er lautete: Die 11. Armee erobert mit Teilkräften die Halbinsel Krim und stößt mit der Masse der Armee nördlich am Asowschen Meer entlang auf Rostow vor.

Die Krim und Rostow waren zweifellos zwei sehr wichtige operative Ziele: Rostow am Don mit seinen vier großen Bahnsträngen und zahllosen Wegkreuzen nach Ost, West, Nord und Süd ist das Tor zum Kaukasus. Und wer die Krim besitzt, beherrscht das Schwarze Meer und kann auf die Anlieger und Nachbarn – Türkei und Persien – einen politischen Druck ausüben; vor allem die Türkei stand dabei im Blickfeld Hitlers. Er hätte sie brennend gern auf seiner Seite gehabt. Damit wäre die Brücke zum Mittelmeer und zu den Ölparadiesen der arabischen Welt geschlagen. Rommels Afrika-Armee und das Ostheer hätten sich die Hand reichen können. Können!

Der Gedanke, die Krim zu erobern, wurde außerdem von einer sehr brennenden kriegswirtschaftlichen Sorge bestimmt: Die Halbinsel war ein gefährlicher sowjetischer Flugzeugträger für Luftangriffe auf das rumänische Ölgebiet bei Ploesti. Eine Tatsache, die Hitler ständig beunruhigte.

Die 11. Armee sollte also mit der Wegnahme der Krim und Rostows die Basis schaffen, von der aus dann Rundstedt das ›Ruhrgebiet der Sowjetunion‹, das Donezbecken, erobern sollte. Stalingrad an der Wolga und Astrachan am Kaspischen Meer waren weitere Fernziele, die Hitler vorschwebten. Sie waren schon in den Erläuterungen zum ›Plan Barbarossa‹ niedergelegt und figurierten als A-A-Linie in den Erörterungen über das eigentliche Kriegsziel. A-A-Linie: Astrachan—Archangelsk! Ein gigantischer Strich quer durch die Sowjetunion, vom Eismeer, die Dwina hinauf, an der Wolga entlang, rund 2000 Kilometer lang. Hitlers Endlinie für die Operationen gegen Stalins Imperium.

Von dieser Linie aus sollten durch bewaffnete Streifzüge aus großen Wolga- und Dwina-Kastellen die sowjetischen Streitkräfte und ihre Basen beiderseits des Urals niedergehalten werden.

Man muß schon die Karte zur Hand nehmen, um zu erkennen, welchen phantastischen Zielen die oberste deutsche Führung nachjagte. Allein die Zielsetzung für die 11. Armee mutete der Truppe Aufgaben zu, die zwangsläufig zur Zersplitterung ihrer Kräfte führen mußte.

Der kühle, nüchtern denkende Stratege Manstein begriff sofort, daß die 11. Armee überfordert war. Er fand zwar eine hervorragende Truppe vor, aber er wußte auch: Man kann selbst Divisionen mit noch so gutem und opferbereitem Kampfgeist nicht abverlangen, was die Kräfte weit übersteigt.

Die 11. Armee hatte oftmals ihre Einsatzkraft bewiesen. Eine ihrer bedeutendsten Waffentaten war der Dnjeprübergang der niedersächsischen 22. Infanteriedivision bei Berislaw. Dieses klassische Beispiel für die Erzwingung eines großen Flußüberganges verdient es, ausführlicher dargestellt zu werden. Nicht zuletzt auch deshalb, weil hier ein Ruhmesblatt der Pioniere aufgeschlagen wird, die in der Kriegsgeschichte oft zu kurz kommen. Die Pioniere stehen nicht, wie zum Beispiel die Panzerkräfte und die schnellen Divisionen, in der Sonne der Siege, sondern als ihre Gehilfen im Schatten der Schlachten.

Nichts zeigt die Dramatik des entscheidenden Brückenschlages über den unteren Dnjepr besser als der nüchterne Bericht über den Ablauf der Ereignisse.

24. August: Oberstleutnant von Boddien erreicht mit der Vorausabteilung der 22. I. D., gebildet aus motorisierter Aufklärungsabteilung 22, 2. Kompanie Panzerjägerabteilung 22, 3. Kompanie Pionierbataillon 22 und einer Flakgruppe, Berislaw auf der Westseite des Flusses. Starke sowjetische Kräfte sichern den Ort.

Am nächsten Morgen greift Boddien die Stadt an. Das durch die 2. Kompanie Pionierbataillon 22 und II. Abteilung Artillerieregiment 54 verstärkte Infanterieregiment 16 wird auf Lastwagen herangeführt. Direkt aus dem Transport springen die Soldaten in den bereits tobenden Straßenkampf. Am Abend des 26. August ist Berislaw genommen und fest in deutscher Hand.

Jetzt beginnt die große Stunde der Pioniere. 700 Meter breit ist hier unten der Dnjepr, der zweitgrößte Strom des europäischen Rußlands. Und am anderen Ufer sitzen die Sowjets und wissen, daß die Deutschen den gewaltsamen Übergang planen.

Oberst Ritter von Heigl — Kommandeur Pionierregiments-Stab 690 — leitet den ersten Teil der Aktion, das Übersetzen. Zwei Divisions-Pionierbataillone, das 22. und 46., sowie das Heeres-Pionierbataillon 741 (mot.) und das Sturmbootkommando 903 sollen die Angriffswellen der Sturminfanterie im feindlichen Feuer über den Fluß bringen.

30. August: Es ist noch dunkel. Die Infanteristen der 22. I. D., Männer aus Hannover und den Städten und Dörfern Oldenburgs, haben bereits die Ausgangsstellungen am Strom eingenommen. Die Bataillone vom I. R. 16 liegen auf einer für Ortsunkundige unzugänglichen Flußinsel. Den Zugang hat ein ukrainischer Fischer verraten. Die Soldaten des I. R. 47 erwarten am Fuße der Weinberge, in fast deckungslosem Gelände an den Boden gepreßt, den Angriffsbefehl. Die Sowjets kommen immer wieder mit Bombern und Schlachtfliegern, werfen Leuchtbomben an Fallschirmen ab und suchen nach Zielen. Jede Bewegung muß dann sofort erstarren. Wie ein Geschenk des Himmels kommt mit der Morgendämmerung dicker, milchiger Nebel hoch.

4 Uhr 27. Die Motoren der Sturmboote heulen auf. Gleichzeitig legen bereitgestellte Artillerie und schwere Infanteriewaffen einen mächtigen Feuerschirm über den Fluß. Die sowjetische Flußverteidigung wird niedergehalten. Hinter den Sturmbooten werden die kleinen und großen Floßsäcke zu Wasser gebracht.

Vom jenseitigen Ufer steigen weiße Leuchtkugeln auf: Wir sind gelandet! Die Artillerie verlegt das Sperrfeuer weiter nach vorn. Die MG tacken. Karabiner bellen. Stukas und Bomber der Luftflotte 4 donnern über den Strom und laden drüben über den sowjetischen Stellungen ihre Bomben ab. Die Sturmboote kommen zurück. Holen neue Infanteristen. Und brausen wieder hinüber.

Drei Stunden schon stehen die Sturmbootfahrer an den Ruderpinnen. Der Fluß kocht von den Einschlägen der schweren feindlichen Artillerie. Dort wird ein Boot zerfetzt. Andere kentern in den aufspritzenden Wogen. Aber die Russen haben offenbar keine Artilleriebeobachter mehr am Strom. Ihr Feuer ist unkonzentriert.

Die Infanteristen der ersten Welle haben die sowjetischen Flußsicherungen geworfen und einen kleinen Brückenkopf gewonnen. Auf Pionierfähren werden nun die schweren Infanteriewaffen über den Strom geschafft. Damit ist der gewaltsame Übergang geglückt. Die Infanteristen erweitern den Brückenkopf. Zwei Tage später ist er vier Kilometer tief. Der zweite Akt, der Brückenschlag für das Gros der Division und für das XXX. Korps, kann beginnen.

Oberst Zimmer, der Kommandeur Gebirgspionierregiment 620 und Pionierführer des XXXXIX. Gebirgskorps, hat das Kommando über den komplizierten technischen Apparat beim Bau der Acht-Tonnen-Brücke mit 116 Pontons. Die Pionierbataillone 46, 240 und das Gebirgspionierbataillon 54 sowie die 10. rumänische Brückenbaukompanie sind eingesetzt: über zweieinhalbtausend Männer.

Sieben Kilometer stromaufwärts der Brückenstelle liegen, gut getarnt, die Pontons. Je zwei werden zu einer Fähre zusammengesetzt und mehrere Fähren zu Brückengliedern gekoppelt. Nach einem festgelegten Plan werden die Brückenglieder abgerufen und von beiden Ufern her in die Brückenlinie eingefahren. So wächst die Brücke in den Strom, bis sie sich in der Mitte schließt. Das ist gewöhnlich der aufregendste Augenblick. Denn nun muß sich zeigen, ob die komplizierte Berechnung der Pionieroffiziere stimmt, ob die letzten Brückenglieder genau aneinanderpassen und sich exakt miteinander verbinden lassen.

Am 31. August, um 18 Uhr, begann die Arbeit. Um 1 Uhr nachts stehen sich die beiden Brückenspitzen bis auf fünfundzwanzig Meter gegenüber.

1. September, 3 Uhr 30: Die Brücke wird geschlossen. Um 4 Uhr rollt der erste bespannte Verband der 22. I. D. ans jenseitige Ufer. Sturm kommt auf. Gegen die Pontons rollen anderthalb Meter hohe Wellen. Sie werfen die Gespanne auf der Brücke hin und her und schlagen mehrere Pontons leck.

Mitten hinein in dieses schwierige Manöver platzt plötzlich der Angriff sowjetischer Bomber. Sie stoßen tief herab. Volltreffer! Zwei Fähren sinken, sechzehn Tote und Verwundete unter den Pionieren. Zweieinhalb Stunden dauert die Ausbesserungsarbeit im aufgewühlten Strom. Der Verkehr rollt wieder.

Aber schon sind auch die sowjetischen Bomber und Schlachtflugzeuge mit Jagdschutz wieder da. Wer auf der Brücke ist, kann nicht ausweichen. Der Fluß ist siebzehn Meter tief. Eisern ziehen die Kolonnen weiter über die Brücke. Krachend schlagen die Bomben ein: Vier Fähren sinken.

Sieben Stunden dauert diesmal die Ausbesserung. Die Pioniere sind naß bis auf die Haut. Die Hände sind blutig, die Knochen lahm. Diese Brücke über den sturmgepeitschten, schwer verteidigten 700 Meter breiten Dnjepr ist Geschichte.

Oberst Mölders übernimmt mit seinem Jagdgeschwader 51 den Schutz der Brücke, die der Russe unter allen Umständen zerstören will. In zwei Tagen schießen Mölders und seine Jäger siebenundsiebzig sowjetische Bomber ab. Zwei Flakabteilungen der Luftwaffe, die I. Abteilung Flakregiment 14 und die I. Abteilung Flakregiment 64, holen weitere dreizehn russische Bomber vom Himmel.

Trotzdem fielen in den nächsten Tagen noch viele Pioniere der 1. und 4. Gebirgsdivision im schweren Brückendienst. Die Brücke von Berislaw forderte einen hohen Blutzoll. Sie war wohl die am heißesten umkämpfte Pontonbrücke des letzten Krieges. Die Brücke, über die die 11. Armee zum entscheidenden Angriff auf die Krim und den Kaukasus antrat.

Die Halbinsel Krim ist vom russischen Festland durch das sogenannte ›Faule Meer‹, den Siwasch, getrennt, einen Salzsumpf, der für Infanterie nicht passierbar ist. Aber auch mit Wasserfahrzeugen kann man dieses Wattenmeer nicht befahren, nicht einmal mit Sturmbooten oder Floßsäcken.

Drei Zugänge führen über den Sumpf: im Westen die Landenge von Perekop. Sie ist sieben Kilometer breit. In der Mitte der Eisenbahnübergang bei Salkowo. Und im Osten der nur ein paar hundert Meter schmale Korridor von Genitschesk. Am 12. September 1941, dem Tage, da Generaloberst Ritter von Schobert gefallen, stieß das XXX. Armeekorps sowie das XXXXIX. Gebirgskorps ostwärts Berislaw beiderseits Antonowka vor. An der Spitze des weiter südlich vorgehenden LIV. Armeekorps stürmten die Vorausabteilungen der 22. und 73. Infanteriedivision unter Oberstleutnant von Boddien und Major Stiefvater im Wettrennen mit der verstärkten SS-Aufklärungsabteilung (mot.) ›Leibstandarte Adolf Hitler‹, unter Führung von Sturmbannführer Meyer, gegen die Landenge von

Perekop. Es war Schoberts letzter Befehl, der sie stürmen ließ. Sie sollten versuchen, die Enge im Handstreich zu nehmen und das westlichste Tor zur Krim aufzustoßen.

Es ist 4 Uhr 30. Zwischen Dnjepr und Schwarzem Meer glüht die Nogaische Steppe in der aufgehenden Sonne. Ein phantastisches Farbenspiel. Das Steppengras blüht. Kein Baum, kein Hügel bieten dem Auge einen Halt. Ins Endlose geht der Blick und ertrinkt dann im Dunst des Horizontes. Nur die Masten der anglo-iranischen Telegraphenlinie, um die Jahrhundertwende von der deutschen Firma Siemens gebaut, stehen wie gespenstische Wegzeichen in der schweigenden Steppe. Keinen Tropfen Wasser gibt es hier im Sommer. Die Bäche und Flußläufe sind ausgedörrt; tot und tief zerschneiden diese ›Balkas‹ die 32 000 Quadratkilometer große Wüstenei. Den Soldaten drängt sich sofort der Gedanke auf: Das ist ein ideales Panzergelände! Aber die 11. Armee hat außer den Panzerspähwagen ihrer Aufklärungsabteilungen keine Panzer. Hier, wo sie so dringend am Platze wären, fehlen Panzer- und SPW-Verbände.

Die Kradschützen und Panzerspähwagen der ›L. A. H.‹ fahren Spitze. Die Vorausabteilung der 73. I. D. folgt dicht auf. Sturmbannführer Meyer, der bei der Spitzenkompanie fährt, sucht mit dem Glas den Horizont ab. Nichts. Keine Bewegung. Weiter! Kradschützenzug von Büttner geht entlang der Küste auf Adamany vor, von wo man Einblick in das Gelände beiderseits des Tatarengrabens haben muß. Da tauchen am Horizont schemenhaft ein paar Reiter auf und verschwinden gleich wieder: sowjetische Aufklärung.

Jetzt heißt es: »Vorsicht! Aufgelockert fahren!« Die Ruhe ist unheimlich. Die Kradschützen hängen absprungbereit an den Maschinen. Auch die Fahrer sitzen seitwärts, um schneller herunterzukommen.

Kurz nach 6 Uhr: Die Kradschützengruppe Westphal fährt vorsichtig an die ersten Häuser von Preobraschenko heran. Das Nest liegt dicht an der großen Straße von Berislaw nach Perekop. Eine Schafherde kommt aus dem Ort. Westphal gestikuliert mit dem Schäfer: »Treib deine Herde von der Straße, Mann, wir haben keine Zeit!« Aber der Tatar scheint nicht zu kapieren. Oder will er nicht? Westphal läßt sein Krad aufheulen, fährt in die Herde. Die Schafe jagen auseinander, brechen aus. Der Schäfer brüllt und hetzt die Hunde hinterher. Es hilft nichts. Die Herde rast ins Gelände. Eine Minute später kracht und blitzt es fürchterlich. Die Schafe! Sie fliegen in die Luft, werden zerfetzt.

Krachen und schreckliches Blöken: Minen! Die Herde ist in ein Minenfeld geraten. Und als wäre die höllische Szene der sterbenden Schafe das Zeichen, so beginnt mit einem Schlage der Überfall der feindlichen Artillerie. Granaten bersten vor und im Dorf. Die Kradschützen springen ab und gehen gegen Preobraschenko, an der Straße nach Perekop, vor. Mitten im Sprung sehen sie plötzlich eine breite Feuerwand. Hinter dem Dorf, nur ein paar hundert Meter vor der deutschen Angriffsspitze, steht ein sowjetischer Panzerzug und schießt mit Granaten und MG-Salven in Meyers und Stiefvaters Kompanien hinein. Die Wirkung ist furchtbar.

»Deckung!« Die Soldaten liegen fest an den Boden gepreßt. MG-Feuer fegt über ihre Köpfe. Aber es kommt nicht vom Panzerzug, sondern von russischen

Schützen, die keine fünfzig Meter vor den Deutschen in gutgetarnten Löchern und Gräben sitzen.

Sturmbannführer Meyer gibt Befehl, sich aus Preobraschenko abzusetzen. Seine Panzerspähwagen eröffnen mit ihren 2-cm-Kanonen das Feuer gegen den Panzerzug, um sich dann unter Verwendung von Nebelkerzen zurückzuziehen. Eine 3,7-cm-Pak von Meyers 2. Kompanie prescht indessen heran und feuert auf den Zug. Doch kaum sind die ersten Schüsse heraus, da schlägt ein Volltreffer in das Geschütz. Die Holme fetzen weg. Stahl scheppert und übertönt die Schreie der Männer.

Meyer springt inzwischen mit seinen Meldern geduckt durchs Dorf bis an die letzten Häuser. Jetzt sieht er das tief gestaffelte Verteidigungssystem von Perekop: Gräben, Draht, Bunker. Der Kommandeur der Aufklärer der ›L. A. H.‹ begreift, hier ist im Handstreich nichts zu machen. Jeder weitere Versuch würde das Ende der Abteilung bedeuten. Gruppenführer Westphal, der mit nach vorn gesprungen ist, schreit nach dem Sanitäter. Eine Granate hat ihm den Arm abgerissen. Rechts und links liegen Tote und Verwundete seiner Gruppe.

»Raus hier«, befiehlt Sturmbannführer Meyer noch einmal. Er gibt das Zeichen: zurück! Seine Melder schreien es weiter. Kräder kommen von hinten angebraust. Drauf. Kehrt. Und ab. Sie reißen im Fahren ihre verwundeten und toten Kameraden in die Seitenwagen und preschen zurück. Die Spähwagen legen eine Nebelwand vor Preobraschenko, um dem Feind die Sicht zu nehmen. Im Schutze dieses Schleiers und unter ihrem Feuerschutz fährt Rottenführer Helmut Balke noch dreimal nach vorn und holt die Verwundeten der Spitze. Meyer kommt mit dem letzten zurück. Es ist Untersturmführer Rehrl. Ein Granatsplitter hat ihm den Rücken aufgerissen. Er stirbt in den Armen seines Kommandeurs.

Der erste Versuch der 11. Armee, im Handstreich mit vorgeworfenen Teilen ihres nach Süden abgedrehten LIV. Korps in die Krim einzubrechen, ist gescheitert. Eine Stunde später liest der Kommandeur der 73. I. D., Generalleutnant Bieler, den Funkspruch Meyers und Stiefvaters: »Handstreich auf Perekop unmöglich. Ausführlicher Gefechtsbericht folgt.«

›Panzer-Meyer‹ und Stiefvater hatten recht. Vor dem sieben Kilometer schmalen, deckungslosen Perekoper Zugang zur Krim war ein sehr tief gestaffeltes Verteidigungssystem angelegt. Das Kernstück bildete der zwölf bis fünfzehn Meter tiefe Tatarengraben, der im 15. Jahrhundert, in der Türkenzeit, zur Verteidigung der Halbinsel gegen das Festland angelegt worden war. 500 Jahre später wurde er zu einem gigantischen Hindernis und zu einer gefährlichen Panzerfalle hergerichtet. Eine Umgehung war nicht möglich. Die Befestigungen reichten auf der einen Seite bis an den Salzsumpf des Asowschen Meeres und auf der anderen bis ans Schwarze Meer. Die Tür zur Halbinsel Krim war gut verriegelt.

Als General von Manstein am 17. September in Nikolajew, dem großen Schiffsbauzentrum am Schwarzen Meer, das Kommando über die 11. Armee übernahm, erkannte er schnell, daß mit den verfügbaren Kräften nicht gleichzeitig die Krim und Rostow erobert werden konnten. Ein Ziel mußte zurückstehen. Aber welches? Manstein fragte nicht lange.

Die Krim war eine ständige Gefahr für die tiefe rechte Flanke der ganzen deutschen Ostfront, da die Sowjets von Süden, über See, immer neue Kräfte in die Halbinsel pumpen konnten. Sie mußte in der Hand des Feindes auch als Luftwaffenbasis eine erhebliche Bedrohung des rumänischen Ölgebietes bilden. Aus diesem Grunde entschloß sich Manstein, der Eroberung der Krim den Vorzug zu geben. Gegen Rostow wollte er, Verbindung mit dem bei Antonowka geworfenen Gegner haltend, nur vorfühlen, um dem geschlagenen Feind an der Klinge zu bleiben.

Mansteins Plan war gut: Das LIV. Korps unter General Hansen sollte zunächst im Frontalangriff die Enge von Perekop bezwingen. Für diese schwere Aufgabe wurden Hansen von den unterstellten Heerestruppen die gesamte Artillerie, die Pioniere und die Flak zugeteilt. Zusätzlich zu seinen beiden eigenen Infanteriedivisionen, der 73. und 46., sollte ihm außerdem die noch weiter rückwärts befindliche 50. I. D. unterstellt werden. Eine beachtliche Streitmacht gegen eine nur sieben Kilometer breite Verteidigungsfront.

Aber Manstein hatte Erfahrung genug, um zu wissen, daß er mit diesen Kräften zwar die Tür aufstoßen, jedoch nicht die 26 000 Quadratkilometer große Krim – ein Gebiet, fast so groß wie Belgien – mit ihren starken Festungen und Stützpunkten erobern konnte.

Der Stratege preußisch-deutscher Generalstabsschule baute deshalb die zweite Phase des Operationsplanes seiner Armee auf Präzision und Glück auf: Das XXXXIX. Gebirgskorps General Küblers und die SS-Brigade ›L. A. H.‹ unter Obergruppenführer Dietrich sollten, nach geglücktem Durchbruch, aus der Landfront südlich des Dnjeprbogens gelöst und in Eilmärschen herangeführt, fächerförmig vorstoßend die ganze Krim erobern.

Die hervorragend ausgerüstete, mit schweren Waffen und Flak auf Selbstfahrlafetten, mit Sturmgeschützen, Kradschützen, Panzerspähwagen und motorisierter Infanterie ausgestattete ›Leibstandarte‹ bot die Möglichkeit, den weichenden Feind durch überholende Verfolgung von Sewastopol abzuschneiden und die wichtige Seefestung im Süden der Insel im Handstreich zu nehmen, ehe sie verstärkt werden konnte.

Das Gebirgskorps sollte in dem bis zu 1500 Meter hohen Jailagebirge eingesetzt werden, dann die Halbinsel Kertsch in Besitz nehmen und von dort später über die Meerenge in das Kubangebiet und zum Kaukasus vorstoßen.

Dieser Plan war keine Illusion. Manstein hielt ihn für realisierbar. Wenn – ja, wenn der Feind nicht überraschende Aktionen in der Nogaischen Steppe unternahm. Denn hier lag das Risiko für die Operationen der 11. Armee. Manstein mußte seine Kräfte auf der Landfront durch die Wegnahme von ›Leibstandarte‹ und XXXXIX. Gebirgskorps auf ein Mindestmaß reduzieren, um für die Eroberung der Krim einen starken Schwerpunkt bilden zu können. Das XXX. Korps des Generals von Salmuth, zu dem die 72. I. D. und 22. I. D. gehörten, hatte dann, unterstützt von der 3. rumänischen Armee, allein die Front in der Nogaischen Steppe zu halten. Manstein nahm dies Risiko im Vertrauen auf seine kampferprobten Divisionen bewußt in Kauf.

24. September 1941: Gnadenlos knallt die südliche Sonne auf die deckungs-

lose Steppe vor Perekop und brütet in den Salzsümpfen des Siwasch. In dem tiefgestaffelten Verteidigungsfeld liegt die 156. sowjetische Schützendivision. Den mittleren Zugang zur Krim hält die 276. Schützendivision. Sie gehört zur 51. sowjetischen Armee, die Generaloberst F. I. Kusnezow befehligt. Seine Order lautet: »Kein Fußbreit Boden wird preisgegeben!«

Aber der Befehl eines Generals gilt nur bis zum Tode seiner Soldaten. Nach dreitägiger Schlacht brechen die 46. I. D. und 73. I. D. durch die Landenge. Sie überwinden den Tatarengraben, nehmen dann den stark ausgebauten Ort Armjansk und haben damit das freie Gelände gewonnen.

Generaloberst Kusnezow wirft seine 40. und 42. Kavalleriedivision sowie Teile der 271. und 106. Schützendivision in die letzte Verteidigungsstellung an der Enge von Ischun. Manstein steht vor dem Schlußakt seines Planes. Jetzt müssen ›Leibstandarte‹ und Gebirgskorps heran, um den Durchbruch zu vollenden und die Halbinsel zu stürmen.

Der Sieg hängt greifbar in der Luft. Doch das sowjetische Oberkommando durchkreuzt vorerst den kühnen Angriffsplan.

Oben, in der Nogaischen Steppe, am Panzergraben vor Timoschewka, ist in den Nächten zwischen dem 23. und 24. September ein vorsichtiges, flüsterndes Kommen und Gehen. Die Regimenter der 1. und 4. Gebirgsdivision werden für ihren Einsatz auf der Krim abgelöst. Rumänische Gebirgstruppen der 1., 2. und 4. Gebirgsbrigade übernehmen den Abschnitt. Ihre Stäbe werden eingewiesen. Bataillon auf Bataillon übergibt den Rumänen die Stellungen und marschiert nach Süden.

»Schneller, Männer, es geht auf die schöne Krim«, mahnen die Unteroffiziere der Kompanien des Gebirgsjägerregiments 91. Die Männer marschieren im Eiltempo. Am nächsten Morgen sind sie schon neununddreißig Kilometer weit.

Von der Regimentsgruppe 13 sind noch ein Bataillon und eine Artillerieabteilung in Stellung. Die Führungsstaffel der 4. Gebirgsdivision will mit ihnen zusammen zur Krim abrücken.

»Alles klar?« fragt der Ia der 4. Gebirgsdivision, Oberstleutnant i. G. Schaefer, den neben ihm stehenden Major Eder, Kommandeur der II. Abteilung Gebirgsartillerieregiment 94. »Alles marschbereit, Herr Oberstleutnant«, antwortet der Artillerist.

»Aber was ist denn das?« staunt Schaefer.

Drüben hastet rumänische Infanterie zurück.

»Eder, sausen Sie rüber zum rumänischen Brigadestab und fragen Sie, was los ist!« Eder braucht nicht lange zu fragen. Die Rumänen sind beim Packen. Sie werfen ihren Kram in die Pkw und türmen. »Russischer Durchbruch«, beteuern sie.

Wie zur Unterstreichung dieser Beteuerung beginnt ganz in der Nähe Gewehrfeuer zu knattern: Der Russe ist da! Alarm!

Die Sowjets hatten offenbar von der Ablösung durch rumänische Verbände Wind bekommen. Mit neu herangeführten Kräften der 9. und 18. Armee griffen sie die Deckungsfront der gerade umgruppierenden 11. Armee an. Teile der hier eingesetzten 3. rumänischen Armee wichen sofort. Die Russen stießen durch, schlugen die ganze 4. Brigade in die Flucht und rissen ein fünfzehn Kilometer breites Loch in die Front. Angesichts dieser Lage blieb Manstein nur die Möglichkeit, das Gebirgskorps wieder umzudrehen und an die Durchbruchstelle zu werfen.

Um das Unglück vollzumachen, brachen die Sowjets auch am Südflügel bei General von Salmuths XXX. Korps durch. Ein Durchbruch bei der rumänischen 5. Kavalleriebrigade konnte durch die Kampfgruppe von Choltitz mit Teilen der 22. I. D. aufgefangen und die Front hier gestützt werden. Dann folgte ein

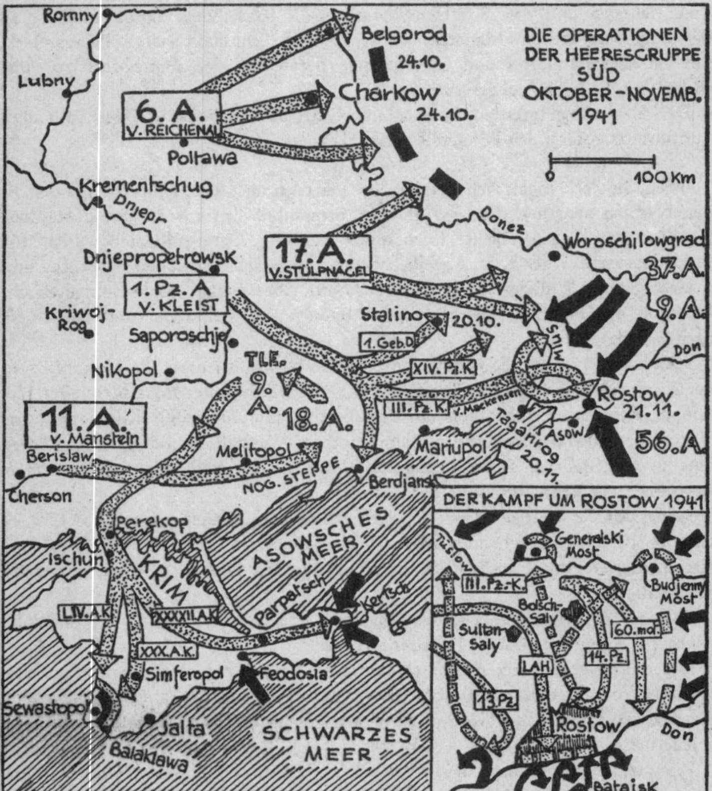

Karte 13
Das Donezgebiet, die Krim und Rostow hatte Hitler der Heeresgruppe Süd als operative Ziele für das Jahr 1941 gesteckt.

Einbruch auf dem Nordflügel des Korps. Die rumänische 6. Kavalleriebrigade retirierte. Um diese Krise zu beseitigen, mußte nun auch die 170. I. D., dem Gebirgskorps unterstellt, angehalten und die ›Leibstandarte‹ auf ihrem Marsch zur Krim umgedreht und an die Einbruchstelle geworfen werden.

Mansteins Plan, überraschend auf die Krim zu gelangen und Sewastopol im Handstreich zu nehmen, war gescheitert. Statt dessen drohte nun in der Nogaischen Steppe die Gefahr, daß die 11. Armee von der Krim abgeschnitten und in der Landenge zwischen der Dnjeprlinie und dem Schwarzen Meer eingeschlossen und sogar vernichtet wurde.

Aber bei weiträumigen Operationen mit ihren wechselnden Lagen verwandeln sich Krisen oft in glückliche Umstände. Die beiden sowjetischen Armeen, die so stürmisch gegen Mansteins Divisionen drückten, vernachlässigten Flanken- und Rückendeckung. Das wurde ihnen zum Verhängnis, und das Verhängnis hieß Kleist.

Die Panzergruppe 1 unter Generaloberst von Kleist hatte Ende September ihre Aufgabe in der gewaltigen Kesselschlacht um Kiew erfüllt und war nun zu neuen Operationen frei. Bei Dnjepropetrowsk hatte das III. Panzerkorps General von Mackensens in harten Kämpfen einen Brückenkopf über Dnjepr und Samro erfochten und gehalten. Von diesem Brückenkopf und von Saporoschje aus brach Kleist durch die sowjetische Dnjeprverteidigung, schwenkte nach Süden, Richtung Asowsches Meer, und fuhr den beiden Sowjetarmeen in den Rücken.

Ehe sich das sowjetische Oberkommando versah, saßen seine Armeen, die eben noch Mansteins Divisionen vernichten wollten, selbst in der Falle. Aus Jägern wurden Gejagte, und aus der Offensive bald die Flucht. Die Kesselschlacht am Asowschen Meer donnerte und brüllte zwischen dem 5. und 10. Oktober im Raume um Tschernigowka durch die Nogaische Steppe.

Das Ergebnis war für die Sowjets vernichtend: Die Masse der sowjetischen 18. Armee wurde zwischen Mariupol und Berdjansk zerschlagen. Ihr Armeebefehlshaber, Generalleutnant Smirnow, fiel am 6. Oktober 1941 und wurde tot auf dem Schlachtfeld gefunden. Mehr als 65 000 Gefangene marschierten nach Westen. 212 Panzer und 672 Geschütze fielen in deutsche Hand.

Ein Sieg. Aber oft genug hatte in diesen drei Wochen das Schicksal der 11. Armee an einem seidenen Faden gehangen. Der deutschen obersten Führung diente diese bittere Erkenntnis im Südabschnitt der Ostfront wohl als Warnung, daß mit zersplitterten Kräften und mangelhaft aufeinander abgestimmten Operationen keine sicheren Siege zu erringen waren.

So erhielt Manstein nun endlich den vernünftigen Auftrag, mit seiner 11. Armee nur die Krim zu stürmen. Die Eroberung von Rostow hingegen wurde jetzt der Panzergruppe Kleist übertragen, an die die 11. Armee zunächst das XXXXIX. Gebirgskorps, später noch die SS-Brigade ›L. A. H.‹ abzugeben hatte.

Doch diese Entscheidung kam drei Wochen zu spät. Hätte man diesen klaren und den Kräften der 11. Armee entsprechenden Auftrag drei Wochen früher erteilt, dann wäre die Krim gefallen und Sewastopol mit großer Wahrscheinlichkeit, so wie es Mansteins kühner Plan vorsah, mit vorgeworfenen schnellen Verbänden, im Handstreich genommen worden.

Drei Wochen sind im Kriege eine lange Zeit. Und geschickt die Zeit zu nutzen, war eine der hervorstechendsten Eigenschaften des sowjetischen Oberkommandos. So mußte Manstein mit seiner Armee nun in eine lange, blutige Schlacht gehen.

2 Kampf um die Krim

Die Geisterflotte zwischen Odessa und Sewastopol — Acht Tage Kampf um die Landenge — Auf der Obstkolchose Askania Nowa — Verfolgung quer durch die Krim — »Acht Mädchen ohne Körbe« — Erster Sturm auf Sewastopol — In den Laufgräben von Fort Stalin — Die Russen landen bei Feodosia — Ein General wird ungehorsam — Manstein stellt den Angriff auf Sewastopol ein — Der Fall Sponeck

Während das sowjetische Oberkommando am 16. Oktober das bis dahin von der 4. rumänischen Armee eingeschlossene Odessa räumte und die hier evakuierten Verbände auf die Krim überführte, stellte sich nördlich der Engen von Ischun, vor dem Zugang zur Krim, General Hansens LIV. Armeekorps zum Durchbruch auf die Halbinsel bereit.

Obergefreiter Hinrich Weseloh und Schütze Jan Meyer vom II. Bataillon Infanterieregiment 16 der 22. I. D. springen geduckt in die Sturmausgangsstellung. Der Abend des 17. Oktober 1941 senkt sich über den Siwasch, den Salzsumpf, der die Halbinsel Krim vom russischen Festland trennt. Gespenstisch liegen das Trichterfeld von Perekop und die Häuser von Ischun im dämmerigen Dunst. Es ist kalt. Regen liegt in der Luft.

Rechts von den beiden Infanteristen kniet ein vorgeschobener Beobachter der Artillerie und schaufelt sich ein Deckungsloch für die Nacht. Links liegen die Männer ihrer Gruppe und buddeln. So werfen sich auch Weseloh und Meyer auf die kalte Erde und graben sich ihr Deckungsloch für die Nacht.

Die Spaten klirren leise. Die Mulde wird tiefer. Sie drücken sich hinein. »Unten an der Küste soll es um diese Zeit noch ganz warm sein«, sagt Weseloh. Jan Meyer nickt. Er denkt an seinen Hof im Hannoverschen und flucht: »Dieser Scheißkrieg!«

»Kann nicht mehr lange dauern«, tröstet Weseloh. »Vor vierzehn Tagen haben wir oben in der Steppe fast 100 000 Mann gefangen. Vor drei Wochen bei Kiew 665 000 und kurz vorher bei Uman schon 100 000. In der Mittelfront sollen jetzt schon rund 650 000 Sowjets kassiert sein. Auch bei Wjasma und Brjansk scheint es gerade in diesen Tagen einen Schluck aus Stalins Pulle gegeben zu haben. Der Wehrmachtbericht spricht von 663 000 Gefangenen. Rechne das mal zusammen. Das sind über zwei Millionen!«

»Aber trotzdem werden die Iwans nicht weniger«, murrt Jan Meyer.

Ein sowjetischer Jäger vom Typ ›Il 15‹ fegt über die Stellung und feuert seine Garben aus der Bordkanone. Die Fetzen fliegen. Die Sowjets beherrschen hier unten den Luftraum. Das kann auch Major Gotthardt Handrick mit seinem Jagdgeschwader 77, ›Herz-As‹, nicht ändern. Die Sowjets sind ihm zahlenmäßig weit überlegen. Sie haben neben Schlachtfliegern und Jabos ständig zwei Jagdgeschwader mit 200 Jägern vom Typ ›Il 15‹ und ›Il 16‹ im Einsatz. Die deutschen Verbände müssen zum erstenmal reichlich und intensiv vom Spaten Gebrauch machen.

Eingraben – das ist das erste und wichtigste im Kampf um die Krim. Eine andere Deckung als das Erdloch findet man in dem völlig unbewachsenen Gelände in der Salzsteppe bei Ischun nicht. Und wo die rote Luftwaffe nicht ist, haut die sowjetische Artillerie hin. Sie sitzt in ausgezeichnet getarnten, zum Teil betonierten und gepanzerten Stellungen, hat sich auf gut gewählte Zielpunkte eingeschossen und klotzt mit konzentrierten Überfällen. Sie kann von der deutschen Artillerie nur schwer gefaßt werden.

Da hilft nur das solide Deckungsloch. Nicht nur die Infanteristen brauchen es Auch jedes Fahrzeug, jedes Geschütz, jedes Pferd muß metertief in der Erde verschwinden.

Die Nacht liegt über Ischun. Die Nacht zum 18. Oktober. In den Stellungen zwischen dem Schwarzen Meer und den Salzsümpfen warten die Landser auf das Morgengrauen. Auch die Sowjets warten. Sie wissen, was kommt, und organisieren fieberhaft die Verteidigung der so wichtigen Halbinsel. Vor zwei Tagen, am 16. Oktober, hat Stalin das seit Anfang August von der rumänischen 4. Armee eingeschlossene Odessa geräumt. Generalmajor J. E. Petrows Küstenarmee sollte die Krim verteidigen helfen. In schnell improvisierten Seetransporten sollte Petrows Küstenarmee nach Sewastopol geworfen werden. Diese Entscheidung war richtig.

Denn wenn Manstein der Sprung auf die Krim gelang, hatte Odessa als Hafenstadt und Marinestützpunkt des Schwarzen Meeres sowieso keine Bedeutung mehr. Es war wichtiger, die Krim und vor allem Sewastopol zu halten. Der schnelle Abtransport einer ganzen Armee aus Odessa war ein kühnes Unternehmen, wie man es der in Seekriegsoperationen unerfahrenen Sowjetunion nicht zugetraut hätte.

Auf siebenunddreißig Großtransportern mit 191 400 BRT und großen und kleinen Kriegsfahrzeugen wurde in einer einzigen Nacht die Hauptmasse der Küstenarmee, 70 000 bis 80 000 Soldaten, eingeschifft und, unbemerkt von der deutschen Luftwaffe, nach Sewastopol transportiert. Allerdings gelang es nur, die Soldaten aus Odessa herauszubringen. Pferde und Kraftfahrzeuge mußten zurückgelassen werden. Die schwere Artillerie wurde im Hafen versenkt, weil es keine Verladekräne gab. Vom sowjetischen Artillerieregiment 57 kam keine einzige Kanone, kein Fahrzeug und kein Gerät mit auf die Transporter.

In Eilmärschen wurden die Verbände Petrows so, wie sie in Sewastopol eintrafen — zerfleddert und ganz unzureichend ausgerüstet —, an die Front bei Ischun geworfen.

Manstein hatte zum Stoß über die Landenge drei Divisionen des LIV. A. K. in vorderster Linie eingesetzt. Für mehr Kampfverbände war auf dem nur sieben Kilometer breiten Korridor kein Platz. Von links nach rechts: 22. I. D., 73. I. D., 46. I. D. und Teile der 170. I. D. Dahinter steht das XXX. Korps mit der 72., der Masse der 170. I. D. und der 50. I. D. Das XXXXII. Korps mit der 132. und der 24. I. D. — das den angreifenden Korps der 11. Armee später nachgeführt werden sollte — ist noch im Anrollen. Das Führerhauptquartier hat Manstein dieses Korps mit der Forderung zur Verfügung gestellt, die Divisionen möglichst schnell von Kertsch aus hinüber ins Kubangebiet springen zu lassen, ins Vorgelände des Kaukasus.

Mansteins sechs Divisionen standen acht Felddivisionen der 51. sowjetischen Armee gegenüber, dazu kamen vier Kavalleriedivisionen sowie die Festungstruppen und Marinebrigaden in Sewastopol. Im Anrollen waren die Verbände General Petrows aus Odessa.

Die Nacht will kein Ende nehmen. Die vorgeschobenen Beobachter liegen hinter ihren Scherenfernrohren. Die Schützen hocken fröstelnd, dicht aneinandergepreßt in ihren Zwei-Mann-Löchern. Unmittelbar hinter den vordersten Stützpunkten der Infanterie stehen, gedeckt durch Erdwälle und Tarnnetze, die Geschütze der mittleren Artillerie und die Nebelwerfer, die hier im Bereich der 11. Armee zum ersten Male eingesetzt werden sollen. Weiter zurück ist die schwere Artillerie mit ihren 15- und 21-cm-Geschützen in Stellung gegangen.

5 Uhr: Ein mächtiger Donnerschlag zerreißt den dämmernden Morgen. Die Schlacht um die Krim beginnt mit einem gewaltigen Feuerschlag aus allen Rohren der 11. Armee. Krachen. Feuerblitze. Dreckfontänen. Qualm und Rauch. Fauchendes Heulen der Nebelwerferraketen, die mit höllischem Feuerschweif in die feindlichen Stellungen jagen und die Verteidiger der Engen von Ischun mit einem Hagel von Feuer und Eisen eindecken.

5 Uhr 30: Die Hölle liegt nur hundert Meter vor den Stellungen der Sturmregimenter. Jetzt schweigt das Feuer einen Augenblick. Dann setzt es wieder ein. Aber die Einschläge liegen nun weiter entfernt: die Artillerie hat ihr Feuer vorverlegt! Das ist für die Infanterie das Zeichen zum Angriff. Die Männer rappeln sich aus ihren Erdlöchern. »Vorwärts!« Sie stürmen. MG geben Feuerschutz, Granatwerfer halten feindliche Nester nieder.

Doch der deutsche Artillerieschlag hat die Sowjets in ihren seit langem sorgfältig vorbereiteten Stellungen nicht außer Gefecht gesetzt. Russische Maschinengewehre rattern los. Die rote Artillerie feuert mit gutsitzenden Schüssen und zwingt die Angreifer immer wieder zu Boden.

Nur Meter um Meter kommen die stürmenden Infanteristen vorwärts. Am linken Flügel, bei der niedersächsischen 22. I. D., bricht Oberst Haccius mit seinen Männern der Bataillone vom I. R. 65 in die feindlichen Stellungen ein und nimmt den befestigten Höhenkamm, der den Zugang sperrt. Dort werden sie vom starken feindlichen Artilleriefeuer gezwungen, sich einzugraben.

Beim Schwesterregiment, dem Infanterieregiment 47, klappt es weniger gut. Die Sturmkompanien bleiben vor einem mächtigen Drahthindernis liegen und werden von den Sowjets zusammengeschossen. Wer nicht fällt, arbeitet sich zurück. I. R. 16 von der 22. I. D. muß aus der Reserve herangeholt werden, greift umfassend an und rollt die sowjetische Verteidigungsstellung vor I. R. 47 auf. Nun geht es weiter voran: Das sogenannte Hünengrab vor Assis, ein beherrschender Erdhügel in dem brettebenen Gelände, wird von den Soldaten des I. R. 47 gestürmt. Doch die Russen ergeben sich nicht. Sie sterben in ihren Löchern und Gräben.

Auch bei der 73. I. D., die rechts von der 22. I. D. kämpft, gewinnen die Regimenter langsam Boden. Und am rechten Flügel arbeiten sich Teile der 46. I. D. und der 170. I. D. in das schwer befestigte sowjetische Verteidigungsfeld hinein.

Aber das tiefgestaffelte sowjetische Stellungssystem scheint kein Ende zu nehmen: Drahthindernisse und wieder Drahthindernisse, dichte Minenfelder mit Holzkastenminen, die von den Suchgeräten der Pioniere nicht aufgespürt werden können, sowie eingebaute und fernbediente Flammenwerfer. Dazu bilden eingegrabene Panzer und sogar Seeminen mit elektrischer Zündung wahre Teufelsgärten, die von todesmutigen Pionieren ausgeräumt werden müssen.

Feldstellung um Feldstellung in dieser kilometertiefen Verteidigungsfront muß von den Infanteristen unter blutigen Verlusten genommen werden. Die hier zur Unterstützung der Infanterie eingesetzte Sturmartillerie, die rollenden Ungetüme der Sturmgeschützabteilung 190, sind oft die rettenden Helfer und schlagen den Kompanien Breschen durch Drahtwälle und Bunkerlinien. Acht Tage dauerte die Schlacht. Achtmal vierundzwanzig Stunden. Dann endlich war der Eingang zur Krim an vielen Stellen aufgebrochen. Auch die Küstenarmee Petrows hatte das nicht verhindern können. Sie verlor – nach Oberst P. A. Shilin – während der letzten drei Tage der Schlacht um die Landenge den besten Teil ihrer Soldaten und ihrer Ausrüstung. Shilin begründet die schweren Verluste mit »massierten deutschen Panzerangriffen«. Er irrt. Manstein hatte gar keine Panzerverbände. Es waren Major Vogts zwei Dutzend Sturmgeschütze der Abteilung 190 – nach ihrem taktischen Zeichen die ›Löwen‹ genannt –, die im Zusammenwirken mit der 170. Infanteriedivision die sowjetische Küstenarmee General Petrows vernichtend zusammenschlugen.

Mit Besorgnis mußte allerdings auch das Oberkommando der 11. Armee im Verlauf dieser schweren Kampftage das Absinken der Kampfkraft seiner Stoßverbände feststellen. Besonders der 25. und 26. Oktober hatten krisenreiche Stunden gebracht. Am 27. Oktober hatte es gerade mit Petrows Odessaer Regimentern schwerste Kämpfe gegeben, ehe der sowjetische Widerstand nachzulassen begann.

Daraufhin bestimmte Manstein den 28. Oktober als Angriffstermin für die endgültige Erzwingung des Durchbruchs. Aber der Stoß traf bereits ins Leere: Die 51. sowjetische Armee hatte im Schutze der Nacht ihre Stellungen verlassen und sich nach Osten abgesetzt. Die Reste von Petrows Küstenarmee strömten fluchtartig nach Süden, Richtung Sewastopol. Der deutsche Durchbruch zur Krim war geglückt.

Die 11. Armee konnte zur Verfolgung übergehen. Im Verwaltungsgebäude der Obstkolchose Askania Nowa, rund dreißig Kilometer nordostwärts Perekop, gaben am 28. Oktober die Melder einander die Türklinke in die Hand. Im großen Versammlungsraum des Armeestabs hat Mansteins Ia, Oberst Busse, seine Lagekarten ausgebreitet. In Pfeilen, Linien, Kringeln und Fähnchen zeichnet sich die beginnende Flucht der Russen auf den Karten ab.

Gegen Mittag kommt Manstein mit dem Chef des Generalstabs der 11. Armee, Oberst Wöhler, ins Kartenzimmer. »Was halten Sie von der Lage, Busse?« fragt Manstein seinen Ia. »Wird der Russe die Krim aufgeben?«

»Das glaube ich nicht, Herr General«, antwortet Busse.

Manstein: »Ich auch nicht! Damit würde der Russe die Seeherrschaft im Schwarzen Meer verlieren und seine bedrohliche Flankenposition gegen unsere Heeresgruppe Süd opfern. Das wird er nicht ohne weiteres tun. Außerdem wird es schwer sein, zwei Armeen einzuschiffen und wegzuschaffen.«

Wöhler deutet auf die Karte: »Der Russe wird mit Sicherheit versuchen, Sewastopol, Feodosia und Kertsch zu verteidigen. Er wird seine geschlagenen Truppen in diese Reduits retten, um sie wieder aufzufrischen und erneut zum Angriff zu führen. Solange er die Seefestung Sewastopol hält, ist ihm das möglich.«

»Und genau das müssen wir verhindern«, entgegnet Manstein.

Busse nickt. »Aber wie machen wir unsere Infanterie zu schnellen Verbänden? Jetzt müßten wir eine Panzer- oder eine motorisierte Division haben. Dann wäre die Sache einfach.«

Oberst Wöhler greift das Stichwort auf. »Wir fassen alle greifbaren motorisierten Teile der Infanteriedivisionen, von den Aufklärungsabteilungen bis zur Flak und den Panzerjägern, zusammen und jagen sie als schnelle Kampfgruppe los!« Busse stimmt diesem Vorschlag nachdrücklich zu.

»Gut«, entscheidet Manstein. »Busse, veranlassen Sie die Zusammenstellung einer solchen Kampfgruppe. Oberst Ziegler soll sie führen. Sein erstes Ziel ist Simferopol, die Hauptstadt und das Verkehrszentrum der Halbinsel. Dort ist der Durchgang nach Sewastopol und zur Südküste. Den gilt es zuzumachen.«

Manstein greift zum Farbstift. Mit ein paar raschen Strichen zeichnet er seinen Operationsplan auf die Karte: Das XXX. Armeekorps mit 22. I. D. und 72. I. D. marschiert hinter Zieglers schneller Kampfgruppe über Simferopol, Baktschiserai an die Südküste auf Sewastopol und Jalta. Das neu eingetroffene XXXXII. Armeekorps mit 46., 73. und 170. I. D. auf Feodosia und die Enge von Parpatsch. Das LIV. Korps stößt mit der 50. und 132. I. D. südwärts direkt auf Sewastopol. Vielleicht kann die Festung im Überraschungsangriff genommen werden.

Das ist Manstein. Kühn, schnell im Entschluß und mit sicherem Blick für die große Lage. Sein Plan durchkreuzt die feindlichen Absichten. Denn General Kusnezow setzt sich mit der 51. sowjetischen Armee befehlsgemäß nach Südosten auf Feodosia und Kertsch ab, um dort zu halten.

Die Küstenarmee von General Petrow ist vollkommen desorganisiert. Sie hat keine Verbindung mehr zum Oberkommando und damit auch keinen Befehl für die Rückzugsoperationen. Petrow versammelt alle Kommandeure, Stabschefs und

Kommissare der Divisionen und Brigaden auf dem Gefechtsstand der 95. Schützendivision in Ekibasch. Man diskutiert erregt. Jeder hat Angst vor der Verantwortung. Schließlich wird beschlossen, sich nach Süden zur Verteidigung Sewastopols zurückzuziehen.

Genauso stellte sich Manstein die Reaktion der Sowjets vor, als er in Askania Nowa seinen Plan entwarf. »Noch Fragen, meine Herren?«

»Nein, Herr General!«

»Gut, veranlassen Sie alles, Busse! Ich fahre jetzt vor zum XXX. Korps.«

Hacken klappen. Draußen auf dem Hof der Kolchose heult der Motor des Befehlswagens auf. Die Funkstellen fahren vor. Die bewegliche O. B.-Staffel, vorgeschobener Gefechtsstand der 11. Armee, rollt zur Front.

Als Manstein beim XXX. Korps ankommt, geht dort gerade die Meldung ein, daß Generalmajor Wolffs 22. I. D., die als ehemalige Luftlandedivision etwas besser mit Kraftfahrzeugen ausgestattet ist, aus Pionieren, Panzerjägern, Heeres-Fla, Infanterie und Artillerie eine eigene motorisierte Vorausabteilung gebildet hat. Sie wird von Major Pretz geführt und ist bereits über Taganasch bis zu dem Straßen- und Eisenbahnknotenpunkt Dschankoj vorgestoßen.

Am 1. November nimmt die Kampfgruppe Oberst Ziegler Simferopol. Sie dringt dann zusammen mit der Aufklärungsabteilung der 22. I. D. unter Oberstleutnant von Boddien über das Gebirge bis an die Südküste bei Jalta vor und schneidet starke Kräfte der auf Sewastopol zurückflutenden sowjetischen Küstenarmee ab.

Im Ostteil der Krim wird von der 46. I. D. die Enge von Parpatsch erreicht und gesperrt, ehe die Hauptkräfte der sowjetischen Kampfverbände dort sind. Am 3. November nehmen die Regimenter der 170. I. D. Stadt und Hafen Feodosia. In harten Kämpfen brechen die 46. und 170. I. D. durch die Enge von Parpatsch. Vor ihren Bunkern und Drahthindernissen fallen der Kommandeur von I. R. 401, Oberstleutnant Thilo, und sein Adjutant Oberleutnant von Prott. Die Verluste sind hoch. Die Kompanien zählen noch zwanzig, höchstens dreißig Mann. Aber der Sieg ist vollkommen. Nur dem sowjetischen Armeestab und zerschlagenen Verbänden ohne schwere Waffen gelingt es, über die Straße von Kertsch aufs Festland zu entkommen. Am 15. November wird das stark befestigte Kertsch erobert.

Auch die Vorausabteilung Pretz der 22. I. D. fährt wie nach dem ›Kursbuch‹. Sie stößt an Simferopol vorbei in das zerklüftete Jailagebirge. Die bergungewohnten Männer leisten Erstaunliches. Im Zusammenwirken mit I. R. 124 der 72. I. D. nehmen sie Aluschta und kesseln eine sowjetische Kavalleriedivision ein. Jalta, der berühmte Hafen und Kurort, das ›sowjetische Monte Carlo‹ am Schwarzen Meer, wird besetzt.

Oberstleutnant Müller schwenkt mit Infanterieregiment 105 der 72. I. D. auf der Küstenstraße nach Westen gegen Sewastopol und nimmt im kühnen Handstreich Balaklawa, das südlichste Fort der Festung. Alles scheint planmäßig zu klappen.

Auch die 50. und 132. I. D. des LIV. Korps drängen von Norden her gegen das Vorfeld von Sewastopol. Aber nun verstärkt sich plötzlich der Widerstand. Sowjetische Marineinfanterie und Festungsartillerie, intakte Eliteverbände, darunter die Offiziersschüler der 79. Offiziersschülerbrigade aus Noworossisk greifen ein. Sie halten eisern. Es wird klar, daß Sewastopol mit den verfügbaren, abgekämpften deutschen Regimentern im Überraschungsangriff nicht zu nehmen ist. Der letzte Preis des Sieges bleibt Manstein verwehrt.

Aber konnte die Verfolgung der 11. Armee auch nicht mit dem schnellen Fall der Seefestung Sewastopol gekrönt werden, so hatte der ungestüme Angriffsgeist ihrer Verbände doch nahezu zur Vernichtung des Gegners im offenen Gelände geführt: Zwölf Schützen- und vier Kavalleriedivisionen waren größtenteils vernichtet. Sechs deutsche Infanteriedivisionen hatten über 100 000 Gefangene eingebracht und über 700 Geschütze sowie 160 Panzer vernichtet oder erbeutet.

Die 11. Armee stand ab 16. November 1941 vor der Aufgabe, das letzte feindliche Bollwerk auf der Halbinsel Krim, eine der stärksten Seefestungen der Welt, durch Angriff von Land her zu nehmen. Sewastopol mußte fallen. So oder so. Man durfte sich nicht darauf beschränken, die riesige Seefestung mit ihrem leistungsfähigen Hafen auszusparen oder nur auf der Landfront einzuschließen. Denn dann würde Stalin jederzeit aus diesem mächtigen Stützpunkt heraus amphibische Operationen gegen die Flanke der deutschen Ostfront unternehmen können. Es galt also, den planmäßigen Angriff auf die Festung vorzubereiten. Nichts durfte dem Zufall überlassen werden. Der Einsatz der Artillerie und ihre Munitionierung waren neben den Kämpfen zur endgültigen Abschließung der Festung von Landseite her dabei ein entscheidendes Problem.

Bei allen Verbänden der Artillerie sah es dabei ähnlich aus wie bei den Batterien der 22. I. D. nordostwärts Sewastopol. Hier hat Unteroffizier Pleyer gerade eine rostige Konservendose mit Regenwasser ausgegossen, das durch die Decke des alten russischen Holzbunkers tröpfelt, als das Telefon klingelt.

»Hier Dora Zwo«, meldet sich Pleyer. ›Dora Zwo‹ ist der Gefechtsstand des Artillerieregiments 22. Er liegt im berüchtigten Belbek-Tal, auf der Höhe 304, dicht bei dem Dörfchen Sjuren. Bis Sewastopol sind es noch achtundzwanzig Kilometer.

Der Anrufer meldet sich mit ›Albatros Drei‹. »Ich höre«, sagt Pleyer. Und dann wiederholt er langsam und schreibt mit: »Heute nacht kamen acht Mädchen ohne Körbe! Ende.«

»Verstanden! Ende.« Pleyer legt auf und greift nach einer grünen Mappe auf dem Brett neben dem Telefon. Da klingelt es schon wieder.

›Kranich Fünf‹ ist diesmal am anderen Ende der Leitung. Und ›Kranich Fünf‹ hat für Pleyer eine noch kuriosere Mitteilung als ›Albatros Drei‹. Denn diesmal sind nicht acht Mädchen ohne Körbe gekommen, sondern: »Gerda wurde von Organist mit Kuchen beschossen!«

Unteroffizier Pleyer lacht nicht, er schreibt todernst mit und wiederholt langsam: »... mit Kuchen beschossen!«

Ununterbrochen kommen solche merkwürdigen Gespräche an. Es sind die Meldungen der vorgeschobenen Beobachter und der Licht- und Schallmeßtrupps der Beobachtungsbatterien. Sie müssen ihre Feststellungen über die erkannten sowjetischen Artilleriestellungen im Festungsbereich von Sewastopol verschlüsselt durchgeben, da die Russen in dem unübersichtlichen Berggelände immer wieder die deutschen Telefonleitungen anzapfen. So erhielten Kaliber, Geländepunkte, Batteriestellungen, Truppenverbände, eigene Beobachtungsstellen und so weiter Decknamen, die dann zu so merkwürdigen Kombinationen führen, daß »Mädchen ohne Körbe« kommen, oder »Gerda von einem Organisten mit Kuchen beschossen« wird. Bei den Artilleriekommandeuren wurden die Informationen in die Zielkarten eingetragen. Jedes erkannte Geschütz, jede Beobachtungsstelle, jeder Bunker wurde säuberlich eingezeichnet und genau vermessen. Damit waren alle wichtigen Punkte im Visier der Artilleristen. Unermüdlich wurden die Festung und das Vorfeld auf diese Weise studiert, erkundet und vermessen.

Wie bei ›Dora Zwo‹ ging es Ende November in den Gefechtsständen aller Artilleriekommandeure der 11. Armee zu. Es wurde fieberhaft gearbeitet. Manstein wollte Sewastopol noch bis Weihnachten nehmen. Denn die 11. Armee mußte möglichst bald für die nächste Aufgabe frei werden: für den Vorstoß zum Kaukasus. Sie durfte sich nicht monatelang auf der Krim festhalten lassen. Deshalb setzte Manstein alles, was er hatte, zum Angriff auf Sewastopol ein.

In schwierigen Gebirgskämpfen, zu denen die 11. Armee auch die neu zugeführte 1. rumänische Gebirgsbrigade einsetzen konnte, wurde die Lücke zwischen dem linken Flügel des LIV. Korps und dem im Jailagebirge stehenden XXX. Korps geschlossen. Aber die Ende November ostwärts der Festung stehenden vier Divisionen reichten für einen Schlußangriff schwerlich. Wie überall während des ganzen Rußlandfeldzuges standen auch hier zuwenig Kräfte für zu große Ziele bereit. So mußte Manstein das Risiko in Kauf nehmen, die exponierte Halbinsel Kertsch bis auf eine Division, die 46. I. D., zu entblößen. Die 250 Kilometer Küstenlinie wurden danach mehr oder weniger nur noch von verstärkten Feldwachen gesichert. Doch was würde passieren, wenn der Russe auf Kertsch landete? Manstein mußte es darauf ankommen lassen. Er vertraute in diesem Kampfabschnitt auf den bewährten und energischen Kommandierenden General des XXXXII. Armeekorps, Graf Sponeck, und auf die 46. I. D.

Am 17. Dezember ist es vor Sewastopol soweit. Im Morgengrauen donnern auf der ganzen, zwanzig Kilometer breiten Front des LIV. Korps die Geschütze aller Kaliber los. Wieder ist das VIII. Fliegerkorps General von Richthofens mit von der Partie. Seine Schlachtflieger und Sturzkampfbomber greifen die Befestigungswerke und Artilleriestellungen der Sowjets an. Die erste Schlacht um Sewastopol hat begonnen.

Die Stadt brennt. Sie soll von Norden her genommen werden. Der Schwerpunkt des Angriffs liegt bei der 22. I. D., die den rechten Flügel des LIV. Korps bildet. Daneben ficht die 132., die 24. und 50. I. D. Die Grenadiere des Infanterieregiments 16 springen an den Hängen des Belbek-Tals vor und brechen tief in die sowjetischen Stellungen ein.

Das II. Bataillon kämpft sich bis in die berüchtigte Kamyschly-Schlucht hinein und gewinnt in verwegenem Vorstoß die beherrschende Höhe 192. Ausgepumpt, von schweren Verlusten getroffen, werfen sich die Züge in die Kusseln. Zusammen mit Teilen des südlichen Nachbarn, der 132. I. D., säubert I. R. 16 das Vorfeld vom Feind und stößt gegen die eigentliche Befestigungszone südlich des

Belbek-Tals. Die Sturmbataillone der 132. I. D., von Do-Werfern der Sturmpioniere hervorragend unterstützt, kommen am ersten Angriffstag nicht weiter als sechs Kilometer voran. Auch die furchtbare Wirkung ihrer ›Stuka zu Fuß‹ konnten den zähen Widerstand der tapferen Verteidiger zunächst nicht brechen.

Rechts daneben, auf dem Höhenkamm, fechten sich im eisigen Winterwind die Bataillone des Infanterieregiments 65 durch Bunkerstellungen und Drahthindernisse vorwärts. Es geht nur schrittweise voran.

Ganz rechts, beim I. R. 47 und dem motorisierten rumänischen Regiment, liegen die Kompanien vor den Befestigungen des Katscha-Tales drei Tage im mörderischen Abwehrfeuer fest. Es ist fürchterlich.

Am 21. Dezember reißt beim I. R. 47 der 22. I. D. Hauptmann Winnefeld seine Kompanie aus der Hölle. Schlimmer kann es ja nicht kommen. Bleibt man liegen, dann stirbt man. Stürmt man, dann gibt es vielleicht die Chance, dem Tod zu entkommen. »Vorwärts!« Hinein in die Gräben der Sowjets. Handgranaten. Spaten. MPi. Du oder ich! Auch das III. Bataillon I. R. 47 stürmt und bricht beim Russen ein. An der Küste nehmen die Schwadronen der Aufklärungsabteilung 22 und eine Kompanie, die 6., des Spezialregiments ›Brandenburg‹, die vordersten sowjetischen Stützpunkte.

Nun beginnt ein schreckliches Bohren und Durchfressen. Schließlich erreicht die 22. I. D. mit Oberst von Choltitz' I. R. 16 am 23. Dezember die Nord-Süd-Straße zur Festung. Damit ist der äußere Befestigungsring von Sewastopol genommen.

Aber Sewastopol ist stark. Aus den Doppeltürmen der schweren unterirdischen Panzerbatterie ›Maxim Gorki‹ jagen die Verteidiger ihre 30,5-cm-Granaten auf die deutschen Stellungen. Bunker und MG-Stände speien Feuer.

In dieser Höllle verbringen die deutschen Soldaten den Heiligen Abend. Es gibt keine Kerzen, keine Glocken und keine Post. Es gibt für viele noch nicht einmal einen Schlag warmes Essen.

Bei der 24. und 132. I. D. ging es wahrhaft nur Meter um Meter vorwärts. Die Sowjets schossen mit gut liegendem Granatwerferfeuer die Reserven in den Kusselschneisen und auf den Wegen zusammen. Die Erd- und Holzbunker boten den Verteidigern einen guten Schutz und mußten Stück um Stück geknackt werden. Der Angriff löste sich so in zahlreiche Einzelgefechte auf. Die Bataillone der 24. I. D. fochten sich zu Tode. Nur bei der 22. I. D. ging es noch vorwärts.

Am 28. Dezember, um 7 Uhr, treten die ausgepumpten Männer der 22. und 24. I. D. zum letzten Sturm auf den Festungskern an. Die Regimentskommandeure sitzen an den Feldfernsprechern und nehmen die Befehle entgegen.

»Alles einsetzen«, lautet die Order. »Bis Silvester muß die Festung fallen!« Bis Silvester. – Und los ging's.

Wer dabei war, dem graut es noch heute: Ölberg, Neuhaushöhe, Hacciuskamm. Furchtbare Kampfstätten für die 65er, die 47er und die 16er.

Oberst von Choltitz kämpft mit seinen 16ern im Zentrum des Angriffs. Am Abend des 28. Dezember haben sich seine Stoßtrupps bis dicht an das mächtige ›Fort Stalin‹, das den Nordabschnitt vor Sewastopol beherrscht, herangefochten. Wenn man diese Bastion zerschlägt, ist der Weg zur Sewernaja-Bucht frei, dem riesigen Hafen von Sewastopol. Und wer die Bucht beherrscht, dreht der Festung die Luft ab.

In diesem Augenblick, am Vormittag des 29. Dezember, schlägt im Hauptquartier Mansteins wie eine Bombe die Hiobsbotschaft ein: Starke sowjetische Invasionskräfte sind nach vorausgegangenen Landeoperationen bei Kertsch nun auch bei Feodosia, an der Enge zwischen Krim und Kertsch-Halbinsel, gelandet, haben die schwachen deutschen Sicherungen überrannt und die Stadt genommen. Nur die 46. Infanteriedivision und schwache rumänische Verbände stehen zur Abwehr in diesem Raum zur Verfügung. Alles andere kämpft bei Sewastopol.

»Was soll geschehen, Herr General«, fragt der Ia im Hauptquartier der 11. Armee seinen Oberbefehlshaber. Was soll geschehen? Soll man es bei Kertsch und Feodosia laufen lassen, bis Sewastopol gefallen ist? Oder soll man den Kampf um die Festung einstellen und die freiwerdenden Kräfte an die bedrohten Punkte im Rücken der Front werfen?

Manstein war kein Mann überhasteter Entschlüsse. Er ging hinüber ins Schulhaus des Dorfes Sarabus, wo seit Mitte November der Stab der 11. Armee residierte, um die neuesten Meldungen zu studieren. Er selbst, sein Chef des Generalstabs und der Ia wohnten nebenan in dem alten Gutshaus, dessen Räume bescheiden eingerichtet waren: Bett, Tisch, Stuhl, ein Schemel mit der Waschschüssel und ein Kleiderständer — das war das ganze Mobiliar. Manstein schätzte es nicht, daß irgendwo Möbel requiriert wurden, um, wie er sagte, »Bequemlichkeiten zu schaffen, die der Landser entbehren muß«.

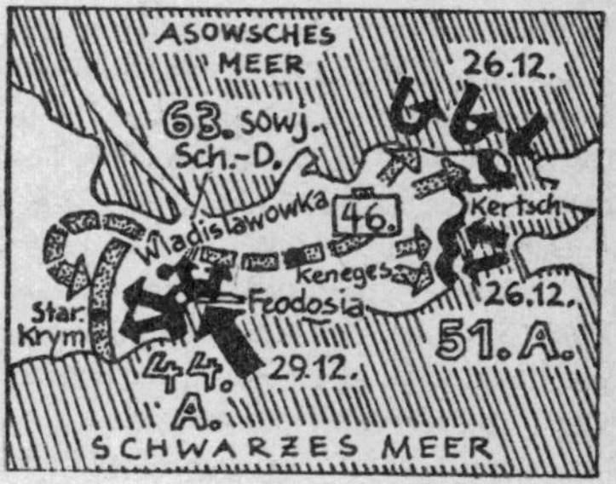

Karte 14
Die Sowjets landen auf Kertsch.

Die Karte im Lageraum der Führungsstaffel zeigte die tödliche Gefahr, in der sich die Krimarmee seit fünf Stunden befand. Bereits in den Weihnachtstagen hatten Landungskräfte der 51. sowjetischen Armee überraschend die nur fünf Kilometer breite Meerenge von Kertsch überwunden und nach geglückten Landeversuchen am 26. Dezember 1941 beiderseits der Stadt Fuß gefaßt.

Generalleutnant Graf von Sponeck, Kommandierender General des XXXXII. Korps, hatte nach Abgabe der 73. und 170. I. D. auf der Halbinsel nur die 46. I. D. zur Verfügung. Aber ihren drei Regimentern war es gelungen, im Gegenstoß bei 30 Grad Kälte, die sowjetischen Brückenköpfe unter Einsatz der letzten Reserven abzuriegeln und zum Teil sogar zu beseitigen. Manstein hatte aufgeatmet und die Angriffsoperationen vor Sewastopol weiterlaufen lassen. Doch nun waren die Russen am 29. Dezember ab 2 Uhr 30 in Feodosia.

Manstein sah die roten Pfeile auf der Lagekarte. Wenn den Sowjets nicht schnell etwas entgegengeworfen wurde, konnten sie die Landenge von Parpatsch, den zwanzig Kilometer schmalen Durchgang von der Krim zur Halbinsel Kertsch, zumachen, die 46. I. D. abschneiden und der deutschen Front vor Sewastopol in den Rücken fallen. Erneut wurde eine Sünde der obersten deutschen Führung wider die Gesetze des modernen Krieges sichtbar: Es fehlten der 11. Armee schnelle motorisierte Verbände als Eingreifreserve. Nur eine Lösung blieb: Aus der kämpfenden Sewastopol-Front mußten Kräfte nach Feodosia geworfen werden.

Sorgenvoll standen der Chef des Stabes und der Ia neben Manstein vor der Karte. Sollte man in diesem Augenblick den Kampf um Sewastopol abbrechen? Genau das wollten die Sowjets doch mit ihren Landungen bei Kertsch erreichen.

Manstein und seine Stabsoffiziere wogen die Entscheidungen. Sah es vor Sewastopol bei der 22. I. D. nicht so aus, als ob es nur noch einer letzten Anstrengung bedurfte, um wenigstens bis an die entscheidende Hafenbucht der Festung zu stoßen? Wenn das gelang, hatte man eine beherrschende Position erreicht und konnte den Angriff auf die Stadt ohne Risiko für ein paar Wochen unterbrechen. Die Kontrolle über die Sewernaja-Bucht würde jede weitere Verstärkung von See her verhindern. Man könnte dann die Einschließungsfront aufbauen und mit den frei werdenden Divisionen die sowjetischen Landungskräfte bei Feodosia und Kertsch wieder ins Meer werfen. Nur zwei, drei Tage müßte General Graf Sponeck halten. Mit zusammengekratzten Eingreifverbänden müßten die Russen bei Feodosia hinhaltend kämpfend gefesselt werden.

Ja, so müßte es gehen. Und Manstein befahl: »Am Nordabschnitt vor Sewastopol nimmt die 22. I. D. ›Fort Stalin‹ und stößt bis zur Hafenbucht vor. Von Osten her wird der Angriff auf die Festung eingestellt, die 170. I. D. sofort aus der Front gezogen und nach Feodosia geworfen.«

Damit beginnt ein Wettlauf mit der Zeit. Wird die Rechnung aufgehen? Am 29. Dezember 1941, 10 Uhr vormittags, geht ein verschlüsselter Funkspruch vom Korps Sponeck im Armeehauptquartier ein. Der Inhalt ist alarmierend: »Generalkommando räumt Halbinsel Kertsch. 46. I. D. ist in Richtung auf die Landenge von Parpatsch in Marsch gesetzt.«

Manstein verschlägt es die Sprache. Schon in den Weihnachtstagen, als die 244. sowjetische Schützendivision beiderseits der Stadt Kertsch gelandet war, hatte Graf Sponeck vorgeschlagen, die Halbinsel zu räumen. Manstein hatte den Gedanken scharf zurückgewiesen und ausdrücklich die Verteidigung des wichtigen Vorfeldes der Krim befohlen. Jetzt handelte der Kommandierende General des XXXXII. Korps eigenmächtig gegen diesen strikten Befehl.

Manstein läßt zurückfunken: Die Absetzbewegung ist sofort einzustellen!

Aber der Funkspruch kann nicht übermittelt werden. Das Generalkommando meldet sich nicht mehr. Graf Sponeck hat seine Funkstelle bereits abbauen lassen. Der erste krasse Fall von Ungehorsam eines Kommandierenden Generals stand auf der Bühne der Geschichte des Ostfeldzuges. Es war ein symptomatischer, ein grundsätzlicher Fall. Denn der aus einer Düsseldorfer Offiziersfamilie stammende

Generalleutnant Hans Graf von Sponeck, ehemaliger kaiserlicher Gardeoffizier, Jahrgang 1888, war ein tapferer Mann und ein ausgezeichneter Truppenführer. Als Kommandeur der berühmten 22. Luftlandedivision, die 1940 im verwegenen Handstreich die ›Festung Holland‹ eroberte, hatte er sich im Westfeldzug das Ritterkreuz geholt. Als Führer der aus der Luftlandedivision gebildeten 22. I. D. hatte er sich später im Osten beim Dnjeprübergang durch glänzende persönliche Tapferkeit hervorgetan.

Die exemplarische Bedeutung des Falles liegt darin, daß Graf Sponeck der erste Kommandierende General der Ostfront war, der durch den Angriff von zwei sowjetischen Armeen gegen eine einzige deutsche Division vor die Alternative gestellt wurde, zu halten und unterzugehen oder zurückzuweichen, und der diese Alternative nicht akzeptierte. Er beantwortete die sowjetische Bedrohung nicht nach Hitlerschen Führungsprinzipien, sondern getreu den Grundsätzen der preußischen Generalstabserziehung: Eine Lage präzise und kühl beurteilen und elastisch reagieren, nicht aber sich totschlagen lassen, es sei denn, daß ein unausweichlicher und zwingender Grund es ausdrücklich erfordert. Einen solchen Grund sah Sponeck aber nicht.

Welche Erwägungen führten den Grafen zu seinem Ungehorsam? Wir haben von ihm selbst zwar keine hinterlassenen Aufzeichnungen, aber sein Ia und stellvertretender Chef des Stabes, Major Einbeck, hat in einer Denkschrift die Erwägungen des Generalkommandos dargelegt. Auch vom Kommandeur des Pionierregimentsstabes 617, Oberstleutnant von Ahlfen, liegt ein instruktiver Bericht vor.

Danach sahen die Dinge so aus: Generalleutnant Himers 46. I. D. hatte, nach Zusammenfassung aller Reserven, am 28. Dezember 1941 die sowjetischen Brückenköpfe nördlich Kertsch zerschlagen. Die Sowjets, vor allem Kaukasier, hatten Unvorstellbares geleistet. Sie waren bei 20 Grad Kälte, bis zum Hals im Wasser, an die Steilküste gewatet und hatten sich dort festgekrallt. Ohne Nachschub wehrten sie sich zwei Tage. Die Verwundeten waren zu Eisklumpen erstarrt. Erfroren. Auch die Landungskräfte südlich Kertsch konnten abgeriegelt werden. In diesem Augenblick griffen jedoch sowjetische Kriegsschiffe, hundert Kilometer im Rücken von Kertsch, bei Feodosia an. Ein schwerer Kreuzer, zwei Zerstörer und Landungsboote liefen im Schutze der Nacht in den Hafen ein.

Die Heeresküstenartillerieabteilung 147, die Feodosia schützen sollte, war erst mit vier Kanonen vom Kaliber 10,5 cm und mit ihrem Stabspersonal eingetroffen. Außerdem standen nur noch eine deutsche und eine tschechische Feldhaubitze im Hafen. Die sowjetischen Kriegsschiffe leuchteten die Geschützstände mit Scheinwerfern an und schossen sie mit schwerer Schiffsartillerie zusammen. Dann landeten die Russen.

Für den Infanteriekampf waren lediglich der Pionierzug eines Sturmbootkommandos und ein Panzerjägerzug mit zwei 3,7-cm-Pak verfügbar. Zum Glück hatte das Pionierbataillon 46, das auf dem Marsch nach Kertsch war, in der Nacht in Feodosia Unterkunft bezogen. Graf Sponeck beauftragte Oberstleutnant von Ahlfen mit der Abwehr der sowjetischen Landung. Der Oberstleutnant warf alles, was er zusammenraffen konnte, in den Kampf: Zahlmeister, Werkstattzüge, das Personal der Verpflegungslager und der Feldpoststellen, eine Straßenbaukompanie und die Kompanie des Nachrichtenführers. Mit diesem zusammengewürfelten Haufen wurde die erste Sicherungslinie vor der Stadt errichtet.

Um 7 Uhr 30 ging in Graf Sponecks Generalkommando in Keneges die Meldung ein: »Sowjets landen nordostwärts Feodosia auch an offener Küste.« Eine ganze Division ging an Land.

Einige Minuten später wurde die Telefonverbindung mit der Armee und Feodosia unterbrochen. Graf Sponeck hatte gerade noch erfahren, daß Manstein die 170. Infanteriedivision von Sewastopol und zwei rumänische Brigaden aus dem Jailagebirge in Richtung Feodosia in Marsch gesetzt hatte.

Was hatte der Russe vor? Sein taktisches Ziel konnte nur sein, von Feodosia aus die Landenge zwischen Krim und Halbinsel Kertsch zu schließen und die in der Falle sitzende 46. I. D. zu vernichten. Sein operatives Ziel aber mußte sein: aus der gewonnenen Landbasis bei Feodosia mit schnellen Kräften auf die Krim zu stoßen, die Verkehrsknotenpunkte hinter der Sewastopol-Front zu besetzen und die 11. Armee von ihrem Nachschub abzuschneiden.

Daß der Russe dieses operative Ziel tatsächlich verfolgte und nicht etwa nur örtliche Überfälle an der Küste durchführte, ergab sich aus der Tatsache, daß seine Invasionskräfte zwei Armeen umfaßten: die 51. unter General Lwow bei Kertsch und die 44. unter General Perwuschin bei Feodosia. Die 44. Armee war bereits mit rund 23 000 Mann der 63. und 157. Schützendivision gelandet.

General Graf Sponeck fragte sich: Können die Kräfte der 46. I. D. den bei Kertsch gelandeten Feind ins Meer werfen und gleichzeitig die Landenge von Parpatsch gegen die neuen Landungen bei Feodosia verteidigen? Seine Antwort war: Nein!

Major Einbeck schreibt: »Das Generalkommando konnte hier das Gesetz des Handelns nur dadurch wieder an sich reißen, daß es den Schwerpunkt unverzüglich in den Raum von Feodosia verlagerte. Hier war auch die Stelle, wo es möglich war, die der 11. Armee drohende Gefahr eines Stoßes gegen Dschankoj oder Simferopol abzuwehren. Dieser Entschluß bedeutete gleichzeitig die Aufgabe der Halbinsel Kertsch bis zur Parpatsch-Stellung.«

Graf Sponeck glaubte, angesichts der Verantwortung für seine 10 000 Soldaten keine Stunde mehr warten zu dürfen. Er hielt sich für berechtigt, aus besserer örtlicher Einsicht gegen den Befehl seines Armeeführers zu handeln. Er wußte, daß er dafür Kopf und Kragen riskierte. Sponeck kannte das eiserne Gesetz des Gehorsams. Aber er empfand auch die sittliche Pflicht des militärischen Führers, einen sinnvollen Befehl über einen formalen zu stellen. Er wich der tragischen Entscheidung nicht aus, die gefordert wird, wenn die Pflicht zum Gehorsam und die eigene Auffassung über operative Notwendigkeiten nicht zusammenstimmen.

Um 8 Uhr am 29. Dezember gab Graf Sponeck der 46. I. D. den Befehl, sich bei Kertsch vom Gegner zu lösen, in Eilmärschen in Richtung auf die Landenge von Parpatsch zu marschieren und »den Feind bei Feodosia anzugreifen und ins Meer zu werfen«. Die Armee unterrichtete er noch durch Funkspruch, dann ließ Sponeck die Funkstelle des Generalkommandos abbrechen.

Soweit die operativen und taktischen Erwägungen Graf Sponecks. Sie sind sinnvoll, nüchtern und mutig. Da ist nicht die Spur von Feigheit, Unentschlossenheit oder schlechtem Gewissen.

Bei 30 Grad Kälte, in eisigem Schneesturm, machten sich die Bataillone der 46. I. D., die Flak, die Pioniere und die Artilleristen auf den Weg. Er war 120 Kilometer lang. Rast wurde nur dann und wann für eine Viertelstunde gemacht, um heißen Kaffee zu empfangen. Sechsundvierzig Stunden marschierten die Männer. Vielen erfroren Finger, Zehen und Nasen. Die meisten Pferde hatten keinen Winterbeschlag und waren ausgehungert. Sie brachen vor Erschöpfung zusammen. Geschütze blieben auf den vereisten Straßen stehen.

Während die Regimenter der 46. I. D. bereits in qualvollem, aber geordnetem Rückzug sind, läuft Mansteins Plan an, bei Sewastopol erst noch ›Fort Stalin‹ zu nehmen und dann Graf Sponeck zu Hilfe zu kommen. Die Kompanien des Infanterieregiments 16 treten zum letzten Sturm an.

Steil und düster ragen die Wälle des Forts aus dem Gewirr von Draht und Gräben. Leise haben sich die deutschen Stoßtrupps durch die Drahtverhaue geschnitten. Eine rote Leuchtkugel steigt auf. Die deutsche Artillerie schießt Nebel, um den Russen die Sicht zu nehmen.

Der erste Wall wird gestürmt, die erste Kasematte genommen, die ersten Gefangenen werden gemacht. Sie sind abgekämpft, todmüde und gleichgültig. Aber auch die Bataillone von I. R. 16 zählen nur noch sechzig bis achtzig Mann.

Soll man angesichts der Entwicklung an der Landenge von Parpatsch die blutigen Kämpfe weitergehen lassen? Manstein kommt zu dem Entschluß: Nein. Er will jetzt angesichts der Lage bei Feodosia kein Risiko mehr eingehen. Er bläst den Kampf ab. Es ist Silvester 1941.

Oberst von Choltitz räumt mit seinem I. R. 16 die schwer erkämpften Wälle des Forts wieder und wird auf den Kamm des Belbek-Tals zurückverlegt. Die 24. I. D. kann ihre bisherigen Stellungen behaupten. Aber auch für sie wie für alle Verbände der 11. Armee an der Sewastopol-Front heißt es jetzt: Warten.

Es wird fünf Monate dauern, ehe der Endkampf um die stärkste Festung des zweiten Weltkrieges wieder beginnt, und fünfeinhalb Monate, ehe die 16er wieder im ›Fort Stalin‹ sind.

Am Vormittag, dem 31. Dezember 1941, kommen die ersten Bataillone der 46. I. D. auf der Landenge von Parpatsch an. Vor ihnen liegen jedoch bereits die Vorausabteilungen der 63. sowjetischen Schützendivision und halten Wladislawowka, nördlich Feodosia. Sollte das ganze Absatzmanöver der Division nutzlos gewesen sein?

»Angreifen. Durchbrechen. Wladislawowka nehmen!« lautet der Befehl General Himers für die 46. I. D. Kurze Bereitstellung auf brettebener, verschneiter Hochfläche. Der eisige Sturm, der vom Kaukasus her über die Hochebene fegt, dringt durch die dünnen Mäntel und läßt Mark und Bein erstarren. Die Tränen der Hilflosigkeit gefrieren, ehe sie bis zum Schnurrbart rinnen.

Sieben Kilometer boxen sich die ausgepumpten Regimenter vorwärts. Dann bleiben sie liegen. Die Männer fallen einfach um.

Im Schutze der Nacht drücken sich die Bataillone schließlich nach rechts am Russen vorbei durch den noch freien Teil der Landenge und gehen auf dem eiskalten Boden ›in Stellung‹ mit Front nach Süden und nach Osten. Die letzten Nachhuten, die in der schnell improvisierten Front eintreffen, gehören zur 1. Kompanie Pionierbataillon 88.

Schon am nächsten Mittag greift der Russe an. Aber die deutschen Soldaten halten ihn auf. Auch westlich Feodosia gelingt es, mit dem in letzter Minute herangeworfenen Infanterieregiment 213 der 73. I. D. und rumänischen Verbänden, Teilen des rumänischen Gebirgskorps, eine hauchdünne Sicherungslinie vor der 157. sowjetischen Division aufzubauen.

Als der Russe mit Panzern kommt, retten die letzten drei Sturmgeschütze der ›Löwenbrigade‹ die kritische Lage. Hauptmann Peitz hat sie von Baktschiserai aus, wo sie gegen Partisanen sicherten, an die Front geworfen. Leutnant Dammann, dem Zugführer, gelingt es, sie in dem welligen Gelände südwestlich Wladislawowka bis auf 600 Meter an die feindliche Panzerbereitstellung heranzuführen. Dann kracht es. Es wird ein Höllenduell. Sechzehn sowjetische ›T 26‹ bleiben brennend oder zersprengt auf dem Schlachtfeld. Die Panzerspitze der 44. sowjetischen Armee ist zerschlagen. Die Gefahr eines russischen Vorstoßes bis ins Hinterland von Sewastopol ist gebannt. Der Russe ist gestoppt.

Vom Erfolg her gesehen, war Graf Sponeck also gerechtfertigt. Oder? Manstein beantwortet in seinen Memoiren diese Frage nicht mit einem eindeutigen ›Ja‹, aber auch nicht mit ›Nein‹. Er beanstandet, daß Graf Sponeck die Armee vor vollendete Tatsachen stellte und jede andere Lösung unmöglich machte.

Manstein sagt: »Eine derart überstürzte Rückführung der 46. Infanteriedivision war nicht das Mittel, ihre Kampfkraft zu erhalten. Hätte der Gegner bei Feodosia richtig gehandelt, so wäre die Division in dem Zustande, in dem sie bei Parpatsch ankam, wohl nicht in der Lage gewesen, sich nach Westen durchzuschlagen.« Hätte. Aber der Gegner hat nicht, und der Erfolg entscheidet. Wie man den ›Fall Sponeck‹ auch ansehen mag, die Entscheidung des Generals war weder von ehrlosen Motiven noch von Feigheit bestimmt. Die Enthebung vom Kommando, die Manstein aussprach, kann man aus grundsätzlichen Erwägungen zur Frage von Befehl und Gehorsam als gerechtfertigt ansehen. Doch im Führerhauptquartier trat überdies noch ein Kriegsgericht unter Vorsitz von Reichsmarschall Göring zusammen, das den dorthin befohlenen Generalleutnant Graf von Sponeck degradierte, ihm alle Orden und Ehrenzeichen absprach und ihn zum Tode verurteilte.

Hitler muß selbst Unbehagen über diesen barbarischen Spruch gespürt haben, denn er wandelte auf Einspruch des Oberbefehlshabers der 11. Armee hin das Todesurteil in sieben Jahre Festung um. Gemessen an seinen späteren Verdikten, war das eine bemerkenswerte Entscheidung, die praktisch einem Freispruch gleichkam. Ein Erschießungskommando Himmlers korrigierte allerdings zweieinhalb Jahre später, nach dem 20. Juli 1944, die bescheidene Gnade Hitlers mit brutalem Mord. Man erschoß Graf von Sponeck ohne Anlaß und ohne Urteil.

Die Verurteilung Graf Sponecks durch das Kriegsgericht bekam auch die 46. I. D. zu spüren. Was Feldmarschall von Reichenau, der inzwischen die Heeresgruppe Süd übernommen hatte, mit den Männern dieser Division machte, war fast so grausam wie der Urteilsspruch gegen ihren Kommandierenden General. In den ersten Januartagen 1942 wurden ihre vier Regimentskommandeure zum Divisionsgefechtsstand befohlen. Bleich und erregt gab Divisionskommandeur Generalleutnant Himer ihnen Kenntnis von einem Fernschreiben der Heeresgruppe. Es lautete: »Ich spreche der 46. Division für das schlappe Zufassen bei der Anlandung der Russen auf der Halbinsel Kertsch sowie wegen ihres übereilten Rückzugs aus der Halbinsel die soldatische Ehre ab. Auszeichnungen und Beförderungen sind bis auf weiteres gesperrt. gez. von Reichenau, Generalfeldmarschall.«

Eisiges Schweigen quittierte dieses Todesurteil für eine tapfere Division. Was hatte sie verbrochen? Sie hatte einen Befehl ihres Kommandierenden Generals befolgt. Sie hatte schwerste Strapazen durchgestanden und am Ende noch tapfer gefochten und einen Durchbruch des Feindes auf die Krim verhindert. Und nun dies. Es war eine grausame Demütigung, die Schuld unterstellte, wo es keine gab; die mit übertriebenen Ehrbegriffen die Überforderung der Truppe zu verdecken suchte und alle echten Maßstäbe außer Betracht ließ.

Aber der Schuldspruch über eine ganze tapfere Division konnte die eigentliche Ursache für den Fall nicht aus der Welt schaffen: die Tatsache nämlich, daß an der Front zuwenig Kräfte vor zu große Aufgaben gestellt werden mußten. Diese Tatsache, die mit dem ›Fall Sponeck‹ und der Demütigung der 46. I. D. blitzartig aufleuchtete, sollte sich bald als die tragische Wahrheit nicht nur auf der Krim erweisen. Nicht nur hier, auf der Schwarzmeerhalbinsel, zeigte es sich, daß Stalin keineswegs geschlagen war, sondern daß er im Gegenteil alle Menschenkräfte seines riesigen Reiches mobilisierte, um die Niederlagen des Sommers wettzumachen. Und er kam zum Zuge, weil jetzt die verhängnisvollste deutsche Schwäche sich auszuwirken begann: zuwenig Soldaten für die schweren Schlachten in riesigen Räumen.

Heute, im Zeitalter der technischen Kriege mit Mechanisierung und Automation, können die Massenvernichtungswaffen das Menschenpotential eines an Zahl stärkeren Feindes ausgleichen. Im Rußlandkrieg Hitlers waren sie jedoch noch nicht entwickelt. Der Mensch, der Soldat, die Zahl der Divisionen spielten noch eine entscheidende Rolle. Kam eine Waffenunterstützung dazu, wie sie das kriegswirtschaftlich überlegene Amerika den Sowjets gewährte, dann konnte das Menschenpotential sogar die entscheidende Komponente werden. Das machte die Überlegenheit der Russen aus. Nach einem halben Jahr beispielloser deutscher Siege konnte sich der schwer angeschlagene und schon ein paarmal ins Wanken geratene Gegner erholen und zu Erfolgen kommen, die eine Wendung des Krieges einleiteten. Sie wurde exemplarisch sichtbar in den Schlachten an der Landfront der Heeresgruppe Süd, wohin wir nun unseren Blick wieder wenden.

Man kann aber den von Tapferkeit, Tragik und düsterer Symbolik umwitterten Kriegsschauplatz Krim nicht verlassen, ohne die Korrektur zu verzeichnen, die in den Akten der Kriegsgeschichte über der tapferen 46. I. D. steht.

Ende Januar 1942 ließ der Nachfolger Reichenaus, Feldmarschall von Bock, vor der Division folgenden Tagesbefehl verlesen: »Ich spreche der 46. Division für die seit Anfang Januar hervorragenden Leistungen bei den Abwehrkämpfen in der Landenge meine ganz besondere Anerkennung aus und sehe entsprechenden Vorschlägen für Beförderungen und Auszeichnungen entgegen.« Die 46. I. D. hatte ihre Ehre wieder.

3 Im Ruhrgebiet der Sowjetunion

Die Panzerarmee Kleist nimmt Stalino – Die 6. Armee erobert Charkow – Erste Runde im Kampf um Rostow – Obersturmführer Olboeter und dreißig Mann – Rundstedt muß gehen – Das Läuten der Alarmglocken

Wie sah es an den anderen Fronten der Heeresgruppe Süd aus? Während Manstein in die Krim eingebrochen war, hatten sich auf dem Festland die anderen Armeen der Heeresgruppe Süd zwischen Dnjepr und Donez weiter nach Osten vorgekämpft.

Die Panzergruppe Kleist, inzwischen zur 1. Panzerarmee erhoben, war in Verfolgung des geschlagenen Feindes auf Rostow angetreten. Zwischen dem 12. und 17. Oktober fiel nach schweren Kämpfen der Hafen Taganrog am Asowschen Meer. Unter welchen Opfern, das zeigt ein einziges Exempel: Die 3. Kompanie des Infanterieregiments der ›L. A. H.‹ kehrte aus diesen Kampftagen mit sieben Mann zurück. Der Rest war gefallen. Aber der Mius wurde überwunden. Am 20. Oktober 1941 entriß die 1. deutsche Gebirgsdivision der 12. sowjetischen Armee Stalino. Damit war das wichtigste Rüstungszentrum im Donezgebiet, dem bedeutendsten Industrierevier der Sowjetunion, in deutscher Hand. Nach Hitlers Theorie, die er gegen Generalstab und Oberkommando verfocht, daß der Krieg durch die Eroberung der industriellen Zentren entschieden werde, hätte damit Stalins Niederlage besiegelt sein müssen.

Am 28. Oktober stand Generaloberst von Kleist mit allen Teilen seiner 1. Panzerarmee am Mius, die 17. Armee General von Stülpnagels am Donez. Vier Tage vorher hatte Reichenaus 6. Armee am Nordflügel der Heeresgruppe die Industriemetropole Charkow genommen.

Wie an der ganzen Ostfront, so stoppte aber nun auch hier im Süden die Herbstschlammperiode alle Operationen. Die Armeen saßen fest. Erst am 17. November, nachdem Frost eingetreten war, konnte Kleist am rechten Flügel den Vormarsch fortsetzen. Achtundvierzig Stunden vorher war an der Mittelfront Feldmarschall von Bock zum ›Angriff auf Moskau‹ angetreten.

Aber die Sowjets hatten die Pause der Schlammperiode gut genutzt. Im Kaukasus stampfte Marschall Timoschenko neue Divisionen, Korps und Armeen aus dem Boden. Mitglied seines Kriegsrates an der Südwestfront war ein damals noch unbekannter Mann, der sich mit großer Energie bei der Aufstellung der neuen Verbände bewährte und vor allem die Partisanenarbeit organisierte. Sein Name: Nikita Sergejewitsch Chruschtschow.

Während das Rote Oberkommando neue Armeen mobilisierte, zeigte sich auf deutscher Seite immer deutlicher, daß überall die Decke zu kurz war. Nirgends waren Reserven vorhanden. Brach der Russe irgendwo durch, dann mußten an einer anderen Stelle der deutschen Front Kräfte abgezogen werden, um das Loch zu stopfen. Es wurde deutlich, daß an der Ostfront mindestens drei deutsche Armeen fehlten, und zwar für jede Heeresgruppe eine.

Ein düsteres Beispiel für die angespannte Lage und für die Überforderung der Truppe bildet der Kampf der Heeresgruppe Süd um Rostow.

Am 17. November war General von Mackensens III. Panzerkorps mit der 13. und 14. Panzerdivision, 60. I. D. (mot.) und der ›Leibstandarte‹ zum Stoß auf das Tor zum Kaukasus angetreten. Die ›Leibstandarte‹, verstärkt durch das Panzerregiment 4 der 13. Panzerdivision, durchbrach die Vorfeldbefestigungen bei Sultan-Saly. Die 14. Panzerdivision stieß links daneben auf Bolschije-Saly. General Remisow, der Rostow mit der 56. Armee verteidigte, antwortete mit einem starken Panzerangriff in die Flanke der 14. Panzerdivision. Darauf setzte Mackensen die 60. motorisierte Infanteriedivision östlich umfassend an, um seine Flanke abzusichern.

Am 20. November drangen die drei schnellen Divisionen in die Stadt ein, die damals 500 000 Einwohner zählte, und stießen in einem Zuge weiter bis zum Don. Das I. Bataillon ›Leibstandarte‹ stürmte über die Rostower Eisenbahnbrücke und nahm sie unversehrt in Besitz. Die 60. I. D. (mot.) deckte indes in schneidigem, weit nach Osten und Südosten vorgetragenem Angriff erfolgreich die tiefe offene Korpsflanke und eroberte Aksaskaja, während Teile der 13. Panzerdivision in schnellem Entschluß dem weichenden Gegner von Westen her nachstießen. Rostow, der Eingang ins sowjetische Ölparadies, war in deutscher Hand.*

Ein entscheidender Sieg. Denn die Rostower Brücken über den Don waren mehr als nur Flußübergänge: Sie waren Brücken, die zum Kaukasus und nach Persien führten. Nicht ohne Grund hatten England und die Sowjetunion Ende August 1941 Persien besetzt und eine Nachschubstraße von der Küste des Persischen Golfs über Täbris bis an die russische Kaukasusgrenze gebaut. Damit war für die Sowjetunion eine direkte Landverbindung — die einzige — mit ihren reichen westlichen Verbündeten geschaffen. Die alte grusinische Heerstraße, der Mitte des 19. Jahrhunderts von den Russen erbaute Paßweg vom Terek-Tal über den Kaukasus nach Tiflis, kam wieder zu Ehren.

Rostow war auf diese Weise eine Art Verbindungszentrale, eine Relaisstation zwischen der Sowjetunion und Großbritannien für den Nachschub via Persischen Golf. Es war also sehr begreiflich, daß der Rote Generalstab alles versuchte,

* Karte siehe Einschaltskizze auf Karte 13, Seite 250

Rostow den Deutschen wieder zu entreißen und der Panzerarmee Kleist den Weg in den Kaukasus zu verlegen.

Mit der 37. und der 9. sowjetischen Armee unter den Generalen Lopatin und Charitonow setzte Timoschenko eine sehr geschickte Operation ins Werk: Durch Mackensens Abdrehen nach Süden war zwischen der 17. Armee und der 1. Panzerarmee eine Lücke entstanden, die aus Mangel an Kräften nicht sofort geschlossen werden konnte. Diese Chance nutzte Timoschenko. Er fuhr in die Lücke und damit in den Rücken des III. Korps. Eine gefährliche Situation.

Um die Gefahr zu bannen, mußte Mackensen erst die 13. und dann auch noch die 14. Panzerdivision aus seiner Front lösen und sie bei Generalski Most und Budjenny Most — Generals-Brücke und Budjenny-Brücke — in den gefährdeten Tuslow-Abschnitt werfen. Kaum aber war die kritische Lage im Rücken des Korps halbwegs gebannt, da packte Timoschenko das geschwächte Korps Mackensen an der östlichen und südlichen Flanke. Die Angriffe trafen mit großer Wucht auf die 60. I. D. (mot.) und die ›Leibstandarte‹.

25. November. Die Kradschützen der Aufklärungsabteilung (mot.) ›Leibstandarte‹ halten einen acht Kilometer breiten Abschnitt am Südrand von Rostow, direkt am Ufer des hier 1000 Meter breiten Don. Aber der riesige Fluß ist kein Hindernis mehr. Er ist zugefroren. Es ist erbärmlich kalt. Die Männer können sich nur notdürftig gegen den schneidenden Frost schützen.

5 Uhr 20 morgens: Alarm! Sowjetische Regimenter, Teile der 343. und 31. Schützendivision sowie der 70. Kavalleriedivision, greifen die Stellungen auf der ganzen Breite an. 300 Grenadiere liegen in der vordersten Linie. 300. Und drei sowjetische Divisionen kommen. Zuerst stürmt die 343. russische Schützendivision. Den Deutschen stockt der Herzschlag: Untergehakt, singend und von Urräh-Rufen angefeuert, marschieren die Bataillone in breiter Front aus dem eiskalten Morgengrauen heran. Die aufgepflanzten Bajonette ragen wie Lanzen aus der lebenden Mauer. Die Mauer betritt das Eis des Don. Ein Befehl. Die Russen gehen zum Sturmschritt über. Immer noch halten sie sich untergehakt, stampfen über das Eis.

Obersturmführer Olboeter, der Führer der 2. Kompanie, liegt vorn beim schweren Maschinengewehr der 3. Gruppe. »Noch warten«, mahnt er.

Auf dem Eis gehen die ersten S-Minen hoch, die deutsche Pioniere in den Schnee montiert haben, und reißen Lücken in die Sturmreihen. Aber die Masse stampft weiter.

»Feuer!« kommandiert Olboeter jetzt. Das MG tackert los. Nur um einen Atemzug später fallen die anderen zum Höllenkonzert ein.

Wie eine riesige, unsichtbare Sichel fährt die Garbe in die vorderste Welle der stürmenden Sowjets und wirft sie aufs Eis. Auch die zweite Welle wird niedergemäht. Wer wissen will, wie sowjetische Infanterie stürmen und sterben kann, der muß bei Rostow am Donufer gelegen haben.

Über die Toten und Verwundeten hinweg springen die nächsten Wellen. Und jede kommt näher heran, ehe sie aufs Eis gestreckt wird.

Mit zitternden Händen führt der neunzehnjährige Horst Schrader, Schütze zwei am MG, den gefüllten Patronengurt ins Schloß. Seine Augen sind voll Entsetzen. Der Lauf des MG dampft. Wie aus weiter Ferne hört er den Gewehrführer schreien: »Laufwechsel! Laufwechsel!«

Im Abschnitt der 2. Kompanie stürmt das sowjetische Schützenregiment 1151 mit zwei Bataillonen. Drei Wellen liegen auf dem Eis. Die letzte ist in Bataillonsstärke heran.

Die Rotarmisten brechen in die Stellung ein und kämpfen die MG-Bedienungen nieder. Sie erschlagen die Grenadiere in ihren Schützenlöchern. Dann sammeln die Russen. Wenn sie nicht durch einen Gegenstoß aus der Front geworfen werden, kann es für die Kradschützen der Aufklärungsabteilung der ›Leibstandarte‹ böse werden. Der Südeingang nach Rostow ist in Gefahr.

Auch vor der 1. Kompanie wird es brenzlig. Zwei sowjetische Schützenregimenter, das 177. und das 248., stürmen hier. Die vorderste Welle liegt höchstens zwanzig Meter vor der deutschen Front. Aber jetzt rollen drei Sturmgeschütze mit aufgesessenen Grenadieren zum Gegenstoß in den Abschnitt der 2. Kompanie und riegeln die eingedrungenen Russen ab. Sechs Offiziere und 390 Mann ergeben sich. Die meisten sind verwundet. Mehr als 300 gefallene Sowjets liegen vor den deutschen Stellungen.

Der Tag vergeht im Feuer des Kampfes. Doch am nächsten Tage greifen die Russen wieder an. Und auch am übernächsten.

Am 28. November sind die Sowjets in der Stellung der 1. Kompanie. Es sind Teile der 128. russischen Schützendivision, im Juli aufgestellt und aus Krasnodar zum ersten Einsatz herangebracht. Obersturmführer Olboeter übernimmt den Gegenstoß, diesmal jedoch mit nur dreißig Mann und zwei Sturmgeschützen. Aber erst müssen ihm die Stiefel von den erfrorenen Füßen geschnitten werden. Er umwickelt seine Beine mit Mullbinden, Fußlappen und zwei Pferdedecken, die er mit Bindfaden befestigt. Dann klettert er auf das vorderste Sturmgeschütz. »Los!« sagt er nur. »Los!«

Olboeter ist ein erfahrener Taktiker. Er greift mit einem Sturmgeschütz am linken Flügel an, das andere läßt er die Stellung umfahren, so daß es feuerspeiend an der rechten Flanke des Russen auftaucht. Dicht um die Sturmgeschütze geschart und beim Vorwärtsstürmen schießend, dringen Olboeters Männer in die russische Stellung. Trotz seiner deckenumwickelten erfrorenen Füße taucht der Obersturmführer immer wieder rechts und links vom Sturmgeschütz auf. Dirigiert. Weist ein. Wirft sich in den Schnee und feuert aus der MPi.

Zwei Stunden dauerte der Kampf. Dann kam Olboeter mit drei Dutzend Gefangenen zurück. Er hatte die Stellung aufgerollt, die überraschten und abgekämpften Sowjets waren über den Don geflohen. Wieder einmal hatte sich eine typische Schwäche des Russen gezeigt: Seine untere Führung war nicht wendig genug, um örtliche Erfolge im großen Stil auszuweiten. In der wiedergewonnenen Stellung lagen 300 gefallene Russen. Neben ihnen aber auch die meisten Offiziere und Kradschützen der 1. Kompanie von Obersturmbannführer Meyers Aufklärungsabteilung.

Doch was nützte der örtliche Erfolg? Die Russen kamen wieder. Stur rollten ihre Massenangriffe gegen die nur noch schwach besetzte deutsche Hauptkampflinie. Und keine noch so große Tapferkeit konnte die Tatsache aus der Welt schaffen, daß die deutschen Verbände in und um Rostow einfach zu schwach waren. Drei aufs äußerste mitgenommene Divisionen, deren Kompanien höchstens noch ein Drittel ihrer Sollstärken hatten, konnten auf die Dauer dem pausenlosen Ansturm von fünfzehn sowjetischen Schützen- und Kavalleriedivisionen sowie von mehreren Panzerbrigaden nicht standhalten.

Aufs neue enthüllte sich die entscheidende deutsche Schwäche: zuwenig Kräfte. Die Front des III. Korps war 115 Kilometer lang. Sie konnte mit den vorhandenen Kräften unmöglich gehalten werden. Feldmarschall von Rundstedt erkannte das, telefonierte mit dem Chef des Generalstabs des Heeres und mit dem Führerhauptquartier und erbat die Genehmigung zur Aufgabe Rostows.

Aber Hitler wollte von Rückzug nichts wissen. Wollte nicht wahrhaben, daß der Russe stärker war, predigte Härte, wo nur Vernunft helfen konnte. So erhielt Rundstedt den Befehl, dort zu bleiben, wo er stand.

Doch diesmal geriet Hitler an den Falschen. Der Feldmarschall weigerte sich, den Befehl zu befolgen. Hitler enthob ihn daraufhin seines Postens. Feldmarschall von Reichenau, bisher Oberbefehlshaber der 6. Armee, übernahm die Heeresgruppe Süd und stoppte sofort den von Rundstedt bereits vorsorglich eingeleiteten Rückzug.

Jedoch auch Reichenau konnte die harten Tatsachen nicht aus der Welt schaffen. Vierundzwanzig Stunden nach Übernahme der Heeresgruppe am 1. Dezember 1941, um 15.30 Uhr, rief er im Führerhauptquartier an: »Der Russe bricht in die überbeanspruchte dünne deutsche Front ein. Wenn eine Katastrophe vermieden werden soll, muß die Front verkürzt, das heißt zurückverlegt werden — bis hinter den Mius. Es geht nicht anders, mein Führer!«

Was Hitler vierundzwanzig Stunden zuvor Rundstedt verweigert hatte, mußte er nun Reichenau gestatten. Rückzug. Rostow preisgegeben.

Das war der erste schwere Rückschlag des Krieges, wenngleich noch keine Katastrophe. Denn es war ein geschickter und ›weicher Rücksprung‹. Der größte Teil des wichtigen Donezgebietes blieb noch in deutschem Besitz.

Aber nichts konnte darüber hinwegtäuschen, daß das deutsche Ostheer seine erste ernsthafte Niederlage erlitten hatte. Guderian sprach auf seinem Armeegefechtsstand vor Moskau auf Tolstois Gut in Jasnaja Poljana das düstere Wort: »Dies ist das erste Läuten der Alarmglocken.«

Er ahnte nicht, daß sie sechs Tage später auch bei ihm läuten würden. Und nicht nur bei ihm, sondern an der gesamten Ostfront. Der Schlag, der Rundstedt getroffen hatte, war nur eine Episode — gemessen an dem, was sechs Tage später über die Heeresgruppe Mitte im Kampfraum Moskau hereinbrach.

Vierter Teil

Winterschlacht

1 Die Sibirier kommen

Der 5. Dezember 1941 — Keine Wintersachen — Kampf um Klin — Panzergruppe 3 ficht sich zurück — 2. Panzerarmee muß weichen — Drama auf dem Eis der Rusa — Brauchitsch geht — Ein historisches Gespräch in der ›Wolfsschanze‹ — Halten um jeden Preis — Durchbruch bei der 9. Armee — Die Tragödie des XXIII. Korps — Fahrplan bis ›Gießen‹ — Guderian wird entlassen

Die Gefechtsvorposten beim Infanterieregiment 87 haben gerade abgelöst. Es ist 5 Uhr morgens und eiskalt. Noch immer 25 Grad minus. Die Männer stapfen durch den Schnee dem Jachroma-Bach zu. Aus den Kaminen der Bauernkaten im Bachgrund steigt der Rauch kerzengerade in den dämmernden Morgen. Stille. I. R. 87 gehört zur 36. I. D. (mot.). Die rheinhessischen Regimenter haben die Front zwischen dem Wolgastausee südlich Kalinin, auch ›Moskauer Meer‹ genannt, und Rogatschewo zu verteidigen. Sie können den langen Abschnitt nur stützpunktartig besetzt halten. Die Regimenter sind zu schwach. Ausgeblutet. Mehr noch: ›ausgefroren‹!

Länger als eine Stunde kann bei 30 bis 40 Grad Kälte kein Mensch vorn im Schneeloch liegen. Es sei denn, er hätte Schafpelz und Filzstiefel, Fellmütze und gefütterte Handschuhe. Aber das haben die Männer der 36. I. D. (mot.) nicht.

Noch dreißig Meter bis zum Dorf. Vereist stehen die Panjewagen am Bach. Hoch ragt der Ziehbrunnen über die niedrigen Dächer, daneben einige Russinnen. Sie holen Wasser. Da schrecken sie alle hoch, die Landser der heimkehrenden Ablösung und die Russinnen. Ducken sich instinktiv. Springen dann schnell zu den ersten Häusern. Und da ist es schon, das ›heulende, wilde Tier‹. Krachend schlägt es zu. Schneefontänen wirbeln hoch. Glühende Splitter prallen vom steinhart gefrorenen Boden. Prasseln in die Sauna. Fegen in die Häuser. Alarm!

Es ist der 5. Dezember 1941. Ein Freitag. Im Buch der Kriegsgeschichte wird umgeblättert. Die große russische Gegenoffensive vor Moskau beginnt. Hier, bei der 36. I. D. (mot.), im Kampfraum des LVI. Panzerkorps, ist die blutige Eröffnung des historischen Dramas. Vierundzwanzig Stunden später entbrennt auch an den anderen Frontabschnitten der Heeresgruppe Mitte die große Schlacht: zwischen Ostaschkow und Jelez — auf 1000 Kilometer Breite.

Wie sah es an diesem 5. Dezember vor Moskau aus? Bis auf wenige Kilometer hatten sich deutsche Angriffsspitzen nördlich und westlich der roten

Metropole an den Stadtrand herangekämpft. Die 9. Armee, am Nordflügel der Heeresgruppe Mitte, spannte einen 170 Kilometer langen Frontbogen über Kalinin zum ›Moskauer Meer‹.

Die Divisionen der Panzergruppe 3, die Moskau nördlich umfassen sollten, waren bis Dmitrow am Moskwa-Wolga-Kanal vorgestoßen. Weiter südlich standen die vordersten Teile des XXXXI. Panzerkorps im Angriff auf die Kanalübergänge nördlich Lobnja. Die Kampfgruppe Westhoven der 1. Panzerdivision hatte nach Einnahme von Nikolskoje und Bely Rast den Westrand von Kusjaewo erreicht. Die Panzergruppe 4 zog rechts anschließend den Viertelkreis um Moskau, der von Krasnaja Poljana bis Swenigorod reichte; die Entfernung zum Kreml war von keinem Punkt weiter als vierzig Kilometer. Die Gefechtsvorposten der 2. Panzerdivision standen an der ersten Haltestelle der Moskauer Straßenbahn. Ein Stoßtrupp des Pionierbataillons 62 aus Wittenberg war Stalin am dichtesten zu Leibe gerückt und in die Vorstadt Chimki eingedrungen, acht Kilometer vom Stadtrand, sechzehn Kilometer vom Kreml entfernt.

Auf dem Südflügel von Hoepners Panzergruppe 4 standen nach rechts zu: die 106. und 35. I. D., die 11. und 5. Pz. D. sowie die SS-I. D. (mot.) ›Das Reich‹, die 252., 87., 78., 267., 197. und 7. I. D. Dann kamen die Divisionen von Kluges 4. Armee. Sie stand fünfzig Kilometer vor Moskau in einer von Norden nach Süden verlaufenden Front, zwischen der Moskauer Autobahn und der Oka.

Es folgte die 2. Panzerarmee Guderians. Sie war an dem verbissen verteidigten Tula vorbeigestoßen und lag in einer weit nach Osten reichenden Frontausbuchtung um Stalinogorsk; mit ihrer nach Norden gegen die Oka eingesetzten Angriffspitze, der 17. Panzerdivision, vor Kaschira.

Auf dem äußersten rechten Flügel deckte die 2. Armee die Südflanke und hielt den Anschluß zur Heeresgruppe Süd.

In dieser 1000 Kilometer langen Frontlinie war die deutsche Offensive Anfang Dezember liegengeblieben, erstarrt, eingefroren im wahrsten Sinne des Wortes. Kälte bis 45 und sogar 50 Grad packte mit eisigem Griff Mensch, Tier, Motor und Waffe. Im Tagebuch eines Soldaten des Schützenregiments 69 der 10. Panzerdivision steht der Satz: »Wir führen den Winterkrieg so, als ob dies hier ein Schwarzwaldwinter wäre.«

Genauso war es. Offiziere und Männer hatten keine ausreichende Wintersonderbekleidung, um bei 50 Grad Minus im freien Gelände zu kampieren und zu kämpfen. Sie zogen übereinander, was sie kriegen konnten oder in den russischen Textilfabriken, Werkstätten oder Magazinen fanden. Das machte die Männer jedoch eher unbeholfen, als daß es wärmte. Und diese verdreckten Pellen, die keiner mehr vom Leibe zog, waren Brutstätten für die Läuse, die sich in die Haut fraßen. Man fror jedoch nicht nur, man hungerte auch. Die Butter kam wie Stein an, und man konnte sie nur als ›Buttereis‹ stückchenweise lutschen. Das Brot mußte mit der Axt zerteilt und dann im Feuer aufgetaut werden. Schlimme Durchfälle waren die Folge. Die Kompanien schmolzen immer mehr zusammen. Die täglichen Abgänge wegen erfrorener Gliedmaßen und fiebriger Darmerkrankungen waren höher als die Kampfverluste.

Genauso schwer wie die Menschen litten die Pferde unter der Kälte und dem

Hunger. Hafer kam nicht heran. Das gefrorene Stroh der Katendächer stillte den Hunger nicht, machte aber krank. Die Räude ging um, die Kolik grassierte. Die Tiere brachen zusammen und verendeten reihenweise.

Auch die Motoren versagten den Dienst. Es gab nicht genügend Frostschutzmittel, das Kühlwasser gefror, und die Motorblöcke platzten. So wurden Panzer, Lastwagen und Funkstellen bewegungslos und fielen aus. Die Waffen versagten, weil das Öl in den Schlössern gefror. Man hatte nicht an ausreichenden Nachschub von Winteröl gedacht. Es fehlte auch Wintersalbe für die Gläser der Feldfernstecher, der Scherenfernrohre und der Zieleinrichtungen an den Geschützen. So froren die Okulare blind und wurden unbrauchbar.

Fast nichts war da, was in diesem verdammten russischen Winter für Leben und Krieg notwendig gewesen wäre. Das Führerhauptquartier hatte geglaubt, vor Eintritt der Frostperiode in Moskau zu sein. Diese grobe Fehlrechnung im Fahrplan der Schlacht und die daraus sich ergebende mangelnde Vorsorge rächten sich nun bitter.

Warum schaffte man für die notleidende Front nicht aus Europa heran, was man brauchte? Weil auch die wenigen Lokomotiven einfroren, die man hatte. Statt der täglich sechsundzwanzig benötigten Versorgungszüge für die Heeresgruppe Mitte kamen acht, höchstens zehn an. Und die meisten Ju 52 der Versorgungsflieger konnten wegen der beißenden Kälte und der fehlenden Hallen von den Feldflugplätzen in Polen und Weißrußland nicht starten.

Da schreibt der Gefreite Werner Burmeister von der 2. Batterie des aus Frankreich kurzfristig herangeführten Artillerieregiments 208 in einem Brief nach Hause: »Was soll man denn machen, sechs Pferde sind vors Geschütz gespannt. Die ersten vier können an der Hand geführt werden, aber die zwei an der Deichsel, da muß schon einer aufsitzen, denn das ständige Schlagen der Deichsel in die Flanken der Tiere kann nur verhindert werden, wenn man sich aus dem Sattel mit dem Fuß auf die Deichsel stemmt. Bei 30 Grad Minus, in engen, eisenbeschlagenen Knobelbechern hat man, ehe man sich's versieht, die Zehen erfroren. In meiner Batterie ist keiner, der Zehen und Hacken nicht erfroren hätte.«

So unpathetisch, so trivial grausam war dieser Rußlandwinter. Der russische Soldat bekam grundsätzlich seine Lederstiefel ein bis zwei Nummern zu groß, damit er sie im Winter mit Stroh oder Zeitungspapier ausgestopft tragen konnte; ein sehr wirksamer und praktischer Kälteschutz. Auch die ›alten Hasen‹ der deutschen Ostdivisionen wußten das. Aber ihre Stiefel paßten leider.

Wer will sich wundern, daß angesichts dieser Umstände die Truppe am Ende war? Die Kampfkraft der Regimenter sank zahlenmäßig auf weniger als die Hälfte herab. Das schlimmste war, daß das Offiziers- und Unteroffizierskorps und die Masse der alten erfahrenen Gefreiten durch Tod, Erfrierungen und Krankheit dezimiert wurde. Oberleutnante führten Bataillone, Feldwebel in vielen Fällen die Kompanien. Nirgends gab es Reserven. Dabei hatte die Heeresgruppe Mitte mehr als 1000 Kilometer Front zu halten. Das muß man wissen, um zu verstehen, was kam.

Und wie sah es auf sowjetischer Seite aus? Noch während die deutsche Offensive gelaufen war, hatte das sowjetische Oberkommando je eine Kräftegruppe südlich und nördlich von Moskau versammelt. Was in dem riesigen Reich an Soldaten zur Verfügung stand, wurde nach Moskau gefahren, die Grenzen im Osten und Süden wurden rücksichtslos entblößt. Die wintergewohnten und für Winterkämpfe ausgerüsteten sibirischen Divisionen bildeten den Kern der neu herangeführten Kräfte. Vierunddreißig sibirische Divisionen führte das sowjetische Oberkommando an seine Westfront. Davon einundzwanzig an die Front vor der Heeresgruppe Mitte, die im Oktober über achtundsiebzig Divisionen verfügt hatte, aber Anfang Dezember nur noch die Kampfkraft von fünfunddreißig besaß. Diese relativ geringe Kampfkraft wurde schon durch die frischen sibirischen Verbände aufgewogen. Ihr Einsatz war entscheidend.

Die sowjetische Kräftemassierung vor Moskau war das Ergebnis des wahrscheinlich größten Verrats des zweiten Weltkriegs. Stalin kannte die japanische Absichten, nicht Rußland, sondern Amerika anzugreifen. Er wußte es von seinem Agenten in Tokio, Richard Sorge, der als vertrauter Mitarbeiter des deutschen Botschafters und als Freund höchster japanischer Politiker die Absichten der deutschen und japanischen Führung kannte. Er meldete Stalin, daß Japan sich der deutschen Regierung gegenüber geweigert hatte, Rußland anzugreifen. Er berichtete, daß die japanischen Militärs den Krieg gegen Amerika im Pazifik vorbereiteten. Da Sorges Meldungen über die deutschen Angriffspläne vom Frühjahr 1941 durch die Ereignisse so hundertprozentig bestätigt worden waren, vertraute Stalin diesmal den Berichten aus Tokio, zog die Masse seiner Streitmacht aus dem Fernen Osten nach Moskau ab, obwohl in der Mandschurei die japanische Kwantung-Armee angriffsbereit stand.

Ohne diese Maßnahme hätte Moskau nicht gerettet werden können. Der letzte Beweis für die Zusammenhänge zwischen Sorges Informationen und den militärischen Ereignissen aber liegt in der Tatsache, daß Stalin seine Offensive an dem Tag begann, als die Japaner mit ihren Schiffen Pearl Harbour ansteuerten, um sich in den Krieg mit den USA zu stürzen. Auch dieses supergeheime Datum des japanischen Kriegsbeginns hatte Sorge an Stalin gemeldet. Und als die sowjetische Aufklärung den japanischen Aufmarsch bestätigte, da wußte der übermißtrauische Stalin genau, daß Dr. Sorges Informationen stimmten. Er konnte beruhigt seine Sibirier vor Moskau loslassen.

Das Rote Oberkommando hatte Anfang Dezember 1941 insgesamt siebzehneinhalb Armeen zum Angriff auf die deutsche Heeresgruppe Mitte herangeschafft. Drei davon, die 1., 10. und 20. Armee, bestanden aus sibirischen und asiatischen Divisionen, die neu aufgestellt worden waren. Die anderen Armeen hatten die Sowjets, wie der zuverlässige Historiker Samsonow schreibt, »nach Zuführung von Reserven um das Drei- bis Vierfache verstärkt«.

Die russische Kriegsgeschichtsschreibung – die gern untertreibt, wenn es um die eigenen Kräfte geht, dagegen aber die deutschen Kräfte durchweg viel zu hoch ansetzt – gibt das Verhältnis zwischen deutschen und sowjetischen Truppen zu Beginn der Gegenoffensive mit 1,5 : 1 zugunsten der roten Streitkräfte an. Und das sowietische Übergewicht wurde von Woche zu Woche größer.

Der deutschen Heeresgruppe Mitte wurde im Dezember keine einzige frische Division zugeführt. Die ihr gegenüberstehende russische ›Westfront‹ hingegen wurde im gleichen Zeitraum durch dreiunddreißig Divisionen und neununddreißig Brigaden verstärkt. Diese Zahlen sagen alles: Deutschland hatte einfach zuwenig Kräfte. Die Decke war zu kurz für diesen Krieg!

Welchen Plan hatte das sowjetische Oberkommando für die Gegenoffensive? Auch wenn es keine sowjetische Darstellung gäbe, wäre die Antwort leicht. Sie ergab sich aus der Lage: Es galt zuerst, die beiden starken deutschen Panzerkeile, die Moskau vom Norden und vom Süden bedrohten, zu zerschlagen.

Ob darüber hinaus — wie die sowjetische Kriegsgeschichtsschreibung behauptet — das Rote Oberkommando schon von Anfang an geplant hatte, nach diesem ersten Akt einen zweiten anzuschließen mit dem Ziel, die ganze deutsche Heeresgruppe Mitte einzukesseln, sei dahingestellt. Es erscheint wenig glaubhaft. Wenn dieser Plan aber doch bestanden haben sollte, dann war er schlecht angelegt.

Wir werden das noch sehen.

Die sowjetische Gegenoffensive begann nördlich Moskau mit dem Kampf um den Kliner Bogen. Dieser weit vorgeschobene deutsche Frontvorsprung der Panzergruppe 3 war die gefährlichste Bedrohung der roten Hauptstadt.

Im Mittelpunkt dieser Schlacht standen das XXXXI. und das LVI. deutsche Panzerkorps mit der 36. und 14. I. D. (mot.), der 6. und 7. Panzerdivision sowie der ab 7. Dezember unterstellten 1. Panzerdivision. General Schaal, der ehemalige Kommandeur der altbewährten 10. Panzerdivision, führte das LVI. Panzerkorps. Von ihm liegt ein Bericht vor, der zusammen mit den Gefechtsberichten der einzelnen Divisionen ein eindrucksvolles und kriegsgeschichtlich interessantes Bild von den dramatischen Vorgängen gibt. Sie haben exemplarische Bedeutung; denn am Kampf im Kliner Bogen zeigt sich, wie das Schicksal des Nordflügels der Heeresgruppe Mitte Anfang Dezember 1941 oft am seidenen Faden hing, zeigt sich aber auch, unter welchen Bedingungen, mit welchen geringen Kräften und unter welchem Einsatz Truppe und Führung der Gefahr begegneten.

Als im Morgengrauen des 5. Dezember der erste russische Artillerieschlag die Ablösungen des I. R. 87 am Jachroma-Bach Deckung nehmen ließ, stürmten bereits sowjetische Regimenter in die vorderen Stellungen der 36. und auch der benachbarten 14. I. D. (mot.) zwischen Rogatschewo und dem Südrand des Wolgastaubeckens. Ein russisches Skibataillon und ein Dutzend Panzer brachen bei der 36. I. D. (mot.) durch und stießen nach Westen. Die Russen ahmten die deutsche ›Blitz‹-Strategie nach.

Am 7. Dezember mittags, also achtundvierzig Stunden später, tauchen die Sowjets vor General Schaals Korpsgefechtsstand in Bol. Schtschapowo auf — sechs Kilometer nordostwärts Klin. Stabsoffiziere, Melder und Schreiber greifen zum Karabiner. Drei Panzerspähwagen, wenige 2-cm-Flak-Selbstfahrlafetten und zwei Pak des Korps-Begleitkommandos feuern, was aus den Rohren geht. Der Kommandierende General liegt mit dem Karabiner hinter einem Lkw und schießt gezieltes Einzelfeuer. Der Ia führt einen Flak-Kampftrupp heran und riegelt den Nordeingang des Ortes mit zwei MG-Gruppen ab. Am Abend kommt eine zerfledderte Kompanie der 14. I. D. (mot.) von vorn aus der durchbrochenen Front, geht sofort in Stellung und hält die Russen in Schach. Kurz darauf trifft der mit seiner Gefechtsstaffel vorausgeeilte Kommandeur vom Schützenregiment 1, Oberst Westhoven, ein, dem bis kurz nach Mitternacht die Masse des von Bely Rast kommenden II. Bataillons Schützenregiment 1 folgte.

Am nächsten Morgen um 8 Uhr 30 greift der Russe mit Panzern an. Ist das Ende des Korpsstabes gekommen? Die ersten Panzer brechen am Nordrand von Selchino her ein. Zwei Regimenter Infanterie, unterstützt von starker Artillerie, gehen an Schtschapowo vorbei nach Südwesten vor. Da ertönt von der linken Flanke Kampflärm: Oberst Westhoven greift mit Teilen der 1. Panzerdivision an. Auch die vordersten Panzer des Panzerregiment 25 der 7. Panzerdivision treffen gerade noch im rechten Augenblick ein und stoßen unter Führung von Oberleutnant Ohrloff dem Feind in die Flanke. Der Russe ist überrascht durch diesen Flankenangriff. Seine Infanterie weicht zurück und hat schwere Verluste. Der Korpsstab geht nach Klin.

Auch hier findet General Schaal eine neue Hiobsbotschaft vor. Dem Gegner war an der Nahtstelle zwischen der 36. und der 14. I. D. ein tiefer Einbruch geglückt. Starke Verbände stießen durch die geschlagene Bresche nördlich an Klin vorbei, sperrten die Nachschubstraße des Korps und drehten über Jamuga auf Klin ein. Jetzt stand der Panzergruppe 3 nur noch eine Straße zur Verfügung. Und auch sie war ernsthaft gefährdet. Würde sie vom Feind blockiert, drohte der ganzen Panzergruppe die Katastrophe. Sie wäre abgeschnitten. Es bliebe nur der Durchbruch zu Fuß, unter Zurücklassung aller Fahrzeuge und schwerer Waffen. Am 8. Dezember mittags wird diese Gefahr akut. Die Sowjets nehmen Spas Saulok und dann Jamuga, acht Kilometer nördlich Klin.

Karte 15
Die Abwehrschlacht um Klin.

Die thüringische 1. und die Wiener 2. Panzerdivision – zusammen mit der zu dieser Zeit bei Guderian eingesetzten Berliner 3. Panzerdivision, die Stammdivisionen der deutschen Panzertruppe – sind Schaals letzte Hoffnung. Sie sollen die Lage retten und die lebenswichtige Straße für den Rückzug in eine neue Auffanglinie der Panzergruppe 3, die Lamastellung, freizuhalten. Die 1. Panzerdivision, die am 7. Dezember morgens noch mit der Masse in einer Riegelstellung um Nikolskoje an der Straße Rogatschewo–Moskau eingesetzt war, wird von General Reinhardt herausgezogen und nach Klin geworfen. Die immer ernster werdende Gefahr, daß dieser für das Abfließen der motorisierten Verbände lebenswichtige Knotenpunkt vor ihrem Eintreffen verlorengeht, kann am 8. Dezember abends durch den Angriff eilig herangeworfener Alarmverbände unter Führung von Oberst Kopp gebannt werden. Das Panzerpionierbataillon 37 nimmt und hält Maidanowo am Nordrand der Stadt. Damit ist das Schlimmste zunächst verhütet. Die sofort aufgebaute Verteidigung des Nordrandes von Klin wird laufend verstärkt, um die Stadt bis zum Eintreffen der ersten Teile der 1. Panzerdivision zu halten. Generalmajor Siry wird Kampfkommandant.

Es ist eine schwere Aufgabe, denn die Sowjets wissen, um was es geht. General Schaal berichtet: »Ermutigt durch das deutsche Zurückgehen, angespornt durch den Anblick der deutschen Rückzugsstraßen, angetrieben durch die Befehle der russischen Führung, kämpfte der Russe äußerst zäh und erbittert. Dabei hatte er, teilweise auf Schneeschuhen, in der Masse zu Fuß und mit leichten Fahrzeugen vorgehend sowie von T 34 unterstützt, fast alle Vorteile des Geländes auf seiner Seite, denn die schwerfälligen deutschen motorisierten Verbände konnten sich in dem waldreichen, wegearmen Gelände fast nur auf festen Straßen bewegen. Die Schlacht wurde immer mehr zum Nahkampf, in dem das sonst so bewährte deutsche Zusammenwirken der Waffen nicht mehr so zur Geltung kommen konnte und der Russe daher meist überlegen war.«

Trotzdem gelang es den Kampfgruppen der verstärkten 1., im Zusammenwirken mit Kampfgruppen der 5. und 2. Panzerdivision, die Rückzugsstraße von Klin nach Westen offenzuhalten und abzuschirmen, den eingebrochenen Feind zurückzuwerfen und unter letztem Einsatz und blutigen Opfern den Rückzug von vier schnellen und Teilen mehrerer Infanteriedivisionen zu ermöglichen. Um aber aus der verzweifelten Flickschusterei herauszukommen, faßte General Schaal einen wagemutigen Plan, der dem Korps und der Panzergruppe Luft machen und die Initiative wiedergeben sollte.

Es ging darum, dem Feind durch mehrere Gegenangriffe in die Parade zu fahren. Der Kommandeur des Panzerregiments 25, Oberst Hauser, ein kühner Draufgänger von der 7. Panzerdivision, sollte alle im Korpsbereich verfügbaren und von der Heeresgruppe in Aussicht gestellten Panzer — etwa fünfzig Stück — unterstellt erhalten, aus der Riegelstellung ostwärts Klin losbrechen, die durch Funkaufklärung erkannten feindlichen Divisionsstäbe zwischen Jamuga, Spas Saulok und Birewo ausheben, die Verbindungen zerstören, feindbesetzte Ortschaften in Brand schießen, die russische Artillerie von rückwärts angreifen und außer Gefecht setzen, um dann, nach der so geschaffenen Verwirrung, in den deutschen Verteidigungsring zurückzukehren.

Alles wurde für diesen Gegenangriff vorbereitet.

Inzwischen traten zwei Kampfgruppen der 1. Panzerdivision zu einem Entlastungsstoß nach Norden an. Zunächst warf die Kampfgruppe Westhoven südlich Birewo stärkere Feindkräfte zurück. Dann stieß die Kampfgruppe von Wietersheim am 9. Dezember gegen 10 Uhr 30 mit dem Kradschützenbataillon 1, einem halben Dutzend Panzer III unter Leutnant Stoves und unterstützt von der Artillerieabteilung Dr. Born entlang der Kalininer Rollbahn gegen Jamuga vor. Das Unternehmen kam zunächst gut voran. Der Russe war trotz seiner zahlenmäßigen Überlegenheit nicht standfest und wich. 180 Tote, 790 Gefangene und zahlreiche schwere Waffen mit drei T 34 ließ er auf dem Schlachtfeld um Jamuga; der Ort selbst konnte allerdings nicht wieder erobert werden.

Die 1. Panzerdivision nahm dann gegen Abend diese Kampfgruppe auf den Nordrand von Klin zurück und richtete sich dort zur Verteidigung ein. Nachstoßende Feindverbände wurden im Nahkampf abgewiesen. Am 9. Dezember nachts erhielt das Kommando der 1. Pz. D. den Befehl über die Gesamtverteidigung von Klin übertragen. General Krüger verteidigte die Stadt bis zum 14. Dezember. Jetzt war die Stunde für die ›Aktion Hauser‹ gekommen.

Alles ist fertig. Die letzten Panzer der 1. und 7. Panzerdivision, eine Panzerkompanie der 2. Pz. D. und rund fünfundzwanzig Panzer der 5. Pz. D. Aber da kommt die Meldung vom rechten Flügel, daß an der Front der Panzergruppe 4, bei der 23. I. D., der Feind durchgebrochen ist: Die 1. Stoßarmee General Kusnezows hat zum südlichen Zangenangriff auf Klin angesetzt. Es wird deutlich, daß die 1. und die 30. sowjetische Armee sich westlich Klin vereinigen wollen, um die Panzergruppe 3 und alles, was im Klinbogen noch an operativen Kräften steht, einzukesseln.

Alarm! Nur ein starker und schneller Gegenangriff mit Panzerkräften kann die Lage retten. So bitter es ist, Schaal muß die Kampfgruppe Hauser nach Südosten werfen, um die brennende Gefahr zu bannen.

Am 12. Dezember früh marschieren die deutschen Panzer südostwärts. Ein Wettersturz hat das Thermometer bis auf ein paar Strich unter Null hochklettern lassen. Wintersonne und abgefahrene Panzerketten haben eine spiegelglatte Straße fabriziert. Aber es gelingt, die Russen abzufangen, versprengte deutsche Verbände freizukämpfen und die noch kämpfenden Gruppen aus der zerrissenen Front in den Riegel der Panzergruppe 3 um Klin zurückzuholen.

Die Verteidigung der Stadt Klin selbst, wo trotz des laufenden Abtransports immer noch Tausende von Verwundeten liegen, besteht in diesen Tagen aus drei Sperrverbänden. Hatten zunächst zusammengeraffte Alarmverbände unter Oberst Kopp und Oberstleutnant Knopf mit Pionieren, Straßenbautrupps, ein paar Pak und Flak-Kampftrupps, drei Sturmgeschützen, Bodenpersonal der Luftwaffe und Werkstattkompanien mit reparierten Panzern die Stadt für die abmarschierenden Divisionen offengehalten, so wurde in den folgenden Tagen nach und nach alles herangekarrt, was greifbar war. Auch fünfundzwanzig Trommler vom Musikkorps des Panzerregiments 25 stehen unter ihrem Musikmeister als Infanteristen in der Verteidigungsfront am nördlichen Stadtrand. Dann werden die gemischten Kampfgruppen Westhoven, von Wietersheim und Caspar am Nordost- und Nordwestrand eingeschoben. Die sowjetische Artillerie schießt in die Stadt. Es brennt an allen Ecken.

Am 13. Dezember befiehlt die Panzergruppe mit Hitlers Genehmigung, die Stellungen ostwärts Klin aufzugeben. Zurück. Und alles über eine Straße — durch Klin.

Den Ostrand der Stadt hält seit dem 13. nachts die verstärkte 14. I. D. (mot.) mit Kampfgruppen der 2. Panzerdivision und der Gruppe Oberst Hauser. Die 1. Panzerdivision deckt neben dem Nordteil Klins westlich der Stadt die große Abfahrtstraße, hält sie gegen wütende Angriffe von Norden offen, kämpft sie wiederholt frei und sichert den Abtransport der letzten tausend Verwundeten und des schweren Materials. Im Schutze dieser Kämpfe wird der Kliner Bogen am 14. Dezember mittags geräumt. Aber während die kämpfende Truppe vorn ihr Letztes gab, wurde der Rückzug der Versorgungstruppen und der versprengten Einheiten eine wahre Tragödie.

General Schaal schildert seine persönlichen Erfahrungen so: »... die Disziplin beginnt sich zu lockern, es mehren sich die zu Fuß zurückgehenden Soldaten, die ohne Waffe, ein Kalb am Strick, einen Schlitten mit Kartoffeln hinter sich, ohne Führung nach Westen ziehen. Die von Fliegerbomben getöteten Soldaten werden nicht mehr begraben. Die oft führerlosen Trosse geben auf der Straße den Ton an, während die fechtende Truppe aller Waffen, einschließlich Flak, mit letzter Kraft vorn hält. Der gesamte Anhang der Truppe — soweit dieser nicht fest geführt wird — ergießt sich fluchtartig nach hinten. Eine Psychose, fast eine Panik, hat die Trosse ergriffen, die bisher nur stürmischen Vormarsch gewohnt waren. Ohne Verpflegung, frierend, kopflos geht es rückwärts. Verwundete darunter, die vorn nicht mehr abbefördert werden konnten. Wagenbesatzungen, die die Verkehrsstockungen nicht mehr im Freien abwarten wollen und in die nächste Ortschaft gehen. Die schwerste Stunde für das Panzerkorps ist angebrochen.«

Wie war das möglich? Wie konnte diese Panik so dicht der disziplinierten und wahrhaft heldenhaften Kampfführung in vorderster Linie benachbart sein?

Die Antwort ist einfach. Die deutsche Wehrmacht hatte die Grundsätze und Methoden eines Rückzugs nie gelernt. Der deutsche Soldat sah im Rückzug keine besondere Kampfart, die er zu bestimmen hatte, sondern ein Verhängnis, das der Feind aufzwang.

Schon in der Reichswehr war das Üben eines Rückzugs verpönt. Verachtungsvoll hieß es: Ein Absetzen übt man nicht, die Truppe lernt dadurch nur das Ausreißen.

Später, nach 1936, wurde sogar das Üben des hinhaltenden Widerstandes aus den Ausbildungsprogrammen gestrichen. ›Angreifen‹ und ›Halten‹ waren die beiden Kampfarten, die der deutsche Soldat lernte. Die Wehrmacht ging, was die Kampfart des Rückzugs betraf, unausgebildet in den Krieg. Die Rechnung war bitter. Bei Klin wurde sie zum ersten Male präsentiert.

Am 14. Dezember um 13 Uhr erschien bei dem Chef der 8. Kompanie Panzerregiment 3, Hauptmann Hingst, der mit Teilen des Schützenregiments 2 bei der Kampfgruppe Hauser am Südostrand der Stadt eingesetzt war, ein russischer Unterleutnant mit weißer Fahne. Er brachte ein Schreiben, das mit »Oberst Juchwin« unterzeichnet war, und forderte die Kapitulation von Klin. »Die Lage der Verteidiger ist aussichtslos«, schrieb der Oberst. Es war die erste sowjetische Kapitulationsaufforderung an der Ostfront, die durch einen Parlamentär überbracht wurde.

Hauptmann Hingst behandelte den Russen sehr höflich und schickte ihn nach Meldung und Rückfrage bei Oberst Hauser um 14 Uhr mit der Antwort zurück: Der Oberst irre, die Lage sei für die Verteidiger keineswegs aussichtslos.

Hingst hatte recht. Die Absetzbewegung des LVI. Panzerkorps war inzwischen planmäßig angelaufen. Um 16 Uhr 30 trat die 1. Panzerdivision mit ihrem Kradschützenbataillon nach Öffnen der Straße nach Westen an. Bis zum 15. Dezember hatten alle Teile die Aufnahmestellungen der 2. Panzerdivision bei Nekrassino erreicht. Am Südrand der Stadt nahm Oberst Hauser seine Kräfte über den Sestra-Fluß in den westlichen Stadtteil zurück. Als der letzte Panzer herüber war, wurde die Brücke gesprengt. Stab und Kampfgruppen des Infanterieregiments 53 (mot.) sowie die Panzerkompanie Veiel der 2. Panzerdivision hielten das brennende Klin noch bis 21 Uhr. Dann setzten sich auch diese Nachtruppen nach Westen ab. Der Russe sickerte in die Stadt.

Klin ist verloren. Die Front der Panzergruppe 3 eingedrückt. Der von Norden auf Moskau zielende deutsche Panzerkeil zerschlagen. Den beiden sowjetischen Armeen, der 30. und der 1., ist es gelungen, die gefährliche Bedrohung Moskaus zu beseitigen. Die beabsichtigte Vernichtung der deutschen Panzergruppe 3 ist allerdings nicht geglückt. Dank der Tapferkeit aller hier kämpfenden Truppenteile und durch die geschickte Führung der 1. Panzerdivision gelang es, die Divisionen von zwei Panzerkorps und Teile des V. Armeekorps der Einkesselung zu entziehen, die Soldaten und einen großen Teil an Waffen und Material neunzig Kilometer zurück in die ›Lama-Stellung‹ zu bringen.

Aber wie sieht es an den anderen Brennpunkten der Moskauer Front aus, westlich der Stadt, bei der Panzergruppe 4, und unten im Süden, bei Guderians 2. Panzerarmee?

Moskau liegt auf dem 37. Längengrad. Die beiden Flügel der Panzerarmee Guderian, die von Süden her im weiten Bogen die Rote Hauptstadt umfassen sollte, standen am 5. Dezember mit der 17. Pz. D. vor Kaschira, etwa sechzig Kilometer nördlich Tula, sowie mit der 10. I. D. (mot.) um Michailow, mit der 29. I. D. (mot.) nordwestlich Michailow. Und Michailow liegt auf dem 39. Längengrad. Guderian war also bereits hinter der Roten Metropole. Der Kreml war ausmarschiert. Dadurch war Guderians Stoß, obwohl noch 120 Kilometer südlich von Moskau, genauso bedrohlich wie der bis auf drei Dutzend Kilometer an den Kreml herangetriebene Panzerkeil im Norden. Guderians Front, der Raum Südufer der Oka – Tula – Stalinogorsk, war deshalb der zweite Schwerpunkt der sowjetischen Gegenoffensive.

Drei Armeen und ein Gardekavalleriekorps wurden vom sowjetischen Oberkommando zu einer Zangenoperation angesetzt, um Guderians gefürchtete Stoßdivisionen einzukesseln und zu vernichten. Die 50. sowjetische Armee bildete den rechten, die 10. Armee den linken Zangenarm. General Schukow – führender Kopf des STAWKA, der persönlich den sowjetischen Gegenschlag bei Moskau führte – versuchte, genau wie mit General Kusnezows Verbänden im Norden bei Klin, auch hier im Süden das deutsche Rezept: Er wollte den Frontvorsprung der 2. Panzerarmee so schnell abkneifen, daß den deutschen Divisionen keine Zeit mehr zum Rückzug blieb.

Der Plan war gut. Aber Guderians strategisches Fingerspitzengefühl war besser. Am 5. Dezember war Guderians Versuch gescheitert, nördlich Tula die Verbindung zwischen 4. Panzerdivision und 31. I. D. herzustellen, um die Stadt endgültig einzuschließen. Auch die 2. Panzerarmee lag damit in schweren Abwehrkämpfen fest. In der Nacht vom 5. zum 6. Dezember, der Nacht vor der sowjetischen Offensive also, befahl Guderian deshalb die Zurücknahme seiner ausgepumpten Spitzenverbände auf die Don — Schat — Upa-Linie. Die Bewegung war im Gange, als die Russen am 6. und 7. Dezember gegen das LIII. A. K. und das XXXXVII. Panzerkorps bei Michailow stürmten. Sie stießen nur auf die Nachhuten, die hinhaltend fochten und den bereits laufenden Rückzug sicherten.

Natürlich war es auch so noch schlimm genug. Der Marsch bei eisigem Wind durch hüfthohen Schnee, über spiegelglatte Straßen war die Hölle. Nicht selten wurden die Verbände, die sich auf den Straßen entlang quälten, von schnellen sibirischen Skibataillonen in Feuergefechte verwickelt. Wie Gespenster tauchten die Sibirier in ihren weißen Tarnanzügen auf. Lautlos fuhren sie auf ihren Skiern im hohen Schnee neben der Straße heran. Schossen. Warfen Handgranaten. Und verschwanden wieder. Sie sprengten Brücken. Sperrten wichtige Straßenkreuzungen. Überfielen Trosse und machten Mann und Pferd nieder.

Aber auch Guderians kampferfahrene Divisionen bestanden nicht aus heurigen Hasen. Die 3. Panzerdivision zum Beispiel rollte mit ihren Fahrzeugen aus dem Raum nördlich Tula von Abschnitt zu Abschnitt durch eisigen Schneesturm zurück. Die schnellen gemischten Schützenkompanien mit ihren Schützenpanzerwagen, Pak und Fla-Selbstfahrlafetten bildeten die Nachhut oder waren Stoßreserven der Schützenregimenter 3 und 394. Wenn sich die Masse vom Feind gelöst hatte, spielten sie durch schnelle Gegenstöße oder durch laufenden Stellungswechsel, betont durch schnelles Feuern sämtlicher Maschinenwaffen, den Russen starke Verbände vor. Bei passender Gelegenheit führten sie auch erfolgreich blitzschnelle Gegenschläge über fünf bis zehn Kilometer.

Der 14. Dezember bei Panino: Die Regimenter müssen über die Schatbrücke. Der Russe drückt mit Panzern und Skibataillonen. Die Dörfer im Vorfeld der Brücke müssen niedergebrannt werden, um freies Schußfeld zu haben und den Sowjets keine Stützpunkte zu lassen.

Leutnant Eckart sichert mit seiner 2. Kompanie Schützenregiment 3 die entscheidende Straßengabel. Der Russe kommt in Bataillonsstärke: Usbeken eines Schützenregiments der 50. Armee. Sie haben Pak und schwere Granatwerfer in vorderster Linie. Eckart funkt an Leutnant Lohse, Chef der 1. Kompanie, in der die SPW des Schützenregiments zusammengefaßt sind: »Brauche Unterstützung!« Lohse holt sich noch vier Panzer zu seinem halben Dutzend SPW und rollt los. Hinter den rauchenden Trümmern eines Dorfes pirscht er sich in die Flanke der angreifenden Russen.

Jetzt! Sie brechen vor. Drei Pak werden überrollt. Die Russen ins Feuer der 2. Kompanie gedrückt. Was nicht fällt, stellt sich tot: ein beliebter Trick der Sowjets.

Lohses Chef-SPW fährt als letzter über die Brücke. Die gedrungene Silhouette eines T 34 steht am Horizont. Er feuert. Doch der Panzer schießt schlecht. Die Deutschen können die Brücke sprengen. Prasselnd fliegt sie in die Luft.

Lohses SPW-Kompanie hat einen Pak-Wagen verloren. Feldwebel Hofmann ist verwundet, ein Mann vermißt. Aber ein ganzes sowjetrussisches Bataillon ist vernichtet worden.

Diese Lohses und Eckarts – Leutnante und Unteroffiziere, Hauptleute wie Schützen am MG oder Fahrer von Panzern, SPW, Zugmaschinen, Lkw oder bespannten Fahrzeugen aller Art –, das waren die Männer, die kritische Lagen meisterten, oft für ganze Kampfgruppen oder Divisionen. Der dramatische Rückzug durch Eissturm und Feuerhagel machte den deutschen Frontsoldaten hart; schuf den zähen, leidgewohnten, genügsamen und erfindungsreichen Einzelkämpfer, ohne den das deutsche Ostheer den Winter vor Moskau nicht überstanden hätte.

Wie grausam dieser Winter war, wie er weder Deutsche noch Russen schonte, das stand am vierten Advent des Jahres 1941 in düsterer Szene vor der Nachhut des Schützenregiments 3: Es war bei Osarowo. Im Glas sah der Leutnant eine Gruppe Pferde und Soldaten im tiefen Schnee an einem flachen Hang stehen. Vorsichtig pirschten sich die deutschen Soldaten heran. Merkwürdige Stille. Beängstigend starr stand die sowjetische Gruppe im flimmernden Licht der Schneewüste. Und jetzt erkannte der Leutnant das Unbegreifliche: Pferde und Reiter, dicht zusammengedrängt, bis zum Bauch im Schnee, waren tot. Sie waren stehengeblieben, wie sie auf Befehl gerastet hatten, starr und erfroren, ein entsetzliches Denkmal des Krieges.

Dort ein Soldat, an die Flanke seines Pferdes gelehnt. Daneben ein Verwundeter mit geschientem Bein im Sattel, die Augen unter vereisten Brauen weit geöffnet, die rechte Hand in die Mähne des struppigen Wallachs gekrallt. Leutnant und Wachtmeister vornübergefallen, in der Faust noch die Zügel. Zwischen zwei Pferden eingeklemmt drei Soldaten. Sie hatten sich offenbar an den Tierleibern wärmen wollen. Und alle Pferde wie auf Denkmalsockeln, die Köpfe hochgereckt, die Augen geschlossen, das Fell vereist, die wehenden Schweife, vom eisigen Wind gepeitscht, erstarrt. Gefrorener Hauch der Ewigkeit.

Als der Gefreite Tietz das fürchterliche Denkmal fotografieren wollte, gefroren auch seine Tränen am Sucher, und der Verschluß bewegte sich nicht. Der Auslöser war eingefroren. Der Kriegsgott hielt seine Hand vor das Inferno, es sollte kein Mahnmal werden.

Wie die 3. Panzerdivision, so zogen sich auch die anderen Divisionen der beiden Panzerkorps Guderians fechtend vor den Prankenhieben der 50., 49. und 10. sowjetischen Stoßarmeen aus dem Frontbogen nordöstlich Tula zurück und entwischten den Zangenoperationen Schukows, der wie mit Bärenarmen nach der 2. Panzerarmee griff.

In Michailow, wo Schukows Stoßarmee am 8. Dezember in einem Überraschungsangriff zuschlug, hatte die hinhaltend verteidigende 10. I. D. (mot.) erhebliche Verluste. Beim XXIV. Panzerkorps hielt die 17. Panzerdivision den ersten Stoß der Sowjets von Kaschira her auf. Regiment ›Großdeutschland‹ stemmte sich südostwärts Tula gegen die stürmischen Angriffe der Roten aus Tula und verteidigte hier den linken Riegel des Korps für das Absetzen auf die Don–Schat–Upa-Linie. Im Schutze dieser Kämpfe ging das Gros der Armee zurück. Stalinogorsk wurde geräumt, Jepifan von der 10. I. D. (mot.), die sich bis hierhin zurückgekämpft hatte, nach hartem Abwehrgefecht befehlsgemäß aufgegeben. Die Verteidigungslinie Don–Schat–Upa am 11. Dezember besetzt.

Doch Guderians Hoffnung, sich hier halten zu können, ließ sich nicht verwirklichen. Teile der 13. sowjetischen Armee brachen südlich von Guderians Panzerarmee, beiderseits Jelez, in die Front von General Schmidts 2. Armee ein. Jefremow wurde am 13. Dezember von ihr aufgegeben. Die 134. und 45. I. D. – mit Teilen für einige Tage bei Liwny eingeschlossen – wehrten sich verzweifelt, mußten aber weichen und um ihr Leben marschieren. Gefreiter Walter Kern vom Infanterieregiment 446 der 134. I. D. berichtet: »Zogen wir abends in ein Dorf, mußte der Russe erst hinausgeworfen werden. Traten wir morgens zum Weitermarsch an, hämmerten seine MG schon wieder in unserem Rücken. Unsere toten Kameraden, die wir nicht mitnehmen konnten, säumten zusammen mit den Pferdeleibern unsere Straße und blieben in den Schluchten liegen, in denen wir uns verteidigten und die oft gefährliche Todesfallen waren.«

Ähnlich war es auch bei der südlich der 134. I. D. fechtenden 45. I. D., der ehemaligen österreichischen 4. Division. Abgeschnitten, wieder freigekämpft, die Trosse vernichtet, aus der Luft mit Kampf- und Rückzugsanweisungen versehen, erfochten sich die Kampfgruppen dieser tapferen Division den Rückzug nach Südwesten aus dem Kessel von Liwny heraus.

Durch die Zurücknahme der Front des rechten Nachbarn aus dem Raum Jelez–Liwny nach Südwesten hing Guderians rechter Flügel in der Don–Schat–Upa-Stellung quasi in der Luft. Auch Guderian mußte sich erneut absetzen, mußte achtzig Kilometer weiter nach Westen zurück bis auf die Plawa-Stellung ausweichen.

Als der Russe mit zweiundzwanzig Schützendivisionen zwischen Jelez und Liwny durchbrach, mußte Guderian die Front noch weiter zurückverlegen. Dabei ging die Verbindung zwischen 2. Panzerarmee und 4. Armee verloren, so daß zwischen Kaluga und Belew ein dreißig bis vierzig Kilometer breites Loch in der Front entstand.

Das sowjetische Oberkommando erkannte die Chance und warf das I. Gardekavalleriekorps durch das sich hier bildende Scheunentor der deutschen Mittelfront. Die Kavallerieregimenter General Belows, unterstützt von Kampftruppen auf Ski und Motorschlitten, jagten nach Westen auf Suchinitschi und nach Nordwesten auf Juchnow zu. Jetzt wurde es dramatisch.

Diese Frontlücke wurde zum Alptraum des deutschen Oberkommandos. Denn nun drohte die Gefahr, daß der Südflügel der 4. Armee umfaßt wurde. Gelang den Russen der Durchbruch über Kaluga nach Wjasma an die Moskauer Autobahn, so bot sich ihnen sogar die Chance, der 4. Armee in den Rücken zu fahren und sie abzuschneiden. Mit einem Stoß von Norden her wäre dann der große Kessel geschlossen.

Es war logisch, daß die sowjetische Führung ein solches Ziel ins Auge faßte. Das große strategische Wagnis bot sich ihr hier geradezu an. Die Niederlage dämmerte über den schwer angeschlagenen deutschen Frontabschnitten der Heeresgruppe Mitte herauf.

Das sowjetische Oberkommando legte den Operationsplan richtig an: Die 4. Armee Kluges, im Zentrum der Heeresgruppe Mitte, wurde zuerst nur Fesselungsangriffen ausgesetzt. Mit diesen Angriffen wollten die Sowjets verhin-

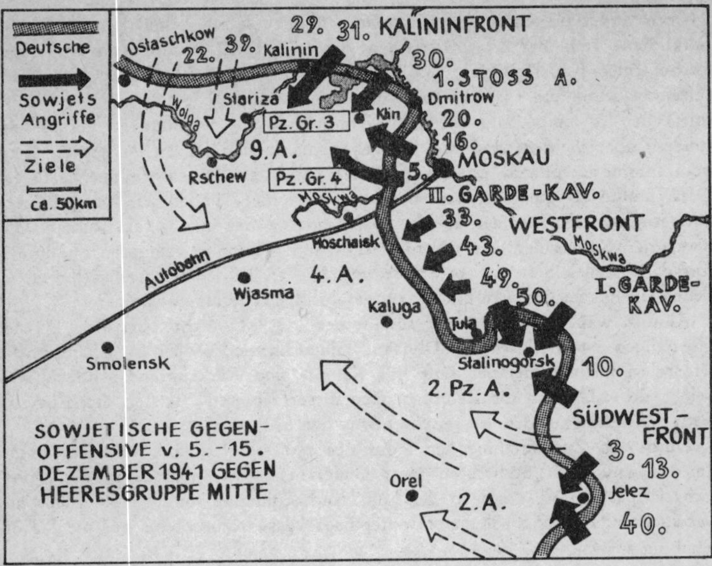

Karte 16
Die Wende vor Moskau: In einer groß angelegten Offensive will das sowjetische Oberkommando die dicht vor Moskau stehenden erschöpften Armeen der Heeresgruppe Mitte umfassen und vernichten.

dern, daß Kluge Hilfskräfte an die Flügel der Heeresgruppe abgab oder gar seine Armee zurücknahm und dadurch freigewordene große Verbände operativ gegen die sowjetische Offensive im Süden und Norden einsetzte. Kluge sollte im Zentrum des Mittelabschnitts festgehalten werden, bis die Zangenarme der nördlichen und südlichen russischen Armeegruppen die deutschen Flügel zerschlagen hatten.

So hatte es Feldmarschall von Bock mit den Sowjets bei Bialystok und Minsk gemacht. Hoth bei Smolensk. Rundstedt bei Kiew. Guderian bei Brjansk. Und Kluge bei Wjasma, der klassischen Kesselschlacht der Kriegsgeschichte. Würde Schukow das gleiche nun mit einem zweiten, diesmal sowjetischen Erfolg bei Wjasma fertigbringen?

Das konnte passieren, wenn es den Sowjets gelang, auch nördlich der 4. Armee nach Westen durchzustoßen und dann nach Süden, gegen die Autobahn Moskau–Smolensk, einzudrehen.

Wie aber sah es bei der Panzergruppe 4 aus? VII. und IX. Armeekorps waren Anfang November am Moskwa–Wolga–Kanal liegengeblieben. Hier wurde vom

IX. A. K. ein letztes Mal versucht, durch Angriff die Stellungen zu verbessern. Dabei hatte im Verbande der 267. I. D. Oberleutnant Hans Brämer mit seiner 14. Kompanie Infanterieregiment 487 die letzten Atemzüge des frontalen deutschen Angriffs auf Moskau durch Hoepners Panzergruppe 4 an der Autobahn miterlebt. Das war am 2. Dezember 1941.

Die hannoveranische 267. Infanteriedivision sollte es noch einmal versuchen, sollte den sowjetischen Sperriegel westlich Kubinka durch umfassenden Angriff über die zugefrorene Moskwa aufbrechen. Bei 34 Grad Kälte dauerte es stundenlang, ehe die Motoren der Transportfahrzeuge ansprangen, die die Männer und schweren Waffen in den Bereitstellungsraum bringen mußten. Dafür hatte die Artillerie noch einmal wie in alten Zeiten geklotzt. Aber es war trotzdem nicht gegangen. Frische sibirische Regimenter waren schon da und lagen großartig getarnt in festen Waldstellungen. Die sonst so gut für die Bekämpfung von Erdzielen zu gebrauchende 3,7-cm-Pak von Brämers 14. Panzerjägerkompanie konnte darum auch nichts mehr ausrichten, obwohl zwei Züge mit sechs Geschützen den Sturmbataillonen der Kampfgruppe Oberstleutnant Maier beigegeben worden waren. Die Männer der Geschützbedienungen fielen. Die Geschütze gingen verloren. Aus. Zurück. Es ging eben nicht mehr.

Die 267. I. D. war dann ein paar Kilometer weiter nördlich am Westufer der Moskwa in die vorgesehenen Winterstellungen gegangen, jetzt als linke Flügeldivision des VII. Korps. Das IX. Korps schloß sich nördlich an, mit der 78., der 87. und der 252. I. D. So war bis Istra die Front ganz leidlich besetzt.

Aber nach rechts, an der Moskwa entlang, konnte die 267. I. D. mit den Resten des schwachen Infanterieregiments 497 einen Abschnitt von rund sechs Kilometern nur mit Stützpunkten, praktisch nur verstärkte Feldwachen, besetzen. Das sollte, ja mußte zum Verhängnis werden.

Der Russe griff in den folgenden Tagen ständig über die Moskwa an. Mal mit kleinen, mal mit größeren Verbänden. Er suchte ganz offensichtlich an der Nahtstelle zwischen Hoepners Panzergruppe 4 und Kluges 4. Armee die schwachen Stellen aufzuklären. Wenn er die praktisch unverteidigte Lücke an der Moskwa in der rechten Flanke der 267. I. D. fand!? Die Truppe, die hier sicherte, meldete und wies immer wieder auf die Schwäche hin. Ohne Erfolg, denn Korps und Armee hatten keine Reserven, mit denen sie hätten helfen können.

Am 11. Dezember gegen 10 Uhr kommt ein Melder, der Obergefreite Dohrendorf, aufgeregt in Brämers Unterstand: »Herr Oberleutnant, rechts von uns ziehen Kolonnen auf Skiern nach Westen. Ich glaube, das sind Russen!«

»Mann«, fährt Brämer auf und ist gleich draußen. Glas vor die Augen. Ein unterdrückter Fluch. Ans Telefon. Meldung ans Regiment: »Sowjetische Kräfte, mehrere große Kolonnen in Bataillonsstärke, fahren auf Skiern durch die Front nach Westen.« Alarm!

Obergefreiter Dohrendorf und Oberleutnant Brämer hatten richtig beobachtet: Russische Kosakenbataillone und Skikampfgruppen hatten die deutschen Feldposten an dem dünn besetzten Moskwa-Streifen niedergemacht und rollten nun an den gutbefestigten Stützpunkten von I. R. 467 und I. R. 487, wo auch die Masse der Divisionsartillerie stand, einfach vorbei.

Erfolglos versuchte General Martinek, der Führer der 267. I. D., mit den ausgebluteten Kompanien seines I. R. 497 das Loch zu stopfen. Es gelang nicht. Der Russe erweiterte seinen Einbruch. Die Verbindung zwischen Divisionsstab und den beiden nördlichen Regimentern ging verloren.

Die benachbarte 78. I. D., die von den durchgebrochenen Sowjets in der Flanke und im Rücken bedroht wurde, warf Teile ihres Infanterieregiments 215 gegen den Feind. Oberst Merker, Kommandeur des I. R. 215, übernahm die Führung im Durchbruchsraum und baute aus Teilen der Infanterieregimenter 467, 487, Artillerieregiment 267 sowie mit Unterstützung unterstellter Bataillone und Batterien der Heeresartillerie eine neue Abwehrfront auf.

Aber der Russe operierte in dem waldreichen Gelände sehr geschickt, sehr listig und verwegen. Kein Wunder: Es waren Teile der 20. sowjetischen Kavalleriedivision. Ein Eliteverband von Generalmajor Dowators berühmtem Kosakenkorps, das Stalin am 2. Dezember 1941 zur Garde erklärt hatte und das nun den stolzen Namen II. Gardekavalleriekorps trug.

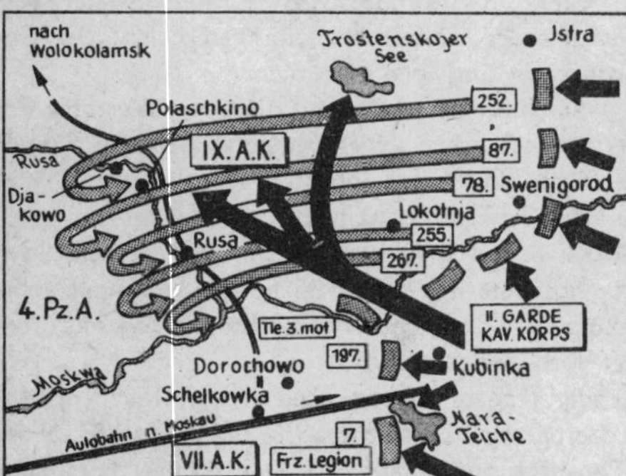

Karte 17
Stoß des Kosakenkorps Dowator in den Rücken des IX. Armeekorps.

Die Kosakenregimenter sammelten sich nach dem Durchbruch an verschiedenen Schwerpunkten, bildeten Kampfgruppen und griffen überraschend Stäbe und Versorgungslager im Hinterland an. Sie sperrten Straßen. Zerstörten Nachrichtenverbindungen. Sprengten Brücken und Viadukte und überfielen immer wieder die Trosse und machten sie nieder.

Auch am 13. Dezember überrannten die Schwadronen des 22. Kosakenregiments zwanzig Kilometer hinter der Hauptkampflinie eine Artilleriegruppe der 78. I. D. Bedrohten die Nachschubbasis und den Straßenknotenpunkt Lokotnja. Andere Schwadronen stießen im Rücken der 78. und 87. Division nach Norden.

Jetzt hing die Front des ganzen IX. Korps in der Luft. Die Stellungen der Divisionen vorn waren zwar intakt, aber die Verbindungen nach hinten waren zerschnitten. Munitionsnachschub und Verpflegung blieben aus. Und das bei mehreren tausend Verwundeten im vorderen Kampfgebiet.

Am 14. Dezember, um 16 Uhr 35, attackierte fünfundzwanzig Kilometer hinter der Front eine Kosakenschwadron die 10. Batterie der 78. I. D., die auf dem

Verlegungsmarsch nach rückwärts war. Die Kosaken griffen mit gezogenem Säbel an. Schlugen die überraschten Artilleristen zusammen, machten Männer und Pferde nieder.

Auch an der Autobahn und der alten Poststraße, wo die 197. I. D. Rollbahnwache hielt, versuchte der Russe einzubrechen. Die 197er waren auf der Hut. Wo der Russe mit Panzern einbrach, wurde er im zusammengefaßten Feuer niedergehalten und im Gegenstoß geworfen. Tag für Tag. Um 3 Uhr morgens kamen die Sowjets aus den Dörfern ihrer Ausgangsstellung, wo sie sich aufgewärmt hatten, abends gingen sie wieder zurück. Die Verwundeten nahmen sie mit, die Toten ließen sie liegen.

In der Nacht zum 14. Dezember versuchte eine Versorgungskolonne der Kosaken mit vierzig Lastwagen an den Stellungen des Artillerieregiments 229 der 197. I. D. vorbeizukommen.

Das Thermometer zeigte 36 Grad unter Null. Die Rohrrücklaufvorrichtungen an den Geschützen waren zum Teil festgefroren. Die Optiken der Zielgeräte waren blind. Die Artilleristen feuerten über den Daumen und trafen trotzdem. Die Kosakenkolonne wurde im direkten Feuer zusammengeschossen.

Aber auch die Festigkeit der Front an der Autobahn, die Tapferkeit der Grenadierbataillone und Artillerieabteilungen der 197. I. D. oder der zähe und erfolgreiche Abwehrkampf der 7. I. D., bei der die französische Freiwilligenlegion focht, konnte nichts mehr an der katastrophalen Gesamtlage ändern, die durch den Einbruch des Kosakenkorps nördlich der Rollbahn für das VII. und IX. Armeekorps entstanden war. Es gab nur eins: Zurücknahme der Front des ganzen rechten Flügels der Panzergruppe 4. Als neue Hauptkampflinie für den Abwehrkampf wurde die Rusa-Stellung, vierzig Kilometer hinter der bisherigen HKL, bestimmt. Die 197. I. D. und schnell herangeführte Teile der 3. I. D. (mot.) hielten in härtesten Kämpfen die Rollbahn am berühmt-berüchtigten Straßenkreuz Schelkowka—Dorochowa für den Rücktransport des schweren Geräts und der Divisionen der Panzergruppe 4 offen.

Der Befehl, den die 78. Division für den Rückzug an ihre Regimenter gab, beleuchtete die Lage: »Es kommt darauf an, den Feindriegel hinter der Front zu durchbrechen. Notfalls sind Fahrzeuge zurückzulassen und nur die Menschen zu retten.«

Sie fochten sich zurück: die Schwaben der 78. I. D., die das Ulmer Münster und die eiserne Faust des Götz von Berlichingen als Divisionszeichen führten, die Thüringer der 87., die Schlesier der 252., die Rheinhessen der 197. I. D. und die Bataillone der herangeworfenen 255. I. D. Die französischen Legionäre zogen neben den Bayern der 7. I. D., und ihre Kommandos in der Sprache Napoleons hallten gespenstisch durch die frostklirrenden Nächte und den eisigen Schneesturm — wie vor hundertneunundzwanzig Jahren.

Auch der Oberleutnant Brämer von der 267. I. D. zieht nun im Dezember mit seinen Männern den Weg zurück, den sie sich im Herbst vorwärts erkämpft hatten. Ihre Verwundeten schleppen sie mit: Zwei Infanteristen führen das erbeutete Kosakenpferd, auf dem ein Gefreiter sitzt, dem ein Granatsplitter den Unterschenkel bis zum Knie abgerissen hat. Die Wunde ist gefroren, auf diese

Weise das Blut gestillt. Der eiserne Wille hält den Mann im Sattel. Er will leben. Und um zu leben, muß man westwärts.

Und wer war der Sieger zwischen Swenigorod und Istra? Wer war der Mann, der die Kosaken befehligte, die an der Flanke des VII. Korps durch die Front gebrochen waren, das IX. Korps aus den Angeln hoben und seine Divisionen zum Rückzug zwangen? Der Sieger hieß Generalmajor L. M. Dowator.

Dieser Kosakengeneral muß ein großartiger Reiterführer gewesen sein. Er operierte mit seinem Korps im Rahmen der 5. sowjetischen Armee außerordentlich geschickt, kühn und draufgängerisch. Er lenkte seine schnellen Kavallerieverbände wie ein Panzerführer, und die Panzerwaffe ist ja die technische Fortsetzung der alten Kavallerie.

»Geführt wird vorn«, war Dowators Devise. Und er führte vorn. Er war mit seiner Stabsschwadron immer an der Spitze. Mehrmals wurde Generalmajor Dowator im sowjetischen Wehrmachtbericht wegen persönlicher Tapferkeit genannt.

Die sowjetische Kriegsgeschichte sagt nichts über seine Herkunft, was dafür spricht, daß er keine proletarische, sondern eine bürgerliche Konduite hatte. Er stammte wahrscheinlich aus dem Offizierskorps der zaristischen Armee. Einer jener Männer bürgerlicher Herkunft, die sich als Militärs zu uneingeschränkten Anhängern des bolschewistischen Regimes entwickelt hatten und dann ihr Leben für diese Wahl einsetzten.

Unter den Divisionen, die sich zur Rusa-Stellung zurückkämpften mußten, war auch die 252. I. D., die schlesische Eichenblatt-Division. Und sie war es, die Revanche an Dowators Kosaken nahm und dem General den höchsten Preis für seinen Sieg abforderte: sein Leben.

Hier ist die Geschichte. Sie zeigt tapfere deutsche Soldaten und einen grandiosen russischen General, der zu fechten und zu sterben wußte.

Am 17. Dezember 1941 warf sich das verstärkte Infanterieregiment 461 beim Trostenskojer See gegen Dowators Vorausabteilungen, die der 252. Division den Weg abzuschneiden versuchten. Die Katastrophe wurde gebannt. Alle Verbände der Division erreichten die Rusa, freilich ständig im Wettlauf mit Dowators Reiterregimentern.

Am 19. Dezember gingen die 252er nördlich der Stadt Rusa über den gleichnamigen Fluß. Aber auch Dowator war da. Er wollte die 252. Division nicht aus dem Griff lassen. Die Rusa war zugefroren. Der General setzte zum Flankenstoß an. Vom rechten Flügel aus wollte er über das Eis des Flusses die Schlesier pakken. Bei Djakowo und Polaschkino, zwei kleinen Nestern, kam es dann zum Treffen.

Oberleutnant Prigann lag mit den Resten des II. Bataillons Infanterieregiment 472 und mit der 9. Batterie Artillerieregiment 252 vor Djakowo auf dem erhöhten Westufer. Rechts in Polaschkino hatte Major Hoffer mit dem III. Bataillon des Schweidnitzer Infanterieregiments 7 Stellung bezogen. Gute, beherrschende Stellungen. Hoffer und Prigann waren entschlossen, sie zu nutzen.

Der Tag war grau und kalt. Am späten Vormittag begann es zu schneien. Trockener, leichter Dezemberschnee, den der Wind über die Felder und das Eis der Rusa trieb. Pferdekadaver, ausgebrannte Autos, gefallene, steifgefrorene Soldaten wurden wie mit einem Leichentuch verhüllt.

General Dowator beobachtete vom Waldrand aus seine Vorhuten, die zum Fluß ritten. Schußwechsel bellte herüber. Die Kosaken saßen ab.

Dowator wandte sich zu dem Kommandeur des Spitzenregiments, Major Linnika: »Greifen Sie rechts neben der Vorhut an.«

Der Major salutierte und zog den Säbel. Dann gab er sein Kommando. Die 1. Schwadron brach aus dem Wald. Wie die wilde Jagd. Am Dorf Tolbusino vorbei. Dem Fluß zu. Aber da ratterten die deutschen MG los.

Die Schwadron fächerte sofort aus, saß ab, warf sich in den Schnee. Die Attacke hatte nicht geklappt.

General Dowator war ärgerlich. Er ritt mit dem Regimentskommandeur, Major Linnika, über den Waldweg nach Norden bis zur Chaussee von Rusa nach Wolokolamsk. Hier standen die Spitzen seiner 20. Division. Die 14. berittene Artillerieabteilung zog dahinter gerade im Walde unter. Es war Mittag geworden.

Vom Waldrand her war Polaschkino gut einzusehen. Auf den Wegen nach Westen fuhren die Trosse der 252. I. D.

»Oberst Tawlijew«, rief der General. Der Kommandeur der 20. Division beugte sich vor. »Wir setzen über den Fluß, rechts am Dorf Polaschkino vorbei. Dann in den Rücken und in die Flanke der Kolonnen. Ich reite mit.«

Die Schwadronen trabten an. Aber kaum waren sie aus dem Wald, da schlug von Polaschkino her schwerstes MG-Feuer in die Züge.

»Entfalten Sie, Oberst«, rief der General. »Schlagen Sie die Faschisten aus dem Dorf.«

Im Galopp jagte Dowator mit seinem Stabe zu einem Schuppen, dicht am Fluß. Der General sprang vom Pferd und klopfte dem Wallach den Hals. ›Kasbek‹ hieß der Braune. Das Pferd war nervös. »He, Kasbek«, mahnte der General. Er gab dem Pferdehalter Akopjan den Zügel: »Führ ihn ein bißchen hin und her, sonst friert er.«

Dowator beobachtete durchs Glas. Rechts brannte Djakowo. Die russische Artillerie schoß hinein. Aber die Schützenketten des 22. sowjetischen Kavallerieregiments lagen fest.

Das 103. Regiment trabte aus dem Wald, entfaltete, mußte aber gleichfalls im Feuer von den Pferden. Die Kavalleristen gingen zu Fuß vor. Kamen aufs Eis des Flusses. Dort wurden sie niedergehalten, vom Dauerfeuer deutscher MG beharkt.

»Man muß die Männer vom Eis hochreißen«, rief der General. Er zog seine Pistole aus dem Futteral, lud durch und lief in großen Sprüngen zum Fluß. Der Adjutant, der Politoffizier der Stabsschwadron, die Ordonnanzoffiziere und die Stabswache hinterher.

Zwanzig Meter trennten den General noch von der Schützenkette, die in der Mitte des Flusses lag. Da fegte eine deutsche MG-Salve vom rechten Dorfrand herüber. Dowator blieb stehen, als hätte ihn etwas erschreckt. Dann fiel er schwer in eine Wehe aus Pulverschnee, die der Wind aufs Eis getrieben hatte.

Der Adjutant sprang heran. Aber noch immer tackerte das MG. Der deutsche

Gefreite drüben nahm den Finger nicht vom Abzug. Die Schneefontänen zeigten ihm genau, wo seine Garben lagen. Und sie fegten auch den Adjutanten mit dem deutschen Namen Teichman nieder. Sie packten auch Oberst Tawlijew und warfen ihn neben seinen General.

»Hunde!« schrie der Politoffizier Karassow, »Hunde!« Mit wehendem Mantel stürmte er übers Eis zu Dowator und hob ihn hoch. Aber da tänzelte die Schneespur der Kugeln auf ihn zu. Faßte ihn. Auch Karassow fiel tot aufs Eis.

Erst Oberleutnant Kulikow gelang es, zusammen mit dem Unterleutnant Sokirkow, kriechend an den General heranzukommen. Im prasselnden MG-Feuer zogen sie ihren General über das Eis und trugen ihn dann hinter den Schuppen.

Der Wallach ›Kasbek‹ scheute, als sie seinen Herrn brachten. Von Polaschkino tackerten die MG. Die Schweidnitzer Jäger wehrten sich gegen das wütend angreifende Kavallerieregiment Schamjakin, das Dowator rächen wollte.

Zu allen Zeiten brauchten Niederlagen ihre Sündenböcke. So auch hier. An dem Tage, da General Dowator an der Rusa fällt, fährt denn auch der erste politische Sturmwind in die deutsche Generalität: Adolf Hitler entläßt den Oberbefehlshaber des Heeres, Generalfeldmarschall von Brauchitsch, und übernimmt persönlich das Oberkommando über das Heer. Feldmarschall von Bock, der Oberbefehlshaber der schwerbedrängten Heeresgruppe Mitte, erhält ›Erholungsurlaub‹. Feldmarschall von Kluge tritt an seine Stelle. Und Kluges Nachfolger als Oberbefehlshaber der 4. Armee wird General Heinrici.

Am 20. Dezember 1941 fliegt Generaloberst Guderian voller Sorge nach Ostpreußen ins Führerhauptquartier ›Wolfsschanze‹. Er will Hitler bewegen, die deutsche Front in günstigere Abschnitte, notfalls sogar sehr weit zurückzunehmen.

Das fünfstündige Gespräch ist von kriegsgeschichtlicher Bedeutung. Es zeigt einen gereizten, angstgeplagten, aber zu fanatischem Kampf entschlossenen ›Führer‹, ein entmachtetes und nickendes Oberkommando, das eher einer militärischen Hofgesellschaft gleicht, und einen alleinstehenden couragierten, leidenschaftlichen Guderian, der Hitler unverblümt und furchtlos die Meinung der Front sagt.

Als zum erstenmal das Wort ›Rückzug‹ fällt, braust Hitler auf. Es scheint ihn wie ein Natternbiß zu treffen. Dieses Wort beschwört bei ihm das Gespenst der napoleonischen Katastrophe des Jahres 1812. Nur kein Rückzug!

Leidenschaftlich versucht er, Guderian zu überzeugen: »Wenn ich erst den Rückzug genehmige, dann gibt es kein Halten mehr. Die Truppe läuft. Und bei dem Frost mit hohem Schnee und vereisten Straßen bleiben erst die schweren Waffen und dann auch die leichten stehen, die Gewehre werden weggeschmissen. Und zum Schluß ist nichts mehr da. Nein: Die Verteidigungslinien müssen gehalten werden. Verkehrsknotenpunkte und Versorgungszentren sind als Festungen zu verteidigen. Die Truppe muß sich in den Boden krallen, eingraben und keinen Schritt weichen.«

Guderian antwortet: »Mein Führer, der Boden ist in Rußland jetzt anderthalb Meter tief steinhart gefroren, kein Mensch kann sich da eingraben.«

»Dann müssen Sie mit Mörsern Granattrichterstellungen in den Boden schießen lassen«, entgegnet Hitler, »das haben wir im ersten Weltkrieg in Flandern auch gemacht.«

Guderian muß Hitler auch darin belehren: »In Flandern war der Boden weich. Aber in Rußland sprengen jetzt die Granaten höchstens zehn Zentimeter flache Löcher vom Format einer Waschschüssel in die wie Eisen gefrorene Erde. Außerdem haben die Divisionen nicht genug Mörser und vor allem aber keine Granaten für solche Experimente. Ich besitze je Division noch vier schwere Haubitzen, keine hat mehr als fünfzig Schuß. Und das für Frontbreiten von zwanzig Kilometern.«

Ehe ihn Hitler unterbrechen kann, fährt Guderian fort: »Ein Stellungskrieg in diesem ungeeigneten Gelände wird uns Materialschlachten wie im ersten Weltkrieg bringen. Wir werden die Blüte unseres Offiziers- und Unteroffizierskorps verlieren und riesige Verluste haben, ohne daß es uns einen Nutzen bringt, und die Verluste werden unersetzlich sein.«

Totenstille herrscht im Führerbunker der ›Wolfsschanze‹. Auch Hitler schweigt. Dann tritt er dicht an Guderian heran und spricht mit beschwörender Stimme: »Glauben Sie, die Grenadiere Friedrichs des Großen wären gern gestorben? Und dennoch war der König berechtigt, das Opfer ihres Lebens zu verlangen. Ich halte mich gleichfalls für berechtigt, von jedem deutschen Soldaten das Opfer seines Lebens zu fordern.«

Guderian erkennt sofort, daß Hitler mit diesem pathetischen Vergleich an der Sache vorbeiargumentiert. Denn nicht um das Opfer, sondern um das nutzlose Opfer geht es. Und deshalb sagt er ruhig: »Unsere Soldaten haben bewiesen, daß sie ihr Leben zu opfern bereit sind. Man darf dieses Opfer aber nur fordern, wenn das Ziel es rechtfertigt. Diese Rechtfertigung sehe ich nicht, mein Führer!«

In den entsetzten Gesichtern der anwesenden Offiziere spiegelt sich jetzt die Furcht, daß Hitler explodieren könnte. Aber er explodiert nicht. Fast leise sagt er: »Ich weiß, wie Sie sich einsetzen, wie Sie der Truppe vorangehen. Aber gerade das bringt Sie in die Gefahr, daß Sie die Dinge zu sehr aus der Nähe betrachten. Sie sind zu sehr im Mitleid für Ihre Soldaten befangen. Aus größerem Abstand sieht man die Dinge klarer. Kein Opfer kann zu groß sein, die Front zu halten. Denn halten wir sie nicht, sind die Armeen der Heeresgruppe Mitte verloren.«

Stundenlang wurde noch gerungen. Als Guderian tief in der Nacht das Lagezimmer im Führerbunker verließ, hörte er, wie Hitler zu Keitel sagte: »Diesen Mann habe ich nicht überzeugt.«

So war es. Er hatte den Mann, der die deutsche Panzerwaffe geschaffen hatte, nicht überzeugen können. Für Guderian war Hitlers operativer Grundsatz mit dem Befehl zum Halten um jeden Preis und noch dazu unter denkbar ungünstigen Umständen ein Hohn auf das traditionelle, mehr als hundert Jahre alte und erprobte strategische Denken des preußischen Generalstabs. In aussichtsloser Lage geht man zurück, um unnötige Verluste zu vermeiden und die Freiheit zu neuen Operationen wiederzugewinnen. Aber man läßt sich nicht totschlagen.

Andererseits war allerdings das Argument nicht von der Hand zu weisen, daß ein freigegebener Rückzug in der russischen Winterwüste und unter dem Druck der vom Sieg beflügelten und fanatisierten Roten Armee die zermürbte deutsche Truppe ›ins Laufen bringen‹ konnte.

Was aber würde geschehen, wenn sie erst mal lief? Die Panik greift bei einem Rückzug schnell um sich und macht ihn zur wilden Flucht. Nichts ist schwerer, als eine in Panik geratene Truppe aufzufangen. Wo, wie und wann bekommt man sie wieder zum Stehen?

Diese Erwägungen hatten Hitler veranlaßt, gegen Guderians Argumente ein eisernes Nein zu setzen. Er hob sogar die von ihm in den ersten Tagen der sowjetischen Offensive gegebenen Genehmigungen zu Frontverkürzungen und Rückverlegungen auf und gab seinen in der Kriegsgeschichte so heißumstrittenen Haltebefehl: »Unter persönlichem Einsatz der Befehlshaber, Kommandeure und Offiziere ist die Truppe zum fanatischen Widerstand in ihren Stellungen zu zwingen, ohne Rücksicht auf durchgebrochenen Feind in Flanke und Rücken. Erst wenn Reserven die ausgebauten rückwärtigen Sehnenstellungen besetzt haben, kann daran gedacht werden, sich in diese Stellungen abzusetzen.«

An diesem Befehl entzünden sich noch heute die Geister. Die einen sagen: Der Befehl war wahnsinnig, denn er hat dazu geführt, daß die Substanz des deutschen Ostheeres unnötigerweise geopfert wurde. Die Truppe wäre sehr wohl zu geordnetem Rückzug in der Lage gewesen. Günstige Verteidigungsstellungen, etwa auf der Höhe von Smolensk, hätten das sowjetische Oberkommando gezwungen, verlustreiche Angriffe zu unternehmen, an denen die sowjetischen Divisionen und nicht die deutschen Truppen verblutet wären.

Diese These mag sicherlich für manchen Frontabschnitt zutreffen. Doch gibt es auch viele Truppenführer, Generalstabsoffiziere und Armeebefehlshaber, die der Meinung sind, daß ein allgemeiner Rückzug unter dem Druck der im Winterkrieg überlegenen sibirischen Stoßdivisionen an vielen Stellen zum Chaos und zum Zusammenbruch großer Frontabschnitte geführt hätte. Lücken wären entstanden, die kein Befehlshaber mehr hätte schließen können. Löcher wären aufgerissen worden, durch die sowjetische Armeen in überholender Verfolgung einfach durchgefahren wären. Und hinter Smolensk hätten dann die Sowjets für die ganze Heeresgruppe Mitte ›die Klappe zumachen‹ können.

Vielleicht unterstellt diese Theorie den Sowjets ein bißchen zuviel an Kraft und Fähigkeit. Aber es ist nicht von der Hand zu weisen, daß — vom Militärischen her gesehen — der simple und drakonische Haltebefehl Hitlers wahrscheinlich die einzige reelle Chance bot, der schrecklichen Gefahr des Zusammenbruchs zu begegnen. Der Lauf der Ereignisse hat Hitler vollauf recht gegeben. Der Chronist, der sich im Rahmen der Kriegsgeschichte halten will, muß das akzeptieren. Politische, moralische und philosophische Erwägungen stehen auf einem anderen Blatt.

Welche schweren Gewissenskonflikte der Haltebefehl bei den Truppenführern auslöste, welche Tragödien er heraufbeschwor und mit wieviel beispielloser Tapferkeit, mit wieviel Opfermut er trotzdem gehorsam erfüllt wurde, das zeigen der Kampf der 9. Armee am Nordflügel der Heeresgruppe Mitte, im Raum

Kalinin—Rschew, und die Abwehrschlachten der benachbarten 16. Armee der Heeresgruppe Nord zwischen Seliger-See und Ilmen-See.

Die 9. Armee des Generalobersten Strauss hielt seit Ende Oktober mit drei Armeekorps den Frontabschnitt zwischen Moskauer Meer und Seliger-See. Die Front reichte von Kalinin bis an den Wolgo-See — die Geburtsstätte der Wolga — und sperrte wie ein großer Riegel den Wolgabogen, an dessen Südknie die Stadt Rschew liegt.

Seit Mitte Dezember 1941 befand sich die 9. Armee im schrittweisen Rückzug von Kalinin nach Südwesten.

Die ersten Angriffe der 31. und 29. sowjetischen Armee richteten sich gegen General Wägers XXVII. Korps im Raum südostwärts Kalinin. Es herrschten 30 Grad Kälte. Hoher Schnee bedeckte den hartgefrorenen Boden. Die Artillerievorbereitung war mäßig. Nur wenige Panzer begleiteten die sowjetische Infanterie über das Eis der Wolga. Bei Generalleutnant Witthöfts westfälischer 86. I. D. am Wolga-Stausee, dem rechten Flügel des Korps, brach der Sturm der sowjetischen Infanterie im Feuer der deutschen Maschinengewehre zusammen.

Bei der links benachbarten pommerschen 162. I. D. jedoch schlug sich der Russe mit ein paar T 34 ein Loch in die Front, erweiterte den Einbruch und stieß mit sibirischen Skibataillonen durch. Trotz dieser Bedrohung hielt das links vom XXVII. Korps benachbarte VI. Korps General Försters seinen Frontabschnitt gegen wütende sowjetische Angriffe. Bei der 26. I. D. kämpfte das bewährte Düsseldorfer Infanterieregiment 39 unter Oberst Wiese zwar nur noch mit zwei Bataillonen (das dritte Bataillon war zur Auffüllung der ausgebluteten Kompanien aufgeteilt worden), und die ebenfalls geschwächte westfälische 6. I. D. mußte einen Kampfabschnitt von sechsundzwanzig Kilometern halten; aber der Russe kam nicht durch.

Bei der 110 I. D. dagegen, am linken Flügel des XXVII. Armeekorps, glückte ihm der Sprung auf das Südufer der Wolga. Von dort bedrohte er nun die einzige Nachschubstraße des VI. Korps, die von Stariza nach Kalinin ging. Außerdem zeichnete sich die Umfassung der Stadt Kalinin ab.

Das III. Bataillon des westfälischen Infanterieregiments 18, Korpsreserve der 6. I. D., erhielt den Auftrag, mit seinen 200 Mann den eingebrochenen Russen wieder über die Wolga zurückzuwerfen. Die Westfalen traten an. Das Thermometer zeigte 40 Grad unter Null. Der Angriff führte durch knietiefen Schnee. Dreimal versuchten sie es.

Aber der Russe war schon in Regimentsstärke über dem Fluß. Es gelang nicht, ihn zu werfen. Das Bataillon machte zwar hundert Gefangene, hatte aber selbst zweiundzwanzig Tote, fünfundvierzig Verwundete und zählte über fünfundfünfzig Mann mit schweren Erfrierungen.

Immerhin konnte der weitere Vorstoß der Sowjets gestoppt werden. Die wichtige Nachschubstraße wurde freigekämpft, gesichert und die drohende Einschließung Kalinins vereitelt. Dadurch bekam das Korps Zeit, die in Kalinin kämpfenden Verbände zurückzunehmen. Die Stadt wurde am 15. Dezember 1941 geräumt. Am 16. rückten sowjetische Truppen der Generale Schwezow und Juschkewitsch ein.

Der Einbruch in die deutsche Wolga-Front und die Wegnahme Kalinins war ein schwerer Schlag. Der Ostflügel der 9. Armee mußte zurückgenommen werden. Das sowjetische Oberkommando hatte sich so die Voraussetzung erkämpft, tief in die Flanke der deutschen Armee zu stoßen.

Generaloberst Strauss hatte diese Gefahr kommen sehen. Er wollte – ähnlich wie im Süden Guderian nach Schukows Durchbruch auf Stalinogorsk – den Frontvorsprung vor Kalinin aufgeben und seine Korps im ›Scharnier‹ Seliger-See auf eine stark verkürzte Front zurückschwenken: auf den flachen Bogen von Wolgo-See bis Gschatsk an der Moskauer Autobahn. Rschew sollte Mittelpunkt und Kernstück des Bogens bilden. Das Deckwort für diese Winterstellung war ›Königsberg‹.

Das planmäßige Absetzen sollte in kleinen Sprüngen über genau festgelegte Zwischenstellungen führen, die alle durch Städtenamen getarnt waren: Augsburg, Bremen, Coburg, Dresden, Essen, Frankfurt, Gießen, Hanau, Ilmenau, Königsberg. Aber der Fahrplan funktionierte nur bis zur Station ›Gießen‹. Dort wurde der ›Zug‹ gestoppt.

Bis ›Gießen‹ waren die Divisionen, dank tapfer fechtender Nachhuten noch leidlich intakt, gekommen. Trotz des meterhohen Schnees hatten sie größtenteils sogar ihre schweren Waffen mitgekriegt. Es gelang ihnen, sich zwei Wochen lang des starken Feindes zu erwehren und dabei den Zusammenhang der Front zu bewahren.

Die Soldaten leisteten Übermenschliches. Oft konnten die Fahrzeuge erst nach zwölf bis fünfzehn Stunden härtester Arbeit in Fahrt gebracht werden. Kleine Feuer unter den Kraftfahrzeugen tauten die eingefrorenen Getriebe auf. Fast jedes Fahrzeug mußte im Mannschaftszug angeschleppt werden.

Die Sicherungen der Kampfverbände hielten unterdessen der fieberhaft arbeitenden Truppe die nachdrängenden Sowjets vom Leibe. Das waren die Stunden der Einzelkämpfer. Hinter hohen Schneewehen lagen sie mit ihren MG und wehrten die ungestümen russischen Angriffe ab. Die dünnen Handschuhe reichten nicht aus, um die Finger vor dem Erfrieren zu schützen. Die Soldaten wickelten sich Lappen und Tuchfetzen um die Hände. Mit den plumpen Fäusten konnten sie den Bügel des MG und der MPi nicht abziehen. Deshalb klemmten sie sich kleine Stöcke, Äste oder Splitter von den verkohlten Balken der Panjehäuser zwischen die Lappen ihrer Fäuste und drückten damit den Abzugsbügel der Waffe zurück.

So ›reisten‹ die Korps am rechten Flügel der 9. Armee über ›Augsburg‹ und ›Bremen‹, ›Coburg‹, ›Dresden‹, ›Essen‹ und ›Frankfurt‹, bis Hitlers Haltebefehl der planmäßigen Reise weit vor ›Königsberg‹ ein Ende setzte.

Die Divisionen der Panzergruppe 3 und 4 hatten ihren Rückzug bereits in der Rusa-Stellung gestoppt. Aus diesem Grunde erhielt die 9. Armee den Befehl, die Fortsetzung dieser Frontlinie bis zur Wolga zu halten.

Feldmarschall von Kluge, der neue Oberbefehlshaber der Heeresgruppe Mitte, verlangte strikte Befolgung des Befehls. Er teilte der 9. Armee mit: »Jeder muß halten, wo er steht. Wer das nicht tut, reißt ein Loch in die Front, das nicht gestopft werden kann.« Ein Lichtblick in dem Befehl war der Passus: »Absetzen vom

Feinde hat nur dann Sinn und Zweck, wenn es zu günstigeren Kampfbedingungen, wenn möglich zur Bildung von Reserven führt.« Aber der Feldmarschall schränkte diese Chance sogleich ein: »Für jedes Absetzen vom Divisionsverband aufwärts ist meine persönliche Genehmigung erforderlich.«

Am 19. Dezember 1941 kommt Generaloberst Strauss in den Gefechtsstand von General Schuberts XXIII. Korps, zu dem die 251., 256., 206., 102. und 253. I. D. gehören, und bringt die Order: »Keinen Schritt mehr zurück.«

Drei Tage später stoßen die Sturmregimenter von General Masslennikows 39. sowjetischer Armee mit T 34 gegen den rechten Flügel des Korps und versuchen, die Front der sächsischen 256. I. D. einzudrücken. Masslennikow will nach Rschew.

Die sächsischen Regimenter der 256. I. D. wehren sich verzweifelt. Sie lassen die russischen Panzer vorbeirollen und schießen aus ihren Schneehöhlen die sowjetische Infanterie zusammen. Panzervernichtungstrupps der Artillerie nehmen sich dann der T 34 an.

Da liegt der Leutnant Falck von der I. Abteilung Artillerieregiment 256 hinter einer Schneewehe. Zur Tarnung hat er sich ein selbstgenähtes Schneehemd übergestreift. Ein Sowjetpanzer rollt an ihm vorbei und beharkt mit dem MG das Gelände.

Das ist der Moment für Falck: Er springt den Panzer an. Schwingt sich aufs Heck. Hangelt sich am Turm vorbei. Zieht zwei Eierhandgranaten ab, hält sich mit der rechten Hand am Geschützrohr fest. Beugt sich weit vor und schiebt mit der linken Hand die Handgranaten mit einem kräftigen Stoß ins Rohr. Schnell läßt er sich seitwärts vom Panzer fallen, in den weichen, dreiviertel Meter hohen Schnee. Und da kracht es auch schon, knattert dann wie bei einem Feuerwerk: Die Handgranaten haben gewirkt, die Panzermunition explodiert.

Die Front der 256. I. D. hält am 22. und 23. Dezember. Sie hält auch noch am Heiligen Abend und an den Weihnachtsfeiertagen. Es herrschen 25 bis 30 Grad Kälte. Der düstere, wolkenverhangene Himmel und leichtes Schneetreiben verdunkeln das Land. Man kann höchstens hundert Meter weit sehen.

Aus dieser Kulisse des ›napoleonischen Winters‹ rollen gespenstisch russische Panzer immer wieder heran. Deutsche Panzerjäger feuern mit ihrer 3,7-cm-Pak auf die T 34 oft noch aus nur sechs Meter Entfernung. Bleibt der Panzer Sieger, dann werden die Pak-Soldaten überrollt. Nur die 8-cm-Flak-Kampftrupps der Luftwaffe oder die geballten Ladungen, mit denen verwegene Einzelkämpfer wie Leutnant Falck die meisten T 34 zur Strecke bringen, sind oft die letzte Rettung.

Am 29. Dezember kämpfen die Männer der 256. I. D. bereits sieben Tage gegen die zehnfache sowjetische Übermacht. Sie liegen nur noch in kleinen Stützpunkten: an Wegegabelungen, auf Waldschneisen, an Dorfhängen.

Auch bei den Nachbardivisionen greift der Russe an. Drei Armeen von Generaloberst Konjews ›Kalininer Front‹ hämmern gegen die deutsche Front vor dem Wolgabogen. Es wird immer klarer: Konjew will über Rschew zur Moskauer Autobahn, um sich im Rücken der Heeresgruppe mit dem südlichen Zangenarm Schukows zu vereinigen. Rschew wird zum Schicksalspunkt der Ostfront.

Am 31. Dezember, Silvester des Jahres 1941, ist die Hauptkampflinie der 256. I. D. trotz Unterstützung durch das VIII. Fliegerkorps an allen Ecken und Enden aufgerissen. Der Russe sickert durch. Auch die 206. I. D. ist am Ende. Das Infanterieregiment 301 besteht nur noch aus ein paar hundert Mann. An diesem Tage geht westlich Stariza der Zusammenhang der Front der 9. Armee verloren. Im Kampfraum der 26. I. D. stehen, nordwestlich vom brennenden Stariza, die beiden Bataillone von I. R. 18 und die Reste von I. R. 84 mit der II. Abteilung des Artillerieregiments der Division in Rundumverteidigung.

Auch der Bahnhof Staro-Nowoje steht in lodernden Flammen. Dort verbrennen die Weihnachtspakete, die Sonderverpflegung und die endlich eingetroffene Winterbekleidung der Division. Ein Lager mit Schweizer Käse haben die Männer noch räumen können. Überall in den Panjehütten des Kampfabschnitts liegen die großen Käseräder. Wer von der Ablösung kommt, säbelt sich ein Stück herunter.

Aber vierundzwanzig Stunden später sind auch Panjehütten und Käseräder zum Teufel. Das Regiment muß zehn Kilometer südwestlich, bei Klimowo, eine Riegelstellung gegen durchgebrochene Feindgruppen bilden.

Die Luftaufklärung hat eine starke Feindkolonne aller Waffen am rechten Flügel der 256. I. D., vor Mologino, gemeldet. Mologino liegt dreißig Kilometer vor Rschew. Und in Rschew liegen 3000 Verwundete.

Die Division erhält vom XXIII. Korps einen Funkbefehl, ihren rechten Flügel zu verstärken und »unter allen Umständen« zu halten. Die Reste der Infanterieregimenter 476 und 481 werfen sich an der Straße den Russen entgegen.

Der Führerbefehl: »9. Armee geht keinen Schritt mehr zurück« nagelt die Korps in der an diesem 3. Januar 1942 erreichten Linie ostwärts Latoschino — ostwärts Jelzy zunächst fest.

Um 13 Uhr, am 31. Dezember, erscheint Generaloberst Strauss auf dem Korpsgefechtsstand General Schuberts in Rschew. Sein Befehl: »Mologino muß bis zum letzten Mann gehalten werden.« Was könnte er anderes befehlen? Zwanzig Minuten später, um 13 Uhr 25, tritt der Kommandeur der 256. I. D., Generalleutnant Kauffmann, durch die Tür. Er kommt von Mologino, ist bleich wie die Wand und halb erfroren. Mit vor Erregung zitternder Stimme meldet er dem Oberbefehlshaber der Armee: »Herr Generaloberst, meine Division hat noch die Kampfkraft eines Regiments und ist von sowjetischen Skitruppen umzingelt. Die Männer können nicht mehr. Sie fallen um. Sie bleiben im Schnee liegen und sterben vor Erschöpfung. Was von ihnen verlangt wird, ist Selbstmord. Die jungen Soldaten schreien ihren Offizieren ins Gesicht: ›Schlagt uns doch tot, es ist ja egal, wer uns totschlägt.‹ Mologino ist bereits verloren.«

Generaloberst Strauss steht wie versteinert. Dann sagt er langsam: »Es ist der ausdrückliche Befehl des Führers, daß gehalten wird. Es gibt keinen andern Weg als zu halten oder zu sterben.« Und zu General Kauffmann gewandt: »Fahren Sie nach vorn, zu Ihrer Truppe, Herr General, dort ist jetzt Ihr Platz.« Der General grüßt stumm und verläßt den Raum.

Ganz so verzweifelt, wie er über die Lage bei Mologino berichtet hatte, war es allerdings noch nicht. Am Nachmittag des 31. Dezember waren die Reste des verstärkten I. Bataillons I. R. 476 in die Stadt geworfen worden, die die Aufklärungsabteilung 256 unter Major d. Res. Mummert noch immer zäh verteidigte. Die übrigen Teile des Regiments wurden westlich des Ortes in die dort geplante Abwehrlinie eingereiht. Aber bereits bei Einbruch der Nacht besetzten sibirische Skitruppen den Wald zwischen Mologino und der geplanten Abwehrstellung. Was sollte da noch gehalten werden? Es konnte jetzt nur darauf ankommen, Mologino noch solange wie möglich zu verteidigen, um starke Kräfte des Russen möglichst lange zu binden, damit die weitere Absetzbewegung des Korps nicht unmöglich gemacht wurde. Unter schweren Kämpfen wehrten die Männer der Aufklärungsabteilung und des I. Bataillons die Angriffe der Sibirier ab. Oft klammerten sie sich nur noch an eine einzige Häusergruppe mitten im Ort. Durch Gegenstöße machten sie sich dann wieder Luft.

Die Funkverbindung zur Division war schon am 2. Januar abgerissen. Pendelspähtrupps hielten Kontakt zum linken Nachbarn. Trotzdem war Major d. Res. Mummert entschlossen, Mologino zu halten.

In der Nacht zum 3. Januar gelang es dem Funktrupp, die Funkverbindung mit der Division wieder herzustellen. Dort war man erstaunt, daß Mologino noch besetzt war, und befahl, den Ort sofort zu räumen und sich zur Division durchzuschlagen. Gegen 6 Uhr morgens gab Mummert Mologino auf. Das schwere Gerät blieb liegen. Auf einem Trampelpfad der Pendelspähtrupps schlichen sich die Männer in Reihe durch Nacht und Sibirier zum linken Nachbarn.

Zwar gelang es der 206. I. D. noch einmal, die aufgerissene Front der 9. Armee zu schließen, aber am 4. Januar 1942 brach sie dann endgültig auseinander. Zwischen VI. und XXIII. Korps klaffte eine Lücke von fünfzehn bis zwanzig Kilometern. Und durch diese Lücke stießen nun starke sowjetische Kräfte über die Wolga. Die 29. sowjetische Armee drehte auf Rschew ein und versuchte, die Stadt von Südwesten her zu nehmen. Hier fing ein tatkräftiger Kommandeur, der Divisionsnachschubführer 6, Major Disselkamp, den ersten Stoß mit schnell zusammengestellten Alarmeinheiten auf. Es waren Fahrer der Troßkolonnen, Nachschubeinheiten, ein paar Sturm- und Panzerabwehrgeschütze, Teile einer Instandsetzungskompanie und vor allem die Sanitätssoldaten und Tierärzte der Veterinärkompanie der 6. Infanteriedivision, mit denen Disselkamp die Sowjets stoppte. Auf diese Weise wurde es dem VI. Korps möglich, mit der 26. und 6. I. D. eine neue Verteidigungsfront zu errichten. Rschew wurde als Eckpfeiler zukünftiger Gegenaktionen gehalten. Die 39. sowjetische Armee und das sowjetische Kavalleriekorps General Gorins stießen jedoch westlich der Stadt vorbei nach Süden über Sytschewka auf Wjasma.

Klar zeichneten sich nun aus der überall brennenden Front die Schwerpunkte und die operativen Ziele des Russen ab: Generaloberst Konjew wollte nach dem Aufreißen des XXIII. Korps am Nordflügel der Heeresgruppe Mitte die 9. Armee umfassen und vernichten. Am Südflügel stürmte Marschall Schukow durch die Lücke zwischen 2. Panzerarmee und 4. Armee, zielte auf Wjasma und wollte gleichzeitig in die Flanke der 2. Panzerarmee.

Schon umschloß General Golikow mit seiner 10. sowjetischen Armee die Stadt Suchinitschi. Aber die 4000 Mann starke Kampfgruppe General Gilsas gab nicht auf und machte auch hier im Süden eine Stadt zum Wellenbrecher. Vier Wochen hielt die Gruppe Gilsa aus. Ein Kapitel, von dem noch zu sprechen ist.

In düsterer Sorge ging das so siegesgewiß begonnene Jahr 1941 zu Ende. Am zweiten Weihnachtstag hatte Hitler eine Beschwerde des neuen Oberbefehlshabers der Heeresgruppe Mitte benutzt, um den unbequemen Mahner Guderian loszuwerden. Feldmarschall von Kluge warf dem Generalobersten — der im Dezember schon erhebliche Differenzen mit ihm gehabt hatte —, Ungehorsam vor. Hitler setzte Guderian daraufhin ab. Der Front verschlug diese Entscheidung den Atem. Was sollte werden, wenn der Truppe auch noch die besten militärischen Köpfe genommen würden?

Sorgenvoll schloß Guderian seinen Abschiedsbefehl an seine vielbewährte 2. Panzerarmee: »Meine Gedanken begleiten euch auf eurem schweren Gang.«

Und wie schwer er war! Nirgends hatte die deutsche Führung ausreichende Reserven, um die russischen Durchbrüche zu stoppen. Schon stießen Rote Kavallerieverbände gegen die schwachen Sicherungen nördlich Juchnow und bedrohten die lebenswichtige Rollbahn nach Smolensk. Sowjetische Luftlandetruppen wurden hinter den deutschen Linien abgesetzt. Die Partisanen wurden zur Großmacht.

Hitler haderte mit dem Schicksal, verfluchte den russischen Winter und wütete gegen Gott und die Generale. Sein Zorn traf auch den bewährten Oberbefehlshaber der Panzergruppe 4. Als Generaloberst Hoepner Anfang Januar seine Panzergruppe 4 — seit Neujahr zur 4. Panzerarmee ernannt — ohne zu fragen wie man im Führerhauptquartier glaubte, zurücknahm, benutzte Hitler diesen ›Ungehorsam‹ dazu, ein Exempel zu statuieren: Hoepner wurde abgesetzt, degradiert und aus der Wehrmacht ausgestoßen. Die Front verlor nach Guderian nun auch den zweiten hervorragenden Panzerführer.

Daß es ohne jede sachliche Begründung geschah, ergibt sich aus einer Darstellung des damaligen Panzerarmee-Nachrichtenführers, Generalmajor Negendanck, der diesen Vorfall als unmittelbarer Zeuge miterlebt hat. Er berichtete dem Verfasser: »Wir saßen im kleinen Kreise mit Generaloberst Hoepner, der gerade von der Front gekommen war, beim Essen, und er entwickelte dem Chef des Stabes, Oberst Châles de Beaulieu, den Gedanken, daß der rechte Flügel der 4. Panzerarmee zurückgezogen werden müßte, da der anschließende Flügel der 4. Armee einen Stoß der Russen in das dort entstandene Loch nicht aushalten könnte. Dies wurde fernmündlich auch sofort dem Chef des Generalstabs der Heeresgruppe Mitte vorgetragen. Noch als wir zusammensaßen, rief Feldmarschall von Kluge an und besprach die Angelegenheit mit Generaloberst Hoepner, und ich besinne mich noch genau darauf, wie Generaloberst Hoepner am Schluß des Gesprächs wiederholte: ›Also, Herr Feldmarschall, wir nehmen zunächst nur die schwere Artillerie und die Trosse zurück, damit die uns nicht verlorengehen. Sie tragen heute abend dem Führer die Notwendigkeit dieser Maßnahme vor und erbitten seine Genehmigung.‹ Als der Generaloberst nach Schluß des Gesprächs sich wieder zu uns setzte, sagte er: ›Also Beaulieu, bereiten

Sie alles entsprechend vor.‹ Um Mitternacht überraschte uns dann wie ein Donnerschlag die Abberufung. Wie mir ein Generalstabsoffizier der Heeresgruppe Mitte kurz darauf erzählte, hat Feldmarschall von Kluge die Angelegenheit Hitler gegenüber nicht im Sinne der Absprache mit Generaloberst Hoepner vorgetragen, sondern die Rücknahme der Front als gegebene Tatsache berichtet. Hitler explodierte sofort und befahl die Abberufung unseres hervorragenden und von allen Untergebenen hochverehrten Armeeführers.«

Soweit Generalmajor Negendanck. Sein Bericht ist ein kriegsgeschichtlich außerordentlich interessanter und wertvoller Beitrag zur vieldiskutierten Entlassung Hoepners und zu der zwielichtigen Rolle, die Feldmarschall von Kluge auch hierbei — genau wie bei Guderians Entlassung — spielte.

2 Südlich des Ilmen-Sees

Das Fischerdorf Wswad — Sturm über den zugefrorenen See — Vier sowjetische Armeen überrennen eine deutsche Division — Staraja Russa — Die Waldaihöhen — Jeremenko spricht mit Stalin im Kremlbunker — Die Garde hungert — Toropez und Andreapol — Die Tragödie des Infanterieregimentes 189

Aber kehren wir an die bedrängte Front zurück. Wie im Zentrum, an der Nord- und an der Südflanke der Heeresgruppe Mitte, so schlug das sowjetische Oberkommando auch gegen den rechten Flügel der Heeresgruppe Nord zu: Südlich des Ilmen-Sees, wo die norddeutsche 290. I. D. lag, begann Anfang Januar die große sowjetische Durchbruchschlacht.

Viktor Nikolajewitsch war ein erfahrener Ilmen-See-Fischer. Er trug einen Knebelbart und wurde in seinem Fischerdorf Wswad nur ›der Landrat‹ genannt. Er führte die achtzig Mann starke Dorfwehr gegen Partisanenüberfälle. Denn Viktor Nikolajewitsch und seine Freunde wollten Ruhe haben. Die Deutschen waren Anfang September 1941 mit ihrem freundlichen Oberstleutnant Iffland und seiner Panzerjägerabteilung 290 gekommen. Sie hatten sich am nördlichsten Punkt der strategisch wichtigen Landbrücke zwischen Seliger-See und Ilmen-See niedergelassen. Denn dort endete die einzige Straße, die von Staraja Russa herauf sechzehn Kilometer durch Steppe, Wald und Sumpf zum See und zur Lowat-Mündung führte.

Das Fischerdorf Wswad war also Stützpunkt, Straßenkastell und Endpunkt der Landbrückenfront am Flügel der 290. Infanteriedivision.

Im Herbst waren die Panzerjäger wieder abgezogen. Was sollten sie in Sumpf und Moor? Ende Dezember aber waren Teile der Abteilung wiedergekommen. Denn was im Sommer nur für den Kundigen ein passierbares Gelände war, wurde im Winter, bei steinhart gefrorenem Sumpf, ein günstiger Durchschlupf durch die deutsche Front. Kundschafter und Versorgungskolonnen für die Partisanen versuchten hier ihr Glück. Spähtrupps der russischen Front, die in den Wäldern nördlich der Ssinezky-Bucht verlief, fuhren auf Skiern über die Moore und zugefrorenen Gewässer.

Ein größerer sowjetischer Überraschungsdurchbruch in Richtung auf den Verkehrsknotenpunkt Staraja Russa wäre für die beiden Korps der deutschen Landbrückenfront lebensgefährlich gewesen. Die Russen hatten bereits mehrfach mit Erfolg die Taktik erprobt, ganze Frontabschnitte der nachschubempfindlichen deutschen Truppen durch die Eroberung rückwärtiger Versorgungszentralen aus den Angeln zu heben.

Am 6. Januar 1942 herrschten 41 Grad Kälte. Die Eisdecke des Sees und der Gewässer war fünfundsechzig Zentimeter dick. Der Schnee lag einen halben Meter hoch. Die deutschen Spähtrupps waren ständig unterwegs und suchten das Gelände nach Spuren ab. Nichts.

Gegen Nachmittag kam ›der Landrat‹ zu Hauptmann Pröhl, dem Führer der Panzerjäger in Wswad und Vertreter von Oberstleutnant Iffland, und berichtete: »Man munkelt im Dorf, daß heute, am russischen Weihnachtstag, die Befreiungsschlacht um Staraja Russa beginnt.«

Der Hauptmann hatte längst gelernt, daß Viktor Nikolajewitsch kein Schwätzer war. Er wußte auch, daß keine noch so gute Sicherung die geheimen Wechsel der Fischer zwischen den Fronten verhindern konnte. Er schickte sofort zwei Skispähtrupps los.

Zwei Stunden später schon war die erste Patrouille zurück. »Zahlreiche Skispuren am Lowat-Fluß«, lautete die Meldung. Der zweite Spähtrupp brachte zwei gefangene sowjetische Infanteristen und einen verdächtigen Zivilisten mit.

Die Nacht brach herein. Pröhl befahl erhöhte Alarmbereitschaft. Drüben, beim Iwan, stiegen rote und grüne Leuchtkugeln auf.

Die eisige Nacht vergeht still und friedlich. Auf der tiefverschneiten Landbrücke zwischen Ilmen-See und Seliger-See fällt kein Schuß.

Ein Dolmetscher fragt die Gefangenen aus. Der Zivilist behauptet, aus einem Nachbardorf zu stammen. Er sei von den beiden Soldaten gezwungen worden, ihnen den Weg nach Wswad zu zeigen. Sein geschorener Schädel allerdings verrät, daß auch er Soldat ist und einen Kundschafterauftrag hat. Hauptmann Pröhl läßt ihn in eine Sauna sperren.

Bei dem Verhör der beiden Uniformierten kommen dann ein paar interessante Tatsachen ans Licht. Beide gehören dem 71. sowjetischen Skibataillon an, und sie erzählen, daß ihr Bataillon neu an die Front geführt worden und mit Schneepflügen und Motorschlitten ausgestattet sei. Die Verpflegung sei schlecht, klagen sie. Der gesamte Nachschub bestehe nur aus Waffen und Munition.

Ob man von Angriff rede, fragt der Dolmetscher. Die Gefangenen zögern erst, werden dann aber gesprächig. »Ja, man munkelt, daß es morgen losgeht.« Morgen!

Pröhl nimmt die Meldung über diese Aussage mit Vorsicht auf. Man wird es ja merken, wenn die Artillerie Vorbereitungsfeuer schießt. Das ist ja immer das untrügliche Zeichen, daß es losgeht.

Am 7. Januar früh informiert Pröhl die Division. Dann schickt er wieder Spähtrupps aus. Der eisige Ostwind dreht stark auf, wird zum Sturm und verweht Spuren, Wege und auch die Straße nach Staraja Russa. Das Thermometer am Fischerhaus des ›Landrats‹ zeigt 45 Grad Kälte.

Als es dunkel wird, hört man Flugzeuge brummen. Der Leuchtturm von Schelesno gibt ständig Lichtzeichen. Sie dienen offenbar sowjetischen Fliegern zur Orientierung. Merkwürdigerweise kommt keine einzige Maschine in die Nähe der Front. Kein Schuß fällt. Keine Kanone donnert.

21 Uhr 20: Das Telefon rasselt. Leutnant Richter meldet sich vom Stützpunkt am ›Hochstand 5‹, drei Kilometer südostwärts von Wswad: »Starke Feindbewegungen. Motorschlitten und Skitruppen stoßen vorbei.«

Ein Melder kommt vom Posten auf dem Kirchturm in Wswad: »Kfz-Kolonnen mit offenem Licht rollen von Südosten heran.«

Zwei starke Spähtrupps brausen los. Atemlos kommt Melder um Melder zurück: »Buschgelände am ›Hochstand 5‹ feindbesetzt.« – »Beim Weiler Podborowka, also bereits südwestlich von Wswad, an der Straße nach Staraja Russa, feindliche Skitrupps. Sie sichern Schneepflüge, die zur Räumung der Straße eingesetzt sind.«

Was bedeutet das? Offenbar sind die Sowjets unauffällig, gut getarnt, durch die dünne, nur stützpunktartig besetzte Front gebrochen. Ohne Artillerievorbereitung.

Alarm! Alarm! Die Telefonleitung zum ›Hochstand 5‹ ist noch intakt. Pröhl ruft Leutnant Richter an: »Bauen Sie ab, schlagen Sie sich mit Ihren Männern nach Wswad durch.«

Richter: »Wir werden es versuchen.«

Am Hochstand ziehen ununterbrochen sowjetische Kolonnen vorbei. Richter und seine zwölf Mann zurren die Schneehemden fest über die Uniform. Dann reihen sie sich in das sowjetische Marschband ein. An einer passenden Stelle ›fädeln‹ sie sich wieder heraus und kommen ungeschoren nach Wswad.

Um 3 Uhr morgens greift der Russe den deutschen Stützpunkt an. Schlagartig gehen die Telefonverbindungen zur Division verloren.

Hauptmann Pröhl weiß aber auch ohne Befehl, daß er den Stützpunkt Wswad als ›Wellenbrecher‹ halten muß. Nachdem noch die 6. Kompanie vom Luftnachrichtenregiment 1, die (mot.) 6/1, Teile des Kradschützenbataillons 38 der 18. I. D. (mot.) und die 2. Kompanie des Wachbataillons 615 in den Stützpunkt ausgewichen sind, hat Pröhl 543 Mann unter seinem Kommando.

Diese 543 Mann halten dreizehn Tage lang den isolierten Stützpunkt am Ilmen-See, weit vor der deutschen Hauptkampflinie: eine Insel in der Flut.

Wütend versuchen die Russen das Straßenfort Wswad zu knacken. Sie setzen Skibataillone ein. ›Stalinorgeln‹. Kommen mit Jagdbombern. Und schließlich mit Panzern. Aber Wswad hält.

Die Sowjets schießen Brandgranaten mit je zwanzig bis dreißig Phosphorsätzen in das Dorf, um die Unterkünfte zu zerstören. Die Holzhäuser brennen wie Fackeln. Krankenreviere und Sankas gehen in Flammen auf. Achtundzwanzig Verwundete müssen auf Matratzen und Decken hinter Hausruinen in den Schnee gebettet werden. Bei 35 Grad Kälte.

Das Tagebuch und die Funksprüche zur 18. I. D. (mot.) in Staraja Russa, der Pröhl unterstellt wurde, als die Verbindung zur 290. I. D. verlorengegangen war, sind Dokumente, die durch ihre Nüchternheit erschüttern und Bewunderung abnötigen.

12. Januar: Ununterbrochenes feindliches Artilleriefeuer. Ein deutscher Flieger wirft Munition ab. Aber statt Sprenggranaten sind in dem Behälter Flakgranaten, die nicht zu gebrauchen sind. In einem Behälter liegt das Ritterkreuz für Hauptmann Pröhl. Durch Funkspruch von der Division werden noch fünf EK 1 und zwanzig EK 2 verliehen.

16 Uhr 40: Munition und Verbandsmaterial gehen zur Neige. Dringende Funkanforderung bei der Division. Mahnung zum Abwurf aus größerer Höhe; denn gestern explodierten alle vier abgeworfenen Munitionsbehälter.

Um 19 Uhr wiederholt Pröhl ganz dringend die Forderung nach Munition und Verpflegung. Die verwundeten Pferde werden geschlachtet: Ein Tagessatz an Verpflegung wird dadurch gewonnen. Aber Kartoffeln und Brot fehlen völlig.

20 Uhr: Fünf Gefallene, zweiunddreißig Verwundete.

14. Januar: Kommandeur des sowjetischen Schützenregiments 140 schickt einen Reiter mit weißer Flagge. Er fordert Kapitulation. Man schickt ihn zurück und donnert mit Pak und Infanteriegeschützen eine Salve auf Podborowka, wo der russische Regimentsstab liegt.

Die Russen kommen nachts mit Panzern. Ein T 26 bricht durch und hält direkt vor Pröhls Gefechtsstand. Drinnen warten sie kaltblütig, ob der Iwan den Turm aufmacht. Aber er tut es nicht. Sie werfen ihm geballte Ladungen aufs Fell. Das Krachen der Handgranaten macht den Russen nervös. Er rollt zum Südausgang. Dort fährt er der Pak von Oberfeldwebel Schlünz direkt vors Rohr. Zwei Schuß. Zwei Treffer. Der Panzer brennt.

Ein Fieseler Storch bringt den Assistenzarzt Dr. Günther und Medikamente. Ein Funkspruch Hitlers lobt die Verteidiger und teilt gleichzeitig mit, daß Entsatz nicht möglich ist. Pröhl wird freigestellt, Wswad zu räumen, wenn der Besatzung die Gefahr der Vernichtung droht.

Diese ›Freifahrkarte‹ lädt Pröhl eine schwere Gewissensentscheidung auf: Besteht bereits die Gefahr der Vernichtung oder ist sie noch nicht gegeben? Sechzehn Kilometer tief ist der Stützpunkt schon von den Sowjets umgangen. Soll man räumen? Von der 18. I. D. (mot.) geht in diesem Augenblick der Erwägung ein Funkspruch ein: »Staraja Russa hält, obwohl umgangen.«

Pröhl begreift: Diese Festungsinseln binden den Feind, brechen seinen stürmischen Vormarsch. Also hält auch Wswad.

18. Januar, der elfte Tag der Einschließung:

Das Thermometer ist auf 51 Grad unter Null gesunken. Minus 51 Grad Celsius, wohlgemerkt. Nachts gehen Spähtrupps raus und ziehen den vor der

Front liegenden gefallenen Sowjets die Filzstiefel aus, holen die Pelzkappen und schneiden den Toten die Pelzmäntel von den steifgefrorenen Leibern.

19. Januar: Nächtlicher Großangriff der Sowjets. Einbrüche. Nahkampf im Schein der letzten brennenden Häuser. Blutiges Ringen um Sauna und den Kolchosschuppen. Vier Panzer im Nahkampf mit Handgranaten erledigt.

Acht Stunden dauert der Kampf. Die Sowjets werden abgeschlagen. Die eigenen Verluste betragen siebzehn Tote und zweiundsiebzig Verwundete. »Noch ein solcher Angriff, und es ist zu Ende«, meldet Oberleutnant Baechle am nächsten Morgen, dem 20. Januar, mit ruhiger Stimme dem Hauptmann Pröhl.

Der nickt. Er hat bereits seinen Entschluß gefaßt. »Die kommende Nacht ist unsere letzte Chance. Der Iwan wird nach den Verlusten umgruppieren. Das ist unsere Stunde!«

Offiziere, Zugführer und der Chef der einheimischen Bürgerwehr werden zusammengerufen. Man beschließt: Ausbruch über den zugefrorenen Ilmen-See. Ziel: Uschin am Westufer der Tuleblskij-Bucht. Zwanzig Kilometer Marsch über die Eisbarrieren des Sees und durch brusttiefen Schnee.

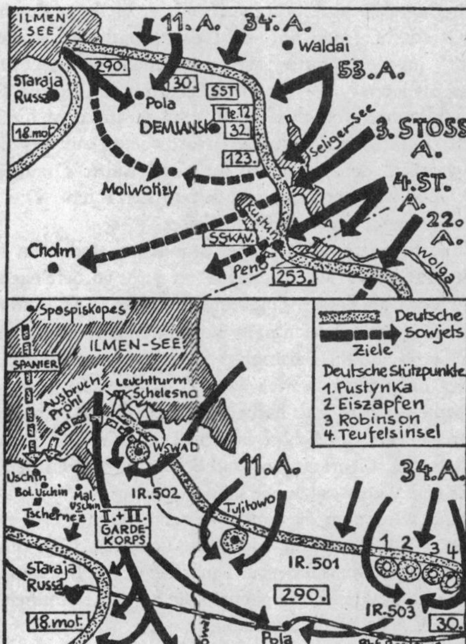

Karte 18
Die sowjetische Offensive zwischen Ilmen-See und Seliger-See im Januar 1942 und der Kampfraum der 290. I. D. und 18. I. D. (mot.).

Die Toten wurden am abgebrannten Haus Olga beigesetzt, wo der Boden von den Bränden noch aufgetaut war und ein Massengrab gesprengt und gegraben werden konnte. Zweiundsechzig Verwundete, die nicht marschfähig sind, werden auf Schlitten verpackt, die letzten gesunden Pferde davor. Es schneit. Die Luft ist diesig. Dafür ist es nicht so kalt wie am Vortage, ›nur‹ um 30 Grad.

Als es dunkel wird, geht es los. Ein Spähtrupp mit ortskundigen Führern trampelt den Pfad. Bis zum Bauch waten die Männer des Kradschützenbataillons 38 im Schnee. Alle halbe Stunde muß die Spitze abgelöst werden, denn dann ist auch der stärkste Mann fertig. In Abständen von zehn Minuten folgen, dicht gegliedert, die einzelnen Marschgruppen. Auch die Bürgerwehr von Wswad rückt mit ab, an der Spitze Viktor Nikolajewitsch, der ›Landrat‹. Keiner von ihnen kann bleiben. Denn das wäre ihr Tod.

Der letzte Funkspruch an die 18. I. D. (mot.) lautet: »Durchbruch beginnt. Unser Zeichen: Leuchtsignale in der Folge grün, weiß, rot.«

Als Nachhut bleibt Leutnant Richter mit zwei Zügen zurück, schießt noch zwei Stunden lang wildes Störungsfeuer aus Wswad und täuscht dem Feind besetzte Stellungen vor. Dann rückt zuerst Oberfeldwebel Steves mit dem Pionierzug ab. Der III. Zug der Aufklärungsschwadron bleibt noch eine halbe Stunde und läßt die MG tackern. Dann hört ein Gewehr nach dem anderen auf. Es wird merkwürdig still im verbrannten, zerschundenen Wswad. Oberwachtmeister Willich setzt sich als letzter ab — am Haus Olga vorbei, wo die Toten ruhen.

Es wird ein schlimmer Marsch. Zuerst geht es auf dem Eis des Lowat nach Norden bis zum Leuchtturm, dann nach Nordwesten auf das Eis des Sees und schließlich südwestlich dem Ufer zu. 40 Grad Kälte. Draußen auf dem See sogar 50 Grad. Die Männer sind wandelnde Eiszapfen. Die Pferde wanken. Einige brechen zusammen. Gnadenschuß. Weiter.

Die Kompaßnadeln frieren fest. Sechs Stunden marschieren sie schon. Oberleutnant Mundt läßt seine Marschgruppe an sich vorbeiziehen. »Alles klar?« fragt er Leutnant Voss, als dessen Zug kommt. »Alles in Ordnung.«

Aber beim II. Zug ist Oberleutnant Beisinghof nicht an der Spitze. Unteroffizier Matzen stapft voran. Beisinghof ist mit Oberstabsarzt Dr. Wiebel bei einem Mann, der nicht mehr weiter will. Er hatte sich in den Schnee gesetzt. Wollte sich ausruhen. »Nur eine halbe Stunde. Bis die Anschlußgruppe kommt«, bettelte er. Aber es wäre der Schlaf in den Tod gewesen. Sie zerren ihn hoch. Reden gut zu. Befehlen. Oberleutnant und Stabsarzt stützen den Schützen. Hundert Meter hinter dem Zug wanken sie langsam heran.

Beisinghof stapft wieder an die Spitze seiner Kolonne. Wie er, so machten es auch Hauptmann Pröhl, Leutnant Matthias, Leutnant Güle und Assistenzarzt Dr. Günther beim Gros, Oberfeldwebel Feuer bei der Spitze und Leutnant Richter bei der Nachhut. Wie Schäferhunde pendeln sie an den Kolonnen vor und zurück, wachen darüber, daß kein Mann zurückbleibt oder sich verzweifelt in den Schnee wirft. Selber todmüde, machen sie den Marschweg doppelt und dreifach.

Nach vierzehn Stunden haben sie es geschafft. Um 8 Uhr früh sieht Oberfeldwebel Feuer vermummte Männer in deutschen Stahlhelmen. Er ruft, stolpert zu ihnen und packt den ersten: »Kamerad, Kamerad!«

Sie liegen sich in den Armen. Aber was sagt denn der Mann? Feuer versteht nur die Worte ›Santa Maria‹ und ›Camarada‹. Und er ahnt nur, was ›bienvenido‹ heißen soll: ›Willkommen!‹ Die deutsche Kampfgruppe ist auf Spanier gestoßen. Spanier, Freiwillige des 269. Infanterieregiments der im Osten eingesetzten ›Blauen Division‹, die als 250. I. D. nördlich des Ilmen-Sees steht.

Am 10. Januar war die spanische Skikompanie unter Hauptmann Ordás mit 205 Mann vom Nordufer des Ilmen-Sees aufgebrochen, um die deutschen Kameraden in Wswad zu verstärken. Aber die Eisbarrieren des Sees machten aus den dreißig Kilometern Luftlinie sechzig Marschkilometer. Die Funkgeräte fielen aus, und die Kompasse froren auch bei den Spaniern ein.

Als Hauptmann Ordás das Südufer des Ilmen-Sees weit westlich Wswad erreichte, hatte die Hälfte seiner Männer schwere Erfrierungen. Auf dem Weitermarsch wurden sie von sibirischen Stoßtrupps angegriffen. Die Spanier schlugen sich hervorragend und machten sogar noch Gefangene. Sie eroberten Tschernez zurück und wehrten zusammen mit dem Zug einer Polizeikompanie wütende sowjetische Gegenangriffe ab.

Am 21. Januar lebten von den 205 Mann der spanischen Skikompanie nur noch vierunddreißig. Stürmisch begrüßten sie sieben Kilometer ostwärts von Uschin die deutschen Wswad-Kämpfer. Zwei Tage später treten sie mit deutschen Infanteristen im Abschnitt der aus Frankreich gerade herangekommenen 81. I. D. zum Gegenangriff auf die verlorengegangenen Stützpunkte Mal.-Uschin und Bol.-Uschin an. Zwölf spanische Soldaten blieben übrig, zwölf von zweihundertfünf.

Die ›Kampfgruppe Wswad‹ verlor auf ihrem Marsch über den See fünf Mann. Sie waren der Kälte zum Opfer gefallen. Hatten sich entnervt und todmüde irgendwo unbemerkt in den Schnee fallen lassen und waren in der endlosen weißen Wüste in die Ewigkeit geschlafen.

Als die Überlebenden in Uschin in ihre kalten Quartiere wankten, hörten sie das Grummeln der Front und sahen die Brände von Staraja Russa. Die uralte Perle, das Handelszentrum am Ilmen-See stand wieder einmal in Flammen. Es war in der Geschichte oft umkämpft. Erobert. Und vernichtet. Im Winter 1941/42 ist Staraja Russa Verkehrsknotenpunkt, Nachschubbasis, Versorgungsherz der deutschen Landbrückenfront zwischen Ilmen-See und Seliger-See. Fällt es, fällt die Front.

Es ist die Liegnitzer 18. I. D. (mot.) Generalmajor Herrleins, die hier in Staraja Russa ihr Super-Wswad erlebt und sich unter der Führung von Oberst Werner von Erdmannsdorff, der den schwerkranken General vertritt, im verzweifelten Abwehrkampf gegen die Divisionen der 11. sowjetischen Armee rundum verteidigt. Die 18. I. D. (mot.) wird durch ihren Widerstand in Staraja Russa den großen Operationsplan der 11. sowjetischen Armee General Morosows zunichte machen.

Wie sah dieser Plan aus? Morosow sollte um den Ilmen-See herumgreifen und dann im Zusammenwirken mit einer starken Armeegruppe, die nördlich des Sees gegen den Wolchow operierte, die Divisionen von Generaloberst von Küchlers 18. Armee ostwärts Leningrad packen und die Befreiung der Stadt

Lenins einleiten. Der Plan war gut. Die dafür am Westflügel der 11. sowjetischen Stoßarmee auf Staraja Russa angesetzten Verbände ausgezeichnete Gardetruppen: Das I. und II. Gardekorps. Das zeigt, wie wichtig das sowjetische Oberkommando die Aufgabe nahm. Als Ziel winkten ja auch zwei bedeutsame, schlachtenentscheidende Erfolge: Der zur weiteren Operation freie Raum — den Staraja Russa blockierte — und die riesigen Verpflegungslager und Materialparks der 16. Armee. Solche Vorräte an solcher Stelle waren eine ideale Beute für die weitere Führung der Operationen der im allgemeinen schlecht versorgten sowjetischen Korps, noch dazu, wenn sie im Rücken der Deutschen operieren sollten.

Morosows Garde drang in der ersten Woche fünfmal bis in den Stadtkern vor, ja, bis in das Armeeverpflegungslager hinein. Aber fünfmal wurde sie unter schwersten Verlusten wieder hinausgeworfen. Die Munitionslager gingen in die Luft. Was die Sommerkämpfe von den altehrwürdigen Ruinen Staraja Russas noch übriggelassen hatten, zerbarst im Granathagel und Feuersturm. Aber die Front der Leiber in Staraja Russa hielt. Staraja Russa war der Fels in der Brandung der Schlacht, der Kristallisationspunkt, von dem aus das X. Korps die Front an der zerschmetterten Flanke der 16. Armee neu bildete. Das Verdienst daran hatte nicht zuletzt die Truppe, vor allem aber auch die Führung der 18. I. D. (mot.). Ihr Abwehrerfolg ist Beispiel für die rußlanderfahrene Führungskunst auf Divisionsebene. Die Hintergründe verdienen, kurz berichtet zu werden.

Die von den Tichwin-Kämpfen schwer mitgenommene 18. I. D. (mot.) war von Generaloberst Busch als Armeereserve zur Auffrischung in den Raum Staraja Russa gelegt, kilometerweit über die Dörfer verstreut. Aufklärung, Erfahrung mit den Sowjets und der berühmte ›Riecher‹ für die Lage ließen den Divisionsstab voraussehen, daß der Russe über den dick zugefrorenen Ilmen-See kommen werde, um auf Staraja Russa zu stoßen. Deshalb bestürmten der stellvertretende Kommandeur Oberst von Erdmannsdorff und sein Ia das Korps und schließlich sogar die Armee, man möge die Division mit allen Teilen einschließlich der Trosse scharf zusammenfassen und in einer bereits erkundeten Stellung am See einsetzen.

Das Korps wollte von einer solchen Vorsichtsmaßnahme nichts wissen und hielt die Sorge vor einem sowjetischen Angriff über das Eis des Ilmen-Sees für ›unrealistisch‹. Generaloberst Busch jedoch war hellhöriger und ließ Erdmannsdorff seinen Willen. Am 4. Januar gab die Armee die entsprechenden Befehle heraus. Am 4. ! Zweiundsiebzig Stunden später, in der Nacht vom 7. auf den 8., kam der Russe übers Eis.

Korps und Armee begriffen nach den ersten Meldungen aus dem Kampfraum sofort, daß der sowjetische Angriff am Nordflügel der Landbrücke kein örtliches Unternehmen war. Dafür waren die Alarmmeldungen der vorderen Stützpunkte und der Spähtrupps zu aufschlußreich. Zwar begann die Offensive nicht — wie herkömmlich und üblich — mit einem Artillerieüberfall. Lautlos wurde der Großangriff gestartet, um die Deutschen über das Ausmaß des Angriffs zu täuschen.

Als schließlich sowjetisches Artilleriefeuer den Frontalangriff gegen die 290.

I. D. einleitete, mit Schwerpunkt auf Tulitowo und Pustynka, da waren bereits starke russische Angriffskräfte durch die große Frontlücke auf den zugefrorenen Gewässern und Sümpfen ins Lowat-Delta und vor allem über den zugefrorenen Ilmen-See in den Rücken der 290. I. D. gedrungen.

Lastensegler und Transportflugzeuge mit Schneekufen waren auf dem zugefrorenen See gelandet und hatten Skibataillone und Schützenbrigaden herangebracht. Sowjetische Panzerbrigaden überquerten mit schweren Panzern den See und rollten an die Einbruchstellen. 52-Tonner der KW-Klasse wälzten sich gespenstisch über das Eis. Schneepflüge ratterten der sowjetischen Infanterie und den Panzerbataillonen voran und bahnten ihnen den Weg. Motorschlitten brausten, Schneefontänen aufwirbelnd, mit aufgesessener Infanterie durch das Gelände.

Das hatte noch kein deutsches Auge gesehen, kein deutscher Stabsoffizier je in einem Manöver beobachtet.

Im Korpsstab und bei der Armee schüttelte man deshalb auch nach den ersten Meldungen staunend und skeptisch die Köpfe. Aber bald gab es keinen Zweifel mehr, daß eine mächtige rote Offensive über den See rollte und erstes Ziel des russischen Angriffs Staraja Russa war, der Verkehrsknotenpunkt der deutschen Ilmen-See-Front.

General Hansen übertrug in der Stadt selbst dem vorausgeeilten Führer der 18. I. D. (mot.) das Kommando über die dort stehenden Wacheinheiten, Trosse, rückwärtigen Dienste und Baubataillone. Es gelang Oberst von Erdmannsdorff mit seiner aus dem Raum um Schimsk in dieser Nacht herankommenden 18. I. D. (mot.), eine Abwehrfront im weiteren Umkreis der Stadt zu bilden und die Lage zu stabilisieren.

An diesem unerschütterlichen Bollwerk der schlesischen Infanterieregimenter und der ihnen unterstellten Einheiten scheiterte der erste Teil des sowjetischen Planes. Die 11. sowjetische Armee mußte Staraja Russa rechts liegen lassen. Es blieb ihr nur die Möglichkeit, sich ihrer zweiten Aufgabe zuzuwenden: Mit der Masse entlang des Lowat-Flusses nach Süden zu stoßen, um den deutschen Divisionen des X. Korps in den Rücken zu fahren. General Morosow trifft bei dieser Operation auf die norddeutschen Regimenter der 290. I. D. unter Generalleutnant von Wrede.

Wie die Männer im Stützpunkt Wswad, bleiben auch die Kompanien der 290. I. D. an den Brennpunkten des russischen Angriffs in ihren links und rechts umgangenen Stellungen, halten mit geringen Kräften und bilden Wellenbrecher gegen die Angriffe der sowjetischen Divisionen.

In Tulitowo behauptet sich das II. Bataillon Infanterieregiment 502 fast fünf Wochen. Dann wird es überrannt. In Pustynka verteidigt sich Leutnant Becker mit der 1. Kompanie I. R. 503 genau sechsundzwanzig Tage und bindet starke Kräfte. Die Stützpunkte ›Teufelsinsel‹, ›Eiszapfen‹ und ›Robinsoninsel‹ werden von den Kompanien Eckhardt und Wetthauer, des Schwesterregiments I. R. 503, tagelang, ohne einen Bissen Verpflegung, verteidigt.

Typisch für diese Situation der Funkverkehr eines Tages zwischen 290. I. D. und X. Armeekorps. Die Division funkt: »Erbitten dringendst Munition.«

Das Korps antwortet: »Nach unseren Berechnungen zuviel Munition verschossen.«

Die 290. I. D. erwidert lakonisch: »Ihre Berechnungen nicht maßgebend.«

So halten schwache Regimenter mit einer Besetzung von etwa achtzig Gewehren auf einen Kilometer ganze Divisionen der 11. sowjetischen Armee auf. Der entscheidende frontale Durchbruch der Russen wird dadurch verhindert. Aber nicht verhindert werden kann der umfassende Angriff durch zwei sowjetische Eliteverbände: Das II. Gardekorps erobert Parfino, den Bahnhof an der wichtigen Eisenbahnverbindung Leningrad—Staraja Russa—Moskau. Das I. Gardekorps holt noch weiter aus in den Rücken der 290. I. D., bei der es ihm dann zuletzt doch noch gelingt, einzusickern.

In dieser dramatischen Situation bricht die 34. sowjetische Armee rechts neben der 290. I. D. bei der schleswig-holsteinischen 30. Infanteriedivision ein, durchschneidet die Verbindung der beiden Divisionen, schwenkt gleichfalls in den Rücken der 290. I. D. und trifft sich bei Pola, am gleichnamigen Fluß, mit dem Zangenarm des II. Gardekorps.

Die Falle hinter der 290. I. D. klappt zu. Der linke Flügel der deutschen Ilmen-See-Front ist ausmanövriert. Die Sowjets haben das X. Korps geteilt und in größte Bedrängnis gebracht.

Wie aber sah es am rechten Flügel, beim II. deutschen Armeekorps des Grafen Brockdorff-Ahlefeldt aus?

Am 9. Januar brach über den Seliger-See ein sowjetischer Großangriff los, der an Konzentration der Kräfte und an Angriffsschwung alles bisher Bekannte übertraf. Vier russische Armeen, die 22. und 53. Armee sowie die 3. und 4. Stoßarmee, stürmten mit rund zwanzig Divisionen und ein paar Dutzend selbständigen Panzer- und Skibrigaden über das zugefrorene Seengebiet.

Sie trafen auf den nur schwach besetzten, achtzig Kilometer breiten Verteidigungsabschnitt einer einzigen deutschen Division, der brandenburgischen 123. I. D., und auf deren rechten Nachbarn, die 253. I. D., Flügeldivision der Heeresgruppe Mitte.

Die Wucht des Hauptstoßes richtete sich gegen die 123er und zerschmetterte die Front der brandenburgischen Regimenter. Vergeblich sprang ihnen die links benachbarte pommersche 32. I. D. mit allen entbehrlichen Kräften bei. Es half nichts, die 123. I. D. wurde weggefegt.

Was wollten die Russen? Die beiden Stoßarmeen waren nicht angesetzt, um auf der Landbrücke zu operieren, sie hatten andere strategische Ziele, die weit über die Operationen gegen die beiden deutschen Korps der Ilmen-See-Front hinausgingen.

Dagegen war der Angriff der 53. sowjetischen Armee ausschließlich gegen die deutsche Landbrückenfront gerichtet. Nach dem Durchbruch schwenkte sie schnell nordwestlich ein, um sich mit den von Norden her kommenden Kräften der 11. sowjetischen Armee zu vereinigen und die Masse des X. und das gesamte II. deutsche Korps einzuschließen.

Im Mittelpunkt des sich bildenden Kessels, auf der beherrschenden Waldaihöhe, lag das bis dahin unbekannte und unbedeutende Städtchen Demjansk.

Dieses Städtchen gab einer der strategisch bedeutendsten Kesselschlachten der Kriegsgeschichte den Namen: ›Kesselschlacht Demjansk‹.

Über ein Jahr, bis zum Frühjahr 1943, tobten hier die schweren blutigen Kämpfe um die Urwälder, Sümpfe und armseligen Dörfer der Waldaihöhen, Quellgebiet von Wolga, Düna und Dnjepr und Wasserscheide des europäischen Rußlands. Unter der Führung von General Graf Brockdorff-Ahlefeldt trotzten sechs deutsche Infanteriedivisionen des II. Korps, abgeschnitten von der Hauptfront, auf sich allein gestellt und die meiste Zeit nur notdürftig aus der Luft versorgt, einer riesigen feindlichen Übermacht. Sie verwehrten den Sowjets den Durchbruch nach Süden und Westen und retteten die Heeresgruppe Nord vor der Vernichtung.

Welche Aufgabe aber hatten die anderen drei sowjetischen Armeen, die ebenfalls am 9. Januar über die Trümmer der 123. deutschen I. D. am Seliger-See hinweggestürmt waren? Wo lag ihr operatives Ziel? Was bezweckte das sowjetische Oberkommando mit dieser Offensive? Sie war weitgesteckt und kühn in Angriff genommen: die 3. und 4. Stoßarmee sowie die 22. Armee sollten durch einen mächtigen Stoß ins tiefe Hinterland der deutschen Front die gesamte Heeresgruppe Mitte zum Einsturz bringen. Diese Offensive war als strategische Krönung der sowjetischen Winterschlacht gedacht.

Der Mann, der diese Ernte einfahren sollte, hieß Andrej Iwanowitsch Jeremenko, Generaloberst und Befehlshaber der 4. sowjetischen Stoßarmee. Es war derselbe General, den Stalin schon während der deutschen Sommeroffensive an vielen Brennpunkten der Mittelfront als kühnen Improvisator und Retter eingesetzt hatte. Nun sollte Jeremenko Revanche nehmen für seine Niederlagen.

Sein Auftrag: an der empfindlichsten Stelle der deutschen Ostfront, an der Naht zwischen den Heeresgruppen Mitte und Nord, durchbrechen, die beiden Heeresgruppen trennen und die unter den schweren sowjetischen Schlägen bereits wankende deutsche Mittelfront vernichten. Der Raum Witebsk, 280 Kilometer von Jeremenkos Ausgangsbasis am Seliger-See entfernt, war das Operationsziel.

Dieser Entschluß des sowjetischen Oberkommandos entsprang Stalins Hoffnung, daß die vorausgegangenen Winterschlachten südlich und nördlich Moskau die deutschen Armeen so schwer angeschlagen hatten, daß ihnen nun der Fangstoß gegeben werden konnte.

General Jeremenko, heute hochdekorierter Marschall der Sowjetunion, hat in einem außerordentlich interessanten Bericht unter dem Titel ›In westlicher Richtung‹ als erster sowjetischer Truppenführer eine zum Teil erstaunlich kritische Darstellung seiner Feldzüge gegeben, darunter vor allem auch seiner Operation mit der 4. Stoßarmee. Es ist von Bedeutung, zu dieser entscheidenden Etappe des Ostkrieges den Mann der anderen Seite zu hören.

Mitte Oktober 1941 war General Jeremenko in der Kesselschlacht von Brjansk von einem deutschen Jagdbomber erwischt worden. Kurz vor dem rettenden Sprung in ein Forsthaus hatten ihn mehrere Bombensplitter niedergestreckt. Schwer verwundet wurde er aus dem Kessel hinausgeflogen. Bis Mitte Dezember lag er im Lazarett Kuibyschew. Am 24. Dezember wurde er zu Stalin befohlen.

Der Generalissimus empfing ihn in seinem unterirdischen Gefechtsstand im Kreml. Jeremenko berichtet darüber:

»›Sagen Sie, Genosse Jeremenko, sind Sie sehr empfindlich?‹ fragte Stalin.

›Nein, nicht sehr‹, antwortete ich.

›Sie werden nicht beleidigt sein, wenn ich Sie vorübergehend Genossen unterstelle, die bis vor kurzem Ihre Untergebenen waren?‹

Ich antwortete, daß ich bereit sei, ein Korps oder jeden anderen Posten zu übernehmen, wenn die Partei dies für notwendig halte und ich auf die Weise dem Vaterland nützen könne.

Stalin nickte und sagte, die Maßnahme sei notwendig, um eine sehr wichtige Aufgabe zu lösen, Er halte mich für den richtigen Mann.«

In dem weiteren Gespräch klärte Stalin Jeremenko auf, um was es sich handele. Der Generaloberst sollte als erfahrener Truppenführer die neugebildete 4. Stoßarmee übernehmen, einen Eliteverband, eine Art Gardearmee, die auch den Gardeverbänden in den Vergünstigungen gleichgestellt war. Die Offiziere erhielten anderthalbfache und die Soldaten doppelte Löhnung und hatten auch bessere Verpflegung als die normalen Armeen.

Die Bedeutung, die Stalin den Aufgaben der 4. Stoßarmee beimaß, kann nichts klarer zeigen als die Tatsache, daß er einen der besten sowjetischen Truppenführer im Range eines Generalobersten mit ihrer Führung betraute, während der zuständige Frontbefehlshaber ›Nordwest‹ ein Generalleutnant war — P. A. Kurotschkin.

Jeremenko bekam alle nur erdenklichen Sondervollmachten für den Aufbau, die Ausrüstung und die Versorgung seiner Armee. Als sich Stalin von seinem General im Kremlbunker verabschiedete, ließ er keinen Zweifel, daß die Operation der 4. Stoßarmee die ›Krönung der russischen Winteroffensive‹ werden sollte. Die Hoffnung des Oberbefehlshabers, des Generalstabs und des Vaterlandes lag auf Jeremenkos Schultern.

Was alle Sondervollmachten freilich nicht lösen konnten, war die miserable Versorgungslage der sowjetischen Fronttruppen. Jeremenkos Sorgen auf diesem Gebiet und die Lösung, die er fand, geben einen interessanten Einblick in die sowjetische Improvisationskunst auch im operativen Bereich.

Beutemachen ist altes und legitimes Kriegsrecht: Was dem feindlichen Heer gehört, ist der Preis des Siegers. Feldmarschall Rommel hat zeitweilig sein Afrikakorps nur mit erbeuteten Lastwagen und mit Sprit aus britischen Vorratslagern beweglich gemacht; englisches Corned beef aus Feldmarschall Sir Claude Auchinlecks gutassortierten Wüstenlagern war oft die erlösende Abwechslung von Blutwurst und Schweinefleisch, und der duftende Virginia der zehn Millionen ›Navy-Cut‹-Zigaretten aus Tobruks Lagern beflügelte die Stimmung der deutschen ›Wüstenfüchse‹. Aber eine kriegsentscheidende Offensive auf der Voraussetzung aufzubauen, daß die knurrenden Mägen der Soldaten aus erbeuteten Konserven der feindlichen Vorratslager gesättigt werden, das ist eine einmalige Sache.

Generaloberst Jeremenko hat die Kriegsgeschichte um dieses interessante Phänomen bereichert. Er schreibt in seinem Bericht über die Operation seiner 4. sowjetischen Stoßarmee: »Die rückwärtigen Dienste hätten bei einer sachgemäßen Vorbereitung der Offensive große Mengen von Verpflegung in unmittelbarer Nähe des Operationsraumes einlagern müssen. Statt dessen ›befreite‹ uns jedoch der Frontstab ›Nordwest‹ von unseren mit großer Mühe beschafften Vorräten. Wir mußten unseren rechten Nachbarn, die 3. Stoßarmee, die so gut wie keine Verpflegung hatte, mitverpflegen.« Das war böse; aber es kam noch schlimmer.

»Nach zehn Tagen«, schreibt Jeremenko, »waren auch unsere Vorräte völlig verbraucht.« Einzelne Divisionen besaßen zu Beginn des Angriffs nicht einmal für einen einzigen Tag Verpflegung. So zum Beispiel die 360. Schützendivision. Ihr Kriegstagebuch enthält am 8. Januar die Eintragung: »Division besitzt keine Verpflegung.« Dieselbe Eintragung findet sich am nächsten Tag bei der 332. Schützendivision. Am Angriffstage selbst, am 9. Januar, erhielten die Soldaten fast aller Divisionen kein Frühstück. Sie gingen mit hungernden Mägen in die Schlacht. Die 360. Schützendivision erhielt schließlich das Trockenbrot der 358. Division, um ihre Soldaten am Abend des ersten Angriffstages wenigstens mit einem Bissen verpflegen zu können.

Wie war diese katastrophale Ernährungslage zu meistern? Wie sollten ganze Armeen bei 40 Grad Kälte kämpfen und siegen, wenn sie nichts zu essen hatten? Auch Gardekorps, auch Elitedivisionen brauchen Brot und können nicht von Parolen leben. Jeremenko fand die Lösung. Er befahl seinen Divisionen: »Holt euch die Verpflegung bei den Deutschen!« Die Eroberung der Feldküchen, Fourierwagen, Troßkolonnen und Lebensmittellager wurde zum wichtigsten Kampfauftrag. Der Krieg fiel in seine archaische Form zurück.

In welchem Umfange die Kriegsbeute die operativen Entscheidungen bestimmte, macht Jeremenko deutlich:

»Aus Gefangenenaussagen und aus Meldungen unserer Kundschafter hinter der deutschen Front wußten wir, daß sich in Toropez große Verpflegungslager mit riesigen Lebensmittelbeständen befanden, denn Toropez war ein Versorgungsstützpunkt der Heeresgruppe Mitte. Dieser Umstand war für uns von ausschlaggebender Bedeutung. Hier bot sich die Möglichkeit, für meine Armee und auch für die Nachbararmee Verpflegung zu erhalten.

Dem Kommandeur der 249. Schützendivision, Generalmajor Tarassow, wurde die Aufgabe gestellt, Toropez durch Umfassung im Handstreich zu nehmen und die Lager unversehrt zu erobern. Der Plan gelang:

Am 19. Januar schlossen die Truppenteile der 249. Schützendivision Toropez ein. Sie näherten sich gleichzeitig von mehreren Seiten der Stadt; das 917. Schützenregiment von Norden, das 921. von Südosten und das 925. von Süden und Südwesten.

Wir erbeuteten annähernd vierzig Verpflegungslager mit Butter und anderen Fetten, mit Fleisch- und Fischkonserven, verschiedenen Konzentraten, Mehl, Graupen, Zucker, Trockenfrüchte, Schokolade und vielem anderen. Die Lager wurden unsere Armeeverpflegungslager, nur das Personal wechselte. Die Armee verpflegte sich von diesen Vorräten einen ganzen Monat lang. Dieser Erfolg in Toropez war für die Operationen von sehr großer Bedeutung. Voller Stolz meldete ich ihn deshalb dem Hauptquartier.«

Jeremenkos Angaben über die wichtige Beute sind richtig; nur was den Kampfeinsatz angeht, hat er ein bißchen kaschiert. Es war nicht nur eine Division, die Toropez nahm, sondern Jeremenko setzte die 249. Schützendivision, zwei Schützenbrigaden, die 48. und 39., sowie Teile der 360. Schützendivision ein, um die schwache deutsche Verteidigung von Toropez niederzukämpfen. Diese bestand aus 1200 Feldgendarmen und Feldpolizisten, einem Regiment der 403. Sicherungsdivision, einer Radfahrkompanie und einem Zug Panzerjäger der 207. Sicherungsdivision. Im Verlauf der Kämpfe kamen die Reste der zerschlagenen Infanterieregimenter 416 und 189 sowie ein paar Dutzend Männer von Fegeleins überrollter SS-Kavalleriebrigade dazu. Diese armselige Streitmacht war Jeremenkos Sturmgewitter natürlich nicht lange gewachsen, und es blieb auch keine Zeit, die riesigen Toropezer Lager zu zerstören.

Fast genauso sensationell wie die Informationen über die Lebensbedingungen der sowjetischen Offensivarmeen im Winter 1941/42 ist der Einblick in die militärischen Vorbereitungen und das Training der Truppe, die an der Mittelfront den Siegeslorbeer pflücken sollte. Generaloberst Jeremenko schreibt:

»Die Angaben, die mir der Stab unserer Heeresgruppe über die Feindlage machte, schienen mir unglaubwürdig. Ich hielt es für zweifelhaft, daß die Deutschen, wie die Heeresgruppe behauptete, noch ein zweites tiefgestaffeltes Verteidigungssystem mit Bunkern und Feldbefestigungen besaßen. Ich stellte fest, daß man in den letzten beiden Monaten keinen einzigen Gefangenen im Abschnitt der deutschen 123. Infanteriedivision westlich des Seliger-Sees gemacht hatte. Deshalb befahl ich gleich nach meinem Eintreffen bei der Armee der 249. Schützendivision, aktiv aufzuklären und Gefangene einzubringen. Die Division erfüllte diese Aufgabe sehr gut. Bereits nach fünf Tagen besaß ich Angaben über das Verteidigungssystem des Gegners und über seine Truppenteile. In einer Tiefe von fünfzehn bis zwanzig Kilometern war keine zweite Verteidigungslinie festgestellt worden.«

An diesem Beispiel zeigt sich die Bedeutung von Gefangenenaussagen; und die Sowjets waren Meister darin, auch zum Schweigen entschlossene deutsche Soldaten zum Sprechen zu bringen. Das verbriefte Recht des Gefangenen, die Aussage zu verweigern, hatte im deutsch-sowjetischen Krieg — auf beiden Seiten — praktisch keinerlei Bedeutung mehr.

Jeremenko legte großen Wert darauf, seine Verbände für den Winterkampf in den Wäldern hart zu trainieren. Er dachte sich dafür eine drakonische, aber wirksame Methode aus: Er schickte die Divisionen samt ihren Kommandeuren und Offizieren, so wie sie gingen und standen, vier Tage in die dichtesten Winterwälder; ohne Unterkünfte, ohne Feldküchen, ohne Verpflegung. Bei 30 bis 40 Grad Kälte. Kein Feuer durfte gemacht werden. Am Tage wurde kriegsmäßig geübt, nachts wurden Instruktionsstunden abgehalten. Schneewasser und zwei Hände voll trockener Hirse aus dem Schultersack waren die ganze Tagesverpflegung.

Keine andere Armee der Welt könnte das ihren Soldaten zumuten. Das ist eins der Geheimnisse der russischen Armee seit alters her. Sie ist im Erdulden von Leiden unübertrefflich und kann noch unter primitivsten Bedingungen, die für jede westliche Armee eine Katastrophe bedeuten würden, kämpfen. Der Winter mit seinen extremen Kältegraden verschonte natürlich Waffen und Apparate der Sowjets ebensowenig wie die der Deutschen. Aber die Russen verstanden zu improvisieren. Sie machten sich von der eingefrorenen Technik unabhängig.

Als die Funkgeräte in der großen Kälte versagten, wurden in jedem Truppenteil Verbindungsoffiziere bestimmt, die, mit Reitpferden, Pferdeschlitten oder Schneeschuhen ausgerüstet, Befehle und Meldungen auf dem schnellsten Wege von Verband zu Verband brachten. Außerdem wurde eine Fliegerverbindungsgruppe mit altmodischen, aber widerstandsfähigen leichten und wendigen Flugzeugen gebildet. Im unübersichtlichen Waldgelände war sie den einzelnen Truppenführern eine wichtige Orientierungshilfe.

Zudem wurde in keiner Stunde die Propaganda vergessen. Die Sowjets verwandten darauf mehr Mühe und Sorgfalt als auf die Versorgung mit Verpflegung. Bis zur letzten Minute vor dem Angriff hämmerten die Politoffiziere den Hirnen und Herzen der Rotarmisten suggestive Parolen ein. Was in früheren Zeiten der Schnaps, bewirkte nun die fanatisierende Parole. Zusammen mit Schnaps war das Resultat oft grauenhaft.

Jeremenko schreibt: »Um die Verbände zu festigen, wurden ihnen Hunderte von Kommunisten und Komsomolzen aus rückwärtigen Truppenteilen zugeteilt. Werktätige aus den Gebieten Swerdlowsk und Tscheljabinsk suchten die Truppen in den Ausgangsstellungen der vordersten Front auf. Die Swerdlowsker und Tscheljabinsker saßen in den Gräben und Stellungen, unterhielten sich mit den Soldaten und berichteten ihnen von ihren Erfolgen an der Produktionsfront. Sie gelobten den Soldaten, noch mehr zu produzieren und der Front alles zu geben, was sie für den Sieg über den Feind benötigte, während die Soldaten und Offiziere feierlich versprachen, tapfer und kühn zu kämpfen, den Feind zu schlagen und ihre Aufgaben ehrenvoll zu erfüllen.

In allen Truppenteilen und Einheiten an der Front wurden Partei- und Komsomolzen-Versammlungen abgehalten. Die Kommunisten und Komsomolzen wurden feierlich verpflichtet, bei den bevorstehenden Kämpfen Vorbilder zu sein, sich nicht zu schonen und alle mitzureißen. Die Vertreter der Partei bei der Truppe schufen so die Voraussetzung, durch tatkräftiges Eingreifen auch die militärischen Aufgaben an dem jeweiligen Abschnitt mit zu meistern.«

In welchem Umfange der politische Fanatismus der Kommunistischen Partei im militärischen Apparat wirksam gemacht wurde, zeigt Jeremenkos Bericht sehr eindrucksvoll.

Der Marschall schreibt: »In der 249. Schützendivision kämpften 567 Mitglieder und 463 Kandidaten der Kommunistischen Partei sowie 1096 Komsomolzen.« Das war ein Viertel der Kampfstärke der Division.

»Die Aufgaben, die das meiste Verantwortungsgefühl verlangten«, so berichtet Jeremenko weiter, »wurden Komsomolzen übertragen. So waren im 1195. Schützenregiment der 360. Schützendivision als Richtschützen am MG, als MPi-Schützen und als Aufklärer nur Komsomolzen eingesetzt.«

Am 9. Januar 1942 brach Jeremenkos Offensive los. »Angriff«, schreibt der Marschall, »ist für den Soldaten ein gewohntes, alltägliches Wort. Damals aber, im Winter 1941/42, klang es feierlich. Mit diesem Wort verband sich die Hoffnung auf die Zerschlagung des Gegners, auf die Befreiung unserer Heimaterde, auf die Erlösung unserer Angehörigen und aller Landsleute, die unter die faschistische Knechtschaft geraten waren; verband sich die Hoffnung auf Rache an dem vertragsbrüchigen Feind, verband sich der Traum vom friedlichen Leben und friedlichen Schaffen.«

Mit einem Pathos, das an unsere wilhelminische Ära erinnert, schließt Jeremenko: »Und alle Soldaten, vom Troßfahrer bis zum Stoßtruppmann, träumten von dem Angriff wie von der herrlichsten und entscheidendsten Sache ihres Lebens.«

Die ›herrlichste und entscheidendste Sache‹, von der die Rotarmisten nach Jeremenko träumten, sah so aus: zwei Stunden Artilleriefeuer, Infanterieangriff mit zwei Divisionen aus dem Zentrum der Armee durch brusthohen Schnee auf die Stadt Peno, Sturm über das Eis ins MG-Feuer der deutschen Front.

Peno wurde nach schweren, verlustreichen Kämpfen am zweiten Angriffstag genommen und die Aufklärungsabteilung der SS-Kavalleriebrigade Fegelein überrannt. Das erste Loch für Jeremenkos Durchbruch war geschlagen.

Aber an den beiden Flügeln der sowjetischen Armee ging es trotz der gewaltigen Übermacht nicht recht voran. Die 360. russische Schützendivision lief sich vor den Stellungen des brandenburgischen Infanterieregiments 416 fest. Und am linken Flügel, am Wolgo-See bei Bor und Selistsche, wurde die 334. russische Schützendivision von den Westfalen der 253. I. D. schwer zusammengeschlagen und wieder geworfen.

Im Angriffszentrum stieß die 249. russische Schützendivision weiter vor. Sie war ein Eliteverband, von Stalin kurze Zeit später zur 16. Gardedivision befördert und mit dem Leninorden ausgezeichnet. Zügig jagte Generalmajor Tarassow mit seiner Division auf Andreapol. Ziel: Durchbruch auf den Verkehrsknotenpunkt Toropez, das deutsche Nachschubzentrum, Jeremenkos heißersehnten ›Brotkorb‹. Aber den Weg zur begehrten Futterkrippe versperrte das Hals über Kopf nach Andreapol geworfene schlesische Infanterieregiment 189 unter Oberst Hohmeyer. Es gehörte zur 81. Infanteriedivision und war verstärkt durch die II. Abteilung Artillerieregiment 181, eine Pionierkompanie und ein paar Nachschubeinheiten.

Jeremenko hebt die Leistung und den Opfergang dieses deutschen Regiments immer wieder hervor. Es hat seiner Armee im Zentrum des Angriffs schwer zu schaffen gemacht, schlug sich gegen zwei sowjetische Elitedivisionen im wörtlichsten Sinne bis zum letzten Mann und fügte den vordersten Divisionen der 4. Stoßarmee schwere Verluste zu.

Die Tragödie der Schlesier und Sudetendeutschen vom I. R. 189 spielte sich zwischen der Bahnstation Ochwat und den Dörfern Lugi, Welitschkowo und Lauga ab. Nur ein paar Mann überlebten die grausame Schlacht mit Jeremenkos Garde im meterhohen Schnee und bei 46 Grad Kälte. Einer der wenigen Überlebenden der 189er, die über den Untergang des Regiments berichten können, ist Oberleutnant Erich Schlösser, der an den Kämpfen vor Andreapol als Unteroffizier in der 3. Kompanie teilnahm.

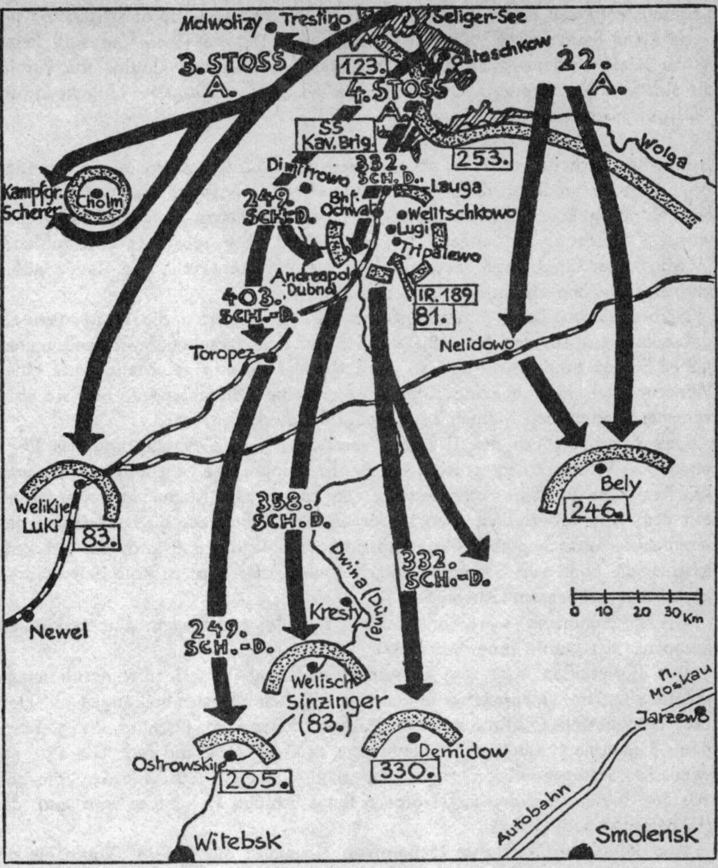

Karte 19
Die deutsche Front wird Anfang Januar 1942 auch an der Naht zwischen Heeresgruppe Mitte und Heeresgruppe Nord aufgerissen. Die 4. sowjetische Stoßarmee zielt auf Witebsk und Smolensk.

Die 81. Infanteriedivision, zu der I. R. 189 gehörte, hatte den Frankreichfeldzug ohne große Verluste hinter sich gebracht. Als die Weihnachtstage des Jahres 1941 herankamen, lag die Division an der Atlantikküste und schob eine ›ruhige Kugel‹ in der erholsamen Etappe.

Aber aus einem milden Weihnachten am Atlantik wurde nichts. Am 22. Dezember 1941 kam der Befehl: Abmarschbereit halten. Am 23. Dezember kletterten die Kompanien in die Waggons. Wohin? Weit schien es nicht zu gehen. Man hatte keine Sonderverpflegung bekommen, keine Wintersachen und auch keine neuen Waffen, keine technischen Ausrüstungen. Niemand glaubte die Parole, die sich vom Regimentsstab her durch die Waggons schlängelte: Es geht an die Ostfront. Nach Rußland.

Die Räder rumpelten über die Schienen quer durch Frankreich. Der Heilige Abend wurde im Stroh der Waggons gefeiert. Die Männer begannen in ihren leichten Mänteln zu frieren. Durch Deutschland. Durch Polen. In Warschau wurde Verpflegung empfangen. Das nächste Mal schon mitten in Weißrußland: in Minsk. 25 Grad Kälte krochen durch die Waggonwände. Die Kanonenöfen glühten. Trotzdem froren die Männer erbärmlich.

Nach dreizehn Tagen ununterbrochener Fahrt kletterten die Kompanien am 5. Januar 1942 aus dem Zug. Sie standen auf dem Bahnhof Andreapol: meterhoher Schnee empfing sie und 30 Grad Kälte. Kein einziger Mann hatte einen Wintermantel. Es gab keine Kopfschützer, keine Ohrenklappen. Ehe sie sichs versahen, hatten viele Männer Zehen und Ohren erfroren.

Das Kriegstagebuch des II. Korps verzeichnet: »Die Ausstattung des Regiments mit Wintersachen spottet jeder Beschreibung.« Ehe es jedoch möglich war, das Regiment, das eine Ausrückstärke von knapp 3000 Mann hatte, wenigstens mit dem Allernotwendigsten zu versorgen, kam schon der Einsatzbefehl gegen Jeremenkos Garderegimenter der 249. Schützendivision, die durch das bei Peno geschlagene Loch nach Südwesten gegen Andreapol stürmten. Rote Skibataillone jagten bereits über den Ochwat-See.

Oberst Hohmeyer warf ihnen seine Bataillone entgegen. Die 3. Pionierkompanie 181 wurde ihm unterstellt.

Das I. Bataillon I. R. 189, verstärkt durch eine Batterie des Artillerieregiments 181, traf gleichzeitig mit den russischen Vorausabteilungen in Dorf und Bahnstation Ochwat ein. Die Russen hielten den Ostrand, die 3. Kompanie Hauptmann Lindenthals klammerte sich am Westrand fest. Die 249. sowjetische Schützendivision setzte das 925. Regiment ein, Sibirier, die mit ›Urrä‹-Schreien über den zugefrorenen See stürmten. Hohmeyer warf auch das III. Bataillon nach Ochwat.

Am Bahndamm versuchte Hauptmann Neumann mit der 11. Kompanie die russischen Angriffe abzuwehren und das I. Bataillon in Ochwat zu entlasten. Der Russe mußte gestoppt werden, wenigstens so lange, bis in der breiten Frontlücke zwischen Düna und Wolga eine notdürftige Verteidigungslinie errichtet war. Gelang das nicht, dann rollten die sowjetischen Divisionen genau dahin, wo sie hin wollten: nach Witebsk, Smolensk, an die Autobahn, um sich mit den von Süden her angreifenden sowjetischen Armeen zu vereinigen und die Klappe hinter der Heeresgruppe Mitte zuzumachen.

Am Südwestrand von Ochwat liegt Oberfeldwebel Maziol mit seinem Zug. »Panzer!« schreit plötzlich der Obergefreite Gustav Praxa in die Kate. Raus! Vorm Dorfeingang rollt der erste Panzer heran, ein leichter T 60. In Kiellinie dahinter weitere: eins, zwei, drei — insgesamt acht. Es ist eine Kampfgruppe des 141. sowjetischen Panzerbataillons.

Die Panzer schießen in die Häuser. Zerfetzen die Strohdächer. Sie wollen offensichtlich die Unterkunftsmöglichkeiten für die Deutschen zerstören. Eine typische Kampfmethode der Russen.

Maziol liegt mit Praxa und Unteroffizier Müller, der die erste Gruppe führt, hinter einer Hausecke. Die sowjetischen MG-Garben fegen von einem Panzer jenseits der breiten Dorfstraße herüber. Sie wirbeln den Schnee auf und nageln die drei fest.

»Wenn die hier vorbeikommen, machen sie uns die Trosse kaputt und rollen bis Andreapol«, konstatiert Maziol in unverkennbar breitem Schlesisch, so wie man in Oppeln sprach. Und dann sagt er sachlich: »Wir müssen sie mit geballten Ladungen erledigen.«

Müller und Praxa verstehen. Sie basteln mit klammen Fingern schnell ihre Handgranaten zusammen. Da rasselt der erste T 60 auch schon an der Hausecke vorbei.

Das ist der Augenblick für Müller. Er springt auf, läuft neben dem Panzer her. Schwingt sich aufs Heck. Packt den Griff der Luke. Reißt sie auf. Hält sie mit der Linken fest. Die Rechte umklammert die Eierhandgranate. Mit den Zähnen reißt er den Zündring, wartet bierruhig zwei Sekunden und wirft dann das ›Ei‹ in den Panzer. Runter! Rumms — Stichflamme.

Der zweite Panzer bleibt stehen. Die Luke geht auf. Der Russe will schnell mal sehen, was los ist. Für Maziol genügt dieser kurze Moment, ihn ins Visier seiner MPi zu bekommen. Die Garbe peitscht aus dem Lauf. Der Russe fällt in den Turm zurück. Und schon ist Müller auf dem Panzer und wirft eine Stielhandgranate in die noch offene Turmluke.

Qualm hüllt die beiden Panzer ein. Vernebelt die Dorfstraße. Schemenhaft rollt der dritte Panzer durch den Rauch. Will zurücksetzen. Bleibt dabei im Schnee stecken.

Obergefreiter Praxa springt auf den Turm, bekommt aber die Luke nicht auf. Da öffnet sie der russische Richtschütze von innen. Er will kurz Ausschau halten. Als er Praxa erblickt, taucht er sofort wieder weg. Aber die Handgranate rollt gerade noch mit ihm durch die Luke.

Die anderen fünf Sowjetpanzer kurven angesichts des Desasters an der Spitze ihrer Kampfgruppe wild im Schnee herum. Sie drehen schließlich auf der breiten Dorfstraße um und rollen zurück.

Mit Einbruch der Dämmerung greifen die Sibirier des 925. Schützenregiments wieder an. General Tarassow setzt zu ihrer Unterstützung auch noch das 1117. und das 1119. Schützenregiment von der 332. Schützendivision ein. Oberstleutnant Proskes I. Bataillon wird schwer angeschlagen. Auch Hauptmann Neumanns 11. Kompanie, die am Bahndamm kämpft, muß weichen.

In der Nacht zum 13. Januar sinkt das Thermometer auf 42 Grad. In jeder Kompanie fallen zwanzig bis dreißig Mann durch schwere Erfrierungen aus.

Am Morgen ist die durchschnittliche Kampfkraft der deutschen Kompanien auf fünfzig bis sechzig Gewehre reduziert. Im Kampfbereich des I. Bataillons gibt es noch drei Bauernhäuser, in denen sich die Männer mal aufwärmen können. Die Pferde stehen im Freien. Sie haben fiebrige Augen und zittern vor Kälte.

Jeremenko ist zornig, daß ihm ein einziges deutsches Regiment den Vormarsch auf Andreapol und Toropez stoppt und den Zugang zu den heißbegehrten Vorratslagern verwehrt. Deshalb setzt er nun die 249. und die 332. Schützendivision zu einer umfassenden Operation an. Die Sowjets stoßen am 14. Januar in den Rücken des 189. Regiments. Schlagen im Raum Lugi und Welitschkowo die Trosse zusammen. Sperren die Nachschubwege. Überrollen die Hauptverbandsplätze und Feldlazarette. Und machen die Falle zu.

Um 18 Uhr befiehlt Oberst Hohmeyer den Ausbruch aus der Umklammerung. In einem zusammengefaßten Feuerschlag der Artillerie auf Welitschkowo und Lugi werden die letzten Granaten verschossen. Dann stürmen die Kompanien. Es ist der 15. Januar. Seit dem 11. Januar haben die Männer keinen richtigen Schlaf mehr gehabt, und nur zweimal gab es warme Verpflegung.

Lugi wird vom I. Bataillon freigekämpft. Gegenangriffe der Sowjets mit Panzern stoppt Leutnant Klausing am Dorfeingang. Nur an der Kirche hält sich noch ein sowjetisches MG-Nest. Mit seinem Feuer sperrt es die Straße. In seinen Garben fällt Leutnant Gebhardt. Sein Zug wird zusammengeschossen.

Ein unbekannt gebliebener Gefreiter arbeitet sich durch die Trümmer im Kirchenschiff und erledigt das MG von der Empore aus mit drei Handgranaten.

Welitschkowo dagegen kann nicht freigeschlagen werden. Das verstärkte II. Bataillon liegt in der Mitte des Ortes fest und verblutet.

Am 16. Januar existieren vom Infanterieregiment 189 nur noch kämpfende Reste. Der Russe bricht mit fünf Panzern wieder in Lugi ein, überrollt die Schlittenkolonne des Regiments, sperrt den Bahndamm im Rücken und steht schon vor Andreapol.

Oberst Hohmeyer gibt den Bataillonen freie Hand, sich durch die Wälder nach Toropez zurückzukämpfen. Fünfzig Kilometer Marsch. Der Oberst reitet selbst auf Erkundung. Es wird ein Ritt ins Nichts. Er kehrt nicht zurück, starb irgendwo in der Schneewüste vor Andreapol, wie die meisten seines Regiments. Nachträglich wurde Hohmeyer zum Generalmajor befördert.

Auch Oberstleutnant Proske reitet mit zwei Offizieren los, um einen Durchschlupf zu erkunden. Keiner kommt wieder.

Mit kleinen Kampfgruppen versuchen Offiziere und Unteroffiziere durch die dick verschneiten Wälder zu dringen. Aber nur einer Abteilung des I. Bataillons gelingt der schreckliche Marsch nach Toropez. Mit hundertsechzig Mann brachen sie auf. Vierzig erreichten am 18. Januar das Ziel.

»Das Infanterieregiment 189 ließ 1100 Tote auf dem Schlachtfeld zurück«, berichtet Jeremenko. Eintausendeinhundert!

Nach der Zerschlagung von Oberst Hohmeyers Einheiten war für Jeremenko der Weg zu seinem ersten Operationsziel, den riesigen Versorgungslagern in Toropez, frei. Die rückwärtigen deutschen Verbände der 403. Sicherungsdivision mit ihren paar Beutepanzern und Polizeieinheiten konnten die Stadt nicht halten. Fünf sowjetische Eliteregimenter griffen umfassend an. Am 21. Januar hatte

General Tarassow die Toropezer Versorgungslager unversehrt in seiner Hand. Jeremenkos Soldaten hatten zum erstenmal seit Beginn der Offensive wieder ausreichend zu essen.

Nach dem Durchbruch bei Toropez gab es auf 125 Kilometer Breite, zwischen Welikije Luki und Rschew, keine zusammenhängende deutsche Front mehr. Das war die bitterste, die gefährlichste Stunde der Heeresgruppe Mitte seit dem 6. Dezember 1941. Drei Sowjetarmeen, weit voraus Jeremenkos 4. Stoßarmee, mit vier Schützendivisionen, zwei Schützenbrigaden und drei Skibataillonen, griffen nach dem großen Sieg, von dem sich Stalin die Vernichtung der deutschen Heeresgruppe Mitte versprach und damit die Wende des Krieges.

In dieser Situation erhielt General von der Chevallerie, der Kommandierende des LIX. Korps, den Befehl, mit drei Divisionen das Loch vor Witebsk zu stopfen. Das war gut zu befehlen, aber von den drei Divisionen war noch keine vollständig in Rußland. Sie befanden sich alle mit ihren Hauptteilen noch auf dem Transport von Frankreich zur Ostfront: Die norddeutsche 83. I. D., die württembergische 330. und die badische 205. I. D. Greifbar waren lediglich die Reste des Infanterieregiments 416 der Berlin-brandenburgischen 123. I. D., die durch die Hölle am Seliger-See gegangen war.

Fieberhaft arbeitete General von der Chevallerie seit dem 20. Januar mit dem Vorauspersonal seines Generalkommandos in Witebsk an der Heranbringung seiner Einheiten. Es wurde ein Wettrennen mit der Zeit.

General Jeremenkos 249. Schützendivision und Teile der 358. Schützendivision stießen inzwischen von Toropez aus auf Ostrowskije und Welisch vor, wichtige Straßenknotenpunkte an der Düna und die letzten Riegel vor Witebsk, dem Nachschub-, Versorgungs- und rückwärtigen Nervenzentrum der Heeresgruppe Mitte.

Generalleutnant Kurt von der Chevallerie blieb nichts anderes übrig, als seine anrollenden Einheiten ›tropfenweise‹ direkt aus den Transportzügen heraus Tarassows Regimentern entgegenzuwerfen. Was die aus dem milden Frankreichwinter herangefahrenen deutschen Bataillone in diesen kritischen Tagen bei 40 bis 50 Grad Kälte leisteten, um für die Heeresgruppe Mitte die Katastrophe abzuwenden – die sie in monatelangen Kämpfen auch tatsächlich bannten –, ist für uns heute unvorstellbar.

Chevallerie verteidigte mit seinen Kampfgruppen die Schwerpunkte in der Frontlücke zwischen 9. und 16. Armee, hinter der Ende Januar 1942 das Oberkommando der 3. Panzerarmee den Befehl übernahm. Die Namen sind blutige Denkmäler der Winterschlacht: Demidow, Welisch, Kresty, Surasch und Rudnja. Die Norddeutschen, Schwaben, Badenser und Brandenburger machten die verbrannten Nester zu Wellenbrechern, an denen Jeremenkos Flut sich brach und zum Stehen kam.

Am härtesten tobten die Kämpfe um Welisch und Kresty. Hier leistete die Kampfgruppe Oberst Sinzinger, Kommandeur I. R. 257, mit Teilen der 83. I. D. den Russen zähen Widerstand. Die Männer aus der Lüneburger Heide, aus Schleswig-Holstein, aus Hamburg und Bremen lagen nachts bei 25 bis 40 Grad Kälte ohne Stroh und ohne Lagerfeuer in ihren Zelten. Am Tage arbeiteten sie sich durch brusthohen Schnee vorwärts. Wurden eingeschlossen. Kämpften sich in Gegenangriffen wieder frei. Sie schossen sich vor, und sie schossen sich zurück. Aber sie gaben den Widerstand nicht auf.

Und das alles gegen vier sowjetische Divisionen und Teile von drei Schützenbrigaden, die mit aller Gewalt über den Straßen-Knotenpunkt Rudnja hinweg an die Autobahn Minsk – Smolensk – Moskau wollten, um den Nervenstrang der Heeresgruppe Mitte durchzuschneiden.

Es gelang ihnen nicht. Der sowjetische Offensivstoß verblutete an dem unerwarteten Widerstand des LIX. Korps. Jeremenko nennt ungeschminkt die Gründe für das Scheitern seiner großangelegten Offensive: Das russische Oberkommando unterschätzte die Widerstandskraft des deutschen Soldaten im Winterkrieg mit sibirischen Kältegraden. Es hielt die deutschen Divisionen für tödlich erschöpft. Stalin machte damit denselben Fehler wie Hitler vor Moskau. Das sowjetische Oberkommando unterschätzte den Gegner und überschätzte die eigene Kraft.

Die mangelnde Versorgung mit Munition, Treibstoff und Verpflegung, fehlende Offiziere, schlechte Ausbildung der Soldaten, unerwartet hohe Verluste machten die sowjetischen Truppen kampfmüde. Die Garde Jeremenkos, die 249. Schützendivision, hatte nach seinen eigenen Angaben Ende Januar 1942 nur noch 1400 Mann. Am 9. Januar war die Division mit 8000 Mann zum Angriff angetreten.

Keine noch so energischen Befehle des Roten Oberkommandos konnten Jeremenkos 4. Stoßarmee zum geplanten Operationsziel Witebsk treiben. Es ging nicht mehr.

Auch die beiden Jeremenko benachbarten Armeen, die 3. Stoßarmee westlich und die 22. sowjetische Armee ostwärts, erreichten ihre Operationsziele Welikije Luki und Jarzewo an der Smolensker Autobahn nach Moskau nicht: Die 3. Stoßarmee General Purkajews lag vor Cholm fest, wo die deutsche Kampfgruppe Scherer sich rundum verteidigte und die russischen Divisionen stoppte. General Wostruchows 22. Armee kam nicht an Bely vorbei; Teile der hessischen 246. I. D. hielten hier eisern.

Damit war der gefährlichste Stoß der sowjetischen Winteroffensive gegen die deutsche Heeresgruppe Mitte in den Rücken ihrer 9. Armee gescheitert. Der äußere russische Zangenarm, der tief hinter die deutsche Front stoßen sollte, war zerbrochen.

3 Model kommt

Die Verpflegungslager von Sytschewka — »Was bringen Sie mit, Herr General?« — Ein Regiment hält das Wolga-Knie — »Ich bin der Letzte der Kompanie« — Stalins Offensive bleibt stecken — Suchinitschi oder die Maus im Elefantenrüssel — Ein Pfarrer und ein Wachtmeister — Streiflichter von der anderen Seite: Zwei russische Tagebücher und ein Abschiedsbrief

Aber noch drohte die Katastrophe nördlich und südlich der Autobahn, bei Rschew und bei Suchinitschi: Die innere Zange der roten Offensive gefährdete die an der Front kämpfenden Teile der 9. und 4. deutschen Armee unmittelbar.

Vor allem Rschew war das Ziel der sowjetischen Angriffe. Die Russen wollten diesen Eckpfeiler der deutschen Mittelfront unter allen Umständen nehmen. Gelang das, dann drohte der 9. Armee Umfassung und Einkreisung.

Wenn vor der Haustür eines Armeegefechtsstandes plötzlich feindliche Panzer vorbeirollen und die Front nur einen Kilometer entfernt ist, dann bahnt sich eine Katastrophe an. Die 9. deutsche Armee blickte am Spätnachmittag des 12. Januar 1942 einer solchen Katastrophe ins Auge.

16 Uhr: Im Kartenzimmer des Armeegefechtsstandes in Sytschewka stand der 1. Generalstabsoffizier der Armee, Oberstleutnant i. G. Blaurock, mit dem Kommandeur der thüringischen 1. Panzerdivision, Generalmajor Krüger, vor der Lagekarte. Auch der Ia der Division, Oberstleutnant i. G. Wenck, und Oberstleutnant von Wietersheim, der Kommandeur des Schützenregiments 113, sowie der Kommandeur des Artillerieregiments 73, Oberstleutnant Holste, waren anwesend, um sich mit der Lage vertraut zu machen. Die vorderste Kampfgruppe der 1. Panzerdivision war gerade vor Sytschewka angekommen. Das kleine Nest mit seinem riesigen Güterbahnhof war vor einer Woche noch ruhige Etappe gewesen, Armeehauptquartier und rückwärtiges Versorgungszentrum. Ein Paradies der Intendanten und Zahlmeister. Seit zwei Tagen war es Front.

Das Klackern von MG-Feuer und das Blaffen der Granatwerfer tönte in den Raum. »Ich darf Herrn General kurz in die beschissene Lage einweisen«, sagte der Armee-Ia zu Krüger gewandt. »Seit dem 9. Januar läuft der russische Großangriff aus dem Raume Ostaschkow gegen den linken Flügel des abgeschnittenen XXIII. Armeekorps, das nach Süden zurückgedrückt wurde. Gleichzeitig stärkere Angriffe gegen den linken Flügel des VI. Armeekorps, hier.« Blaurock tippte auf die Karte. »Unsere Bitte, die Ostfront in die Gschatsk—Wolga-Stellung zurücknehmen zu dürfen, wurde abgelehnt. Seit dem 11. Januar starke Feindangriffe aus Richtung Nordwesten und westlich Sytschewkas nach Süden, vorderste Teile am Westrand.« Blaurock legte die Hand auf Sytschewka und sagte beschwörend: »Halten Sie uns Sytschewka, Herr General, es darf nicht verlorengehen.«

Der Kommandeur und die Offiziere der 1. Panzerdivision nickten, sie verstanden, sahen die schwierige Lage. Was sie wunderte, war, daß der Oberbefehlshaber der Armee, Generaloberst Strauss, nicht selbst bei der Besprechung anwesend war. Der Ia erklärte es: »Generaloberst Strauss ist mit seiner Gesundheit am Ende; auch der Chef des Stabes muß Urlaub nehmen. Wir erwarten jeden Tag den neuen Oberbefehlshaber der Armee, General Model.« Staunende Gesichter!

Model also hieß der neue OB der 9. Armee. Ein schnell emporgestiegener Stern. Vor drei Monaten war er noch Kommandeur einer Panzerdivision, der berühmten 3.

In den Stäben der Heeresgruppe Mitte kannte man den kleinen drahtigen Mann aus Genthin, Jahrgang 1891. Die 1. Panzerdivision, die seit Kalinin unter ihm im XXXXI. Panzerkorps gefochten hatte, kannte ihn noch besser. Schätzte ihn sehr, wenn er auch anders gewesen war als sein Vorgänger, Generaloberst Reinhardt. Und alle wußten, wo Model führt, da ist das Schlachtenglück zu Gast, da gelingen die wagemutigsten Unternehmungen, da wird jede Lage ge-

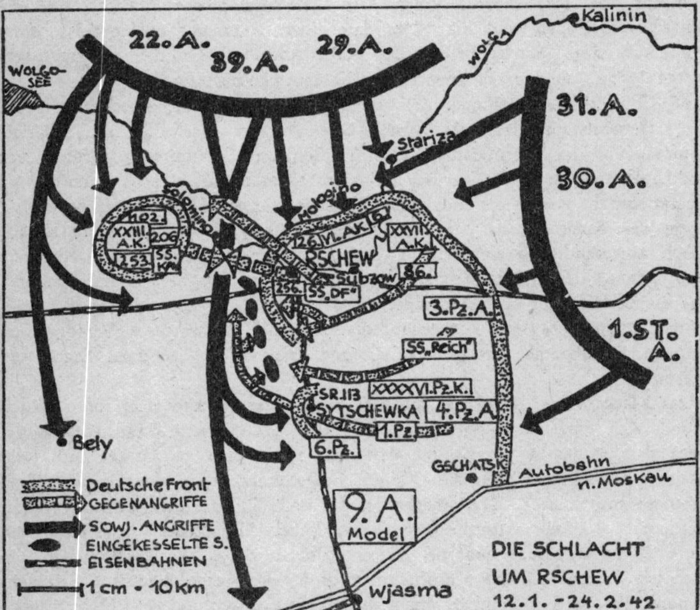

Karte 20

Die Sowjets durchbrechen Anfang Januar 1942 die Front der 9. Armee und stoßen tief in den Rücken der Heeresgruppe Mitte. Eine der schwersten Krisen ist angebrochen.

meistert. Wo könnte man einen solchen Mann jetzt nötiger brauchen als bei der 9. Armee?

Blaurock trat noch einmal an die große Karte: »Die Situation ist in den letzten achtundvierzig Stunden wirklich mehr als äußerst kritisch geworden«, sagte er mit generalstabsmäßiger Kühle.

Er zeigte auf die dicken, roten Pfeile: »Hier, westlich Rschew, hat der Russe ein fünfzehn Kilometer breites Loch in unsere Front geschlagen. Zwei sowjetische Armeen, die 29. und die 39., fluten seit Tagen ununterbrochen mit Panzern, Infanterie und Schlittenkolonnen durch diese Lücke nach Süden. Rund neun Divisionen sind schon durchgebrochen. Unser XXIII. Korps ist abgesplittert, eingeschlossen und kann nur noch durch die Luft versorgt werden. Dem VI. Korps ist es Gott sei Dank gelungen, eine neue Abwehrfront westlich und südwestlich von Rschew aufzubauen und zu halten.«

Blaurock fuhr mit der Hand den roten Pfeilen auf der Karte nach: »Die sowjetischen Spitzen, und zwar Kavallerie, stehen bereits westlich Wjasma an der Autobahn, der Lebensader der ganzen Heeresgruppe Mitte. Aber diese Kräfte sind anscheinend noch nicht sehr stark und stellen nicht das Hauptproblem dar. Viel gefährlicher ist im Augenblick die Lage hier.« Und Blaurock deutete auf das Gewirr roter Kringel und Pfeile etwa fünfzig Kilometer südwestlich von Rschew.

»Sie sehen«, fuhr der Ia fort, »starke sowjetische Kräfte drehten hinter den vordersten Teilen der 29. und 39. Armee auf Sytschewka ein. Der Russe will ganz offensichtlich den Ort nehmen, nach Norden schwenken und die Armee umfassen. Im Augenblick kämpft er um die Bahnlinie nach Rschew. Bekommt er sie, dann ist die Versorgung unserer ganzen Armee unterbrochen. Denn unser gesamter Nachschub hängt an dieser einen Bahn. Fällt Sytschewka, sind wir ausmanövriert. Der Russe steht schon vor unserer Tür, meine Herren! Seine Spitzen sind bereits in das Bahnhofsgelände eingedrungen, zum Glück sind sie mit dem Plündern beschäftigt. Ich sage: zum Glück, denn der Stadtrand ist nur von schnell zusammengerafften Alarmeinheiten aus Meldern und Trossen gesichert, die Oberst Kruse, der Artilleriekommandeur der Armee, führt. Am Güterbahnhof steht Ihre gegen Mitternacht eingetroffene 6. Kompanie Schützenregiment 1.«

Generalmajor Krüger, den so leicht nichts aus seiner königlich-sächsischen Ruhe bringen konnte, knurrte ein viel benutztes Landserwort. Der lange Wietersheim nickte und murmelte: »Kann man wohl sagen!«

Eine halbe Stunde nach diesem Gespräch auf dem Armeegefechtsstand in Sytschewka rollten vorderste Teile der Kampfgruppe von Wietersheim gefechtsbereit gegen die Sowjets, die bereits im Bahnhofsgelände und in den Schuppen der weitläufigen Versorgungslager saßen: Ein paar Schützenpanzerwagen und eine verstärkte Kompanie des Kradschützenbataillons 1, Männer aus Langensalza und Sondershausen, geführt von Oberleutnant Pätzold.

Pätzold, der sich mit seinem Gefechtsmelder bis an einen Schuppen vorgearbeitet hatte, beobachtete durch das Glas den Güterbahnhof Sytschewka-Nord. »Da ist ja ein Betrieb wie beim Jahrmarkt in Sondershausen«, sagte er erstaunt.

Die Kradschützen schlugen die Arme um den Leib, um sich zu wärmen. Der Oberleutnant kam zurück und kletterte auf sein Krad. »Vorwärts!«

Zwischen den Schuppen und Baracken des Güterbahnhofs sah es wirklich heiter aus, tatsächlich ›wie auf einem Jahrmarkt‹. Die Russen schleppten Kisten und Kasten voll Verpflegung aus den Baracken und waren außer sich vor Freude über die erlesenen Sachen. Die Sonderverpflegung für Flieger und Panzerfahrer fand ihr besonderes Wohlgefallen: Schokolade, Kekse, Fruchtstangen. Aber auch die Schweinshaxen in Aspik, die Leberwurst und die Fischkonserven begrüßten sie jubelnd. Mit ihren Bajonetten öffneten sie die Konservendosen und probierten unermüdlich: »Papuschka, Väterchen, hier, versuch mal.«

Und dann die Zigaretten! »Bruderherz, wie die riechen — gar nicht so nach Druckerschwärze wie der Machorka im Papier der ›Prawda‹.«

Vor allem aber übte der französische Cognac eine Anziehungskraft besonderer Art aus. Die Soldaten schlugen die Flaschenhälse ab und tranken das herrliche Gesöff, das — gemessen an ihrem Wodkafusel — so wunderbar mild war wie gesüßter Tee.

Fröhlich wurden sie, die Iwans. Spürten die Kälte von 40 Grad nicht. Vergaßen den verfluchten Krieg. Sangen. Jubelten. Küßten sich. Kein Posten warnte. Kein Schuß alarmierte. Aber plötzlich fegten die MG-Garben von Pätzolds Kradschützen zwischen die Baracken. Krachten die Handgranaten. Peitschten die MPi von den Schützenpanzerwagen. In wilder Flucht jagten die Sowjets davon. Kamen nicht weit. Fielen im MG-Feuer und starben zwischen Konservenbüchsen und ›R-6‹-Zigaretten, Henessy und Keksdosen.

Um es mit einer frivolen Pointe zu sagen: Die Schokolade und der französische Cognac errangen den ersten ›Sieg‹ bei Sytschewka. Weil die Russen beim Beutemachen waren, gelang es den schwachen Teilen der 1. Panzerdivision, einem zahlenmäßig weit überlegenen Feind das wichtige Bahnhofsgelände zu entreißen. Ein Umstand übrigens, der gar nicht so einmalig war.

So schreibt der Kommandeur der spanischen ›Blauen Division‹, General Infantes, in einer eindrucksvollen Studie über den Rußlandeinsatz der spanischen Freiwilligen: »Wir erlebten es nicht selten, daß die russischen Soldaten nach gelungenen örtlichen Angriffen ihre Aufgabe vergaßen, kostbare Zeit verstreichen ließen. Bei schnellen Gegenangriffen konnten wir sie oft auf der Suche nach Lebensmitteln in unseren Bunkern überraschen, die sie vorher im Handstreich besetzt hatten. Wir trafen sie, wenn sie gerade Marmeladenbüchsen oder Cognacflaschen öffneten. Ihr Vergehen war immer fatal für sie, denn selten kamen sie mit dem Leben davon. Wir überwältigten sie auch bei unseren Gegenstößen, wenn sich die Russen in den Irrgärten unseres Grabensystems verlaufen hatten. Es ist wahr, daß die Rotarmisten ohne zu wanken auf ein Ziel losgehen, das man ihnen bezeichnet hat. Gefährlich ist nicht nur ihre moderne Bewaffnung, der oft verabreichte Wodka macht sie außerdem zu wilden Kämpfern. Ihre großen, meist lange voraus vorbereiteten Massenangriffe bergen wirklich eine bedeutende Gefahr in sich, da die ›russische Dampfwalze‹ dann alles zerstampft, was sich ihr in den Weg stellt. Dann heißt es nur, den Angreifern mit der blanken Waffe in der Hand entgegenzutreten. Eine wohlorganisierte Gegenaktion wird beim Russen immer Überraschung hervorrufen.«

In den nächsten beiden Tagen trafen weitere Teile der 1. Panzerdivision ein. Sie kämpften zusammen mit dem von Frankreich auf dem Luftwege herangebrachten Infanterieregiment 337 die nähere Umgebung von Sytschewka frei und stellten die Verbindung zum Frontflugplatz in Nowo Dugino, südlich der Stadt, wieder her, wo sich die Luftwaffe seit Tagen rundum verteidigte. Eingeschlossene Bäckereikompanien, die sich um ihre Großbacköfen verschanzt hatten, und eine hart bedrängte Armee-Nachrichtenkompanie wurden befreit, die Männer eines Armee-Pferdelazaretts aus ihrer Einschließung herausgehauen. Sofort einsetzende sowjetische Gegenangriffe konnten erfolgreich abgeschlagen werden.

Wenige Tage nach ihrer ersten Einweisung auf dem Gefechtsstand der Führungsstaffel der 9. Armee waren Kommandeur und Ia der 1. Pz. D. wieder beim Ia der 9. Armee, um sich über die weiteren Absichten der Armee zur Führung des Kampfes um Rschew—Sytschewka zu orientieren. Man hatte sich gerade begrüßt, da knallte draußen die Tür. Ein Kübelwagen wurde zugeschlagen. Kommandos ertönten. Ein Ordonnanzoffizier trat ein und meldete: »General Model.«

In einem dreiviertellangen Mantel, über die Ohren altmodische, aber praktische Ohrenklappen gestülpt, weiche Langstiefel und das unentbehrliche Einglas im rechten Auge, so stand der neue Oberbefehlshaber auch schon im Raum. Dieser Mann strahlte Tatkraft aus. Unerschrockenheit. Er begrüßte die Offiziere. Warf Mantel, Mütze und Ohrenklappen auf einen Stuhl. Putzte das Einglas, das von der Wärme des Zimmers angelaufen war. Trat an die Lagekarte. »Ziemlich beschissene Lage«, sagte er nur trocken und studierte kurz die letzten Eintragungen.

»Ich habe die Herren bereits in groben Zügen über das Notwendigste orientiert«, meldete Blaurock. »Es kommt für die 9. Armee darauf an, erstmal die Lage um Sytschewka zu stabilisieren und die Bahnlinie Rschew—Sytschewka—Wjasma zu sichern. Nach Stabilisierung um Sytschewka selbst durch die 1. Panzerdivision trifft zur Zeit die SS-I. D. (mot.) ›Das Reich‹ mit vordersten Teilen ein.«

General der Panzertruppe Model, draufgängerischer Truppenführer und kühl abwägender Generalstabsoffizier zugleich, nickte: »Und dann wird als erstes das Loch hier oben zugemacht«, dabei fuhr er mit der Hand durch die breiten dicken roten Pfeile, die die russischen Durchbrüche westlich Rschew zwischen Nikolskoje und Solomino anzeigen. »Den durchgebrochenen russischen Divisionen muß der Nachschubhahn zugedreht werden. Von hier unten aber«, und er legte die Hand auf Sytschewka, »fahren wir dann den Russen in die Flanke und würgen sie ab.«

Krüger und Wenck staunten über soviel Optimismus. Und Blaurock faßte dieses Staunen in die vorsichtig forschenden Worte: »Herr General, was bringen Sie uns für diese Operation mit?«

Model blickte seinen Armee-Ia ruhig an und sagte: »Mich.« Und lachte.

Und wie erlöst lachten alle mit. Es war seit Tagen das erste Mal, daß im Kartenzimmer der Führungsstaffel des AOK 9 in Sytschewka wieder lautes und herzliches Lachen ertönte. Ein neuer Geist zog ein.

Es war merkwürdig, mit dem Augenblick, da Model die Armee führte, schien es, als seien die Regimenter stärker geworden. Man spürte nicht nur die präzisen Befehle des neuen OB, er tauchte auch überall persönlich auf. Während sein Generalstabschef, Oberst i. G. Krebs, in Sytschewka die Generalstabsfäden zog, war Model an der Front. Er sprang plötzlich vor einem Bataillonsgefechtsstand aus seinem Befehlskübelwagen, kam auf einem Pferd durch den hohen Schnee in die vorderste Linie geritten, feuerte an, lobte, tadelte und stürmte sogar, die Pistole in der Faust, an der Spitze eines Bataillons gegen eingebrochenen Feind. Dieser quicklebendige General war überall. Und wo er nicht war, spürte man doch seinen Geist.

Und dieser Geist entschied nicht zuletzt die kommende Schlacht. Um sie zu verstehen, muß man die Vorgeschichte kennen:

Generaloberst Strauss hatte schon am 8. Januar versucht, die Durchbruchslücke im Norden zu schließen. Teile der wieder aufgefrischten SS-Kavalleriebrigade Fegelein unter Führung von Obersturmbannführer Zehender waren aus dem Raum Nelidowo nach Osten herumgeworfen worden und über Olenino zum Angriff angetreten. Verbände des VI. Korps aus Rschew waren ihnen nach Westen entgegengestoßen. Aber der Russe war im Durchbruchsraum schon viel zu stark, die deutschen Kräfte zu schwach. Der Gegenangriff der Kampfgruppe Zehender wurde durch einen furchtbaren Schneesturm über Stunden hinweg völlig lahmgelegt und konnte gegen mehrere sowjetische Brigaden nicht durchdringen. Der Angriff kam ostwärts Olenino zum Stehen. Der Versuch, die Frontlücke zu schließen, war damit gescheitert.

Um den Versuch mit stärkeren Kräften zu wiederholen, hatte die Heeresgruppe Mitte die 1. Panzerdivision aus der Rusafront gezogen und sie nach Rschew in Marsch gesetzt. Zum Glück. Denn so konnte die Division schnell umdirigiert und nach Sytschewka geworfen werden, um dort erst einmal die krisenhafte Zuspitzung der Lage zu meistern.

Aber mit Verteidigen in den behaupteten Räumen war noch nicht viel gewonnen. »Angreifen, die Initiative zurückgewinnen, dem Feind das Gesetz des Handelns diktieren«, das war Models Rezept. Die thüringische 1. Panzerdivision aus den alten mitteldeutschen Städten Weimar, Erfurt, Eisenach, Jena, Sondershausen und Kassel machte aus der Not der fehlenden Panzer eine Tugend: Aus Panzermännern wurden Infanteristen auf Skiern.

Oberleutnant Darius, der alte Kämpe von den Duderhofer Höhen, führte jetzt die lautlos operierende ›Schneeschuhkompanie‹. Bei kühnen Vorstößen und Spähtruppunternehmen schützten seine Männer die Eisenbahnpioniere, die immer wieder die von russischen Störtrupps gesprengten Schienen der Bahnstrecke zwischen Sytschewka und Rschew reparieren mußten.

Jedoch die Strecke war lang. So verfiel der Chef der II. Abteilung Flakregiment 4, Major Richter, auf eine ausgefallene Idee, um den lebenswichtigen Zugverkehr nach Rschew zu sichern. Er ließ von seinen Männern in Rschew eine fahrende ›Flakbatterie‹ bauen: Auf flachen Güterwagen wurden zwei 8,8-cm-Flak, vier MG und ferner zwei leichte 2-cm-Flak-Geschütze montiert, eine Lokomotive davor gespannt, das Ganze mit dem ›Kommandanten‹ Oberleutnant Langhammer und vierzig Mann besetzt, und fertig war der ›Panzerzug‹.

Der Zug rollte zwischen Rschew und Sytschewka hin und her. Zuerst, auf dringenden Wunsch des bevollmächtigten Transportoffiziers nach Süden, um einen Munitionszug heranzuholen. Oberleutnant Langhammer soll, als er den ersten Auftrag erhielt, etwas zweifelnd gefragt haben: »Ließe sich die Sache nicht vielleicht besser mit einem U-Boot erledigen?« Aber die Flakkanoniere des bald im ganzen Abschnitt berühmt gewordenen ›Flakpanzerzuges‹ lösten ihre Aufgabe glänzend.

Die Einsätze auf dem ungeschützten ›Panzerzug‹ waren eine körperliche Qual. Der Fahrwind ließ die Temperatur an den Waffen auf den offenen Flachwagen bis 50, ja sogar 58 Grad absinken. Die vermummten Späher auf der Lokomotive trugen Ledermasken vor den Gesichtern, weil ihnen sonst in wenigen Minuten Nasen und Wangen erfroren wären. Die Lokomotive schob Güterwagen vor sich her, die als ›Minensucher‹ dienten.

Der ›Panzerzug‹ vertrieb immer wieder starke feindliche Störtrupps, die sich an den Bahndamm herangearbeitet hatten. Im Konvoi holte die fahrende Flakbatterie außerdem die Nachschubzüge nach Rschew und stellte damit gerade in den ersten, schwierigsten Tagen die notwendigste Versorgung sicher.

Den eingebrochenen Sowjets ging es in diesen Tagen auch nicht gerade rosig. Das zeigt ein Blick auf die andere Seite der Front.

Sergej Kambulin, sechsundzwanzig Jahre alt, Leutnant und Chef der MPi-Kompanie eines Schützenregiments der 381. Schützendivision, treibt seine Leute an. »Dawai«, ruft er, »los, nehmt euch nicht soviel Zeit!«

Murrend legen sich die Männer ins Zeug und schieben zwei erbeutete deutsche Infanteriegeschütze vorwärts. Die Pferde waren krepiert, vor Hunger und Kälte. Von den Männern der Kompanie machen jeden Tag zwei, drei, auch vier und mehr schlapp.

Sie marschieren auf einer breiten, von Panzern festgefahrenen Schneestraße südwärts. Panzerketten haben den Schnee hart wie Beton gepreßt. Aber auch glatt gemacht wie eine Eisbahn im Stadtpark von Leningrad. Sie quälen sich vorwärts. Und einer fragt: »Wie heißt das Nest dort drüben, Genosse Leutnant?«

Kambulin schaut auf die Karte. »Solomino«, sagt er. Mit Daumen und Zeigefinger mißt er auf der Karte die Entfernungen. »Wir sind bereits dreißig Kilometer westlich von Rschew und ziehen nach Süden. Wißt ihr, was das heißt? Das heißt, wir fahren den Faschisten in den Rücken!«

Bei Solomino befindet sich die westlichste Durchbruchstelle der großen Frontlücke, durch die Kambulins Kompanie südwärts marschiert. Pak-Stellungen und schwere Feldhaubitzen vom Kaliber 15,2 cm sichern die Durchbruchstelle. Hundert Meter rechts von der Kompanie zieht eine pferdebespannte Troßkolonne. Die Feldküchen dampfen. Kambulins Männer schauen sehnsuchtsvoll hinüber. Seit gestern abend haben sie nichts Warmes gegessen. Und jetzt ist es 11 Uhr vormittags.

22. Januar: Leutnant Kambulin hat tags zuvor endlich ein paar Filzstiefel bekommen. Er wollte nicht eher welche haben, bis nicht auch der letzte Mann der Kompanie damit ausgestattet war. Das Thermometer zeigt 45 Grad minus.

»Die Deutschen sollen alle noch in engen Lederstiefeln laufen, viele sogar in Leinenstiefeln«, sagt einer der Soldaten, ein junger Schullehrer. »Erfrieren sollen sie, die Hunde«, knurrt Kambulin.

»Fliegerdeckung«, ruft da ein Mann. Alles spritzt auseinander, wirft sich in den Schnee. Da prasseln auch schon die Bordkanonen eines deutschen Schlachtfliegers los. Auch drüben, bei der Troßkolonne, fetzen die Flieger in die russischen Reihen.

Kurz darauf fegen sowjetische Jäger heran. Aber auch deutsche Jagdflugzeuge tauchen sofort am Himmel auf und verjagen die russischen Maschinen.

Von Westen her donnert die deutsche Artillerie. Die Einschläge liegen dicht vor Kambulins Kompanie, fressen sich heran, schlagen zwischen die Züge, rollen weiter. Ostwärts. Gott sei Dank!

Kambulin richtet sich auf. Was ist denn das? Drüben jagt die Troßkolonne zurück. MG tackern. Von Westen kommen Schützenketten, in Schneehemden. Dazwischen wuchtige Panzer ohne Kuppel.

»Das sind Sturmgeschütze, deutsche Sturmgeschütze«, schießt es Kambulin durch den Kopf. Auch der Schullehrer ruft: »Das sind Deutsche, Genosse Leutnant!«

Ruhig gibt Leutnant Kambulin seine Befehle. Die Gruppen preschen auseinander. Und schon tackern die ersten MPi-Garben gegen den Feind. Die beiden leichten Beutegeschütze bellen.

Drüben werfen sich die Deutschen in den Schnee. Man sieht, wie sie nach hinten winken. Sie fordern ihre Infanteriegeschütze an. Models Schlacht um die große sowjetische Einbruchstelle westlich Rschew hat begonnen.

Der neue OB der 9. Armee hat den zweiten Akt seiner Operation gegen die durchgebrochenen Sowjetarmeen ins Werk gesetzt. Und das bei 45 Grad Kälte, die den Atem gefrieren läßt.

Regiments- und Divisionskommandeure hatten Model gebeten, den festgesetzten Angriff wegen der schrecklichen Kälte zu verschieben. Model hatte geantwortet »Warum, meine Herren? Morgen und übermorgen wird es auch nicht wärmer. Die Russen marschieren ja auch.«

Angriff – das war Models Element. Seine große Leistung im Januar 1942 bestand darin, daß er es fertigbrachte, die 9. Armee aus der aussichtslosen Lage einer verzweifelten Rundumverteidigung an allen Ecken und Enden in eine befreiende Gegenoffensive mit klaren Schwerpunkten zu führen.

Models Plan war einfach. Aus Sytschewka heraus ließ er die verstärkte 1. Panzerdivision und Teile der neu herangeführten SS-Division ›Das Reich‹ zum Stoß nach Nordwesten, Richtung Ossuiskoje, ansetzen, um die am weitesten durchgebrochenen sowjetischen Verbände in der Flanke zu packen.

Vierundzwanzig Stunden später, am 22. Januar, ließ Model oben, aus dem Raum westlich Rschew, das VI. Korps mit der Schwerpunktgruppe der durch Bataillone von vier Divisionen verstärkten 256. Infanteriedivision mit Artillerie,

Panzerjägern und Flak in westlicher Richtung gegen die sowjetische Durchbruchstelle angreifen.

Von Westen her trat zur gleichen Stunde das bei Olenino abgeschnittene XXIII. Korps mit der 206. I. D., der SS-Kavalleriebrigade Fegelein und der Sturmgeschützabteilung 189 zum Durchbruch an und focht sich den Verbänden des VI. Korps nach Osten entgegen. Es waren Männer der SS-Kampfgruppe Zehender, infanteristisch eingesetzte Reiter, sowie Sturmgeschütze der ›Ritter-Adler-Brigade (189)‹, denen sich Leutnant Kambulin plötzlich gegenübersah. Er versuchte vergeblich, sie aufzuhalten. Eine deutsche Patrouille fand ihn zwei Tage später tot im Schnee, inmitten seiner zusammengeschossenen Kompanie.

Kambulin war, schwer verwundet, erfroren. Noch kurz vor seinem Tode hatte er die letzte Eintragung in sein Tagebuch geschrieben: »Die deutschen Sturmgeschütze sind eine tödliche Waffe, gegen die wir kein Kampfmittel haben.«

Der mit letzter Anstrengung geführte deutsche Doppelstoß gegen die Durchbruchstelle der Sowjets zwischen Nikolskoje und Solomino gelang. Das VIII. Fliegerkorps unter General der Flieger Wolfram von Richthofen kämpfte die Flak- und Artilleriestellungen der Sowjets im Einbruchsraum nieder. Schwere Mörser zerschlugen die sowjetischen Pakstellungen. Bereits am 23. Januar, 12 Uhr 45, reichten sich die Angriffsspitzen des XXIII. Korps und der Gruppe Recke vom VI. Korps die Hand.

Das XXIII. Korps konnte wieder — wenn auch vorerst nur über eine schmale Brücke — mit der 9. Armee Verbindung aufnehmen. Die beiden Schneestraßen der Sowjets über die Wolga waren gesperrt und die durchgebrochenen sowjetischen Korps der 29. und 39. Armee von ihren rückwärtigen Verbindungen und von jedem Nachschub abgeschnitten.

Das war Models Stunde. Er hatte die Initiative auf dem Schlachtfeld zwischen Sytschewka und der Wolga zurückgewonnen, und er gedachte nicht, sie sich wieder nehmen zu lassen. Als erstes verstärkte der OB die eben erkämpfte Landbrücke zwischen VI. und XXIII. Korps. Denn die Sowjets versuchten natürlich mit aller Kraft, den Riegel wieder zu sprengen und die Verbindung zu ihren neun durchgebrochenen Divisionen herzustellen. Das mußte verhindert werden.

Model suchte sich den besten Mann für diese Aufgabe. Und wie immer, wenn er schwierige Kampfaufträge zu vergeben hatte, fand der General auch diesmal den richtigen Mann: Obersturmbannführer und Regimentskommandeur Otto Kumm von der Waffen-SS-Division ›Das Reich‹. Mit dem Regiment ›Der Führer‹ wurde Kumm an die Wolga geworfen, genau an die Stelle, wo die 29. sowjetische Armee über den zugefrorenen Fluß gefahren war.

»Unter allen Umständen halten«, lautete Models Befehl an Kumm. »Unter allen Umständen«, wiederholte der General noch einmal mit Nachdruck.

Kumm grüßte: »Jawohl, Herr General!« Wird er halten können, mit nur einem Regiment?

Während Model im Norden den Sperriegel verstärkte, ließ er am 28. Januar im Süden aus dem Raum Osuga — Sytschewka alle verfügbaren Truppen zum umfassenden Angriff gegen die durchgebrochenen Sowjets antreten: 1. Panzerdivision, 86. Infanteriedivision, die Masse der SS-Division ›Das Reich‹ und der 5. Panzerdivision sowie I. R. 309 und die Kampfgruppe Decker der 2. Panzerdivision wurden unter dem Kommando von General von Vietinghoff im XXXXVI. Korps zusammengefaßt und drückten nach Nordwesten. Der Russe wußte, um was es ging, und wehrte sich verzweifelt.

Es wurde erbittert gekämpft. In dem tiefen Schnee der Wälder war jeder Holzschuppen eine Festung, in den Dörfern jede Hausruine ein Inferno.

Am 26. Januar begann der erweiterte Großangriff gegen die Nordfront der 256. I. D. und den rechten Flügel des XXIII. Korps, wo die 206. I. D. stand. Es kam zu gefährlichen Krisen, die nur durch letzten Einsatz der zu Tode erschöpften Truppe überwunden werden konnten.

Model saß am Tage etwa eine Stunde vor den Karten, zehn Stunden war er bei der Truppe. Wo er hinkam, wirkte er wie eine Batterie, die die verbrauchten Energien der Kommandeure wieder auflud.

Ungewohnte Witterungsschwankungen setzten den deutschen Soldaten teuflisch zu. Es wurde milder, dafür kamen Schneestürme auf. Dann sank das Thermometer plötzlich wieder auf 52 Grad. Verfluchter russischer Winter!

Trotzdem wurden die Sowjets auf die Bahnlinie Rschew–Olenino zurückgeworfen, zusammengedrückt und aufgespalten. Die russischen Kommandeure opferten ganze Bataillone in sinnlosen Gegenstößen.

Am 4. Februar nahmen die Westfalen der 86. I. D. den Schlüsselpunkt Ossuiskoje. Achtundvierzig Stunden später stießen thüringische Grenadiere der 1. Panzerdivision in Schützenpanzern an die Eisenbahnlinie bei Tschertolino durch. Hier trafen die vordersten Teile der Kampfgruppe Wietersheim mit Kampfspitzen der Kampfgruppe Zehender zusammen: Der Ring um neun sowjetische Divisionen, das Gros von zwei Armeen, war geschlossen.

An der zugefrorenen Wolga hatte sich inzwischen Kumm mit seinem 650 Mann starken Regiment notdürftig eine brauchbare Stellung gebaut. Mit Bohrpatronen und Minen wurden Löcher in den tiefgefrorenen Boden gesprengt. MG-Stände und Schützennester wurden in regelmäßigen Zwischenräumen von hundert bis zweihundert Metern angelegt. Das war nur eine dünne Linie, und Kumm hatte keine Reserven.

Ununterbrochen griff der Russe an. Von Tag zu Tag mit stärkeren Verbänden. Er wollte durch, wollte die Verbindung zu den eingeschlossenen Divisionen schlagen. Hier entschied sich die Schlacht um Rschew.

Kumms Gefechtsstand war nur 800 Meter hinter der Kampflinie des III. Bataillons. Jeden Tag kam Model im Fieseler Storch und landete auf dem Eis der Wolga. Oder er kam im Kübelwagen; einmal sogar zu Pferd, weil der Wagen steckengeblieben war.

Am 28. Januar war Model gerade bei Kumm, als Männer des I. Bataillons einen gefangenen Rotarmisten in den Gefechtsstand führten. Es war ein Funker aus dem Stab der 39. sowjetischen Armee. Solche Leute waren eine Rarität. Sie wußten mehr als mancher Kommandeur.

Der gesprächige Russe berichtete, daß für den nächsten Tag ein Großangriff bevorstehe. Er behauptete, mehrere russische Schützen- und Panzerbrigaden stünden bereit. Der Durchbruch zur Freischlagung der eingeschlossenen Korps sollte erzwungen werden, koste es, was es wolle.

Sorgenvoll verließ Model den Gefechtsstand. »Obersturmbannführer, ich verlasse mich auf Sie«, sagte er beim Abschied zu Kumm. Und lächelnd fügte er hinzu: »Aber vielleicht hat uns der Iwan auch beschwindelt.«

Der Gefangene hatte nicht geschwindelt. Am nächsten Morgen begann der Großangriff. Genau an der alten Durchbruchstelle der 29. sowjetischen Armee, dort, wo die breiten Panzerspuren über das Eis der Wolga führten.

Kumms Regiment war zwar zahlenmäßig schwach, aber gut ausgerüstet. In vorderster Front stand eine 8,8-cm-Flak. Die Panzerjägerkompanie hatte 5-cm-Pakzüge. Ein schwerer und ein leichter Zug mit Infanteriegeschützen, zwei weitere Züge, mit der 3,7-cm-Pak ausgerüstet, gehörten zu seiner schweren Kompanie. Im Laufe der Kämpfe wurde auch noch das Kradschützenbataillon ›Das Reich‹ dem Regiment unterstellt, und eine Batterie der Sturmgeschützabteilung 189 zugeführt. Trotzdem blieb es eine bescheidene Streitmacht gegenüber den angreifenden Sowjetmassen.

Pausenlos — bei Tag und Nacht — stürmte der Russe. Drei Wochen lang. Einen taktischen Fehler machte er allerdings, einen typischen Fehler der Russen: Er setzte nicht alles zu einem großen Durchbruch an. Versäumte es, einen Schwerpunkt zu bilden. Er warf Bataillon um Bataillon, dann Regiment um Regiment und schließlich Brigade um Brigade in die Schlacht.

Die Panzerabwehr für die Widerstandsgruppe in Klepenino wurde von zwei Panzerjägerzügen der Panzerjägerabteilung 561 übernommen. Die dreizehn Pak vom Kaliber 5 cm unter Leutnant Petermann vernichteten bis zum 3. Februar zwanzig T 34. Für den verwundeten Petermann übernahm Leutnant Hofer am 5. Februar den Pakzug. Wie hart der Kampf war, zeigt die Tatsache, daß das Geschütz vor Klepenino in fünf Stunden dreimal seine Besatzung erneuern mußte. Zwei Dutzend abgeschossene Panzer lagen vor der Front. Das Nachbargeschütz wurde von einem T 34 niedergewalzt. Die Infanteristen mußten dem Koloß mit Minen und geballten Ladungen zu Leibe gehen.

Am sechsten Tag tauchte der Russe mit dreißig leichten Panzern vor der 10. Kompanie auf. Fuhr bis auf fünfzig Meter an die Stellungen. Hielt. Und dann feuerte die ganze Armada auf die Schützenlöcher und MG-Nester, was aus den Rohren ging. Dreißig Minuten lang. Dann fuhren sie in den Wald zurück. Schweigen und klirrende Kälte lag über der Plaine. Nach zwei Stunden kroch aus der zusammengeschossenen Stellung der 10. Kompanie ein Mann zum Bataillonsgefechtsstand. Sie holten ihn. Es war Rottenführer Wagner. Schwer verwundet, mit erfrorenen Händen, versuchte er, vor dem Bataillonskommandeur Bollert aufzustehen, um seine Meldung zu machen. Aber er brach zusammen und meldete im Liegen: »Hauptsturmführer, ich bin der Letzte der Kompanie! Alle sind tot!« Er streckte sich. Und nun lebte keiner mehr von der 10. Kompanie.

Eine Lücke von tausend Metern klafft nun in der Front. Das VI. Armeekorps wirft 120 Mann Ersatz nach vorn: Fahrer, Köche, Schuhmacher, Schneider. Zahlmeister führen die Züge. Ehrenwerte Männer, aber völlig unerfahren in diesem schrecklichen Kampf. Sie gehen in die Stellung der 10. Kompanie. Der Russe greift nach einem Feuerüberfall mit Granatwerfern unter Urrä-Geschrei an. Das halten die Nerven der Männer aus den Versorgungsdiensten nicht aus. Sie laufen einfach weg. Werden zusammengeschossen wie Hasen.

Als es dunkel wird, stehen die Sowjets fünfzig Meter vor Kumms Regimentsgefechtsstand in Klepenino. Der Weiler hatte ursprünglich dreißig Häuser, jetzt stehen noch acht Bauernkaten.

Der Regimentsadjutant, Hauptsturmführer Holzer, hat tiefe Löcher in die Fußböden geschlagen und Schießscharten in den unteren Balkenlagen anlegen lassen. Vom Regimentskommandeur bis zum Fahrer steht jeder mit Karabiner, MPi oder am MG in seinem Schützenloch. Neben ihnen die Pak und die infanteristisch eingesetzten Panzerjäger der Panzerjägerabteilung 561.

Die Sowjets kommen bei keinem Angriff näher als bis auf fünfzehn Meter an die Häuser heran. Es ist keine Phrase, sondern schreckliche Wirklichkeit im wörtlichsten Sinne, wenn es in den Berichten heißt: »Vor Klepenino lagen die Toten in großen Haufen.«

Das Korps schickte ein Infanterieregiment zu Hilfe. Es wurde aber bei seinem Gegenangriff von den Sowjets zusammengeschossen. Die Reste wurden auf die Bataillone Kumms verteilt oder zur Flankensicherung eingesetzt. In der Nacht zum 8. Februar brach der Russe dann in Bataillonsstärke in die Stellungen der 2. Kompanie ein. Vier Stunden wurde im Nahkampf erbittert gerungen. Die 2. Kompanie des Regiments ›Der Führer‹ fiel bis auf den letzten Mann.

In dieser Stunde traf das Kradschützenbataillon der Division ›Das Reich‹ in Klepenino ein. Außerdem wurden noch Teile der Sturmgeschützabteilung 189 und die Aufklärungsabteilung der 14. I. D. (mot.) unter Major Mummert an Kumms Front geworfen.

In einem Waldstück wurde ein 21-cm Mörser in Stellung gebracht und schoß den in das ›Russenwäldchen‹ eingebrochenen Feind zusammen. Zehnmal wechselte der Wald den Besitzer. Beim elften Sturm blieb er endgültig in der Hand von Major Mummerts Aufklärungsabteilung 14.

Kumms Front am Nordrand des großen Kessels hielt. Die Entsatzbrigaden der 39. sowjetischen Armee kamen nicht über die Wolga. Sie verbluteten. Zu Tausenden lagen die Gefallenen vor der Front am Wolgaknie.

Unterdessen ging südlich und westlich von Rschew der Kampf gegen die eingeschlossenen Sowjetdivisionen weiter. Am 17. Februar drang die Kampfgruppe von Wietersheim mit Panzern, Panzerpionieren und Schützenpanzerwagen der verstärkten 1. Panzerdivision ins Zentrum des letzten größeren sowjetischen Kessels, im Waldgelände um Montschalowo, ein. Der letzte verzweifelte Ausbruchsversuch von 500 Sowjets unter Führung eines Generals blieb im Feuer der deutschen Kampfgruppe liegen.

Die Schlacht ging zu Ende. Die 29. und große Teile der 39. sowjetischen Armee waren vernichtet. Model, seit dem 1. Februar Generaloberst, hatte mit seinen Divisionen die Wende des Winterkampfes an der deutschen Mittelfront erzwungen.

Wie hart der Kampf war, zeigen zwei Zahlen: 5000 Sowjets wurden gefangen, 27 000 lagen tot auf dem Schlachtfeld. Sechs feindliche Schützendivisionen waren verblutet, vier zerschlagen, neun weitere Divisionen und fünf Panzerbrigaden hart mitgenommen.

Die deutschen Verluste waren gleichfalls schwer. Als Obersturmbannführer Otto Kumm sich am 18. Februar auf dem Gefechtsstand seiner Division meldete, war Model gerade dort. Er sagte: »Ich weiß, was Ihr Regiment durchmachen mußte, Kumm, aber ich kann es noch nicht entbehren. Wie stark ist es noch?«

Kumm wies mit der Hand zum Fenster und antwortete: »Herr Generaloberst, mein Regiment ist draußen angetreten.« Model schaute hinaus. Draußen standen fünfunddreißig Mann.

Wenn es auch ein hoher und schrecklicher Preis war, den die 9. Armee hatte zahlen müssen, um die zwischen Sytschewka und Wolgaknie durchgebrochenen Sowjetarmeen zu zerschlagen, so war er doch nicht zu hoch, wenn man bedenkt, daß es um das Schicksal der ganzen Heeresgruppe Mitte ging. Die tödliche Gefahr der Umfassung, die ihr von Norden gedroht hatte, war gebannt. Wie aber stand es am Südflügel der Heeresgruppe, wo sich die Divisionen der 10. sowjetischen Armee durch die aufgerissene deutsche Front zwischen Belew und Kaluga bereits an Suchinitschi vorbeigekämpft hatten, um ostwärts Smolensk, tief in dem Rücken der 4. Armee, die Autobahn zu erreichen, die Lebensader der Heeresgruppe Mitte?

Die Ställe und Remisen der Kolchose Woin lagen tief verschneit im weiten Land zwischen Orel und Mzensk. Generalmajor Nehring hatte hier den Gefechtsstand seiner 18. Panzerdivision aufgeschlagen, und der Kommandant des Stabsquartiers, Oberleutnant Winter, hatte Traktoren und Mähdrescher, alte sowjetische Lastwagen und deutsche Schützenpanzer zwischen Zäunen und Gebäuden rings um den ehemaligen Zaren-Gutshof so aufgestellt, daß eine richtige Festung entstanden war, eine Igelstellung des Divisionsstabes.

Diese Maßnahme war nötig, weil der Winterkrieg mit seinen schnellen und gefährlichen russischen Durchbrüchen und Partisanenüberfällen selbst die hohen Stabsquartiere zur Front machte. Sie bildeten ein System befestigter Stützpunkte zwischen der dünnen deutschen Hauptkampflinie und dem rückwärtigen Gebiet.

Generalmajor Nehring kam gerade von einer Frontfahrt. Sein Ia, Major Estor, empfing ihn mit den Worten: »Der Oberbefehlshaber bittet dringend um Ihren Anruf. Es ist irgend etwas los. Sie möchten sich sofort telefonisch melden.«

Nehring ließ sich mit Generaloberst Schmidt, dem Nachfolger Guderians als Oberbefehlshaber der 2. Panzerarmee, verbinden. Es wurde ein kurzes Gespräch.

Schmidt: »Wir brauchen Sie. Kommen Sie bitte morgen früh her. Es geht um eine entscheidende Sache.«

Das Tagebuchblatt, auf dem Major Estor das Telefonat verzeichnete, trug das Datum des 6. Januar 1942, ein Dienstag.

Am nächsten Morgen fuhr Nehring nach Orel, in die wimmelnde Etappenstadt, die über Nacht zur Frontstadt geworden war. Generaloberst Schmidt war nicht da. Er war zu der schwerbedrängten Nachbararmee gefahren, zu General Kübler, der seit Weihnachten die 4. Armee führte.

Nehring wurde vom Chef des Generalstabs, Oberst von Liebenstein, empfangen. Der Oberst kredenzte ihm eine heißgemachte Hühnerbrühe aus der Konservendose, an die sich der General noch heute erinnert. Sie war ein Labsal in der frostklirrenden russischen Winterwüste des Jahres 1942.

Ohne große Formalitäten kam Liebenstein zur Sache: »Die Lage in der Lücke zwischen Belew und Kaluga wird immer kritischer. Wenn nichts geschieht, kommt die 4. Armee in größte Gefahr.« Er zeigte auf die Karte: »Die starken sowjetischen Kräfte stoßen schon tief in Küblers Rücken. Das AOK 4 in Juchnow ist bereits vorderste Front. Reserven sind nicht da. Die 216. Infanteriedivision General von Gilsas wurde zwar vom OKW Ende Dezember aus Frankreich nach Suchinitschi geworfen, denn hier standen nur schnell alarmierte Kräfte, die den ersten sowjetischen Sturm stoppten. Aber nun sind Teile von Gilsas Division von der 10. sowjetischen Armee bereits eingeschlossen. Gilsa wehrt sich ver-

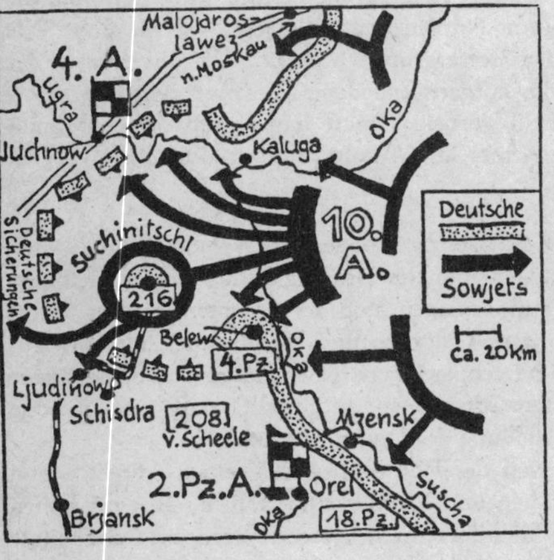

Karte 21
Der sowjetische Durchbruch im Januar 1942 zwischen 4. Armee und 2. Panzerarmee. Suchinitschi ist Wellenbrecher hinter der aufgerissenen Front.

zweifelt. Er hat zwar eine sehr gut ausgerüstete und tapfere, aber kälteungewohnte Truppe, die nur ungenügend aus der Luft versorgt werden kann. Er meldet bereits an die tausend Verwundete. Wenn aber dieser letzte Wellenbrecher weggespült wird, dann ist die Katastrophe da.«

Nehring stand vor der Lagekarte und sah die roten Pfeile und Schleifen in dem berüchtigten, achtzig Kilometer breiten Frontloch zwischen Kaluga und Belew, das schon seit zwei Wochen der Alptraum aller Stäbe war.

»Und was soll geschehen?« fragte Nehring.

Liebenstein antwortete: »Es bleibt uns nichts anderes übrig, als aus unserer selbst hart kämpfenden Orel-Front Kräfte herauszuziehen, um die Lage in der Lücke zu stabilisieren. Die Verbindung zu Gilsa muß hergestellt und seine Abwehrfront verstärkt werden. Und das müssen Sie machen mit Ihrer bewährten Achtzehnten. Sie bekommen natürlich noch weitere Kräfte, die Ihnen unterstellt werden. Wir denken an das Schützenregiment 12 von der 4. Panzerdivision und die 208. Infanteriedivision Generalmajor von Scheeles, die soeben aus Frankreich eingetroffen ist und zur Zeit südlich Belew als Flankensicherung steht. Die Infanterieregimenter 309 und 337 sind der Division allerdings entzogen. Sie werden bei der 9. Armee im Raum Sytschewka dringend gebraucht.«

Nehring, der in vielen Krisenlagen erprobte Kommandeur, war über den Auftrag nicht gerade erfreut. Aber er begriff die Notwendigkeit der Aktion.

Zehn Tage dauerte der rund 200 Kilometer lange Marsch der Regimenter von der Front über Orel, Brjansk und Ordschonikidsegrad in den Versammlungsraum Schisdra. Beißende Kälte von 40 Grad, achtzig Zentimeter hoher Schnee und die sich türmenden Schneewehen machten den Weg zur Hölle.

Hauptmann Oskar Schaub aus Wien, Bataillonskommandeur im Schützenregiment 12, schildert in seinem Gefechtsbericht, wie sich die Verbände querfeldein vorwärts quälten: Die schmalen Räder der Geschütze und Troßfahrzeuge mahlten sich bis an die Achsen in den Schnee. Die Lastwagen fuhren sich immer wieder fest. Am besten schafften es noch die pferdebespannten Einheiten, die der Landser in Anlehnung an die motorisierten, d. h. die mot.-Truppen, kurz und bündig ›Hot‹-Verbände nannte. Die zähen Panjepferdchen machten mit Wagen oder Schlitten im Durchschnitt viereinhalb Kilometer in der Stunde. Die motorisierten Truppen mit ihren Ketten- und Räderfahrzeugen brachten es nur auf zwei Kilometer — halb soviel, wie ein Fußgänger unter normalen Umständen zurücklegt. Das Pferd war also dem Panzer und dem Auto jetzt weit überlegen. Sichtbar drückte sich das in der Tatsache aus, daß sich alle Panzerdivisionen während des Winters zusätzlich mit Pferden ausrüsteten.

Am 16. und 17. Januar trat die verstärkte 18. Panzerdivision von Schisdra aus an. Der linke Flügel wurde vom Schützenregiment 12 unter Oberst Smilo von Lüttwitz gedeckt, an der rechten Flanke schützten Teile der 208. Infanteriedivision vor feindlichen Überraschungen. Starke Spähtrupps auf Skiern sicherten den Vormarschraum. Behelfsmäßige Schneepflüge schafften Wege für die Marschkolonnen. Die Aktion Suchinitschi rollte. Eines der außergewöhnlichsten, kühnsten und risikoreichsten Unternehmen des Winterkrieges war in Gang gesetzt.

Nehring sagt heute: »Es war eigentlich eine strategische Unverschämtheit.«

Er hat recht: denn im Kampfraum um Suchinitschi operierten nicht weniger als dreißig sowjetische Schützendivisionen, sechs Schützenbrigaden, vier Panzerbrigaden, zwei Luftlandebrigaden und vier Kavalleriedivisionen. Das war eine wahrhaft gigantische Streitmacht: ein Elefant, gegen den eine Maus zu Felde zog.

Doch mit List, Gewandtheit und Wagemut wurde der Russe ausmanövriert: Die Maus schlüpfte in den Rüssel des Elefanten.

Auf seinem kleinen Panjeschlitten steht der einarmige Oberst Kuzmany, ein Österreicher, der Kommandeur I. R. 338. Er fährt an der Spitze seiner Kampfgruppe. Drei Bataillone hat er, verstärkt mit Panzern und Artillerie. Er stößt in der Mitte vor, über Bukan und Slobotka auf Suchinitschi. Oberst Jollasse, der Kommandeur des Schützenregiments 52, schafft Kuzmany an der linken Flanke und im Rücken Luft und greift mit seiner Kampfgruppe das stark verteidigte

Ljudinowo an. Zwei Bataillone, die Panzerkompanie von Stünzner und die 2. Kompanie Panzerjägerabteilung 88, sowie eine Batterie des Artillerieregiments 208 bilden seine Streitmacht. Der Russe ist völlig überrascht, daß er weitab von der kämpfenden Front plötzlich von gespensterhaft aus der Schneewüste auftauchenden deutschen Gruppen angegriffen wird.

Die Kompanien der Kampfgruppe Jolasse werfen den überrumpelten Feind aus Ljudinowo und jagen ihn in die Wälder und das verschneite Seengebiet. In erbittertem Häuserkampf mit sowjetischen Alarmeinheiten erkämpfen sich die Bataillone Wolter und Aschen den Weg durch die Stadt. Große Beute an Waffen, 150 Gefangene und über 500 Tote sind das Ergebnis dieses ersten Treffens.

Auch Kuzmany schlägt sich inzwischen seinen Weg durch den überraschten Feind. Wo sich der Russe zum Widerstand formiert, wird er durch den massierten Einsatz aller Waffen zerschlagen.

Da steht Oberleutnant Klauke, der Führer der 2. Batterie Artillerieregiment 208, in einem Schlitten und leitet das Feuer seiner Feldhaubitzen. In direktem Beschuß werden angreifende Bataillone zersprengt, MG-Nester und Granatwerferstellungen vernichtet.

Die Kanoniere haben keine Zeit, im indirekten Richtverfahren zu schießen. »Einmal durchs Rohr geschaut, und dann stimmte die Richtung«, erinnert sich Obergefreiter Werner Burmeister, Richtkanonier der 2. Batterie. Unterdessen arbeitet sich Oberst von Lüttwitz mit dem verstärkten Schützenregiment 12 in der tiefen Westflanke von Nehrings Verbänden vorwärts. Hauptmann Schaub schreibt darüber in seinem Gefechtsbericht: »Die Räder bleiben immer wieder im brusthohen Schnee stecken. Bis tief in die Nacht schaufelt sich die 2. Kompanie zum Bahnwärterhaus an der Strecke Ordschonikidsegrad – Suchinitschi. Es herrschen 40 Grad Kälte. Gewehr und MG müssen genausogut verpackt sein wie die Nase und die Hände, sonst gefriert das Öl, und das wäre tödlich.«

Sie schaufeln sich jeden Meter Weg. Und jede Minute kann von rechts, links, von hinten oder von vorn der Feind auftauchen. Lüttwitz entwickelt aus dieser Lage eine neuartige Kampfmethode. Schaub beschreibt sie so: »Die Spitzenkompanie wühlt sich beiderseits des Weges durch den Schnee bis zum nächsten Dorf und greift in dieser schmalen, tiefen Gliederung den Gegner stoßtruppartig an. Der Überfall wird mit massiertem Granatwerferfeuer eingeleitet. Die Handgranate ist die Hauptwaffe. Im Nahkampf der Spaten. Indessen schaufeln die folgenden Kompanien den Weg frei für das Nachführen der Kraftfahrzeuge. So gleicht unsere Kampfgruppe einem wandernden Igel.«

Überall ist Front. Selbst der Divisionsstab muß sich am 20. Januar seiner Haut wehren, als am späten Abend im Schneelicht ein russisches Bataillon Slobodka angreift. Eine 2-cm-Flak der Sicherungsgruppe ist die Rettung, bis das schnell herangeführte Pionierbataillon die Lage bereinigt.

Dank dieser wagemutigen improvisierenden Kampfführung mit ständigem Wechsel zwischen Angriff und Abwehr, Vorstoß, Flankensicherung und Rückendeckung, gelingt das kühne ›Unternehmen Suchinitschi‹. Zwei schwache Divisionen schlagen einen sechzig Kilometer langen Korridor mitten durch eine feindliche Armee bis an die belagerte Festung.

Am 24. Januar um 12 Uhr 30 reicht Oberst Kuzmany den Gefechtsvorposten der Kampfgruppe Freiherr von und zu Gilsa die Hand. Die Brücke zur abgeschnittenen 216. I. D. und den ihr unterstellten Verbänden ist geschlagen. Sie ist schmal, aber sie hält.

Am nächsten Morgen fährt Nehring in die Stadt, um mit Gilsa die Lage zu besprechen. Tausend Verwundete liegen in den Kellern der Häuserruinen. Ihre Bergung ist die vordringlichste Aufgabe. Auch dies geschieht, wie alles an dieser Operation, auf einmalige Weise: 500 Panjeschlitten mit russischen Bauern und Gefangenen als Fuhrleute stehen in Ljudinowo bereit. Jeder Schlitten hat nur für einen Verdwundeten Platz. Viermal muß also jeder Fuhrmann die sechzig Kilometer lange Fahrt durchs Niemandsland machen. Aber keiner fällt aus. Jeder meistert die gewaltige Anstrengung der nächtlichen Schlittenfahrten durch Kälte, Schneesturm und feindliche Patrouillen.

Das Kommando über diese Flottille der Barmherzigkeit hatte der Gefreite Gendolla, im bürgerlichen Leben Vikar. Ihm zur Seite stand Hauptfeldwebel Noack. Ihre Helfer: 500 Russen. Die zwei Eisernen Kreuze, die Nehring bereitstellte, konnten nicht überreicht werden, denn die beiden Samariter verschwanden damals im Trubel der Schlacht.

Welche Bedeutung die Operation Suchinitschi für die Gesamtlage hatte, zeigt die Tatsache, daß Hitler sie in einem Führererlaß würdigte. Er wollte damit dokumentieren, daß eingeschlossene Teile, die seinen Befehl befolgten und ohne Rücksicht auf durchstoßenden Feind als Wellenbrecher standhielten, nicht verloren gegeben wurden. Dieser Beweis war eine wichtige Voraussetzung für das Standvermögen der Truppe an anderen Plätzen der Front, wo größere oder kleinere Verbände eingekesselt waren, wie zum Beispiel in Cholm und Demjansk.

»Wir werden rausgeholt« – dieses feste Vertrauen der Landser und Offiziere, wenn sie eingeschlossen waren, wurde in den Winterkesseln 1941/42 immer wieder gerechtfertigt. Man muß das vor Augen haben, ehe man heute über das blinde Vertrauen der ein Jahr später in Stalingrad eingeschlossenen 6. deutschen Armee verständnislos den Kopf schüttelt.

Suchinitschi war ein entscheidender strategischer Erfolg. In kluger Einschätzung der Lage ließ der Kommandierende General des XXIV. Panzerkorps, Generalleutnant Freiherr von Langermann und Erlenkamp, zwar die exponiert liegende Stadt Suchinitschi räumen. Aber er ermöglichte dadurch den Aufbau einer günstigeren Verteidigungsfront in der großen, berüchtigten Frontlücke, die nun geschlossen wurde. Der Alpdruck des deutschen Oberkommandos war gebannt, die Voraussetzung für die Zerschlagung der südlichen Offensivzange der Sowjets geschaffen.

In schweren, wochenlangen Kämpfen, die sich bis ins Frühjahr hinein erstreckten, konnte schließlich die Masse der durchgebrochenen Divisionen der 10. und der 33. sowjetischen Armee, des I. Gardekavalleriekorps und des 4. Fallschirmjägerkommandos südostwärts Wjasma vernichtet werden. Es war die große Schlacht im Ugrabogen mit den Brennpunkten Juchnow, Kirow, Schisdra.

Die Regimenter der brandenburgischen und bayerischen, der schleswig-holsteinischen und mecklenburgischen, oberpfälzischen und hannoveranischen, hessischen und sächsischen Divisionen, das selbständige 4. SS-›Totenkopf‹-Regiment, sowie das Fallschirm-Sturmregiment Meindl leisteten in dieser Schlacht fast Übermenschliches.

Wie sich der blutige Kampf von der anderen Seite ansah, demonstrieren zwei eindrucksvolle Dokumente: Beides erbeutete Tagebücher sowjetischer Offiziere. Sie geben Einblick in die menschliche und soldatische Verfassung der russischen Fronttruppen im Kampfraum Suchinitschi — Juchnow — Rschew.

Das erste Tagebuch stammt von einem Kompaniechef und zeitweiligen Bataillonsführer im Schützenregiment 616, Oberleutnant W. Gontscharow. Er fiel am 9. Februar 1942 nordwestlich Juchnow.

Das zweite Tagebuch ist von einem Leutnant der 385. Schützendivision geschrieben, der zum ›Helden der Sowjetunion‹ vorgeschlagen war. Es ist nicht sicher, ob er noch lebt. Wir nennen deshalb seinen Namen nicht. Beide Tagebücher liegen im Original vor und stammen aus den Ic-Akten des XXXX. deutschen Panzerkorps.

Gontscharows Notizen zeigen eine einfache Seele, einen Mann, der an die politischen Parolen Stalins glaubte, sich über die Vorgesetzten ärgerte und den Frontklatsch aller Schattierungen kolportierte. Man muß das lesen, um vieles zu verstehen:

»2. Januar 1942: Beim Rückzug des IV. Bataillons aus Jerdinowo haben wir unsere Toten und Verwundeten zurücklassen müssen. Die Verwundeten wurden von den Deutschen erschlagen.

5. Januar 1942: Ich sprach mit der Zivilbevölkerung über die Deutschen. Im allgemeinen erzählen sie alle dasselbe: Raub, Erschießungen, Vergewaltigungen. Aber mir fällt auf, daß sie von den Grausamkeiten der Faschisten nicht mit Abscheu sprechen. Sie reden darüber, als wenn sie über einen Vortrag ihres Kolchosvorsitzenden berichten. Dabei ist doch alles an dieser arischen Rasse abstoßend. Kein Gefühl für Anstand! In Gegenwart der Frauen ziehen sie sich nackt aus und vernichten die Läuse. Wir haben die ganze Zeit die Arier als Menschen mit einer Kultur eingeschätzt. Nun zeigt sich aber, daß diese Arier stumpfe, dumme, schamlose Bourgeois sind.

10. Januar 1942: Heute habe ich die Note von Molotow gelesen, von den tierischen Handlungen der Deutschen. Die Haare stehen einem zu Berge, wenn man die wenigen Beispiele liest, von denen die Rede ist. Nach meiner Meinung gibt es keinen Platz, an dem man sich für all das rächen könnte, was uns diese nordische Rasse angetan hat. Rächen werden wir uns aber, an der ganzen Rasse. Trotz unseres sehr humanen und gemäßigten Führers Stalin. Zum Teufel mit den internationalen Rücksichten! Früher oder später werden wir auch mit England kämpfen müssen.

14. Januar 1942: In Schanskije Sawodi habe ich im Quartier einer Partisanin geschlafen. Fast das halbe Dorf hat mit den Deutschen zusammen gearbeitet. Die Partisanen wurden nicht nur nicht unterstützt, sondern verraten und bekämpft. Um 3 Uhr aufstehen und zur Front. Es fiel mir schwer. Ich habe auf einem warmen Ofen geschlafen. Er war mit weißen Kacheln belegt, die ich zum erstenmal in meinem Leben gesehen habe. Ich muß gestehen, es sieht sehr gut aus.

23. Januar 1942: Fünfzehn Kilometer hinter uns, im Dorf Agroschewe, sind die Deutschen. Starker Frost. Ich mußte meine Nase mehrmals mit Schnee bearbeiten, sonst wäre sie erfroren. Bei 50 Prozent meiner Männer sind die Nasen erfroren, bei einigen gehen sie schon in Fäulnis über. Abends ist es klar, wir sind eingekesselt. Kein Nachschub, Hunger.

25. Januar 1942: Wissen Sie, sagte mir einer meiner Leute gestern, wenn man sehr stark friert, wird man schließlich so gleichgültig, daß es einem dann ganz egal ist, ob man erfriert oder erschossen wird. Man hat nur noch einen Wunsch, möglichst bald tot zu sein. Ja, so ist das. Die Kälte nimmt den Menschen die Kraft zu kämpfen.

26. Januar 1942: Um 12 Uhr nachts wird zum Ausbruchsangriff auf Rubichonow angetreten. Die 4. Kompanie hat mit einem MG und mit drei Minenwerfern versucht, von links zu umfassen. Eine Mine hat die MG-Besatzung meines 1. Zuges getroffen. Drei Mann verwundet, drei Mann tot. Der eine Verwundete schrie, weinte und bettelte, ihn bald aus dem Feuer zu tragen. Der andere flehte mich an, ihn zu erschießen. Unter freiem Himmel ist ein derartig starker Frost, daß ich den Mann nicht verbinden konnte, weil ich ihn hätte entkleiden müssen. Es war nur die Wahl, ihn erfrieren oder verbluten zu lassen. Das Bataillon hat noch hundert Mann einschließlich Stab und Troß. In der HKL befinden sich noch vierzig bis fünfzig Gewehre. Unsere Kraft erlahmt. Diese verfluchten Deutschen kämpfen wie die Teufel.

1. Februar 1942: Zass ist nicht mehr Kommandeur unseres Regiments. Ich freue mich darüber. Der Mann war ewig betrunken. Er hat blöde Entschlüsse in der Trunkenheit gefaßt. Durch ihn verloren wir viele Menschen.

6. Februar 1942: Einige Männer des Skiregiments sind heute erschossen worden wegen Klauerei, unerlaubter Entfernung von der Truppe und Wachvergehen.

8. Februar 1942: Die Deutschen greifen an.«

Das ist die letzte Eintragung. Bei Papajewo, neun Kilometer nordwestlich Juchnow, fiel Gontscharow am 9. Februar 1942 im Kampf mit Verbänden der hessischen 34. I. D. Sein Regiment wurde zerschlagen.

Der Verfasser des zweiten Tagebuches, Leutnant W, ist von anderem Schlage als Gontscharow. Auch er kämpfte südostwärts Wjasma. Ihm gegenüber lagen zeitweilig Teile der 19. deutschen Panzerdivision und der 3. I. D. (mot.). Fanatisch, ehrgeizig und doch mit erstaunlicher Einsichtskraft ausgestattet, ist dieser junge »Held der Sowjetunion« eine interessante Quelle für das Studium der unteren Truppenführer der Roten Armee. Dieser Leutnant hat offenbar durch persönliche Tapferkeit mehrmals das Regiment vor schweren Krisen bewahrt.

»Die moralische Verfassung der Kompanie ist ausgezeichnet«, schreibt er am 7. Februar 1942 in sein Tagebuch, »wäre nur nicht die verheerende Verpflegungslage. Wenn die Leute satt wären, könnte man mit ihnen jede Schlacht gewinnen.«

Am 10. Februar heißt es: »Ich bin schwach durch das Nomadenleben des letzten Jahres. Gestern habe ich mir an schlechtem Brot und gefrorenen Kartoffeln den Magen verdorben. Aber ich muß auf den Beinen bleiben. Als ich das letztemal zwölf Tage von der Kompanie weg war, ging alle Ordnung zum Teufel. Wenn doch die verfluchte Verpflegung nachkäme. Die Leute würden in den Kugelregen laufen. Aber sie hungern. Sie verlieren die Kraft. Die Waffen verrosten, es gibt kein Schmieröl. Gestern habe ich mit dem Politruk in der Scheune eine Versammlung der Kompanie abgehalten. Klargemacht, warum gefangene Faschisten am Leben gelassen werden müssen – als Informationsquelle.

Ich wollte das Gesuch um Eintritt in die Partei abgeben, da ich glaubte, wir kämen heute in den Kampf. Ich gebe es nur vor der Schlacht ab, damit mich niemand verdächtigt, persönliche Vorteile zu suchen.

19. Februar 1942: Gestern übergab ich das Gesuch um Eintritt in die Partei, um Bolschewist zu werden. Abends erhielt ich Befehl, nur mit den MPi-Schützen den Wald zu nehmen, den die 3. Kompanie nicht nehmen konnte. Der Plan ist schablonenhaft. Aber Befehl ist Befehl. Ich marschiere in einer Stunde los.«

Nach dem Angriff lautet die Eintragung: »Die Leute hielten sich gut, und der Angriff gelang. Zehn Deutsche fielen, fünf wurden gefangen. Vier davon mußten wir erschießen, weil sie nicht mitgehen wollten. Meine dreißig Mann bekamen Schnaps und mehrere Kästen Papyros, Keks, Wurst und Butter aus der Kommandeursreserve.

24. Februar 1942: Ich werde heute Parteianwärter. Ich beginne, mich für den Krieg zu begeistern. Wäre auch kein schlechter Partisan geworden.

25. Februar 1942: Heute kam der Ingenieurintendant B. an. Als er hörte, daß er sich in vorderster Front befindet, wurde er sehr betrübt und bat Gladew, ihm auf der Gitarre einen Trauermarsch vorzuspielen. Das tat er auch. Fünfzehn Minuten später fiel er. Schicksal? Oder suchte die Kugel den Feigling?

Das Gros unserer aktiven Offiziere ging in die Offiziersschule nur der Uniform und der goldenen Kragenspiegel wegen. Das Marschieren beherrschen sie besser als taktisches Wissen, und Melden können sie besser als Befehle durchführen. Im besten Falle stürmen sie vorwärts und kommen um.

26. Februar 1942: Ich bin heute für das Parteidokument fotografiert worden. Wir werden für ein besonderes Unternehmen eingesetzt. Meine Kompanie ist kampfbereit. Hoffentlich erfolgt der Einsatz nicht am Tag, das ist gefährlich und dumm! Die Rote Armee muß nachts kämpfen.

27. Februar 1942: Mußte ein Kriegsurteil vollstrecken. Auf meine Frage meldeten sich sofort drei Freiwillige. Die zwei Delinquenten hatten sich bei einem Spähtruppunternehmen gedrückt und versteckt. Wie dumm. Sie glaubten, dem ehrenhaften Tod entgehen zu können, und mußten dafür in Schande sterben.

4. März 1942: Endlich ein Brief von meiner Frau. Ich lese ihn immer wieder. Briefe aus der Heimat bringen Glück und Leid.«

Dieser vieldeutige Satz ist die letzte Eintragung. Sie stammt aus den Tagen, da die sowjetischen Hoffnungen auf einen Sieg an der Mittelfront zerplatzten.

Es waren die Tage, aus denen auch der Brief eines jungen Russen stammt, den er, an einen Freund adressiert, halbfertig in der Tasche trug, als man ihn tot bei Dorogobusch fand. Er sei hier wiedergegeben für alle Menschen in der

Welt, die im Kriege einen Freund verloren haben. Und vielleicht erfüllt sich durch den Abdruck Jahrzehnte später die Hoffnung des Schreibers, daß sein Brief eines Tages an den Empfänger gelangt. Er lautet:

»Guten Tag, mein lieber Freund! Guten Tag und lebe wohl, denn ich bin schon nicht mehr am Leben. Dieser Brief wird Dir nur im Falle meines Todes gesandt. Er ist aber nicht fern, ich fühle es. Ich weiß nicht, wie lange dieser Brief in meiner Tasche geknüllt wird, aber früher oder später wird er zu Dir gelangen, um Dich zum letzten Male an Deinen Schulfreund zu erinnern.

Es drängt mich, zum letzten Male viel, sehr viel zu sagen. Ich möchte die ganze Trauer unerfüllter Hoffnungen ausgießen, Dir die Angst vor diesem unbekannten Tod mitteilen. Ja, mein Lieber, Angst, denn ich habe Angst davor, was nach dem Tode kommt.

Ich weiß nicht, wie und wo ich umkomme, ich weiß nicht, ob mich die Kugel eines deutschen MG-Schützen trifft, ob ich von einer Fliegerbombe zerrissen werde, ob mich ein Granat- oder Geschoßsplitter tötet — aber das eine wie das andere wie das dritte schreckt mich gleichermaßen. Ich sah Hunderte von Leichen. Ich hörte wiederholt das Todesröcheln von Kameraden, mit denen ich vorher noch aus demselben Kochgeschirr fröhlich gegessen hatte.

Viele, viele Male traf ich den Tod von Angesicht zu Angesicht. Einmal riß ein Granatsplitter mir die Mütze vom Kopf. Ein anderes Mal durchschoß eine Kugel mein Kochgeschirr mit Suppe, und ich blieb hungrig. Aber noch niemals hatte ich eine solche Furcht wie gerade jetzt.

Sieh doch, es wird Frühling (russisch: Wesna). Diese fünf Buchstaben lassen mir keine Ruhe. Und es ist kein gewöhnlicher Frühling — in diesem Frühling werde ich zwanzig Jahre alt! Zwanzig Jahre — beinahe ein Mann. Und zu sterben, wenn Dir die Natur zulächelt, wenn das Herz vor Freude klopft, weil ein Vogel singt, weil der feuchte Frühlingswind so leicht weht . . .«

Es war Frühling, als dieser Brief geschrieben wurde; aber als der deutsche Kanonier Burmeister vor Ljudinowo seine leichte Feldhaubitze richtete, die endlosen Kolonnen der Panjeschlitten die Verwundeten aus Suchinitschi fuhren, im Ugrabogen die MPi knatterten und überall an der Front noch immer die Alarmrufe ertönten: »Russenpanzer brechen durch!« — da lag noch meterhoher Schnee auf den Schlachtfeldern der Ostfront.

Doch die Würfel der Winterschlacht waren bereits gefallen. Noch sah es der Mann an der Front nicht. Er stand noch immer im härtesten Abwehrkampf. Die Karten der Armeestäbe zeigten jedoch schon die Wahrheit: Die große Krise bei der Heeresgruppe Mitte war gebannt.

In den folgenden Wochen stießen zwar bewegliche sowjetische Kavallerieverbände noch bis Dorogobusch, ostwärts Smolensk, aber das waren auslaufende Wellen. Die Sowjets waren mit ihrer Offensivkraft am Ende. Sie hatten ihr operatives Ziel der Winterschlacht nicht erreicht: die Heeresgruppe Mitte zu vernichten und damit die gesamte deutsche zentrale Front zum Einsturz zu bringen.

Zwei Umstände bewirkten diese Wende: Zum einen hatte sich das sowjetische

Oberkommando übernommen. Führung, Zustand und Versorgung seiner Offensivarmeen waren den Anforderungen eines so weitgestreckten Operationszieles nicht gewachsen.

Zum anderen war es die ganz überragende Leistung der deutschen Verbände, die den Sowjets den Erfolg verwehrte und eine Katastrophe verhinderte. Soldat und Offizier übertrafen an Gehorsam, Tapferkeit, Entbehrung und Aufopferung alles bisher Gekannte. Die militärische Organisation war trotz Überforderung der Truppe, trotz Hunger und mangelnder Bekleidung, intakt und funktionsfähig geblieben. Das rettete im Winter 1941/42 die Lage an der gefährdeten Mittelfront. Das allein verhalf Hitlers Haltebefehl und der Taktik, sich an wichtige feste Punkte zu klammern, zum Erfolg.

So wurde Rschew gerettet. Suchinitschi befreit. Der Feind in letzter Minute und mit letzter Kraft von der Autobahn Smolensk–Moskau ferngehalten. Und dadurch die Umfassung der Heeresgruppe Mitte vereitelt. Die große Krise an der Mittelfront war damit im großen und ganzen gemeistert.

Aber wie sah es bei der Heeresgruppe Nord aus? Wie überstand man dort, an der Leningrader Front, am Wolchowfluß die sowjetische Winteroffensive?

4 Sturm auf die Waldaihöhen

Die 57. Sowjetische Stoßbrigade stürmt über den Wolchow – Treffpunkt Erika-Schneise – Zwei sowjetische Armeen im Sack – Demjansk: 100 000 Deutsche eingeschlossen – Ein außergewöhnlicher Tagesbefehl von Graf Brockdorff-Ahlefeldt – Die erste Luftversorgung eines Kessels – Operation ›Brükkenschlag‹ – Cholm, Festung ohne Artillerie

Wo der Tigodafluß in den Wolchow einmündet, war die Nahtstelle zwischen der 61. und 21. deutschen Infanteriedivision. Solche Punkte waren immer gefährdet, denn der Russe liebte es, seine Angriffe an diesen Nahtstellen anzusetzen. Er ging von der Erfahrung aus, daß die sich überschneidenden Befehlsverhältnisse an diesen Nähten bei Einbrüchen die Abwehr erschwerten.

Wer war verantwortlich, daß ein solches Einbruchsloch an der Naht gestopft wurde? Kein Kommandeur drängte sich dazu. Man überließ die Verantwortung lieber dem Nachbarn. Im ersten Weltkrieg waren daher die ›Nahtstellenreserven‹ eine übliche Einrichtung. Die schwache deutsche Ostfront jedoch konnte sich im Winter 1941/42 solchen ›Luxus‹ nur sehr selten leisten.

»Natürlich, die verfluchte Nahtstelle«, schimpfte Oberst Lohmeyer, als er am

3. Januar 1942 vom Kommandeur der 291. I. D. telefonisch den knappen und klaren Einsatzbefehl erhielt: »Zwischen 61. und 21. I. D. an der Tigodamündung eingebrochener Feind ist zurückzuwerfen, die Hauptkampflinie wiederzugewinnen.«

Ein paar Tage zuvor erst waren die Ostpreußen der Elch-Division aus der Front gezogen worden, um aufgefrischt zu werden. Aber was half es.

Mit seinem bewährten Infanterieregiment 505 und Teilen eines von Finnland gekommenen SS-Bataillons des SS-›Totenkopf‹-Regiments 9 warf sich Lohmeyer gegen die durchgebrochenen sowjetischen Skibataillone an der Tigodamündung: brusthoher Schnee, 42 Grad Kälte, vom Unterholz verfilzte, tiefe Wälder. Gespenstisch war der Kampf.

Am frühen Abend des 4. Januar fiel Oberst Lohmeyer, der Held von Libau, auf einer Waldlichtung im Feuer eines feindlichen Granatwerfers. Wie ein Schock ging diese Nachricht durchs Regiment. Oberst Hesse übernahm die Führung und schlug mit den zornigen Bataillonen des I. R. 505 den sowjetischen Einbruch zurück.

Es war jedoch nicht der erwartete russische Großangriff, der hier an der Tigodamündung scheiterte. Überall zwischen Kirischi und Nowgorod gab es in den Tagen nach Neujahr schwere örtliche Kämpfe: Der Russe klopfte die Wolchowfront nach schwachen Stellen ab, betrieb bewaffnete Aufklärung, um Stellungsbau und Truppenteile zu erkunden, suchte eine Lücke, wo er durchstoßen konnte. Die alten Hasen spürten es: Es liegt was in der Luft, ein Großangriff steht unmittelbar bevor. Wann? Wo wird der Russe zuschlagen? Das war die beklemmende Frage.

Major Rüdiger, Kommandeur der Nachrichtenabteilung 126. I. D., atmete auf, als ihm ein Unteroffizier von der Horchkompanie spätabends am 12. Januar einen aufgefangenen und entschlüsselten Funkspruch der 52. sowjetischen Armee an ihre 327. Schützendivision auf den Tisch legte: »Stellungen unter allen Umständen halten, Offensive zurückgestellt, Scheinangriffe fortführen.«

Also keine Offensive, wenigstens hier bei uns nicht, folgerte Rüdiger und rief sofort Generalleutnant Laux, seinen Kommandeur, an. Der erfahrene Laux bedankte sich in seinem weimarischen Geheimratsthüringisch, fügte aber hinzu: »Trauen kann man den Brüdern nie.«

Der Inhalt von Rüdigers Beute aus dem Äther sprach sich schnell herum. Und als die russische Artillerie am anderen Morgen, am 13. Januar, um 8 Uhr auf breiter Front das Feuer auf die deutschen Stellungen eröffnete, nahmen die Landser das zuerst nicht allzu ernst.

Aber dann wurde es ihnen doch mulmig: Das Trommelfeuer sah nicht nach Scheinangriff aus. Und da wurde es auch schon über die Stellungen hinweg nach rückwärts verlegt. Es war 9 Uhr 30. Unter der gewaltigen Feuerglocke huschten im Dunst des anbrechenden Wintertages zahlreiche kleine Schützenrudel und Skitrupps über das Eis des Wolchow. »Der Iwan kommt!«

Der Funkspruch am Vorabend war ein sowjetischer Trick zur Täuschung der deutschen Führung gewesen. Die Wolchowschlacht hatte begonnen; hier nördlich Nowgorod, an der Nahtstelle zwischen 126. und 215. Infanteriedivision.

Bereits um 10 Uhr 30 hatten die Sowjets bei Gorka, im Abschnitt des Infanterieregiments 422, den ersten Brückenkopf über den Wolchow erkämpft und waren in die deutsche Hauptkampflinie eingebrochen.

Oberst Harry Hoppe, der Eroberer von Schlüsselburg, trat mit Teilen seines benachbarten I. R. 424 zum Gegenstoß an und riegelte die Einbruchsstelle ab. Aber ein Wiedergewinnen der alten HKL gelang nicht.

Am Morgen des 14. Januar griff der Feind erneut an und sickerte mit starken Verbänden in die dichtverschneiten Wälder hinter den deutschen Stellungen ein. Am Abend standen Spitzen schneller sowjetischer Skibataillone bereits vor den Feuerstellungen der Divisionsartillerie. Die deutschen Kanoniere wehrten sich mit Spaten, Karabiner, Pistole und warfen die Sowjets zurück. Aber für wie lange?

Während Division und Korps noch meinten, daß hier beim I. R. 422 der Schwerpunkt des sowjetischen Angriffs läge, trat weiter nördlich, im Raum Jamno — Arefino, das größere Verhängnis ein. Dorthin, an die Naht zwischen der 126. und 215. I. D., wo die Abschnitte der beiden Flügelregimenter I. R. 426 und I. R. 435 aneinandergrenzten, hatten die Sowjets den Schwerpunkt ihrer Operation gelegt.

Auf engstem Raum stürmten die 327. sowjetische Elite-Schützendivision und die hervorragend ausgerüstete selbständige 57. Stoßbrigade über den Wolchow gegen die Stellungen der drei schwachen Bataillone eines einzigen deutschen Regiments, I. R. 426, das Oberstleutnant Schmidt befehligte.

Gleichzeitige Angriffe auf das links benachbarte I. R. 435 verhinderten, daß von dort Hilfe kommen konnte. Unter geschickter Ausnutzung von tiefen Mulden vor der deutschen Hauptkampflinie boxten sich die Sowjets in die deutschen Stellungen, knackten die Bunkerlinie und rollten dann mit der Masse des XIII. Kavalleriekorps der 2. Stoßarmee, wie eine Sturmflut durch den gebrochenen Deich, ins Hinterland. Ununterbrochen schob der Russe durch die drei bis vier Kilometer breite Lücke Verstärkungen und drückte gegen die Rollbahn Nowgorod—Tschudowo.

Bei schneidender Kälte von 50 Grad krallten sich die versprengten deutschen Kompanien an Waldschneisen und Schneewächten fest und machten den Sowjets das Vordringen zu einem schweren Opfergang. Vier Tage brauchten die Rotarmisten für den acht Kilometer langen Weg bis zur Straße. Und als sie erreicht war, nützte das nicht viel, denn drei deutsche Stützpunkte standen wie Pfeiler, wie Wellenbrecher mitten in der Durchbruchslücke an der Rollbahn: Mostki, Spaskaja Polist und Semtizy.

Vom Feind eingeschlossen, hielten sich diese Stützpunkte wochenlang im Rücken der vorbeiflutenden Sowjets. Sie wurden zu Brennpunkten im Kampf um die wichtige Straße, die Nord-Südverbindung der Wolchowfront.

Bis zum 24. Januar hatte der Russe so viel Kräfte in die Einbruchsstelle geworfen, daß er zum Stoß in die Tiefe antreten konnte. Mit Kavallerie, Panzern, Skibataillonen jagte er wagemutig durch den engen — zu engen — Flaschenhals nach Nordwesten. Der Durchbruch war perfekt. Aber seine Basis war gefährlich schmal.

Was wollte der Russe? Zielten seine Operationen direkt auf Leningrad, oder hatte er noch andere, weitergehende Pläne? Das war die Frage, welche die deutschen Stäbe beherrschte. Sie brauchten sich den Kopf nicht lange zu zerbrechen. Nach acht Tagen standen die Spitzen der russischen Sturmregimenter bereits neunzig Kilometer hinter der deutschen Front. Wenn sie nach Leningrad wollten, hatten sie die Hälfte des Weges bereits hinter sich.

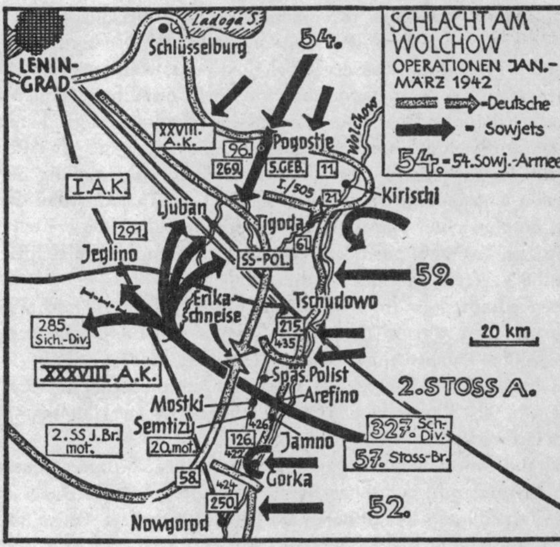

Karte 22
Die Wolchowschlacht mit den Operationen von Anfang Januar bis Ende März 1942. Das durchbrochene Gros der 2. sowjetischen Stoßarmee wurde bei der Erika-Schneise abgeschnürt.

Am 28. Januar griffen russische Vorausabteilungen Jeglino an. Die Angriffsrichtung ging also jetzt nordwestlich und zielte weit südlich an Leningrad vorbei zur sowjetisch-estnischen Grenze. Wir wissen heute, daß der große, Leningrad umfassende Stoß ursprünglich tatsächlich bis Kingisepp geführt werden sollte – ein mehr als optimistischer Plan! Dann aber verhielten die Russen plötzlich vor Jeglino, stießen nicht weiter nach Westen, sondern schwenkten nach Nordosten auf Ljuban ein, das an der Rollbahn Tschudowo – Leningrad liegt. Also doch Leningrad?

General der Kavallerie Lindemann, der die 18. Armee führte, nachdem Feldmarschall von Küchler am 15. Januar die Heeresgruppe Nord übernommen hatte, brauchte nur einen Blick auf die große Lagekarte zu werfen, um die russischen Gedanken zu lesen: Ihr Durchbruchsraum, der Flaschenhals, durch den sie sich zwängten, war zu schmal, die ungedeckten Flanken waren zu lang. Ein Weiterstoß wäre mehr als Tollkühnheit gewesen.

Da in diesen Tagen auch die 54. sowjetische Armee südlich des Ladoga-Sees bei Pogostje die 269. I. D. angriff, wurde auf der Karte ferner sichtbar, was die Russen nun vorhatten: In einer Zangenoperation sollte zunächst einmal das I. deutsche Korps vernichtet werden.

»Wir müssen auf alles gefaßt sein und die Nerven behalten«, mahnte General der Infanterie von Both, Kommandeur des ostpreußischen I. Korps in Ljuban, als der Kommandant des Stabsquartiers an Offiziere und Schreiber Karabiner und MPi ausgab. Die Nerven behalten — das war das Problem!

Man hat der 126. I. D. später bittere Vorwürfe gemacht, daß der Russe bei ihr durchbrechen konnte. Das ist ungerecht. Kein Regiment irgendeiner anderen ausgebluteten Ostdivision hätte diesen massierten sowjetischen Angriff aufhalten können. Nicht der sowjetische Durchbruch darf für die Beurteilung der 126. Infanteriedivision zugrunde gelegt werden, sondern die Tatsache, daß die Division Ränder und Eckpfeiler der schmalen, knapp dreißig Kilometer breiten Lücke gegen die Tag für Tag anbrandenden sowjetischen Kampfgruppen hielt und auf diese Weise die Verbreiterung der Durchbruchstelle verhinderte.

Die Russen schafften es trotz ständiger, blutiger Angriffe nicht, den engen Korridor auszuweiten. 15 000 Tote ließen sie vor den Stellungen der 126. I. D. Dramatische Folgen ergaben sich aus dieser Tatsache.

Es war Oberst Harry Hoppe, der alte Kämpe von Schlüsselburg, der mit seinem I. R. 424 als Kernzelle den Aufbau einer neuen Hauptkampflinie am Südrand der Einbruchsstelle ermöglichte.

Der Nordrand wurde von der 215. Infanteriedivision unter Generalleutnant Kniess mit bewunderungswürdiger Standfestigkeit gehalten. Dabei spielte die hartnäckige Verteidigung der Stützpunkte Mostki, Spaskaja Polist und Semtizy mitten im Einbruchsraum eine bedeutende Rolle.

Hier verteidigte die ad hoc gebildete ›Brigade Köchling‹ mit schnell zusammengestellten Teilen aus fünfzehn Divisionen wochenlang die Stellungen.

Beispielhaft für diese Kämpfe war der Widerstand, den Hauptmann Klossek mit seinem III. Bataillon I. R. 422 in Semtizy leistete. Wenn es noch eines Beweises bedurfte, daß der simple und eiserne Haltebefehl und seine aufopferungsvolle Erfüllung durch die Truppe in bestimmten Lagen die Katastrophe verhüten und die Voraussetzung für erfolgreiche Operationen werden konnten, dann ist er in der Wolchowschlacht erbracht worden.

Indessen liegt 200 Kilometer von der Wolchowfront entfernt, oben in der Leningrader Vorstadt Urizk, noch immer die niedersächsische 58. Infanteriedivision, die vor fünfeinhalb Monaten die erste Straßenbahnhaltestelle von Leningrad erreicht hatte und damit praktisch in der roten Revolutionsmetropole sitzt.

»Um 11 Uhr Lagebesprechung mit sämtlichen Kommandeuren auf dem Divisionsgefechtsstand!« Die Telefone rasseln. »Lagebesprechung beim General«, melden die Telefonisten weiter zu ihren Freunden bei den Bataillonen und Kompanien. »Es ist etwas im Busch«, lautet die ergänzende Parole.

Es ist der 1. März 1942. General Dr. Altrichter, der Kommandeur der 58. Infanteriedivision, begrüßt seine Offiziere. Sie ahnen bereits alle, daß ihrer Division wieder einmal ein besonderer Einsatz bevorsteht.

»Sicher Wolchow«, raunen sich die Offiziere zu. Denn schon vor vierzehn Tagen ist Oberleutnant Strasser mit der 9. Batterie Artillerieregiment 158 zusammen mit dem Alarmbataillon Lörges als ›Schneeschuhbatterie‹ in Richtung Wolchow abgerückt. Vor einer Woche sind weitere Batterien nach Nowgorod in Marsch gesetzt worden.

Die Vorahnung bestätigt sich sofort. »Meine Herren, wir sind zu einer Aufgabe berufen, deren Lösung von entscheidendem Einfluß auf die Gesamtlage ist«, eröffnet Altrichter die Besprechung.

»Also doch Wolchow«, bemerkt Oberst Kreipe, Kommandeur I. R. 209, leise zu Oberstleutnant Neumann.

General Dr. Altrichter hört es. Er nickt und fährt fort: »Die 58. Division ist dazu ausersehen, als Stoßdivision die Einbruchsstelle am Wolchow von Süden her zu schließen und die durchgebrochenen Feindkräfte einzukesseln.«

Der ehemalige Lehrer an der Kriegsschule Dresden, Friedrich Altrichter, Dr. phil. und Verfasser interessanter Studien über militärische Erziehung, versteht es, ein strategisches Problem zu erläutern. Er ist ein hervorragender Ausbilder. Viele Offiziere sind durch seine Schule gegangen. 1949 starb der General in sowjetischer Kriegsgefangenschaft.

Altrichter tritt an die große Lagekarte und doziert: »Sie sehen die Situation: Der Feind ist mit starken Kräften bereits in die Tiefe gestoßen. Frontale Bekämpfung kann nicht mehr zum Ziele führen, denn dazu haben wir nicht genug Reserven, und das geht ja auch ins Uferlose. Die einzige Möglichkeit ist, den Russen an der Basis seiner Operation, an der Durchbruchsstelle zu packen, ihn abzukneifen und damit die durchgebrochenen Kräfte abzuschneiden. Zum Glück haben die 126. und 215. I. D. an den Rändern des Flaschenhalses wieder feste Fronten gebildet, unter deren Schutz wir uns versammeln können. Wir stoßen von Süden in die Lücke. Von Norden greift die SS-Polizeidivision ein. Treffpunkt ist die Erika-Schneise. Die Regimenter der 126. I. D. und alle anderen Verbände, die dort eingesetzt sind, vor allem auch die Bataillone der spanischen ›Blauen Division‹, die bisher hervorragend gekämpft haben, werden uns unterstellt. Damit müßten wir es eigentlich schaffen. Und wir müssen es schaffen, denn sonst ist die 18. Armee verloren. Gelingt es aber, die Klappe zuzumachen, dann sitzt das Gros von zwei russischen Armeen in der Falle.«

Schweigen steht in dem kleinen Raum. Dann klappen die Hacken. Draußen ist es noch immer bitterkalt.

»Wolchow«, flüstert es durch die Schreibstuben: Wolchow. Die Männer suchen auf der Karte. »200 Kilometer südlich von uns. Und bei dem Wetter«, knurren sie.

Am 15. März ist es soweit. Fünfzehnter März — da denkt man in West- und Mitteleuropa bereits an Frühling. Aber am Wolchow herrschen noch 50 Grad Kälte. Brusthoher Schnee liegt in den dichten Wäldern.

Der Russe weiß, um was es an der Durchbruchslücke geht. Er hat sich so stark wie möglich gemacht. An der von ihm behaupteten Rollbahn sind Flammenwerfer eingebaut. Dichte Minenfelder liegen vor den passierbaren Schneisen.

Infanterieregiment 220 stürmt mit seinen Beutepanzern und Pionierstoßtrupps gegen die sowjetischen Sperren. Schlachtflieger und Stukas des I. Fliegerkorps werfen ihre Bomben auf die sowjetischen Stellungen und Bunker. Aber der tiefe Schnee schluckt die Bombensplitter. Die Sprengwirkung ist gering. Die Russen halten den Riegel, I. R. 220 kommt nicht durch.

Drei Kilometer weiter westlich geht es besser. Schritt für Schritt kämpfen sich die Bataillone vom Infanterieregiment 209 durch die Schneisen des fast undurchdringlichen Winterwaldes vorwärts. Auch Infanterieregiment 154 schlägt sich durch das Unterholz. Sturmgeschütze und Pioniere bahnen den Weg. Gnadenloser Kleinkrieg tobt durch den Wald.

Immer wieder versagen in der großen Kälte die Granatwerfer; denn in den Rohren setzt sich Eis an, so daß die Granaten nicht mehr hineinpassen. Die Artillerie hat Rohrkrepierer, weil die Züge vereisen. Die MG streiken, weil das Öl auf den Gleitrollen dickt. Die sichersten Waffen bleiben Handgranate, Spaten und Seitengewehr.

Am 19. März gegen 16 Uhr 45 arbeiten sich die vordersten Teile des II. Bataillons Infanterieregiment 209 unter Major Materne über die Schneise, die auf der Karte mit ›E‹ bezeichnet ist: Erika-Schneise genannt. Ein Name, den jeder Wolchowkämpfer kennt. Er bezeichnet ein Stück trostlosen, heiß umkämpften Wald. An den Knüppeldamm, der über diese Waldschneise lief und als Nachschubstraße diente, hatte ein Landser ein Schild gestellt, auf dem die Worte standen: »Hier beginnt der Arsch der Welt.« Es stand monatelang genau dort, wo am 19. März die Spitzen von Maternes Bataillon lauern.

»Halt!« Vom jenseitigen Schneisenrand belfert ein MG. »Das ist ein deutsches«, sagt einer. »Vorsicht, Kinder«, mahnt Major Materne.

Eine weiße Leuchtkugel steigt drüben auf. »Antworten!« befiehlt Materne. Die kleine weiße Sonne zischt über die Schneise. Da tritt drüben eine vermummte Gestalt im deutschen Stahlhelm hinter einem Gebüsch hervor und ruft herüber. »Unsere«, jubeln die Männer.

Und sie stürmen durch den Schnee aufeinander los, schlagen sich auf die Schulter, kramen Zigaretten heraus und stecken sich die Stäbchen ins Gesicht. »Mensch!« sagen sie zu den Kameraden der vordersten Stoßtrupps der SS-Polizeidivision. »Mensch, wir haben es geschafft!«

Es ist geschafft. Das Loch ist zu. Man hatte sich an der Erika-Schneise die Hand gereicht, hatte die Nachschubverbindung der durchgebrochenen 2. sowjetischen Stoßarmee zerschnitten.

Zwei sowjetische Armeen saßen im Sack. Wie bei Rschew, wie bei Suchinitschi, so hatte auch hier die Standfestigkeit einzelner Verbände die Möglichkeit geschaffen, durch kühne Gegenschläge eine aussichtslose Lage zu wenden und den im Gefühl des Sieges zu wagemutig und zu leichtfertig gewordenen russischen Armeen die Initiative zu entreißen. Aus Jägern waren Gejagte, aus Verfolgern Verfolgte geworden.

So wurde der sowjetische Sturm am Wolchow gestoppt und der Versuch der Russen, Leningrad zu befreien, vereitelt. Was aber geschah inzwischen auf der Landbrücke zwischen Ilmen-See und Seliger-See, wo fünf durchgebrochene sowjetische Armeen die Front zwischen Heeresgruppe Mitte und Heeresgruppe Nord aufgerissen hatten?

Es gab nur noch zwei deutsche Riegel auf der entscheidenden Landbrücke, an denen alles hing, vor denen sich die Flut noch staute: Demjansk und Cholm. Wurden diese beiden Widerstandsnester weggerissen und überrannt, dann hatten die sowjetischen Armeen freie Fahrt ins weite, praktisch unverteidigte Hinterland der deutschen Front.

Im Raum Demjansk hielten sechs deutsche Divisionen und ließen den Russen nicht vorbei. Andere Truppenteile, zum Beispiel Verbände der 290. I. D., die beim russischen Durchbruch am Ilmen-See stehengeblieben waren und aus dieser Teileinschließung sich nicht mehr auf Staraja Russa abzusetzen vermochten, stießen später in Richtung Südosten zum II. Korps durch und verstärkten die

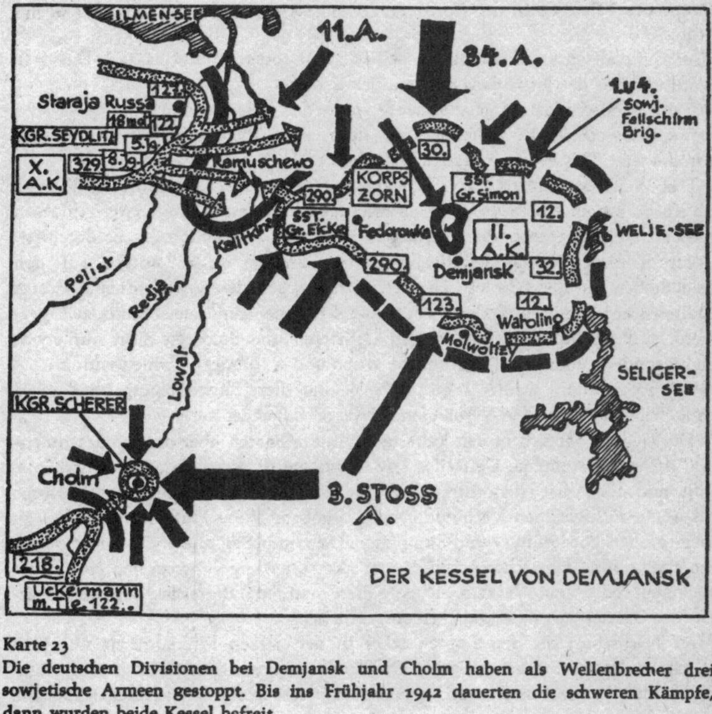

Karte 23
Die deutschen Divisionen bei Demjansk und Cholm haben als Wellenbrecher drei sowjetische Armeen gestoppt. Bis ins Frühjahr 1942 dauerten die schweren Kämpfe, dann wurden beide Kessel befreit.

Verteidiger des Kessels von Demjansk. Das II. Armeekorps unter General Graf Brockdorff-Ahlefeldt zog die Masse der sowjetischen Angriffskräfte von fünf Armeen auf sich und band sie.

Die südlich davon vorstoßende 3. sowjetische Stoßarmee konnte auch nicht weiter, weil es in der sonst freien Lücke zwischen Demjansk und Welikije Luki einen zweiten eisernen Sperriegel gab, der den Weg in den Rücken der 16. Armee blockierte: Cholm.

Demjansk und Cholm wurden entscheidend für die Wende am Nordflügel des deutschen Ostheeres. Die Standfestigkeit der Demjansk- und Cholmkämpfer trotzte hier den Sowjets den Sieg ab.

Die eigentliche Geschichte der Kesselschlacht Demjansk, die zwölfeinhalb Monate dauerte und damit die längste Kesselschlacht des Ostkrieges war, begann am 8. Februar 1942. Graf Brockdorff-Ahlefeldt, Kommandierender General des II. Armeekorps, telefonierte gerade mit der 16. Armee. »Wir versuchen unter allen Umständen, die Verbindung offenzuhalten«, sagte Generaloberst Busch.

Da knackte es im Telefonhörer. Die beiden Generale hörten die sachliche Stimme des Telefonisten der Korpsvermittlung: »Ich trenne, der Feind ist in der Leitung.«

Der General legte auf. Er blickte seinen Adjutanten an und sagte: »Das war bis auf weiteres das letzte Gespräch mit der Armee.«

»Dann ist also der Ring geschlossen?« fragte der Adjutant.

»Ja«, antwortete der General. Und nach einer kleinen Pause: »Klare Verhältnisse jetzt. Das Weitere werden wir sehen.«

»Das Weitere« wurden zwölf Monate und achtzehn Tage erbitterter Kampf. Das Korps war in einem 3000 Quadratkilometer großen Gelände eingeschlossen (größer als das Saarland oder viermal so groß wie das Hamburger Stadtgebiet).

Warum dieser Kampf geführt wurde, warum der Kessel mitten auf den Waldaihöhen um das trostlose Nest Demjansk gegen den sowjetischen Ansturm gehalten werden mußte, erklärte der General in einem außergewöhnlichen Tagesbefehl. Außergewöhnlich, weil er den Offizieren und Soldaten nicht nur etwas befahl, sondern ihnen auch begründete, wieso und warum es befohlen wurde.

Am 20. Februar, zwölf Tage nach Beginn der Einschließung, ließ Graf Brockdorff-Ahlefeldt allen Verbänden im Kessel folgendes verlesen:

»Der Gegner hat sich in den kältesten Wintermonaten über das Eis des Ilmen-Sees, das sonst sumpfige Delta des Lowat und durch die flachen Täler der Pola, Redja und des Polist sowie ihrer zahlreichen Nebenarme zwischen das II. Korps und seine rückwärtigen Verbindungen geschoben. Diese Flußtäler gehören zu einem großen Niederungs- und Sumpfgebiet, das mit Beginn der Eis- und Schneeschmelze durch Überschwemmung und Versumpfung unwegsam, überhaupt ungangbar wird. Ein Verkehr, insbesondere ein umfangreicher Nachschubverkehr des Gegners, ist dann gänzlich ausgeschlossen.

Der Nachschub für den Russen wäre in der nassen Frühjahrszeit nur über die großen, festen Straßen möglich. Die Knotenpunkte dieser Straßen aber, nämlich Cholm, Staraja Russa und Demjansk, sind fest in deutscher Hand. Außerdem beherrscht das Korps mit seinen sechs bewährten Divisionen das einzige ausgesprochene Höhengelände dieser Gegend. Es ist daher ausgeschlossen, daß der Russe mit seinen zahlreichen Soldaten im Frühjahr ohne Nachschub in dem nassen Niederungsland aushalten kann.

Es kommt also darauf an, die Knotenpunkte und das Höhengelände um Demjansk bis in die Zeit der Schneeschmelze zu halten. Früher oder später muß und wird der Russe nachgeben und ausweichen, zumal starke Kräfte von Westen her angreifen werden.«

Die Soldaten und Offiziere hörten, nickten. Sie verstanden. Und sie waren entschlossen, ›die Grafschaft‹ zu halten, wie sie ihren Kessel in Anspielung auf den Kommandierenden General, Graf Brockdorff-Ahlefeldt, nannten.

Die Schlacht begann. Es war die erste große Kesselschlacht, in der deutsche Truppen eingeschlossen fochten. Zum erstenmal in der Geschichte der Kriege wurde ein ganzes Korps von sechs Divisionen mit rund 100 000 Mann, praktisch eine Armee, aus der Luft erfolgreich versorgt. Auf den Waldaihöhen Rußlands wurde also die erste Luftbrücke der Kriegsgeschichte geschlagen.

Ein halbes Tausend Transportflugzeuge brachte den 100 000 Mann des II. Korps tagaus, tagein die zum Leben und zum Kampf notwendigen Dinge. Die Maschinen flogen bei Schneetreiben und Kälte, bei Nebel und blitzenden Wintergewittern und unter der wütenden Abwehr der Sowjets.

Täglich rund hundert Flugzeuge mußten den Weg in den Kessel und zurück machen. Manchmal waren es sogar 150. Das heißt: In jeder Stunde während der kurzen Tage landeten und starteten zehn bis fünfzehn Flugzeuge auf zwei schlechten, behelfsmäßigen Plätzen.

Die Leistung dieser Transportfliegerkräfte unter dem Lufttransportführer Oberst Morzik war für damalige Verhältnisse einmalig. Zwei Zahlen umreißen diese Leistung: 64 844 Tonnen Güter wurden in den Kessel gebracht, 35 400 Verwundete und Kommandierte herausgeflogen.

Diese Luftbrücke war der entscheidende Beitrag zum Erfolg. Sie wurde aber auch zu einer verhängnisvollen Hypothek für die deutsche Strategie. Die deutschen Transportstaffeln wurden dezimiert. Viele Piloten fielen.

Noch verhängnisvoller aber war die Tatsache, daß sich Hitler von dem gelungenen Exempel Demjansk ein dreiviertel Jahr später in seinem Entschluß bestärkt fühlte, in Stalingrad zu bleiben, weil er glaubte, die eingeschlossene 6. Armee mit ihren rund 300 000 Soldaten ebenfalls aus der Luft versorgen zu können.

Major Iwan Jewstifejew, Jahrgang 1907, kommandierte am Wolchow die berühmte 57. Brigade, die Speerspitze der 2. sowjetischen Stoßarmee – ein großartiger Offizier, mutig, operativ hoch begabt und mit dem gesamten Rüstzeug sowjetischer Generalstabsausbildung gewappnet.

Als er gefangen wurde, sagte er: »Es mußte ja so kommen, bei soviel Dummheit unserer obersten Führung.« Sein Bericht, den er anfertigte, zeigt, daß die Nachricht von der Abkneifung der 2. Stoßarmee am Flaschenhals der Erika-Schneise in Moskau wie ein Hagelschlag auf die Frühjahrssaat gewirkt hatte. Stalin sah sich um seine großen Hoffnungen betrogen, Leningrad zu befreien und die Heeresgruppe Nord zu vernichten. Er suchte einen Sündenbock.

Und wie er in der ersten Januarwoche den Armeeoberbefehlshaber General Sokolowski abgesetzt hatte, weil er auf breiter Front angriff und nicht durchkam, so mußten jetzt General Klykow und sein Stabschef daran glauben, weil sie auf zu engem Raum durchbrachen. Aber wer konnte die Lage noch retten? Wer schlug den Korken aus dem Flaschenhals an der Erika-Schneise wieder heraus und befreite das Gros von zwei Armeen, die in einem riesigen Kessel saßen?

Stalins Wahl fiel auf einen Mann, der damals zu den Sternen der sowjetischen Generalität gehörte: Andrej Andrejewitsch Wlassow. Er hatte im Spätsommer 1941 zwei Monate lang Kiew tapfer verteidigt und dann als Oberbefehlshaber der 20. sowjetischen Armee den Nordflügel der deutschen Angriffsgruppe auf Moskau bei Solnetschnogorsk und Wolokolamsk zurückgeworfen. Orden, Belobigungen, Ruhm und die Stellung eines stellvertretenden Oberbefehlshabers der Heeresgruppe Wolchow waren der Lohn. Jetzt sollte er wieder ins Feuer und zeigen, was er konnte.

Wlassow war der Sohn eines Kleinbauern, 1901 geboren und vom Vater unter großen Opfern auf ein Priesterseminar geschickt worden. Die Revolution Lenins ließ ihn Kommunist, Rotarmist, Berufsoffizier und schließlich General werden. Weil er in den dreißiger Jahren als Militärberater Tschiang Kai-scheks in China war, blieb er von der großen Säuberungsaktion verschont, unter der Marschall Tuchatschewski und fast alle seine Freunde fielen. Als Wlassow schließlich von China nach Hause kam, war seiner Karriere keine Grenze gesetzt. Und bald ging sein Ruhm als Organisator durch die sowjetischen Militärzeitschriften.

Jetzt sollte der Mann, der einst die 99. Schützendivision, die verlottertste und verrufenste der Roten Armee, zum Eliteverband gemacht hatte, die beiden eingeschlossenen Armeen retten.

Wlassow wurde vor Tagesanbruch am 21. März in den Wolchowkessel eingeflogen und übernahm das Kommando über die siebzehn Divisionen und acht Brigaden in den Wäldern zwischen Tschudowo und Ljuban. Er machte sich sofort daran, die verriegelte Tür von innen wieder aufzubrechen.

Merkwürdige Parallele: In der Stunde, da Wlassow in einem Forsthaus ostwärts Finewlug seine Kommandeure versammelte, um die Sprengung des deutschen Einschließungsringes um die 2. sowjetische Stoßarmee am Wolchow zu besprechen, meldete sich 160 Kilometer südostwärts der deutsche Oberst Ilgen in Fedorowka auf dem Gefechtsstand von Generalleutnant Zorn im Kessel von Demjansk, um den Plan der Sprengung der russischen Einschließungsfront um die sechs deutschen Divisionen im Demjansker Kessel zu erörtern.

»Heute ist Frühlingsanfang, Herr General«, meldete sich Oberst Ilgen schmunzelnd bei General Zorn. Der General stand vor dem windschiefen Holzhaus, das den Gefechtsstand der Korpsgruppe Zorn beherbergte. »Schöner Frühling«, knurrte er, »sechzig Zentimeter Schnee und 30 Grad unter Null.«

»Eben Frühling in Demjansk«, spöttelte Ilgen. »Ja«, nickte Zorn, »aber lassen Sie nur, Ilgen, hoffentlich hält der Frost noch ein bißchen an; denn der Schlamm des Tauwetters wird fürchterlich, da dreht sich kein Rad mehr. Und bis dahin muß Seydlitz hier sein.«

Der rote Ball der Morgensonne brach durch den Dunstschleier des beginnenden

Tages. Drüben im Abschnitt der 290. I. D., bei Kalitkina, und bei der Gruppe Eicke an der äußersten Westspitze des Kessels blitzten die Abschüsse schwerer Russenartillerie. Zorn schaute auf die Uhr. »7 Uhr 30«, sagte er. »Jetzt tritt Seydlitz an.«

In diesem Augenblick donnerten vierzig Kilometer entfernt, südostwärts von Staraja Russa, auf einer Frontbreite von rund zehn Kilometern die Kanonen los. Trommelfeuer. Stukas brausten und heulten über die russischen Linien. Und dann stürmten die Regimenter der Korpsgruppe des Generals von Seydlitz-Kurzbach wie in den Tagen der Sommeroffensive: Unternehmen ›Brückenschlag‹ begann, die deutsche Offensive zum Entsatz des II. Korps im Kessel von Demjansk.

Seit einundvierzig Tagen war der Ring um Graf Brockdorffs Korps bereits geschlossen. Vierzig Kilometer trennten die ›Grafschaft‹ von der deutschen Hauptkampflinie. 300 Kilometer Front hatten die sechs eingeschlossenen Divisionen zu verteidigen: Eine geschlossene Kampflinie war bei dieser Kräftelage nicht überall möglich, viele Abschnitte waren nur stützpunktartig besetzt.

Neben der zahlenmäßigen Schwäche beeinträchtigte die überaus knappe Verpflegung die Verteidigung. Die 96 000 Mann und rund 20 000 Pferde mußten aus der Luft versorgt werden. Die Rationssätze waren fast um die Hälfte gekürzt.

Und natürlich konnten die Versorgungsflugzeuge kein Heu und kein Stroh für die Pferde einfliegen. Die Tiere magerten trotz der Findigkeit der Pferdepfleger zusehends ab. Das vergammelte Stroh der zerschossenen Bauernkaten war kein ausreichender Futterersatz. Baumrinde, Tannenreisig, Schilf und Bohnen wurden zwar gefressen, konnten aber den Hunger der Tiere nicht stillen. Sie fraßen Sand und gingen an Sandkolik ein. Sie erkrankten an Räude, Hufrehe und Kreuzverschlag. Die Veterinärärzte kämpften um jedes Tier, aber der Gnadenschuß war oft das einzige, was sie verordnen konnten. Der letzte Dienst der Pferde endete dann in der Feldküche. Die im Kessel lebende russische Zivilbevölkerung holte sich die Knochen und die Eingeweide. Nichts blieb übrig, nur die Hufe.

Aber nun sollte das alles aufhören. General von Seydlitz-Kurzbach trat mit vier Divisionen von Staraja Russa her an, um einen Korridor zu brechen der die Demjansk-Divisionen wieder mit der Hauptfront verbinden sollte.

Im weit vorgestreckten Westteil des Kessels war inzwischen die Korpsgruppe Zorn gebildet worden, die im geeigneten Moment durch eine Ausbruchsoperation, das ›Unternehmen Fallreep‹, den Divisionen Seydlitz entgegenstoßen sollte. Die Speerspitze sollte das Regiment Ilgen bilden, das aus verschiedenen Bataillonen der Kesseldivisionen zusammengestellt worden war.

»Wie soll die ganze Sache ablaufen, Herr General, und wann werden wir antreten?« fragte Oberst Ilgen.

General Zorn zeichnete mit seinem Spazierstock den Kessel von Demjansk in den Schnee: links davon einen Bogen für die feste Front um Staraja Russa. »Graf Brockdorff hat mich unterrichtet, daß die Gruppe Seydlitz mit vier Divisionen aus der Staraja-Russa-Front antritt.« General Zorn schnippte vier Pfeile in den Schnee.

»Hier« – er zeigte auf die beiden in der Mitte – »sind die schlesische 8. und die württembergische 5. Jägerdivision im Schwerpunkt des Angriffs eingesetzt. Beide sind Anfang des Jahres aus Frankreich neu herangeführt worden, beide sind kampferfahren. Vor allem die Ulmer Jäger haben sich in den schweren Kämpfen bei Staraja Russa Anfang Februar hervorragend bewährt.« Zorn fuhr mit dem Stock nach rechts und nach links. »Die Flanken des Entsatzangriffs werden gedeckt durch 329. I. D. rechts und 122. I. D. links. Seydlitz stößt mit seinen Jägerdivisionen direkt hierher, auf den westlichsten Punkt unseres Kesselrandes, auf Kalitkina und Wasilkowo. Wenn er sich dem Lowatübergang Ramuschewo, an der Rollbahn Staraja Russa – Demjansk, nähert, also noch zwölf Kilometer von uns entfernt ist, treten wir an. Ihre Aufgabe, Ilgen, ist es, die russischen Stellungen vor unserem Kessel aufzureißen und den Lowat bei Ramuschewo zu erreichen.«

Ilgen nickte. Der Schnee glitzerte in der Morgensonne. Die Front grummelte. Eine Ordonnanz kam aus dem Haus: »Telefon, Herr General.«

Zunächst ging alles nach Plan. Die Offensive der Gruppe Seydlitz rollte nach dem Vorbereitungsschlag der Artillerie und nach massiertem Einsatz von Stuka-Fliegern wie in den ersten Wochen des Blitzkrieges. Aber dann begannen die Schwierigkeiten: Das winterliche Wald- und Buschgelände ostwärts Staraja Russa verlangsamte das Angriffstempo. Ein tiefgegliedertes Verteidigungsfeld der Russen mit fünf Stellungssystemen mußte durchbrochen werden. Schritt für Schritt. Mit Tapferkeit und List. Mit Blut und Tränen. Es war ein gnadenloser Kampf. Vier Wochen dauerte er. Bei 30 Grad Minus und steinhart gefrorenen Sümpfen begann er. Wenige Tage später stieg das Thermometer auf Null: Tauwetter. Man versank im Morast.

Ende März herrschten wieder 20 Grad Kälte. Am Tage dichter Schneefall. Nachts eisige Frühjahrsstürme, die über die Sümpfe fegten und durch die Wälder jagten, so daß jedem lebenden Wesen, das nicht Schutz in einer Höhle, einer Hütte, in einem Erdloch oder unter schnell geschlagenen Baumstämmen fand, Leib und Seele erfroren.

Der April brachte den endgültigen Wetterumschlag. Schnee und Eis schmolzen. Kniehoch stand das Tauwasser auf den Straßen. Bis zum Bauch wateten die Männer durch eiskalte Moräste und Sümpfe. Für die schweren Maschinengewehre mußten Unterlagen aus Baumästen und Sträuchern gebaut werden, damit sie nicht im Schlamm versanken.

Die Verwundeten wurden auf Bahren aus Baumästen gebettet, sonst wären sie ertrunken. Alles, was Gewicht hatte – Gewehr, Pferd, Mensch –, versank im Sumpf. Die Uniformen waren klitschnaß. Im dichten Kusselgelände lauerte der Feind. Auch für ihn war der Schlamm ein teuflischer Gegner. Die schweren sowjetischen Panzer konnten nicht eingreifen, die sowjetische Artillerie lag fest.

Am 12. April tauchten vor Seydlitz' Spitzen die zerschossenen Türme von Ramuschewo wie eine Fata Morgana aus Dunst und Rauch auf. Das war das Ziel. Mit dem Besitz von Ramuschewo stand und fiel die Operation ›Brückenschlag‹. Denn Ramuschewo beherrschte die Rollbahn und die Übergangsstelle über den Lowat, der – jetzt aufgetaut – wieder ein großes Hindernis war.

Am nächsten Tag wurde Oberst Ilgen im Kessel bei einer Erkundung seines Angriffsraums schwer verwundet. Sein Regiment, für das er alles minuziös vorbereitet hatte, übernahm Oberstleutnant von Borries. Er griff am 14. April im Morgengrauen an.

Sechs Tage später, am 20. April, bei Einbruch der Dunkelheit, standen seine Bataillone am Ostufer des Lowat vor den ersten Häusern von Ramuschewo. Unter ihren vordersten Teilen die verstärkte SS-Panzerjägerabteilung ›Totenkopf‹ unter Hauptsturmführer Georg Bochmann.

Der Westteil der Stadt, am anderen Ufer, brannte lichterloh. Leuchtspur fegte durch die Nacht. Kampflärm drang über den Fluß. Der mächtige Strom führte gurgelndes Hochwasser und war mehr als 250 Meter breit. Man sah nicht, was drüben los war. Rauch und Qualm und Feuerschein nahmen die Sicht. Den ganzen nächsten Tag ging es so.

Seydlitz' Kompanien kämpften erbittert um ein Uferstück. Als die Dämmerung kam, erkannten Borries' Männer drüben am Ufer Soldaten mit deutschen Stahlhelmen, die herüberwinkten. »Sie sind da! Sie sind da!«

Es war 18 Uhr 30, am 21. April 1942. Nur der brodelnde Lowat zerschnitt noch den Korridor, der die Hauptfront wieder mit den Regimentern im Kessel verband. Demjansk, der große Wellenbrecher auf der Waldaihöhe, hatte seine Aufgabe erfüllt. Sechs deutsche Divisionen hatten mehrere Monate lang sowjetischen Armeen den Weg verlegt. Nun standen sie wieder im Glied der Front.

Wie aber sah es neunzig Kilometer weiter südlich in Cholm aus?

Seit hundert Tagen hielt auch hier die Kampfgruppe General Scherer mit rund 5000 Mann den Straßenstern inmitten eines riesigen Sumpfgebietes, die Brückenfestung am oberen Lowat, die Fluß und Hinterland beherrschte. Cholm – der einzige feste Platz in der zerrissenen Front zwischen Welikije Luki und Demjansk, Riegel vor der Hintertür zur 16. Armee, stoppte den sowjetischen Stoß nach Westen, so wie Demjansk den roten Angriffskeil nach Süden aufhielt.

Über Nacht war die Kreisstadt mit ihren 12 000 Einwohnern zur Frontstadt geworden. Versorgungstruppen und versprengte Einheiten von Frontdivisionen wurden zur Verteidigung organisiert. Der Kommandeur der 281. Sicherungsdivision, der Franke Generalmajor Scherer, wurde zum Festungskommandanten ernannt. Sein Befehl: Cholm ist unbedingt zu halten!

Es wurde gehalten. Und ist seither – und für alle Zeiten – ein respektables Kapitel der Kriegsgeschichte. Ein Kapitel voll Mut, voll militärischer Improvisationskunst und soldatischer Tugend.

Die Kampfgruppe Scherer war ein bunt zusammengewürfelter Verband. Da waren Teile der 123. I. D., der 218. I. D., die soeben aus Dänemark an die Ostfront verlegt worden waren, das Infanterieregiment 553 der 329. I. D. Da waren Gebirgsjäger aus Kärnten und Steiermark als Jagdkommando 8, das III. Bataillon Luftwaffenfeldregiment 1, das Reservepolizeibataillon 65 der 285. Sicherungsdivision. Und sogar eine Marinekraftfahrereinheit war dabei. Aus diesen Gruppen und Grüppchen machte Oberst Manitius, der Kommandeur des Infanterieregiments 386, das zur 218. I. D. gehörte, als Kampfkommandant eine schlagkräftige Truppe, eine verschworene Einheit. Er selbst war die Seele.

Am 28. Januar war die Einschließung Cholms vollendet. Zwar drangen Teile des MG-Bataillons 10 noch in den Kessel ein, aber hinter ihnen schloß sich die Falle endgültig.

Zwei Kilometer im Quadrat, später sogar nur noch anderthalb Quadratkilometer klein war das Festungsgebiet. 5000, zeitweise 5500 Mann verteidigten die Kesselfront. Sie lief streckenweise mitten durch die Stadt. Die Männer kannten jedes Haus, jede Ruine, jeden Baum und jeden Bombentrichter zwischen Nordfriedhof, Haarnadelkurve, GPU-Gefängnis und Polizeischlucht. Das sind vier der berüchtigsten Stützpunkte der Festung. Drei sowjetische Schützendivisionen belagerten die Stadt und berannten sie täglich.

Die Versorgung war nur aus der Luft möglich. Auf einer Wiese außerhalb der Kesselfront, im Niemandsland, bauten Pioniere einen behelfsmäßigen Landeplatz von siebzig mal fünfundzwanzig Metern. Jede Landung war ein Abenteuer. Und die meisten Ju 52 machten Bruch. Die Landewiese war bald mit Flugzeugwracks übersät. Die Luftwaffe ging deshalb dazu über, Ersatzmannschaften und schweres Gerät mit Lastenseglern anzufliegen und Verpflegung wie Munition in Versorgungsbomben abzuwerfen.

Es waren jedesmal bange Minuten, wenn über dem Waldrand im Westen ein oder zwei Jus mit Lastenseglern im Schlepp erschienen. Wurde der Segler auch nur ein paar Sekunden zu früh ausgeklinkt, dann landete er bei den Russen. Kam er richtig herunter, mußte ein stets bereitstehender Stoßtrupp die so sehnlichst erwartete Ladung schnell in Sicherheit bringen. Denn auch die Sowjets lauerten auf die Beute. Oft war es ein wildes Wettrennen, wer zuerst am Landeplatz war.

Achtzig Lastensegler landeten im Cholmer Kessel. Siebenundzwanzig Jus gingen bei der Versorgung verloren. Aber nicht die Luftversorgung war das Charakteristische und Besondere an Cholm, sondern etwas viel Merkwürdigeres: Cholm war eine Festung ohne Artillerie.

Ein paar 8-cm-Granatwerfer, wenige 3,7-cm- und eine 5-cm-Pak sowie zwei leichte Infanteriegeschütze – das war alles, was es an schweren Waffen im Kessel gab. Kanonen und Haubitzen waren nicht vorhanden. Wie sollte sich, wie konnte sich eine solche Festung gegen einen mächtigen Feind verteidigen, der mit Geschützen und Panzern die Stadt berannte? Welche Festung kann ohne ihren eigentlichen Verteidigungskern, die Festungsartillerie, auch nur wenige Tage standhalten?

In Cholm wurde für dieses Problem eine Lösung gefunden, die in der Kriegsgeschichte einmalig ist: Die Festungsartillerie stand außerhalb der Festung, die Feuerleitung erfolgte von drinnen.

Das rettende Artilleriefeuer, das oft Tag und Nacht auf den Sturmausgangsstellen der Sowjets lag, das Sperrfeuer, das sich bei feindlichen Sturmangriffen schützend vor die Front legte, kam aus den Rohren schwerer Batterien, die an der Spitze eines schmalen Schlauches standen, den die Kampfgruppe des Generals von Uckermann bis auf zehn Kilometer an Cholm herangetrieben hatte, mitten durch Feindgebiet.

Gegen alle Regeln der Kriegskunst standen die Batterien des Artillerieregiments 218 und der schweren Artillerieabteilung 536 an der Spitze dieses Schlauches wie auf dem Präsentierteller und schossen.

In Cholm saßen der Oberleutnant Feist und Leutnant Dettmann als vorgeschobene Beobachter und leiteten das Feuer durch Tastfunk. Oft orgelten am Tag mehr als 1000 Schuß schwerer Granaten über Cholm hinweg auf die russischen Stellungen oder in die stürmenden Feindverbände.

Die vorgeschobenen Beobachter in Cholm, die Feuerleitoffiziere und ihre Funker entwickelten im Laufe der Zeit eine solche Kunst, daß sogar angreifende russische Panzer unter Beschuß genommen und durch Volltreffer ausgeschaltet werden konnten.

Die Sowjets wollten Cholm unbedingt vor Eintritt des Tauwetters nehmen. Sie wollten an dieser verfluchten Sperre vorbei, die einer ganzen Armee den Weg verlegte. An manchen Tagen griffen sie achtmal an. Brachen ein. Wurden in blutigen Nahkämpfen zurückgeworfen. Kamen wieder. Besetzten hier eine Ruine, dort eine Schneewächte oder einen Bombentrichter. Gegenstoß. Mit Handgranaten und Flammenwerfern. Und so jeden Tag. Es gab bei den deutschen Kampfgruppen Spezialisten im Handgranatenwerfen, die auf den Punkt trafen, Panzerknacker, die ihr Geschäft wie Monteure an Hochhausgerüsten betrieben.

Das beginnende Tauwetter mit Schlamm und Schmelzwasser brachte die sowjetischen Angriffe eine Zeitlang zum Erliegen; aber es machte auch das Leben im Kessel zur Hölle. 1500 Verwundete lagen in den Kellern der Ruinen auf dem nackten Boden, wenn es hoch kam, hatten sie einen Holzrost als Bett. Ihr Los war schlimmer als das der 700 Verwundeten, die aus dem Kessel herausgeflogen werden konnten.

Ärzte und Sanitätspersonal arbeiteten unter der Leitung von Dr. Ocker bis zum Umfallen. Der Chirurg, Oberarzt Dr. Huck, wagte die kühnsten Operationen, um das Leben Schwerverwundeter zu retten. Aber der Dreck und die Läuse waren fast noch schlimmere Feinde als die Granaten der Russen, die unerbittlich ihren Tribut forderten. Zwei Zahlen demonstrieren die Lage: Es gab 2200 Verwundete und 1550 Tote.

Am 12. März trug Leutnant Hofstetter in sein Tagebuch ein: »Erster Fall von Fleckfieber.« Da war es, das Gespenst aller Festungen: Flecktyphus.

Impfstoff wurde abgeworfen. Sanitäter und Ärzte impften in jeder freien Minute. Den Läusen wurde der Kampf angesagt. Der Wettlauf mit der Zeit begann. Und die Nachricht kam: Aushalten. Divisionen unter General von Arnim kommen und holen euch raus. Aber am 1. Mai sah es so aus, als sollten alles Heldentum, alle Opfer vergeblich gewesen sein. Der Russe trat zum Großangriff an: Trommelfeuer. Panzer. Infanterie. »Urrä!«

Die Front im Ostteil brach. Der Russe stand hundert Meter vor dem Lowat. Schaffte er diese hundert Meter, dann war es aus, dann saß er auf dem erhöhten Flußufer und konnte die Festung von innen her sprengen. Aber er schaffte die hundert Meter nicht. Die Sowjets scheiterten am Einsatz der Stukas. An der Artillerie Uckermanns. An der Kaltblütigkeit der Männer Scherers.

Da steht Oberfeldwebel Behle an seiner 5-cm-Pak beim Südfriedhof. Das Zielfernrohr ist kaputt. Fünf Sowjetpanzer rollen heran. Behle zielt durchs Rohr.

Granate rein. Verschluß zu. »Feuer!« Rumms! Treffer! Zwanzigmal schießt Behle. Keiner der fünf Panzer kommt vorbei. Der fünfte bleibt vierzig Meter vor der Pak liegen.

Am Flugplatz lauert Wachtmeister Bock mit seiner Panzerbüchse. Stehend auf einem Ruinenvorsprung aufgelegt, schießt er vier leichte Russenpanzer ab.

Am 2. Mai herrschte Ruhe. Aber am 3. morgens um 3 Uhr ging es wieder los. Es war ein regnerischer, diesiger Tag. Die deutschen Flieger konnten nicht eingesetzt werden. Aber die Männer im Kessel hörten von Südwesten her Gefechtslärm immer näher kommen. »Das sind unsere«, riefen sie sich zu. Und das gab Kraft. Nur jetzt nicht weich werden.

Am 4. Mai sahen sie, wie deutsche Stukas außerhalb des Kessels ihre Bomben abwarfen. Sie schlugen den Entsatztruppen den Weg frei.

5. Mai. Wieder Nieselwetter. Ein Melder stürzte in den Gefechtsstand Waldow. »Herr Rittmeister, zwei deutsche Sturmgeschütze!« Und da hörten die Soldaten es auch schon rumpeln. Geduckt, neben den niedrigen, mit Zweigen getarnten Ungetümen gingen die Grenadiere. »Sind es denn wirklich unsere? Oder macht der Iwan eine Schweinerei? Vorsicht!« Aber die Stahlhelme, die Männer – und da waren sie heran: die Sturmgeschütze der ›Greif‹-Abteilung unter Oberleutnant Tornau und die Pioniere von Oberstleutnant Tromms Infanterieregiment 411, ein Verband der 122. I. D. Leutnant Dettmann erinnert sich: »Die Männer wurden wie Lebewesen aus einer anderen Welt bestaunt.«

Es war Entsatz in letzter Minute. 1200 Mann standen noch in den Schützenlöchern, Gräben und Ruinen. 1500 Verwundete hockten in ihren elenden Quartieren. Ebenso viele Tote lagen begraben zwischen den Stellungen. Auch Oberstleutnant Tromm wurde noch zu ihnen gelegt; er wurde von einer sowjetischen Granate getroffen.

Cholm war nun wieder Frontstück, war wieder Hauptkampflinie im stabilisierten Raum südlich des Ilmen-Sees. Die HKL hielt bis 1944.

5 General Wlassow

Eine sowjetische Elitearmee im Sumpf — Am Knüppeldamm der Erika-Schneise — Kampf ohne Gnade — Das Pionierbataillon 158 — Ausbruch aus der Hölle — Die Katastrophe der 2. Stoßarmee — »Nicht schießen, ich bin General Wlassow« — Das versteckte Kartengrab im Fluß

Wie aber sah es inzwischen am Wolchow aus, wo Wlassows 2. Stoßarmee abgeschnitten in den Wäldern lag?

Auch hier war der Frühling eingekehrt. Der Schnee taute weg, das Eis über Flüssen und Sümpfen schmolz. In den Bunkern und Schützengräben stand bauchhoch das Wasser. In den toten Wäldern erwachten Milliarden von Mücken. Wo vor kurzem noch Kolonnen mit Schlitten und auf Skiern dahinbrausten, waren jetzt Wasserläufe und brodelnde Sümpfe. Und mitten in dieser Hölle saß der russische General Wlassow mit vierzehn Schützendivisionen, drei Kavalleriedivisionen, sieben Schützenbrigaden und einer Panzerbrigade: eine Armee im Sumpf.

Wlassow war ein energischer General. Bereits am 27. März hatte er mit sibirischen Stoßbrigaden und Panzern von Westen her den Riegel an der Erika-Schneise wieder aufgeschlagen. Zwar schafften sie nur eine Lücke von zwei Kilometer Breite, aber doch eine Lücke, durch die Nachschub eingeschleust werden konnte. Vergeblich versuchten die Bataillone der 58. I. D. und der SS-Polizeidivision die Sibirier Wlassows von der Schneise zu vertreiben. Es ging nicht. Die Kräfte waren zu schwach, die Geländeschwierigkeiten des Sumpfwaldes beiderseits der Erika-Schneise zu groß, um die für eine endgültige Abschnürung der starken sowjetischen Kräfte erforderlichen Verbände nachführen zu können. So mußte die 58. I. D. und die nördlich anschließende Gruppe mehr als sechs Wochen lang schwerste Abwehrkämpfe gegen fortdauernde Angriffe der abgeschnittenen Sowjets bestehen.

Erst ein zweiter, sorgfältig vorbereiteter Angriff der nunmehr verstärkten 58. I. D. Anfang Mai 1942 führte zum Erfolg, das heißt zur festen Vereinigung mit der nördlich der Erika-Schneise kämpfenden Polizeidivision.

Da entschloß sich Wlassow zum Ausbruch aus der Sumpfhölle am Wolchow.

Aber seine Regimenter konnten nun nicht mehr über zugefrorene Sümpfe marschieren, nicht mehr querfeldein durch die Wälder pirschen. Der moorige Waldgrund und die Moräste zwangen sie auf Weg und Steg. Und es gab nur einen einzigen Weg: den Knüppeldamm über die Erika-Schneise.

Am 20. Mai erläßt General der Kavallerie Lindemann einen Tagesbefehl an seine 18. Armee. Er begann mit den Worten: »Der Russe räumt den Wolchowkessel.« Das war wie ein Alarmruf für die deutschen Wolchowkämpfer. Am 20. Mai schlossen sie das Loch auf der Erika-Schneise wieder zu.

Während der schweren Kämpfe dieser Monate standen neben den Infanteristen, Artilleristen und Panzerjägern auch die Pioniere des Pionierbataillons 158 unter Hauptmann Heinz als treue Helfer der Infanterie monatelang unter schwersten

Bedingungen im Gefecht. Tag und Nacht waren sie im Einsatz. Die Verluste waren schwer: Als das tapfere Bataillon nach Abschluß der Kämpfe herausgezogen wurde, betrug die Gefechtsstärke aller drei Pionierkompanien noch drei Offiziere, drei Unteroffiziere und dreiunddreißig Mann. Dem Führer der 2. Kompanie Pionierbataillon 158, Leutnant Duncker, im Zivilberuf Pfarrer, wurde für den erfolgreichen Kampf an der Erika-Schneise das Ritterkreuz verliehen.

Ende Mai 1942 war der Sieg in der schweren Schlacht am Wolchow errungen. Was von Wlassows Armee noch nicht draußen war, steckte nun unwiderruflich in der Falle. Es waren neun Schützendivisionen, sechs Schützenbrigaden und Teile einer Panzerbrigade. Das Ende der 2. sowjetischen Stoßarmee war gekommen.

Und dieses Ende war fürchterlich: Nur 32 000 Mann überlebten die Schlacht und wurden gefangen. Zehntausende lagen in den Wäldern und Sümpfen: ertrunken, verhungert, verblutet. Ein schreckliches Leichenfeld. Riesige Fliegenschwärme kreisten über den Morästen, über den Körpern der Toten, die aus dem Sumpf ragten. Eine schreckliche Wolke von Gestank lag über den Lichtungen: Es war die Hölle.

Und durch diese Hölle zog auch Andrej Andrejewitsch Wlassow mit seinem Stab. Die Deutschen jagten ihn. Dann war der General verschwunden. Wo war er? War er gefallen? Hatte er sich erschossen? Oder hielt er sich verborgen?

Wlassows Steckbrief mit Bild wurde von den Deutschen in vielen tausend Flugblättern über den Dörfern des Wolchow-Kessels abgeworfen. Hohe Belohnungen und Sonderurlaub wurden für seine Ergreifung ausgesetzt. Und natürlich kamen nun täglich Meldungen: Wlassow gesehen. Tot gefunden. Gefangengenommen. Ging man den Meldungen nach, dann stieß man auf Irrtum, Wichtigtuerei, Mißverständnis.

Am 11. Juli erreichte das XXXVIII. Korps wieder eine Meldung, daß Wlassow tot aufgefunden worden sei. Der Ic, Hauptmann von Schwerdtner, machte sich sofort auf den Weg. Er fand einen gefallenen Offizier, mit dem Mantel eines Generals zugedeckt: Größe ungefähr ein Meter neunzig – also von der Statur Wlassows.

Aber der Tote war nicht mehr zu identifizieren. Unmöglich, eine Ähnlichkeit festzustellen. Schwerdtner ordnete die Bergung der Leiche an und fuhr zurück.

Im nächsten Dorf hielt ihn der russische Bürgermeister an und berichtete: »Ich habe einen Mann, der nach Partisan aussieht, in meinen Schuppen gesperrt. Er hat auch eine Frau bei sich, vielleicht eine Agentin. Wollen Sie sie sehen?«

Schwerdtner ließ sich zum Schuppen führen. Der Bürgermeister schloß auf. Dolmetscher und Begleitkommando hielten die MPi im Anschlag.

»Wychodi!« rief der Bürgermeister. »Komm raus!«

Ein riesiger Mann, verdreckt, bärtig, in Offizierskittel mit Lederkoppel und schmutzigen Juchtenstiefeln trat aus dem Dunkel in den Tag. Blinzelte durch die dicke schwarze Hornbrille. Sah die MPi, hob die Hände und sagte in gebrochenem Deutsch: »Nicht schießen, ich bin General Wlassow!«

Die Sonne stand hoch am Himmel. Die Fliegen summten. Es war still.

Aus dem Schuppen eines Wolchowdorfes trat die Geschichte und schob einen

Mann vor sich her: Da nehmt ihn, er ist einer der Besten, die das bolschewistische Rußland hat. Nehmt ihn, er ist auf den Leichenfeldern des Wolchow zum Todfeind Stalins geworden. Er ist Rußland. Wenn überhaupt jemand, dann kann er Stalin besiegen.

Es war eine schreckliche Schlacht, die in den Wäldern des Wolchow geschlagen wurde. Und die Tatsache, daß einer der besten und politisch zuverlässigsten sowjetischen Generale durch sie zum Gegner Stalins und des Bolschewismus gemacht wurde, zeigt nur noch mehr, was es für eine Hölle war, durch die Wlassows 2. Stoßarmee gehen mußte. Dieser Mann steht von nun an als ein politischer Faktor von nicht zu unterschätzender Bedeutung im Hintergrund des Ringens zwischen Hitler und Stalin. Ein anderes, allerdings weniger spektakuläres Ergebnis der Schlacht wurde nur ein paar Spezialisten bekannt, war aber gleichfalls von größter militärischer Bedeutung:

Die ersten Vernehmungen der gefangenen Stabsoffiziere hatten ergeben, daß die sowjetische Wolchowoffensive in jeder Hinsicht vorzüglich ausgestattet gewesen war – auch mit Kartenmaterial einer ausdrücklich für diese Offensive geschaffenen großen Kartenstelle. Aber wo waren die Karten? Man durchforschte das riesige Schlachtfeld, fand aber keine Spur.

Schließlich entdeckte man einen Unterleutnant, der zur Kartenstelle gehört hatte. Und er plauderte. Er führte die deutschen Spezialisten an einen kleinen Fluß, riet, das Wasser an einer bestimmten Stelle umzuleiten und – im Flußbett vergraben war das Versteck der sowjetischen Kartenstelle. Wie die Westgoten einst ihren König Alarich begruben, so hatte der sowjetische Kartenstellenchef drei Lastwagen wertvollstes Kartenmaterial im Flußbett eingraben und dann das Wasser wieder darüber leiten lassen. Es war der bedeutendste Kartenfund, den die deutsche Wehrmacht während des ganzen Krieges je gemacht hat. Karten von der russischen Westgrenze bis hinter den Ural fanden sich in den Beständen. Die Beute wurde nach Berlin transportiert; und nun konnten die Truppen aller Fronten mit russischen Karten nach neuestem Stand ausgestattet werden.

Fünfter Teil

Die Häfen am Eismeer

1 Operation ›Platinfuchs‹

Die Murmanbahn – Offensive am Rande der Welt – General Dietl greift nach Murmansk – Über die Titowka und die Liza – Die Tundra hat keine Straßen – Ein Irrtum der Finnen kostet den Sieg – Gebirgsjäger im Lizabrückenkopf

Schon in den allerersten Entwürfen für das ›Unternehmen Barbarossa‹ ist ein merkwürdiges Ziel genannt: Murmansk. Dieser kaum bekannte Ort stand neben den großen operativen Zielen wie Moskau, Leningrad, Kiew und Rostow. Was war an diesem Ort so wichtig? Es war ein Hafen und ein Bahnhof am zugigen Dachfirst Europas, oben am Eismeer, nördlich des Polarkreises, auf demselben Breitengrade wie die Gletscherwüste Grönlands, tausend Kilometer von der Zivilisation entfernt.

Im Sommer 1941 wohnten 100 000 Einwohner in der Stadt. Drei Monate im Jahr herrscht glutheißer Sommer, acht Monate tiefster Winter und polare Nacht. Rundum trostlose Tundra, in der kein Baum und kein Strauch gedeiht. Warum stand diese gottverlassene Stadt neben den großen Zielen im geheimen Zielkatalog des ›Unternehmens Barbarossa‹? Warum rangierte Murmansk gleich neben der Hauptstadt des roten Imperiums und neben Leningrad, neben dem Donezgebiet, dem ›Ruhrgebiet‹ der Sowjetunion, neben der ukrainischen Kornkammer und dem kaukasischen Ölparadies, neben jenen Zielen also, auf die ganze Heeresgruppen, Luftflotten und Panzerarmeen angesetzt und um die blutigste Kesselschlachten geschlagen wurden? Warum?

»Unter jeder Schwelle der Murmanbahn liegt ein Deutscher begraben«, erzählen die Lappen. Wie alle Legenden, darf man auch diese nicht wörtlich nehmen. Wenn sie auch von der Wahrheit gar nicht allzu weit entfernt ist.

70 000 deutsche und österreichische Kriegsgefangene waren von 1915 bis 1917 in den Urwäldern, Sümpfen und der arktischen Tundra zwischen Petersburg und Murmansk beim Bau der Bahn eingesetzt, der 1914 bereits mit Strafgefangenen begonnen wurde. Was die Kriegsgefangenen erdulden mußten, ist unvorstellbar. Während der kurzen glutheißen Sommer mähte sie der Typhus nieder. In den acht polaren Wintermonaten wurden sie von Frost und Hunger umgebracht. In vierundzwanzig Monaten starben 25 000 Mann. Jeder Kilometer der 1400 Kilometer langen Bahn kostete also siebzehn Tote.

Als Adolf Hitler am 21. April 1941 in der Berliner Reichskanzlei den General der Gebirgstruppe Eduard Dietl empfing, machte er ihm keine Rechnung über die Toten der Murmanbahn auf, sondern über die Transportzüge, über die Güter, Waren, Waffen und Soldaten, welche die Kirowbahn — wie die Sowjets sie nannten — zwischen Eismeer und Moskau befördern konnte.

General Dietl, der Held von Narvik, der Kommandierende General des Gebirgskorps Norwegen, wußte seit Ende Dezember von der Weisung Nr. 21, dem ›Unternehmen Barbarossa‹. Wie die meisten Generale, war auch er erst erschrocken, als er das Geheimpapier zum erstenmal zu sehen bekam. Aber als gehorsamer Soldat war er an seine Arbeit gegangen, um vorzubereiten, was ›Barbarossa‹ für den Tag seiner Auslösung vorsah. Und der Plan bestimmte für den Tag X: »Das Gebirgskorps Norwegen ist zunächst zur Sicherung des Petsamogebietes und seiner Erzgruben sowie der Eismeerstraße einzusetzen, um dann gemeinsam mit finnischen Kräften gegen die Murmanbahn vorzustoßen und die Versorgung des Murmangebietes auf dem Landwege zu unterbinden.«

Dreieinhalb Monate studierten Dietl und seine vier Generalstabsoffiziere, die er eingeweiht hatte, nun schon diese Aufgabe. Jetzt, am 21. April, einen Tag nach den Feiern für seinen zweiundfünfzigsten Geburtstag, wollte Hitler wissen, wie es um diesen Teil seines Angriffsplans stand. Er — und auch Dietl — hatten bei diesem Gespräch noch keine Vorstellung davon, welche Bedeutung die Murmanbahn für die sowjetische Kriegswirtschaft noch bekommen würde. Noch ahnten sie nicht, daß nach Ausbruch des Krieges amerikanische Geleitzüge ins Eismeer fahren würden, um ihre Hilfslieferungen in Murmansk zu löschen.

Für Hitler war die Bahn der Schienenstrang, über den Stalin schnell große Truppenkontingente, Artillerie, Flugzeuge und Panzer aus Zentralrußland an die sowjetisch-finnische Nordmeergrenze werfen konnte, um Deutschland die lebenswichtigen Nickelgruben von Petsamo und die Erze von Narvik wieder zu entreißen.

Das war der Alptraum Hitlers. Daß eine ganz andere, viel größere und kriegsentscheidende Gefahr auf der Murmanbahn lauerte, erkannte er vor Beginn des Rußlandfeldzuges — im ganzen Umfang — jedenfalls nicht. Dabei hätten er und seine Strategen es sich ausrechnen können.

Der Zar hatte im ersten Weltkrieg die Bahn nicht etwa aus dem Boden gestampft, um Norwegen zu erobern oder nach dem Nickel von Petsamo zu greifen, sondern um den einzigen eisfreien Hafen seines Reiches nutzbar zu machen, von dem aus Rußland einen unbeschränkten Weg in die Weltmeere hatte. Murmansk ist der einzige eisfreie Hafen des riesigen Rußlands, der ungehinderten Zugang zum Atlantik bietet.

Auch Archangelsk am Weißen Meer hat zwar einen Hafen, der einen Weg ins offene Weltmeer ermöglicht; aber er ist drei Monate im Jahr vereist, obwohl er südlicher liegt als Murmansk. Und Wladiwostok, ›Beherrsche den Osten‹, wie der Name der Stadt sagt, ist rund hundert Tage gleichfalls der Gefahr einer Vereisung ausgesetzt. Außerdem liegt es am Hinterausgang Rußlands und hat einen 7000 Kilometer langen Schienenweg bis ins europäische Gebiet. Die Häfen des Schwarzen Meers sind vom türkischen Bosporus blockiert und die in der Ostsee vom Kattegat, der Meerenge zwischen Dänemark und Schweden.

Rußlands einziges nichtblockiertes Schiffahrtstor zur Welt ist also Murmansk.

Die einsame Stadt verdankt ihre Bedeutung einem Wunder der Natur. Das Wunder heißt Golfstrom. Er kommt mit einem Ausläufer seines warmen Wassers durch die 1200 Kilometer breite Pforte zwischen Grönland und Norwegen, an der sich Eismeer und Atlantik begegnen. Diese warmen Wasser des Golfstromes verhindern, daß die norwegischen Fjorde im Eis erstarren. Und das letzte Quentchen Heizkraft aus dem sonnendurchglühten Golf von Mexiko bewirkt, noch ehe es vom Eismeer verschluckt wird, daß auch die Kolabucht selbst in strengsten Polarwintern mit 40 bis 50 Grad Kälte nicht zufriert.

Deshalb baute der Zar die Bahn von Petersburg zu dem Fischerdorf Murmansk. Und schon 1917, als Amerika auch an der Seite Rußlands in den Krieg gegen Deutschland eintrat, wurde die Murmanbahn die kürzeste, wichtigste, ganzjährig benutzbare Nachschubader von den Vereinigten Staaten nach Rußland.

In das Kartenzimmer der Reichskanzlei schien die Aprilsonne. Die großen Fenster zum Garten waren offen. Hier hatten schon die Souveräne des alten Europa ins Grün der mächtigen Bäume geschaut. Denn Hitlers Kartenraum in der alten Reichskanzlei war jener Salon, in dem 1878 Bismarcks Berliner Kongreß tagte, um Rußlands Machtstellung auf dem Balkan zu beseitigen.

Als General Dietl an diesem 21. April in den Raum tritt, legt General Jodl Hitler gerade den Entwurf zum Wehrmachtbericht vor. Hitler hat seine altmodische, vergoldete Nickelbrille auf, liest und korrigiert hier und da. Siege. Überall Siege: In Griechenland stürmen die deutschen Divisionen über Larissa nach Süden; Gebirgsjäger klettern bei Metsovon über das Pindusgebirge und jagen die Engländer vor sich her. In Nordafrika haben Rommels Regimenter den Ras el Madaur im Tobruker Festungsgürtel herausgebrochen und fechten am Halfayapaß auf halbem Wege nach Kairo. Vor drei Tagen hat die serbische Armee die Waffen gestreckt. In elf Tagen wurde Jugoslawien niedergeworfen. In Griechenland kann es sich auch nur noch um wenige Tage handeln. Dem deutschen Soldaten war nichts unmöglich!

Hitler nahm die Brille ab und begrüßte General Dietl. Er liebte diesen urbayerischen Gebirgsjäger-Heros, den populären Helden von Narvik. Der Wehrmachtadjutant Major Engel breitete eine 1 : 1 000 000 Karte vom finnisch-norwegischen Gebiet aus.

»Sind Sie mit Ihrer Vorbereitung gut vorangekommen?« fragte Hitler. »Wir haben nicht mehr viel Zeit.« Ohne eine Antwort abzuwarten, ging er zum Kartentisch, setzte die Brille wieder auf, legte sich über die Karte. Souverän, als habe er nie etwas anderes getan, als militärische Operationen durchgeführt, dozierte er:

»Murmansk ist das gefährlichste Aufmarschzentrum der Russen im hohen Norden. Hafen und Bahn sind leistungsfähig, die Garnison und die Flugplätze wahrscheinlich stark belegt. In kürzester Frist kann Stalin ein paar Divisionen zusätzlich hierher verschieben und nach Westen antreten. Nicht umsonst hat er Murmansk ausgebaut. 1920 hatte das Nest 2600 Einwohner, heute 100 000. Die Luftaufklärung zeigt riesige Bahnhofsanlagen, mächtige Kais, Fabriken, Ausfallstraßen, kurzum eine moderne Festung, ein gefährlicher Horst in dem menschenarmen Nordmeergebiet.«

Hitler hatte sich in Feuer geredet. Er stellte den Zeigefinger der rechten Hand auf Murmansk, den der linken auf Petsamo: »Es sind nur hundert Kilometer bis zu den Nickelgruben.«

Und er tippte auf einen anderen Punkt: »Und nur weitere fünfzig von Petsamo bis hierher nach Kirkenes am Varangerfjord. Die Russen in diesem Gebiet – das wäre die Katastrophe! Nicht nur, daß wir das für unsere Stahlerzeugung unentbehrliche Nickelerz verlieren würden, auch strategisch wäre es für den ganzen Ostfeldzug ein schwerer Schlag: Der Russe stünde an der Eismeerstraße, Nordfinnlands Verkehrsschlagader. Sie führt tief in den Rücken der finnischen Front und an die Hintertür Schwedens. Und der Russe am Varangerfjord, das heißt ernsteste Bedrohung des Nordmeers und unserer nordnorwegischen Häfen.«

Hitler richtete sich auf, nahm die Brille wieder ab und blickte Dietl an: »Das alles hängt an Ihrem Gebirgskorps, Dietl. Diese Gefahr muß gleich zu Beginn des Ostfeldzuges beseitigt werden. Nicht durch Warten, sondern durch Angriff. Sie müssen die lächerlichen hundert Kilometer von Petsamo nach Murmansk mit Ihren Gebirgsjägern bezwingen und dem Spuk ein Ende machen.«

»Lächerliche hundert Kilometer«, sagte er. So ist es verbürgt. Und wer wollte es ihm verdenken nach dem Wehrmachtsbericht, den er eben abgezeichnet hatte?

Der General Eduard Dietl staunte wieder einmal darüber, wie dieser ehemalige Gefreite große strategische Zusammenhänge und operative Fragen darzulegen verstand. Aber ihm war nicht wohl bei der Sache. Er fand die hundert Kilometer von Petsamo nach Murmansk gar nicht so lächerlich. Und das erklärte er frank und frei. Ruhig blätterte er Hitler die Ergebnisse der Studien seiner Generalstabsoffiziere auf den Tisch.

»Mein Führer«, sagte er in seiner treuherzigen Art, »dort oben in der Tundra vor Murmansk sieht es aus wie kurz nach der Erschaffung der Welt. Kein Baum, kein Strauch, keine menschliche Siedlung. Kein Weg, und kein Steg. Nur Fels und Geröll. Dazwischen zahllose Wildbäche, Seen und reißende Flüsse mit Stromschnellen und Wasserfällen. Im Sommer Sumpf. Im Winter Eis, Schnee und 40 bis 50 Grad Kälte. Eisige Stürme heulen durch die acht Monate dauernde Polarnacht. Eine einzige Wüstenei ist dieser hundert Kilometer breite Tundragürtel, der sich wie ein schützender Panzer um Murmansk legt. Noch nie wurde in dieser Tundra Krieg geführt; denn die weglose Steinwüste ist für Truppenverbände praktisch undurchdringlich. Es sei denn, man baut Straßen, zumindest Karrenwege, um die Männer und vor allem auch die Tragtiere versorgen zu können.

Soll ich das aber mit meinen eigenen Kräften machen, dann geht es auf Kosten der kämpfenden Truppe, und meine beiden Gebirgsdivisionen sehen mit ihrer technischen Ausstattung sowieso nicht zum besten aus. Meine Offiziere sprechen von ›Handwerksburschenausrüstung‹. Wir haben nicht genug Zugmaschinen, nicht genug Tragtiere, nicht genug bewegliche Artillerie, und jede Division hat nur zwei Regimenter.«

Jedem anderen hätte Hitler eine solche Sprache übelgenommen. Dietl konnte sie sich leisten. Er argumentierte nüchtern und ohne Pathos und flocht hier und dort bayerische Sprüchlein in seine Rede. Seine Einwände, für die ihm sein tüchtiger Generalstabschef Oberstleutnant i. G. von Le Suire die Unterlagen zusammengestellt hatte, zielten darauf hin, Hitler von seiner Angriffsabsicht auf Stadt und Festung Murmansk abzubringen und ihn zur Verteidigung des strategisch und kriegswirtschaftlich wichtigen Petsamogebietes zu bekehren. Die Unterbrechung der Bahn sollte nach Dietls Meinung weiter südlich erfolgen, in günstigerem Kampfgelände.

»Es kann auch durchaus sein, daß der Russe angreift«, spann Dietl den Faden weiter und fuhr auf der Karte mit dem Finger von Murmansk nach Petsamo. »Für ihn ist der Angriff leichter als für uns. Seine Versorgungsbasis liegt direkt hinter seiner Front, und die Eisenbahn fährt praktisch bis ins Kampfgebiet, während wir jede Granate, jedes Brot, jedes Bündel Heu und jeden Sack Hafer entweder auf dem riesigen Seewege von Hamburg und den Ostseehäfen über Kirkenes oder von Rovaniemi über die 600 Kilometer lange Eismeerstraße nach Petsamo heranbringen müssen, um es von dort mit Lastwagen, dann mit Karren, dann mit Tragtieren und schließlich mit Trägern in die Kampfstellungen zu bringen. Aber wenn wir dem Russen an irgendeiner Stelle die Bahn sperren, ist er genauso schlecht dran wie wir.«

Hitler war von Dietls Darlegungen sehr beeindruckt. Er begriff: Die Ausschaltung von Murmansk forderte nicht zwingend den direkten Angriff. Die Durchschneidung der Lebensader dieser Festung konnte auch an anderer Stelle der 1400 Kilometer langen Bahnlinie geschehen. Dann verödete die Endstation. Und auch der schöne eisfreie Weltmeerhafen war nichts mehr wert; denn er hatte keinen Abfluß mehr.

»Lassen Sie mir Ihre Unterlagen hier«, sagte Hitler nachdenklich, »ich werde mir die Sache überlegen.« Mit diesem Ergebnis schied Gebirgsjägergeneral Eduard Dietl. Dieses Ergebnis berichtete er hoffnungsvoll seinem Stabe.

Drei Wochen später: Am 7. Mai 1941 brachte der Kurier über den Armeeoberbefehlshaber in Norwegen, Generaloberst von Falkenhorst, die Entscheidung. Sie war nichts Halbes und nichts Ganzes, ein schlechter Kompromiß: Hitler befahl der Armee Norwegen, der auch die Operationen in Nordfinnland übertragen wurden, den Angriff auf die Murmanbahn an drei Stellen: Dietls Gebirgskorps sollte mit zwei Divisionen von Petsamo auf Stadt und Hafen Murmansk antreten; das XXXVI. Korps sollte gleichzeitig mit zwei Infanteriedivisionen 350 Kilometer weiter südlich über Salla auf Kandalakscha stoßen und dort die Bahn unterbrechen. Und schließlich sollte weitere 150 Kilometer südlich auch noch das finnische III. Korps, wiederum mit zwei Divisionen, über Kiestinki auf Louchi vorgehen und dort die Bahn in Besitz nehmen. Sechs Divisionen an drei verschiedenen Stellen.

Den Schwerpunkt bildeten Dietls österreichische Gebirgsjäger der 2. und 3. Gebirgsdivision. Am Tage des Feldzugbeginns hatten sie von dem norwegischen Kirkenes her die finnische Grenze zu überschreiten und das Petsamogebiet zu besetzen. Auf sieben Tage später war der Tag X für die Operation ›Platinfuchs‹ angesetzt: Angriff durch die Tundra auf Stadt und Hafen Murmansk.

Es ist nicht bekannt, wer Dietls eindrucksvolle Argumente bei Hitler wieder ausgeräumt hat. Das einzige, was sie zur Folge hatten, war die Verlegung von zwölf tüchtigen und hingebungsvoll schuftenden Abteilungen des Reichsarbeitsdienstes in Dietls Kampfraum. Es waren die RAD-Gruppen K 363 und K 376 unter Führung des Oberarbeitsführers Welser.

Mit dem Befehl, den der Kurier am 7. Mai zu Dietl brachte, wurden auch Karten übermittelt. Darauf sah alles nicht mehr ganz so schlimm aus. Nur eine schmale Grenzzone des Angriffsraumes war weg- und steglos. Aber dahinter waren nach ein paar Kilometern bald Straßen und Wege eingezeichnet: Von der Brücke über den Grenzfluß Titowka hinüber zur Liza, und weiter südlich vom Tschapr-See nach Motowski, von dort lief sogar eine Straße wieder hinauf nach Sapadnaja Liza. Und alle hatten Anschluß an die Ausfallstraßen von Murmansk. Na also!

22. Juni. Es war 2 Uhr nachts, aber die Sonne stand vom leichten Dunst verhangen als bleicher Ball wie ein großer Vollmond über dem Horizont und hüllte das Land in ein dämmriges Licht. Unten auf dem Festland zwischen Ostsee und Schwarzem Meer warteten in diesem Augenblick auf einer Front von 2000 Kilometern drei Millionen Soldaten auf den Befehl zum großen Krieg.

Hier oben, vor Murmansk, im Lichte der Mitternachtssonne, mußte man auf

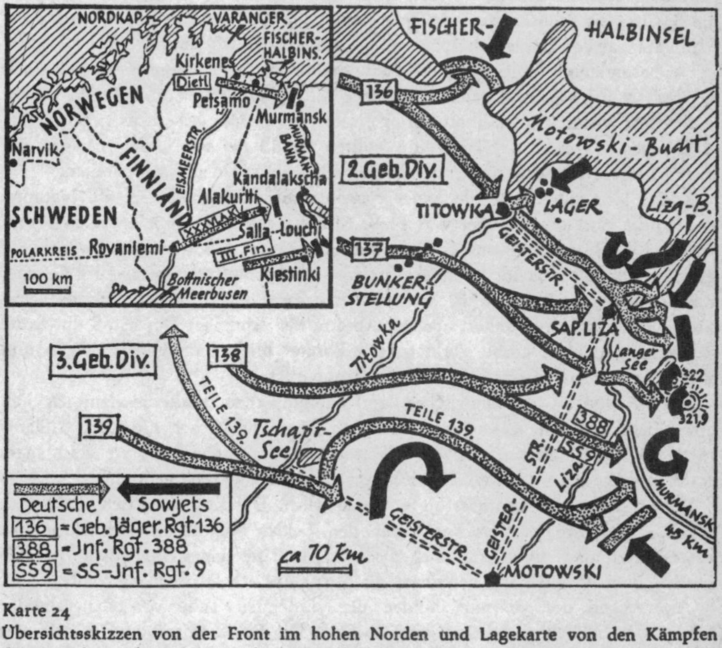

Karte 24
Übersichtsskizzen von der Front im hohen Norden und Lagekarte von den Kämpfen der 2. und 3. Gebirgsdivision des Gebirgskorps Norwegen in der Zeit vom 29. Juni bis 18 September 1941.

den Überraschungseffekt verzichten. Finnisches Gebiet lag zwischen den norwegischen Ausgangspositionen der deutschen Truppen und der russischen Grenze. Und in Petsamo saß ein russischer Konsul. Er hätte die Besetzung vor dem 22. Juni bemerkt und Moskau alarmiert. Das Überraschungsmoment des ganzen ›Barbarossa-Planes‹ hätte gefährdet werden können.

So war mit Genehmigung der Finnen nur eine Pionierkompanie in Räuberzivil in der Nacht vom 20. auf den 21. Juni in kleinen Trupps auf finnisches Gebiet gefahren und hatte den Übergang am Petsamo-Fluß vorbereitet.

Die Finnen waren nach außen hin betont genau. Die finnischen Grenzwächter warteten mit bürokratischer Exaktheit, bis die Zeiger der Uhren auf 2 Uhr 31 Ortszeit rückten: Jetzt! Der Krieg mit Rußland hatte laut Fahrplan vor einer Minute begonnen. Der Schlagbaum hob sich. Auch die Männer aus der Steiermark, aus Tirol und Salzburg zogen los. Ins Abenteuer nördlich des Polarkreises!

Am 24. Juni war das Gelände bis zur Grenze erkundet. Finnische Waldläufer führten die deutschen Spähtrupps über Felsgeröllfelder, über rotschimmerndes Urgestein, durch Bäche und Schneewächten.

Das erste größere Hindernis war die Titowka, ein eiskalter Bergfluß. Im Mündungsgebiet auf dem Ostufer, dicht beim gleichnamigen Städtchen, hatten die Sowjets ein Militärlager mit Teilen eines NKWD-Grenzregiments. Auch ein Flugplatz war von finnischen Spähern dort ausgemacht worden.

Ein besonderes Problem war die Fischerhalbinsel. Man wußte nicht, wie stark sie besetzt war. Generalmajor Schlemmer sollte sie schnell mit Teilen seiner 2. Gebirgsdivision am Inselhals abriegeln, um die Flanke des Korps gegen Überraschungen zu sichern. Gleichzeitig sollten Bataillone seines Gebirgsjägerregiments 136 die Titowkabrücke dicht bei der Mündung in den Fjord nehmen.

Zuerst ging alles gut. Die 136er riegelten die Fischerhalbinsel ab. Nahmen die Brücke und gingen über den Fluß. Militärlager und Flugplatz waren verlassen. Die Bataillone vom Gebirgsjägerregiment 137 hatten es schwerer. Sie gerieten vor die bereits fertiggestellte sowjetische Bunkerlinie an der Grenze. Zum Glück kam Nebel auf. Er verhinderte zwar Artillerieunterstützung und Stukaeinsatz auf die Bunker, aber erleichterte den schnellen Durchstoß durch die Befestigungen ohne große Verluste. Die Bunker blieben unversehrt liegen und wurden später mit Stukas und Flakhilfe genommen.

Der Widerstand der sibirischen und mongolischen Bunkerbesatzungen gab einen Begriff davon, was man zu erwarten hatte. Sie wichen nicht. Auch Flammenwerfer brachten sie nicht zur Kapitulation. Sie fochten, bis sie erschlagen, erschossen, verbrannt waren. Nur hundert Gefangene wurden gemacht.

Sowjetischer Lufteinsatz erfolgte nur spärlich. Die Russen hatten auch nach dem 22. Juni ihre hundert Ratas auf den beiden Flugplätzen um Murmansk ungeschützt und ungetarnt stehenlassen. Angriffe eines deutschen Kampfgeschwaders auf die Plätze zerstörten die Masse der sowjetischen Jagdwaffe.

Am Abend des 30. Juni standen die vordersten Teile von Generalmajor Schlemmers 2. Gebirgsdivision am Liza-Fluß. Die Regimenter von Generalmajor Kreysings 3. Gebirgsdivision quälten sich am Tschapr-See vorbei und suchten die in der Karte eingezeichnete Straße, um auf Motowski vorzugehen. Wenn alles klappte, sollte es von dort mit Unterstützung der 1. Kompanie Major von Burstins Panzerabteilung z. b. V. 40, die mit französischen Beutepanzern ausgerüstet war, auf der neuen Russenstraße weiter nach Murmansk gehen.

Aber es klappte nicht. Keine Spur von einer Straße war zu finden. Aufregung. Melder hin und her. Funkspruch an Korpsstab. Auftrag an Luftwaffe, aufzuklären. Und dann bestätigte es die Luftaufklärung: Es gab gar keine Straße nach Motowski, noch nicht einmal einen Weg oder einen Karrenpfad. Und bald war es auch bei der 2. Gebirgsdivision klar: Es gab auch hier in ihrem Abschnitt keine Straße von der Titowka nach Sapadnaja Liza und keine von dort hinunter nach Motowski.

Die deutschen Kartenauswerter im OKW hatten sich an die in Mitteleuropa üblichen Zeichen gehalten und die gestrichelten Doppellinien in den russischen Karten als Wege gedeutet. In Wirklichkeit handelte es sich um Telegraphenlinien und die winterlichen Bewegungsrichtungen der Tundranomaden, der Lappen.

Damit war der ursprünglich geplante Einsatz der 3. Gebirgsdivision hinfällig geworden. Ohne Straße gab es keinen Vormarsch. Man konnte zwar bis zu zehn oder fünfzehn Kilometern in wegloses Gebiet vordringen und kämpfen, aber nicht längere Zeit aushalten oder gar weiterstoßen, ohne daß nicht wenigstens Karrenwege für den dringendsten Nachschubbedarf angelegt waren.

Also mußte umgruppiert werden. Rastlos bauten die blutjungen Arbeitsdienstmänner an den Karrenwegen für die Tragtiere.

Am 3. Juli erreichte das I. Bataillon der 137er das Fischerdorf Sapadnaja Liza am Westufer des Liza-Flusses, knapp unterhalb der Mündung. In Floßsäcken gingen die Jäger über den Fluß. Kamen in ein verlassenes Truppenlager. Fanden Hartbrot, Grütze, Machorka und — 150 Lastwagen. Staunen: Wo Lastwagen waren, da konnte eine Straße nicht weit sein. Und da kam auch schon der Jubelruf: Unten in der Talsenke verlief eine tadellose Chaussee: der Weg nach Murmansk.

Fieberhaft warteten die Jäger auf den Nachschub, auf Munition, auf Artillerie. Endlich, am 6. Juli, konnte der Angriff auf breiter Front über die Liza in Gang gesetzt werden. Die 3. Gebirgsdivision ging in Floßsäcken über den Fluß. Die Pioniere von Oberstleutnant Klatts Gebirgspionierbataillon 83 paddelten unermüdlich von Ufer zu Ufer. Griffen beim Ausladen auch zum Karabiner, um Angriffe der Russen abzuwehren. Artilleriefeuer lag auf den Übergangsstellen.

Vor allem aber: Der Russe griff mit Schlachtfliegern an. Die deutsche Luftwaffe war nicht da. Die Verbände der Luftflotte 5 waren abgezogen, um 400 Kilometer weiter südlich den zweiten Stoß auf Salla gegen die Murmanbahn zu unterstützen.

Vor dem Gebirgsjägerregiment 138 lag die Straße nach Murmansk zum Greifen nahe. Hätten die Soldaten ein Dutzend Stukas, ein Dutzend Panzer, schwere Artillerie gehabt, sie hätten den sowjetischen Riegel sprengen können, der davor lag. Aber so — nein, sie schafften es nicht. Das Gelände besiegte sie: Die bespannte Artillerie kam nicht nach. Für die zwei Gebirgsbatterien, die vorn waren, gab es nur noch vierzig Granaten. Und Infanterieunterstützung blieb auch aus. Zwei Drittel der Division wurden für den Nachschub eingesetzt, nur ein Drittel konnte kämpfen. Auf der Straße von Murmansk fuhr der Russe in langen Lastwagenkolonnen Verstärkung bis ans Gefechtsfeld heran. Bataillon um Bataillon sprang ins Gelände und formierte sich zum Gegenstoß, um die Straße zu schützen.

Mitten in die gespannte Lage platzte in den Korpsgefechtsstand Dietls in Titowka eine neue Alarmmeldung: Der Russe landete mit Seestreitkräften in der Lizabucht drei Bataillone in der Flanke und im Rücken der 2. Gebirgsdivision. Sie konnten abgewehrt werden; aber nur auf Kosten der Schlagkraft der Gebirgsjägerregimenter des Generalmajors Kreysing, die nun weit überfordert waren.

Aber die Männer aus der Steiermark und Kärnten gaben noch nicht auf. Ein Flankenstoß auf die beherrschenden Höhen sollte Luft schaffen. Dietl wollte sich mit diesem Gewaltstreich den Zugang zur Straße erzwingen. Indessen sollte die 6. Zerstörerflottille unter Fregattenkapitän Schulze-Hinrichs in der Lizabucht die sowjetischen Kräfte an der Flanke in Schach halten. Ein feiner Plan.

Der detaillierte Korpsbefehl geht an die Regimenter. Auch der Kradmelder des Regiments 136 fährt los. Aber er verfehlt den Regimentsgefechtsstand. Zuckelt über eine Geröllhalde. Der deutsche Posten ruft, brüllt, schießt in die Luft, um den Mann zu warnen. Nichts, das Krad übertönt alles. Der Melder quält sich im Zehn-Kilometer-Tempo weiter, bis er plötzlich Russen vor sich sieht. Er wirft das Krad herum. Ein Russe schießt. Trifft. Mit drei Mann zerren sie den Melder in die sowjetische Stellung.

Deutscher Gegenstoß. Zu spät: Melder und Russen sind verschwunden. Die Angriffspläne sind also bei den Sowjets.

Am 13. Juli versuchte es Dietl nach einem neuen Plan. Der Einbruch in die sowjetischen Stellungen gelang, der Durchbruch nicht. Eisern hielten die Sowjets die beherrschenden und stark befestigten Höhen 322 und 321,9 am Langen See. Die Deutschen schafften die verfluchten 300 Meter hohen Bergkuppen nicht. Es fehlte Artillerie. Es fehlten Stukas. Es fehlten Reserven.

Stäbe, Arbeitsdienstmänner und Tragtierführer standen längst ohne Pause, ohne Schlaf im Einsatz. Um einen Verwundeten nach hinten auf den Verbandsplatz zu transportieren, brauchte man zweimal vier Mann im Schichtwechsel, da bis zu zehn Stunden getragen werden mußte. Ganze Bataillone schmolzen auf diese Weise dahin.

Am Abend des 17. Juli entschloß sich General Dietl schweren Herzens, den Angriff einzustellen und zur Verteidigung überzugehen. Fünfundvierzig Kilometer waren es noch bis Murmansk. Der Chronist schüttelt den Kopf: Warum ging man mit der Faust an eine Sache, die eines Dampfhammers bedurfte? Dietl hatte es Hitler doch gesagt. Und Hitler hatte so feurig von der Bedeutung des Eismeerforts gesprochen. Warum wurde trotzdem gekleckert, statt geklotzt? Warum griff man an drei verschiedenen Frontabschnitten mit je zwei Divisionen an und warf die Luftwaffe hierhin und dorthin, statt an einer Stelle mit allen verfügbaren Kräften auf der Erde und in der Luft einen Schwerpunkt zu bilden?

Des Rätsels Lösung: Die Finnen hatten sich geirrt und die Deutschen falsch beraten. Feldmarschall Mannerheims Oberkommando hatte erklärt, es sei aus Geländegründen an keinem Teil der Lapplandfront möglich, mehr als zwei Divisionen einzusetzen und zu versorgen. Das war der Grund für Hitlers Plan, an drei Abschnitten mit je zwei Divisionen anzutreten. Aber das Ergebnis war, daß man an keinem der drei Angriffspunkte durchkam.

Die beiden Divisionen des XXXVI. Korps unter General der Kavallerie Feige, die 169. I. D. und die SS-Kampfgruppe ›Nord‹, die am 1. Juli 400 Kilometer südlich von Dietls Abschnitt losschlugen und die Murmanbahn bei Kandalakscha erreichen sollten, kämpften sich zwar über Salla bis Alakurti, sechsunddreißig Kilometer vor dem Ziel durch, aber dann war auch hier die Kraft am Ende. Schluß.

Und Generalmajor Siilasvuos finnisches III. Korps mit der 6. und 3. Division kam auch nur bis Uhtua und Kiestinki und blieb siebzig Kilometer vor der Bahn liegen.

Es war ein schlechter Rat, den die Finnen gegeben hatten. Aus ihrer Sicht und mit ihrer militärischen Ausstattung war er verständlich. Aber die Erfahrung zeigte, daß es sehr wohl möglich gewesen wäre, mit starker und klarer Schwerpunktbildung sowohl auf Murmansk selbst, besser noch von Salla aus auf Kandalakscha zu operieren, wo man die Eisenbahn von Rovaniemi bis zur Front zur Verfügung hatte. Allerdings hätte es zu einer Offensive mit vier oder sechs Divisionen revolutionärer Versorgungsmethoden bedurft, notfalls Versorgung aus der Luft während des Angriffs, vor allem aber wären großzügige Einsätze von Straßenbaukräften mit Maschinen nötig gewesen.

Aber zu solchen Maßnahmen konnte oder wollte sich das OKW nicht entschließen. Man ahnte die Bedeutung des Zieles, aber man erklärte den Kampf darum gleichzeitig zum Nebenkriegsschauplatz. ›Die lächerlichen hundert Kilometer‹ – den Heldenmut einer Elitetruppe und die erprobte Führung eines hervorragenden Generals hielt man für ausreichend, sie zu meistern.

Man wollte im OKW nicht einsehen, daß es auf diese Art in der arktischen Tundra nicht zu schaffen war. Und so kam der Befehl, es noch einmal zu versuchen. Am 8. September, an dem Tage, da unten bei Leningrad General Hoepners Panzerdivisionen antraten, um die Stadt Lenins auf die Knie zu zwingen, und Guderians Divisionen zur Kesselschlacht nach Kiew stürmten, packten Dietls Gebirgsjäger wieder ihre Tragtiere, faßten ihre Munition, stemmten sich hinter ihre Gebirgsgeschütze und zogen noch einmal los, um die Tundra und die Sowjets zu bezwingen und Murmansk zu nehmen.

Zwar war es inzwischen klargeworden, daß die Russen neben der 14. und der 52. Schützendivision noch weitere Eliteverbände in die Abwehrfront geschoben hatten, trotzdem aber bekam das Gebirgskorps nur zwei Regimenter zur Verstärkung: das SS-›Totenkopf‹-Infanterieregiment 9 und das Infanterieregiment 388. Beide ohne Erfahrung im Gebirgskampf.

Was kommen mußte, kam. Der klug angelegte Umfassungsangriff blieb nach hoffnungsvollen Anfangserfolgen an den letzten sowjetischen Verteidigungsstellungen zwischen dem Seengewirr und den Sumpfengen vor Murmansk hängen.

Zwar heulten die Stukas unermüdlich über die Front und bombten die russischen Stellungen. Teile der 3. Gebirgsdivision fochten sich bis an die Russenstraße nach Murmansk heran. Am linken Flügel warfen die Regimenter der 2. Gebirgsdivision das 58. sowjetische Schützenregiment von den Höhen am Langen See. Aber dann kamen die sowjetischen Gegenangriffe, immer wieder genährt aus den frontnahen Nachschubzentren. Die Sibirier griffen immer wieder an. Lauerten hinter jedem Geröllvorsprung. Sprangen aus Geländefalten und Steinhöhlen. Fielen im deutschen Feuer. Neue kamen. Jeder Schritt vorwärts, jeder Meter dauerte Stunden. Kostete Tote und Verwundete.

Am 19. September mußten Dietls Regimenter wieder hinter die Liza, den Schicksalsfluß in der arktischen Tundra, zurück. Auch der dritte Versuch, ihn zu bezwingen, war gescheitert. 2211 Tote, 7854 Verwundete, 425 Vermißte hatte der verfluchte Fluß schon gefordert.

Während im Kessel von Kiew die Sonne glutheiß auf die endlosen Kolonnen der 665 000 sowjetischen Gefangenen schien, fiel bei Murmansk am 23. September der erste Schnee. Der Polarwinter mit Nacht und Eis begann. Fünfzig Kilometer waren es noch bis Murmansk — in der arktischen Winternacht eine Ewigkeit. Aber mußte man sie nicht überwinden?

Murmansk zeigte von Tag zu Tag mehr seine eigentliche Rolle. Im Hafen rasselten die Kräne. In den Winkeln des Fjords ankerten Schiffe mit englischen und amerikanischen Namen. Der große Strom der westlichen Hilfslieferungen begann zu laufen, und da Archangelsk ab November zugefroren war, konnte er nur über Murmansk an die hart ringende Front vor Moskau und vor Leningrad gelangen. Ein unendlicher Strom, der nicht mehr abriß und immer mächtiger wurde und der den deutsch-russischen Krieg entschied. Jawohl: entschied!

Sechs Zahlen zum Beweis: Von den westlichen Aliierten wurden im ersten Jahr des Rußlandhilfsprogramms allein über die Nordmeerroute, also Murmansk und Archangelsk, folgende Güter in neunzehn Geleitzügen spediert:

3052 Flugzeuge (Deutschland ging mit 1830 Flugzeugen in den Ostkrieg).

4048 Panzer (die deutsche Wehrmacht hatte am 22. Juni 1941 3580 Panzerkampfwagen).

520 000 Motorfahrzeuge aller Art (Deutschland war mit insgesamt 600 000 Fahrzeugen in den Krieg gegangen).

Mußte dieses von Tag zu Tag gefährlicher werdende Loch am Eismeer nicht gestopft werden?

2 Schlacht in der Polarnacht

Von Athen nach Lappland — 1400 Pferde müssen sterben — Der Petsamojoki — Es geht um den Nachschub — Schreckensmarsch über die Eismeerstraße — Die 10. sowjetische Schützendivision feiert die Oktoberrevolution — Ein Jubiläumsangriff — Der Kampf am Handgranatenköpferl — Geleitzug PQ 17 — Die 155. sowjetische Schützendivision erfriert — Die Front im hohen Norden erstarrt

»Dieser verdammte Schnee!«

»Dieses verdammte Land!«

Der Sturm reißt die Flüche von den Lippen, nimmt sie mit ins Nichts. Keine zehn Schritte weit kann man sehen. Seit vierundzwanzig Stunden heult der Polarsturm über die Tundra, peitscht feinen Pulverschnee durch die Luft und macht die Dämmerung des arktischen Wintertages zur eiskalten Hölle. Bis auf die Haut beißt der Sturm. Sticht wie mit Nadeln durch die Augen. Man meint, er gehe ins Gehirn.

Hans Riederer stolpert. Der Rucksack rutscht ihm ins Genick. Lacht der Sturm?

Sie stampfen in langer Reihe durch den Pulverschnee, der sich unter den Stiefeln nicht preßt, sondern wie Mehlstaub wegrutscht und keinen Halt bietet. Wie ein Gespenst steht plötzlich ein vermummter Posten vor der Spitze der Marschkolonne. Er weist die Kompanie nach rechts, auf eine kleine Abzweigung, die von der Eismeerstraße hinunterführt.

Und da sieht Leutnant Eichhorn auch schon die Umrisse der Brücke über den Petsamojoki, die Brücke hinüber zur Front, in die Tundra, wo sie ablösen sollen. »Rechts ran!« schreit der Leutnant nach hinten. Die Jäger schreien es weiter. Die lange Reihe schwenkt nach rechts an den Straßenrand vor der Brückenauffahrt.

Von drüben kommt eine Kolonne. Vermummte Männer. Bärtig die meisten. Vornübergebeugt. Schwer bepackt.

»Wer seid ihr?« rufen sie gegen den Sturm herüber.

»Sechste Gebirgsdivision, eure Ablösung«, antworten Eichhorns Männer. Da winken die von drüben müde herüber.

»Kommt ihr nicht aus Griechenland?«

»Ja.«

»Da habt ihr einen Tausch gemacht!« Und sie ziehen weiter. Die Fetzen von ein paar Flüchen flattern im Sturm. Wie Schemen schreiten die Männer an Eichhorns Kompanie vorbei. Jetzt kommen vier Leichtverwundete, verkrustete Pflaster im Gesicht, die Hände in dicken Verbänden. Gleich hinter ihnen ziehen sechs Mann einen Akja, den Rentierschlitten. Ein langes Zeltbahnbündel darauf.

Sie halten an. Schlagen die Arme um den Leib: »Seid's ihr von der Sechsten?«

»Ja. Und ihr?«

»138. Jägerregiment.« Von der 3. Gebirgsdivision also.

Der Gefreite vorn am Schlitten erkennt auf Eichhorns Mantel die Offiziersschulterstücke. Er hebt die Hand an die Kappe und befiehlt seinen Männern: »Weiter!«

Sie ziehen vorbei. Auf dem Schlitten, in die Zeltbahn geschnürt, liegt ihr Leutnant. Tot. Vor fünf Tagen gefallen.

»Er muß ein anständiges Grab haben«, hatte der Oberjäger gesagt, »kann nicht in dieser verdammten Wüste liegenbleiben!« Drei Stunden hatten sie die Leiche vom Kegel ihrer Bergstellung heruntergetragen. Über Granithalden, dann Moos und an den fünf verkrüppelten Zwergbirken vorbei bis zur ersten Föhre. Dort lag ihr Akja. Vier Stunden zogen sie ihn nun schon. Noch zwei hatten sie bis Parkina, wo ein Soldatenfriedhof war.

Es war der 9. Oktober. Tags zuvor, am 8., war die ›Prinz Eugen‹-Brücke über den Petsamojoki fertiggeworden. Kaum war der letzte Handschlag getan, hatte der Polarsturm begonnen. Er blies den arktischen Winter ein. Nach fünfzig Stunden lag jeder Transport zur Front still. Die Eismeerstraße war zugeweht, die neugebauten Wege ins Frontgebiet unter hohem Schnee verschwunden.

Aber vorn warteten die Bataillone der 2. und 3. Gebirgsdivision schon seit zehn Tagen auf Ablösung, auf Nachschub, auf Munition und Post und auf ein bißchen Tabak, von einer Feldflasche Schnaps ganz zu schweigen.

Seit dem 28. September kam Nachschub nur noch tropfenweise nach vorn. Schuld daran war ein merkwürdiges Unheil, das die neunzig Meter lange Holzbrücke über den Petsamojoki bei Parkkina am Nachmittag des 28. vollkommen zerstört hatte.

Ein paar sowjetische Fliegerbomben waren ins Flußufer unterhalb der Brücke geschlagen. Wenige Minuten später setzte sich, wie von Gespensterhand geschoben, das ganze Ufer in Bewegung. Rund drei Millionen Kubikmeter Erdmassen kamen ins Rutschen. Die 500 Meter breite Terrasse zwischen Fluß und Eismeerstraße glitt auf einer Länge von 800 Metern ins Flußtal.

Ganze Birkenwäldchen wurden ins Strombett geschoben. Das Wasser des Petsamojoki, ein Strom von der Größe der Isar, schwappte haushoch aus dem Bett und rollte über die Eismeerstraße.

Die Brücke bei Parkkina zersplitterte unter den Erdmassen wie eine Streichholzkonstruktion. Die Telefonmasten an der Straße knickten weg und verschwanden samt Drahtleitungen im rollenden Erdreich. Mit einem Schlage war die ganze Landschaft verändert.

Schlimmer aber: Jede Verbindung über den Fluß zur Front war unterbrochen. Alarmmeldungen jagten zu den Stäben. Voller Sorge blickten alle auf die Lebensader Eismeerstraße. Würde sie auch noch abbrechen?

Was war passiert? Hatten die Russen eine Riesenteufelei begangen? Nein, die Sowjets waren zu diesem Erfolg gekommen, wie man in der Lotterie gewinnt. Eine geologische Kuriosität war die Ursache des Erdrutsches am Petsamojoki.

Der Fluß hatte sich sein acht bis zehn Meter tiefes Bett in eine weiche Lehmterrasse gegraben, die einmal Meeresboden gewesen war, also aus Meeresablagerungen bestand. Nach der geologischen Hebung hingen diese Ablagerungen nun als 500 Meter breite Schlickterrasse zwischen den Granitmassen beiderseits des Flusses.

Als nun ein halbes Dutzend 250-Kilo-Bomben, die auf die Brücke gezielt waren, dicht nebeneinander am Ufer einschlugen, verlor der weiche Grund seinen Halt und riß zu einer riesigen, fast einen Kilometer langen Furche auf. Die Nachbarschichten drückten nach und schoben wie ein gigantischer Bulldozer das Erdreich ins acht Meter tiefe und bis zu 150 Meter breite Flußtal.

Die Kriegsgeschichte kennt keinen zweiten Fall einer so kuriosen und dramatischen Nachschubsperre für eine ganze Front von zwei Divisionen. 10 000 bis 15 000 Mann sowie 7000 Pferde und Tragtiere waren mit einem Schlage von jeder rückwärtigen Verbindung abgeschnitten.

Generalmajor Schörner stellte sofort alle schon eingetroffenen Teile und Stäbe seiner 6. Gebirgsdivision zum Kampf gegen diese Naturkatastrophe zur Verfügung.

Pioniere gruben durch das ins Flußtal gestürzte Erdreich breite Rinnen für das gestaute Wasser. In zwölfstündiger Nachtarbeit bauten sie zusammen mit Stabspersonal, Trossen und Alarmeinheiten von beiden Flußseiten aus einen Doppelsteg. Dann wurden Trägerkolonnen gebildet: Immer hundert Mann schleppten je zwei Stunden lang Verpflegung, Futter, Munition, Betriebsstoff, Baustoffe und Holzkohle von schnell errichteten Lagern am Westufer zum Ostufer. 150 Tonnen täglich.

Gleichzeitig begannen die Pioniere der 6. Gebirgsdivision den Bau einer neuen Brücke. Auch das war hier oben, am Rande der Welt, ein Abenteuer mit unvorstellbaren Schwierigkeiten.

Für die neue Brücke von Parkkina mußten die Männer des Gebirgspionierbataillons 91 das schwere Balkenholz aus einem 200 Kilometer entfernten, neu eingerichteten Sägewerk holen. Die leichteren Bretter wurden aus Kirkenes mit dem Schiff nach Petsamo gebracht. 25 000 Baumstämme holten sich die Pioniere aus den Holzbeständen der Nickelgruben.

Inzwischen lagen die Bataillone der 2. und 3. Gebirgsdivision an der Front ohne Ablösung und ohne ausreichende Versorgung. Würde das gut gehen? Konnte man unter diesen Umständen vorn die erkundeten Winterstellungen besetzen und halten? Die seit Juni hier fechtenden Bataillone waren abgekämpft. Ausgeblutet. Die Männer körperlich und seelisch am Ende. Schweren Herzens hatte sich das deutsche OKW deshalb entschlossen, die beiden Divisionen aus der Front zu nehmen und durch die verstärkte 6. Gebirgsdivision Generalmajor Schörners zu ersetzen. Schörners Innsbrucker Jäger waren zu dieser Zeit freilich noch in Griechenland. Sie hatten im Frühjahr 1941 die ›Metaxaslinie‹ durchstoßen, den Olympriegel überwunden, im Zusammenwirken mit der Wiener 2. Panzerdivision Larissa gestürmt, Athen genommen und zuletzt auf Kreta gekämpft.

Nun wurden sie vom Mittelmeer ans Nordmeer in die Winterstellung am Lizabrückenkopf geworfen. Im Herbst 1941 wären die österreichischen Gebirgsjäger Schörners vor Leningrad oder vor Moskau dringend gebraucht worden. Daß Hitler sie nicht dorthin, sondern in den Nordwinkel der Ostfront schickte, beweist die Entschlossenheit der deutschen Führung, vor Murmansk keinen Meter Boden aufzugeben. Sie wollte und konnte dort oben nicht zurück. Die inzwischen angelaufenen riesigen Hilfslieferungen der Amerikaner an die Sowjets gaben Murmansk eine neue, entscheidende Bedeutung.

Wollte Hitler zu Beginn des Krieges nur die Bedrohung der wichtigen Erzgruben und der Eismeerstraße beseitigen, so galt es jetzt, einen kriegsentscheidenden Hafen und seine Bahnlinie in Besitz zu bekommen. Die Ausgangsposition, Sprungbrett für eine neue Offensive gegen Murmansk, mußte deshalb gehalten werden.

Am 8. Oktober war die neue Brücke bei Parkkina fertig, zwei Tage vor dem festgesetzten Termin. Sie wurde auf den Namen ›Prinz Eugen‹ getauft: eine Ehrenbezeigung für die österreichischen Gebirgstruppen, die das Gros von General Dietls Gebirgskorps stellten.

In langen Schlangen stand der seit Wochen gestaute Nachschub auf der Eismeerstraße. Jetzt konnte er rollen.

Aber es war wie verhext. Überraschend früh kam, wie überall an der Ostfront, der Winter. Hier setzte er mit einem fürchterlichen Polarsturm ein. Und am Abend des 9. Oktober erstarrte jede Bewegung zur Front. Kraftfahrer, die dennoch versuchten, mit ihren Lkw durchzukommen, wurden zugeweht und erstickten an den Auspuffgasen. Trägerkolonnen verirrten sich und kamen um. Sogar die Rentiere verweigerten den Dienst. Auch Leutnant Eichhorns Kompanie blieb vor der Brücke liegen.

Der ausbleibende Nachschub hatte vorn an der Front schreckliche Folgen. Die Truppe hungerte, fror und hatte keine Munition. Die Lage der Verwundeten war katastrophal. Es gab nicht genügend Träger, um sie schnell zurückzubringen. Besonders hart wurden auch die Pferde und die Tragtiere betroffen.

Der Quartiermeister des Gebirgskorps ›Norwegen‹, Major i. G. Hess, berichtet in seiner Studie ›Eismeerfront 1941‹, daß besonders die schweren Pferde des Infanterieregiments 388 und seiner I. Abteilung Artillerieregiment 214 diesen Strapazen nicht gewachsen waren. 1400 Pferde gingen in wenigen Wochen ein. Von den kleinen griechischen Maultieren der neu eingetroffenen Schörner-Division überstand kein einziges die Hölle der Tundra.

Trotzdem hielt die Lizafront. Die österreichischen Jäger widerstanden dem arktischen Winter, der die Eismeerfront acht Wochen früher traf als die Divisionen vor Moskau. Endlich kam die Ablösung. Die Kompanien von Schörners 6. Gebirgsdivision, die Ende Oktober im Abschnitt der 2. und 3. Gebirgsdivision den Befehl übernommen hatte, besetzten die Stellungen im Lizabrückenkopf und an der Titowka.

Die Ablösung an dieser schwierigen Kampffront, mitten in der Polarnacht, durch eine Truppe, die aus dem heißen Süden kam und keine Ahnung von den Land-, Kampf- und Lebensverhältnissen im hohen Norden hatte, war eins der gewagtesten Experimente, die während des Krieges gemacht wurden.

In langen Reihenkolonnen ziehen die Kompanien über die verschneiten Trampelpfade zwischen den Seen und hinauf auf die Granitmassive. Dreißig Zentimeter hoch liegt der Schnee. Zehn Grad Kälte herrschen bereits in diesen Tagen.

In der Nähe der Front treffen die Soldaten auf vermummte Gestalten: die

Einweiser. Winken, gedämpftes Rufen. Vorsicht! Ein paar hundert Meter entfernt lauert der Russe. Dann und wann schießt er Leuchtkugeln und fetzt kurze MG-Garben herüber.

»Folgen!« Hinter den Einweisern zweigen die Züge ab, dann die Gruppen. So verliert sich die Marschkolonne im Nichts. Verschwindet. Wohin?

Dort trottet Oberjäger Sailer mit acht Mann aus Innsbruck hinter dem Einweiser her. »Sakra, wohin bringt uns denn der Mann«, flucht Sailer. Der Einweiser brummt etwas und bleibt stehen. »Da sind wir.«

Ein mächtiger Granitfelsen, darauf ein MG. Hinter der Felskuppe ein paar armselige Höhlen aus Stein, mit Moos ausgestopft, mit Föhrenzweigen abgedeckt, Granitbrocken drauf und eine steifgefrorene Zeltplane vor dem Einschlupfloch: Kampfplatz und Wohnraum für den Winter.

Die Jäger erstarren. Kein Unterstand, kein Bunker, kein Graben, keine zusammenhängende Frontlinie — zum Sterben.

Und zum Leben? Eine Höhle, in der man nicht aufrecht stehen, sondern nur dicht aneinandergepreßt kauern kann: die Winterlinie im Lizabrückenkopf.

Das also ist das Ende der Reise. Sie kommen aus dem sonnendurchglühten Athen, von der Akropolis, vom Marktplatz der Menschheit, haben ganz Europa durchquert, sind durch den Bottnischen Meerbusen gefahren und über die 650 Kilometer lange Eismeerstraße von Rovaniemi heraufmarschiert.

Andere sind mit dem Schiff an der nordnorwegischen Küste entlang geschippert, bis die Engländer sie auf der Höhe von Hammerfest stellten und in die Fjorde jagten. Von dort sind sie dann zu Fuß 500 Kilometer auf der Reichsstraße 50 nach Kirkenes marschiert. Nun liegen sie, von der Polarnacht verschlungen, in der Tundra vor Murmansk.

Die abgemagerten Gestalten der 2. und 3. Gebirgsdivision flüstern ihnen die letzten Ratschläge zu und trösten: »Werdet schon Material kriegen für Unterkünfte und bessere Kampfstände.«

Dann packen sie sich ihre Rucksäcke auf und trotten aufatmend davon, verschwinden in der Nacht. Viele von ihnen, vor allem die Bataillone der 3. Gebirgsdivision, ziehen nun denselben langen Weg auf der Eismeerstraße nach Süden bis Rovaniemi, den ihre ablösenden Kameraden von der 6. gekommen sind. Nur das verstärkte Gebirgsjägerregiment 139 bleibt als Armeereserve im Bereich des Gebirgskorps ›Norwegen‹; ihm bleibt der schreckliche Weg über die Eismeerstraße nach Süden erspart. Denn nun ist Winter. Und das macht den Marsch nach Südlappland zum Drama.

Die Eismeerstraße war lebenswichtiger Versorgungsstrang zur Front. Wer in der anderen Richtung zog, hatte nur zweiten Rang. So marschierte jeden Tag lediglich ein Bataillon, mit festen Marschzielen und Biwakräumen. Alles zu Fuß. Nur das Gepäck konnte gefahren werden. Die zerlegten Geschütze, Infanteriewaffen und die Munition blieben bei Mann und Pferd.

In der Divisionsgeschichte der alpenländischen 3. Gebirgsdivision schreibt General Klatt, damals als Oberstleutnant Kommandeur des Gebirgsjägerregiments 138 und Kampfgruppenführer: »Sobald die Waldgrenze erreicht war, hatten wir das Schwerste überstanden. Nun führte jeder neue Tag zu lodernden Lagerfeuern. Sie halfen vor allem unseren abgemagerten Tieren. Trotzdem brachen die ersten nach etwa zehn Tagen am Wege zusammen. Was tun? Wir hoben den zitternden Körper vom Boden, sammelten Holz für ein Feuer und stützten die kraftlosen Flanken, bis das Tier erwärmt war und stand. Wenn es dann wieder seinen gewohnten Platz in der Reihe suchte, hatten wir dem Tode ein Schnippchen geschlagen. Das gelang oft, aber durchaus nicht immer, und stets entschieden wenige Minuten über das Schicksal unserer stummen, struppigen Weggenossen.«

Hinter Ivalo kamen die ersten Lappensiedlungen und dann finnische Bauernhäuser. Die Eismeersoldaten sahen das erste elektrische Licht, spielende Kinder, Rentierschlitten und die Eisenbahn von Rovaniemi. Ein letzter Gewaltmarsch, und das Randgebiet des Bottnischen Meerbusens kam in Sicht. Das Ziel war erreicht.

Der 24. Jahrestag der sozialistischen Oktoberrevolution, der nach dem jetzt geltenden Gregorianischen Kalender auf den 7. November fällt, stand für Moskau im Zeichen des deutschen Sturms auf die rote Hauptstadt. Die Metropole hungerte und zitterte. Marodeure durchzogen die Stadt. Standgerichte tagten.

Der 8. und 9. November, die berühmten Feiertage, waren in Anbetracht der Lage zu Arbeitstagen erklärt worden. Nur am 7. sollten kurze Feiern stattfinden. Die große traditionelle Massenveranstaltung des Moskauer Stadtsowjets am 6. November mußte unter die Erde verlegt werden: Stalin sprach in der untersten Halle der U-Bahn-Station Majakowski zur Partei und zur Roten Armee. Er beschwor den Sieg und forderte treue Gefolgschaft.

Am Morgen des 7. November marschierten auf dem verschneiten Roten Platz Kampfverbände, die an die Front gingen, an Stalin vorbei. Er stand auf dem Lenin-Mausoleum – in dem später auch seine Leiche für sieben Jahre aufgebahrt werden sollte – und grüßte die Kampfgruppen, die stumm in das Schneetreiben schritten. Rund um den Platz waren zahllose Flakbatterien in Stellung gebracht. Man hatte Angst vor einem deutschen Luftangriff. Aber Görings Luftwaffe kam nicht.

2600 Kilometer von Moskau entfernt, oben im eisigen Kampfraum vor Murmansk, hatte sich der Kommandeur der 10. sowjetischen Schützendivision für den 24. Revolutionstag eine besondere Feier ausgedacht: Er wollte Stalin einen Sieg schenken.

In der Nacht vom 6. auf den 7. November legte der Obergefreite Andreas Brandner vor dem Kampfstützpunkt 3 die Hand ans Ohr. Der Ostwind trug Gesang und stürmische Heiterkeit aus der sowjetischen Stellung herüber. Die Internationale klang immer wieder auf.

Der Obergefreite meldete ›das besondere Vorkommnis‹ der Kompanie. Der Kompaniechef telefonierte mit dem Bataillon. Man war vorsichtig und mißtrauisch. Wenn es beim Russen Schnaps gab, bedeutete das meist nichts Gutes. War es diesmal nur eine Feier oder die Einleitung zu einem Angriff?

Um 4 Uhr wußte man es genau: Sie kamen! Mit »Urrä« stürmte ein Regiment gegen K 3, ein weiteres gegen K 4. Fanatisch griffen die Sibirier an. Unterliefen das deutsche Sperrfeuer. Nisteten sich auf zwei unbesetzten, beherrschenden Bergkuppen direkt vor der deutschen Front ein.

In Gegenstößen wurde der Russe geworfen. Aber aus dem Felskegel vor K 3 ließen sich die Rotarmisten nicht vertreiben. Dort begann nun ein wochenlanger Stoßtrupp- und Handgranatenkrieg, der typisch war für diesen Frontabschnitt. Er erinnerte an die Stoßtruppunternehmen des ersten Weltkrieges bei Verdun und in den Dolomiten.

Die Sibirier lagen im Schutze eines Felsüberhanges im toten Winkel unter der Bergkuppe, keine zehn Meter unterhalb der deutschen Verteidiger. Man konnte sie mit Handfeuerwaffen oder Geschützen nicht packen. Die Handgranate war die einzige Waffe, mit der hier zu kämpfen war.

Immer wieder kamen die Sibirier katzenhaft den Überhang heraufgeklettert, schwangen sich auf den Rand vor dem kleinen deutschen Stützpunkt. Feuerten mit der MPi. Sprangen die Verteidiger an. Mann gegen Mann wurde gerungen, geschlagen, gestochen. Mit dem Spaten, dem Messer und dem Gewehrkolben.

Fünf Tage lang ging das so. Der Granitfelsen wurde bald ›Handgranatenköpferl‹ genannt. Und wer vom II. Bataillon Jägerregiment 143 zur Ablösung hinaufkletterte, hatte die bange Frage im Herzen: Gehst du wieder hinunter oder wirst du tot oder verwundet getragen werden müssen? 5000 Handgranaten warfen die deutschen Verteidiger. 350 Tote ließen die Russen am Berg.

Bis Mitte Dezember 1941 trat dann im Lizabrückenkopf Winterruhe ein. Auch am Hals der Fischerhalbinsel, wo die MG-Bataillone 13 und 14 und Kompanien vom Infanterieregiment 388 der 214. I. D. lagen, passierte nicht viel. Der polare Hochwinter ließ größere Kampfhandlungen nicht zu. Meterhoch lag der Schnee. Eiskalt fegte der Sturm über Felsen und Talsenken. Nur Spähtruppunternehmen führten den Krieg weiter.

Man sägte dem Iwan die Masten der Telegrafenlinie nach Murmansk ab und verheizte sie in den inzwischen eingetroffenen Bunkeröfen der Unterkünfte. Der Russe revanchierte sich durch Überfälle auf Posten und auf Trägerkolonnen.

Am 21. Dezember, drei Tage vor Heiligabend, begann auch im hohen Norden die sowjetische Winteroffensive, die an der Hauptfront schon seit vierzehn Tagen rollte. Die inzwischen für ihre Angriffe am Revolutionstag zur Garde erhobene 10. Schützendivision sowie die 3. und 12. Marinebrigade stürmten wieder gegen K 3, dann auch gegen K 4 und K 5. Das war der Abschnitt des Jägerregiments 143.

Die Jäger des Schwesterregiments, die 141er, die im Südteil des Brückenkopfes lagen, blieben vorerst verschont. Sie wurden bei feindlichen Einbrüchen zu Gegenstößen herangezogen.

Ein durchgebrochenes Regiment der 12. sowjetischen Marinebrigade wurde auf Höhe 263,5 bei klirrendem Frost und dichtem Schneetreiben von einem Gegenstoß des in Reserve liegenden III. Bataillons der 143er gepackt und in die Flucht geschlagen. Was davonkam, lief ins Feuer der deutschen Artillerie.

Nicht einen Meter Boden gewann Stalins Winteroffensive dort oben am Rande des Eismeers. Dieser Mißerfolg eines Angriffs, der mit zahlenmäßig überlegenen, hervorragend ausgerüsteten und wintertrainierten Truppen geführt wurde, bewies, daß Gelände und Witterung für jeden Angreifer fast unüberwindliche Hindernisse boten, wenn sie von einem entschlossenen Verteidiger genutzt wurden.

Aber Stalin wollte dieses Gesetz ebensowenig akzeptieren wie Hitler. Zu drohend war für den roten Diktator die Gefahr, daß die Lebenslinie Murmansk durchschnitten werden würde. Für die gesamte sowjetische Kriegführung wäre das ein tödlicher Schlag geworden.

Unter Einsatz stärkster Kräfte versuchte Stalin deshalb, diese Bedrohung zu beseitigen und das deutsche Gebirgskorps zu vernichten. Kein Preis war ihm zu hoch. Denn er wußte, was er vor Murmansk verteidigte.

Bei der Schlacht um Kiew im Herbst 1941, der größten deutschen Umfassungsschlacht des Ostfeldzuges, hatten die deutschen Armeen nach wochenlangem Kampf rund 900 Panzer, 3000 Geschütze und schätzungsweise 10 000 bis 15 000 Kraftfahrzeuge erbeutet oder vernichtet. In der nachfolgenden größten Vernichtungsschlacht des Ostkrieges, der Kesselschlacht Wjasma—Brjansk, hatten die Sowjets 1250 Panzer verloren.

Hitler hatte daraufhin seinen Reichspressechef erklären lassen: »Dieser Gegner wird sich nie mehr erheben!«

Tatsächlich aber machten die amerikanischen Rüstungslieferungen von 1942 fast alle materiellen Verluste der Roten Armee wieder wett. Darin ist die kriegsentscheidende Wirkung der amerikanischen Hilfslieferungen klar zu erkennen.

Die Westmächte lernten schnell, ihre Geleitzüge gegen die deutschen U-Boote im Eismeer und gegen die von nordnorwegischen und nordfinnischen Flugplätzen aus angreifenden deutschen Flugzeuge zu sichern. Starke Seestreitkräfte begleiteten die riesigen Konvois der Handelsschiffsherden mit ihren dreißig, vierzig und mehr Transportschiffen bis vor Murmansk und bis ins Weiße Meer. Ihr ›Lehrgeld‹ hatten die Alliierten bei der Katastrophe des Geleitzuges ›PQ 17‹ bezahlt.

Dieser berühmte Konvoi war darüber hinaus für die deutsche Führung das warnende Zeichen für den riesigen Umfang der amerikanischen Hilfslieferungen an Rußland durchs Nordmeer. ›PQ 17‹ ist deshalb in doppelter Hinsicht von kriegsgeschichtlicher Bedeutung.

Anfang Juli 1942 dampften dreiunddreißig Transportschiffe, davon zweiundzwanzig amerikanische, ins Nordmeer. Fast genausoviel Kriegsfahrzeuge — Kreuzer, Zerstörer, Korvetten, Flak-Schiffe, U-Boote und Minenräumer — begleiteten die dicht zusammengedrängt fahrende Handelsarmada als Nahsicherung. Die Fernsicherung bildete Großbritanniens Home Fleet mit zwei Schlachtschiffen, einem Flugzeugträger, zwei Kreuzern und vierzehn Zerstörern.

Als der Konvoi am 4. Juli an Jan Mayen vorbei in die Barents-See einbog, erreichte die britische Admiralität in London die Alarmmeldung eines Agenten: »Deutsche Überwasserstreitkräfte, und zwar das Schlachtschiff ›Tirpitz‹, das Panzerschiff ›Admiral Scheer‹ und der schwere Kreuzer ›Hipper‹ sowie sieben Zerstörer und drei Torpedoboote, aus dem nordnorwegischen Altenfjord ausgelaufen!«

Das konnte nur Großangriff mit ganz überlegenen Kräften auf ›PQ 17‹ bedeuten. Die Home Fleet stand zu weit ab, um rechtzeitig heran zu sein. Also bekamen die Sicherungskräfte den Befehl, sich zurückzuziehen und den Geleitzug aufzulösen. Die Transporter sollten versuchen, das Ziel in Einzelfahrt zu erreichen.

Diese Entscheidung war ein verhängnisvoller Fehler. Die deutschen Hochseestreitkräfte fuhren gar keinen Angriff auf ›PQ 17‹, sie kehrten vielmehr aus Sorge vor feindlichen Flugzeugträgern in ihre Häfen zurück.

Die von ihren ›Hirten‹ verlassene Geleitzugherde aber wurde nun von Admiral Dönitz' grauen U-Boot-Wölfen sowie von Bomberstaffeln und Torpedoflugzeugen des ›Fliegerführers Kirkenes‹ gepackt und in einer dramatischen, tagelangen Geleitzugschlacht vernichtet. Vierundzwanzig Transporter und Rettungsschiffe wurden versenkt.

Das ganze Ausmaß dieser Vernichtung begreift man erst, wenn man erfährt, was in den ›Bäuchen‹ der versenkten Transportschiffe lagerte. Es gingen verloren: 3350 Kraftfahrzeuge, 430 Panzer, 210 Flugzeuge und 100 000 Tonnen andere Ladung. Das entsprach ungefähr der Beute einer mittleren Vernichtungsschlacht wie der von Uman.

Aus dieser Katastrophe lernten die Alliierten. Nie mehr fuhren ihre Konvois ohne stärkste Sicherung durch Seestreitkräfte und Flugzeugträger. Der Erfolg: Von 16,5 Millionen Tonnen Gesamtlieferungen Amerikas an die Sowjetunion erreichten 15 Millionen ihren Bestimmungsort – meist über Murmansk. Darunter waren 13 000 Panzer, 135 000 Maschinengewehre, neunzig Millionen Meter Uniformtuch und elf Millionen Paar Soldatenstiefel.

Doch zurück zum Ausgangspunkt dieser Schilderung: zum Kampf um Murmansk. Ende April 1942, nach monatelanger Kampfpause, trat der Oberbefehlshaber der sowjetischen Karelienfront, Generalleutnant Frolow, bei brausenden Frühjahrsstürmen mit seiner 14. sowjetischen Armee zur großen Offensive an. Sie sollte die Entscheidung bringen und das deutsche Gebirgskorps vor Murmansk vernichten, das seit Januar 1942 unter dem Befehl von Generalleutnant Schörner focht. Mit einer kühn geplanten kombinierten Erd- und See-Operation wollten die Sowjets die 6. Gebirgsdivision in einer mächtigen Zangenbewegung zerdrücken, Kirkenes und die Erzgruben erreichen und Nordfinnland in Besitz nehmen.

Der Auftakt war ein Frontalangriff der 10. sowjetischen Garde- und der 14. Schützendivision im Lizabrückenkopf. Massiertes Artilleriefeuer, donnernder Sturm: Um drei Uhr morgens, im milchigen Schein des Polarlichts, kamen sie in dichten Wellen. Erst still, dann mit »Urrä«.

Von schwerem Artilleriefeuer eingedeckt, eingehüllt in einen Schneesturm, der kaum zehn Meter Sicht ließ, standen die Männer der österreichischen Jägerregimenter 143 und 141 in ihren Stützpunkten und wichen keinen Schritt. Wenn der Russe das MG- und Karabinerfeuer unterlaufen konnte und in einen Stützpunkt einbrach, wurde er im Nahkampf niedergeschlagen.

Drei Tage liefen die 14. und 10. sowjetische Division regelrecht Amok, dann war ihre Kraft gebrochen. Sie hatten keinen Meter gewonnen.

Aber General Frolow gab nicht auf. Er hatte noch einen Pfeil im Köcher: Sechs Skibrigaden, darunter die berühmte 31. Rentierbrigade, umfuhren am 1. Mai den Südflügel der deutschen Stützpunktlinie und stießen umfassend in den Rücken der 6. Gebirgsdivision.

Gleichzeitig landete an der Westküste der Motowskibucht die wieder aufgefrischte und verstärkte 12. rote Marinebrigade mit 10 000 bis 12 000 Mann. Gedeckt vom Feuer sowjetischer Torpedoboote, stürmten die Marine-Infanteristen an Land, durchbrachen den schwachen deutschen Sicherungsschleier, der nur aus zwei Kompanien bestand, und jagten gegen die Versorgungsstraße Parkkina–Sapadnaja Liza. »Revanche für den 28. Dezember« ist ihre Losung. Es sieht ganz so aus, als ob sie sie bekämen.

Die Gefahr war riesengroß. General Schörner führte persönlich rückwärtige Teile, Trosse und Stabspersonal an die gefährdete Versorgungsstraße. Dort warf er sich neben die Jäger, feuerte mit seinem Karabiner, dirigierte die Gegenstöße und mahnte immer wieder: »Halten! Zeit gewinnen!«

Er schaffte es. Es wurde so viel Zeit gewonnen, daß die alarmierten Bataillone der 2. Gebirgsdivision, die bei Kirkenes lag, herangeführt werden konnten. Am 3. Mai, gegen Mitternacht, traten sie an: Teile der Jägerregimenter 136 und 143.

Bis zum 10. Mai dauerten die schweren, verlustreichen Kämpfe, dann mußten General Frolows Marineinfanteristen weichen. Die sowjetischen Kriegsschiffe in der Motowskibucht nahmen die Reste wieder auf. Die sowjetische Nordzange war zerschlagen.

Der südliche Umfassungsarm, im Zentrum mit der 31. Rentierbrigade, traf am Titowka-Fluß auf die Sicherungen der alten Narvikkämpfer des Jägerregiments 139. Ihre Stützpunkte hielten. Aber die Sowjets sickerten durch die Front und bedrohten mit ihren Rentierverbänden die Eismeerstraße, den Flugplatz und die Nickelgruben.

Auch dort schlug Schörner erfolgreich zurück. Bataillone der Jägerregimenter 137 und 141 sowie eine gemischte Kampfgruppe der Aufklärungsabteilung 112 mit dem Pionierbataillon 91 stoppten den Angriff und zerschlugen den Feind.

Doch einen Trumpf, einen gefährlichen Trumpf, hatte das rote Oberkommando noch im Spiel. Aber auch er kam nicht zum Stich. Das Kriegsglück ergriff auf eine schreckliche Weise für Schörner Partei.

General Frolow hatte in der völlig ungedeckten Südflanke der deutschen Front, in der schlimmsten Einöde der Tundra, die 155. sowjetische Schützendivision angesetzt. Sie sollte dem deutschen Gebirgskorps den Fangstoß geben. Aber auch die Russen kochten nur mit Wasser.

Die 155. Division hatte nicht mehr rechtzeitig ihre Winterausrüstung erhalten. Kompanieweise erfroren die Rotarmisten in der Tundra. Unter riesigen Schneehaufen entlang der Vormarschpfade lagen sie begraben. Eine schreckliche Wiederholung der napoleonischen Tragödie: Nur 500 von 6000 Russen erreichten den Kampfraum. Sie waren derart ausgemergelt, daß sie von kleinsten deutschen Sicherungsgruppen zerschlagen werden konnten.

Das Fazit des Feldzuges im hohen Norden war trotz aller Abwehrerfolge niederschmetternd: Aus Mangel an Kraft hatten sich die drei Stoßkeile der deutsch-finnischen Armee in den Einöden zwischen der finnischen Ostgrenze und der Murmanbahn festgelaufen.

Die Offensive des Gebirgskorps ›Norwegen‹ kam im Brückenkopf ostwärts der Liza zum Stehen.

Das XXXVI. Armeekorps unter General Feige konnte zwar Salla nehmen, das XXXXVI. sowjetische Korps zerschlagen und den Höhenzug des Wojtja und Lyssaja erobern. Damit war aber auch hier die Angriffskraft erschöpft.

Die Fronten des finnischen III. Korps unter General Siilasvuo erstarrten westlich Uhtua in einem Brückenkopf ostwärts der Enge zwischen Top-See und Pjä-See. Das Ziel Murmanbahn lag zum Greifen nahe, aber man erreichte es nicht.

Die Frage, die sich stellt, lautet: Wenn es schon nicht gelang, die entscheidende Lebensader Rußlands vom Eismeer zur Leningrader und Moskauer Front in den Griff zu bekommen, warum in aller Welt wurden dann nicht wenigstens die Bahn, die Brücken und die Murmansker Verladeanlagen durch Luftangriffe außer Betrieb gesetzt? Die Antwort, die sich in den Akten der deutschen Luftwaffenführung findet, ist bezeichnend und demonstriert das Kernproblem des Ostkrieges: Es war nur möglich, Teilerfolge zu erzielen. Eine länger anhaltende Unterbrechung der Bahn oder eine nachhaltige Zerstörung und Vernichtung von Kunstbauten und Kraftwerken gelang nicht. Und warum nicht? Die Luftwaffe hatte dafür nicht genügend Kräfte. Die Luftflotte 5, die an der Nordfront operierte, war durch den Zwang zur Unterstützung zu vieler Unternehmen zersplittert und nicht in der Lage, große Schwerpunkte zu bilden, die zum Ziele geführt hätten.

Die Front im hohen Norden war erstarrt. Das Feldzugsziel Murmansk war nicht erreicht. Und das Endziel des Kriegsplanes, Archangelsk, lag in weiter Ferne.

Sechster Teil

Der Kaukasus und das Öl

1 Vorspiel zu Stalingrad

Halder fährt in die ›Wolfsschanze‹ – Die Sorgen des Generalstabschefs – Der Isjumer Bogen – Balakleja und Slawiansk – Die Führerweisung Nr. 41 – ›Fall Blau‹ – Eröffnung auf der Krim – Mißglücktes Dünkirchen der Russen – Mitte Mai südlich Charkow – ›Fridericus‹ findet nicht statt – Kleists einarmige Panzerzange – Die Straße des Todes – 239 000 Gefangene

Der Wagen von Generaloberst Halder biegt aus dem ostpreußischen Mauerwald, wo gut versteckt das Hauptquartier des OKH liegt, auf die Straße nach Rastenburg. Ein Frühjahrssturm fegt durch die Kronen der mächtigen Buchen. Er peitscht die Wellen des Mauersees, daß sie schäumen, und er läßt die Wolken tief über das Land segeln, so tief, daß man meint, sie würden drüben von dem hohen Steinkreuz aufgeschlitzt, das den Soldatenfriedhof von Lötzen krönt.

Es ist der Nachmittag des 28. März 1942. Generaloberst Halder, Chef des Generalstabs des Heeres, fährt zu Hitler ins Führerhauptquartier ›Wolfsschanze‹, das in den Wäldern von Rastenburg verborgen liegt.

Der Ordonnanzoffizier hält die Aktenmappe auf dem Schoß. Sie ist in dieser Stunde die wertvollste Mappe der Welt. Sie enthält den Kriegsplan des deutschen Generalstabs für das Jahr 1942.

Halder überdenkt noch einmal seine Vorschläge. In wochenlanger Arbeit hat er die Ideen, Gedanken und Wünsche, die Hitler als Oberbefehlshaber des Heeres und Oberster Befehlshaber der Wehrmacht in den täglichen Lagebesprechungen der letzten Zeit entwickelt hatte, in einen Entwurf gebracht. Das Kernstück dieses Feldzugplans für 1942 ist die Großoffensive im Südabschnitt zum Kaukasus, Ziel dieser Offensive: die russischen Hauptkräfte zwischen Donez und Don vernichten, die Kaukasusübergänge gewinnen und dann die mächtigen Ölgebiete am Kaspischen Meer in deutsche Hand bringen.

Der Chef des Generalstabs ist nicht glücklich über den Plan. Er ist voller Zweifel, ob eine große deutsche Offensive nach dem Aderlaß des Winters überhaupt vertretbar ist. So manche gefährliche Krisenlage, über deren Behebung wir in den vorangegangenen Kapiteln vorgreifend schon berichteten, lastet Ende März noch schwer auf dem deutschen Oberkommando und dem Generalstab des Heeres.

Noch ist ja in den letzten Märztagen des Jahres 1942 General Wlassows Armee am Wolchow nicht vollends geschlagen.

Noch steckt Graf Brockdorff-Ahlefeldt mit den Divisionen seines II. Korps im Kessel von Demjansk. Das ›Unternehmen Brückenschlag‹ läuft zwar, ist aber Ende März 1942 noch nicht geglückt.

In Cholm ist die Kampfgruppe Scherer um diese Zeit noch nicht befreit.

Und auch im Raum Dorogobusch–Jelnja, nur vierzig Kilometer ostwärts Smolensk, herrscht Ende März noch Krisenstimmung. Hier operieren die Sowjets mit Teilen ihrer 33. Armee, dem I. Gardekavalleriekorps und dem IV. Luftlandekorps. Weiter nördlich hält die 39. sowjetische Armee und das XI. Kavalleriekorps noch immer den gefährlichen Frontvorsprung westlich Sytschewka.

Aber das sind noch lange nicht alle Sorgen, die den deutschen Generalstabschef Ende März bedrücken. Auf der Krim liegt Manstein mit der 11. Armee vor Sewastopol fest, und die Halbinsel Kertsch haben die Russen im Januar sogar wieder zurückerobert. Vor allem aber vor Charkow ist die Lage kritisch: Seit Mitte Januar toben hier schwere Kämpfe. Das sowjetische Oberkommando versuchte mit aller Kraft, in einem Zangengriff Charkow zu packen. Der Stoß des nördlichen Zangenarms konnte zwar bei Bjelgorod und Woltschansk aufgefangen werden. Aber der südliche Zangenarm, die 57. sowjetische Armee, hatte die deutsche Donezfront beiderseits Isjum in einer Breite von achtzig Kilometern aufgesprengt. Die sowjetischen Divisionen hatten sich bereits einen Brückenkopf von hundert Kilometer Tiefe geschlagen. Die Spitzen des Angriffs bedrohten Dnjepropetrowsk, das Versorgungsherz der Heeresgruppe Süd.

Ob sich der sowjetische Einbruch im Raum Isjum zu einem Dammbruch mit unabsehbaren Folgen entwickeln würde, hing davon ab, ob die beiden Eckpfeiler nördlich und südlich der Einbruchsstelle, Balakleja und Slawiansk, gehalten werden konnten. Hier fochten seit Wochen die Bataillone von zwei deutschen Infanteriedivisionen einen beinahe schon legendären Abwehrkampf. Von dem Ausgang hing die ganze Entwicklung an der Südfront ab. Die Berliner 257. Infanteriedivision hielt Slawiansk, die 44. Infanteriedivision aus Wien den Eckpfeiler Balakleja.

In blutigen Kämpfen verteidigten die Berliner Regimenter unter General Sachs, später unter Oberst Püchler, den Südrand des Isjumer Bogens. Die Kampfgruppe Oberst Drabbe, Kommandeur I. R. 457, focht mit einer Wendigkeit, Tapferkeit und Opferbereitschaft um die elenden Dörfer, Kolchosen und Gehöfte, daß selbst die sonst bei der Würdigung deutscher Leistungen sehr zurückhaltenden sowjetischen Kriegsberichte voller Bewunderung sind. Das Dorf Tscherkasskaja wurde zum blutigen Symbol dieses Kampfes. In elf Tagen verlor die Gruppe Drabbe hier von ihren tausend Mann fast die Hälfte. Sechshundert Kämpfer hielten eine Rundumfront von vierzehn Kilometern. Die Sowjets verloren vor diesem Nest 1100 gezählte Tote. Sie nahmen schließlich das Dorf, aber es hatte auch ihre Kraft, die Kraft von fünf Regimentern, gefressen.

Ehe Generaloberst Halder am Nachmittag des 28. März aus seinem Quartier in die ›Wolfsschanze‹ abgefahren war, hatte er sich den Gefechtsbericht der 257. I. D. über die nun bereits siebzig Tage währende Schlacht vorlegen lassen;

denn die Division sollte im Wehrmachtbericht genannt werden: Die Regimenter hatten 180 Feindangriffe abgeschlagen. 12 500 gefallene Sowjets waren vor der Front der Division gezählt worden. Drei sowjetische Schützendivisionen, eine Kavalleriedivision waren aufgerieben, vier Schützendivisionen und eine Panzerbrigade hart mitgenommen worden. Allerdings zeigten auch die eigenen Verluste die Härte des Kampfes: 652 Tote, 1663 Verwundete, 1689 Erfrierungen, 296 Vermißte – insgesamt 4300 Mann, die Hälfte der Gesamtverluste, welche die Division in zehn Monaten Rußlandkrieg gehabt hatte: Slawiansk!

Am nördlichen Rand des Isjumer Einbruchs, im Raum Balakleja, focht die Wiener 44. Infanteriedivision, deren Infanterieregiment 134 die Hoch- und Deutschmeister-Tradition führte. Die Division Oberst Debois hielt die Front von Andrejewka über Balakleja und Jakowenkowo bis Wolochow Jar. Hundert Kilometer waren das. Und auf diesen hundert Kilometern griff ein ganzes sowjetisches Korps an, verstärkt von Panzerkräften und Raketenbatterien.

Auch hier waren die Kampfgruppen und ihre Kommandeure die Seele des Widerstandes. Was die Kampfgruppe unter Oberst Boje, Kommandeur I. R. 134, in den entscheidenden Abschnitten Jakowenkowo und Wolochow Jar auf den vom Eiswind gepeitschten Uferhöhen der Balakleja durchstand, gehört zu den außergewöhnlichen Kapiteln des Ostkrieges.

Der Kampf ging um die Dörfer und Gehöfte, das heißt um die Unterkünfte. Denn bei 50 Grad Kälte waren ein Haus und ein wärmender Ofen für eine Stunde Schlaf eine Frage von Leben oder Tod. Die Deutschen klammerten sich an die Dörfer, die Russen versuchten, sie hinauszuwerfen, weil auch sie aus ihren Schneeburgen, hinter denen sie sich zu ihren Angriffen sammelten, heraus wollten, unter ein Dach, in eine warme Ecke, um einmal ohne Angst vor dem Erfrierungstod ein Auge voll Schlaf nehmen zu können.

Der Krieg ging also für den Soldaten wieder um die elementaren Dinge des Lebens. Und Deutsche wie Russen fochten mit letztem Einsatz. So trafen sich die Interessen des Kämpfers mit denen der Generalstäbe. Beide wollten Balakleja und die Dörfer nördlich davon, die von der 44. I. D. gehalten wurden – wegen der Häuser und wegen der Strategie. Wenn der Eckpfeiler Balakleja und die Höhen, von denen aus die Straßen nach Westen beherrscht wurden, verlorengegangen wären, hätte Timoschenko den Isjumer Einbruch strategisch zum großen Durchbruch auf Charkow ummünzen können.

Aber Balakleja hielt, zäh verteidigt vom Infanterieregiment 131 unter Oberst Poppinga. Doch nördlich davon geriet der Stützpunkt 5 des I. Bataillons Infanterieregiment 134 in so massierte Angriffe, daß er nicht zu halten war. Das Bataillon verteidigte sich bis auf den letzten Mann gegen sowjetische Panzerangriffe. Hier fiel auch Leutnant von Hammerstein, ein Neffe des ehemaligen Chefs der Heeresleitung von Hammerstein-Equord.

Diese jungen, zu jedem Einsatz und zu jedem Opfer bereiten Offiziere wie Hammerstein waren in den schrecklichen Abwehrkämpfen ein hervorstechendes Element. Zusammen mit den abgebrühten, unerschrockenen alten Unteroffizieren und Gefreiten bildeten sie kleine Kampfgemeinschaften, die fast immer unglaubliche Leistungen vollbrachten.

So zerschlug Oberleutnant Vormann mit den Resten seiner 2. Kompanie in einem blutigen Nachtgefecht ein ganzes sowjetisches Bataillon.

Der Chef der 13. Kompanie, Oberleutnant Jordan, lag bei Jakowenkowo nächtelang dicht vor den russischen Linien, lenkte das Feuer seiner Infanteriegeschütze gegen die feindlichen MG-Nester auf der Höhe und setzte sie eins nach dem andern außer Gefecht. Vormann und Jordan liegen beide in Stalingrad begraben.

Wie erbittert der Kampf um den Frontabschnitt Balakleja geführt wurde, zeigt auch die Tatsache, daß Oberst Boje selbst und sein Stab mehr als einmal im Nahkampf mit Pistole und Handgranate fechten mußten. Ein russisches Skibataillon erreichte schließlich die entscheidende Straße Balakleja–Jakowenkowo an der Südflanke der Kampfgruppe und nistete sich in riesigen Strohschobern ein. Mit seinen letzten Reserven griff Boje an, um seine Kampfgruppe aus der tödlichen Gefahr der Einkesselung zu befreien. Die Russen wichen keinen Schritt. Feuerten noch aus den von Stukas in Brand geschossenen Strohschobern heraus und schlugen sich bis zum letzten.

Es waren furchtbare Kämpfe. Das Typische daran war, daß sie immer vom Einzelkämpfer entschieden wurden. Wie überhaupt die erfolgreichen deutschen Abwehrschlachten im Winter und im Frühjahr 1942 im wesentlichen vom Einsatz des deutschen Einzelkämpfers abhingen. Er war, damals jedenfalls noch, dem russischen Soldaten an Erfahrung und Kampfmoral überlegen. Nur so sind die erstaunlichen Leistungen zu verstehen, die deutsche Soldaten, oft auf sich allein gestellt, an allen Frontabschnitten zwischen Schlüsselburg und Sewastopol gegen zahlenmäßig und in der Ausrüstung überlegenen Feind vollbrachte.

Aus dem schwerumkämpften Raum Charkow mag eine hervorstechende Leistung des Mutes, der Unerschrockenheit und der taktischen Kunst für alle berichtet werden.

Im März focht hier auch die 3. Panzerdivision als Feuerwehr für die ständig bedrohte Front. Im Abschnitt Nepokrytaja hielt Feldwebel Erwin Dreger mit fünfzehn Mann von der 1. Kompanie Schützenregiment 3 eine zwei Kilometer breite Front. Das ging natürlich nur dank einer besonderen Taktik, die sich Dreger ausgedacht hatte, und dank der eisernen Nerven seiner Männer, alles ›alte Füchse‹ der Ostfront. Dreger hatte aus Beutebeständen jeden mit einem MG bewaffnet, drei weitere hatten sie in Reserve, für alle Fälle. Im Dorf, am Dorfrand und im Gelände waren Stapel von erbeuteter MG-Munition gelagert, so daß kein MG einen Schützen zwei für die Munitionierung brauchte.

In einem weiten Bogen lagen Dregers Schützen tief gestaffelt im Gelände, mit Front auf eine Waldspitze, aus der die Russen immer wieder angriffen. Denn hier hatten sich – was natürlich weder Dreger noch die 3. Panzerdivision wußten – sowjetische Vorausabteilungen den Durchbruch vorgenommen. Am 17. März sollte er erzwungen werden. Gegen 10 Uhr 30 trat der Russe in Bataillonsstärke an. Dreger war mit seiner ›Spritze‹ in der Mitte, und damit am tiefsten Punkt der Verteidigungslinie, in Stellung gegangen. Die Russen kamen näher und näher, ohne daß auch nur ein einziger Schuß fiel. Eisern hatte es Dreger seinen Männern eingeschärft: »Warten, bis ich das Feuer eröffne.« Bis auf fünfzig Meter etwa waren die Spitzen des feindlichen Stoßkeils bereits herangekommen, als Dreger mit seinem ›Leit-MG‹ den ersten Feuerstoß abgab. Wenn die alten Hasen auch gute Nerven hatten, so fühlten sie sich doch erleichtert, als sie endlich schießen durften. Da der feindliche Stoß fast genau in die Mitte der Verteidigungslinie gezielt hatte, konnte er gewissermaßen ›umfassend‹ abgewehrt werden. Unter dem wirkungsvollen Feuer von beiden Flanken brach der russische Vorstoß nach zwanzig Minuten in sich zusammen. Während der Gegner sehr hohe Ausfälle zu beklagen hatte, waren bei der Gruppe Dreger keine Verluste eingetreten.

Als nach einstündiger Pause die Russen gezieltes Artilleriefeuer auf die erkannten MG-Stellungen setzten, lachten Dreger und seine Männer nur: Diese Stellungen hatten sie natürlich längst aufgegeben und sich in neuen eingerichtet.

Fünfmal griffen die Russen innerhalb von vierzehn Stunden an. Fünfmal brachen ihre Bataillone im massierten MG-Feuer der Gruppe Dreger zusammen. Sechzehn entschlossene Männer trotzten einem Feind, der ihnen zahlenmäßig um mehr als das Hundertfache überlegen war.

Drei Tage später allerdings forderte der Krieg auch Dreger das Letzte ab: Er war mit seinem Zuge schließlich aus seinem Dorf herausgedrückt worden. Aber bei 30 Grad Kälte brauchten die Männer wenigstens während der Nacht ein paar Stunden ein Haus, eine Stube, einen Keller gegen den Frost und, vor allem, zum Schutz vor dem eisigen Wind. Dreger wollte eine Kolchose im Handstreich zurückerobern. Er wurde von einer MPi-Garbe getroffen. Seine Männer schleppten ihn zurück. Hinter einer Strohmiete betteten sie ihn. Dreger klopfte die eiskalten Finger gegeneinander, wie um sie zu wärmen. Und er lauschte dabei in die stille eiskalte Nacht. Leise sagte der sonst so ganz unpathetische Mann zu den Kameraden: »Hört Ihr, Freund Hein klopft schon!« Dann starb er.

Die Geschichte von Feldwebel Dreger kannte Generaloberst Halder nicht. Aber die Kampfberichte vom Einsatz der 44. I. D. bei Balakleja hatte er am 28. März genau im Kopf.

Am 13. Februar hatte er sie an Jodl geschickt zur Aufnahme in den Wehrmachtbericht. Am 14. wurden die Wiener zum erstenmal genannt. Seitdem waren schon wieder sechs Wochen vergangen. Der sowjetische Sturm hatte sich im großen und ganzen dank einer erstaunlichen Leistungskraft der Truppe an den Eckpfeilern des Isjumer Bogens gebrochen. Aber selbst wenn man optimistisch war und davon ausging, daß dieser Krisenherd, wie alle die anderen, bald ganz beseitigt sein würde, so blieb doch die berechtigte Frage: Wäre es nicht besser, an der ganzen Ostfront, auch bei der Heeresgruppe Süd, eine Pause einzulegen und den Russen kommen zu lassen, um ihn aus der Abwehr heraus zu zermürben, ihn angreifen zu lassen, damit sich seine Reserven verbluteten?

Das war die Frage, die Halder bei der Planung für 1942 sich und seinen Offizieren immer wieder stellte.

Aber der Chef der Operationsabteilung, Generalmajor Heusinger, hatte darauf hingewiesen, daß man die Initiative und damit unübersehbare Zeit verlieren würde. Die Zeit jedoch arbeite für den Russen. Wenn überhaupt, müsse man bald versuchen, ihn auf die Knie zu zwingen.

Halder hatte diesen Einwand akzeptiert. Aber seiner Meinung nach hätte dann eine neue Offensive wieder gegen das Herz der Sowjetunion, gegen Moskau geführt werden müssen.

Genau dagegen aber wehrte sich Hitler mit Händen und Füßen. Er schien geradezu einen Horror vor Moskau zu haben. Er wollte jetzt etwas ganz anderes machen, wollte nach den schlechten Erfahrungen des vergangenen Jahres an der Mittelfront nunmehr die Entscheidung im Süden suchen, wollte Stalin das kaukasische Öl wegnehmen und nach Persien stoßen. Auch Rommels Afrika-Armee war in diesen Plan einbezogen. Der ›Wüstenfuchs‹, der gerade seine Offensive aus der Cyrenaika heraus gegen die britische Gazala-Stellung und das nordafrikanische Herz der britischen Abwehr, Tobruk, vorbereitete, sollte über Ägypten durch die arabische Wüste bis an den Persischen Golf durchstoßen. Dann wäre auch Persien, der einzige Treffpunkt zwischen England und Rußland und neben Murmansk die zweite große Nachschubbasis der amerikanischen Hilfslieferungen, ausgeschaltet. Und mit den russischen wären dann auch die noch reicheren arabischen Ölvorkommen in deutscher Hand: Mars war zum Gott der Kriegswirtschaft ernannt.

Halders Wagen stoppt vor dem Schlagbaum am Tor I zum Sperrkreis I der ›Wolfsschanze‹, des eigentlichen Führerlagers. Die Wache grüßt. Schlagbaum hoch. Über die schmale Teerstraße geht es in die Waldburg Hitlers. Die niedrigen Betonbaracken mit Tarnanstrich und bepflanzten Flachdächern liegen gut versteckt zwischen hohen Buchen. Selbst von einem Flugzeug aus sind sie nicht zu erkennen. Weithin war die Gegend hermetisch abgesperrt. Von Drahthindernissen und Minengürteln gesichert. Die Straßen blockiert. Die kleine Stichbahn stillgelegt und nur noch von dem Triebwagen Görings benutzt, der südlich von Rastenburg, nahe dem Spirding-See, im Johannisberger Forst seinen Gefechtsstand hatte.

Generaloberst Jodl hat einmal gesagt, die ›Wolfsschanze‹ sei eine Mischung aus Konzentrationslager und Kloster gewesen. Auf jeden Fall war es ein spartanisches Feldlager, nur mit dem einzigen Unterschied zum militärischen Leben, daß Hitler die Nacht zum Tage machte, bis zwei, drei, ja vier Uhr arbeitete und dann morgens ›bis in die Puppen‹ schlief. Seine engsten Mitarbeiter mußten sich wohl oder übel diesem Rhythmus anpassen.

Halder fährt an der Nachrichtenzentrale des Reichspressechefs vorbei. Rechter Hand liegt die Funk- und Telefonzentrale des Lagers, daneben die Quartiere von Jodl und Keitel. Links am Wege haben Bormann und der Reichssicherheitsdienst ihre Unterkünfte. Am Waldrand endlich kommt die Führerbaracke, die noch einmal von einem hohen Drahtzaun abgesperrt ist. Zusammen mit Hitlers Schäferhündin ›Blondi‹ ist dieser Maschendraht das letzte Hindernis vor Hitlers spartanischer Eremitage im Rastenburger Forst.

Hitler hatte zu der Besprechung am 28. März nur einen kleinen Kreis gebeten, die Führungsspitze der Wehrmacht: mit Keitel, Jodl und Halder noch ein halbes Dutzend hoher Militärs der drei Wehrmachtteile. Sie stehen oder sitzen auf Holzhockern um den eichenen Kartentisch herum. Hitler in der Mitte der Längsseite; ihm schräg gegenüber, an der Schmalseite, der Generalstabschef.

Halder erhält das Wort und beginnt seinen Plan vorzutragen. Er trägt das Deckwort ›Fall Blau‹. Ursprünglich sollte er ›Fall Siegfried‹ heißen. Doch Hitler wollte keine verpflichtenden Mythenfiguren mehr als Paten für seine Operationen haben, seit Kaiser Rotbart als ›Barbarossa‹ sich so wenig glückhaft erwiesen hatte.

Hitler unterbricht Halder immer wieder mit Zwischenfragen. Man kommt vom Hundertsten ins Tausendste, aber nach drei Stunden gibt Hitler den Grundzügen des Planes seine Zustimmung: I. Akt: Zwei Armeegruppen bilden eine mächtige Zange. Der nördliche Zangenarm stößt aus dem Raum Kursk–Charkow den mittleren Don entlang südostwärts vor, während der rechte Zangenarm aus dem Raum Taganrog direkt nach Osten vorschnellt. Westlich Stalingrad vereinigen sich die beiden Arme, schließen die Zange um die sowjetischen Hauptkräfte zwischen Donez und Don und vernichten sie.

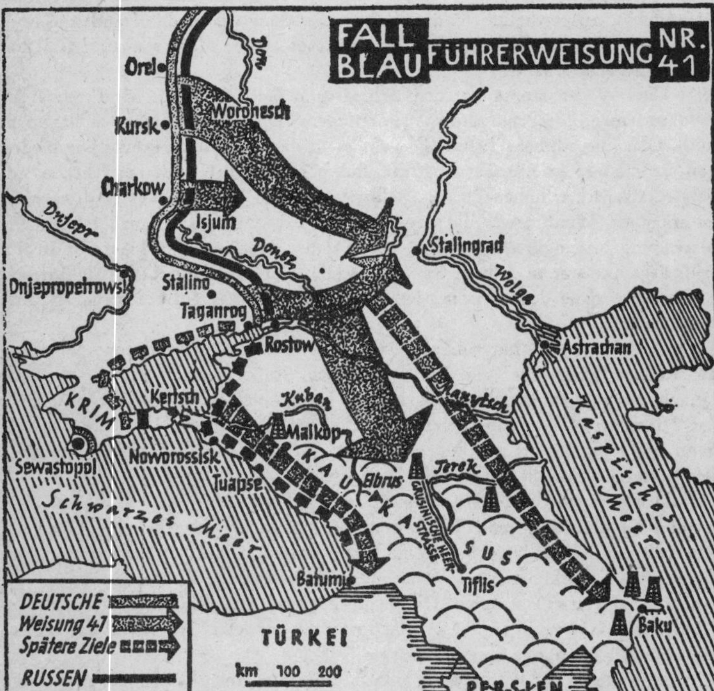

Karte 25
Mit der Sommeroffensive 1942, ›Operation Blau‹, wollte Hitler die Entscheidung am Südflügel erzwingen. Westlich Stalingrad sollte eine riesige Zange die Sowjets einschließen und dann der Stoß ins kaukasische Ölgebiet geführt werden.

II. Akt: Stoß in den Kaukasus, das 1100 Kilometer lange Hochgebirge zwischen dem Schwarzen und dem Kaspischen Meer, und Eroberung der kaukasischen Ölgebiete.

Es ist Mittag, als Halder die ›Wolfsschanze‹ wieder verläßt und zurück in den Mauerwald fährt. Der Chef des deutschen Generalstabs ist müde und zerschlagen, ist voller Zweifel und über Hitlers Besserwisserei verdrossen. Aber er glaubt doch, Hitler wenigstens für einen durchführbaren Plan gewonnen zu haben. Für einen Plan, der mit den deutschen Kräften haushält und Schritt für Schritt mit klaren Schwerpunkten die gesteckten Ziele an der Südfront angeht. Klappt es, dann verliert Stalin ganz Kaukasien mitsamt Astrachan und der Wolgamündung, das heißt Landbrücke und Wasserweg nach Persien. Das südliche Ziel von ›Unternehmen Barbarossa‹ wäre dann erreicht.

Jetzt gilt es nur noch, das Ganze in einen klaren Befehl für die Spitzen der Wehrmachtteile zu bringen.

Sieben Tage später. Am 4. April 1942 legte Generaloberst Jodl den Befehlsentwurf vor. Der Wehrmachtführungsstab hatte die Aufgabe nach traditioneller Generalstabssitte gelöst: die Lage knapp dargestellt, die Ziele in ›Aufträge‹ gefaßt und auf diese Weise dem Oberbefehlshaber der Heeresgruppe Süd, Feldmarschall von Bock, die Durchführung der riesigen Operation in eigener Verantwortung überlassen. Das war eine seit 130 Jahren bewährte Generalstabstradition, von Scharnhorst über Schlieffen bis Ludendorff.

Aber schon an dieser Ecke scheiterte die OKW-Fassung der ›Operation Blau‹. Hitler hatte in den Winterkrisen das Vertrauen in die Gefolgschaftstreue seiner Generale verloren. Oberbefehlshaber und Korpskommandeure hatten gezeigt, daß sie seine Befehle zum Teil nur widerstrebend erfüllten. Nun hatte Hitler nach Brauchitsch' spektakulärem Abgang selbst den Oberbefehl über das Heer übernommen. Er war nicht gewillt, sich seine Befehlsgewalt durch ›elastisch gefaßte Aufträge‹ einschränken zu lassen.

Nachdem Hitler den Entwurf gelesen hatte, verweigerte er seine Zustimmung: Der Plan lasse dem Oberbefehlshaber Süd viel zuviel freie Hand. Er – Hitler – wolle nichts von elastischer Auftragserteilung wissen.

Hitler verlangte detaillierte Befehlsgebung. Er wollte die Durchführung genau bis in die letzte Einzelheit festgelegt sehen. Als Jodl muckte, nahm Hitler ihm die Unterlagen mit den Worten ab: »Ich werde die Sache selber durcharbeiten.« Am nächsten Tag lag das Ergebnis auf zehn Schreibmaschinenseiten vor: die Führerweisung Nr. 41 vom 5. April 1942. Sie ist neben dem ›Barbarossa-Plan‹, der Weisung Nr. 21, das schicksalhafteste Papier des zweiten Weltkrieges, eine Mischung aus Operationsbefehl, Grundsatzentscheidungen, Durchführungsbestimmungen und Geheimhaltungsvorschriften.

Da es sich bei dieser Weisung nicht nur um einen gigantischen Feldzugsplan, sondern vor allem bereits um den Fahrplan nach Stalingrad handelt, um das Papier also, in dem die Wende des Krieges beschlossen liegt, seien hier die wichtigsten Abschnitte zitiert.

Schon in der Einleitung wird eine gewagte These aufgestellt: »Die Winterschlacht in Rußland geht ihrem Ende zu. Der Feind hat schwerste Verluste an

Menschen und Material erlitten. In dem Bestreben, scheinbare Anfangserfolge auszunutzen, hat er auch die Masse seiner für spätere Operationen bestimmten Reserven in diesem Winter weitgehend verbraucht.«

Auf dieser These aufbauend, folgt der Befehl: »Sobald Wetter- und Geländeverhältnisse die Voraussetzungen dazu bieten, muß nunmehr die Überlegenheit der deutschen Führung und Truppe das Gesetz des Handelns wieder an sich reißen, um dem Feinde ihren Willen aufzuzwingen.

Das Ziel ist, die den Sowjets noch verbliebene lebendige Wehrkraft endgültig zu vernichten und ihnen die wichtigsten kriegswirtschaftlichen Kraftquellen so weit als möglich zu entziehen.«

Die Durchführung des Plans sieht Hitler so: »Unter Festhalten an den ursprünglichen Grundzügen des Ostfeldzuges kommt es darauf an, bei Verhalten der Heeresmitte ... zunächst alle greifbaren Kräfte zu der Hauptoperation im Süd-Abschnitt zu vereinigen, mit dem Ziel, den Feind vorwärts des Don zu vernichten, um sodann die Ölgebiete im kaukasischen Raum und den Übergang über den Kaukasus selbst zu gewinnen.«

Seine Direktive zur operativen Führung des Feldzuges lautet: »Erste Aufgabe des Heeres und der Luftwaffe nach Abschluß der Schlammzeit ist es, die Vorbedingungen für die Durchführung der Hauptoperation zu schaffen.

Das erfordert die Bereinigung und Festigung an der gesamten Ostfront und in den rückwärtigen Heeresgebieten.

Die nächsten Aufgaben sind es, auf der Krim die Halbinsel Kertsch zu säubern und Sewastopol zu Fall zu bringen.«

Ein Kernproblem dieser weitgespannten Offensive war die lange Flanke am Don. Um die Gefahr, die sich hieraus ergab, zu bannen, fällte Hitler eine verhängnisvolle Entscheidung, durch welche die Katastrophe von Stalingrad heraufbeschworen wurde. Er befahl nämlich: »Zur Besetzung der sich im Laufe dieser Operation mehr und mehr verlängernden Donfront werden in erster Linie die Verbände der Verbündeten herangezogen ... (Sie) sind weitgehend in eigenen Abschnitten so zu verwenden, daß am weitesten nördlich die Ungarn, demnächst die Italiener, am weitesten südostwärts die Rumänen eingesetzt werden.«

Soweit die große Strategie, die Theorie. Und nun die Durchführung, die Praxis. Sie beginnt mit der Operation ›Trappenjagd‹ auf der Krim. Der sowjetische Kriegshistoriker Oberst P. A. Shilin schreibt in seinem Buch ›Die wichtigsten Operationen des Großen Vaterländischen Krieges‹ über die Lage auf der Krim im Frühjahr 1942: »Der hartnäckige Kampf der Sowjettruppen und der Schwarzmeerflotte brachte uns großen strategischen Nutzen und durchkreuzte die Berechnungen des Gegners. Die hier gebundene 11. deutsche Armee konnte nicht zum Angriff auf die Wolga und den Kaukasus angesetzt werden.«

Das ist vollkommen richtig. Und weil es für die Sowjets so wichtig war, die 11. deutsche Armee Mansteins auf der Krim eingemauert zu halten, hatte Stalin eine mächtige Streitmacht für diese Aufgabe aufgeboten:

Drei sowjetische Armeen – die 47., die 51. und die 44. – mit siebzehn Schützendivisionen, zwei Kavalleriedivisionen, drei Schützenbrigaden und vier Panzerbrigaden verbarrikadierten die achtzehn Kilometer schmale Landenge von Parpatsch, den Zugang von der Krim zur Halbinsel Kertsch. Kertsch wiederum war ein Sprungbrett hinüber zur östlichen Schwarzmeerküste und damit in das Vorfeld des Kaukasus.

Jeder Kilometer dieser entscheidenden Brücke wurde von rund 10 000 Soldaten verteidigt. Auf jeden Meter zehn Mann.

Die Rotarmisten lagen hinter einem zehn Meter breiten und fünf Meter tiefen Panzergraben, der die ganze Landenge durchzog. Dahinter waren breite Drahthindernisse gezogen und Tausende von Minen gelegt. Spanische Reiter, mächtige Eisenigel aus zusammengeschweißten Eisenbahnschienen sicherten Maschinengewehrstände, Kampfstützpunkte und Geschützstellungen. Und an beiden Enden der Achtzehn-Kilometer-Front befand sich Wasser, also keine Chance zu einer Umgehung.

»Und da soll'n wir durch, Herr Generaloberst«, fragte Mansteins Fahrer und Adlatus Fritz Nagel seinen Oberbefehlshaber nach einem Blick durchs Scherenfernrohr auf der Beobachtungsstelle des Artillerieregiments 114, von der man einen guten Blick über die sowjetischen Stellungen hatte.

»Da müssen wir durch, Nagel«, nickte Manstein. Er schob die Feldmütze ins Genick und trat wieder ans Scherenfernrohr, durch das er eben seinen Oberfeldwebel hatte blicken lassen.

Fritz Nagel war bei allen Stäben gern gesehen. Der Karlsruher fuhr seit 1938 die Wagen Mansteins. Bei jeder Frontfahrt saß er am Steuer, war immer die Ruhe selbst und hatte viele Male gefährliche Situationen gemeistert. Mehrmals wurde er verwundet. Manstein jedoch war nie etwas passiert: Nagel war eine Art Talisman.

Manstein war auf die vorgeschobene Beobachtungsstelle des Artillerieregiments 114, im Abschnitt der 46. Infanteriedivision gefahren, im nördlichen Teil der Front vor der Parpatsch-Enge, um noch einmal das sowjetische Stellungssystem einzusehen.

»Sonst noch Neuigkeiten?« fragte er den Kommandeur der 46. I. D.

»Nichts Besonderes, Herr Generaloberst«, antwortete Generalmajor Haccius.

»Dann Hals- und Beinbruch übermorgen«, nickte Manstein. »Los, Nagel, nach Hause.«

Übermorgen. Das war der 8. Mai. Der Tag der ›Trappenjagd‹, wie der Deckname für den Durchbruch nach Kertsch hieß.

Wenn man einen dreimal stärkeren Feind in einer raffinierten Verteidigungsstellung vor sich hat, kann man ihn nur mit Mut und List werfen. Und auf eine List setzte Manstein seinen Plan.

Die sowjetische Front in der Enge verlief kurios: Im Südteil kerzengerade nach Norden, im Nordteil in einer weit nach Westen vorgetriebenen Blase. Sie war entstanden, nachdem die Sowjets im Winter die rumänische 18. Division geworfen hatten und deutsche Bataillone den roten Einbruch nur mit Mühe und Not hatten abriegeln können.

Was bot sich auf Grund dieser Lage an? Natürlich ein Stoß gegen die Flanke dieser Frontausbuchtung. Aber gerade weil sich dies anbot – und weil die Russen damit rechneten und deshalb zwei Armeen sowie fast ihre gesamten Reserven in diesem Frontabschnitt massiert hatten –, ließ sich Manstein nicht zu dieser naheliegenden Angriffsoperation verleiten. Der überragende Stratege des zweiten Weltkrieges ging wieder einmal ganz anders vor.

Der Generaloberst tat allerdings alles, um die feindliche Aufklärung in dem Glauben zu bestärken, daß er im Norden angreifen werde. Artilleristische Scheinstellungen wurden gebaut, Truppenbewegungen im Nord- und Mittelraum der Front inszeniert, für den feindlichen Abhördienst bestimmte Funksprüche abgesetzt und Scheinerkundungsangriffe gestartet.

Inzwischen bereitete Manstein aber den Angriff am anderen Ende, am Südabschnitt, vor. Das XXX. Armeekorps unter Generalleutnant Maximilian Fretter-Pico sollte mit seinen drei Infanteriedivisionen – 50., 28. leichte und 132. I. D. – am Südrand ein Loch in die Front der 44. sowjetischen Armee schlagen. Dann sollte die 22. Panzerdivision unter Generalmajor Wilhelm von Apell sowie eine motorisierte Brigade unter Oberst von Groddeck wie die wilde Jagd hindurchfegen, tief ins rote Hinterland fahren, um dann zu einem Umfassungsstoß nach Norden einzudrehen und nach Osten weiter durchzubrechen.

Ein kühner Plan: mit fünf Infanteriedivisionen und einer Panzerdivision gegen drei Armeen. Stukaverbände des VIII. Fliegerkorps unter Generaloberst Freiherr von Richthofen und Teile der 9. Flakdivision Generalmajor Pickerts waren zur Unterstützung der Infanterie bereitgestellt. Schwere Heeresartillerie wurde zum massierten Feuerschlag von Sewastopol herangeholt.

Als Schlag gegen die Hauptbefestigung, den Panzergraben, hatte sich Manstein etwas ganz Listiges ausgedacht.

In der Nacht vom 7. auf den 8. Mai herrscht am Strand ostwärts Feodosia merkwürdiges Treiben. Sturmboote werden ins Wasser geschoben. Pioniere und Infanteristen der bayerischen 132. I. D. steigen ein. Aber die Motoren bleiben stumm. Boot um Boot legt lautlos vom Ufer ab, nur durch Paddelschläge vorangetrieben. Bald ist die geheimnisvolle Flotte von der Nacht verschluckt: Vier Sturmkompanien schaukeln auf dem Schwarzen Meer. Gegen 2 Uhr treiben sie an der Küste entlang nach Osten.

3 Uhr 15: Wie ein urweltlicher Donnerschlag bricht das Feuer der deutschen Artillerie los. Schwere Mörser donnern. Werfer heulen. Flak hämmert. Feuer, Qualm und Morgendunst brodeln über dem Südabschnitt der Parpatsch-Enge. Stukas heulen heran. Stürzen. Ihre Bomben zerfetzen Bunker und Drahtverhaue.

3 Uhr 25: Überall gehen zwei weiße Leuchtkugeln hoch. Angriff der Infanterie. Voran die Pioniere. Sie haben das schlimmste Geschäft zu besorgen: Minen wegräumen, Draht zerschneiden, alles im Abwehrfeuer des Feindes.

Der Russe schießt Sperrfeuer aus allen Rohren. Die sowjetischen MG-Schützen an den Scharten der Bunker drücken nur auf den Abzug. Sie brauchen nicht zu zielen. Das Feuer ist flankierend eingestellt, das heißt, die Garben der verschiedenen Gewehre überschneiden sich. Nur schießen, schießen.

Sowjetische Schiffsgeschütze orgeln. Granatwerfer flappen. Immer nach vorn, dorthin, wo die Deutschen kommen müssen. Und sie müssen ja über die schmale Landbrücke kommen. Oder?

Als die deutsche Artillerie losschlägt, werfen auch die Sturmboote draußen vor der Küste ihre Motoren an. Niemand bei den Russen kann das Geräusch jetzt noch hören.

Die Boote schießen pfeilschnell der Küste zu. Genau auf die Stelle, wo der breite sowjetische Panzergraben, offen wie ein Scheunentor und mit Wasser gefüllt, im Meer endet.

Die Sturmboote fahren einfach in den Graben hinein. Die Männer springen an Land und feuern sofort aus der Hüfte mit ihren MG. Die Sowjets in den Schützenständen an der Grabenwand fallen im Feuer, noch ehe sie begreifen, was los ist.

Aber da faucht ein eingebauter russischer Flammenwerfer los. Die erste deutsche Welle preßt sich an den Boden. Sie liegt fest.

Ein Messerschmitt-Jäger kurvt von See her im Tiefflug heran. Er streicht den Graben entlang, schießt mit seinen Bordwaffen hinein und zwingt nun die Sowjets in Deckung.

Die Männer des deutschen Sturmbootkommandos springen auf und brechen in den Graben ein. Die ersten Russen heben die Hände. Heillose Verwirrung.

Links neben der 132. I. D., beiderseits der Straße Feodosia—Kertsch, arbeitet sich inzwischen das Jägerregiment 49 von der schlesischen 28. leichten Infanteriedivision durch die Minenfelder. Hauptmann Greve führt die Spitze des I. Bataillons südlich der Straße. Er springt durch den Eisenhagel, jagt durch die schmalen geräumten Gassen der Minenfelder.

Der Division sind Sturmgeschütze der Sturmgeschützabteilung 190 zugeteilt. Oberleutnant Buff fährt mit drei dieser eisernen Festungen beim I. Bataillon und gibt Greves Männern Feuerschutz.

Bereits um 4 Uhr 30 haben die Jäger den Panzergraben erreicht. Keuchend liegt der Hauptmann auf dem Grabenrand. Unteroffizier Scheidt schießt mit dem MG nach links und rechts. Pioniere kommen mit einer Sturmleiter. Greve rutscht als erster in den Graben.

Beim II. Bataillon bleibt der Kommandeur, Major Kutzner, am ›Tatarenhügel‹ schwer verwundet im sowjetischen Ratsch-Bumm-Feuer liegen. Die Sowjets haben dort eine Pakfront errichtet, mit den Geschützen eines ganzen Pakregiments. Leutnant Fürnschuß wird mit seinen Sturmgeschützen der Sturmgeschützabteilung 190 zum Retter. Seine 7,5-cm-Langrohrkanonen schießen die russische Pakfront zusammen.

Oberleutnant Reissner springt an der Spitze seiner 7. Kompanie vorwärts. Er unterläuft schweres feindliches Artilleriefeuer und wirft sich hin. Wieder hoch. Da ist der Graben. Der Rand ist zerschossen. Reissner läßt sich hinunterrollen. Eine MPi-Garbe fetzt von der Seite heran und reißt den Oberleutnant von den Beinen. Verwundet, winkt er noch seine Jäger gegen den sowjetischen Schützenstand ein.

Die 50. I. D., an der linken Flanke des Durchbruchraumes, arbeitet sich durch die Minenfelder und Drahtverhaue hindurch. Gutgetarnte und vom Artillerieüberfall nicht getroffene MG-Bunker legen überschneidendes und flankierendes Sperrfeuer. Das I. Bataillon vom Infanterieregiment 123 hat schwere Verluste, es kommt nicht weiter.

Oberstleutnant von Viebahn, der Regimentskommandeur, muß erst mit einem Stoß quer zur Front die sowjetischen MG-Nester ausschalten, dann gelingt es gegen Abend dem III. Bataillon, auch hier bis in den Panzergraben vorzudringen.

Leutnant Reimann rollt mit seiner 9. Kompanie und Teilen der unterstellten 10. den Graben vom rechten Flügel des Regiments bis zum Parpatsch-See auf, setzt in erbitterten Nahkämpfen alle eingebauten Schartenstände und Bunker der Sowjets außer Gefecht und sprengt die Grabenwände für die Anlage von Panzerübergängen zusammen: Das Kernstück der sowjetischen Verteidigung ist in der ganzen Breite der Angriffsfront genommen.

Die Kompanien von Oberst von Groddecks motorisierter Brigade – gebildet aus rumänischen und deutschen Einheiten, zum Beispiel der Aufklärungsabteilung 22 der 22. I. D. – waren noch am Nachmittag des ersten Angriffstages im Abschnitt der 132. I. D., direkt am Meeresufer, wo in der Frühe die Sturmboote den Panzergraben genommen hatten, über schnell errichtete Übergänge gefahren und in den Rücken der sowjetischen Front gestoßen.

Die Angriffsgruppen der 22. Panzerdivision warteten indessen noch auf den Befehl zum Antreten. Aber erst am 9. Mai vormittags waren im Abschnitt der 28. leichten und der 50. I. D. die Brückenköpfe über den Panzergraben so erweitert, daß die Abteilungen nachgezogen werden konnten.

Die Panzerkompanien und Schützenpanzerwagen entwickelten sich, rollten in die zweite und dritte sowjetische Verteidigungsstellung, brachen den Widerstand, erreichten das Straßenknie nach Arma Eli und platzten dort mitten in die Versammlung einer sowjetischen Panzerbrigade hinein.

Als wäre es geprobt, rollten im selben Augenblick auch sechs Kolosse der Sturmgeschützabteilung 190 von Hauptmann Peitz heran. Ehe sich die Sowjets entwickeln konnten, wurden sie von den deutschen Panzern und Sturmgeschützen zusammengeschlagen.

Wie geplant, schwenkte die 22. Panzerdivision nun nach Norden ein, hinter die Front der weit vorn noch gegen die Fesselungsangriffe der fränkisch-sudetendeutschen 46. Infanteriedivision und die rumänischen Brigaden haltenden zwei sowjetischen Armeen. Alles lief nach Mansteins Plan. Doch mit einem Schlag änderte sich dann die Szene. Am Spätnachmittag des 3. Mai setzte ein schlimmer Frühjahrsregen ein. Er verwandelte in wenigen Stunden die Wege und den lehmigen Boden in grundlose Moräste. Der Verkehr mit Kübel- und Lastwagen lag bald völlig still. Nur die Zugmaschinen mit Raupenketten kamen noch durch. Jetzt kämpfte Mansteins Wille gegen die Widrigkeiten der Natur.

Die Kampfwagen der 22. Panzerdivision quälten sich noch bis tief in die Nacht vorwärts. Igelten sich dann ein. Befanden sich auf diese Weise am nächsten Morgen, dem 10. Mai, als es aufklarte, in der tiefen Flanke und im Rücken der 51. sowjetischen Armee.

Ein Entlastungsangriff der Russen, den sie mit starken Panzerkräften führten, wurde abgeschlagen. Wind kam auf und trocknete den Boden. Die Division rollte nach Norden. Stand am 11. Mai bei Ak-Monai am Meer und damit nun auch im Rücken der 47. Armee. Zehn rote Divisionen waren im Sack. Der Rest floh nach Osten. Die 22. Pz. D. hatte mit diesem tapferen Einsatz einen ›Minuspunkt‹ in ihrer Geschichte mehr als wettgemacht. Dieser Minuspunkt datierte vom 20. März 1942. Damals war die eben erst aufgestellte und vom OKH auf die Krim geworfene Division ohne eine einzige Verbandsübung oder eine Erprobung der Zusammenarbeit ihrer Verbände von der 11. Armee zu einem Gegenangriff an der Parpatsch-Front eingesetzt worden.

Im Frühnebel stießen die Verbände auf sowjetische Bereitstellungen, gerieten durcheinander und wurden zusammengeschlagen. Feldmarschall von Manstein sagte später selber, daß es ein Fehler war, die noch unerfahrene Division in einen Großkampf zu werfen. Aber was nützte diese Erklärung des Oberbefehlshabers: Bei den Frontverbänden der 11. Armee wurde die 22. Panzerdivision seit dem 20. März über die Schulter angesehen. Und auch bei der oberen Führung im OKH hatte sie seit diesem Tage einen schlechten Ruf. Alle Tapferkeit der späteren Wintermonate hat der Division nichts genutzt, ihre Männer behielten, zu Unrecht, den Makel des 20. März.

Inzwischen jagte Oberst von Groddeck mit seiner schnellen Brigade in einem kühnen Vorstoß gleichfalls ostwärts und verhinderte, daß der Russe irgendwo in rückwärtigen Stellungen Front machte. Wo sich sowjetische Regimenter festsetzen wollten, schlug von Groddeck zu. Und jagte weiter.

Als die Brigade fünfzig Kilometer tief ins Hinterland vorgestoßen war und völlig überraschend am ›Tatarengraben‹ auftauchte – weit im Rücken des Hauptquartiers von Generalleutnant D. T. Koslow, dem Oberbefehlshaber der Heeresgruppe Krimfront –, war es mit der Fassung der sowjetischen Führung vorbei. Truppen und Stäbe lösten sich auf. Auf den Straßen wälzten sich riesige Kolonnen fliehender Verbände in Richtung Kertsch, an die Ostküste der Halbinsel. Von dort hofften sie, sich über die schmale Meeresstraße hinüber aufs Festland retten zu können.

Verzweifelt versuchten sowjetische Eingreifreserven die deutschen Spitzen zu stoppen, damit möglichst viele Verbände, die massenweise am Strand der Halbinsel Kertsch lagen, mit Motorbooten und Kuttern aufs Festland gebracht werden könnten. Genau wie es die Engländer – fast auf den Tag zwei Jahre zuvor – in Dünkirchen mit ihrem Expeditionskorps auf dem französischen Festland erfolgreich vorexerziert hatten.

Aber Manstein dachte nicht daran, sich den Sieg durch ein sowjetisches Dünkirchen schmälern zu lassen. Er setzte seine Panzer und mot.-Verbände sowie Generalmajor Sanders norddeutsche 170. Infanteriedivision mit dem unterstellten Infanterieregiment 213 zur überholenden Verfolgung an. Oberst von Groddeck allerdings war nicht mehr dabei. Er wurde schwer verwundet und erlag seinen Verletzungen. Am 16. Mai war Kertsch erreicht. Dem sowjetischen Oberkommando gelang kein Dünkirchen. Stalin konnte seine Armeen nicht retten. Der Einsatz der Sturmartillerie des XXX. Armeekorps, der Sturmgeschützabteilungen 190, 197 und 249, machten den improvisierten Seetransporten schnell ein Ende.

170 000 Gefangene, 1133 Geschütze und 258 Panzer waren die Ausbeute dieses Sieges. Drei Sowjetarmeen waren in acht Tagen von einem halben Dutzend deutscher Divisionen geschlagen worden.

Am 17. Mai in der Frühe steht Manstein zusammen mit Generaloberst Freiherr von Richthofen auf einer kleinen Anhöhe bei Kertsch. Vor ihnen liegt das Meer, die Straße von Kertsch, und drüben, keine zwanzig Kilometer entfernt, im strahlenden Sonnenschein das Ufer der Tamanhalbinsel, das Vorfeld Asiens, das Entree zum Kaukasus. Manstein hatte mit seinem Sieg die Hintertür zu Stalins Ölparadies aufgestoßen.

Und in der Stunde, da Manstein zum großen Ziel hinüberschaut, treten 650 Kilometer weiter nördlich, im Raum Charkow, die Divisionen der Armeegruppe von Kleist an, um auch am Donez die entscheidende Ausgangsposition zur Sommeroffensive zu erkämpfen.

Nach durchwachten Nächten und sorgenvollen Erwägungen, die durch einen sowjetischen Überraschungsangriff ausgelöst worden waren, schlug Generaloberst von Kleist zu einer Offensive los, die im Hinblick auf Wagemut und operativen Ansatz nicht ihresgleichen hat.

»3 Uhr«, sagt Leutnant Teuber, Kompanieführer im Infanterieregiment 466. Niemand antwortet. Warum auch? Es ist ja nur eine Feststellung. Sie bedeutet: Noch fünf Minuten!

Im Osten rötet sich der Horizont. Wolkenloser Himmel. Stille. Man hört nur das Atmen. Und das Ticken der großen Armbanduhr des Leutnants, der die Hand auf den Grabenrand stützt. Tick-tick-tick: Tropfen der Zeit, die ins Meer der Ewigkeit fallen.

Dann ist es soweit. Donnergebraus erfüllt die Luft. Aber während der Neuling auf dem Schlachtfeld nur entnervendes Krachen vernimmt, unterscheiden die alten Hasen der Ostfront die dumpfen Schläge der Haubitzen, die knallenden Abschüsse der Kanonen, das Heulen der Infanteriegeschütze.

Drüben, im Wald, wo die Stellungen der Sowjets liegen, steigt Rauch auf. Dreckfontänen spritzen in die Luft, Baumäste wirbeln über den Einschlägen hoch: die Kulisse des massierten Artillerieschlages vor einer Offensive.

Wie hier, in der Sturmausgangsstellung der Berliner Bären-Division, so ist es auch bei den Regimentern der 101. leichten Division, bei den Grenadieren der 16. Panzerdivision und bei den Jägern der 1. Gebirgsdivision, der Angriffsspitze von Mackensens III. Panzerkorps. Überall zwischen Slawiansk und Losowaja, südlich Charkow, stehen die Kompanien der Armeegruppe von Kleist am Morgen des 17. Mai 1942 angriffsbereit unter dem orgelnden Donnerschlag der Artillerie.

Jetzt macht die Feuerwalze vor den sturmbereiten deutschen Soldaten einen sichtbaren Sprung nach Norden. Im gleichen Augenblick brausen die Stukas des IV. Fliegerkorps über die deutschen Linien hinweg.

»Los!« ruft Leutnant Teuber. Und wie er, so rufen in dieser Sekunde ein halbes Tausend Leutnante und Oberleutnante: »Los!«

Die Frage, die Offizier und Mann in den letzten Tagen und Stunden geplagt hatte, war weggefegt, die große Frage nämlich: Würde es gelingen, die seit fünf Tagen nach Westen rollende russische Offensive an ihrer Wurzel zu treffen?

Um was ging es an diesem 17. Mai? Welcher Zweck wurde mit dem Angriff der Armeegruppe Kleist verfolgt? Zur Beantwortung dieser Frage muß man einen Blick zurückwerfen.

Um die Ausgangsbasis für den Hauptstoß der großen Sommeroffensive 1942 aus dem Raum Charkow in Richtung Kaukasus—Stalingrad zu gewinnen, hatte die Führerweisung Nr. 41 befohlen, den sowjetischen Frontvorsprung beiderseits Isjum, der eine ständige Bedrohung Charkows darstellte, in einer Zangenoperation zu beseitigen. Der Oberbefehlshaber der Heeresgruppe Süd, Feldmarschall von Bock, hatte für diese Operation einen einfachen Plan gemacht: Die 6. Armee unter General Paulus sollte von Norden, die Armeegruppe von Kleist mit Teilen der 1. Panzerarmee und der 17. Armee von Süden angreifen. Sie sollten Timoschenkos prall gefüllten Frontvorsprung abkneifen und die darin aufmarschierten Sowjetarmeen in einer Kesselschlacht vernichten. Das Deckwort für diesen Plan hieß ›Fridericus‹.

Aber nicht nur Feldmarschall von Bock, auch die Russen hatten ihren Plan: Marschall Timoschenko wollte seine mißglückte Januar-Offensive wiederholen und bereitete diesmal mit noch stärkeren Kräften einen Angriff vor, der auf kriegsentscheidende Wirkung zielte. Mit fünf Armeen und einer Armada von Panzerverbänden wollte er aus dem so schwer erkämpften Frontvorsprung bei Isjum und nördlich davon, aus dem Raum Woltschansk, wo die Januar-Offensive liegengeblieben war, mit zwei Stoßkeilen die deutsche Front sprengen. In umfassender Operation sollte dann die Großstadt Charkow, das Verwaltungszentrum der ukrainischen Schwerindustrie, zurückerobert werden. Die Deutschen hätten damit ihr riesiges Versorgungszentrum für die Südfront verloren, in dem gewaltige Vorräte lagerten.

Gleichzeitig wollte Timoschenko seinen Versuch vom Januar wiederholen und den Deutschen auch noch Dnjepropetrowsk entreißen, mit dem hundert Kilometer entfernten Saporoschje, dessen gewaltiger Staudamm in den vierziger Jahren eine Art Weltwunder darstellte.

Die Verwirklichung dieses Planes wäre für die deutsche Heeresgruppe Süd noch verhängnisvoller gewesen als der Verlust der Etappe Charkow. Denn über Dnjepropetrowsk und Saporoschje führten die Straßen und Eisenbahnen zum breiten seenartigen Unterlauf des Dnjepr, über den es weiter südlich bis zum Schwarzen Meer keinen weiteren festen Übergang mehr gab. Der gesamte Nachschub für die Armeen des deutschen Südflügels, die östlich des Dnjepr im Donezgebiet und auf der Krim standen, mußte über diese beiden Verkehrssterne rollen. Ihr Verlust hätte eine Katastrophe ausgelöst.

So kreisten im Frühjahr 1942 die Gedanken beider Seiten um den großen Frontbogen von Isjum, der für Bock wie für Timoschenko ein schicksalhafter Hintergrund der zukünftigen Entscheidungsschlachten war. Die Frage war nur, wer schlägt zuerst zu, wer gewinnt das Rennen mit der Zeit: Timoschenko oder Bock?

Der deutsche Fahrplan sah den 18. Mai als Angriffstag vor. Timoschenko aber war schneller.

Am 12. Mai trat er mit überraschend starken Kräften zu seiner Zangenoperation gegen die 6. Armee des Generals Paulus an. Den nördlichen Zangenarm, der aus dem Raum Woltschansk vorstieß, bildete die 28. sowjetische Armee mit sechzehn Schützen- und Kavalleriedivisionen, drei Panzerbrigaden und zwei mot.-Brigaden. Das war eine überwältigende Streitmacht gegen zwei deutsche Korps, General Hollidts XVII. und General von Seydlitz-Kurzbachs LI. Armeekorps mit zusammen sechs Divisionen.

Mit noch geballterer Kraft kam Timoschenkos südlicher Zangenarm aus dem Frontvorsprung bei Isjum: Hier waren es zwei sowjetische Armeen, die 6. und die 57., die mit sechsundzwanzig Schützen- und achtzehn Kavalleriedivisionen sowie vierzehn Panzerbrigaden gegen die Stellungen des VIII. Korps unter General der Artillerie Heitz und des rumänischen VI. Korps brandeten: Ein halbes Dutzend deutsche und rumänische Infanteriedivisionen, zunächst ohne einen einzigen Panzer, sahen sich also einer mehrfachen Übermacht gegenüber, die mit überwältigenden Panzerkräften anrollte.

Es bestand gar keine Möglichkeit, den russischen Stoß an den Schwerpunkten aufzufangen. Die deutschen Linien wurden überrannt. Allerdings hielten sich noch, genau wie in der Winterschlacht, zahlreiche deutsche Stützpunkte im Rücken des durchgebrochenen Feindes.

General Paulus warf alle erreichbaren Einheiten seiner 6. Armee gegen den reißenden Durchbruchsstrom der Russen. Zwanzig Kilometer vor Charkow gelang es, wirklich im letzten Moment, die Nordzange Timoschenkos durch Flankenstöße der schnell herangeführten 3. und 23. Panzerdivision sowie der 71. Infanteriedivision zum Stehen zu bringen.

Aber die ungeheuer starke Südzange Timoschenkos, die aus dem Isjumer Bogen hervorstieß, war nicht zu stoppen. Eine Katastrophe drohte. Der Russe brach weit nach Westen durch und näherte sich mit Kavallerieverbänden am 16. Mai der Stadt Poltawa, dem Hauptquartier Feldmarschall von Bocks, über hundert Kilometer im Rücken von Charkow. Die Lage wurde dramatisch. Bock stand vor einer schweren Entscheidung.

In zwei Tagen sollte ›Fridericus‹ beginnen. Aber die Lage hatte sich durch die russische Offensive von Grund auf geändert. General Paulus' 6. Armee war festgenagelt und mußte sich erbittert verteidigen. Sie fiel deshalb als nördliche Angriffsgruppe aus. Die Zangenoperation war damit hinfällig geworden.

Sollte man also den ganzen Plan aufgeben? Oder sollte man die Operation ›Fridericus‹ mit nur einem Arm durchführen? Bocks Generalstabschef, General der Infanterie von Sodenstern, drängte den zögernden Feldmarschall immer wieder, die ›einarmige‹ Lösung zu wählen. Sie war angesichts des starken Feindes riskant. Aber für diesen wagemutigen Plan sprach die Tatsache, daß Timoschenko mit jedem Kilometer, den er weiter nach Westen vorstieß, seine Flanke gefährlich verlängerte.

Das war Bocks Chance. Und der Feldmarschall ergriff sie schließlich. Er entschloß sich, das Unternehmen ›Fridericus‹ mit einem Arm zu schlagen. Um den Russen keine Möglichkeit zu lassen, ihre lange Flanke abzuschirmen, setzte er den Angriff sogar einen Tag früher an, als geplant gewesen war.

So trat die Armeegruppe von Kleist am Morgen des 17. Mai aus dem Raum südlich Isjum mit Teilen der 1. Panzerarmee und der 17. Armee an. Acht Infanteriedivisionen, zwei Panzerdivisionen und eine motorisierte Infanteriedivision umfaßte Kleists Streitmacht. Rumänische Divisionen sicherten den linken Angriffsflügel.

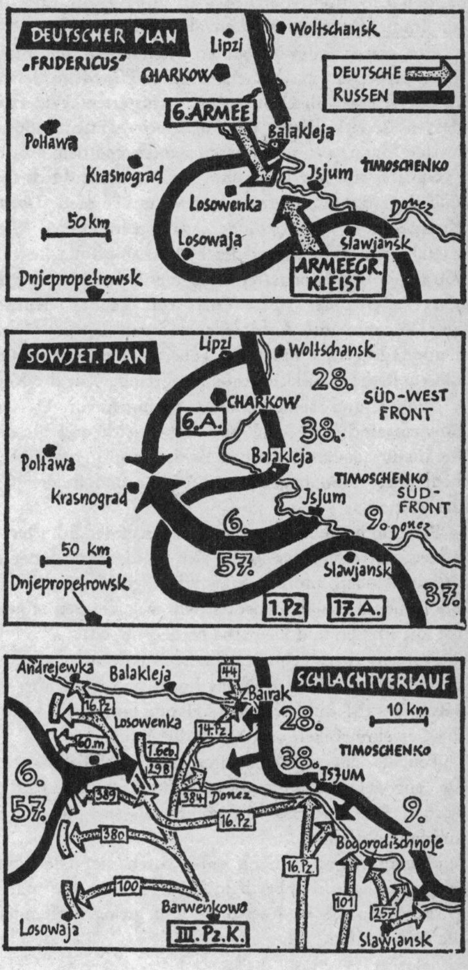

Karte 26
Die große Schlacht südlich Charkow im Frühsommer 1942, Vorspiel zur ›Operation Blau‹.

3 Uhr 15 springt Leutnant Teuber an der Spitze seiner Kompanie aus dem Graben und bricht mit seinen Männern gegen die russischen Stellungen am Waldrand vor. Stukas heulen über ihren Köpfen, stürzen und werfen Bomben auf die erkannten Stützpunkte, Bunker und Feuerstellungen der Russen.

2-cm-Heeresflak auf Selbstfahrlafette fährt zwischen Teubers Zügen vor und ersetzt die fehlenden Panzer. Im direkten Feuer jagen die 2-cm-Flak der Heeres-Fla-Abteilung 616 ihre Granaten peitschend gegen sowjetische Widerstandsnester. Die Infanteristen liebten diese Waffe und ihre unerschrockenen Männer, die immer in vorderster Linie die Sturmangriffe mitfuhren.

Die ersten gutausgebauten Stellungen der Russen sind im Bomben- und Granatenhagel zusammengestürzt. Trotzdem leisten die Sowjets, die dieses Artilleriefeuer überlebt haben, erbitterten Widerstand. Ein Sturmbataillon, in dessen Bereitstellung das Infanterieregiment 466 hineinstößt, hält bis zum letzten Mann. 450 tote Russen zeugen von dem erbitterten Kampf.

Schrittweise nur kann sich das Regiment durch dichtes Unterholz, Minenfelder und über Baumhindernisse vorwärts kämpfen. Leutnant Teuber gerät mit seiner Kompanie in die besonders zäh verteidigten Stellungen der Honigkolchose Majaki, die dicht hinter der Hauptkampflinie liegt. Die Russen feuern mit MG, Karabiner und Granatwerfer. Keinen Schritt kommt die Kompanie vorwärts.

»Artilleriefeuer anfordern«, ruft Teuber dem Artillerie-Verbindungsoffizier zu. Der gibt die Anforderung durch Tornisterfunk nach hinten: »Feuer auf Planquadrat 14.« Ein toller Feuerzauber setzt wenige Minuten später ein. Auch die russische Artillerie schießt Sperrfeuer vor die Kolchose.

Teuber und seine Männer springen vor. Da ist der russische Graben. Die Sowjets sind noch drin und haben sich eng an die Grabenwand gepreßt. Die heranstürmenden deutschen Soldaten springen hinein und ducken sich unter den heulenden Granaten, die vor, hinter und in den Graben schlagen, ebenfalls an die Wand.

Sie hocken und liegen mit den Russen Schulter an Schulter. Keiner tut dem anderen etwas. Jeder krallt sich in die Erde. Jeder ist nur Mensch, der sich vor den heulenden, mordenden, glühenden Eisensplittern retten will. Es ist, als wäre die Feindschaft der Menschen wie weggeblasen angesichts der sinnlosen Urgewalt, die auf Russen und Deutsche niederprasselt.

Erst als nach einer halben Stunde das Artilleriefeuer plötzlich schweigt, reißen sich Teubers Männer hoch, und man hört sie überall im Graben rufen: »Ruki werch! Ruki werch! – Hände hoch!« Und die Russen lassen ihre MPi und die Gewehre sinken und heben die Arme.

Teubers Züge gehen weiter vor. Zwei Kilometer hinter einer Imkerei stoßen sie auf zehn dampfende russische Feldküchen, die gerade Tee und Hirsebrei kochen. Die Russen sind verblüfft, als sich plötzlich deutsche Landser zum Essenempfang einfinden.

»Komm, Iwan, schenk ein«, rufen sie. Die sowjetischen Küchenbullen sind zunächst ängstlich, aber bald hauen sie den ›Germanskis‹ grinsend die Kellen voll Hirsebrei in die Kochgeschirre und gießen duftenden, grünschimmernden Tee in die Feldflaschen.

Das Frühstück endet mit einem düsteren Schauspiel: Ein sowjetischer Doppeldecker kurvt plötzlich herunter und greift den Rastplatz mit Bordwaffen an. Die Soldaten von Teubers Kompanie schießen mit ihren Gewehren und MG auf die tieffliegende alte ›Nähmaschine‹. Zahlreiche Schüsse treffen den Motor und zerfetzen die Tragflächen. Die Maschine torkelt und geht im Gleitflug, keine 200 Meter vom Rastplatz entfernt, nieder.

Der 1. Zug stürmt zum Flugzeug. Aber der Pilot verteidigt sich mit dem eingebauten MG. Als er seine Munition verschossen hat, klettert er mit seinem Begleiter, beide im Lederdreß, aus der Maschine.

»Ruki werch!« rufen die Deutschen. Aber die beiden Russen heben die Hände nicht hoch. Sie ziehen die Pistole.

»Deckung«, ruft der Zugführer. Das ist jedoch unnötig. Die beiden Flieger wollen sich nicht mehr verteidigen, sondern nur der Gefangenschaft entgehen: Zuerst schießt sich der Begleitoffizier und dann der Pilot eine Kugel in den Kopf. Als Teubers Männer kopfschüttelnd die Toten bergen, erkennen sie, daß der Begleitoffizier ein Mädchen im Range eines Unterleutnants ist.

Am Abend des 17. Mai haben die Regimenter von Oberst Püchlers 257. I. D. in ihrem gesamten Angriffstreifen den Donez erreicht. Am 18. Mai nehmen sie ihr nördlichstes Angriffsziel: Bogorodischnoje. Als Oberleutnant Gust, der Bataillonsführer des III. Bataillons I. R. 477, mit seinem vordersten Zug sich den Ortsrand erkämpft hat, versucht an der Übersetzstelle eine mit dreißig Pferden vollgestopfte Brückenfähre noch aus dem Wirrwarr der brennenden Kähne abzulegen. Aber der Fährmann gibt das Abenteuer auf, als er die Deutschen sieht. Den Fluß hinab treiben brennende Kähne, trudelnden Feuerinseln gleich.

Auch die links benachbarte 101. leichte Division kämpft sich bis zum Abend des 18. Mai an den Donez heran. Bei glühender, tropisch-feuchter Hitze von 30 Grad müssen die Bataillone ein riesiges Waldgebiet durchstoßen, sich vorsichtig in Schützenreihe an gutgetarnten sowjetischen Waldstellungen vorbeikämpfen und durch breite Minenfelder quälen. Die Pioniere vollbringen wahre Wunder. Das Pionierbataillon 213 bei der 101. leichten I. D. entschärft am ersten Tag 1750 Minen aller Art.

Zum erstenmal seit der Sommeroffensive des Vorjahres tauchen auch wieder Minenhunde auf, Schäferhunde und Dobermänner mit scharfgemachten Panzerminen auf dem Rücken. Die in gut getarnten Stellungen hockenden Hundeführer jagen die Tiere immer wieder gegen die vordringenden deutschen Verbände. In einer schauerlichen Treibjagd werden die Hunde abgeschossen. Immer wieder kommen ganze Rudel und versuchen, getreu ihrer Dressur, unter Wagen und Protzen zu laufen. Gelingt ihnen das und findet der hochragende Auslösestift der Mine Widerstand, dann explodiert die starke Sprengladung mitsamt dem Hund und reißt in einem Umkreis von mehreren Metern alles kurz und klein.

Mit dem Gewinnen der Donezlinie übernehmen die 257. I. D. und die 101. leichte Division den östlichen Flankenschutz für den tiefen Vorstoß der gepanzerten Stoßgruppen zur eigentlichen Kesselbildung: Die 16. Panzerdivision, als Speerspitze der Stoßgruppe unter Generalleutnant Hube, stößt mit den drei Kampfgruppen von Witzleben, Krumpen und Sieckenius durch die russischen

Stellungen. Wirft den Feind. Wehrt starke Gegenangriffe ab. Und stößt dann zügig bis in die Vororte von Isjum vor.

Am 18., um 12 Uhr 30 schon, sichern Panzer und Kradschützen der westfälischen 16. Panzerdivision die einzige große West-Ost-Straße, die bei Donezki über den Donez führt. Die Kampfgruppe Sieckenius, deren Kernstück die II. Abteilung vom Panzerregiment 2 ist, macht linksum und fährt nun nach Westen, direkt in den Kessel hinein.

Den Hauptstreich der Operation ›Fridericus‹ aber hatte General der Kavallerie von Mackensen mit seinem III. Panzerkorps zu führen. Mit der Dresdener 14. Panzerdivision in der Mitte, rechts und links die Wiener 100. leichte Division und die bayerische 1. Gebirgsdivision, wird der überraschte Russe am morastigen Suchoj-Torez geworfen. Barwenkowo genommen. Eine Brücke gebaut. Dann stößt die 14. Panzerdivision nach Norden. Brodelnde Staubwolken hüllen die Panzer ein. Die mehlige Schwarzerde macht die Männer zu Schornsteinfegern. Im Zusammenwirken mit den Eisenacher Panzerkompanien der Kampfgruppe Sieckenius wird der Bereka-Fluß überquert. Sowjetische Panzerstöße wehrt die 14. Panzerdivision erfolgreich ab. Am 22. Mai erreicht sie nachmittags Bairak am nördlichen Donezbogen.

Das war die Entscheidung. Denn drüben, am anderen Ufer, standen die Spitzen der 6. Armee: Kompanien der Wiener 44. Infanteriedivision, die Hoch- und Deutschmeister. Mit dieser Handreichung war der Isjumer Bogen durchstoßen und Timoschenkos weit nach Westen durchgebrochene Armeen abgeschnitten. Der Kessel war geschlossen.

Zu spät hatte Marschall Timoschenko die Gefahr erkannt. Mit einer solchen Antwort auf seine Offensive hatte er nicht gerechnet. Jetzt blieb ihm nichts anderes übrig, als seinen so hoffnungsvoll begonnenen Marsch nach Westen abzubrechen, seine Divisionen umzudrehen und mit umgekehrter Front nach Osten den Ausbruch aus dem Kessel zu versuchen. Würde die dünne deutsche Kesselwand halten können? Die entscheidende Phase der Schlacht brach an.

Für Generaloberst von Kleist kam es darauf an, seine Abschnürungsfront so stark zu machen, daß sowohl die nun von Westen geführten sowjetischen Ausbruchsversuche wie auch die von Osten über den Donez gestarteten Entsatzversuche abgewehrt werden könnten. Wieder begann ein Wettrennen mit der Zeit.

In glänzender Führungskunst gruppierte General von Mackensen alle ihm unterstellten Infanterie- und mot.-Divisionen wie einen Fächer um die Achse der 14. Panzerdivision: Die 16. Panzerdivision wurde nach einer Westdrehung nordwärts auf Andrejewka am Donez geführt. Die 60. I. D. (mot.), die 389. I. D., die 380. I. D. und die 100. leichte Division fächerten nach Westen aus und bildeten die Kesselfront gegen Timoschenkos zurückflutende Armeen.

In der Mitte, wie die Spinne im Netz, saß die 1. Gebirgsdivision des Generals Lanz, die Mackensen aus der Front gelöst hatte, um sie für alle Fälle zur Hand zu haben.

Diese Voraussicht brachte die letzte Entscheidung der Schlacht. Denn mit wilder Entschlossenheit jagten Timoschenkos Armeeführer ihre Divisionen gegen die deutsche Kesselfront. Sie bildeten Schwerpunkte und legten es darauf an, koste es, was es wolle, ein Loch in die deutsche Front zu schlagen, um die nur vierzig Kilometer entfernte rettende Donezfront zu erreichen.

Am Pfingstmontag gelang es den eingeschlossenen Armeen, sich durch die Absperrfront der 60. I. D. (mot.) und der 389. I. D. zu wälzen und auf Losowenka zu stoßen. Es war klar: Die Russen wollten auf die Rollbahn nach Isjum.

Aber jetzt wirkte sich Mackensens Vorsichtsmaßnahme entscheidend aus: Die Sowjets trafen auf die 1. Gebirgsdivision, die eine Riegelstellung ostwärts Losowenka besetzt hielt. Auch die Sicherungen der 384. I. D., unterstützt vom IV. Fliegerkorps, warfen sich den Sowjets entgegen. Was nun geschah, gehört zu den blutigsten Ereignissen des Rußlandkrieges.

Wir folgen bei unserer Schilderung der Darstellung des damaligen Kommandeurs der 1. Gebirgsdivision, Generalmajor Lanz, die er in seiner Divisionsgeschichte gegeben hat: Im Lichte Tausender weißer Leuchtkugeln stoßen die russischen Kolonnen gegen die deutschen Linien. Gellende Kommandos der Offiziere und Kommissare feuern die Bataillone an. Untergehakt stürmen die Rotarmisten vorwärts. Fürchterlich schallt ihr heiseres ›Urrä‹ durch die Nacht.

»Feuer«, kommandieren die deutschen Oberjäger an den MG und Infanteriegeschützen. Die ersten Wellen fallen. Da drehen die erdbraunen Kolonnen nach Norden ab.

Aber auch dort stoßen sie auf die Sperren der Gebirgsjäger. Wogen zurück und stampfen nun ohne Rücksicht auf Verluste in die deutsche Front hinein. Sie erschlagen und erstechen alles, was sich ihnen in den Weg stellt, kommen noch ein paar hundert Meter vorwärts und sinken dann im flankierenden deutschen MG-Feuer zusammen. Was nicht tot ist, wankt, kriecht, stolpert zurück in die Schluchten der Bereka.

Am nächsten Abend wiederholt sich die Szene. Diesmal fahren mehrere T 34 mitten in den dichten Knäueln der anstürmenden Rotarmisten. Die untergehakten Massen stehen unter Wodka. Woher sollen die armen Hunde denn sonst auch den Mut nehmen, mit ›Urrä‹ in den sicheren Tod zu stürmen?

Wo ein deutscher Stützpunkt von den Sowjets überrollt wird, findet man beim Gegenstoß nur Leichen mit gespaltenen Schädeln, bajonettierte und bis zur Unkenntlichkeit zertrampelte Körper. Voll grauenhafter Wut ist dieser Kampf. Schrecklich diese Straße des Todes.

Am dritten Tag endlich ist die Kraft der Russen gebrochen. Die beiden Oberbefehlshaber der 6. und 57. sowjetischen Armee, Generalleutnant Gorodnjanskij und Generalleutnant Podlas, sowie ihre Stabsoffiziere liegen tot auf dem Kampffeld. Die große Schlacht ist zu Ende, Timoschenko geschlagen. Er verlor die Masse von zweiundzwanzig Schützendivisionen und sieben Kavalleriedivisionen. Vierzehn Panzer- und mot.-Brigaden wurden vollständig vernichtet. 239 000 Rotarmisten wankten in die Gefangenschaft. 1250 Panzer und 2026 Geschütze wurden zerstört oder erbeutet. Das war das Ende der Schlacht südlich Charkow, bei der die Sowjets die Deutschen einkesseln wollten und selber eingekesselt wurden. Es war ein ungewöhnlicher deutscher Sieg, der in wenigen Tagen aus einer Niederlage heraus gezaubert wurde.

Aber die siegreichen deutschen Divisionen ahnten nicht, daß dieser durch Führungskunst und Tapferkeit erzielte Erfolg das Tor zu einem düsteren Schicksal öffnete: denn sie marschierten nun nach Stalingrad.

Aber noch sah niemand den Schatten dieser Stadt. Kertsch und Charkow beherrschten die Gemüter und die Wehrmachtberichte. Es war ja auch erstaunlich: Zwei große Vernichtungsschlachten innerhalb von drei Wochen. Sechs sowjetische Armeen zerschlagen. 409 000 sowjetische Soldaten gefangen. 3159 Geschütze und 1508 Panzer zerstört oder erbeutet. Das deutsche Ostheer zeigte sich wieder auf der Höhe seiner überlegenen Kraft. Das Glück marschierte wieder mit Hitlers Fahnen. Vergessen war der schreckliche Winter mit dem Gespenst der Niederlage.

Und während noch im Kessel südlich Charkow die letzten Schüsse gewechselt wurden und Gruppen und Grüppchen halbverhungerter Rotarmisten aus ihren Schlupflöchern krochen, da lief schon wieder das Räderwerk einer neuen Schlacht an: der Kampf um Sewastopol, den letzten sowjetischen Stützpunkt auf der Südwestecke der Krim, die stärkste Festung der Welt.

2 Sewastopol

Ein Grab auf dem Friedhof von Jalta — Zwischen Belbek-Tal und Rosenhügel — Jede Sekunde 324 Granaten — Die Riesenmörser ›Karl‹ und ›Dora‹ — Eine feuerspeiende Burg — Die Batterie ›Maxim Gorki‹ wird gesprengt — ›Wir sind noch zweiundzwanzig ... lebt wohl‹ — Kampf um den Rosenhügel — Komsomolzen und Kommissare.

»Wir können ablegen, Herr Generaloberst.« Der italienische Leutnant zur See salutierte. Manstein tippte an seinen Mützenrand, nickte lächelnd und sagte zu seiner Begleitung: »Also dann, meine Herren, besteigen wir unseren Kreuzer.«

Der Kreuzer war ein italienisches Schnellboot, das einzige Kriegsschiff, das Manstein zur Verfügung hatte. Kapitän zur See Joachim von Wedel, der Hafenkommandant von Jalta, hatte es herangeschafft. Manstein wollte am 3. Juni 1942 eine Fahrt an der Südküste der Krim entlang machen, um selbst zu prüfen, ob die Küstenstraße von See her einzusehen sei. Denn über diese Straße lief der gesamte Nachschub des XXX. Korps, das unter General Fretter-Pico an der Südfront von Sewastopol lag. Eine Gefährdung dieses Nachschubs durch sowjetische Seestreitkräfte könnte das Programm der Schlacht um Sewastopol durcheinanderbringen.

Bei strahlender Sonne schoß das Boot an der Schwarzmeerküste entlang. Die Gärten von Jalta umrahmten mit ihren hohen Bäumen die weißen Villen und Paläste. Bis auf die Höhe von Balaklawa fuhr das Boot nach Westen. Das alte Fort auf der kahlen Felskuppe ragte mit seinen beiden Wehrtürmen in den blauen Himmel.

Blau schimmerte auch die Bucht, die am Fuße des Felsens ins Land schnitt. Hier fochten 1854/55 während des Krimkrieges Franzosen, Engländer, Türken und Piemonteser, die mit einem Expeditionskorps in Eupatoria gelandet waren, um Zar Nikolaus zur Räson zu bringen. Fast ein Jahr, 347 Tage, hatten damals die Belagerung und der Kampf um Sewastopol gedauert, dann erst gaben die Russen auf. Die Zahl der Opfer – einschließlich der Zivilbevölkerung – war für damalige Zeiten sehr hoch. Die Schätzungen bewegen sich zwischen 100 000 und 500 000.

Generaloberst von Manstein kannte diese Tatsachen. Er hatte alle Studien über den Krimkrieg gelesen. Und er wußte, daß die Sowjets unter den alten Forts ganz neue, moderne Verteidigungswerke angelegt hatten: riesige Kasematten, betonierte Geschützstände mit Panzerkuppeln und einem Labyrinth von unterirdischen Versorgungslagern. Es bestand kein Zweifel, daß Stalin im Jahre 1942 diese Seefestung genauso mit Krallen und Zähnen verteidigen würde, wie es Zar Nikolaus I. in den Jahren 1854/55 getan hatte. Denn Sewastopol mit seinem günstigen Naturhafen war der Hauptstützpunkt, der Rückhalt der russischen Kriegsflotte im Schwarzen Meer. Fiel es, blieb der Flotte nichts anderes übrig, als sich in die Schlupfwinkel an der Ostküste zurückzuziehen.

Manstein und Kapitän von Wedel waren im Gespräch vertieft, als plötzlich ein schreckliches Krachen, Blitzen, Splittern und Schreien das Boot erfüllte.

»Flieger!« schrie Mansteins Ordonnanzoffizier, Oberleutnant Specht. Zu spät sprangen die Italiener ans Fla-MG. Aus der Sonne heraus waren zwei sowjetische Jäger von Sewastopol herangeflogen und dann heruntergestoßen. Mit ihren Bordwaffen hatten sie das Boot erwischt.

Decksplanken splitterten. Feuer schoß auf. Kapitän von Wedel, der neben Manstein gesessen hatte, brach getroffen zusammen – tot. An der Reling lag der italienische Oberbootsmannsmaat – tot.

Fritz Nagel, Mansteins treuer Begleiter in jeder Schlacht seit dem ersten Kriegstage, wurde mit einem schweren Oberschenkelschuß gegen den Luftschacht am Heck geschleudert. Die Schlagader war zerrissen. Das Blut schoß in schnellen Schlägen aus der Wunde. Der italienische Kommandant riß sich sein Hemd vom Leibe, um die Schlagader abzubinden.

Oberleutnant Specht zog sich aus, sprang ins Wasser und schwamm zur Küste. Splitternackt hielt er einen erstaunten Lkw-Fahrer an, mit dem er nach Jalta brauste. Dort griff sich der Oberleutnant ein Motorboot, jagte zum brennenden Schnellboot zurück und schleppte es in den Hafen von Jalta ein.

Der Generaloberst brachte Fritz Nagel selber ins Lazarett. Aber es war zu spät. Der Oberfeldwebel war nicht mehr zu retten.

Zwei Tage später, als rings um Sewastopol die Geschwader von General Richthofens VIII. Fliegerkorps zum ersten Akt der großen Schlacht rüsteten und die Motoren anwarfen, stand Manstein auf dem Friedhof von Jalta am Grabe seines Fahrers. Was der Generaloberst am Sarge seines Feldwebels sagte, verdient in der sonst so schrecklichen Chronik jenes schrecklichen Krieges verzeichnet zu werden. Manstein: »In den gemeinsamen Jahren täglichen Lebens und großen Erlebens sind wir Freunde geworden. Das Band der Freundschaft kann auch die tückische Kugel, die dich traf, nicht zerschneiden. Meine Dankbarkeit und meine Treue, unser aller Gedenken folgen dir über das Grab hinaus in die Ewigkeit. Nun ruhe in Frieden, leb wohl, mein bester Kamerad!«

Die Ehrensalve rollte über die Baumwipfel. Von Westen her tönte grollendes Donnern: Richthofens Geschwader starteten gegen Sewastopol. Die große siebenundzwanzigtägige Schlacht gegen die stärkste Festung der Welt hatte begonnen.

Von der Felskuppe oberhalb des Dorfes hatte man einen großartigen Blick über das gesamte Gebiet von Sewastopol. Pioniere hatten einen Beobachtungsstand in die Felswand gebaut, der gegen feindlichen Artillerie- und Fliegerbeschuß einigermaßen sicher war. Von dort konnte man mit dem Scherenfernrohr, wie von einem Aussichtsturm, Stadt und Festungsgebiet in der ganzen Ausdehnung überblicken.

In diesem Beobachtungsstand verbrachte Manstein mit seinem Ia, Oberst Busse, und mit seinem Ordonnanzoffizier, ›Pepo‹ Specht, Stunden um Stunden und beobachtete die Wirkung der ersten Feuerschläge von Luftwaffe und Artillerie. Es war der 3. Juni 1942.

Hier, wo die Griechen im Altertum die ersten Handelsplätze errichtet, die Goten während der Völkerwanderung ihre Felsburgen gebaut, später die Genuesen und Tataren um die Häfen und die fruchtbaren Täler gekämpft hatten und schließlich im Krimkrieg des 19. Jahrhunderts das Blut von Engländern, Franzosen und Russen in Strömen geflossen war, saß nun ein deutscher Feldherr eng an den Felsen gepreßt und lenkte aufs neue eine Schlacht um die Häfen und Buchten der paradiesischen Schwarzmeerhalbinsel Krim.

»Ein toller Feuerzauber«, staunte Specht. Busse nickte zustimmend. Aber er war skeptisch: »Und trotzdem ist nicht sicher, ob wir für den Infanterieangriff genug Löcher in den Festungsgürtel kriegen.«

Manstein stand am Scherenfernrohr und blickte hinüber zum Belbek-Tal mit der hochragenden Bergkuppel, der die Landser den Namen ›Ölberg‹ gegeben hatten. Stukas jagten staffelweise über ihre Köpfe hinweg. Stürzten sich auf Sewastopol. Warfen ihre Bomben. Ließen die Bordwaffen rasseln. Und drehten wieder ab. Schlachtflieger brausten über die Hochebene. Jäger fegten am Himmel entlang. Bomber zogen ihre Bahn. Die 11. Armee beherrschte den Luftraum bereits wenige Stunden nach Beginn des Bombardements. Die schwache sowjetische Luftwaffe der Küstenarmee war zerschlagen. Sie war mit dreiundfünfzig Flugzeugen in den Kampf gegangen.

Das VIII. Fliegerkorps des Generals von Richthofen flog täglich 1000, 1500, 2000 Einsätze. ›Rollender Einsatz‹ hieß das Fachwort für diese Luftschlacht am laufenden Band. Und während aus dem Himmel über Sewastopol der tödliche Bombenregen fiel, hämmerten gleichzeitig alle Kaliber der deutschen Artillerie ihre Granaten in das feindliche Stellungssystem. Die Artilleristen suchten die eingebauten Batterien. Ebneten die Gräben und Drahtverhaue ein. Jagten Schuß um Schuß auf die Scharten und Panzerkuppeln der betonierten Geschützstellungen. Tag und Nacht — fünfmal vierundzwanzig Stunden.

Denn das hatte sich Manstein als entscheidende Eröffnung für den Angriff ausgedacht. Nicht wie üblich, ein massierter Feuerschlag der Artillerie und der Luftwaffe von ein, zwei Stunden und dann Sturmangriff. Nein, Manstein wußte: die starken Befestigungsanlagen Sewastopols mit Hunderten von betonierten und gepanzerten Werken, die breiten Bunkergürtel, die mächtigen Panzerbatterien, die drei Verteidigungsstreifen mit insgesamt 350 Kilometer Schützengraben, die tiefen Draht- und Minenhindernisse und die in den Felsen der Steilufer geschlagenen Kampfstände für Raketengeschütze und Granatwerfer waren nicht durch die übliche artilleristische Feuervorbereitung auszuschalten.

Deshalb Mansteins Plan, fünf Tage lang ein gewaltiges Vernichtungsfeuer im Zusammenwirken von Artillerie, Werfern, Flak und Sturmgeschützen zu schießen. 1300 Rohre feuerten auf die erkannten Befestigungsanlagen und Feldstellungen der Sowjets. Dazu hämmerten die Kampfgeschwader des VIII. Fliegerkorps ihre Bombenlast in die Ziele. Die Erde wurde zu Eisen.

Es war eine mörderische Ouvertüre. Niemals während des zweiten Weltkriegs, weder vor noch nach Sewastopol, wurden auf deutscher Seite so massierte Artilleriekräfte eingesetzt.

In Nordafrika eröffnete Montgomery Ende Oktober 1942 vor El Alamein die britische Offensive gegen Rommels Stellungen mit den historisch gewordenen 1000 Rohren. Manstein setzte vor Sewastopol noch 300 mehr ein.

Besonderen Anteil an den Artillerieschlägen hatten die Nebelwerfer. Zum ersten Male wurde diese unheimliche Waffe in mächtiger Massierung schwerpunktmäßig eingesetzt. Zwei Werferregimenter — das schwere Werferregiment 1 und das Werferregiment 70 — sowie die beiden Werferabteilungen 1 und 4 waren unter dem Sonderstab von Oberst Niemann in der Front vor der Festung zusammengezogen: einundzwanzig Batterien mit 576 Rohren, darunter die Batterien des schweren Werferregiments 1 mit ihren Spreng- und Flammölgranaten vom Kaliber 28 cm beziehungsweise 32 cm, die gegen die Befestigungsanlagen besonders wirksam waren.

Beim Feuereinsatz heulten jede Sekunde allein aus den Rohren dieses Regiments 324 Granaten auf die abgezirkelten Abschnitte der gegnerischen Feldbefestigungen. Die moralische Wirkung auf die Russen war ebenso groß wie die tödliche Vernichtungskraft. Wenn von einer einzigen Batterie mit sechs Geschützen sechsunddreißig feuerschweifbewehrte Geschoßungeheuer auf einen Schlag mit nervenzerfetzendem Geheul in eine feindliche Stellung schlugen, war die Wirkung fürchterlich.

Die Splitterkraft der einzelnen Granate war zwar nicht so groß wie die eines Artilleriegeschosses, aber die Druckwelle bei der Detonation eines solchen Feuerschlages auf engstem Raum eines Flächenzieles ließ die Blutgefäße platzen. Die nicht in unmittelbarer Nähe des Einschlages liegenden Soldaten wurden durch den ohrenbetäubenden Lärm und den lähmenden Druck der Detonation demoralisiert. Schrecken und Angst führten zur Panik. Ähnliche Wirkungen hatten auf die sonst so unempfindlichen Russen nur noch die Stukas. Die deutsche Truppe hat übrigens gegenüber dem massierten Einsatz der russischen Raketenwaffe, der sogenannten Stalinorgel, gleichfalls oft mit Angst und Schrecken reagiert.

Unter der herkömmlichen Artillerie, die in Sewastopol an die Festungstore pochte, waren drei besondere Giganten, die in die Kriegsgeschichte eingegangen sind: der Gamma-Mörser, der Mörser ›Karl‹ — auch ›Thor‹ genannt — und das Eisenbahngeschütz ›Dora‹. Alle drei Wunderwerke, Höhepunkte der konventionellen Artillerieentwicklung, waren für den Kampf gegen Festungen konstruiert worden. Vor dem Kriege gab es neben den Bollwerken in Belgien und neben der französischen Maginot-Linie nur noch die Festungen Brest-Litowsk, Lomscha, Kronstadt und eben Sewastopol. Leningrad war keine Festung mehr im eigentlichen Sinne, und die alten französischen Stadtfestungen an der Atlantikküste schon gar nicht.

Der Gamma-Mörser war die Wiedergeburt der ›Dicken Berta‹ des ersten Weltkriegs. Seine Granaten vom Kaliber 42,7 cm wogen 923 Kilogramm und konnten auf Ziele bis zu 14,25 Kilometer Entfernung geschossen werden. Die Rohrlänge betrug 6,72 Meter. 235 Artilleristen waren zur Bedienung dieses ungewöhnlichen Riesen erforderlich.

Aber ›Gamma‹ war ein Zwerg gegen den 61,5-cm-Mörser ›Karl‹ beziehungsweise ›Thor‹, eines der schwersten Geschütze des zweiten Weltkriegs und Spezialwaffe des Heeres gegen stärkste Betonfestungen. Die 2200 Kilogramm schweren Betongranaten, die stärkste Betondecken durchschlugen, wurden aus einem Ungeheuer verschossen, das mit einem herkömmlichen Mörser kaum noch Ähnlichkeit hatte. Das gedrungene, fünf Meter lange Rohr und das gewaltige Laufwerk des Fahrgestells glichen eher einer Fabrik mit einem unheimlichen Stummelschornstein.

Doch auch ›Karl‹ war noch nicht das artilleristische Nonplusultra. Das stand in Bachtschisarei, im ›Palast der Gärten‹, der alten Residenz der Tatarenchane, und hieß ›Dora‹, von den Landsern auch ›schwerer Gustav‹ genannt. Es war die schwerste Kanone des letzten Krieges. Kaliber: 80 cm. Sechzig Eisenbahnwagen waren nötig, um die Teile dieses Monstrums zu transportieren. Aus seinem 32,5 Meter langen Rohr wurden 4800 Kilogramm, also fast fünf Tonnen schwere Sprenggranaten siebenundvierzig Kilometer weit geschossen. Und die noch schwereren Panzergranaten (7000 Kilo) schoß ›Dora‹ auf Ziele in achtunddreißig Kilometer Entfernung. Geschoß und Kartusche waren 7,8 Meter lang. Aufgerichtet entsprachen sie ungefähr der Höhe eines zweistöckigen Hauses.

In einer Stunde konnte ›Dora‹ drei Schuß abfeuern. Das Riesengeschütz stand dabei auf zwei Doppelgleisen. Zwei Flakabteilungen waren ständig zur Überwachung eingesetzt. Bedienung, Schutz und Wartung erforderten 4120 Mann. Allein zur Feuerleitung und Bedienung gehörten ein Generalmajor, ein Oberst und eintausendfünfhundert Mann.

Diese wenigen Angaben zeigen, daß hier die alte traditionelle Kanone ins Gigantische, ins Überdimensionale gesteigert war, so daß der Nutzeffekt schon sehr fraglich wurde. Immerhin, ein einziger Schuß von ›Dora‹ vernichtete bei

Sewastopol, an der Sewernaja-Bucht, ein Munitionslager, das dreißig Meter unter der Erde lag.

Manstein stand schon die dritte Stunde auf seinem Felsennest. Er studierte die Einschläge und verglich sie mit den präzisen Unterlagen, die ihm die beiden Artillerieführer seiner Armee, Generalleutnant Zuckertort, der Artilleriekommandeur des LIV. Korps, und Generalleutnant Martinek, Artilleriekommandeur des XXX. Korps, geliefert hatten. Manstein war bei aller genialen Feldherrnkunst ein Mann des Details. Vielleicht liegt hierin das Geheimnis seiner Erfolge.

»Wo die 8,8 hinhaut, guckt kein Iwan mehr aus dem Bunker«, sagte ›Pepo‹ Specht, der gerade am Scherenfernrohr stand.

»Die Flak ist einfach unersetzlich bei diesen Befestigungen«, erwiderte Manstein. Und wie zur Betonung wummerte das metallische Knallen der 8,8 durch das orgelnde Donnerwetter.

Die Flak war wirklich unersetzlich. Das Flakregiment 18 wurde im Artilleriekampf vor Sewastopol berühmt. Die rasante ›Acht-Acht‹ war die beste Waffe zur Bekämpfung der Festungsanlagen, die über den Erdboden hervorragten. Wie die Werfer in vorderster Linie eingesetzt, knackte die 8,8, diese phantastische Wunderwaffe des zweiten Weltkrieges, in direktem Punktfeuer Bunker und Schartenstände. 181 787 Schuß verfeuerten allein die 8,8-Batterien des Flakregiments 18 im Laufe der Schlacht um Sewastopol.

Von Mansteins Beobachtungsstand aus konnte man die drei tiefgestaffelten Verteidigungssysteme erkennen, welche die Kernfestung schützten:

Das erste, zwei bis drei Kilometer breit, mit vierfach hintereinander gestaffelten und verdrahteten Grabenstellungen, dazwischen Holzbunker und betonierte Kampfstände. Minendetonationen bei Artillerietreffern vor und zwischen den Gräben zeigten an, daß die Russen außerdem dichte Panzerminensperren gelegt hatten. Es war damit zu rechnen, daß viele dieser unsichtbaren Minensperren zum Schutz gegen einen Sturmangriff der Infanterie vorhanden waren.

Der zweite Verteidigungsgürtel war etwa anderthalb Kilometer breit, zu ihm gehörten vor allem im Nordabschnitt, zwischen Belbek-Tal und Sewernaja-Bucht, eine Reihe schwerster Befestigungswerke, denen die deutschen Artilleriebeobachter einprägsame Namen gegeben hatten: ›Stalin‹, ›Molotow‹, ›Wolga‹, ›Sibirien‹, ›GPU‹ und — vor allem — ›Maxim Gorki I‹ mit seinen schweren 30,5-cm-Panzerbatterien. Das Pendant dazu, ›Maxim Gorki II‹, befand sich im Süden von Sewastopol, ähnlich stark bestückt.

Die Ostfront der Festung war von der Natur besonders begünstigt. Schwieriges Gelände mit tiefen Felsentälern und befestigten Bergkuppen bot hier ein ideales Verteidigungsfeld. ›Adlerhöhe‹, ›Zuckerhut‹, ›Nordnase‹ und ›Rosenhügel‹ sind für die Sewastopol-Kämpfer des Ostabschnitts unvergessene Namen.

Ein dritter Verteidigungsgürtel lief direkt um die Stadt. Er war ein wahres Labyrinth von Gräben, MG-Nestern, Granatwerferstellungen und Kanonenbatterien.

Nach sowjetischen Angaben wurde Sewastopol von sieben Schützendivisionen, einer Kavalleriedivision zu Fuß, zwei Schützenbrigaden, drei Marinebrigaden, zwei Marineinfanterieregimentern sowie verschiedenen Panzerbataillonen und verschiedenen selbständigen Verbänden – insgesamt 101 238 Mann – verteidigt. Zehn Artillerieregimenter und zwei Granatwerferabteilungen, ein Pakregiment sowie fünfundvierzig schwerste Geschützeinheiten der Küstenverteidigung standen mit insgesamt 600 Geschützen und 2000 Granatwerfern in der Verteidigungsfront. Eine wahrhaft feuerspeiende Burg, die Manstein mit seinen sieben deutschen und zwei rumänischen Divisionen nehmen wollte.

Die Nacht vom 6. zum 7. Juni war heiß und schwül. Gegen Morgen kam von See her eine leichte Brise auf. Aber sie führte keine Seeluft heran, sondern Staub, der aus dem aufgewühlten Vorfeld von Sewastopol über die deutschen Linien zog, und Qualm, der von den brennenden Munitionsdepots in der Südstadt kam.

Als der Morgen graute, schwoll das deutsche Artilleriefeuer noch einmal ge-

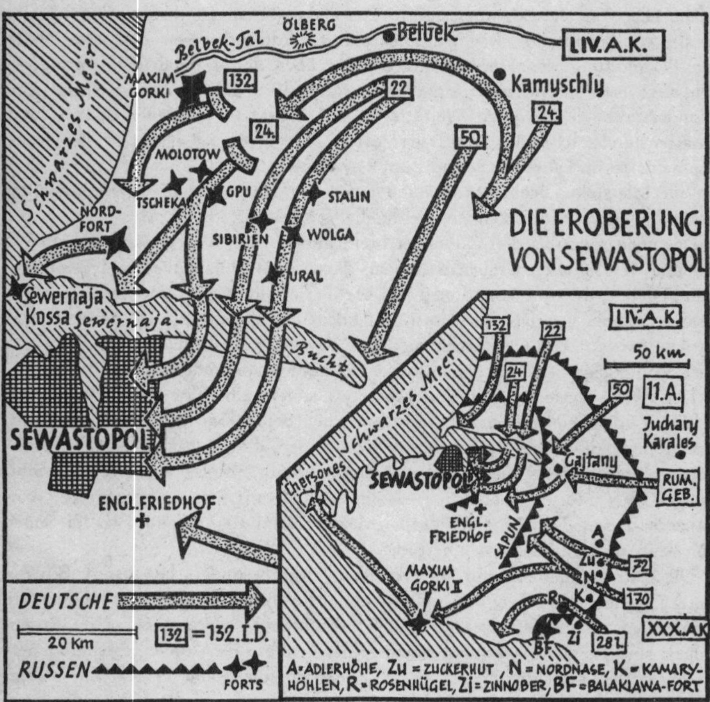

Karte 27
Die Eroberung von Sewastopol, ›Unternehmen Störfang‹. Nach fünftägigem Vernichtungsfeuer der Artillerie und der Luftwaffe trat die 11. Armee am 7. Juni 1942 zum Angriff auf die stärkste Festung der Welt an. Am 3. Juli 1942 fiel das letzte Fort.

waltig an. Dann sprang die Infanterie auf. Unter der mächtigen Feuerglocke jagten um 3 Uhr 50 Stoßtrupps der Infanterie und Pioniere auf der ganzen Front gegen die feindliche HKL.

Der Schwerpunkt lag an der Nordfront. Dort griff das LIV. Korps mit der 22., 24., 50., 132. Infanteriedivision und dem verstärkten Infanterieregiment 213 an, das zur 73. I. D. gehörte und die Korpsreserve bildete.

Von Westen und Süden griff das XXX. Korps an. Aber das war noch nicht der Hauptstoß. Die 72. I. D., die 28. leichte Division und die 170. I. D. sollten sich zusammen mit den rumänischen Verbänden zunächst nur Ausgangsstellungen für den auf ein paar Tage später angesetzten Hauptangriff erkämpfen.

Oben, am Belbek-Tal und in der Kamyschly-Schlucht, räumten die Pioniere Minengassen, damit die Sturmgeschütze der Abteilungen 190 und 249 möglichst schnell zur Unterstützung der Infanterie eingesetzt werden konnten. Die Infanteristen kämpften indessen um die ersten Feldstellungen des Feindes. Die Artillerie hatte zwar Gräben und Erdbunker zerschlagen, aber die überlebenden Russen wehrten sich verzweifelt. Mit Handgranaten und Nebelkerzen mußten die Sowjets aus ihren gut getarnten Erdlöchern geschlagen werden.

Den Niedersachsen von Generalmajor Wolffs 22. I. D. fiel wieder die schwere Aufgabe zu, das Fort ›Stalin‹ zu nehmen. Im vergangenen Winter hatten die Sturmkompanien vom Infanterieregiment 16 schon einmal die äußeren Wälle des Werkes erklommen, hatten dann wieder weichen müssen und waren auf das Belbek-Tal zurückgegangen.

Nun galt es, den blutigen Weg noch einmal zu machen. Der erste Versuch am 9. Juni scheiterte. Am 13. Juni gingen die 16er unter Führung von Oberst von Choltitz das Fort wieder an. ›Stalin‹ war ein Trümmerfeld, aber aus allen Ecken und Löchern wurde noch geschossen. Im Andrejew-Flügel hatte der Kommandant nur Komsomolzen, Jungkommunisten, und Parteimitglieder eingesetzt. Im Gefechtsbericht der 22. I. D. steht: »Es war wohl der zäheste Feind, den wir je erlebt haben.«

Nur eins von vielen Beispielen: Dreißig Tote liegen in einem Bunker, der einen Volltreffer in die Scharte erhalten hat. Trotzdem wehren sich zehn Überlebende wie die Teufel. Sie haben die Toten als Kugelfang vor die zerschossenen Scharten gepackt.

»Pioniere«, rufen die Infanteristen. Flammenwerfer jagen ihren Feuerstrahl gegen die schreckliche Brustwehr. Handgranaten hinterher. Man sieht Landser, die sich erbrechen. Aber erst am Nachmittag wanken zitternd und vollkommen fertig vier Russen aus den Trümmern.

Sie gaben auf. Nachdem sich der Politruk erschossen hatte.

Die beiden angreifenden Bataillone des I. R. 16 wurden bei diesen unerbittlichen Kämpfen schwer mitgenommen. Sämtliche Offiziere waren bald ausgefallen. Ein Leutnant aus der Führerreserve übernahm das Kommando über die Reste der Schützenkompanien beider Bataillone.

Bis zum 17. Juni tobten die blutigen Kämpfe bei glühender Hitze in der zweiten Verteidigungszone. Unerträglicher Gestank zog über das Schlachtfeld, auf dem zahllose Leichen lagen, von riesigen Fliegenschwärmen umsummt. Die bayerische 132. I. D. rechts neben den Niedersachsen hatte so hohe Verluste erlitten, daß sie zeitweilig aus der Front gezogen werden mußte. An ihre Stelle trat die 24. Infanteriedivision, die – von der rumänischen 4. Gebirgsdivision abgelöst – zwischen der 132. und der 22. I. D. eingeschoben wurde.

Es sah nicht rosig aus bei den deutschen Verbänden. Die Verluste stiegen immer höher, und ein fühlbarer Munitionsmangel zwang zeitweilig zu einer Unterbrechung der Kämpfe. Schon gab es Kommandeure, die zu einer Einstellung des Angriffs rieten, bis neue Kräfte heran wären. Aber Manstein wußte genau, daß er mit Verstärkungen nicht rechnen konnte.

Am 17. Juni gab er den Befehl zu einem neuen Generalangriff an der ganzen Nordfront. Die ausgebluteten Regimenter traten noch einmal mit dem festen Willen an, diesmal die Haupthindernisse zu nehmen.

Im Belbek-Tal, vier Kilometer westlich des ›Ölbergs‹, werden zwei Mörser vom Kaliber 35,5 cm in Stellung gebracht. Sie gehören zur schweren Heeresartillerieabteilung (mot.) 641 und haben den Auftrag, die Panzerkuppeln des feuerspeienden ›Maxim Gorki I‹ zu knacken. Die schweren 30,5-cm-Geschütze des sowjetischen Forts beherrschen das Belbek-Tal und den Weg zur Küste.

Es ist eine mühselige Arbeit, die beiden Riesen in Feuerstellung zu bringen. Nach vierstündigem Mühen der Bautrupps kann Batteriechef Oberleutnant von Chadim endlich den Feuerbefehl geben.

Mit Donnergetöse gehen die Ungeheuer los. Nach der dritten Salve meldet Wachtmeister Meyer, der als vorgeschobener Beobachter in der vordersten Linie des Infanterieregiments 213 liegt, daß die Treffer der Betongranaten auf der Panzerkuppel ohne Wirkung bleiben.

»Spezial-Röchling-Granaten«, befiehlt Chadim. Die 3,6 Meter langen Geschosse mit einem Gewicht von 1000 Kilogramm werden mit Hilfe von Kränen herangebracht. Die ›Röchling‹ hatte sich bereits im Frankreichfeldzug gegen die Anlagen von Lüttich bewährt. Sie explodierte nicht beim Aufschlag, sondern erst, wenn sie in den Widerstand eingedrungen war.

Unteroffizier Friedel Förster und seine vierzehn Kameraden am 1. Geschütz halten sich die Ohren zu, als der Oberleutnant die Hand hebt: »Feuer!«

Zwanzig Minuten später noch einmal für beide Geschütze zugleich: »Feuer!«

Kurz darauf kommt von Wachtmeister Meyer der Funkspruch: »Panzerkuppel aus den Angeln geflogen!«

›Maxim Gorkis‹ Kopf ist eingeschlagen. Die Rohre der 30,5-cm-Schiffsgeschütze ragen quer in die Luft. Die Batterie schweigt.

Das ist die Stunde für Oberst Hitzfeld, den Eroberer des Tatarengrabens von Kertsch. An der Spitze der Bataillone seines Infanterieregiments 213 stürmt er gegen das Fort und besetzt Panzertürme und Zugänge.

›Maxim Gorki I‹ kann nicht mehr feuern. Aber die sowjetische Besatzung im Innern des mächtigen Betonklotzes, der dreihundert Meter lang und vierzig Meter breit ist, ergibt sich nicht. Gruppenweise machen die Sowjets sogar noch blitzschnelle Ausfälle durch geheime Zugänge und Abzugskanäle.

Die 2. Kompanie des Pionierbataillons 24 erhält den Auftrag, dem Spuk ein Ende zu machen. Übergabeaufforderungen beantworten die Sowjets mit MPi-

Feuer. Die erste große Sprengung wird mit einem Berg von Dynamit, Flammöl und Nebelkerzen unternommen. Nachdem die Gase und der Qualm sich verzogen haben, schießen die Sowjets weiter aus Scharten und Öffnungen.

Die zweite Sprengung endlich reißt den Betonklotz auf und legt einen Zugang frei. Ein riesiger Bauch öffnet sich vor den Pionieren. Drei Stockwerke tief ist ›Maxim Gorki I‹. Eine Stadt.

Es gibt ein eigenes Wasser- und Kraftwerk, ein Lazarett, Kantinen, Maschinenräume mit Munitionsaufzügen. Arsenale und Kampfstollen. Jeder Raum und jeder Gang ist mit Doppelstahltüren versperrt. Und jede muß einzeln aufgesprengt werden.

Eng an die Wände gepreßt stehen die Pioniere. Zerbirst der Stahl, werfen sie ihre Handgranaten in den Qualm und warten, bis sich die Gase verzogen haben. Weiter!

In den Gängen liegen die toten Sowjets. Sie sehen gespenstisch aus, denn sie tragen alle Gasmasken. Rauch und Gestank hatten sie darunter gezwungen.

Aus dem nächsten Gang prasselt den Deutschen MPi-Feuer entgegen. Fliegen Handgranaten. Peitschen Pistolenschüsse. Dann knallt die Stahltür zu. Das blutige Spiel beginnt von neuem. So geht es Stunde um Stunde, bis sich der Kampf dem Hirn der Festung, der Befehlszentrale, nähert.

Auch in Sewastopol, im Gefechtsbunker von Vizeadmiral Oktjabrskij, der dicht am Hafen liegt, verfolgt man den Kampf im Fort ›Maxim Gorki‹. Der Funkoffizier, Unterleutnant Kusnezow, sitzt an seinem Apparat in der Funkzentrale und lauscht. Alle dreißig Minuten bekommt er von ›Maxim Gorki‹ Bericht über die Lage. Der Befehl der Admiralität an die Kommandeure und Kommissare lautet: »Kampf bis zum letzten Mann!«

Da ist das Signal. Kusnezow lauscht und schreibt: »Wir sind noch sechsundvierzig Mann. Die Deutschen hämmern an die Panzertüren und fordern uns auf, uns zu ergeben. Zweimal haben wir die Luke geöffnet, um zu schießen. Jetzt ist das unmöglich.«

Dreißig Minuten später kommt der letzte Spruch: »Wir sind noch zweiundzwanzig! — Wir bereiten uns vor, uns in die Luft zu sprengen. Wir hören auf zu funken. Lebt wohl!«

Und so geschah es auch. Die Zentrale des Forts sprengte sich selbst in die Luft. Der Kampf war aus. Von der tausendköpfigen Besatzung gingen nur vierzig Verwundete in Gefangenschaft. Diese Zahl sagt alles.

Während die Kämpfe um ›Maxim Gorki I‹ tobten, nahmen die sächsischen Bataillone des Infanterieregiments 31 der 24. I. D. am 17. Juni die Forts ›GPU‹, ›Molotow‹ und ›Tscheka‹.

Auch die Bremer von Generalmajor Wolffs 22. I. D. bahnten sich links neben den Sachsen ihren Weg nach Süden und nahmen am 17. Juni mit dem durch die 2. Batterie der Sturmgeschützabteilung 190 verstärkten I. R. 65 das Fort ›Sibirien‹. I. R. 16 knackte die Forts ›Wolga‹ und ›Ural‹. Die 22er erreichten als erste am 19. Juni die Sewernaja-Bucht, die letzte nördliche Barriere vor der Südstadt.

Die märkisch-mecklenburgische 50. I. D. von Generalmajor Friedrich Schmidt und die 4. rumänische Gebirgsdivision des Generals Laszar hatten die undankbarste Aufgabe. Sie mußten sich durch das buschbewachsene Felsengelände von Nordosten her bis auf die Höhe von Gajtany quälen. Sie schafften es und erreichten die Ostecke der Sewernaja-Bucht.

An der Westfront war das XXX. Korps unter Generalleutnant Fretter-Pico planmäßig erst am 11. Juni angetreten. Zunächst mit der 72. I. D. unter Generalleutnant Müller-Gebhard und mit Generalleutnant Sinnhubers 28. leichten Division, dann auch noch mit Generalmajor Sanders 170. I. D.

Beiderseits der großen Straße, die von der Küste zur Stadt führte, stießen die Divisionen vor. Es galt, die beherrschenden Sapunhöhen zu gewinnen. Sie waren das Schlüsselloch zur Südstadt. Hier wurde um Bergkuppen und Schluchten gekämpft. Kleinkrieg gegen gutversteckte Stützpunkte und befestigte Felsennester: ›Nordnase‹, ›Kapellenberg‹ und die Kamary-Höhlen waren Brennpunkte der Schlacht. Die Männer der 72. I. D. werden sie nie vergessen.

Die Jägerregimenter der 28. leichten Division kämpften sich über die schroffen Felsen des Küstengebirges. Das Fort Balaklawa war schon im Herbst 1941 vom Infanterieregiment 105 im Handstreich genommen worden. Aber die Jäger hatten auch im Juni 1942 noch genug zu tun. Es waren die Stunden der Stoßtruppkämpfer und ihrer tapferen Führer. Unvergessen sind Leutnant Koslar, Oberfeldwebel Keding und Feldwebel Hindemith. Höhe ›Kaulquappe‹, ›Zinnober I, II, III‹ sowie ›Rosenhügel‹ und das berüchtigte Weingut, so hießen in diesem Abschnitt die blutigen Stationen des Kampfes.

Die verstärkte 170. I. D., frisch aus der Reserve zwischen die beiden Stoßdivisionen eingeschoben, nahm die wichtigen Sapunhöhen. Die Seele des Sturms war Oberleutnant Bittlingmeier mit dem I. Bataillon des Infanterieregiments 391. In anderthalb Stunden schlug sich sein Bataillon zum Kamm der Höhen hoch. Dort, am Ziel, wurde Bittlingmeier von einer tödlichen Kugel getroffen, Stadt und Hafen von Sewastopol vor Augen.

Am 18. Juni eroberte Major Baake mit der Aufklärungsabteilung 72 die ›Adlerhöhe‹.

Einen makabren Auftrag hatte Infanterieregiment 420, das für den Kampf um Sewastopol der 170. I. D. unterstellt war. Es mußte den alten englischen Friedhof stürmen, auf dem die Gefallenen des Krimkrieges lagen. Die Sowjets hatten den Friedhof zu einem schweren Batteriestützpunkt ausgebaut: eine schauerliche Festung.

Am 20. Juni nimmt das verstärkte Infanterieregiment 97 der 46. I. D. mit Unterstützung durch die 3. Batterie Sturmgeschützabteilung 190 Fort ›Lenin‹.

Als die 24. Infanteriedivision nach schweren Kämpfen das Nordfort und die berüchtigte Konstantinowski-Batterie auf der schmalen Landzunge Sewernaja–Kossa genommen hatte und damit die Hafeneinfahrt beherrschte, lag Sewastopol im Würgegriff. Manstein hatte alle Befestigungen um Sewastopol in der Hand. Trotzdem warf das sowjetische Oberkommando in der Nacht des 26. Juni noch die 142. Schützenbrigade auf allen möglichen Seefahrzeugen in die Stadt. Sie kamen gerade noch zum Untergang zurecht.

Den Fangstoß führten die 22. und die 24. I. D. Das Artillerieregiment 22 verfeuerte seine hunderttausendste Granate. Sie krachte auf das Ufer jenseits der Sewernaja-Bucht. In der staubigen ›Wolfsschlucht‹ stellten sich die Regimenter bei mondheller Nacht bereit.

27. Juni, kurz nach Mitternacht: Lautlos fahren die Kompanien in Floßsäcken und Floßsackfähren über die Bucht. Zu spät erkennt der Feind das Manöver. Schon sind die ersten Stoßtrupps am E-Werk. Es fällt.

Die Bataillone pirschen sich weiter bis an den Stadtrand. Als es hell wird, kommen die Stukas. Schlagen den Infanteristen den Weg frei. Der letzte große Panzergraben wird bezwungen.

Die sowjetische Verteidigung bricht in Panik und Chaos zusammen. Hier und dort nur kämpft noch ein Kommissar, ein Kommandeur, ein Komsomolze bis zum letzten Atemzug.

Am Steilufer der Nordbucht sitzen rund tausend Frauen, Kinder und Soldaten in einem verbarrikadierten Stollen. Der kommandierende Kommissar verweigert die Öffnung der Tore. Pioniere bereiten die Sprengung vor. Da jagt der Kommissar den ganzen Stollen mit allen Menschen und sich selbst in die Luft. Ein Dutzend deutscher Pioniere wird mit in den Tod gerissen.

Am 3. Juli ist alles zu Ende. Sewastopol, die stärkste Festung der Welt, ist gefallen. Zwei sowjetische Armeen zerschlagen. 90 000 Rotarmisten gehen in Gefangenschaft. Auf dem wüsten Schlachtfeld liegen neben Tausenden von Toten: 467 Geschütze, 758 Granatwerfer sowie 155 Pak und Flak.

Die Befehlshaber der Festung, Admiral Oktjabrskij und Generalmajor Petrow, blieben allerdings nicht auf dem Schlachtfeld. Sie waren am 30. Juni von einem Schnellboot aus der Festung herausgeholt worden.

Mansteins 11. Armee war nun frei für den großen Plan, für die bereits angelaufene Offensive gegen Stalingrad und den Kaukasus.

3 Verratener Aufmarschplan

Rehbraten und Krimsekt – Ein gestörtes Fest – Major Reichel ist verschwunden – Ein verhängnisvoller Flug – Zwei geheimnisvolle Gräber – Die Russen kennen den Offensivplan – Der Angriff wird trotzdem gestartet – Die Geburtsstunde einer Tragödie

Die Villa des Kommissars war mit überraschend gutem Geschmack eingerichtet. Sie lag in einem kleinen Garten am Stadtrand von Charkow und hatte zwei Stockwerke. Auch das Kellergeschoß war ausgebaut. Der Genosse Kommissar hatte nicht schlecht gelebt. Er war allerdings auch ein verantwortungsvoller Mann gewesen: Die Schwerindustrie des Charkower Gebietes hatte ihm unterstanden. Hatte. Denn jetzt residierte General der Panzertruppe Stumme mit dem Stab seines XXXX. Panzerkorps in der Kommissarvilla.

Stumme war ein ausgezeichneter Offizier und ein Lebenskünstler dazu. Immer quicklebendig. Klein von Gestalt, aber groß an Energie. Nie ohne das Monokel, das er auch schon als junger Reiteroffizier getragen hatte. Wegen zu hohen Blutdrucks war sein Gesicht leicht gerötet. Der Spitzname lag daher bei solcher körperlichen und geistigen Konstitution auf der Hand: ›Kugelblitz‹ nannten ihn Offiziere und Soldaten seines Stabes heimlich. Stumme selbst wußte es natürlich auch, aber er spielte den Ahnungslosen. Auf diese Weise brauchte er nie zu reagieren, wenn er sich zufällig so tituliert hörte.

Stumme war kein wissenschaftlicher Generalstäbler, sondern ein Mann der Praxis mit dem echten Gespür für taktische oder operative Chancen. Er gehörte zur Spitzengruppe der deutschen Panzerführer, ein kluger Planer und schneller Zupacker. Ein Mann der Front, geliebt von seinen Soldaten, für die er mit rastlosem Eifer sorgte. Geachtet aber auch von seinen Offizieren, die seine Energie und seinen Spürsinn bewunderten.

Seine Schwäche, eine angenehme Schwäche, war gutes Essen und Trinken. »Krieg – und dann noch schlecht essen? Nee, meine Herren!« war eine beliebte Redensart von ihm. Er teilte allerdings die guten Happen, die der Kommandant des Stabsquartiers besorgte, immer mit Gästen.

So hatte er auch am 19. Juni 1942 zu einem Abendessen in sein Stabsquartier eingeladen. Die drei Divisionskommandeure des Korps und der Artillerieführer waren da: Generalmajor von Boineburg-Lengsfeld, Kommandeur 23. Panzerdivision; Generalmajor Breith, Kommandeur 3. Panzerdivision; Generalmajor Fremerey, Kommandeur 29. I. D. (mot.) und Generalmajor Angelo Müller, der Arko. Der Chef des Generalstabs des Korps, Oberstleutnant Franz, der Ia, Oberstleutnant Hesse und der O 1, Leutnant Seitz, sowie der Korpsadjutant, Oberstleutnant Harry Momm, der weltbekannte Springreiter, waren ebenfalls anwesend.

Es sollte die ›Henkersmahlzeit‹ sein, wie Stumme scherzend sagte. »Noch ein paar Tage können wir uns ausschlafen, meine Herren, dann geht's los. Hoffentlich klappt es diesmal, Stalin auf die Knie zu zwingen.«

»Hoffentlich«, knurrte der robuste General Breith, der Pfälzer Panzerfuchs par excellence.

Die drei Divisionskommandeure waren von Stumme schon zwei Tage zuvor mündlich über die Aufgaben des Korps im Rahmen der ersten Phase von ›Operation Blau‹ unterrichtet worden. Mündlich, wohlbemerkt, denn den Plan oder die Korpsbefehle für eine Offensive durfte auch ein Divisionskommandeur nach den sehr strengen, von Hitler befohlenen Geheimhaltungsvorschriften nicht vor Angriffsbeginn erfahren.

»Können wir nicht doch ein paar schriftliche Anhaltspunkte haben«, hatte einer der Kommandeure gebeten. Auch das war zwar gegen die strengen Geheimhaltungsvorschriften, aber Stumme hatte zugestimmt.

»Ein Panzerkorps kann man nicht am zu kurzen Zügel führen«, hatte Stumme zu seinem Chef und Ia gesagt und dann eine Aktennotiz von einer halben Schreibmaschinenseite diktiert: »Nur für die Herren Divisionskommandeure!« Und nur über die erste Phase der ›Operation Blau‹. Oberstleutnant i. G. Hesse hatte das supergeheime Papier durch besonders zuverlässige Kuriere den Divisionen zugehen lassen.

Diese Handhabung war bei vielen Panzerkorps üblich. Denn wie sollte ein Divisionskommandeur, der Führer eines schnellen Verbandes, der plötzlich überraschend zu einem Durchbruch kam, die Chance nutzen können, wenn er nicht wußte, ob es nach Nord, Süd oder West weitergehen sollte?

Das Korps Stumme zum Beispiel hatte gemäß der ersten Phase der Aufmarschweisung für die ›Operation Blau‹ den Auftrag, im Verband der 6. Armee über den Oskol zu stoßen und dann nach Norden zu einer Kesseloperation einzudrehen. Kamen die Divisionen schnell über den Fluß, war es wichtig, daß die Kommandeure diese große Absicht kannten und ohne Zeitverlust sofort richtig handelten.

Stumme war mit seiner Methode der kurzen schriftlichen Information der Divisionskommandeure immer gut gefahren. Er hatte auf diese Weise nie eine Chance verpaßt, und es war noch nie etwas passiert – bis zu diesem 19. Juni jedenfalls nicht.

Stumme genoß schmunzelnd die Überraschung der ›Henkersmahlzeit‹: Es gab Rehrücken, von einem Rehbock, den Oberstleutnant Franz auf einer Erkundungsfahrt geschossen hatte. Als Vorspeise wurde eine Dose Kaviar serviert, dazu gab es Krimsekt. Beides hatte ein eifriger Verpflegungsoffizier in einem Charkower Warenlager ausfindig gemacht, und die Gäste ließen sich nicht nötigen.

Süßer Krimsekt macht fröhlich. Davon künden die Tafelrunden der Zaren wie auch die der Sowjetmenschen. Auch an Stummes Tisch regierte am Abend des 19. Juni der Frohsinn. Die Offiziere, die alle den schrecklichen Winter mitgemacht hatten, sahen die Dinge wieder zuversichtlich.

Vor allem der Kommandierende General selbst war voller Energie und Optimismus. Er hatte am Nachmittag mit der Armee gesprochen. Auch dort herrschte gute Laune. General von Mackensen hatte gerade mit seinem verstärkten III. Panzerkorps oberhalb Charkows im Raume Woltschansk, ostwärts des Donez, der 6. Armee eine Bresche geschlagen und ihr so jenseits des Flusses, am Burluk, sehr gute Ausgangspositionen für die große Offensive erkämpft.

In einer kühnen Kesseloperation hat Mackensen mit seinen vier schnellen und vier Infanteriedivisionen wesentlich stärkere sowjetische Kräfte zerschlagen, die auf dem beherrschenden Höhengelände am Donez gut verschanzt gelegen hatten. Vom Korps wurde das Gelände erobert und noch 23 000 Gefangene gemacht. General Paulus' 6. Armee brauchte nun bei der bevorstehenden Großoffensive unter feindlichem Feuer keinen risikoreichen Übergang über den Donez zu erzwingen.

Oberstleutnant Franz demonstrierte mit Messer, Gabel, Dessertlöffel und einem Schnapsglas die interessante Operation Mackensens, die mit außergewöhnlich geringen Verlusten zu einem großen Erfolg geführt hatte. Diese Operation war ein erneuter Beweis dafür, daß das deutsche Ostheer seine alte Schlagkraft zurückgewonnen hatte.

»Und jetzt ist Mackensen dabei, das gleiche südöstlich von uns zu wiederholen, um auch hier das Donez-Vorgelände zu säubern und uns die Oskol-Linie als Ausgangsstellung für den ›Fall Blau‹ zu erobern. Großartig der Makkensen, der wird auch das schaffen!« Stumme hob sein Glas. Die Fröhlichkeit bekam durch die guten Omen neuen Auftrieb.

Es war fünf Minuten vor zehn. Es erschien keine Feuerschrift an der Wand wie bei Belsazars Festmahl. Es schlug keine Bombe in die fröhliche Runde. Es kam nur der Ia-Schreiber Odinga, beugte sich zu Oberstleutnant Hesse und flüsterte ihm etwas zu. Der Ia stand auf und sagte erklärend zu Stumme: »Ich werde dringend am Telefon verlangt, Herr General.«

Der lachte: »Bringen Sie uns keine Tatarennachricht!«

Hesse: »Das glaube ich nicht, Herr General, es ist der O 1 der 23. Panzerdivision.«

Als die beiden draußen waren und die Treppe zum Kartenzimmer hinuntergingen, meinte Feldwebel Odinga: »Scheint dicke Luft bei der 23. zu sein, Herr Oberstleutnant.«

»So?«

»Ja, anscheinend ist der Ia, Major Reichel, seit heute Nachmittag verschwunden.«

»Was?«

Hesse sprang die letzten Stufen hinunter ans Telefon und meldete sich: »Ja, was gibt's, Teichgräber?« Er lauschte. Dann sagte er: »Nein, bei uns ist er nicht!« Hesse blickte auf seine Armbanduhr: »Um 14 Uhr ist er weggeflogen, sagen Sie? Jetzt ist es 22 Uhr. Mann! Was hat er denn bei sich gehabt?« Hesse horchte angestrengt. »Sein Kartenbrett? Was? Auch die Mappe mit der Aktennotiz? Ja, um Himmels willen, mit so etwas fliegt der Erkundung?«

Hesse war wie entgeistert. Er warf den Hörer auf die Gabel und sprang die Treppe hinauf ins Eßzimmer. Wie auf einen Schlag verebbte die gehobene Laune der fröhlichen Runde. Alle sahen dem Ia an, daß etwas passiert war.

In knappen Worten berichtete Oberstleutnant Hesse, abwechselnd zu Stumme und zu von Boineburg-Lengsfeld gewandt: Der Ia der 23. Panzerdivision, Major i. G. Reichel, ein ausgezeichneter und zuverlässiger Offizier, ist um 14 Uhr in einem Storch mit Oberleutnant Dechant als Pilot zum Gefechtsstand des XVII. Armeekorps gestartet, um von dort aus den Marschraum der Division, wie er in der Aktennotiz für den Herrn Divisionskommandeur mitgeteilt wurde, sich noch einmal anzusehen. Reichel ist offenbar über den Korpsgefechtsstand hinaus weiter an die HKL geflogen. Er ist bisher nicht zurückgekehrt und im Divisionsbereich auch nicht gelandet. Er hat sowohl die Notiz bei sich, wie auch sein Kartenbrett mit den eingezeichneten Divisionen des Korps und den Eintragungen über die Angriffsziele der ersten Phase von ›Operation Blau‹.

Stumme war sofort vom Stuhl hoch. Boineburg-Lengsfeld wollte begütigen: »Er wird irgendwo hinter unseren Divisionen runtergegangen sein. Es muß ja nicht gleich das Schlimmste eingetreten sein.« Er wehrte sich gegen den Gedanken, der in allen Gesichtern stand: von den Russen erwischt. Mit der Weisung. Mit den Zielen von ›Operation Blau‹!

Stumme war jetzt ganz ›Kugelblitz‹. Alle Divisionen in der Front wurden telefonisch angesprochen: Divisionskommandeure, Regimentskommandeure wurden beauftragt, vorn bei den Artilleriebeobachtern und Kompanieführern rückzufragen, ob irgend etwas beobachtet worden war.

Der Korpsstab war wie ein Bienenschwarm. Es summte und klingelte, und es dauerte dann auch keine dreiviertel Stunde, da meldete die 336. I. D.: Ein vorgeschobener Artilleriebeobachter habe im brütend heißen Nachmittagsdunst einen Fieseler Storch gesehen, so zwischen 15 und 16 Uhr. Er sei zwischen den sehr tiefen Wolken herumgekurvt und dann, gerade als ein schweres Sommergewitter über dem ganzen Kampfabschnitt niederging, dicht bei den russischen Linien gelandet. »Starken Stoßtrupp losschicken«, befahl Stumme.

Oberstleutnant Hesse gab die detaillierten Befehle für die Erkundung durch: In erster Linie interessierten natürlich die beiden Vermißten. Sollten Reichel und sein Pilot nicht gefunden werden, dann nach Aktentasche und Kartenbrett suchen. Wenn der Feind bereits dagewesen, kontrollieren, ob Brand- oder Kampfspuren vorhanden, die auf Vernichtung der Papiere schließen lassen.

Die 336. I. D. schickte im Morgengrauen des 20. Juni eine verstärkte Kompanie in das recht unübersichtliche Gelände. Eine zweite Kompanie gab Flankenschutz und machte Feuerzauber, um die Russen abzulenken.

In einem kleinen Tal wurde das Flugzeug gefunden. Aber leer. Keine Aktentasche, kein Kartenbrett. Die Armaturen waren ausgebaut, wie das die Russen gern taten, wenn sie eine deutsche Maschine erbeuteten. Es waren keine Brandspuren zu sehen, die auf Vernichtung der Karte und der Papiere hätten schließen lassen. Auch keine Blutspuren. Keine Zeichen von Kampf. Der Tank der Maschine hatte einen Einschuß. Das Benzin war ausgelaufen.

»Umgebung absuchen«, befahl der Hauptmann. Gruppenweise pirschten die Männer los. Da kam von einem Unteroffizier der Zuruf: »Hier!« Er zeigte auf zwei Erdhügel, dreißig Meter vom Flugzeug entfernt: zwei Gräber. Damit schien dem Kompanieführer die Sache klar. Die Sicherungen wurden eingezogen. Abmarsch.

General Stumme schüttelte den Kopf, als er die Meldung von den beiden Gräbern erhielt. »Seit wann ist der Iwan so pietätvoll? Beerdigt die Toten. Und gleich neben dem Flugzeug.«

»Mir will das auch nicht in den Kopf«, meinte Oberstleutnant Franz.

»Das will ich genau wissen, vielleicht ist das eine Teufelei«, entschied Stumme. Die 336. I. D. erhielt Befehl, das Unternehmen noch einmal zu starten, die Gräber zu öffnen und zu prüfen, ob Reichel und Oberleutnant Dechant darin lagen.

Die Männer des I. R. 685 zogen erneut los. Die Ordonnanz des Majors Reichel ging mit, um den Vermißten zu identifizieren. Die Gräber wurden aufgemacht. Der Bursche glaubte, in dem einen Toten seinen Major zu erkennen, obwohl die Leiche nur mit Unterzeug bekleidet war und auch sonst keinen guten Anblick bot. Auch im zweiten Grab fanden sich keine Uniformstücke.

Welche Meldung das XXXX. Panzerkorps, in dessen Stab die ganze Untersuchung und die Berichterstattung an die Armee zusammenlief, über die gefundenen Leichen gemacht hat, läßt sich heute nicht mehr präzise feststellen. Einzelne Stabsoffiziere erinnern sich überhaupt nicht daran, daß die Leichen gefunden wurden. Der Ic des XXXX. Panzerkorps, der sich zur fraglichen Zeit als Vorkommando des Generalkommandos Stumme wenige Kilometer von der Unglücksstelle entfernt befand und sofort in die Suchaktion mit eingespannt wurde, hält Major Reichel für spurlos verschwunden. Der damalige Oberstleutnant Franz hingegen ist der Meinung, daß die Leichen eindeutig identifiziert wurden. Man könnte aber trotz der absolut klaren Angaben von Stabsoffizieren der 336. I. D. Zweifel hegen, ob die Sowjets nicht doch einen Teufelstrick gemacht haben, um die Deutschen irrezuführen. Frau Reichel allerdings erhielt von Oberst Voelter, dem Ia der 6. Armee, eine briefliche Mitteilung, daß ihr Mann ›mit allen militärischen Ehren‹ auf dem Soldatenfriedhof von Charkow beigesetzt wurde. Sie bekam auch Fotos von dem Grab; der Ehering, den ihr Mann immer trug, wurde ihr jedoch nicht zugesandt. So bleibt auch heute noch ein Schimmer des Zweifels über dem ganzen Fall.

Für die deutsche Führung war es Ende Juni 1942 natürlich von entscheidender Wichtigkeit zu wissen, ob Reichel tot war oder sich lebend in russischer Gefangenschaft befand. War er tot, kannten die Russen nur das, was auf seinem Kartenbrett und in der Aktennotiz stand: die erste Phase von ›Operation Blau‹. Hatten sie den Major lebend in die Hand bekommen, bestand die Gefahr, daß ihn GPU-Spezialisten zur Preisgabe dessen brachten, was er wußte. Und Reichel wußte natürlich in groben Zügen alles über den großen Plan. Er wußte, daß die Operation auf den Kaukasus und auf Stalingrad zielte, daß die Wolga als mächtiger Wasserweg und wichtigste Verkehrsader zwischen Kaspischem Meer und Moskauer Industriegebiet gesperrt und die Ölquellen Kaukasiens erobert werden sollten.

Nicht auszudenken – wenn der sowjetische Geheimdienst Mittel und Wege gefunden hätte, einen lebenden Reichel zum Sprechen zu bringen, und der deutsche Operationsplan »Fall Blau« den Sowjets enthüllt war!

Es bestand Grund genug, das zu befürchten.

Es war kein Geheimnis, daß die russischen Fronttruppen strikten Befehl hatten, jeden Offizier mit roten Streifen an den Hosen, das heißt jeden Generalstabsoffizier, wie ein rohes Ei zu behandeln und sofort zum nächsthöheren Stab zu bringen. Auch gefallene deutsche Generalstabsoffiziere mußten möglichst geborgen werden, weil man auf diese Weise bei den Deutschen Ungewißheit und Unbehagen erzeugte, ob die Betreffenden noch lebten. Durch geschickte Frontpropaganda wurde diese Ungewißheit noch vergrößert.

Warum sollten die Sowjets von all dem plötzlich abgewichen sein? Und wenn schon, warum dann die Beerdigung?

Es gibt nur eine Lösung für dieses Rätsel, die logisch wäre: Reichel und sein Pilot waren von dem sowjetischen Spähtrupp gefangengenommen und dann niedergemacht worden. Als der Truppführer die Karte und die Aktentasche seinem Kommandeur brachte, erkannte dieser sofort, daß es sich um einen höheren deutschen Stabsoffizier gehandelt hatte. Um Scherereien zu vermeiden und einer eventuellen Kontrolle oder der Frage nach den Leichen aus dem Wege zu gehen, schickte er den Spähtrupp zurück und ließ die beiden umgebrachten Offiziere begraben.

Natürlich mußte Stumme den Fall Reichel sofort der Armee melden. Oberstleutnant Franz hatte bereits in der Nacht zum 20. Juni, gegen 1 Uhr, den Chef des Generalstabs der 6. Armee, den damaligen Oberst und späteren Generalleutnant Arthur Schmidt, telefonisch von dem Fall unterrichtet. Und General der Panzertruppe Paulus blieb nichts anderes übrig, als die Sache pflichtgemäß und schweren Herzens über die Heeresgruppe an das Führerhauptquartier nach Rastenburg weiterzumelden.

Zum Glück war Hitler in Berchtesgaden und erfuhr die Angelegenheit nicht in brühwarmem Zustand. Generalfeldmarschall Keitel leitete die ersten Untersuchungen. Er war geneigt, Hitler strengste Maßnahmen ›gegen die mitschuldigen Offiziere‹ vorzuschlagen.

Keitel ahnte natürlich Hitlers Reaktion. Gemäß Führerbefehl war es ganz klar, daß Operationspläne durch höhere Stäbe nur mündlich weitergegeben werden durften. In seiner Weisung Nr. 41 hatte Hitler selbst noch einmal strenge Geheimhaltungsvorschriften gerade für die entscheidende ›Operation Blau‹ erlassen. Auch bei jeder anderen Gelegenheit hatte er auf Grund seiner Spionagefurcht auf den Grundsatz hingewiesen: Niemand darf mehr wissen, als für die Durchführung seiner Aufgabe unbedingt erforderlich ist.

Es war zu befürchten, daß Hitler den Fall Reichel benutzen würde, um ein Exempel zu statuieren. Das Oberkommando mußte also von vornherein Härte zeigen, um Hitler den Wind aus den Segeln zu nehmen.

General Stumme, sein Chef, Oberstleutnant Franz, und der Divisionskommandeur der 23. Pz. D., General von Boineburg-Lengsfeld, wurden — drei Tage vor der Offensive — ihrer Ämter enthoben, Stumme und Franz vor den Sondersenat des Reichskriegsgerichts gestellt. Reichsmarschall Göring präsidierte. Die Anklage umfaßte zwei Punkte: Zu frühe und zu weitgehende Befehlsherausgabe.

In zwölfstündiger Verhandlung konnten Stumme und Franz nachweisen, daß »von zu früher« Befehlsherausgabe keine Rede sein konnte. Für das Vorziehen des Panzerkorps in den Brückenkopf Woltschansk über die einzige Donezbrücke wurden allein fünf von den kurzen Juninächten benötigt. Blieb der Vorwurf der »zu weitgehenden Befehlsgebung«. Sie wurde zum Kernstück der Anklage, da das Korps die Panzerdivisionen darauf hingewiesen hatte, daß sie nach Überschreiten des Oskol, beim Eindrehen nach Norden, mit dort vorgehenden ungarischen Verbänden in russenähnlichen erdbraunen Uniformen zusammentreffen könnten. Dieser Hinweis war wichtig, da die Gefahr bestand, daß die deutschen Panzerverbände irrtümlich die Ungarn als Russen ansprachen.

Aber diese Entschuldigung wurde vom Gericht nicht akzeptiert. Beide Angeklagten wurden zu fünf beziehungsweise zwei Jahren Festung verurteilt. Göring reichte am Schluß der Verhandlung allerdings beiden Verurteilten die Hand und sagte: »Sie haben Ihre Sache offen, tapfer und ohne Winkelzüge verfochten. Ich werde dem Führer darüber Meldung machen.«

Göring hielt anscheinend Wort. Auch Feldmarschall von Bock setzte sich in einem persönlichen Gespräch mit Hitler im Führerhauptquartier für die beiden bewährten Offiziere ein. Wer den Ausschlag gab, ist nicht mehr festzustellen. Aber nach vier Wochen erhielten Stumme und Franz in gleichlautenden Schreiben die Mitteilung, daß der Führer die ausgesprochenen Strafen in Anbetracht ihrer Verdienste und ihrer hervorragenden Tapferkeit erlassen habe. Stumme ging als Vertreter Rommels nach Afrika, Franz folgte ihm als Chef des Generalstabs des Afrikakorps. Am 24. Oktober fiel General Stumme beim Großangriff vor El Alamein. Er liegt dort begraben.

Das Kommando über das XXXX. Korps bekam nach der Abberufung Stummes General der Panzertruppe Leo Freiherr Geyr von Schweppenburg, der bewährte Führer des XXIV. Panzerkorps. Er trat ein schweres Erbe an.

Es war kein Zweifel möglich: Das russische Oberkommando kannte spätestens am 21. Juni Plan und Aufmarsch der ersten Phase der großen deutschen Offensive. Der Kreml wußte also, daß die Deutschen mit stärksten Kräften durch einen direkten West-Ost-Stoß aus dem Raum Kursk und durch einen Umfassungsstoß der 6. Armee aus dem Raum Charkow den Eckpfeiler Woronesch gewinnen wollten, um in einem Kessel zwischen Oskol und Don die sowjetischen Kräfte vor Woronesch zu vernichten.

Aus der Karte und aus dem Papier, die der unglückliche Reichel bei sich gehabt hatte, konnten die Sowjets jedoch nicht ersehen, daß die Armeegruppe Weichs anschließend am Don nach Süden beziehungsweise Südosten stoßen sollte und daß die großen Operationsziele Stalingrad und der Kaukasus waren. Es sei denn, Reichel wäre noch lebend in russische Hände gefallen und ausgepreßt worden und im Grab am Flugzeug hätte ein anderer gelegen.

Bei der Raffinesse des sowjetischen Geheimdienstes mußte man mit allem rechnen. Die Frage, die sich deshalb für das Führerhauptquartier stellte, war: Sollte man den Operationsplan und den Termin umwerfen?

Sowohl Feldmarschall von Bock als auch General Paulus sprachen sich dagegen aus. Der Angriffstermin stand vor der Tür, viel konnten die Sowjets also nicht mehr tun. Dazu kam, daß am 22. Juni General Mackensen zu seiner zweiten ›Wegbereitungsoperation‹ angetreten war und im Zusammenwirken mit Teilen der 1. Panzerarmee im Raume Kupjansk für die 6. Armee die Ausgangspositionen mit einer erfolgreichen kleinen Kesselschlacht erfochten hatte: 24 000 Gefangene und Raumgewinn über den Donez bis zum unteren Oskol waren das Ergebnis.

Die Sprungbretter für den Start ins Abenteuer der ›Operation Blau‹ waren also gewonnen. Jetzt konnte man das ineinandergreifende Räderwerk des großen Plans nicht mehr umschalten, ohne alles zu gefährden. Die angekurbelte Maschine mußte laufen. Hitler bestimmte deshalb, es wird, wie vorgesehen, angetreten: X-Tag für die Armeegruppe Weichs am Nordflügel der 28. Juni, für die 6. Armee mit XXXX. Panzerkorps der 30. Juni. Die Würfel waren gefallen.

Was nun geschieht, ist aufs engste mit dem tragischen Fall Reichel verbunden und stellt die Geburtsstunde der deutschen Tragödie im Rußlandkrieg dar. Wir sehen den Anfang einer Kette von strategischen Fehlern, die zwangsläufig zur Katastrophe von Stalingrad, zur Wende des Ostkrieges und damit zur deutschen Niederlage führten.

Wer diese Wende begreifen will, die das deutsche Ostheer so jäh auf der Höhe seiner Erfolge traf, der muß sich die Mühe machen, den etwas schwierigen, aber dramatischen strategischen Zügen der ›Operation Blau‹ zu folgen.

Die Grundlage der ersten Phase der deutschen Sommeroffensive 1942 war die Eroberung von Woronesch. Denn diese Zwei-Flüsse-Stadt war ein wichtiges Rüstungs- und Wirtschaftszentrum und beherrschte sowohl den Don mit seinen zahlreichen Übergängen wie auch den Woronesch-Fluß. Sie war außerdem die Schaltstelle der zentralrussischen Nord-Süd-Verbindungen per Straße, Eisenbahn und Flußschiffahrt von der ›Verkehrsspinne‹ Moskau zum Schwarzen und zum Kaspischen Meer. Im deutschen ›Plan Blau‹ war Woronesch Drehscheibe für die Bewegungen nach Süden und Rückhalt für die Flankensicherung.

Am 28. Juni tritt die Armeegruppe von Weichs mit 2. Armee, 2. ungarischer Armee und mit der 4. Panzerarmee zum Stoß auf Woronesch an. Hoths 4. Panzerarmee ist der Stoßkeil. In ihrem Zentrum wiederum, als Rammbock, das XXXXVIII. Panzerkorps unter General der Panzertruppe Kempf mit der 24. Panzerdivision in der Mitte, rechts und links flankiert von 16. I. D. (mot.) und der Division ›Großdeutschland‹.

Die 24. Panzerdivision – ehemals die ostpreußische 1. und einzige Kavalleriedivision der Wehrmacht, die im Winter 1941/42 zu einer Panzerdivision umbewaffnet worden war – hat die Aufgabe, Woronesch zu nehmen.

Die Division, die Generalmajor Ritter von Hauenschild führt, schlägt mit aller Wucht zu. Unter dem Feuerschutz des VIII. Fliegerkorps werden die sowjetischen Verteidigungsstellungen überrannt, der Tim-Fluß erreicht, die Timbrücke gestürmt und die schon brennende Zündschnur abgerissen. Dann braust der Divisionskommandeur in seinem Schützenpanzerwagen über die Brücke, dem verstärkten Panzerregiment voraus.

Mit kavalleristischem Elan jagen die Panzer dem Kschen-Fluß zu. Artillerie und Kolonnen der 160. und der 6. sowjetischen Schützendivision werden zerschlagen. Auch hier wird die Brücke unversehrt genommen. Es geht wie die wilde Jagd. Divisionskommandeur und Führungsstaffel, ohne Rücksicht auf ungedeckte Flanken, mit der Spitze voran, getreu Guderians Rezept: »Die Panzertruppe wird vorn geführt und ist in der glücklichen Lage, immer offene Flanken zu haben.«

Wenn getankt werden muß, wird umgruppiert, und schnell neuformierte Kampfgruppen brausen weiter. Am Abend des ersten Angriffstages fahren Kradschützen und Teile der III. Abteilung Panzerregiment 24 den Angriff auf das Dorf Jefrossinowka.

»Was ist denn hier los?« denkt Rittmeister Eichhorn: ein Schilderwald am Dorfeingang, Funkwagen, Stabstrosse, Lkw. Das kann nur ein hoher Stab sein.

Um ein Haar gelingt den Kradschützen ein großer Fang: In letzter Minute flüchtet der Stab der 40. sowjetischen Armee, der hier lag. Man erwischt ihn nicht mehr, aber die ganze Armee wird nach dem Verlust des Hauptquartiers führerlos.

So wiederholt die 24. Panzerdivision in diesen glühend heißen Sommertagen des Jahres 1942 noch einmal jene klassischen Panzerstöße der ersten Kriegs=

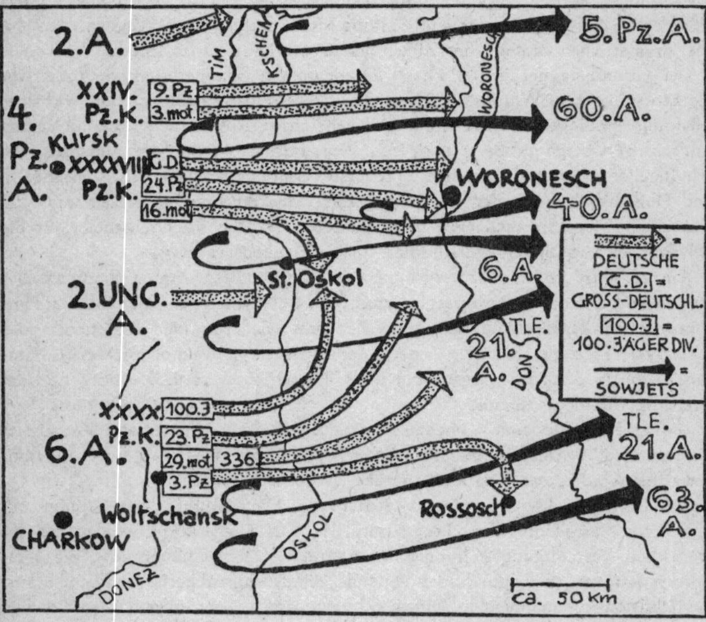

Karte 28

Der erste Takt von ›Operation Blau‹ (28. Juni bis 4. Juli 1942). Woronesch soll genommen und im Zusammenwirken zwischen 4. Panzerarmee und 6. Armee der erste Kessel im Raum Stary Oskol gebildet werden. Aber die sowjetischen Armeen stellen sich zum ersten Male nicht zur Schlacht, sondern weichen schnell nach Osten über den Don aus.

wochen und zeigt damit, was eine gut ausgerüstete, unverbrauchte und schwungvoll geführte Panzerdivision immer noch gegen die Russen auszurichten vermag. Nur ein wolkenbruchartiger Regen kann die siegeszuversichtlichen Verbände stoppen. Man igelt, wartet das Aufschließen der Grenadierregimenter ab, dann stößt die Spitze unter Oberst Riebel weiter.

Am 30. Juni hat die 24. Panzerdivision die Hälfte ihres Weges nach Woronesch zurückgelegt. Sie steht vor einer stark ausgebauten sowjetischen Stellung, die von vier Schützenbrigaden gehalten wird. Dahinter können zwei Panzerbrigaden festgestellt werden. Es wird Ernst.

Die Sowjets versuchen, mit drei Panzerkorps die durchgebrochenen deutschen Verbände einzuschließen und Woronesch abzusichern. Generalleutnant Fedorenko, Vertreter des Volkskommissars für Verteidigung und Chef der Panzertruppen, führt persönlich die Operation. Man sieht, der Russe ist sich im klaren über die Bedeutung des deutschen Stoßes auf Woronesch.

Aber Fedorenko hat kein Glück. Sein groß angelegter Panzerstoß gegen die Spitze von Hoths 4. Panzerarmee wird ein Fehlschlag. Die bessere deutsche Taktik, die weitreichende Aufklärung und die beweglichere Führung erringen den Sieg über die stärkeren sowjetischen Panzer vom Typ T 34 und KW.

Am 30. Juni, dem Tag, da die 24. Panzerdivision in ihre erste große Panzerschlacht geht, tritt, 150 Kilometer weiter südlich, die 6. Armee zu ihrem Stoß nach Nordosten an: Angriffsziel Woronesch. Die große Zange wird angesetzt, um Stalin den ersten Zahn zu ziehen. Aus der Luft wird die Operation vom IV. Fliegerkorps unter General der Flieger Pflugbeil unterstützt.

Das XXXX. Panzerkorps prescht aus dem Raum Woltschansk los, eine mächtige Faust aus durchweg kampferprobten Einheiten: der 3. und der 23. Panzerdivision, der 100. Jägerdivision und der 29. I. D. (mot.). Nur die 23. Pz. D. war 1942 noch neu im Osten. Sie führte als taktisches Zeichen den Eiffelturm, und das zeigte an, woher sie kam; sie hatte in Frankreich als Besatzungsverband gelegen. Die Sowjets nutzten diesen Umstand zu einem Trick der psychologischen Kriegführung. Sie warfen über dem Einsatzraum der 23er Flugblätter ab, auf denen zu lesen war: »Soldaten der 23. Panzerdivision, wir begrüßen Euch in der Sowjetunion. Das flotte Pariser Leben hat nun ein Ende. Von anderen Kameraden werdet Ihr gehört haben, was hier los ist, doch bald werdet Ihr es selbst erfahren.« Die Sache wirkte. Die Angehörigen der 23. Pz. D. waren verblüfft darüber, daß die Russen über ihre Anwesenheit so gut informiert waren.

Freiherr von Geyrs erster Auftrag lautete: Wenn der Oskol erreicht ist, eindrehen nach Norden, um im Zusammenwirken mit Kempfs XXXXVIII. Panzerkorps gegen die Sowjets im Raum Stary Oskol einen Kessel zu bilden.

Aber nun geschieht etwas Merkwürdiges. Die Truppe stellt fest, daß der Feind zwar in stark ausgebauten Verteidigungsstellungen mit Nachhuten energisch kämpft, die Masse der Sowjets aber geordnet nach Osten abmarschiert. Zum ersten Male nimmt der Russe den Großkampf nicht an. Er zieht sich aus dem drohenden Kessel heraus. Was bedeutet das? Weiß er so genau, was die Deutschen wollen?

4 Neue Taktik der Russen

Das Verhängnis Woronesch — Timoschenko nimmt die Schlacht nicht an — Hitler ändert erneut den Plan — Kriegsrat im Kreml — Die Schlacht rollt zum südlichen Don — Kampf um Rostow — Straßenschlacht mit NKWD — Die Brücke von Bataisk

Als dem Kommandierenden General des XXXX. Panzerkorps die Rückzüge der Sowjets gemeldet werden, begreift er sofort, daß damit der ganze erste Teil der deutschen Operation gefährdet ist. Er erbittet auf Grund dieser Lage die Genehmigung, ohne Verzögerung gleich nach Osten zum Don weiterstoßen zu dürfen. Aber die 6. Armee beharrt auf ihrem Kesselplan und befiehlt: »Es wird nach Norden eingedreht, um der 4. Panzerarmee die Hand zu reichen.« Befehl ist Befehl. Es geschieht. Der Kessel wird geschlossen. Aber es ist nichts drin. Der Russe hat sich sogar mit seinen schweren Waffen abgesetzt. Der Berg hat gekreißt, und eine Maus ist dabei herausgekommen.

Jetzt kommt auch dem Führerhauptquartier die Erkenntnis, daß die Sache nicht planmäßig läuft. Der Russe setzt sich schnell auf den Don ab. Wird er — während die 4. Panzerarmee noch auf Woronesch operiert — eventuell sogar über den Fluß entkommen? Dann wäre die ganze erste Phase der ›Operation Blau‹ ein Schlag ins Wasser. Die Gefahr ist groß. Man darf keine Zeit verlieren.

Angesichts dieser Lage kommt Hitler am 3. Juli zu der vollkommen richtigen Auffassung, daß ein Festhalten an dem Plan, erst Woronesch zu nehmen, die ganze ›Operation Blau‹ gefährden könnte. Er teilt deshalb bei einem Blitzbesuch in von Bocks Hauptquartier dem Feldmarschall mit: »Ich bestehe nicht mehr auf der Eroberung der Stadt, Bock, ich halte sie auch nicht für notwendig und stelle Ihnen frei, sofort nach Süden zu stoßen.« Das ist ein entscheidender Augenblick. Das Schlachtenglück liegt auf der Waage. Welche Schale wird sinken?

Geyr atmet auf, als er am 3. Juli spät in der Nacht von der 6. Armee den Befehl erhält, direkt nach Osten auf den Don zu stoßen, um dort den russischen Rückzug abzuriegeln.

Aber schon am Mittag des 4. Juli erreicht ihn ein neuer Befehl: nicht nach Osten, sondern doch nach Norden, Richtung Woronesch, um die Südflanke der 4. Panzerarmee freizuhalten. Was war los? Was war bei Woronesch geschehen? Was steckte hinter diesem Hin und Her?

Es ist merkwürdig: Alle richtigen Entscheidungen der ersten Kriegshälfte fällte Hitler in einer wunderlichen, ihm sonst gar nicht eigenen Schüchternheit. So auch im Falle Woronesch.

Er befahl Feldmarschall von Bock nicht: Sie lassen die Stadt links liegen und verfolgen ohne Zeitverlust den Fahrplan nach Stalingrad. Nein, er ließ Bock ausrichten, er bestehe nicht mehr auf der Eroberung von Woronesch. Die Verantwortung, ob man die Schwenkung ohne den Besitz dieser wichtigen Verkehrsdrehscheibe machen sollte, blieb also an dem Oberbefehlshaber der Heeresgruppe Süd hängen. Und der Feldmarschall stand damit vor der Alternative: Die Stadt nehmen oder liegenlassen? Der nüchtern denkende von Bock erwog: Wäre es nicht doch besser, den Eckpfeiler Woronesch erst zu nehmen, schnell zu nehmen, wenn es ging? Es jedenfalls zu versuchen? Bock schwankte. Er zögerte.

Da kam die Meldung, daß die 24. Panzerdivision mit ihrem verstärkten Schützenregiment 26 einen Brückenkopf an einer Fährstelle über den Don gewonnen hatte. Über eine sowjetische Kriegsbrücke rollten die Bataillone mitten zwischen zurückmarschierenden Russenkolonnen. Am späten Abend standen Spähtrupps drei Kilometer vor Woronesch.

Der linke Nachbar, die I. D. (mot.) ›Großdeutschland‹, die der 24. Panzerdivision den nördlichen Flankenschutz gab, war ihrerseits auch schnell vorangekommen und stand gleichfalls am 4. Juli, abends gegen 18 Uhr, am Don. Weiter südlich hatte die 16. I. D. (mot.) den Fluß mit ihrem verstärkten Kradschützenbataillon erreicht.

Die Sowjets hatten die Donbrücke bei Semiluki, die nach Woronesch führte, nicht gesprengt. Diese Tatsache zeigte, daß sie selber noch mit der Masse ihrer Armeen über den Fluß wollten. Mit T 34 und starken Gegenstößen versuchten sie, die Deutschen von der Brücke fernzuhalten und einen breiten Brückenkopf auf dem Westufer zu verteidigen.

Gegen 20 Uhr am 4. Juli nahm Oberleutnant Blumenthal mit Männern seiner 7. Kompanie des motorisierten Infanterieregiments ›Großdeutschland‹ 1 die Straßenbrücke über den Don nach Woronesch und bildete am Ostufer einen Brückenkopf. Die Sowjets wollten noch schnell die Brücken sprengen, hatten aber wohl keine elektrische Zündung vorbereitet und steckten deshalb normale Zündschnüre an, die zu den Dynamitstapeln unter den Brückenpfeilern führten. Schnell glimmten dort die feurigen Schlangen dem Verderben entgegen.

Da sprang der Unteroffizier Hempel aus Blumenthals Kompanie in den Fluß, watete, bis zum Hals im Wasser, unter der Brücke entlang und riß die brennenden Schnüre ab, die letzten zwanzig Zentimeter vor sechzig Kilo Dynamit.

Unterdessen rollten noch immer russische Kolonnen von Westen über die Brücke, am Ostufer von Blumenthals 7. Kompanie freundlich in Empfang genommen: »Ruki werch! – Hände hoch!« Die Brücke hatte man. Würde man auch Woronesch im Handstreich nehmen können?

Auf Sturmgeschützen aufgesessene Gruppen des Infanterieregiments ›GD‹ 1 machten einen gewaltsamen Aufklärungsstoß gegen die Stadt und kamen bis zum Bahnhof. Sie mußten dann zwar wegen erbitterter Gegenstöße der starken Verteidigung zurückgenommen werden. Immerhin, man war schon in der Stadt. Das waren die Nachrichten, die Feldmarschall von Bock veranlaßten, Hitlers Anregung, Woronesch liegenzulassen, nicht zu befolgen, sondern es anzugreifen. Er wollte die Gunst des Augenblicks nutzen und die wichtige Stadt im Handstreich nehmen. Er glaubte, dann immer noch rechtzeitig mit seinen schnellen Truppen von Woronesch aus in den Rücken von Timoschenkos Armeen zu gelangen und ihnen die Flucht über den Don sperren zu können: Das war der Grundirrtum, aus dem sich Schritt für Schritt die Tragödie Stalingrad entwickelte.

Als der glutheiße Tag des 5. Juli mit seinen 40 Grad Celsius der Nacht weicht, stehen von den schnellen Verbänden des XXXXVIII. und XXIV. Panzerkorps sowohl die beiden mot.-Infanterieregimenter von ›Großdeutschland‹ wie auch die 24. Panzerdivision und die Kradschützen der 3. und 16. I. D. (mot.) in weiten Brückenköpfen ostwärts des Don vor Woronesch. Nach Norden zu decken die herankommenden Infanteriedivisionen. Aber nun zeigt sich die falsche Beurteilung der Feindlage durch die Heeresgruppe. Die Stadt ist bis zum Rand vollgestopft mit sowjetischen Truppen. Der Russe hat Woronesch noch sehr schnell in ganz besonderer Weise verstärkt. Timoschenko hat aus den bei Major i. G. Reichel gefundenen Plänen wohl die richtige Folgerung gezogen.

Als Hitler diesen Tatbestand erfuhr, wurde er endlich energisch. Jetzt verbot er strikt den weiteren Angriff auf die Stadt. Südwärts, mahnte er, südwärts.

Aber am 6. Juli waren Teile der 24. Panzerdivision und der Division ›Großdeutschland‹ in der Stadt. Der Russe schien zu weichen. Da ließ sich auch Hitler von der Gunst des Augenblicks verführen und genehmigte erneut die Eroberung Woroneschs. Er befahl aber, daß wenigstens ein Panzerkorps, das XXXX., den am 4. Juli begonnenen Stoß nach Süden fortzusetzen und unverzüglich den Don hinunterzustoßen habe. Die 4. Panzerarmee wird angewiesen, baldmöglichst weitere Panzerverbände frei zu machen, um sie dem XXXX. Panzerkorps nachführen zu können.

Damit begann die zweite Phase der ›Operation Blau‹ bereits mit einer Verwässerung. Denn obwohl der Kampf um den großen Platz Woronesch zunächst mit den dazu recht ungeeigneten Panzerverbänden geführt worden war, wurden Bock im Kampf um Woronesch jetzt nach und nach die schlagkräftigsten Divisionen entzogen, die dann zunächst noch teilweise wegen Betriebsstoffmangels südlich Woronesch festlagen. So war die Heeresgruppe Süd im Kampf um den wichtigen Platz Woronesch nicht mehr stark genug für eine Entscheidung, aber auch für den Stoß nach Süden sowie die schnelle Abriegelung des Don war das eine Panzerkorps trotz Zuführung weiterer schneller Verbände zu schwach.

Am 7. Juli wurde nach schweren Kämpfen von der 3. I. D. (mot.) und der 16. I. D. (mot.) der Westteil von Woronesch genommen. Aber über den Woronesch-Fluß, der von Nord nach Süd quer durch die Stadt fließt, kamen die Bataillone nicht hinüber. Immer wieder machte der Russe Gegenstöße, warf Infanterie und Panzerrudel in den Kampf.

Timoschenko hatte um Woronesch die Masse der 40. sowjetischen Armee mit neun Schützendivisionen, vier Schützenbrigaden, sieben Panzerbrigaden und zwei Panzerabwehrbrigaden zusammengezogen. Die Massierung ließ keinen Zweifel mehr, daß Timoschenko Hitler im wörtlichsten Sinne in die Karte geguckt hatte und nun die richtigen Züge machte: Festhalten der deutschen Hauptkräfte des Nordflügels vor Woronesch, um Zeit zu gewinnen, sich mit der eigenen Masse seiner Heeresgruppe vom Oskol und vom Donez zu lösen, und über den Don zurückgehen.

Wohin? Merkwürdigerweise nach Stalingrad.

Der deutsche Rundfunk meldete am 7. Juli bereits die Einnahme von Woronesch. Aber am 13. Juli wurde weiterhin im Universitätsviertel und in den Wäldern nördlich der Stadt erbittert gekämpft. Es gelang auch in den nächsten Tagen nicht, den östlichen Stadtteil sowie die Brücke im Norden der Stadt zu nehmen und die entscheidend wichtige Nord-Süd-Bahn am Ostufer des Flusses für den russischen Nachschub lahmzulegen. Die große Nachschubstraße von Moskau herunter blieb in russischer Hand.

Statt daß motorisierte deutsche Verbände, wie geplant, nach schnellem Fall Woroneschs südlich stoßen, am Don entlang, um sich den aus dem riesigen Gebiet zwischen Donez und Don absetzenden Divisionen Timoschenkos von Osten vorzulegen und sie am Don abzufangen, beißen sich die wertvollen Panzer- und mot.-Divisionen des XXXXVIII. und Teile des XXIV. Panzerkorps an der verfluchten Stadt fest, während die 9. und 11. Panzerdivision noch im Nordriegel der 4. Panzerarmee gebunden sind. Marschall Timoschenko lenkte persönlich die Operationen. Die Stadt sollte so lange wie möglich gehalten werden, um den deutschen Stoß nach Südosten zu verzögern. Jeder Tag war für Timoschenko ein Gewinn.

In den Abendstunden des 6. Juli standen südlich Woronesch die Spitzen des XXXX. Panzerkorps mit dem I. Bataillon Schützenregiment 3 der 3. Panzerdivision ungefähr achtzig Kilometer vor Rossosch. Aber der Sprit wurde knapp. Major Wellmann entschloß sich trotzdem, im Vertrauen auf die Versorgungsstaffel, mit zwei gepanzerten Kompanien und einer Batterie vom Artillerieregiment 75 den Stoß fortzusetzen und weiterzufahren.

Bei sternenklarer Nacht ging es durch die Steppe. Voran die Kompanie Busch, dahinter die von Bremer. Erinnert sich der Kommandeur: »Wenn wir die Brücken über die Kalitwa unversehrt in die Hand bekommen wollten, mußte Rossosch im Morgengrauen erreicht und schon wegen des Munitions- und Kraftstoffmangels jede Feindberührung vermieden werden. So rauschten wir, stur die Marschzeit einhaltend, unerkannt an vormarschierenden russischen Artillerie- und Infanterieeinheiten vorbei.«

Kurz vor 3 Uhr waren die ersten ärmlichen Häuser von Rossosch erreicht. Der Bataillonsdolmetscher, Unteroffizier Krakowka, griff sich einen überraschten Russen und quetschte ihn aus. Der ›Towarisch‹ gab zitternd preis, daß neben den zwei auf der Karte verzeichneten Brücken noch eine weitere über die Kalitwa führte, eine ›Tankimost‹ – eine Panzerbrücke –, die vor kurzem fertiggestellt worden war. Die Kompanieführer Bremer und Busch machten mit dem Bataillonskommandeur ihren Kampfplan.

Im Morgengrauen stießen Wellmanns Kolonnen durch das noch schlafende und nichtsahnende Rossosch. Auf einem Sportplatz standen Kurierflugzeuge. Da und dort ein Panzer. Vor einem großen Gebäude mit drei Stockwerken waren Posten aufgezogen, die aber in der heranbrausenden Staubwolke nichts Feindliches vermuteten.

Kurz hinter den SPW der 1. Kompanie rollte der Schützenpanzer von Major Wellmann. Die Kompanie fuhr über die Brücke. Wellmann erreichte den sowjetischen Brückenposten auf der nördlichen Seite. Der erkannte die Gefahr und riß das Gewehr von der Schulter.

Funker Tenning sprang blitzschnell aus dem Wagen und rammte dem Russen die MPi in den Bauch, schlug ihm das Gewehr aus der Hand und schleppte ihn als ersten, aber wichtigen Gefangenen zum Kommandeur-SPW. Der Russe berichtete, daß Rossosch von einem ganz hohen Stab belegt sei und mindestens acht Panzer zur Sicherung der Stadt vorhanden seien.

Da knallten am jenseitigen Flußufer auch schon die ersten Schüsse. Es begann ein fast fünfstündiger, erbitterter Kampf mit der überraschten, aber starken Besatzung der Stadt.

Aus allen Richtungen schoß es. T 34 rollten durch die Gegend. Sowjetische Infanterie formierte sich. Aber Wellmanns Männer hielten die Brücken. Ihre Rettung war die mitgerollte Feldhaubitzbatterie, deren Geschütze von alten Praktikern so in Stellung gebracht waren, daß sie die breite Straße am Fluß beherrschten.

In Rossosch herrschte im wahrsten Sinne ›wilde Sau‹, wie der Landser zu sagen pflegte. Aber der Elan und die besseren Nerven der Deutschen siegten. Die sowjetischen Panzer wurden zumeist im Nahkampf geknackt. Einen besonderen Fang machte Feldwebel Naumann: Er hob die Kartenstelle von Timoschenkos Heeresgruppenstab aus und fing zweiundzwanzig hohe Stabsoffiziere, zumeist im Oberstenrang. Timoschenko selbst war noch die Nacht über in Rossosch gewesen. Er muß in letzter Minute entwischt sein.

Trotz aller Tapferkeit wäre die Partie für Wellmann jedoch wahrscheinlich schlecht ausgegangen, hätte nicht die 3. Panzerdivision mit ihrem Gros endlich Rossosch erreicht. Der sowjetische Widerstand wurde gebrochen. Generalmajor Breiths Berliner Division hatte wieder einmal einen entscheidenden Punkt auf ihrem Weg am Don entlang erreicht.

Aber die Erschütterung des Fahrplans durch den Kampf um Woronesch wirkte sich überall aus. Da im Raum südlich Rossosch um Millerowo noch stärkere Feindkräfte vermutet wurden, sollten diese erst noch durch direkten Angriff vernichtet werden. Damit wurde erneut vom Plan abgewichen, wieder eine Sünde gegen den Geist einer schnellen Operation Richtung Stalingrad begangen.

In dieser führungsmäßig reichlich verworrenen Situation begann die dritte Phase der ›Operation Blau‹, welche nach der Planung der ›Weisung Nr. 41‹ eigentlich die Entscheidung der großen Sommeroffensive 1942 einleiten sollte: Der Angriff der Südzange mit General Ruoffs 17. Armee und Generaloberst von Kleists 1. Panzerarmee am 9. Juli. Ziel: Vereinigung im Raum, wohlgemerkt im Raum, nicht in der Stadt, Stalingrad, um die zwischen Donez und Don stehenden Russen einzukesseln und zu vernichten.

Aber wie im Norden, so kämpfte Timoschenko auch im Süden nur an bestimmten Schwerpunkten, während er sich sehr schnell entschloß, mit der Masse seiner Armeen nach Osten und Süden auszuweichen.

Der Angriff der Südzange erreichte nichts anderes, als daß er die ausweichenden Russen frontal vor sich herschob, in die große Donschleife hinein. Dort aber war noch keine deutsche Abwehrfront errichtet, die sich den ausweichenden russischen Verbänden hätte vorlegen können.

Als Hitler erkannte, daß eine Kesseloperation am mittleren Don durch den schnellen Rückzug der Russen und die bei Woronesch erlittene Verzögerung nicht mehr gelingen konnte, wollte er wenigstens am unteren Don die dort noch vermuteten Feindkräfte packen, einkesseln und vernichten. Um dieses Ziel zu erreichen, ließ er am 13. Juli das Kernstück seines großen Plans fallen: mit allen Kräften schnell auf Stalingrad zu operieren und die untere Wolga zu sperren.

Hitler wäre zu dieser Operation durchaus in der Lage gewesen, ja er hätte sie in dieser Situation durchführen müssen. Denn wenn sich der Feind nicht einkesseln läßt und flieht, dann muß man ihm nachsetzen. Dann darf man ihm keine Zeit lassen, sich zu einer Verteidigung einzurichten, und muß auf diese Weise das gesteckte Ziel erreichen. Und das Ziel hieß: Ausschaltung der Feindkräfte im Raum um Stalingrad.

Dieses Ziel war zu erreichen. Hitler hatte zwei Panzerarmeen zur Verfügung, wichtige Donübergänge waren genommen. Er hätte in kürzester Frist in Stalingrad sein können. Aber Hitler war von einem großen Irrtum gefangen: Er glaubte, die Sowjets seien mit ihrer Kraft am Ende. Er sah in dem sowjetischen Rückzug nichts anderes als Flucht, Auflösung, moralischen Zusammenbruch, während es sich in Wirklichkeit um einen planmäßigen Rückzug handelte.

Die Panikerscheinungen, die sich dabei an vielen Stellen zeigten, lagen in der Unfähigkeit der unteren russischen Führung. Operativ hatte Timoschenko diesen Rückzug in der Hand. Er hatte ihn schnell eingeleitet. Sein Ziel war, die sowjetischen Hauptkräfte für einen entschlossenen Widerstand weit im Inneren des Landes zu retten.

Hitler sah diese Gefahr nicht, wollte sie nicht sehen. Er glaubte wohl, Stalingrad ›mit der linken Hand forcieren‹ und inzwischen auch noch schnell eine mächtige Kesselschlacht am unteren Don mit Rostow im Zentrum ansetzen zu können. Er unterbrach deshalb die Marschbewegung der 4. Panzerarmee am Don entlang nach Stalingrad, stoppte sie vor der großen Donschleife und drehte sie in totaler Änderung der Phase III des großen Planes kerzengerade nach Süden ab. So wie er im Frühherbst 1941 den Marsch auf Moskau gestoppt und Guderians schnelle Truppen zur Kesselschlacht um Kiew nach Süden geworfen hatte, so wollte er nun wieder die Russen überraschend mit einer improvisierten Operation bei Rostow schlagen. Es sollte die größte Kesselschlacht des Krieges werden.

Einsam zog indessen die 6. Armee ihren Weg nach Stalingrad weiter, ohne ihre Speerspitze, die schnellen Truppen des XXXX. Panzerkorps, die auch mit auf Rostow angesetzt wurden.

Am Tage dieser verhängnisvollen Entscheidung mußte Generalfeldmarschall von Bock gehen. Er stand gegen Hitlers auseinanderstrebende Operationsabsichten und wollte die Heeresgruppe schwerpunktmäßig unter seiner Führung zusammenhalten.

Das Führerhauptquartier hatte aber bereits die Teilung der Heeresgruppe Süd befohlen. Am 7. Juli notierte Feldmarschall von Bock in seinem Tagebuch: »Befehl kommt, daß Feldmarschall List den Oberbefehl über 11., 17. Armee und 1. Panzerarmee übernimmt. Damit wird die Schlacht in zwei Teile zerschnitten.«

Die Schlacht wurde in zwei Teile zerschnitten, genau das war geschehen. Hitler änderte nicht nur den Fahrplan seiner großen Sommeroffensive, er veränderte auch den gesamten Aufbau der Südfront.

Feldmarschall Lists Heeresgruppe A, der später auch noch die 4. Panzerarmee vorübergehend unterstellt werden sollte, erhielt intern den Namen ›Kaukasusfront‹. Die Heeresgruppe B (mit der 6., der 2. ungarischen Armee und der 2. Armee), die nach Bocks Ausscheiden Generaloberst von Weichs übernahm, behielt den ursprünglichen Auftrag: Stalingrad.

Mit dieser Gruppierung wird augenfällig, daß Hitler am 13. Juli glaubte, die beiden großen Operationsziele der Sommeroffensive 1942, die ursprünglich hintereinander angegangen werden sollten, gleichzeitig und einfach durch Teilung seiner Kräfte erreichen zu können. Er war verhängnisvoll in dem Irrtum verstrickt, ›der Russe ist fertig‹.

Der Russe aber war nicht ›fertig‹. In einer gespenstischen Parallelität gipfelt diese Phase des Ostkrieges: An demselben Tage, da Hitler die verhängnisvolle Wendung nach Süden befahl, seine Kräfte zersplitterte und von Bock absetzte, tagte im Kreml ein Kriegsrat unter Stalins Vorsitz.

Anwesend waren Außenminister Molotow, Marschall Woroschilow, Generalstabschef Schaposchnikow sowie ein amerikanischer, ein englischer und ein chinesischer Verbindungsoffizier. Die Rote Generalität hatte Stalin klargemacht, daß die sowjetischen Streitkräfte sich kein weiteres Kiew oder Wjasma erlauben können, daß also kein weiteres ›Halten um jeden Preis‹ mehr erträglich sei. Und Stalin hatte sich belehren lassen. Er billigte die Entscheidung des großen Generalstabes, die Schaposchnikow auf der Sitzung am 13. Juli erläuterte: Rückzug der sowjetischen Truppen bis zur Wolga und in den Kaukasus. Dort Verteidigung, so daß die deutschen Streitkräfte den kommenden Winter in unwirtlichen Gebieten verbringen müssen. Evakuierung aller wichtigen Industrien in den Ural und nach Sibirien.

Schon Mitte Juli lag dem deutschen Generalstab eine Agentenmeldung über diese entscheidende Sitzung vor. Doch Hitler hielt die Meldung für eine ›Ente‹.

Wer indessen noch Zweifel hegte, daß Timoschenko seine Heeresgruppe wirklich mit Mann und Maus aus dem Operationsgebiet zwischen Donez und Don herauszog, der erlebte es bei Millerowo. Das XXXX. Panzerkorps als äußerer östlicher Zangenarm stieß nach seiner Südschwenkung von Rossosch aus mit allen drei Divisionen in vorderster Linie mitten in diese Rückzugsbewegungen der Russen hinein.

An der Eisenbahn und auf der Rollbahn südlich Millerowo wälzten sich die sowjetischen Massen nach Südosten. Die Divisionen des deutschen Korps waren nicht stark genug, diese Feindkolonnen aufzuhalten. Sie konnten aber auch wegen des Widerstandes um Millerowo nicht einfach hindurchstoßen, um eine südliche Absperrung am unteren Don zu errichten.

Die Schlacht rollte nun südwärts. Im Süden suchte Hitler den Feind. Auch dort war er so siegessicher, daß er Mansteins 11. Armee, die auf der Krim zum Stoß über die Straße von Kertsch bereitstand, aus dem Operationsplan strich: Die 11. Armee wurde verladen – nach Norden. Sie sollte Leningrad nehmen.

Nach harten Kämpfen erreichte Geyrs XXXX. Panzerkorps am 20. Juli den unteren Don und bildete Brückenköpfe bei Konstantinowka und Nikolajewskaja.

Inzwischen hat sich auch die 1. Panzerarmee als innerer Umfassungsarm der neuen Kesseloperation nach Süden durchgekämpft, den Donez überwunden und stößt nun zusammen mit der von Westen, aus dem Raum Stalino vorgehenden 17. Armee auf Rostow, das als großräumiger Brückenkopf von der Sowjettruppen besonders hartnäckig verteidigt wird.

Westlich von Rostow hat die 17. Armee am 19. Juli die feindlichen Stellungen durchbrochen und stößt mit dem LVII. Panzerkorps links, dem V. Korps rechts gegen den Don zwischen Rostow und Bataisk vor. General Kirchner – auch hier wieder von seinem altbewährten Oberst i. G. Wenck unterstützt – setzt mit dem LVII. Panzerkorps zu einem kühnen Stoß auf Rostow an, um diese wichtige Stadt an der Donmündung überraschend zu nehmen und die große Donbrücke zwischen Rostow und Bataisk unbeschädigt zu gewinnen. Zu seinem Korps gehören die 13. Panzerdivision, die SS-Panzergrenadierdivision ›Wiking‹, die 125. Infanteriedivision und die slowakische ›Schnelle Division‹.

Von Norden, an der Spitze der 1. Panzerarmee, geht General von Mackensens III. Panzerkorps mit der 14. und 22. Panzerdivision gegen Rostow vor. Wieder, wie schon im November 1941, stehen von Mackensens Verbände im Kampf um diese Stadt. Am 22. Juli steht Oberst Rodts 22. Panzerdivision nordostwärts von Rostow in harten Kämpfen. Das Panzerregiment 204 stößt nach Süden. Die 14. Panzerdivision dreht auf Nowo Tscherkask ein. Den ganzen Tag und die Nacht hindurch ziehen sich die verbissenen Kämpfe im stark verschanzten und mit Hindernissen gespickten nördlichen Vorfeld der festungsartig ausgebauten Stadt hin.

Am gleichen Tage greifen die 13. Panzerdivision unter Generalmajor Herr und die SS-Panzergrenadierdivision ›Wiking‹ unter General der Waffen-SS Steiner von Westen und Nordwesten an. Rostow selbst war seit Jahresbeginn zu einer starken Festung ausgebaut und besaß neben starken Vorfeldstellungen drei Ringstellungen mit breiten Minenfeldern, Panzergräben und Panzersperren. Aber es gelingt den Stoßgruppen des LVII. Panzerkorps, die Stadtrandsicherungen überraschend zu durchstoßen. Die ungepanzerte Kampfgruppe der 13. Panzerdivision greift mit dem Schützenregiment 93 aus westlicher Richtung an, während die gepanzerte Gruppe des verstärkten Panzerregiments 4 entlang der Straße Stalino—Rostow vorgeht und bis in die nördliche Stadt durchstößt. Rechts davon ist die Panzergruppe Gille der SS-Panzergrenadierdivision ›Wiking‹ im Angriff über zahlreiche Widerstandsnester und Panzergräben hinweg durch den Außenring der Stadt gestoßen und hat mit Sturmbannführer Mühlenkamps SS-Panzerabteilung den Flugplatz von Rostow genommen.

Am 23. Juli dringt die 22. Panzerdivision von Norden langsam weiter gegen den Stadtrand vor. Beim LVII. Panzerkorps setzt die 13. Panzerdivision mit Panzern, Schützenkompanien und Kradschützen den Angriff in die Stadt hinein fort. Die SS-Panzergrenadierdivision ›Wiking‹ bleibt zunächst in schweren Straßenkämpfen liegen, hinter ihr schließt die 125. Infanteriedivision auf. Nach Hellwerden durchbricht Oberleutnant von Gaza mit der 2. Kompanie Schützenregiment 66 die feindlichen Stellungen, überwindet ein Flüßchen und nimmt die Straßenbrücke in Besitz.

Das Kradschützenbataillon 43 stößt aufgesessen in die Stadt. Die 13. Panzerdivision räumt zahlreiche Sperren und Barrikaden und gewinnt Boden in Richtung auf den Don. Während sich die Angriffsspitzen vorwärts fechten, flammt hinter ihnen der feindliche Widerstand aus Seitenstraßen, an stark ausgebauten Häuserblocks und besonders an Plätzen von den Flanken her wieder auf.

Bei ›Wiking‹ sind die Panzer im Straßenkampf zunächst steckengeblieben. Dann gelingt es Sturmbannführer Dieckmann mit seinem Bataillon, den Gegner zu werfen und den Angriff in Richtung Südwesten wieder in Gang zu bringen.

Bis zum Nachmittag gewinnt das Kradschützenbataillon der 13. Panzerdivision das Nordufer des Don, kommt aber im Gewirr von Hafenanlagen und Werksgelände zu weit ostwärts der Hauptstraßenbrücke an den Strom. Aber bevor noch die Kradschützen die Donbrücke, die nach Bataisk führt, erreichen, wird ein Brückenglied gesprengt und stürzt ins Wasser. Während die 13. Panzerdivision das Brückenviertel säubert, machen die Pioniere in hartem Einsatz bis zum folgenden Tage die Brücke zunächst für Menschen und leichte Fahrzeuge wieder gangbar. Bis zum Abend wird der Stadtteil nördlich der Brücke genommen. Das I. Bataillon Schützenregiment 66 gewinnt das Viertel in der Nähe von Hauptpost und NKWD-Gebäude, wo sich der Gegner zäh und verbissen verteidigt. Die Schützen sichern abends die Panzer in Rundumverteidigung, die Stadt brennt an vielen Stellen. In den ersten Nachtstunden stellen von Norden kommende Teile der 22. Panzerdivision die erste Verbindung zwischen den Angriffsspitzen des III. und LVII. Panzerkorps in der Mitte von Rostow her.

Am 24. Juli frühmorgens lebt der Kampf um die Stadt sofort wieder auf. Während es ziemlich schnell gelingt, den Feind im Postviertel zu werfen, wird das NKWD-Gebäude von einer Elitetruppe geschickt verteidigt. Erst gegen Mittag gelingt es den Schützen der 13. Panzerdivision, mit Hilfe von Panzern der 22. Pz. D., den Feindwiderstand zu brechen und den Block zu nehmen.

Inzwischen haben andere Truppenteile der 13. Panzerdivision und von ›Wiking‹ einen großen Teil des Zentrums von Rostow gesäubert und den zäh fechtenden Feind nach Osten oder Westen weggedrückt. Während die 13. Panzerdivision zunächst den Teil nördlich der Brücke nach Bataisk hält, stößt die Panzerabteilung ›Wiking‹ unter Sturmbannführer Mühlenkamp am Nordufer des Don entlang, nimmt überraschend zehn Kilometer westlich der Stadt eine Furt, über die der Feind sich absetzt, und schafft damit die Voraussetzung dafür, daß noch in der Nacht zum 25. Juli vorderste Teile des XXXXIX. Gebirgskorps, die Vorausabteilungen der 73. und 298. Infanteriedivision, hier über den Don gehen.

Im Zentrum von Rostow gehen indessen die harten Straßenkämpfe mit großer Erbitterung weiter und hören erst Tage später auf. Was hier geschah, demonstriert ein Gefechtsbericht von General Alfred Reinhardt, der im Juli 1942 in der 125. I. D. als Oberst das Infanterieregiment 421 führte. Dieser Bericht skizziert den blutigen Straßen- und Häuserkampf um eine verbarrikadierte Großstadt, wie er wahrscheinlich kein zweites Mal in solcher Art und mit solcher Erbitterung geführt wurde. Es war der Kampf, der die deutschen Truppen auch in Moskau oder Leningrad erwartet hätte.

23. Juli, abends: Ein glutheißer Tag geht zu Ende. Die Bataillone des schwäbischen Infanterieregiments 421 stehen im Nordteil von Rostow. Panzerkompa-

nien und Schützen der 13. und 22. Panzerdivision sowie der SS-Panzergrenadierdivision ›Wiking‹ sind schon beiderseits der Stadt vorbei bis zum Don gestoßen. Sie kämpfen auch bereits im Zentrum der Stadt selbst, kommen aber nicht überall durch den schwer befestigten Stadtkern, sind dafür wohl auch nicht stark genug an infanteristischer Kampfkraft. Hier aber muß man durch, wenn man über die große Donbrücke zum Stoß nach Süden, gegen den Kaukasus antreten will.

NKWD-Truppen und NKWD-Pioniere haben Rostow verbarrikadiert, und sie verteidigen die Stadt auch bis zur letzten Patrone. Das sagt alles. Diese Schutztruppe des bolschewistischen Regimes, Stalins ›SS‹, Rückgrat der Staatspolizei und des Geheimdienstes, ist auf ihre Art eine Elite: fanatisch, glänzend ausgebildet, hart bis zur Grausamkeit, in allen Kriegslisten bewandert und bedingungslos gehorsam. Vor allem sind die NKWD-Truppen Meister des Straßenkampfes. Denn als Schutzkorps des Regimes gegen mögliche revolutionäre Erhebungen lag ja hier ihre eigentliche Aufgabe.

Was diese Spezialisten des Straßenkampfes aus Rostow gemacht haben, ist unvorstellbar: Die Straßen sind aufgerissen, die Pflastersteine zu meterdicken Barrikaden aufgetürmt. Die Seitenstraßen werden durch tiefe Backsteinbunker abgesperrt. Spanische Reiter und Minen machen das Heranpirschen schier unmöglich. Die Haustüren sind zugemauert, die Fenster mit Sandsäcken zu Schießständen ausgebaut, Balkone zu MG-Nestern hergerichtet. Auf den Dächern befinden sich die gut getarnten Stände der NKWD-Scharfschützen. Und in den Kellern liegen Zehntausende von Molotow-Cocktails, jenem primitiven, aber wirksamen Panzerbekämpfungsmittel aus Benzinflaschen, die mit Phosphor und an der Luft entzündbaren Brennstoffen gebündelt sind.

Wo aber eine unvermauerte Haustür verlockend einlädt, da ist bestimmt eine Mine versteckt, die beim Herunterdrücken des Türgriffs explodiert. Oder ein feiner Stolperdraht, dicht über der Schwelle montiert, ist mit einer ganzen Teufelsladung Sprengstoff verbunden.

Diese Arena ist kein Kampffeld für Panzerverbände und bietet wenig Chancen für einen Sieg im Handstreich. Zwar hatten die Panzertruppen die erste, entscheidende Bresche geschlagen. Aber das Zentrum von Rostow ist das Schlachtfeld der Stoßtrupps. Hier gilt es, in mühseligem Kampf Haus um Haus, Straße um Straße, Bunker um Bunker zu knacken und die tückischen Fallen auszuräumen.

Reinhardts schwäbische Soldaten gehen dieses heimtückische Bollwerk an. Der Oberst bekämpft seinen raffinierten Gegner mit derselben Methode: mit Präzision, List und Unerschrockenheit.

Das I. Bataillon I. R. 421 unter Major Ortlieb und das III. unter Hauptmann Winzen werden in je drei Stoßkompanien gegliedert. Jede Kompanie erhält ein schweres Maschinengewehr, eine Pak, ein Infanteriegeschütz und für die Hauptstraßen jeweils noch eine leichte Feldhaubitze.

Angetreten wird in Nord-Süd-Richtung. Der Stadtplan ist in genaue Kampfabschnitte unterteilt. Jede Stoßkompanie darf in der ihr zugewiesenen Nord-Süd-Straße nur jeweils bis zu einer bestimmten Sperrlinie vorgehen, die für alle

Kompanien über den Stadtplan von West nach Ost gezogen ist: A-, B-, C-, D-Linie.

Dann muß das ganze Viertel gesäubert und mit den Nachbarstoßgruppen Verbindung aufgenommen werden. An diesen Linien muß so lange gewartet werden, bis die Nachbarn auf gleicher Höhe sind und das Regiment die Fortsetzung des Angriffs befiehlt. Auf diese Weise kämpfen die sechs Stoßkompanien immer auf gleicher Höhe. Eine Kompanie, die schneller vorwärts kommt, kann vom Gegner nicht in der Flanke gefaßt werden. So bleiben die Kampfhandlungen in dem unübersichtlichen Häuser- und Straßengewirr immer fest in der Hand der Führung.

Wenn die Stoßkompanien des I. und III. Bataillons ihr Viertel freigekämpft haben, läßt Reinhardt sofort noch einmal sechs Stoßkeile des II. Bataillons folgen. Sie müssen ›Nachlese‹ halten und die Häuserblocks vom Keller bis zum Dach durchsuchen. Alle Zivilisten, auch Frauen und Kinder, werden aus dem Kampfgebiet zu bestimmten Sammelstellen abgeführt.

Keine Hand, die eine Handgranate werfen oder eine MPi bedienen kann, bleibt in den Häusern hinter den Stoßtrupps. Die vorn kämpfenden Kompanien müssen den Rücken frei haben.

Der Plan funktioniert präzise. Rostow wurde wahrscheinlich nur durch diesen Plan so schnell von den verbissen fechtenden Feindkräften gesäubert: in einem fünfzigstündigen harten und unerbittlichen Ringen.

General Reinhardt berichtet wörtlich: »Der Kampf um den Stadtkern von Rostow war ein Kampf ohne Gnade. Die Verteidiger ließen sich nicht gefangennehmen, kämpften bis zum letzten Atemzuge, schossen, wenn sie unerkannt überrollt oder verwundet waren, noch aus dem Hinterhalt, bis sie niedergemacht waren. Die eigenen Verwundeten mußten in Schützenpanzerwagen gelegt und bewacht werden; geschah das nicht, fanden wir sie erschlagen oder erstochen wieder.«

Am schwersten ist der Kampf in der Taganroger Straße, die direkt zur Brükkenauffahrt über den Don führt. Hier kommt der Angriff mehrfach ins Stocken, liegt fest, weil es nicht möglich ist, die gut getarnten NKWD-Männer an ihren MG auszumachen.

Staub, Qualm, Funkenflug von brennenden Häusern liegt über der Straße. Hauptmann Winzen springt an der Häuserwand entlang bis zur großen Barrikade. Von dort dirigiert er die leichte Feldhaubitze heran. »Los, Männer, alle Balkons abrasieren.«

Die Pak kommt im Mannschaftszug die Straße heruntergeprescht und geht ebenfalls an der Barrikade in Stellung. Schließlich wird noch ein Infanteriegeschütz vorgezogen.

Und nun beginnt ›das Feuer auf Verdacht‹: auf Schornsteine, Kellergeschosse und verbarrikadierte Balkons. Auch Reinhardt selbst springt jetzt heran. Er steht hinter der vordersten Barrikade in der Hauptstraße und hat das Glas vor den Augen. Immer wieder prasseln die Garben eines schweren Maxim-Maschinengewehrs über das Pflaster.

»Büsing«, ruft Reinhardt. Der Oberleutnant und Chef der 13.(IG)-Kompanie robbt herüber. Reinhardt zeigt auf einen Balkon im zweiten Stock eines Hauses: »Dort, Büsing, der Balkon mit den Orangenkisten. Dort wirbelte eben Sand auf. Da liegt der Iwan. Los, der Balkon muß weg!«

Büsing springt zu seinem schweren Infanteriegeschütz zurück.

»Feuer!«

Mit dem zweiten Schuß holt er den Balkon herunter. Im wirbelnden Geröll sieht man die Russen und ihr MG auf die Straße stürzen. Schließlich holt sich Reinhardt zur Unterstützung seiner Männer von der 13. Panzerdivision ein paar Panzer. Sie fahren im Zickzack von Straßenseite zu Straßenseite. Unter ihrem Schutz arbeiten sich kleinere Stoßgruppen vor.

In der Altstadt und im Hafenviertel wird es dann am schlimmsten. Die bis dahin einigermaßen regelmäßig verlaufenden Straßenzüge verlieren sich in einem Gewirr von winkeligen Gassen. Dort ist kein Platz für Infanteriegeschütze, selbst mit dem MG ist nichts mehr auszurichten.

Nahkampf! Rankriechen bis an das Kellerfenster, die Tür, die Hausecke. Man spürt den Atem des Feindes. Hört, wie er das Schloß des Karabiners umlegt, vernimmt mit jagendem Herzen, wie er mit seinem Nachbarn flüstert. Die MPi fest angepackt. Hoch. Feuerstoß. Und wieder in Deckung.

Auf der anderen Seite der Gasse faucht ein Flammenwerfer. Handgranaten krachen: Eine geballte Ladung rollt in ein Kellerfenster. Der Schrei eines Getroffenen hallt gellend durch die Gespenstergasse, der langgezogene, wehe Schrei: »Sanitäter, Sanitäter ...«

Die Holzhäuser gehen in Flammen auf. Der beißende Rauch erschwert den Kampf, obwohl der Wind günstig steht und den Rauch gegen den Don drückt. Als schließlich die D-Linie erreicht ist, wird es dunkel. Nur noch wenige hundert Meter trennen die Kompanien des I. R. 421 von den Kampfgruppen der Panzerverbände des LVII. Panzerkorps auf dem Nordufer des Don beiderseits der Straßenbrücke nach Bataisk. Die Nacht bricht herein. Die Männer liegen zwischen Holzhütten, Gerätelagern, Schuppen und Schutthalden. Belfernd zerschneidet MG-Feuer die Nacht. Leuchtkugeln lassen immer wieder die gespenstische Kulisse für Sekunden taghell aufblitzen.

Oberfeldwebel Rittmann liegt mit seinem Zug der 11. Kompanie an einem Hafenschuppen. Der Russe feuert immer wieder aus einem Wiegehäuschen herüber.

»Los«, befiehlt Rittmann. Mit drei Mann hebt er das Russen-MG im Wiegehaus aus. Dann springen sie weiter. Nach rechts und nach links Handgranaten werfend. Gegen 23 Uhr ist Rittmann mit seinen Männern am Donufer und gräbt sich ein.

Am 25. Juli vor Tau und Tag greifen die Stoßkompanien der 125. I. D. wieder an. Aber mit einem Male geht es leicht. Die letzten Feindgruppen am Flußufer sind in der Nacht über den Don ausgewichen. Um 5 Uhr 30 haben sämtliche Stoßkompanien des Regiments den Don erreicht. Rostow ist damit ganz in deutscher Hand.

Aber Rostow gewinnt seine Bedeutung als Tor zum Kaukasus erst dann, wenn man auch den Torweg besitzt: die Brücke über den Don und den anschließenden sechs Kilometer langen Damm über das jenseitige Sumpfgelände, der in die große Brücke nach Bataisk übergeht. Hinter Bataisk liegt die Ebene: freie Bahn zum Stoß nach Süden, ins Vorfeld des Kaukasus.

Es sind die ›Brandenburger‹, jene geheimnisumwitterte, vielgeschmähte, aber unerhört tapfere Sonderformation verwegener Freiwilliger, die diesen Torweg im Zusammenwirken mit Teilen der 13. Panzerdivision endgültig öffnen.

Am 24. Juli ist das Kradschützenbataillon 43, das den Don als erster deutscher Verband erreicht hatte, über den Fluß gegangen. Leutnant Eberlein, Chef der 1. Kompanie, ist mit achtundzwanzig Freiwilligen von den Pionieren der 13. Panzerdivision über den Strom gebracht worden. Gleichzeitig, allerdings zunächst noch örtlich getrennt von den Kradschützen, gehen auch ›Brandenburger‹ in Stärke einer Halbkompanie über den Don. Ihre Absicht: die wichtigen Brücken vor Bataisk in die Hand zu bekommen, vor allem den etwa drei Kilometer langen Viadukt auf dem Südufer des Don, der aus vielen kleinen Brücken bestand und auf dem die einzige Straße nach Süden führte.

In der Nacht vom 24. zum 25. Juli 1942 stürmt Oberleutnant Grabert mit seiner Halbkompanie über den langen Damm nach Bataisk. Die Handvoll Männer des Kradschützenbataillons 43 unter Leutnant Eberlein liegen bereits vor der großen Brücke, um die sowjetische Brückensicherung niederzuhalten.

Doch die Kradschützen können den Kopf kaum aus dem Dreck heben, sofort knallt es aus den Pfeilern der Eisenbahnbrücke 200 Meter weiter links, in denen die Sowjets ein MG postiert hatten. Granatwerferfeuer schlägt ein. Wie die Luchse beobachten die Männer die russischen Abschüsse und lenken dann das eigene Werferfeuer.

Um 2 Uhr 30 prescht Oberleutnant Grabert mit der Spitzengruppe auf die Brücke. Die Männer an den Maschinengewehren liegen in Deckung, den Finger am Abzug. Aber beim Russen rührt sich nichts. Gespenstisch huscht Grabert mit der Gruppe beiderseits der Fahrbahn vorwärts. In kurzen Abständen folgen die beiden anderen Züge. Jetzt hat der Russe etwas gemerkt. Seine MG feuern, Granatwerfer flappen. Der deutsche Feuerschutz schießt ebenfalls aus allen Rohren. Jetzt kommt es darauf an, ob Grabert durchkommt.

Er kommt durch, wirft die starke sowjetische Brückenwache und bildet einen kleinen Brückenkopf. Vierundzwanzig Stunden hält er ihn gegen alle feindlichen Gegenangriffe.

Die Kompanien und ihre Chefs opfern sich im wahrsten Sinne des Wortes für die Brücke. Oberleutnant Grabert und Leutnant Hiller von den ›Brandenburgern‹ fallen. Unteroffiziere und Männer sinken unter dem Höllenfeuer der Sowjets zusammen.

In letzter Minute kommen die Stukas. Dann folgen die ersten Verstärkungen über den Damm und über die Brücke. Unter dem letzten Pfeiler liegt Siegfried Grabert. 200 Meter vor ihm, in einem Sumpfloch, Leutnant Hiller. Neben ihm, in der Hand noch das Verbandpäckchen, der Sanitätsunteroffizier, von einem Kopfschuß getroffen. Aber über die Brücken rollen am 27. Juli die Panzer und Schützenkompanien des LVII. Panzerkorps nach Süden, dem Kaukasus zu.

5 Die Front der hohen Berge

Eine Blockhütte bei Winniza — Die Führerweisung Nr. 45 — In Sturmbooten nach Asien — Manytschstroy und Martinowka — Im Vorfeld des Kaukasus — Die Jagd durch den Kuban — Mackensen nimmt Maikop — Im Land der Tscherkessen

Im Juli 1942 befand sich das Führerhauptquartier tief in Rußland, nahe Winniza, in der Ukraine. Die Arbeitsstäbe des Oberkommandos des Heeres mit dem Chef des Generalstabs hatten am Stadtrand von Winniza Unterkunft bezogen. Für Hitler und seinen Führungsstab hatte die Organisation Todt unter den hohen Kiefern eines weiten Waldgebietes gut versteckte Blockhäuser gebaut. Am 16. Juli war Hitler eingezogen. Glutheiß waren die Tage, der Schatten der duftenden Nadelwälder brachte keine Kühle. Schwül und drückend war die Temperatur auch bei Nacht. Hitler vertrug das Klima nicht und war meist schlechter Laune, aggressiv und von äußerstem Mißtrauen gegen jedermann. Generale, Offiziere und politische Verbindungsmänner, die zu Hitlers Umgebung gehörten, berichten übereinstimmend, daß die Zeit des ukrainischen Aufenthaltes voller Spannungen und Konflikte war. ›Werwolf‹ war der Deckname für das Führerquartier bei Winniza. Und wie ein Werwolf residierte Hitler in seinem Blockhaus.

Am 23. Juli war Generaloberst Halder zum Vortrag über die Lage befohlen. Hitler litt schrecklich unter der Hitze, und die Nachrichten von der Front verstärkten sein Mißbehagen. Man siegte und siegte, der Russe floh, aber merkwürdigerweise war der erwartete große Vernichtungsschlag zwischen Donez und Don weder bei Stary Oskol noch bei Millerowo geglückt. Er schien sich auch bei Rostow nicht einzustellen. Woran lag das? Was war los?

»Der Russe weicht planmäßig aus, mein Führer«, argumentierte Halder.

»Unsinn«, schnitt ihm Hitler das Wort ab, »er flieht, er ist fertig, er ist am Ende nach den Schlägen, die wir ihm in den letzten Monaten zugefügt haben.«

Halder blieb kühl, zeigte auf die Karte, die auf dem großen Arbeitstisch lag, und widersprach: »Wir haben Timoschenkos Massen nicht erwischt, mein Führer. Unsere Kesseloperationen von Stary Oskol und Millerowo waren Schläge ins Wasser. Timoschenko hat die Masse seiner Heeresgruppe zum Teil sogar mit den schweren Waffen nach Osten über den Don in den Raum Stalingrad geführt, andere Teile nach Süden, in den Kaukasus. Was dort noch an Reserven steht, wissen wir nicht.«

»Ach, Sie mit Ihren Reserven. Ich sage Ihnen, wir haben Timoschenkos fliehende Massen im Raum Stary Oskol nicht erwischt und dann in Millerowo nicht, weil sich Bock viel zu lange mit Woronesch beschäftigt hat. Wir haben die in Panik zurückflutende Südgruppe dann nicht mehr nördlich Rostow fassen können, weil wir mit den schnellen Truppen zu spät nach Süden eingedreht sind und die 17. Armee zu früh frontal nach Osten gedrückt hat. Aber das soll mir nicht noch einmal passieren. Jetzt gilt es, die Massierung unserer schnellen

Truppen im Raum Rostow zu entwirren und die 17. Armee sowie die 1. Panzerarmee und auch die 4. Panzerarmee anzusetzen, um den Russen südlich Rostow, im Vorfeld des Kaukasus, schnell zu packen, einzukesseln und zu vernichten. Gleichzeitig muß die 6. Armee den russischen Restkräften, die an die Wolga geflüchtet sind, im Raum Stalingrad den Todesstoß versetzen. An keiner dieser beiden entscheidenden Fronten dürfen wir jetzt den taumelnden Feind noch einmal zur Ruhe kommen lassen. Das Schwergewicht aber muß beim Angriff der Heeresgruppe A gegen den Kaukasus liegen.«

Der Chef des Generalstabs des Heeres, Generaloberst Halder, versuchte am 23. Juli 1942 vergeblich in seinem Gespräch in der Blockhütte des ukrainischen Führerhauptquartiers ›Werwolf‹, Hitlers These zu entkräften. Er beschwor Hitler, von einer Zersplitterung der Kräfte abzusehen und erst dann in den Kaukasus vorzugehen, wenn Stalingrad genommen und damit Flanke und Rücken am Don sowie zwischen Don und Wolga ausreichend gesichert seien.

Hitler wischte die Bedenken des Generalstabs beiseite. Wie sicher er sich fühlte und wie sehr er von dem Gedanken beherrscht war, daß die Rote Armee bereits endgültig geschlagen sei, zeigen noch ein paar andere atemberaubende Tatsachen: Er verlegte die Masse von Feldmarschall von Mansteins 11. Armee mit fünf Divisionen, die auf der Krim zum Einsatz gegen den Kaukasus bereitstand, nach Leningrad, um diese leidige Festung endlich zu nehmen.

Aber damit nicht genug: Hitler zog auch noch die hervorragend ausgerüstete SS-Panzergrenadierdivision ›Leibstandarte‹ aus der Ostfront ab und verlegte sie zur Auffrischung und Umgliederung in eine Panzerdivision nach Frankreich. Einen weiteren Eliteverband der Südfront, die I. D. (mot.) ›Großdeutschland‹, nahm er wenig später gleichfalls aus der Schlacht. Er befahl, daß sie nach Erreichen des Manytsch-Dammes aus der Front gezogen und zur Verfügung des OKW nach Frankreich zu verlegen sei. Bei dieser Maßnahme spielte die im Abschnitt der Südfront herrschende Betriebsstoffknappheit auch eine gewisse Rolle. Hitler berief sich bei diesen Entscheidungen vor allem auf Informationen, daß im Westen die Invasion bevorstehe. Ein unbegreiflicher und verhängnisvoller Irrtum. Denn diese von der Südfront — unnützerweise — abgezogenen Kräfte von insgesamt sieben Divisionen hätten mit Sicherheit ausgereicht, die Katastrophe von Stalingrad zu verhindern.

Verbittert fuhr Halder auch am 23. Juli von dieser Besprechung zurück in sein Stabsquartier am Stadtrand von Winniza. Er schrieb in sein Tagebuch: »Die immer noch vorhandene Unterschätzung der feindlichen Möglichkeiten nimmt allmählich groteske Formen an und wird gefährlich.«

Hitler aber blieb bei seiner irrigen Beurteilung der Lage und faßte seine Gedanken in der grundsätzlichen ›Führerweisung Nr. 45‹ zusammen. Er diktierte sie noch am 23. Juli, am Tage seiner Auseinandersetzung mit Halder.

Am 25. Juli war die Weisung bei den Heeresgruppen. In der Einleitung unterstellte Hitler, im Widerspruch zu den tatsächlichen Ereignissen und Erkenntnissen aus den Kämpfen der letzten drei Wochen, daß es nur schwächeren feindlichen Kräften der Armeen Timoschenkos gelungen sei, sich der deutschen Umfassung zu entziehen und das südliche Donufer zu erreichen.

Die weiteren Operationsziele fixierte er nun – im Gegensatz zur ›Weisung Nr. 41‹, dem ›Fall Blau‹, wonach erst Stalingrad erreicht werden sollte und dann die Offensive in den Kaukasus zur Gewinnung des russischen Öls vorgesehen war – folgendermaßen:

1. Die nächste Aufgabe der Heeresgruppe A ist es, nunmehr die über den Don entkommenen feindlichen Kräfte im Raum südlich und südostwärts Rostow einzuschließen und zu vernichten.
Hierzu sind starke schnelle Verbände aus den Brückenköpfen, die im Raum Konstantinowskaja – Zymljanskaja zu bilden sind, in allgemein südwestlicher Richtung, etwa auf Tichorezk, Infanterie-, Jäger- und Gebirgsdivisionen im Raum Rostow über den Don anzusetzen.
Daneben bleibt der Auftrag bestehen, die Bahnlinie Tichorezk–Stalingrad mit vorgeworfenen Teilen zu unterbrechen ...
2. Nach Vernichtung der feindlichen Kräftegruppe südlich des Don ist es die wichtigste Aufgabe der H. Gr. A, die gesamte Ostküste des Schwarzen Meeres in Besitz zu nehmen und damit die Schwarzmeerhäfen und die feindliche Schwarzmeerflotte auszuschalten ...
Mit einer weiteren Kräftegruppe, bei der alle übrigen Geb.- und Jg.-Divisionen zusammenzufassen sind, ist der Übergang über den Kuban zu erzwingen und das Höhengelände von Maikop und Armawir in Besitz zu nehmen ...
3. Zugleich ist mit einer aus schnellen Verbänden zu bildenden Kräftegruppe der Raum um Grosnyj zu gewinnen und mit Teilkräften die Ossetische und Grusinische Heerstraße möglichst auf den Paßhöhen zu sperren. Anschließend ist im Vorstoß entlang des Kaspischen Meeres der Raum um Baku in Besitz zu nehmen ...
Mit der späteren Zuführung des italienischen Alpinikorps kann die Heeresgruppe rechnen.
Diese Operationen der H. Gr. A erhalten den Decknamen ›Edelweiß‹.
4. Der Heeresgruppe B fällt – wie befohlen – die Aufgabe zu, neben dem Aufbau der Donverteidigung im Vorstoß gegen Stalingrad die dort im Aufbau befindliche feindliche Kräftegruppe zu zerschlagen, die Stadt selbst zu besetzen und die Landbrücke zwischen Don und Wolga zu sperren.
Im Anschluß hieran sind schnelle Verbände entlang der Wolga anzusetzen mit dem Auftrag, bis nach Astrachan vorzustoßen und dort gleichfalls den Hauptarm der Wolga zu sperren.
Diese Operationen der H. Gr. B erhalten den Decknamen ›Fischreiher‹.

Es folgten die Weisungen für die Luftwaffe und die Kriegsmarine.

Feldmarschall List, ein Bayer aus Oberkirch, ein Mann der alten bayerischen Generalstabsschule, der sich im Polen- und Frankreichfeldzug seine Meriten geholt hatte und nun die Heeresgruppe A führte, war ein kluger und kühler Rechner. Kein Himmelstürmer, sondern ein Mann der soliden operativen Planung und Führung, jeder Vabanquespielerei abhold.

Als er am 25. Juli die ›Weisung Nr. 45‹ durch Sonderkurier nach Stalino zugestellt bekam, schüttelte er den Kopf. Er hat später, in der Gefangenschaft, einmal im vertrauten Kreise gesagt: Nur die Überzeugung, daß die oberste deutsche Führung außergewöhnliche und zuverlässige Nachrichten über die Feindlage haben müsse, hätte ihm und seinem Chef des Generalstabs, General von Greiffenberg, den neuen Operationsplan begreiflich erscheinen lassen.

Schwerpunktbildung heißt die strategische und operative Weisheit seit Clausewitz. Hier aber wurde gerade diese Weisheit verleugnet. So befanden sich zum Beispiel in Zuführung hinter der 6. Armee, die Stalingrad und der Wolgaebene zustrebte, die Verbände des verstärkten italienischen Alpini-Korps mit seinen ausgezeichneten Gebirgsdivisionen.

Lists Heeresgruppe A hingegen, vor der die erste echte Hochgebirgsaufgabe des Ostkrieges lag – die Bezwingung des Kaukasus –, verfügte nur über drei Gebirgsdivisionen, zwei deutsche und eine rumänische. Die Jägerdivisionen der Armeegruppe Ruoff (17. Armee) waren für einen Hochgebirgskampf weder ausgebildet noch besaßen sie die erforderliche Ausrüstung und Ausstattung. Vier deutsche Gebirgsdivisionen mit ausgesuchten, im Bergkampf geschulten Männern der deutschen Alpenländer waren über den ganzen Globus verzettelt eingesetzt. Man wird sich im Führerhauptquartier zu spät daran erinnern, wenn General Konrads Gebirgsjägerbataillone in einigen Wochen, ihr Ziel vor Augen, an den Kämmen des Kaukasus hängenbleiben.

Feldmarschall List machte aus dem, was ihm die ›Weisung Nr. 45‹ grundsätzlich vorschrieb, und mit den Kräften, die er hatte, einen passablen Plan: Die Armeegruppe Ruoff, die verstärkte 17. Armee, sollte frontal aus dem Raume um Rostow südwärts auf Krasnodar stoßen. Die schnellen Truppen der 1. Panzerarmee von Kleists – auf dem linken Flügel gefolgt von Hoths 4. Panzerarmee – hatten die Aufgabe, ostwärts davon, aus den Donbrückenköpfen vorbrechend, als äußerer Zangenarm auf Maikop durchzustoßen. Auf diese Weise sollten im Zusammenwirken zwischen den langsam vorrückenden Infanteriedivisionen Ruoffs und den schnellen Truppen Kleists die südlich Rostow vermuteten Feindkräfte eingekesselt und vernichtet werden. Der 4. Panzerarmee des Generalobersten Hoth am Ostflügel fiel die Flankensicherung für diese Operation zu. Ihr erstes Ziel war Woroschilowsk.

Nach diesem Plan wurde der Angriff nach Süden fortgesetzt. Und es begann eine Operation, die überaus dramatisch verlief und für den ganzen Ausgang des Ostfeldzuges von entscheidender Bedeutung war.

Während noch die Armeegruppe Ruoff um Rostow rang, waren die 1. und 4. Panzerarmee mit Teilen bis an den Don vorgestoßen. Am 20. Juli bereits war es dem Kradschützenbataillon der 23. Panzerdivision gelungen, bei Nikolajewskaja den Strom zu überwinden und einen Brückenkopf auf dem Südufer des Don zu bilden. Nur drei Tage später stößt eine Kampfgruppe der 3. Panzerdivision nach Süden und geht bei Orlowka über den Sal. Von hier stößt das XXXX. Panzerkorps mit der 3. und 23. Panzerdivision gegen den Manytsch-Abschnitt.

Die russische Führung zeigte sich auch weiterhin entschlossen, ihre Verbände nicht mehr einkesseln zu lassen. Der sowjetische Generalstab und die Truppenführung hielten sich streng an die neue – im Grunde alte – Strategie, mit der schon Napoleon besiegt worden war: den Feind in die Tiefe und Weite des Raumes locken und seine Kräfte zersplittern, um ihn im passenden Augenblick auf breiter Front anzufallen.

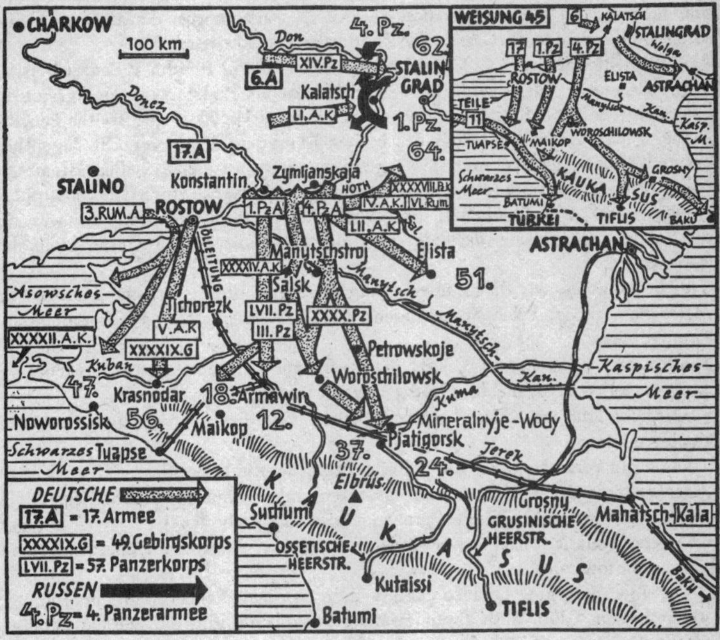

Karte 29
Die Lage an der Südfront vom 25. Juli bis Anfang August 1942 und – im Ausschnitt – die ursprüngliche Planung nach ›Weisung Nr. 45‹.

Für die deutschen Verbände ergaben sich südlich des Don völlig neue Kampfverhältnisse: 500 Kilometer Steppe waren zu überwinden und anschließend einer der mächtigsten Gebirgszüge der Welt zu bezwingen, der sich zwischen dem Schwarzen und dem Kaspischen Meer quer vor die deutschen Stoßgruppen legte.

Die Steppengebiete nördlich des Kaukasus boten dem Feind ausgezeichnete Bedingungen für hinhaltenden Widerstand. Die zahllosen großen und kleinen Flüsse, die von der Wasserscheide des Kaukasus sowohl ins Kaspische wie auch ins Schwarze Meer fließen, waren Hindernisse, die der Verteidiger mit verhältnismäßig schwachen Kräften gut halten konnte.

Wie in der Wüste, so schrieben auch hier in der Steppe die Trinkwasserstellen dem Angreifer die Marschwege vor. Es war eine fremde Welt, in die der Kampf getragen wurde. Und wer schließlich den Fuß über die Ufer des 700 Kilometer langen Manytsch setzte, verließ Europa und betrat Asien. Der Fluß ist die Grenze zwischen beiden Erdteilen.

Es waren die westfälische 16. I. D. (mot.) des III. Panzerkorps und die Berlin-brandenburgische 3. Panzerdivision des XXXX. Panzerkorps, die als erste deutsche Kampfverbände die Grenze der Kontinente überschritten.

Als Speerspitze des XXXX. Panzerkorps war General Breiths 3. Panzerdivision dem weichenden Russen vom Don über den Sal bis Proletarskaja nachgestoßen, das an einem Nebenfluß des Manytsch, dem Karytscheplak, liegt. Breiths Panzersoldaten hatten damit das Ufer des breiten Manytsch-Flusses erreicht. Eigentlich bestand dieser Fluß aus einer Kette gestauter Seen, an vielen Stellen kilometerbreit, mit mächtigen Staudämmen für die Elektrizitätswerke von Manytschstroj.

Drüben saß, gut verschanzt, die sowjetische Nachhut. Der Manytsch war für die Sowjets eine ideale Verteidigungslinie, die große Barriere im Vorfeld des Kaukasus.

»Wie kommen wir da hinüber?« fragte General Breith sorgenvoll seinen Ia, Major Pomtow, und den Kommandeur des Schützenregiments 3, Oberstleutnant Zimmermann.

»Wo der Fluß schmal ist, sitzt der Russe am dicksten«, antwortete Pomtow und wies auf die Lagemeldungen der Luftaufklärung.

»NKWD-Truppen sitzen drüben, haben Gefangene ausgesagt«, ergänzte Zimmermann.

»Und gut verschanzt, wie die Luftbilder zeigen«, nickte Breith.

»Wie wär's, wenn wir den Iwan täuschten und uns nun die allerbreiteste Stelle aussuchten, in der Nähe der großen Staumauer, wo der Fluß zwei bis drei Kilometer breit ist? Hier erwartet der Russe einen Angriff am allerwenigsten«, schlug Pomtow vor.

Die Idee war gut. Und so machte man es. Das Panzerpionierbataillon 39 schleppte zum Glück noch einundzwanzig Sturmboote mit. Sie wurden herangeschafft. Die glühende Sommerhitze hatte sie zwar ausgetrocknet, so daß bei der Wasserprobe gleich zwei Boote wegsackten wie Steine. Die anderen neunzehn waren auch etwas undicht, aber wenn man tüchtig Wasser schöpfte, mußte es gehen.

Leutnant Moewis und ein Dutzend unerschrockener ›Brandenburger‹ erkundeten zwei gut geeignete Übergänge, ziemlich genau an der breitesten Stelle des Flusses. Die beiden Übergänge befanden sich oberhalb des Städtchens Manytschstroj, das direkt am jenseitigen Zugang zur Staumauer lag und diesen wichtigen, bisher nur an einzelnen Stellen unpassierbar gemachten und verminten Damm sicherte. Es kam darauf an, den Ort im Überraschungsstoß zu nehmen und den dort sicherlich bereitstehenden sowjetischen Sprengtrupps die völlige Zerstörung des Damms unmöglich zu machen.

Für die Aktion wurde eine Kampfgruppe aus Teilen der 3. Panzergrenadierbrigade gebildet. Das II. Bataillon Panzergrenadierregiment 3 griff links, das

I. Bataillon rechts an. Eine starke Sturmkompanie wurde aus Teilen des II. Bataillons Panzergrenadierregiment 3 zusammengestellt. Oberleutnant Tank, der bewährte Chef der 6. Kompanie, führte die Kampfgruppe. Der Auftrag lautete: »Im Schutz der Dunkelheit ist am jenseitigen Ufer des Stausees ein Brückenkopf zu bilden. Nach dem Übersetzen aller Teile der Kampfgruppe wird die feindliche Riegelstellung durchbrochen und das Dorf Manytschstroj gestürmt.«

Um eine wirkungsvolle Artillerieunterstützung vom Nordostufer her zu gewährleisten, befand sich bei der Kampfgruppe ein Artilleriebeobachter, der das Feuer leiten sollte.

Der kühne Angriff des XXXX. Panzerkorps über den Manytsch gelingt, indem die 3. Panzerdivision im Schwerpunkt mit einer Abteilung des Panzerregiments 6 einen Angriff von Nordwesten vortäuscht, gleichzeitig aber mit dem I. Bataillon Panzergrenadierregiment 3 über den Fluß stößt. Das Unternehmen wurde zwischen 24 Uhr und 1 Uhr durch einen Feuerschlag der Divisionsartillerie vorbereitet.

Tanks Männer lagen am Ufer. Die Pioniere hatten die Boote ins Wasser gebracht. Die Granaten heulten über sie hinweg, schlugen drüben ein und hüllten das Ufer in Rauch und Qualm.

»Los«, befahl Tank. Hinein in die Boote, und ab ging's. Eifrig mußte mit Konservenbüchsen Wasser geschöpft werden, damit die Sturmboote nicht vollliefen. Das Rattern der Motoren wurde vom Artilleriefeuer übertönt. Vom Russen kein Schuß.

Ohne Verluste wurde der Fluß überquert. Die Kiele der neunzehn Boote rutschten am jenseitigen Ufer über den Kies. Tank sprang als erster an Land. Er stand in Asien.

»Leuchtkugel weiß«, rief Tank dem Kompanietruppführer zu. Der knallte die Leuchtpistole ab. Schlagartig verlegte die deutsche Artillerie das Feuer weiter nach vorn. Die Pioniere machten mit den Booten sofort kehrt, um die nächste Welle zu holen.

Tanks Männer sprangen über das flache Ufer. Die Sowjets im ersten Graben waren völlig verdutzt und flohen. Ehe sie den zweiten, dahinterliegenden Graben alarmiert hatten, mähten Tanks MG schon die feindlichen Posten und Wachen nieder.

Aber jetzt waren die Russen rechts und links der Landestelle wach geworden. Als die Sturmboote das zweite Mal übersetzten, wurden sie vom MG-Feuer der Sowjets erfaßt. Zwei Boote sanken. Die siebzehn anderen kamen mit 120 Mann und Munitionsnachschub an, darunter der Stab des II. Bataillons.

Damit aber war es mit der Übersetzerei zu Ende. Es gelang dem Bataillonskommandeur Major Boehm noch, auf dem Südufer des Manytsch den Brückenkopf auszuweiten. Dann wurde er schwer verwundet. Oberleutnant Tank, der älteste Kompaniechef des II. Bataillons, übernahm die Führung im Brückenkopf. Die Sowjets deckten das ganze Ufer mit flankierendem Feuer ein. Russische Artillerie aller Kaliber donnerte herüber. Die beginnende Morgenhelle verbot von selbst alle weiteren Transporte.

Oberleutnant Tank lag mit seinen Männern immer noch im flachen Ufergelände, in eroberten sowjetischen Gräben und schnell gebuddelten Schützenlöchern. Der Russe beschoß sie mit Granatwerfern, beharkte sie mit MG und setzte auch zweimal zu Gegenstößen an, die bis auf ein paar Meter an Tanks Stellung herankamen.

Das Schlimmste aber: Die Munition wurde knapp. Das MG am rechten Flügel hatte nur noch zwei Gurte Patronen. Bei den anderen sah es nicht viel besser aus. Die Granatwerfermunition war bereits verschossen.

»Warum greift die Luftwaffe nicht an?« fragten Tanks Männer und blickten in den verhangenen, diesigen Himmel. Und als hätte der Kommodore des Kampfgeschwaders ihren Stoßseufzer gehört, brausten gegen 6 Uhr mit der durchbrechenden Sonne, die auch den Nebel von den Startplätzen vertrieben hatte, die deutschen Schlachtflieger heran. Sie kämpften die sowjetischen Artilleriestellungen und MG-Nester nieder. Im Schutz des Bombenhagels und der Bordwaffenangriffe gelang es endlich, die dritte Welle über den Fluß zu bringen.

Oberleutnant Tank nutzte die Stunde. Er sprang von Zugführer zu Zugführer und informierte jeden. Dann brach Zug um Zug zum Angriff los: gegen Manytschstroj.

Die Sowjets waren völlig verblüfft. Einen Angriff auf das stark verteidigte Dorf von rückwärts und von der Seite hatten sie nicht erwartet. Ihr ganzes Augenmerk war nach vorn auf den Damm gerichtet. Tanks Männer rollten die rückwärtigen Stellungen der Russen schnell auf.

Als der sowjetische Kampfkommandant schließlich seine Verteidigung umorganisiert hatte und mit dem Rücken zum Damm verteidigen ließ, da brausten bereits die ersten Panzer und Schützenpanzerwagen des SPW-Bataillons Wellmann über die schmale Straße der Staumauer.

Manytschstroj fiel. Das Bataillon Wellmann kam heil über den Damm. Der Manytsch war bezwungen, der letzte große Sperriegel auf dem Wege nach Süden zum Kaukasus und zum Öl aufgebrochen.

Bereits am 2. August morgens stieß die 3. Panzerdivision mit der Kampfgruppe von Liebenstein bis Iku-Tuktum durch, während die Gruppe Pape in Pregatnoje einen Brückenkopf bildete. Das XXXX. Panzerkorps Geyr von Schweppenburgs und an seiner rechten Seite auch das III. Panzerkorps des Generals von Mackensen kämpften in Asien.

Der wagemutige Übergang über den Manytsch und die Öffnung der Flurtür zum Kaukasus wurden ergänzt durch ein ebenso kühnes und erfolgreiches Unternehmen der badisch-württembergischen 23. Panzerdivision. Sie beseitigte einen listigen und starken Hinterhalt der Sowjets, der die deutsche Flanke ernsthaft bedrohte, ohne daß jemand von dieser Gefahr etwas geahnt hatte.

Timoschenko hatte am Salübergang bei Martynowka ein ganzes motorisiertes Korps mit vielen Panzern, gut getarnt, in den Hinterhalt gelegt.

Generalmajor Mack stieß hinter der 3. Panzerdivision mit seinem verstärkten Kradschützenbataillon 23 auf Martynowka, das von der deutschen Luftaufklärung als ›nur schwach besetzt‹ gemeldet worden war.

Der Angriff erfolgte in dem Augenblick, als das russische Korps aufmarschierte. Mack erkannte die Gefahr sofort. Er fesselte den Feind durch frontale Angriffe, umzingelte ihn in einem kühnen Manöver mit dem verstärkten Panzerregiment 201 der Kampfgruppe Burmeister und packte die Sowjets völlig überraschend am frühen Morgen des 28. Juli im Rücken.

In turbulenten Panzerduellen, zum Teil auf kürzeste Entfernung von zwanzig, dreißig Metern, wurden die T 34 der Russen abgeschossen und ihre Pak-Front zerschlagen. Allein die 9. Kompanie des Panzerregiments 201, die zuerst in Martynowka eindrang, vernichtete zwölf T 34, sechs T 70 sowie mehrere Pak und Infanteriegeschütze. Hauptmann Fritz Fechner setzte mehrere T 34 mit Hohlhaftladungen außer Gefecht.

Die Panzerschlacht von Martynowka war seit langer Zeit wieder einmal eine Operation, in der es durch überlegene taktische Führung und im Kampf Panzer gegen Panzer gelang, einen sowjetischen Großverband zu stellen und zu vernichten. Siebenundsiebzig Feindpanzer wurden abgeschossen, zahlreiche Geschütze erbeutet.

In der gleichen Stunde, als Grenadiere und Panzer der 3. Panzerdivision bei 50 Grad Hitze zur Verfolgung der am Manytsch-Fluß weichenden Sowjets in die Kalmückensteppe antraten, an riesigen Viehherden vorbei, von Kamelen und Dromedaren beäugt, saß im dumpfheißen Holzhaus seines ukrainischen Hauptquartiers, dicht bei Winniza, Hitler vor der großen Lagekarte. General Jodl hielt Vortrag.

Aber nicht die Erfolge am Manytsch, die in den OKW-Bericht kamen, standen zur Debatte, sondern die böse Situation, in der sich die 6. Armee im großen Donbogen befand. General Paulus hatte zwar mit seiner nördlichen und südlichen Angriffsgruppe den Don erreicht, aber der Brückenkopf um Kalatsch, der den Zugang auf die schmale Landbrücke zwischen Don und Wolga bildete, wurde von den Sowjets nicht nur verteidigt, sondern zur Ausgangsbasis einer Gegenoffensive gemacht.

Vier Armeen, die 21., 62., 63. und 64. sowjetische Armee, sowie zwei in Aufstellung befindliche Panzerarmeen, die 1. und 4., hatte der sowjetische Oberbefehlshaber der ›Stalingradfront‹, Generalleutnant Gordow, bereits vor der deutschen 6. Armee aufgebaut.

Die 4. sowjetische Panzerarmee schickte sich an, Paulus' XIV. Panzerkorps in die Zange zu nehmen. Auch das LI. Armeekorps des Generals von Seydlitz-Kurzbach am Südflügel war schon in arger Bedrängnis. Munitionsmangel und fehlender Betriebsstoff lähmten die Kraft der ganzen 6. Armee.

Dadurch, daß Hitler den Angriff auf den Kaukasus und auf Stalingrad gleichzeitig forcierte, mußte auch der Nachschub geteilt werden. Und weil im Süden die größeren Entfernungen zu überwinden waren, hatte der Generalquartiermeister des Generalstabs des Heeres, General Wagner, den Betriebsstoffschwerpunkt zur Kaukasusfront verlegt. Viele motorisierte Großraum-Nachschubkolonnen für die 6. Armee wurden nach Süden umgeleitet.

Am 31. Juli mußte Hitler endlich begreifen, daß sein Optimismus unberechtigt war. Er konnte sich der Erkenntnis nicht mehr verschließen, daß die Kraft der 6. Armee, die durch schwere Versorgungsmängel gehemmt war, nicht ausreichte, Stalingrad gegen den starken sowjetischen Widerstand zu nehmen.

Er verfügte daher an diesem Tage eine erneute Änderung seines Planes: Die 4. Panzerarmee – allerdings ohne das XXXX. Panzerkorps – wurde aus der Kaukasusfront gelöst, der Heeresgruppe B unterstellt und südlich des Don nach Nordosten vorgeführt, um die sowjetische Kalatschfront vor Stalingrad von der Flanke her einzudrücken.

Eine gute Idee. Aber zu spät. Der Einsatz der 4. Panzerarmee änderte nichts mehr an der einmal vollzogenen Zersplitterung der Kräfte. Was Hitler jetzt der Heeresgruppe A nahm, schwächte ihre Offensivkraft gegen den Kaukasus; was er der Heeresgruppe B gab, war zuwenig und kam zu spät, um Stalingrad noch schnell zu erobern. Zwei nunmehr gleich starke Heeresgruppen strebten rechtwinklig auseinander, zwei weit voneinander entfernten Zielen zu. Das brennendste Problem, die Versorgung, wurde vollends unlösbar, weil der Gesamtoperation weiterhin der Schwerpunkt fehlte.

Die oberste deutsche Führung hatte sich in eine ausweglose Lage hineinmanövriert, sich vom Führungswillen des Gegners abhängig machen lassen. Im Raum Stalingrad bestimmte er bereits Ort und Zeit der Schlacht.

Die ›Führerweisung‹ vom 31. Juli befahl für die Kaukasusfront, daß nunmehr die zweite Phase des Unternehmens ›Edelweiß‹ zu beginnen habe: die Inbesitznahme der Schwarzmeerküste. Die Heeresgruppe A sollte ihre schnellen Verbände, die nun alle unter dem Befehl der 1. Panzerarmee zusammengefaßt wurden, in Richtung Armawir–Maikop ansetzen. Andere Teile der Heeresgruppe, die Armeegruppe Ruoff mit General Kirchners LVII. Panzerkorps, sollten über Noworossisk–Tuapse an der Küste entlang auf Batumi durchstoßen. Die deutschen und rumänischen Gebirgsdivisionen von General Konrads XXXXIX. Gebirgskorps sollten auf dem linken Flügel über die Hochgebirgspässe des Kaukasus umfassend auf Tuapse und Suchumi angesetzt werden.

Mit einer atemberaubenden Präzision läuft zuerst alles nach Plan. An dem Tage, an dem die neue Führerweisung erging, machten auch das III. und LVII. Panzerkorps einen großen Sprung vorwärts in Richtung Kaukasus. General von Mackensen nimmt mit der neu unterstellten 13. Panzerdivision am gleichen Abend Salsk. Über verschiedene Panzergräben hinweg gewinnt die Division am 6. August Kurgannaja an der Laba, die 16. I. D. (mot.) Labinskaja.

Am 9. August abends stürmt Generalmajor Herrs 13. Pz. D. die Ölstadt Maikop, Sitz der Verwaltung eines riesigen Ölgebiets. Fünfzig unbeschädigte Flugzeuge wurden erbeutet. Aber leider sind alle Öllager zerstört, die Anlagen durch Demontierung der wichtigen Teile lahmgelegt.

Auch beim XXXXIX. Gebirgskorps und beim V. Armeekorps, das sich ostwärts Rostow einen Donübergang erzwungen hatte, ging es voran. Bis zum 13. August nahmen die Divisionen Krasnodar und eine Übergangsstelle über den Kuban.

Ebenso erfolgreich ist inzwischen der Vorstoß des LVII. Panzerkorps verlaufen. Nach schnellem Vorgehen durch die Kubansteppe nach Süden stand die Panzerkampfgruppe Gille der SS-Panzergrenadierdivision ›Wiking‹, dahinter die Gefechtsgruppen ›Nordland‹ und ›Germania‹, auf dem Nordufer des Kuban. Die Panzergruppe Gille überwindet den Strom, die Gruppe von Scholz setzt bei

Krapotkin über und bildet schnell einen Brückenkopf und ebnet so der Armeegruppe Ruoff den Weg auf das Südufer des Kuban.

Die Division ›Wiking‹ wird dann an der Spitze des LVII. Panzerkorps nach Südwesten in Richtung auf Tuapse abgedreht. Unter Führung von General der Waffen-SS Felix Steiner dringen die in der Division ›Wiking‹ zusammengefaßten skandinavischen, baltischen und deutschen Freiwilligen bis in den Nordwest- und Südwestteil des Maikoper Ölgebiets durch.

An der ganzen Steppenfront jagen in den ersten Augusttagen des Jahres 1942 nun die schnellen Verbände der Heeresgruppe A durch die Kuban- und Kalmückensteppe, um die hinhaltend kämpfenden, langsam ausweichenden russischen Divisionen noch vor dem Kaukasus zu stellen und zu verhindern, daß sie ins Gebirge entkommen und sich dort erneut zu nachhaltiger Verteidigung setzen.

Funker Otto Tenning, der damals im Kommandeurwagen des Spitzenbataillons der 3. Panzerdivision fuhr, berichtet: »Der nächste Ort, den wir erreichen, ist Salsk. Für den weiteren Vormarsch durch die Kalmückensteppe wird befohlen, nicht auf feindliche Flugzeuge zu schießen. Hierdurch soll vermieden werden, daß der Russe den Standpunkt unserer vordersten Teile erkennt, denn durch die aufwirbelnden Staubmassen ist es aus der Luft kaum möglich, Freund und Feind zu unterscheiden. Ich werde mit meinem Spähwagen zur 1. Kompanie abgestellt und fahre mit Feldwebel Goldberg einen Spähtrupp. Als wir uns langsam an ein kleines Dorf heranpirschen, stellt der Spähtruppführer plötzlich etwas Verdächtiges fest und läßt durch Funk melden: ›Feindliche Panzer am Ortsrand aufgefahren.‹ Wie groß aber war unsere Überraschung, als wir wenig später feststellten, daß es sich bei den ›Panzern‹ um Kamele handelte. Großes Gelächter. Dromedare und Kamele stellten von nun an keinen ungewohnten Anblick mehr dar. Vor allem unsere Trosse bedienten sich ihrer als brave Zugtiere.«

Die vorderen Verbände der 3. Panzerdivision erreichen am 3. August die Stadt Woroschilowsk. Die russischen Kräfte in der Stadt werden überrascht und die Stadt selbst nach kurzem Gefecht gegen 16 Uhr eingenommen. Ein russischer Gegenangriff mit Panzern und Kavallerie wird abgeschlagen.

Weiter geht es. ›Brandenburger‹ fahren mit, immer bereit zu Sonderaufträgen. Auch rumänische Gebirgsjäger marschieren im Verband der 3. Panzerdivision. Die Bevölkerung, alteingesessene Kaukasier, ist freundlich und begrüßt die Deutschen als Befreier.

Und es ist nicht aus der Welt zu schaffen, daß ganze Stämme und Dörfer sich freiwillig und eigentlich gegen den Willen der obersten deutschen Führung zum Kampf gegen die Rote Armee meldeten. Diese freiheitsliebenden Menschen glaubten, die große Stunde ihrer völkischen Selbständigkeit sei angebrochen. Der Zorn Stalins, der sie später traf, war fürchterlich: Alle diese Stämme wurden aus ihrer herrlichen Heimat nach Sibirien verbannt.

Je rascher der Vormarsch in Richtung Kaukasus vorankommt, um so klarer wird es: Der Russe setzt sich weiterhin ohne große Verluste an Menschen und

Material ab. Die deutschen Verbände gewinnen Raum, immer mehr Raum, aber es gelingt nicht, den Gegner schwer anzuschlagen oder gar zu vernichten. Ein paar umgestürzte Panjewagen, ein paar tote Pferde, das ist alles, was die Vormarschstraße säumt.

Um die immer länger werdende Ostflanke des tiefen Stoßes zum Kaukasus abzudecken, wird General Otts LII. Armeekorps mit der 111. und 370. Infanteriedivision in breiter Front nach Osten abgedreht und zur Sicherung gegen das Kaspische Meer angesetzt. Elista, die einzige größere Stadt in der Kalmückensteppe, fällt am 12. August.

Inzwischen rollen die 3. und die 23. Panzerdivision immer weiter nach Süden. Die Kalmückensteppe glüht. Das Thermometer zeigt 55 Grad. Am strahlend blauen Sommerhimmel sehen die Männer in weiter Ferne eine weiße Kuppelwolke. Aber sie bewegt sich nicht. Sie steht auch am nächsten und übernächsten Tage noch an derselben Stelle. Es ist keine Wolke. Es ist der 5633 Meter hohe Elbrus mit seinen schimmernden Gletschern und dem ewigen Schnee: das mächtigste Bergmassiv des Zentralkaukasus.

»Wieviel Kilometer waren es heute?« fragt der Kommandeur des Infanterieregiments 421, Oberst Reinhardt, seinen Adjutanten. Oberleutnant Boll schaut auf die Karte, auf der die Marschwege der 125. und der benachbarten 198. Infanteriedivision — das V. Korps — eingetragen sind. Er greift den Maßstab ab. »Sechzig Kilometer, Herr Oberst.«

Sechzig Kilometer. Sechzigmal tausend Meter war die Infanterie an diesem Tag marschiert. Bei brütender Hitze. Durch die baumlose Kubansteppe.

Die Marschkolonnen sind in dichte, graubraune Staubwolken gehüllt. Nur die Köpfe der Reiter sind zu sehen. Je weiter es nach Süden geht, um so loser wird die Verbindung zwischen den Regimentern. Nur an den Staubfahnen ist zu erkennen, daß irgendwo weit rechts und weit links andere Marschkolonnen ebenfalls nach Süden ziehen.

Im Schatten seines Funkwagens studiert Reinhardt die Karte.

»Kann einem angst und bange werden bei den Entfernungen«, meint der Adjutant.

Reinhardt nickt. Sein Finger fährt auf der Karte hinüber zur Kalmückensteppe: »Kleists Panzer haben es dort auch nicht besser.«

Nein, sie haben es nicht besser. Das XXXX. Panzerkorps — seit dem 2. August der 1. Panzerarmee unterstellt — hat am 10. August durch die 3. Panzerdivision Pjatigorsk, mit der 23. Panzerdivision Mineralnyje Wody genommen und steht damit am Fuß des Kaukasus. Das letzte große Hindernis, das noch vor ihnen liegt, ist der Terek. Werden sie ihn schaffen, um dann die Pässe im Zuge der Ossetischen und Grusinischen Heerstraße zu gewinnen?

Das III. und das LVII. Panzerkorps streben inzwischen im Zentrum der Front in Hitze und Staub zur überholenden Verfolgung vom Don ins Maikoper Ölgebiet.

Oberst Reinhardt tippt mit dem Finger auf Krasnodar: »Das ist unser Ziel.« Dann zeigt er auf Maikop: »Und dorthin muß Kleist. Dann werden wir sehen, was in dem Kessel drin ist, den unsere 17. Armee und Kleists 1. Panzerarmee mit diesen beiden Eckpunkten bilden werden.«

Der Adjutant nickt: »Gut geplant, Herr Oberst, aber ich habe das Gefühl, der Iwan tut uns nicht mehr den Gefallen, zu warten, bis der Sack zu ist.«

Reinhardt reicht Boll die Karte zurück. »Wir werden sehen«, murrt er. »Haben Sie noch einen Schluck Wasser?«

»Keinen Tropfen mehr, Herr Oberst. Mir klebt die Zunge seit einer Stunde wie ein Fliegenfänger am Gaumen.«

Sie klettern in den Wagen: »Weiter, zehn Kilometer müssen wir heute noch machen.«

Wie hier beim Infanterieregiment 421 der 125. I. D., so war es in den ersten Augusttagen des Jahres 1942 überall bei den Infanterie-, Jäger- und Gebirgseinheiten der Armeegruppe Ruoff. Der Krieg nahm für eine Weile an der Südfront den Charakter des Wüstenkampfes an. Die Verfolgung der Sowjets durch die Kubansteppe wurde zum Wettrennen von Wasserstelle zu Wasserstelle. Verpflegungsrasten gab es nur selten. Wohl wurde in großen Wasserwagen für den Notfall Trinkwasser für die Soldaten mitgeführt, aber so viel, wie die Pferde brauchten, konnte man nicht mitschleppen. Das zwang die untere Führung, täglich neue Wasserstellen in Besitz zu nehmen.

Der Russe wich am rechten Flügel der Heeresgruppe A vor der 17. Armee hinhaltend kämpfend aus, wie er es schon mit Erfolg am mittleren Don vorexerziert hatte. Die Sowjets setzten sich regelmäßig mit starken Nachhuten in den wenigen Ortschaften und an den zahlreichen Flußabschnitten fest, verteidigten diese zunächst zäh, räumten sie dann aber so rechtzeitig, daß sie keine großen Verluste an Gefangenen erlitten. Sie befolgten damit die neue Weisung des Marschalls Timoschenko: Das Vorgehen des Feindes verzögern, im entscheidenden Augenblick aber ausweichen, um Einschließungen auf alle Fälle zu vermeiden.

Das war die neue elastische Strategie der Russen. Der Rote Generalstab hatte sich von Stalins alter Kampfweise gelöst, jeden Fußbreit Boden zu verteidigen und dabei immer wieder durch Einkesselungen Riesenverluste zu erleiden.

Die untere russische Führung lernte sehr schnell die Taktik der ›hinhaltenden Gefechte‹, eine Kampfart, die seit 1936 aus dem deutschen Ausbildungsplan gestrichen war. Unter geschickter Ausnützung der vielen quer zur deutschen Angriffsrichtung verlaufenden Flußabschnitte verzögerte der Russe immer wieder den deutschen Vormarsch und zog unterdessen seine Infanterie zurück.

Unter diesen Umständen gelang es den deutschen Divisionen der Armeegruppe Ruoff und der 1. Panzerarmee nicht, den Kernpunkt der ›Weisung Nr. 45‹ zu erfüllen: »Die über den Don entkommenen feindlichen Kräfte im Raum südlich und südostwärts von Rostow einzuschließen und zu vernichten.« Wieder war Hitlers Plan mißglückt.

Man verfolgte, fuhr, marschierte. Immer weiter, immer weiter. Von Fluß zu Fluß: Der Kagalnik wurde überwunden, die Jeja überschritten. Aber noch immer querten bis zum Kuban acht Flußläufe den Marschweg des württembergischen V. Korps, das zwischen der 3. rumänischen Armee rechts und dem LVII. Panzerkorps und nachfolgendem XXXXIX. Gebirgskorps links auf Noworossisk angesetzt war. Das XXXXIV. Jägerkorps folgte hinter General Kirchners schnellen Divisionen.

Bei Tichorezk kreuzte die Ölleitung von Baku nach Rostow die Eisenbahn und die Rollbahn. Der Russe verteidigte diesen Knotenpunkt hartnäckig mit starker Artillerie, Pak und drei Panzerzügen.

Die der 125. I. D. unterstellten 8,8-Flakkampftrupps hatten harte Arbeit. Aber schließlich reichten sich die Vorausabteilungen der 125. und der 198. I. D. doch die Hand. Tichorezk fiel. Der Russe wich. Aber er floh nicht mehr in Panik.

Aus riesigen Feldern mit mannshohen Sonnenblumen überraschte der Russe die deutschen Truppen häufig mit Feuerüberfällen. Wollte man ihn fassen, war er verschwunden. Nachts wurden Einzelfahrzeuge überfallen, Meldefahrer konnten nicht mehr weggeschickt werden.

So erreichte das V. Korps mit der 125., der 198., der 73. und der 9. I. D. bis zum 10. August 1942 den Raum um Krasnodar. In knapp sechzehn Tagen hatten die Infanteristen den rund 300 Kilometer langen Weg von Rostow bis zur Hauptstadt der Kubankosaken kämpfend und marschierend hinter sich gebracht: Mitten durch die verbrannte Erde der glühenden Kubansteppe, aber auch durch die paradiesisch fruchtbaren Niederungen der Flußtäler.

Da dehnten sich endlose Sonnenblumenfelder, mächtige Areale mit Weizen, Hirse, Hanf und Tabak. Riesige Viehherden zogen über die unendliche Steppe. Die Gärten der Kosakendörfer waren wahre Oasen. Aprikosen, Mirabellen, Äpfel, Birnen, Melonen, Wein und Tomaten wuchsen in üppiger Fülle. Eier gab es wie Sand am Meer, Schweine in riesigen Herden. Feldköche und Zahlmeister hatten gute Tage.

Krasnodar, die Hauptstadt des Kuban-Distrikts am Nordufer des Kuban-Flusses, hatte damals rund 200 000 Einwohner. Sie war ein Zentrum der großen Ölraffinerien.

General Wetzel setzte sein V. Korps zum konzentrischen Angriff auf die Stadt an: von Nordwesten die Franken der 73. I. D., aus Norden die hessischen Regimenter der 9. und aus Nordosten und Osten die Württemberger der 125. und der 198. I. D.

Der Russe kämpfte in den Gärten und Vorstädten hartnäckig und verbissen. Er wollte den Stadtkern mit der Brücke über den Kuban so lange wie möglich offenhalten, um möglichst viele Menschen und vor allem auch Material zum jenseitigen Ufer bringen zu können. Was nicht wegzuschaffen war, wurde angesteckt, auch die riesigen Öltanklager.

Am 11. August, gegen Mittag, hat sich Major Ortlieb mit dem I. Bataillon Infanterieregiment 421 bis auf Sturmentfernung an die Brücke herangearbeitet. Fünfzig Meter sind es noch. Dicht gedrängt ziehen die Russenkolonnen über den Fluß.

Die 2. Kompanie erhält Befehl zum Durchstoßen. Hauptmann Sätzler springt auf, die Pistole in der hochgereckten Faust. Er macht nur drei Schritte, dann fällt er. Kopfschuß.

Die Kompanie stürmt weiter. Noch zwanzig Meter trennen die Spitze vom Brückenaufgang. In diesem Augenblick zündet der aufmerksame sowjetische Brückenoffizier die Sprengladungen.

An einem halben Dutzend Sprengstellen fliegt die Brücke mitsamt den russischen Kolonnen donnernd in die Luft. In Rauch und Qualm sieht man Menschen und Pferde, Wagenräder und Waffen durcheinanderwirbeln. Durchgehende Gespanne jagen über das wegbrechende Brückengeländer in den Fluß, wo sie versinken.

Diese Aktion zeigt, daß die Russen inzwischen etwas gelernt haben. Durch die Brückensprengung verlieren die Deutschen zwei Tage Zeit. Erst in der Nacht vom 13. auf den 14. August kann die 125. Infanteriedivision mit Sturmbooten und Flößen den Fluß überwinden.

Major Ortlieb hat die Übergangsstellen tagsüber in aller Ruhe unter den wachsamen Augen der Sowjets, die am anderen Ufer liegen, erkundet: Als Bauersfrau verkleidet, mit einer Hacke über der Schulter und einem Korb am Arm zog er durchs Gelände.

Im zusammengefaßten Feuer der deutschen Artillerie und der 3,7-Fla-Batterie gelingt der Sprung ans jenseitige Ufer des Kuban und der Bau einer Pontonbrücke. Das V. Korps marschiert ins ›Land der Tscherkessen‹. Die mohammedanische Bevölkerung hat auf ihren Häusern Flaggen mit dem türkischen Halbmond gesetzt und begrüßt die Deutschen als Befreier vom atheistisch-kommunistischen Joch.

6 Zwischen Noworossisk und Kluchorpaß

»Thalatta, Thalatta — das Meer, das Meer« — In den Hochpässen des Kaukasus — Kampf um die alten Heerstraßen — Expedition auf den Elbrusgipfel — Noch zwanzig Kilometer bis zur Schwarzmeerküste — Es fehlt das letzte Bataillon

Mit der Überwindung des Kuban war der letzte große Flußriegel vor der Armeegruppe Ruoff aufgebrochen. Die Divisionen konnten jetzt ihr eigentliches Operationsziel angehen: die Häfen Noworossisk, Tuapse, Sotschi, Suchumi und Batumi.

Dieses Operationsziel war außerordentlich bedeutsam. Nicht nur, weil damit der roten Schwarzmeerflotte ihre letzten Stützpunkte genommen wurden und die Möglichkeit geschaffen werden konnte, die deutsche Kaukasusfront über See zu versorgen, sondern es steckte noch ein größerer Gedanke dahinter: Nach der Eroberung des letzten russischen Küstenstreifens am Schwarzen Meer wäre die Türkei mit großer Wahrscheinlichkeit ins deutsche Kriegslager übergewechselt. Das hätte unübersehbare Folgen für die alliierte Kriegführung gehabt. Die englisch-russischen Positionen in Nordpersien wären zusammengebrochen und somit die südlichen Zulieferungswege der amerikanischen Waffenhilfe für Stalin vom Persischen Golf zum Kaspischen Meer und dann die Wolga aufwärts durchschnitten worden.

Auch der tollkühne Plan, Rommel mit dem Afrikakorps über Ägypten ins Zweistromland zu dirigieren, wäre in den Bereich der Möglichkeiten gerückt. Die Soldaten der deutsch-italienischen Panzerarmee Afrika standen in jenen Tagen nach ihrer glänzenden Verfolgungsschlacht vom Spätsommer 1942 vor El Alamein, vor den Toren Kairos. Die Pioniere rechneten bereits, wieviel Brückenkolonnen über den Nil benötigt würden, und die Landser antworteten auf die Frage »Wo geht's hin?« übermütig: »Zu Ibn Saud.«

Bei der Armeegruppe Ruoff war diese phantastische Zielsetzung nicht weniger populär. Als die Verbände des XXXXIX. Gebirgskorps erfuhren, daß es in den Kaukasus ging, machten auch sie ihre Parolen. Alex Buchner berichtet in seinem Buch ›Gebirgsjäger an allen Fronten‹ von der Antwort eines Jägers auf die Frage seines Kameraden nach Sinn und Ziel des Marsches durch die Steppe: »In Kaukasus runter und hinten rum, und nachat pack' ma die Engländer vo hint'n und sag'n zum Rommel ›Grüaß di God, da san ma‹.«

Ende August 1942 begannen die Divisionen des V. Korps den Angriff auf Noworossisk, die erste große Seefestung an der östlichen Schwarzmeerküste. Noworossisk, das damals schon 95 000 Einwohner zählte, war eine bedeutende Hafen- und Industriestadt mit großen Kühlanlagen und Werften, mit Fischverarbeitungsindustrie und Zementwerken.

Die 125. und 73. I. D. kämpften sich durch die Ausläufer des Kaukasus ins hügelige Vorfeld der Stadt vor. Plötzlich lag es vor ihnen: das Meer. Als Oberst Friebe, Kommandeur des Infanterieregiments 419, von einer Anhöhe die Küste erblickte, ließ er an seinen Nachbarn, Oberst Reinhardt vom I. R. 421, spontan ein altes griechisches Zitat funken: »Thalatta, Thalatta – das Meer, das Meer!« 2400 Jahre zuvor hatten, wie der Geschichtsschreiber Xenophon berichtet, griechische Vorhuten mit diesem Ruf das rettende Meer begrüßt, als sie nach mühseligem Rückzug durch die wasserlosen Wüsten und Gebirge Kleinasiens die Küste bei Trapezunt, genau gegenüber von Noworossisk, erreichten.

Aber es bedurfte noch harter und verlustreicher Kämpfe, ehe die Regimenter der 125. und der 73. I. D. das von Teilen der 47. sowjetischen Armee erbittert verteidigte Noworossisk in ihren Griff bekamen.

Am 6. September 1942 trat das I. Bataillon Infanterieregiment 186 unter Oberleutnant Ziegler an der Spitze der 73. Infanteriedivision zum Sturm auf die Hafenstadt an.

Am 10. September waren Stadt und Umgebung fest in deutscher Hand. Das erste Operationsziel der Armeegruppe Ruoff war erreicht. Das nächste hieß Tuapse. Es war der Schlüsselpunkt an der schmalen Küstenebene. Dieser Ort wurde zum Schicksalspunkt der Heeresgruppe List.

Zur 17. Armee gehörten neben dem V. Infanteriekorps, dem XXXXIV. Jägerkorps und dem LVII. Panzerkorps noch das XXXXIX. Gebirgskorps mit der 1. und 4. Gebirgsdivision sowie der 2. rumänischen Gebirgsdivision. Diese Kombination von Infanterie, Jägern und Gebirgsjägern hatte einen besonderen Sinn. Während die Infanteriedivisionen General Wetzels über die bewaldeten Ausläufer des Nordwestkaukasus frontal Noworossisk nahmen, kämpften sich die Mittelgebirgsspezialisten der hinter dem LVII. Panzerkorps über Maikop herangekommenen 97. und 101. Jägerdivision bereits über den Waldkaukasus auf die Hafenstadt Tuapse vor. General Konrads Gebirgsjäger aber sollten über die 3000 bis 4000 Meter hohen Pässe des Zentralkaukasus zur Schwarzmeerküste stoßen, gewissermaßen durch die Hinterpforte. Ihr Ziel hieß Suchumi, die Palmenstadt an der subtropischen Küste und Hauptstadt der Abchasischen Sowjetrepublik. Von dort waren es dann nur noch rund 160 Kilometer bis zur türkischen Grenze bei Batumi.

Hinter vorgepreschten motorisierten Kampfgruppen der SS-Panzergrenadierdivision ›Wiking‹ und der slowakischen ›Schnellen Division‹ treten am 13. August General Konrads Gebirgsjäger aus der Steppe heraus zum Sturm auf die Hochpässe des Kaukasus an: die 4. Gebirgsdivision rechts zur Gewinnung der Pässe im Quellgebiet der großen Laba, die 1. Gebirgsdivision links zum Sturm über die Hochpässe an den Elbrusgletschern, aus denen der Kuban entspringt. Der wichtigste Übergang ist der 2815 Meter hohe Kluchorpaß, zugleich Ausgangspunkt der alten Suchumschen Heerstraße.

In raschem Zugriff stößt bei der 1. Gebirgsdivision Major von Hirschfeld mit dem II. Bataillon des Gebirgsjägerregiments 98 bis zum verbarrikadierten Paßeingang, der von starken russischen Kräften verteidigt wird. Frontal ist diese Stellung nicht zu nehmen. Doch von Hirschfeld zeigt, was deutsche Gebirgskampftaktik ist. Unter listiger Täuschung und Fesselung in der Front umgeht er den Paß über die steil aufragenden Höhengrate und hebt die sowjetische Stellung von rückwärts aus den Angeln. Damit ist der höchste Punkt der Suchumschen Heerstraße am Abend des 17. August bereits in deutschem Besitz.

Blitzschnell stößt Major von Hirschfeld weiter ins Klydschtal vor, nimmt den Ort Klydsch am Fuße des Gebirges und steht so bereits mitten in den üppigen Wäldern der Schwarzmeerküste. Jetzt noch ein Sprung, und die Küstenebene wäre erreicht.

Doch der Überraschungsstoß in die Ebene gelingt mit den schwachen Kräften nicht mehr. Der Russe verteidigt wütend und verbissen den Gebirgsausgang. Nur vierzig Kilometer entfernt liegt das große Ziel, Suchumi, vor Hirschfelds Augen. Weit vorgestoßen, allein auf sich gestellt, liegt der Major mit seiner Handvoll Leute in einer gefährlichen Position. Links von ihm ist nichts mehr; denn Kleists Panzerarmee steht noch in der Steppe, nördlich des Elbrus.

In dieser Situation entschließt sich General Konrad zu einer kühnen Operation, um die linke Flanke des Korps abzudecken. Hauptmann Groth bekommt mit einer Hochgebirgskompanie aus Bergführern und Alpinisten den Auftrag, in die über 4000 Meter hohen Elbruspässe einzusteigen und das Tal des Baksan, aus dem heraus die Russen die deutsche Flanke bedrohen, abzuriegeln.

Vor uns entrollt sich das abenteuerlichste Schlachtfeld des Krieges: Über tausend Meter tief fallen die zerklüfteten, rostroten Porphyrflanken des Elbrusmassivs ab. Weit leuchten die Eisfelder des großen Asaugletschers in der Sonne: Eiswände, zerklüfteter Fels, wilde Geröllhalden.

Auf die blutigen Bergkämpfe um das alte zaristische Jagdschloß Krugosor, das in 3000 Meter Höhe liegt – also so hoch wie die Zugspitze –, schaut gravitätisch über der tiefen Furche des Baksantales der 4697 Meter hohe Uschba, einer der schönsten Berge der Welt. Er wird nur noch überragt vom Kasbek, weit im Osten an der Grusinischen Heerstraße, und von dem Doppelgipfel des Elbrus.

Es war begreiflich, daß die Männer der 1. Gebirgsdivision, in deren Angriffsstreifen der Elbrus lag, den Ehrgeiz hatten, diesen Riesen zu bezwingen. Einen militärischen Wert hatte dieses Unternehmen nicht. Aber die Welt würde natürlich aufhorchen, wenn es hieß, daß deutsche Truppen auf dem höchsten Berg des Kaukasus die Reichskriegsflagge gehißt hätten.

So stimmte General Konrad dem Vorschlag einer Elbrusbesteigung zu. Er machte jedoch zur Bedingung, daß der Gipfelsturm von Männern der 1. und der 4. Gebirgsdivision gemeinsam durchgeführt werden müsse. Das war ein weiser Beschluß. General Konrad vermied so, daß die 4. Division in ihrem Stolz gekränkt wurde.

Hauptmann Groth führte die Expedition. Die Teilnehmer der 4. Gebirgsdivision standen unter dem Kommando von Hauptmann Gämmerler. Die Expedition begann mit einer kuriosen Überraschung. Oberleutnant Schneider war mit den Männern seines Nachrichtentrupps vom Basislager aus dem Gros vorausgegangen, weil sie mit den Nachrichtengeräten die größeren Lasten zu schleppen hatten.

Weit vor sich, jenseits des großen Gletschers, sahen sie das phantastische Intouristhaus, das die Sowjets in 4200 Meter Höhe errichtet hatten: ein mächtiger ovaler Betonklotz, ohne irgendeinen Sims oder Vorsprung, vollkommen mit Aluminiumblech verkleidet. Es sah aus wie eine gigantische Zeppelingondel. Vierzig Räume mit hundert Lagerstätten hatte das phantastische Gletscherhotel. Eine meteorologische Station lag oberhalb, ein Küchenbau unterhalb des Hauptbaues.

Schneider kam mit seinem Trupp schnell über den noch nicht von der Tagessonne getauten Firn des Gletschers voran. Plötzlich entdeckte er mit dem Fernglas, daß vor dem Haus ein russischer Soldat stand. »Vorsicht«, rief Schneider seinen Männern zu, ließ sie abschwenken und das Hotel umgehen. In den Felsen oberhalb des Hauses setzte er sich gefechtsmäßig fest.

In diesem Augenblick kam mutterseelenallein Hauptmann Groth angestiefelt. Ehe man ihn warnen konnte, hatten ihn die Russen schon beim Wickel. Die sowjetische Besatzung bestand nur aus drei Offizieren und acht Mann. Sie waren am gleichen Morgen heraufgekommen.

Groth überblickte sofort die Situation und behielt die Nerven. Einem russischen Offizier, der Deutsch sprach, machte Groth die Aussichtslosigkeit der Lage klar.

Der Hauptmann zeigte auf die anrückenden deutschen Seilschaften und auf den Nachrichtenzug in der Bergstellung. So erreichte er schließlich, daß die Sowjets freiwillig abrückten. Vier Rotarmisten zogen es jedoch vor, mit Groth auf das deutsche Gros zu warten und sich als Träger anheuern zu lassen.

Der nächste Tag, der 18. August, wird zum Ruhetag erklärt. Die Gebirgsjäger sollen sich allmählich an die Höhe gewöhnen. Am 19. August soll der Gipfelsturm beginnen. Aber der Aufstieg scheitert an einem plötzlich aufkommenden Schneesturm. Auch am 20. August halten schwere Gewitter mit Hagelböen die Männer noch im Elbrushaus fest.

Erst am 21. August verspricht die strahlende Frühsonne einen schönen Tag. Um 3 Uhr geht es los: Hauptmann Groth mit sechzehn, Hauptmann Gämmerler mit fünf Mann.

Um 6 Uhr ist es mit dem schönen Wetter bereits wieder vorbei. Vom Schwarzen Meer zieht der Föhn herauf. Nebel und bald auch Schneesturm verteidigen den Gipfel des Elbrusriesen. In einer winzigen Schutzhütte verschnaufen Groth und Gämmerler mit ihren Männern. Soll man wieder umkehren? Nein! Die Gebirgsjäger wollen es diesmal zwingen.

Auf geht's! Der Marsch in der dünnen Luft und bei klirrender Kälte wird zu einem gespenstischen Wettlauf. Die Augen sind vom Schnee verklebt. Der Orkan heult über die Eisflanke des Berggrates. Die Sicht reicht keine zehn Meter weit.

Um 11 Uhr ist die Eiswand bezwungen. Hauptmann Gämmerler steht auf der höchsten Erhebung des erreichten Blockwalles. Vor ihm fällt der Grat wieder leicht ab. Also muß Gämmerler auf dem Gipfel sein.

Oberfeldwebel Kümmerle von der 1. Gebirgsdivision rammt den Schaft der Reichskriegsflagge tief in den Firn. Dann werden die Stander der 1. und 4. Gebirgsdivision mit dem Edelweiß und dem Enzian in den Boden gestoßen. Ein Händedruck, und schnell klettert der Trupp wieder in die Ostwand, wo der Weststurm ein wenig gebrochen wird. Und die Welt vernimmt staunend, daß auf dem höchsten Kaukasusberg die deutsche Fahne weht.

Die Erstürmung des Elbrusgipfels durch die deutschen Gebirgsjäger, die bei diesem Höllenwetter einen ihnen völlig fremden Berg auf Anhieb bezwangen, war eine außergewöhnliche alpinistische Leistung. Sie wird auch nicht durch die Tatsache geschmälert, daß der Sonderberichter des Korps, Dr. Rümmler, einige Tage später bei gutem Wetter feststellte: Die Feldzeichen waren offenbar nicht am trigonometrischen Punkt der höchsten Spitze, sondern an einem achtunddreißig Meter tieferen Punkt des Blockwalls gesetzt worden, dessen höchste Erhebung die Gebirgsjäger im Nebel und im Eissturm des 21. August für die Gipfelspitze gehalten hatten.

Kehren wir zurück zu den Kämpfen in den Hochpässen. Während sich angesichts des 5633 Meter hohen Elbrusgipfels die Bataillone der 1. Gebirgsdivision durch den Kluchorpaß und über die alte, verfallene Suchumsche Heerstraße quälten, ging Generalmajor Eglseer an der rechten Flanke mit der österreichisch-bayerischen 4. Gebirgsdivision über die Hochpässe des Hauptkammes.

Mit dem I. und III. Bataillon Gebirgsjägerregiment 91 gewann Oberst von Stettner den Ssantscharo- und den Alustrachupaß in Höhen zwischen 2600 und 3000 Metern. Damit hatte er den Kamm des Gebirges überwunden. Es ging abwärts zu den Pässen des Vorgebirges, hinein in die subtropischen Wälder der Suchumer Höhen.

Major Schulze stürmte mit dem III. Bataillon Gebirgsjägerregiment 91 über den Bgalarpaß und stand damit direkt über den steil in die Küstenebene abfallenden Waldhängen. Noch zwanzig Kilometer waren es zur Küste. Zwanzig Kilometer bis zum Ziel.

Über 200 Kilometer Gebirgsland und Hochgebirge hatten die Jäger hinter sich gebracht. Sie hatten mit geringsten Kräften in Höhen von über 3000 Metern gekämpft, den Feind in allen Lagen geworfen, über schwindelerregende Felsgrate, sturmumtoste Eishänge und gefährliche Gletscher feindliche Felsstellungen genommen, die für uneinnehmbar gehalten worden waren. Nun standen sie dicht vor ihrem Ziel. Und trotzdem schafften sie es nicht.

Zwei Geschütze mit je fünfundzwanzig Schuß hatte die Kampfgruppe von Stettner in ihrer entscheidenden Stellung an der Schwelle zur Küste. »Schickt Munition«, funkte er. »Gibt es keine Flugzeuge? Kommen die Alpinis nicht mit ihren Tragtieren?«

Nein: Es gab keine Flugzeuge. Und die Alpinis marschierten in Richtung Don, nach Stalingrad.

Oberst von Stettner, der Kommandeur des tapferen Gebirgsjägerregiments 91, stand im Bysbtal, zwanzig Kilometer vor Suchumi.

Major von Hirschfeld lag im Klydschtal, vierzig Kilometer vor der Küste.

Generalmajor Rupps 97. Jägerdivision hatte sich bis auf fünfzig Kilometer an Tuapse herangeschlagen. In ihrem Verband fochten die Wallonen der Freiwilligenbrigade ›Wallonie‹ unter Oberstleutnant Lucien Lippert.

Das Grenadierregiment 421, das der 198. I. D. unterstellt war, hatte sich als Angriffspitze des LVII. Panzerkorps bis auf dreißig Kilometer Luftlinie an Tuapse herangeboxt.

Reinhardts Männer stürmten noch die wichtige Höhe 415 und hatten damit Verbindung mit der 101. Jägerdivision, die entlang der Straße Kabardinskaja-Schaumjan vorging.

Aber es reichte nirgends zum letzten, entscheidenden Sprung. Der sowjetische Widerstand war zu stark. Die Angriffsverbände der Heeresgruppe A waren durch die wochenlangen schweren Kämpfe geschwächt, die Nachschublinien weit über das vernünftige Maß der Improvisation hinaus überdehnt. Die Kräfte der Luftwaffe aber wurden durch den Einsatz zwischen Don und Kaukasus zersplittert. Die rote Luftwaffe beherrschte plötzlich den Luftraum. Die sowjetische Artillerie war in der Übermacht. Es fehlten auf deutscher Seite ein paar Dutzend Jagdflieger, ein halbes Dutzend Bataillone und ein paar hundert Tragtiere. Sie waren jetzt, wo die Entscheidung zum Greifen nahe schien, nicht da.

Es war wie an allen Fronten: Überall fehlte es. Überall, wo der Krieg nun im Zenit stand und die entscheidenden Ziele fast erreicht waren: Vor El Alamein, hundert Kilometer vom Nil entfernt, schrie Rommel nach ein paar Dutzend

Flugzeugen gegen die britische Luftmacht und nach hundert Panzern mit ein paar tausend Tonnen Sprit.

In den Balkas westlich von Stalingrad bettelten die Stoßkompanien der 6. Armee um ein paar Sturmgeschütze, um zwei, drei frische Regimenter mit ein paar Pak, Sturmpionieren und Panzern.

Vor den ersten Häusern Leningrads und im Vorfeld von Murmansk, überall flehte die Truppe um das berühmte ›letzte Bataillon‹, welches zu allen Zeiten die auf dem Höhepunkt stehende Schlacht entschied.

Aber keinem konnte Hitler dieses letzte Bataillon geben. Der Krieg war zu groß geworden, die Decke der Wehrmacht zu kurz. Überall war die Truppe überfordert, hatte ihre oberste Führung die Fronten gefährlich überspannt.

Überall auf den Schlachtfeldern zwischen Atlantik, Wolga und Kaukasus schlich das Gespenst einer drohenden Katastrophe umher. Wo würde es zuerst zuschlagen?

7 Fernspähtrupp vor Astrachan

Im Panzerspähwagen 150 Kilometer durch Feindgebiet – Die unbekannte Ölbahn – Leutnant Schliep telefoniert mit dem Bahnhofsvorsteher von Astrachan – Rittmeister Zagorodnys Kosaken

Bei der Ostgruppe der Heeresgruppe A, der 1. Panzerarmee, deckte die 16. I. D. (mot.) die tiefe offene linke Flanke mit einer Kette starker Stützpunkte.

Es ist der 13. September 1942, ostwärts Elista in der Kalmückensteppe.

»He, Georg, mach dich fertig, wir fahren in einer Stunde!«

»Sluschaju, Gospodin Oberleutnant – zu Befehl«, brüllt Georg, der Kosak, zurück und saust davon. Oberleutnant Gottlieb freut sich über den Diensteifer.

Georg stammte aus Krasnodar. Dort hatte er auf dem Pädagogischen Seminar Deutsch gelernt. Im vergangenen Herbst war er als Melder den Kradschützen der 16. I. D. (mot.) direkt in die Arme gelaufen. Seitdem diente er der 2. Kompanie zuerst als Gehilfe des Feldkochs, dann nach freiwilliger Meldung als Dolmetscher. Georg hatte aus vielen Gründen einen rechten Zorn auf Stalins Bolschewismus, und es gab niemanden in der Kompanie, der ihm mißtraut hätte. In besonders kritischen Situationen war Georg sogar schon als Schütze am Maschinengewehr eingesprungen.

Oberleutnant Gottlieb kam gerade von der Besprechung beim Kommandeur des Kradschützenbataillons 165 – der späteren Panzeraufklärungsabteilung 116. Man hatte dort die letzten Einzelheiten für ein Spähtruppunternehmen durch die Kalmückensteppe zum Kaspischen Meer besprochen. Generalleutnant Henrici, der Kommandeur der 16. I. D. (mot.), der bei Elista das LII. Korps abgelöst hatte, wollte wissen, was in der weiten Einöde, an der Flanke der Kaukasusfront los war. Eine fast 300 Kilometer breite Lücke klaffte zwischen dem Raum südlich von Stalingrad und dem Terek-Fluß, den die 3. Panzerdivision am 30. August mit dem Panzergrenadierregiment 394 unter Major Pape bei Mosdok erreicht hatte. Wie ein riesiger Trichter mutete dieses unbekannte Land zwischen Wolga und Terek an. Seine Basis war die Küste des Kaspischen Meeres. Von dort konnten alle möglichen Überraschungen kommen. Deshalb mußte dieser Raum überwacht werden.

Der Schutz dieses riesigen Niemandslandes war Ende August praktisch einer einzigen Division anvertraut: der 16. I. D. (mot.). Ihre Basis war Elista in der Kalmückensteppe. Die Aufgabe der Überwachung und der Aufklärung bis hinüber ans Kaspische Meer und bis ans Wolgadelta mußten vorerst Fernspähtrupps besorgen, die kühne Expeditionsunternehmen darstellten; denn erst ab Ende September war mit Verstärkungen zu rechnen, die General der Flieger Felmy unter seinem Generalkommando z.b.V. ›F‹ heranführte.

Die 16. I. D. (mot.) erwarb sich damals den Namen ›Windhund-Division‹, den die 16. Panzergrenadier- und spätere 116. Panzerdivision mit Stolz weiter trug.

Außer wenigen unentbehrlichen Spezialisten wurden für die Unternehmungen nur Freiwillige herangezogen. Mitte September begann das erste große Expeditionsunternehmen beiderseits der Straße Elista–Astrachan. Vier Spähtrupps wurden angesetzt. Ihre Aufgabe:

1. Aufklären, ob und wo der Feind Kräfte in die Lücke zwischen Terek und Wolga führt, ob er Übersetzversuche über die Wolga unternimmt, wo sich feindliche Stützpunkte befinden, und ob Truppenbewegungen auf der Uferstraße Stalingrad–Astrachan festzustellen sind.

2. Die Wegeverhältnisse, die Beschaffenheit der Küste des Kaspischen Meeres und des westlichen Wolgaufers sowie die noch unbekannte neue Eisenbahnlinie Kisljar–Astrachan genau erkunden.

Am 13. September, einem Sonntag, geht es los. Um 4 Uhr 30 treten die Männer an. Ein scharfer Wind weht aus der Steppe. Ehe die Sonne durchbricht, ist es noch empfindlich kalt.

Die Spähtrupps sind für ihren abenteuerlichen Marsch, der 150 Kilometer tief in unbekanntes, unwirtliches Feindesland führt, entsprechend ausgerüstet. Jeder Truppe hat zwei Acht-Rad-Panzerspähwagen mit 2-cm-Fla-Kanonen, einen Kradschützenzug von vierundzwanzig Mann, zwei beziehungsweise drei 5-cm-Pak – motorisiert oder auf Schützenpanzerwagen montiert – und eine Pioniergruppe mit Gerät. Fünf Lkw – je zwei mit Sprit und Wasser und einer mit Verpflegung – sowie ein Instandsetzungstrupp auf Kübelwagen vervollständigen die Ausstattung. Dazu kommen ein Sanitätskraftwagen mit Arzt, Funker, Kradmelder und Dolmetscher.

Der Spähtrupp Schroeder wird gleich vom Unheil getroffen. Schon kurz nach dem Aufbruch, hinter Utta, hat er Berührung mit einer feindlichen Patrouille. Leutnant Schroeder fällt, Dolmetscher Maresch und Feldwebel Weissmeier werden verwundet. Der Trupp kehrt um und bricht am nächsten Tag unter Führung von Leutnant Euler erneut auf.

Inzwischen sind Oberleutnant Gottlieb, Leutnant Schliep und Leutnant Hilger mit ihren Fernspähtrupps bereits nördlich, südlich und unmittelbar entlang der großen Straße Elista—Astrachan vorgestoßen. Oberleutnant Gottlieb, der erst an der Straße vorgeht und dann nach Nordosten in die Steppe auf Sadowska zu abbiegt, steht am 14. September vierzig Kilometer vor Astrachan. Am 15. September ist er nur noch fünfundzwanzig Kilometer von der Wolga entfernt. Von hohen Sanddünen hat man einen weiten Blick bis hinüber zum Fluß. Sand und Salzsümpfe machen das Gelände fast unzugänglich. Aber Panzerspähtrupps finden immer einen Weg.

Die Karten, die Gottlieb mitbekommen hat, sind nicht sehr gut. Georg, der Kosak, muß an jedem Brunnen bei nomadisierenden Kalmücken, die sich sehr deutschfreundlich geben, immer wieder in langen Palavern Weg und Steg erkunden und Auskünfte sammeln.

»Die große Eisenbahn? Ja, die fährt jeden Tag ein paarmal zwischen Kisljar und Astrachan.«

»Und Sowjetskis?«

»Ja, die reiten hier herum. Erst gestern hat ein großer Trupp am Brunnen drüben, eine Wegstunde ostwärts, übernachtet. Sie kamen von Sadowska, dort müssen viele von ihnen sein.«

»Aha«, nickt Georg und schenkt den freundlichen Nomaden ein paar Zigaretten.

Das Lachen wird jäh durch einen Zuruf unterbrochen. Einer zeigt nach Norden. Da preschen zwei Reiter heran: Sowjets.

Die Kalmücken verschwinden. Die beiden Panzerspähwagen stehen hinter einer Düne und können von den Russen nicht gesehen werden. Oberleutnant Gottlieb ruft Georg zu: »Komm herüber.« Aber der Kosak antwortet nicht. Er steckt seine Feldmütze unter den weiten Kradmantel, setzt sich auf den Brunnen und raucht eine Zigarette.

Vorsichtig traben die beiden Russen heran: ein Offizier und sein Pferdepfleger. Georg ruft ihnen etwas zu. Der Offizier steigt ab und kommt auf ihn zu.

Oberleutnant Gottlieb und seine Kameraden beobachten, wie die beiden sich lachend unterhalten. Sie stehen nebeneinander. »Der Hund«, sagt der Funker. Aber dann sehen sie, wie Georg blitzschnell die Pistole zieht. Und offenbar sagt er grinsend: »Ruki werch!«

Der sowjetische Offizier hebt die Hände und ist so überrascht, daß er auch seinem Pferdepfleger zuruft, er soll sich ergeben. So kehrt der Spähtrupp Gottlieb mit zwei wertvollen Gefangenen nach Chalchuta zurück.

Leutnant Euler hatte unterdessen den speziellen Auftrag gehabt, genau zu erkunden, wie die Verteidigungsanlagen in Sadowska beschaffen sind und ob in diesem Raum nördlich Astrachan Truppen über die Wolga gesetzt werden.

Von Utta bis Sadowska sind in Luftlinie etwa 150 Kilometer zurückzulegen. Euler biegt von der großen Straße gleich nach Norden ab. Nach zehn Kilometern Fahrt stockt dem Leutnant das Herz: Eine riesige Staubwolke kommt schnell auf sie zu. »Fahrzeuge auseinander!« befiehlt er. Glas an die Augen. Die Wolke braust schnell heran. Und da lacht der Leutnant schallend auf: Was

Karte 30
Die große Lücke zwischen Kaukasusfront und Stalingrad war 300 Kilometer breit. Spähtrupps der 16. I. D. (mot.) stießen bis vor die Tore Astrachans.

da heranrollt, sind keine Sowjets, sondern Antilopen, eine riesige Herde Saiga-Antilopen, die in der Steppe Südrußlands leben. Als sie schließlich die Witterung von den Menschen bekommen, drehen sie ab und galoppieren nach Osten. Ihre Hufe fegen über das dürre Steppengras und wirbeln eine Staubwolke auf, die so mächtig ist, als führe ein ganzes Panzerregiment über die endlose Plaine.

Euler klärt nun nach Nordost auf, findet die Orte Justa und Chasyk stark feindbesetzt, umgeht sie und dreht Richtung auf Sadowska, das Hauptziel, ein.

Am 16. September steht Euler mit seinen beiden Panzerspähwagen fünf Kilometer vor Sadowska und damit sieben Kilometer vor der unteren Wolga. Bis Astrachan sind es noch fünfunddreißig Kilometer. Der Spähtrupp Euler ist wahrscheinlich jene deutsche Heereseinheit, die im Zuge des ›Unternehmens Barbarossa‹ am weitesten nach Osten gelangte und somit dem Kriegsziel Astrachan am nächsten war.

Was der Spähtrupp feststellte, war von größter Bedeutung: Die Russen hatten um Sadowska einen Panzergraben gezogen und eine tiefgestaffelte Bunkerlinie errichtet. Das deutete auf eine vorbereitete Brückenkopfstellung, die einen offenbar geplanten Übergang der Sowjets über die untere Wolga sichern sollte.

Als die russischen Wachtposten die deutschen Spähwagen erkannten, entstand in den Stellungen panikartige Aufregung. Die bis dahin offenbar sorglosen Besatzungen rasten in ihre Bunker und Schützenlöcher und eröffneten mit Panzerbüchsen und schweren Maschinengewehren ein wütendes Abwehrfeuer. Zwei Russen, die in der allgemeinen Aufregung durchs Gelände flitzten, schnitt Euler mit seinem Spähwagen den Weg ab. Eine Garbe vor die Füße. »Ruki werch!«

Zu Tode erschrocken, ergaben sich die beiden Rotarmisten: ein Stabsoffizier vom MG-Bataillon 36 und sein Melder. Das war ein toller Fang. Nun aber ab!

Leutnant Jürgen Schliep, der Chef der Panzerspähkompanie der 16. I. D. (mot.), war mit seinen Männern gleichfalls am 13. September aufgebrochen. Seine Route verlief südlich der großen Straße. Hauptaufgabe war die Erkundung, ob – wie Gefangene aussagten – tatsächlich eine befahrbare Eisenbahnlinie von Kisljar nach Astrachan bestand, die auf keiner Karte eingezeichnet war. Es war sehr wichtig, etwas über diese Ölbahn zu erfahren, die ja auch für Truppentransporte hätte benutzt werden können.

Schliep fand die Bahn. Er erzählt: »In den frühen Morgenstunden des zweiten Tages sahen wir schon von weitem die Salzseen in der Sonne glitzern. Nur mühsam kamen die Kräder in dem tiefen Sand noch vorwärts, und unser mit zwei Mann besetzter I-Trupp-Pkw hatte laufend mit kleineren Reparaturen zu tun.«

Als Schliep schließlich im Glas die Eisenbahnschienen sah, ließ auch er das Gros seiner Kampfgruppe zurück und fuhr mit seinen beiden Spähwagen und der Pioniergruppe auf ein Bahnwärterhäuschen zu. Es war der Bahnhof Senseli.

Schliep berichtet weiter: »Wir sahen von weitem fünfzig bis sechzig Zivilisten, die am Bahndamm arbeiteten. Die Strecke war eingleisig und auf beiden Seiten von einem Sandwall eingerahmt. Die Aufseher gingen bei unserem Erscheinen stiften, wogegen wir von den übrigen Zivilarbeitern jubelnd begrüßt wurden. Es handelte sich um ukrainische Familien, alte Männer, Frauen und Kinder, die zwangsweise evakuiert und seit Monaten hier eingesetzt waren. Viele der Ukrainer sprachen deutsch, und wir wurden als Befreier gefeiert.«

Während sich die Landser noch mit den Ukrainern unterhielten, tauchte im Süden plötzlich eine Rauchfahne auf. »Ein Zug«, riefen die Arbeiter.

Schliep brachte seine Spähwagen hinter einem Sandhügel in Stellung. Und da schnaufte auch schon ein endlos langer Güterzug mit Öl- und Benzinwagen heran. Zwei Lokomotiven waren vorgespannt. Sechs Schuß aus den 2-cm-Kanonen – und die Lokomotiven flogen auseinander. Der Dampf spritzte aus den Kesseln, die Feuerglut der Öfen wirbelte durch die Luft. Der Zug stand. Und nun wurde Wagen um Wagen in Brand geschossen.

»Verdammt, das schöne Benzin«, brummten die Kanoniere. Aber die Ukrainer klatschten jedesmal Beifall, wenn ein Wagen in Flammen aufging. Anschließend sprengten die deutschen Pioniere Schienen und Bahnkörper.

Als sie gerade die Bahnhofsbude anstecken wollten, klingelte das Telefon. Erschreckt fuhren die Pioniere hoch. »Mensch, habe ich mich verjagt«, seufzte Unteroffizier Engh vom I-Trupp. Schaltete dann aber schnell und rief schmetternd zu Schliep hinüber: »Herr Leutnant, Telefon!«

Schliep erfaßte sofort die Situation und sauste mit dem Dolmetscher in die

Bude. »Stanzia Senseli, Natschalnik«, meldete sich der Dolmetscher und grinste. »Da, da« — ja, ja — »Towarisch«, beteuerte er.

Auf der anderen Seite war der Güterbahnhof Astrachan an der Leitung. Astrachan! Das südliche Endstück der A-A-Linie (Astrachan—Archangelsk). Das Ziel des Krieges. Die Spitzen der deutschen Wehrmacht telefonierten schon mit ihm.

Der Aufsichtsbeamte in Astrachan wollte wissen, ob der Ölzug von Baku schon durch sei. Der Gegenzug stünde schon auf der Ausweichstelle bei Bassy.

Ein Gegenzug! Der Dolmetscher versuchte, dem Genossen in Astrachan einzureden, er möge ihn nur schon losschicken. Aber dieser Ratschlag machte den Genossen in Astrachan mißtrauisch. Er stellte ein paar Fangfragen. Und die sachunverständigen Antworten schienen sein Mißtrauen zu rechtfertigen.

Er schimpfte und fluchte fürchterlich. Da gab auch der Dolmetscher das Spiel auf und sagte: »Na warte, Väterchen, bald sind wir in Astrachan.«

Daraufhin warf der Towarisch in Astrachan mit dem schlimmsten russischen Fluch den Hörer auf. So konnte er nicht mehr hören, wie zwei Minuten später der Bretterbahnhof Senseli mit Hilfe von ein paar geballten Ladungen auseinanderflog.

Leutnant Schliep, der schon seit dem ersten Tag keine Funkverbindung mit der Division hatte, versuchte noch, auf Bassy aufzuklären. Aber der Bahnhofsvorsteher von Astrachan hatte anscheinend sofort Alarm geschlagen. Sowjetische Artillerie und schwere MG waren vor dem Ort in Stellung gegangen. Der Fernspähtrupp Schliep drehte ab und kehrte am 17. September wohlbehalten und ohne Verluste nach Utta zurück. Noch am selben Tag mußte er der Division und dem zufällig auf dem Gefechtsstand von Generalleutnant Henrici anwesenden Oberbefehlshaber der Heeresgruppe B, Generaloberst von Weichs, Bericht erstatten; denn die 16. I. D. (mot.) gehörte jetzt zur Heeresgruppe B.

Man atmete auf: Noch drohte aus der Steppe und von der unteren Wolga, also aus der Kaukasusflanke, keine Gefahr. Das war die entscheidende Erkenntnis. Denn die Heeresgruppe A versuchte seit Ende August die festgefahrene Offensive des Kaukasusraumes auf ihrem linken Flügel noch einmal in Gang zu bringen. Die Panzerarmee von Kleist sollte mit aller Gewalt das Tor nach Baku aufsprengen, um das sowjetische Ölparadies zu erobern und damit wenigstens eines der entscheidenden Ziele der Sommeroffensive zu erreichen.

Das letzte Hindernis vor diesem Ziel war der Terek-Fluß, vor dem die Panzerspitzen der Armee Kleist festlagen. Kleist versuchte sein Glück, und das Kriegsglück schien tatsächlich noch einmal der deutschen Wehrmacht die Chance des Sieges zu bieten.

Generaloberst von Kleist zog nach Rücksprache mit dem Kommandierenden General des XXXX. Panzerkorps die 3. Panzerdivision in einem geschickten Quermanöver aus dem hart verteidigten Baksantal heraus, führte sie hinter der Front der 23. Panzerdivision den Terek entlang nach Osten. Nach erbitterten Straßenkämpfen nahm die Division am 25. August Mosdok. Daraufhin ließ sie bei Ischerskaja eine weitere Kampfgruppe zum überraschenden Flußübergang antreten. Das Hamburger Panzergrenadierregiment 394 — 1940/41 aus dem

Harburger I. R. (mot.) 69 gebildet — machte den entscheidenden Sprung über den Fluß.

30. August 1942: Der Minutenzeiger rückt auf 3 Uhr. Die Sturmboote, die Pioniere, die Panzergrenadiere sind bereit. Sie warten auf den Feuerschlag der Artillerie, der ihren Sprung über den Fluß decken soll.

Zur vereinbarten Zeit brodelt es hinten auf, kommt jaulend unter dem Himmel heran und zerbirst krachend drüben am feindlichen Ufer. Zehn Minuten lang geht dieser Feuerschlag aus achtundachtzig Rohren auf die russischen Stellungen nieder. Diese Zeit genügt den Pionieren und den Grenadieren: Sie springen aus der Deckung und bringen die Sturmboote zu Wasser.

Die ersten Gruppen des I. Bataillons setzen über. Aber nun rührt sich auch der Russe. Seine Feldkanone, die vorzügliche ›Ratsch-Bumm‹, haute immer wieder an der Übergangsstelle ein. Sie war eine der wirksamsten und gefährlichsten russischen Waffen.

Der Terek, an der Übergangsstelle etwa 250 Meter breit, mit reißender Strömung und gurgelnden Wirbeln, ist ein tückisches Gebirgswasser. Weiße Gischtsäulen springen turmhoch neben den Booten auf: Einschläge feindlicher Granatwerfer.

Dazwischen tanzen die kleinen Sturmboote. Die Bugspitze ragt hoch über dem Wasser. Hinten im Heck, tief geduckt, hocken die Grenadiere. So flitzen die Boote durch das Inferno.

Gleich zu Beginn des Angriffs, noch am diesseitigen Ufer, fallen der Kommandeur des I. Bataillons, Hauptmann Freiherr von der Heyden-Rynsch, und sein Adjutant, Leutnant Ziegler. Auch Leutnant Wurm bricht, tödlich getroffen, zusammen. Oberleutnant Dr. Dürrholz, Chef der 2. Kompanie, wird beim Übersetzen verwundet und fällt aus dem Sturmboot in den Fluß. Seitdem wird er vermißt.

Aus der Kurve taucht ein Sturmboot auf. »Auf — marsch, marsch!« Blitzschnell springt die nächste Gruppe ins Boot. »Drei, vier, fünf — noch einer dazu«, zählt der Pionier an der Steuerpinne. Der Motor heult auf. Ab geht's.

Links und rechts Einschläge. Gischt. Brodelndes Wasser. Der Pionier an der Steuerpinne steht unbeirrt aufrecht und bringt sein Boot über den Fluß. Da ist schon das andere Ufer. Eine leichte Kurve. Ein Sprung.

Unter der schützenden Glocke des eigenen Artilleriefeuers kämpfen sich die Schützen Schritt für Schritt vorwärts. Der Ansatz zur Bildung des Brückenkopfes ist geschafft. Ein Ansatz, mehr nicht. Denn bald zeigt sich, daß der Gegner stärker ist, als zunächst angenommen wurde. In guter Deckung verteidigt er sich zäh am Dorfrand von Mundar-Jurt. Die Sowjets sitzen in ausgebauten Feldstellungen sowie in einem Panzergraben. Von dort aus decken sie die auf freiem Felde liegenden deutschen Grenadiere mit ihrem Feuer ein.

Am Nachmittag geht der junge Regimentskommandeur, Major Günther Pape, mit dem Gefechtsstab Panzergrenadierregiment 394 über den Terek, um sich an Ort und Stelle zu orientieren. Die Hauptkampflinie wird so festgelegt, die Truppe so gegliedert, daß der erfolgreich erkämpfte Brückenkopf mit den wenigen vorhandenen Kräften verteidigt werden kann.

Fünf Tage hielten die Männer vom Panzergrenadierregiment 394 am jenseitigen Terekufer stand. Sie kämpften südlich des 44. Breitengrades. Nur die Spitzen der 1. Gebirgsdivision im Klydschtal fochten noch südlicher. Sie standen dicht am 43. Breitengrad, genau auf 43°20′, dem südlichsten Punkt, den das deutsche Heer im Verlauf des ›Unternehmens Barbarossa‹ auf sowjetischem Boden erreichte.

In ungünstigem Gelände, ohne schwere Waffen, schlugen sich Papes Männer mit einem weitaus stärkeren und erbittert kämpfenden Gegner. Drei sowjetische Divisionen band das Regiment. Auf diese Weise mußten die Sowjets an anderer Stelle Kräfte abziehen. Dieser von der 3. Panzerdivision unter erheblichen Verlusten erkämpfte Brückenkopf bildete so die Voraussetzung für den Angriff des neu herangeführten LII. Armeekorps. Der 111. und 370. Infanteriedivision gelang es, am 1. und 2. September bei Mosdok gleichfalls den Terek zu überschreiten und einen Brückenkopf zu bilden. Die 111. Infanteriedivision General Recknagels forcierte den reißenden, fünf Meter tiefen Gebirgsstrom mit den Bataillonen von Infanterieregiment 70. Die Spitze führte Hauptmann Lyme. In kühnem Zugriff schuf er den ersten kleinen Brückenkopf. Und hielt, bis die Pioniere schwere Infanteriewaffen über den Fluß gebracht hatten. Die 394er konnten ihre ungünstige Stellung räumen.

Aber auch bei Mosdok reichten die Kräfte nicht mehr aus für die Fortsetzung der Offensive. Der Russe war einfach zu stark und die eigenen Kräfte zu schwach und zu abgekämpft. Die letzte Chance zur Eroberung des Bakuer Ölgebietes konnte nicht genutzt werden.

Wie drüben an den westlichen Ausläufern des Kaukasus zum Schwarzen Meer, so kam auch hier am Terek die Schlacht zum Stehen. Die Front erstarrte. Kurz vor dem Kriegsziel war die Offensivkraft des ›Unternehmens Barbarossa‹ verpufft. Der Terek wurde zum Limes.

In der Verteidigungslinie am Terek, mitten zwischen den Bataillonen der 3. Panzerdivision bei Ischerskaja, kämpfte ein merkwürdiger Verband an der Seite der deutschen Grenadiere: Kosaken. Es war eine für den Krieg typische Geschichte, die Rittmeister Zagorodnys Kosakenschwadron auf die deutsche Seite geführt hatte.

Als General Freiherr von Geyrs XXXX. Panzerkorps im Sommer in Millerowo 18 000 Gefangene gemacht hatte, war das Problem Nummer eins: Wer bringt die Sowjets nach hinten? Die zusammengeschrumpften Einheiten der deutschen Divisionen konnten keine Soldaten dafür abstellen. Da kam Hauptmann Kandutsch, der Ic des Korps, auf die Idee, die damals recht deutschfreundlichen Kuban- und Donkosaken von den Gefangenen abzusondern, auf die zahllos umherirrenden Pferde zu setzen und sie so als Begleitkommando für die gefangenen Rotarmisten zu verwenden. Die Kosaken, alles andere als Freunde des Bolschewismus, waren Feuer und Flamme. Im Nu hatte Rittmeister Zagorodny eine Schwadron zusammen und zog mit den 18 000 gefangenen Sowjets los. Kein Mensch im Korpsstab dachte daran, Zagorodny und seine Kosaken je wiederzusehen.

Aber in der ersten Septemberwoche ging im Stabsquartier des XXXX. Panzerkorps in Ruski am Terek plötzlich die Tür zur Ic-Unterkunft auf. Herein trat ein farbenprächtig gekleideter Kosakenoffizier und meldete in gebrochenem Deutsch: »Rittmeister Zagorodny mit Schwadron zur Stelle.« Kandutsch fiel aus allen Wolken. Noch heute erzählt er schmunzelnd: »Wir hatten sie also wieder.«

Was sollte man mit den Kosaken machen? Kandutsch rief den Chef des Stabes, Oberstleutnant i.G. Carl Wagener, an. Langes Hin und Her. Schließlich wurde beschlossen: Zagorodnys Truppe wird als Kosakenschwadron 1/82 neu formiert, vier Wochen ausgebildet und dann an der Front eingesetzt.

Und so geschah es. Vorn, in der Ischerskajastellung, hielt Rittmeister Zagorodny eisern auf Zucht und Ordnung. Nur in der ersten Nacht traf er zwei Grabenposten schlafend an. Da knallte seine Pistole zweimal. Dann schlief kein Kosak mehr auf Posten, und es gab auch keinen einzigen Deserteur.

Des Rittmeisters zuverlässigste Stütze war der erste Zugführer, Oberleutnant Koban, ein breitschultriger Kosak, der seiner Schwadron — ebenso wie Zagorodny — bis zum letzten Tage die Treue hielt. Wenn Koban mal krank war, versammelte seine Frau den Zug. Diese attraktive, schneidige Kosakin marschierte von Beginn an im Reiterzug ihres Mannes mit. Sie ritt wie jeder andere Kosak auf Patrouille. Und sie starb auch mit der Schwadron.

Dieses Sterben vollzog sich nach harten und tapferen Einsätzen an der Ostfront schließlich auf eine düstere und tragische Art: Tausende Kilometer von der Heimat entfernt, bei deren Befreiung sie im Jahre 1942 glaubten mithelfen zu können.

Hauptmann Kandutsch berichtet: »Ende Mai 1944, als das XXXX. Panzerkorps die Grenzen Rumäniens nach Westen überschritt, wurde die Verlegung der Schwadron nach Frankreich befohlen. Stellvertretend für den Kommandierenden General von Knobelsdorff verabschiedete der Korpsadjutant Major Dr. Patow die Kosaken. Rittmeister Zagorodny bekam endlich das von ihm so heiß ersehnte Eiserne Kreuz I. Klasse. Er hatte es sich ehrlich verdient. Dann formierten sich die Kosaken noch einmal — und wohl auch zum letzten Male — zum Vorbeimarsch im Galopp. Ein unvergeßlicher Anblick.«

Sechs Wochen später geriet die Schwadron bei Saint-Lô in Frankreich während der Invasionsschlacht in einen schweren Jabo-Angriff und wurde vollkommen zerschlagen.

Nur ein paar Mann konnten sich retten. Sie brachten die Nachricht über das Schicksal der Kosaken nach Deutschland. Unter den Gefallenen waren alle Offiziere und auch die Frau von Oberleutnant Koban. Die Männer des XXXX. Panzerkorps aber haben ihre Waffengefährten aus vielen harten Gefechten bis heute nicht vergessen.

8 Der Terek wird zum Limes

Hitlers Zusammenstoß mit Jodl — Der Chef des Generalstabs und Feldmarschall List müssen gehen — Die Magie des Öls — Panzergrenadiere auf der Ossetischen Heerstraße — Die Kaukasusfront erstarrt

Am 7. September 1942 brütete spätsommerliche Hitze über den ukrainischen Wäldern. In den dumpfen Blockhütten des Führerhauptquartiers ›Werwolf‹ stieg das Thermometer an die 30-Grad-Marke. Hitler litt in diesen Tagen ganz besonders unter dem Klima. Das machte seinen nagenden Ärger über die Lage zwischen Kuban und Terek noch schlimmer. Alle Berichte von der ›Ölfront‹ drückten aus, daß die Truppe am Ende ihrer Kraft war.

Die Heeresgruppe A lag am Kaukasus und am Terek fest. Die Täler zur Schwarzmeerküste, vor allem nach Tuapse, waren von den Sowjets blockiert, und der Terek erwies sich als ein schwer befestigtes Hindernis, das letzte vor den alten Heerstraßen nach Tiflis, Kutaissi und Baku.

Es geht nicht mehr, meldeten die Divisionen. »Es geht nicht mehr, es geht nicht mehr, wenn ich das schon höre«, wetterte Hitler. Er wollte nicht wahrhaben, daß es am Terek und an der Gebirgsfront aus Mangel an Kräften nicht mehr vorwärts ging. Er suchte die Schuld dafür bei den Befehlshabern und in angeblich falschen Ansätzen ihrer Operationen.

Am Vormittag des 7. September hatte Hitler deshalb den Chef seines Wehrmachtführungsstabes, General d. Art. Jodl, nach Stalino zu Feldmarschall List geschickt, um nach dem Rechten zu sehen, warum es vor allem an der Straße nach Tuapse nicht vorwärts ging. Jodl sollte Hitlers Befehlen Nachdruck verleihen.

Spätabends kam Jodl zurück. Und mit seiner Meldung brach im Blockhüttenquartier ›Werwolf‹ die schärfste Krise in der deutschen Wehrmachtführung seit Beginn des Krieges aus. Jodl verteidigte Feldmarschall List und vertrat dessen Ansicht, daß die Kräfte für die gesteckten Ziele zu schwach seien. Er forderte, wie List, entscheidende Umgruppierungen an der Front.

Hitler verweigerte das und verdächtigte Jodl, er habe sich von List einwickeln lassen. Der Generaloberst, gleichfalls vom Klima und der Anstrengung des Tages überreizt, begehrte auf und zitierte wütend und mit lauter Stimme des Führers eigene Befehle und Weisungen der letzten Wochen, die List genau befolgt hatte, und die zu den Schwierigkeiten führten, in denen sich die Heeresgruppe A befand.

Hitler war über Jodls Vorwürfe fassungslos. Sein vertrautester General rebellierte nicht nur, sondern zweifelte auch klipp und klar seine Feldherrnkunst an, gab ihm die Schuld für die Krise im Kaukasus, für die aufdämmernde Niederlage an der Südfront.

»Sie lügen«, schrie Hitler, »nie habe ich solche Befehle gegeben, nie!« Dann ließ er Jodl stehen und stürmte aus der Blockhütte in die Dunkelheit des ukrainischen Waldes. Nach Stunden erst kam er zurück: bleich, zusammengefallen, mit flackernden Augen.

Wie getroffen sich Hitler fühlte, zeigte die Tatsache, daß er von Stund an die

Mahlzeiten nicht mehr mit seinen Generalen einnahm. Verbittert aß er seit diesem Tag bis zu seinem Tod einsam in den spartanischen Klausen seiner Feldquartiere, nur die Schäferhündin ›Blondi‹ neben seinem Stuhl.

Aber das war nicht die einzige Reaktion auf Jodls Vorwürfe. Es kam zu einer noch einschneidenderen: Der Chef des Generalstabs, Generaloberst Halder, und Feldmarschall List wurden abgesetzt. Hitler beschloß sogar die Ablösung seiner ihm ergebenen Generale Keitel und Jodl und faßte ihre Ersetzung durch die Feldmarschälle Kesselring und Paulus ins Auge, ein Plan, der leider nicht realisiert wurde; denn vielleicht wäre durch eine so weitgehende Veränderung, bei der fronterfahrene Generale an die OKW-Spitze gekommen wären, wenigstens die Katastrophe von Stalingrad vermieden worden.

Aber Hitler trennte sich dann doch nicht von seinen langjährigen militärischen Gehilfen Keitel und Jodl. Er ordnete nur an, daß in Zukunft jedes seiner Worte und jede Äußerung der Generale bei den militärischen Besprechungen mitstenografiert werden sollte. Im übrigen blieb er hartnäckig bei seinem Befehl, den Angriff an der Kaukasusfront weiterzuführen. Er wollte unter keinen Umständen auf das Hauptziel seiner Sommeroffensive verzichten. Das Öl des Kaukasus, Grosnyj, Tiflis und Baku sowie die Verschiffungshäfen des Schwarzen Meeres sollten unbedingt in deutsche Hand gebracht werden. Der Herbst 1942 sollte wenigstens im Süden die Erreichung der Ziele des Ostfeldzuges bringen.

Hier zeigt sich einmal mehr, wie Hitler in zunehmendem Maße auch auf dem militärischen Sektor starrsinnig wurde. Dieser Zug seines Wesens wurde von nun an auch für die Front zum Verhängnis. Auf anderen Gebieten war es ja längst sichtbar, daß Hitler fixe Ideen hatte, die ihn wie Dämonen beherrschten.

Auf wirtschaftlichem Sektor war Hitlers fixe Idee das Öl. Öl war für ihn das Element des Fortschritts, die treibende Kraft des technischen Jahrhunderts. Er hatte alles gelesen, was es über Öl geschrieben gab. Er kannte die Geschichte der arabischen und der amerikanischen Ölgebiete, wußte über die Ölgewinnung und über die Öltechnik Bescheid. Wer von Öl zu sprechen anfing, konnte seines Interesses sicher sein. Hochstapler fanden auf diesem Weg einen sicheren Zugang zu seinem Ohr. Göring wurde Herr des wirtschaftlichen Vierjahresplanes, weil er Hitlers Lieblingskarte Öl spielte.

Typisch ist die verbürgte Geschichte, daß Hitler von einem tüchtigen Beamten der Handelspolitischen Abteilung des Auswärtigen Amtes sagte: »Ich kann den Kerl nicht ausstehen, aber er versteht etwas von Öl.« Hitlers Balkanpolitik wurde nur aus der Sicht auf das rumänische Öl gemacht. Er baute einen eigenen Feldzug gegen die Krim in die ›Barbarossa‹-Weisung ein, weil er um die Ölfelder von Ploesti bangte, die er durch sowjetische Luftangriffe von der Krim her für gefährdet hielt.

Vor allem aber vernachlässigte er die revolutionärste wissenschaftliche Entwicklung des 20. Jahrhunderts, die Atomwissenschaft, weil sein Denken um Öl kreiste. In seinem Kopf blieb kein Raum zum Verständnis für die entscheidende militärische Bedeutung der in Deutschland entdeckten und von deutschen Physikern zuerst entwickelten Kernspaltung. Auch hier zeigt sich wieder, wie sehr Hitler ein Mann des neunzehnten Jahrhunderts und nicht des zwanzigsten war.

Alle fixen Ideen Hitlers haben im Rußlandkrieg ihre verhängnisvolle Rolle gespielt. Am entscheidensten aber war die Magie des Öls. Sie beherrscht von Anfang an den Ostfeldzug, und im Sommer 1942 war es wohl diese Magie des Öls, die Hitler zu Entscheidungen verführte und der Südfront Opfer abverlangte, welche letzten Endes den Feldzug 1942 und damit den Kriegsverlauf entschieden. Ein letzter Blick an die Ölfront des Jahres 1942 liefert dieser These Argumente genug:

Die Heeresgruppe A lag am Nord- und Westrand des Kaukasus fest. Aber Hitler wollte die Grenzen seiner Kraft nicht wahrhaben. Er wollte über die alten kaukasischen Heerstraßen nach Tiflis und nach Baku. Und er befahl, die Offensive erneut über den Terek zu tragen.

Befehl war Befehl. In wochenlangen zähen Kämpfen versuchte die 1. Panzerarmee die schrittweise Erweiterung des Terekbrückenkopfes nach Süden und Westen. Alle Kräfte wurden zusammengefaßt, das LII. Armeekorps durch Teile des XXXX. Panzerkorps verstärkt. Und von dem III. Panzerkorps die 13. Panzerdivision zugeführt. Ihr gelang es am 20. September, den Terek südwestlich Mosdok zu bezwingen. Dann trat am 25. September General von Mackensen mit dem ganzen III. Panzerkorps zum Angriff auf Ordschonikidse an, das auf dem Wege nach Tiflis liegt. Während die 23. Panzerdivision mit Teilen der 111. I. D. vorhalf, stieß die aus dem Westkaukasus herangeführte SS-Panzergrenadierdivision ›Wiking‹ südlich davon gegen die Grusinische Heerstraße durch. Die uralte Heerstraße nach Tiflis war erreicht.

Die Kampfgruppe des SS-Panzergrenadierregiments ›Nordland‹ traf aus dem Waldkaukasus auf dem Gefechtsfeld ein, und die Division ›Wiking‹ konnte mit ihr den Eintritt in den Nordteil des Ölgebietes von Grosnyj erzwingen und an zwei Stellen die Grusinische Heerstraße sperren. Die entscheidende Höhe Punkt 711 wurde von einem Bataillon finnischer Freiwilliger, das im Rahmen der Division ›Wiking‹ kämpfte, unter schweren Verlusten gestürmt und konnte gegen alle feindlichen Gegenstöße gehalten werden. Würde man noch Kraft zum letzten Vorstoß haben, für die letzten hundert Kilometer?

Es dauerte vier Wochen, ehe das III. Panzerkorps die nötigen Reserven an Menschen, Sprit und Ersatz zusammen hatte, um zum neuen, zum letzten Angriff — wie man hoffte — anzutreten.

Am 25. und 26. Oktober rollte das Korps aus seinem Brückenkopf auf dem Westufer des Terek zum Durchbruch nach Südosten. Die Bataillone fochten verbissen. Eine feindliche Kräftegruppe von vier Divisionen wurde zerschlagen und etwa 7000 Gefangene eingebracht. Rumänische Gebirgsjäger riegelten hier die nach Süden führenden Gebirgstäler ab. Die 13. und 23. Panzerdivision stießen nach Südosten, nahmen im schwungvollen Angriff am 1. November Alagir und sperrten die Ossetische Heerstraße beiderseits dieser Stadt. Generalmajor Herrs 13. Panzerdivision gelangte in Fortsetzung dieses kühnen Panzervorstoßes am 5. November bis fünf Kilometer westlich von Ordschonikidse.

Aber nun war die letzte Kraft verbraucht. Sowjetische Gegenangriffe von Norden schnitten die Divisionen von ihren rückwärtigen Verbindungen ab. Die 1. Panzerarmee konnte zunächst nicht helfen und befahl, gegen den Widerstand des Führerhauptquartiers, den Ausbruch. Die vorderste Kampfgruppe der SS-Panzergrenadierdivision ›Wiking‹ kam gerade zur rechten Zeit, um den alten Waffengefährten der 13. Panzerdivision entgegenzustoßen, sie freizukämpfen und aufzunehmen.

In der Nacht vom 11. zum 12. November fand die 13. Panzerdivision wieder Anschluß an das Korps. In erbitterten Kämpfen wehrten die 13. Panzerdivision und ›Wiking‹ die nachdrängenden Feindkräfte ab.

Ein Wettersturz machte Mitte November allen Versuchen, die Operation noch einmal in Gang zu bringen, ein Ende.

Am rechten Flügel, bei der 17. Armee, haben die Gebirgsjäger die verschneiten Pässe im Hochkaukasus bereits geräumt, weil kein Nachschub mehr heraufkam. Die Infanterie- und Jägerregimenter haben sich eingegraben. Der Angriff auf die Schwarzmeerhäfen, auf die Ölfelder und Baku, auf Tiflis und Batumi ist in greifbarer Nähe der Ziele gescheitert. Die ganze Front stand.

Warum?

Weil die neue sowjetische Taktik des Ausweichens die kühn geplanten Kesseloperationen zwischen Don und Donez vereitelten. Weil es den sowjetischen Befehlshabern im letzten Augenblick gelang, ihre vom unteren Don in den Kaukasus ausgewichenen Verbände wieder in die Hand zu bekommen. Und vor allem: weil amerikanischer Nachschub aus dem Iran über das Kaspische Meer zu den angeschlagenen Sowjetarmeen kam. Die abgekämpften deutschen Verbände waren zu schwach, diesen letzten Widerstand zu brechen.

Es fehlte auch hier das letzte Bataillon.

Siebenter Teil

Stalingrad

1 Zwischen Don und Wolga

Kalatsch, die Schicksalsbrücke über den Don — Panzerschlacht auf dem Sandmeer der Steppe — General Hubes Panzerstoß zur Wolga — »Rechts die Türme von Stalingrad« — Frauen an der schweren Flak — Das erste Gefecht vor Stalins Stadt

Wer sich mit der Schlacht um Stalingrad befaßt, stößt zuerst auf die merkwürdige Wahrheit, daß diese Stadt in den Plänen zur großen Sommeroffensive gar kein Ziel von Rang war. Im ›Fall Blau‹ figurierte sie am Rande. Sie sollte »unter die Gewalt der Waffen« gebracht werden, das heißt, sie sollte als Rüstungsmetropole und Wolgahafen ausgeschaltet werden. Das war eine Aufgabe für Flugzeuge und Fernkampfartillerie, kein Auftrag zur Entsendung einer ganzen Armee. Das Ziel wäre absolut mit Bomben und Granaten zu erreichen gewesen; denn eine strategische Bedeutung hatte Stalingrad nicht. Die Operationen der 6. Armee hatten denn auch, dem Sinn der Pläne nach, die Aufgabe, für die Kaukasusfront mit ihren kriegswirtschaftlichen Zielen die Flankensicherung zu bilden. Eine Aufgabe, für die es zwar nützlich, aber keineswegs notwendig war, Stalingrad zu besitzen. Daß aus dieser Sicherungsaufgabe der 6. Armee schließlich ein Kulminationspunkt des Krieges und eine Schlacht wurde, die feldzugsentscheidende Bedeutung erhielt, gehört mit zu den düsteren Umständen der Stalingrader Tragödie. Man begreift, wie sehr der Ausgang eines Krieges von Zufällen und Irrtümern bestimmt wird, wenn man sich das vor Augen führt.

Als im September 1942 die Hauptoperation der Sommeroffensive, die Schlacht im Kaukasus und am Terek, ins Stocken kam, trafen im Führerhauptquartier von der Stalingrader Front ermutigende Nachrichten ein. Dort, wo Flanke und Rükken der Schlacht ums Öl durch Inbesitznahme des Donbogens und des Wolgaknies um Stalingrad gedeckt werden sollten, ging es nach krisenreichen Wochen plötzlich voran: Von der 6. Armee kam am 13. September die Meldung, daß die 71. Infanteriedivision, die zum LI. Korps des Generals der Artillerie von Seydlitz-Kurzbach gehörte, das tiefgestaffelte Festungskampffeld von Stalingrad durchstoßen und die Höhen vor dem Stadtkern gestürmt hatte.

Am nächsten Tage, dem 14. September 1942, brach Generalleutnant von Hartmann mit Teilen seiner niedersächsischen 71. I. D. nach verlustreichen Häuserkämpfen über den nördlichen der beiden Bahnhöfe hinweg bis zur Wolga durch. Hartmanns Sturmgruppen bildeten zwar nur einen schmalen Stoßkeil, aber man war durch die Stadt hindurch. Über dem Zentrum von Stalingrad wehte die

Reichskriegsflagge. Das war ein ermutigender Erfolg; er ließ hoffen, daß nun doch noch vor Beginn des Winters wenigstens die Don-Wolga-Operation siegreich beendet und mit dieser gut gedeckten Flanke dann im Kaukasus die Offensive fortgesetzt werden konnte.

Wie war es zu diesem ermutigenden Erfolg vom 14. September 1942 gekommen? Für die Antwort ist es notwendig, bis in den Sommer zurückzublenden, in die Tage der Operation zwischen Donez und Don, als die 6. Armee in der zweiten Hälfte Juli einsam am Don entlang nach Osten gen Stalingrad zog, während die Hauptkräfte der Heeresgruppe Süd, die 1. und 4. Panzerarmee, von Hitler nach Süden zur Kesselschlacht von Rostow abgedreht worden waren.

An der Spitze der 6. Armee rollte das XIV. Panzerkorps des Generals von Wietersheim. Es war das einzige der Armee unterstellte Panzerkorps und bestand aus der 16. Panzerdivision sowie der 3. und der 60. motorisierten Infanteriedivision. Vor dieser ›gepanzerten Faust‹ wichen die Russen über den Don nach Norden und vor allem nach Osten in Richtung Stalingrad zurück.

Dieser Rückzug, der zweifellos von der sowjetischen Führung befohlen und als operativer Rückzug gedacht war, ging bei vielen sowjetischen Divisionen trotzdem in wilde Flucht über, weil die Rückzugsbefehle unerwartet und unklar formuliert kamen. Das Absetzen war schlecht organisiert. Führung und Truppe hatten in dieser neuen Taktik noch keine Erfahrung. Die Folge war, daß die mittlere und untere Führung die Gewalt über ihre Verbände verlor. Panik setzte an vielen Stellen ein. Dieser Umstand ist wichtig, um zu verstehen, warum auf deutscher Seite dieser Rückzug als Zusammenbruch gedeutet wurde.

Zweifellos gab es an vielen Stellen diese Zeichen eines Zusammenbruchs, aber die obere sowjetische Führung war davon unberührt. Sie hatte ein klares Programm: Stalingrad, die Stadt mit Stalins Namen am Wolgaknie, das alte Zarizyn, sollte nach dem Willen des Roten Generalstabes das endgültig letzte Verteidigungszentrum werden. Stalin hatte sich von seinen Generälen den Rückzug vom Donez und vom Don abtrotzen lassen. Aber an der Wolga sollte Schluß sein.

»Ich befehle die Bildung der Heeresgruppe Stalingrad, und die Stadt selbst wird von der 62. Armee bis zum letzten Mann verteidigt«, hatte Stalin am 12. Juli 1942 zu Marschall Timoschenko gesagt.

In einem strategisch günstigen Raum wollte er die Wendung erzwingen, wie man sie schon einmal – im Revolutionskrieg von 1920 gegen den Weißen Kosakengeneral Denikin – erzwungen hatte. Nur Zeit brauchte man: Zeit zum Heranschaffen der Reserven, Zeit für den Bau von Verteidigungsstellungen an den nördlichen Zugängen zur Stadt auf der Landbrücke zwischen Don und Wolga sowie auf den günstigen Höhenzügen, die sich südlich Stalingrads bis in die Kalmückensteppe erstrecken.

Aber würden die Deutschen der Roten Armee Zeit lassen, alle Kräfte zu mobilisieren und sich im Raum Stalingrad neu zu formieren?

Generalmajor Kolpaktschi hatte damals noch den Oberbefehl über die 62. Armee. Seine Stabsoffiziere standen mit Maschinenpistolen an den Donübergängen im Raum Kalatsch, um einigermaßen Ordnung in die zurückflutenden sowjetischen Regimenter zu bringen.

Aber die Deutschen kamen nicht. »Keine Feindberührung mehr«, meldeten die russischen Nachhuten. Kolpaktschi schüttelte den Kopf. Er berichtete an die Heeresgruppe: »Die Deutschen drücken nicht nach.«

»Was bedeutet das?« fragte Marschall Timoschenko seinen Chef des Stabes. »Haben die Germanskis ihre Pläne geändert?«

Von den ausgezeichneten sowjetischen Spionageorganisationen lagen keine Nachrichten über solche Änderungen vor. Weder Richard Sorge aus der deutschen Botschaft in Tokio noch der Oberleutnant Schulze-Boysen aus dem Luftfahrtministerium in Berlin hatten über Änderungen der deutschen Offensivabsichten berichtet. Auch die Chefagenten Alexander Rado aus der Schweiz und Gilbert aus Paris hatten nichts dergleichen verlauten lassen. Und einer hätte doch bestimmt diese Informationen gehabt. Denn irgendein Loch gab es immer in der deutschen Wehrmachtführung. Und gerade die Meldungen des Schweizer Agenten Rössler, die er mit der Quellenangabe ›Werther‹ versah und die aus einer gutinformierten Kommandostelle des OKW stammten, zeigten in jenen Tagen, daß die Informationsquellen gut liefen. Über einen neuen deutschen Plan im Hinblick auf die Stalingradoperation gab es aber keinen Anhaltspunkt.

Aber es war nicht aus der Welt zu schaffen: Sie kamen nicht, die gefürchteten Panzerspitzen des Generals Paulus. Sowjetische Luftaufklärer meldeten, daß die deutschen Vorausabteilungen im Raum nördlich Millerowo stehenblieben. Die Sowjets begriffen es nicht. Sie konnten nicht ahnen, was der Grund für dieses Verharren war: Das XIV. Panzerkorps hatte keinen Sprit.

Nach dem Entschluß des Führerhauptquartiers vom 23. Juli — den Stoß in den Kaukasus zu forcieren, bevor Stalingrad ausgeschaltet war — wurde der größte Teil des für die 6. Armee bestimmten Betriebsstoffes zur Kaukasusfront umdisponiert, da Hitler dort den Schwerpunkt seiner Operationen sah. Beträchtliche Teile der schnellen Truppen und Versorgungsverbände der 6. Armee wurden auf diese Weise plötzlich lahmgelegt.

Achtzehn Tage lag so die Masse der 6. Armee, insbesondere das XIV. Panzerkorps, fest. Ganze achtzehn Tage.

Die Russen nutzten sofort diesen Zeitgewinn. »Wenn die Deutschen nicht nachdrücken, kann die Verteidigung noch westlich des Don formiert werden«, entschloß sich Timoschenko. Generalmajor Kolpaktschi sammelte die Masse seiner 62. Armee im großen Donbogen und bildete um Kalatsch einen Brückenkopf. Auf diese Weise war der entscheidende Donübergang, siebzig Kilometer westlich Stalingrad, verbarrikadiert. Die befestigte Donschleife ragte wie ein Balkon nach Westen, den Don nach Norden und Süden flankierend

Als die 6. Armee um den 20. Juli herum endlich wieder marschbereit war, sah sich General Paulus vor die Aufgabe gestellt, erst diesen Riegel um Kalatsch aufzusprengen, um den Stoß über den Don auf Stalingrad fortsetzen zu können. Damit begann die Schlacht um Kalatsch, eine interessante und kriegsgeschichtlich bedeutsame Operation, der erste Akt der Schlacht um Stalingrad.

General Paulus legte den Angriff auf den Kalatschbrückenkopf als klassische Umfassungsschlacht an. Er ließ sein XIV. Panzerkorps links und das ihm von der Panzerarmee Hoth unterstellte XXIV. Panzerkorps am rechten Flügel weit ausholend nach Osten eindrehen mit dem Ziel, sich bei Kalatsch zu vereinigen. Das VIII. Infanteriekorps deckte die tiefe Armeeflanke im Norden, während das LI. Korps Seydlitz zwischen den Panzerkorps frontal auf Kalatsch vorstieß.

Die Hauptlast der schweren Kämpfe dieser Schlacht im großen Donbogen lag vor allem auf den beiden Panzerdivisionen, der 16. Panzerdivision vom XIV. Panzerkorps und der 24. Panzerdivision vom XXIV. Panzerkorps. Die motorisierten Divisionen schirmten die Flanken ab.

Die ostpreußische 24. Panzerdivision unter Generalmajor von Hauenschild erhielt den Auftrag, den Tschir zu bezwingen und am Don entlang nach Norden auf Kalatsch einzudrehen. Ihr gegenüber standen starke Kräfte der 64. sowjetischen Armee, die damals noch Generalleutnant Tschuikow führte.

Der erste Angriff mit zwei Panzerkompanien und Teilen der Panzergrenadierregimenter kommt zunächst nicht über die Minenfelder hinweg, hinter denen sich die Russen verschanzt haben. Aber am 25. Juli, gegen 3 Uhr 30, treten die 24er erneut zum Angriff an. Der Feind wird aus seinen sehr gut ausgebauten Stellungen geworfen, und die entscheidenden Höhen westlich des Ssolenaja-Baches werden genommen.

Das Panzergrenadierregiment 21 unter Oberst von Lengerke wehrt gefährliche sowjetische Stöße gegen die Nordflanke ab. Am Nachmittag prasselt wolkenbruchartiger Regen nieder. Der Angriff wird bei dem aufgeweichten Boden immer schwieriger. Das Wetter sowie die 229. und 214. sowjetische Schützendivision, die sich in ihren Stellungen zäh und verbissen wehren, machen einen überraschenden Vorstoß zum Don unmöglich.

Aber am 26. Juli gibt es Luft. Das Panzergrenadierregiment 26 schlägt das ersehnte Loch am Ssolenaja-Bach. Auf Schützenpanzern aufgesessen, geht es nach Osten. Der Durchbruch ist gelungen.

Das Panzergrenadierregiment und eine Panzerabteilung jagen dem Tschirübergang bei Nischne-Tschirskaja zu. Die Spitzen treffen um 14 Uhr auf den Fluß und drehen nach Süden auf die Brücke ein. In nächtlichem Straßenkampf wird der große Ort besetzt und noch vor Mitternacht Furt und Tschirbrücke hart ostwärts davon genommen.

Während die Panzergrenadiere auf dem Ostufer einen Brückenkopf bilden, stoßen Panzer und Schützenpanzerwagen aus der Brückenstellung durch den feindbesetzten Wald bis zur Donbrücke durch. Im Morgengrauen haben sie den mächtigen Fluß erreicht – den Schicksalsfluß des ›Unternehmens Barbarossa‹.

Feindliche Sprengversuche an der Brücke scheitern zum Glück. Nur ein kleines Stück wird herausgesprengt. Es ist schnell repariert. Die 24. Panzerdivision hat damit wieder einmal eine wichtige Brücke fast unversehrt in die Hand bekommen.

Aber der Stoß über den Fluß auf die schmale Landbrücke zwischen Don und Wolga in Richtung Stalingrad kann noch nicht gewagt werden. Erst müssen die starken russischen Kräfte westlich des Flusses vernichtet werden, und auch östlich des Don hat der Russe in der Zwischenzeit zwei Armeen zusammengezogen, gegen die mit den schwachen Panzerspitzen der 6. Armee allein nichts Entscheidendes auszurichten ist.

Am 6. August beginnt die letzte Runde im Kampf um Kalatsch. Eine gepanzerte Stoßgruppe der 24. Panzerdivision unter Oberst Riebel, dem Kommandeur des Panzerregiments 24, tritt aus dem Tschirbrückenkopf heraus an und stößt durch die sichernden Teile der 297. Infanteriedivision nach Norden in Richtung Kalatsch. Fünfunddreißig Kilometer sind es noch bis zum Ziel.

Der Russe wehrt sich verzweifelt. Er weiß, um was es geht: Kommen die Deutschen durch, dann ist alles, was sich westlich des Flusses befindet, abgeschnitten, und dann ist auch der Riegel vor der Tür nach Stalingrad gesprengt.

Aber die ›gepanzerte Faust‹ der 24er hämmert sich durch die sowjetischen Verteidigungsstellungen und Minenfelder, wehrt zahlreiche Gegenstöße feindlicher Panzerverbände ab und holt die ungepanzerten Teile der Divisionen im Geleit durch die an vielen Stellen noch intakte Verteidigung der Sowjets.

Dann braust die 24. Panzerdivision, in zahlreichen Kolonnen nebeneinander, wie die wilde Jagd durch die Steppe und steht bei Einbruch der Dunkelheit auf der beherrschenden Höhe 184, dicht vor Kalatsch, im Rücken des Feindes.

Bei dem linken Zangenarm, dem XIV. Panzerkorps, ist die Operation inzwischen gleichfalls programmgemäß verlaufen.

Die westfälische 16. Panzerdivision Generalleutnant Hubes trat am 23. Juli vom oberen Tschir in vier Kampfgruppen an. Eine Freiwilligendivision der 62. sowjetischen Armee leistete auf den Höhen von Roschka den ersten erbitterten Widerstand. Mit seinen Schützenpanzern, Panzergrenadiere aufgesessen, fuhr das Bataillon Mues dicht an die Bunker und Feldstellungen des Feindes heran. MG-Feuer hielt die Verteidiger nieder. Die Grenadiere sprangen von den Fahrzeugen und holten mit Handgranaten und Pistolen die Russen aus ihren Schlupfwinkeln heraus.

Am Nachmittag war ein breites Loch geschlagen. Die Kampfgruppe von Witzleben konnte aufgesessen nach Südosten durchstoßen und erreichte am nächsten Tag, dem 24. Juli, den Liska-Bach-Abschnitt, nordwestlich Kalatsch.

Noch zwanzig Kilometer.

Die Panzerabteilung von Graf Strachwitz, die I. vom Panzerregiment 2, verstärkt durch Artillerie, Kradschützen und aufgesessene Grenadiere, jagte im Verband der Kampfgruppe Oberst Lattmann nach Osten und stand im Morgengrauen vor dem letzten Sperriegel nördlich Kalatsch. Nach harten Kämpfen wurden die Sowjets aus ihren Stellungen geworfen. Graf Strachwitz drehte nach Süden ein und rollte die ganze sowjetische Verteidigungslinie auf.

Noch zehn Kilometer.

Inzwischen hatten sich Teile der 60. und 3. I. D. (mot.) von Nordwesten her mit Front nach Süden zwischen die 16. Panzerdivision und den Don geschoben. Hier schlugen sie sich in härtestem Abwehrkampf mit den von jenseits des Stromes über die Brücken von Kalatsch und Rytschow herangeführten feindlichen Panzerbrigaden und Schützendivisionen. Damit fochten nun beide deutsche Angriffsgruppen mit Teilen bereits im Rücken der sowjetischen Brückenkopfbesatzung. Der Kessel hinter General Kolpaktschis Divisionen zeichnete sich ab.

Die Sowjets erkannten die Gefahr und warfen sich mit allen verfügbaren Kräften gegen die Nordzange. Es begann ein Kampf auf Leben und Tod, ein

Kampf, den die Sowjets nicht nur in wütender Entschlossenheit, sondern auch mit einer überraschend starken Panzerkraft führten.

Die Geschichte der 16. Panzerdivision gibt einen dramatischen Einblick in die sich entwickelnden Panzerschlachten: Auf beiden Seiten der Front standen sich starke bewegliche Panzerkräfte gegenüber. Sie umkreisten einander und suchten sich gegenseitig einzukesseln. Hier gab es keine Front. Wie die Zerstörer- und Kreuzerverbände auf See kämpften die Panzerpulks auf dem Sandmeer der Steppe, rangen um günstige Schußpositionen, trieben den Gegner in die Enge, klammerten sich für einige Stunden oder Tage an Ortschaften fest, brachen aus, machten kehrt und jagten wieder dem Feind nach. Und während sich die Panzer in der wuchernden Krautsteppe ineinander verkrallten, lieferten sich die Luftflotten zähe Kämpfe am wolkenlosen Himmel über dem Don, bekämpften den Gegner in den Schlupfwinkeln der Balkas (Schluchten), jagten seinen Munitionsnachschub in die Luft und setzten die Spritkolonnen in Brand.

Allein im Kampfraum der Gruppe Reinisch warf der Russe 200 Panzer in den Kampf. Siebenundsechzig konnten abgeschossen werden. Der Rest drehte ab.

Die Gruppe Oberst Krumpen wurde von den Sowjets eingekesselt. Die Division warf alle verfügbaren Kräfte an die Gefahrenstelle. Nachschubverbindungen nach hinten gab es nicht mehr. Die kämpfenden Einheiten mußten aus der Luft mit Sprit versorgt werden. Nur mit sehr großer Mühe konnte die Krise bewältigt werden.

Am 8. August reichten sich die Spitzen der 16. und 24. Panzerdivision bei Kalatsch die Hand. Der Kessel war nun fest geschlossen. Der eiserne Ring wurde vom XIV. und XXIV. Panzerkorps sowie vom XI. und LI. Infanteriekorps gebildet. Im Sack befanden sich neun Schützendivisionen, zwei motorisierte und sieben Panzerbrigaden der sowjetischen 1. Panzerarmee und der 62. sowjetischen Armee. 1000 Panzer und gepanzerte Fahrzeuge sowie 750 Geschütze wurden erbeutet oder zerstört.

Damit war seit dem Frühsommer — seit der Schlacht um Charkow — endlich wieder eine erfolgreiche Kesselschlacht geschlagen. Es sollte die letzte des ›Unternehmens Barbarossa‹ sein. Sie wurde sechzig Kilometer vor der Wolga ausgefochten, und es verdient Beachtung, daß hier, vor den Toren Stalingrads, Führung und Truppe der 6. Armee noch einmal ihre hohe Überlegenheit in den Bewegungskämpfen gegen einen zahlenmäßig weit stärkeren Feind unter Beweis stellten. Es erwies sich erneut in aller Deutlichkeit: Wenn die materielle Kraft nur einigermaßen den Kampfbedingungen entsprach, war den deutschen Verbänden kein sowjetischer Widerstand gewachsen.

Die Säuberungskämpfe im Raum Kalatsch und die Gewinnung von Brücken und Brückenköpfen über den Don zum Vorstoß auf Stalingrad dauerten auf Grund der zähen sowjetischen Verteidigung noch fast vierzehn Tage. Die 24. Panzerdivision und die 297. Infanteriedivision traten unterdessen von der 6. Armee zu Hoths 4. Panzerarmee zurück.

Aller Mut der Verzweiflung nutzte den Russen nichts: Am 16. August wurde, nach Löschung eines Brandes, die große Kalatschbrücke von Leutnant Kleinjohann mit Teilen der 3. Kompanie des Pionierbataillons 16 in schneidigem Zugriff genommen. Die Beschädigungen in der Mitte der Brücke an der Bahn und den Jochen konnten schnell behoben werden. Und jetzt ging es Schlag auf Schlag.

Am 21. August gingen Infanterieeinheiten des Korps von Seydlitz, und zwar die 76. und die 295. Infanteriedivision, nördlich Kalatsch an zwei Stellen über den steil eingeschnittenen, etwa hundert Meter breiten Don und bildeten Brückenköpfe bei Lutschinskoi und Wertjatschi. Paulus' Plan stand fest: Er wollte einen Korridor vom Don zur Wolga vortreiben, Stalingrad im Norden abriegeln und dann vom Süden her nehmen.

Generalleutnant Hube, ursprünglich Infanterist, mittlerweile ein glänzender Panzerführer, hockt mit Oberstleutnant Sieckenius, dem Kommandeur des Panzerregiments 2, an der Pontonbrücke von Wertjatschi im Garten einer Bauernkate. Die Karte liegt auf einem kleinen Grasstadel.

Hube fährt mit der rechten Hand über die Karte. Der linke Ärmel des Uniformrockes ist leer und steckt mit dem Ende in der Jackentasche. Den Arm hat Hube im ersten Weltkrieg verloren. Der Kommandeur der 16. Panzerdivision ist der einzige einarmige Panzergeneral der Wehrmacht.

»Wir haben hier die schmalste Stelle der Landbrücke zwischen Don und Wolga, sechzig Kilometer sind es«, sagt er. »Der Höhenrücken 137, den uns der Armeebefehl als Angriffsweg zugewiesen hat, ist eine ideale Panzerstraße.

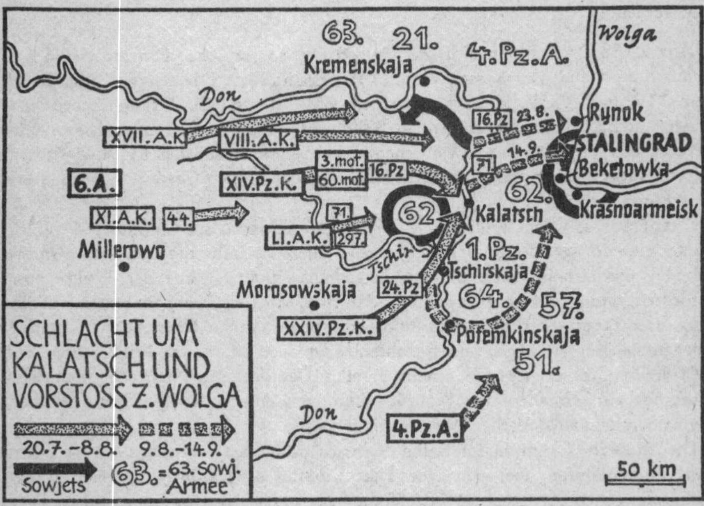

Karte 31
Bei Kalatsch am Don wurde die Schlacht um Stalingrad eröffnet, die sowjetischen Kräfte westlich des Dons eingekesselt und der Weg auf die Landbrücke zwischen Don und Wolga freigeschlagen.

Bäche und Schluchten queren den Weg nicht. Das ist die Chance, uns in einem Zuge den Korridor durch den Feind hinüber zur Wolga zu schlagen.«

Sieckenius nickt: »Der Russe wird mit allen Mitteln die Landbrücke verteidigen, Herr General. Er ist darauf seit alters her eingestellt. Der Tatarengraben, der sich quer vom Don zur Wolga zieht, ist alter Verteidigungswall gegen Einfälle vom Norden gegen die Mündung der Wolga.«

Hube fährt mit dem Finger dem eingezeichneten Tatarengraben auf der Karte nach und antwortet: »Der Russe wird ihn als Panzergraben ausgebaut haben. Aber wir haben schon andere Panzergräben genommen. Schnell muß alles geschehen, blitzschnell, in alter Weise.«

Ein Kradmelder kommt herangeprescht. Bringt die letzten Befehle vom Korps für den Stoß an die Wolga.

Hube liest. Steht dann auf und sagt: »Morgen um 4 Uhr 30 geht es los, Sieckenius.«

Der Oberstleutnant salutiert. Alle Einzelheiten des Angriffs, bis auf den Zeitpunkt, hatten schon seit dem 17. August durch Armeebefehl festgestanden, nun ist auch die X-Zeit da: 4 Uhr 30 am 23. August.

Die 16. Panzerdivision soll in einem Zuge direkt nach Osten bis zur Wolga stoßen, hart an den Nordrand von Stalingrad. Die Flanken dieses kühnen Panzerstoßes sollen rechts die Danziger 60., links die brandenburgische 3. I. D. (mot.) absichern: ein Abenteuer ganz nach Hubes Geschmack, ganz im Stil der Panzerstürme der ersten Kriegsjahre.

Also morgen. Stalingrad. Die Wolga. Hube weiß so gut wie Sieckenius: Stalingrad, die Wolga – das sind die letzten Ziele, die östlichsten Punkte, die es zu erreichen gilt. Dort drüben endet der offensive Krieg, ist der Schlußpunkt des ›Unternehmens Barbarossa‹, ist der Sieg.

»Bis morgen, Sieckenius.«

»Bis morgen, Herr General.«

Hube hebt die Rechte an den Rand der Feldmütze. Dann dreht er sich noch einmal um: »Und morgen abend in Stalingrad.«

Während der Nacht rollte die 16. Panzerdivision in einer riesigen Kolonne in den Brückenkopf, den die 295. Infanteriedivision bei Lutschinskoi gebildet hatte. Pausenlos griff der Russe mit Bombenflugzeugen die wichtige Brücke an. Brennende Fahrzeuge wiesen den feindlichen Fliegern wie Fackeln das Angriffsziel. Aber die Russen hatten kein Glück, die Brücke blieb unversehrt. Um Mitternacht lagen die Verbände dicht hinter der HKL auf deckungslosem Gelände. Sofort gruben sich die Grenadiere ihre Deckungslöcher, ›Hubelöcher‹ genannt, und fuhren zum Schutz noch die gepanzerten Fahrzeuge darüber. Die ganze Nacht lagen Artilleriefeuer und ›Flächenteppiche‹ der Stalinorgeln auf dem nur fünf Kilometer langen und zwei Kilometer breiten Brückenkopf: eine unfreundliche Nacht.

Am Morgen des 23. August 1942 fahren die Spitzen der 16. Panzerdivision über die Pontonbrücke von Wertjatschi. Drüben entfalten sich die Verbände zum Breitkeil. Voraus Kampfgruppe Sieckenius, dahinter, rückwärts gestaffelt, die Kampfgruppen Krumpen und von Arenstorff.

Unbekümmert durch die Feindkräfte rechts und links der Höhenrippe, in den Bachläufen und Balkas, rollen die Panzer, die SPW und die Zugmaschinen der 16. Panzerdivision und die gepanzerten Teile der 3. und 60. I. D. (mot.) gen Osten. Über ihnen brummen die gepanzerten Schlachtflieger und Stuka-Geschwader des VIII. Fliegerkorps gegen Stalingrad. Beim Rückflug tauchen die Maschinen tief hinunter bis dicht über die Panzer und lassen übermütig ihre Sirenen heulen.

Am Tatarengraben versuchen die Sowjets den deutschen Panzersturm aufzuhalten. Vergeblich. Die russische Verteidigung wird zersprengt, der alte, berühmte Graben mit seinen Wällen überfahren. Die Sowjets sind von dem mächtigen Angriff offenbar völlig überrascht worden und — wie fast immer in solchen Lagen — kopflos und unfähig, schnell eine wirksame Abwehr gegen die Deutschen zu improvisieren.

Die Durchbruchstellen sind oft nur 150 bis 200 Meter breit. General Hube führt von dem Befehlswagen der Funkkompanie in vorderster Linie und ist über jede Situation jeden Augenblick unterrichtet. Das ist die Kunst, Panzerstöße zu führen.

Die Funker, Oberwachtmeister Schmidt und die beiden Gefreiten Quenteux und Luckner, haben ihre großen Tage. Die Arbeit der Funker war überhaupt ein wichtiger Beitrag für den Vorstoß. Eine Zahl beleuchtet das: Die Funkstaffel der Division bewältigte am ersten Kampftage 456 verschlüsselte Funksprüche.

Als ein besonderes Problem stellen sich die sowjetischen Widerstandsnester heraus, die, von entschlossenen Offizieren und Kommissaren geführt, an den schmalen Einbruchsstellen weiterkämpfen.

Diese Widerstandsnester werden auf eine neue Weise bekämpft: Aufklärungsflugzeuge melden durch Funk- und Rauchzeichen die Stellung, einzelne Kampfgruppen scheren seitlich aus und kämpfen sie nieder.

Am frühen Nachmittag ruft der Kommandant im Spitzenpanzer seinen Männern über das Kehlkopfmikrofon zu: »Rechts die Silhouette von Stalingrad.« Alle Panzerkommandanten stehen in den Türmen und sehen die langgestreckte Silhouette des alten Zarizyn, der nunmehr modernen Industriestadt, die sich vierzig Kilometer an der Wolga entlangzieht. Fördertürme, Fabrikschlote, Hochhäuser und südlich, aus der Altstadt, auch die Zwiebeltürme der Kathedralen ragen in den Himmel. Rauchwolken liegen über einzelnen Stadtteilen; denn Stukas bomben Straßenkreuzungen und Kasernen.

Die Ketten der Panzer mahlen im dürren Steppengras. Staubfahnen ziehen hinter den Kampfwagen her. Die Spitzenpanzer der Abteilung Strachwitz fahren an die nördlichen Vorstädte Spartakowka, Rynok und Lataschinka heran. Plötzlich, wie auf ein geheimes Kommando, ein Feuerschlag von den Ortsrändern her: russische schwere Flak eröffnet die Abwehrschlacht um Stalingrad.

Geschütz um Geschütz, siebenunddreißig Feuerstellungen, kämpft die Abteilung Strachwitz nieder. Volltreffer um Volltreffer schlägt in die Flakstellungen und zerfetzt sie samt ihren Bedienungen.

Merkwürdigerweise erleidet die Abteilung dabei kaum eigene Verluste. Das Rätsel löst sich bald. Als die Panzermänner in die zusammengeschossenen

Stellungen kommen, sehen sie es staunend und entsetzt: Die Bedienungen der schweren Flak bestanden aus Frauen, Arbeiterinnen der Geschützfabrik ›Rote Barrikade‹. Sie waren wohl notdürftig für die Flugabwehr ausgebildet, hatten aber keine Ahnung vom Erdeinsatz ihrer Kanonen.

Als der 23. August zur Neige geht, fährt der erste deutsche Panzer, dicht bei der Vorstadt Rynok, auf das hoch gelegene Westufer der Wolga. Fast hundert Meter hoch ragt das Ufer über den zwei Kilometer breiten Strom. Das Wasser ist dunkel. Eine Kette von Schleppern und Dampfern zieht stromauf- und stromabwärts. Von der anderen Seite schimmert die asiatische Steppe herüber: ein düsterer Gruß aus der Unendlichkeit.

Zur Nacht igelt sich die Division nahe am Strom ein, unmittelbar am Nordrand der Stadt. Mitten in der Igelstellung der Divisionsgefechtsstand: Die Funkgeräte summen. Ordonnanzen kommen und gehen. Die ganze Nacht über wird gearbeitet: Stellungen gebaut, Minen gelegt, Panzer und Geräte instand gesetzt, getankt und munitioniert für den Kampf des nächsten Tages, für den Kampf um die Industrievororte der Nordstadt.

Noch ahnt niemand bei der siegessicheren und über den Erfolg stolzen 16. Panzerdivision, daß man diese Vorstädte und ihre Werke nie ganz bezwingen wird. Und daß hier, wo der erste Schuß um Stalingrad fiel, auch der letzte fallen wird.

Die Division hatte keine Fühlung mehr nach hinten mit den nachfolgenden Kampfteilen, die Regimenter der 3. und 60. I. D. (mot.) waren noch nicht heran. Das war kein Wunder, denn Hubes Panzersturm zur Wolga war in einem Tag über sechzig Kilometer gefegt. Das Ziel, die Wolga, war erreicht, der Strom und alle Verbindungswege über die sechzig Kilometer breite Landbrücke zwischen Don und Wolga nach Norden waren durchschnitten. Die Sowjets wurden von dieser Entwicklung offenbar völlig überrascht. Auf den Stellungen der igelnden Division lag während der Nacht nur ungezieltes Artilleriefeuer. Vielleicht fiel Stalingrad am nächsten Tag unter dem deutschen Stoß wie eine reife Frucht in Hubes Schoß.

2 Die Schlacht im Vorfeld

Der Tatarenwall — T 34 aus der Fabrik aufs Schlachtfeld — Gegenstoß der 35. sowjetischen Division — Korps Seydlitz rückt auf — Unüberwindliches Beketowka — Hoths kühnes Manöver — Stalingrads Schutzstellung wird aufgerissen

Am 24. August, morgens 4 Uhr 40, trat die Kampfgruppe Krumpen mit Panzern, Grenadieren, Artillerie, Pionieren und Werfern nach einem Stuka-Einsatz gegen die nördlichste Industriesiedlung Stalingrads, Spartakowka, an.

Aber man traf auf keinen verwirrten oder unentschlossenen Feind. Im Gegenteil: Ein toller Feuerzauber schlug den Panzern und Grenadieren entgegen. Der Vorort war schwer befestigt, jedes Haus verbarrikadiert. Ein überragender Hügel, von den Landsern ›der große Pilz‹ genannt, war mit Bunkern, MG-Nestern und Granatwerferstellungen gespickt. Jägerbataillone und Arbeitermilizen aus den Stalingrader Fabriken sowie Teile der 62. sowjetischen Armee bildeten die Besatzung. Die sowjetischen Verteidiger kämpften verbissen um jeden Meter Boden. Der eiserne Befehl, der sie an ihre Stellungen nagelte, lautete: »Keinen Schritt mehr zurück!«

Die beiden Kommandeure, die diesem Befehl unerbittlich Geltung verschafften, waren die Oberbefehlshaber der ›Stalingrad- und Südostfront‹, Generaloberst Andrej Iwanowitsch Jeremenko, und sein politischer Kommissar, das Mitglied des Kriegsrates Nikita Sergejewitsch Chruschtschow. Die Offiziere der 16. Panzerdivision hörten seinen Namen in jenen Tagen vor zwanzig Jahren von gefangenen Sowjetsoldaten zum ersten Male.

Spartakowka konnte mit den verfügbaren Kräften vorerst nicht bezwungen werden. Die sowjetischen Stellungen waren unüberwindlich. Wie entschlossen die Sowjets ihre Position verteidigten, zeigte sich auch daran, daß sie an der Nordflanke von Hubes ›Igel‹ zum Angriff antraten, um Spartakowka zu entlasten. Die Kampfgruppen Dörnemann und von Arenstorff hatten Mühe, sich dort der laufend verstärkten Angriffe zu erwehren.

Funkelnagelneue T 34, zum Teil ohne Anstrich und ohne Optik, griffen immer wieder an. Sie fuhren aus der Fertigung im Traktorenwerk ›Dserschinski‹ durch die Fabriktore sofort aufs Schlachtfeld, oft nur mit Fabrikarbeitern besetzt. Bis zum Gefechtsstand des Panzergrenadierregiments 64 brachen einzelne T 34 durch und mußten im Nahkampf vernichtet werden.

Nur an der Wolga gelang es den Pionieren, Artilleristen und Panzerjägern der Kampfgruppe Strehlke, die Anlegestelle der großen Eisenbahnfähre im Handstreich zu nehmen und damit die Verbindung aus Kasachstan über die Wolga nach Stalingrad und Moskau zu unterbrechen.

Strehlkes Männer gruben sich in den Weinbergen am Wolga-Ufer ein. Riesige Walnußbäume und Edelkastanien verdeckten ihre Geschütze, die gegen den Flußverkehr und gegen Landungsversuche vom anderen Ufer in Stellung gebracht wurden.

Die Lage der 16. Panzerdivision war trotz aller Erfolge sehr kritisch. Die

Sowjets hielten die Zugänge zur Nordstadt und drückten gleichzeitig mit frisch aus dem Raum Woronesch herangeführten Kräften auf den ›Igel‹ der Division. Alles kam darauf an, den deutschen Korridor über die Landbrücke zu sichern, und die 16er warteten sehnsüchtig auf das Herankommen der 3. I. D. (mot.).

Rad an Rad waren deren Vorausabteilungen mit der 16. Panzerdivision am 23. August aus den Donbrückenköpfen gezogen und nach Osten gefahren. Am Mittag hatten sich ihre Wege getrennt. Während die 16. weiter auf Stalingrad Nord zuhielt, waren Generalmajor Schlömers Regimenter fächerförmig nach Norden ausgeschert, um Sicherungspositionen am Tatarenwall im Raum Kusmitschi einzunehmen.

Mit der Vorausabteilung fährt der General. Im Glas erkennt er drüben am Eisenbahnhaltepunkt bei Kilometer 564, westlich Kusmitschi, haltende Güterzüge und fieberhafte Entladearbeiten.

»Angriff!«

Und schon brausen die Kradschützen und die Kampfwagen der Panzerabteilung 103 los. Kanoniere der Heeresflakabteilung 312 schießen ein paar Granaten hinüber. Die russischen Kolonnen spritzen davon.

In den Güterwagen lagen nützliche Dinge aus Amerika. Sie wurden über den Atlantischen und den Indischen Ozean gebracht, durch den Persischen Golf geleitet, dann quer übers Kaspische Meer, wolgaaufwärts bis Stalingrad transportiert und von dort mit der Eisenbahn an die Front zum Haltepunkt bei Kilometer 564. Jetzt nimmt sie Schlömers 3. I. D. (mot.) in Empfang: schöne, funkelnagelneue Ford-Lastwagen, Raupenschlepper, Jeeps, Werkstatteinrichtungen, Minen und Pioniergerät.

Die Panzer der Vorausabteilung sind schon weitergerollt, da tauchen plötzlich fünf T 34 auf, die offenbar zur Wiedereroberung der wichtigen Geschenke aus USA angesetzt sind. Ihre 7,62-cm-Granaten knallen im wörtlichsten Sinne in die Erbsensuppe, die gerade für die Gefechtsstaffel der Division ausgegeben wird. General und Ia lassen ihre Kochgeschirre stehen und gehen in Deckung. Zum Glück sind zwei Panzer der Vorausabteilung mit Kettenschaden dicht am Güterzug liegengeblieben. Sie schießen zwei T 34 zusammen und retten die Lage. Der Rest dreht ab.

Während Schlömers Verbände noch stürmisch der 16. Panzerdivision nachdrängten, bahnte sich ein neues Unheil an: Eine mit Panzern verstärkte sowjetische Schützendivision, die 35., stieß in Eilmärschen von Norden auf die Landbrücke. Sie sollte, wie die Papiere eines gefangenen Kuriers ergaben, die deutschen Donbrückenköpfe abriegeln und die Landbrücke für weitere nachfolgende Kräfte offenhalten.

Die sowjetische 35. Division rollte hinter der 3. I. D. (mot.) südwärts und überwalzte die rückwärtigen Staffeln der beiden vordersten Divisionen des Panzerkorps von Wietersheim, schob sich gleichzeitig zwischen den Donbrückenkopf des links anschließenden VIII. deutschen Infanteriekorps und die deutschen Kräfte am Tatarenwall und verhinderte mit nachgeschobenen Verbänden somit zunächst das Aufschließen der deutschen Infanterie, die gerade über den Don in den Korridor marschierte.

Damit waren die rückwärtigen Verbindungen der weit vorn auf sich allein gestellten beiden deutschen Spitzendivisionen abgeschnitten. Zwar glückte die Verbindung zwischen 3. I. D. (mot.) und 16. Panzerdivision. Aber nun mußten beide Divisionen einen neunundzwanzig Kilometer breiten ›Igel‹ bilden, der von der Wolga bis zum Tatarenwall reichte, um sich der sowjetischen Angriffe zu erwehren, die von allen Seiten anbrandeten. Die Versorgung mußte vorerst durch die Luftwaffe erfolgen oder in starken Panzergeleitzügen durch die sowjetischen Linien herangeschleust werden.

Bis zum 30. August dauerte diese unerfreuliche Krisenlage. Dann endlich waren die Infanterieverbände des LI. Korps unter General der Artillerie von Seydlitz mit zwei Divisionen in der rechten Flanke nachgerückt. Und auch die 60. I. D. (mot.) hatte sich schließlich nach heftigen Kämpfen in die Korridorfront eingeschoben.

Damit war Ende August die Landbrücke zwischen Don und Wolga endlich nach Norden abgeriegelt. Die Voraussetzungen für einen frontalen Angriff auf Stalingrad waren geschaffen, der südlich umfassende Stoß der Panzerarmee Hoth gegen Überraschungen aus der Nordflanke gesichert.

General von Seydlitz-Kurzbach trug schon im Frühjahr 1942 das Eichenlaub. Damals boxte und bohrte sich der bewährte Kommandeur der mecklenburgischen 12. I. D. mit seiner Korpsgruppe ›Seydlitz‹ den Korridor zum Kessel von Demjansk und befreite Graf Brockdorff-Ahlefeldts sechs Divisionen aus der tödlichen sowjetischen Umklammerung.

Auch in der Schlacht um Stalingrad setzte Hitler große Hoffnungen auf die persönliche Tapferkeit und das taktische Geschick des in Hamburg-Eppendorf geborenen Mannes mit dem Namen einer berühmten preußischen Offiziersfamilie.

Seydlitz trat Ende August mit zwei Divisionen im Zentrum der 6. Armee zum frontalen Angriff über die Landbrücke auf Stalingrad Mitte an. Sein erstes Ziel war der Stalingrader Flughafen Gumrak.

Die Infanteristen hatten es schwer. An dem tief eingeschnittenen Flußtal der Rossoschka hatte die 62. sowjetische Armee eine starke und tiefe Verteidigungszone errichtet. Sie war ein Teil des inneren Befestigungsgürtels von Stalingrad, der in dreißig bis fünfzig Kilometer Entfernung rund um die Stadt gelegt war.

Bis zum 2. September lag Seydlitz vor dieser Barriere fest. Aber dann gab es am 3. September plötzlich Luft. Die Sowjets wichen. Seydlitz stieß nach, durchbrach die letzten russischen Stellungen vor der Stadt und stand am 7. September bereits östlich Gumrak, acht Kilometer vor dem Stadtrand von Stalingrad.

Was war passiert? Was veranlaßte die Russen, plötzlich aus ihrem inneren und letzten Befestigungsgürtel vor Stalingrad zu weichen und den Zugang zur Stadt freizugeben? War die Kraft der Truppe zusammengebrochen? Hatte die Führung die Verbände nicht mehr in der Hand? Erregende Fragen.

Zweifellos war diese Entwicklung der Schlacht um Stalingrad von ganz entscheidender Bedeutung für den weiteren Verlauf der Operationen. Den Geschehnissen in diesem Kampfabschnitt wird in den deutschen Publikationen über

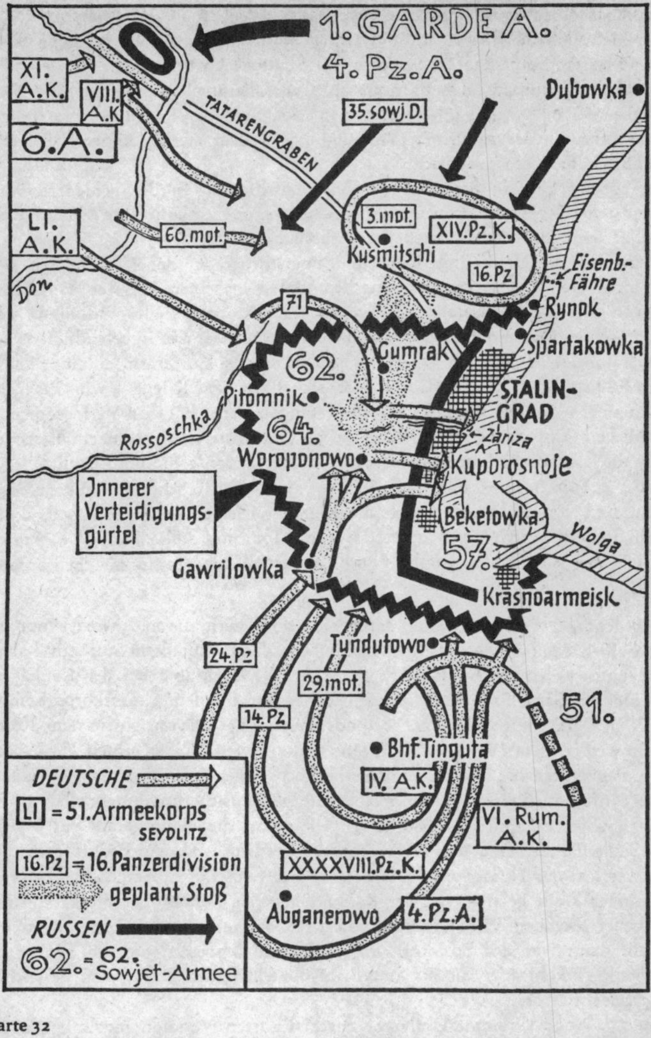

Karte 32
Die 4. Panzerarmee reißt am 30. August den inneren Verteidigungsgürtel Stalingrads auf. Von Norden sollen Kräfte von Paulus entgegenstoßen. Aber das XIV. Pz. K ist durch Feindangriffe gebunden. Zwei Tage zu spät reichen Hoths Divisionen der 71. I. D. die Hand: In letzter Minute sind die Russen auf den Stadtrand ausgewichen.

Stalingrad viel zuwenig Beachtung geschenkt; dabei stand der Kampf um die Wolga-Metropole in diesen achtundvierzig Stunden des 2. und 3. September auf des Messers Schneide. Das Schicksal der Stadt schien besiegelt.

Marschall Tschuikow, damals noch als Generalleutnant stellvertretender Befehlshaber der 64. Armee, lüftete in seinen Memoiren das Rätsel des plötzlichen Zusammenbruchs der russischen Verteidigung in dem starken inneren Befestigungsgürtel am Rossoschka-Bach.

Die Lösung liegt in den Aktionen und Entscheidungen der beiden hervorstechendsten Gegenspieler während der Bewegungsschlacht um Stalingrad: Hoth auf deutscher und Jeremenko auf russischer Seite.

Jeremenko, der draufgängerische und unerschrockene, dabei strategisch begabte Oberbefehlshaber der ›Stalingradfront‹, hat in seinen jüngsten Veröffentlichungen interessante Details der großen Schlacht dargestellt. Tschuikow hat vieles in seinen Memoiren ergänzt und dabei manches erst richtig beleuchtet.

Generaloberst Hoth, der Oberbefehlshaber der 4. Panzerarmee, ein Preuße besten Schlages, der heute in Goslar lebt, wo er vor dem Kriege — wie Guderian und Rommel — bei den Goslarer Jägern gestanden hatte, hat dem Verfasser seine persönlichen Unterlagen über Planung und Durchführung seiner Offensive, welche die sowjetische Front zum Einsturz brachte, zur Verfügung gestellt.

Hoths 4. Panzerarmee war Ende Juli aus der Angriffsrichtung Kaukasus abgedreht und von Süden her durch die Kalmückensteppe gegen das Wolgaknie südlich Stalingrad in Marsch gesetzt worden. Ihr Stoß sollte Paulus' 6. Armee entlasten, die sich schon damals, noch im Donbogen, in großer Bedrängnis befand.

Das deutsche Oberkommando hatte sich aber auch diesmal wieder nur zu einer halben Maßnahme entschließen können, denn Hoth kam nur mit halber Kraft: Eines seiner beiden Panzerkorps, das XXXX., mußte bei der Kaukasusfront bleiben. Seine Streitmacht bestand daher nur aus dem Panzerkorps Kempf, dem XXXXVIII., mit einer Panzer- und einer mot.-Division, sowie dem Korps von Schwedler, dem IV., mit drei Infanteriedivisionen. Später erhielt Hoth noch die 24. Panzerdivision. Das VI. rumänische Korps unter Generalleutnant Dragalina mit vier Infanteriedivisionen wurde Hoth zur Flankensicherung unterstellt.

Die Sowjets erkannten in Hoths Angriff sofort die Hauptgefahr für Stalingrad. Seine Panzer standen ja bereits jenseits des Don, während Paulus' 6. Armee noch westlich des Flusses von sowjetischen Abwehrkräften festgehalten wurde.

Wenn es Hoth gelang, aus der Kalmückensteppe heraus das Wolgaknie mit dem beherrschenden Höhengelände von Krasnoarmeisk und Beketowka zu gewinnen, dann war das Schicksal von Stalingrad besiegelt und die Wolga als wichtigste Verkehrsader für die amerikanischen Lieferungen aus dem Persischen Golf gesperrt.

Am 19. August kommt Hoth vor der südlichsten Verteidigungslinie der 64. sowjetischen Armee an und bricht auf Anhieb bei Abganerowo durch. Das Panzerkorps Kempf stößt mit der 24. und 14. Panzerdivision sowie der 29. I. D. (mot.) stürmisch weiter, links gefolgt von den Infanteristen Schwedlers.

Vierundzwanzig Stunden später gehen die Panzer und Grenadiere Hoths bereits die Höhe von Tundutowo an, den südlichen Eckpfeiler des inneren Befestigungsringes von Stalingrad.

Generaloberst Jeremenko hat alle verfügbaren Kräfte an diese günstige und entscheidende Verteidigungsstellung geworfen. Panzereinheiten der 1. sowjetischen Panzerarmee, die Regimenter der 64. sowjetischen Armee, Miliztruppen und Arbeiterwehren verteidigen die tiefgestaffelte, verdrahtete und mit Holz- und Erdbefestigungen ausgebaute Hügelkette. Fünfzehn Kilometer sind es noch bis Krasnoarmeisk am Wolgaknie.

Die Kompanien der 24. Panzerdivision greifen immer wieder an, vorwärts gerissen durch die erfahrenen Kommandeure und Kampfgruppenführer. Aber diesmal glückt es nicht. Oberst Riebel, der Kommandeur des Panzerregiments 24, langjähriger Adjutant Guderians, fällt. Auch der Kommandeur des Panzergrenadierregiments 21, Oberst von Lengerke, wird bei einem Vorstoß an die Bahn nach Krasnoarmeisk tödlich getroffen. Bataillonskommandeure, Kompaniechefs, die alten erfahrenen Wachtmeister fallen im höllischen Abwehrfeuer der Sowjets.

Da gebietet Hoth Halt. Der kühle Stratege ist kein Vabanquespieler. Er begreift: Hier reichen meine Angriffskräfte nicht aus.

Auf seinem Gefechtsstand Plotowitoje sitzt Hoth über die Karten gebeugt. Sein Chef des Stabes, Oberst i. G. Fangohr, zeichnet die letzten Lagemeldungen ein. Hoth hatte noch vor zwei Stunden General Kempf in dessen Korpsgefechtsstand besucht, war mit ihm zu General Ritter von Hauenschild gefahren und hatte sich über die Situation vor der 24. Panzerdivision berichten lassen. Er war auch drüben am Bahnhof Tinguta bei Generalmajor Heim gewesen. In einer Balka, einer jener typischen tief eingeschnittenen Schluchten Südrußlands, hatte Heim die schwere Lage vor der 14. Panzerdivision erläutert. Auch bei ihm ging es nicht mehr vorwärts.

»Wir müssen die Sache anders anpacken, Fangohr«, sinniert Hoth. »Vor den verfluchten Höhen verbluten wir uns, das ist kein Kampffeld für Panzerverbände. Wir müssen umgruppieren, den Angriff an einer ganz anderen, weit entfernten Stelle ansetzen. Passen Sie auf . . .«

Und der Generaloberst entwickelt seinen Plan. Fangohr zeichnet eifrig auf der Karte, vergleicht die Aufklärungsmeldungen, mißt Entfernungen. »Das geht«, sagt er immer wieder leise. Aber so ganz behagt ihm Hoths Plan nicht, weil man wieder Zeit verlieren würde für die Umgruppierung. Und weil man viel Sprit brauchen würde für die Fahrerei. Und Sprit ist nicht da. Und schließlich, weil diese ›verfluchten Höhen‹ vor Krasnoarmeisk und Beketowka so oder so doch bezwungen werden müssen, denn sie beherrschen die ganze Südstadt und ihre Zugänge — dieselben Argumente, die auch General Kempf gegen eine Umgruppierung vorbrachte. Aber dann ließen sich Fangohr und Kempf doch von ihrem OB überzeugen.

Hoth rief die Heeresgruppe an. Eine halbe Stunde lang sprach er mit Weichs. Der war einverstanden und sagte auch gleich seinen Besuch an, um die operativen Probleme, insbesondere auch die Spritversorgung zu besprechen.

Und dann ging es los: Ordonnanzen jagten mit Befehlen davon. Der Telefondraht wurde nicht kalt. Jeder Mann im Stab war in Trab: Umgruppierung.

Unbemerkt vom Feind zog Hoth in Nachtmärschen seine Panzer- und mot.-Verbände aus der Front und ersetzte sie durch Infanteristen der sächsischen 94. Division. In einer kühnen Rochade, wie auf See, zog er in zwei Nächten die schnellen Verbände hinter dem IV. Korps vorbei, versammelte sie fünfzig Kilometer hinter der Front im Raum um Abganerowo und formierte sie zu einem breiten Angriffskeil.

Diese Armada ließ er nun am 29. August zur vollständigen Überraschung des Feindes nach Norden in die Flanke der 64. sowjetischen Armee stoßen: Statt sich über die schwer befestigten, mit Panzern und Artillerie gespickten Höhen von Beketowka und Krasnoarmeisk frontal ans Wolgaknie zu kämpfen, wollte er diese Stellungen und Feindmassierungen hart westlich Stalingrad umgehen, dann eindrehen, das ganze Höhengelände im Süden der Stadt umfassend angreifen und dabei gleichzeitig den linken Flügel der 64. Armee mit einkassieren.

Die Sache geht verblüffend gut an. Zusammen mit der stürmenden Infanterie des IV. Korps durchbrechen die schnellen Verbände am 30. August den inneren Befestigungsgürtel von Stalingrad bei Gawrilowka, überrollen die rückwärtigen sowjetischen Artilleriestellungen, und am Abend des 31. August steht Hauenschild mit seiner 24. Panzerdivision bereits an der Bahnlinie Stalingrad–Karpowka: ein zwanzig Kilometer tiefer, unerwarteter Einbruch.

Das verändert das ganze Bild. Eine große Chance bietet sich an. Nicht mehr im Hinblick auf die Überwindung der Höhen von Beketowka und Krasnoarmeisk, nein, die Einkesselung der beiden westlich Stalingrad stehenden Sowjetarmeen, der 62. und der 64., ist plötzlich greifbar nahe, wenn die 6. Armee jetzt ihrerseits auch mit schnellen Kräften südwärts stößt, Hoth entgegen, um die Falle zu schließen. Hoths kühne Operation hat die Möglichkeit zur Vernichtung der Stalingrad deckenden beiden Feindarmeen geschaffen.

Die Führung der Heeresgruppe erkannte diese Chance sofort. In einem Funkbefehl an General Paulus vom 30. August mittags heißt es: »Nachdem 4. Panzerarmee heute zehn Uhr Brückenkopf bei Gawrilowka gewonnen, kommt alles darauf an, daß 6. Armee trotz der äußerst gespannten Abwehrlage unter Zusammenfassung möglichst starker Kräfte ... in allgemein südlicher Richtung angreift, ... um westlich Stalingrad stehende Feindkräfte im Zusammenwirken mit 4. Panzerarmee zu vernichten. Entscheidung erfordert rücksichtslose Entblößung Nebenfronten.«

Als am 31. August in der Heeresgruppe auch noch der tiefe Durchbruch der 24. Panzerdivision westlich Woroponowo bekannt wurde, gab Weichs am 1. September noch mal an Paulus einen detaillierten und wohl auch mahnend gemeinten Befehl. Ziffer 1 lautete: »Durch entscheidenden Erfolg 4. Panzerarmee am 31. 8. ergibt sich die Möglichkeit, im Angriff den südlich und westlich der Bahn Stalingrad–Woroponowo–Gumrak stehenden Feind vernichtend zu schlagen. Es kommt darauf an, bald Verbindung zwischen beiden Armeen herzustellen und sodann in den Stadtkern einzubrechen.«

Die 4. Panzerarmee reagierte blitzschnell: General Kempf führte noch am 1. September die 14. Pz. D. und die 29. I. D. (mot.) unter wirklich rücksichtsloser Entblößung ihrer bisherigen Abschnitte der 24. Pz. D. nach, Richtung Pitomnik.

Aber die 6. Armee kam nicht. General Paulus sah sich zunächst außerstande, angesichts der starken sowjetischen Angriffe gegen seine Nordfront schnelle Kräfte für den Stoß nach Süden frei zu machen. Er hielt es für unmöglich, mit Panzerjägern, wenigen Panzern und Sturmgeschützen, selbst bei Unterstützung durch die Schlachtflieger des VIII. Fliegerkorps, den Nordriegel erfolgreich halten zu können und eine aus den fünf Panzerabteilungen des XIV. Panzerkorps zu bildende Panzergruppe für einen Stoß nach Süden abzuzweigen. Er befürchtete, daß dann die Nordfront zusammenbrechen würde.

Vielleicht hatte er recht. Vielleicht wäre ein anderer Entschluß Vabanque gewesen. Aber auf alle Fälle wurde die große Chance verpaßt. Vierundzwanzig Stunden später, am 2. September morgens, stellte die Gefechtsaufklärung der 24. Panzerdivision fest, daß kein Feind mehr vor der Front war. Der Russe war aus der südlichen Verteidigungsstellung ausgewichen, so wie er am selben Tage auch vor dem Korps Seydlitz im westlichen Abschnitt seine Verteidigungsstellung geräumt hatte. Was hatte die Russen zu dieser überraschenden Aktion veranlaßt?

General Tschuikow, der stellvertretende Oberbefehlshaher der 64. Armee, hatte an der Front die bedrohliche Lage erkannt, die durch Hoths Vorstoß entstanden war. Er alarmierte Generaloberst Jeremenko. Der begriff nicht nur die Gefahr, sondern handelte blitzschnell, ganz im Gegensatz zu der Schwerfälligkeit russischer Kommandobehörden früherer Zeiten in solchen Situationen. Jeremenko faßte den schweren, gefährlichen, aber einzig richtigen Entschluß, den gut ausgebauten inneren Befestigungsgürtel aufzugeben. Er opferte Bunker, Drahtverhaue, Panzersperren und Schützengräben, um seine Divisionen vor der drohenden Einkesselung zu retten, und setzte sich mit beiden Armeen auf eine neue improvisierte Verteidigungslinie dicht vor dem Stadtrand ab.

Dieses Beispiel zeigt, wie konsequent sich die sowjetische Führung zu der seit dem Frühsommer beschlossenen neuen Taktik des STAWKA bekannte: Unter keinen Umständen größere Verbände mehr einkesseln zu lassen. Um dieses neuen Prinzips willen nahm man die Gefahr eines Verlustes der Stadt Stalingrad in Kauf.

Als sich General Paulus am 2. September nachmittags nun doch entschloß, mit schnellen Kräften des XIV. Panzerkorps nach Süden anzutreten, und als schließlich die Infanteristen des Korps Seydlitz am 3. September den Panzerspitzen Hoths die Hand reichen konnten, war zwar der am 30. August von der Heeresgruppe ersehnte und erzielte Kessel geschlossen, aber der Feind heraus. Achtundvierzig Stunden Verspätung! Sie kosteten Stalingrad. Aber noch ahnte das niemand.

Die Heeresgruppe gab nun den Befehl an Paulus und Hoth, die Lage jetzt auszunutzen und schnellstens in die Stadt einzudringen.

3 Der Stoß in die Stadt

General Lopatin will Stalingrad aufgeben – General Tschuikow wird von Chruschtschow eingeschworen – Die Regimenter der 71. I. D. stürmen Stalingrad Mitte – Grenadiere der 24. Panzerdivision am Hauptbahnhof – Tschuikows letzte Brigade – Es geht um zehn Stunden – Rodimzews Garde

Mitten durch Stalingrad fließt die Zariza. Ihre tiefe Schlucht teilt die Stadt in eine Nord- und Südhälfte. Die Zariza behielt ihren Namen, als aus Zarizyn Stalingrad wurde, und sie hat ihn auch heute noch, da aus Stalingrad Wolgograd geworden ist. 1942 war die berühmt-berüchtigte Schlucht die Nahtstelle, die Grenze zwischen den Armeen Hoth und Paulus. An ihr entlang sollten die inneren Flügel der beiden Armeen schnell durch die Stadt bis zur Wolga vordringen. Alles schien dafür zu sprechen, daß der Feind nur noch mit Nachhuten kämpfen und die Stadt selbst preisgeben würde.

In Marschall Tschuikows Memoiren kann man nachlesen, wie katastrophal die Lage bei den beiden sowjetischen Stalingrad-Armeen nach der Preisgabe des Vorfeldes der Festung war. Selbst erfahrene Armeeführer gaben nicht mehr viel für Stalingrad. General Lopatin, der Oberbefehlshaber der 62. Armee, war der Meinung, die Stadt sei nicht mehr zu halten. Er beschloß daher, Stalingrad preiszugeben. Als er allerdings diesen Entschluß in die Tat umsetzen wollte, verweigerte der Chef des Stabes, General Krylenko, seine Zustimmung, alarmierte Chruschtschow und Jeremenko, worauf Lopatin abgesetzt wurde. Dabei war Lopatin keineswegs ein Feigling.

Warum er zu seinem Entschluß kam, wird verständlich, wenn man bei Tschuikow liest, wie es vor Stalingrad aussah. Er schreibt: »Es war bitter, diese letzten Kilometer und Meter Boden vor Stalingrad aufzugeben und die Überlegenheit des Gegners an Kräften und militärischem Können und seine Initiative ansehen zu müssen.«

Der Marschall erlebte und schildert, wie die Mechaniker der Sowchosen, in denen die Stäbe der 64. Armee lagen, sich heimlich davonmachten – hinüber zu den Deutschen. »Die Straßen nach Stalingrad und zur Wolga waren verstopft. Familien von Kolchosbauern und Sowchosearbeitern waren mit ihrer gesamten Viehwirtschaft unterwegs. Alle strebten den Wolga-Übergängen zu, trieben das Vieh vor sich her, schleppten Inventar auf dem Rücken. Stalingrad brannte. Gerüchte, daß die Deutschen schon in der Stadt seien, verbreiteten Panik.«

So sah es aus. Aber Stalin war nicht gewillt, seine Stadt ohne erbitterten Kampf aufzugeben. Und er hatte einen seiner bewährtesten Gefolgsleute und glühendsten Bolschewiki als politischen Kriegsrat an die Front geschickt, um die Armeen und die Zivilbevölkerung zum Endkampf aufzufordern: Nikita S. Chruschtschow. Er machte den Opfertod für Stalins Stadt zur Ehrensache jedes Kommunisten.

Die dreibändige dokumentarische Veröffentlichung von Generalleutnant Platanow über die Geschichte der zweiten Weltkriegs gibt einige Zahlen für diese Tatsache: 50 000 freiwillige Zivilisten wurden in die ›Volkswehr‹ eingereiht.

75 000 Einwohner wurden der 62. Armee zugeteilt. 3000 junge Mädchen wurden als Krankenschwestern und Nachrichtenhelferinnen eingezogen. 7000 dreizehn- bis sechzehnjährige Angehörige der kommunistischen Jugendorganisation ›Komsomol‹ wurden bewaffnet und in die kämpfende Truppe gesteckt. Jedermann wurde Soldat. Die Arbeiter wurden mit ihren produzierten Waffen aus der Fabrik aufs Schlachtfeld beordert. Die Kanonen der Geschützfabrik ›Rote Barrikade‹ gingen nach Fertigstellung aus der Werkhalle sofort auf dem Fabrikgelände in Stellung und feuerten. Ihre Kanoniere waren die Arbeiter.

Am 12. September holten sich Jeremenko und Chruschtschow den General Tschuikow als Befehlshaber der 62. Armee, die nach Lopatins Absetzung der Chef des Stabes, Krylenko, geführt hatte, und übertrugen ihm die Verteidigung der Wolgafestung. Die Wahl war glänzend. Es war der beste verfügbare Mann: hart, ehrgeizig, strategisch begabt, persönlich tapfer und ungeheuer zäh. Er hatte die Katastrophen der Roten Armee im Jahre 1941 nicht mitgemacht, weil er damals noch im Fernen Osten gewesen war. Er war unverbraucht, die schrecklichen Mißerfolge steckten ihm nicht in den Knochen wie so vielen seiner Kameraden.

Am 12. September Punkt 10 Uhr meldete sich Tschuikow bei Chruschtschow und Jeremenko im Heeresgruppen-Hauptquartier Jamy, einem kleinen Nest am jenseitigen linken Wolga-Ufer. Interessanterweise führte Chruschtschow das Gespräch, nicht der militärische Oberbefehlshaber Jeremenko.

Nach Tschuikows Aufzeichnungen sagte Chruschtschow: »Der bisherige Oberbefehlshaber der 62 Armee, General Lopatin, ist der Meinung, seine Armee könne Stalingrad nicht halten. Aber es gibt kein Zurück mehr. Er wurde deshalb seines Postens enthoben. Im Einverständnis mit dem Obersten Befehlshaber fordert der Kriegsrat der Front Sie, Genosse Tschuikow, auf, den Oberbefehl über die 62. Armee zu übernehmen. Wie fassen Sie Ihre Aufgabe auf?«

»Die Frage kam mir unerwartet«, schreibt Tschuikow, »doch mir blieb keine Zeit, lange zu überlegen. So sagte ich: ›Die Preisgabe Stalingrads würde die Moral unseres Volkes zerstören. Ich schwöre, die Stadt nicht zu verlassen. Wir werden Stalingrad halten oder dort sterben.‹ N. S. Chruschtschow und A. I. Jeremenko sahen mich an und sagten, ich hätte meine Aufgabe richtig verstanden.«

Zehn Stunden später rollte der Angriff des Korps Seydlitz gegen Stalingrad Mitte. Tschuikows Armeegefechtsstand auf Höhe Punkt 102 wurde zerbombt, und der General mußte mit Stab, Koch und Serviererin in einen Unterstand in der Zarizaschlucht, dicht an der Wolga, ausweichen.

Am nächsten Tag, am 14. September, waren General von Hartmanns Männer der 71. Infanteriedivision bereits in der Stadt. In einem überraschenden Stoß schlugen sie sich bis zur Stadtmitte durch und erkämpften sich sogar einen schmalen Korridor bis ans Wolga-Ufer.

Um die gleiche Stunde stürmten die Panzergrenadiere der 24. Panzerdivision südlich der Zarizaschlucht durch die Straßen der Altstadt, das alte Zarizyn, nahmen den Hauptbahnhof und erreichten am 16. September mit der Abteilung von Heyden gleichfalls die Wolga. Zwischen Beketowka und Stalingrad aber, im Vorort Kuporosnoje, standen bereits seit dem 10. September Teile der 14. Panzerdivision und der 29. I. D. (mot.) und sperrten Stadt und Fluß nach Süden. Nur im Nordteil der Stadt krallte sich Tschuikow noch fest. »Es gilt Zeit zu gewinnen«, sagte er seinen Kommandeuren. »Zeit, um Reserven heranzuholen, Zeit, um die Deutschen abzunutzen.«

»Zeit ist Blut«, so wandelte er eiskalt den amerikanischen Wahlspruch ›Zeit ist Geld‹ ab. Zeit ist Blut. Das stand von nun ab über Stalingrad.

Tschuikows Koch Glinka atmete auf, als er seinen Küchenraum im neuen Gefechtsstand erreicht hatte. Zehn Meter gewachsene Erde hatte er nun über sich. Selig seufzte er zur Serviererin des Generals: »Tasja, mein Täubchen, hier werden uns keine Granatsplitter in die Kohlsuppe prasseln. Durch diese Decke geht keine Granate.«

»Doch«, antwortete Tasja, die ihren Glinka kannte, »eine 1000-Kilo-Bombe, hat der General gesagt, die geht durch.«

»1000 Kilo, gibt es die oft?« fragte der Koch sorgenvoll.

Tasja tröstete ihn: »Es müßte ein ungeheurer Zufall sein, denn sie müßte genau auf unseren Bunker fallen — hat der General gesagt.«

Das Grummeln der Front tönte wie aus ganz weiter Ferne in das stille Verlies des großen Gewölbes. Decke und Wände waren säuberlich mit Brettern verschalt. Dutzende von Verschlägen gab es für die Sachbearbeiter des Armeestabes. Mittendrin der große Raum für den General und seinen Chef des Stabes. Der eine Ausgang dieses sogenannten Zarizyner Unterstandes, der schon im Sommer als Stabsquartier für die Heeresgruppe gebaut worden war, führte in die Zarizaschlucht, dicht am Steilufer der Wolga, der andere mündete in die Puschkinstraße.

An der Bretterverschalung von Tschuikows Arbeitsraum hing ein gezeichneter drei Meter hoher und zwei Meter breiter Stadtplan von Stalingrad: die Generalstabskarte der Schlacht. Es ging nicht mehr um Fronten mit Hinterland. Der Maßstab war nicht mehr der Kilometer, sondern der Meter: Es ging um Straßenecken, Häuserblocks, einzelne Gebäude.

Der Chef des Stabes, General Krylow, zeichnet die neuesten Meldungen ein: die deutschen Angriffe blau, die russischen Abwehrstellungen rot. Immer dichter rücken die blauen Pfeile auf den Gefechtsstand zu.

»Die Bataillone der 71. und der 295. Infanteriedivision greifen wütend gegen den Mamai Kurgan und den Hauptbahnhof an. Sie werden vom Panzerregiment 204, das zur 22. Panzerdivision gehört, unterstützt. Die 24. Panzerdivision kämpft vor dem Südbahnhof«, referiert Krylow.

Tschuikow starrt auf den Stadtplan. »Was ist aus unseren Gegenstößen geworden?«

»Sie sind liegengeblieben. Seit Tagesanbruch sind die deutschen Flieger wieder über der Stadt. Sie nageln alles an den Boden.«

Ein Melder bringt eine Lageskizze vom Kommandeur der 42. Schützenbrigade, Oberst Batrakow. Krylow greift zum Stift, zieht einen Halbkreis um den Gefechtsstand. »Die Front ist noch 800 Meter von uns entfernt, Genosse Oberbefehlshaber«, meldet er betont dienstlich.

800 Meter. Es war mittags um 12 Uhr, am 14. September. Tschuikow wußte,

worauf Krylow hinaus wollte. Sie hatten als letzte Reserve noch eine Panzerbrigade mit neunzehn T 34. Sollte man sie einsetzen?

»Wie steht es am linken Flügel der Südstadt?« fragt Tschuikow.

Krylow zieht den blauen Angriffspfeil der deutschen 29. I. D. (mot.) über Kuporosnoje hinaus. Die Vorstadt ist gefallen. General Fremereys Thüringer stoßen weiter vor, Richtung Getreidesilo. Die Sägewerke und die Konservenfabrik liegen bereits innerhalb der deutschen Linien. Nur noch von der südlichen Anlegestelle der Fähre bis zum hohen Getreidesilo zieht sich eine sowjetische Abwehrlinie. Tschuikow greift zum Telefon und ruft die Heeresgruppe an. Er schildert Jeremenko die Lage. Der beschwört ihn: »Halten Sie mit allen Mitteln den Zentralhafen mit der Anlegestelle. Das Oberkommando schickt Ihnen die 13. Gardeschützendivision. Sie ist 10 000 Mann stark, ein Eliteverband. Halten Sie noch vierundzwanzig Stunden den Brückenkopf offen und versuchen Sie auch, in der Südstadt die Anlegestelle der Fähre zu verteidigen.«

Tschuikow steht der Schweiß auf der Stirn. Die Luft im Stollen ist stickig. »Los, Krylow, kratzen Sie alles zusammen, machen Sie die Stabsoffiziere zu Kampfgruppenkommandeuren. Wir müssen für Rodimzews Garde den Übergang offenhalten.«

Die letzte Brigade mit ihren insgesamt noch neunzehn Panzern wird in den Kampf geworfen: ein Bataillon vor den Gefechtsstand, von dem aus auch der Hauptbahnhof und der Zentralhafen gedeckt werden, ein zweites in die Linie Getreidesilo—südliche Anlegestelle.

Um 14 Uhr erscheint Generalmajor Rodimzew, ›Held der Sowjetunion‹, legendärer Truppenführer, verdreckt, blutend: Deutsche Jabos haben ihn gejagt. Er meldet, daß seine Division am anderen Ufer steht und bei Nacht über die Wolga gehen soll. Stirnrunzelnd schaut er auf die blauen und roten Linien auf dem Stadtplan.

Um 16 Uhr telefoniert Tschuikow erneut mit Jeremenko. Es sind noch fünf Stunden bis zum Einbruch der Dunkelheit. In seinen Memoiren schreibt er, was ihn in diesen fünf Stunden bewegte: »Werden sich unsere zersplitterten und zerschlagenen Truppenteile und Einheiten im Mittelabschnitt noch zehn oder zwölf Stunden halten können? Das ist jetzt meine größte Sorge. Wenn die Soldaten und Kommandeure dieser fast übermenschlichen Aufgabe nicht gewachsen sind, kann die 13. Gardeschützendivision nicht übersetzen und nur noch Zeuge einer bitteren Tragödie werden.«

Kurz vor Einbruch der Dämmerung erscheint Major Chopka, der Kommandeur der im Hafengebiet eingesetzten letzten Reserven. Er meldet: »Ein einziger T 34 ist noch feuerbereit, aber fahren kann er nicht mehr. Die Brigade zählt noch hundert Mann.« Tschuikow schaut ihn an: »Sammeln Sie Ihre Leute um den Panzer, und halten Sie den Zugang zum Hafen. Wenn Sie ihn nicht halten, lasse ich Sie erschießen.«

Chopka fiel. Die Hälfte seiner Leute fiel. Aber der Rest hielt.

Endlich kam die Nacht. Alle Offiziere des Stabes waren im Hafen. So, wie die Kompanien von Rodimzews Gardedivision über die Wolga kamen, wurden sie an die wichtigsten Verteidigungspunkte geworfen, um den Sturm der 71. I. D.

zu stoppen und die 295. I. D. am Mamai Kurgan, der beherrschenden Höhe 102, festzuhalten. Es waren entscheidende Stunden: Rodimzews Garde verhinderte, daß Stalingrad Mitte von den Deutschen am 15. September im Angriff aus der Bewegung genommen wurde. Ihr Opfer rettete Stalingrad.

Vierundzwanzig Stunden später war die 13. Gardeschützendivision zusammengeschlagen, von Stukas zerbombt, von Granaten und sMG hingerafft.

Auch in der Südstadt kämpfte eine Gardedivision, die 35. unter Oberst Dubjanski. Ihre Reservebataillone wurden vom linken Ufer mit der Fähre über die Süd-Anlegestelle gegen die Spitzen der 29. I. D. (mot.) geworfen, um die Linie zwischen Getreidesilo und Fährstelle zu halten.

Doch Generalleutnant Fiebigs Stukas vom VIII. Fliegerkorps hämmerten die Bataillone zusammen, der Rest wurde in der Zange aus 94. I. D. und 29. I. D. (mot.) zermalmt. In dem mit Weizen gefüllten Getreidesilo allerdings wurde noch heftig gekämpft; in dem riesigen Betonklotz, stark wie ein Fort, wurde um jedes Stockwerk gerungen. Hier fochten die Stoßtrupps und Pioniere des Infanterieregiments 71 gegen die Reste der 35. Gardeschützen im Qualm und Gestank des glimmenden Weizens.

Am Morgen des 16. September sah es auf Tschuikows Stadtplan wieder böse aus. Die 24. Panzerdivision hatte den Südbahnhof erobert, drehte nach Westen und zerschlug die Verteidigung am Stadtrand und auf der Kasernenhöhe. Am Mamai Kurgan und am Hauptbahnhof wurde blutig gekämpft.

Tschuikow rief das Mitglied des Kriegsrates der Heeresgruppe, Nikita Sergejewitsch Chruschtschow, an: »Noch ein paar Tage solcher Kämpfe, und die Armee ist aufgerieben. Wir haben wiederum keine Reserven mehr. Ich brauche unbedingt zwei bis drei frische Divisionen.«

Chruschtschow mobilisierte Stalin. Der gab zwei vollausgerüstete Eliteverbände aus seiner persönlichen Reserve her: eine Marineinfanteriebrigade mit harten Eismeermatrosen und eine Panzerbrigade. Die Panzerbrigade wurde im Stadtkern rund um den Haupthafen eingesetzt, um das Nachschubzentrum der Front zu halten. Die Marineinfanteristen wurden in die Südstadt geworfen. Beide Verbände bewahrten die Front am 17. September vor dem Einsturz.

Am selben Tage übertrug das deutsche Oberkommando der 6. Armee die Befehlsgewalt über alle an der Stalingrader Front kämpfenden deutschen Verbände. So kam noch das XXXXVIII. Panzerkorps von der 4. Panzerarmee Hoths unter den Befehl von General Paulus. Hitler drängte: »Es muß Schluß gemacht werden, die Stadt muß endgültig fallen.«

Warum es nicht geschah, obwohl die deutschen Panzerschützen, Grenadiere, Pioniere, Panzerjäger und Flaksoldaten verbissen Haus um Haus angingen, erklärt ein einziger Tatbestand: Tschuikow erhielt dank des verbissenen Kampfes Chruschtschows um die letzten Reserven der Roten Armee vom 15. September bis zum 3. Oktober eine Division nach der anderen, im ganzen sechs — sechs frische und vollständig ausgerüstete Infanteriedivisionen, durchweg ausgeruhte Verbände, darunter zwei Gardedivisionen. Alle diese Kräfte wurden in die Häuserruinen von Stalingrad Mitte und die zu Festungen ausgebauten Fabrikanlagen, Werkhallen und Siedlungen von Stalingrad Nord geworfen.

Der deutsche Angriff auf die Stadt wurde in der ersten Phase mit sieben Divisionen geführt, abgekämpften Verbänden, die durch die wochenlangen Schlachten zwischen Don und Wolga geschwächt waren. Mehr als zehn deutsche Divisionen waren im Kampf um die Stadt nie gleichzeitig eingesetzt.

Freilich, auch die einst so kraftvolle sibirische 62. Armee war in der ersten Phase des Kampfes nicht mehr sehr stark. Verlustreiche Kämpfe und Rückzüge hatten an ihrer physischen und moralischen Kraft gezehrt. Sie hatte Anfang September auf dem Papier zwar noch fünf Divisionen, fünf Panzer- und vier Schützenbrigaden, also rund neun Divisionen. Das klingt viel, aber die 38. mechanisierte Brigade zum Beispiel hatte nur noch ganze 600 Mann und die 244. Schützendivision noch 1500, das heißt die Kampfkraft eines Regiments.

Kein Wunder, daß General Lopatin der Meinung war, mit dieser Armee Stalingrad nicht verteidigen zu können, und vorschlug, es aufzugeben und hinter die Wolga zu gehen. Aber die Entschlossenheit vermag viel, und die Fortune, die sich dem tüchtigen Feldherrn gern verbündet, hat schon manche Schlacht entschieden.

Am 1. Oktober hatte Tschuikow, der Nachfolger Lopatins, bereits elf Divisionen und neun Brigaden, also rund gerechnet fünfzehneinhalb Divisionen. Die Arbeiterwehren und Milizverbände sind darin nicht enthalten.

Überlegen waren die Deutschen allerdings in der Luft: General Fiebigs bewährtes VIII. Fliegerkorps flog im Schnitt tausend Einsätze am Tag. Tschuikow betont immer wieder die verheerende Wirkung der deutschen Stukas und Jagdbomber auf die Verteidiger. Bereitstellungen zu Gegenstößen wurden zerschlagen, Barrikaden zerschossen, Nachrichtenverbindungen zerstört, Führungsstäbe in den Boden gestampft.

Aber was nutzten die Erfolge der ›Artillerie aus der Luft‹, wenn die Infanterie zu schwach war, die letzten Widerstände zu brechen? Zwar konnte die 6. Armee nach Beruhigung der Lage am Don dort zum Beispiel die 305. Infanteriedivision herausziehen und durch sie später eine der abgekämpften Divisionen des LI. Armeekorps ablösen lassen. Aber General Paulus bekam keine einzige frische Division. Außer fünf Pionierbataillonen, die aus dem Reich herbeigeflogen wurden, erhielt er für seine ausgebluteten Regimenter Ersatz nur aus dem Armeebereich. Das deutsche Oberkommando hatte im Herbst 1942 an der gesamten Ostfront keine Reserven mehr. Bei allen Heeresgruppen von Leningrad bis in den Kaukasus waren ernste Krisenlagen entstanden.

Im Norden mußte Feldmarschall von Manstein mit der Masse seiner ehemaligen Krim-Divisionen zum Gegenangriff gegen tief in die deutsche Front eingebrochene sowjetische Kräfte antreten und sich nach harten Abwehrkämpfen der Heeresgruppe Nord am Wolchow bis zum 2. Oktober in der ersten Ladogaschlacht Luft machen.

Im Raum Sytschewka–Rschew konnte Generaloberst Model nur mit Mühe und unter Aufbietung aller Kräfte russische Durchbruchsversuche abwehren und mußte sich mit drei Sowjetarmeen herumschlagen.

Auch im Zentrum und am Südflügel der Mittelfront brauchte Feldmarschall von Kluge jede Hand, um den Durchbruch auf Smolensk zu verhindern.

Auf den Pässen des Kaukasus und am Terek schließlich standen die Armeen der Heeresgruppe A im verzweifelten Wettlauf mit dem drohenden Winter und versuchten, unter Aufbietung aller Kraft doch noch an die Schwarzmeerküste und ins Ölgebiet von Baku zu kommen.

In Frankreich, Belgien und Holland hingegen lagen genug Divisionen. Sie lagen im Skat. Hier machte Hitler, der die Russen unterschätzte, den Fehler, die westlichen Alliierten zu überschätzen. Er fürchtete bereits damals, im Herbst 1942, die alliierte Invasion. Die Geheimdienste der Amerikaner, Briten und Sowjets förderten diese Furcht durch geschickte Zweckmeldungen über die zweite Front. Neunundzwanzig Divisionen, wie zum Beispiel die glänzend ausgerüstete ›Leibstandarte‹ und die 6. und die 7. Panzerdivision, band dieses geschickt in die Welt gesetzte Gespenst einer Invasion, die erst zwanzig Monate später Wirklichkeit wurde. Neunundzwanzig Divisionen. Ein Viertel davon hätte an der Stalingrad-Kaukasus-Front vielleicht eine Wende bringen können.

4 Die letzte Front am Steilufer

Tschuikows Flucht aus dem Zarizyner Stollen — Die Südstadt in deutscher Hand — Das Geheimnis Stalingrads: das Steilufer — Der Getreidesilo — Die Brotfabrik — Der ›Tennisschläger‹ — Neun Zehntel der Stadt in deutscher Hand

In der Nacht vom 17. zum 18. September mußte Tschuikow auch seinen bombensicheren Zarizyner Unterstand räumen. Es war schon eher eine Flucht; denn Genadiere der niedersächsischen 71. I. D., der Division mit dem Kleeblatt als taktisches Zeichen, standen gegen Mittag plötzlich vor dem Eingang Puschkinstraße. Tschuikows Stabsoffiziere mußten zur MPi greifen. Schnell füllten sich die Stollen mit Verwundeten und Versprengten. Kraftfahrer, Melder, Offiziere schmuggelten sich unter irgendeinem Vorwand durch die Wachen in den sicheren Bunker, »um dringende Angelegenheiten zu besprechen«. Da die Stollenanlage keine Ventilation hatte, waren die Unterstände bald von Gestank und Qualm und Hitze erfüllt. Es gab nur noch eins: »Raus!«

Die Stabswache deckte den Rückzug durch den zweiten Ausgang zur Zarizaschlucht. Aber auch dort streiften bereits überall deutsche Stoßtrupps von Major Fredebolds Infanterieregiment 191 herum. Bei Nacht und Nebel pirschte sich Tschuikow mit den wichtigsten Papieren und der Lagekarte durch die deutschen Linien zum Wolga-Ufer und setzte zusammen mit Krylow in einem Boot aufs andere Ufer über.

Von dort wechselte er mit einem der gepanzerten Kutter wieder zur oberen Anlegestelle der Nordstadt und bezog hier, hinter der Geschützfabrik ›Rote Barrikade‹, einen Gefechtsstand im Steilufer der Wolga: ein paar Erdhöhlen, die in die 200 Meter hohe Uferwand gesprengt waren und im Feuerschatten der deutschen Artillerie lagen. Gut getarnte Laufgräben in der Steilwand verbanden die Unterstände.

Die Küche Glinkas wurde im Prüfschacht der Abflußleitung des Werkes ›Rote Barrikade‹ untergebracht. Serviererin Tasja mußte mit wahrer Akrobatik die Kochgeschirre und Töpfe über die Eisenleiter des Schachtes ans Tageslicht schleppen und dann über eine Fußgängerbrücke am Steilhang hinüber in den Erdbunker des Oberbefehlshabers balancieren.

Freilich, die Verpflegungsstärke des Stabes war bedeutend kleiner geworden. Verschiedene hohe Offiziere, darunter die Stellvertreter Tschuikows für Artillerie- und Pioniertruppen, für Panzer und mechanisierte Truppen, hatten sich während des Stellungswechsels verdrückt und waren am linken Wolga-Ufer geblieben. »Wir weinten ihnen keine Träne nach«, schreibt Tschuikow, »ohne sie war die Luft reiner.«

Der Szenenwechsel, den der Oberbefehlshaber von Stalingrad vornehmen mußte, war symbolisch, nicht nur im Hinblick auf die Moral: Der Schwerpunkt des Kampfes verlagerte sich nach Norden, die Süd- und Zentralstadt waren nicht mehr zu halten.

Am 22. September begann in der Südstadt der letzte Akt. Stoßtrupps der 29. I. D. (mot.) stürmten zusammen mit Grenadieren der 94. I. D. und der 14. Panzerdivision den rauchgeschwärzten Getreidesilo. Als Pioniere die Zugänge aufsprengten, taumelte eine Handvoll vor Durst halb irrsinniger Marineinfanteristen eines Maschinengewehrzuges unter Sergeant Andrej Chosjainow in die Gefangenschaft. Die letzten Überlebenden.

Die Männer des II. Bataillons der 35. Gardedivision lagen erstickt, verbrannt, zerfetzt in den Trümmern des Betonklotzes. Die Eingänge waren zugemauert: Kommandeur und Kommissar hatten so jeden Rückzug, jede Flucht unmöglich gemacht.

Auch die südliche Anlegestelle der Wolgafähre wurde besetzt. Die Grenadiere der sächsischen 94. Infanteriedivision Generalleutnant Pfeiffers, die die Meißener Schwerter im Divisionszeichen führte, übernahmen die Ufersicherung an der Wolga am Südrand der Stadt.

Auch in Stalingrad Mitte, im Stadtkern, brach die sowjetische Verteidigung zusammen. Ein paar fanatische Widerstandsnester aus Resten des 34. und 42. sowjetischen Schützenregiments hielten sich nur noch in den Trümmern des Hauptbahnhofs und an der Anlegestelle der großen Dampffähre im Zentralhafen.

Am 27. September konnte man nach üblicher Beurteilung eines Stadtkampfes davon sprechen, daß Stalingrad überwältigt war. Die 71. I. D. zum Beispiel hatte in der gesamten Divisionsbreite die Wolga erreicht: Infanterieregiment 211 südlich der Mininaschlucht, I. R. 191 zwischen Minina- und Zarizaschlucht, I. R. 194 nördlich davon.

Der Kampf ging jetzt nur noch um die nördlichen Arbeitersiedlungen und

Industriewerke der Stadt. Namen, die nicht nur in die Geschichte des Krieges, sondern in die Weltgeschichte eingegangen sind: Geschützfabrik ›Rote Barrikade‹, Hüttenwerk ›Roter Oktober‹, Traktorenwerk ›Dserschinski‹, chemische Fabrik ›Lazur‹ mit dem berüchtigten ›Tennisschläger‹, wie die Eisenbahnanlage der Fabrik wegen ihrer Form genannt wurde – die ›Forts‹ der Industriestadt Stalingrad.

Die Kämpfe um den Nordteil von Stalingrad waren die blutigsten und härtesten des ganzen Krieges. Sie sind an Kampfentschlossenheit, Feuerkonzentration und Menscheneinsatz auf kleinstem Raum nur vergleichbar mit den Ma-

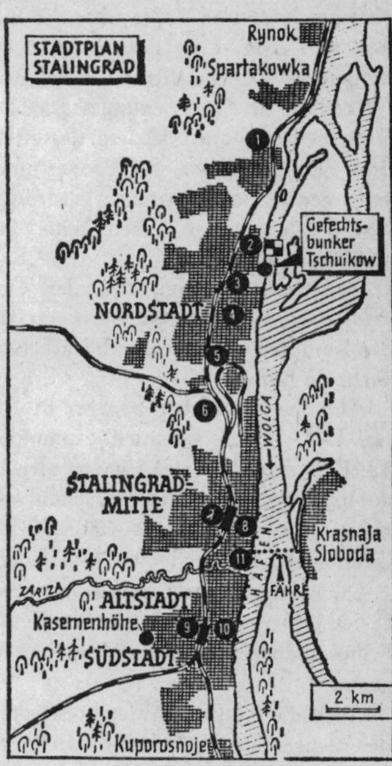

Karte 33
1 Traktorenwerk, 2 Geschützfabrik ›Rote Barrikade‹, 3 Brotfabrik, 4 Hütten- oder Metallurgisches Werk ›Roter Oktober‹, 5 Chemische Fabrik Lazur mit ›Tennisschläger‹, 6 Hügel ›Mamai Kurgan‹, 7 Hauptbahnhof, 8 Kaufhaus und ›Roter Platz‹, 9 Südbahnhof, 10 Silo, 11 Tschuikows Zariza-Unterstand.

terialschlachten des ersten Weltkrieges, insbesondere aber mit der Schlacht um Verdun, wo 1916 in sechs Monaten über eine halbe Million deutsche und französische Soldaten gefallen sind.

Die Schlacht in Stalingrad Nord war Nahkampf. Der Russe, dem die Verteidigung sowieso mehr liegt als dem Deutschen, profitierte von seiner Überlegenheit in der Tarnung und seiner Kunst der Geländeausnutzung. Außerdem war er im Häuser- und Barrikadenkampf geübter und besser ausgebildet als der deutsche Soldat. Dazu kam, daß Tschuikow unter den Augen Chruschtschows den Widerstand bis zur Siedehitze fanatisierte. Jeder Kompanie, die über die Wolga nach Stalingrad ging, wurden drei Parolen eingehämmert:

Jeder Soldat eine Festung!

Hinter der Wolga gibt es für uns kein Land mehr!

Es gilt zu kämpfen oder zu fallen!

Das war der totale Krieg. Das war die Verwirklichung des Wortes: ›Zeit ist Blut.‹ Der Chronist der 14. Panzerdivision, Rolf Grams, damals als Major Kommandeur des Kradschützenbataillons 64, zitiert einen treffenden Gefechtsbericht, in dem es heißt: »Es war ein unheimlicher, zermürbender Kampf auf und unter der Erde. In den Trümmern, Kellern, Kanälen der großen Stadt und der Industriewerke. Mann gegen Mann. Panzer kletterten über Berge von Schutt und Schrott, krochen kreischend durch chaotisch zerstörte Werkhallen und schossen auf nächste Distanz in verschütteten Straßen und engen Fabrikhöfen ... Doch das wäre noch alles zu ertragen gewesen. Aber da waren noch die tiefen, verwitterten Löß-Schluchten, die steil zur Wolga abfielen und aus denen die Sowjets immer wieder neue Kräfte in den Kampf warfen. Drüben in den Urwäldern des tiefer gelegenen Ostufers der Wolga war der Feind nicht zu sehen, seine Batterien nicht und seine Infanterie nicht, aber er war da und schoß, und Nacht für Nacht brachte er in Hunderten von Booten Verstärkungen über den gewaltigen Strom in die Ruinen der Stadt.«

Dieser Nachschub, dieser ständig über den Fluß rollende Ersatz für die Verteidiger, dieses immer wieder durch die Lebensader Wolga rollende frische Blut war das Problem der Schlacht. Das Geheimnis lag in eben diesen Löß-Schluchten des Wolga-Ufers. In diesem Steilufer, das für die deutsche Artillerie unerreichbar war, saßen die Stäbe der Sowjets, waren die Lazarette untergebracht, die Munitionsdepots. Hier waren ideale Sammelplätze für die in der Nacht über den Fluß gebrachten Menschen- und Materialtransporte. Hier waren die Ausfallstellungen für Gegenstöße. Hier mündeten die Abwässerkanäle der Industriewerke, jetzt leere lange Höhlenwege, die in den Rücken der deutschen Front führten. Sowjetische Stoßtrupps krochen hindurch. Hoben vorsichtig die Gullydeckel. Brachten MG in Stellung. Dann prasselten ihre Feuerstöße in den Rücken vorgehender deutscher Verbände, knallten in die Essenträger- und Nachschubkolonnen. Gullydeckel zu und zurück.

Ratlos standen die Stoßtrupps der Deutschen, die gegen diese Hinterhalte eingesetzt waren. Ja, dieses Steilufer war so viel wert wie ein tiefgestaffeltes, bombensicheres Befestigungsfeld. Es waren oft nur ein paar hundert Meter, die die deutschen Regimenter in ihren Kampfabschnitten vom Wolga-Ufer trennten.

Mit Recht stellt General Doerr deshalb in seiner Studie über die Stalingrader Kämpfe fest: »In den letzten hundert Metern vor der Wolga lag deshalb für beide, für den Angreifer und für den Verteidiger, die Entscheidung.«

Der Weg an dieses entscheidende Ufer führte im Norden Stalingrads über die befestigten Siedlungen und die Industrieforts. Sie waren die Riegel vor Stalingrads Geheimnis. Es wäre ein Kapitel für sich, diese Kämpfe zu schildern. Einige typische beispielhafte Kampfhandlungen zeugen vom Heldenmut auf beiden Seiten.

In geballtem Angriff versuchte General Paulus Ende September die letzten Bollwerke von Stalingrad nacheinander zu stürmen. Zu einem alles umfassenden Großangriff auf den ganzen Industriekomplex reichten die Kräfte jedoch nicht aus.

Die altbewährte ostpreußische 24. Panzerdivision stürmt, von Süden über den Flugplatz kommend, die Siedlungen ›Krasny Oktjabr‹ und ›Barrikady‹. Das Panzerregiment und Teile der 389. I. D. nehmen auch die Siedlung des Traktorenwerks ›Dserschinski‹ und kämpften sich am 18. Oktober in die Ziegelei. Die Ostpreußen stehen damit am Wolgasteilufer. Hier ist es also geschafft. Dann rollt die Division wieder südwärts in den Kampfraum chemische Fabrik ›Lazur‹ und ›Tennisschläger‹.

Die 24er hatten ihre Aufgabe gemeistert. Aber man frage nicht, wie die Division aussah: Jedes Grenadierregiment reichte gerade noch zur Bildung eines Bataillons, die Reste des Panzerregiments waren eine verstärkte Kompanie Kampfwagen, ihre panzerlosen Besatzungen wurden als Schützenkompanien eingesetzt.

Das mächtige Traktorenwerk ›Dserschinski‹, eines der größten Panzerwerke der Sowjetunion, stürmt General Jaenecke mit den Hessen seiner 389. I. D. und den Regimentern der sächsischen 14. Panzerdivision am 14. Oktober. Durch die Trümmer des riesigen Fabrikgeländes hindurch stoßen die Panzer und Grenadiere der 14. ans Wolga-Ufer, wenden sich nach Süden, dringen in die Geschützfabrik ›Rote Barrikade‹ ein und stehen damit dicht vor dem Steilufer in der Nähe von Tschuikows Gefechtsstand.

In die Trümmer der riesigen Fabrikhallen des Traktorenwerkes, in denen der Widerstand der Sowjets immer wieder aufflammt, rücken die Bataillone der badisch-württembergischen 305. I. D., die Bodensee-Division, die am 15. Oktober von der Donfront in die Traktorenfabrik Stalingrads geworfen wurde. Die Männer vom Bodensee schlagen sich mit den Kompanien der 308. sowjetischen Schützendivision unter Oberst Gurtjew herum. Dieser Umstand zeigt, wie wahr der Satz war, den General Tschuikow in sein Tagebuch schrieb: »Die Generalstabskarte ist ersetzt durch den Häuserplan eines Stadtviertels, durch die Skizze vom Ruinengewirr einer Fabrikanlage.«

Am 24. Oktober ist das Ziel der 14. Panzerdivision, die Brotfabrik am Südeck der ›Roten Barrikade‹, erreicht. Der Angriff wird vom Kradschützenbataillon 64 geführt. Am ersten Tage unterstützt Hauptmann Sauvant mit Teilen des Panzerregiments 36 den Sturm auf das erste Haus.

Am 25. bleibt der Angriff auf das zweite Haus im wilden Abwehrfeuer der Russen liegen. Unteroffizier Esser hockt hinter einem zerschossenen Panzerwagen. Drüben, an der Hausecke, liegt der Kompanieführer — tot. Zehn Schritt hinter ihm der Zugführer — tot. Und neben ihm stöhnt ein Gruppenführer nur noch leise im Delirium eines Kopfschusses.

Da packt Esser die Wut. Er springt auf. »Los«, schreit er. Und der Zug springt ihm nach. Sechzig Meter sind es bis an das Gebäude. Sechzig Meter flacher, deckungsloser Hof. Aber sie schaffen es. Keuchend werfen sie sich an die Hauswand, sprengen sich mit geballter Ladung ein Loch, kriechen hindurch, sind in dem Raum. Hinter den Fenstern hocken die Sowjets und feuern in den Hof. Sie erfassen nicht mehr, was los ist, als hinter ihnen die MPi losballern, und sinken zusammen.

Nächster Stock. Vorsichtig die Steintreppe hinauf. Vor jedes Türloch einen

Mann. »Ruki werch!« Entsetzt heben die Russen die Hände. So nimmt Esser mit zwölf Mann das Gebäude, macht achtzig Gefangene, erbeutet eine Pak und sechzehn schwere MG. Hundert tote Sowjets bleiben auf der düsteren Walstatt des zweiten Hauses einer Brotfabrik.

Drüben an der Häuserzeile des Verwaltungsgebäudes kämpft indessen Hauptmann Domaschk mit den Resten des Schützenregiments 103. Alle Kompanieführer sind gefallen.

Die Brigade schickt aus ihrem Stabe Leutnant Stempel, damit wenigstens noch ein Offizier als Kompaniechef zur Verfügung steht. Ein Feldwebel weist ihn ein. Dann geht Stempel mit seinen Kradschützen zwischen Eisenbahngleisen und zerfetzten Mauern zum Angriff vor. Stukas bomben vor ihm her den Widerstand nieder. Sprung um Sprung jagt er den Bomben nach, nimmt die Ruinen des Verwaltungsbaus, kommt bis dicht ans Steilufer.

Aber nur noch zwei Dutzend Männer sind übriggeblieben. Und aus den Schluchten des Steilufers quellen immer wieder neue Sowjets hervor. Verwundete mit Verbänden, geführt von Stabsoffizieren. Troßeinheiten. Sogar Matrosen der Fährlinie. Sie fallen wie Laub im Herbst. Aber es kommen immer neue.

Stempel schickt einen Melder zurück: Ohne Ersatz kann ich nicht halten!

Kurz darauf kommen siebzig Mann, die von der Frontleitstelle direkt in den Kampf geworfen wurden. Ein Oberleutnant führt sie. Nach zwei Tagen sind alle siebzig tot oder verwundet. Stempel und die Männer des Schützenregiments 103 müssen zurück und den Wolgarand wieder fahrenlassen.

Trotzdem: In diesen Tagen befanden sich vier Fünftel von Stalingrad in deutscher Hand. Als die Westfalen der 16. Panzerdivision und Infanteristen der 94. Infanteriedivision Ende Oktober den seit August heiß umkämpften Vorort Spartakowka bezwungen und die beiden sowjetischen Schützenbrigaden 124 und 149 zerschlagen hatten, waren sogar neun Zehntel von Stalingrad gefallen.

Vor Tschuikows Gefechsstand im Steilufer hielt die 45. sowjetische Schützendivision nur noch ein kleines Uferstück von vielleicht 200 Metern Durchmesser. Südlich davon, im Hüttenwerk ›Roter Oktober‹, waren noch die Trümmer des Ostteils, die Sortierabteilung, das Stahlgußwerk und die Kalibrierstation in russischer Hand. Hier kämpften Teile der 39. Gardeschützendivision unter Generalmajor Gurjew verbissen um jeden Mauervorsprung. Jeden Winkel, jeden Schrotthaufen mußten sich die Stoßtrupps der 94. und 79. I. D. mit Blut erkaufen. Die Verbindung nach Norden, zur 14. Panzerdivision, hielten die Kompanien der 100. Jägerdivision, die Ende September von der Front an der Donschleife nach Stalingrad geworfen worden war: ein weiteres Beispiel dafür, wie überall die lange Donfront von deutschen Verbänden entblößt wurde, um das verfluchte Stalingrad zu bekommen. Südlich vom Hüttenwerk ›Roter Oktober‹ wurde nur noch die chemische Fabrik ›Lazur‹ mit dem ›Tennisschläger‹ sowie ein winziger Brückenkopf um die Landestelle der Dampffähre im Zentralhafen von den Sowjets gehalten.

Alles zusammen genommen verteidigte Tschuikow Anfang November noch ein Zehntel von Stalingrad: ein paar Fabrikgebäude und ein paar Kilometer Steilufer.

5 Das Verhängnis am Don

Gefährliche Zeichen in der Flanke der 6. Armee – Mäuse als Panzerknacker – Unglücksmonat November – Noch einmal Sturmangriff auf das Wolga-Ufer – Die Front der Rumänen bricht – Schlacht im Rücken der 6. Armee – Durchbruch auch südlich Stalingrad – Die 29. I. D. (mot.) schlägt zu – Der Russe bei Kalatsch – Paulus fliegt in den Kessel

Stalingrad liegt auf demselben geographischen Breitengrad wie Wien, Paris oder das kanadische Vancouver. In diesen Breiten ist es Anfang November noch verhältnismäßig milde. General Strecker, der Kommandierende des XI. Korps im großen Donbogen, fuhr deshalb noch im leichten Mantel zum Gefechtsstand der österreichischen 44. Infanteriedivision, der Hoch- und Deutschmeister-Division.

Auf den Feldern sah man Soldaten, die Kartoffeln und Futterrüben, Maisstroh und Heu einholten: Vorsorge für den Winter.

General Streckers XI. Korps sollte die linke Flanke von Stalingrad im großen Donbogen sichern. Aber die Donschleife ist hundert Kilometer lang. Und hundert Kilometer sind mit drei Divisionen nicht zu schützen. So bezog der General wohl oder übel eine Sehnenstellung, wodurch er zwar fünfzig Kilometer einsparte, jedoch den Flußbogen von Kremenskaja den Sowjets überlassen mußte.

Generalleutnant Batow, der Befehlshaber der 65. sowjetischen Armee, nutzte die Chance sofort, ging über den Don und saß nun am Südufer in einem verhältnismäßig tiefen Brückenkopf. Täglich griffen Batows Regimenter die Stellungen von Streckers Divisionen an, um die deutsche Donflanke zum Einsturz zu bringen.

Aber Streckers Divisionen saßen in guten Stellungen. Oberst Boje zum Beispiel, der den Kommandierenden auf dem Gefechtsstand des Infanterieregiments 134 begrüßte, hatte auf den Donhöhen ein so raffiniertes Stellungssystem gebaut, daß er mit ruhiger Gelassenheit melden konnte: »Hier kommt kein Russe durch, Herr General.«

Strecker ließ sich sehr genau berichten, vor allem über das, was man von der Beobachtungsstelle der Division an dem kleinen Wäldchen südwestlich Sirotinskaja seit Ende Oktober laufend beobachtet und ihm gemeldet hatte.

Von der Waldhöhe hatte man weite Sicht über den Don. Man konnte im Scherenfernrohr die deutschen Stellungen des VIII. Korps bis hinüber zur Wolga erkennen. Vor allem aber war das feindliche Hinterland sehr gut zu überblicken. Es lag wie eine Reliefkarte vor den Augen. Und was man sah, war außerordentlich aufschlußreich: Der Russe schaffte in rollenden Transporten Tag und Nacht Truppen und Material an den Don, vor die Front Streckers, vor allem aber vor die Front der links benachbarten 3. rumänischen Armee.

Sorgenvoll registrierte der Korpsstab jeden Abend diese Meldungen, die von den Aufklärern der Luftflotte 4 bestätigt wurden. Und jeden Morgen gab Strekker sie nach Golubinskaja, ins Hauptquartier von General Paulus.

Und Paulus gab sie seit Ende Oktober laufend an die Heeresgruppe.

Und die Heeresgruppe ans Führerhauptquartier: Der Russe marschiert in der tiefen Flanke der 6. Armee auf.

In dieser Flanke am Don stand neben dem Korps Strecker auf einer Breite von etwa 150 Kilometern die 3. rumänische Armee. Anschließend kamen die 8. italienische und daneben die 2. ungarische Armee.

»Warum stehen in einem so breiten Streifen nur Rumänen, Herr General?« fragten die Stabsoffiziere ihren Kommandierenden. Sie hatten nichts gegen die Rumänen, es waren tapfere Soldaten, aber jeder wußte, daß ihre Ausrüstung miserabel war, noch miserabler als die der Italiener. Sie trugen veraltete Waffen, hatten vor allem keine ausreichende Panzerabwehr, und ihre Versorgung war unzureichend. Jeder wußte es.

Aber Rumäniens Staatschef Marschall Antonescu hatte genau wie Italiens Mussolini gefordert, daß die für die Ostfront zur Verfügung gestellten Kräfte nur geschlossen unter eigener Armeeführung eingesetzt werden dürften. Hitler hatte wohl oder übel zugestimmt, obwohl er lieber dem Wunsch seiner Generale gefolgt wäre und die ›Korsettstangen-Methode‹ angewandt hätte, das heißt, abwechselnd einen kleinen fremdländischen Verband und daneben eine deutsche Einheit einzusetzen. Doch das scheiterte an der nationalen Empfindlichkeit der Verbündeten, und so wurde die Flankensicherung für die deutschen Hauptkräfte bei Stalingrad mit ihren dreizehn Infanteriedivisionen, drei motorisierten und drei Panzerdivisionen verbündeten Armeen anvertraut, deren Kampfwert unzureichend war.

Natürlich las auch Hitler die Meldungen über die sowjetische Konzentration vor der rumänischen Front. Er hörte in den Lagebesprechungen die Mahnungen des rumänischen Generalobersten Dumitrescu, der vorschlug, man solle der 3. rumänischen Armee Pak- und Panzerverbände zur Verfügung stellen oder die Front verkürzen. Frontverkürzung, das war ein Vorschlag, den Hitler nur mit Entrüstung zur Kenntnis nahm. Boden preisgeben, das gehörte nicht zu seiner Taktik. Er wollte alles verteidigen und vergaß den alten Wahlspruch des Preußenkönigs Friedrich: »Wer alles defendieren will, defendieret gar nichts.«

Im Hinblick auf die Lage an der Donfront im Herbst 1942 wurde Hitler in seiner optimistischen Beurteilung bestärkt durch eine bis heute weitgehend unbekannte Meldung des Generalstabs des Heeres an ihn. Sie besagte, daß nach einer Analyse der Generalstabsabteilung ›Fremde Heere Ost‹ vom 9. September 1942 die Russen an der Ostfront keine operativen Reserven von Belang mehr besäßen. Das glaubte Hitler nur zu gern. Wozu also Gelände preisgeben?

Was die Forderung der Rumänen nach Pak- und Panzerrückhalt betraf, so war Hitler einsichtig. Aber der einzige Großverband, der neben ein paar Sperrverbänden aus Flak, Panzern, Jägerabteilungen und Heeresartillerie frei gemacht werden konnte, um hinter die 3. rumänische Armee geworfen zu werden, war das XXXXVIII. Panzerkorps unter Generalleutnant Heim mit einer deutschen und einer rumänischen Panzerdivision sowie Teilen der 14. Panzerdivision. Das Generalkommando wurde kurzfristig bei der 4. Panzerarmee herausgezogen und in den Raum südlich Serafimowitsch verlegt.

Nun war ein deutsches Panzerkorps normalerweise eine beachtliche Streitmacht und für eine Infanteriearmee eine starke Rückendeckung. Es hätte ausgereicht, die bedrohte Front der 3. rumänischen Armee abzusichern. Aber Heims Korps war alles andere als ein Korps. Das Kernstück war die deutsche 22. Panzerdivision. Sie lag seit September zur Auffrischung hinter der 8. italienischen Armee.

Entgegen den Plänen des OKH war sie erst teilweise von tschechischen auf deutsche Panzer umgerüstet worden und verfügte daher nur über wenige deutsche Panzer III und Panzer IV. Ihr Panzergrenadierregiment 140 hatte die Division schon vor Monaten unter Führung von Oberst Michalik zur 2. Armee in den Raum Woronesch abgegeben. Dort wurde aus der ›Brigade Michalik‹ die 27. Panzerdivision gemacht. Das Panzerpionierbataillon der Division schließlich war seit Wochen in Stalingrad im Häuserkampf eingesetzt.

Es ist wichtig, sich dieser Tatsachen bewußt zu sein, um zu begreifen, mit welchen Schimären das deutsche Oberkommando einer ganz offensichtlichen Bedrohung des rumänischen Frontabschnittes am Don begegnen wollte.

Wußte es Hitler? Kannte er die Tatsache der nicht erfolgten Umrüstung der 22. Pz. D.? Vieles deutet darauf hin, daß man es ihm verschwieg.

Am 10. November erhielten das Generalkommando und die 22. Panzerdivision den Befehl, in den Bereich der 3. rumänischen Armee zu verlegen. Letzte Teile der Division marschierten am 16. November nach Süden, in den großen Donbogen. Es waren 250 Kilometer Marsch bei Frost und Schneeglätte.

Aber weder der Frost noch der Schnee waren das Hauptproblem. Es war wie verhext mit diesem Panzerkorps, und es gab eine bittere Überraschung nach der anderen.

Weil die 22. Panzerdivision wegen ihres Aufenthaltes an ›ruhiger Front‹ fast keinen Betriebsstoff für Übungs- und Werkstattfahrten zugewiesen erhalten hatte, hatte ihr Panzerregiment 204, hinter der italienischen Donfront weit verstreut, durch Schilf getarnt und völlig unbeweglich festgelegen. Die Panzer hatten gut getarnt und gegen die Kälte mit Stroh abgedeckt in ihren Erdboxen gestanden. Die Panzerleute hatten ihren vorgesetzten Kommandobehörden nicht klarmachen können, daß ein motorisierter Verband auch in Ruhezeiten seine Fahrzeuge bewegen muß und hierfür Betriebsstoff benötigt. Eine Überprüfung der Motoren hatte daher nicht erfolgen können. So fand Oberst von Oppeln-Bronikowski das Panzerregiment 204 kurz vor der Verlegung vor. Als man die Panzer zum eiligen Abmarsch aus den Boxen herausziehen wollte, sprangen neununddreißig von hundertvier nur sehr mühsam oder überhaupt nicht an, weitere vierunddreißig fielen während des Verlegungsmarsches aus: Die Motoren blieben stehen, viele Türme ließen sich nicht mehr drehen. Mit einem Wort: die elektrischen Anlagen streikten.

Was war passiert? Die Antwort ist atemberaubend grotesk: Mäuse, die sich im Deckstroh der Boxen eingenistet hatten, waren in den Panzern auf Raubzug gegangen und hatten die Gummikabel angefressen. Auf diese Weise waren die elektrischen Anlagen gestört; die Zündung für die Motoren, die Leitungen für die Batterien, für Turmoptik und Panzerkanone waren außer Betrieb. Mehrere

Panzer gerieten durch Kurzschlußfunken in Brand. Und da ein Unglück selten allein kommt, gab es in den Tagen des Abmarsches auch noch einen empfindlichen Kälteeinbruch, das Panzerregiment aber hatte keine Ketten-Stollen für den Winterfahrbetrieb. Sie waren irgendwo auf dem langen Weg bis zum Don verlorengegangen.

So kam es, daß die Panzer auf den eisglatten Straßen von einer Seite auf die andere rutschten und nur sehr langsam vorwärts kamen. Die Panzerwerkstattkompanie 204 konnte wegen Betriebsstoffmangels nicht mitgeführt werden, so daß das Regiment unterwegs auch keine größeren Reparaturen ausführen konnte.

Die 22. Panzerdivision brachte also schließlich statt 104 Panzern, wie sie in der Stärkemeldung der Heeresgruppe standen, tatsächlich nur einunddreißig Panzerkampfwagen in den Bereitstellungsraum des XXXXVIII. Panzerkorps. Elf Panzer kamen noch nach. Zweiundvierzig Panzerkampfwagen waren am 19. November die ganze Herrlichkeit der Division. Es reichte gerade, um aus den Panzern, Schützenpanzern und Kradschützen sowie einer motorisierten Batterie die ›Panzerkampfgruppe Oppeln‹ zu bilden.

Der zweite Großverband des Korps, die 1. rumänische Panzerdivision, verfügte am 19. November über 108 Panzer. Doch achtundneunzig davon waren tschechische 38 (t) — zwar gute Kampfwagen, aber jedem mittleren russischen Tank in Panzerung und Feuerkraft unterlegen. Damit war der 3. rumänischen Armee am mittleren Don Mitte November eine Korsettstange eingezogen, die in Wirklichkeit keine war. Und vor der Front der Armee fuhr der Russe auf.

Der November 1942 war ein Katastrophenmonat: Am 4. wurde Rommels Afrika-Armee von Montgomery bei El Alamein schwer angeschlagen und mußte sich aus Ägypten nach Tripolis retten. Vier Tage später landete im Rücken der zurückgehenden Armee, an der Westküste Afrikas und in Algerien, Eisenhowers Invasionsheer und marschierte auf Tunis.

Wie ein Fernbeben wirkten sich die Erschütterungen in Afrika auf alle deutschen Fronten aus: Hitler sah sich gezwungen, nun auch den bisher unbesetzten Teil Südfrankreichs militärisch zu sichern. Dadurch wurden vier hervorragend ausgestattete schnelle Großverbände festgelegt, die sonst für den Osten zur Verfügung gestanden hätten: die 7. Panzerdivision und die Waffen-SS-Divisionen ›Leibstandarte‹, ›Reich‹ und ›Totenkopf‹, vier Divisionen, deren Feuerkraft und Einsatzstärke Tschuikow mit seinen Truppen am Wolga-Ufer keine achtundvierzig Stunden standgehalten hätte.

Am 9. November kam Hitler nach Berchtesgaden zurück, nachdem er zuvor im Münchner Löwenbräukeller vor seinen alten Putschkumpanen von 1923 über Stalingrad gesagt hatte: »Keine Macht der Erde kriegt uns von dort wieder weg!«

Jodl legte ihm die letzten Meldungen vor. Inhalt: Nicht nur nordwestlich von Stalingrad, am mittleren Don, vor der 3. rumänischen Armee, marschiert der Russe auf, nein, auch südlich der heißumkämpften Wolgastadt, wo zwei Korps der 4. rumänischen Armee die Flanke von Hoths 4. Panzerarmee sichern, deuten die bereits mehrfach gemeldeten sowjetischen Aufmärsche auf einen baldigen Angriff hin.

Finster las Hitler die Meldungen und beugte sich über die Karte. Ein Blick genügte, um zu erkennen, was gespielt wurde: Der sowjetische Aufmarsch an beiden Flügeln der Stalingradfront ließ auf den Plan einer Umfassungsoperation gegen die 6. Armee schließen.

Wenn Hitler auch immer noch geneigt war, die sowjetischen Kraftreserven zu unterschätzen, so sah er doch die Gefahr, die in den großen rumänischen Frontabschnitten lag. »Stünden deutsche Verbände dort, würde ich mir keine schlaflose Nacht machen«, meinte er, »aber so! Die 6. Armee muß endlich Schluß machen und die Restteile von Stalingrad schnell nehmen.«

Schnell, schnell! Er wollte der im Grunde operativ nutzlosen Bindung so vieler Divisionen in der Stadt ein Ende machen, um endlich wieder Operationsfreiheit zu gewinnen. »Die Schwierigkeiten des Kampfes um Stalingrad und die gesunkenen Gefechtsstärken sind mir bekannt«, ließ der ›Führer‹ am 16. November an General Paulus funken. »Die Schwierigkeiten für den Russen sind jetzt aber bei dem Eisgang auf der Wolga noch größer. Wenn wir diese Zeitspanne ausnutzen, sparen wir uns später viel Blut. Ich erwarte deshalb, daß die Führung nochmals mit aller wiederholt bewiesenen Energie und die Truppe nochmals mit dem oft gezeigten Schneid alles einsetzen, um wenigstens bei der Geschützfabrik und beim metallurgischen Werk bis zur Wolga durchzustoßen und diese Stadtteile zu nehmen.«

Wie recht Hitler mit seinem Hinweis auf die Schwierigkeiten bei den Russen wegen des Eisgangs auf der Wolga hatte, zeigen Generalleutnant Tschuikows Aufzeichnungen aus jenen Tagen. Unter Hinweis auf die Lageberichte der 62. sowjetischen Armee und ihre Versorgungsschwierigkeiten machte Tschuikow folgende Tagebucheintragungen:

»14. November. Den Truppenteilen fehlen Munition und Verpflegung. Der Eisgang hat die Verbindung zum linken Ufer unterbrochen.

27. November. Die Munitionszufuhr und der Abtransport der Verwundeten mußten eingestellt werden.«

Die Führung der Front ließ daraufhin Munition und Lebensmittel mit Flugzeugen vom Typ Po 2 über die Wolga bringen. Doch die Flugzeuge konnten nicht viel ausrichten, weil sie ihre Lasten über einem nur etwa hundert Meter breiten Streifen abwerfen mußten. Die geringste Abweichung – und sie fielen in die Wolga oder in die Hände des Feindes.

Paulus ließ den Funkspruch Hitlers mit der beschwörenden Mahnung, in Stalingrad schnell Schluß zu machen, am 17. November allen in Stalingrad eingesetzten Kommandeuren verlesen. Am 18. November traten daraufhin die Stoßtrupps der Stalingraddivisionen erneut an. Zum letzten Sturm, hofften sie.

Da stürmen sie, die ausgemergelten Pioniere von den Pionierbataillonen 50, 162, 294 und 336. Die Grenadiere der 305. I. D. jagen aus ihren Unterständen, geduckt, das Sturmgewehr unterm Arm, das Koppel voll Handgranaten gestopft. Keuchend schleppen sie die MG und Granatwerfer über das Trichterfeld und durch das Ruinengewirr der Fabrikhallen. Um Flak auf Selbstfahrlafetten geschart, hinter einem Panzer oder einem Sturmgeschütz laufend, greifen sie an:

im Heulen der Stukas und im Prasseln des feindlichen MG-Feuers. Vom Nieselregen und Schneetreiben durchnäßt, verdreckt, abgerissen. Aber sie stürmen: an der Fährstelle, bei der Brotfabrik, in den Gleisen des ›Tennisschlägers‹. Sie »erobern« dreißig, fünfzig, auch hundert Meter am ersten Tag. Es geht. Geht langsam, aber es geht. Noch vierundzwanzig, vielleicht auch noch achtundvierzig Stunden, dann müßte es geschafft sein.

Aber am nächsten Morgen, am 19. November, als sich die Sturmtrupps beim ersten Büchsenlicht bereits wieder über das Trümmergewirr der Fabrikhallen Schritt für Schritt dem Wolga-Ufer entgegenkämpfen, die Barrikaden stürmen, die die Russen aus alten Geschützrohren aufgerichtet haben, die geballten Ladungen in die Gullys der Abwässerschächte schleudern, tritt der Russe 150 Kilometer nordwestlich, am Don, gegen die 3. rumänische Armee an.

Generaloberst von Richthofen, der Befehlshaber der Luftflotte 4, schreibt in sein Tagebuch: »Wieder hat der Russe meisterhaft eine Schlechtwetterlage ausgenützt. Regen, Schnee, Eisnebel verhindern jeglichen Einsatz der Luftwaffe am Don.«

Mit zwei Panzerkorps, einem Kavalleriekorps und sechs Schützendivisionen kommt die 5. sowjetische Panzerarmee aus dem Raum Serafimowitsch, also genau dort, wo eigentlich ein starkes deutsches Panzerkorps liegen soll, wo aber nur der Schatten eines Panzerkorps, nämlich das Korps Heim, liegt. Links von der 5. Panzerarmee stößt gleichzeitig die 21. sowjetische Armee mit einem Panzerkorps, einem Gardekavalleriekorps und sechs Schützendivisionen aus dem Raum Kletskaja, links von der 5. Panzerarmee, nach Süden.

Die Zahl der sowjetischen Korps hört sich sehr gefährlich an. Aber eine sowjetische Armee entsprach im allgemeinen einem kampfkräftigen deutschen Korps, ein sowjetisches Korps kam einer deutschen Division gleich, und die sowjetische Division hatte etwa deutsche Brigadestärke. Mit Recht sagt Generaloberst Hoth: »Wir haben den Russen in der Front überschätzt, seine Reserven aber durchweg unterschätzt.«

Achtzig Minuten zusammengefaßtes Artilleriefeuer leiten den Angriff ein. Dann kommen die ersten roten Wellen im dichten Nebel heran. Die rumänischen Bataillone wehren sich tapfer. Vor allem die 1. Kavalleriedivision und die Regimenter der 6. rumänischen Infanteriedivision, die zur Gruppe General Mihail Lascar gehört, kämpfen hartnäckig und halten ihre Stellungen.

Aber die Rumänen sehen sich bald einem Phänomen gegenüber, dem sie nicht gewachsen sind. Sie verfallen dem ›Panzerschreck‹, wie Guderian jenen Tatbestand getauft hat, der eine im Panzerkampf unerfahrene Truppe zuweilen befällt: Durchgebrochene Feindpanzer kommen plötzlich von hinten und greifen an. Der Schrei ertönt: »Feindliche Panzer von hinten!« Panik. Die Front wankt. Unglücklicherweise ist auch die rumänische Artillerie ziemlich lahmgelegt. Sie kann wegen des Nebels nicht zielsicher schießen.

Schon am Mittag des 19. zeichnet sich die Katastrophe ab. Ganze Divisionen der rumänischen Front, vor allem die 13., 14. und 9. I. D., lösen sich auf und fluten panikartig zurück.

Die Sowjets stoßen hinterher, nach Westen an den Tschir, nach Südwesten und nach Süden. Dann aber drehen sie mit den Hauptkräften nach Südosten. Es wird klar, sie wollen in den Rücken der 6. Armee.

Jetzt kommt die Stunde des XXXXVIII. Panzerkorps. Aber es liegt wirklich kein Segen über General Heims Verbänden. Die Heeresgruppe setzt das Korps zum Gegenangriff nach Nordosten auf Kletskaja an, also gegen die Infanterie der 21. sowjetischen Armee, die hundert Panzer hat. Kaum rollt das Korps, da kommt um 11 Uhr 30 aus dem Führerhauptquartier ein Gegenbefehl: Angriff nach Nordwesten, in die umgekehrte Richtung gegen den — richtig erkannten — viel gefährlicheren Durchbruch der schnellen Verbände der 5. sowjetischen Panzerarmee im Raum Blinow—Pestschany. Also kehrt! Zur Unterstützung werden dem Korps die drei Divisionen des II. rumänischen Korps unterstellt, zerschlagene und aufgelöste Verbände, die nur noch wenig Kampfkraft besitzen.

Am Abend des 19. November sind die sowjetischen Panzerspitzen bereits fünfzig Kilometer tief durch das Loch bei Blinow durchgebrochen.

Das deutsche Korps, vor allem die gepanzerte Gruppe der 22. Panzerdivision unter Oberst von Oppeln-Bronikowski, meistert die Schwenkung um 180 Grad vorbildlich und wirft sich den feindlichen Panzerkräften bei Pestschany entgegen.

Karte 34

Am 19. November, als die 6. Armee in Stalingrad noch einmal antritt, um die letzten sowjetischen Stellungen zu stürmen, brechen die Sowjets mit vier Armeen und einem Panzerkorps durch die rumänischen Frontabschnitte an der Nord- und Südflanke der 6. Armee und jagen auf Kalatsch. Die eingeklinkte Übersichtskarte zeigt den Frontverlauf der Heeresgruppe B vor dem Durchbruch.

Aber nun zeigt sich das Handicap des Mäusefraßes: Der Gewaltmarsch durch die vereisten Schluchten, ohne Stollen zum Schutz gegen das Rutschen, hat zu weiteren Verlusten geführt. Mit ganzen zwanzig Panzern trifft die tapfere, aber nicht mit Fortune gesegnete Division auf dem Schlachtfeld von Pestschany auf den übermächtigen Gegner. Zum Glück ist die Panzerjägerabteilung zur Stelle und kappt in kühnen Einsätzen und blutigen Duellen Pak gegen Panzer die sowjetische Panzerspitze.

Sechsundzwanzig T 34 liegen brennend vor der schnell errichteten Abwehrfront. Wäre rechts und links noch ein Panzerregiment, ein einziges Panzerregiment, dann könnte der rote Sturm hier an der gefährlichsten Stelle gebrochen werden. Aber rechts und links ist nichts, gar nichts außer flüchtenden Rumänen. Und so strömen die Sowjets vorbei.

Der 22. Panzerdivision, die in Wirklichkeit außer der gepanzerten Gruppe Oppeln nur noch über ihre Panzerjäger, ein Panzergrenadierbataillon und wenige Batterien verfügt, droht die Einkesselung. Sie wird zum Ausweichen gezwungen.

Die 1. rumänische Panzerdivision, die unter General Radu weiter östlich tapfer kämpft, wird auf diese Weise von der 22. Pz. D. getrennt, das Korps ist gespalten, seine Stoßkraft dahin. Die Heeresgruppe erkennt die Gefahr und jagt an die 1. rumänische Panzerdivision den Funkbefehl, nach Südwesten einzuschwenken, um wieder Anschluß an die Gruppe Oppeln zu bekommen. Aber dieses Korps Heim ist vom Unglück verfolgt, und es ist wirklich, als ob der Teufel die Hand im Spiel hat: die deutsche Funkstelle bei der 1. rumänischen Panzerdivision ist ausgefallen, der Russe hat sie beim ersten Angriff überrollt, so kommt der Befehl nicht an. Statt nach Südwesten ficht die tapfere Division weiter mit Front nach Norden. Der Russe aber rollt ungeschoren nach Südosten.

Das Ziel der Sowjets ist jetzt klar zu erkennen. Sie wollen nach Kalatsch. Nichts steht ihnen mehr im Wege. Die Masse der 3. rumänischen Armee ist in Auflösung und Panik. Sie verliert auf diese Weise in vier Tagen 75 000 Mann, 34 000 Pferde und alle schweren Waffen von fünf Divisionen.

Die sowjetische Offensive war nach dem Vorbild der deutschen Kesselschlachten des Jahres 1941 angelegt, gut angelegt. Während die zweischneidige Nordzange schon durch die zertrümmerte 3. rumänische Armee schnitt, traten am 20. November auch an der Südflanke der Stalingrader Front die Korps der sowjetischen Südzange aus dem Raum Beketowka—Krasnoarmeisk und aus zwei weiteren Schwerpunkten südlich davon an.

Auch hier hatten sich die Sowjets den rumänischen Verteidigungsabschnitt für ihre Offensive ausgesucht. Es waren die Frontabschnitte des VI. und VII. rumänischen Korps. Mit zwei vollmotorisierten Korps, sogenannten mech.-Korps, einem Kavalleriekorps und sechs Schützendivisionen rollten die 57. und 51. sowjetische Armee der Heeresgruppe Jeremenko los. Zwischen den beiden Armeen lag das IV. mechanisierte Korps mit hundert Panzern auf der Lauer. Es sollte nach gelungenem Durchbruch zur weit ausholenden Umfassung auf Kalatsch brausen.

Die Masse der 57. sowjetischen Armee traf mit ihren Panzern und motorisierten Bataillonen westlich Krasnoarmeisk auf die 20. rumänische Division und zerschlug sie im ersten Ansturm.

Eine gefährliche Situation. Denn dieser Stoß ging direkt und auf kürzestem Wege in den Rücken der 6. Armee.

Aber jetzt zeigte sich, was eine einzige kampferfahrene und gut ausgerüstete deutsche Division zu leisten vermochte; jetzt zeigte sich auch, daß die russischen Offensivarmeen keineswegs überragende Kampfverbände waren.

Die altbewährte thüringisch-hessische 29. I. D. (mot.) stand in den Tagen der Katastrophe fünfzig Kilometer südwestlich Stalingrad in der Steppe als Reserve der Heeresgruppe. Sie war schon Ende September aus der Stalingradfront herausgezogen, zu voller Kampfstärke aufgefrischt und vom Führerhauptquartier für den Stoß auf Astrachan vorgesehen. Anfang November erhielt sie dann angesichts der Schwierigkeiten an der Kaukasusfront über die Panzerarmee Hoth den Befehl, sich Ende November zum Abmarsch in den Kaukasus bereitzuhalten. Die 29er sollten sich dort schon für die Frühjahrsoffensive bereitmachen. So optimistisch sah das deutsche Oberkommando die Lage bei Stalingrad noch Anfang November. Ein Sonderurlaubszug hatte daraufhin rund tausend Mann der Division in die Heimat transportiert.

Am 19. November ist die voll kampfkräftige Division, jetzt von Generalmajor Leyser geführt, ein Geschenk des Himmels. Da Generaloberst Hoth mit der Heeresgruppe keine Telefonverbindung bekommen kann, handelt er selbständig und setzt am 20. November um 10 Uhr 30 Leysers Division aus einer Geländeübung heraus gegen die südlich Stalingrad durchgebrochenen Teile der 57. sowjetischen Armee an.

Wie die wilde Jagd brausen die 29er los. Die Panzerabteilung 129 im Breitkeil mit fünfundfünfzig Panzern III und IV voran. An den Flanken die Panzerjäger. Dahinter auf ihren Schützenpanzern die Grenadiere. Und dann die Artillerie. Trotz Nebel geht es voran. Dorthin, von wo der Schlachtenlärm ertönt.

Die Kommandanten stehen im offenen Turm. Die Sicht ist keine hundert Meter. Da reißt der Nebel auf.

Im selben Augenblick reißt es auch die Panzerkommandanten hoch: Vor ihnen, keine 400 Meter entfernt, rollt breitflächig die sowjetische Panzerarmada des XIII. mechanisierten Korps heran. Die Luken der Panzerkuppeln fliegen zu. Die alten Kommandos ertönen: »Turm 12 Uhr!« — »Panzergranate« — »400« — »Viele Feindpanzer« — »Feuer frei!«

Die Blitze zucken. Die 7,5-KwK krachen. Einschläge. Brände. Die Sowjets sind verwirrt. Solche Überraschungen sind nicht ihre Stärke. Sie kurven durcheinander, retirieren, fahren sich fest, werden abgeknallt.

Und jetzt enthüllt sich ein neues Bild: Drüben auf der freien Bahnstrecke steht Güterzug hinter Güterzug und spuckt Massen von russischer Infanterie aus: Die Russen fahren mit der Eisenbahn aufs Schlachtfeld.

Die Artillerieabteilungen der 29. I. D. (mot.) erkennen das lohnende Ziel und hämmern hinein. Der russische Durchbruch der 57. sowjetischen Armee wird zusammengeschlagen.

Aber kaum ist dieses Loch erfolgreich gestopft, da kommt die Alarmmeldung, daß dreißig Kilometer weiter südlich, beim VI. rumänischen Korps, die 51. sowjetische Armee in der Mitte und am Südflügel durchgebrochen ist und ein schnelles Korps – es ist das IV. – auf Sety stößt. Eine entscheidende Stunde der Schlacht ist angebrochen. Die 29. I. D. (mot.) ist gut in Fahrt. Mit diesem Verband könnte bei Fortführung einer offensiven Verteidigung mit einem Stoß nach Südwesten in die Flanke des sowjetischen mech.-Korps, das rund neunzig Panzer besitzt, sehr wahrscheinlich auch dieser Durchbruch gestoppt werden. Generaloberst Hoth faßt dann auch diesen zweiten Stoß in die Flanke von Generalmajor Wolskis Korps ins Auge.

Aber da kommt am 21. von der Heeresgruppe der Befehl: Angriff einstellen, Abwehrstellung zum Schutz der Südflanke der 6. Armee beziehen. Die Division wird Hoths 4. Panzerarmee weggenommen und zusammen mit dem IV. Korps General Jaeneckes der 6. Armee unterstellt. General Paulus aber erfährt erst am 22. früh, daß ihm die 29. I. D. (mot.) untersteht.

Auf diese Weise wird ein hervorragender Kampfverband mit bestem Angriffswert festgehalten und wie eine Infanteriedivision defensiv in einer Sicherungslinie eingesetzt, wo es im Grunde noch gar nichts zu defendieren gibt. So begreiflich und nach den herkömmlichen operativen Grundsätzen auch naheliegend es war, die Flanke einer Armee, die von feindlichen Durchbrüchen bedroht ist, abzusichern; aber hier hätte die Heeresgruppe erkennen müssen, daß die Sowjets mit der Südzange vorerst gar nicht nach Stalingrad wollten, sondern weitausholend auf Kalatsch zielten, um am Don mit der Nordzange die große Falle hinter der 6. Armee zuzumachen.

Man hat der Heeresgruppe Weichs nicht zu Unrecht die hier sichtbare Strategie der kleinen Lösungen, die Strategie: ›Das Hemd ist uns näher als der Rock‹ vorgeworfen. Freilich, hinterher ist das leicht zu sagen, und wahrscheinlich übersah auch die Heeresgruppe zu dieser Zeit die russischen Angriffe noch nicht. Aber schon die nächsten Stunden hätten einer funktionierenden Aufklärung enthüllen müssen, was sich anbot: Generalmajor Wolskis IV. mech.-Korps ist inzwischen bis Sety gekommen. Noch vor Einbruch der Dunkelheit gehen die Russen in Ruhestellung. Bleiben stehen. Warum? Die Antwort ist interessant.

Das überraschende Auftreten der 29. I. D. (mot.) auf dem Schlachtfeld hat dem sowjetischen Korpskommandeur Generalmajor Wolski, der durch Funkmeldungen von der Katastrophe bei der 51. sowjetischen Armee unterrichtet war, den Schneid genommen. Er fürchtet, in seiner langen ungedeckten Flanke gepackt zu werden. Er fürchtet genau das, was Hoth auch vorhatte. Er bleibt also stehen, obwohl ihn sein Armeebefehlshaber wütend auffordert, weiterzustoßen. Am 22. erst, am Totensonntag, als wieder kein deutscher Angriff kommt, rollt er schließlich nach einem erneuten energischen Befehl Jeremenkos weiter, dreht nach Nordwesten ein und steht vierundzwanzig Stunden später vor Kalatsch am Don.

Dieser Ablauf der Ereignisse zeigt: Ein gezielter Stoß mit der 29. I. D. (mot.) und Teilen des Korps Jaenecke hätte die Lage ändern und die Einschließung der 6. Armee von Süden her verhindern können. Aber wo gibt es bei großen Durchbrüchen exakte Aufklärungsergebnisse? Dazu kam, daß Paulus und sein Chef des Stabes gerade in diesen entscheidenden Tagen und Stunden ständig unterwegs sein mußten.

Am 21. November hatte Paulus den Armeestab von Golubinskaja am Don nach Gumrak verlegt, dicht an die Stalingrader Front. Er selbst, sein Chef des Stabes, Arthur Schmidt, und der IIa waren nach Nischne Tschirskaja geflogen, weil dort, an der Mündung des Tschir in den Don, ein vorbereiteter Gefechtsstand der Armee ausgebaut war, mit direkten Leitungen zur Heeresgruppe, zum OKW und zum Führerhauptquartier. Nischne Tschirskaja war als Wintergefechtsstand für die 6. Armee gedacht – für die Zeit nach der Einnahme Stalingrads.

Paulus und sein Chef wollten sich in Nischne Tschirskaja der guten Nachrichtenmittel bedienen, um sich ausführlich und umfassend zu informieren, ehe sie nach Gumrak gingen. Es gab damals und gibt heute nicht den Schimmer eines Verdachts, daß Paulus, getrennt von seinem Stabe, außerhalb des sich anbahnenden Kessels bleiben wollte. Aber Hitler mißverstand offenbar die Motive und die Absicht des Oberbefehlshabers der 6. Armee. Kaum war Paulus in Nischne Tschirskaja angekommen, da befahl Hitler in barscher Form den General in den Kessel.

Generaloberst Hoth war in der Frühe des 22. November auf Befehl der Heeresgruppe nach Nischne Tschirskaja gefahren, um mit Paulus die Lage zu erörtern. Er traf ihn nervös und über den schulmeisterlichen Befehl Hitlers sehr aufgebracht an. Das Gesicht des hervorragenden militärischen Intellektuellen war von einem gequälten Ausdruck über die bedrückende, unklare Lage überschattet. Generalmajor Schmidt, der Chef des Stabes, war hingegen die Ruhe selbst. Er telefonierte unentwegt mit den Kommandeuren der Front, um Informationen zu bekommen, das Feindbild zu erkennen, Abwehrmaßnahmen zu erörtern: Der Typ des zugeknöpften, kühlen und perfekten Generalstabsoffiziers, der seine Charakterfestigkeit später in zwölfjähriger sowjetischer Kriegsgefangenschaft unter Beweis stellte.

Was Schmidt auf seiner Handkarte eintrug, die er vor sich, neben dem Telefon liegen hatte, war alles andere als ermutigend. Es sah schlimm aus im Rücken der 6. Armee westlich des Don. Und nicht viel besser an der Südwestflanke.

6

Die 6. Armee im Kessel

Nichts wie raus – »Mein Führer, ich erbitte Handlungsfreiheit« – Göring und die Luftversorgung – Das OKH schickt einen Vertreter in den Kessel – General von Seydlitz fordert Ungehorsam – Manstein kommt – Wenck rettet am Tschir

Tiefe Wolken hingen am Himmel, Schneetreiben fegte aus der Steppe, nahm der Erd- und vor allem der Luftaufklärung die Sicht, nahm auch die Möglichkeit zum Einsatz von Schlachtfliegern und Stukas. Das Wetter war auch diesmal Stalins Verbündeter. Im verzweifelten Einsatz warf sich die Luftwaffe, die im besten Fall in wenigen Ketten fliegen konnte, auf die durchgebrochenen Feindspitzen. Zusammengeraffte Teile von Versorgungstruppen der 6. Armee, rückwärtige Dienste, Feldeisenbahnkompanien, Flakartillerie und Bodenpersonal der Luftwaffe bauten mühselig am Tschir erste Sicherungen auf, um wenigstens eine Ausweitung des russischen Durchbruchs in den leeren Raum nach Südwesten, Richtung Rostow, zu verhindern.

Besonders schlimm war die Nachricht, daß die bei Kalatsch gelegenen Feldflugplätze überrannt, die Nahaufklärer des VIII. Fliegerkorps zerschlagen waren. Nordwestlich Kalatsch saß die 44. I. D. noch in ihren guten Stellungen am Don. Sie war zwar von ihren Versorgungseinheiten abgeschnitten und hing in der Luft. Aber sie bildete einen wichtigen Kristallisationspunkt westlich des Flusses. Das war hoffnungsvoll. Leider nicht lange.

In Stalingrad hatte General Paulus bereits am Abend des 19. auf Befehl der Heeresgruppe alle Angriffsunternehmen eingestellt. Vor den letzten hundert Metern bis zum Ziel mußte Halt geblasen werden. Aus Teilen der drei Panzerdivisionen, der 14., 16. und 24., wurden Kampfgruppen gebildet, aus der Front gelöst und in Richtung Don dem von Nordwesten anrollenden Feind entgegengeworfen.

Aber diese schwachen Kräfte konnten bei der stürmischen Entwicklung der Lage im Durchbruchsraum nichts Entscheidendes mehr ausrichten.

Am 22. November um 14 Uhr flogen Paulus und Schmidt über die feindlichen Linien nach Gumrak in den Kessel. Der neue Gefechtsstand lag zwei Kilometer westlich von dem kleinen Bahnhof.

Am Abend des 22., bei Einbruch der Dunkelheit, hatte der nördliche sowjetische Stoßkeil die Donhöhen erreicht und die Brücke von Kalatsch im Handstreich genommen. Die südliche Angriffsgruppe stand gleichfalls vor der Stadt. Kalatsch fiel am 23. November. Und damit war die Falle hinter der 6. Armee zugeklappt.

Was war jetzt zu tun?

Diese Frage ist in der schon vielbändigen Literatur über Stalingrad immer wieder gestellt und mit widersprüchlichen Theorien beantwortet worden. Wenn eine Schlacht verloren ist, weiß ja bekanntlich jeder Fähnrich, wie sie hätte gewonnen werden können. Was kriegsgeschichtlich interessiert, sind die Ursachen für Irrtum und Fehlentscheidungen. Denn durch Irrtum und Fehlentscheidungen werden die meisten Schlachten verloren. Und die Irrtümer und Fehler, die die 6. Armee in den Stalingrader Kessel führten, beginnen nicht erst Ende November. Sie sind nicht Paulus anzulasten, sondern wurden bereits mit den Weisungen der höchsten deutschen Kommandostellen im Spätsommer begangen.

In den Tagen zwischen 19. und 22. November bot sich allerdings zum letzten Male die Chance, diese Fehler und Irrtümer zu korrigieren. Das deutsche Oberkommando hätte vielleicht am 19. November erkennen müssen, welche Gefahr drohte, und durch den Befehl, sich von der Wolga zu lösen und Stalingrad aufzugeben, die Lage schnell bereinigen können. Die 6. Armee konnte das von sich aus nicht. General Paulus konnte auf keinen Fall die Gesamtlage so klar übersehen, um selbständig eine so weitgehende und für die ganze Südfront gefährliche Entscheidung zu fällen, die 6. Armee aus ihren Stellungen zu nehmen und einen überstürzten Rückzug anzutreten. Im übrigen gebietet es die nüchterne Betrachtung der Dinge, festzustellen, daß am 19., 20. und auch am 22. November das Verhängnis noch keineswegs eine strategische Zwangsläufigkeit war. Eine richtige Bewertung der Tatsachen beweist das.

Auf der Generalstabsschule im Wehrkreiskommando I, Königsberg (Preußen), war der spätere General Oßwald Taktiklehrer von Arthur Schmidt und Wolfgang Pickert gewesen. ›Das Kreuz des Südens‹ hatten ihn seine Schüler genannt. Seine Marotte: eine Lage knapp zu schildern und dann zu sagen: »Meine Herren, in zehn Minuten Entschluß und kurze Begründung.« Wer bei Oßwald im Hörsaal gesessen hatte, vergaß das nie.

Als General Pickert, Kommandeur der 9. Flakdivision, am Morgen des 22. November 1942 in Nischne Tschirskaja seinen alten Freund Arthur Schmidt begrüßte, platzte der mit der Oßwaldschen Schulaufgabe heraus: »Pickert, Entschluß und kurze Begründung.«.

Pickert antwortete mit drei Worten: »Nichts wie raus.«

Schmidt nickte: »Wollen wir auch, aber ...« Und dann setzte Paulus' Chef des Stabes seinem Freund Pickert die Auffassung der Armee auseinander: Zu hektischen Maßnahmen besteht kein Anlaß. Es ist noch keine operative Zwangslage gegeben, die zu selbständigen Entschlüssen ohne Rücksicht auf die große Lage herausfordert. Das allerwichtigste ist, den Rücken der Armee abzuschirmen. Ein überstürzter Rückzug aus den sicheren Stellungen in Stalingrad könnte nur unübersehbare Folgen haben. Wie richtig gerade diese Bedenken waren, sollte sich schon in wenigen Tagen erweisen.

Schmidt wußte am Tage dieses Gesprächs, am 22. November, noch nicht, daß Hitler sich bereits entschieden hatte, die Armee in Stalingrad festzubinden. Als er und Pickert in Nischne Tschirskaja diskutierten, gab es daher tatsächlich nur zwei Aufgaben: den bedrohten Rücken der Armee zu sichern, das heißt eine feste Front nach Westen und Süden zu bilden, und dann den Ausbruch nach Südwesten vorzubereiten. Was man dazu vor allem brauchte, war Sprit, den die Luftwaffe einzufliegen hatte. Sprit für Panzer. Sprit für die Zugmaschinen.

Dieser Gedanke stand im Einklang mit den Auffassungen der Heeresgruppe Weichs, die noch am 21. abends befohlen hatte, Stalingrad und Wolgafront

»unter allen Umständen« zu halten und sich auf den Ausbruch vorzubereiten. Pickert bezweifelte, daß die Luftwaffe auch nur für kurze Zeit die Armee versorgen könne, und mahnte erneut, schnell auszubrechen. Schmidt wies darauf hin, daß man die noch am Westufer des Don stehenden Teile des XIV. und XI. Korps und 10 000 Verwundete nicht zurücklassen könne: »Das wäre napoleonisch.«

Daß auch Paulus und Schmidt im übrigen fest an dem Gedanken hingen, nach entsprechender Vorbereitung auszubrechen, beweisen die nächsten Stunden.

Am Nachmittag des 22. November kam bei Paulus über die Heeresgruppe Weichs ein Funkbefehl des OKH an: »Aushalten und weitere Befehle abwarten.« Das sollte ganz offensichtlich ein Riegel gegen übereilte Absetzbewegungen sein. Der General hatte sich inzwischen ein genaues Bild von der Lage an seiner Südwestflanke verschafft, wo sowjetische Kräfte mit rund hundert Panzern operierten, und antwortete um 19 Uhr mit einem Funkspruch an die Heeresgruppe B, in dem es unter anderem heißt:

»Südfront ostwärts Don noch offen. Don zugefroren und überschreitbar. Betriebsstoff bald aufgebraucht. Panzer und schwere Waffen dann unbeweglich. Munitionslage gespannt. Verpflegung reicht für sechs Tage. Armee beabsichtigt, verbliebenen Raum von Stalingrad bis beiderseits Don zu halten, und hat hierzu alle Maßnahmen eingeleitet. Voraussetzung ist, daß Schließung Südfront gelingt und reichliche Versorgung laufend zugeflogen wird. Erbitte Handlungsfreiheit für den Fall, daß Igelbildung im Süden nicht gelingt. Lage kann dann dazu zwingen, Stalingrad und Nordfront aufzugeben, um mit ganzer Kraft Gegner an Südfront zwischen Don und Wolga zu schlagen und hier Anschluß an 4. rumänische Armee zu gewinnen ...«

Da steht es klar und präzis, was Paulus wollte. Wohlüberlegt war für alle Fälle geplant. Er wollte igeln, jawohl, aber er forderte Handlungsfreiheit, das heißt, Freiheit für schnelles Absetzen, wenn es die Lage erfordern sollte.

Darauf ging um 22 Uhr ein persönlicher Funkspruch Hitlers ein. Er verweigerte die Handlungsfreiheit und befahl der Armee, stehenzubleiben: »Die 6. Armee muß wissen«, so heißt es in dem Funkspruch, »daß ich alles tue, ihr zu helfen und sie zu entsetzen. Ich werde ihr rechtzeitig meine Befehle geben.«

Damit war der Ausbruch aus dem Kessel klar und präzis untersagt. Paulus reagierte sofort. Am 23. um 11 Uhr 45 funkte er an die Heeresgruppe: »Halte Durchschlagen nach Südwesten ostwärts des Don unter Heranziehen des XI. und XIV. A. K. über den Don zur Zeit noch für möglich, wenn auch unter Opfern von Material.«

Weichs unterstützte diese Forderung mit einem Fernschreiben an das Oberkommando des Heeres und betonte: »Ausreichende Luftversorgung ist nicht möglich.«

Um 23 Uhr 45, am 23. November, gab Paulus nach sorgfältiger Überlegung und nach Rücksprache mit den Kommandierenden Generalen der Armee noch einen Funkspruch direkt an Hitler, in dem er dringend um Genehmigung zum Ausbruch bat. Alle Korpskommandeure, so vermerkte er, sind meiner Meinung. »Mein Führer«, funkte Paulus, »seit Eingang Ihres Funkspruchs vom 22. 11.

abends hat sich die Entwicklung der Lage überstürzt. Die Schließung des Kessels ist im Südwesten und Westen nicht geglückt. Bevorstehende Feinddurchbrüche zeichnen sich hier ab. Munition und Betriebsstoff gehen zu Ende. Zahlreiche Batterien und Panzerabwehrwaffen haben sich verschossen. Eine rechtzeitige ausreichende Versorgung ist ausgeschlossen. Die Armee geht in kürzester Zeit der Vernichtung entgegen, wenn nicht unter Zusammenfassen aller Kräfte der von Süden und Westen angreifende Feind vernichtend geschlagen wird. Hierzu ist sofortige Herausnahme aller Divisionen aus Stalingrad und starker Kräfte aus der Nordfront erforderlich. Unabwendbare Folge muß dann Durchbruch nach Südwesten sein, da Ost- und Nordfront bei derartiger Schwächung nicht mehr zu halten. Es geht dann zwar zahlreiches Material verloren, es wird aber die Mehrzahl wertvoller Kämpfer und wenigstens ein Teil des Materials erhalten. Die Verantwortlichkeit für diese schwerwiegende Meldung behalte ich in vollem Umfange, wenn ich melde, daß die Kommandierenden Generale Heitz, v. Seydlitz, Strecker, Hube und Jaenecke die gleiche Beurteilung der Lage haben. Bitte auf Grund der Lage nochmals um Handlungsfreiheit.«

Die Antwort Hitlers ging am 24. morgens um 8 Uhr 38 durch Funkspruch ein. Er trug die Überschrift: ›Führerentscheid‹, das war die höchste und strikteste Befehlsstufe. Hitler befahl sehr präzis die Frontbildung des Kessels und die Zurücknahme aller noch westlich des Don stehenden Armeeteile über den Fluß in die Kesselfront. Der Schluß lautete: »Jetzige Wolgafront und jetzige Nordfront unter allen Umständen halten. Luftversorgung.«

Jetzt erst war die 6. Armee durch höchsten Befehl endgültig in Stalingrad festgenagelt, war festgenagelt, obwohl die Heeresgruppe, die Armee und auch die örtlichen Luftwaffenbefehlshaber die Luftversorgung in Zweifel zogen. Wie war das möglich?

Es gilt bis heute als ausgemacht, daß Göring persönlich die Luftversorgung der Armee garantierte und damit Hitlers verhängnisvollen Entschluß hervorrief. Die historische Wahrheit deckt diese These nicht ganz.

Entgegen allen Legenden führte nicht Göring das entscheidende Gespräch mit Hitler auf dem Berghof, sondern sein Generalstabschef Jeschonnek, ein besonnener Mann. Er trug Görings positive Entscheidung zur Frage der Luftversorgung vor, knüpfte sie aber an eine Reihe Bedingungen, wie zum Beispiel unbedingte Erhaltung der frontnahen Flugplätze und erträgliches Flugwetter.

Diese eingeschränkte Zustimmung zur Luftversorgung allein zum Ausgangspunkt von Hitlers Fehlentscheidung zu machen, ist eine ungerechtfertigte Verschiebung der Verantwortung von Hitler auf Göring bzw. die Luftwaffe. Hitler griff nur zu gern nach Görings Strohhalm; denn er wollte Stalingrad nicht aufgeben. Er hoffte immer noch, die Russen mit Raumeroberungen tödlich treffen zu können.

Nur kein Rückzug! Beschwörend verwies er die Generale auf die Erfahrungen im Winter 1941 vor Moskau, wo seine starren Aushaltebefehle die Vernichtung der Heeresgruppe Mitte verhindert hatten. Er vergaß, daß das, was im Winter 1941 vor Moskau richtig war, im Winter 1942 an der Wolga nicht unbedingt stimmen mußte. Starres Halten war und ist kein Patentrezept.

Außerdem war das Halten von Stalingrad unter Gefährdung einer ganzen Armee auch strategisch keine Notwendigkeit mehr. Eigentlicher Auftrag der 6. Armee war es ja doch, Flanke und Rücken der Kaukasusoperation zu decken. So stand es klipp und klar im Fahrplan für ›Fall Blau‹. Und diese Aufgabe war auch ohne den Besitz von Stalingrad, zum Beispiel am Don, zu erfüllen.

In einem Vortrag vor Offizieren der deutschen Bundeswehr formulierte Generaloberst Hoth gerade diesen entscheidenden Gesichtspunkt des Stalingradproblems in prägnanter Form so:

»Aus der ›Weisung 41‹ ergibt sich, daß das Hauptziel des Sommerfeldzuges 1942 nicht die Einnahme von Stalingrad war, sondern die Inbesitznahme des Kaukasus mit seinen Erdölgebieten. Dieser Raum war in der Tat kriegsnotwendig für die sowjetische Führung, aber auch von überragender wirtschaftlicher und politischer Bedeutung für die deutsche Führung. Als sich Ende Juli 1942, früher als erwartet, die Spitzen der beiden deutschen Heeresgruppen dem unteren Don näherten, während die Armeen der russischen Südwestfront in Auflösung über den mittleren Don zurückgingen, befahl Hitler am 23. Juli die Fortführung der Operation nach Süden in den Kaukasus durch die Heeresgruppe A, der hierfür vier Armeen unterstellt wurden. Nur die 6. Armee blieb weiter auf Stalingrad angesetzt. Der deutsche Chef des Generalstabs des Heeres, der von Anfang an dem weitgesteckten Ziel der Operation über den Kaukasus widerstrebt hatte, hielt es für notwendig, die sich bei Stalingrad bildende Feindgruppe aufzusuchen und zu schlagen, bevor der Kaukasus überschritten wurde. Er drängte daher auf Verstärkung der 6. Armee durch zwei Panzerdivisionen, die dann von der 4. Panzerarmee abgezogen wurden. Bald darauf wurden der Heeresgruppe A, bei der doch der Schwerpunkt des Feldzuges lag, die 4. Panzerarmee und die 3. rumänische Armee weggenommen und donaufwärts der Heeresgruppe B zugeführt. Der Schwerpunkt wurde damit auf die Wegnahme von Stalingrad gelegt. Die geschwächte Heeresgruppe A aber blieb nördlich des Kaukasus liegen.«

In diesem Augenblick verlor auch der Kampf der 6. Armee um Stalingrad seinen operativen Sinn. Nach den Gesetzen der Strategie hätte die Armee nun aus ihrer weit nach Osten vorspringenden Stellung zurückgenommen werden müssen, um sie dem zu erwartenden feindlichen Gegenschlag zu entziehen und Reserven zu gewinnen. Paulus selbst flog am 12. September ins Führerhauptquartier und versuchte, Hitler für eine solche Entscheidung zu gewinnen. Vergeblich. Hitler blieb hart. Er wurde leider bestärkt durch eine unheilvolle Meldung der Ostabteilung des Generalstabs, daß die Russen entlang der Ostfront über keine nennenswerten Reserven mehr verfügten.

So blieb es bei Hitlers Befehl, Stalingrad zu nehmen, und die geschwächte 6. Armee biß sich an Stalins Stadt fest. Je länger es dauerte, um so mehr machte Hitler die Eroberung der letzten Fabrikhallen und der letzten hundert Meter Steilufer zu einer Prestigefrage, weil er meinte, nach den Rückschlägen in Afrika und im Kaukasus nicht auch noch bei Stalingrad weichen zu dürfen. Prestige, aber kein strategischer Grund zwang dazu, in Stalingrad um die letzte Ruine zu fechten.

Das war auch die Auffassung der Heeresgruppe Weichs, deren kluger Chef des Stabes, General von Sodenstern, sagte: »Stalingrad war genommen und als Rüstungszentrum ausgeschaltet, der Schiffsverkehr unterbunden. Die wenigen taktischen Brückenköpfe des Gegners in der Stadt waren kein Ziel, das es rechtfertigte, die Masse der verfügbaren deutschen Kräfte hier festzuhalten und zu verbrauchen. Das Oberkommando der Heeresgruppe legte vielmehr entscheidenden Wert darauf, die Truppe so rasch wie möglich in brauchbare Winterstellungen zu bringen, die schnellen Verbände aufzufrischen und winterbeweglich zu machen und darüber hinaus zur Bildung der dringend notwendigen Eingreifreserven hinter den voraussichtlichen Abwehrschwerpunkten und insbesondere hinter den drei verbündeten Armeen am Don zu kommen. Diese Reserven konnten nur der 6. Armee entnommen werden. In diesem Sinne hatte das Oberkommando der Heeresgruppe B, nachdem sich herausgestellt hatte, daß Stalingrad im ersten Anlauf nicht zu nehmen war, Ende September oder Anfang Oktober vorgeschlagen, die Angriffe in Stalingrad einzustellen. Es hatte ferner den Antrag gestellt, den Frontbogen von Stalingrad zu räumen und zur Verteidigung des Raumes zwischen Wolga und Don eine Sehnenstellung zu beziehen, die unter Zurückbiegen des linken Flügels der 4. Panzerarmee südwestlich Stalingrad nach Nordwesten zum Don verlaufen sollte. Der Chef des Generalstabs des Heeres stimmte zu. Es war ihm jedoch nicht möglich, die Genehmigung des Antrags bei Hitler durchzusetzen.«

Das alles war der Hintergrund zu dem verhängnisvollen Führerbefehl vom 24. November an Paulus mit den beiden Kernpunkten: Halten! Luftversorgung! Görings Zusage gab Hitler den Generalen gegenüber die Legitimation dazu, war aber nicht das ausschlaggebende Motiv für seinen Befehl. Er ist nicht der Großsprecherei eines Paladins, sondern Hitlers ureigenster Absicht entsprungen. Stalingrad war ein Kind seiner Strategie wie auch seines Krieges, der von Anbeginn ein riesiges Wagnis und auf Sieg oder Untergang gestellt war.

Man sagt heute oft: Eben weil der Haltebefehl unter Berufung auf die Luftversorgung das erkennbare Todesurteil für die Armee war, hätte Paulus ihn nicht befolgen dürfen.

Aber konnten Paulus und seine engsten Mitarbeiter in Gumrak denn beurteilen, welche strategischen Beweggründe dem Entschluß der obersten Führung zugrunde lagen? Und waren nicht im letzten Winter im Kessel von Demjansk 100 000 Mann zweieinhalb Monate eingeschlossen, aus der Luft versorgt und schließlich freigekämpft worden? Hatte nicht auch im Kessel von Rschew Models 9. Armee befehlsgemäß ausgehalten? Wie war es in Cholm? In Suchinitschi?

In der Führungszentrale der eingeschlossenen 6. Armee saß seit dem 25. November ein Zeuge, dessen Beobachtungen in den Betrachtungen über Stalingrad gemeinhin nicht genügend beachtet werden: Coelestin von Zitzewitz, heute Kaufmann in Hannover, damals Generalstabsmajor im Oberkommando des Heeres, wurde am 23. November vom Chef des Generalstabs, General Zeitzler, mit einem Funktrupp nach Stalingrad geschickt, um als sein persönlicher Beobachter täglich dem OKH direkt über die Lage bei der 6. Armee Bericht zu erstatten. Am 23. November früh um 8 Uhr 30 wurde Zitzewitz zu Zeitzler gerufen und mit seiner Aufgabe betraut.

Die Art der Auftragserteilung durch den Generalstabschef gibt einen interessanten Hinweis auf die Beurteilung der Lage durch das Oberkommando des Heeres. Coelestin von Zitzewitz schildert sie so:

»Der General trat mit mir kurz an die auf dem Tisch liegende Karte: ›Die 6. Armee ist seit heute morgen eingeschlossen. Sie fliegen noch heute mit einem Funktrupp des Führungsnachrichtenregiments nach Stalingrad. Es kommt mir darauf an, daß Sie unmittelbar und schnell möglichst viel melden. Irgendwelche Führungsaufgaben haben Sie nicht. Wir haben keine Sorge, der General Paulus macht alles sehr schön. Haben Sie noch eine Frage?‹ — ›Nein.‹ — ›Sagen Sie dem General Paulus, daß alles geschieht, um die Verbindung wiederherzustellen. Danke sehr.‹ Damit war ich entlassen.«

Major von Zitzewitz flog am 24. November mit seinem Funktrupp — einem Unteroffizier und sechs Mann — von Lötzen über Charkow und Morosowskoje in den Kessel. Und was für eine Auffassung fand er dort vor?

Zitzewitz berichtet: »Die erste Frage von General Paulus war natürlich, wie das OKH sich den Entsatz der 6. Armee denke. Darauf konnte ich ihm keine Antwort geben. Er sagte, daß das Versorgungsproblem seine Hauptsorge sei. Eine noch nie dagewesene Aufgabe, eine ganze Armee durch die Luft zu versorgen. Er hatte der Heeresgruppe und dem OKH seinen Bedarf mit zunächst 300 Tonnen täglich, für später mit 500 Tonnen, gemeldet, wenn die Armee kampf- und lebensfähig bleiben sollte. Dies war ihm zugesagt.

Der OB stand auf dem mir durchaus einleuchtenden Standpunkt: Die Armee kann hier halten, wenn sie mit dem notwendigen Versorgungsgut, vor allem mit Betriebsstoff, Munition und Verpflegung, versorgt wird und wenn mit einem Entsatz von außen her in absehbarer Zeit zu rechnen ist. Es war nun Sache der obersten Führung, die Möglichkeiten dieser Versorgung und einen Entsatz generalstabsmäßig zu planen und dann die entsprechenden Befehle zu geben.

Paulus selbst war der Auffassung, daß eine Zurücknahme der 6. Armee im Rahmen der Gesamtlage nützlich sei. Er betonte immer wieder, daß die 6. Armee an der durchbrochenen Front zwischen Woronesch und Rostow nutzbringender für die Gesamtlage verwendet werden könnte als hier im Raum von Stalingrad. Außerdem würden dann die Eisenbahn, die Luftwaffe, die ganzen Nachschuborganisationen für Aufgaben im Dienste der Gesamtlage frei.

Doch von sich aus konnte er diesen Entschluß nicht fassen. Er konnte auch die Nichterfüllung seiner Forderung hinsichtlich Entsatz und Versorgung nicht voraussehen; dafür fehlten ihm die erforderlichen Unterlagen. Dies alles hatte der OB seinen Generalen — die wie er alle für den Ausbruch waren — mitgeteilt und anschließend seine Befehle für die Verteidigung gegeben.«

Was hätte Paulus, dieser Vertreter bester deutscher Generalstabsschule, anders tun sollen, anders tun können? Ein Reichenau, ein Guderian, ein Hoepner hätte vielleicht anders gehandelt. Aber Paulus war kein Rebell, er war Stratege reinsten Wassers.

Ein General in Stalingrad war grundsätzlich anderer Meinung als Paulus und wollte die durch den Führerbefehl geschaffene Lage nicht hinnehmen: General der Artillerie Walter von Seydlitz-Kurzbach, der Kommandierende des LI. Korps.

Er forderte von Paulus den Ungehorsam gegen den Führerbefehl und verlangte den Ausbruch aus dem Kessel auf eigene Verantwortung.

In einer Denkschrift vom 25. November legte er dem OB der 6. Armee schriftlich dar, was er schon am 23. im Kreise aller Kommandierenden leidenschaftlich verfochten hatte und womit er nicht durchgedrungen war: Es muß sofort ausgebrochen werden!

Die Denkschrift begann mit den Sätzen: »Die Armee steht vor dem eindeutigen Entweder-Oder: Durchbruch nach Südwesten in allgemeiner Richtung Kotelnikowo oder Untergang in wenigen Tagen.«

Die Hauptargumente der Denkschrift für die Notwendigkeit eines Ausbruchs unterschieden sich nicht von den Auffassungen der anderen Kommandierenden Generale der 6. Armee, auch nicht von den Auffassungen Paulus'. Die präzise Lagebeurteilung, die der ausgezeichnete Chef des Generalstabs des LI. A. K., Oberst Clausius, zusammengestellt hatte, drückte die Erwägungen aller Generalstabsoffiziere in den Stäben des Kessels aus.

Seydlitz schlug vor: Unter Entblößung von Nord- und Wolgafront Stoßkräfte frei zu machen, um mit ihnen an der Südfront anzugreifen und unter Aufgabe von Stalingrad in Richtung des schwächsten Widerstandes, das heißt gegen Kotelnikowo, durchzubrechen.

Wörtlich hieß es: »Dieser Entschluß macht die Zurücklassung erheblicher Materialmengen nötig, bietet aber Aussicht, die südliche Backe der feindlichen Umfassung zu zerschlagen, einen großen Teil der Armee und ihrer Rüstung der Katastrophe zu entziehen und sie für die Fortführung der Operationen zu erhalten. Hierdurch bleibt ein Teil der Feindkräfte dauernd gebunden, während nach Vernichtung der Armee in der Igelstellung jegliche Bindung von Feindkräften aufhört. Nach außen hin ist eine Darstellung der Ereignisse möglich, die schweren moralischen Schäden vorbeugt: nach völliger Zerstörung des sowjetischen Rüstungszentrums Stalingrad ist die Armee unter Zerschlagung einer feindlichen Kräftegruppe von der Wolga abgesetzt worden. Die Erfolgsaussichten für den Durchbruch sind um so größer, als die bisherigen Kämpfe vielfach eine geringe Standfestigkeit der feindlichen Infanterie im freien Gelände gezeigt haben.«

Das war einleuchtend, präzis und logisch. Jeder Generalstabsoffizier konnte das unterschreiben. Das Problem lag in dem Schlußsatz der Denkschrift. Hier hieß es:

»Hebt das OKH den Befehl zum Ausharren in der Igelstellung nicht unverzüglich auf, so ergibt sich vor dem eigenen Gewissen gegenüber der Armee und dem deutschen Volk die gebieterische Pflicht, sich die durch den bisherigen Befehl verhinderte Handlungsfreiheit selbst zu nehmen und von der heute noch vorhandenen Möglichkeit, die Katastrophe durch eigenen Angriff zu vermeiden, Gebrauch zu machen. Die völlige Vernichtung von zweihunderttausend Kämpfern und ihrer gesamten Materialausstattung steht auf dem Spiel. Es gibt keine andere Wahl.«

Dieser stark gefühlsbetonte Appell zum Ungehorsam hatte für den kühlen Generalstäbler Paulus keine Überzeugungskraft. Auch für die anderen Korpskommandeure übrigens nicht. Außerdem machten einige polemisch zugespitzte und sachlich unhaltbare Feststellungen auf Paulus keinen Eindruck. »Die Vernichtung der Armee in wenigen Tagen« war wilde Übertreibung, und auch in der Nachschubfrage argumentierte Seydlitz leider falsch, wenn er schrieb: »Selbst wenn täglich 500 Maschinen landen werden, können nicht mehr als 1000 Tonnen Güter herangebracht werden, die für den Bedarf einer Armee von rund 200 000 Mann, im Großkampf und ohne Vorräte, nicht ausreichen.«

Hätte die Armee 1000 Tonnen täglich erhalten, wäre sie wahrscheinlich davongekommen!

Trotzdem schickte Paulus die Denkschrift an die Heeresgruppe. Er fügte hinzu, daß die Beurteilung der Kampflage mit seinen eigenen Auffassungen übereinstimme, und forderte deshalb erneut Handlungsfreiheit zum Ausbruch, verwarf aber die Idee eines Ausbruchs gegen die Befehle von Heeresgruppe und Führerhauptquartier. Generaloberst Freiherr von Weichs gab die Denkschrift an den Chef des Generalstabs, General Zeitzler, weiter.

Paulus bekam die Genehmigung zum Ausbruch nicht. Hatte Seydlitz also recht, von ihm den Ungehorsam zu verlangen? Sehen wir einmal von der sittlichen, der weltanschaulichen Seite der Sache ab, so bleibt die Frage: War denn der geforderte Ungehorsam überhaupt praktikabel?

Was machte Chruschtschow, als der General Lopatin Anfang Oktober seine 62. Armee aus Stalingrad zurücknehmen wollte, weil er, die schrecklichen Verluste vor Augen, nur ihre Vernichtung sah? Er setzte Lopatin ab, ehe dieser die Rückzugsbewegung einleiten konnte.

Auch Paulus wäre mit einem offenen Ungehorsam gegen Hitler nicht weit gekommen. Es war illusorisch, zu glauben, im Zeitalter von Funk und Fernschreiber, Dezimeterwelle und Kurierflugzeug könnte ein Armeeführer, wie in den friderizianischen Kriegen die Festungskommandanten, Entscheidungen gegen den Willen des Obersten Befehlshabers treffen, ohne daß der Souverän etwas dagegen tun konnte.

Nicht eine Stunde lang wäre Paulus in seinem Kommando geblieben, wenn seine Absicht erkennbar geworden wäre. Er wäre abgesetzt, seine Befehle wären rückgängig gemacht worden.

Wie gut und schnell die Verbindung von Stalingrad in die ›Wolfsschanze‹ über Tausende von Kilometern hinweg funktionierte, das erwies sich gerade an einem Fall, der Seydlitz persönlich betraf. Ein Vorfall auch, der mahnend demonstrierte, was ein überstürzter Rückzug aus den sicheren Stellungen an der Wolga für Gefahren barg.

General Seydlitz hatte in der Nacht zum 24. November, also vor Überreichung seiner Denkschrift, den linken Flügel seines Korps an der Wolgafront des Kessels entgegen den klaren Befehlen zurückgenommen. Die Aktion sollte nach dem Willen von Seydlitz so etwas wie ein Fanal des Ausbruchs, eine Initialzündung für das Absetzen von Stalingrad werden und Paulus das Handeln aufzwingen.

Die 94. Infanteriedivision, die in gut ausgebauten Stellungen lag und auch ihre Nachschuborganisation noch nicht verloren hatte, löste sich befehlsgemäß aus ihrer Front. Alles sperrige und schwer zu tragende Material wurde verbrannt oder zerstört: Briefschaften, Tagebücher, Sommersachen in lodernde Feuer geworfen. Dann verließen die Männer ihre Bunker und Erdhöhlen und setzten sich Richtung Nordrand der Stadt ab. Schneelöcher und vereiste Schluchten ersetzten die verlassenen warmen Quartiere. Da lagen sie nun als Avantgarde des Ausbruchs. Aber sie brachten nicht das große Abenteuer ins Rollen, sondern sahen sich plötzlich von schnell nachstoßenden sowjetischen Regimentern gestellt, wurden überrollt, zusammengeschossen. Die ganze altbewährte 94. Infanteriedivision ging zugrunde.

So sah also das Ergebnis einer spontanen Absetzbewegung mit dem Ziel des Ausbruchs aus. Aber nicht nur das ist exemplarisch, sondern noch etwas anderes: Noch ehe die Führung der 6. Armee Kenntnis von diesen Vorgängen an ihrer linken Kesselflanke hatte, wußte Hitler schon davon. Ein Funktrupp der Luftwaffe, der im Katastrophenraum saß, hatte die Meldung an den Luftwaffenverbindungsoffizier im Führerhauptquartier gegeben, und schon wenige Stunden später funkte Hitler an die Heeresgruppe: »Verlange umgehend Meldung, warum Front nördlich von Stalingrad zurückgenommen.«

Paulus recherchierte, stellte die Zusammenhänge fest und — beantwortete die Anfrage aus dem Führerhauptquartier nicht. Seydlitz wurde beim Führer nicht angeschwärzt. Hitler bekam auf diese Weise keine Kenntnis von den Hintergründen und erfuhr nicht, daß Seydlitz für das Desaster verantwortlich war. Paulus nahm durch sein Schweigen die Verantwortung auf sich. Wie viele Oberbefehlshaber hätten auf einen eklatanten Verstoß gegen die militärische Disziplin so reagiert? Die Reaktion aus der ›Wolfsschanze‹ war allerdings für Paulus niederschmetternd: Hitler, der Seydlitz seit den Kämpfen um den Kessel von Demjansk sehr schätzte und ihn auch jetzt für den härtesten Mann im Kessel hielt, glaubte, die Frontverkürzung gehe auf Paulus' Konto. Er verfügte deshalb mit Funkspruch vom 24. November 21 Uhr 24, er wünsche, daß der Nordteil des Stalingrader Festungsbereichs »einem einzigen militärischen Führer unterstellt wird«, der ihm für das unbedingte Halten verantwortlich sein sollte.

Und wen ernannte Hitler? Den General von Seydlitz-Kurzbach. Getreu dem Prinzip: teile und herrsche, wollte er Paulus gewissermaßen einen Aufpasser für Energie beigesellen. Als Paulus persönlich die Führerweisung Seydlitz überbrachte und ihn fragte: »Was werden Sie jetzt tun?«, bekam er zur Antwort: »Da bleibt ja wohl nichts anderes übrig, als zu gehorchen.«

General Paulus hat in der Gefangenschaft und nach seiner Entlassung immer wieder auf dieses Gespräch mit Seydlitz hingewiesen. General Roske, der Kommandant von Stalingrad Mitte, erinnert sich sogar, daß General Paulus ihm noch in Stalingrad mitgeteilt hat, er habe zu Seydlitz gesagt: »Wenn ich jetzt den Oberbefehl über die 6. Armee niederlege, besteht kein Zweifel, daß Sie als Persona grata vom Führer den Oberbefehl bekommen. Ich frage Sie: Werden Sie dann gegen den Befehl des Führers ausbrechen?« Nach einiger Überlegung habe Seydlitz geantwortet: »Nein, ich werde verteidigen.«

Das klingt angesichts der Denkschrift merkwürdig, aber es ist verbürgt. Und Offiziere, die Seydlitz recht gut kennen, halten es nicht für unwahrscheinlich.

»Ich werde verteidigen.« Genau das tat auch Paulus.

Wie Tschuikow auf der Gegenseite, so lebten auch Paulus und seine Mitarbeiter unter der Erde. In der Steppe, sechs Kilometer westlich Stalingrad, dicht beim Bahnhof Gumrak, war der Armeestab in zwölf Erdbunkern untergebracht.

Vier mal vier Meter war der Erdbunker groß, den Generaloberst Paulus bewohnte. Mit zwei Meter hohen, festgefrorenen Erddecken boten diese Unterstände ausreichenden Schutz gegen Artilleriebeschuß mittleren Kalibers. Die Innenausstattung bestand aus Holzlatten und Behelfsmaterial. Selbstgebaute Lehmöfen wärmten die Höhlen — wenn genügend Heizmaterial vorhanden war, das aus Stalingrad Mitte herangeholt werden mußte. Mit Decken gegen den Wind geschützte Eingänge verhinderten ein zu schnelles Abkühlen. Da die Parkplätze in einiger Entfernung von den Bunkern eingerichtet worden waren, war auch aus der Luft kaum eine Veränderung in der Steppenlandschaft festzustellen. Nur hier und dort flatterte eine dünne Rauchfahne aus einem Schneehügel.

Am turbulenten 24. November, kurz nach 19 Uhr, betrat der Funkoffizier, Leutnant Schätz, mit einem entzifferten Spruch der Heeresgruppe den Unterstand von General Schmidt: »Geheime Kommandosache, Chefsache«, also höchste Geheimhaltungsstufe. Text: »Übernehme 26. 11. Befehl über Heeresgruppe Don. Wir werden alles tun, Sie herauszuhauen. Es kommt inzwischen darauf an, daß Armee unter Festhalten der Wolga- und Nordfront gemäß Führerbefehl baldmöglichst starke Kräfte bereitstellt, um sich notfalls wenigstens vorübergehend eine Nachschubstraße nach Südwesten auszuschlagen.« Unterschrift: »Manstein.« Paulus und Schmidt atmeten auf.

Es war keine einfache Aufgabe, die der Feldmarschall zu lösen hatte. Er brachte keine neuen Kräfte mit, sondern übernahm die eingeschlossene 6. Armee, die zerschlagene 3. rumänische Armee, die Armeegruppe Hollidt mit zusammengerafften Kräften am Tschir und die neu formierte Armeegruppe Hoth.

In Nowo Tscherkask war das Hauptquartier der neuen Heeresgruppe Don, der Paulus nun unterstand. Am Vormittag des 27. November traf Manstein auf seinem Gefechtsstand ein und übernahm den Befehl.

Mansteins Plan sah trotz Schwierigkeiten hoffnungsvoll und kühn aus: Er wollte frontal von Westen her aus der Tschirfront mit der Armeegruppe des Generals Hollidt direkt auf Kalatsch angreifen, die Armeegruppe Hoth sollte inzwischen von Südwesten her aus dem Raum um Kotelnikowo den sowjetischen Ring aufschlagen.

Zum Verständnis der Zusammenhänge ist es notwendig, einen Blick zurückzuwerfen. Wie sah es am Tschir und bei Kotelnikowo, den Eckpfeilern für die Ausgangsbasis des deutschen Entsatzangriffs, aus?

Die Lage zwischen Don und Tschir hatte sich wider Erwarten stabilisiert. Das war vor allem das Verdienst eines Mannes, dem wir schon oft begegnet sind: Oberst i. G. Wenck, am 19. November noch Chef des Generalstabs des LVII. Panzerkorps, das an der Kaukasusfront in schweren Kämpfen um Tuapse stand. Am 21. November erhielt er vom OKH den Befehl, sich sofort mit einer Sondermaschine der Luftwaffe nach Morosowskaja zu begeben, um dort die Stellung des deutschen Chefs des Generalstabs der 3. rumänischen Armee zu übernehmen.

Noch am gleichen Abend war Wenck bei der schwer angeschlagenen 3. rumänischen Armee. Er berichtet: »Ich meldete mich bei Generaloberst Dumitrescu. Durch den Dolmetscher, Oberleutnant Iwansen, wurde ich in die Lage eingewiesen. Sie war verzweifelt genug. Am nächsten Morgen begab ich mich im Fieseler Storch nach vorn, in den Tschirbogen. Von den rumänischen Verbänden war nicht mehr viel vorhanden. Irgendwo westlich Kletskaja, am Don, kämpften noch Teile der tapferen Gruppe Lascar. Der Rest der Verbündeten war auf völliger Flucht. Das Zurückfluten war mit den uns zur Verfügung stehenden geringen Mitteln nicht zu stoppen. Ich konnte mich also nur auf die Reste des XXXXVIII. Panzerkorps, die Alarmverbände der Luftwaffe, die vorgefundenen rückwärtigen Teile der bereits eingeschlossenen 6. Armee stützen, die sich unter tatkräftigen Offizieren zu Kampfgruppen formten, sowie auf die im Raum befindlichen und nach und nach wieder eintreffenden Urlauber der 6. Armee und der 4. Panzerarmee. Die Gruppen Generalleutnant Spang, Oberst Stahel, Hauptmann i. G. Sauerbruch und Oberst Adam, Alarmverbände aus den rückwärtigen Diensten und Werkstatteinheiten der 6. Armee, ferner Panzerbesatzungen und Panzerkompanien ohne Panzer sowie mehrere Pionier- und Flakeinheiten bildeten zunächst den einzigen militärischen Rückhalt im Don–Tschirbogen auf mehrere hundert Kilometer Breite. Später kam noch die Masse des XXXXVIII. Panzerkorps dazu, die sich ab 26. November etwa den Rückweg nach Südwesten erkämpfte. Mit dem Panzerkorps Heim habe ich aber erst Verbindung aufnehmen können, nachdem sich Generalleutnant Heim mit der 22. Panzerdivision bis auf das Südufer des Tschir durchgeschlagen hatte. Als Heeresgruppenkommando war zunächst die Heeresgruppe B unter Generaloberst Freiherr von Weichs zuständig. Ich erhielt allerdings meine Weisungen und Befehle oft unmittelbar vom Chef des Generalstabs des Heeres, General Zeitzler, da die Heeresgruppe Weichs selbst übergenug zu tun hatte und meinen Abschnitt im einzelnen wohl auch kaum richtig übersehen konnte.

Meine Hauptaufgabe bestand zunächst darin, Sperrverbände unter energischen Offizieren aufzustellen, die beiderseits der bereits gebildeten Kampfgruppen Adam, Stahel und Spang die lange Front am Don und Tschir im Zusammenwirken mit den Luftwaffenverbänden des VIII. Fliegerkorps wenigstens aufklärungsmäßig sichern sollten. Meinen eigenen Stab habe ich mir dabei buchstäblich auf der Straße ›zusammengeklaut‹. Das gleiche geschah mit Krädern, Pkw und Nachrichtenmitteln, das heißt praktisch mit allem, was man auch für den kleinsten Stabsbetrieb braucht. Von unschätzbarem Wert waren dabei die alten osterfahrenen Obergefreiten, die sich schnell einfanden und für alles zu verwenden waren.

Eigene Nachrichtenverbindungen hatte ich nicht. Zum Glück konnte ich die Nachrichtenverbindungen im Versorgungsraum der 6. Armee und das Luftwaffennetz benutzen. Erst durch zahllose Gespräche auf diesen Leitungen erhielt ich allmählich ein Bild der Lage an unserem Frontabschnitt, wo die deutschen Sperrverbände kämpften und wo noch rumänische Truppenteile zu finden waren. Ich selbst war mit wenigen Begleitern jeden Tag unterwegs, um mir einen persönlichen Eindruck zu verschaffen und an Ort und Stelle entscheiden zu können, wo elastisch gefochten werden konnte oder unbedingt gehalten werden mußte.

Unsere einzige Reserve, mit der wir im Einbruchsraum rechnen durften, war der Rückstrom der Urlauber. Ihre Bewaffnung erfolgte aus Heeresgruppendepots, Werkstätten oder ganz einfach aus ›organisierten‹ Beständen.

Um die durch den russischen Durchbruch führerlos gewordenen Gruppen, Grüppchen und einzelnen abgesplitterten Truppenteile von drei Armeen zu neuen Einheiten zusammenzuschweißen, bedurfte es oft ausgefallenster, immer aber erfindungsreicher und drastischer Maßnahmen.

So erinnere ich mich, wie wir in Morosowskaja den Chef einer Wehrmachtpropagandakompanie veranlaßten, an den Verkehrsknotenpunkten Kinovorstellungen durchzuführen. Anschließend wurden die so gesammelten Soldaten zu Einheiten zusammengefaßt, neu gegliedert und ausgerüstet. Meistens haben sie sich gut bewährt.

Einmal meldete sich bei mir ein Feldwebel der Feldgendarmerie und berichtete, er habe neben der Hauptrollbahn ein fast verlassenes ›Betriebsstofflager ohne Herrn‹ entdeckt. Wir brauchten zwar keinen Sprit, dafür aber um so dringender Fahrzeuge, um unsere neuformierten Truppenteile transportieren zu können. So ließ ich überall an den Straßen im rückwärtigen Frontbereich Hinweisschilder mit der Aufschrift ›Zur Betriebsstoff-Ausgabestelle‹ anbringen. Sie führten die sprithungrigen Fahrer mit ihren Lastern, Pkw und was sonst alles hinter der Front herumfährt zu unserem Lager. Hier warteten Kommandos unter Führung energischer Offiziere. Die ankommenden Fahrzeuge erhielten zwar ihren Sprit, wurden aber sehr eingehend auf ihren Verwendungszweck überprüft. Und bei dieser ›Durchforstung‹ gelang es, so viele in der Gegend herumfahrende und aufs Absetzen bedachte Fahrzeuge nebst Fahrzeugbesatzungen sicherzustellen, daß unsere schlimmsten Transportsorgen behoben werden konnten.

Mit solchen ›Aushilfen‹ wurden in kurzer Zeit neue Truppenteile geschaffen, die zwar im Sprachgebrauch jener Tage ›Alarmeinheiten‹ hießen, in Wirklichkeit aber den Grundstock bildeten für die später neuaufgestellte 6. Armee. Diese Verbände haben sich unter den fronterfahrenen Offizieren und Unterführern in diesen kritischen Monaten hervorragend bewährt. Die bunt zusammengewürfelten Einheiten haben mit ihrer Standfestigkeit und ihrer Tapferkeit die Lage am Tschir gerettet, die sowjetischen Durchbrüche gestoppt und den Weg nach Rostow verriegelt.«

Soweit der spätere General der Panzertruppe Wenck.

Ein Fels in der Schlacht an Don und Tschir war die Panzergruppe der 22. Panzerdivision. Sie erwarb sich bei der Infanterie während der schweren Wochen im Donbogen durch ihre blitzschnellen Gegenstöße fast legendären Ruf. Diese Gruppe bestand zwar nach wenigen Tagen nur noch aus etwa sechs Panzern, zwölf Schützenpanzerwagen und einer 8,8-Flak. Ihr Führer, Oberst von Oppeln-Bronikowski, saß in einem Panzer III/Skoda, mit dem er seinen schnellen Verband nach alter Reiterart von ganz vorn führte. Aber sie wirkte im wahrsten Sinne des Wortes wie ›eine Feuerwehr‹ am Tschir. Sie wurde von Wenck immer wieder an die wechselnden Brennpunkte der Schlacht geworfen.

Als Generalfeldmarschall von Manstein am 27. November den Befehl über die neue Heeresgruppe Don übernahm, meldete sich Wenck bei ihm in Nowo Tscherkask. Manstein kannte den Oberst. Und so lautete sein lakonischer Befehl: »Wenck, Sie haften mir mit ihrem Kopf dafür, daß der Russe im Abschnitt Ihrer Armee nicht nach Rostow durchbricht. Die Don—Tschirfront muß halten. Sonst ist nicht nur die 6. Armee in Stalingrad, sondern auch die ganze Heeresgruppe A im Kaukasus verloren.« Und die Heeresgruppe A, das waren eine Million Mann. Wer wollte sich wundern, daß da die Frontkommandeure oft zu verzweifelten Aushilfen Zuflucht nahmen?

So fehlte es vor allem an schnellen, gepanzerten Eingreifreserven, um der Feindpanzer Herr zu werden, die immer wieder überall auftauchten und das rückwärtige Heeresgruppengebiet in Schrecken versetzten. Kurz entschlossen stellte der Stab Wenck aus beschädigten Panzern, ausgefallenen Sturmgeschützen und SPW eine gepanzerte Einheit zusammen, die mit großem Erfolg an den Brennpunkten der Abwehrschlacht zwischen Don und Tschir zum Einsatz gelangte.

Natürlich mußten auch sie ergänzt werden. Und so verfielen Wencks Offiziere auf die ›Aushilfe‹, Panzer, die auf den rollenden Panzertransporten für die Heeresgruppe A oder die 4. Panzerarmee durch den Armeebereich kamen, ›sicherzustellen‹ und sie nach Besetzung mit erfahrenen Panzerbesatzungen ihren Panzerkompanien einzuverleiben. So kam langsam eine ›eigene Panzerabteilung‹ zusammen. Als dann der Ia, Oberstleutnant Hörst, eines Abends bei der Durchgabe der ›Abendlage‹ aus Versehen die erfolgreiche Bereinigung eines gefährlichen Einbruchs am Tschir durch ›unsere Panzerabteilung‹ meldete, wurden der Feldmarschall und sein Stab stutzig, Wenck wurde zum Bericht befohlen.

»Mit was für einer Panzerabteilung hat die Armee die Lage bereinigt, sie hat nach unseren Unterlagen doch gar keine?« fragte Manstein. Da half nichts, es mußte Farbe bekannt werden. Wenck meldete den Tatbestand und fügte hinzu: »Wir hatten keine andere Wahl, wollten wir der vielen Krisen Herr werden. Ich bitte notfalls meine Handlung kriegsgerichtlich überprüfen zu lassen.«

Feldmarschall von Manstein schüttelte nur entgeistert den Kopf. Dann aber folgte die Andeutung eines amüsierten Lächelns. Der OB verzieh die desperate Aushilfe, verbot aber für die Zukunft jeden weiteren ›Panzerklau‹. »Wir leiteten einige unserer Panzer an die 6. und 23. Panzerdivision weiter, setzten aber von Stund an unsere Panzerteile nur noch kompanieweise ein, damit sie höheren Ortes nicht mehr auffielen.«

So wurde das große Loch gestopft, das die russische Offensive im Rücken der 6. Armee in die deutsche Front gerissen hatte. Führungsmäßig eine ungeheure Leistung. Wochenlang wurde eine zweihundert Kilometer breite Front mit Verbänden gehalten, die zu einem nicht geringen Teil aus Reichsbahnbediensteten, Arbeitsdienstmännern, Baugruppen der OT sowie Freiwilligen der kaukasischen und ukrainischen Kosakenvölker bestanden.

Trotzdem muß gesagt werden, daß sich zahlreiche abgesprengte rumänische Einheiten unter deutsches Kommando stellten. Dort haben sie sich unter deutscher Führung und vor allem mit deutscher Ausrüstung zum Teil ausgezeichnet geschlagen, und viele sind auf eigenen Wunsch auch lange in diesen deutschen Verbänden geblieben.

Erst Ende November kam ein regulärer großer Truppenverband an die Tschirfront, als sich das XVII. Armeekorps unter General der Infanterie Hollidt in den Raum der 3. rumänischen Armee durchkämpfte. Jetzt endlich konnte man aufatmen.

Die Heeresgruppe unterstellte auf Vorschlag Wencks General Hollidt den ganzen Don—Tschirabschnitt sowie alle Verbände, die bis jetzt dort gefochten hatten, und bildete die ›Armeeabteilung Hollidt‹. Damit hörte die bunt zusammengewürfelte ›Wenck-Armee‹, wie die Landser sagten, auf zu existieren. Sie hatte eine Leistung vollbracht, die in der Kriegsgeschichte nicht viele Parallelen hat.

Auf dieser Leistung baute sich der zweite Akt der Operationen am Tschir auf: die Wiedergewinnung der für jeden Gegenangriff unerläßlichen Höhen auf dem südwestlichen Tschirufer. Diese Aufgabe meisterten die herangeworfene 336. I. D. und die nachfolgende 11. Pz. D. Anfang Dezember.

Die Höhen wurden in grimmigen Kämpfen genommen und gegen alle sowjetischen Angriffe gehalten. Damit kehren wir an den Ausgangspunkt dieses Zwischenkapitels zurück, denn diese Positionen am Tschir waren von ausschlaggebender Bedeutung für die von Manstein geplante Entsatzoffensive für Stalingrad, für die der Feldmarschall die Armeegruppe Hoth ostwärts des Don aus dem Raum Kotelnikowo ansetzte. Die Tschirfront deckte Flanke und Rücken dieser Rettungsaktion für die 6. Armee. Mehr noch: sobald es die Lage erlauben würde, sollte das XXXXVIII. Panzerkorps, jetzt unter Führung von General der Panzertruppe von Knobelsdorff, mit 11. Pz.D., 336. Infanteriedivision und einer Luftwaffenfelddivision Hoths Operation durch einen Angriff nach Nordosten unterstützen. Sprungbrett für diese Hilfsoperation sollte der letzte Donbrückenkopf der 6. Armee von Werchne Tschirskaja sein, genau dort, wo der Tschir in den Don mündet. Oberst Adam, der Adjutant von General Paulus, hielt diesen Schlüsselpunkt mit zusammengerafften Alarmeinheiten der 6. Armee in wirklich heldenhaftem Kampf in einer Igelstellung.

So waren alle Weichen gestellt, alles Menschenmögliche getan, mit Tapferkeit und Feldherrnkunst an der Front, Hitlers großen Führungsfehler doch noch zu korrigieren und die 6. Armee freizuschlagen.

7 Hoth tritt zum Entsatzangriff an

›Wintergewitter‹ und ›Donnerschlag‹ – Der 19. Dezember – Noch fünfzig Kilometer – Das Ringen um ›Donnerschlag‹ – Rokossowski bietet ehrenhafte Kapitulation an

Am 12. Dezember trat Hoth an. Der erfahrene, listige und kühne Panzerführer hatte eine schwere, aber nicht hoffnungslose Aufgabe vor sich.

Die rechte Flanke von Hoth war, wie am Tschir, mit drastischen Mitteln abgesichert worden. Hier war es Oberst i. G. Doerr, der – wie im Norden Oberst Wenck – als Chef des deutschen Verbindungsstabes bei der zerschlagenen rumänischen 4. Armee mit Alarmeinheiten und zusammengerafften Teilen schneller deutscher Truppen eine dünne Sicherung aufgebaut hatte. Die Kampfgruppen Major Sauvant mit Teilen der 14. Panzerdivision, Oberst von Pannwitz mit seinen Kosaken, Flakeinheiten und Alarmverbände brachten Ruhe in die zurückflutenden rumänischen Truppen und die von der Panik miterfaßten deutschen rückwärtigen Dienste. Die 16. I. D. (mot.) setzte sich aus der Kalmückensteppe auf eine vorbereitete Stellung ab. So konnte auch hier, am Südflügel, der russische Versuch verhindert werden, von Osten her der Heeresgruppe Kaukasus in den Rücken zu fahren und sie abzuschneiden.

Man sollte meinen, daß Hitler nun alles, was er frei machen konnte, Hoth für seinen Entsatzangriff zur Verfügung stellte, damit der Befreiungsstoß durch hundert Kilometer Feindgebiet überraschend, kraftvoll und schnell geführt werden konnte.

Aber wieder geizte Hitler mit Verbänden. Gab aus dem Kaukasus außer der 23. Panzerdivision, die im Landmarsch heraneilte, nichts her. Der einzige voll kampfkräftige Verband, den Hoth erhielt, war die 6. Panzerdivision General Raus' mit 160 Panzern, die aber auch erst in Eiltransporten aus Frankreich herangeführt wurde. Sie traf am 12. Dezember mit 136 Panzern ein, die 23. Panzerdivision mit 96.

Hundert Kilometer hatte Hoth vor sich, hundert Kilometer stark verteidigtes Feindgebiet. Aber es geht gut an. Fast mühelos wirft das Panzerregiment 11 der 6. Panzerdivision unter seinem Kommandeur Oberst von Hünersdorff an diesem Tage die Sowjets, die nach Osten ausweichen. Die Russen räumen das Südufer des Aksai, Oberstleutnant von Heydebreck gewinnt mit Teilen der 23. Panzerdivision einen Brückenkopf über den Fluß.

Die Sowjets sind überrascht. Generaloberst Jeremenko ruft Stalin an und meldet besorgt: »Es besteht die Gefahr, daß Hoth in den Rücken unserer 57. Armee stößt, die den Südwestrand des Stalingrader Kessels zuhält. Wenn Paulus in diesem Augenblick aus dem Kessel nach Südwesten angreift, wird es schwer sein, seinen Ausbruch zu verhindern.«

Stalin ist erregt. »Du hältst, wir schicken Reserven«, befiehlt er drohend. »Ich gebe dir die 2. Gardearmee, die beste Truppe, die ich noch habe.«

Aber ehe die Garde heran ist, muß sich Jeremenko selbst helfen. Er zieht aus der Stalingrader Einschließungsfront das XIII. Panzerkorps ab und wirft es Hoths

6. Panzerdivision entgegen. Er entblößt auch noch rücksichtslos seine Heeresgruppe von den letzten Reserven und schmeißt die 235. Panzerbrigade und die 87. Schützendivision gegen die Angriffsspitzen Hoths.

Fünf Tage wird um die Höhen nördlich des Aksai gerungen. Zum Glück kommt in dieser Stunde die 17. Panzerdivision, die Hitler endlich freigegeben hatte. So kann am 19. Dezember der Feind geworfen werden.

Nach abenteuerlichem Nachtmarsch erreicht die gepanzerte Gruppe der 6. Panzerdivision in der Frühe des 20. Dezember den Myschkowa-Abschnitt bei Wassiljewka. Stalins 2. Gardearmee ist bereits da. Aber trotzdem schlagen sich die Verbände General Raus' einen drei Kilometer tiefen Brückenkopf. Fünfzig bis sechzig Kilometer Luftlinie trennen die Spitzen Hoths noch von den Vorposten der Stalingradfront.

Wie sah es inzwischen im Kessel aus? Die Versorgung der rund 230 000 deutschen und verbündeten Soldaten war miserabel. Es zeigte sich, daß die deutsche Luftwaffe nicht in der Lage war, eine ganze Armee im Winter, tief in Rußland, von provisorischen Feldflughäfen aus zu versorgen. Man hatte nicht genügend Transportmaschinen. Bomber mußten als Versorgungsflugzeuge eingesetzt werden. Sie konnten aber nicht mehr als anderthalb Tonnen Nachschubgüter transportieren. Ihre Abwesenheit vom Kampfeinsatz machte sich außerdem an allen Frontabschnitten böse bemerkbar. Wieder enthüllte sich das Kernproblem: die materielle Kraftreserve Deutschlands reichte für diesen Krieg nicht aus.

General von Seydlitz hatte die notwendige Versorgung auf 1000 Tonnen beziffert. Das war sicher zu hoch. Die 6. Armee hielt 600 Tonnen für wünschenswert, 300 Tonnen für den Mindestsatz, um die Armee einigermaßen kampffähig zu halten. Vierzig Tonnen Brot allein brauchten die Verteidiger im Kessel täglich.

Die Luftflotte 4 hat versucht, diese 300 Tonnen je Tag einzufliegen. Der erfahrene Kommandierende des VIII. Fliegerkorps, Generalleutnant Fiebig, wurde mit der schweren Aufgabe betraut, und zuerst sah es auch so aus, als ob sie zu meistern wäre. Kälte und schlechtes Wetter erwiesen sich aber als die unüberwindlichsten Feinde, härter als die sowjetischen Jäger oder die schwere russische Flak. Vereisung, unsichtiges Wetter und dadurch entstehende Flugunfälle forderten mehr Opfer als der Feind. Trotzdem wurde von den Besatzungen mit einer Bravour geflogen, die es bis dahin noch nie gegeben hatte. Solange es eine Geschichte der Fliegerei gibt, wurde noch nie mit einer solchen Todesverachtung, so hartem Einsatzwillen geflogen, wie für die Luftversorgung von Stalingrad. Etwa 550 Maschinen Totalverlust stehen zu Buch. Das heißt, ein Drittel der eingesetzten Maschinen blieb mit ihren Besatzungen auf der Strecke, als Opfer von Wetter, Jägern und Flak. Jede dritte Maschine ging verloren — eine schreckliche Rate, eine Rechnung, die keine Luftmacht der Welt begleichen könnte.

Nur zweimal wurde der Mindestsatz von 300 Tonnen knapp geschafft: am 7. Dezember landeten gemäß Kriegstagebuch des Oberquartiermeisters der 6. Armee auf dem Flughafen Pitomnik 188 Flugzeuge und brachten 282 Tonnen. Am 20. Dezember wurden 291 Tonnen erreicht. Nach der ausgezeichneten Studie von Generalmajor Herhudt von Rohden, der sich auf das Aktenmaterial der

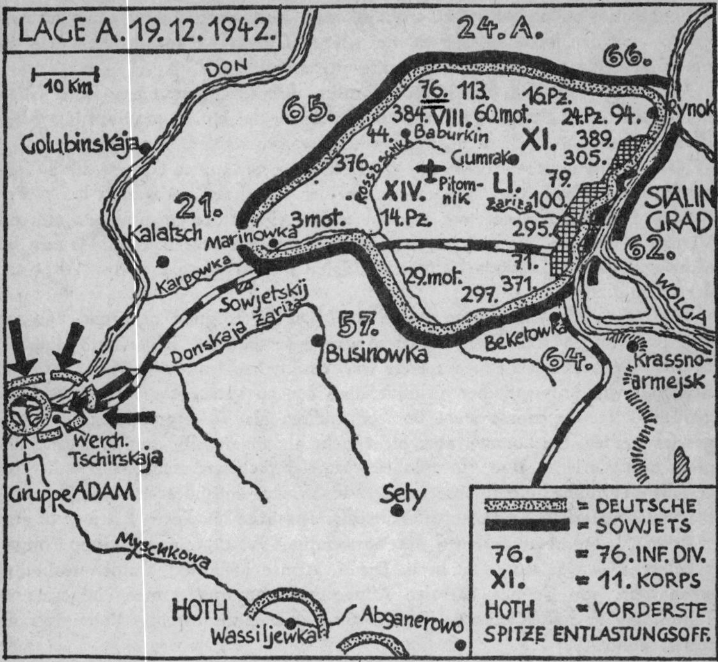

Karte 35
Der Kessel von Stalingrad vor dem sowjetischen Großangriff.

Luftwaffe stützt, war der 19. Dezember der Höhepunkt der Versorgung, als 154 Maschinen 289 Tonnen Versorgungsgut nach Pitomnik brachten und tausend Verwundete mit hinausnahmen.

Im Durchschnitt wurden vom 25. November bis zum 11. Januar 104,7 Tonnen eingeflogen, 24 910 Verwundete wurden insgesamt abtransportiert. Bei diesem Versorgungssatz mußten die Soldaten im Kessel hungern und blieben ohne den nötigen Munitionsnachschub.

Trotzdem hielten die Divisionen aus. Die Sowjets haben bis heute keine klaren Angaben über die Zahl der Überläufer gemacht. Nach allen verfügbaren deutschen Quellen muß sie bis Mitte Januar verschwindend klein gewesen sein. Als sich bei der Truppe von den Stäben aus die Nachricht herumsprach, daß Hoths Divisionen zum Entsatzangriff angetreten waren, verbreitete sich sogar eine kampfesfreudige Stimmung. Es gab kaum einen Soldaten oder Offizier, der nicht fest überzeugt gewesen wäre: »Manstein haut uns raus.« Und kräftig genug, um den Befreiern entgegenzustoßen, fühlte sich auch das abgekämpfteste Bataillon. Daß eine solche Absicht bestand, wußte jeder im Kessel. Teile von zwei motorisierten Divisionen und einer Panzerdivision standen ja an der Südfront bereit, um auf das Stichwort ›Wintergewitter‹ den Divisionen Hoths entgegenzustoßen, wenn diese nahe genug heran waren.

Am Nachmittag des 19. Dezember. Es ist kalt, aber klare Luft. Großartiges Flugwetter. Über Pitomnik rauschen die Transportmaschinen an. Entladen. Werden vollgepackt mit Verwundeten. Und starten wieder. Benzinfässer türmen sich. Kisten werden gestapelt. Granaten abgefahren. Wenn jeden Tag solches Wetter wäre!

Vor vierundzwanzig Stunden war ein Abgesandter Mansteins im Kessel erschienen, um die Armee über die Auffassungen des Feldmarschalls wegen des Ausbruchs zu orientieren. Major i. G. Eismann, der 3. Generalstabsoffizier (Ic) der Heeresgruppe Don, ist bereits wieder zurückgeflogen. Noch ahnt niemand, daß dieser Besuch zu einer irritierenden Episode in der Tragödie Stalingrad werden soll, weil kein Dokument die Gespräche festhält und der zehn Jahre später aus dem Gedächtnis verfaßte Bericht des Majors Anlaß zu widerstreitenden Thesen gibt. Bis heute ist nicht geklärt, was Paulus, was Schmidt, was Eismann wirklich sagten und was sie meinten. Hat Eismann klar und präzis die Gedanken Mansteins übermittelt, daß es angesichts der Lage nur noch die brutale Alternative gab: Schneller Ausbruch oder Vernichtung? Hat er klar berichtet, daß die Armeeabteilung Hollidt am Tschir so sehr mit der Abwehr sowjetischer Gegenangriffe beschäftigt war, daß an einen Unterstützungsangriff für Hoth nicht zu denken war? Hat er gesagt, daß gegen Hoth immer stärkere sowjetische Verbände geworfen wurden? Hat er vor allem unmißverständlich gesagt, daß sich der Feldmarschall über eins vollkommen klar war: der Ausbruch macht die Aufgabe Stalingrads in Etappen notwendig, welchen Namen man der Sache auch immer geben würde, um Hitler nicht zu früh mißtrauisch zu machen! Was hat Paulus, was hat Schmidt geantwortet? Fragen über Fragen. Nicht mehr zu klären. Die Mission Eismanns wird wohl für alle Zeiten die Kriegsgeschichte befassen.

Man könnte den 19. Dezember den Tag der Entscheidung nennen, der Tag, an dem das Drama Stalingrad den Kulminationspunkt erreichte.

Paulus und sein Chef des Stabes, Generalmajor Schmidt, stehen im Unterstand des Armee-Ia am Fernschreiber, der mit dem Dezimetergerät gekoppelt ist, einer drahtlosen Fernmeldeanlage, deren Impulse die Sowjets nicht abhören können. Die 6. Armee hat auf diese Weise eine nicht zu unterschätzende, wenn auch technisch etwas schwerfällige, direkte Verbindung zur Heeresgruppe Don in Nowo Tscherkask.

Paulus wartet auf die verabredete Verbindung mit Manstein. Jetzt ist es soweit. Das Gerät rasselt. Schreibt: »Sind die Herren dort?«

»Jawohl«, läßt Paulus antworten.

»Bitte kurz Stellung nehmen zu Vortrag Eismann«, kommt es von Manstein.

Paulus nimmt Stellung. Er formuliert knapp.

Fall 1: Herausbrechen aus dem Kessel zur Vereinigung mit Hoth ist nur mit Panzern möglich. Infanteristische Kraft fehlt. Bei dieser Lösung verlassen alle

Panzerreserven die Festung, mit denen bisher jegliche Einbrüche bereinigt wurden.

Fall 2: Durchschlagen ohne Verbindung mit Hoth ist nur im äußersten Notfall möglich. Die Folge wäre der Verlust zahlreichen Materials. Voraussetzung ist vorheriges Einfliegen von ausreichender Verpflegung und Betriebsstoff, um Kräftezustand der Menschen zu bessern. Wenn Hoth nur vorübergehend Verbindung herstellt und Zugmittel hereinbringt, wird diese Lösung leichter durchzuführen sein. Infanteriedivisionen sind zur Zeit fast unbeweglich und werden es täglich mehr, da Pferde laufend geschlachtet werden müssen.

Fall 3: Weiteres Halten in jetziger Lage ist abhängig von Versorgung und Einfliegen von ausreichenden Mengen. Bisherige Versorgung völlig ungenügend.

Und dann diktiert er in den Fernschreiber: »Auf jetziger Basis weiteres Halten nicht mehr lange möglich.« Der Fernschreiber tickt drei Kreuze.

Dann klappert Mansteins Text: »Wann können Sie frühestens zu Lösung 2 antreten?«

Paulus antwortet: »Vorbereitungszeit drei bis vier Tage.«

Manstein fragt: »Wieviel Betriebsstoff und Verpflegung ist nötig?«

Paulus antwortet: »Verkürzter Verpflegungssatz für zehn Tage für 270 000 Mann.«

Das Gespräch wird unterbrochen. Eine Viertelstunde später, um 18 Uhr 30, wird es fortgesetzt, und Manstein und Paulus unterhalten sich noch einmal über die Tasten des Fernschreibers. Merkwürdig anonym tackt das Gerät die Worte aufs Papier:

»Hier Generaloberst Paulus, Herr Feldmarschall + + +«

»Guten Tag Paulus + + +«

Manstein berichtet, daß Hoths Entsatzangriff mit dem LVII. Panzerkorps General Kirchners bis an die Myschkowa gekommen ist.

Paulus meldet, daß der Feind an der Südwestecke die für einen eventuellen Ausbruch versammelten Kräfte angegriffen hat.

Manstein: »Sie erhalten anschließend einen Befehl + + +« Nach ein paar Minuten rattert dieser Befehl über den Fernschreiber. Hier ist er:

Befehl!

An 6. Armee

1.) 4. Pz.Armee hat mit LVII. Pz.Korps Feind im Raum Werchne Kumskij geschlagen und Myschkowa-Abschnitt erreicht. Angriff gegen starke Feindgruppe im Raum Kamenka und nördlich eingeleitet. Harte Kämpfe hier noch zu erwarten. Lage an Tschirfront erlaubt nicht Vorgehen von Kräften westlich des Don auf Stalingrad. Donbrücke Tschirskaja in Feindeshand.

2.) 6. Armee tritt baldmöglichst zum Angriff ›Wintergewitter‹ an. Dabei ist vorzusehen, notfalls über die Donskaja Zariza hinaus die Verbindung mit LVII. Pz.Korps zum Durchschlagen Geleitzuges herzustellen.

3.) Entwicklung der Lage kann dazu zwingen, daß Auftrag zum Durchbruch der Armee zum LVII. Pz. Korps an die Myschkowa erweitert wird. Stichwort ›Donnerschlag‹. Es kommt alsdann darauf an, ebenfalls zunächst schnell mit Panzern eine Verbindung zum LVII. Pz.Korps zwecks Durchbringen des Geleitzuges herzustellen. Alsdann unter Deckung der Flanken an unterer Karpowka und an der Tscherwlenaja die Armee gegen die Myschkowa vorzuführen unter abschnittsweiser Räumung des Festungsgebietes.

Operation ›Donnerschlag‹ muß unter Umständen unmittelbar an Angriff ›Wintergewitter‹ anschließen können. Versorgung auf dem Luftwege wird im wesentlichen laufend ohne größere Bevorratung erfolgen müssen. Möglichst lange Erhaltung Flugplatz Pitomnik wichtig.

Mitnahme aller irgend beweglichen Waffen, Artillerie, in erster Linie der zum Kampf benötigten und zu munitionierenden Geschütze, darüber hinaus der schwer ersetzbaren Waffen und Geräte. Diese hierzu rechtzeitig im Südwestteil zusammenziehen.

4.) Ziffer 3) vorbereiten. Inkrafttreten erst auf ausdrücklichen Befehl ›Donnerschlag‹.

5.) Angriffstag und Zeit zu 2) melden.

Ein historisches Dokument. Die Stunde war da. Die Armee sollte antreten zum Befreiungsmarsch. Aber noch galt nur ›Wintergewitter‹, das heißt ein Korridor sollte zu Hoths Divisionen geschlagen, Stalingrad aber vorerst noch nicht geräumt werden.

Am Nachmittag hatte Manstein erneut versucht, von Hitler die Genehmigung zum sofortigen Gesamtausbruch der 6. Armee zu bekommen, zu ›Donnerschlag‹. Aber Hitler billigte zwar ›Wintergewitter‹, verweigerte jedoch die Zustimmung zur großen Lösung. Trotzdem gab Manstein, wie unser Dokument zeigt, der 6. Armee den Befehl, sich auf ›Donnerschlag‹ vorzubereiten, und sagte unter 3.): »Entwicklung der Lage kann dazu zwingen, daß ›Auftrag zum Durchbruch der Armee‹ erweitert wird.« Also zum Ausbruch.

Das Drama ist auf dem Höhepunkt. Das Schicksal einer viertel Million Soldaten hängt an zwei Worten: ›Wintergewitter‹ und ›Donnerschlag‹.

Um 20 Uhr 40 sitzen die beiden Generalstabschefs schon wieder am Fernschreiber. General Schmidt teilt mit, daß feindliche Angriffe die Masse der Panzer und einen Teil der infanteristischen Stoßkraft binden.

Schmidt: »Erst wenn die Kräfte nicht mehr in der Abwehr gebunden, kann zum Ausbruch angetreten werden. Frühester Zeitpunkt 22. Dezember.« Das sind noch drei Tage.

Eiskalt ist die Nacht. In den Bunkern bei Gumrak wird fieberhaft gearbeitet. Paulus ist am nächsten Morgen um 7 Uhr schon unterwegs zu den Krisenstellen des Kessels. Den ganzen Tag gibt es an vielen Frontabschnitten örtliche Kämpfe. Als sich am Nachmittag die beiden Stabschefs Schulz und Schmidt wieder über den Fernschreiber sprechen, meldet Schmidt: »Durch Verluste der letzten Tage Menschenlage an Westfront und in Stalingrad äußerst gespannt. Einbrüche können nur durch die für ›Wintergewitter‹ vorgesehenen Kräfte bereinigt werden. Bei größeren Ein- oder gar Durchbrüchen müssen die Armeereserven, insbesondere die Panzer zur Stelle sein, wenn die Festung überhaupt halten soll.

Etwas anders ist die Lage zu beurteilen«, fügt Schmidt hinzu, »wenn sicher ist, daß auf ›Wintergewitter‹ unmittelbar ›Donnerschlag‹ folgt. In diesem Fall können wir örtliche Einbrüche an den übrigen Fronten in Kauf nehmen, wenn sie das Zurückgehen der Gesamtarmee nicht gefährden. Wir können für den Ausbruch nach Süden dann wesentlich stärker sein, da wir zahlreiche örtliche Reserven an allen Fronten im Süden zusammenführen können.«

Da ist der Teufelskreis wieder, der nur zu lösen wäre, wenn man die Genehmigung zu ›Donnerschlag‹ hätte.

General Schulz antwortet — leider durch das Medium des Fernschreibers, so daß der beschwörende Ton nicht zum Ausdruck kommt, mit dem er seinem Ia-Schreiber diktiert: »Lieber Schmidt, der Feldmarschall ist der Auffassung, daß der Angriffsbeginn der 6. Armee zu ›Wintergewitter‹ so früh wie möglich starten muß. Es kann nicht damit gewartet werden, bis Hoth sich Businowka nähert. Wir sind uns völlig klar, daß Ihre Angriffskraft für ›Wintergewitter‹ nur begrenzt sein wird. Deswegen strebt Feldmarschall Genehmigung zur Durchführung ›Donnerschlag‹ an. Der Kampf um diese Genehmigung ist beim OKH trotz unseres ständigen Drängens noch nicht entschieden. Ohne Rücksicht auf die Entscheidung für ›Donnerschlag‹ weist der Feldmarschall ausdrücklich darauf hin, daß Beginn ›Wintergewitter‹ so früh wie möglich erfolgen muß. Für die Betriebsstoffversorgung sowie Zuführung von Lebensmitteln und Munition stehen jetzt schon über 3000 Tonnen beladener Kolonnenraum hinter Armee Hoth bereit, die sofort zu Ihnen durchgeschleust werden, sobald die Verbindung hergestellt ist. Zugleich mit diesem Kolonnenraum werden zahlreiche Zugmaschinen zur Beweglichmachung der Artillerie zugeführt werden. Für Abtransport der Verwundeten stehen gleichfalls dreißig Omnibusse bereit.«

Dreißig Omnibusse! Sogar die stehen schon bereit. Und fünfzig Kilometer Luftlinie, das heißt sechzig bis siebzig Marschkilometer sind es bis zur Rettung.

In dieser Stunde bricht mitten in die Erörterungen und Erwägungen, Betrachtungen und Terminfestlegungen eine neue Katastrophe über die deutsche Ostfront: Bei der 8. italienischen Armee am mittleren Don sind am 16. Dezember drei sowjetische Armeen zum Angriff angetreten. Wieder haben sich die Russen einen Frontabschnitt ausgesucht, der von schwachen Truppen eines deutschen Verbündeten gehalten wird.

Nach kurzem, grimmigem Kampf brechen die Sowjets durch. Die Italiener fliehen. Die Russen jagen nach Süden. Eine Panzerarmee und zwei Gardearmeen werfen sich gegen die eben erst mühselig errichtete schwache deutsche Front am Tschir. Wenn es den Russen gelingt, die deutsche Tschirfront zu überrollen, steht bis Rostow nichts, um sie aufzuhalten. Und wenn die Russen Rostow nehmen, dann ist Mansteins Heeresgruppe Don abgeschnitten und die im Kaukasus stehende Heeresgruppe von Kleist von ihren rückwärtigen Verbindungen getrennt: Ein Super-Stalingrad droht. Es geht nicht mehr um 200 000 bis 300 000 Mann, jetzt geht es um anderthalb Millionen.

Als am 23. Dezember die Soldaten der 6. Armee noch hoffnungsvoll auf ihre Befreier warteten, näherten sich bereits von Norden feindliche Panzerspitzen dem 150 Kilometer westlich von Stalingrad liegenden Flughafen Morosowskaja, an dem die gesamte Versorgung des Kessels hing. Die katastrophale Lage war damit offenkundig. Die Armeeabteilung Hollidt, die am Tschir focht, hatte keine Flankendeckung mehr.

In dieser Lage gab es für Manstein keine andere Wahl, als Hoth zu befehlen, eine seiner drei Panzerdivisionen sofort nach Westen, an den unteren Tschir zu werfen, um einen weiteren Durchbruch der Russen zu bannen. Hoth zögerte nicht und gab für diese entscheidend wichtige Aufgabe seine stärkste Truppe ab.

Mitten im Angriff in Richtung Stalingrad traf die 6. Panzerdivision der Befehl zum Abmarsch. Mit nur zwei abgekämpften Divisionen aber war es Hoth nun unmöglich, seinen Angriff in Richtung Stalingrad fortzusetzen. Unter dem Druck der 2. sowjetischen Gardearmee mußte er am Heiligabend sogar bis hinter den Aksai zurück.

Feldmarschall von Manstein war voller Sorge. Er gab ein dringendes Fernschreiben ans Führerhauptquartier und mahnte beschwörend: »Die Entwicklung der Lage auf dem linken Flügel der Heeresgruppe macht die alsbaldige Verschiebung von Kräften dorthin nötig. Diese Maßnahme bedeutet den Verzicht auf Entsatz der 6. Armee auf lange Zeit mit der Folge, daß diese auf lange Sicht ausreichend versorgt werden muß. Nach Ansicht Richthofens ist nur mit Tagesdurch-

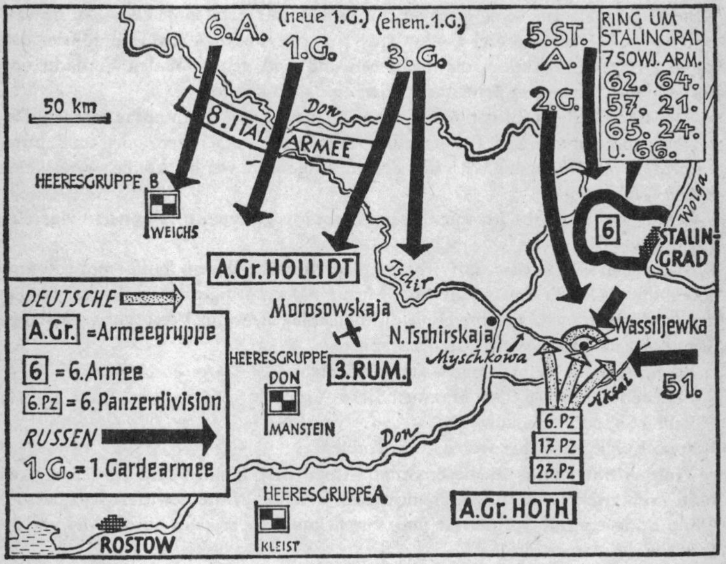

Karte 36
Am 22. Dezember 1942 stehen die Panzerspitzen der Armeegruppe Hoth rund fünfzig Kilometer vor dem sowjetischen Ring um Stalingrad. Der russische Durchbruch im Frontabschnitt der 8. italienischen Armee verhindert jedoch die Fortsetzung der Befreiungsoffensive; denn der russische Stoß zielt auf Rostow und droht die beiden deutschen Heeresgruppen Manstein und Kleist einzukesseln. Um diese Riesengefahr abzuwenden, muß die 6. Armee geopfert werden.

schnitt von 200 Tonnen zu rechnen. Kann ausreichende Luftversorgung 6. Armee nicht gewährleistet werden, so bleibt nur übrig, unter weiterer Inkaufnahme eines hohen Risikos auf linkem Heeresgruppenflügel den Ausbruch der 6. Armee zum frühestmöglichen Zeitpunkt zu erzwingen. Das hierin angesichts des Zustandes der Armee liegende Risiko ist bekannt.«

Hier ist in militärischer Bürosprache alles gesagt, was es zu sagen gab: Die 6. Armee muß ausbrechen, oder sie ist verloren!

Gespannt wartete man in Nowo Tscherkask auf die Antwort. Zeitzler gab sie über Fernschreiber: Der Führer genehmigt den Abzug von Kräften aus der Armeegruppe Hoth an den Tschir, aber er befiehlt, daß Hoth seine Ausgangsstellungen hält, um alsbald wieder zum Entsatzangriff antreten zu können.

Es ist nicht zu fassen. Freilich, Hitler hat ein schlagendes Argument gegen die Genehmigung von ›Donnerschlag‹: Paulus hat ja gar nicht genug Sprit, um bis zu Hoth auszubrechen. Eine These, die sich auf eine Meldung der 6. Armee stützt, daß die Panzer nur noch Benzin für eine Kampfstrecke von zwanzig Kilometern haben. Eine Meldung, die vielfach angezweifelt worden ist, wogegen General Schmidt auf seine strengen Kontrollen zur Erfassung auch der schwarzen Bestände verweist und Paulus später — mit Recht — ins Feld führte, daß keine Armee eine Aktion, die um Leben und Tod gehe, auf den Verdacht von vorhandenen schwarzen Benzinbeständen aufbauen könne.

Auf Grund dieser Situation läßt sich Manstein am Nachmittag des 23. Dezember noch einmal mit Paulus durch den Fernschreiber verbinden und bittet zu prüfen, ob ›Donnerschlag‹ nicht doch durchgeführt werden könne, wenn keine andere Wahl bleibe.

Paulus fragt: »Habe ich mit diesem Gespräch Vollmacht, ›Donnerschlag‹ einzuleiten?«

Manstein: »Vollmacht darf ich heute noch nicht geben, hoffe morgen Entscheidung.« Der Feldmarschall fügt hinzu: »Der springende Punkt ist, ob Sie der Armee zutrauen, sich bis Hoth durchzuschlagen, wenn Versorgung auf lange Sicht nicht möglich gemacht werden kann.«

Paulus: »Dann bleibt ja nichts anderes übrig.«

Manstein: »Wieviel Sprit brauchen Sie?«

Paulus: »1000 Kubikmeter.«

1000 Kubikmeter aber waren 1000 Tonnen!

Warum trat Paulus in dieser Stunde trotz aller Risiken und aller Bedenken nicht doch an? Warum folgte er nicht dem Befehl, ›Wintergewitter‹ loszulassen? Ohne Rücksicht auf Spritvorrat und Verpflegung, da es doch so oder so um die Existenz der Armee ging?

Feldmarschall von Manstein stellt in seinen Erinnerungen die Verantwortung dar, die Paulus mit diesem Befehl auferlegt wurde: Die drei Divisionen an der Südwestecke des Kessels, wo ausgebrochen werden soll, sind zum Teil in Abwehrkämpfe verwickelt. Kann er das Risiko auf sich nehmen, mit Teilen dieser Divisionen allein anzutreten, um den starken Einschließungsring zu sprengen? Werden ihm die Angriffe der Sowjets überhaupt die Chance dazu lassen? Wird er die anderen Fronten halten können, bis die Heeresgruppe ihm das Stichwort

›Donnerschlag‹ und damit Handlungsfreiheit für den Gesamtausbruch geben kann? Wird der Betriebsstoff für die Panzer reichen, um bei Mißlingen von ›Wintergewitter‹ die Stoßgruppe wieder in den Kessel zurückzuführen? Was wird aus den 6000 Verwundeten und Kranken?

Paulus und Schmidt sahen nur die Möglichkeit, ›Wintergewitter‹ und ›Donnerschlag‹ gleichzeitig loszulassen. Und auch das erst nach Zufliegen ausreichender Mengen Sprit.

Die Heeresgruppe wollte den Gesamtausbruch durch ›Wintergewitter‹ einleiten und ging von der Vorstellung aus, daß erst der sowjetische Ring an der Südwestfront gesprengt werden mußte, ehe die Fronten des Kessels Schritt für Schritt abgebaut, das heißt ›Donnerschlag‹ in Gang gesetzt werden konnte.

Neben den militärischen Erwägungen war für Mansteins Fahrplan entscheidend, daß sich Hitler nur bei einem solchen Ablauf der Zwangsläufigkeit einer Aufgabe Stalingrads gebeugt hätte und nicht mehr in der Lage gewesen wäre, sie rückgängig zu machen. Denn das galt es zu bedenken, und Feldmarschall von Manstein wußte das: Wenn die Heeresgruppe der 6. Armee von vornherein den Gesamtausbruch und die Aufgabe von Stalingrad befohlen hätte, so wäre dieser Befehl ohne jeden Zweifel sofort von Hitler aufgehoben worden.

Paulus aber, an seinen Kampfplatz im Kessel gefesselt und jede Stunde voll in Anspruch genommen von den notwendigen Improvisationen gegen die sowjetischen Angriffe, vermochte diese Zusammenhänge damals nicht zu erkennen.

Eindrucksvoll zeigt sich an diesen Argumenten, daß es zu nichts führt, den Ursachen der Tragödie von Stalingrad im Bereich der Armeeführung und der Heeresgruppe Don nachzuspüren oder dort die Schuld zu suchen.

Hitlers operative Fehler, die auf der Unterschätzung des Gegners und der Überschätzung der eigenen Kräfte beruhten, hatten eine Lage herbeigeführt, die keine Aushilfe, keine List und kein Haltebefehl mehr wenden konnte. Nur die rechtzeitige Zurücknahme der 6. Armee im Oktober hätte die Katastrophe an der Wolga für eine Viertelmillion Soldaten verhüten können. Den Kriegsausgang hätte das allerdings zu dieser Zeit auch nicht mehr verändert.

Heute wissen wir darüber hinaus, daß angesichts der russischen Kräfte, wie sie die sowjetische Kriegsgeschichte ausweist, wahrscheinlich auch ›Wintergewitter‹ und ›Donnerschlag‹ keine operationsfähige Armee aus Stalingrad mehr herausgebracht hätten. Es hätte aber vielleicht die Chance bestanden, die Masse der Soldaten zu retten. Als Hoths Entsatzangriff in den Weihnachtstagen abgebrochen werden mußte, war auch diese Chance dahin.

Im Abschnitt des II. Bataillons Panzergrenadierregiment 64 gab es eine Rarität. Von einem verschneiten Weizenfeld ragten gerade noch die Ähren aus dem Schnee. Die Männer robbten nachts hinaus, schnitten die Ähren ab, klopften in den Unterständen die Körner heraus und kochten sie mit Wasser und Pferdefleisch zu einer Weizensuppe. Das Pferdefleisch stammte von den gefallenen und verendeten Vierbeinern, die überall unter kleinen Schneehügeln hartgefroren im Gelände lagen.

Am 8. Januar hatte der Gefreite Fischer die letzte Handvoll Ähren mühselig zusammengesucht und kam klappernd vor Frost in den Bunker zurück. Dort war alles in heller Aufregung. Aus dem Bataillonsgefechtsstand war die Nachricht gesickert, die Russen hätten ein Angebot für ehrenvolle Kapitulation gemacht. In Windeseile ging die Parole auf Gott weiß welchen Wegen durch den Kessel.

Im Kampfraum Marinowka, bei der 3. I. D. (mot.), war es passiert: Ein russischer Hauptmann tauchte mit einer weißen Fahne bei den vordersten Stellungen der Kampfgruppe Willig auf. Die Männer ließen ihren Kommandeur, Major Willig, kommen. Der Russe gab ihm höflich einen Brief, adressiert an: Generaloberst der Panzertruppe Paulus oder Vertreter.

Willig dankte und ließ den Russen mit seiner Fahne wieder ziehen. Dann spielten die Telefone. Ein Kurier brachte das Schreiben nach Gumrak. Paulus rief persönlich an und befahl: Es sind von niemandem Kapitulationsverhandlungen mit russischen Offizieren zu führen.

Am nächsten Tag konnte jeder Soldat lesen, was Generaloberst Rokossowski, der russische Oberbefehlshaber der Donfront, an die 6. Armee geschrieben hatte: Über dem ganzen Kessel warfen russische Flugzeuge Flugblätter ab mit dem sowjetischen Kapitulationsangebot. Da stand es schwarz auf weiß und von einem General des Roten Hauptquartiers sowie von Rokossowski unterzeichnet, verbrieft und besiegelt:

»Wir garantieren allen Offizieren, Unteroffizieren und Mannschaften, die den Widerstand aufgeben, Leben und Sicherheit sowie bei Kriegsende die Rückkehr nach Deutschland oder auf Wunsch der Kriegsgefangenen in ein beliebiges anderes Land.

Alle Wehrmachtangehörigen der sich ergebenden Truppen behalten ihre Uniform, ihre Rangabzeichen und Orden, die persönlichen Gebrauchs- und Wertgegenstände. Den höheren Offizieren werden Degen und Seitengewehr belassen.

Den Offizieren, Unteroffizieren und Mannschaften, die sich gefangengeben, wird sofort normale Verpflegung verabreicht. Allen Verwundeten, Kranken und Frostbeschädigten wird ärztliche Hilfe zuteil. Wir erwarten Ihre schriftliche Antwort am 9. Januar 1943 um 15 Uhr 00 Minuten Moskauer Zeit durch einen von Ihnen persönlich bevollmächtigten Vertreter, der in einem mit weißer Flagge kenntlich gemachten Personenkraftwagen auf der Straße von der Ausweichstelle Konnij zur Station Kotluban zu fahren hat. Ihr Vertreter wird am 9. Januar 1943 um 15 Uhr 00 Minuten von bevollmächtigten russischen Offizieren im Rayon ›8‹, 0,5 km südöstlich der Ausweichstelle 564, erwartet.

Sollte unsere Aufforderung zur Kapitulation von Ihnen abgelehnt werden, so kündigen wir an, daß die Truppen der Roten Armee und der Roten Luftwaffe gezwungen sein werden, zur Vernichtung der eingekesselten deutschen Truppen zu schreiten. Die Verantwortung für deren Vernichtung tragen Sie.«

Das Flugblatt, welches mit dem Text des Briefes abgeworfen wurde, enthielt allerdings auch den düsteren Satz: »Wer Widerstand leistet, wird erbarmungslos niedergemacht.«

Warum nahm die 6. Armee dieses Kapitulationsangebot nicht an? Warum gab sie den aussichtslosen Kampf nicht wenigstens jetzt auf, bevor die Truppe körperlich und seelisch am Ende war? Nur einigermaßen gesund war doch eine russische Gefangenschaft zu überstehen. Bis heute wird diese Frage gestellt.

Paulus hat schon während seiner Gefangenschaft immer wieder darauf hingewiesen, daß er aus eigenem Entschluß nicht kapituliert hat, weil er Anfang Januar noch einen strategischen Sinn für einen weiteren Widerstand gesehen habe: die Bindung starker russischer Kräfte und damit die Sicherung des bedrohten Südflügels der Ostfront.

Dieselbe Meinung vertritt bis heute Feldmarschall von Manstein. Er sagt klipp und klar: »Die 6. Armee band seit Anfang Dezember sechzig große Verbände der Sowjets. Die Lage der beiden Heeresgruppen Don und Kaukasus wäre katastrophal geworden, wenn Paulus Anfang Januar kapituliert hätte.«

Konnte man diese These bis vor einiger Zeit als »Aussage in eigener Sache« erklären und abwerten, so ist das jetzt nicht mehr möglich: Die sowjetischen Marschälle Tschuikow und Jeremenko bestätigen in ihren Memoiren Mansteins Auffassung vollauf. Tschuikow schreibt, daß noch Mitte Januar von Paulus sieben sowjetische Armeen vollauf gebunden wurden. Jeremenko läßt klar erkennen, daß das außergewöhnliche Angebot vom 9. Januar an Paulus, ihm ›ehrenvolle Kapitulation‹ zu gewähren, von dem Gedanken ausging, die sieben sowjetischen Armeen freizubekommen, um sie auf Rostow in Marsch zu setzen und den Südflügel der deutschen Ostfront zum Einsturz zu bringen. Der Endkampf der 6. Armee verhinderte diesen Plan. Ob das Opfer rückschauend im Sinne einer politischen Wertung des Krieges richtig war, ist eine andere Frage.

Paulus wurde aber noch aus einem anderen Umstand in seiner Haltung bestärkt: Am 9. Januar kehrte der bewährte General Hube von einem Vortrag bei Hitler in den Kessel zurück und berichtete, was ihm der Führer und auch die Offiziere des OKH gesagt hatten: Man plane eine neue Entsatzoffensive von Westen her. Die Bewegung aufgefrischter Panzerverbände sei bereits im Gange, sie würden ostwärts Charkow zusammengezogen. Die Luftversorgung aber sollte auf eine neue Basis gestellt werden. So wie die Winterkrise 1941/42 bei Charkow – sagte Hube –, so werde Stalingrad noch in einen großen Sieg verwandelt werden. Vorbedingung sei jedoch, daß der Südteil der Ostfront wieder aufgebaut und die Heeresgruppe Kaukasus zurückgeführt werden könne. Darum müsse die 6. Armee, notfalls unter Verengungen des Kessels bis auf das Stadtgebiet von Stalingrad, aushalten. Es sei ein Wettrennen mit der Zeit.

Diese Ausführungen Hubes deckten sich mit dem, was der Ia der 71. I. D., Major i. G. von Below, berichtete. Below, heute wieder Offizier in der Bundeswehr, war im September 1942 in Stalingrad krank geworden, nach Deutschland geflogen und kehrte nun nach seiner Genesung mit Hube zusammen am 9. Januar in den Kessel zurück.

Er war vor seinem Rückflug Ende Dezember im OKH gewesen. Dort hatten ihn sowohl der Chef der Operationsabteilung, Generalmajor Heusinger, als auch der Generalstabschef Zeitzler ausführlich über die Angriffsmöglichkeiten von Westen her, über den Don bei Kalatsch, befragt. Below gewann den Eindruck, daß man im OKH die Lage der 6. Armee noch optimistisch sah und die Möglichkeit für einen neuen Entsatzangriff günstig beurteilte. General Zeitzler verabschiedete den Major mit den Worten: »Es sind zwar genügend Generalstabsoffiziere im Kessel Stalingrad. Wenn ich Sie aber nicht einfliegen lasse, glaubt man dort, sie seien bereits aufgegeben.«

Ist es nicht begreiflich, daß Paulus auf Grund der strategischen Zwangslage und bei diesem Hoffnungsschimmer am 9. Januar das Kapitulationsangebot der Sowjets ablehnte?

8 Der Untergang

Der sowjetische Schlußangriff — Auf der Straße von Pitomnik — Das Ende im Südkessel — Paulus geht in Gefangenschaft — Strecker kämpft weiter — Der letzte Flug über die Stadt — Das letzte Brot für Stalingrad

Wie Rokossowski in seinen Flugblättern angekündigt hatte, begann vierundzwanzig Stunden nach der Ablehnung des Kapitulationsangebots, am 10. Januar, der Großangriff der Sowjets gegen den Kessel. Was nun geschah, hat es in der modernen Geschichte nur bei zwei Heeren gegeben: beim sowjetischen und beim deutschen.

Von allen Verbindungen abgeschnittene, hungernde, schlecht bewaffnete Truppen schlugen sich gegen überlegenen Feind mit einer verbissenen und wütenden Tapferkeit, die wenige Beispiele hat. So etwas hat es nur noch im Wolchowkessel gegeben, als sich die 2. sowjetische Stoßarmee in ihren Untergang focht. Gnadenlos wie jene Schlacht in den Winterwäldern des Wolchow waren auch die Schlußkämpfe in Stalingrad. Nur die Rollen hatten gewechselt. Das Leid, die Not, die Tapferkeit und das Elend waren dieselben.

Der Angriff der Sowjets in die Stellungen der Kesselfront wurde mit ungeheurer Wucht geführt. Die deutschen Flak-Kampftrupps der Luftwaffe mit ihren 8,8 in vorderster Front versuchten, den Panzersturm zu brechen. Sie kämpften bis zum letzten Schuß und schossen überraschend viele Panzer ab. Aber die Infanterie wurde in ihren Stellungen zerschlagen. Der Russe brach an vielen Orten durch. Die Verlustziffern der abgekämpften deutschen Kampfgruppen schnellten hoch. Auch die Erfrierungen. Denn der Schneesturm heulte bei 35 Grad unter Null über die Steppe.

An der Westfront fechten Bataillone der dort eingesetzten Divisionen wie Inseln im Meer. Auch bei der österreichischen 44. I. D., im Vorfeld zum lebenswichtigen Flugplatz Pitomnik. Und wer in Stalingrad nur menschliches Leid, Elend, Irrtum, Hybris und Torheit sieht, der sollte einen Blick auf diese

Bataillone werfen. Eins von vielen war das I. Bataillon vom Infanterieregiment 134.

Vor Baburkin klammert es sich mit seinen zusammengeschrumpften Kompanien an den Stellungen fest. Mitte Dezember hatte der Kommandeur, Major Pohl, noch das Ritterkreuz bekommen. General Paulus schickte ihm dazu ein kleines Päckchen. »Herzlichen Gruß«, stand von Paulus' Hand darauf. Und darin ein Kommißbrot und eine Dose Hering in Tomatensauce. Ein kostbarer Preis damals in Stalingrad für die höchste Tapferkeitsauszeichnung.

Pohl liegt in seinem Schützenloch mit dem Karabiner wie seine Männer. An der Nordspitze feuert das letzte schwere Maschinengewehr Gurt um Gurt heraus. »Hier kriegt mich keiner weg, Herr Major«, hatte der Unteroffizier noch vor ein paar Tagen zu Pohl gesagt. Noch ein Feuerstoß. Dann schweigt das MG. Man sieht, wie die Russen in die Stellung springen. Sieht ein Gewühl von Kolben und Spaten. Dann nichts mehr. Die ganze Nacht hält das Bataillon noch, den Rücken gestärkt durch die Panzerjägerabteilung 46 mit ein paar 2-cm-Flak und drei sowjetischen Beutegeschützen Kaliber 7,62.

Als man am nächsten Morgen weichen muß, bleiben die Geschütze stehen — kein Sprit für die Beutejeeps, um sie abzuschleppen. So wird jeder Sprung zurück ein Waterloo für die Artilleristen: sie müssen Geschütz um Geschütz sprengen. Und wenn sie sie mühselig mitschleppen, finden sie keine Granaten mehr.

Major Pohl fährt in der nächsten Nacht nach Pitomnik, um sich beim Nachrichtenführer der Luftwaffe im Kessel, seinem Freund Major Freudenfeld, über die Lage zu informieren. Die Fahrt war gespenstisch. Zur besseren Markierung der Fahrbahn in der Schneewüste waren steifgefrorene Pferdebeine, die man gefallenen Pferden abgehackt hatte, mit den Hufen nach oben in den Schnee gesteckt: schreckliche Wegzeichen einer schrecklichen Schlacht.

Auf dem Flugplatz selbst sah es schlimm aus. Das Lebenszentrum der Armee war ein Trümmerfeld. Der Platz war übersät mit zerschossenen und beschädigten Flugzeugen. Die beiden Verwundetenzelte waren vollgestopft. Und in dieses Chaos wurden immer noch Maschinen hereingepeilt, zur Landung gebracht, entladen, beladen und wieder gestartet.

Zwei Tage später, am 14. Januar, fällt Pitomnik. Damit ist der Luftversorgung und dem Verwundetenabtransport der letzte Schlag versetzt, das Ende besiegelt. Nun geht alles schnell bergab. Von den Kesselfronten ziehen die letzten Kampfgruppen in Richtung Stalingrad. Auch Major Pohl zieht mit seinen Männern durch die Hölle. Am Wege liegt eine Gruppe deutscher Soldaten, von einer Fliegerbombe getroffen. Die noch leben, hatten Glieder verloren, das Blut war zu Eis geronnen, niemand hatte sie verbunden, niemand hatte sie von der Straße geschafft. Alle Kolonnen waren an ihnen vorübergegangen, in dumpfer Ausweglosigkeit mit sich selbst beschäftigt. Pohl läßt die Verwundeten verbinden, legt sie zusammen und läßt einen Sanitäter bei ihnen, um zu warten, bis ein Lkw kommt, der die Unglücklichen mitnimmt. Es kam kein Lkw mehr.

So erlebten Zehntausende die letzten Tage von Stalingrad. Der große Hunger und die Wehrlosigkeit inmitten der sowjetischen Großoffensive ließen die Kampfkraft und auch die Moral schnell verfallen. Die Stimmung sank ab. Die

Opfer wurden riesengroß. Der Andrang auf den Verwundetensammelstellen war fürchterlich. Medikamente und Verbandzeug gingen aus. Marodeure zogen herum.

Der Ia der Armee jagte am 24. Januar um 16 Uhr 45, einen Funkspruch an Manstein, der gerade durch seine nüchterne Sprache erschütternd ist:

»Angriffe in unverminderter Heftigkeit gegen ganze Westfront, die im Raum um Gorodischtsche seit 24. früh im Rückkämpfen nach Osten, um im Traktorenwerk zu igeln. Im Südteil Stalingrad hielt bis 16 Uhr Westfront am Stadtrand in Linie 45.8 West- und Südrand Minina. Hier örtliche Einbrüche. Wolga- und Nordostfront unverändert. Grauenhafte Zustände im engeren Stadtgebiet, wo etwa 20 000 Verwundete unversorgt in Häuserruinen Obdach suchen. Dazwischen ebensoviel Ausgehungerte, Frostkranke und Versprengte, meist ohne Waffen, die im Kampf verlorengingen. Starkes Artilleriefeuer auf ganzem Stadtgebiet. Unter Führung in der Front kämpfender tatkräftiger Generale und beherzter Offiziere, um die sich wenige noch kampffähige Männer scharen, wird 25. 1. letzter Widerstand am Stadtrand im Südteil Stalingrad geleistet werden. Traktorenwerk kann sich möglicherweise noch etwas länger halten. AOK 6/Ia.«

Tatkräftige Generale. Beherzte Offiziere. Wenige kampffähige Männer – ja!

Am Bahndamm südlich der Zarizaschlucht schießt der Kommandeur der niedersächsischen 71. I. D., Generalleutnant von Hartmann, stehend freihändig mit dem Karabiner in die angreifenden Russen, bis er von einer MG-Garbe niedergemäht wird.

Als Feldmarschall von Manstein den Funkspruch des Ia der 6. Armee liest, weiß er, daß von einer militärischen Aufgabe der 6. Armee in dieser Lage nicht mehr gesprochen werden kann. »Als die Armee keine nennenswerten Feindkräfte mehr binden konnte«, sagt der Feldmarschall, »habe ich am 24. Januar leider vergeblich in einem langen Telefongespräch versucht, von Hitler den Befehl zur Kapitulation zu erlangen. Zu diesem Zeitpunkt, aber auch erst dann, war die Fesselungsaufgabe der Armee beendet. Sie hatte fünf deutsche Armeen gerettet.«

Was Manstein telefonisch versuchte, wollte Major von Zitzewitz durch persönlichen Vortrag bei Hitler erzwingen.

Zitzewitz war auf Befehl des OKH am 20. Januar aus dem Kessel geflogen. Am 24. Januar bringt ihn General Zeitzler zu Hitler. Diese Begegnung ist von erschütternder Symbolik. Zitzewitz berichtet darüber:

»Als wir im Führerhauptquartier ankommen, wird General Zeitzler sofort vorgelassen, während ich im Vorraum warten muß. Nach einiger Zeit öffnet sich die Tür, und ich werde hineingerufen. Ich melde mich zur Stelle. Hitler kommt auf mich zu und ergreift mit beiden Händen meine Rechte. ›Sie kommen aus einer jammervollen Lage‹, sagt er. Das geräumige Zimmer ist nur schwach erleuchtet. Vor einem Kamin steht ein großer runder Tisch, umgeben von Klubsesseln, rechts ein langgestreckter, von oben beleuchteter Tisch mit einer riesigen Lagekarte von der gesamten Ostfront. Im Hintergrund sitzen zwei Stenographen, die jedes Wort mitschreiben. Außer General Zeitzler sind nur noch General Schmundt und zwei persönliche Adjutanten des Heeres und der Luftwaffe anwesend. Hitler bedeutet mir, auf einem Schemel an der Lagekarte Platz zu nehmen, und setzt sich mir gegenüber. Die anderen Herren setzen sich auf die im Dunkeln stehenden Sessel. Nur der Adjutant des Heeres steht auf der anderen Seite des Kartentisches. Hitler spricht. Er deutet dabei immer wieder auf die Karte. Er spricht von der Erwägung, eine Abteilung der ganz neuen Panzer, Typ ›Panther‹, mitten durch den Feind hindurch nach Stalingrad angreifen zu lassen, um auf diese Weise Versorgung hineinzuschleusen und die 6. Armee durch Panzer zu verstärken. Ich bin fassungslos. Eine einzige Panzerabteilung soll einen erfolgreichen Angriff mehrere hundert Kilometer durch stark besetztes Feindgebiet führen, den nicht einmal eine ganze Panzerarmee zum erfolgreichen Ende führen konnte. Ich nutze die erste Pause, die Hitler in seinen Ausführungen macht, und schildere die Nöte der 6. Armee, gebe Beispiele, lese ihm Zahlen von meinem vorbereiteten Zettel vor. Ich spreche von dem Hunger, den Erfrierungen, der mangelnden Versorgung und dem Gefühl des Aufgegebenseins, von den Verwundeten und den fehlenden Medikamenten. Ich schließe mit den Worten: ›Mein Führer, ich darf melden, den Soldaten von Stalingrad kann man das Kämpfen bis zur letzten Patrone nicht mehr befehlen, weil sie physisch dazu nicht mehr in der Lage sind und weil sie diese letzte Patrone nicht mehr haben.‹ Er schaut mich erstaunt an, aber es ist, als blicke er durch mich hindurch. Dann sagt er: ›Der Mensch regeneriert sich sehr schnell.‹ Damit bin ich entlassen.«

Nach Stalingrad aber funkte Hitler: »Kapitulation ausgeschlossen. Truppe verteidigt sich bis zuletzt.«

Aber pathetische Worte hatten keine Wirkung mehr. Selbst die tapfersten Offiziere waren ohne Kraft und ohne Hoffnung. Im Keller des GPU-Gefängnisses lagen Regimentskommandeure, Kompaniechefs und Stabsoffiziere verdreckt, verwundet, von Furunkulose und Ruhr fiebernd, und wußten nicht, was sie tun sollten. Sie hatten keine Regimenter, keine Bataillone und keine Waffen mehr, kein Brot und oft nur noch eine Patrone in der Pistole. Die letzte — für alle Fälle.

Einzelne schossen sich diese Kugel in den Kopf. Stäbe und kleinere Einheiten sprengten sich auf den Trümmern ihrer letzten Stellung mit Dynamit in die Luft. Einige Stabsoffiziere, Flieger und Nachrichtenmänner und unverwüstliche Unteroffiziere zogen es vor, den Ausbruch zu versuchen, und gingen in das große Abenteuer. Die meisten aber warteten einfach auf das Ende — so oder so. Der hochdekorierte Kommandeur eines bewährten und mehrmals im Wehrmachtbericht genannten Regiments, Oberst Boje, trat am 27. im GPU-Keller vor seine Männer und sagte: »Wir haben kein Brot mehr und keine Waffen. Ich schlage vor, zu kapitulieren.« Die Männer nickten. Und der Oberst zog fiebernd, verwundet, mit ihnen aus den Trümmern des GPU-Gefängnisses hinaus.

Fünfzig Meter waren es bis zur vordersten Linie am Bahndamm. An der Unterführung der Zarizaschlucht standen die Reste der Division des Generalleutnants Edler von Daniels. Der Kommandeur unter ihnen. Alle ohne Waffen. Auch sie zur Kapitulation bereit. Es war ein trauriger Zug. Rotarmisten standen zu beiden Seiten der Straße mit der MPi im Anschlag. Sie wurden gefilmt und geknipst, auf Lastwagen geladen und davongefahren. Die Steppe verschlang sie.

Inzwischen hielten Teile des XI. Korps unter General Strecker im abgesplitterten Nordkessel ihre letzten Stellungen.

Durch den Äther geistert aber der schlimmste Funkspruch aus Stalingrad:

»An Heeresgruppe Don. Verpflegungslage zwingt dazu, an Verwundete und Kranke keine Verpflegung mehr auszugeben, damit Kämpfer erhalten bleiben. AOK 6/Ia.«

Trotzdem ließ Hitler am 31. Januar, um 1 Uhr 30, den Generalstabschef noch einen Spruch nach Stalingrad jagen: »Der Führer läßt darauf hinweisen, daß es auf jeden Tag ankommt, den die Festung Stalingrad länger hält.«

Fünf Stunden später trat im Keller des Kaufhauses am Stalingrader Roten Platz ein Oberleutnant der Offizierswache in den kleinen Raum des Oberbefehlshabers und meldete: Der Russe steht vor der Tür.

Erst in der vergangenen Nacht war Paulus von Hitler durch Funkbefehl zum Feldmarschall ernannt worden. Seit 6 Uhr früh war er auf und sprach mit seinem Ia, Oberstleutnant von Below. Er war müde, enttäuscht, aber entschlossen, Schluß zu machen. Aber »ohne Aufwand«, wie er sagte, das heißt ohne Kapitulationsurkunde und offizielles Gehabe.

Das war wohl der Grund für die oft mißdeutete Art, wie Paulus in die Gefangenschaft ging. Er hielt sich an den Befehl, mit der Armee nicht zu kapitulieren. Ging nur mit seinem Stab in Gefangenschaft. Während die einzelnen Abschnittskommandeure mit den Russen die Einstellung des Kampfes abmachten. In Stalingrad Mitte war am 31. Januar alles zu Ende.

Im Nordkessel, im berüchtigten Traktorenwerk und in der Geschützfabrik ›Rote Barrikade‹, hier, wo im Sommer die ersten Schüsse im Kampf um Stalingrad gewechselt wurden, kämpften Stützpunkte des XI. Korps auch am 1. Februar noch weiter. Wo es angefangen hatte, endete es.

Obwohl dieser Kampf in den Ruinen keinerlei strategische Bedeutung mehr hatte, forderte ihn Hitler in einem Funkspruch mit einer fadenscheinigen Begründung. Er funkte an General Strecker: »Ich erwarte, daß der Nordkessel von Stalingrad sich bis zum Letzten hält. Jeder Tag, jede Stunde, die dadurch gewonnen wird, kommt der übrigen Front entscheidend zugute.«

Aber auch das XI. Korps stirbt hin. In der Nacht zum 2. Februar sitzt Strecker im Gefechtsstand der Kampfgruppe Oberstleutnant Julius Müller. Als der Morgen graut, sagt Strecker: »Ich muß jetzt gehen.« Und Müller versteht. »Ich werde tun, was jetzt meine Pflicht ist«, sagt er. Auch hier wird nicht mit Pathos gesprochen. Als es hell wird, hört auch im Nordkessel der Kampf auf.

Strecker funkt um 8 Uhr 40 an das Führerhauptquartier: »XI. A. K. hat mit seinen sechs Divisionen seine Pflicht getan.«

Auch hier treten die hohlwangigen, ausgehungerten Männer altbewährter und oft genannter Divisionen aus Gräben und Trümmern, sammeln sich zu grauen Kolonnen. Und werden in die Steppe geführt: immer noch endlos anmutende Züge. Wie viele?

Um das Wieviel wird bis heute gestritten und oft ein merkwürdiges Zahlenspiel getrieben. Als ob soldatische Fragen, Leid, Tod und Tapferkeit durch Mengenzuschlag ein anderes Gesicht bekämen. Deshalb sei festgestellt: Nach den im amerikanischen Gewahrsam befindlichen Kriegstagebüchern der 6. Armee und den Tagesmeldungen der Korps befanden sich Mitte Dezember laut Meldung vom 22. über die Verpflegungsstärke vom 18. Dezember 1942 230 300 Deutsche und Verbündete im Kessel, darunter 13 000 Rumänen. Außerdem weisen die Meldungen 19 300 russische Gefangene beziehungsweise Hiwis aus.

Von diesen 230 300 Offizieren und Soldaten wurden bis zum 24. Januar 1943 42 000 Verwundete, Kranke und Spezialisten ausgeflogen. 16 800 wurden nach sowjetischen Meldungen vom 10. bis 29. Januar von den Sowjets gefangengenommen. Bei der Kapitulation vom 31. Januar bis 3. Februar ergaben sich 91 000 Mann.

80 500 blieben auf dem Stalingrader Schlachtfeld: Gefallene, der größere Teil Schwerverwundete, die in den letzten Tagen schutzlos, ohne Pflege und ohne Nahrung blieben und bei der Kapitulation nicht geborgen werden konnten.

Rund 6000 Mann von den 107 800 kehrten bis heute in ihre Heimat zurück.

Am 3. Februar 1943 flog Leutnant Herbert Kuntz von der Kampfgruppe 100 mit seiner He 111 als letzter deutscher Flieger über Stalingrad.

»Sehen Sie nach, ob noch irgendwo gekämpft wird oder ob Fluchtgruppen zu sehen sind«, hatte sein Kommandeur, Hauptmann Bätcher, gesagt. »Werfen Sie dann die Ladung ab.« Die Ladung, das war Brot, Schokolade, Verbandzeug und etwas Munition.

In 2000 Meter Höhe kurvt Kuntz über der Stadt. Kein Flakschuß fällt. Dichter Nebel liegt über der Steppe. Beobachter Hans Annen blickt hinüber zu Walter Krebs, dem Funker. Der schüttelt den Kopf: »Nichts mehr.«

Kuntz drückt die Maschine tiefer. Hundert Meter zeigt der Höhenmesser. Achtzig. Bordwart Paske luchst wie ein Wilddieb. Da flattert der Nebel weg: Keine sechzig Meter hoch streifen sie über das zerfurchte, zerklüftete Schlachtfeld. Kuntz reißt die Maschine zurück in sichere Höhe, sucht weiter. Da — sind das nicht Menschen im flatternden Nebel? »Raus!« ruft er. Und die Ladung rauscht in die Tiefe. Brot fällt in den Schnee von Stalingrad. Fällt neben die Toten, die Erstarrten und die wenigen, die noch auf den Tod warten.

Vielleicht finden es die kleinen Gruppen, die versuchen, sich durchzuschlagen. Viele sind aufgebrochen: Stabsoffiziere mit ganzen Kampfgruppen, wie aus dem Stab des IV. Korps und der 71. I. D. Leutnante und Feldwebel sind bei Nacht und Nebel mit Zügen losmarschiert. Unteroffiziere, Gefreite, Schützen und Artilleristen haben sich zu dritt, zu viert oder gar allein durch die Trümmer aus der Stadt gepirscht. Einzelne Trupps werden später noch bis Mitte Februar von Fliegern in der Steppe gesichtet. Verlieren sich dann. Nur von einem einzigen, einem Unteroffizier einer Flakbatterie — Unteroffizier Nieweg —, wird berichtet, daß er durchkam. Aber vierundzwanzig Stunden nach seiner Rettung fiel er auf einem Verbandsplatz der 11. Panzerdivision durch einen unglücklichen Granatwerferschuß.

Anhang

Dank an die Mitarbeiter

Die Schlachten eines Krieges zu schildern, der verloren wurde und als verbrecherischer Angriffsakt in die Geschichte eingetragen ist, stellt ein schweres Unterfangen dar, fast zu schwer für den Chronisten dieses Jahrzehnts. Die Verführung ist groß, die Entscheidungen des Schlachtfeldes mit der Feder zu korrigieren oder im Dschungel von Sinnlosigkeit und Schuld zu wüten.

Beides wollte der Verfasser nicht. Er wollte über das militärische Geschehen des ›Unternehmen Barbarossa‹ berichten, Hitlers Eroberungsfeldzug, der bei Stalingrad endete. Zusammengeschaut und geschrieben für eine breite Schicht interessierter Leser. Gegründet auf sorgfältige Recherchen, Dokumente, Studien, Kriegstagebücher, Erlebnisschilderungen, Memoiren und Verlautbarungen beider Seiten.

Das war nur möglich dank der Hilfe von fast tausend freiwilligen Mitarbeitern und einer Anzahl erfahrener Ratgeber. Wollte ich an dieser Stelle alle nennen, würden zwanzig Seiten Text nicht ausreichen. Die Liste reicht vom Generaloberst und Armeeführer bis zum einfachen Soldaten, vom Generalstabschef bis zum Funker, vom Divisionskommandeur bis zum Gefreiten und vom Nachschubführer bis zum Sanitäter und Pferdepfleger. Allen hat der Verfasser zu danken; insbesondere für die kriegsgeschichtlichen Unterlagen, Originalbefehle, Skizzen und Lageberichte, die nur mit Mühe und oft unter persönlicher Gefahr über alle Wirren der Kriegs- und der Nachkriegszeit gerettet werden konnten und dem Verfasser zur Verfügung gestellt wurden.

Auf diese Weise konnte manche kriegsgeschichtlich strittige Frage geklärt und eine Reihe wichtiger Tatbestände ans Licht gebracht werden.

PAUL CARELL

Hamburg, im September 1963

Dokumente

Der Führer und Oberste Befehlshaber der Wehrmacht
OKW/WFSt Nr. 55 616/42 g. K. Chefs.

F. H. Qu., den 5. 4. 1942
14 Ausfertigungen
4. Ausfertigung

GEHEIME KOMMANDOSACHE / CHEF-SACHE / NUR DURCH OFFIZIER

Weisung 41

Die Winterschlacht in Rußland geht ihrem Ende zu.

Durch die überragende Tapferkeit und den opferfreudigen Einsatz der Soldaten der Ostfront ist ein Abwehrerfolg von größtem Ausmaß für die deutschen Waffen errungen.

Der Feind hat schwerste Verluste an Menschen und Material erlitten. In dem Bestreben, scheinbare Anfangserfolge auszunutzen, hat er auch die Masse seiner für spätere Operationen bestimmten Reserven in diesem Winter weitgehend verbraucht.

Sobald Wetter- und Geländeverhältnisse die Voraussetzungen dazu bieten, muß nunmehr die Überlegenheit der deutschen Führung und Truppe das Gesetz des Handelns wieder an sich reißen, um dem Feinde ihren Willen aufzuzwingen.

Das Ziel ist, die den Sowjets noch verbliebene lebendige Wehrkraft endgültig zu vernichten und ihnen die wichtigsten kriegswirtschaftlichen Kraftquellen so weit als möglich zu entziehen.

Hierzu werden alle verfügbaren Kräfte der deutschen Wehrmacht und die der Verbündeten herangezogen. Dabei muß aber gewährleistet sein, daß die besetzten Gebiete im Westen und Norden Europas, insbesondere die Küsten, unter allen Umständen gesichert bleiben.

I. Allgemeine Absicht:

Unter Festhalten an den ursprünglichen Grundzügen des Ostfeldzuges kommt es darauf an, bei Verhalten der Heeresmitte, im Norden Leningrad zu Fall zu bringen und die Landverbindung mit den Finnen herzustellen, auf dem Südflügel der Heeresfront aber den Durchbruch in den Kaukasus-Raum zu erzwingen.

Dieses Ziel ist in Anbetracht der Abschlußlage nach der Winterschlacht, der verfügbaren Kräfte und Mittel und der Transportverhältnisse nur abschnittweise zu erreichen.

Daher sind zunächst alle greifbaren Kräfte zu der Hauptoperation im Südabschnitt zu vereinigen mit dem Ziel, den Feind vorwärts des Don zu vernichten, um sodann die Ölgebiete im kaukasischen Raum und den Übergang über den Kaukasus selbst zu gewinnen.

Die endgültige Abschnürung von Leningrad und die Wegnahme des Ingermanlandes bleibt vorbehalten, sobald die Entwicklung der Lage im Einschließungsraum oder das Freiwerden sonstiger ausreichender Kräfte dies ermöglichen.

II. Die Führung der Operationen:

A) Erste Aufgabe des Heeres und der Luftwaffe nach Abschluß der Schlammzeit ist es, die Vorbedingungen für die Durchführung der Hauptoperation zu schaffen.

Das erfordert die Bereinigung und Festigung der Lage an der gesamten Ostfront und in den rückwärtigen Heeresgebieten mit dem Ziel, dadurch möglichst viele Kräfte für die Hauptoperation zu gewinnen, an den übrigen Fronten aber mit geringstem Einsatz dennoch jedem Angriff gewachsen zu sein. Wo zu diesem Zweck Angriffsoperationen mit begrenztem Ziel nach meinen Anordnungen geführt werden müssen, ist aber auch hierzu jeweils ein überwältigender Einsatz sämtlicher verfügbarer Angriffsmittel des Heeres und der Luftwaffe sicherzustellen, um schnelle und durchschlagende Erfolge zu erreichen. Nur dadurch wird vor allem auch schon vor dem Beginn der großen Frühjahrsoperationen in der eigenen Truppe die unbedingte Siegeszuversicht wieder gestärkt, dem Feind aber seine hoffnungslose Unterlegenheit eingehämmert werden.

B) Die nächsten Aufgaben in diesem Rahmen sind es, auf der Krim die Halbinsel Kertsch zu säubern und Sewastopol zu Fall zu bringen. Die Luftwaffe und demnächst auch die Kriegsmarine haben den Auftrag, zur Vorbereitung dieser Unternehmungen den feindlichen Nachschubverkehr im Schwarzen Meer und in der Straße von Kertsch nachdrücklichst zu unterbinden.

Im Südraum ist der beiderseits Isjum eingebrochene Feind im Zuge des Donez abzuschneiden und zu vernichten. Die in der Mitte und im Nord-Abschnitt der Ostfront noch erforderlichen Frontbereinigungen können erst nach Abschluß der laufenden Kampfhandlungen und der Schlammperiode endgültig übersehen und entschieden werden.

Hierzu müssen aber die notwendigen Kräfte – sobald die Lage dies zuläßt – durch Strecken der Front geschaffen werden.

C) Die Hauptoperation an der Ostfront:

Ihr Ziel ist es – wie schon betont –, zur Einnahme der Kaukasusfront die russischen Kräfte, die sich im Raume von Woronesh nach Süden, westlich bzw. nördlich des Dons befinden, entscheidend zu schlagen und zu vernichten. Aus Gründen des Eintreffens der hierzu verfügbaren Verbände kann diese Operation nur in einer Reihe von nacheinander folgenden, aber untereinander im Zusammenhang stehenden bzw. sich ergänzenden Angriffen durchgeführt werden. Sie sind daher von Norden nach Süden zeitlich so aufeinander abzustimmen, daß außerdem in jedem einzelnen dieser Angriffe ein Höchstmaß der Konzentration sowohl von Heeres- als auch besonders von Luftstreitkräften an den entscheidenden Stellen sichergestellt werden kann.

Bei der nunmehr zur Genüge erwiesenen Unempfindlichkeit der Russen gegenüber operativen Einschließungen ist entscheidender Wert – ähnlich wie in der Doppelschlacht von Wjasma–Brjansk – darauf zu legen, die einzelnen Durchbrüche in die Gestalt enger Umklammerungen zu bringen.

E s m u ß v e r m i e d e n w e r d e n, daß durch ein zu spätes Einschwenken der Umklammerungsverbände dem Gegner die Möglichkeit offen bleibt, sich der Vernichtung zu entziehen.

E s d a r f n i c h t v o r k o m m e n, daß durch ein zu schnelles und weites Ausgreifen der Panzer- bzw. mot. Verbände die Verbindung mit der nachfolgenden Infanterie abreißt oder die Panzer- und mot. Verbände selbst die Möglichkeit verlieren, den schwer vorwärts kämpfenden infanteristischen Kräften des Heeres durch ihr unmittelbares Einwirken in den Rücken der umklammerten russischen Armeen zu Hilfe zu kommen.

Es ist also, abgesehen von dem großen operativen Ziel, in jedem einzelnen Fall die Vernichtung des angegriffenen Gegners schon durch die Art des Ansatzes und der Führung der eigenen Verbände unter allen Umständen sicherzustellen.

Die Einleitung der Gesamtoperation hat mit einem umfassenden Angriff bzw. Durchbruch aus dem Raum südlich Orel in Richtung auf Woronesch zu beginnen. Von den beiden zur Umklammerung angesetzten Panzer- und mot. Verbänden hat der nördliche stärker zu sein als der südliche. Das Ziel dieses Durchbruchs ist die Besetzung von Woronesch selbst. Während es nun die Aufgabe eines Teiles der Infanterie-Divisionen ist, zwischen dem Ausgangspunkt des Angriffs von Orel in Richtung auf Woronesch sofort eine starke Verteidigungsfront aufzubauen, haben die Panzer- und mot. Verbände den Auftrag, von Woronesch aus mit ihrer linken Flanke, angelehnt an den Don, nach Süden den Angriff fortzusetzen zur Unterstützung eines zweiten Durchbruchs, der etwa aus dem allgemeinen Raum von Charkow nach Osten hin geführt werden soll. Auch hier ist es primär das Ziel, nicht die russische Front als solche einzudrücken, sondern im Zusammenwirken mit den Don abwärts vorstoßenden mot. Verbänden die russischen Kräfte zu vernichten.

Der dritte Angriff dieser Operationen ist so zu führen, daß die den Don abwärts stoßenden Verbände sich im Raum um Stalingrad mit jenen Kräften vereinigen, die aus dem Raum Taganrog–Artemowsk zwischen dem Unterlauf des Don und Woroschilowgrad über den Donez nach Osten vorstoßen. Diese sollen abschließend die Verbindung mit der gegen Stalingrad vorrückenden Panzer-Armee finden.

Sollte sich im Zuge dieser Operationen, besonders durch die Inbesitznahme unversehrter Brücken, die Aussicht bieten, Brückenköpfe ostwärts bzw. südlich des Dons zu bilden, so sind solche Möglichkeiten wahrzunehmen. Auf jeden Fall muß versucht werden, Stalingrad selbst zu erreichen oder es zumindest so unter die Wirkung unserer Waffen zu bringen, daß es als weiteres Rüstungs- und Verkehrszentrum ausfällt.

Besonders erwünscht wäre es, wenn es gelänge, entweder unversehrte Brücken, sei es in Rostow selbst, oder sonst gesicherte Brückenköpfe südlich des Dons zu gewinnen für die weitere Fortführung der für später beabsichtigten Operationen.

Um zu verhindern, daß wesentliche Teile der nördlich des Dons befindlichen russischen Kräfte über den Strom nach Süden entweichen, ist es wichtig, daß die aus dem Raum von Taganrog nach Osten vorgehende Kräftegruppe eine Verstärkung ihres rechten Flügels durch die Zuführung von Panzern und schnellen Truppen erhält, die – wenn notwendig – auch durch improvisierte Verbände zu bilden sind.

Entsprechend dem Fortschreiten dieser Angriffe muß nicht nur auf starke Sicherung der Nordostflanke der Angriffsoperation Bedacht genommen, sondern auch der Ausbau der Stellungen in Anlehnung an den Don sofort begonnen werden. Dabei ist auf stärkste Panzerabwehr entscheidender Wert zu legen. Die Stellungen sind von vornherein auch im Hinblick auf ihre etwaige Ausnutzung im Winter festzulegen und dafür mit allen Mitteln vorzubereiten.

Zur Besetzung der sich im Laufe dieser Operation mehr und mehr verlängernden Donfront werden in erster Linie die Verbände der Verbündeten mit der Maßgabe herangezogen, daß deutsche Truppen als starke Stütze zwischen Orel und dem Don sowie an der Stalingrad-Landenge einzusetzen sind, im übrigen aber einzelne deutsche Divisionen hinter der Donfront als Eingreifreserven verfügbar bleiben.

Die verbündeten Truppen sind weitgehend in eigenen Abschnitten so zu verwenden, daß am weitesten nördlich die Ungarn, demnächst die Italiener, am weitesten südostwärts die Rumänen eingesetzt werden.

D) Die schnelle Fortsetzung der Bewegungen über den Don nach Süden zur Erreichung der Operationsziele muß in Hinblick auf die jahreszeitlichen Bedingungen gewährleistet sein.

gez. Adolf Hitler

Der Führer
OKW/WFSt/Op. Nr. 551 288/42 g. K. Chefs.

F. H. Qu., den 23. 7. 1942

Weisung Nr. 45
für die Fortsetzung der Operation »Braunschweig«.

I. In einem Feldzug von wenig mehr als drei Wochen sind die von mir dem Südflügel der Ostfront gesteckten weiten Ziele im wesentlichen erreicht worden. Nur schwächeren feindlichen Kräften der Armeen Timoschenkos ist es gelungen, sich der Umfassung zu entziehen und das südliche Don-Ufer zu erreichen. Mit ihrer Verstärkung aus dem Kaukasus-Gebiet ist zu rechnen.

Die Versammlung einer weiteren feindlichen Kräftegruppe im Raum um Stalingrad, das der Gegner voraussichtlich zäh verteidigen wird, ist im Gange.

II. Ziele der weiteren Operationen:

A. Heer:

1. Die nächste Aufgabe der H. Gr. A ist es, nunmehr die über den Don entkommenen feindlichen Kräfte im Raum südlich und südostwärts Rostow einzuschließen und zu vernichten.
   Hierzu sind starke schnelle Verbände aus den Brückenköpfen, die im Raum Konstantinowskaja–Zymljanskaja zu bilden sind, in allgemein südwestlicher Richtung, etwa auf Tichorezk, Infanterie-, Jäger- und Gebirgs-Divisionen im Raum von Rostow über den Don anzusetzen.
   Daneben bleibt der Auftrag bestehen, die Bahnlinie Tichorezk–Stalingrad mit vorgeworfenen Teilen zu unterbrechen.
   Zwei Panzerverbände der H. Gr. A (darunter 24. Pz. Div.) sind der H. Gr. B für die Fortsetzung der Operationen nach Südosten zu unterstellen.
   Die I. D. ›Großdeutschland‹ ist nicht weiter als über den Manytsch-Abschnitt vorzuziehen. Ihr Abtransport nach dem Westen ist vorzubereiten.
2. Nach Vernichtung der feindlichen Kräftegruppe südlich des Don ist es die wichtigste Aufgabe der H. Gr. A, die gesamte Ostküste des Schwarzen Meeres in Besitz zu nehmen und damit die Schwarzmeerhäfen und die feindliche Schwarzmeerflotte auszuschalten.
   Hierzu sind die hierfür vorgesehenen Teile der 11. Armee (Rum. Geb. K.) über die Straße von Kertsch überzusetzen, sobald das Vorgehen der Hauptkräfte der H. Gr. A wirksam wird, um alsdann im Zuge der Schwarzmeerküstenstraße nach Südosten vorzustoßen.
   Mit einer weiteren Kräftegruppe, bei der alle übrigen Geb.- und Jg.-Divisionen zusammenzufassen sind, ist der Übergang über den Kuban zu erzwingen und das Höhengelände von Maikop und Armavir in Besitz zu nehmen.
   Im weiteren Vorgehen dieser durch die rechtzeitig zuzuführenden Hochgebirgseinheiten zu verstärkenden Gruppe gegen und über den Westteil des Kaukasus sind alle gangbaren Pässe auszunutzen und so im Zusammenwirken mit den Kräften der 11. Armee die Schwarzmeerküste in Besitz zu nehmen.
3. Zugleich ist mit einer im wesentlichen aus schnellen Verbänden zu bildenden Kräftegruppe unter Ausscheiden eines Flankenschutzes nach Osten der Raum um Grossnyj zu gewinnen und mit Teilkräften die Ossetische und Grusinische Heerstraße möglichst auf den Paßhöhen zu sperren. Anschließend ist im Vorstoß entlang des Kaspischen Meeres der Raum um Baku in Besitz zu nehmen.

Mit der späteren Zuführung des Ital. Alpinikorps kann die H. Gr. rechnen. Diese Operationen der H. Gr. A erhalten den Decknamen »Edelweiß« – Geheimschutz: Geheime Kommandosache.

4. Der Heeresgruppe B fällt – wie befohlen – die Aufgabe zu, neben dem Aufbau der Donverteidigung im Vorstoß gegen Stalingrad die dort im Aufbau befindliche feindliche Kräftegruppe zu zerschlagen, die Stadt selbst zu besetzen und die Landbrücke zwischen Don und Wolga selbst zu sperren.

   Im Anschluß hieran sind schnelle Verbände entlang der Wolga anzusetzen mit dem Auftrag, bis nach Astrachan vorzustoßen und dort gleichfalls den Hauptarm der Wolga zu sperren.

   Diese Operationen der H. Gr. B erhalten den Decknamen »Fischreiher« – Geheimschutz: Geheime Kommandosache.

B. Luftwaffe:

Aufgabe der Luftwaffe ist es, zunächst mit starken Teilen den Übergang des Heeres über den Don, anschließend das Vorgehen der ostwärtigen Schwerpunktgruppe entlang der Bahn nach Tichorezk zu unterstützen und die Masse der Kräfte zur Vernichtung der Heeresgruppe Timoschenko zusammenzufassen. Daneben sind die Operationen der H. Gr. B gegen Stalingrad und den Westteil von Astrachan zu unterstützen. Besondere Bedeutung kommt hierbei der frühzeitigen Zerstörung der Stadt Stalingrad zu. Außerdem sind gelegentlich Luftangriffe gegen Astrachan zu führen; der Schiffsverkehr auf dem Unterlauf der Wolga ist durch Verminung zu stören.

Bei der weiteren Fortsetzung der Operation ist das Schwergewicht der Kampfführung zur Luft auf das Zusammenwirken mit den gegen die Schwarzmeerhäfen vorgehenden Kräften zu legen, wobei neben der unmittelbaren Unterstützung des Heeres eine Einwirkung feindlicher Seestreitkräfte im Zusammenwirken mit der Kriegsmarine zu verhindern ist.

In zweiter Linie sind ausreichende Kräfte für die Mitwirkung bei dem Vorstoß über Grossnyj auf Baku vorzusehen.

Wegen der entscheidenden Wichtigkeit der Erdölproduktion des Kaukasus für die weitere Kriegführung sind Luftangriffe gegen die dortigen Erzeugungsstätten und Großtankanlagen sowie gegen die Umschlaghäfen am Schwarzen Meer nur durchzuführen, wenn es die Operationen des Heeres unbedingt erforderlich machen. Um aber dem Gegner die Ölzufuhr aus dem Kaukasus baldigst zu sperren, ist die frühzeitige Unterbrechung der hierfür noch benutzbaren Bahnstrecken und Ölleitungen sowie die Störung der Seeverbindungen auf dem Kaspischen Meer von besonderer Bedeutung.

C. Kriegsmarine:

Der Kriegsmarine fällt die Aufgabe zu, neben der unmittelbaren Unterstützung des Heeres beim Übergang über die Straße von Kertsch mit den im Schwarzen Meer verfügbaren Seestreitkräften feindliche Einwirkung von See her gegen die Operationen an der Schwarzmeerküste zu stören.

Zur Erleichterung des Heeresnachschubs sind nach Möglichkeit baldigst einige Marine-Fährprähme durch die Straße von Kertsch auf den Don zu verbringen.

Außerdem trifft OKM Vorbereitungen, leichte Seestreitkräfte auf dem Kaspischen Meer zur Störung der feindlichen Seeverbindungen (Öltransporte und Verbindung zu den Angelsachsen in Iran) zum Einsatz zu bringen.

III. Die im Bereich der H. Gr. Mitte und Nord in Vorbereitung befindlichen Unternehmungen sind in möglichst schneller Folge durchzuführen. Es muß dadurch erreicht werden, daß die Zersplitterung und Auflösung der feindlichen Kräfte in Führung und Truppe auf das höchste Maß gesteigert wird. Die H. Gr. Nord bereitet die Wegnahme von Leningrad bis Anfang September vor. Deckname: »Feuerzauber«. Hierzu sind ihr 5 Divisionen der 11. Armee neben der schweren und schwersten Artillerie sowie die nötigen sonstigen Heerestruppen zuzuführen.

2 deutsche und 2 rumänische Divisionen sind vorläufig auf der Krim zu belassen, die 22. Division, wie schon befohlen, dem Wehrmachtbefehlshaber Südost zuzuführen.

IV. Für die Bearbeitung und Weitergabe dieser Weisung und der mit ihr zusammenhängenden Befehle und Anordnungen weise ich auf meinen am 12. 7. gegebenen Befehl über Geheimhaltung besonders hin.

gez. Adolf Hitler

Die Infanterie- und Panzerdivisionen des zweiten Weltkrieges

Die Infanteriedivision ist ein Verband, der auf Grund seiner Zusammensetzung in der Lage ist, taktische Aufgaben selbständig zu lösen. Die Infanteriedivision hat eine Sollstärke von 16 000 bis 20 000 Mann. Ihr Kopf ist der Divisionskommandeur mit dem Divisionsstab. Führungs- und Versorgungsstaffel, Kartenstelle (mot.), Kradzug, Musikkorps und Feldgendarmeriezug gehören dazu.

Die Infanteriedivision gliedert sich in drei Infanterieregimenter und ein Artillerieregiment. Das Infanterieregiment hat vierzehn Kompanien – drei Bataillone zu je vier Kompanien. 13. und 14. Kompanie sind Infanteriegeschütz- (I. G.) und Panzerabwehrkompanie (Pak).

Das Artillerieregiment hat vier Abteilungen zu je drei Batterien, drei leichte und eine schwere Feldhaubitzabteilung.

Zur Division gehören ferner als divisionseigene Truppen:

eine Panzerjägerabteilung mit drei Kompanien,
ein Pionierbataillon mit drei Kompanien,
eine Nachrichtenabteilung mit zwei Kompanien,
ein Feldersatzbataillon mit drei bis fünf Kompanien,
ein Stab Divisions-Nachschubführer mit vier Kompanien,
ein Kraftfahrpark mit ein bis zwei Kompanien und Werkstatt,
eine Verwaltungskompanie,
eine Schlächtereikompanie,
eine Bäckereikompanie,
zwei Sanitätskompanien,
drei Krankenkraftwagenzüge,
eine Krankentransportkompanie,
eine Veterinärkompanie,
ein Feldpostamt.

Die Panzerdivision gliedert sich wie folgt:

Divisionsstab, seit Ende 1942 mit Begleitkompanie,

ein Panzerregiment mit Stab und Stabskompanie zu zwei bis drei Panzer-Abteilungen mit je einem Stab, Stabskompanie, 3 Panzerkompanien und einem Werkstattzug,

Stab Schützenbrigade mit einem Kradschützenbataillon und zwei Schützenregimentern, ab Sommer 1942 Panzer-Grenadierregimenter genannt, mit je einem Stab und einer Stabskompanie; jedes Regiment zu zwei Bataillonen, eins davon bzw. eine Kompanie mit Schützenpanzerwagen,

eine Panzer-Aufklärungsabteilung mit Stab, einer leichten Panzerspähkompanie, einer schweren Panzerspähkompanie, ein bis zwei Kradschützenkompanien, einer schweren Panzer-Aufklärungskompanie,

eine Panzerjägerabteilung mit Stab, Stabszug und drei schweren Panzerjägerkompanien (mot. Zug oder Selbstfahrlafetten),

ein Panzer-Pionierbataillon mit zwei motorisierten Panzer-Pionierkompanien und einer gepanzerten Panzer-Pionierkompanie (SPW), eine Brückenkolonne, eine Panzer-Brückenkolonne,

eine Panzer-Nachrichtenabteilung mit Stab, Fernsprechkompanie (mot.), Panzer-Funkkompanie,

ein Panzerartillerieregiment mit drei bis vier Abteilungen (mot.), davon eine Abteilung Heeresflak (mot.),

ein Panzer-Feldersatzbataillon mit Stab und drei bis vier Kompanien,

drei Werkstattkompanien (mot.), mit einer Ersatzteilstaffel,

Verwaltungstruppen und so weiter wie bei Infanteriedivisionen, nur motorisiert.

Die Panzerdivisionen des Jahres 1941/42 hatten im Schnitt eine Panzer-Sollstärke von rund 150 bis 225 Panzern sowie 20 bis 125 Schützenpanzerwagen (SPW).

Die Jäger- und die Gebirgsdivisionen waren ähnlich wie die Infanteriedivision gegliedert. Für Spezialaufgaben im Mittel- und Hochgebirge vorgesehen, besaßen sie eine geringere personelle Stärke und eine leichtere Ausstattung an Waffen und Gerät.

Abkürzungen und Erklärungen

Die römischen Ziffern, mit denen die Korps bezeichnet sind, weichen bei einigen Zahlzeichen von der üblichen Schreibweise ab. So stehen für:

40. = XXXX.
41. = XXXXI.
42. = XXXXII.
43. = XXXXIII.
44. = XXXXIV.
45. = XXXXV.
46. = XXXXVI.
47. = XXXXVII.
48. = XXXXVIII.
49. = XXXXIX.
91. = LXXXXI.

A. K.	Armeekorps, mehrere Infanteriedivisionen unter dem Befehl eines Generalkommandos
Pz. K.	Panzerkorps, mehrere Panzerdivisionen bzw. mehrere Panzer- und Infanteriedivisionen unter dem Befehl eines Generalkommandos für schnelle Truppen
Geb. K.	Gebirgskorps, mehrere Gebirgsdivisionen bzw. mehrere Geb. Divisionen und andere Divisionen unter dem Befehl eines Generalkommandos für Gebirgstruppen
AOK	Armeeoberkommando
Arko	Artilleriekommandeur
Fla	Fliegerabwehr des Heeres
Flak	Flugabwehrkanone, auch Bezeichnung für Truppenteil der Luftwaffe für Fliegerbekämpfung
F. HQu.	Führerhauptquartier
He	Typenbezeichnung für Flugzeuge der Heinkelwerke
H. Gr.	Heeresgruppe, mehrere Armeen
HKL	Hauptkampflinie
I. D.	Infanteriedivision
i. G.	im Generalstab, Bezeichnung für Offiziere mit Generalstabsausbildung
I. R.	Infanterieregiment
i-Trupp	Instandsetzungstrupp
Ju	Typenbezeichnung für Flugzeuge der Junkerswerke
Krad	Kraftrad
KwK	Kampfwagenkanone
Me	Typenbezeichnung für Flugzeuge der Messerschmittwerke
mech. K.	mechanisiertes Korps, sowjetische Bezeichnung für vollmotorisiertes Korps mit Panzer- und Schützenbrigaden
MG	Maschinengewehr
sMG	schweres Maschinengewehr
(mot.)	motorisiert
MPi	Maschinenpistole
MTW	Mannschaftstransportwagen
OB	Oberbefehlshaber
OKH	Oberkommando des Heeres
OKW	Oberkommando der Wehrmacht
OT	Organisation Todt (Arbeitseinheiten)
Pz. D.	Panzerdivision
RAD	Reichsarbeitsdienst
S. Br.	Schützenbrigade
Schtz. Div.	Schützendivision, russische Infanteriedivision
Schtz. Rgt.	Schützenregiment
SPW	Schützenpanzerwagen
SS-Kav. D.	SS-Kavalleriedivision
STAWKA	Großes Hauptquartier, Stalins militärischer Führungsstab
Stoss. A.	Stoßarmee, sowjetische Bezeichnung für besonders gut mit Angriffswaffen ausgestattete Armee
ung.	ungarisch
z. b. V.	zur besonderen Verwendung

Literaturverzeichnis

BAILEY, GEOFFREY, *›Verschwörer um Rußland‹*, Paul List Verlag, München, 1961

BENARY, ALBERT, *›Die Berliner 257. Bären-Division‹*, Podzun Verlag, Bad Nauheim, 1957

BLUMENTRITT, GÜNTHER, *›The Battle of Moscow‹* in *›The Fatal Decisions‹*, Verlag Michael Joseph, London, 1950

BÖHMLER, RUDOLF, *›Fallschirmjäger‹*, Podzun Verlag, Bad Nauheim, 1961

BRAUN, J., *›Enzian und Edelweiß‹*, 4. Geb. Div., Podzun Verlag, Bad Nauheim, 1955

BREITHAUPT, HANS, *›Die Geschichte der 30. Infanterie-Division‹*, Podzun Verlag, Bad Nauheim, 1955

BUCHNER, ALEX, *›Gebirgsjäger an allen Fronten‹*, Adolf Sponholz Verlag, Hannover, 1954

BUXA, WERNER, *›11. Infanterie-Division‹*, Podzun Verlag, Bad Nauheim, 1952

CHALES DE BEAULIEU, W., *›Der Vorstoß der Panzergruppe 4 auf Leningrad‹*, Kurt Vowinckel Verlag, Neckargemünd, 1961

CARELL, PAUL, *›Die Wüstenfüchse‹*, Nannen Verlag, Hamburg, 1958

CARELL, PAUL, *›Sie kommen‹*, Stalling Verlag, Oldenburg i. O., 1961

CASSIDY, HENRY, C., *›Moskau 1941–1943‹*, Verlag Amstutz Herdeg & Co., Zürich, 1944

CONZE, W., *›Die Geschichte der 291. I. D.‹* Podzun Verlag, Bad Nauheim, 1953

DALLIN, DAVID J., *›Die Sowjetspionage‹*, Verlag für Politik und Wirtschaft, Köln, 1956

DIECKHOFF, G., *›Die 3. I. D. (mot.)‹*, Erich Börries Druck und Verlag, Göttingen, 1960

DOERR, HANS, *›Der Feldzug nach Stalingrad‹*, E. S. Mittler & Sohn, Darmstadt, 1955

Dokumentensammlung über die Hauptkriegsverbrecher vor dem Internationalen Gerichtshof Nürnberg, Bd. 34

VON ERNSTHAUSEN, A., *›Wende im Kaukasus‹*, Vowinckel Verlag, Neckargemünd, 1958

ESTEBAN-INFANTES, GENERAL, *›Blaue Division‹*, Druffel Verlag, Leoni, 1958

FRETTER-PICO, M., *›Mißbrauchte Infanterie‹*, Verlag für Wehrwesen Bernard & Graefe, Frankfurt a. M., 1957

FULLER, J. F., GENERALMAJOR, *›Der zweite Weltkrieg 1939–1945‹*, Humboldt-Verlag, Wien-Stuttgart, 1952

GARTHOFF, R. I., *›Die Sowjet-Armee‹*, Markus Verlag GmbH, Köln, 1955

GAREIS, MARTIN, *›Kampf und Ende der Fränkisch-Sudetendeutschen 98. Division‹*, Podzun Verlag, Bad Nauheim, 1956

GÖRLITZ, WALTER, *›Keitel, Verbrecher oder Offizier?‹*, Musterschmidt Verlag, Göttingen, 1961

GÖRLITZ, WALTER, *›Paulus: Ich stehe hier auf Befehl‹*, Verlag für Wehrwesen Bernard & Graefe, Frankfurt a. M., 1960

GRAMS, ROLF, *›14. Panzer-Division‹*, Podzun Verlag, Bad Nauheim, 1957

GRASER, G., *›Zwischen Kattegat und Kaukasus‹*, 198. I. D., Selbstverlag, 1961

GUDERIAN, HEINZ, *›Erinnerungen eines Soldaten‹*, Kurt Vowinckel Verlag, Heidelberg, 1951

GROSSMANN, H., *›Geschichte der 6. I. D.‹*, Podzun Verlag, Bad Nauheim, 1958

GROSSMANN, H., *›Rschew, Eckpfeiler der Ostfront‹*, Podzun Verlag, Bad Nauheim, 1962

GSCHÖPF, DR. R., *›Mein Weg mit der 45. I. D.‹*, Oberösterr. Landesverlag, Linz, 1955

HAUPT, WERNER, *›Demjansk, Ein Bollwerk im Osten‹*, Podzun Verlag, Bad Nauheim, 1961

HERHUDT VON ROHDEN, H.-D., *›Die Luftwaffe ringt um Stalingrad‹*, Limes Verlag, Wiesbaden, 1950

HESS, WILHELM, *›Eismeerfront 1941‹*, Scharnhorst Buchkameradschaft, Heidelberg, 1956

HOTH, HERMANN, *›Panzer-Operationen‹*, Scharnhorst Buchkameradschaft, Heidelberg, 1956

HUBATSCH, WALTER, *›61. Infanteriedivision‹*, Podzun Verlag, Bad Nauheim, 1958

JACOBSEN, HANS-ADOLF, *›1939–1945, Der zweite Weltkrieg in Chroniken und Dokumenten‹*, Wehr und Wissen Verlagsgesellschaft, Darmstadt, 1959

JACOBSEN, ROHWER, *›Entscheidungsschlachten des zweiten Weltkrieges‹*, Verlag für Wehrwesen Bernard & Graefe, Frankfurt a. M., 1960

JEREMENKO, A. I., *›In westlicher Richtung‹*, Moskau, 1959 (russisch)

JEREMENKO, A. I., *›Stalingrad‹*, Moskau, 1961 (russisch)

KARDEL, H., *›Die Geschichte der 170. I. D.‹*, Podzun Verlag, Bad Nauheim, 1952

KALINOW, KYRILL D., *›Sowjetmarschälle haben das Wort‹*, Hansa Verlag, Hamburg, 1950

KEILIG, WOLF, *›Das deutsche Heer 1939–1945‹*, Podzun Verlag, Bad Nauheim

KESSELRING, ALBERT, *›Soldat bis zum letzten Tage‹*, Athenäum Verlag, Bonn, 1953

KISSEL, H., *›Angriff einer Infanteriedivision‹*, Kurt Vowinckel Verlag, Neckargemünd, 1958

KLATT, PAUL, *›Die 3. Gebirgsdivision 1939–1945‹*, Podzun Verlag, Bad Nauheim, 1958

VON KNOBELSDORFF, O., *›Geschichte der 19. Pz. D.‹*, Podzun Verlag, Bad Nauheim, 1958

KONRAD, R., *›Kampf um den Kaukasus‹*, Copress Verlag, München, o. J.

KRÜGER, HEINZ, *›Bildband der 263. I. D.‹*, Podzun Verlag, Bad Nauheim, 1962

LANZ, HUBERT, *›Gebirgsjäger‹*, Podzun Verlag, Bad Nauheim, 1954

LEMELSEN, JOACHIM, *›29. I. D. (mot.)‹*, Podzun Verlag, Bad Nauheim, 1960

LIDDELL HART, BASIL HENRY, *›Die Rote Armee‹*, Verlag WEU Offene Worte, Bonn, o. J.

LOHSE, G., *›Geschichte der 126. I. D.‹*, Podzun Verlag, Bad Nauheim, 1957

LUSAR, RUDOLF, *›Die deutschen Waffen und Geheimwaffen des zweiten Weltkrieges‹*, J. F. Lehmanns Verlag, München, 1962

VON MACKENSEN, EBERHARD, *›Das III. Panzer-Korps im Feldzug 1941/42 gegen die Sowjetunion‹*, Mitteilungsblatt der 23. Pz. D., April 1959

MANN, MENDEL, *›Vor Moskaus Toren‹*, Verlag Heinrich Scheffler, Frankfurt/Main, 1961

MANNERHEIM, MARSCHALL, *›Erinnerungen‹*, Atlantis Verlag, Zürich, 1952

VON MANSTEIN, ERICH, *›Verlorene Siege‹*, Athenäum Verlag, Bonn, 1955

VON MELLENTHIN, F. W., *›Panzerschlachten‹*, Kurt Vowinckel Verlag, Heidelberg, 1963

MELZER, W., *›Geschichte der 252. I. D. 1939–1945‹*, Podzun Verlag, Bad Nauheim, 1960

VON METZSCH, F.-A., *›Die Geschichte der 22. I. D.‹*, Podzun Verlag, Bad Nauheim, 1952

MEYER-DETRING, WILHELM, *›Die 137. I. D.‹*, Kameradschaft der Bergmann-Division, 1962

MIDDELDORF, EIKE, *›Taktik im Rußlandfeldzug‹*, E. S. Mittler & Sohn, Berlin, 1956

MORISON, S. E., *›The Battle of the Atlantic, Vol. I‹*, Little Brown & Co., Boston, 1954

MUNZEL, *›Panzer-Taktik‹*, Kurt Vohwinckel Verlag, Neckargemünd, 1959

NEHRING, WALTHER, K., *›Die 18. Pz. Div. 1941‹*, in: Deutscher Soldatenkalender 1961

NITZ, GÜNTHER, *›Die 292. Infanteriedivision‹*, Verlag Bernard & Graefe, Berlin 1957

ORLOW, ALEXANDER, *›Kreml-Geheimnisse‹*, Marienburg Verlag, Würzburg, 1953

PANZERMEYER, *›Grenadiere‹*, Schild Verlag, München, 1957

PHILIPPI, A., HEIM, F., *›Der Feldzug gegen Sowjetrußland‹*, W. Kohlhammer Verlag, Stuttgart, 1962

PHILIPPI, ALFRED, *›Das Pripjetproblem‹*, Wehrwissenschaftliche Rundschau, März 1956

PLATANOW, S. P., PAWLENKO, N. G., PAROTKIN, I. W., *›Geschichte des zweiten Weltkrieges 1939–1945‹*, 3 Bände, Moskau, 1958 (russisch)

PLOETZ, A. G., *›Geschichte des zweiten Weltkrieges‹*, A. G. Ploetz Verlag, Würzburg, 1960

POHLMAN, H., *›Geschichte der 96. I. D.‹*, Podzun Verlag, Bad Nauheim, 1959

REINICKE, ADOLF, *›Die 5. Jäger-Division‹*, Podzun Verlag, Bad Nauheim, 1962

RÖHRICHT, EDGAR, *›Probleme der Kesselschlacht‹*, Condor Verlag, Karlsruhe, 1958

ROSKILL, S. W., *›The War at Sea‹*, Band II, Her Majesty's Stationary Office, London, 1956

REINHARDT, HANS, *›Der Vorstoß des XXXXI. Panzer-Korps im Sommer 1941 von Ostpreußen bis vor die Tore von Leningrad‹*, Wehrkunde, Heft 3, März 1956

REINHARDT, HANS, *›Panzergruppe 3 in der Schlacht vor Moskau und ihre Erfahrung im Rückzug‹*, Wehrkunde, Heft 9/1953

RADEK, KARL, ›*Leo Schlageter, der Wanderer ins Nichts*‹, Rede vom 20. 6. 1923 vor der Exekutive der Kommunistischen Internationale

SAMSONOW, A. M., ›*Die große Schlacht vor Moskau, 1941–1942*‹, Moskau, 1956 (russisch)

SAMJALOW, A. S., KALJADIN, T. J. ›*Die Schlacht um den Kaukasus*‹ Moskau, 1956 (russisch)

SELLE, H., ›*Die Tragödie von Stalingrad*‹, Verlag Das andere Deutschland, Hannover, 1948

VON SENGER U. ETTERLIN JR., DR. F. M., ›*24. Panzerdivision, vormals 1. Kavalleriedivision*‹, Kurt Vowinckel Verlag, Neckargemünd, 1962

SHILIN, P. A., ›*Die wichtigsten Operationen des Großen Vaterländischen Krieges 1941 bis 1945*‹, Moskau, 1956 (russisch)

SMIRNOW, SERGEJ, ›*Auf der Suche nach den Helden der Festung Brest 1941*‹, Moskau (russisch), 1956

SPAETER, HELMUTH, ›*Die Geschichte des Panzerkorps Großdeutschland*‹, Selbstverlag

SOVIET WAR NEWS, Band I–IV, Published by the Press Department of the Soviet Embassy in London 1941/1942

SPEIDEL, HELM, ›*Reichswehr und Rote Armee*‹, Vierteljahreshefte für Zeitgeschichte, 1/1953

SCHELM, W. UND MEHRLE, DR. H., ›*Von den Kämpfen der 215. I. D*‹, Selbstverlag, o. J.

SCHEIBERT, HORST, ›*Nach Stalingrad – 48 Kilometer*‹, Kurt Vowinckel Verlag, Neckargemünd, 1956

SCHMIDT, G., ›*Regimentsgeschichte Pz. A. R. 73*‹, Boettcher Verlag, Bremen, o. J.

SCHRÖTER, HEINZ, ›*Stalingrad bis zur letzten Patrone*‹, Kleins Druck- und Verlagsanstalt, Lengerich, o. J.

SCHRÖDER, JÜRGEN, UND SCHULTZ-NAUMANN, JOACHIM, ›*Die Geschichte der pommerschen 32. Inf. Div.*‹, Podzun Verlag, Bad Nauheim, 1956

STEETS, HANS, ›*Gebirgsjäger bei Uman*‹, Kurt Vowinckel Verlag, Neckargemünd, 1955

STEETS, HANS, ›*Gebirgsjäger in der Nogaischen Steppe*‹, Kurt Vowinckel Verlag, Neckargemünd, 1956

STEETS, HANS, ›*Gebirgsjäger zwischen Dnjepr und Don*‹, Kurt Vowinckel Verlag, Neckargemünd, 1957

STOVES, ROLF, ›*Die 1. Panzerdivision*‹, Podzun Verlag, Bad Nauheim, 1962

STRAUSS, FRANZ JOSEPH, ›*Geschichte der 2. Pz. Div.*‹, Selbstverlag, Kitzingen, 1960

THORWALD, JÜRGEN, ›*Wen sie verderben wollen*‹, Steingrüben Verlag, Stuttgart, 1952

VON TIPPELSKIRCH, KURT, ›*Geschichte des zweiten Weltkrieges*‹, Athenäum Verlag, Bonn, 1951

TIEMANN, R., ›*Geschichte der 83. Infanteriedivision*‹, Podzun Verlag, Bad Nauheim, 1960

TOEPKE, GÜNTER, ›*Stalingrad wie es wirklich war*‹, Kogge Verlag, Stade, 1959

TRESS, KARL, U. A., ›*Das Infanterie- und Sturm-Regiment 14 im zweiten Weltkrieg*‹, Kameradschaft ehemaliger 114er und 14er, Konstanz, 1959

TSCHUIKOW, W. I., ›*Am Anfang des Weges*‹, Moskau, 1959 (russisch)

VOYETEKHOV, BORIS, ›*The Last Days of Sevastopol*‹, Cassel, London, 1943

WAGENER, CARL, ›*Der Vorstoß des XXXX. Pz. Korps von Charkow zum Kaukasus*‹, in Wehrwissenschaftliche Rundschau, Sept./Okt. 1955

WERTHEN, WOLFGANG, ›*Geschichte der 16. Panzerdivision*‹, Podzun Verlag, Bad Nauheim, 1958, und Bildband, 1956

WICH, RUDOLF, ›*Baden-Württembergische Divisionen im 2. Weltkrieg*‹, Verlag G. Braun, Karlsruhe, 1957

WIEDER, JOACHIM, ›*Stalingrad*‹, Nymphenburger Verlagshandlung, München, 1962

ZEITZLER, KURT, ›*The Battle of Stalingrad*‹, in ›*The Fatal Decisions*‹, Michael Joseph, London, 1956

VON ZYDOWITZ, KURT, ›*Die Geschichte der 58. I. D.*‹, Podzun Verlag, Bad Nauheim, 1958

Sonderdrucke und selbstverlegte Publikationen

›*Geschichte der 21. Infanterie-Division*‹, Selbstverlag, 1960
›*Geschichte der 24. Infanterie-Division*‹, Arbeitskreis der Division, 1956
›*Das Buch der 78. Sturm-Division*‹, Selbstverlag, 1956
›*Der Weg der 93. Inf. Div. 1939–1945*‹, Selbstverlag, 1956
›*Taten und Schicksale der 197. Infanterie-Division*‹, Selbstverlag, o. J.
›*290. Infanterie-Division*‹, Selbstverlag, 1960
›*Geschichte der 56. Infanterie-Division 1938–1945*‹, Arbeitskreis der Division, o. J.
›*Panzerkeil im Osten*‹, Verlag ›Die Wehrmacht‹, Berlin, 1941

Unveröffentlichte Manuskripte, Studien und Vorträge stellten zur Verfügung:

Generalleutnant a. D. Fritz Bayerlein · Oberst a. D. Arthur Boje · General der Flieger a. D. Paul Deichmann · Oberst a. D. Joachim Hesse · Generaloberst a. D. Hermann Hoth · Major a. D. Karl Hübner · Major a. D. Hermann Kandutsch · Oberst der Waffen-SS a. D. Otto Kumm · Major a. D. F. W. Küppers · General der Panzertruppe a. D. Hasso von Manteuffel · General der Panzertruppe a. D. Walter K. Nehring · Oberst a. D. Heinrich Nolte · Generalmajor a. D. Hermann von Oppeln-Bronikowski · General der Flakartillerie a. D. Wolfgang Pickert · Oberstleutnant a. D. Eberhart Pohl · Dr. Helmut K. G. Rönnefarth · Generalleutnant a. D. Alfred Reinhardt · General der Panzertruppe a. D. Ferdinand Schaal · Generalleutnant a. D. Arthur Schmidt · Oberst a. D. Herbert Selle · Generaloberst a. D. Strecker · General der Panzertruppe a. D. Walter Wenck Generalmajor a. D. Heinz-Joachim Werner-Ehrenfeucht · Oberstleutnant a. D. Coelestin von Zitzewitz.

Namensregister

Ränge und Dienstgrade nach dem Stand vom 1. Februar 1943.

Ortsregister

Oka (Fluß) 136, 140f, 274, 282

Sachregister

Hans Speidel

Invasion 1944

Ein Beitrag
zu Rommels und des
Reiches Schicksal

Ullstein Buch 3051

ein Ullstein Buch

Hans Speidel, der ehemalige Generalstabschef der Heeresgruppe Rommel, schildert als Augenzeuge die damaligen Geschehnisse. Ausgehend von einer Lagebeurteilung, in der er sowohl die militärischen als auch die politischen Faktoren einer eingehenden Prüfung unterzieht, ist die zweite Hälfte des Buches der eigentlichen Invasion gewidmet. Sachlich und nüchtern legt er die Gründe klar, die zum Sieg der Alliierten und zur endgültigen Niederlage der deutschen Truppen führen mußten.

Cajus Bekker

Verdammte See

Ein Kriegstagebuch
der deutschen Marine

Ullstein Buch 3057

ein Ullstein Buch

Cajus Bekker schildert die Höhepunkte des Kampfes zur See im Zweiten Weltkrieg. Dabei stützt er sich auf die amtlichen Kriegstagebücher, von denen viele erst in jüngerer Zeit an deutsche Stellen zurückgegeben wurden. Den Text ergänzen zahlreiche Operationsskizzen und ein umfassender Anhang mit Tabellen, ausgewählten Dokumenten und ein Register.

Albert Speer

Erinnerungen

Ullstein Buch 3026

»Sagte man, diese Erinnerungen seien die lesenswertesten unter allen, die wir Überlebenden des Dritten Reiches verdanken, so sagt man nicht genug. Man wird sie unter die Spitzen der politischen Memoiren-Literatur rechnen.« Golo Mann

»Anders als bei anderen Memoiren ehemaliger Größen des Dritten Reiches, denen es nur um Selbstrechtfertigung geht, verspürt man hier ein ehrliches Ringen um Erkenntnis der eigenen Schwäche und des eigenen Versagens.« Neue Züricher Zeitung

ein Ullstein Buch